APPARAT CRITIQUE:
SIGLES ET ABRÉVIATIONS

Manuscrits grecs
Sigles conventionnels, sauf:

S	Sinaïticus
SodB.1	945 (Gregory-Aland)
SodB.2	242
SodB.3	1739
SodB.4	1891
SodB.5	2298
SodB.6	522
SodB.7	323
SodC.1	2412
SodC.2	614
SodC.3	2495
SodC.4	2147
SodC.5	383
SodC.6	257
SodC.7	1799
SodC.8	2401
SodC.10	1518
SodC.11	2138
SodC.12	1108
SodC.13	1611
SodC.14	913
SodC.15	876
SodC.16	1765

Versions latines et apparentées
Manuscrits

a	grec 629 (gréco-latin)
b	Univers. of Michigan Libr. 146
c	codex Colbertinus
d	codex Bezae (gréco-latin)
dem	codex Demidovianus
e	codex Laudianus (gréco-latin)
g	codex Gigas Holmiensis
h	palimpseste Floriacensis
l	palimpseste de León
m	speculum (ps.-Augustin)
m^a	id. (codex alpha)
n (s)	palimpseste Bobiensis
o (w)	codex Wernigerodensis
p	codex Perpinianus
Vg	Vulgate
Vg(AB...)	codices de la Vg (Th = *Thêta*)

Livres liturgiques

r	Lect. de Schlettstadt
s	Lect. de Luxeuil
t	Lect. de Tolède (Liber comicus)
t.1	(ms. de Silos)
t.2	(Millán)
t.3	(Tolède 35-36)
t.4	(Londres Addit. 30846)
t.5	(Tolède 35-4)
t.6	(Tolède 35-5)
t.7	(León)
v (g^2)	fragmentum Mediolanense
x	palimpseste de Weissenbourg 76
y	Missale Mixtum
y'	Breviarium Gothicum
z	fragment d'antiph. (Sinaï, grec 567)
	fragment de lect. (Sinaï, arabe 455)

Traductions sur le latin

bhm	version bohémienne
ndl	version néerlandaise
ndl.1	(British Museum, ms. Ad. 26663)
ndl.2	(Bruxelles, Bibl. Royale, ms. 2849-51)
ndl.3	Lect. (Amsterdam, Bibl. Univers., ms. 1 G 41)
prv	version provençale
prv.1	(Palais S. Pierre, ms. 36)
prv.2	(Carpentras, Bibl. Munic., ms. 6)
tpl	version allemande (codex Teplensis)

Autres versions

Arab	version arabe (ms. du Sinaï)
Arm	version arménienne
	versions coptes
Mae (G^{67})	Pierpont Morgan Libr. (Glazier 67)
Boh	version Bohaïrique
Fay	version Fayoumique
Sah	version Sahidique
Eth	version éthiopienne
Eth.1	(Pierre l'éthiopien, Rome/Walton)
Eth.2	(Milan, Bibl. Ambr., B 20(2))
Eth.3	(Paris, Bibl. Nat., Eth.42)
Eth.4	(Londres, British Museum, Orient. 530)
Eth.5	(Londres, id. Orient. 529)
Eth.6	(Londres, id. Orient. 526)
Eth.7	(Londres, id. Orient. 531)
Eth.8	(Paris, Bibl. Nat., Eth.41)
Eth.9	(Collegeville, EMML Pr.6519)
Eth.10	(Collegeville, EMML Pr.6541)
Eth.11	(Collegeville, EMML Pr.2861)
Eth.12	(Hambourg, Tanasee 12)
Eth.13	(texte établi par Pell Platt)
Eth.20	(Collegeville, EMML Pr.5083)
Geo	version géorgienne
Geo^A	(Sinaï, Georg. 31)
Geo^B	(Sinaï, Georg. 39)
Geo^I	(Mt Athos, Iviron, 42)
Geo^L	(Lect. Sinaï)

Syr	versions syriaques
SyrH	Syriaque Harkléenne
SyrH*	id. sections entre astérisque et métobèle
SyrH^{mg}	id. variantes marginales
SyrM	fragment de Khirbet Mird
SyrP	Peshitta
SyrP^M	id. variantes d'un ms. de Milan (cf. Eth.2)

Les Pères anciens

Amb	Ambroise de Milan
Amb^r	Ambrosiaster
Ath	Athanase
Ps.-Ath	Pseudo-Athanase
Aug	Augustin
Aug^a	– contra epist. manichaei quam vocant fundamenti
Aug^{a'}	– de Actis cum Felice manichaeo
Aug^b	– epistula ad Catholicos
Aug^c	– autres ouvrages
Barn	Barnabé (épître de)
BarS	Bar Salibi
Cass	Cassiodore (commentaire des Actes)
Cass^L	– (Lemmes du commentaire)
Cass^P	– (commentaire des psaumes)
Chr	Chrysostome
Chr.1	– homélies sur Actes (premier commentaire)
Chr.2	– homélies sur Actes (deuxième commentaire
Chr.3	– citations éparses du texte des Actes
Chr.1^a	- (Migne)
Chr.1^b	- (ms d'Oxford)
Chr.1^c	- (Chaîne-Cramer)
Chr.1^f	- (ms Florentinus)
Chr.1^o	- (Chaîne-Oecumenius)
Chr.1^t	- (Chaîne-Théophylacte : 1° commentaire)
Chr.1^{t'}	- (Chaîne-Théophylacte : 2° commentaire)
Ps.-Chr.	Ps.-Chrysostome
ChrAq	Chromace d'Aquilée
ClemAl	Clément d'Alexandrie
CAp	Constitutions des Apôtres
Cyp	Cyprien
CyrAl	Cyrille d'Alexandrie
Didasc	Didascalia
Did	Didyme d'Alexandrie
Did^L	Didyme-Latin
Ephr	Ephrem le Syrien
Ephr^c	– (chaîne de Venise)
Ephr^k	– (ms 571 de Vienne)
Ephr^s	– (capitula du commentaire)
Epiph	Epiphane de Salamine

Eus	Eusèbe de Césarée
EusEm	Eusèbe d'Emèse
Faust	Faustinus
FlavAnt	Flavien d'Antioche
FilB	Filastre de Brescia
GrElv	Grégoire d'Elvire
Hes	Hesychius de Jérusalem
Hes^L	Hesychius-Latin
Hil	Hilaire de Poitiers
Hipp	Hippolyte de Rome
Ign	Ignace d'Antioche
Ir	Irénée de Lyon
Ir^L	Irénée-Latin
JacEd	Jacques d'Edesse
Jer	Jerôme
Just	Justin
LibGr	Liber Graduum
Lcf	Lucifer de Cagliari
MarV	Marius Victorinus
MaxT	Maxime de Turin
Meth	Méthode d'Olympe
Oecum^L	Oecuménius (Lemmes)
Or	Origène
Or^L	Origène-Latin
Papias	Papias de Hierapolis
PassPerp	Passion de sainte Perpétue
Petil	Petilien
PhilM	Philoxène de Mabboug
Polyc	Polycarpe de Smyrne
Prisc	Priscillien
PrPr	De prophetis et prophetiis
Qvd	Quodvultdeus
RabEd	Rabbula d'Edesse
Rebapt	De Rebaptismate
SevGab	Sévérien de Gabala
Solut	Solutiones
Tert	Tertullien
Theoph I^L	Théophylacte (Lemmes : 1° commentaire)
Theoph II^L	Théophylacte (Lemmes : 2° commentaire)
Trin	De Trinitate
Var	Contra Varimadum
Ps.-Vig	Ps.-Vigile de Thapse
Zen	Zénon de Vérone

Abréviations

al	*alii*
pc	*pauci*
pm	*permulti*

LES ACTES DES APÔTRES

ÉTUDES BIBLIQUES

(Nouvelle série. N° 79)

LES ACTES DES APÔTRES

TEXTE OCCIDENTAL RECONSTITUÉ

par

Patrick FAURE

PEETERS

LEUVEN – PARIS – BRISTOL, CT

2019

ISBN 978-90-429-3831-1
eISBN 978-90-429-3832-8
D/2019/0602/37

A catalogue record for this book is available from the Library of Congress.

REMERCIEMENTS

Merci à celles et ceux qui m'ont aidé, techniquement ou moralement, à mener à bien ce travail : aux pères Marie-Emile BOISMARD, O.P. († 2004), Justin TAYLOR, S.M., Paolo GARUTI, O.P., et Etienne NODET, O.P. qui m'ont donné le goût de la discussion critique et fait comprendre les enjeux du Texte Occidental, et à Françoise-Emmanuelle DORON, ndv qui m'a efficacement assisté dans la mise en forme des textes et de l'apparat critique.

INTRODUCTION

Parmi tous les livres du Nouveau Testament, les Actes des Apôtres offrent à la réflexion scientifique une situation particulièrement originale. Le texte grec le plus répandu depuis le IVe siècle est aujourd'hui connu sous le nom de « texte alexandrin », en abrégé TA. Mais à côté du TA, d'autres textes des Actes existent qui sont proches du TA mais différents de lui. Ces textes sont écrits en grec ou sont des traductions du grec en d'autres langues anciennes. Ils sont malheureusement tous fragmentaires, mais ils forment une famille qui se regroupe autour de leur témoin principal venu d'occident au Ve siècle, et appelé, pour cette raison, « texte occidental » des Actes des Apôtres, en abrégé TO. L'adjectif « occidental » est consacré par l'usage. Cependant, il s'avère très impropre, vu les témoins importants du TO qui sont issus des mondes latin, copte, syriaque, éthiopien, etc.

Depuis les travaux des deux exégètes anglais B. F. WESCOTT et F. J. HORT à la fin du XIXe siècle[1], le témoin réputé le meilleur du Nouveau Testament est le Codex Vaticanus (IVe siècle), conservé à la bibliothèque du Vatican. Ce livre manuscrit donne toute la Bible en grec, avec, en particulier, les Actes des Apôtres. Il est noté B dans les apparats critiques.

De son côté, le témoin vu comme le représentant principal du TO du Nouveau Testament est le Codex de BEZE (Ve siècle), conservé à l'église saint Irénée de Lyon jusqu'au XVIe siècle. Ce codex bilingue, écrit en grec et en latin, est noté D (grec) et d (latin) dans les apparats critiques. Ce codex a subi des accidents qui lui ont fait perdre plusieurs feuillets, notamment les six derniers chapitres des Actes des Apôtres. A cela s'ajoutent bon nombre de déficiences qui affectent le texte-même de ce codex et que nous rappellerons dans cette introduction. Le TO peut néanmoins s'appuyer sur trois autres témoins majeurs qui ne sont,

---

[1] B. F. WESCOTT & F. J. HORT, *The New Testament in the Original Greek, Introduction*, London 1896.

toutefois, que des traductions : le palimpseste de Fleury-sur-Loire, du Vᵉ siècle, noté h, écrit en latin, qui présente lui aussi des lacunes, comme le codex de BEZE ; les notes marginales, en syriaque et en latin, de la version syriaque réalisée par Thomas de HARKEL (Héraclée) au début du VIIᵉ siècle et notée SyrH[mg] ; et le codex copte de la collection GLAZIER, de la fin du IVᵉ siècle, noté G[67] ou Mae, écrit en dialecte copte moyen-oriental, publié pour la première fois en 1991, mais qui ne contient que les quatorze premiers chapitres des Actes.

Devant une telle situation[2], le TO ne peut être appréhendé que sous forme de reconstitution à partir de ses témoins majeurs et de ses témoins secondaires, moyennant un travail minutieux et persévérant. A la suite de l'allemand Theodor ZAHN en 1916[3], puis de l'anglais Albert C. CLARK en 1933[4], les deux dominicains français de l'Ecole Biblique de Jérusalem, Marie-Emile BOISMARD et Arnaud LAMOUILLE, se sont lancés, à leur tour, dans le travail de reconstitution du TO, et en ont publié une première édition critique en 1984[5]. Cette édition a été reprise et entièrement refondue par M.-E. BOISMARD qui a publié la seconde édition critique en l'an 2000[6]. Mais cette seconde édition ne donne que les versets des Actes dans lesquels le TO diffère le plus notablement du TA, et elle laisse de côté, sans les traiter ou en les alignant sur le TA, les autres versets dans lesquels la différence est moins notable mais pourtant réelle entre les représentants du TO (D et ses alliés) et le TA (≈ B). Il a donc paru bon de présenter une reconstitution de l'entièreté du TO en regard du TA pour faciliter leur comparaison d'ensemble et mieux poser la question de leurs cohérences respectives.

---

[2] Il manque à D Ac 8,29-10,14 ; 21,2-10 ; 22,10-20 ; 22,30-28,31, à h Ac 1,1-3,1 ; 4,19-5,22 ; 7,3-41 ; 8,3-9,3 ; 9,24-14,4 ; 14,24-17,33 ; 18,20-23,7 ; 23,25-26,19 ; 27,14-28,31, à G[67] Ac 15,4-28,31.

[3] T. ZAHN, *Die Urausgabe der Apostelgeschichte des Lucas* (Forschungen zur Geschichte des neutestamentlichen Kanons und der altkirchlichen Literatur, IX), Leipzig 1916.

[4] A. C. CLARK, *The Acts of the Apostles, a critical Edition with Introduction and Notes on selected Passages*, Oxford, Clarendon Press. London, Humphrey Milford, 1933.

[5] M.-E. BOISMARD & A. LAMOUILLE, *Texte Occidental des Actes des Apôtres, Tome I, Introduction et Textes – Tome II, Apparat Critique*, Editions Recherche sur les Civilisations, « Synthèse » n°17, Paris 1984.

[6] M.-E. BOISMARD, *Le Texte Occidental des Actes des Apôtres, Edition Nouvelle entièrement refondue*, EBNS 40, Paris 2000.

Le présent ouvrage est la troisième édition critique du TO reconstitué des Actes des Apôtres. Cet ouvrage renoue avec la première édition qui contient l'intégralité du texte des Actes déroulé en deux colonnes parallèles TA et TO. Mais, fait nouveau par rapport à la première édition, en regard des deux colonnes TA // TO situées sur les pages de gauche, pages paires, cette troisième édition place sur les pages de droite, pages impaires, les deux colonnes parallèles du codex de BEZE, en grec et en latin. Nous espérons que la présentation adoptée sera suffisamment claire et maniable. Le TA correspond presque toujours au Vaticanus (B), tel qu'on le trouve dans l'édition de J. H. ROPES[7]. Le codex de BEZE est pris dans l'édition de F. H. SCRIVENER[8].

Dans les pages paires, immédiatement sous le TA, figurent éventuellement quelques indications critiques notées a., b., c., etc., lorsque le Vaticanus (B) présente une erreur ou une anomalie, ou lorsqu'il diffère des choix éditoriaux faits par la 28e édition du Nouveau Testament de NESTLE-ALAND (2012)[9]. Le bas de la page, quant à lui, est consacré à l'apparat critique du TO et aux commentaires explicatifs. Dans la colonne TO qui fournit le texte occidental reconstitué, les termes ou les passages en italiques sont ceux où le TO s'écarte du codex de BEZE et du TA. Nous avons essayé de justifier ces écarts pas à pas, et le plus souvent mot à mot. Cette justification n'est possible que là où les textes sont suffisamment parallèles. En cas de divergences trop grandes, il faut prendre en compte l'ensemble des notices critiques et des commentaires attachés au verset ou au passage concerné par ces divergences. Si, malgré le soin apporté aux différentes vérifications, il subsistait encore dans le TO reconstitué un écart sans justification immédiate par rapport à D ou au TA, le lecteur voudrait bien excuser cette lacune. Mais il en serait d'autant plus invité à la combler par lui-même, en s'appuyant sur les différentes sources utilisées pour la reconstitution. Par ailleurs, dans les commentaires explicatifs, nous avons gardé l'hypothèse d'un archétype suivi par D SyrH[mg] et G[67] dès Ac 1,2, comme l'ont déjà pressenti P.

---

[7] J. H. ROPES, *The Text of Acts*, in *The Beginnings of Christianity*, Part I, *The Acts of the Apostles*, Vol. III, London 1926, ed. F. J. FOAKES JACKSON & KIRSOPP LAKE.

[8] F. H. SCRIVENER, *Bezae Codex Cantabrigiensis*, Cambridge, DEIGHTON, BELL, and CO., London, 1864, BELL and DALDY.

[9] B. & K. ALAND, J. KARAVIDOPOULOS, C. M. MARTINI, B. M. METZGER, *Novum Testamentum Graece*, Münster 2012, NESTLE-ALAND 28e édition.

CORSSEN et J. H. ROPES[10], hypothèse reprise et approfondie par M.-E. BOISMARD qui, faute de mieux, l'appelle « archétype X ».

Dans les pages impaires, sous le codex de BEZE gréco-latin (Dd), le bas de la page est consacré aux témoins majeurs du TO en dehors de ce codex, notamment au codex GLAZIER (G^{67} = Mae) pour l'ensemble Ac 1,1-15,3, publié par H.-M. SCHENKE en 1991, avec sa traduction allemande que nous reproduisons[11]. Dans cette traduction, les termes ou les passages mis par H.-M. SCHENKE en italiques sont ceux qui diffèrent du texte grec de la 26e édition de NESTLE-ALAND (1979). Dans la colonne du codex de BEZE en grec (D), un losange ♦ a été apposé à tous les termes qui résultent d'une erreur ou d'une négligence du scribe, ou d'une lacune du texte, ou encore d'un comportement original de ce codex. Seul fait exception le *iota* ι écrit ει que nous avons renoncé à indexer systématiquement (ex. en Ac 2,12).

Vu la masse des documents mobilisés pour établir le TO, vu l'histoire déjà longue de ce travail incessant, et vu le nombre d'exégètes engagés dans cette œuvre qui ne manque ni d'adeptes ni de détracteurs, nous ne pouvons pas ici refaire l'entière présentation de cette entreprise de reconstitution, à bien des égards considérable, dans laquelle nombre de nos prédécesseurs se sont investis. Pour une connaissance plus complète du texte occidental et de ses problématiques, nous renvoyons le lecteur aux introductions rédigées par M.-E. BOISMARD dans les deux premières éditions critiques, ainsi qu'à celles de T. ZAHN en 1916, de A. C. CLARK en 1933, ou même de J. H. ROPES, en tête de son édition de 1926.

Cette introduction fera d'abord quelques rappels historiques et exégétiques concernant le Texte Occidental attesté par le Codex de BEZE (I). Elle montrera ensuite (II) la qualité relative de ce Codex et la nécessité d'assortir ce grand témoin de plusieurs autres témoins pour reconstituer le Texte Occidental (II.1). Ce sera l'occasion d'exposer brièvement quelques réflexions de fond sur la légitimité de cette reconstitution au regard de la pluralité des témoins occidentaux (II.2).

---

[10] P. CORSSEN, *Der cyprianische Texte der Acta Apostolorum*, Berlin, 1892, p. 18 ; ROPES (1926) 258.
[11] H.-M. SCHENKE, *Apostelgeschichte 1,1-15,3 im Mittelägyptischen Dialekt des Koptischen (Codex Glazier)*, TU 137, Berlin, 1991.

Seront alors abordés les titres christologiques donnés à Jésus dans le Codex de BEZE et dans le TO reconstitué par rapport à ceux que donne le TA ; de nombreux cas seront étudiés du point de vue de la critique externe (III). Mais ils introduiront à la critique interne des Actes, et à la question de l'antériorité entre TA et TO. Ce sera l'occasion d'examiner plusieurs variantes longues du TO (IV).

BIBLIOGRAPHIE

Pour ce qui est de la bibliographie, les nombreux témoins utilisés pour l'établissement du TO sont exactement les mêmes que ceux des deux premières éditions critiques dirigées par M.-E. BOISMARD. La nomenclature et les différents sigles ont été repris sans changement. Ces sigles et ces abréviations sont rassemblés sur un carton recto-verso qui accompagne le présent ouvrage et dont nous rappelons ci-après le contenu.

APPARAT CRITIQUE
SIGLES ET ABREVIATIONS

mns. grecs, sigles conventionnels, sauf :

SodB.1	945 (Gregory-Aland)	v (= g²)		fragmentum
SodB.2	242			Mediolanense
SodB.3	1739	x		palimpseste de
SodB.4	1891			Weissenbourg 76
SodB.5	2298	y		Missale Mixtum
SodB.6	522	y'		Breviarium Gothicum
SodB.7	323	z		fragment d'antiph.
SodC.1	2412			(Sinaï, grec 567)
SodC.2	614			fragment de lect.
SodC.3	2495			(Sinaï, arabe 455)
SodC.4	2147	Traductions sur le latin		
SodC.5	383	bhm		version bohémienne
SodC.6	257	ndl		version néerlandaise
SodC.7	1799		ndl.1	(British Museum,
SodC.8	2401			ms. Ad. 26663)
SodC.10	1518		ndl.2	(Bruxelles, Bibl.
SodC.11	2138			Royale, ms. 2849-51)
SodC.12	1108		ndl.3	Lect. (Amsterdam,
SodC.13	1611			Bibl. Univers., ms. 1 G 41)

SodC.14	913
SodC.15	876
SodC.16	1765

H,L,P : onciaux tardifs de la *Koinè*

Versions latines et apparentées

Manuscrits

A	grec 629 (gréco-latin)
b	Univers. of Michigan Libr. 146
c	codex Colbertinus
d	codex Bezae (gréco-latin)
dem	codex Demidovianus
e	codex Laudianus (gréco-latin)
g	codex Gigas Holmiensis
h	palimpseste Floriacensis
l	palimpseste de León
m	speculum (ps.-Augustin)
mᵃ	id. (codex alpha)
n (= s)	palimpseste Bobiensis
o (= w)	codex Wernigerodensis
p	codex Perpinianus
Vg	Vulgate
Vg(AB…)	Codices de la Vg (Th = *Thêta*)

Livres liturgiques

r	Lect. de Schlettstadt
s	Lect. de Luxeuil
t	Lect. de Tolède (Liber comicus)
t.1 (= t¹)	(ms. de Silos)
t.2 (= t²)	(Millán)
t.3 (= t³)	(Tolède 35-36)
t.4 (= t⁴)	(Londres Addit. 30846)
t.5 (= t⁵)	(Tolède 35-4)
t.6 (= t⁶)	(Tolède 35-5)
t.7 (= t⁷)	(León)

Syr	versions syriaques
SyrH	Syriaque Harkléenne
SyrH*	id. sections entre astérisque et métobèle

prv	version provençale
prv.1	(Palais S. Pierre, ms. 36)
prv.2	(Carpentras, Bibl. Munic., ms. 6)
tpl	version allemande (codex Teplensis)

Autres versions

Arab	version arabe (ms. du Sinaï)
Arm	version arménienne
	versions coptes
Mae (= G⁶⁷)	Pierpont Morgan Libr. (Glazier 67)
Boh	version Bohaïrique
Fay	version Fayoumique
Sah	version Sahidique
Eth	version éthiopienne
Eth.1	(Pierre l'éthiopien, Rome/Walton)
Eth.2	(Milan, Bibl. Ambr., B 20(2))
Eth.3	(Paris, Bibl. Nat., Eth.42)
Eth.4	(Londres, British Museum, Orient. 530)
Eth.5	(Londres, id. Orient. 529)
Eth.6	(Londres, id. Orient. 526)
Eth.7	(Londres, id. Orient. 531)
Eth.8	(Paris, Bibl. Nat., Eth.41)
Eth.9	(Collegeville, EMML Pr.6519)
Eth.10	(Collegeville, EMML Pr.6541)
Eth.11	(Collegeville, EMML Pr.2861)
Eth.12	(Hambourg, Tanasee 12)
Eth.13	(texte établi par Pell Platt)
Eth.20	(Collegeville, EMML Pr.5083)
Geo	version géorgienne
GeoᴬA	(Sinaï, Georg. 31)
Geoᴮ	(Sinaï, Georg. 39)
Geoᴵ	(Mt Athos, Iviron, 42)
Geoᴸ	(Lect. Sinaï)

(Les Pères anciens)

Eus	Eusèbe de Césarée
EusEm	Eusèbe d'Emèse
Faust	Faustinus

SyrH^mg	id. variantes marginales	FlavAnt	Flavien d'Antioche
SyrM	fragment de Khirbet Mird	FilB	Filastre de Brescia
SyrP	Peshitta	GrElv	Grégoire d'Elvire
SyrP^M	id. variantes d'un ms. de Milan (cf. Eth.2)	Hes	Hesychius de Jérusalem
		Hes^L	Hesychius-Latin
		Hil	Hilaire de Poitiers
		Hipp	Hippolyte de Rome
Les Pères anciens		Ign	Ignace d'Antioche
		Ir	Irénée de Lyon
Amb	Ambroise de Milan	Ir^L	Irénée-Latin
Amb^r	Ambrosiaster	JacEd	Jacques d'Edesse
Ath	Athanase	Jer	Jérôme
Ps.-Ath	Pseudo-Athanase	Just	Justin
Aug	Augustin	LibGr	Liber Graduum
Aug^a	- contra epist. Manichaei quam vocant fundamenti	Lcf	Lucifer de Cagliari
		MarV	Marius Victorinus
Aug^a'	- de Actis cum Felice manichaeo	MaxT	Maxime de Turin
		Meth	Méthode d'Olympe
Aug^b	- epistula ad Catholicos	Oecum^L	Oecumenius (Lemmes)
Aug^c	- autres ouvrages	Or	Origène
Barn	Barnabé (épître de)	Or^L	Origène-Latin
BarS	Bar Salibi	Papias	Papias de Hierapolis
Cass	Cassiodore (commentaire des Actes)	PassPerp	Passion de sainte Perpétue
		Petil	Petilien
Cass^L	- lemmes du commentaire	PhilM	Philoxène de Mabboug
Cass^P	- commentaire des psaumes	Polyc	Polycarpe de de Smyrne
Chr	Chrysostome	Prisc	Priscillien
Chr.1	- homélies sur les Actes (premier commentaire)	PrPr	De prophetis et prophetiis
		Qvd	Quodvultdeus
Chr.2	- homélies sur les Actes (deuxième commentaire)	RabEd	Rabbula d'Edesse
		Rebapt	De Rebaptismate
Chr.3	- citations éparses du texte des Actes	SevGab	Sévérien de Gabala
		Solut	Solutiones
Chr.1^a	- (Migne)	Tert	Tertullien
Chr.1^b	- (ms d'Oxford)	Theoph I^L	Théophylacte (= 1Chr^t) (Lemmes : 1° commentaire)
Chr.1^c	- (Chaîne-Cramer)		
Chr.1^f	- (ms Florentinus)		
Chr.1^o	- (Chaîne-Oecumenius)	Theoph II^L	Théophylacte (= 2Chr^t) (Lemmes : 2° commentaire)
Chr.1^t	- (Chaîne-Théophylacte 1° commentaire)		
Chr.1^t'	- (Chaîne-Théophylacte 2° commentaire)	Trin	De Trinitate
		Var	Contra Varimadum
Ps.-Chr.	Ps.-Chrysostome	Ps.-Vig	Ps.-Vigile de Thapse
ChrAq	Chromace d'Aquilée	Zen	Zénon de Vérone
ClemAl	Clément d'Alexandrie		
CAp	Constitutions des Apôtres		
Cyp	Cyprien	**Abréviations**	
CyrAl	Cyrille d'Alexandrie		

Didasc	Didascalia	*al*	*alii*
Did	Didyme d'Alexandrie		
Did^L	Didyme-Latin	*pc*	*pauci*
Ephr	Ephrem le Syrien		
Ephr^c	- (chaîne de Venise)	*pm*	*permulti*
Ephr^k	- (ms 571 de Vienne)		
Ephr^s	- (capitula du commentaire)		
Epiph	Epiphane de Salamine		

La présentation détaillée de tous les manuscrits bibliques ci-dessus est à lire dans le premier volume de la première édition critique[12]. Les citations faites par les Pères ou les auteurs anciens est à lire à la fin du second volume (apparat critique) de cette première édition[13]. La nomenclature des grands onciaux (A, B, C, D, E, L etc…) reprend celle des deux premières éditions critiques, excepté pour le Sinaïticus qui est noté א plutôt que S. Dans l'apparat critique de la présente édition, les rares fois où nous nous séparons de M.-E. BOISMARD sur telle ou telle variante secondaire attribuable au TO, ou bien lorsqu'il faut choisir entre les deux premières éditions critiques parce qu'elles se contredisent (ex. Ac 2,30), nous indiquons par le sigle *Boism*^1a la première édition critique du texte des Actes – BOISMARD-LAMOUILLE I (1984) – suivie de la variante qu'elle retient, et par le sigle *Boism*^2 la seconde édition critique – BOISMARD (2000) – suivie de la variante qu'elle retient. Le sigle *Boism*^1b représente l'apparat critique - BOISMARD-LAMOUILLE II (1984) - associé à la première édition.

I

RAPPELS HISTORIQUES ET EXEGETIQUES

Théodore de BEZE est né en Bourgogne en 1519 et mort à Genève en 1605. Humaniste et surtout théologien protestant, meilleur élève de Calvin, il connaît l'originalité du grand manuscrit qui deviendra

---

[12] BOISMARD-LAMOUILLE I (1984) 11-95.
[13] BOISMARD-LAMOUILLE II (1984) 337-349.

célèbre sous son nom, *Codex BEZAE*, ou sous celui de l'université de Cambridge à laquelle il l'offrira, *Codex Cantabrigensis*. Mais les études critiques comparatives entre les deux grands onciaux que sont ce codex et le codex Vaticanus ne commenceront vraiment qu'à la fin du XVIIe siècle.

La spécificité du TO

Le TO se distingue du TA par des variantes longues et des additions (ex. Mt 20,28 ; 28,26 ; Lc 6,4 ; 23,42-43 ; Jn 6,56 ; Ac 1,5 ; 8,37 ; 15,20.29 etc.)[14] ainsi que par des variantes courtes et des omissions (Mt 21,44 ; 27,49 ; Lc 22,19b.20 ; 24,51 ; Jn 12,8 ; Ac 3,21.11.12 ; 9,12 etc.)[15]. Dans le cas du troisième évangile, par exemple, C. M. MARTINI rattache le TO à un milieu ecclésial palestinien ou syriaque responsable de son caractère plus vif et plus prompt à refléter les réflexions exégétiques de la communauté[16].

S'agissant d'apprécier l'antiquité des textes transmis par les deux *codices*, il paraît indiqué de distinguer le cas des Evangiles, notamment celui de Luc, et le cas des Actes. En effet, ces deux livres ne sont pas attestés par les mêmes manuscrits ni les mêmes citations lorsqu'on remonte au second siècle, c'est-à-dire à la période qui nous fournit aujourd'hui les plus anciens témoins du Nouveau Testament.

L'Evangile de Luc

Pour ce qui est de l'évangile de Luc, la remarquable affinité du Vaticanus et du papyrus Bodmer XIV (p75), du début du IIIe siècle, fait envisager un archétype B-p75 de la fin du second siècle[17], donc antérieur

---

[14] Les « western non interpolations » ainsi nommées par WESCOTT - HORT (1896) 175-177, signalées par ROPES (1926) ccxxxv.

[15] Un panorama plus entier mais non exhaustif de ces variantes est donné par F. KENYON, *The Western Text in the Gospel and Acts, From the proceedings of the British Academy*, Volume XXIV, London 1938.

[16] C. M. MARTINI, *Il Problema della Recensionalità del Codice B alla Luce del Papiro Bodmer XIV*, Analecta Biblica 26, Roma 1966, p. 151.

[17] *Idem*, p. 149.

à Origène, et lié à un milieu alexandrin rigoureux, respectueux de la lettre et d'un certain purisme textuel[18].

Quant au Codex de BEZE, il donne un texte proche de celui sur lequel Marcion travaille vers 140 à Rome. Justin, également à Rome, écrit vers 150, et ses citations évangéliques sont incontestablement apparentées au texte transmis par le codex de BEZE. Ces deux exemples, et d'autres encore, attestent l'existence du TO du troisième Evangile à Rome vers le milieu du second siècle.

Les Actes des Apôtres

Pour ce qui est des Actes, à la fin du IIIe siècle, le manuscrit p[38] (Ac 18,27-19,6.12-16) présente un accord substantiel et presque parfait avec le TO(D), malgré une ou deux leçons du type TA[19]. Cela étant, avant lui, le manuscrit Chester Beatty p[45], daté du courant du IIIe siècle, donne un texte oscillant entre TA et TO[20].

Quant aux citations, Tertullien qui écrit au début du IIIe siècle, entre 197 et 220 à Carthage, cite les Actes substantiellement selon le TA (Ac 2,22 ; 8,21) ou selon le TO (Ac 3,19-21 ; 4,27). Saint Irénée (130-202), à la fin du IIe siècle à Lyon, connaît le TA. Mais il est le meilleur témoin du texte du Codex de BEZE pour l'Evangile et, surtout, pour les Actes[21] qu'il soutient en grec (y.c. la variante longue d'Ac 4,31b), comme aussi en latin (Ac 3,12-26 etc., avec, par exemple, la variante longue en Ac 15,23-29). Avant Irénée, D est clairement soutenu en Ac 2,24, contre le TA, par Polycarpe de Smyrne (69/89 – 155/167), le maître d'Irénée.

Malgré ce qui semble être un léger avantage au TO, l'inventaire des premiers témoins grecs des Actes ne permet donc pas d'affirmer qu'un des deux types de texte apparaît antérieur à l'autre au IIIe siècle ou déjà dans la seconde moitié du IIe siècle.

---

[18] *Idem*, p. 151.
[19] BOISMARD (2000) 29.
[20] *Idem*.
[21] C.-B. AMPHOUX, *Le Texte*, in D. C. PARKER & C.-B. AMPHOUX, *CODEX BEZAE, Studies from the Lunel Colloquim, June (1994) 337-354*, p. 341, E.J. BRILL 1996

Cela étant, la nature mêlée des témoins oscillant entre TA et TO n'empêche pas l'existence de témoins plus « purs ». Les accords entre D et p[38] contre le TA font envisager un archétype D-p[38] du texte du Codex de BEZE qui soit un excellent témoin du TO des Actes vers la fin du IIIe siècle.

L'origine sans doute égyptienne[22] de p[38] conduit à localiser aussi en Egypte[23] ce modèle archétypique des Actes suivi par le Codex de BEZE. Pour A. C. CLARK, le bilinguisme gréco-latin Dd du Codex de BEZE oriente aussi vers l'Egypte, car cette région a fourni nombre de manuscrits bilingues[24]. Le texte latin de d serait alors, dans le temps, tout proche du modèle grec de D.

En revanche, pour C.-B. AMPHOUX le texte latin de d n'aurait rejoint D qu'au Ve siècle à Lyon, au moment où il s'agissait de remplacer le modèle de D qui était devenu un vieux livre[25].

Quoi qu'il en soit, le lien paraît ancien entre D ou son modèle et le texte latin de d, si l'on en juge par les cas assez fréquents où D est une mauvaise rétroversion grecque de d ou mal influencé par lui[26], et où, inversement, d est une traduction servile de D[27]. Les deux textes ont été

---

[22] CLARK (1933) lxiii ; M.-J. LAGRANGE, *Un nouveau Papyrus contenant un Fragment des Actes*, RB 36 (1927) 560. Pour CLARK (1933) xii.lxiii.226 c'est dans le manuscrit grec du monastère égyptien de l'Enaton près d'Alexandrie que Thomas de HARKEL trouve les leçons occidentales correspondant à D et à p[38]. Mais pour BOISMARD – LAMOUILLE I (1984) 72.75, ce n'est pas dans ce manuscrit que Thomas a puisé ces leçons qu'il met en marge ou entre astérisques dans sa version syriaque des Actes en 616. C'est plutôt dans la première version syriaque qu'il les trouve, version héritée de Philoxène, évêque monophysite de MABBUG (Hiérapolis, sur l'Euphrate), et produite par Polycarpe le chorévêque de Philoxène en 508. C'est cette première version que Thomas pense améliorer, en la révisant à partir du manuscrit du monastère de l'Enaton qui est en réalité un manuscrit de type TA et *Koinè*. On ne peut donc pas fonder sur la localisation égyptienne de ce monastère la conviction que D a une origine proche d'Alexandrie. Pour autant, Alexandrie demeure par excellence le haut lieu de l'activité textuelle égyptienne, de sorte qu'on peut maintenir dans cette ville une origine égyptienne de D.
[23] CLARK (1933) lxiv contre KENYON (1938) 30.
[24] CLARK (1933) lxii rappelle que l'Egypte a fourni nombre de manuscrits bilingues gréco-latins, gréco-coptes, gréco-arabes, arabo-syriaques, arabo-bohaïriques.
[25] AMPHOUX (1996) 351.
[26] M.-E. BOISMARD, *Le Codex de BEZE et le Texte Occidental des Actes*, in D. C. PARKER & C.-B. AMPHOUX (1996), pp. 259-265. Ces cas recensés par BOISMARD - LAMOUILLE I (1984) 13-18 sont plus nombreux que ne le pense CLARK (1933) xliv.
[27] CLARK (1933) xliii-xliv ; BOISMARD - LAMOUILLE I (1984) 38.

manifestement harmonisés l'un sur l'autre[28]. Dans ce cas, on peut se demander si le latin de d – qui reste par principe une version – n'est pas à comprendre comme un état intermédiaire entre les deux états du grec que seraient le modèle de D et D lui-même.

Quant à la filiation Irénée-Polycarpe, elle fait remonter la trace du texte de D (TO) jusqu'à Smyrne, avant la moitié du second siècle. Mais rien ne prouve que le texte utilisé par Polycarpe était un témoin du TO de la même qualité que p[38].

On en est donc réduit, s'agissant des Actes, à faire l'hypothèse que l'archétype D-p[38] a *pu* être diffusé à partir de l'Egypte et en direction, notamment, de l'Asie Mineure avant le milieu du second siècle, hypothèse qui en rejoint d'autres du même genre à propos du troisième Evangile, tel qu'il est transmis par le Codex de BEZE[29].

Pour autant, vu la rareté des témoins du TA et du TO avant la deuxième moitié du second siècle, il paraît présomptueux de tirer des remarques précédentes une sorte d'évidence externe permettant d'affirmer que le TO est antérieur au TA. Ces remarques ne concernent que le deuxième siècle, et le résultat qu'elles font entrevoir est davantage de l'ordre d'une contemporanéité des deux types de texte à cette époque. L'évidence externe tend donc à les rapprocher dans le temps, sans expliquer ni leur émergence ni la netteté bien ramassée du TA autour du Vaticanus (B au IVe siècle, après p[45] au IIIe siècle), en regard de l'état fragmentaire et dispersé du TO porté par ses témoins grecs (D au Ve siècle, après p[38] et p[45] au IIIe siècle) et les versions qui les soutiennent.

---

[28] BOISMARD - LAMOUILLE I (1984) 13 ; BOISMARD (1996) 259.
[29] Avec cette présence de l'archétype de D à Smyrne, on se retrouve, en effet, pour les Actes, relativement proche de la position de AMPHOUX (1996) 350 qui fait naître à Smyrne, vers 120, la première édition des quatre évangiles dans l'ordre Mt-Jn-Lc-Mc qui sera celui du Codex de BEZE (Mt-Jn-Lc-Mc-Ac…).

II

LA QUALITE RELATIVE DU CODEX DE BEZE

II.1 LA QUALITE « OCCIDENTALE » DU CODEX DE BEZE

Pour certains auteurs, le Codex de BEZE est le meilleur témoin du Texte Occidental, puisque sa qualité textuelle se double de la quantité de versets attestés. Ce grand Oncial est ainsi privilégié par W. A. STRANGE, en 1992. Il a fait également l'objet d'un colloque organisé par C.-B. AMPHOUX à Lunel (France) en 1994. Les actes de ce colloque ont été publiés en 1996 par C.-B. AMPHOUX et D. C. PARKER. Au bénéfice du Codex du BEZE, il faut noter que son texte grec est assurément connu et utilisé par saint Irénée, ce qui lui confère ses lettres de noblesse, et, surtout, assure sa canonicité qui n'a jamais paru faire problème dans l'église de Lyon. Irénée a vécu avec le Texte Occidental du Codex de BEZE ou de son modèle, et on sait combien il s'est fait le défenseur de la tradition venue des apôtres. En ce sens, le Codex de BEZE vaut certainement d'être étudié et commenté pour lui-même. En témoignent les travaux imposants de J. RIUS-CAMPS et J. READ-HEIMERDINGER parus ces dernières années[30].

---

[30] J. RIUS-CAMPS & J. READ-HEIMERDINGER, *The Message of Acts in Codex Bezae, A Comparison with the Alexandrian Tradition*, 4 vol., LNTS 257 (2004), 302 (2006), 365 (2007), 415 (2009), Ed. Mark GOODACRE, Published T&T CLARK, London, New-York. L'œuvre impressionnante de ces deux auteurs accorde au Codex de BEZE (Ve siècle) une valeur qu'il mérite certainement, à commencer par l'antériorité de son texte par rapport au Texte Alexandrin des Actes porté par le Vaticanus (IVe siècle) pourtant daté d'un siècle avant lui. A ce seul titre, ce codex prouve que le Texte Occidental dont il est un témoin majeur ne peut plus être ignoré des commentateurs ni même de la réflexion théologique sur sa canonicité.
Restent cependant les défauts de ce codex que ces deux auteurs semblent réduire à de simples erreurs scribales mais que bon nombre d'autres auteurs qu'ils signalent jugent beaucoup plus sévèrement qu'eux (RIUS-CAMPS & READ-HEIMERDINGER (2004) 10). La présente introduction en donne plusieurs exemples révélateurs. Mais on retient surtout que le soin mis

Pour autant, Au cours du même colloque de Lunel, M.-E. BOISMARD a redonné un bref aperçu des différentes déficiences du Codex de BEZE. Elles sont essentiellement de trois ordres : des erreurs de scribe, des influences du texte latin (d) sur le texte grec (D), et des harmonisations en provenance du Texte Alexandrin[31]. Nous rappelons ci-dessous quelques unes de ces déficiences, en indiquant, le cas échéant, comment W.A. STRANGE essaye de les réduire afin de s'en tenir au seul Codex de BEZE.

---

par les deux auteurs à se départir de toute reconstitution éclectique semblable à celle de M.-E. BOISMARD et A. LAMOUILLE (RIUS-CAMPS & READ-HEIMERDINGER (2004) 8) est d'une certaine manière plus théorique que réel.

On constate en effet, que là où D est lacuneux ces deux auteurs reconstituent un texte éclectique *en anglais* avec rétroversion grecque dans l'apparat critique (ex. Ac 9,8a). Si l'objectif est de comparer le TO et le TA sur l'ensemble des Actes, pourquoi s'interdire en grec ce qu'on s'autorise en anglais ? Ou alors, si le principe d'une reconstitution éclectique est à écarter, ne vaudrait-il pas mieux laisser en blanc tous les passages des Actes absents du seul Codex de BEZE ?

Il est étonnant de voir que le dicton sur l'aiguillon en Ac 9,4 est retenu dans le TO contre la majorité des manuscrtits *grecs* et avec la majorité des *versions* – sauf h qui l'ignore – ceci contre l'avis de la notice critique explicite de SyrH[mg], pourtant signalée dans l'apparat (RIUS-CAMPS & READ-HEIMERDINGER (2006) 170). En Ac 9,8a on s'accorde à retenir la leçon *but he said to them : 'lift me up from the ground'* sur la base principale de h et de G[67], mais on attendrait que ce choix soit justifié au regard des autres versions, d'autant que la suite *and when they had raised him* n'est attestée que par le seul h contre G[67]. Plus généralement, on manque d'un principe de discernement des versions entre elles pour apprécier laquelle est à retenir de préférence à d'autres. Ainsi, RIUS-CAMPS & READ-HEIMERDINGER (2004) 16 : « Where the Latin and the Greek pages of Codex Bezae are lacunary, other 'Western' witnesses that are known to share D05 readings elswhere (notably the Old Latin MS h and the Middle Egyptian, mae) are used. » Mais qu'en est-il lorsque ces témoins divergent entre eux ?

Les deux auteurs, en Ac 28,29, suivent ainsi p et g avec d'autres latins comme le font M.-E. BOISMARD et A. LAMOUILLE, et ils donnent une rétroversion grecque dans l'apparat critique. Ils poursuivent – avec raison selon nous - en Ac 28,30 en suivant encore p et g avec tpl et Ephr[k]. Mais sans explication aucune, ils ne suivent plus p tpl Ephr[k] qui pourtant continuent, avec Vg(CTR), au verset suivant, en Ac 28,31. Là encore, l'absence de prise de position sur la qualité occidentale des versions entre elles se fait sentir qui aurait permis de justifier qu'on privilégie p SyrH tpl Vg(CTR) et Ephr[k] comme le font M.-E. BOISMARD et A. LAMOUILLE au détriment de g pour le dernier verset des Actes. Il en serait ressorti pour la toute fin des Actes, en Ac 28,31TO, à travers le titre de « Jésus Fils de Dieu » et du jugement qui l'accompagne, une mise en valeur et en relief de la figure de Paul (Ac 9,20 ; 13,33) qui est passablement aplatie dans le TA par souci de son alignement sur la prédication de Jésus et des Douze (cf. P. FAURE, *Pentecôte et Parousie, Ac 1,6-3,26 L'Eglise et le Mystère d'Israël entre les Textes Alexandrin et Occidental des Actes des Apôtres*, EBNS 50, Paris, Gabalda, 2003, p. 106).

En somme, le travail monumental des deux auteurs est incontournable pour qui s'intéresse en priorité Codex de BEZE. Mais les lacunes de ce dernier sont peut-être une invitation à porter aux autres témoins occidentaux un intérêt du même ordre pour que le TO des Actes en ressorte plus clair et plus complet.

[31] BOISMARD (1996) 258-270.

Les erreurs du scribe de D

Les erreurs de scribe ne sont contestées par personne. Elles sont néanmoins anormalement nombreuses[32]. Il suffit de les illustrer rapidement : Νικορα au lieu de Νικανορα (Ac 6,5), κωλαι au lieu de κωλυσαι (10,47), λον au lieu de λογον (13,5), etc. Plusieurs fois, c'est un mot entier qui manque. Nous l'indiquons ci-après entre parenthèses : τουτον (τον) Ιησουν (2,32), τη (ση) εξουσια (5,4), Πετρος (προς) αυτην (5,9), etc.

Les influences du texte latin (d) sur le texte grec (D)

Les influences du texte latin (d) sur le texte grec (D) sont également nombreuses. Elles peuvent s'expliquer par le souci du scribe de faire que D et d mis en deux colonnes parallèles se correspondent le mieux possible ligne à ligne.

On trouve ainsi :

- en Ac 3,11 :
B : ἐπὶ τῇ στοᾷ τῇ καλουμένῃ Σολομῶντος
D : ἐν τῇ στοᾷ *η καλουμενη σολομῶνος*
d : in porticum qui vocabitur solomonis
Dans D, le nominatif η καλουμενη est évidemment aberrant, et ne s'explique pas seulement par l'omission du τ devant le η[33]. En effet, on peut penser que sa présence dans D s'explique aussi par rétroversion du latin *qui vocabitur*, et donc par une addition à partir du latin[34]. Cette

---

[32] BOISMARD - LAMOUILLE I (1984) 11.

[33] Comme le voudraient W. A. STRANGE, *The problem of the Text of Acts,* Society for New Testament Studies, Monograph Series 71, Cambridge, 1992, p. 117 et BOISMARD (2000) 85.

[34] BOISMARD (1996) 264-265. A la réflexion, rien ne dit que les deux explications concurrentes (BOISMARD (1996) 265, et STRANGE (1992) 117 – BOISMARD (2000) 85) sont incompatibles : le scribe de D a très bien pu, dans un texte occidental court εν τη στοα σολομωνος, importer en provenance d'un texte du type de B l'expression τη καλουμενη, en omettant le τ devant le η sous l'influence du *qui vocabitur* de d due à la stichométrie Dd. Le même processus d'importation introduit ensuite le participe ἔκθαμβοι (B) à la fin du texte de D (voir *infra*).

hypothèse est confirmée par la leçon εν τη στοα σολομωνος du manuscrit 1838 et de la version éthiopienne qui, outre l'omission de η καλουμενη présentent, par ailleurs, plusieurs contacts avec le Texte Occidental. Ces contacts sont visibles ici à travers la préposition ἐν commune à D et 1838 contre la préposition ἐπὶ de B, et à travers l'orthographe même du nom de Salomon[35].

- en Ac 15,12[36], voici ce que donnent respectivement le Vaticanus (B), D et d :

B : ἤκουον Βαρναβᾶ καὶ Παύλου ἐξηγουμένων
D : ἤκουον Βαρναβᾶ καὶ Παύλου εξηγουμενοι
d : audiebant barnaban et paulum exponentes

Lorsqu'il s'agit d'écouter des personnes, le grec exige normalement le génitif (cf. B), tandis que le latin exige l'accusatif (cf. d). On peut penser que les accusatifs du grec de D ont été introduits sous l'influence du latin de d. Cette hypothèse est confirmée par le nominatif εξηγουμενοι de D qui est tout à fait aberrant.

---

[35] S'agissant d'expliquer la différence entre TA(B) et TO(D) en Ac 3,11, STRANGE (1992) 117-119 propose deux solutions totalement différentes.
La première (STRANGE (1992) 117-118) consiste à reconnaître que le texte plus difficile de D explique le mieux possible l'origine des textes longs de h et G[67], où aurait été importée à partir de B la leçon τότε ὁ λαὸς πᾶς συνέδραμεν. Le TO(D) décrit les figures centrales (Pierre, Jean, l'infirme guéri) en mouvement, tandis que le TA(B) les fige. La redondance de D θαμβητεντες...εκθαμβοι serait due à une contamination de D à partir du TA. Sans le dire ouvertement, STRANGE reconnaît donc que le TO(D) est antérieur au TA.
La seconde solution (STRANGE (1992) 118-119) est tellement fictive et échevelée – du moins pour ce que nous en comprenons – qu'elle aggrave le problème au lieu de le résoudre, et n'échappe pas aux contradictions qu'elle se tend à elle-même. Seul son but est clair : montrer la postériorité du TO par rapport au TA. Il faudrait imaginer plusieurs gloses marginales écrites par un lecteur connaissant bien le Temple, et, par la suite, maladroitement incorporées dans le texte, de type alexandrin, pour donner l'actuel texte occidental. Outre le fait que ces gloses ne sont nulle part attestées, il faudrait tenir en même temps qu'elles étaient destinées à ne rien remplacer dans le substrat alexandrin, mais que, pourtant, c'est ce qui s'est passé, vu la maladresse du scribe qui a écrasé ce qu'il fallait du TA pour donner le TO. En ce qui nous concerne, cette solution confondante défie l'entendement et l'exigence de proximité aux textes et aux témoins qui les soutiennent. Elle part pourtant du bon réflexe qui s'étonne que D qui aurait importé depuis B η καλουμενη (voir *supra*) et εκθαμβοι à la fin de Ac 3,11 n'aurait pas aussi importé de B la phrase συνεδραμεν πας ο λαος qui était autrement plus utile à son récit. En ce qui nous concerne, cette utilité n'est que relative. En effet, la mention du concours du peuple en Ac 3,11 est sous-entendue par la présence du participe θαμβητεντες qui renvoie nettement au verset précédent, à l'adjectif θαμβους qui qualifie le peuple. La frayeur de ce dernier est si grande qu'elle suffit à l'identifier.
[36] Ce cas n'est pas traité par W. A. STRANGE.

- en Ac 21,21[37] :

B : διδάσκεις … τοὺς κατὰ τὰ ἔθνη … Ἰουδαίους …

D : διδάσκεις … τοὺς κατὰ ἔθνη εισιν … Ἰουδαίους

d : docens … qui in gentibus sunt iudaeos

Dans D, l'article τὰ devant ἔθνη est tombé par haplographie avec le κατὰ précédent. Mais surtout, le verbe εισιν a été ajouté sous l'influence du *sunt* latin de d[38], ce qui ne donne aucun sens en grec.

Les fusions opérées par D entre TA et TO

Les cas d'harmonisations à partir du Texte Alexandrin (B) sont également visibles sous la forme de fusion des deux types de texte.

- Au tout début des Actes, en Ac 1,2[39], on constate les écarts suivants entre B et D et le vieux texte africain attesté par St Augustin :

B	Dd SyrH[mg] G[67] Sah	Aug[aa'] (rétroversion)	Aug[aa']
2a ἄχρι ἧς ἡμέρας	2a ἄχρι ἧς ἡμέρας ἀνελήφθη	2a ἐν ᾗ ἡμέρᾳ	2a in die quo (qua)
ἐντειλάμενος τοῖς ἀποστόλοις	ἐντειλάμενος τοῖς ἀποστόλοις	τοὺς ἀποστόλους ἐξελέξατο	apostolos elegit
διὰ πνεύματος ἁγίου οὓς ἐξελέξατο ἀνελήμφθη	διὰ πνεύματος ἁγίου (οὓς ἐξελέξατο)	διὰ πνεύματος ἁγίου	per spiritum sanctum
	2b καὶ ἐκέλευσε κηρύσσειν τὸ εὐαγγέλιον	2b καὶ ἐνετείλατο κηρύσσειν τὸ εὐαγγέλιον	2b et precepit praedicare evangelium

Comme l'ont bien vu ROPES[40] et CORSSEN[41], D a fusionné deux textes différents. La mise en synopse montre clairement que le Codex de BEZE a pris le début du verset de B (v.2a) puis la fin du verset d'Augustin qui

---

[37] Ce cas n'est pas traité par W. A. STRANGE.

[38] Comme l'a bien vu ROPES (1926) 205.

[39] Curieusement, ce premier cas n'est pas pris en considération par STRANGE (1992) 62.153 qui ne mentionne Ac 1,2 qu'en passant.

[40] ROPES (1926) 258.

[41] CORSSEN (1892) 18 : « Gleich am anfang des Apg. (I,2) bietet D einen augenscheinlich aus zwei verschiedenen Recensionen gemischten Text. »

correspond au TO primitif (v. 2b)[42]. En procédant dans cet ordre, D montre que son texte fondamental est celui du TA[43]. La fusion explique le doublet ἐντειλάμενος - ἐκέλευσε, et surtout le déplacement de ἀνελήμφθη qui serait absurde juste avant καὶ ἐκέλευσε.

Ac 1,2 montre que, à côté de D, les autres témoins majeurs du TO que sont le copte G[67] et la syriaque harkléenne SyrH[mg] peuvent aussi véhiculer les mêmes fusions textuelles. Seul reste alors, comme témoin du TO primitif, le vieux texte africain transmis par Augustin, et soutenu, en partie, par Tertullien et par Ephrem.

- En Ac 6,5 on lit[44] :
B : ἐνώπιον παντὸς τοῦ πλήθους
D : ἐνώπιον παντὸς τοῦ πλήθους τῶν μαθητῶν
h : ἐνώπιον πάντων τῶν μαθητῶν (rétroversion)
Le texte de D, soutenu par d et G[67], a manifestement fusionné les deux types de texte TA(B) et TO(h).

- En Ac 16,4, h est lacuneux, et G[67] aussi, absent depuis Ac 15,3. Seuls subsistent à, côté de D, la Syriaque harkléenne et le commentaire d'Ephrem.

B	D	SyrH[mg] Ephr (rétrov.)
4a ὡς δὲ διεπορεύντο τὰς πόλεις	4a διερχόμενοι δὲ τὰς πόλεις ἐκήρυσσον	4a διερχόμενοι δὲ τὰς πόλεις ἐκήρυσσον
παρεδίδοσαν αὐτοῖς	καὶ παρεδίδοσαν αὐτοῖς μετὰ πάσης παρρησίας τὸν κύριον Ἰησοῦν Χριστὸν	μετὰ πάσης παρρησίας τὸν κύριον Ἰησοῦν Χριστὸν

---

[42] Parmi ceux qui suivent Augustin pour donner le TO primitif, signalons A. C. CLARK (1933), J. DUPONT (*La Sainte Bible traduite en français sous la direction de l'Ecole Biblique de Jérusalem* n°35, *Les Actes des Apôtres*, Paris, Cerf, 1958, p. 35) et E.J. EPP, *Ascension in Textual Tradition of Luke-Acts*, dans *Essays in Honour of Bruce M. METZGER*, éd. E.J. EPP et G.D. FEE, p.136. En revanche, B. M. METZGER, *A Textual Commentary on the Greek New Testament. A Compagnon volume to the united Bible Societies' Greek New Testament*, Stuttgart 1971, p. 276, pense que le texte d'Augustin est une traduction libre par les latins du texte attesté par D. Mais cela reviendrait à ignorer le témoignage d'Ephrem (Codices 47 et 305. i. 1-3, signalé par ROPES (1926) 384, n.2) « in qua die iussit apotolos in Galilaea annuntiare evangelium » rappelé par BOISMARD - LAMOUILLE I (1984) 232, n. 91, et indiqué par BOISMARD (2000) 48 en apparat critique. Ce dernier point, en outre, n'enlève rien au fait que D ait opéré une fusion.

[43] BOISMARD - LAMOUILLE I (1984) 115.

[44] BOISMARD - LAMOUILLE I (1984) 116.

4b φυλάσσειν	4b ἅμα παραδιδόντες	4b
τὰ δόγματα	καὶ τὰς ἐντολὰς	
τὰ κεκριμένα		
ὑπὸ τῶν ἀποστόλων	ἀποστόλων	
καὶ πρεσβυτέρων	καὶ πρεσβυτέρων	
τῶν ἐν Ἱεροσολύμοις	τῶν ἐν Ἱεροσολύμοις	

Il est clair que D fusionne les deux types de texte, en prenant au TO
(SyrH[mg] Ephr) le thème de la prédication (v.4aTO) absent du TA, et
au TA le thème des décrets de Jérusalem (v.4bTA) absent du TO[45].
Dans le même sens, pour J. H. ROPES[46], la présence de la phrase καὶ
παρεδίδοσαν αὐτοῖς dans D est manifestement une contamination à
partir de B, puisqu'elle rompt le fil du texte, et qu'elle a son équivalent
juste après avec ἅμα παραδιδόντες[47]. En ce qui nous concerne, cette
contamination peut s'expliquer par le souci – honorable - du scribe de
D d'unir dans une même œuvre de tradition παρεδίδοσαν -
παραδιδόντες la prédication de Paul accompagné de Timothée et les

---

[45] En 16,4, le TO est donné par le commentaire d'Ephrem, parce que ce commentaire est en
accord avec la Syriaque harkléenne. De même en 16,5, le TO est encore donné par Ephrem là
où il est en accord avec D, c'est-à-dire pour omettre le thème de la foi τῇ πίστει. Dans les deux
cas, le TO repose sur l'accord d'Ephrem avec un autre témoin. Par conséquent, en 16,5, la
leçon *(inter filios) virorum per signa quae facta sunt* qu'Ephrem est seul à porter contre Dd ne
saurait être gardée pour reconstituer le TO (contre STRANGE (1992) 147).

[46] ROPES (1926) 150 n.4.

[47] Contamination ou harmonisation qui signifient que le scribe de D additionne le contenu des
textes en présence, TA et TO, selon un processus continu qui tient compte des versets
précédents. Ainsi, au v.4b, les mots παραδιδόντες τὰς ἐντολὰς (τῶν) πρεσβυτέρων, où
Paul et Timothée sont le sujet du verbe, reprennent ceux d'Ac 15,41D παραδιδούς τὰς
ἐντολὰς τῶν πρεσβυτέρων, où Paul seul est le sujet du verbe. Cette reprise, dans laquelle D a
intégré ἀποστόλων à partir du v.4b.B (ou peut-être à partir de d vu l'absence de l'article
τῶν), comme déjà παρεδίδοσαν αὐτοῖς à partir du v.4a.B, s'opère donc de façon cohérente,
sans contradiction.
Tel n'est pas le cas dans le scenario proposé par STRANGE (1992) 148. Selon cet auteur, le texte
de B serait original, et l'auteur de D aurait composé son texte en remplaçant le segment
παρεδίδοσαν ... ὑπὸ par une note marginale ayant pour contenu ἐκήρυσσον μετὰ πάσης
παρρησίας τὸν κύριον Ἱησοῦν Χριστὸν ἅμα παραδιδόντες καὶ τὰς ἐντολάς. Mais le
transcripteur responsable de l'opération aurait été « anxious to lose as little text as possible », et
aurait, en conséquence, gardé dans cette opération παρεδίδοσαν αὐτοῖς qui se trouve
aujourd'hui au v.4a.D. Il est alors tout à fait illogique et contradictoire que ce transcripteur –
ou l'auteur de D lui-même responsable de la note (STRANGE (1992) 150) – ait gardé seulement
παρεδίδοσαν αὐτοῖς et non le reste du v.4.B φυλάσσειν... ὑπὸ. L'hypothèse de la note
marginale, ou glose, aboutit donc à une contradiction.
Cela dit, dans « l'angoisse de ne rien perdre » que W. A. STRANGE prête au transcripteur ou à
l'auteur de D, se retrouve aisément la tendance de D à combiner TA et TO, mais, d'après nous,
selon une certaine cohérence.

décrets de Jérusalem acquis en Ac 15[48]. Enfin, pour parler de ces décrets, D ne reprend pas le terme de B δόγματα mais celui qu'il a déjà employé en Ac 15,41 ἐντολὰς.

Ce faisant, on observe, en Ac 15,41, que dans le TO (SyrH[mg] – Ephr[k]) ce sont Paul et Silas qui transmettent ces décrets ἐντολάς, alors que dans D c'est Paul seul qui transmet ces décrets (παραδιδοὺς est un singulier), et que dans B rien n'est dit sur la transmission des décrets. En revanche, en Ac 16,4 (B) ce sont Paul et Timothée qui les transmettent. Ce passage de Paul et Silas à Paul et Timothée s'explique aisément par le fait que l'héritier de Paul n'a pas été Silas mais Timothée (1-2Tm). Ici, au moins, l'évolution de l'histoire confirme ce qui semble être l'évolution narrative du TO vers B en passant par D. Le codex de BÈZE montre le premier pas de cette évolution, en concentrant la transmission des décrets sur la seule personne de Paul, avant que B y joigne sa postérité.

- En Ac 18,5-6, le TO est donné par h, soutenu par SyrH[mg] :

B	D	h
5a Ὡς δὲ κατῆλθον	5a παρεγένοντο δὲ	5a tunc supervenerunt
ἀπὸ τῆς Μακεδονίας	ἀπὸ τῆς Μακεδονίας	a macedonia
ὅ τε Σιλᾶς καὶ ὁ Τιμόθεος	τότε Σιλᾶς καὶ ὁ Τιμόθεος	silas et timotheus
συνείχετο τῷ λόγῳ	συνείχετο τῷ λόγῳ	
ὁ Παῦλος	ὁ Παῦλος	
διαμαρτυρόμενος	διαμαρτυρόμενος	
τοῖς Ἰουδαίοις εἶναι	τοῖς Ἰουδαίοις εἶναι	
τὸν Χριστὸν Ἰησοῦν	τὸν Χριστὸν Ἰησοῦν	
		atque iterum
5b	5b πολλοῦ δὲ λόγου	5b cum multum verbum
	γινομένου καὶ γραφῶν	fieret et scripturae
	διερμηνευομένων	interpretarentur
6 ἀντιτασσομένων δὲ	6 ἀντιτασσομένων δὲ	6 contradicebant
αὐτῶν	αὐτῶν	iudaei quidam
καὶ βλασφημούντων …	καὶ βλασφημούντων …	et maledicebant…

---

[48] Cette explication s'appuie sur des témoins qui existent réellement. Elle va de pair avec la conviction que la fusion opérée par D à partir des textes de B et de SyrH[mg] – Ephr[k] est évidente. L'explication proposée ci-dessus par STRANGE (1992) 148 revient à ignorer que le TO est un texte suivi dont le commentaire d'Ephrem atteste la continuité. Ce commentaire (IVe siècle) montre que les notes marginales de la syriaque harkléenne (SyrH[mg], début VIe siècle) sont bien le reflet d'un texte continu.

La seconde partie du texte de D (vv.5b-6.D) est impossible, avec ses trois génitifs absolus dont le premier et le dernier sont construits avec la particule de liaison δὲ [49].

Comme déjà en Ac 16,4 qu'on vient de voir, D a ici manifestement fusionné deux thèmes, celui de la prédication paulinienne, propre au TA (v.5a.B) et absente du TO (v.5a.h), et celui de l'interprétation des écritures, propre au TO (v.5b.h.SyrH[mg]) et absent du TA (v.5b.B). A l'appui du processus de fusion, on peut se demander si la séquence τότε Σιλᾶς dans D ne correspond pas au *tunc* attesté par h, plutôt qu'à une transcription erronée de la séquence ὅ τε Σιλᾶς donnée par B.

- En Ac 18,7-8 qui sont les versets suivants ce processus de fusion est encore observable : D emprunte surtout au TO, dont h est tout proche :

B	D	h
7 καὶ μεταβὰς ἐκεῖθεν εἰσῆλθεν εἰς οἰκίαν τινὸς ὀνόματι Τιτίου Ἰούστου σεβομένου τὸν θεόν οὗ ἡ οἰκία ἦν συνομοροῦσα τῇ συναγωγῇ	7 μεταβὰς δὲ ἀπὸ Ἀκυλα εἰσῆλθεν εἰς τὸν οἶκον τινὸς ὀνόματι Ἰούστου σεβομένου τὸν θεόν οὗ ἡ οἰκία ἦν συνομοροῦσα τῇ συναγωγῇ	7 et recessit ab Aquila et abiit in domum Justi metuentis dm erat autem domus ejus confinis synagogae
8a Κρίσπος δὲ ὁ δὲ ἀρχισυνάγωγος ἐπίστευσεν τῷ κυρίῳ σὺν ὅλῳ τῷ οἴκῳ αὐτοῦ, καὶ πολλοὶ τῶν Κορινθίων ἀκούοντες	8a ὁ δὲ ἀρχισυνάγωγος Κρίσπος ἐπίστευσεν εἰς τὸν κύριον σὺν ὅλῳ τῷ οἴκῳ αὐτοῦ, καὶ πολλοὶ τῶν Κορινθίων ἀκούοντες	8a archisynagogus autem quidam nomine Crispus credidit in dnm cum tota domo sua et quomodo multa plebs corinthiorum audierant verbum dni
8b ἐπίστευον καὶ ἐβαπτίζοντο	8b ἐπίστευον καὶ ἐβαπτίζοντο πιστεύοντες τῷ θεῷ διὰ τοῦ ὀνόματος τοῦ κυρίου ἡμῶν Ἰησοῦ Χριστοῦ	8b tinti sunt, credentes do in nomine ihu xpi

---

[49] BOISMARD (1996) 266.

- au v.7, la mention d'Aquila et l'absence de Titus, en h, se retrouvent dans D et non dans B, mais à l'inverse la mention du nom τινὸς ὀνόματιen B se retrouve dans D et non dans h. De même, la séquence homogène *domum-domus* en h et οἰκίαν - οἰκία en B se retrouve brisée en D avec la séquence mixte οἶκον - οἰκία.

- au v.8a, l'enchaînement *chef de synagogue - Crispus*, en h, se retrouve dans D mais non dans B où il est dans l'ordre inverse, mais, à l'opposé, la détermination *le* chef de synagogue en B se retrouve dans D et non dans h.

- Par ailleurs, *credere in dnm*, en h, se retrouve dans D ἐπίστευσεν εἰς τὸν κύριον mais non dans B.

- le v.8b est davantage bouleversé. La *parole du Seigneur*, en h, peut se retrouver dans *notre Seigneur*, en D. On note, surtout, que *credentes*, en h, se retrouve dans D πιστεύοντες mais non dans B, mais que, à l'inverse, ἐπίστευον en B se retrouve dans D et non dans h, provoquant, dans D, la redondance ἐπίστευον - πιστεύοντες. Il est, de toute façon, clair que D partage avec h l'essentiel de la leçon longue πιστεύοντες ... Χριστοῦ.

Comme en Ac 18,5-6, D continue donc d'harmoniser le TA et le TO[50].

Les quelques cas d'harmonisation que nous venons de donner sont suffisamment clairs pour qu'on s'en souvienne au moment d'étudier les cas moins clairs.

---

[50] On répond ainsi simplement à la question de STRANGE (1992) 155, déjà posée à propos d'Ac 16,4 (STRANGE (1992) 148), qui, tout en voyant bien, en Ac 18,8, *comment* le texte de D peut résulter de la combinaison du TA(B) et du TO(h), demande néanmoins *pourquoi* une telle combinaison aurait eu lieu. Le *pourquoi* de cette combinaison est à situer dans la tendance harmonisante du Codex de BEZE. Le *pourquoi* de la question de W.A. STRANGE est à situer dans sa position *a priori* que le TA(B) est antérieur au TO(D).
Comme dans les autres passages des Actes, STRANGE (1992) 155-156 propose qu'un copiste ait introduit à la fin du v.8b.D une note marginale ayant pour contenu πιστεύοντες τῳ θεῷ διὰ τοῦ ὀνόματος τοῦ κυρίου ἡμῶν Ἰησοῦ Χριστοῦ. A suivre cette méthode, on ne voit pas comment, au v.7.D précédent, un glossateur aurait ajouté au texte de B la mention « chez Aquila », et retranché au même texte de B la mention « Titus ». Sauf l'argument facile d'un retranchement par accident, la méthode proposée aboutit donc de nouveau à une contradiction.

- Ainsi, par exemple, le cas très disputé d'Ac 15,5 :

B	Dd	Ephrem (Chrysostome ?)
v.5	v.5 οἱ δὲ παραγγείλαντες αὐτοῖς ἀναβαίνειν πρὸς τοὺς πρεσβυτέρους	v.5 οἱ δὲ παραγγείλαντες αὐτοῖς ἀναβαίνειν πρὸς τοὺς πρεσβυτέρους
ἐξανέστησαν δέ τινες τῶν ἀπὸ τῆς αἱρέσεως τῶν Φαρισαίων πεπιστευκότες λέγοντες ὅτι δεῖ ...	ἐξανέστησαν λέγοντες τινες τῶν ἀπὸ τῆς αἱρέσεως τῶν Φαρισαίων πεπιστευκότες ὅτι δεῖ ...	ἐξανέστησαν λέγοντες ὅτι δεῖ ...

La difficulté vient du TO qui n'est attesté que par le commentaire d'Ephrem, soutenu par celui de Chrysostome[51]. En Ac 15,5, Ephrem – et sans doute Chrysostome - ignore la présence des Pharisiens, présence qui est pourtant attestée autant en Ac 15,1 (SyrH[mg], 614, minn.) qu'en Ac 15,5 (Dd, B). De plus, Ephrem implique au v.5 la présence de la leçon οἱ δὲ παραγγείλαντες ... πρεσβυτέρους, d'où la reconstitution du TO primitif qui intègre cette leçon et omet la mention des Pharisiens. Même fragile, cette reconstitution s'appuie sur des témoins qui existent, et qui se présentent comme des commentaires d'un texte suivi (Ephrem, Chrysostome). Faire de cette leçon une glose revient donc à ignorer ces témoins.[52]

Dans ces conditions, la comparaison de B (TA) de Dd et du TO montre qu'en Ac 15,5 *aussi* D a fusionné les deux types de texte, en empruntant au TA le thème des Pharisiens[53]. Il en résulte un texte grec particulièrement disharmonieux.

---

[51] Comme l'indique ROPES (1926) 423 n.5.

[52] Comme le voudrait STRANGE (1992) 136 pour qui cette leçon aurait été une glose marginale, ajoutée au thème des Pharisiens au lieu de lui être substituée, « comme cela était apparemment prévu » (sic). En ce qui nous concerne, l'accord entre SyrH[mg] et Ephrem pour attester cette leçon en Ac 15,5 montre que celle-ci fait partie d'un texte continu.

[53] Il ne paraît donc pas nécessaire de suivre ici ROPES (1926) 425 qui fait de ce thème une glose importée dans SyrH[mg]. Il paraît plus simple, et plus près des témoins tels qu'ils existent, de voir que, en Ac 15,5, SyrH[mg] s'est aligné sur le TA, comme en d'autres passages (Ac 1,2 ci-dessus).

Conclusion : vers la reconstitution critique du TO

D'autres exemples illustreraient encore cette tendance du Codex de BEZE à fusionner les deux types de textes (Ac 2,41 ; 3,13 ; 4,3.16.24 ; 5,21 ; 8,2 ; 11,28 ; 12,5 ; 13,6 ; 15,33 ; 18,19 ; 20,38 etc.)[54]. Dans chacun de ces cas, cette tendance apparaît d'autant mieux que le texte de D est mis en regard d'autres témoins du TO. Il en ressort que, le cas échéant, le Codex de BEZE n'a pas peur d'amplifier son texte.

Les passages indiqués ci-dessus donnent un échantillon des déficiences du Codex de BEZE et de sa moindre qualité « occidentale ». Ils ont convaincu les auteurs que nous avons déjà indiqués (T. ZAHN, A. C. CLARK, M.-E. BOISMARD) que le TO ne saurait reposer sur ce seul codex, et qu'il convenait d'en proposer une reconstitution critique à partir des autres témoins occidentaux.

Du point de vue de la méthode, la reconstitution proposée par M.-E. BOISMARD et A. LAMOUILLE repose avant tout sur l'accord des témoins majeurs du TO (D, G[67], h, SyrH[mg]) auxquels se joignent les citations d'Augustin, de Tertullien et d'Irénée etc. Là où ces témoins sont en désaccord ou sont lacuneux, la reconstitution recourt aux autres témoins réputés secondaires, et à la cohérence de leurs accords entre eux ou avec les grands témoins dans l'ensemble des Actes. Les considérations de style plus ou moins lucanien des leçons attestées par les différents témoins n'entrent pas en ligne de compte pour la reconstitution du Texte Occidental[55]. L'étude statistique des

---

[54] Voir, pour plus de détails, BOISMARD - LAMOUILLE I (1984) 19-21 ; BOISMARD (1996) 265-270 et (2000) *ad loc.*

[55] Contrairement à ce qu'ont souvent compris nombre de commentateurs - excusables en raison de la masse considérable des données traitées par M.-E. BOISMARD & A. LAMOUILLE – parmi lesquels B. ALAND, *Entstehung, Charakter und Herkunft des sog. Westlichen Textes untersucht an der Apostelgeschichte*, ETL 62 (1986) 5-65, p. 8 : « Für die Autoren… kann in viele Handschriften ein « Echo » dieses Textes (TO) geraten sein und sei tatsächlich geraten… Daher muβ man alle diese Handschriften zur Rekonstruktion des ursprünglichen TO heranziehen, und die in ihrer Menge statistisch erfaβbaren stilistischen Charakteristika sind dabei ein objektiver Wegweiser. » Pour BOISMARD - LAMOUILLE I (1984) 27, les « échos » du TO sont d'abord et avant tout les variantes longues qui le caractérisent, et dont aucun critique ne considère que le regroupement des témoins qui les attestent relève d'un subjectivisme inconscient. Les variantes longues du TO sont un fait non un style. Celles du TA aussi. Le style « lucanien » peut intervenir, éventuellement, dans la rétroversion, mais pas dans l'établissement critique du TO. S'agissant de l'édition du TO en l'an 2000, les deux exceptions qui confirment cette règle figurent en Ac 9,42 (BOISMARD (2000) 169 : « on voit difficilement le scribe du

caractéristiques stylistiques est une opération seconde qui vient après l'établissement du texte et qui lui reste extérieure. La qualité « lucanienne » qu'on peut reconnaître au TO reconstitué, du point de vue de la critique interne, reste donc à distance de sa qualité « occidentale » qui découle des recoupements entre témoins de la même famille[56].

Du point de vue de l'histoire du texte, T. Zahn adhère à la thèse de J. Leclerc (1685)[57], systématisée par F. Blass (1895) et reprise par J. Besler (1897) et E. Nestle (1896), selon laquelle Luc aurait écrit une première édition des Actes pour l'église de Rome, et une seconde, au style amélioré, pour Théophile. La première édition se retrouverait dans le Texte Occidental, et la seconde dans le Texte Alexandrin[58]. Cette thèse n'a pas manqué de détracteurs pour qui la priorité revient au texte du Codex Vaticanus (TA) sur le texte du Codex de Bèze (TO), ce dernier étant compris comme le fruit de diverses amplifications et révisions effectuées dans le courant du IIe siècle. De leur côté, M.-E. Boismard et A. Lamouille sont proches de F. Blass et de A. Pott[59] : Luc aurait écrit une première rédaction des Actes dont le TO donne l'écho. Mais, quelques années plus tard, il l'aurait profondément remaniée, jusqu'à produire une seconde rédaction. Ces deux rédactions auraient ensuite été fusionnées en une seule pour donner le texte actuel des Actes, sous sa forme alexandrine[60].

---

codex (G[67]) ayant inventé le si lucanien τὸ γεγονός ») et Ac 28,7.8 (Boismard (2000) 423 : « il serait invraisemblable que le traducteur éthiopien ait inventé une phrase si lucanienne : cf. 9,10 ; 11,20 ; … le substrat grec traduit par Eth.2.3. est donc encore ici de tonalité très lucanienne »), contre Ac 15,7 (Boismard (2000) 250 : « Le verbe *haesitare* peut traduire, soit l'exclusivement lucanien διαπορεῖν… soit le simple ἀπορεῖν… Nous avons opté pour ce second verbe à cause de Ac 25,20, cité à propos du v.2TO »).

[56] Il faut savoir gré à Strange (1992) de discuter l'établissement du TO sur la base des seuls contenus matériels plus ou moins communs aux différents témoins.

[57] R. Dupont-Roc, *La Tradition Textuelle des Actes des Apôtres : Positions actuelles et Enjeux*, p.46, in M. Berder, *Les Actes des Apôtres - Histoire, Récit, Théologie*, Paris, Cerf, 2005, pp. 43-62.

[58] Boismard - Lamouille I (1984) 3.

[59] Strange (1992) 31.

[60] Boismard - Lamouille I (1984) 9.

II.2. LA RECONSTITUTION DU TEXTE OCCIDENTAL

L'état fragmentaire du TO, ses témoins dispersés plus ou moins porteurs de leçons du TA et, surtout, traduits en différentes versions, peuvent conduire certains exégètes à douter de son existence effective comme texte suivi, et de la possibilité de le reconstituer. De fait, en l'absence d'un exemplaire complet du TO, la continuité du tissu textuel est par principe improuvable. Néanmoins, cette continuité est partiellement établie par des manuscrits comme D qui, même avec des lacunes (Ac 8,29-10,14 ; 21,2-10 ; 22,10-20 ; 22,30-28,31), va jusqu'en Ac 23,2, et comme G[67] (copte) qui va continûment jusqu'en Ac 15,3. De son côté, le manuscrit vieux latin h (palimpseste de Fleury-sur-Loire), bien que très fragmentaire, dérive d'un substrat grec de type occidental assez pur qui s'étend sur presque l'entièreté des Actes (3,2-4,8 ; 5,23-7,2 ; 7,42-8,2 ; 9,4-23 ; 14,5-23 ; 17,34-18,19 ; 23,8-24 ; 26,20-27,13).

Le résultat est qu'on peut présumer l'existence de variantes occidentales sur toute la longueur des Actes. Mais plus encore, pour C. M. MARTINI[61], le contenu même des variantes du Codex de BEZE montre une homogénéité interne (cohérence interne) et une uniformité d'attestation (cohérence externe) qui ne permettent plus de tenir, comme le fait E. GRÄSSER, qu'elles dérivent peut-être d'un grand nombre de lieux géographiques différents et qu'elles sont nées dans des temps divers[62]. Cette cohérence est telle qu'elle autorise à parler d'un Texte Occidental des Actes des Apôtres[63].

Bien entendu, comme l'ont déjà montré G. HILGENFELD, F. BLASS, T. ZAHN, A. C. CLARK, J. H. ROPES et d'autres[64], le travail de

---

[61] C. M. MARTINI, *La Tradition textuelle des Actes des Apôtres et les Tendances de l'Eglise ancienne*, BETL 48 (1979), p. 31.

[62] MARTINI (1979) 31-32 : « En général on constate que plusieurs des variantes longues ont une grande homogénéité interne, c'est-à-dire qu'elles se correspondent dans les diverses parties des Actes. Elles ont aussi une remarquable affinité avec le vocabulaire lucanien (…). A cette cohérence interne de beaucoup de variantes longues correspond aussi dans beaucoup de cas une cohérence externe, c'est-à-dire leur présence dans beaucoup de témoins (…) c'est-à-dire que certains témoins (surtout D d, les notes de la syro-harkléenne, les vieilles latines, les versions coptes et les Pères Anciens) soutiennent concordément des groupes de variantes. »

[63] STRANGE (1992) 27.

[64] MARTINI (1979) 31.

reconstitution du Texte Occidental est minutieux à partir de D et de ses alliés occidentaux que sont les meilleurs manuscrits grecs (p[29] (IIIᵉ s.) : Ac 26,7-8.20 ; p[38] (vers 300) : Ac 18,27-19,6.12-16 ; p[48] (fin IIIᵉ s.) : Ac 23,11-17.23-29), les textes vieux latin - pré-vulgate – (h, p, g, etc...), les versions coptes (G[67], Sahidique[65]), syro-harkléennes, éthiopiennes etc., ou les citations de certains pères grecs (Clément d'Alexandrie, Polycarpe, Irénée, etc.), ou latins (Tertullien, Irénée latin, etc.).

Mais, quoi qu'il en soit de la multiplicité de ces versions, et des archétypes qu'elles peuvent indiquer[66], les accords qu'elles représentent entre des sphères culturelles et linguistiques aussi éloignées les unes des autres font aller dans le sens d'un archétype commun.

A cet égard, on peut rappeler que M.-J. LAGRANGE a légué à ses étudiants de critique textuelle et à ceux qui les ont suivis, dont M.-E. BOISMARD, le principe selon lequel, dans la reconstitution d'un texte grec du NT à partir de manuscrits en différentes versions, l'accord entre vieux latin et vieux syriaque permet de présumer l'existence du substrat grec de ce texte[67].

Tous ces éléments que nous venons de signaler – l'extension des témoins occidentaux sur la longueur des Actes, les convictions de C.M. MARTINI et les accords (vieux)latin - (vieux)syriaque – sont autant d'indices en faveur de l'existence du TO et de sa reconstitution.

Pour autant, l'état de la question jusqu'à nos jours demeure aussi riche que complexe. Et il peut donner l'impression, malgré tout, que devant l'ampleur et la difficulté de la tâche, un certain renoncement à la quête de l'origine se fait lentement, au profit d'une recherche des milieux

---

[65] BOISMARD - LAMOUILLE I (1984) 76s.

[66] C.-B. AMPHOUX, Recension de M.-E. BOISMARD & A. LAMOUILLE, *Le Texte occidental des Actes des Apôtres, reconstitution et réhabilitation. 2 vol., Recherche sur les civilisations, « synthèse » n°17*, Paris 1984, BIBLICA 67 (1986) 410-414, p. 412.

[67] Dans le même sens CLARK (1933) xvii : « The constant agreements of the Latin and Syriac renderings are quite surprising. It is normal to find Syriac support for any Latin variant and vice versa. In order to avoid the natural interpretation, which is that the old-Latin and old-Syriac are both derived from Greek MSS. of the same type, some disputants, θέσιν διαφυλάττοντες, maintain that the old-Latin is derived from the old-Syriac. These antagonists may be left to confute each other. »

récepteurs des textes[68] et/ou des questions herméneutiques soulevées par le Codex de BEZE[69]. Mais, plusieurs contributions n'ont pas manqué d'observer que toute approche herméneutique du Texte Occidental s'avère prématurée tant que son fondement critique n'a pas été assuré[70]. Même l'analyse narrative ne saurait en faire l'économie[71]. Avant même de discuter les particularités textuelles des Actes, la question fondamentale qui subsiste aujourd'hui est donc de savoir et de décider *quel est* le Texte Occidental des Actes[72].

Comme on l'aura déjà compris, on peut répondre à cette question que le Codex de BEZE est le principal témoin du TO des Actes en étant son premier état transmis et qu'il est imprudent de le corriger en alléguant d'autres manuscrits occidentaux qui ne sont en fait que des témoins de ses révisions ultérieures[73]. Mais outre le fait que cette dernière hypothèse n'est pas indiscutable, cette focalisation sur le seul Codex de BEZE revient à sous-estimer ses nombreux handicaps que nous venons d'illustrer (rappelons notamment que D ne contient ni Ac 9 ni Ac 23-28...).

Cela dit, on se ferait illusion en pensant qu'amender le Codex de BEZE en recourant à ses alliés occidentaux suffirait à répondre à la question posée. La reconstitution entreprise par M.-E. BOISMARD et A. LAMOUILLE se veut modeste. Une première raison de cette modestie est la masse des témoins à inventorier ainsi que le choix des leçons à retenir, sans compter les nombreuses rétroversions en grec à partir de ces témoins. De ce point de vue, rappelons que la seconde édition parue en l'an **2000** essaye de tenir compte des critiques adressées à la première édition de **1984**, en se voulant plus simple et plus claire, mais en ne traitant que les versets les plus sensibles, d'où le présent ouvrage qui reprend l'ensemble des Actes afin de donner un vis-à-vis TA/TO sur

---

[68] DUPONT-ROC (2005) 53.

[69] STRANGE (1992) 33.

[70] *Idem.*

[71] « The text printed in Nestle-Aland is, of course, a modern reconstruction, found in no single ancient witness. Narrative study begins with an insecure text », in M.C. PARSON & R.I. PERVO, *Rethinking the Unity of Luke and Acts*, Fortress Press, Mineapolis, 1993, p.121, n.14. Ce qui vaut pour le Texte Alexandrin vaut alors *a fortiori* pour le Texte Occidental.

[72] STRANGE (1992) 35.

[73] Ainsi C.-B. AMPHOUX, *Réponse*, in E. NODET, *Synoptiques et Actes, Quel texte original ?*, Cahiers de la Revue Biblique 82, Paris, GABALDA, 2014, p.183.

tous leurs chapitres. A chaque édition la même conscience prévaut qu'il s'agit de proposer un « texte expérimental »[74] qui n'a pas la prétention d'être « le » Texte Occidental des Actes dans sa pureté idéale.

Mais cela étant, la modestie à observer a une raison supplémentaire qui est une raison de principe autrement plus profonde et plus structurelle que celle qu'on vient d'indiquer.

Concernant déjà le TA lui-même, ses deux manuscrits phares que sont le Vaticanus et le Sinaïticus sont censés donner, depuis B.F. WESCOTT et F.J.A. HORT en 1881, le texte « neutre » et « prérecensionnel » des Actes des Apôtres. Or, en réalité, ces deux grands onciaux s'avèrent être des révisions faites au IVe siècle d'un état antérieur du texte[75]. On ne peut donc pas les vénérer comme les témoins les plus incontestables des Actes. Et surtout, la question se pose alors du ou des texte(s) antérieur(s) d'où ces deux manuscrits tirent leur autorité. Dans ces conditions, le TA transmis par ces deux *codices* doit pouvoir être abordé dans la conscience qu'il est le fruit, au IVe siècle chrétien, d'une tradition textuelle vivante qui le précède et qu'il n'épuise pas. Dit autrement, la notion même de *texte* doit pouvoir être inséparable de la notion de *contexte* prise au sens large non seulement de circonstances historiques et de milieu producteur, mais aussi au sens de pluralité de témoins au milieu desquels les réviseurs et les éditeurs ont opéré leurs choix.

A fortiori, pourrait-on dire, lorsqu'on vient aux manuscrits occidentaux – en grec et en versions – et à la tradition écrite bien réelle qu'ils constituent, leur état fragmentaire et dégradé, durement malmené en comparaison des témoins du TA, peut donner à penser que cette tradition occidentale n'est peut-être qu'un *contexte sans texte* et que, au-delà de ses difficultés techniques, l'entreprise de reconstitution se heurte à une véritable question de légitimité : même en admettant que le TO proposé soit toujours perfectible, ne reste-t-il pas malgré tout dans le domaine d'une fiction littéraire qu'aucun manuscrit ne soutient concrètement ? D'une certaine manière, la réponse à cette objection de fond viendra du texte reconstitué lui-même qui devra « faire ses preuves » en manifestant, en regard du TA, telle

---

[74] BOISMARD - LAMOUILLE I (1984) x.
[75] AMPHOUX (2014) 180-181.

ou telle cohérence dont C.M. MARTINI a pressenti l'existence à partir du seul Codex de BEZE. Si l'étude ultérieure du TO reconstitué fait apparaître en vis-à-vis du TA des caractères marqués ou des tendances lourdes qui permettent de dépasser l'étude des variantes occidentales au seul cas par cas et de les intégrer dans un ensemble et un contexte plus large, alors cette reconstitution aura rempli son rôle qui est de rendre audible la voix occidentale des Actes dispersée dans l'émiettement de ses témoins[76].

Par le fait-même, l'éclectisme de méthode qui aura guidé le travail de reconstitution en ressortira confirmé dans ses choix qui reposent avant tout sur la connaissance particulière de chaque témoin et sur son comportement par rapport aux autres témoins. L'aspect « expérimental » du TO proposé par M.-E. BOISMARD maintient donc une exigence de connaissance globale et approfondie des différents témoins, lors-même qu'il invite les exégètes à poursuivre le travail critique.

---

[76] En ce qui nous concerne, l'étude de la reconstitution publiée par M.-E. BOISMARD en l'an 2000 ne permet plus d'attribuer au TO des Actes la tendance antijuive que E.J. EPP, *The Theological Tendency of Codex Bezae Cantabrigiensis in Acts*, SNTSMS 3, Cambridge 1966, pp.165-171, prête au Codex de BÈZE (cf. FAURE (2003) 312-13.354-55.411-15.425-26.450). Plus précisément, même si, parallèlement au TA, le TO reconstitué arrive à la rupture de Paul avec la synagogue hostile aux disciples en Ac 19,9, le TO reconstitué montre, contrairement au TA, un attachement solide pour le Temple de Jérusalem qui résiste bien aux critiques du discours d'Etienne (FAURE (2003) 469.476.399) et qui, dans la foi nouvelle, le baptême et le don de l'Esprit, devient manifestement une figure de l'Eglise (FAURE (2003) 481.491.495) qui est « maison de prière pour tous les peuples » (Is 56,7). Rappelons que d'après la reconstitution du TO, et au contraire du TA (Ac 21,30TA), les portes du Temple ne se ferment pas dans le dos de Paul (Ac 21,30TO), et que jusqu'à la fin des Actes ce dernier entretient une relation clairement ouverte avec les juifs chez qui l'évangile provoque une *grande discussion* (Ac 28,29TO). De manière assez inattendue, ces résultats rejoignent, par de tout autres biais, le poids que AMPHOUX (2014) 203 attribue à la « culture du Temple » dans l'élaboration du TO des Actes.

III

LES TITRES CHRISTOLOGIQUES DU TO RECONSTITUE

La tendance du Codex de BEZE à l'amplification conduit à examiner la question des titres du Christ qui peuvent être plus ou moins développés selon les passages des Actes : « Jésus Christ » (Ac 4,10), « (Notre) Seigneur Jésus » (Ac 19,17 ; 20,21), « (Notre) Seigneur Jésus Christ » (Ac 11,17 ; 15,26), « (son) Serviteur Jésus » (Ac 4,27). Le Codex de BEZE présente des titres souvent plus longs que le Vaticanus.

Pour plusieurs auteurs, ces amplifications constituent l'un des arguments les plus forts qui permettent d'affirmer que le Texte Occidental est postérieur au Texte Alexandrin[77]. En effet, un titre court (« Jésus », « Christ », « Seigneur », « Serviteur »…) peut aisément avoir été amplifié, soit par l'auteur lui-même dans l'hypothèse d'une seconde édition remaniée (F. BLASS), soit par un réviseur ultérieur, tandis que le phénomène inverse est pratiquement impensable[78] : ni l'auteur lui-même ni un réviseur ne se permettraient de réduire un titre du Christ en l'abrégeant.

A ces amplifications de D par rapport à B viennent s'ajouter les leçons longues propres à D − sans parallèle alexandrin - dans lesquelles apparaissent encore des titres plus ou moins longs du Christ (« nom de Jésus (Christ) (Seigneur) »). Le même constat vaut également pour l'Esprit Saint, parfois explicité dans le texte de D, mais absent du Vaticanus.

La présente édition du TO reconstitué permet de penser qu'en réalité, pour la plus grande majorité d'entre elles, ces amplifications peuvent être laissées au codex de BEZE et à ses alliés selon les cas, mais qu'elles

---

[77] STRANGE (1992) 48 s'appuie sur la critique adressé à F. BLASS par T. E. PAGE, Classical Review 11, 1897, pp. 317-320 pour en déduire : « It is this unexceptionable emphasis on edification which provides one of the strongest arguments for maintaining that the Western (text) is later than the alternative text. »

[78] ROPES (1926) ccxxix : « This seems so unlikely as to approach the impossible ».

ne s'imposent pas dans le TO qui peut légitimement donner des titres christologiques plus courts, vu les témoins qui les soutiennent.

L'objet de cette nouvelle partie de l'introduction est d'inventorier puis d'apprécier ces titres *en général* plus courts dans le TO qu'en D, et en général semblables, donc pas toujours identiques, à ceux qu'on trouve en B. Nous aborderons d'abord (III.1) les cas où le titre christologique donné par la reconstitution du TO est plus court que celui donné par D. L'examen de ces cas s'appuiera sur la seule critique externe. Nous aborderons ensuite (III.2) les cas où le titre christologique donné par la reconstitution du TO est identique à celui donné par D, mais plus long que celui donné par B. L'examen de ces cas, fondé sur la critique externe fera entendre aussi la voix de la critique interne, pour montrer qu'en eux-mêmes ces cas n'obligent pas à conclure à la postériorité du TO par rapport au TA.

D'une édition (1984) à l'autre (2000)

En préambule, notons que la seconde édition du TO par M.-E. BOISMARD, parue en l'an 2000, entend s'attacher davantage aux témoins principaux de la famille occidentale : plusieurs leçons courtes qui avaient été retenues dans la première édition (1984), mais qui avaient été jugées trop peu attestées, ont été abandonnées dans la seconde édition (2000)[79]. Il en résulte un alignement du TO reconstitué sur le codex de BEZE dans plusieurs cas qui attiraient sur eux la critique.

Ainsi, sur les 29 cas où le TO reconstitué en 1984 donnait un titre christologique plus court que le Codex de BEZE (Ac 1,21 ; 2,38 ; 3,6.13.20 ; 4,10.27.33 ; 5,42 ; 6,8 ; 7,55 ; 8,12.16 ; 10,48 ; 11,17.20 ; 13,33 ; 14,10 ; 15,11.26 ; 16,18.31 ; 18,8 ; 19,5.17 ; 20,21.24.35 ; 21,13), 8 cas ont été revus, dans lesquels, désormais, le TO reconstitué en l'an 2000 donne un titre christologique identique à celui du Codex de BEZE (Ac 3,13 ; 4,10 ; 7,55 ; 8,12 ; 15,26 ; 16,18 ; 19,17 ; 20,24). Il n'y a donc plus 29 mais 21 cas dans lesquels les titres donnés par le TO (2000) sont plus courts que ceux donnés par D.

---

[79] Ex. en Ac 8,12 (Vg(O) Eth.12) ; 15,26 (Sah.16) ; 16,18 (Sah.4) ; 19,17 (Vg(D) ; Vg(W) : *dei*) ; 20,24 (g Lcf Sah.460).

Dans les 8 passages où le TO (2000) donne le même titre que D, 6 fois ce titre est le même qu'en B (Ac 4,10 ; 8,12 ; 15,26 ; 16,18 ; 19,17 ; 20,24), de sorte que, dans ces passages, la question de la postériorité du TO ne se pose plus.

En revanche, en Ac 3,13 et Ac 7,55 le titre donné par le TO (2000) et par D demeure plus long que celui donné par B[80]. C'est dans ces deux cas-là, comme nous venons de l'annoncer, que la critique externe se doublera de la critique interne[81] pour apprécier ce qu'il en est de l'antériorité ente TO et TA($\approx$B). Ces deux cas seront donc examinés après les 21 cas mentionnés ci-dessus qui ne feront pas appel à la critique interne.

Cela étant, puisque ces deux cas introduiront brièvement à cette critique interne, avec ce qu'elle signifie d'analyses littéraires, ils serviront de transition vers l'examen de quelques leçons ou variantes longues du TO absentes de B, dans lesquelles apparaît un titre christologique. En effet, là encore la critique interne aura son mot à dire pour montrer que ces variantes longues n'impliquent pas *ipso facto* la postériorité du TO sur le TA.

1. Les titres christologiques du TO (2000) plus courts que ceux du Codex de BEZE

Nous abordons maintenant les 21 cas où le titre christologique donné par le TO reconstitué s'appuie sur des témoins autres que D et certains de ses alliés. La critique consiste à reprocher à ces autres témoins d'être marginaux ou dispersés : le titre qu'ils donnent plus court que D peut ne résulter que du hasard ou bien d'altérations aléatoires. Cette même critique, cependant, reconnaît que ces témoins peuvent avoir, à l'occasion, préservé le TO originel[82].

---

[80] En Ac 3,13, TO = D = « son Serviteur Jésus Christ » / B = « son Serviteur Jésus » ; en Ac 7,55 TO = D = « Jésus le Seigneur » / B = « Jésus ».

[81] On se souvient de l'affirmation de L. VAGANAY, *Initiation à la Critique textuelle néotestamentaire*, BLOUD et GAY, Paris 1934, p. 78 : « le dernier mot reste à la critique interne. »

[82] STRANGE (1992) 49 : « No doubt an original Western reading may be represented in any of these witnesses, but the more scattered and marginal the witnesses are, the less certainty one can

En réalité, l'examen de ces 21 passages montre que les témoins qu'ils invoquent sont moins marginaux ou dispersés qu'ils paraissent, et que les leçons plus courtes qu'ils soutiennent sont difficilement le fruit du hasard. Il suffit pour s'en convaincre d'observer le comportement de ces témoins dans l'ensemble des Actes ou au voisinage du passage étudié.

Pour la clarté de l'exposé, on distinguera :

- les 18 cas où le parallèle TA/TO existe effectivement, soit que D donne le titre long κύριος Ἰησοῦς χριστός (κ.ι.χ.) contre le titre court donné par B (κ.ι. ou ι.χ.), soit que D donne un titre identique à celui de B,

- les 3 cas où le TA n'offre pas de parallèle, et où l'on se trouve en présence d'une variante longue du TO (Ac 6,8 ; 14,10 ; 18,8).

1.1. Dans le parallélisme TA/TO

Parmi les 18 cas où le parallèle TA/TO existe effectivement, D donne 13 fois le titre long κ.ι.χ. (Ac 1,21 ; 2,38 ; 4,33 ; 5,42 ; 8,16 ; 10,48 ; 11,20 ; 13,33 ; 15,11 ; 16,31 ; 19,5 ; 20,21 ; 21,13), contre le titre court de B (κ.ι. ou ι.χ.), tandis que le TO reconstitué donne, lui aussi un titre court, mais pas toujours identique à celui de B. Les 5 autres fois, D donne le même titre que B (Ac 3,6.20 ; 4,27 ; 11,17 ; 20,35), titre long ou court, mais le TO reconstitué donne un titre respectivement court (Ac 11,17) ou ultra-court (Ac 3,6.20 ; 4,27 ; 20,35).

1.1.1. D plus long que B (13 cas)

- En Ac 1,21, le titre christologique long κ.ι.χ. (contre κ.ι. dans B) est bien attesté par Dd G[67] Aug[a'] 1838 SodC.12.13.15.16 *pc* SyrH Eth.1.6-8.10.13. Mais le titre court κ.ι. est attesté par p g t[1.2] e C Vg SyrP Boh Sah.4. Or, on relève dans cet ensemble, la présence du

---

have that they are pointing to a common lost original, and that they are not merely a collection of random and unrelated errors or alterations ».

groupe vieux latin p g t dont les accords sont très nombreux au début des Actes avec les meilleurs témoins occidentaux (D 1,16² ; 2,7.10 ; 3,21.22… ; G⁶⁷ 1,8.16 ; 3,22 ; 7,55… ; Augᵃ' 1,8.15.16² ; 2,7.10… ; Augᵃ 1,8 ; 2,7.10… ; Augᵇ 1,15 ; 2,7.10… ; h 3,21.22 ; 7,55…). Le désaccord, ici, avec D G⁶⁷ et Augᵃ' n'est donc pas décisif. Par ailleurs, on note l'accord entre le vieux latin (p g t – e Vg) et le syriaque (SyrP). Cet accord permet difficilement de considérer comme aléatoire leur omission commune du terme χ. On ne peut donc attribuer le titre court κ.ι. ni au hasard des transmissions ni à une harmonisation sur le texte alexandrin.

- En Ac 2,38, le titre christologique long κ.ι.χ. (contre ι.χ. dans B) est bien attesté par Dd G⁶⁷ Augᵇ p Cyp Ee b c r Vg(A) SyrP SyrH Sah.4.43 Geo. Mais D donne κ.ι.χ. alors que G⁶⁷ donne l'ordre inverse ι.χ.κ., signe que le terme κύριος a pu être ajouté. Cette hypothèse est confirmée par les témoins t¹·² g C Eth.1.13 Boh chez qui κύριος n'apparaît pas.

Mais la reconstitution va plus loin, en retenant la leçon ultra-courte Ἰησοῦς, sur la base d'Irénée Latin, de Philoxène de Mabbug-Hiérapolis (en 508) et de la version Bohaïrique (Irᴸ PhilM Boh(FS)). Il est communément admis que Irᴸ est un bon témoin du TO. On le vérifie, au moins au début des Actes, à travers ses nombreux contacts avec les meilleurs témoins (Augᵃ' 1,16² ; Augᵃ 2,4 ; Augᶜ 2,4.15.16.17².24.37 ; h 3,7.19.21.22.24… ; G⁶⁷ 1,16² ; 2,22.24².29.3 3.37…), et ses accords avec D (Ac 1,16² ; 2,15.16.17².24.29 ; 3,7.19.21.22.24…) ou ses désaccords avec lui (Ac 2,4².22.33…). La leçon ultra-courte Ἰησοῦς que Irᴸ donne en Ac 2,38 contre D relève donc difficilement du hasard. A cela s'ajoute le comportement remarquable de PhilM qui, en Ac 4,12, soutient toutes les variantes occidentales attestées par les meilleurs témoins. Quant aux deux manuscrits de la Bohaïrique Boh(FS) qui, eux non plus, ne donnent ni κ. ni χ., on constate que peu après, en Ac 3,6, de nouveau contre D G⁶⁷ p SyrH SyrP…, ils donnent un titre christologique ultra-court ι. au lieu de ι.χ.

Ce titre ultra-court attesté par les trois témoins Irᴸ PhilM Boh(FS) apparaît donc difficilement attribuable au hasard. Du reste, l'omission qui l'expliquerait ne porterait pas sur un terme mais sur deux termes non consécutifs, κ. et χ., ce qui est beaucoup.

- En Ac 4,33, κ.ι.χ. (contre κ.ι. dans B) est bien attesté par Dd ℵ A G⁶⁷ Ee r Vg SyrP SodC.3.5.14 SoB.1-4.6   36.453 467 1175 *pc* Chr.1ª Boh Boh(NT) Eth.1.3.6-10 Geo ndl. On observe cependant le bouleversement des termes entre Dd G⁶⁷ Ee qui donnent κ.ι.χ. tandis que le Sinaïticus et l'Alexandrinus donnent ι.χ.κ., ce qui fait penser à un ajout possible de κύριος. Mais la version bohaïrique donne soit ι.χ.κ (Boh) soit χ.ι.κ. (Boh (NT)), ce qui fait penser à un ajout possible de χριστός plutôt que de Ἰησοῦς, vu le contexte.

De ces deux hypothèses, la première (κ. ajouté) n'est soutenue que par l'ensemble 808 1522 1831 Eth.4 SyrP Eth.9 Boh(FS) qui donne ι.χ., et dans lequel Boh(FS) est concurrencé par Boh(NT). En revanche, la seconde hypothèse (χ. ajouté) est mieux soutenue par l'ensemble Irᴸ SyrH p g t C Sah.4 Eth.13 614 qui donne κ.ι., et dans lequel on note[83], à côté de Irᴸ, la présence du groupe p g t déjà rencontré en Ac 1,21. On est donc fondé à préférer l'omission de χριστός et à retenir, pour le TO reconstitué, le titre christologique κύριος Ἰησοῦς qui coïncide avec la leçon du Vaticanus.

- En Ac 5,42, le titre long κ.ι.χ. (contre χ.ι. dans B) est attesté par Dd h p(vid) g Vg(CT) SyrP Sah.4 Eth.5-13 Ephrᵏ 1898. Outre l'incertitude sur p, on relève, à l'intérieur de cet ensemble, l'ordre des termes différent en g Vg(C) qui donnent κ.χ.ι. faisant penser à un ajout de χ. Cette hypothèse est aussitôt confirmée par l'absence de χ. en G⁶⁷ C SodC.6 33 *pc* Eth.4. Cet ajout de χ. est aussi confirmé par l'ensemble Vg e SyrH Boh Eth.1 où le même bouleversement apparaît entre ι.χ. (e Boh Eth.1) et χ.ι. (SyrH Vg). Dans cet ensemble, le désaccord entre latins ne porte pas à retenir la leçon ultra-courte ι. qui n'est attestée par aucun témoin. On peut donc s'en tenir à une omission non aléatoire de χ. et au titre κ.ι. dans le TO reconstitué.

- En Ac 8,16, le titre christologique long κ.ι.χ. (contre κ.ι. dans B) est attesté par Dd G⁶⁷ Vg(AIM) Eth.4.7.10.11. ndl.1. On n'y relève *a priori* aucune irrégularité dans l'ordre des trois termes[84]. Néanmoins, le titre court κ.ι. est attesté par l'ensemble p g t e C Rebapt. Vg 614 SyrH SyrP Boh Sah.4 Eth.1.3.13 ndl.2.3.

---

[83] A partir de Ac 5,42, le manuscrit 614 est, avec 2412, le « plus occidental » de tous les minuscules (BOISMARD - LAMOUILLE I (1984) 25).

[84] Toutefois, nous n'avons pas eu accès aux manuscrits éthiopiens Eth.4.7.10.11.

Entre ces deux ensembles, on constate une scission remarquable qui divise les trois groupes linguistiques Vg Eth. et ndl. On constate également, au profit du titre court κ.ι., la présence du groupe vieux latin p g t soutenu par la partie latine du Codex Laudianus e et par le Rescrit d'Ephrem le Syrien C. On relève enfin l'accord bien marqué entre vieux latin (p g t – e Vg) et syriaque (SyrP SyrH), accompagné des éthiopiens, ce qui éloigne d'une harmonisation sur les alexandrins.

On voit donc mal que l'absence de χριστός dans ce passage des Actes soit attribuable au hasard des transmissions. Le titre plus court retenu dans la présente édition du TO coïncide alors avec celui du Codex Vaticanus.

- En Ac 10,48, le titre long κ.ι.χ. (contre ι.χ. dans B) est attesté par Dd p SyrH, tandis que le titre plus court ι.χ. est attesté par G[67] g e Rebapt Vg(*codd. plur.*) 614 SyrH Sah.4 Boh Eth.1.13. On observe d'emblée la divergence entre D et G[67]. On note aussi la dispersion des manuscrits de la Vulgate, entre les plus nombreux Vg(*codd. plur.*) qui avec G[67] donnent ι.χ., et ceux qui, contre G[67], donnent seulement χ. Vg(WDM*T), ou seulement κ. Vg(M) avec H L P 104 2495. Ces deux derniers cas, vu les témoins qui les soutiennent, peuvent s'expliquer par l'omission aléatoire du début (κ.ι.) ou de la fin (ι.χ.) du titre long (κ.ι.χ.). En revanche, la qualité et le nombre des témoins qui soutiennent le titre ι.χ. permettent beaucoup plus difficilement qu'on attribue au hasard l'absence de κ. devant ι.χ. S'il fallait en rester là, le TO reconstitué donnerait un titre qui coïncide avec le texte du Vaticanus.

Mais la reconstitution va plus loin, et propose de ne retenir que la leçon ultra-courte Ἰησοῦς attestée par (SodC.5) 1175 Eth.3.10. L'option peut paraître audacieuse. Pourtant, s'il est permis, comme l'espérait ROPES, d'attendre des témoins éthiopiens une contribution valable à la critique des Actes[85], on peut noter que Eth. 10 est familier du titre long κ.ι.χ. qu'il atteste au moins 7 fois dans les Actes (Ac 1,21 ; 4,33 ; 5,42 ; 8,16 ; 14,10 ; 16,31 ; 19,5). Une fois il atteste la forme κ.ι. (Ac 3,6) qui peut aisément s'expliquer par l'omission aléatoire de χ. Le comportement général de ce témoin ne porte donc pas à la leçon ultra-courte. En conséquence, comme en Ac 2,38, on

---

[85] ROPES (1926) cxlvii.

voit mal comment le scribe d'Eth.10 aurait omis par hasard deux termes non consécutifs du titre long κ.ι.χ. La leçon ultra-courte Ἰησοῦς a donc toute sa raison d'être.

- En Ac 11,20, le titre long κ.ι.χ. (contre ι.χ. dans B) est attesté par Dd G⁶⁷ Eth.13, tandis que le titre court ι.χ. est attesté par p g e Vg 614 SyrP SyrH Boh Sah.4 Eth.1 ndl.2. On note qu'aucun manuscrit de la Vulgate n'atteste la présence de κ., ce qui représente une unanimité plutôt rare. Par ailleurs, cette absence de κ. est attestée par un accord vieux latin (p g – e Vg) – syriaque (SyrP SyrH) bien confirmé par 614 Boh Sah.4 Eth.1 ndl.2. On peut donc considérer le titre court ι.χ. non comme un titre long réduit par harmonisation sur les alexandrins (B, ℵ…), mais comme une leçon brève proprement occidentale.

- En Ac 13,33, le titre long κ.ι.χ. (contre ι. dans B) est attesté par Dd G⁶⁷ Vg(SU) Sah.4 Ambr. Mais il y a inversion des termes entre κ.ι.χ. soutenu par Dd G⁶⁷ Sah.4, et ι.χ.κ. soutenu par Vg(SU), signe d'un ajout possible de κ. Et, à son tour, χ. peut avoir été ajouté, d'après le titre court κ.ι. qu'on trouve en 614 SyrH Hil. Reste alors le titre ultra-court ι. qui coïncide avec une partie seulement des alexandrins (B ℵ contre A²), et qu'on peut retenir pour deux raisons.
D'une part, l'absence totale de ce titre, attestée par A² et g qui n'ont que le pronom αὐτὸς, n'est pas spectaculaire, car ce pronom est omniprésent dans le contexte (Ac 13,28.29.30.31). D'autre part, ce titre ultra-court ι. est attesté par t e C Vg SyrP Boh Eth.1.13 où l'accord vieux latin (t – e Vg) – syriaque (SyrP) est bien soutenu par Boh Eth.1.13. L'absence de κ. et χ. ne peut donc pas y être due au hasard. Le titre ultra-court ι. est donc tout à fait recevable pour la reconstitution du TO.

- En Ac 15,11, le titre long κ.ι.χ. (contre κ.ι. dans B) est attesté par Dd Irᴸ C g SyrP. Eth.13 ndl.2. Les témoins G⁶⁷ h p t sont ici lacuneux. Le titre court κ.ι. est attesté par Vg e 614 SyrH Sah.4 Boh Eth.1. Malgré le nombre plus restreint de ces témoins, l'éventail des traditions qu'il représente est suffisamment large pour que leur omission conjointe de χ. ne soit pas attribuable au hasard des transmissions. Et s'il fallait en rester là, on aurait des raisons de retenir dans la reconstitution du TO le titre κ.ι. identique à la leçon alexandrine.

Mais il peut être légitime d'aller plus loin. En effet, la leçon ultra-courte Ἰησοῦς est attestée par Tert ndl.1. Or, Tertullien est l'un des plus anciens témoins des Actes. Son activité littéraire se déroule à Carthage entre 197 et 220 ap. J.-C. S'agissant des Actes, sa proximité avec les meilleurs témoins occidentaux est évidente et abondante (D 1,2 ; 2,10 ; 3,19-22 ; G⁶⁷ 1,2 ; 2,33 ; 3,22 ; 4,27 ; 9,6 ; h 3,20-22 ; 9,6 ; SyrH^mg 1,2 ; Aug^a' 1,2.3 ; 2,10 ; Aug^a 1,2.3 ; 2,9-10 ; Aug^c 4,27 etc.). Or, même s'il n'ignore pas le titre long κ.ι.χ. (Ac 21,13), Tertullien donne quelques fois des leçons ultra-courtes qui ne peuvent pas s'expliquer par une omission : en Ac 3,20, le titre χ.ι. attesté par la quasi totalité des témoins s'explique par l'addition de ι. à χ., beaucoup plus certainement que le seul titre χ. attesté par Tert Sah.449 ne s'explique par l'omission de ι. à un ι.χ. originel. On vérifie que le texte lui-même, dans son sens, appelle la mention de Jésus. On ne verra pas là une « idiosyncrasie du témoin isolé »[86], car un chapitre plus loin, en Ac 4,27, le même Tertullien donne une leçon ultra-courte où le nom de Jésus est absent, leçon soutenue par g et par presque la moitié des éthiopiens (Eth.5-12). Dans ces conditions, en Ac 15,11, la leçon ultra-courte Ἰησοῦς soutenue par la version néerlandaise (XIIIᵉ siècle) a toute sa valeur.

- En Ac 16,31, κ.ι.χ. (contre κ.ι. dans B) est attesté par Dd C Ee Vg(I) 614 *Koinè* SyrH SyrP Sah.4 Eth.1.2.4-13 ndl.2, sans perturbation dans l'ordre des termes. Cet ensemble imposant paraît couper court à toute discussion. Néanmoins, on peut ne pas se laisser trop impressionner. En effet, il faut noter l'absence de G⁶⁷ h Eth.3 ndl.1.3… qui sont ici lacuneux. Par ailleurs, le titre court κ.ι. est attesté par l'ensemble g l Vg Lcf Boh qui montre que tous les manuscrits de la Vulgate, à l'exception de Vg(I), donnent le titre court. Dans cet ensemble, en particulier, on note l'accord entre g et Lucifer de Cagliari Lcf (mort en 370), ce dernier donnant *deum Iesum* et *dominum nostrum Iesum*.

---

[86] L'expression est de ROPES (1926) ccxxxvi.

Or, l'accord g - Lcf est remarquable en Ac 16,16-34 où il soutient 6 fois[87] le Codex de BEZE D, dont 4 fois avec l'appui du syriaque. Mais ce soutien n'est pas général, car 7 fois[88] la paire g Lcf s'oppose à D, dont 2 fois avec l'appui du syriaque et 2 fois celui des éthiopiens, et, surtout, 3 fois l'appui de d. Dans ces 7 cas, il arrive que D diffère de B.

On ne considèrera donc pas que, en Ac 16,31, le titre court κ.ι. manque d'appuis occidentaux, ou qu'il s'explique par un alignement sur le texte alexandrin. Il est au contraire attesté par l'ensemble g Lcf Vg dont le comportement, dans le chapitre 16, se révèle homogène, et ne permet pas d'attribuer l'absence de χ. à des omissions dues au hasard.

- En Ac 19,5, le titre long κ.ι.χ. (contre κ.ι. dans B) est attesté par Dd (p[38]) g b Vg(ThW) 614 SyrH* SyrP SodC.1.2.4-7 a(629) Sah.4.43 Eth.3.10. ndl.3. Plusieurs témoins font défaut : h G[67] p t Ir C... Le titre court κ.ι. est attesté par Ee Vg(SC) Boh Arm Eth.1.7 ndl.2. Comme en Ac 8,16, la division des trois groupes Vg Eth et ndl est remarquable. On relève, en outre, que l'absence de χ. en Eth.1 a peu de chance d'être une omission aléatoire. En effet, Eth.1 manifeste cette absence ailleurs, contre D, au moins 4 fois en accord avec B (Ac 3,13 ; 8,16 ; 11,20 ; 13,33), et 1 fois en désaccord avec lui (Ac 4,10). Mais cette absence n'est pas systématique, puisque Eth.1 donne le titre χ. en accord avec D et contre B, en Ac 1,21 ; 4,33 ; 16,31... Enfin, l'absence de χ. en Ac 19,5 ne s'explique pas d'abord par une harmonisation sur B. En effet, on peut établir que l'auteur de Eth.1, le moine Pierre l'éthiopien qui travaille à Rome au XVIe siècle, utilise un archétype analogue au texte en général ultracourt de Eth.2.3.(20) qu'il complète à partir de la Vulgate[89]. La leçon κ.ι. peut donc tout à fait reproduire cet archétype et être retenue pour la reconstitution du TO.

---

[87] En Ac 16,16 : D – p[45] g Lcf Ee Koinè Vg(CMT) SyrP Sah Boh ndl.1 ; Ac 16,17 : Dd g Lcf Chr.1[b] / (D)d g Lcf SyrP Boh(FS) ; Ac 16,24 : Dd g Lcf Vg ; Ac 16,29 : (Dd) g Lcf SyrH SyrP ; Ac 16,34 : Dd C g Lcf SyrP Sah Boh *Koinè*.

[88] En Ac 16,22 : d g Lcf Vg SyrP Sah / d g Lcf Vg e l SyrP ; Ac 16,29 (3 fois) : g Lcf Vg(I*) ; Ac 16,33 : g Lcf Cass Boh(A) Eth.2-12 ; 16,34 : d g Lcf c s Vg(D) Sah Eth.1.4-13.

[89] BOISMARD - LAMOUILLE I (1984) 80.

- En Ac 20,21, le titre long κ.(η.)ι.χ. (contre κ.(η.)ι. dans B) est attesté par l'ensemble Dd ℵ A E C p⁷⁴ Vg SyrP Boh Eth.13. Dans cet ensemble, tous les témoins grecs donnent εἰς τὸν κύριον ἡμῶν Ἰησοῦν χριστόν, sauf D qui, de manière très erratique, donne διὰ τοῦ κυρίου ἡμῶν Ἰησοῦ χριστοῦ. Faut-il y voir une « idiosyncrasie du témoin isolé » ? En tout cas, le caractère occidental du titre long en ressort quelque peu affaibli.

Mais quoi qu'il en soit, le titre court κ.(η.)ι. est attesté par l'ensemble g Lcf 614 SyrH Sah.4.43 Eth.1 où l'on note l'accord vieux latin (g Lcf) – syriaque (SyrH). Par ailleurs, et comme en Ac 16,31, la paire g Lcf a un comportement remarquable dans le contexte d'Ac 20,21 : 6 fois[90] elle soutient D contre B. Une fois, cependant, elle s'oppose à Dd, en Ac 20,25 pour omettre ἰδοὺ (g Lcf Ee Vg(S*) SyrP Eth.2.9). On ne considérera donc pas qu'en Ac 20,21 l'absence de χ. résulte d'un alignement sur B, ou d'une omission due au hasard des transmissions.

- En Ac 21,13, le titre long κ.ι.χ. (contre κ.ι. dans B) est attesté par Dd Tert Augᶜ CyrAlˢʸʳ Orᴸᴸᴸ g Vg(Th) C Jer ndl.2 Eth.4 qui donnent tous l'ordre κ.ι.χ., à l'exception de d qui donne κ.χ.ι. Ce bouleversement à l'intérieur même du Codex de BEZE suggère que χ. a été ajouté, plutôt que ι., vu le contexte où Paul ne saurait se dire prêt à mourir pour le nom *du* (ou *de mon* ou *de notre*) « Seigneur Christ ». Par ailleurs, le titre court κ.ι. est attesté par Orᵍʳ Cassᴾ Ee Vg SyrH SyrP (Sah.4) Boh Eth.1.13. Dans cet ensemble, la présence de Orᵍʳ est digne de considération. En effet, dans son commentaire sur St Matthieu, Origène cite Ac 21,11.13. En Ac 21,11, son accord avec Epiphane et, surtout, avec le commentaire syriaque de Cyrille d'Alexandrie, pour omettre la fin substantielle du v.11, montre qu'il connaît un texte court qui ne doit rien à une harmonisation sur les alexandrins : on voit mal, en effet, qu'Origène ait omis la livraison de Jésus aux mains des païens (Ac 21,11.TA) au moment où il veut montrer que Paul imite son Maître au point de monter à Jérusalem pour y mourir comme lui et pour lui. En Ac 21,11, la reconstitution du TO peut donc s'appuyer sur Epiph Orᵍʳ et CyrAlˢʸʳ. Dans ces

---

[90] En Ac 20,18 : Dd g Lcf y′ ; Ac 20,23 : Dd g Lcf c y′ Vg(AGThW) SyrH* Sah ndl ; Ac 20,24 : Dd g Lcf b dem Vg(ThM) Ephrᵏᶜ Amb ndl.2 ; Ac 20,27 : D g Lcf SodC.5 Chr.2ᵇ ; Ac 20,28 : Dd E A C p⁷⁴ g Lcf p e Irᴸ SyrHᵐᵍ Amb CyrAl Sah Boh Arm… ; Ac 20,31 : D g Lcf Vg SyrP Sah Boh Eth.

conditions, en Ac 21,13, l'opposition entre Or^gr (κ.ι.) et CyrAl^syr (κ.ι.χ.) peut rendre perplexe. Mais le désaccord déjà signalé entre D et d en faveur du titre court fait pencher pour Or^gr. On note alors que, à l'appui d'Or^gr, l'accord assez bien représenté entre vieux latin (e Vg) et syriaque (SyrH SyrP), avec le soutien de Boh (Sah.4) et des éthiopiens, finit d'appuyer le caractère occidental du titre court. Ce dernier ne s'impose donc pas comme une omission aléatoire commune à ces témoins, ni comme une harmonisation sur le Vaticanus.

Conclusion : Les 13 cas que nous venons d'examiner[91] montrent que les titres de Jésus que le TO reconstitué donne plus courts que D, ou même parfois que B, ont une légitimité proprement occidentale. Celle-ci s'appuie sur les incohérences éventuelles à l'intérieur du groupe des grands témoins du TO, ou à l'intérieur des grands groupes linguistiques de ses versions. Elle s'appuie également sur les accords entre vieux latin et syriaque, souvent soutenus par les éthiopiens. Elle repose aussi sur la cohérence des témoins individuellement réputés secondaires, mais susceptibles de fournir un témoignage sérieux lorsqu'on les rapproche les uns des autres, ou qu'on repère leur comportement dans le contexte proche ou général des Actes.

Cette légitimité signifie que ces titres (ultra)courts s'expliquent autrement que par dégradation aléatoire des titres longs donnés par D et ses alliés, ou par harmonisation sur le TA. Il en ressort qu'on ne peut pas imputer au TO la tendance du Codex de BEZE et de certains de ses alliés à amplifier les titres de Jésus par rapport au TA.

---

[91] A ces 13 cas on pourrait ajouter Ac 8,35 et Ac 24,24 où Dd est lacuneux.
En Ac 8,35, le TA donne le titre ultra-court ι. De son côté, h est lacuneux, et, pour le reste, la situation est des plus curieuses : G^67 donne le titre long κ.ι.χ. tandis que p ne donne rien du tout ; Sah.4 Eth.1 donnent ι.χ. tandis que SyrP donne κ.ι., faisant penser à ι. comme original ultra-court ; de fait, ι. est attesté par B ℵ t¹ t² g e Vg SyrH 614 Boh Arm Eth.13, mais χ. est attesté par Aug^c. Devant une telle dispersion, la division des groupes syriaque et éthiopien, d'une part, et l'accord vieux latin (t¹ t² - g e Vg) – syriaque (SyrH), d'autre part, fait pencher pour un titre ultra-court ι. dans la reconstitution du TO.
En Ac 24,24, le TA donne le titre court χ.ι. attesté par B ℵ* p⁷⁴ Ee L Boh SyrH g. Mais l'ordre inverse ι.χ. est attesté par Vg Arm Eth.13, ce qui suggère un ajout de ι. ou de χ. L'ajout de ι. paraît le plus certain, à en juger par le titre ultra-court χ. qui est attesté par S^c A 614 SyrP Sah.43 Sah. C'est ce titre qui est retenu par la reconstitution du TO.

Il en ressort également qu'on ne peut plus invoquer la plupart des titres christologiques longs du Codex de BEZE pour affirmer la postériorité globale du TO par rapport au TA.

1.1.2. D pas plus long que B (5 cas)

Viennent alors les 5 cas où D n'amplifie pas les titres de Jésus par rapport au TA, puisque D et B donnent le même titre christologique (Ac 3,6.20 ; 4,27 ; 11,17 ; 20,35). La question de l'antériorité ne se pose plus, mais, néanmoins, le TO reconstitué continue de donner un titre plus court que D, ce qui mérite encore qu'on s'y arrête.

- En Ac 3,6, le titre long κ.ι.χ. est attesté par G^{67} (ι.χ.κ.) p (κ.ι.χ.) ndl.2 (κ.ι.χ.) Eth.1 (κ.ι.χ.) qui, par le désordre des termes, suggèrent que κ. a été ajouté au titre court ι.χ. De fait, le titre court ι.χ. est soutenu par l'ensemble B Dd h g e Ir^L Vg C SyrH SyrP Sah.43 Boh ndl.3 Eth.13. Mais le titre ultra-court ι. existe aussi, et il a pour témoins Vg(O) Sah.4 Boh(FSG) ndl.1 Eth.4.10 Amb Prisc Solut EusEm BarS.

On constate donc entre les titres court et ultra-court un clivage impressionnant qui divise les 4 groupes linguistiques sahidique, bohaïrique, éthiopien et néerlandais, et, dans une moindre mesure, latin de la Vulgate. Cette communauté de la leçon ultra-courte ι., assortie des nombreux auteurs chrétiens également de cultures très diverses, notamment latine et syriaque, ne peut s'expliquer ni par le hasard ni par une harmonisation sur les alexandrins. Elle milite, au contraire, en faveur du caractère proprement occidental du titre ultra-court ι.

On peut alors entendre la critique interne qui fait valoir la particularité d'Ac 3,6 : il s'agit du récit, en quelque sorte « en direct », du premier miracle de Pierre qui guérit un infirme de naissance à la Belle Porte du Temple. Pareil événement résiste difficilement à l'amplification du titre christologique, ce que vérifie l'étalement qui va du titre ultra-court au titre long. On peut donc retenir le seul nom de Ἰησοῦς pour la reconstitution du TO.

- En Ac 3,20, le titre court χ.ι. est attesté par l'ensemble impressionnant B Dd G^{67} h p g e Ir^L Vg SyrH SyrP C Sah.4 Boh

Eth.13. Mais cet ensemble se fissure dès qu'on observe que la forme χ.ι. est attestée par D G⁶⁷ p Ir^L SyrH tandis que la forme ι.χ. est attestée par h d g Vg C SyrP Boh Eth.13. Ces deux groupes adverses suggèrent fortement que soit ι. soit χ. a été ajouté à un original n'ayant que χ. ou que ι. Entre ces deux configurations, et au vu des témoins inventoriés, seul le titre ultra-court χ. est attesté, par Tert Sah.449. C'est ce titre que la reconstitution retient pour le TO. Rappelons que Tertullien atteste un titre ultra-court (ι.) retenu pour le TO contre D (κ.ι.χ.) en Ac 15,11, mais qu'il atteste un titre long (κ.ι.χ.) avec D (κ.ι.χ.) non retenu pour le TO, en Ac 21,13 *(supra)*. Ceci nous introduit au cas suivant.

- En Ac 4,27 le titre court παῖδά Ἰησοῦν (π.ι.) est attesté par B Dd G⁶⁷ p e Ir^L Vg SyrH SyrP Boh Sah Eth.1.13, sans aucune inversion des termes. Cette régularité ne surprend guère, vu la rareté du titre qui, dans tout le NT, n'apparaît que 4 fois, chez Luc (Lc 2,43 ; Ac 3,13 ; 4,27.30). Le titre ultra-court π. est attesté par Tert g prv.2 Cass Eth.5-12. Malgré le petit nombre de témoins, on observe que, entre les titres court et ultra-court, les vieux latins sont divisés, entre p Ir^L d e Vg et g Tert, de même que les éthiopiens, entre Eth.1.13 et Eth.5-12. Cette division à l'intérieur de ces deux mondes aussi éloignés l'un de l'autre ne peut être imputée au hasard. De plus, le témoignage de Tertullien s'inscrit dans la ligne d'Ac 3,20 ci-dessus, où cet auteur, d'accord avec Sah.449, est le seul à donner un titre ultra-court d'où ι. est absent. On peut donc concevoir qu'en Ac 4,27 le titre ultra-court π. prévale pour la reconstitution du TO.
Du point de vue de la critique interne, il faut noter que Ac 4,27 n'est autre que l'actualisation du Ps 2,1 cité aux vv.25-26 dans lequel est décrit le rassemblement « des rois et des princes contre le Seigneur et contre son Christ ». Le premier niveau d'actualisation, au v.27, consiste à s'adresser directement à Dieu dans une prière : exprimer que « se sont rassemblés dans cette ville, contre ton saint serviteur que tu as oint, Hérode et Ponce Pilate etc. » est alors une allusion transparente à Jésus. Mais d'elle-même l'explicitation d'Hérode et de Pilate appelle celle de Jésus.

- En Ac 11,17, le titre long κ.ι.χ. est attesté par B Dd G⁶⁷ p g e Vg Aug^c(*De Trinitate*, mss) 614 SyrH SyrP Boh Sah.4.43 Eth.1.13, sans aucune inversion des termes. Le titre court κ.ι. est attesté par

Aug^c(*De Trinitate*, J) Vg(W) Chr.1.3 SodB.7 *pc* (Eth. 3). Nous n'avons pas eu accès à Eth.3. Globalement, cette attestation du titre court est assez faible. Certes, on observe que la concurrence entre titre long et titre court se traduit par une division entre Vg et Vg(W), entre Aug^c(mss) et Aug^c(J), et, dans une moindre mesure, entre Eth.1.13 et (Eth.3). Mais, s'agissant d'Ac 11,17, Aug^c désigne le seul traité *De Trinitate* dans ses différents manuscrits. Et, de son côté, Vg(W) ne désigne qu'un seul manuscrit de la Vulgate. Reste alors, à l'appui de ces latins, Chr.1.3 SodB.7 *pc* qui apporte sa contribution proprement grecque. Dans la mesure où nous n'avons pas non plus eu accès à certains de ces témoins (Chr.3 SodB.7), il nous paraît indiqué de laisser le débat ouvert, et, tout en retenant le titre court κ.ι. comme possible, de considérer que le titre long κ.ι.χ. peut aussi être vu comme original. Si cette dernière perspective devait s'imposer, le titre court serait alors un bon exemple d'omissions aléatoires attribuables au hasard des transmissions.

- En Ac 20,35 le titre court κ.ι. est attesté par B D g e Vg C SyrH SyrP (Sah.4) Boh Eth.1.13, sans aucune inversion entre les deux termes. G^67 h et d sont ici lacuneux. Le titre ultra-court κ. est attesté par ℵ^c SodC.4.5 915 *pc* Epiph Chr.2 BarS Arm(mss). La présence de ce titre ultra-court dans le domaine du Sinaïticus est notable. Par ailleurs, l'accord entre Epiph et BarS n'est pas nouveau. En Ac 10,47, ces deux auteurs omettent, avec Ir^L, la mention essentielle du baptême lors de la visite de Pierre chez le centurion Corneille. De son côté, le même BarS, en Ac 19,1b, d'accord avec D SyrH^mg p^38, omet presque tout le début du verset.

On ne peut donc pas attribuer trop vite le titre ultra-court κ. à des omissions dues aux transmissions. La reconstitution proposée est donc à entendre en l'état.

Quant à la critique interne, elle peut observer que « le Seigneur », en Ac 20,35, renvoie au v.28, où le même titre désigne clairement Jésus, sans l'expliciter, dans la reconstitution du TO.

En conclusion, les 5 cas ci-dessus montrent que les titres que le TO reconstitué donne plus courts que D ou B s'appuient sur des attestations qu'on ne saurait imputer au hasard, sauf peut-être en Ac 11,17 qui constitue, jusqu'ici, une éventuelle exception.

CONCLUSION : Dans les 18 cas que nous venons d'examiner, où le parallèle existe entre TA et TO, les titres christologiques donnés dans le TO plus courts que dans D sont de même longueur ou plus courts que dans B, et ne s'imposent pas comme une dégradation du Codex de BÈZE. Ces titres reposent plutôt sur des témoins qui, par leur nature, leur comportement ou leurs accords, assurent une intégrité proprement occidentale. La plupart des titres christologiques du TO reconstitué ne permet plus de conclure à la postériorité du TO sur le TA en s'appuyant sur ces titres.

1.2. Dans une variante longue du TO

Quant aux 3 cas sans parallèle alexandrin, en Ac 6,8 ; 14,10 ; 18,8 où le titre christologique est plus court que dans D, ils sont autant d'exemples des variantes longues du TO :

- En Ac 6,8, le titre long κ.ι.χ. est attesté par Dd G⁶⁷ p t¹ t² g e 614 Sah.4.43. On observe donc la présence du groupe vieux latin p t g déjà rencontré précédemment. Toutefois, l'accord manque avec le syriaque. De plus, dans D, le titre κ.ι.χ. n'est pas précédé de l'article τ. comme partout ailleurs sauf en Ac 19,5, ce qui suggère que le terme κ. a pu être ajouté à partir du latin. Cette hypothèse est confirmée par l'absence de κ. en h Sah(ms). Pareille mobilité du titre κ. peut expliquer la leçon ultra courte κ. attestée par SyrH, à côté des témoins qui omettent toute la variante (B Boh Vg Eth.13 SyrP). En tout état de cause, le titre court ι.χ. peut être retenu dans la reconstitution du TO.

- En Ac 14,10, le titre long κ.ι.χ. est attesté par Dd G⁶⁷ SyrH^mg SyrP Ir^L C Ee 614 Sah.4, sans bouleversement dans l'ordre des termes. Mais l'absence de χ. est attestée par h qui donne ι.κ. et par Sah.15 al… qui donne κ.ι., ce qui suggère ι. ou κ. comme original ultra-court. En réalité, ι. est préférable à κ., car le titre court ι.χ. est assez bien attesté par d'autres manuscrits de la version sahidique Sah.13.14.80^mg.218, ce qui signale, dans l'univers sahidique, une dispersion peu habituelle. La reconstitution du TO peut donc s'en tenir au titre ultra-court ι. L'absence de toute la variante est à constater dans B g SyrH Boh Eth.13.

- En Ac 18,8, le titre long κ.ι.χ. est attesté par Dd 614 SodC.1(2412).4(2147).7(1799) SyrH Sah.137, sans aucune inversion dans l'ordre des termes. On note, cependant - argument peu exploité jusqu'ici – que D et d donnent κ.η.ι.χ. tandis que les autres témoins donnent seulement κ.ι.χ., signe d'un ajout possible de κ. De fait, h donne seulement le titre court ι.χ. qu'on peut retenir alors pour la reconstitution du TO. De son côté, l'absence de la variante longue est à constater dans B Ee g Vg SyrP Sah.4 Boh Eth.1.13.

En conclusion, à l'intérieur des variantes longues occidentales, i.e. sans parallèle alexandrin, où le titre christologique long κ.ι.χ. est attestée par Dd et certains de leurs alliés, la reconstitution du TO peut légitimement retenir un titre plus court attesté ou indiqué par le vieux latin du palimpseste de Fleury.

CONCLUSION

Dans les 21 cas où le TO donne un titre christologique (ultra)court en s'appuyant sur des témoins autres que D et certains de ses alliés, ces témoins, éventuellement secondaires, ont un comportement dans les Actes ou des accords entre eux qui n'apparaissent ni marginaux ni dispersés, ni résultants d'une dégradation fortuite du codex de BEZE. Dans plusieurs de ces cas, l'accord (ou le non accord) entre vieux latin et (vieux) syriaque s'avère précieux (Ac 1,21 ; 2,38 ; 4,33 ; 6,8 ; 8,16 ; 11,20 ; 13,33 ; 20,21).

2. Les titres christologiques du TO(2000) identiques à ceux de D et plus longs que ceux de B

Restent alors à examiner les deux cas d'Ac 3,13 et Ac 7,55 où le TO reconstitué maintient malgré tout un titre plus long que le TA, tout en restant parallèle au TA. Ces deux cas, attestés par D, ne suffisent pas à établir une « tendance » qui montrerait la postériorité du TO par rapport au TA. Leur étude oblige à entrer quelque peu dans la critique interne des Actes, faite d'analyses littéraires indépendantes de l'établissement du texte.

Ces deux cas vont ouvrir ensuite aux autres cas (IV) des variantes (christologiques) longues du TO – 8 au total – qui pourraient montrer la postériorité du TO sur le TA. Ces variantes sont attestées soit par D (Ac 16,4 ; 18,4), soit par d'autres témoins que D, en sa présence (Ac 6,8 ; 14,10 ; 18,8)[92], ou en son absence parce qu'il est lacuneux (Ac 9,17.20.40)[93].

Ces 8 variantes longues vont donc fournir l'occasion de quitter l'examen des rapports entre la reconstitution du TO et le Codex de Bèze. Elles permettront d'avancer dans les parties des Actes où ce Codex fait défaut. Elles introduiront, surtout, au cas plus général des autres variantes longues du TO en balance avec les nombreuses variantes longues du TA[94]. Une méthode d'analyse émergera ainsi qui pourra s'étendre à l'ensemble des Actes et contribuer à leur critique interne. Celle-ci se révèlera décisive pour trancher les questions complexes de postérité ou d'antériorité entre TO et TA.

2.1. Un constat : Ac 3,13 : TA=Jésus / TO=Jésus Christ ; Ac 7,55 : TA=Jésus / TO=Jésus Seigneur

En Ac 3,13, le TA donne le titre ultra-court ι., tandis que le TO donne le titre court ι.χ. (Dd h(vid) Eth.5-13)[95]. Semblablement, en Ac 7,55, le TA donne le titre ultra-court ι., tandis que le TO donne le titre court ι.κ. (Dd h G[67] etc.). Spontanément, la critique – surtout externe -

---

[92] Nous venons d'examiner ces trois variantes du point de vue externe de leur légitimité occidentale, et nous avons conclu que, pour elles, le TO est fondé à retenir un titre christologique plus court que dans D.

[93] On assimile le cas de Ac 9,20 (TA : il proclamait Jésus… / TO : il proclama *en toute assurance le Seigneur (h – l m…) Jésus…*) à celui de Ac 16,4 (TA : ø / TO : *ils proclamaient en toute assurance le Seigneur Jésus Christ…*).

[94] A titre d'exemples on pourra se reporter aux passages suivants : Ac 1,9.11.15 ; 2,2-5.18.19.22.45 ; 3,1.2.12.16.21.24.26 ; 4,1.4.5.12.19.24.25.28.31 ; 5,25.38 ; 6,7.14.15 ; 7,4.18.26 ; 8,6.10.13.25.34.38 ; 9,12.13.17.25.35 ; 10,5.11.12.13.14.16.17.18. 20.26.27… etc. La liste est autrement plus longue que celle donnée par Ropes (1926) ccxxxvii.

[95] Le titre ultra-court ι. est également attesté par C p g e Ir[L] Vg SyrH SyrP Sah.4.43 Boh Eth.1. Seul G[67] donne le titre long κ.ι.χ.

conclut que, dans ces deux cas, le TO est postérieur au TA, puisque l'amplification du titre par le TO est plus probable que son abréviation par le TA. Mais cette conclusion spontanée repose en réalité sur le présupposé implicite que le TA et le TO sont les deux seuls textes en présence, et que l'un des deux dérive directement de l'autre.

Or, tel n'est plus le cas lorsqu'on peut établir que le TA et le TO dérivent tous les deux d'une même source. La relation entre TA et TO cesse alors d'être binaire. Elle devient triangulaire. Et le cas d'un TO plus long que le TA peut s'expliquer de deux manières :
- soit, selon le raisonnement spontané, la source a d'abord été reprise par le TA, lequel a été repris et amplifié par le TO ; le TO est alors postérieur au TA,
- soit, en sens inverse, la source a d'abord été reprise et amplifiée par le TO, lequel n'a pas été (entièrement) repris par le TA, parce que ce dernier se garde plus fidèle et plus attaché à la source que ne l'est le TO. Littérairement, le TA se présente alors comme antérieur au TO, tout en lui étant chronologiquement postérieur. En d'autres termes, le TA peut revenir à la source du TO, en ne reprenant pas (toutes) les modifications que le TO a fait subir à cette source. Cette configuration peut paraître complexe. Mais on ne saurait l'exclure *a priori*. Elle suppose entre TA et TO une proximité spatio-temporelle telle que le TA connaisse les sources du TO. Or, c'est un fait que la critique d'ensemble des Actes peine à trouver un consensus qui séparerait nettement le TA et le TO dans le temps et dans l'espace. La théorie d'une double édition par le même auteur (F. BLASS) est un signe de cette non séparation. En tout état de cause, la présence d'une source à l'arrière-plan d'Ac 3,13 et Ac 7,55 peut être légitimement postulée.

Bornons-nous, ici, à indiquer les prémisses de ce postulat, en montrant d'abord (2.1.1) comment le TA peut conserver et transmettre une source des Actes plus fidèlement que le TO, tout en demeurant postérieur à lui. Dans un second temps (2.1.2), nous verrons sur quelle base on peut envisager l'existence de deux sources des Actes, en plus de la Septante. Les résultats acquis seront applicables aux cas de Ac 3,13 et Ac 7,55. Mais ils contribueront aussi à l'examen des 8 variantes longues propres au TO, et, au-delà, à l'examen de toutes les variantes longues, en présence ou en absence de source(s) des Actes.

2.1.1. Transmettre une source

La comparaison du début des Actes (Ac 1,2) avec la fin du troisième évangile (Lc 24,51-52) est assez éclairante :

Ac 1,2

TA	TO
Ac 1,2 ἄχρι ἧς ἡμέρας ἐντειλάμενος τοῖς ἀποστόλοις	Ac 1,2 ἐν ᾗ ἡμέρᾳ τοὺς ἀποστόλους ἐξελέξατο
διὰ πνεύματος ἁγίου οὓς ἐξελέξατο ἀνελήμφθη.	διὰ πνεύματος ἁγίου
	( ) καὶ ἐνετείλατο κηρύσσειν τὸ εὐαγγέλιον.
Ac 1,2 jusqu'au jour où, ayant prescrit aux apôtres par l'Esprit Saint qu'il avait choisis, il fut enlevé (au ciel)	Ac 1,2 au jour où les apôtres il choisit par l'Esprit Saint et (leur) prescrivit de proclamer l'évangile

En Ac 1,2TA, la mention de l'Ascension, à travers ἀνελήμφθη, prive maladroitement de son objet le commandement du Christ exprimé par ἐντειλάμενος, alors qu'Ac 1,2TO ne présente ni cette mention ni cette maladresse. Cette différence entre TA et TO s'explique mieux par une correction du TO pour donner le TA que par l'opération inverse [96], et conduit donc à voir Ac 1,2TO comme antérieur à Ac 1,2TA qui a, selon une tendance anticipative assez repérable[97], ajouté l'Ascension racontée peu après (Ac 1,11 : ἀναλημφθεὶς).

---

[96] On s'étonne que W. A. STRANGE ne traite pas Ac 1,2 qui est le premier exemple de désaccord entre TA et TO.

[97] Ainsi, par exemple, les deux variantes longues du TA, en Ac 2,2b.TA (« il emplit toute la maison où ils étaient assis ») et Ac 2,4a.TA (« et tous furent remplis de l'Esprit Saint »), sans parallèle dans le TO, introduisent, dès l'effusion de l'Esprit de la Pentecôte, le thème de la maison qui n'apparaît dans le TO qu'en Ac 2,36.46. Ce thème anticipe, par rapport au TO, les conversions des maisons décrites dans les Actes (Ac 11,14 ; 16,31-32 ; 18,8), et montre une cohérence dont on voit mal quel motif justifierait sa suppression par le TO. Par ailleurs, le TA anticipe la xénoglossie de la Pentecôte en introduisant διάλεκτος dès Ac 2,4, alors que le TO ne l'introduit qu'en Ac 2,8. Par ailleurs encore, en Ac 1,9, la variante longue du TA (« tandis qu'ils regardaient… (loin de) leurs yeux ») anticipe le thème du regard et des yeux des disciples qui, dans le TO, n'apparaît qu'aux deux versets suivants (Ac 1,10-11) où ils provoquent la

La première phrase des Actes, dans sa forme originale, serait donc donnée par Ac 1,1-2.TO : « 1 J'ai fait mon premier livre, Théophile, sur toutes les choses que Jésus se mit à faire et enseigner 2 au jour où il choisit les apôtres par l'Esprit-Saint, et leur prescrivit de proclamer l'évangile. » En tant qu'inauguration des Actes, cette première phrase est attribuable à son auteur principal, traditionnellement Luc, auteur du troisième évangile. Le résumé du premier livre à Théophile ne mentionne donc pas l'Ascension. Celle-ci est donc logiquement absente de la fin de ce premier livre, en Lc 24,51TO qui n'évoque qu'une simple séparation (διέστη ἀπ' αὐτῶν) :

Lc 24,51-52

TA	TO
51a καὶ ἐγένετο ἐν τῷ εὐλογεῖν αὐτὸν αὐτοὺς διέστη ἀπ' αὐτῶν	51a καὶ ἐγένετο ἐν τῷ εὐλογεῖν αὐτὸν αὐτοὺς διέστη ἀπ' αὐτῶν
51b καὶ ἀνεφέρετο εἰς τὸν οὐρανόν	51b
52 καὶ αὐτοὶ προσκυνήσαντες αὐτὸν ὑπέστρεψαν εἰς Ἰερουσαλὴμ μετὰ χαρᾶς μεγάλης	52 καὶ αὐτοὶ ὑπέστρεψαν εἰς Ἰερουσαλὴμ μετὰ χαρᾶς μεγάλης
51a Et il arriva, comme il les bénissait, (qu') il se sépara d'eux	51a Et il arriva, comme il les bénissait, (qu') il se sépara d'eux.
51b et il était emporté vers le ciel.	51b
52 Et eux, s'étant prosternés devant lui, revinrent à Jérusalem avec grande joie.	52 Et eux, revinrent à Jérusalem avec grande joie.

Par contraste avec le TO(Luc), le TA qui *ajoute* l'Ascension en Ac 1,2TA au résumé du premier livre à Théophile, mentionne logiquement cette Ascension en Lc 24,51bTA. Mais on voit mal que le rédacteur du TA(Luc ou autre) ait lui-même introduit en Lc 24,51bTA le verbe ἀνεφέρετο différent du verbe ἀνελήμφθη qu'il ajoute *à dessein* en Ac 1,2TA. L'explication la plus plausible est alors que le thème de l'Ascension, en Lc 24,51bTA, provient d'une source[98] du TA

---

remontrance des hommes en blanc. Par ailleurs aussi, en Ac 9,12, la vision propre au TA anticipe sur sa réalisation en Ac 9,17, etc.

[98] Et non d'une glose ou notation marginale incorporée en Lc 24,51bTA, car il faudrait alors en dire autant de Lc 24,52aTA, ce qui donnerait deux gloses trop longues et proches l'une de l'autre pour ne pas avoir été fusionnées. En outre, vu la liberté du glossateur, non astreint à la cohérence littéraire d'une source, et même à supposer qu'il ne soit pas immédiatement le

que le TO(Luc) a modifiée, en omettant ce thème, comme il omet aussi la prosternation en Lc 24,52TO. Ainsi, en Lc 24,51-52, le TA transmet une source plus fidèlement que le TO(Luc), tout en étant postérieur au TO(Luc) qu'il connaît en Ac 1,2. On est donc fondé à tenir que, en Lc 24,51-52, le TA est littérairement antérieur au TO(Luc), parce qu'il en transmet plus fidèlement la source, mais néanmoins chronologiquement postérieur à lui, parce que cette transmission plus fidèle permet de faire de l'Ascension, en Lc 24.TA et Ac 1.TA, la charnière qui articule l'Evangile et les Actes.

Pour le TA, le passage de l'Evangile aux Actes coïncide avec un changement d'époque dû au départ et à l'absence du Christ, à cause de l'Ascension. Pour le TO(Luc), le passage de l'Evangile aux Actes se fait dans la continuité de la relation entre Jésus et les apôtres.

La suite de la critique interne consiste alors à évaluer l'extension de la source mise à jour en Lc 24,51. Ce travail ne peut être abordé dans le cadre restreint de la présente introduction. Cependant, même sans entrer dans les démonstrations, on peut penser que, pour des raisons évidentes de cohérence, cette source constitue l'essentiel de Lc 24,50-52.TA.TO. On peut également prévoir que cette source est repérable dans le reste des Actes[99].

2.1.2. Deux sources des Actes

Cela étant, l'existence même de cette première source conduit à envisager l'existence d'une autre source qui rapporte elle aussi l'événement de l'Ascension tel qu'on le lit en Ac 1,10-12, où le TA et le TO sont pratiquement identiques.

En effet, et en raisonnant par l'absurde, si le récit de l'Ascension en Ac 1,10-12, de facture apocalyptique (nuée, hommes interprètes en blanc, annonce de l'avenir etc.), procédait non pas d'une source mais directement de l'auteur principal des Actes (au

---

rédacteur d'Ac 1,2TA, l'hypothèse d'une glose obscurcirait davantage, au lieu d'éclaircir, la différence de vocabulaire entre ἀνεφέρετο et ἀνελήμφθη.
[99] M.-E. BOISMARD & A. LAMOUILLE, *Les Actes des deux Apôtres, I. Introduction – Textes*, EBNS 12 (1990) 12s appellent « Document Pétrinen » (DocP) cette source de Lc 24,51-52.

moins Luc), cela signifierait que cet auteur ne tiendrait aucun compte de l'unique source non apocalyptique de l'Ascension en Lc 24,51-52.TA. Plus particulièrement, Luc aurait à ce point négligé cette source unique qu'il l'aurait réduite à une simple séparation en Lc 24,51b.TO, et qu'il l'aurait entièrement ignorée dans le récit d'Ac 1,10-12.TA.TO. On reconnaîtrait mal, ici, celui qui s'est « informé exactement de tout depuis les origines », pour en écrire un « exposé suivi » (Lc 1,3). En revanche, si le récit apocalyptique d'Ac 1,10-12 procède d'une autre source transmettant l'Ascension, et concurrençant celle de Lc 24,50-52.TA.TO, alors on peut aisément comprendre que cet événement soit raconté deux fois de façon si contrastée (Lc 24,50-52.TA ; Ac 1,10-12.TA.TO).

D'autres arguments vont dans le même sens. L'un d'eux s'appuie sur la topographie : en Ac 1,10-12, l'Ascension de Jésus vers le ciel (Ἰησοῦς ὁ ἀναλημφθεὶς ἀφ' ὑμῶν εἰς τὸν οὐρανὸν), renvoie clairement à celle du prophète Elie, en 2R 2,6-13 (ἀνελήμφθη Ηλιου ἐν συσσεισμῷ ὡς εἰς τὸν οὐρανὸν), et illustre bien le thème de « Jésus nouvel Elie » qui est majeur dans l'ensemble Lc-Ac[100].

Or, autant le récit de 2R 2,6-13 que celui de Lc 24,50-52 commencent en précisant le lieu de l'Ascension d'Elie (Jourdain, v.6) et de Jésus (Béthanie, v.50). Si donc, Luc avait de lui-même rédigé le récit d'Ac 1,9-14 en pensant à l'enlèvement d'Élie, et en connaissant déjà la source de Lc 24,50-52, il n'aurait pas attendu la fin de ce récit pour indiquer le lieu de l'Ascension, en l'occurrence le mont des oliviers en Ac 1,12. C'est donc que ce récit apocalyptique lui est fourni par une source qu'il reprend en

---

[100] Lorsque s'accomplissent les jours de son enlèvement-ἀνάλημψις à Jérusalem, Jésus n'est pas reçu par les Samaritains (Lc 9,53) ; Jacques et Jean veulent faire descendre le feu du ciel pour les consumer, comme le fit Élie, en 1R 18,38 (2R 1,10.12 ; Si 48,3). Par ailleurs, l'ordre de Jésus aux disciples de rester à Jérusalem avant son enlèvement (Ac 1,4) rappelle celui d'Élie à Élisée de « rester ici » avant son enlèvement (2R 2,2.4.6). De plus, Jésus ressuscite le fils de la veuve de Naïn (Lc 7,11-16), de même qu'Élie ressuscite le fils de la veuve de Sarepta (1R 17,17-24). Et à ces données s'ajoutent encore l'ouverture aux païens qui soulève l'indignation dans le discours programme de Jésus à Nazareth (Lc 4,25-30). Jésus lui-même cite l'épisode d'Élie à Sarepta (au pays de Sidon). Enfin, Jésus reviendra pour un rétablissement en faveur d'Israël (Ac 1,6 ; 3,21), de même qu'Elie reviendra pour rétablir les tribus de Jacob (Si 48,10), etc.

Ac 1,10-12, et qui est liée au parallèle entre Jésus et le prophète Elie.

Enfin, ce parallèle entre Jésus et Elie se traduit et se prolonge par le parallèle entre leurs disciples respectifs, donc entre les apôtres autour de Pierre et le prophète Elisée. Sur eux comme sur lui l'Esprit descend après l'Ascension du maître. Les figures d'Elie et d'Elisée unissent donc fermement l'Ascension de Jésus et la Pentecôte sur ses disciples. Cette unité fait d'autant mieux percevoir l'élection de Matthias (Ac 1,15-26) comme une parenthèse insérée pour rétablir le groupe des Douze avant la venue de l'Esprit (J. DUPONT)[101]. Or, il est remarquable que cette parenthèse perçue par la critique interne soit confirmée par la critique externe. En effet, en Ac 2,14, l'immense majorité des manuscrits montrent Pierre avec les onze apôtres. Mais le codex de BÈZE, appuyé par un manuscrit de la version éthiopienne, présente Pierre avec seulement les dix apôtres, témoignant ainsi d'une tradition qui ignore le remplacement de Judas[102]. L'existence de la source apocalyptique de l'Ascension et de la Pentecôte en ressort à son tour confirmée[103].

Comme pour la source de Lc 24,50-52, le travail de la critique interne doit évaluer l'extension de cette source apocalyptique de l'Ascension, mise à jour en Ac 1,10-12. Il n'est pas non plus possible ici d'exposer les cheminements de ce travail. Il convient, cependant, d'en indiquer quelques résultats prévisibles.

L'événement de la Pentecôte provoquant la stupéfaction (Ac 2,1-13), le discours qui l'explique (Ac 2,14-41) ne peut en être séparé.

---

[101] C'est ce qu'a bien vu J. DUPONT, *Etudes sur les Actes des Apôtres*, LD 45 (1967) 484, qui note à propos d'Ac 2,1 où il est dit que les apôtres se trouvaient tous ensemble dans le même lieu : « En fait, la liste donnée en 1,13-14 constituait l'introduction normale du récit de la Pentecôte ; elle en a été séparée parce que Luc a voulu rapporter les circonstances de l'élection du douzième apôtre, épisode qui n'est qu'une parenthèse et où la mention des cent-vingt n'est elle-même qu'une nouvelle parenthèse. »

[102] Comme le note explicitement C. K. BARRETT, *The Acts of the Apostles* (2 vol.), ICC, Edinburgh (1994-98) 134 : « If however the reading of D* is accepted, or if σὺν τοῖς ἕνδεκα is taken to mean 'himself the eleventh', it would have to assumed that we are dealing with a tradition that knew nothing of the replacement of Judas by Matthias… »

[103] BOISMARD-LAMOUILLE I (1990) 3 appellent « Act I » cette source apocalyptique de l'Ascension.

Le sommet de ce discours, où Pierre proclame Jésus *Seigneur et Christ* (Ac 2,36), est donc attribuable à cette source apocalyptique de l'Ascension. Par ailleurs, de même qu'Elie est attendu pour *rétablir* les tribus de Jacob (Si 48,10), de même Pierre, au nom de Jésus (Ac 3,13), guérit un infirme et lui permet d'entrer dans le Temple en signe du *rétablissement* lié à la venue attendue de Jésus (Ac 1,6 ; 3,21).

On peut donc penser que la source apocalyptique de l'Ascension et de la Pentecôte se prolonge à l'arrière-plan de la guérison de l'infirme et du discours du Temple en Ac 3.

Il est donc légitime de tenir que, en Ac 3,13, le récit de la guérison *au nom de Jésus (Christ)* reprend une source des Actes dans le TO et dans le TA.

Conclusion : En Ac 3,13, le titre court ι.χ., donné par le TO contre le titre ultra-court ι. du TA, apparaît à première vue comme une « amplification édifiante » opérée par le TO. Mais en présence de la source apocalyptique d'Ac 1,10-12, il résulte plutôt d'une amplification par le TO *de cette source* et non *du TA*, amplification que le TA, par fidélité à cette source, n'a pas entérinée. Dès lors, Ac 3,13TO ne s'impose pas comme postérieur à Ac 3,13TA.

Le cas d'Ac 7,55 est semblable à celui d'Ac 3,13 et pour les mêmes raisons. En Ac 7,55, le titre court ι.κ. est donné par le TO contre le titre utra-court ι. du TA dans le cadre de la source apocalyptique d'Ac 1,10-12 qui se prolonge dans le discours et le martyr d'Etienne[104]. Le TA n'a pas entériné l'amplification opérée par le TO, et il est revenu, par fidélité, à cette source.

---

[104] On relève, en effet : 1. le regard d'Etienne fixé vers le ciel en Ac 7,55 comme celui des disciples à l'Ascension en Ac 1,10 ; 2. le visage d'Etienne comme celui d'un ange qui va interpréter toute l'histoire d'Israël ; 3. l'assimilation de Jésus au Fils de l'homme (Dn 7) explicitement en Ac 7,56, implicitement en Ac 1,9 à travers le motif de la nuée et du ciel.

2.2. Interprétation

Comme on l'a noté précédemment, ces deux cas particuliers ne suffisent pas, à eux seuls, à déterminer une tendance du TO à « l'amplification édifiante ». Leur raison d'être n'est pas là. Elle se révèle sans doute dès qu'on observe deux faits remarquables. D'une part, « Christ » et « Seigneur » sont les deux seuls titres conjoints de Jésus que Pierre proclame au sommet du discours de la Pentecôte, en Ac 2,36 attribuable à la source d'Ac 1,10-12. D'autre part, Ac 3,13 et Ac 7,55 sont les deux seuls passages de tout l'ensemble Lc-Ac où le nom de *Jésus* est associé à la *gloire* de Dieu. Loin de céder à une tendance édifiante, les deux allongements du titre christologique, en Ac 3,13TO et Ac 7,55TO, montrent plutôt une construction réfléchie du texte que le TA, pour des raisons qui lui sont propres, n'a pas retransmise.

Ces deux allongements montrent aussi – faut-il le souligner - que la reconstitution critique du TO n'est pas motivée par la recherche d'un texte systématiquement plus court que celui du codex de BEZE, mais par la cohérence et le comportement des témoins occidentaux qui peuvent s'accorder (Ac 3,13 ; Ac 7,55), ou ne pas s'accorder (Ac 1,21 ; 2,38 etc.), avec le codex de BEZE et ses autres alliés.

Quant à postuler l'existence d'autres sources que la Septante pour la rédaction des Actes, il faut souligner que ce postulat résulte avant tout de la critique interne, même si cette dernière peut être confirmée par la critique externe. Cette critique interne doit être rigoureuse. Mais elle élargit le regard sur les variantes qui séparent les deux textes des Actes. Une analyse qui n'aborderait ces variantes qu'à l'intérieur du seul verset où elles apparaissent, et indépendamment de leur contexte littéraire, ne pourrait en proposer aucune explication qui sortirait de ce verset[105]. La critique interne est donc précieuse par le recul et la synthèse qu'elle impose.

---

[105] Le cas d'Ac 1,5TO est parlant. Il est clair que l'enchaînement *dans peu de jours jusqu'à la Pentecôte* est maladroit. Expliquer cette maladresse en proposant que l'expression *jusqu'à la Pentecôte* - ἕως τῆς πεντηκοστῆς soit, en fait, une glose initialement prévue pour Ac 1,4TO mais par erreur insérée en Ac 1,5TO (STRANGE (1992) 115), relève d'une l'analyse qui ne sort pas du cadre des vv.4-5.TO. En revanche, proposer que la séquence *il leur ordonna de ne pas s'éloigner de Jérusalem mais d'attendre* (v.4a) *jusqu'à la Pentecôte* (v.5) soit la source apocalyptique de l'Ascension (cf. BOISMARD - LAMOUILLE I (1990) 64), dans laquelle Luc a

IV

LES VARIANTES LONGUES DU TO

Nous abordons dans cette partie (1) les variantes longues du TO où apparaît un titre christologique. Dans un second temps (2), nous recenserons les variantes longues où l'Esprit est nommé. Une troisième étape (3) traitera, pour finir, de quelques variantes très longues liées au Christ (Ac 8,37) ou à l'Esprit (Ac 19,1).

1. Les variantes longues liées au Christ

S'agissant des variantes longues du TO dans lesquelles apparaît un titre christologique, il vaut d'abord la peine d'en indiquer le contenu pour en manifester une constante remarquable. Ci-après, ce contenu est indiqué en italique.

Le reste du texte est commun au TO et au TA, sauf ce qui est propre au TO, qui est indiqué entre parenthèses :

Ac 6,8	Etienne… faisait des prodiges et de grands signes (des signes et des prodiges) parmi le peuple *au nom de Jésus Christ*. Or se levèrent…
Ac 9,17	Ananie… ayant posé sur lui les(la) main(s) *au nom de Jésus Christ*. Il dit : « Saoul frère…
Ac 9,20	Dans les synagogues (des juifs) il proclamait *en toute assurance* le *Seigneur* Jésus que c'est lui le Fils…
Ac 9,40	Tabitha, lève-toi, *au nom de Jésus Christ*. Or, lui ayant donné la main…

---

inséré le thème de la promesse du Père (v.4b) et le logion sur Jean-Baptiste, relève d'une analyse où ce thème sert d'agrafe entre la fin de l'Evangile (Lc 24,49) et le début des Actes (Ac 1,4), et où ce logion introduit le parallèle le plus structurant des Actes entre la Pentecôte sur Israël (Ac 2) et la « Pentecôte des païens » (Ac 11,16). Le premier type d'analyse ne dépasse pas l'horizon d'un ou deux versets. Le second type d'analyse intègre une vue globale du texte et de sa construction.

Ac 14,10   il dit d'une voix forte : *je te dis au nom de Jésus* lève-toi sur tes pieds, droit…

Ac 16,4   traversant les villes ( ) *ils proclamaient en toute assurance le Seigneur Jésus Christ.* Les églises…

Ac 18,4   chaque sabbat *il discutait ayant introduit le nom du Seigneur Jésus.* Or il persuadait…

Ac 18,8   beaucoup (une grande foule) de corinthiens croyaient et étaient baptisés (étaient baptisés croyant) *à Dieu au nom de Jésus Christ.* (Or) le Seigneur dit…

L'élément remarquable commun à 6 de ces 8 variantes est *le nom de Jésus*, au point que le reste du titre – Seigneur ou Christ – paraît secondaire. Cette insistance propre au TO sur *le nom de Jésus* est confirmée *a contrario* par la variante longue d'Ac 16,4 - à laquelle on assimile Ac 9,20[106] - qui est aussi une variante longue du TA en Ac 28,31TA, où sont associés les éléments ('proclamer') 'en toute assurance' et 'Seigneur (Jésus)'. L'inventaire ci-dessus se résume donc à deux variantes longues, la première étant propre au TO, la seconde étant plus mobile entre TO et TA.

Cette seconde variante longue a son importance, en raison de sa situation dans le dernier verset des Actes. Vu les écarts entre TA et TO, en Ac 28,31, il est préférable de donner les deux textes en vis-à-vis :

Ac 28,31

TA	TO
31a proclamant le Royaume de Dieu	31a proclamant le Royaume de Dieu
et enseignant	affirmant et disant
ce qui concerne le Seigneur Jésus Christ	
en toute assurance	
31b sans empêchement.	31b sans empêchement
	que celui-ci est Jésus, le Fils de Dieu,
	par qui le monde entier doit être jugé.

Le vis-à-vis des deux textes est révélateur : autour de l'expression adverbiale « sans empêchement » qui apparaît comme le point fixe au centre du verset, le TA et le TO donnent tour à tour une variante longue, le TA dans la première moitié du verset (v.31a), le TO dans la

---

[106] Voir *supra*, note 93.

seconde moitié (v.31b). Ce chassé-croisé neutralise la réflexion qui considère spontanément comme postérieur le texte porteur de la variante longue, car cette réflexion conduit à la contradiction d'un TA d'abord postérieur et ensuite antérieur au TO.

La seule façon d'échapper à cette contradiction serait de découvrir la présence d'une source en Ac 28,31, soit que Ac 28,31aTA ait fidèlement repris cette source que Ac 28,31aTO aurait omise avant l'ajout de Ac 28,31bTO (TA antérieur à TO), soit que, inversement, Ac 28,31aTA ait été ajouté et adapté à Ac 28,31aTO avant que Ac 28,31bTA omette la source transmise par Ac 28,31bTO (TO antérieur à TA). Mais on voit mal que la présence d'une source soit envisageable dans le dernier verset des Actes, car, à l'instar du tout début en Ac 1,1-2, la fin du livre ne peut être attribuable qu'à son auteur principal qui y dépose sa marque propre. Il faut donc tenir qu'en Ac 28,31 l'un des deux textes est de la première main de cet auteur, et l'autre d'une main ultérieure. La conclusion est que la réflexion qui juge spontanément qu'une variante longue est postérieure à l'absence de variante doit être au moins tempérée par d'autres considérations. En soi, prise dans sa seule existence matérielle, une variante longue ne suffit pas à affirmer la postériorité du texte qui la porte. Il paraît donc indiqué de la prendre dans son contexte et d'apprécier la façon dont elle s'y intègre.

1 - Cette conclusion méthodologique fait aborder la variante d'Ac 9,17 dans son contexte, en Ac 9,10-18 que nous rapportons ci-dessous. Le TO est soutenu par h, en particulier en Ac 9,12.(20a) où il est secondé par Eth.4.

Ac 9, 10-18

TA	TO
10 Or il y avait un disciple, à Damas, du nom d'Ananie, et le Seigneur lui dit en vision : « Ananie. » Il dit : « Me voici, Seigneur. »	Or il y avait un disciple, à Damas, du nom d'Ananie, et le Seigneur lui dit en vision : « Ananie. » Répondant, il dit : « Oui, Seigneur. »
11 Le Seigneur lui (dit) : « T'étant levé, va dans la rue qui (est) appelée Droite et cherche dans la maison de Juda un nommé Saul, Tarséen ; car voilà qu'il prie.	Le Seigneur lui (dit) : « T'étant levé, va dans la rue qui (est) appelée Droite et cherche dans la maison de Juda un homme du nom de Saul, Tarséen de naissance ; car voilà que lui prie. »

12   Et il vit un homme, en vision,
du nom d'Ananie, entrant et
lui imposant les mains
pour qu'il recouvre la vue.

13   Mais Ananie répondit :
« Seigneur, de beaucoup (de gens)
j'ai entendu au sujet de cet homme
tout le mal qu'il a fait
à tes saints à Jérusalem.

                        Mais Ananie répondit :
                        « Seigneur,
                        j'ai entendu au sujet de cet homme
                        tout le mal qu'il a fait
                        à tes saints à Jérusalem.

14   Et ici, il a pouvoir
de la part des grands prêtres
d'enchaîner
tous ceux qui invoquent ton nom. »

                        Et voici qu'il a pouvoir
                        de la part des grands prêtres
                        d'enchaîner
                        tous ceux qui invoquent ton nom. »

15   Mais le Seigneur lui dit :
« Va, car celui-ci
est pour moi un vase d'élection
pour porter mon nom
devant les gentils
et les rois et les fils d'Israël.

                        Mais le Seigneur lui dit :
                        « Va, car cet homme
                        est pour moi un vase d'élection
                        pour porter mon nom
                        devant les gentils
                        et les rois et les fils d'Israël.

16   Car je lui montrerai
tout ce qu'il doit souffrir
pour mon nom. »

                        Car je lui montrerai
                        tout ce qu'il doit souffrir
                        pour mon nom. »

17   Or Ananie
s'en alla et il entra dans la maison
et, ayant posé sur lui les mains,

                        Alors, s'étant levé,
                        Ananie s'en alla dans la maison
                        et, ayant posé sur lui la main
                        au nom de Jésus Christ

il dit : « Saoul, frère, le Seigneur m'a
envoyé, Jésus,
qui t'est apparu sur la route
par où tu allais,
afin que tu recouvres la vue
et que tu sois rempli de l'Esprit saint. »

                        il dit : « Saoul, frère, le Seigneur m'a
                        envoyé, Jésus,
                        qui t'est apparu sur la route
                        par où tu allais,
                        afin que tu recouvres la vue
                        et que tu sois rempli de l'Esprit saint. »

18   Et aussitôt tombèrent de ses yeux
comme des écailles,
il recouvra la vue
et, s'étant levé, il fut baptisé.

                        Et aussitôt tombèrent de ses yeux
                        comme des écailles
                        et il recouvra la vue à l'instant
                        et, s'étant levé, il fut baptisé.

Le premier constat qui s'impose est que la variante longue du TO en Ac 9,17 est bien maigre en comparaison de la variante longue du TA en Ac 9,12[107]. Cependant, les conclusions tirées de l'examen d'Ac 28,31

---

[107] ROPES (1926) ccxxxvii conteste que l'absence d'Ac 9,12 dans le TO soit originelle. Mais ROPES ne dispose que du seul témoignage de h. Or, comme on l'a déjà signalé, le même auteur ne dispose pas des témoins éthiopiens dont il dit attendre des résultats de valeur (ROPES (1926) cxlvii). Cette attente est exaucée en Ac 9,12 par le témoignage de Eth.4. Du reste, l'argument

invitent à la prudence. Il convient donc de comparer les deux textes en fonction de leur contenu et non d'abord de leur longueur :

- au v.10, la réponse d'Ananie au Seigneur est plus élaborée dans le TA que dans le TO où elle paraît presque familière, ce qui suggère une évolution littéraire du TO vers le TA plutôt qu'en sens inverse.

- au v.12, le texte donné par le TA est, dans son contenu, la suite de la vision commencée au v.11 : Ananie apprend qu'il a été vu par Paul, en vision. Sans le v.12TA, le récit contient déjà le système des deux visions parallèles, à Paul et à Ananie, qui se correspondent au v.17. Ce système se retrouve dans les deux autres visions parallèles, à Corneille et à Pierre, qui se correspondent en Ac 10,22.32. Mais Ac 9,12TA apporte un redoublement absent d'Ac 10 : Pierre n'apprend pas qu'il a été vu par Corneille, et Corneille n'apprend pas qu'il a été vu par Pierre. Ac 9,12TA a donc une fonction propre. Celle-ci apparaît dès qu'on note que les 3 éléments annoncés au v.12TA s'accomplissent dans le même ordre, quasi méthodiquement, au v.17TA : Ananie *entre / impose les mains / pour que Paul recouvre la vue*. Le v.12TA se présente donc comme une annonce, ou une anticipation, du v.17TA, phénomène qu'on a déjà vu en Ac 1,2TA.

- le v.17TO n'est pas marqué par ces trois éléments : Ananie n'impose pas *les mains* mais seulement *la main*, et il n'*entre* pas mais s'en va seulement dans la maison, même s'il s'agit encore que Paul *recouvre la vue*.

Ces différents relevés montrent que, en Ac 9,10-18, le TA est, d'un point de vue littéraire, nettement plus élaboré que le TO.

De plus, si le TA reprenait une source plus fidèlement que le TO, cela signifierait que le TO se serait délibérément dispensé de noter l'obéissance des acteurs (v.17) à la vision divine (v.12TA), ce qui ne conviendrait ni au sens du récit ni à l'obéissance de Paul en Ac 26,19. On est donc fondé à tenir que, en Ac 9,10-18, le TA, pour l'essentiel, ne reprend pas une source, que le TO n'est pas une simplification du

---

de ROPES que sans ce verset προσεύχεται (Ac 9,11) n'a presque aucun sens est contesté à juste titre par CORSSEN (1892) 22 (signalé par ROPES).

TA, mais que, à l'inverse, le TA est une élaboration du TO. L'antériorité revient donc au TO.

Dans ces conditions, soit la variante longue d'Ac 9,17TO est une addition de scribe, ce qui pourrait s'appliquer aux autres cas (Ac 6,8 ; 9,40 ; 14,10 ; 18,4.8), soit elle a été omise par le TA, non par mépris de la mention de Jésus et de ses titres, mais pour éliminer un stéréotype affectionné par le TO. Cette élimination est préférable, car elle se comprend d'autant mieux, en Ac 9,17, que la vocation de saint Paul culmine, au v.16 précédent, sur sa souffrance pour le nom de Jésus qui n'est en rien stéréotypée.

En tout état de cause, la variante longue d'Ac 9,17TO ne permet pas de conclure à la postériorité du TO par rapport au TA.

2 - En Ac 6,8, commence le début du récit du martyre d'Etienne. Ce récit s'achève en Ac 7,59-60 sur une identification évidente d'Etienne à Jésus. On peut donc penser que, en Ac 6,8, les *signes* et les *prodiges* accomplis par Etienne participent de cette identification, en renvoyant à Ac 2,22 où Jésus, le premier, est accrédité par des *signes* et des *prodiges*.

Or, pour des raisons trop longues à développer ici[108], on peut également penser que, en Ac 2,22, le nouveau démarrage du discours de Pierre, après les longues citations de la Septante aux versets précédents (Ac 2,17-21), correspond à la reprise de la source apocalyptique d'Ac 1,10-12 qu'on a déjà vue au sommet de ce discours, où Jésus est proclamé Seigneur et Christ. Dans ce cas, cette même source est encore présente en Ac 6,8, ce qui va de pair avec l'attribution d'Ac 7,55 à cette même source[109].

La variante longue du TO peut donc se comprendre soit comme une addition du TO à cette source que le TA reprend plus fidèlement, soit comme une omission d'un stéréotype par le TA. Cette dernière hypothèse a pour elle que le même TA, en Ac 6,8TA, présente l'autre stéréotype fréquent *signes et prodiges*[110], mais brisé par la présence de *grands* devant *signes*, ce qui est unique dans les Actes, et suggère une

---

[108] Raisons développées ailleurs, plus en détail dans FAURE (2003) 322.
[109] Voir *supra*, note 104.
[110] Ac 2,22.43 ; 4,30 ; 5,12 ; 7,36 ; 14,3 ; 15,12.

retouche opérée par le TA lui-même. Dans tous les cas, la variante longue du TO n'implique pas sa postériorité sur le TA.

3 - Nous avons déjà évoqué la mobilité de la variante longue du TO attestée en Ac 9,20 qu'on peut assimiler à Ac 16,4. L'examen d'Ac 28,31 a montré que cette variante ne peut pas être invoquée pour affirmer la postériorité du texte qui la porte, qu'il s'agisse du TO (Ac 9,20 ; 16,4) ou du TA (Ac 28,31).

4 - En Ac 9,40, le récit de la résurrection de Tabitha par Pierre est, pour l'essentiel, attribuable à la source apocalyptique d'Ac 1,10-12. En effet, comme on l'a vu précédemment, cette source est forte du lien majeur tissé entre Elie et Jésus dès le troisième évangile[111]. Ce lien rejaillit sur leurs disciples respectifs. Pierre et les autres disciples sont ainsi dans la position d'Elisée à l'Ascension et à la Pentecôte. Plus particulièrement, après que Jésus a relevé le fils de la veuve de Naïn (Lc 7,11-16) comme Elie avait relevé le fils de la veuve de Sarepta (1R 17,17-24), Pierre relève Tabitha (Ac 9,36-42) comme Elisée avait relevé le fils de la shunamite (2R 4,18-37). On peut donc envisager que le cœur du récit d'Ac 9,36-42, concrètement Ac 9,40, soit attribuable à la source d'Ac 1,10-12. Dans ce cas, le TO a pu ajouter à cette source la variante longue « au nom de Jésus Christ » que le TA n'aura pas reprise.

5 - En Ac 14,10, Paul guérit l'infirme de Lystres. Le parallèle est évident avec Pierre guérissant l'infirme du Temple de Jérusalem en Ac 3,6. Toutefois, la présence d'une source ne se laisse pas discerner, car, contrairement à la guérison de l'infirme du Temple en Ac 3, la guérison de l'infirme de Lystres n'est pas liée au rétablissement d'Israël accompli par le nouvel Elie[112]. Le récit d'Ac 14,6-11 relève donc davantage de la

---

[111] Voir *supra*, note 100.

[112] D'autres considérations vont dans le même sens. Autant le récit d'Ac 14,7-11 est simple, sobre et sans redites, autant celui d'Ac 3,1-11 présente des difficultés. En Ac 3,4TO, comment Pierre peut-il demander à l'infirme du Temple de le « regarder fixement », alors que celui-ci le fait déjà en Ac 3,3aTO ? Il y a sans doute ici un doublet qui trahit la combinaison de deux sources, ce que confirment les autres répétitions du récit, aux vv.8-9.TO (marcher et louer) et aux vv.10-11.TO (frayeur/effrayés), c'est-à-dire aux points d'articulations de ce récit. La présence de ces deux sources, en Ac 3,1-11, se comprend alors comme le prolongement des deux sources dégagées en Lc 24,50-53 et Ac 1,10-12 (cf. FAURE (2003) 270-272). Celles-ci se prolongent dans le discours de Pierre en Ac 3,12s.

construction propre à l'auteur principal des Actes *des Apôtres* que sont au premier chef Pierre et Paul :

Ac 14,6-11

TA	TO
6 s'en étant rendu compte, ils s'enfuirent dans les villes de Lycaonie : Lystres et Derbé et les environs.	Et, s'étant enfuis, ils arrivèrent en Lycaonie, dans une ville appelée Lystres.
7 Et là, ils annonçaient l'évangile.	Et ils annonçaient l'évangile. Et toute la population fut remuée par leur enseignement.
8	Or, Paul et Barnabé demeuraient à Lystres. Il y avait un homme assis, perclus des jambes, qui, dès le sein de sa mère, n'avait jamais marché, pris de crainte.
Et un homme, perclus, à Lystres, des jambes, était assis, infirme dès le sein de sa mère, qui n'avait jamais marché.	
9 Celui-ci entendait Paul parler. Lui, l'ayant regardé fixement et voyant qu'il a la foi pour être sauvé,	Celui-ci volontiers écouta les apôtres qui commençaient à parler. Paul, le regarda fixement et connut qu'il a la foi pour être sauvé,
10 dit à voix forte : « Lève-toi droit sur tes pieds » Et il bondit et il marchait.	dit à voix forte : « Je te dis au nom de Jésus lève-toi droit sur tes pieds, et marche » Et cet (homme) faible bondit et il marchait.
11 Et les foules, ayant vu ce que Paul avait fait, élevèrent leur voix en lycaonien, disant : « Les dieux, faits semblables à des hommes, sont descendus vers nous.»	Mais les foules, ayant vu ce que Paul avait fait, élevèrent la voix en lycaonien, disant : « Les dieux, faits semblables aux hommes, sont descendus vers nous.»

Le TO donne un récit plus abondant que le TA. Si l'on se concentre d'abord sur les vv.7-10, on relève les éléments suivants :

- le récit du TO est beaucoup plus proche d'Ac 3,1-8 que le récit du TA. En effet, jusqu'au seuil de la guérison, en Ac 14,9b-10, le TO maintient l'attention sur *Paul et Barnabé* (v.8TO), appelés *les apôtres* (v.9aTO), et marque ainsi clairement le parallèle avec *Pierre et Jean* nommé ensemble jusqu'au moment du miracle en Ac 3,1.3.4. Le TA, en revanche, centre l'attention sur le seul Paul. De plus, au v.10TO, Paul ordonne à l'infirme *au nom de Jésus* de *marcher*, comme le fait exactement Pierre en Ac 3,6, tandis que ces deux éléments sont absents du v.10TA. Ces deux premiers constats montrent que chacun des deux textes est homogène dans sa distance au récit d'Ac 3.

- dans ces conditions, le v.8 est décisif, car il est sans anomalie dans le TO, alors qu'il présente dans le TA des aberrations qui font sentir des remaniements : la position illogique de Lystres ne s'explique guère que par un ajout mal inséré mais dont le but est de localiser l'événement, vu l'incertitude géographique où laisse le v.6TA. Cette insertion fait envisager au v.8TA un original qui, en l'absence de source, ne peut être que le TO. Dès lors, l'antériorité revient au TO, et l'incertitude géographique maladroitement réparée au v.8TA résulte de l'omission par le TA des vv.7b-8a.TO qui mentionnent clairement Lystres. Cette omission est motivée par la focalisation du TA sur la seule figure de Paul. Mais ce faisant, l'enchaînement du v.8aTO à *Lystres... un homme assis* est rétabli au v.8TA au prix d'un nouveau remaniement qui recule à sa place actuelle le fait que l'homme *était assis*. La transition brutale et peu cohérente *...assis qui dès le sein de sa mère n'avait jamais marché*, appelle alors l'insertion du terme *infirme* qui resitue le récit dans le domaine de la marche.

- un autre élément vient confirmer l'antériorité du TO : au v.9, dans le TA, la foi de l'infirme procède clairement d'une *écoute prolongée* de la parole de Paul (*fides ex auditu*, cf. Rm 10,17), tandis que, dans le TO, elle est présente alors que les apôtres ne font que commencer à parler, ce qui la fait davantage procéder du *séjour prolongé* des apôtres à Lystres au v.8TO. Ainsi, le recentrage du TA sur Paul va de pair avec une présentation paulinienne de la foi. Mais cette cohérence du TA signe aussi sa postériorité par rapport au TO.

- à titre de complément, on peut penser que le v.6TO qui plante d'emblée le décor à Lystres, avant le récit bien ordonnée des vv.7-

11, est postérieur au v.6TA qui se contente d'une indication vague, en partie à l'origine des problèmes du TA qu'on vient d'inventorier. Tout se passe donc comme si le v.6TA, et lui seulement, transmettait une source que le TO a modifiée, le TA étant résolument plus fidèle aux sources du TO qu'au TO lui-même.

Les éléments ci-dessus montrent la postérité littéraire et théologique du TA par rapport au TO. Cette postérité transparaît notamment dans le plus grand attachement du TA à la figure de Paul, au détriment de Barnabé. Elle se traduit par une distance à l'égard du récit d'Ac 3, et par l'omission de plusieurs éléments du TO, notamment la variante longue du v.10TO *au nom de Jésus* qui n'est l'omission ni la plus décisive ni la plus perturbante. Le TA maintient, certes, la référence de Paul (Ac 14) à Pierre (Ac 3). Mais en même temps il donne à l'Apôtre des Nations – toute la population de Lystres n'est certainement pas juive (v.7TO) – une autonomie sensible par rapport à l'Apôtre des circoncis (cf. Ga 2,9).

6 - En Ac 18,4.8, Paul est à Corinthe, chez le juif Aquila. Chaque sabbat il prêche à la synagogue. Mais à cause des blasphèmes qu'il y essuie, il va chez le craignant Dieu Justus, voisin de la synagogue. Crispus, chef de synagogue, devient croyant, et avec lui sa maison et de nombreux corinthiens :

Ac 18,1-8

	TA	TO
1	Après cela, s'étant éloigné d'Athènes, il vint à Corinthe.	Or, s'étant retiré d'Athènes, il vint à Corinthe.
2	Et ayant trouvé un certain Juif du nom d'Aquila, originaire du Pont, récemment venu d'Italie, et Priscille sa femme	Et ayant trouvé Aquila, originaire du Pont, un Juif récemment venu d'Italie avec Priscille sa femme, il les salua. Ceux-ci étaient partis de la Ville
	- du fait que Claude avait ordonné que tous les Juifs s'éloignassent de Rome -	du fait que Claude César avait ordonné que tous les Juifs s'éloignassent de la Ville ; et eux habitèrent l'Achaïe.
	il s'approcha d'eux.	
3	Et du fait qu'il était du même métier	Or Paul était connu d'Aquila du fait qu'il était de même tribu

il demeurait chez eux et ils travaillaient;
ils étaient en effet fabricants de tentes.

et il demeura chez lui.

4 Il discutait dans la synagogue
chaque sabbat

Entrant dans la synagogue
chaque sabbat, il discutait,
ayant introduit le nom
du Seigneur Jésus.

et il persuadait
Juifs
et Grecs.

Or il persuadait
non seulement les Juifs
mais aussi les Grecs.

5 Or, lorsque furent descendus de Macédoine
Silas et Timothée,
Paul était absorbé par la Parole,

Alors descendirent de Macédoine
Silas et Timothée.

attestant aux Juifs que le Christ, (c')est
Jésus.

6

Et de nouveau,
comme il y avait force discours,
et que l'on interprétait les Ecritures,

Comme ils s'opposaient
et blasphémaient,
ayant secoué ses vêtements,
il leur dit : «Votre sang (soit) sur votre
tête ; moi, je suis pur.(»)
Dès maintenant,
j'irai aux gentils. »

quelques Juifs s'opposaient
et blasphémaient. Alors,
ayant secoué son vêtement, Paul
leur dit : «Votre sang (soit) sur votre
tête ; moi, je suis pur.(»)
Maintenant,
je vais aux gentils, (loin) de vous. »

7 Et, étant passé de là,
il vint dans la maison
de quelqu'un du nom de Justus Titius
qui adorait Dieu, dont la maison était
contiguë à la synagogue.

Et, étant passé de chez Aquila,
il s'en alla dans la maison
de Justus,
qui adorait Dieu. Or sa maison était
contiguë à la synagogue.

8 Or, Crispus, le chef de la synagogue,

Or, un certain chef de synagogue,
du nom de Crispus,

crut au Seigneur
avec toute sa maison
et beaucoup des Corinthiens,
en entendant, croyaient
et étaient baptisés.

crut dans le Seigneur
avec toute sa maison
et une grande foule de Corinthiens,
écoutant la parole du Seigneur,
étaient baptisés,
en croyant à Dieu,
au nom de Jésus Christ.

Ici encore, comme en Ac 14,6-11 ci-dessus, le récit du TO est plus abondant que celui du TA.

Néanmoins, au titre des différences, l'habitude voulant que Paul arrive dans une ville et aille discuter le sabbat à la synagogue (Ac 13,14-15 ; 17,1b-2 ; 18,19) est ici enrichie par le couple Aquila-Priscille (vv.2-3).

Cet enrichissement suggère, par contraste, l'existence d'une source ignorant ce couple comme aussi les deux autres paires de personnages plus secondaires (Silas-Timothée / Justus-Crispus). La source mentionnerait seulement l'arrivée à Corinthe, la discussion à la synagogue et l'opposition juive. Toutefois, les considérations suivantes vont surtout concerner ces différents personnages. L'existence de la source ne sera donc pas prise en compte à ce niveau de l'étude.

On note immédiatement que les deux variantes longues liées au nom de Jésus, en Ac 18,4.8 s'inscrivent dans un ensemble de plusieurs autres variantes longues qui se répartissent entre le TA et le TO. On peut compter à peu près 8 variantes du TO absentes du TA, et 5 variantes du TA absentes du TO. Toute évaluation de l'antériorité fondée sur la seule existence matérielle de ces variantes est donc à écarter d'emblée.

Contrairement au cas précédent d'Ac 14,6-11, il ne paraît pas possible de trancher la question de l'antériorité entre TA et TO grâce à des anomalies textuelles. Cependant, grâce à ce cas précédent, il est possible d'apprécier cette antériorité en relevant en Ac 18,3-8 les mêmes tendances littéraires du TA par rapport au TO, tendances qui, au bout du compte, peuvent s'avérer théologiques.

On relève ainsi les éléments suivants :

- le v.2TA n'a qu'un seul verbe principal dont le sujet est Paul, tout à la fin du verset. Le v.2TO a plus de relief :
Paul n'y est sujet que de la première partie (v.2aTO), tandis que la seconde partie (v.2bTO) est tout entière centrée sur Aquila et Priscille, et ne doit rien à Paul. La comparaison des deux textes fait donc apparaître, du côté du TA, une focalisation sur Paul. Celle-ci se confirme au verset suivant.

- le v.3TA fait intervenir le milieu professionnel – fabriquant de tentes – commun à Paul et, littéralement, aux deux personnes que sont Aquila et Priscille. Paul demeure donc chez eux, pour des raisons économiques. Le v.3TO fait intervenir le milieu « tribal », ethnique ou familial au sens large, commun à Paul et Aquila. La tournure passive *Paul était connu d'Aquila* montre que, dans ce milieu juif, Paul n'est pas la référence première. La focalisation du TA sur Paul n'en ressort que davantage, et l'on voit mal quel motif aurait poussé le TO à s'en distancer. Ce serait contredire la trajectoire globale des Actes qui se focalise sur Paul jusqu'à la finale à Rome, suggérée ici par la toute première mention de cette ville, en Ac 18,2TA. C'est donc que, aux vv.2-3, l'évolution littéraire, en l'occurrence narrative et thématique, va du TO vers le TA.

- le v.4TA, dans la suite du contexte économique du v.3TA, montre Paul persuadant Juifs et Grecs, comme si ces deux catégories étaient sur le même plan. Le v.4TO, dans la suite du contexte ethnico-religieux du v.3TO, montre que persuader les Grecs et d'un autre degré que persuader les Juifs, ces derniers apparaissant comme les destinataires normaux de la prédication. Dès lors, il faut se demander si *l'introduction du nom de Jésus*, outre l'aspect stéréotypé qu'on peut lui reconnaître, ne connote pas aussi un milieu juif bien démarqué du milieu grec.

- les vv.5-6 accentuent la focalisation alexandrine sur Paul, en contrepoint de son image occidentale. Aux vv.5-6.TA, sitôt Silas et Timothée mentionnés, Paul apparaît, seul face aux juifs qui s'opposent à lui en bloc, et il décide d'aller aux gentils ἀπὸ τοῦ νῦν, donc en engageant l'avenir. En revanche, aux vv.5-6.TO, les personnages de Silas et Timothée ont une réelle épaisseur : leur venue s'accompagne d'échanges vigoureux liés aux Ecritures, et seuls quelques juifs s'opposent et blasphèment. La rupture déclarée par Paul ne concerne que le présent : « maintenant ». La comparaison des deux textes montre encore la focalisation du TA sur Paul en contrepoint du TO qui donne leur consistance à Silas et Timothée, comme à Aquila et Priscille, et déjà Barnabé en Ac 14,8-9. On ne voit pas quelle raison aurait poussé le TO a réduire cette focalisation au profit d'une mise en valeur des personnages secondaires, puisque cette focalisation correspond à l'évolution de la carrière apostolique de Paul dans le déroulement des Actes. C'est donc que, aux vv.5-6, le TO est antérieur au TA. On observe, en outre, que cette focalisation va de pair avec une globalisation de l'opposition juive : la phrase terrible de Paul au v.6 concerne tous les juifs dans le TA, mais seulement quelques-uns dans le TO.

- quant aux vv.7-8, le TA laisse entendre que Paul passe *de la synagogue* chez le craignant Dieu Justus, sans qu'on sache s'il y réside. Dans le TO, en revanche, Paul ne quitte pas la synagogue, mais la maison d'Aquila pour aller manifestement résider chez Justus.

Ensuite, le v.8TA ne semble connaître qu'un seul chef de la synagogue, en l'occurrence Crispus, et la fin du verset mentionne l'écoute, la foi et le baptême dans l'ordre établi depuis la Pentecôte (Ac 2,41a), et dûment respecté par Paul (Ac 16,14-15.32-33). Le TO, en revanche, semble connaître plusieurs chefs de synagogue, et mentionne le baptême des corinthiens avant leur foi, ce qui n'est pas sans rappeler l'effusion de l'Esprit avant le baptême en Ac 10,47. Ce désordre témoigne en faveur de l'antériorité du TO que le TA aura normé avec un seul chef de la synagogue et le rétablissement de l'ordre baptismal. La variante longue du v.8 *au nom de Jésus Christ* aura été abandonnée au même titre que la variante longue *la parole du Seigneur*, non par mépris de leur contenu, mais par souci de rétablir l'ordre baptismal de la Pentecôte.

Tous ces éléments permettent de conclure à l'antériorité du TO sur le TA en Ac 18,3-8. Les deux variantes longues contenant un titre christologique, aux vv.4.8, ont été, avec d'autres, omises par le TA dans le cadre plus général de sa focalisation sur la figure montante et dominante de Paul, apôtre des Nations.

Conclusion : les titres christologiques donnés dans le TO plus longs que dans le TA ou en plus du TA ne permettent pas de conclure à la postériorité du TO sur le TA. Les variantes longues du TO qui contiennent ces titres, et, plus généralement, les autres variantes longues du TO, aussi bien que celles du TA, ne peuvent à elles seules décider lequel de ces deux textes est antérieur à l'autre.

L'évaluation de cette antériorité doit prendre en compte le plus possible l'unité littéraire ou narrative dans laquelle ces variantes apparaissent. Dans cette unité, différents critères doivent guider l'analyse, depuis la présence éventuelle de certaine(s) source(s) des Actes, jusqu'à la mise à jour des tendances thématiques ou théologiques d'un texte par rapport à l'autre, en passant par l'examen de la correction grammaticale et/ou de la composition et/ou de la cohérence de la rédaction de chacun des deux textes.

Dans tous les cas étudiés jusqu'ici, le TO se présente comme globalement antérieur au TA, ce dernier s'avérant toutefois plus fidèle aux sources du TO qu'au TO lui-même. L'affirmation de l'antériorité globale du TO reconstitué sur le TA n'est donc pas une affirmation simpliste[113]. Elle suppose entre ces deux grands textes, comme on l'a déjà dit, une proximité telle qu'ils aient l'un et l'autre accès à leurs sources communes.

2. Les variantes longues liées à l'Esprit

Jusqu'ici les titres et les variantes envisagés dans le TO ont été déterminés par leur contenu christologique. Signalons très brièvement ce qu'il en est de l'Esprit Saint.

- On relève d'abord que dans les parallèles TA/TO où l'Esprit est mentionné, son titre – i.e. « Esprit » π., ou « Esprit Saint » π.α., ou « Saint Esprit » α.π. - est toujours plus long dans le TA (π.α. ou α.π.) que dans le TO reconstitué (Ac 2,33 ; 4,31 ; 10,38.45 ; 13,2 ; 20,23 ; 28,25).

- Dans les autres parallèles TA/TO, l'Esprit n'est nommé que dans un seul des deux textes :

	TA	TO
Ac 13,4	Ceux qui avaient été envoyés par le Saint Esprit	Ceux qui avaient été envoyés par les saints
Ac 20,3	Il eut l'idée de revenir par la Macédoine	l'Esprit lui dit de revenir par la Macédoine

---

[113] On ne peut donc pas aborder cette affirmation en estimant que le problème de la secondarité d'un texte sur l'autre est désormais réglé, comme le fait ALAND (1986) 18 (« Ich gehe darauf nicht näher ein, weil ich das Problem der Sekundarität des « westlichen » Textes inzwischen für erledigt halte »).

- En dehors de ces cas, les variantes longues où l'Esprit est nommé sont plus nombreuses dans le TO que dans le TA :

	TA	TO
Ac 2,4	Tous furent remplis de l'Esprit Saint	ø
Ac 8,39	ø	l'Esprit Saint tomba sur l'eunuque
Ac 11,17	ø	leur donner l'Esprit Saint
Ac 15,7	ø	en Esprit
Ac 15,29	ø	portés par le Saint Esprit
Ac 19,1	ø	l'Esprit lui dit de retourner en Asie
Ac 21,11	Ainsi parle l'Esprit Saint	ø

Le bilan de ces relevés montre que, dans les parallèles TA/TO, les titres longs de l'Esprit sont tous du côté du TA, tandis que, ailleurs, les substitutions par l'Esprit se trouvent dans l'un ou l'autre texte. Quant aux variantes longues, elles ne sont pas le monopole du TO. Comme pour les titres du Christ, elles n'impliquent pas *a priori* la postériorité d'un texte sur l'autre, et elles réclament qu'on les intègre dans le contexte plus large où elles apparaissent.

3. *Deux exemples de variantes très longues*

Parmi les variantes les plus longues du TO en regard du TA[114], et qu'il faut pondérer par les variantes les plus longues du TA en regard du TO[115], on peut retenir l'une des plus célèbres qui est la profession de foi de l'eunuque baptisé par Philippe, en Ac 8,37-38.

---

[114] Ac 3,11TO ; 4,18TO ; 5,15TO ; 9,5TO ; 10,25TO ; 11,2TO ; 13,29TO ; 14,7.8.TO ; 14,18.19.20.TO ; 15,2.5.12.41.TO ; 16,4.30.35.39.40.TO ; 17,15TO ; 18,2.4.6.8.21.27.TO ; 19,1.14.TO ; 21,16.TO ; 23,23-24.25.TO ; 24,6-8.24.TO ; 25,3.24. 25.TO ; 27,1.20.TO ; 28,16.29.31.TO.

[115] Ac 2,2.4.19.TA ; 4,12.15.25.TA ; 7,4.TA ; 8,6.7.TA ; 9,12.TA ; 10,11.17.TA ; 14,2.5.TA ; 15,5.33-34.TA ; 16,4.10.TA ; 17,4.12.18.TA ; 18,3.5.TA ; 19,1.TA ; 21,11.30.TA ; 23,21.23-24.30.32-33.TA ; 24,27.TA ; 26,26.TA ; 27,2.7.8.11-19.29.30-42.TA ; 28,2.4.6-8.15.31.TA.

Une autre, tout aussi originale, est liée à l'Esprit, en Ac 19,1. Les cas précédents invitent à examiner, à chaque fois, l'ensemble de la péricope :

a - Voici le récit du baptême de l'eunuque :

Ac 8,26-39

TA	TO
26 Or, l'ange du Seigneur parla à Philippe en disant : «Lève-toi et va au midi, sur la route qui descend de Jérusalem à Gaza ; elle est déserte.»	Or, l'ange du Seigneur parla à Philippe en disant : «T'étant levé, va au midi, sur la route qui descend de Jérusalem à Gaza ; elle est déserte.»
27 Et s'étant levé, il y alla. Et voici un homme éthiopien, eunuque, haut fonctionnaire de Candace, reine des Ethiopiens, qui était sur(intendant de) tous ses trésors, qui était venu adorer à Jérusalem.	Et s'étant levé, il y alla Et voici (qu')un homme éthiopien, eunuque de Candace, reine des Ethiopiens, qui était sur(intendant de) tous ses trésors, était venu adorer à Jérusalem.
28 Or il revenait et (était) assis sur son char et il lisait le prophète Isaïe.	Or il revenait, assis sur le char lisant le prophète Isaïe.
29 L'Esprit dit à Philippe : « Avance et rejoins ce char. »	L'Esprit dit à Philippe : « Avance et rejoins le char. »
30 Accourant, Philippe l'entendit lire Isaïe le prophète et il dit : « Est-ce que tu comprends ce que tu lis ? »	S'avançant, Philippe l'entendit lire Isaïe le prophète et il dit : « comprends-tu ce que tu lis ? »
31 Mais lui, dit : « Comment, en effet, le pourrais-je si personne ne me guide ? » Et il pria Philippe de monter s'asseoir avec lui.	Mais lui, dit : « Comment puis-je comprendre si personne ne m'instruit ? » Mais il pria Philippe de monter s'asseoir avec lui.
32 Or, le passage de l'Ecriture qu'il lisait était celui-ci : « Comme une brebis il a été conduit à la boucherie et comme un agneau devant celui qui le tond, muet ainsi il n'ouvre pas sa bouche.	Or, le passage de l'Ecriture qu'il lisait était celui-ci : « Comme une brebis il a été conduit à la boucherie et comme un agneau devant celui qui tond, muet ainsi il n'ouvre pas la bouche.
33 Dans l'humiliation, son jugement (lui) a été enlevé. Sa génération,	Dans l'humiliation, son jugement (lui) a été enlevé. Mais sa génération,

qui (la) racontera ?	qui (la) racontera ?
Parce que sa vie	Parce que sa vie
est enlevée de la terre. »	est enlevée de la terre. »
34 Répondant à Philippe, l'eunuque dit :	Répondant, l'eunuque dit :
« Je te prie,	« Je te prie,
de qui le prophète dit-il (cela) ?	de qui le prophète dit-il (cela) ?
De lui-même ou de quelqu'un d'autre ? »	De lui-même ou d'un autre ? »
35 Or Philippe, ouvrant sa bouche,	Or Philippe, ouvrant sa bouche,
et commençant par cette Ecriture,	commençant par cette Ecriture,
lui annonça Jésus.	annonçait Jésus.
36 Comme ils allaient sur la route,	Comme ils allaient sur la route,
ils vinrent à un certain point d'eau	ils vinrent à un certain étang
et l'eunuque dit :	et l'eunuque dit :
«Voici de l'eau, qu'est-ce qui empêche que	« Quel est l'obstacle pour que
je sois baptisé ? »	je sois baptisé ? »
37	Alors Philippe dit : « si tu crois
	de tout ton cœur, c'est possible. »
	Or, répondant, il dit :
	« Je crois que le fils de Dieu
	c'est Jésus Christ. »
38 Et il ordonna d'arrêter le char	Et il ordonna d'arrêter le char
et ils descendirent	et ils descendirent
tous les deux dans l'eau,	tous les deux dans l'eau
Philippe et l'eunuque,	et Philippe
et il le baptisa.	baptisa l'eunuque.
39 Lorsqu'ils remontèrent de l'eau,	Lorsqu'ils remontèrent de l'eau,
l'Esprit	l'Esprit
	saint tomba sur l'eunuque. Or l'ange
du Seigneur enleva Philippe	du Seigneur enleva Philippe
et l'eunuque ne le vit plus.	et l'eunuque ne le vit plus.
En effet, il allait sa route, joyeux.	En effet, il allait (sa) route, joyeux.

Les considérations concernant ce récit sont de deux ordres : d'une part, sa rédaction comparée entre TA et TO dans son ensemble et dans ses détails (i), d'autre part, en prenant davantage de recul, sa situation particulière dans le déroulement et l'économie des Actes (ii).

i - Pour ce qui est de la rédaction de cet épisode, on relève les éléments suivants :

- Au v.26, la rédaction du TO : « T'étant levé, va… sur la route…» est rigoureusement identique à celle qui apparaît au chapitre suivant, en Ac 9,11, dans le récit de la conversion de saint Paul. Il n'est pas douteux que la même main soit responsable de ces deux rédactions[116]. Comme nous avons identifié cette dernière à l'auteur principal des Actes, c'est-à-dire Luc, en Ac 9,11, il en va de même ici, en Ac 8,26TO. La rédaction du TA : « Lève-toi et va… sur la route… » se présente alors comme une altération qui montre la postériorité du TA sur le TO, en Ac 8,26.

- En conséquence, aux vv.26-27, la continuité du TO[117] qui reprend la même forme verbale, au participe, entre l'ordre et l'exécution de l'action (t'étant levé… s'étant levé…) est rompue dans le TA (lève-toi… s'étant levé…). Cette rupture de continuité montre la postériorité du TA sur le TO.

- Or, cette rupture se reproduit clairement aux vv.29-30 où le TA ne reprend pas l'action par le même verbe (TO : « avance… s'avançant… » / TA : « avance… accourant… »), et aux vv.30-31 où le TA ne reprend pas l'action du tout (TO : « comprends… comprendre… » / TA : « comprends… le… »). Ces nouvelles ruptures de continuité montrent la postériorité du TA sur le TO aux vv.26-31.

- Cette postériorité du TA va de pair avec la rupture plus large du cadre même du récit. En effet, le motif de « l'ange du Seigneur » ouvre le récit, en Ac 8,26.TA.TO mais ne le ferme qu'en Ac 8,39.TO. Or, « l'ange du Seigneur » est une expression suffisamment bien campée dans le troisième évangile (Lc 1,11 ; 2,9…), où elle ouvre et ferme le récit de l'Annonciation (Lc 1,26.38), pour qu'on n'hésite pas à l'attribuer à Luc en Ac 8,26.39TO. Son absence en Ac 8,26TA se comprend donc comme une omission par le TA qui a rompu le cadre du récit pour des raisons qu'il reste à préciser.

- Passée la citation d'Isaïe aux vv.32-33, l'évolution littéraire, au v.36, va du moins clair vers le plus clair, c'est-à-dire du motif de l'étang associé au baptême, dans le TO, vers le motif de l'eau pour être baptisé, dans le TA.

---

[116] M.-E. BOISMARD & A. LAMOUILLE, *Les Actes des deux Apôtres, III. Analyses littéraires*, EBNS 14 (1990) 122.

[117] Cette même continuité fait la cohérence du TA qui insère Ac 9,12 avant Ac 9,17 (*supra*).

- Le TA se révèle donc postérieur au TO dans les vv.26-36, ainsi qu'au v.39, en raison de la mention de l'ange venant clore le récit.

On peut donc légitimement présumer que, en Ac 8,37, c'est le TA qui a omis la profession de foi de l'eunuque plutôt que le TO qui l'a ajoutée dans un mouvement d'amplification édifiante liée au développement du rite sacramentel.

(ii) - A ces premiers éléments qui montrent la postériorité du TA sur le TO s'ajoutent maintenant d'autres considérations qui associent certains détails du texte à sa place et à sa fonction dans le déroulement des Actes.

On connaît l'hésitation fréquente des commentateurs qui demandent si l'eunuque est païen ou juif. Cette hésitation paraît légitime. En effet, au v.27, la précision que l'eunuque est venu *adorer* à Jérusalem peut s'entendre d'un grec (cf. Jn 12,20) ou d'un juif (cf. Ac 24,11). Quant à la lecture du prophète Isaïe, elle n'est pas inimaginable chez un craignant Dieu, même si Luc sait être plus explicite quand il s'agit de présenter un craignant Dieu comme Corneille, en Ac 10,2. A ne s'en tenir qu'au texte lui-même, l'eunuque peut donc être pris pour un païen sympathisant d'Israël ou pour un juif de diaspora lointaine. Cette ambivalence ne fait que refléter le rôle de transition que jouent ce personnage et cet épisode à ce moment précis des Actes, c'est-à-dire au seuil du passage de l'évangile d'Israël aux Nations, concrètement de la Samarie semi-juive à Damas où Paul se convertit, et à Césarée où Pierre visite Corneille. Toutefois ce rôle de transition est délicat, au sens où la figure de l'eunuque ne doit ni empiéter si anticiper indûment sur la nouvelle étape à laquelle elle conduit.

Si l'eunuque est juif, sa résidence en Ethiopie et sa condition physique l'éloignent du culte du Temple de Jérusalem, et le font compter parmi « ceux qui sont au loin » auxquels Pierre promet l'Esprit de la Pentecôte en Ac 2,39. La transition avec le monde non juif aux chapitres suivants s'effectue alors assez bien, et l'eunuque apparaît comme le dernier d'Israël à recevoir l'Esprit avant les premiers païens. Toutefois, sa profession de foi pose le même problème que s'il est païen, ce qu'il faut envisager comme une *lectio difficilior* dans l'évaluation de l'antériorité entre TA et TO.

En effet, que l'eunuque *puisse* être vu comme un païen ne doit pas ruiner la priorité que Luc réserve à Pierre dans l'évangélisation des Nations, comme ce dernier le rappelle en Ac 15,7.

Dans l'hypothèse où l'eunuque est un fils des Nations, il semble donc impératif qu'il reste une figure évanescente, sans descendance après lui qui susciterait une église comme Corneille à Césarée (Ac 11,14), quoi qu'il en soit de l'histoire ultérieure du christianisme éthiopien. C'est bien à cette évanescence que le texte s'emploie, lorsqu'il s'achève sur l'eunuque poursuivant son chemin, seul mais joyeux, vers une destinée dont on ne sait plus rien.

Mais il faut reconnaître que, contrairement au TA, cette évanescence est contrebalancée dans le TO par l'effusion de l'Esprit (Ac 8,39TO) qui anticipe nettement sur la conversion de Corneille, et qui, pour ne pas empiéter sur elle, oblige à un approfondissement dont le TA fait l'économie. Le TO brouille les cartes et appelle des éclaircissements dont le TA dispense.

Ainsi, dans le TO, si l'eunuque solitaire est un païen sur lequel l'Esprit tombe, comme sur Corneille et sa maison (Ac 10,44), il est important de voir que la leçon de cette effusion n'est pas à rechercher dans son enjeu communautaire qu'elle anticiperait mal. Plus exactement, ce n'est pas sur la portée ecclésiale de l'Esprit que l'eunuque fait avancer la révélation, mais sur la nature même de cet Esprit, au bénéfice des Nations qui vont le recevoir. En un mot, le chapitre 8 est l'exemple excellent du don de l'Esprit par l'imposition des mains (Pierre et Jean), et de la tentation correspondante de mettre la main sur ce don (Simon le Magicien). La venue spontanée de l'Esprit sur l'eunuque rappelle alors la liberté de ce don sur celui qui, comme Simon et son argent (Ac 8,18), vit au contact des richesses (Ac 8,27). Cette liberté de l'Esprit est sans doute réaffirmée par rapport à la parole humaine de Pierre, dans la relecture d'Ac 10,44 en Ac 11,15, mais avec l'eunuque elle est d'abord affirmée par rapport à la puissance de l'argent et aux biens matériels dont on sait comment Luc les juge, depuis l'évangile (Lc 12) et jusqu'en Ac 5. On peut donc associer à ce supplément de leçon propre au TO les contacts évidents du baptême de l'eunuque avec celui de Corneille, dans le seul TO, surtout si les deux hommes sont également païens : l'esprit tombe sur l'un (Ac 8,39TO) comme sur l'autre (Ac 10,44), et Philippe, avant d'interpréter l'Écriture, « ouvre sa bouche » (Ac 8,35) comme le fait Pierre à Césarée (Ac 10,34), précision qui ne se lit pas ailleurs dans les Actes.

Cela étant, même si cet approfondissement sur l'Esprit sert finalement la priorité de Pierre dans l'évangélisation des païens, il faut reconnaître que le baptême de l'eunuque peut, en première lecture, la contester. Dans ces conditions, le TA peut l'avoir supprimé de sa rédaction, dans un souci de clarté qui va de pair avec la priorité de Pierre réaffirmée en Ac 15,7.

Cette hypothèse est confirmée, à sa façon, par le même souci du TA qui, on l'a vu précédemment, se focalise sur Paul, là où le TO maintient la consistance des personnages secondaires (Ac 14 ; Ac 18).

En effet, sitôt sa conversion, Paul prêche que Jésus est le « Fils de Dieu », titre caractéristique de la christologie paulinienne (Ga 1,16 ; 2,20 etc.), et qui ne réapparaît dans les Actes que dans la bouche de Paul (Ac 13,33 ; 28,31TO). La confession de l'eunuque proclamant que « le Fils de Dieu, c'est Jésus Christ » (Ac 8,37TO) contrarie donc la focalisation du TA sur Paul, tout comme l'effusion de l'Esprit conteste la priorité de Pierre auprès des païens.

L'omission par le TA de la profession de foi de l'eunuque et de l'effusion de l'Esprit sur lui relève donc du même souci d'accentuer les rôles majeurs de Pierre et Paul. Cette omission s'opère dans un récit où le TO se révèle antérieur au TA, jusqu'au v.39TO où la mention de l'ange ferme le cadre narratif.

On ne peut donc pas tenir pour acquis que les vv.37.39.TO ont été ajoutés par le TO, dans un mouvement d'expansion théologique liée au développement du christianisme primitif[118].

---

[118] Nous retrouvons ainsi, par un tout autre chemin, la conclusion à laquelle aboutit STRANGE (1992) 76-77 pour qui la profession de foi de l'eunuque a été omise en raison du secret dont le second siècle a entouré l'initiation baptismale. Toutefois, la difficulté de cette explication liée au IIᵉ siècle est qu'elle contredit la conviction du même auteur (STRANGE (1992) 52-53) que les Actes TA/TO sont antérieurs au second siècle.

Subsidiairement, il est possible que ce récit du baptême de l'eunuque soit traversé d'éléments traditionnels attribuables à l'une des deux sources des Actes. L'intérêt que Luc seul partage avec Jean pour les samaritains (Lc 9,51s ; 10,29s ; Ac 8 ; Jn 4) le suggère à sa façon. Déjà pour les récits de la Passion et de la Résurrection ces deux auteurs, et eux seuls, partagent des accords qui font envisager des sources communes[119]. Rien n'empêche donc, en Ac 8,39, que l'omission de la variante longue du TO par le TA s'explique *aussi* par la présence d'une source à laquelle le TA serait resté plus fidèle que le TO. Cela ne ferait que confirmer la construction du cadre du récit (« l'ange du Seigneur ») par Luc lui-même et non par sa source. D'autres considérations liées aux sources éventuelles pourraient confirmer les relevés ci-dessus, mais dans la mesure où ces derniers semblent suffire, en Ac 8,26-39, ces considérations ne s'imposent pas dans le cadre de la présente introduction.

b - En Ac 19,1, Paul arrive à Ephèse, après que Apollo(nio)s d'Alexandrie en est parti pour Corinthe. Par commodité, nous adopterons la nomenclature Apollos (TA) plus connue qu'Apollônios (TO).

Ac 18,24-19,2

TA	TO
24 Or un certain Juif, du nom d'Apollos, alexandrin de naissance, homme éloquent, arriva à Ephèse, étant puissant dans les Ecritures.	Or un certain Juif, du nom d'Apollônios, alexandrin, homme éloquent, arriva à Ephèse, étant puissant dans les Ecritures,
25 Celui-ci avait été instruit de la voie du Seigneur et, bouillant d'esprit, il parlait et il enseignait exactement ce qui concernait Jésus, connaissant seulement le baptême de Jean.	qui avait été instruit dans sa patrie de la parole du Seigneur et, bouillant d'esprit, il discourait et il enseignait exactement ce qui concernait Jésus, connaissant seulement le baptême de Jean.
26 Et celui-ci se mit à être	Celui-ci se mit à être

---

[119] Ces accords littéraires ou thématiques ont été relevés par B. WEISS puis B. S. EASTON en 1911, et par F. L. CRIBBS en 1973 etc., cf. M.-E. BOISMARD, *En Quête du Proto-Luc*, EBNS 37 (1997) 64-65.

plein d'assurance
dans la synagogue.
Or, l'ayant entendu,
Priscille et Aquila l'accueillirent et lui exposèrent plus exactement la voie de Dieu.

plein d'assurance
dans la synagogue.
Et, l'ayant entendu,
Aquila l'accueillit et lui exposa
plus exactement la Voie.

27

Or, certains Corinthiens
qui résidaient à Ephèse
et qui l'avaient écouté
Or, comme il voulait passer en Achaïe,
le priaient de passer
avec eux dans leur patrie.
Comme il était d'accord avec (eux),
les frères, (l'y) ayant encouragé, écrivirent
les Ephésiens écrivirent
aux disciples
aux disciples de Corinthe
de le recevoir.
qu'ils reçussent l'homme.
Lui, étant arrivé,
Lui, étant (parti) résider en Achaïe,
rendit grand service
rendit grand service
à ceux qui avaient cru par la grâce.
dans les églises.

28   Car il réfutait vigoureusement
les Juifs en public,
prouvant
par les Ecritures
que Jésus était le Christ.

Car il réfutait vigoureusement
les Juifs en public,
discutant, prouvant
par les Ecritures
que Jésus était le Christ.

19 1a

Or tandis que Paul voulait,
selon sa propre volonté,
aller à Jérusalem,
l'Esprit lui dit
de retourner en Asie.

Or il arriva,
tandis qu'Apollos était à Corinthe,
1b   (que) Paul,
traversant les régions hautes,
vint à Ephèse
et (y) trouva quelques disciples

Or,
ayant traversé les régions hautes,
il vient à Ephèse
et

2   et il leur dit:
«Est-ce que vous avez reçu l'Esprit
saint, ayant cru?»
Mais eux lui (dirent) :
«Mais nous n'avons pas même
entendu (dire)
qu'il y a
un Esprit saint.»

il dit aux disciples:
«Est-ce que vous avez reçu l'Esprit
saint, ayant cru?»
Mais eux lui (dirent):
«Mais nous n'avons pas même
entendu (dire)
que certains reçoivent
l'Esprit saint.»

Il est clair que le personnage principal d'Ac 18,24-28 est Apollos, et que celui d'Ac 19,1-2 est Paul. Apollos apparaît pour Paul comme Jean-Baptise pour Jésus : celui qui lui prépare la voie. Ce précurseur taillé sur mesure dit l'importance d'Ephèse dans le ministère de Paul, et surtout dans la construction des Actes. L'apôtre évangélisateur et fondateur d'églises atteint en quelque sorte à Ephèse le sommet de sa carrière d'homme libre, avant sa montée à Jérusalem et son arrestation. Il n'est donc pas douteux que l'essentiel du récit concernant Apollos (Ac 18,24-28) et introduisant Paul à Ephèse (Ac 19,1-2s) relève principalement de l'auteur principal des Actes, en l'occurrence Luc, et non d'une source.

On note les éléments suivants :

- exactement comme en Ac 18,3TA qu'on a vu précédemment, Ac 18,26TA évoque Priscille et Aquila ensemble, tandis que Ac 18,3.26.TO mentionne Aquila seul. Ce qui vaut au v.3TO paraît donc valoir encore au v.26TO : l'autorité envers Paul est celle d'Aquila, mais la mention de Priscille la détache de toute hiérarchie tribale ou familiale. Par suite, l'antériorité du TO sur le TA au v.3 s'étend au v.26.

- outre la mention de la « patrie », aux vv.25.27.TO, qui peut mieux se comprendre comme une omission par le TA que comme une addition par le TO, on relève surtout le degré d'abstraction du v.27TA par rapport au v.27TO : « les frères » et les « disciples » du v.27TA ne sont identifiés que par leur condition de frères ou de disciples, tandis que le v.27TO précise et distingue « les éphésiens » et « les disciples de Corinthe ». Dans le même sens, la fin du v.27TA identifie les croyants d'Achaïe par la grâce de la foi, selon une formule proche de l'enseignement de Pierre en Ac 15,11, tandis que la fin du v.27TO les identifie par leurs communautés, en mentionnant « les églises » comme en Ac 9,31TO, clairement antérieur à Ac 9,31TA qui mentionne « l'église » au singulier[120]. Ce degré d'abstraction[121] du TA par rapport au TO dit plus qu'il ne contredit sa postériorité par rapport au TO.

- au v.27TA, inclure les éphésiens parmi les « frères » est une nouvelle anticipation du TA, car, dans les autres passages *narratifs* des Actes, cette expression désigne manifestement les croyants à part entière, ce

---

[120] On ne parlera donc pas d'intégration d'Apollos « dans l'Eglise apostolique », comme le comprend ALAND (1986) 15 en citant E. HAENCHEN.

[121] Et non de simplicité en regard d'un TO qui aurait paraphrasé pour rendre le texte plus clair, comme le voudrait ALAND (1986) 15, car s'il désigne plus clairement les personnes, Ac 18,27TO est nettement moins clair que Ac 18,27TA.

qui ne saurait être le cas des éphésiens avant l'arrivée de Paul à Ephèse. Le v.27TA confirme ainsi sa postériorité.

- à l'appui de cette appréciation, il faut encore souligner, au v.27, la focalisation du TA sur le personnage principal qu'est Apollos au détriment des figures secondaires nommément désignées, phénomène déjà vu ailleurs (Ac 14,7-8 ; Ac 18,1-8) et qui achève d'établir ici l'antériorité du TO sur le TA.

- en Ac 19,1bTA les quelques disciples que Paul trouve à Ephèse ne paraissent pas évidemment liés aux frères qui encouragent Apollos en Ac 18,27TA, tandis qu'il est clair, en Ac 19,2TO, que les disciples d'Ephèse sont les éphésiens d'Ac 18,37TO[122]. Or la détermination des éphésiens (Ac 19,1-2a.TO) au détriment du couple Apollos-Paul, bien visible en Ac 19,1abTA, se conçoit moins bien que leur indétermination au profit de ce couple (Ac 19,1TA), car ces personnages restent malgré tout secondaires. C'est donc que l'évolution littéraire va du TO vers le TA.

Ces différents indices concourent à tenir que, en Ac 19,1, le TO est antérieur au TA. La confirmation la plus claire vient alors du contenu même d'Ac 19,1TO où l'Esprit contrarie[123] Paul qui veut aller à Jérusalem.

Non seulement cette contrariété contrarie la focalisation du TA sur Paul, et son omission se conçoit mieux que son addition[124], mais, surtout, elle pose et ouvre le cadre du récit – formé par la mention de Jérusalem - qui se referme au seuil des adieux aux anciens éphésiens, en

---

[122] ALAND (1986) 22 conteste que la reconstitution du TO repose sur p[38] parce que ce dernier s'écarte trop des autres témoins occidentaux (« p[38] hier, wie schon in 18,8, von den übrigen « westlichen » Zeugen rest massiv abweicht »). Mais il faut observer que p[38] est appuyé par le désaccord entre SyrH et SyrP, ce dernier témoin précisant que Paul *interroge* les disciples avant d'indiquer qu'il les a *découverts*, cette anomalie suggérant l'ajout de la découverte.

[123] Autrement plus crûment qu'en Ac 16,6 où l'Esprit empêche Paul d'aller en Asie. Ici, l'Esprit donne positivement l'ordre d'aller en Asie, et, en cela, s'oppose frontalement à la volonté propre de Paul.

[124] Contre ALAND (1986) 19 pour qui Ac 19,1aTO est une interpolation du rédacteur occidental dans un support alexandrin pour maintenir le projet d'aller à Jérusalem que Paul n'a pas accompli en Ac 18,21 où il faudrait comprendre que l'apôtre est seulement monté du port à la ville de Césarée. En ce qui nous concerne, outre le désaccord de cette compréhension avec Ac 25,1, le voyage de Paul en Galatie et Phrygie, en Ac 18,23, permet que Paul monte à Jérusalem en Ac 18,22, et qu'il désire y revenir en Ac 19,1aTO.

Ac 20,16 où Paul se hâte d'être à Jérusalem le jour de la Pentecôte. Ce cadre embrassant le sommet du ministère de Paul avant son arrestation est absent du TA. Comme avec le baptême de l'eunuque, le récit du TA rompt son cadre narratif, et montre sa postériorité sur le récit du TO.

La très longue variante d'Ac 19,1aTO ne peut donc pas être invoquée pour montrer la postériorité du TO sur le TA.

CONCLUSION : les variantes longues ou très longues du TO liées au Christ ou à l'Esprit montrent que l'évaluation de l'antériorité entre TA et TO doit procéder selon plusieurs méthodes. Qu'il s'agisse de percevoir la présence d'une source mieux conservée par le TA que par le TO, ou qu'il s'agisse d'étudier ces variantes dans leur contexte large, elles sont l'occasion d'indiquer comment la critique interne des Actes seconde, et en dernier ressort juge, les réflexions spontanées de la critique externe.

On relève surtout que la tendance du TA, en contrepoint régulier du TO, à se focaliser sur les personnages principaux (Paul, Apollos…) au détriment des personnages secondaires, se maintient au fil des passages étudiés, indépendamment des témoins retenus par la critique externe pour établir le TO.

Dit autrement, le TO reconstitué fait ressortir la tendance du TA par la tendance inverse où les personnages secondaires ont davantage de consistance propre. La guérison à Lystres (Ac 14,6-11.TO) est globalement attestée par un accord entre h et G^{67}, tandis que les débuts de Paul à Corinthe (Ac 18,1-8.TO) sont surtout attestés par h, et secondairement par D. Mais le baptême de l'eunuque est essentiellement reconstitué à partir de G^{67} en accord avec Cyp et Ir^L pour Ac 8,37TO, et avec SyrH^{mg} pour Ac 8,39TO. Quant au passage d'Apollos à Paul, en Ac 18,24-19,2.TO, il est reconstitué à partir de Dd, associé à p^{38} et SyrH^{mg}. Il en ressort une cohérence du TO reconstitué qui peut s'avérer féconde pour le TO lui-même, ainsi que pour le TA.

CONCLUSION

La reconstitution du TO telle qu'elle est proposée – faut-il s'en étonner – ne prétend pas à la perfection. Même en améliorant sa première édition parue en 1984, elle ne se donne pas comme le dernier état du TO en regard du TA. Les passages du TO ont été signalés qui reposent encore sur des conjectures en l'absence de témoins[125] ou sur des probabilités[126] ou des hésitations[127].

Cela étant, l'examen des titres christologiques et de certaines variantes longues montre que l'éclectisme de méthode qui préside à la reconstitution du TO n'aboutit pas à la dispersion ou à l'arbitraire. Cet éclectisme fait émerger certaines cohérences de comportement dans les domaines aussi divers que l'inventaire des témoins (accords vieux latin – (vieux) syriaque, appuis éthiopiens) ou l'analyse littéraire (tendances du TA et du TO), ce qui apporte à cette reconstitution une légitimité *a posteriori*. Quant au TO lui-même, il ne peut résolument pas être considéré comme la réception privilégiée des Actes dans le seul monde latin, même si ce dernier reste décisif. Plus que jamais, le TO s'avère ancré dans d'autres mondes que le seul Occident.

L'existence de sources postulée par la critique interne et confirmée en partie par la critique externe éclaire l'évaluation de l'antériorité entre TA et TO. Selon les cas, cette antériorité revient au TA ou au TO. Mais dans les passages étudiés, elle se situe globalement du côté du TO. Cette variation de l'antériorité fait supposer que le TA et le TO sont suffisamment proches dans le temps et dans l'espace pour que leur(s) rédacteur(s) ai(en)t eu accès aux mêmes sources. Comme l'a bien vu W. A. STRANGE, cette grande proximité se trouve appuyée par la fin des Actes, où le TA et le TO ne présentent pas la différence de contenu qu'on attendrait, notamment sur la vie de saint Paul, si l'un des deux textes était nettement postérieur à l'autre[128]. Cet appui repose en

---

[125] Ac 4,15 ; 6,1 ; 8,7 ; 11,28 ; 13,14.45 ; 14,2 ; 15,38 ; 16,21.34 ; 17,12 ; 18,3.26 ; 19,6 ; 24,5 ; 28,1.
[126] Ac 5,2 ; 8,6 ; 10,1 ; 11,19.28 ; 12,18.19 ; 13,12.46 ; 15,5.37 ; 16,18.19.32.34 ; 17,4.13 ; 18,3 ; 19,6 ; 25,25. Par exemple, en Ac 17,4, il paraît indiqué de suivre au moins la position de ROPES (1926) 162, contre STRANGE (1992) 154, et de rester ouvert à la discussion ultérieure.
[127] Ac 6,15 ; 14,9 ; 24,24.
[128] STRANGE (1992) 52-53.

grande partie, pour le TO reconstitué, sur des accords vieux latin – (vieux) syriaque, et sur des versions éthiopiennes.

Reste, pour finir, que le vis-à-vis entre TA et TO est des plus stimulants pour la critique externe et interne des Actes des Apôtres. L'examen de l'antériorité doit se continuer sur l'ensemble du livre, notamment pour approfondir la proximité de ces deux grands textes, et voir s'ils sont attribuables au même auteur, comme le veut F. BLASS, ou à des auteurs différents mais très contemporains. La tendance du TA qui se focalise sur les acteurs principaux du récit *peut* indiquer cette différence. Mais il revient à la critique interne de l'apprécier plus en profondeur.

En ce sens, l'un des enjeux du TO reconstitué sera d'approfondir sa cohérence, et, en contrepoint, celle du TA. Ce travail ne reposera plus sur les seules divergences majeures mais ponctuelles entre variantes du TA et variantes du TO. Il devra s'attacher à l'analyse littéraire d'unités continues permettant une comparaison narrative, thématique et théologique entre ces deux grands textes.

P. FAURE

CODEX DE BESE

SOURCES

1 Τὸν μὲν πρῶτον λόγον
ἐποιησάμην
περὶ πάντων, ὦ Θεόφιλε,
ὧν ἤρξατο Ἰησοῦς[a]
ποιεῖν τε καὶ διδάσκειν,
2 ἄχρι ἧς ἡμέρας

ἐντειλάμενος
τοῖς ἀποστόλοις
διὰ πνεύματος ἁγίου
οὓς ἐξελέξατο
ἀνελήμφθη.

1 Τὸν μὲν πρῶτον λόγον
ἐποιησάμην
περὶ πάντων, ὦ Θεόφιλε,
ὧν ἤρξατο Ἰησοῦς
ποιεῖν τε καὶ διδάσκειν,
2 *ἐν ᾗ ἡμέρᾳ*[1]
[ ][2]
[ ][3]
τοὺς ἀποστόλους[3]
ἐξελέξατο[4]
διὰ πνεύματος ἁγίου
[ ][2]
καὶ ἐνετείλατο[5]
κηρύσσειν τὸ εὐαγγέλιον[6].

a. B ; ο Ιησους : א A 81 *NA 28*

---

2 - 1. Aug[aa'] Var Ephr[k] / 2. Aug[aa'] Var Ephr[k] - (= *post* ἄχρι ἧς ἡμέρας : D Syr[mg] G[67]) / 3. Aug[aa']
Var – Barn / 4. Aug[aa'] Var SyrH[mg] Barn / 5. Aug[aa'] Var - g s t y Vg(DO) (καὶ ἐκέλευσεν : Dd
Syr[mg] G[67]) / 6. Dd Aug[aa'] Var Tert Syr[mg] G[67] Ephr[k] - g s t y Vg(DO) cf. Sah Barn
G[67] et SyrH[mg] = D sauf la position de οὓς ἐξελέξατο (voir *infra*)
Tert : ad quadraginta dies egit docens eos quae docerent ; dehinc ordinatis eis ad officium
praedicandi per orbem circumfusa luce in caelum est receptus (Ap 21,23 ; CC I/126).
Barnabé : ὅτε δὲ τοὺς ἰδίους ἀποστόλους τοὺς μελλόντας κηρύσσειν τὸ εὐαγγέλιον
αὐτοῦ ἐξελέξατο (V,9).

v. 2 : Comme l'a bien vu Ropes (*op. cit.* p. 258), D fusionne deux textes différents, d'où son
doublet εντειλαμενος et εκελευσε. L'un des textes est donné par le TA, l'autre est le TO attesté
par Augustin. Ceci vaut aussi pour G[67] et SyrH[mg]. Tous trois commencent par donner le ἄχρι
ἧς ἡμέρας du TA, qu'ils font suivre du verbe ἀνελήμφθη (fin du TA) ; ils mettent à sa place la
phrase και εκελευσε κηρυσσειν το ευαγγελιον qui terminait le TO. Un tel arrangement
n'était pas évident, et nous devons en conclure que tous trois dépendent d'un *même* archétype
ayant fusionné TA et TO ; nous l'appellerons l'archétype X.
Nous verrons par la suite bien d'autres exemples semblables. Une constatation s'impose : le
vieux texte africain peut avoir raison contre le témoignage des trois autres témoins majeurs du
TO. Ce principe nous sera très utile par la suite. Faut-il adopter dans le TO le verbe ἐκελεύσε
attesté par D et G[67] (gr) ? SyrH[mg] ne distingue pas les deux verbes. Les latins qui soutiennent
cette variante ont *praecepit*, verbe qui, avec *mandare*, traduit régulièrement ἐντελλέσθαι
tandis que κελεύειν est toujours rendu ailleurs par *iubere*. Le verbe ἐνετείλατο que supposent
les latins est confirmé par 10,42 TO : καί ἐνετείλατο ἡμῖν κηρῦξαι τῷ λαῷ. C'est l'archétype
X qui aurait changé le verbe pour éviter la séquence ἐντειλάμενος – ἐνετείλατο. La fusion
entre TA et TO est donc effectuée de façon intelligente. Les trois témoins de cet archétype
mettent l'expression οὓς ἐξελέξατο à trois places différentes : avant (SyrH[mg]) ou après (D) διὰ
πνεύματος ἁγίου et de façon évidemment aberrante à la fin du verset (G[67]). La position la
plus normale est celle que donne SyrH[mg]. La citation de 1,2 par l'auteur de la lettre de
Barnabé (vers 130) avait été reconnue par J. Chapman (cf. « Barnabas and the Western Text
of Acts », *Revue Bénédictine* 30 (1913) 219-221) ; elle prouve l'antiquité du TO.

1 Τον μεν πρωτον λογον	1 Primum quidem sermonem
εποιησαμην	feci
περι παντων ω Θεοφιλε	de omnibus o theofile
ων ηρξατο ιη̅σ̅	quae incoauit ιη̅s̅
ποιειν τε και διδασκειν	facere et docere
2 αχρι ησ ημερασ	2 usque in eum diem
ανελημφθη	quem susceptus est
εντειλαμενοσ	quo praecepit
τοισ αποστολοισ	apostolis
δια π̅ν̅σ̅ αγιου	per s̅p̅m̅ sanctum
ουσ εξελεξατο	quos elegit
και εκελευσε	et praecepit
κηρυσσειν το ευαγγελιον	praedicare euangelium

Aug$^{a'}$: [1] Primum quidem sermonem *feci* (Aug^a : *fecimus*) de omnibus, o Theophile, quae coepit Iesus facere et docere, [2] in die *quo* (Aug^a : *qua*) Apostolos elegit per Spiritum sanctum, et praecepit praedicare Evangelium

G^{67} : [1] Das erste Buch zwar habe ich verfaßt, lieber Theophilus, über alle Dinge, die Jesus angefangen hatte zu tun und über sie zu lehren, [2] bis zu dem Tage, an dem *er entrückt wurde. Denn er* gab *seinen* Aposteln Anweisungen durch den Heiligen Geist, *er befahl, das Evangelium zu verkündigen,* (ihnen), die *Jesus* erwählt hatte.

g : [1] Primum quidem sermonem feci de omnibus o theophile quae cepit ihesus facere et docere [2] usque in diem quo susceptus est quo praecepit apostolis per spiritum sanctum praedicare euangelium quos elegerat

3 οἷς καὶ παρέστησεν
ἑαυτὸν ζῶντα
μετὰ τὸ παθεῖν αὐτὸν
ἐν πολλοῖς τεκμηρίοις,
δι' ἡμερῶν τεσσεράκοντα
ὀπτανόμενος αὐτοῖς καὶ λέγων
τὰ περὶ τῆς βασιλείας τοῦ θεοῦ·
4 καὶ συναλιζόμενος

παρήγγειλεν αὐτοῖς
ἀπὸ Ἱεροσολύμων
μὴ χωρίζεσθαι ἀλλὰ περιμένειν
τὴν ἐπαγγελίαν τοῦ πατρὸς
ἣν ἠκούσατέ
μου,

3 οἷς καὶ παρέστησεν
ἑαυτὸν ζῶντα
μετὰ τὸ παθεῖν αὐτὸν
ἐν πολλοῖς τεκμηρίοις,
[ ]¹ *ἡμερῶν τεσσεράκοντα*
ὀπτανόμενος αὐτοῖς καὶ *διδάσκων* ²
τὰ περὶ τῆς βασιλείας τοῦ θεοῦ·
4 καὶ *συναυλιζόμενος* ¹
μετ' αὐτῶν ²

παρήγγειλεν αὐτοῖς
ἀπὸ Ἱεροσολύμων
μὴ χωρίζεσθαι ἀλλὰ περιμένειν
τὴν ἐπαγγελίαν τοῦ πατρὸς
ἣν *ἠκούσατέ* ³ *φιν* ⁴
ἐκ τοῦ στόματος ⁵ μου,

---

3 - 1. D Aug^aa' QvD SyrH*(?) Ephr^k(?) - Épiph (1/2) Eth.3.4 BarS^c / 2. Aug^aa' Tert QvD *Var* - g s t Or^L
Tert : ad quadraginta dies egit docens eos quae docerent...
Var : in multis argumentis] apparens eis et docens de regno dei (cf. v. 2)
QvD : ... conversatus est cum discipulis suis quadraginta diebus... sed ut doceret veritatem (*Symb.* II,8,1)
Ephr³ : Monstravit sese quia mansit post crucem non sine signis sed cum multis signis et prodigiis, quae fecit quadraginta dies, quo tempore apparebat illis in omnibus similitudinibus et loquebatur de regno quod annuntiabat ante mortem suam
BarS^c : cur mansit quadraginta dies...

4 - 1. Aug^aa' *Var* QvD - e g p* s t y *Koinè* (G⁶⁷ ?) / 2. D Aug^aa' *Var* QvD G⁶⁷- e g p* s t y / 3. D Aug^aa' G⁶⁷ g / 4. D Aug^aa' - p Vg(ABFKV) Hil / 5. (D)d Aug^aa' G⁶⁷ - Vg Hil

v. 3 : Dans Aug^aa' la séquence *argumentis dierum* traduit un original grec qui avait τεκμηρίοις [ ] ημερων [τεσσαρακοντα], avec absence de la préposition δια, comme dans D (voir *infra*), et omission accidentelle du numéral, omission qui a pu se produire, soit dans l'archétype grec, soit dans la traduction latine. L'erreur a été corrigée par addition de *per dies quadraginta* (cf. d g), mais à une mauvaise place. Faut-il adopter l'inversion des termes τεσσαρακοντα ημηρων attestée par D et, dans la mesure où nous pouvons nous fier à des traductions, par Tertullien et Ephrem ? Le problème se pose du fait qu'elle ne se lisait certainement pas dans le TO suivi par Aug^aa' (cf. *supra*). Dans la suite des Actes, le chiffre τεσσεράκοντα est toujours placé *après* le substantif qu'il qualifie (4,22; 7,30.36; 13,21) et la leçon de D serait une exception difficile à justifier et qu'il vaut mieux rejeter. La leçon διδάσκων est ignorée de D et de G⁶⁷ et elle n'est pas signalée dans SyrH. L'archétype X avait adopté la variante du TO au début du verset, mais ensuite le λέγων du TA. N'oublions pas qu'il suivait le TO à la fin du verset précédent ; il continue donc ici sur sa lancée, mais revient vite au TA. Nous verrons par la suite qu'il passe ainsi constamment du TA au TO et du TO au TA.
Pour le TO, cf. Ac 28,31 TA : ... κηρύσσων τὴν βασιλείαν τοῦ θεοῦ καὶ διδάσκων τὰ περὶ τοῦ κυρίου Ἰησοῦ.

v. 4 : voir ci-contre.

3 οισ και παρεστησεν	3 quibus et praesentiam
εαυτον ζωντα	se uiuum
μετα το παθειν αυτον	postquam passus est
εν πολλοισ τεκμηριοισ	in multis argumentis
τεσσερακοντα ημερων	post dies quadraginta
οπτανομενοισ αυτοισ και λεγων	apparens eis et narrans
τα περι τησ βασιλειασ του θ̅υ̅	ea quae sunt de regno d̅i̅
4 και ♦συναλισκομενοσ	4 et simul conuiuens
μετ αυτων	cum eis
παρηνγειλεν αυτοισ	praecepit eis
απο ϊεροσολυμων	ab hierosolymis
μη χωριζεσθαι αλλα περιμενειν	non discedere sed expectare
την επαγγελειαν του πατροσ	pollicitationem patris
ην ♦ηκουσα φησιν	quam audistis
δια του στοματοσ μου	de ore meo

Aug^a' : 3 quibus praebuit se vivum post passionem in multis argumentis dierum, visus (Aug^a : add. *est*) eis (Aug^a : add. *per*) dies quadraginta, et docens de regno Dei 4 et quomodo conversatus *est* (Aug^a : *sit*) cum illis. Et praecepit eis ne discederent ab Ierosolymis, sed sustinerent pollicitationem Patris, quam audistis, inquit, ex ore meo

G^67 : 3 Und er stellte sich ihnen vor als lebendig, nachdem er gestorben war, unter vielen Zeichen, vierzig Tage lang, wobei er ihnen sichtbar war und über das Reich Gottes sprach. 4 Und während er mit ihnen aß, gebot er ihnen, nicht herauszugehen aus Jerusalem, sondern zu warten auf die Verheißung des Vaters, „die ihr *aus meinem Munde* gehört habt :

g : 3 quibus etiam exhibuit se ipsum uiuum post passionem suam in multis argumentis per dies XL apparens eis et docens de regno dei 4 Et cum conversaretur cum illis praecepit eis ne ab hierosolimis discederent, sed expectarent promissum patris quod a me audistis,

---

v. 4 : En finale, la formule d'Aug, *ex ore meo*, suppose un substrat grec avec la préposition ἐκ et non δία, comme aussi le *de ore meo* de d et Hilaire. On rapprochera alors de Ac 22,14 : καὶ ἀκοῦσαι φωνὴν ἐκ τοῦ στόματος αὐτοῦ. Une telle formule ne se rencontre nulle part ailleurs dans le NT. Le verbe φησίν du TO est reporté par G^67 au début du verset suivant.
Si nous admettons que D et G^67 ont au début du verset un verbe signifiant "manger ensemble", nous retrouvons la même technique de l'archétype X : il donnait le TA à la fin du verset précédent ; sur sa lancée, il adopte ici le participe συναλιζόμενος du TA, mais il continue en reprenant les leçons longues du TO. - Le ηκουσα de D est impossible avec δια του στοματος μου. "The codex... is badly written. On the greek side the scribe is guilty of many obvious blunders and misspellings on nearly every page" (ROPES, *op. cit.*, p. lxix). Les incorrections ou les originalités de D sont signalées par le signe ♦.

5 ὅτι Ἰωάννης μὲν
ἐβάπτισεν ὕδατι,
ὑμεῖς δὲ ἐν πνεύματι
βαπτισθήσεσθε ἁγίῳ

οὐ μετὰ πολλὰς ταύτας ἡμέρας.

6 Οἱ μὲν οὖν συνελθόντες
ἠρώτων αὐτὸν λέγοντες
κύριε, εἰ ἐν τῷ χρόνῳ τούτῳ
ἀποκαθιστάνεις

τὴν βασιλείαν τῷ Ἰσραήλ ;

5 ὅτι Ἰωάννης μὲν
ἐβάπτισεν ὕδατι,
ὑμεῖς δὲ ἐν πνεύματι
ἁγίῳ[1] βαπτισθήσεσθε
ὃ καὶ μέλλετε λαμβάνειν[2]
οὐ μετὰ πολλὰς ταύτας ἡμέρας
ἕως τῆς πεντηκοστῆς[3].

6 Οἱ μὲν οὖν συνελθόντες
ἐπηρώτων[1] αὐτὸν λέγοντες·
κύριε, εἰ ἐν τῷ χρόνῳ τούτῳ
ἀποκατασταθήσῃ[2]
καὶ πότε[3]
ἡ βασιλεία[3] τοῦ[4] Ἰσραήλ ;

---

5 - 1. Dd Aug^{aa'} Var - g p* t ndl.l / 2. (D)d Aug^{aa'bc} (Aug^c : Serm. LXXI, caput XII – 19) Var Ephr^p - g s t y Vg(CT) Hil Chr.l / 3. Dd Aug^{aa'c} G⁶⁷ Ephr^p – Sah
La leçon βαπτισθήσεσθε doit être retenue à la place du βαπτισθησεσθαι de D. Cette dernière forme est *a priori* grammaticalement erronée et se reproduit souvent dans la suite. Au cas où elle relèverait toutefois d'un usage local propre à D, il a paru indiqué de la signaler par un losange ♦ comme indiqué à la page précédente.

6 - 1. D - E *Koinè* (versions ?) / 2. Aug^a G⁶⁷ / 3. Aug^a G⁶⁷ / 4. Dd Aug^a G⁶⁷ - E 2423 Eth.2 BarS^c

v. 6 : Pour la rétroversion de *repraesentaberis* en ἀποκατασταθήσῃ, nous avons suivi ZAHN et ROPES. Leur conjecture est maintenant bien soutenue par G⁶⁷ qui donne le verbe grec. Dans D, le verbe ἀποκατασταν̄ειν se retrouvera en 17,15. Mais ici, le scribe ne veut-il pas faire un compromis entre le TO ἀποκατασταθήσῃ et le TA ἀποκαθιστανεις ? L'addition de cette finale pourrait expliquer la dittographie de εις. L'archétype X, suivi par G⁶⁷, devait donner ici le TO puisqu'on en trouve des traces dans D ; mais le scribe de ce manuscrit a corrigé sur le TA. Pour le TO, cf. Lc 17,20 : Ἐπερωτηθεὶς δὲ ὑπὸ τῶν Φαρισαίων πότε ἔρχεται ἡ βασιλεία τοῦ θεοῦ.

5 οτι ϊωανησ μεν
εβαπτισεν ϋδατι
ϋμεισ δε εν π̅ν̅ι
αγιω ♦βαπτισθησεσθαι
και ο ♦μελλεται λαμβανειν
ου μετα πολλασ ταυτασ ημερασ
εωσ τησ πεντηκοστησ
6 Οι μεν ουν συνελθοντεσ
επηρωτων αυτον λεγοντεσ
κ̅ε̅ ει εν τω χρονω τουτω
♦αποκαταστανεισ

♦εισ την βασιλειαν του ϊσραηλ

5 quia iohannes quidem
baptizauit aqua
uos autem s̅p̅o
sancto baptizamini
et eum accipere habetis
non potest multos hos dies
usque ad pentecosten
6 hi ergo cum conuenissent
interrogabant eum dicentes
d̅n̅e si in tempore hoc
restituere

regnum istrahel

Aug^{a'} : 5 quoniam Ioannes quidem baptizavit aqua, vos autem Spiritu sancto incipietis baptizari, quem et accepturi estis non post multos istos dies (Aug^a : dies istos), usque ad Pentecosten. 6 Illi ergo convenientes (Aug^a : quidem cum venissent), interrogabant eum dicentes : Domine, si in hoc tempore praesentabis regnum Israel (Aug^a : hoc in tempore repraesentaberis, et quando regnum Israel) ;

G[67] : 5 Johannes zwar hat mit Wasser getauft, ihr aber werdet getauft werden mit Heiligem Geist" — nicht (erst) nach vielen Tagen, *sondern (schon) zu Pfingsten.* 6 Sie nun kamen zusammen, wobei sie ihn fragten : „Herr, *wirst du zu dieser Zeit zurückgegeben (und) wann ist das Reich Israels ?* "

g : 5 quia iohannes quidem baptizauit aqua, uos autem spiritu sancto baptizamini quem et accepturi estis non post multos hos dies. 6 Hii ergo qui convenerant interrogabant eum dicentes Domine si in hoc tempore restitues regnum israhel ?

7 εἶπεν^b πρὸς αὐτούς·
Οὐχ ὑμῶν ἐστιν
γνῶναι χρόνους ἢ καιροὺς
οὓς ὁ πατὴρ ἔθετο
ἐν τῇ ἰδίᾳ ἐξουσίᾳ,
8 ἀλλὰ λήμψεσθε δύναμιν
ἐπελθόντος τοῦ ἁγίου πνεύματος
ἐφ᾿ ὑμᾶς καὶ ἔσεσθέ μου μάρτυρες
ἔν τε Ἰερουσαλὴμ
καὶ ἐν πάσῃ τῇ Ἰουδαίᾳ
καὶ Σαμαρείᾳ
καὶ ἕως ἐσχάτου τῆς γῆς.

7 ὁ δὲ¹ εἶπεν [ ]²
Οὐδεὶς δύναται ³
γνῶναι χρόνον ⁴ ἢ καιροὺς
οὓς ὁ πατὴρ ἔθετο
ἐν τῇ ἰδίᾳ ἐξουσίᾳ,
8 ἀλλὰ λήμψεσθε δύναμιν
ἐπελθόντος τοῦ ἁγίου πνεύματος
ἐφ᾿ ὑμᾶς καὶ ἔσεσθέ μοι¹ μάρτυρες
ἔν τε Ἰερουσαλὴμ
καὶ [ ]² πάσῃ τῇ Ἰουδαίᾳ
καὶ Σαμαρείᾳ
[ ]³ ἕως ἐσχάτου τῆς γῆς.

b. B ; ειπεν δε : ℵ A B² Ψ Koinè Vg SyrH *NA 28*

---

7 - 1. Aug^{aa'} C Ee / 2. Aug^{aa'} / 3. Aug^{aa'} Cyp / 4. Aug^{aa'} Cyp SyrH
Cyp :]nemo potest cognoscere tempus aut tempora quae posuit pater in sua potestate.
SyrH : ... cognoscere tempus aut opportunitates quae..

8 - 1. Aug^{aa'} QvD G⁶⁷ – Ee *Koinè* p t g Vg Hil Amb SyrP Sah Geo Arm / 2. Dd G⁶⁷ – C* A *alq*
Hil Sah Geo Eth.9 / 3. G⁶⁷ – g t prv.2 Amb Eth.5-12

v. 7 : Le problème posé par la traduction de χρόνους ἢ καιροὺς est délicat. Les latins n'avaient qu'un seul mot pour traduire les deux substantifs, d'où la formule *tempus et tempora* de Cyprien. On comparera alors son texte à celui de SyrH. D'une façon générale, dans les Actes, elle traduit chacun de ces substantifs par le même mot. Ici cependant, elle a voulu marquer la différence du grec et le mot syriaque traduit par *opportunitates* (WHITE) signifie en fait "temps". SyrH suivait donc un substrat grec qui devait avoir χρόνον ἢ καιροὺς, tout comme Cyprien. Augustin évite la redondance en supprimant *et tempora*, mais il garde *tempus* au singulier et met le relatif qui suit également au singulier. Il serait étonnant que chacun de leur côté, D et G⁶⁷ aient abandonné le TO pour le TA. C'est leur archétype X qui avait dû effectuer la transition.

v. 8 : L'archétype X, suivi par G⁶⁷, avait adopté ici le TO puisqu'on en trouve un écho dans D dont le scribe a harmonisé sur le TA.
Pour préciser la personne dont les apôtres sont les témoins, on trouve le génitif (cf. ici TA) en 2,32; 3,15; 13,31, mais le datif (ici TO) en 22,15.

7 και ειπεν προς αυτους	**7** Et dixit ad eos
ουχ ϋμων εστιν	non est uestrum
γνωναι χρονουσ η καιρουσ	scire tempora aut momenta
ουσ ο πατηρ εθετο	quae pater posuit
εν τη ϊδια εξουσια	in sua potestate
8 αλλα ◆λημψεσθαι δυναμιν	**8** sed accipietis uirtutem
επελθοντοσ του αγιου π̅ν̅σ̅	cum superuenerit santus s̅p̅s̅
εφ ϋμασ και εσεσθε μου μαρτυρεσ	super uos et eritis mei testes
εν τε ϊερουσαλημ	ad quae hierusalem
και παση τη ϊουδαια	et omni iudaeae
και ◆Σαμαρια	et samaria
και εωσ εσχατου τησ γησ	et usque ad ultimum terrae

Aug[a'] : [7] ille autem dixit : nemo potest cognoscere tempus quod pater posuit in sua potestate.[8] sed accipietis uirtutem Spiritus sancti superuenientem in uos, et eritis mihi testes apud *Ierosolymam* (Aug[a] : *Ierusalem*), et in tota Iudaea et Samaria, et usque in totam terram.

G[67] : [7] Er sprach zu ihnen : „Nicht eure Sache ist es zu kennen die Fristen und die Zeiten, diejenigen, die der Vater in seiner alleinigen Vollmacht festgesetzt hat. [8] Aber ihr werdet eine Kraft *von oben* empfangen, wenn der Heilige Geist über euch kommt, und werdet Zeugen *für mich* sein in Jerusalem, ganz Judäa und Samaria, bis an das Ende der Erde."

g : [7] Et ait ad illos : Non est uestrum nosse tempora aut momenta quae pater posuit in sua potestate [8] sed accipietis uirtutem supraueniente in uos spiritu sancto et eritis michi testes in hierusalem et in omni iudea et samaria usque ad ultimum terrae.

9 καὶ ταῦτα εἰπὼν
<u>αὐτῶν βλεπόντων</u> c
ἐπήρθη
καὶ νεφέλη ὑπέλαβεν αὐτὸν

ἀπὸ τῶν ὀφθαλμῶν αὐτῶν
10 καὶ ὡς ἀτενίζοντες ἦσαν
εἰς τὸν οὐρανὸν
πορευομένου αὐτοῦ,
καὶ ἰδοὺ ἄνδρες δύο
παρειστήκεισαν αὐτοῖς
ἐν ἐσθήσεσει λευκαῖς,

9 [ ]¹ ταῦτα *εἰπόντος αὐτοῦ* ²
[ ]³
[ ]⁴
νεφέλη ὑπέλαβεν αὐτὸν
<u>καὶ</u> *ἀπήρθη* ⁵
ἀπ' [ ]⁶ αὐτῶν
10 καὶ ὡς ἀτενίζοντες ἦσαν
εἰς τὸν οὐρανὸν
πορευομένου αὐτοῦ,
καὶ ἰδοὺ ἄνδρες δύο
παρειστήκεισαν αὐτοῖς
ἐν *ἐσθῆτι λευκῇ* ¹,

---

c. B ; βλεποντων αυτων : ℵ A C 81 *NA 28*

---

9 - 1. (D) Aug^{a'} G⁶⁷ – Sah / 2. D Aug^{a'} G⁶⁷ – Sah / 3. D Aug^{a'} – Sah Eth / 4. D Aug^{a'} G⁶⁷ – Sah / 5. D Aug^{a'} QvD G⁶⁷ – Sah Eth / 6. Aug^{a'} QvD G⁶⁷ – Sah
QvD :]Nubes, ait, suscepit eum et sublatus est a discentibus (*Prom.* III,31).

10 - 1. Dd Aug^{a'b} – (et tous sauf G⁶⁷ ℵ B C A SodB.1.4.7 *pc* Vg QvD)

v. 9 : L'archétype X suivait ici le TO. Le scribe de D a complété en ajoutant ὀφθαλμῶν pour harmoniser sur le latin, mais en omettant d'ajouter un article, indispensable en grec. G⁶⁷ a harmonisé sur le TA en ajoutant αὐτῶν βλεπόντων αὐτόν, preuve qu'il le connaît directement. Sah au contraire suit fidèlement ici le TO. Pour le TO, cf. Lc 5,35 : καὶ ὅταν ἀπαρθῇ ἀπ'αὐτῶν ὁ νυμφίος.

v. 10 : Dans les versions, y compris Aug, l'inversion δύο ἄνδρες est probablement due à une licence de traduction. L'archétype X, suivi par D, avait adopté ici le TO.

9 ✦καυτα ειποντοσ αυτου	**9** Et cum haec dixisset
νεφελη ϋπεβαλεν αυτον	nubes suscepit eum
και απηρτθη	et leuatus est
απο οφθαλμων αυτων	ab oculis eorum
10 και ωσ ατενιζοντεσ ησαν	**10** et ut aspicientes erant
εισ τον ουρανον	in caelo
πορευομενου αυτου	abeunte eo
και ϊδου ανδρεσ δυο	et ecce uiri duo
παρειστηκεισαν αυτοισ	adsistebant eis
εν εσθητι λευκη	in ueste candida

Aug[a] : [9] Cum haec diceret, nubes suscepit eum, et sublatus est ab eis. [10] Et quomodo contemplantes erant cum iret in coelum, ecce duo viri adstabant illis in veste alba,

G[67] : [9] Während er diese (Worte) *zu ihnen* sagte - ihre Blicke waren *auf ihn* gerichtet -, nahm *eine Wolke ihn nach oben,* hinweg von *ihnen.* [10] Während sie *ihm* aber *nachblickten,* wie er (so) in den Himmel hinauffuhr, siehe, da *kamen* zwei Männer *und* traten zu ihnen, die in leuchtende Gewänder gekleidet waren.

g : [9] Et cum haec dixisset uidentibus illis eleuatus est et nubes suscepit eum ab oculis eorum. [10] Et cum intenderent in caelum eunte illo ecce duo uiri adstiterunt illis in ueste alba,

11 οἳ καὶ εἶπαν·
Ἄνδρες Γαλειλαῖοι τί ἑστήκατε
βλέποντες [d]
εἰς τὸν οὐρανόν ;
οὗτος ὁ Ἰησοῦς ὁ ἀναλημφθεὶς
ἀφ᾽ ὑμῶν
εἰς τ⟨ὸν⟩ οὐρανὸν
οὕτως ἐλεύσεται ὃν τρόπον
ἐθεάσασθε αὐτὸν πορευόμενον
εἰς τὸν οὐρανόν.
12 τότε ὑπέστρεψαν
εἰς Ἰερουσαλὴμ ἀπὸ ὄρους
τοῦ καλουμένου Ἐλαιῶνος
ὅ ἐστιν ἐγγὺς Ἰερουσαλὴμ
σαββάτου ἔχον ὁδόν.

11 οἳ καὶ εἶπαν·
Ἄνδρες Γαλιλαῖοι τί ἑστήκατε
ἐμβλέποντες [1]
εἰς τὸν οὐρανόν ;
οὗτος ὁ Ἰησοῦς ὁ ἀναλημφθεὶς
ἀφ᾽ ὑμῶν
[ ] [2]
οὕτως ἐλεύσεται ὃν τρόπον
ἐθεάσασθε αὐτὸν πορευόμενον
εἰς τὸν οὐρανόν.
12 τότε ὑπέστρεψαν
εἰς Ἰερουσαλὴμ ἀπὸ ὄρους
τοῦ καλουμένου *Ἐλαιών* [1]
ὅ ἐστιν ἐγγὺς Ἰερουσαλὴμ
σαββάτου ἔχον ὁδόν.

d. B p[74] ℵ* E 33 81 323 945 1241 1339[5] 2495 ; [εμ]βλεποντες : *NA 28*

---

11 - 1. D Aug[a·b] QvD – p[56] A C *Koinè* Vg(T) QvD / 2. D QvD – SodC.3 SodC.2 326* g t al.
[cf. ~ *in caelum a vobis* : Aug[a·b] b QvD Eth.1]
QvD : … intuentes… qui assumptus est a vobis, sic veniet (cf. v.9).

12 - 1. Aug[a·b] – SyrP Hes

11 οι και ειπαν
ανδρεσ γαλιλαιοι τι εστηκατε
♦ενβλεποντεσ
εισ τον ουρανον
ουτοσ ο ιησ ο αναλημφθεισ
αφ ϋμων

ουτωσ ελευσεται ον τροπον
εθεασεσθε αυτον πορευομενον
εισ τον ουρανον
12 τοτε ϋπεστρεψαν
εισ ειερουσαλημ απο ορουσ
του καλουμενου ♦ελεωνοσ
ο εστιν ♦ενγυσ ϊερουσαλημ
σαββατου εχον οδον

11 qui et dixerunt
uiri galilaei qui statis
aspicientes
in caelum
iste ihs qui adsumptus est
a bobis

sic enim ueniet quemadmod modum
uidistis eum euntem
in caelum.
12 tunc reuersi sunt
hierusalem a monte
qui uocatur oliueti
qui est iuxta hierusalem
sabbati habens iter

Aug[a] : [11] qui dixerunt ad eos : Viri Galilaei, quid statis respicientes in coelum ? Iste Iesus qui assumptus est in coelum a vobis, sic veniet quemadmodum vidistis eum euntem in coelum. [12] Tunc reversi sunt Ierosolymam a monte qui vocatur Elaeon, qui est iuxta Ierosolymam, sabbati habens iter.

G[67] : [11] Sie aber sprachen *zu ihnen* : „Ihr galiläischen Männer, weswegen steht ihr da und blickt hinauf in den Himmel ? Dieser ist Jesus, der entrückt worden ist hinweg von euch nach oben in den Himmel ; er wird *auch* ebenso wiederkommen, wie ihr ihn habt hinauf in den Himmel fahren sehen." [12] Da kehrten sie zurück, hinab nach Jerusalem, von dem Berge, der ‚der Berg der Oliven' genannt wird, nahe bei Jerusalem liegend, in (der Entfernung von) einem *Weg von sieben Stadien*.

g : [11] qui et dixerunt Viri galilei quid statis adspicientes in caelum ? Hic ihesus qui receptus est a uobis sic ueniet quemadmodum uidisitis eum euntem in caelum. [12] Tunc regressi sunt hierusalem a monte qui dicitur olineti qui est iuxta hierusalem sabbati habens iter.

13 καὶ ὅτε εἰσῆλθον,
εἰς τὸ ὑπερῷον ἀνέβησαν
οὗ ἦσαν καταμένοντες,
ὅ τε Πέτρος καὶ Ἰωάννης
καὶ Ἰάκωβος καὶ Ἀνδρέας,
Φίλιππος καὶ Θωμᾶς,
Βαρθολομαῖος καὶ Μαθθαῖος,
Ἰάκωβος Ἁλφαίου
καὶ Σίμων ὁ ζηλωτὴς
καὶ Ἰούδας Ἰακώβου.
14
οὗτοι πάντες
ἦσαν προσκαρτεροῦντες
ὁμοθυμαδὸν τῇ προσευχῇ
σὺν γυναιξὶν
καὶ Μαριὰμ τῇ μητρὶ Ἰησοῦ ᵉ
καὶ σὺν ᶠ τοῖς ἀδελφοῖς αὐτοῦ.

13 καὶ ὅτε εἰσῆλθον,
<u>ἀνέβησαν εἰς τὸ ὑπερῷον</u> ¹
οὗ ἦσαν καταμένοντες,
ὅ τε Πέτρος καὶ Ἰωάννης
[ ]² Ἰάκωβος καὶ Ἀνδρέας,
Φίλιππος καὶ Θωμᾶς,
Βαρθολομαῖος καὶ Μαθθαῖος,
Ἰάκωβος [ ]³ Ἁλφαίου
καὶ ⁴ Σίμων ὁ ζηλωτὴς
καὶ Ἰούδας Ἰακώβου.
14 *Καὶ* ¹
[ ]²
ἦσαν προσκαρτεροῦντες
ὁμοθυμαδὸν τῇ προσευχῇ
σὺν ταῖς ³ γυναιξὶν [ ]⁴
καὶ *Μαρίᾳ* ⁵ τῇ ⁶ μητρὶ τοῦ Ἰησοῦ
καὶ [ ]⁷ τοῖς ἀδελφοῖς αὐτοῦ.

e. B ; του Ιησου : א A C 81 *NA 28*
f. B C³ E Ψ 81 Koinè ; *om. NA 28*

13 - 1. Dd Augᵃ'ᵇ – [tous sauf TA : B C A *pc* p* t Vg] / 2. Dd Augᵃ'ᵇ – Ψ SodB.5 *pc* Vg Eth.2.5.8.9 / 3. E 614 (Chr) / 4. Augᵃ'ᵇ

14 - 1. Augᵃ' Cyp – Chr.2.3. / 2. Cyp(1/2) – Chr.2.3 g Cass Eth.3.(~ *perseverantes omnes* : Augᵃ' Cyp(1/2)) / 3. D SodC.11.13-15 (versions ?) / 4. Augᵃ'ᵇ Dd : + και τεκνοισ / et filiis. *om.* alii /5. D – (tous sauf TA et G⁶⁷) (autres versions ?) / 6. *varia* τη μητρι/quae fuit (erat) mater : Augᵃᵃ'e g p* m Cyp ChrAq Jer(codd) / 7. Dd Augᵃ'ᵇ Cyp G⁶⁷ – א A C SodC.15.16 *pc* g p Vg Sah Eth Arm.

v.13 : Les variantes ὁ τοῦ Ἁλφαίου (D SyrH* G⁶⁷) et ὁ τοῦ Ἰακώβου (SyrH* G⁶⁷) sont des harmonisations savantes sur Mt 10,3 ; elles sont ignorées d'Augᵃ'. εἰσῆλθον et εἰς sont à retenir à la place des εἰσῆλθεν et ει erronés de D (cf. v.5).

v.14 : D commence avec le TA mais adopte ensuite le TO ; c'est la technique de l'archétype X qu'il doit suivre ici. G⁶⁷ au contraire s'est aligné sur le TA.

13 και οτε ◆εισηλθεν
ανεβησαν ◆ει το ϋπερωον
ου ησαν καταμενοντεσ
ο τε πετροσ και ◆ϊωανησ
ειακωβοσ και ανδρεασ
φιλιπποσ και θωμασ
βαρθολομαιοσ και μαθθαιοσ
ϊακωβοσ ο του αλφαιου
σιμων ο ζηλωτησ
και ϊουδασ ϊακωβου
14
Ουτοι παντεσ
ησαν προσκαρτερουντεσ
ομοθυμαδον τη προσευχη
συν ταισ γυναιξιν και τεκνοισ
και μαρια μητρι του ι̅η̅υ̅
και τοισ αδελφοισ αυτου

13 et cum introissent
ascenderunt in superiora
ubi erant commorantes
petrus et iohannis
iacobus et andreas
philippus et thomas
bartholomeus et mattheus
iacobus alphei
simon zelotes
et iudas iacobi.
14
hi omnes
erant perseberantes
unanimes in oratione
cum mulieribus et filiis
et maria matre i̅h̅u̅
et fratribus eius

Aug^a' : 13 Et cum introissent, ascenderunt in superiora, ubi habitabant Petrus et Ioannes, Iacobus et Andreas, Philippus et Thomas, Bartholomaeus et Matthaeus, Iacobus Alphaei, et Simon Zelotes, et Iudas Iacobi. 14 Et erant perseverantes omnes unanimes in orationibus, cum mulieribus, et Maria quae fuerat mater Iesu, et fratribus eius.

G^67 : 13 *Und es begaben sich hinauf* in das Obergemach, in dem sie sich aufhielten, Petrus und Johannes, nebst Jakobus und Andreas, Philippus und Thomas, Bartholomäus und Matthäus, Jakobus der (Sohn) des Alphäus und Simon der Eiferer und Judas der (Sohn) des Jakobus. 14 Diese alle verharrten zugleich im Gebet, zusammen *auch* mit einigen Frauen - *das ist* Mariamne, die Mutter Jesu (...) -, und (mit) seinen Brüdern.

g : 13 Et cum intrassent ascenderunt in superiora ubi tunc manebant petrus et iohannes et iacob et andreas philippus et thomas bartholomeus et matheus iacob alfei et symon zelotes et iudas iacobi. 14 Hi erant instantes uno animo orationi cum mulieribus et maria quae fuit mater ihesu et fratribus eius.

15 Καὶ ἐν ταῖς ἡμέραις ταύταις
ἀναστὰς Πέτρος
ἐν μέσῳ τῶν ἀδελφῶν
εἶπεν - ἦν τε ὄχλος ὀνομάτων
ἐπὶ τὸ αὐτὸ
ὡς [g] ἑκατὸν εἴκοσι·
16 Ἄνδρες ἀδελφοί,
ἔδει πληρωθῆναι τὴν γραφὴν

ἣν προεῖπεν τὸ πνεῦμα τὸ ἅγιον
διὰ στόματος Δαυεὶδ
περὶ Ἰούδα τοῦ γενομένου ὁδηγοῦ
τοῖς συλλαβοῦσιν Ἰησοῦν,
17 ὅτι κατηριθμημένος ἦν ἐν ἡμεῖν
καὶ ἔλαχεν τὸν κλῆρον
τῆς διακονίας ταύτης.

15 ἐν δὲ[1] ταῖς ἡμέραις ταύταις
ἀναστὰς ὁ[2] Πέτρος
ἐν μέσῳ τῶν μαθητῶν[3]
εἶπεν - ἦν δὲ[4] ὄχλος ἀνδρῶν[5]
[ ][6]
ὡς ἑκατὸν εἴκοσι·
16 Ἄνδρες ἀδελφοί,
δει[1] πληρωθῆναι τὴν γραφὴν
ταύτην[2]
ἣν προεῖπεν τὸ πνεῦμα τὸ ἅγιον
διὰ στόματος Δαυὶδ
περὶ Ἰούδα τοῦ γενομένου ὁδηγοῦ
τοῖς συλλαβοῦσιν τὸν[3] Ἰησοῦν,
17 ὅς[1] κατηριθμημένος ἦν ἐν ἡμῖν
καὶ[2] ἔλαχεν τὸν κλῆρον
τῆς διακονίας ταύτης.

g. B E Koinè ; ωσει : ℵ A C Ψ 104 1175 pc NA 28

15 - 1. D Aug[b] SyrH[mg] G[67] – Ee a[c] p[c] Sah / 2. D – Chr.1[b] (versions ?) / 3. Dd Aug[a'b] Cyp G[67] – Ee Koinè p t SyrP Geo / 4. Aug[a'b] Cyp – C SodC.11-13.15.16 d e g p Vg SyrH. / 5. Aug[a'b] – Ee c g p t Vg SyrP Eth Geo / 6. Aug[b] – d g p* ndl Sah Arm.
(~turba in uno hominum : Aug[a'] ; cf. Cyp)
Cyp : surrexit, inquit, Petrus in medio discentium, fuit autem turba in uno] (lettre 67,4 ; CSEL 3/738)
Aug[b] : in his autem diebus surgens petrus in medio discipulorum dixit – erat autem turba hominum circiter centum viginti (Ad Cath. 11,29).

16 - 1. Dd Aug[a'] G[67] – p t g Cass Ir[L] Boh. / 2. Dd Aug[a'] G[67] – Ee Koinè g p t Vg(D) Ir[L] Sah16 Geo. / 3. D - (tous sauf TA) (versions ?)

17 - 1. D - p t g Vg(A* C D M T W) dem / 2. d - p t g Vg

v. 15 : Le mot μαθητῶν (TO) est traduit en Aug[a'] par dicentium. Joseph ZYCHA, l'éditeur du texte dans le CSEL, a corrigé en audientium ; mais il est évident qu'il faut lire discentium avec Cyprien. Seul, Aug[b] est resté entièrement fidèle au TO. D a adopté le TA à partir de la parenthèse ; il suit probablement ici encore l'archétype X. Aug[a'] et Cyp ont harmonisé sur le TA en ajoutant in uno à une mauvaise place, difficilement justifiable. Boism[2] reconnaît qu'en Boism[1a] p.125 la leçon ἀνδρῶν a été négligée à tort ; c'est une leçon difficile qui semble contredire le verset précédent : il y avait aussi des femmes !

15 Εν δε ταισ ημεραισ ταυταισ	15 in diebus his
αναστασ ο πετροσ	cum surrexisset petrus
εν μεσω των μαθητων	in medio discipulorum
ειπεν ην γαρ ο οχλοσ ονοματων	dixit erat praeterea multitudo
επι το αυτο	nonomnium
ωσ ρ̅κ	quasi .c̅x̅x̅.
16 ανδρεσ αδελφοι	16 uiri fratres
δει πληρωθηναι την γραφην	oportet inpleri scripturam
ταυτην	hanc
ην προειπεν το π̅ν̅α̅ το αγι̅ο̅	quam praedixit s̅p̅s̅ sanctus
δια στοματοσ δαυειδ	per os dauid
περι ϊουδα του γενομενου οδηγου	de iuda qui factus est dux
τοις συλλαβουσιν τον ι̅η̅ν̅	hiis qui adpraehenderunt i̅h̅m̅
17 οτι κατηριθμημενοσ ην εν ημιν	17 qui adnumeratus erat inter nos
οσ ✦ελαχε τον κληρον	et sortitus fuit sortem
τησ διακονιασ ταυτησ	ministerium huius

Auga' : [15] Et in diebus illis exsurrexit Petrus in medio discentium, et dixit (fuit autem turba in uno, hominum quasi centum viginti) : [16] Viri fratres, oportet adimpleri scripturam istam, quam praedixit Spiritus sanctus ore sancti David de Iuda, qui fuit deductor illorum qui comprehenderunt Iesum, [17] quoniam annumeratus erat inter nos, qui habuit sortem huius ministerii.

G[67] : [15] In ebendiesen Tagen aber, *als* viele beieinander *weilten*, die im Begriff waren, ungefähr hundertundzwanzig Namen zu betragen, erhob sich Petrus, *trat in die* Mitte der *Jünger* und sprach : [16] „Ihr Männer und Brüder, es *muß* sich erfüllen das-*jenige* Schriftwort, das der Heilige Geist durch den Mund Davids im voraus gesagt hat über Judas, der zum Führer geworden ist für die, die Jesus gefangengenommen haben. [17] Denn er war zu uns gerechnet worden und hatte das Los dieses Dienstes *und das Apostelamt* empfangen.

g : [15] Et in diebus his surgens petrus in medio discipulorum dixit. - Erat autem turba hominum fere c et xx - : [16] Viri fratres, oportet scripturam impleri hanc quam praedixit spiritus sanctus per os dauid de iuda, qui fuit dux eorum, qui comprehenderunt ihesum, [17] qui connumerabatur inter nos et sortitus est sortem ministerii huius ;

18 οὗτος μὲν οὖν ἐκτήσατο
χωρίον
ἐκ μισθοῦ τῆς ἀδικίας,

καὶ πρηνὴς γενόμενος
ἐλάκησεν μέσος, καὶ ἐξεχύθη
πάντα τὰ σπλάγχνα αὐτοῦ.
19 καὶ γνωστὸν ἐγένετο
πᾶσι τοῖς κατοικοῦσιν
Ἰερουσαλήμ,
ὥστε κληθῆναι τὸ χωρίον ἐκεῖνο
τῇ διαλέκτῳ[h] αὐτῶν Ἀκελδαμάχ
τοῦτ᾽ ἔστιν χωρίον αἵματος.

20 γέγραπται γὰρ
ἐν βίβλῳ ψαλμῶν
Γενηθήτω ἡ ἔπαυλις αὐτοῦ ἔρημος
καὶ μὴ ἔστω ὁ κατοικῶν ἐν αὐτῇ,
καί· Τὴν ἐπισκοπὴν αὐτοῦ
λαβέτω ἔτερος.

18 οὗτος μὲν οὖν ἐκτήσατο χωρίον
ἐκ μισθοῦ τῆς ἀδικίας
αὐτοῦ[1],
καὶ πρηνὴς γενόμενος
ἐλάκησεν μέσος, καὶ ἐξεχύθη
πάντα τὰ σπλάγχνα αὐτοῦ.

19 ὃ[1] καὶ γνωστὸν ἐγένετο
πᾶσιν τοῖς κατοικοῦσιν
Ἰερουσαλήμ,
ὥστε κληθῆναι τὸ χωρίον ἐκεῖνο
τῇ διαλέκτῳ αὐτῶν
Ἀκελδαμάχ
τοῦτ᾽ ἔστιν χωρίον αἵματος.

20 γέγραπται γὰρ
ἐν βίβλῳ ψαλμῶν
Γενηθήτω ἡ[1] ἔπαυλις αὐτοῦ ἔρημος
καὶ μὴ ἔστω[1] ὁ κατοικῶν ἐν αὐτῇ,
καί· Τὴν ἐπισκοπὴν αὐτοῦ
λαβέτω ἔτερος.

h. B ; ιδια διαλεκτω : B* A C 81 *NA 28*

---

18 - 1. Dd Aug^{a'} SyrH* G⁶⁷ – t Vg(M) ndl.3 Sah Eth Eus BarS^L

19 - 1. D Aug^{a'} G⁶⁷ – ℵ* SyrP Boh(K)

20 - 1. voir *infra*

v. 20 : Le scribe de D a remplacé à tort η par ν. Le même type de négligence grammaticale lui fait introduire μὴ ᾖ (sans doute par rétroversion du latin *non sit*) à la place de μὴ ἔστω.

18 ουτοσ μεν ουν εκτησατο χωριον	**18** hic ergo possidit praedium
εκ μισθου τησ αδικιασ	ex mercedem iniustitiae
αυτου	suae
και πρηνησ γενομενοσ	et pronus factus
ελακησεν μεσοσ και εξεχυθη	crepauit medius et effusa sunt
παντα τα ◆σπλανχνα αυτου	omnia uiscera eius
19 ο και γνωστον εγενετο	**19** et notum factum est
πασιν τοισ κατοικουσιν	omnibus qui inhabitant
ϊερουσαλημ	hierusalem
ωστε κληθηναι το χωριον εκεινο	ita ut uocetur praedium illud
τη διαλεκτω αυτων	lingua ipsorum
◆ακελδαιμαχ	aceldemach
τουτεστιν χωριον αιματοσ	hoc est praedium sanguinis
20 Γεγραπται γαρ	**20** Scriptum est enim
εν βιβλω ψαλμων	in libro psalmorum
◆γενηθητων επαυλισ αυτου ερημοσ	fiat habitatio eorum deserta
και μη ◆η ο κατοικων εν αυτη	et non sit qui inhabitet in ea
και την επισκοπην αυτου	et episcopatum illius
λαβετω ετεροσ	sumat alius

Aug^a' : 18 Hic ergo possedit agrum de mercede iniustitiae suae, et collum sibi alligavit, et deiectus in faciem, disruptus est medius, et effusa sunt omnia viscera eius. 19 Quod et cognitum factum est omnibus qui inhabitabant Ierosolymam, ita ut vocaretur ager ille ipsorum lingua Aceldemach, id est, ager sanguinis. 20 Scriptum est enim in libro Psalmorum : Fiat villa eius deserta, et non sit qui inhabitet in ea, et episcopatum eius accipiat alter.

G^67 : 18 Dieser nun hatte sich ein Grundstück gekauft von dem Lohn *seiner* Ungerechtigkeit ; er stürzte hin auf sein Gesicht, zerbrach in der Mitte, und alle seine Eingeweide quollen heraus. 19 *Diese Sache* wurde aber jedem bekannt, der in Jerusalem wohnt, so daß jenes Grundstück in ihrer Sprache, Akeldama' genannt wird, das bedeutet : ,das Grundstück des Blutes'. 20 Denn es steht geschrieben in dem Buch der Psalmen : , Sein Gehöft soll öde werden und nicht soll *einer wohnen in seinen Wohnungen*. Sein Aufseheramt soll ein anderer erhalten.'

g : 18 hic itaque acquisiuit agrum de mercede iniquitatis et in faciem prostratus crepuit medius, et diffusa sunt omnia uiscera eius. 19 Itaque notum factum est omnibus inhabitantibus hierusalem, ita ut vocaretur ager ille lingua eorum acheldemach hos est ager sanguinis. 20 Scriptum est enim in libro psalmorum : Fiat habitatio illius deserta et non sit, qui inhabitet in ea, et episcopatum eius accipiat alter.

21 δεῖ οὖν
τῶν συνελθόντων
ἡμῖν ἀνδρῶν
ἐν παντὶ χρόνῳ ᾧ εἰσῆλθεν
καὶ ἐξῆλθεν ἐφ᾽ ἡμᾶς
ὁ κύριος Ἰησοῦς,
22 ἀρξάμενος
ἀπὸ τοῦ βαπτίσματος Ἰωάννου
ἕως τῆς ἡμέρας ἧς ἀνελήμφθη
ἀφ᾽ ἡμῶν,
μάρτυρα τῆς ἀναστάσεως αὐτοῦ
σὺν ἡμῖν γενέσθαι ἕνα τούτων.
23 καὶ ἔστησαν δύο, Ἰωσὴφ
τὸν καλούμενον Βαρσαββᾶν,
ὃς ἐπεκλήθη Ἰοῦστος καὶ Μαθθίαν.
24 καὶ προσευξάμενοι εἶπαν·
Σὺ κύριε καρδιογνῶστα πάντων,
ἀνάδειξον ὃν ἐξελέξω
ἐκ τούτων τῶν δύο
ἕνα,

21 δεῖ οὖν
τῶν συνελθόντων
ἡμῖν ἀνδρῶν
ἐν παντὶ [ ]¹ χρόνῳ ᾧ¹ εἰσῆλθεν
καὶ ἐξῆλθεν ἐφ᾽ἡμᾶς
ὁ κύριος Ἰησοῦς [ ]²,
22 ἀρξάμενος
ἀπὸ τοῦ βαπτίσματος Ἰωάννου
ἕως τῆς ἡμέρας ἧς ἀνελήμφθη
ἀφ᾽ ἡμῶν,
μάρτυρα τῆς ἀναστάσεως αὐτοῦ
σὺν ἡμῖν γενέσθαι ἕνα τούτων.
23 καὶ ἔστησεν¹ δύο, Ἰωσὴν²
τὸν καλούμενον Βαρσαββᾶν³,
ὃς ἐπεκλήθη Ἰοῦστος καὶ Μαθθίαν.
24 καὶ προσευξάμενος εἶπεν¹·
Σὺ² κύριε καρδιογνῶστα πάντων,
ἀνάδειξον
ἐκ τούτων τῶν δύο ὃν ἐξελέξω³,
[ ]⁴

---

21 - 1. voir *infra* / 2. p t g e C Vg SyrP Boh Sah.4

23 - 1. Dd Augᵃ⁰ – g / 2. G⁶⁷ – SodC.15.16 Chr.1ᵇ.2ᵇ Sah (cf. 4,36) / 3. voir *infra*

24 - 1. Augᵃ⁰ (cf. v. 23). / 2. Augᵃ⁰ - p t g / 3. Augᵃ⁰ – ndl.2 Sah Eth. / 4. Augᵃ⁰ – m Hes Boh(FSK).

v. 21 : Dans la phrase de D, τω devant χρονω et ωσ au lieu de ω sont incorrects.

v.23 : D'après *Boism*¹ᵇ p. 7, βαρναβαν est introduit ici sous l'influence d'Ac 4,36.

v. 24 : Dans le TO, le singulier du verbe est exigé par le verset 23 ; D s'est donc aligné sur le TA pour tout le verset et l'on ne tiendra pas compte de l'omission du pronom σύ qu'il atteste avec le seul ms. 440.

21 ◆δι ουν
των συνελθοντων
ημειν ανδρων
εν παντι ◆τω χρονω ◆ωσ εισηλθεν
και εξηλθεν εφ ημασ
ο κσ ιησ χρς
22 αρξαμενοσ
απο του βαπτισματοσ ◆ϊωανου
εωσ τησ ημερασ ησ ανελημφθη
αφ ημων
μαρτυρα τησ αναστασεωσ αυτου
συν ημειν γενεσθαι ενα τουτων
23 και εστησεν δυο ϊωσηφ
τον καλουμενον βαρναβαν
οσ επεκληθη ϊουστοσ και μαθθιαν
24 και προσευξαμενοι ειπαν
κε καρδιογνωστα παντων
αναδειξον ον εξελεξω
εκ τουτων των δυο

21 oportet ergo
eorum qui uenerunt
nobiscum uirorū
in omni tempore quoniam introibit
et exiuit ad nos
dns ihs xps
22 incipiens
a baptismate iohannen
usquae in diem quo adsumptus est
a nobis
testem resurrectionis eius
nobiscum fieri unum istorum
23 Et statuit duos ioseph
qui cognominatur barnabas
qui uocatur iustus et matthias
24 et orantes dixerunt
dne qui corda nosti omnium
designa quem elegisti
ex his duobus
unum

Augᵃ : 21 Oportet itaque ex his viris qui convenerunt nobiscum in omni tempore quo introivit super nos et excessit Dominus Iesus Christus, 22 incipiens a baptismo Ioannis usque in illum diem quo assumptus est a nobis, testem resurrectionis eius nobiscum esse. 23 Et statuit duos, Ioseph qui vocabatur Barsabas, qui et Iustus, et Matthiam. 24 Et precatus dixit : Tu, Domine, cordium omnium intellector, ostende ex his duobus quem elegisti

G⁶⁷ : 21 Das, was sich geziemt, ist nun, daß - von den Männern, die in dieser ganzen Zeit mit uns wandeln, in der *unser* Herr Jesus *Christus* bei uns ein- und ausgegangen ist, 22 wobei er angefangen hat bei der Taufe des Johannes bis zu dem Tage, an dem er von uns entrückt wurde, - (daß) einer von diesen mit uns zum Zeugen seiner Auferstehung werde." 23 Und sie stellten zwei auf : *Joses*, der Barsabbas genannt wird (und) dem der (Bei-)Name Justus gegeben worden war, und Mathias. 24 Sie beteten, indem sie sagten : „Herr! Du bist es, der das Herz eines jeden kennt. Zeige an den, den du *erwählen wirst* unter diesen beiden, nämlich einen,

g : 21 Oportet ergo ex his uiris, qui conuenerunt nobiscum per omne tempus, per quod intrauit et exiuit inter nos dominus ihesus, 22 incipiens a baptismo iohannis usque in diem, quo receptus est a nobis, testem resurrectionis eius fieri nobiscum unum ex his. 23 Et statuit duos, ioseph, qui uocabatur barnabas, qui cognominatus est iustus, et mathiam, 24 et orantes dixerunt : Tu domine, qui corda omnium nosti ostende quem elegeris ex his duobus unum

25 λαβεῖν τὸν τόπον
τῆς διακονίας ταύτης
καὶ ἀποστολῆς
ἀφ᾿ ἧς παρέβη ᾿Ιούδας πορευθῆναι
εἰς τὸν τόπον τὸν ἴδιον.
26 καὶ ἔδωκαν κλήρους αὐτοῖς
καὶ ἔπεσεν ὁ κλῆρος ἐπὶ Μαθθίαν,
καὶ συγκατεψηφίσθη
μετὰ τῶν ἕνδεκα ἀποστόλων.

25 λαβεῖν τὸν τόπον[1]
τῆς διακονίας ταύτης
καὶ ἀποστολῆς
ἀφ᾿ ἧς παρέβη᾿Ιούδας πορευθῆναι
εἰς τὸν τόπον τὸν ἴδιον.
26 καὶ ἔδωκαν κλήρους αὐτῶν[1]
καὶ ἔπεσεν ὁ[2] *κλῆρος ἐπὶ Μαθθίαν,*
καὶ συνεψηφίσθη[3]
μετὰ τῶν δώδεκα[4] *ἀποστόλων.*

---

25 - 1. D = ἀναλαβεῖν (cf. Eph 6,13) soutenu par aucun autre témoin. Noter également au début du verset l'inversion curieuse τόπον τόν.

26 - 1. Dd Aug^{a'} – Ee *Koinè* g p* t Vg (DM) / 2. SyrP : *om.* ο κληρος (voir *infra*) / 3. D (cf. Ac 19,19). *Boism*^{1a} : συγκατεψηφισθη / 4. Dd – Eth.3.4.6 Eus

---

v. 26 : L'archétype de D omettait peut-être ο κληρος, avec SyrP ; le scribe aurait complété d'après le latin, d'où l'absence d'article.

25 αναλαβειν τοπον ✦τον   25 sumere locum
τησ διακονιασ ταυτησ   ministerii huius
και αποστολησ   et apostolatus
αφ ησ παρεβη ϊουδασ πορευθηναι   a quo transgressus iudas abire
εισ τον τοπον τον ϊδιον   in locum suum
26 και εδωκαν κληρουσ αυτων   26 et dederunt sortes suas
και επεσεν κληροσ επι μαθθιαν   et cecidit sors super matthian
και συνεψηφισθη   et dinumeratus est
μετα των ιβ̅ αποστολων   cum .xīi. apostolos

Aug[a'] : [25] ad suscipiendum locum huius ministerii et annuntiationis, a qua excessit Iudas ambulare in locum suum. [26] Et dederunt sortes suas, et cecidit sors super Matthiam, et simul deputatus est cum undecim Apostolis duodecimus.

G[67] : [25] auf daß er die Stelle dieses Dienstes und das Apostelamt übernimmt, von dem Judas abgetreten ist, um sich zu dem ihm zukommenden Ort zu begeben." [26] Und sie gaben ihnen Lose ; das Los fiel auf Matias, und (so) wurde er den elf Aposteln hinzugezählt.

g : [25] ita accipiat locum ministerii huius et apostolatus a quo praeuaricatus est iudas ut iret in locum suum. [26] Et dederunt sortes eorum. Et cecidit sors super mathiam et annumeratus est cum XI apostolis.

1 Καὶ
ἐν
τῷ συμπληροῦσθαι
τὴν ἡμέραν τῆς πεντηκοστῆς
ἦσαν πάντες
ὁμοῦ ἐπὶ τὸ αὐτό.
2 καὶ ἐγένετο ἄφνω
ἐκ τοῦ οὐρανοῦ ἦχος
ὥσπερ φερομένης πνοῆς βιαίας
καὶ ἐπλήρωσεν ὅλον τὸν οἶκον
οὗ ἦσαν καθήμενοι·
3 καὶ ὤφθησαν αὐτοῖς
διαμεριζόμεναι γλῶσσαι
ὡσεὶ πυρός, καὶ ἐκάθισεν
ἐφ᾽ ἕνα ἕκαστον αὐτῶν,

1 καὶ ἐγένετο¹
ἐν [ ]²
τῷ³ συμπληροῦσθαι
τὰς ἡμέρας³ τῆς πεντηκοστῆς
ὄντων αὐτῶν πάντων⁴
[ ]⁵ ἐπὶ τὸ αὐτό.
2 καὶ ἰδού¹ ἐγένετο ἄφνω
ἐκ τοῦ οὐρανοῦ ἦχος
ὥσπερ φερομένης βιαίας πνοῆς²
[ ]³
[ ]³
3 καὶ ὤφθη¹ αὐτοῖς
[ ]¹
ὡσεὶ πῦρ¹ [ ] ἐκάθισεν τε²
ἐφ᾽ ἕνα ἕκαστον αὐτῶν,

---

1 – 1. D G⁶⁷ / 2. voir *infra* / 3. G⁶⁷ – d e g p r t Vg Cass SyrP Sah.4 Eth Arm / 4. D – SyrP Eth.4 / 5. D G⁶⁷ - Sah.2

2 – 1. D G⁶⁷ – JacEd / 2. Dd G⁶⁷ – SodC.3.5 SodB.1 917 1874 *pc* / 3. Augᶜ (*Serm.* 269,1 ; PL 38/1234) – Chr.3 CyrAl (2/5) / (*om.* ἄφνω : Cyp(W) QvD(mss) 453 a y᾽ CyrAl(2/5) Hesᴸ)

3 – 1. Eth.1-4.6.7.9-13 Cass ChrAq / 2. D E C A Ψ Koinè p g t r Vg (καὶ ἐκάθισεν : d Augᵃᵃ'ᶜ *Boism*¹ᵃ·² avec TA)
Cass : in actibus apostolorum legitur ignem apparuisse qui supra unumquemque eorum insidens...
ChrAq : unde etiam in actis apostolorum super discipulos vel credentes spiritus sanctus tanquam ignis apparuit (et il cite ensuite à nouveau selon le texte classique)
Dd Augᵃᵃ' G⁶⁷ = TA

v.1 : En D, le redoublement du mot "jour" indique un texte surchargé. L'addition de la formule ταις ημεραις εκειναις provient d'une influence liturgique en début de péricope, comme dans le lectionnaire de Tolède : *In temporibus illis ... erant omnes apostoli...* Cette addition a entraîné le changement de l'article τω en του. Cf. Lc 9,51 : ἐγένετο δὲ ἐν τῷ συμπληροῦσθαι τὰς ἡμέρας τῆς ἀναλήμψεος αὐτοῦ...

v. 2 : Augᵃᵃ' Cyp *Var* QvD = TA sauf τόπον au lieu de οἶκον ; cf. 4,31. Au début du verset, D a une leçon double et son εγενετο (impossible après celui du verset 1) provient d'une harmonisation sur le TA. Un indice pourrait confirmer l'omission du verset 2b dans l'archétype grec suivi par D : les variantes παντα et καθεζομενοι qui ne sont pas autrement attestées pourraient provenir d'une rétroversion en grec du texte latin de d, comme aussi le εγενετο du début du verset. L'omission du verset 2b est ignorée d'Augᵃᵃ', mais ces deux témoins suivent le TA pour les versets 1-4. Elle est ignorée aussi de D et de G⁶⁷ ; mais ne serait-ce pas l'archétype X qui aurait complété le TO par le TA (si l'on n'admet pas la suggestion que nous avons faite pour la finale du texte de D) ? Nous reprendrons ce problème à propos du verset 4. Pour les versets 1-2 du TO, cf. Lc 5,12 : καὶ ἐγένετο ἐν τῷ εἶναι αὐτόν ... καὶ ἰδοὺ ἄνδρες... (cf. 24,4).

v. 3 : voir ci-contre.

1 και εγενετο	**1** Et factum est
εν ταισ ημεραισ εκειναισ	in diebus illis et
του συνπληρουσθαι	cum implerentur
την ημεραν τησ πεντηκοστησ	dies pentecostes
οντων αυτων παντων	erant simul omnes
επι το αυτο	in unum
2 και ειδου εγενετο αφνω	**2** Et factum est repente
εκ του ουρανου ηχοσ	caelo echo
ωσπερ φερομενησ βιαιασ πνοησ	tamquam ferretur uiolentus spiritus
και επληρωσεν παντα τον οικον	et inpleuit totam domum
ου ησαν καθεζομενοι	ubi erant sedentes
3 και ωφθησαν αυτοισ	**3** et uisae sunt eius
διαμεριζομεναι γλωσσαι	diuidi linguae
ωσει πυροσ και εκαθισαν τε	tamquam ignis et sedit
εφ ενα εκαστον αυτων	super unumquem quem eorum

Aug[a'] : [1] Tempore quo suppletus est dies Pentecostes, fuerunt omnes (**Aug**[a] add. : *eadem animatione*) simul *in uno* (**Aug**[a] : *in unum*). [2] Et factus est subito *sonus de coelo* (**Aug**[a] : *de coelo sonus*) quasi ferretur flatus vehemens, et implevit *totam illam domum, in qua* (**Aug**[a] : *totum illum locum in quo*) erant sedentes. [3] Et visae sunt illis linguae divisae quasi ignis, qui et insedit super unumquemque eorum (**Aug**[a] : *illorum*).

G[67] : [1] Und *es geschah*, als *die Tage* des Pfingstfestes sich erfüllten, daß sie alle beisammen waren. [2] *Siehe*, da *kam* plötzlich eine Stimme aus dem Himmel, wie von einem *starken und mächtigen* Wind, und sie erfüllte das ganze Haus, in dem sie saßen. [3] Zerteilte Zungen erschienen ihnen, wie *durch* Feuer (entstanden), und *sie kamen herab* auf einen jeden von ihnen.

g : [1] Et dum complerentur dies pentecostes, fuerunt omnes simul in unum. [2] Et factum est subito de caelo sonus tamquam advenientis spiritus ualidi et impleuit totam domum in qua erant sedentes. [3] Et apparerunt illis divise lingue tamquam ignis seditque supra singulos eorum.

v. 3 : Sur l'excellence de la version éthiopienne comme témoin du TO, voir *Boism*[2] pp. 41-43. Ici, la leçon proposée est attestée par les deux recensions Eth.A et Eth.B ; elle remonte certainement à la tradition éthiopienne la plus ancienne. Les témoins majeurs du TO se sont alignés sur le TA, aux versets 1-4 pour Aug[aa'], aux versets 2b-4 pour l'archétype X, suivi par D et G[67]. Dans le TA, le thème des "langues" a été ajouté pour préparer la suite du récit où l'on voit les apôtres parler "en d'autres langues". Notons enfin que le singulier ἐκάθισεν du TA ne peut guère se justifier qu'à partir du TO ; il a été changé en un pluriel dans ℵ* D les syriaques et Eusèbe. Pour le TO, cf. 16,9 TO : καὶ ὤφθη τῷ Παύλῳ ὡσεὶ ἀνὴρ Μακεδών.

4 καὶ ἐπλήσθησαν πάντες
πνεύματος ἁγίου,
καὶ ἤρξαντο λαλεῖν
ἑτέραις γλώσσαις
καθὼς τὸ πνεῦμα ἐδίδου
ἀποφθέγγεσθαι αὐτοῖς.
5 Ἦσαν δὲ ἐν ᵃ Ἰερουσαλὴμ
κατοικοῦντες Ἰουδαῖοι,
ἄνδρες εὐλαβεῖς
ἀπὸ παντὸς ἔθνους
τῶν ὑπὸ τὸν οὐρανόν·
6 γενομένης δὲ τῆς φωνῆς ταύτης
συνῆλθεν τὸ πλῆθος
καὶ συνεχύθη,
ὅτι ἤκουσεν ᵇ εἷς ἕκαστος
τῇ ἰδίᾳ διαλέκτῳ
λαλούντων αὐτῶν.

4 [ ]¹
[ ]¹
καὶ ἤρξαντο λαλεῖν
[ ]² γλώσσαις
καθὼς τὸ πνεῦμα ἐδίδου
ἀποφθέγγεσθαι αὐτοῖς.
5 ἐν [ ]¹ Ἰερουσαλὴμ ἦσαν ²
[ ]³ Ἰουδαῖοι,
ἄνδρες [ ]⁴
ἀπὸ παντὸς ἔθνους
τῶν ὑπὸ τὸν οὐρανόν·
6 γενομένης δὲ τῆς φωνῆς ταύτης
συνῆλθεν τὸ πλῆθος
καὶ συνεχύθη,
καὶ ¹ ἤκουον ² εἷς ἕκαστος
ταῖς γλώσσαις αὐτῶν ³
λαλούντων αὐτῶν⁴.

a. B ℵᶜ C E Ψ Koinè ; εισ : (ℵ*) A 1175 *pc NA 28*
b. B ℵ 36 *pc* ; ηκουον : A D E Ψ *Koinè NA 28*

---

4 – 1. Augᶜ – EusEm CyrAl(3-5) / 2. Augᵃᶜ – Irᴸ EusEm

5 – 1. D – Eth.2 (*contra* G⁶⁷) / 2. Dd Augᵃᵃ' – ndl.1 / 3. G⁶⁷ – Vg(DG) Sah Eth.2 (≈ *post* Ἰουδαῖοι : Ee ndl.3 – *post* εὐλαβεῖς : Vg(U) ndl.1 Eth) / 4. Augᵃᵃ' (≈ ευλαβεις ανδρες : Dd ndl.2.3 – *ante* Ιουδαιοι ndl.1)

6 – 1. D – SodC.3 (+) / 2. Dd Augᵃᵃ' – A Ee Koinè r t² Vg(I) / 3. D Augᵃᵃ'(+) SyrHᵐᵍ G⁶⁷ – ndl.1.2 Sah(mss) Boh / 4. voir *infra.* λαλουντας ταισ γλωσσαις : D SyrP(SyrHᵐᵍ) Augᵃᵃ'

v. 4 : Augustin connaît donc un texte qui omettait les versets 2b et 4a comme aussi l'adjectif ἑτέραις. Précisons que les trois sermons Augᶜ (*Serm.* 269,1 - PL 38/1234 ; *Serm.* 266,2 – PL 38/1225 et *Serm.* 271 – PL 38/1245) ont été prononcés le jour de la Pentecôte, ou la veille de cette fête ; on ne voit pas pourquoi Augustin aurait omis les mots "et ils furent tous emplis de l'Esprit Saint" (v. 4a) s'il les avait lus dans le texte qu'il citait.

v. 5 : Le vieux texte africain devait omettre κατοικοῦντες. C'est le seul mot traduit de façon différente dans les deux textes d'Augustin, et l'on aurait attendu plutôt chez eux *inhabitantes* (cf. 1,19.20 ; 2,9). C'est l'indice d'un texte court corrigé. La mauvaise place de ευλαβεις dans D pourrait être aussi l'indice d'un texte court corrigé.

v. 6 : L'ordre des mots ταῖς γλώσσαις αὐτῶν λαλούντων αὐτῶν est attesté par Augᵃᵃ' et SyrHᵐᵍ. Le λαλουντας de D est incohérent mais peut s'expliquer de la façon suivante. Son archétype grec avait omis λαλουντων αυτων par saut du même au même ; le scribe a corrigé de façon assez stupide en ajoutant un simple λαλουντας (à l'accusatif et à une place différente) par rétroversion du *loquentes* de d.

4 και επλησθησαν παντεσ   4 Et inpleti sunt uniuersi
π̅ν̅σ̅ αγιου   spū Sancto
και ◆ηρξατο λαλειν   et coiperunt loqui
ετεραισ γλωσσαισ   aliis linguis
καθωσ το π̅ν̅α̅ εδιδου   sic ut s̅p̅s̅ dabat
αποφθεγγεσθαι αυτοισ   eloqui eis
5 εν ϊερουσαλημ ησαν   5 in Ierusalem erant
κατοικουντεσ ϊουδαιοι   habitantes Iudaei
ευλαβεισ ανδρεσ   timorati uiri
απο παντοσ εθνουσ   ab omni gente
των ϋπο τον ουρανον   quae sub caelo sunt
6 γενομενησ δε τησ φωνησ ταυτησ   6 Cumquae facta esset uox haec
◆συνηλθε το πληθοσ   conuenit multitudo
και συνεχυθη   et consaesae sunt
και ηκουον εισ εκαστοσ   qui audiebant unusquisque
◆λαλουντασ   loquentes
ταισ γλωσσαισ αυτων   eos lingua sua

Aug[a'] : ⁴ Et impleti sunt omnes Spiritu sancto, et coeperunt loqui *variis* (**Aug**[a] : om. *variis*) linguis, quomodo Spiritus dabat eis pronuntiare. ⁵ Ierosolymis autem fuerunt *habitatores* (**Aug**[a] : *habitantes*) Iudaei, homines ex omni natione quae est sub coelo. ⁶ Et cum facta esset vox, collecta est turba et confusa (**Aug**[a] : add. *est*), quoniam audiebat unusquisque suo sermone et suis linguis loquentes eos.

G[67] : ⁴ Sie wurden alle erfüllt vom Heiligen Geist und begannen zu reden in anderen Zungen, wie der Geist (es) ihnen (ein)-gab, daß sie redeten. ⁵ Es weilten aber in Jerusalem Juden, Männer, in denen (Gottes-)Furcht war, aus allen Völkern, die unter dem Himmel sind. ⁶ Als dieses Getöse aber geschah, versammelte sich die Menge, und sie gerieten in Bestürzung, weil jeder einzelne sie in seiner Sprache reden hörte.

g : ⁴ Et repleti sunt omnes spiritu sancto et ceperunt loqui aliis linguis prout spiritus sanctus dabas eloqui illis. ⁵ Erant autem in hierusalem habitantes iudei uiri metuentes ex omni gente, quae sub caelo est. ⁶ Facta autem hac uoce convenit multitudo et mente confusa est quoniam audiebat unusquisque lingua sua illos loquentes.

7 ἐξίσταντο δὲ
καὶ ἐθαύμαζον
λέγοντες,
οὐχὶ[c] ἰδοὺ πάντες[d] οὗτοί εἰσιν
οἱ λαλοῦντες Γαλιλαῖοι ;
8 καὶ πῶς ἡμεῖς ἀκούομεν
ἕκαστος
τῇ ἰδίᾳ διαλέκτῳ ἡμῶν
ἐν ᾗ ἐγεννήθημεν ;
9 Πάρθοι καὶ Μῆδοι καὶ Ἐλαμῖται[e],
καὶ οἱ κατοικοῦντες
τὴν Μεσοποταμίαν,
Ἰουδαίαν τε καὶ Καππαδοκίαν,
Πόντον καὶ τὴν Ἀσίαν,
10 Φρυγίαν τε καὶ Παμφυλίαν,
Αἴγυπτον
καὶ τὰ μέρη τῆς Λιβύης
τῆς κατὰ Κυρήνην,
καὶ οἱ ἐπιδημοῦντες Ῥωμαῖοι,

7 ἐξίσταντο δὲ
καὶ ἐθαύμαζον
λέγοντες, πρὸς ἀλλήλους[1]
οὐχὶ [ ][2] πάντες[3] οὗτοί εἰσιν
οἱ λαλοῦντες Γαλιλαῖοι ;
8 καὶ πῶς [ ][1] ἐπιγινώσκομεν[2]
[ ][3]
ἐν αὐτοῖς[4] τὴν διάλεκτον[5] [ ][6]
ἐν ᾗ ἐγεννήθημεν ;
9 Πάρθοι [ ][1] Μῆδοι [ ][1] Ἐλαμῖται,
καὶ[1] οἱ κατοικοῦντες
τὴν Μεσοποταμίαν,
Ἀρμενίαν[1] [ ][1] καὶ Καππαδοκίαν,
Πόντον [ ][1] Ἀσίαν,
10 Φρυγίαν [ ][1] καὶ Παμφυλίαν,
Αἴγυπτον [ ][2]
καὶ τὰ μέρη τῆς Λιβύης
τῆς κατὰ Κυρήνην,
καὶ οἱ ἐπιδημοῦντες Ῥωμαῖοι,

c. B ; οὐχ : ℵ E 81 1175 1891 *alii NA 28*
d. B E Ψ 81 096 Koinè ; απαντες : p[74] ℵ A B[2] C D 323 945 1739 *al NA 28*
e. *NA 28* ; B : Αιλαμειται

---

7 – 1. Dd Aug[aa'] – Ee Koinè a p t g Vg(Cl*M) ndl.2.3 prv.2 SyrP Geo / 2. Aug[aa'] QvD G[67] – t Vg(D) ndl.2 prv Sah Boh / 3. voir *infra*
QvD : Nonne hi qui loquuntur natione sunt Galilaei ? (*Prom.* II,3)

8 – 1. Aug[aa'] QvD / 2. Aug[aa'] QvD / 3. Aug[aa'] QvD – SodC.4 p* Sah.4 Eth / 4. Aug[aa'] QvD / 5. D Aug[aa'] QvD - SyrP Geo Arm / 6. Aug[aa'] QvD - ndl.3 SyrP Sah Eth.1-4

9 – TO = Aug[a] (cf. Tert)
Tert. : « Parthi Medi Elamitae et qui inhabitant Mesopotamiam Armeniam Phrygiam Cappadociam et incolentes Pontum et Asiam » (*Ad Iud.* 7,4 ; éd. A. KROYMANN, CC II, 1354). Le texte adopté par l'éditeur est : *Parti et Medi et Elamitae et qui habitant...* Nous avons reconstitué le texte authentique d'après son apparat critique. L'archétype X, suivi par D et G[67] avait adopté ici encore le TA.

10 – 1. D(≈)Aug[aa'] – d p t g Vg Sah Boh (cf. Tert) / 2. Aug[aa'] – d p t g Vg

v. 7 : Au lieu de παντες, D atteste απαντες, leçon soutenue aussi par ℵ A C p[74] SodB.1.5.7 *pc* (versions ?). Mais tous ces autres témoins suivent par ailleurs ici le TA ; il s'agirait donc d'une variante du TA adoptée par D en même temps que l'addition de ἰδού. Un détail le confirme : D et ℵ ont οὐχ ἰδού ἅπαντες, ce qui suppose l'omission d'un *iota* par haplographie. D suivrait donc le même archétype que ℵ.

7 εξειϲταντο δε	**7** obstupescebant autem
και εθαυμαζον	et admirabantur
λεγοντεϲ προϲ αλληλουϲ	dicentes ad alterutrum
ουχ ιδου απαντεϲ ουτοι εισιν	nonne ecce uniuersi hi sunt
οι λαλουντεϲ γαλιλαιοι	qui locuntur Galilaei
8 και πωϲ ημειϲ ακουομεν	**8** et quomo do nos audimus
εκαϲτοϲ	unus quisque
την διαλεκτον ημων	propria lingua nostra
εν η εγεννηθημεν	in qua nati sumus
9 παρθοι και μηδοι και ελαμειται	**9** Parthi et Medi et Aelamitae
οι κατοικουντεϲ	et qui inhabitant
την μεσοποταμιαν	Mesopotamiam.
ϊουδαιαν και καππαδοκιαν	Iudaeam et Cappadociam
ποντον και την ασιαν	Pontum et Asiam,
10 φρυγιαν και παμφυλιαν	**10** Frygiam et Pamphyliam
αιγυπτον τε	Aegyptum
και τα μερη τηϲ ♦λιβουηϲ	et partes Lybiae
τηϲ κατα κυρηνην	qui est circa Cyrenen
και οι επιδημουντεϲ ρωμαιοι	et qui hidemorantur Romani

Augᵃ' : [7] Stupebant autem et *admirabantur* (**Aug**ᵃ : *mirabantur*) ad invicem dicentes : Nonne omnes qui loquuntur, natione sunt Galilaei ? [8] Et quomodo agnoscimus in illis sermonem in quo nati sumus ? [9] Parthi, et (**Aug**ᵃ : om. *et*) Medi, et (**Aug**ᵃ : om. *et*) Elamitae, et qui *habitant* (**Aug**ᵃ : *inhabitant*) Mesopotamiam, *Iudaeam* (**Aug**ᵃ : *Armeniam*) et Cappadociam, Pontum et (**Aug**ᵃ : om. *et*) Asiam [10] *Phrygiamque* (**Aug**ᵃ : *Phrygiam*) et Pamphyliam, Aegyptum et *partes Libyae* (**Aug**ᵃ : *regiones Africae*) quae est *circa* (**Aug**ᵃ : *ad*) Cyrenen, et qui advenerant Romani

G⁶⁷ : [7] Sie entsetzten sich aber und staunten, indem sie sagten : „Diese alle, die (da) *reden*, sind sie nicht Galiläer ? [8] Wieso hören wir aber *einen jeden von ihnen* in unserer Sprache *reden*, in der wir geboren sind : [9] Parther und Meder, und Elamiter und die, die in Mesopotamien wohnen, (in) Judäa und Kappadozien, Pontus und *ganz* Asien, [10] Phrygien und Pamphylien, (in) Ägypten und den Gegenden Libyens, die in Kyrene liegen, und die Römer, die hier sind,

g : [7] Stupebant autem et mirabantur ad inuicem dicentes : Nonne ecce enim hi, qui locuntur, galilaei sunt ? [8] Et quomodo nos singuli audimus propriam linguam nostram, in qua nati sumus. [9] Parthi et medi et helamite et qui habitant mesopotamiam, iudeam et capadotiam pontum et asiam [10] frigiam et pamphiliam aegyptum et partes lybiae, quae sunt secus cyrenen et advenae sunt romani,

11 Ἰουδαῖοί τε καὶ προσήλυτοι,
Κρῆτες καὶ Ἄραβες,
ἀκούομεν λαλούντων αὐτῶν
ταῖς ἡμετέραις γλώσσαις
τὰ μεγαλεῖα τοῦ θεοῦ.
12 ἐξίσταντο δὲ πάντες
καὶ διηπόρουντο^f,
ἄλλος πρὸς ἄλλον

λέγοντες, τί θέλει τοῦτο εἶναι ;
13 ἕτεροι δὲ
διαχλευάζοντες ἔλεγον ὅτι
γλεύκους
μεμεστωμένοι εἰσίν.
14 σταθεὶς δὲ ὁ Πέτρος
σὺν τοῖς ἕνδεκα
ἐπῆρεν τὴν φωνὴν αὐτοῦ
καὶ ἀπεφθέγξατο αὐτοῖς,
ἄνδρες Ἰουδαῖοι καὶ
οἱ κατοικοῦντες Ἰερουσαλὴμ
πάντες,
τοῦτο ὑμῖν γνωστὸν ἔστω
καὶ ἐνωτίσασθε τὰ ῥήματά μου.

11 Ἰουδαῖοί τε καὶ προσήλυτοι,
Κρῆτες καὶ *Ἄραβες*[1],
ἤκουον[2] *λαλούντων αὐτῶν*
[ ][3] *γλώσσαις*
τὰ μεγαλεῖα τοῦ θεοῦ.
12 ἐξίσταντο δὲ [ ][1]
καὶ *διηπόρουν*[2],
[ ][3]
ἐπὶ τῷ γεγονότι[4]
[ ][5] λέγοντες, τί τοῦτο θέλει[6] εἶναι ;
13 ἕτεροι δὲ
διεχλεύαζον λέγοντες[1] [ ][2]
οὗτοι[3] *γλεύκει πάντες*[4]
βεβαρημένοι[4] εἰσίν.
14 *τότε*[1] σταθεὶς δὲ ὁ Πέτρος
σὺν τοῖς *δέκα*[2] *ἀποστόλοις*[3]
ἐπῆρεν [ ][4] τὴν φωνὴν αὐτοῦ
καὶ *εἶπεν*[5] [ ][6]
ἄνδρες Ἰουδαῖοι καὶ πάντες[7]
οἱ κατοικοῦντες Ἰερουσαλὴμ,
[ ][7]
τοῦτο ὑμῖν γνωστὸν ἔστω
καὶ[8] ἐνωτίσασθε τὰ ῥήματά μου.

f. B ℵ A 076 *pc* ; διηπορουν : C D E Ψ 096 81 *Koinè NA 28*

---

11 – 1. Noter le grec défectueux du scribe de D qui note Αραβοι au lieu de Ἄραβες / 2. Aug^{aa'} / 3. G⁶⁷ b Sah.4.449 Boh(– FS) [ταῖς αὐτῶν γλώσσαις : Aug^{aa'} Sah.460]

12 – 1. Aug^{ab} Ephr^c – 3 209 Chr.2 g p* r Vg(S) / 2. D / 3. Aug^a Ephr^c – Chr.2 a Vg(B) prv / 4. D Aug^a Ephr^c SyrH^{mg} /5. Aug^a p t g Vg / 6. Aug^a – 36 453 88 915 Vg (*contra* Aug^b)

13 – 1. Dd Aug^{ab} G⁶⁷ – a b t⁵ SyrP Sah Boh / 2. Aug^a – Chr.1^a ndl SyrP / 3. Aug^a Dd – SyrP Boh / 4. Aug^a - voir *infra*

14 – 1. D G⁶⁷ – SyrP / 2. D – Eth.3 / 3. D Aug^b G⁶⁷ – g p r t y ndl.2 prv SyrP Sah.4 / 4. Aug^b p t g Vg / 5. D Var G⁶⁷ – g p r t^{3.4} Jer (cf. Aug^b : locutus est dicens) / 6. D Aug^b Var – g p r t^{3.4} Jer / 7. Dd Aug^b G⁶⁷ – p t g Jer(1/2) SyrP/ 8. Tert g p t Vg
Cf. 27,21 : τότε σταθεὶς ὁ Παῦλος ἐν μέσῳ αὐτῶν εἶπεν.

v. 11 : L'omission de ταῖς ἡμετέραις répond à l'omission de ἑτέραις au verset 4.

v. 12 : Noter les négligences du scribe de D : το γεγονοτι et και λεγοντες.

v. 13 : D et G⁶⁷ suivent ici l'archétype X qui donnait d'abord le TO, puis passait au TA. Pour la finale du TO, cf. Lc 9,32 : ἦσαν βεβαρημένοι ὕπνῳ ; ce sont les seuls cas où ce verbe commande un datif.

11 ϊουδαιοι τε και προσηλυτοι	11, Iudaei et Proselyti
κρητεσ και ♦αραβοι	Cretenses et Arabi
ακουομεν λαλουντων αυτων	audiuimus loquentes eos
ταισ ημετεραισ γλωσσαισ	nostris linguis
τα μεγαλεια του θ͞υ	magnalia d͞i
12 εξεισταντο δε παντεσ	12 obstupescebant omnes
και διηπορουν	et hesitabant
αλλοσ προσ αλλον	alius ad alium
επι ♦το γεγονοτι	quod factum est
και ♦λεγοντεσ τι θελει τουτο ειναι	et dicentes quid uult esse hoc
13 ετεροι δε	13 alii uero
διεχλευαζον λεγοντεσ οτι	deridebant dicentesquia
γλευκουσ ουτοι	musto isti
μεμεστωμενοι εισιν	repleti sunt
14 τοτε σταθεισ δε ο πετροσ	14 Cum stetisset autem Petrus
συν τοισ δεκα αποστολοισ	cum decem apostolis
επηρεν πρωτοσ την φωνην αυτου	et elebabit primus uocem suam
και ειπ͞ε	et dixit
ανδρεσ ϊουδαιοι και παντεσ	uiri Iudaei et omnes
οι κατοικουντεσ ϊερουσαλημ	qui inhabitant Hierusalem
τουτο ημειν γνωστον εστω	hoc uobis notum sit
ενωτισατε τα ρηματα μου	ausilate uerbis meis

Aug[a']: [11] *Iudaeique et Proselyti, Cretenses* (**Aug**[a]: *et Iudaei et incolae et Cretes*) et Arabes, audiebant loquentes illos suis linguis magnalia Dei.

Aug[a]: [12] Stupebant autem, et haesitabant ob id quod factum est, dicentes : Quidnam hoc vult esse ? [13] Alii autem irridebant, dicentes : Hi musto omnes onerati sunt

G[67]: [11] Juden und Proselyten, Kreter und Araber, wir hören sie in *den* Sprachen die Großtaten Gottes sagen." [12] Sie staunten aber alle, und *jeder* war ratlos, indem sie sagten : „Was bedeutet diese Sache, *die da geschehen ist* ?" [13] Andere aber *spotteten, indem sie sagten* : „Mit Most ist ihr Leib angefüllt." [14] *Da* trat Petrus hinzu, samt den elf *Aposteln*, erhob seine Stimme *zuerst* und *sprach* zu ihnen : „Jüdische Männer und ihr alle, die ihr in Jerusalem weilt ! Dies soll euch kund werden, und vernehmt meine Worte !

g : [11] iudei quoque et advenae cretes et arabes audiuimus loquentes eos linguis nostris magnalia dei ? [12] Stupebant autem et consternabuntur ad inuicem dicentes : quid uult hoc esse ? [13] alii autem deridentes dicebant : quia musto repleti sunt. [14] Stans autem petrus cum XI apostolis leuauit uocem suam et dixit : Viri iudei et omnes, qui inhabitatis hierusalem hoc uobis notum sit et percipite auribus uerba mea.

15 οὐ γὰρ ὡς ὑμεῖς
ὑπολαμβάνετε
οὗτοι μεθύουσιν, ἔστιν γὰρ
ὥρα τρίτη τῆς ἡμέρας,
16 ἀλλὰ τοῦτό ἐστιν τὸ εἰρημένον
διὰ τοῦ προφήτου Ἰωήλ,
17 Καὶ ἔσται
μετὰ ταῦτα g,
λέγει ὁ θεός, ἐκχεῶ
ἀπὸ τοῦ πνεύματός μου
ἐπὶ πᾶσαν σάρκα,
καὶ προφητεύσουσιν οἱ υἱοὶ ὑμῶν
καὶ αἱ θυγατέρες ὑμῶν,
καὶ οἱ νεανίσκοι ὑμῶν ὁράσεις
ὄψονται,
καὶ οἱ πρεσβύτεροι ὑμῶν
ἐνυπνίοις ἐνυπνιασθήσονται·

15 οὐ γὰρ ὡς ὑμεῖς
ὑπολαμβάνετε
οὗτοι μεθύουσιν, οὔσης¹ [ ]¹
ὥρας¹ τῆς ἡμέρας τρίτης ¹,
16 ἀλλὰ τοῦτό ἐστιν τὸ εἰρημένον
διὰ τοῦ προφήτου [ ]¹
17 [ ]¹ ἔσται
ἐν ταῖς ἐσχάταις ἡμέραις ²,
λέγει [ὁ] κύριος ³, ἐκχεῶ
[ ]⁴ τὸ πνεῦμα ⁴ μου
ἐπὶ πᾶσαν σάρκα,
καὶ προφητεύσουσιν οἱ υἱοὶ αὐτῶν ⁵
καὶ αἱ⁶ θυγατέρες αὐτῶν ⁵
καὶ οἱ νεανίσκοι [ ]⁷ ὁράσεις
ὄψονται,
καὶ οἱ πρεσβύτεροι [ ]⁷
ἐνυπνίοις ⁸ ἐνυπνιασθήσονται·

g. B 076 Sah Eth.2-13 Geo CyrJ Just ; εν ταις εσχαταις ημεραις : D ℵ A 096 81 *NA 28*

---

15 – 1. D Aug^c (*Lettre* CXCIX *De Fine Saeculi* VIII 23) – e p r t Vg Ir^L GrElv Jer(1/2) Hes^L Cass

16 – 1. Dd Aug^c Rebapt – Ir^L r prv.2 Hil GrElv

17 – 1. Dd Aug^c Rebapt G^67 Ephr^k – g p r ndl.1 Ir^L Hil SyrP Sah / 2. Dd Aug^c Rebapt G^67 / 3. Dd Aug^c Rebapt – Ee g p r t Vg Ir^L Hil GrElv Sah.4 *al* / 4. d Rebapt G^67 Ephr^k – ndl.1 SyrP Sah / 5. Dd Rebapt – g r Hil GrElv PassPerp / 6. αι : *om.* D (hpl.) / 7. Dd Rebapt – r prv GrElv PassPerp / 8. d p t g Vg

v. 17 : Le *De Rebaptismate* du Pseudo-Cyprien donne le vieux texte africain ; il atteste ici toutes les variantes du TO. Toutes les variantes du TA sont des harmonisations sur la Septante de Joël 3,1, y compris le μετὰ ταῦτα initial. ROPES ne voit pas que le ἐν ταῖς ἐσχάταις ἡμέραις du v.17 ne vient pas du v.18 de Joël (εν ταις ημεραις εκειναις) mais de Is 2,2, d'où l'omission de Joël au v.16 dans le TO. Noter le grec défectueux de D avec l'omission de ὁ et l'omission de αἱ.

15 ου γαρ ωσ ϋμεισ	**15** non enim sicut uos
♦ϋπολαμβανεται	suspicamini
ουτοι μεθυουσιν ουσησ	hii hebrii sunt est enim
ωρασ τησ ημερασ .γ̄.	hora tertia diei
16 αλλα τουτο εστιν το ειρημενον	**16** sed hoc est quod dictum est
δια του προφητου	per prophetam
17 Εσται	**17** Erit
εν ταισ εσχαταισ ημεραισ	in nouissimis diebus
λεγει κ̄σ̄ εκχεω	dicit d̄n̄s̄ effundam
απο του π̄ν̄σ̄ μου	s̄p̄m̄ meum
επι ♦πασασ ♦σαρκασ	super omnem carnem
και προφητευσουσιν οι ϋιοι αυτων	et prophetabunt fili eorum
και θυγατερεσ αυτων	et filias eorum
και οι νεανισκοι ♦ορασει	et iubenes uisiones
οψονται	uidebunt
και οι πρεσβυτεροι	et seniores
ενϋπνιασθησονται	somnia somniabunt

G[67] : [15] Denn diese *waren* nicht betrunken, wie ihr euererseits denkt. Denn es ist (erst) die dritte Stunde des Tages. [16] Sondern *gebt acht auf* das, was gesagt worden ist durch den Propheten Joel, *wenn er sagt* : [17] Es wird geschehen *am Ende der Tage*, spricht Gott, da werde ich ausgießen *meinen* Geist über alles Fleisch, und es werden prophezeien eure Söhne und eure Töchter ; und eure Jünglinge werden Gesichte sehen, und eure Greise werden Träume haben.

g : [15] Non enim sicut uos existimatis hi ebrii sunt, nam est hora tertia diei, [16] sed hoc est quod dictum est per iohel prophetam : [17] Erit in novissimis diebus, dicit dominus, effunda de spiritu meo in omnem carnem et prophetabunt filiae eorum et filii ipsorum et iuuenes uestri uisiones uidebant. Et seniores uestri somnia somniabunt.

18 καί γε ἐπὶ τοὺς δούλους μου
καὶ ἐπὶ τὰς δούλας μου
ἐν ταῖς ἡμέραις ἐκείναις
ἐκχεῶ ἀπὸ τοῦ πνεύματός μου,
καὶ προφητεύσουσιν.
19 καὶ δώσω τέρατα
ἐν τῷ οὐρανῷ ἄνω
καὶ σημεῖα ἐπὶ τῆς γῆς κάτω,
αἷμα καὶ πῦρ καὶ ἀτμίδα καπνοῦ·
20 ὁ ἥλιος μεταστραφήσεται
εἰς σκότος καὶ ἡ σελήνη εἰς αἷμα
πρὶν ἢ[h] ἐλθεῖν
ἡμέραν κυρίου τὴν μεγάλην
καὶ ἐπιφανῆ.
21 καὶ ἔσται
πᾶς ὃς ἐὰν ἐπικαλέσηται
τὸ ὄνομα κυρίου σωθήσεται.

18 καί γε ἐπὶ τοὺς δούλους μου
καὶ ἐπὶ τὰς δούλας μου
[ ][1]
ἐκχεῶ *τὸ πνεῦμα μου*[2],
καὶ προφητεύσουσιν[3].
19 καὶ δώσω τέρατα
ἐν τῷ οὐρανῷ ἄνω
καὶ σημεῖα ἐπὶ τῆς γῆς κάτω,
[ ][1].
20 ὁ ἥλιος μεταστραφήσεται
εἰς σκότος καὶ ἡ σελήνη εἰς αἷμα
πρὶν ἢ[1] ἐλθεῖν
ἡμέραν κυρίου τὴν μεγάλην
[ ][2].
21 καὶ [ ][1]
πᾶς ὃς ἀν[2] ἐπικαλέσηται
τὸ ὄνομα *τοῦ*[3] κυρίου σωθήσεται.

h. B 076 Koinè ; *om.* η : ℵ A C D E Ψ 33 81 1175 2495* *al NA 28*

---

18 – 1. Dd Rebapt – g r Just Did / 2. d G[67] – SyrP Sah.4 Just (cf.v. 17) / 3. p t g Vg *om.* D d p* Tert. Rebapt. Prisc.

19 – 1. Dd – g p* r Prisc [TA = Septante]

20 – 1. voir *infra* / 2. Dd – ℵ g r Prisc [TA = Septante]

21 – 1. – SodC.3 Chr.1.2(1/2) t Vg(ThIMOT) Eth / 2. D / 3. D

v. 18 : Voir discussion dans ROPES, *op. cit.*, p. 17. Avec *Boism*[1b] p. 13, l'absence de καὶ προφητεύσουσιν (D d p Tert Rebapt Prisc) peut s'expliquer par sa présence dans la LXX citée au v. 17 et par saut du même au même, d'où son maintien dans le TO. De son côté, l'absence de ἐν ταῖς ἡμέραις ἐκείναις (Dd Rebapt – g r Just Did) peut s'expliquer par l'insertion voulue de ἐν ταῖς ἐσχάταις ἡμέραις dans la citation de la LXX au v. 17. D'où son omission du TO.

v. 20 : il faut garder la particule ἢ omise par D et une partie du TA par influence de la Septante.

v. 21 : Dans le TA, tous ces versets repris de Joël 3,1-5 ont été harmonisés sur la Septante, alors qu'ils ne le sont pas dans le TO. Ici, le TO est certainement plus primitif que le TA.

18 και ♦εγ επι τουσ δουλουσ μου
και επι τασ δουλασ μου

18 et ego super seruos meos
et super ancillas meas

εκχεω απο του π̄ν̄σ̄ μου

effundam spiritum meum

19 και δωσω τερατα
εν τω ουρανω ανω
και σημεια επι τησ γησ κατω

19 et dabo prodigia in caelo susum
et signa in terra deorsum

20 ο ηλιοσ ♦μεταστρεφεται
♦εισκοτοσ και η σεληνη εισ αιμα
πριν ελθειν
ημεραν κ̄ῡ την μεγαλην

20 sol conuertetur
in tenebris et luna in sanguine
prius quam ueniat
dies d̄n̄ī magnus

21 και εσται
πασ οσ αν επικαλεσηται
το ονομα του κ̄ῡ σωθησεται

21 et erit omnis quicumque
inuocauerit
nomen d̄n̄ī saluus erit

G[67] : 18 Ich werde ausgießen *meinen* Geist über meine Knechte und meine Mägde in jenen Tagen, und sie werden prophezeien.19 Ich werde bewirken Zeichen am Himmel oben und Wunder auf der Erde unten, Blut, Feuer und Rauchqualm 20 Die Sonne wird sich in Finsternis verwandeln, und der Mond in Blut, bevor der große und offenbare Tag des Herrn kommt. 21 Und es wird geschehen, daß jeder, der den Namen des Herrn anrufen wird, gerettet wird.

g : 18 Et quidem in seruos meos et ancillas meas effundam de spiritu meo et prophetabunt. 19 Et dabo prodigia in caelo sursum et signa super terram deorsum : 20 sol conuertetur in tenebras et luna in sanguinem priusquam ueniat dies domini magnus. 21 Et erit, omnis qui inuocauerit nomen domini saluus erit.

22 Ἄνδρες Ἰσραηλῖται[i],
ἀκούσατε τοὺς λόγους τούτους·
Ἰησοῦν τὸν Ναζωραῖον,
ἄνδρα ἀποδεδειγμένον
ἀπὸ τοῦ θεοῦ
εἰς ὑμᾶς
δυνάμεσι
καὶ τέρασι καὶ σημείοις
οἷς ἐποίησεν δι᾿ αὐτοῦ ὁ θεὸς
ἐν μέσῳ ὑμῶν,
καθὼς αὐτοὶ οἴδατε,
23 τοῦτον τῇ ὡρισμένῃ βουλῇ
καὶ προγνώσει τοῦ θεοῦ ἔκδοτον
διὰ χειρὸς ἀνόμων
προσπήξαντες ἀνείλατε,
24 ὃν ὁ θεὸς ἀνέστησεν[j]
λύσας τὰς ὠδῖνας τοῦ θανάτου,
καθότι οὐκ ἦν δυνατὸν
κρατεῖσθαι αὐτὸν ὑπ᾿ αὐτοῦ·

22 Ἄνδρες Ἰσραηλῖται,
ἀκούσατε *μου*[1] τοὺς λόγους [ ][2]
Ἰησοῦν τὸν Ναζωραῖον,
ἄνδρα ἀποδεδειγμένον[3]
[ ][4]
[ ][5]
[ ][6]
σημείοις καὶ τέρασι[7]
οἷς[8] ἐποίησεν δι᾿ αὐτοῦ ὁ θεὸς
ἐν μέσῳ ὑμῶν,
καθὼς αὐτοὶ οἴδατε,
23 τοῦτον τῇ ὡρισμένῃ βουλῇ
καὶ προγνώσει τοῦ θεοῦ ἔκδοτον
[ ][1] διὰ χειρὸς ἀνόμων
προσπήξαντες ἀνείλατε,
24 ὃν ὁ θεὸς ἀνέστησεν
λύσας τὰς ὠδῖνας τοῦ *ᾅδου*[1],
καθότι οὐκ ἦν δυνατὸν
κρατεῖσθαι αὐτὸν ὑπ᾿ *αὐτῶν*[2].

i. *NA 28* ; B : Ισραηλειται
j. *NA 28* ; B : σνεστησε

---

22 – 1. G[67] – Chr.1 Vg(DTh) ndl.2 Ir[L] Sah Boh(mss) Geo (cf. Tert) / 2. G[67] Ir[L] / 3. voir *infra* / 4. Ephr[k] – Épiph (≈ *ante* ἀποδεδειγμένον : Dd Tert Ee *Koinè* g p r GrElv Faust) / 5. Ephr[k] – Épiph(1/3). / 6. Ephr[k] – Épiph / 7. G[67] Ephr[k] – Épiph(2/3) p r prv.2 GrElv Sah / 8. voir *infra*
Épiph : Ἰησοῦν τὸν Ναζωραῖον ἄνδρα ἀποδεδειγμένον (+εἰς ὑμᾶς : 2/3) ἐν τε σημείοις καὶ τέρασιν (≈ τέρασιν καὶ σημείοις : 1/3)
Ephr : iesus... vir ille qui apparuit in signis et prodigiis quacumque fecit deus per illum
Tert : Iesum Nazarenum virum vobis a deo destinatum (*Car.* 15,1)
Viri Israelitae, auribus mandate quae dico : Iesum nazarenum virum a deo uobis destinatum, et reliqua (*Pud.* 21,11)

23 – 1. Ir[L] p t g Vg ; λαβοντες : D(d) Ee

24 – 1. Dd Aug[C](2/2) G[67] Ephr[k] – Épiph e g p r t Vg Ir[L] Cass SyrP Boh / 2. Aug[c] G[67]– Ir[L] Sah.4.3

---

v. 22 : Ephr est un des témoins majeurs du TO ; il est soutenu ici par Épiphane. L'archétype X avait adopté ici le TA, d'où l'absence des variantes dans D et G[67]. Tertullien a lui aussi adopté en partie le TA, comme cela lui arrive parfois. Voir dans *Boism*[1b] p. 13 la longue discussion entre ἀποδεδειγμενον et [δεδοκιμ]ασμενον proposé par Scrivener. L'habituelle médiocrité grammaticale de D ainsi que le *quae* de d n'incitent pas à retenir la forme οσα pourtant correcte.

22 ανδρεσ ϊσραηλειται	**22** uiri Istrahelitae
ακουσατε τουσ λογουσ τουτουσ	audite sermones hos
ι͞η͞ν τον ναζοραιον	i͞h͞m Nazoraeum
ανδρα απο του θ͞υ	uirum a d͞o
◆ασμενον	probatum
εισ ημασ	in nobis
δυναμεσει	uirtutibus
και τερασι και ◆σημιοισ	et pro digiis et signis̲
οσα εποιησεν δι αυτου ο θ͞σ	quae fecit per eum d̲s̲
εν μεσω ϋμων	in medio uestrum
καθωσ αυτοι οιδατε	sicut ipsi scitis
23 τουτον τη ωρισμενη βουλη	**23** hunc destinato consilio
και προγνωσει του θ͞υ εκδοτον	et prouidentia d̲i̲ auditum
λαβοντεσ δια χειροσ ανομων	accepistis per manus iniquorum
προσπηξαντεσ ανειλατε	adfixum interfecistis
24 ον ο θ͞σ ανεστησεν	**24** quem d̲s̲ suscitauit
λυσασ τασ ωδινασ του αδου	solutis amitibus inferiorum
καθοτι ουκ ην δυνατον	quoniam possibile non esset
κρατεισθαι αυτον ϋπ αυτου	detineri eum ab ipso

G[67]: 22 Ihr Männer *von Israel* ! Hört auf *meine* Worte ! Jesus, der Nazoräer, ein Mann, der von Gott bestätigt worden ist euch gegenüber unter Krafttaten, *Zeichen und Wundern*, die Gott durch ihn tat in eurer Mitte, wie ihr selbst wißt, 23 diesen *nun* — durch den feststehenden Ratschluß *Gottes und sein* Vorherwissen — habt ihr *in die Hand* der Gesetzlosen *gegeben* und aufgehängt, *indem ihr ihn gekreuzigt* habt. 24 Gott aber ließ ihn auferstehen *von den Toten*, indem er die Wehen *der Unterwelt* löste, weil es nicht möglich *ist*, daß er von *ihnen* festgehalten wird.

g : 22 Viri israhelitae ! audite haec uerba : ihesum nazarenum uirum sanctum a deo ostensum in uobis uirtutibus ac prodigiis ac signis, quae fecit deus in medio uestrum sicut uos ipsi scitis. 23 Hunc secundum praescriptum consilium et praescientia traditum per manus iniquorum affligentes occidistis, 24 quem deus suscitauit solutis gemitibus inferni, quia impossibile erat detineri illum ab eo.

25 Δαυὶδ γὰρ λέγει εἰς αὐτόν,
προορώμην τὸν κύριον
ἐνώπιόν μου διὰ παντός,
ὅτι ἐκ δεξιῶν μού ἐστιν
ἵνα μὴ σαλευθῶ.
26 διὰ τοῦτο ηὐφράνθη
μου ἡ καρδία [k]
καὶ ἠγαλλιάσατο ἡ γλῶσσά μου,
ἔτι δὲ καὶ ἡ σάρξ μου
κατασκηνώσει ἐπ’ ἐλπίδι·
27 ὅτι οὐκ ἐγκαταλείψεις
τὴν ψυχήν μου εἰς ᾅδην,
οὐδὲ δώσεις τὸν ὅσιόν σου
ἰδεῖν διαφθοράν.
28 ἐγνώρισάς μοι ὁδοὺς ζωῆς,
πληρώσεις με εὐφροσύνης
μετὰ τοῦ προσώπου σου.

25 Δαυὶδ γὰρ λέγει εἰς αὐτόν,
προορώμην[1] τὸν κύριον *μου*[2]
ἐνώπιόν μου διὰ παντός,
ὅτι ἐκ δεξιῶν μού ἐστιν
ἵνα μὴ σαλευθῶ.
26 διὰ τοῦτο ηὐφράνθη
ἡ καρδία μου.[1]
καὶ ἠγαλλιάσατο ἡ γλῶσσά μου,
ἔτι δὲ καὶ ἡ σάρξ μου
κατασκηνώσει ἐπ’ ἐλπίδι·
27 ὅτι οὐκ ἐγκαταλείψεις
τὴν ψυχήν μου εἰς ᾅδην,
οὐδὲ δώσεις τὸν ὅσιόν σου
ἰδεῖν διαφθοράν.
28 ἐγνώρισάς μοι ὁδοὺς ζωῆς,
πληρώσεις με εὐφροσύνης
μετὰ τοῦ προσώπου σου.

k. B ℵ ; η κσρδια μου : p[74] ℵ[c] A C D E Ψ 0123 Koinè *NA 28*

25 – 1. Dd / 2. Dd - ℵ SyrP (TA = Septante)

26 – 1. D

25 δαυειδ γαρ λεγει ✦ει αυτον	25 Dauid enim dicit in eum.
προ ορωμην τον κ̄ῡ μου	prouidebam d̄n̄m meum
ενωπιον μου δια παντοσ	in conspectu meo semper
οτι εκ δεξιων μου εστιν	quia a dextra mea est
ϊνα μη σαλευθω	ut non commouear
26 δια τουτο ηυφρανθη	26 propterea laetatum est
η καρδια μου	cor meum.
και ηγαλλιασατο η γλωσσα μου	et exultauit lingua mea
ετι δε και η σαρξ μου	adhuc autem et caro mea
κατασκηνωσει ✦εφ ελπιδει	inhabitauit in spem
27 οτι ουκ ✦ενκαταλειψεισ	27 quia non derelinques animam
την ψυχην μου εισ αδην	meam aput inferos
ουδε δωσεισ τον οσιον σου	nequae dabis sanctum tuum
ιδειν διαφθοραν	uidere corruptionem.
28 ✦γνωρισασ μοι οδουσ ζωησ	28 notas fecisti mihi uias uitae
πληρωσεισ με ευφροσυνησ	inpleuis me iucunditate
μετα του προσωπου σου	cum facie tua

G[67] : [25] Denn David sagt *in den Psalmen* seinetwegen : ‚Ich sah im voraus den Herrn vor mir allezeit, denn er ist zu meiner Rechten, damit ich nicht wanke.[26] Deswegen hat mein Herz sich gefreut, und meine Zunge hat gejubelt ; aber auch noch mein Fleisch wird in Hoffnung wohnen. [27] Denn du wirst meine Seele nicht verlassen in der Unterwelt, auch wirst du nicht deinen Heiligen das Verderben sehen lassen. [28] Du hast mir kundgetan die Wege des Lebens, du wirst mich erfüllen mit Wonne *von deinem* Angesicht ; *in deiner Rechten ist die Freude ganz und gar.*

g : [25] Dauid enim dicit in illum : Providebam dominum ante me semper, quia a dextris meis est, ut non commouear ; [26] propterea letatum est cor meum et exultauit lingua mea, insuper et caro mea requiescet in spe ; [27] Quoniam non derelinques animam meam in inferno, neque dabis sanctum tuum uidere corruptionem. [28] Ostendisti michi uias uitae replebis me leticia cum uultu tuo domine.

29 Ἄνδρες ἀδελφοί,
ἐξὸν εἰπεῖν μετὰ παρρησίας
πρὸς ὑμᾶς
περὶ τοῦ πατριάρχου Δαυίδ,
ὅτι καὶ ἐτελεύτησεν
καὶ ἐτάφη καὶ τὸ μνῆμα αὐτοῦ
ἔστιν ἐν ἡμῖν
ἄχρι τῆς ἡμέρας ταύτης·
30 προφήτης οὖν ὑπάρχων,
καὶ εἰδὼς
ὅτι ὅρκῳ ὤμοσεν αὐτῷ ὁ θεὸς
ἐκ καρποῦ τῆς ὀσφύος αὐτοῦ

καθίσαι ἐπὶ τὸν θρόνον αὐτοῦ,
31 προϊδὼν ἐλάλησεν περὶ τῆς
ἀναστάσεως τοῦ Χριστοῦ
ὅτι οὔτε ἐγκατελείφθη εἰς ᾅδην
οὔτε ἡ σὰρξ αὐτοῦ
εἶδεν διαφθοράν.

29 Ἄνδρες ἀδελφοί,
ἐξὸν εἰπεῖν μετὰ παρρησίας
πρὸς ὑμᾶς
περὶ τοῦ πατριάρχου Δαυίδ,
ὅτι καὶ ἐτελεύτησεν
καὶ ἐτάφη καὶ τὸ *μνημεῖον* [1] αὐτοῦ
ἔστιν *παρ'* [2] ἡμῖν
ἄχρι τῆς ἡμέρας ταύτης·
30 προφήτης οὖν ὑπάρχων,
καὶ *εἰδὼς* [1]
ὅτι ὅρκῳ ὤμοσεν αὐτῷ ὁ θεὸς
ἐκ καρποῦ τῆς *ὀσφύος* [2] αὐτοῦ [ ] [3]
ἀναστῆσαι τὸν χριστὸν καὶ [4]
καθίσαι ἐπὶ τὸν θρόνον αὐτοῦ,
31 *προϊδὼν ἐλάλησεν περὶ τῆς* [1]
ἀναστάσεως τοῦ Χριστοῦ
ὅτι οὔτε ἐγκατελείφθη εἰς *ᾅδου* [2]
οὔτε ἡ σὰρξ αὐτοῦ
εἶδεν διαφθοράν.

---

29 – 1. Dd – g (G[67] ?) / 2. Dd – e g p r t Vg Ir[L]

30 – 1. De préférence au ειδων de D / 2. t e Vg - voir *infra* / 3. Ajoutent κατα σαρκα : D avant αναστησαι ; G[67] après χριστον / 4. Dd G[67] – Ee pc (*Koinè*) Geo

31 – 1. voir *infra* / 2. D – E C(vid) A *Koinè* (Versions ?)

v. 30 : Le καρδιας de D est probablement une erreur pour κοιλάς (ventris) - g p Ir[L] - qui suit la LXX (Ps 132, 11) et Lc 1, 42 ; 2 Sam 7, 12, et qui est soutenu par *Boism*[1b] pp. 14-15 puis laissé par *Boism*[2] p. 71 au profit de ὀσφύος - t e Vg.

v. 31 : Le scribe de Dd a omis toute la phrase προϊδὼν ἐλάλησεν περὶ τῆς qui devait probablement constituer toute une ligne de son archétype (cf. *Boism*[1b] p. 12). Concernant l'Hadès, le TA a harmonisé sur la Septante de Ps 16(15),10.

29 ανδρεσ αδελφοι	**29** uiri fratres
εξον ειπειν μετα παρρησιασ	licet mihi dicere cum fiducia
προσ ϋμασ	ad uos
περι του πατριαρχου δαυειδ	de patriarcha Dauid
οτι και ετελευτησεν	quia defunctus est
και εταφη και το ♦μνημιον αυτου	et sepultus est et monumentum eius
εστιν παρ ημιν	est aput nos
αχρι τησ ημερασ ταυτησ	usque in hunc diem
30 προφητησ ουν ϋπαρχων	**30** cum esset autem propheta
και ειδων	et sciret
οτι ορκω ♦ωμασεν αυτω ο θ̄σ̄	quia iureiurando iurault ei d̄s̄
εκ καρπου τησ καρδιασ αυτου	de fructum de praecordia eius
κατα σαρκα αναστησαι τον χ̄ρ̄ν̄ και	secundum carne suscitare x̄p̄m̄
καθισαι επι τον θρονον αυτου	collocare super thronum eius
31	**31**
αναστασεωσ του χ̄ρ̄ῡ	- resurrectione x̄p̄i̅
οτει ουτε ενκαταλειφθη εισ αδου	quia neque derelictus est aput inferos
ουτε η σαρξ αυτου	neque caro eius
ειδειν διαφθοραν	uidit corruptionem

G[67] : [29] Ihr Männer und Brüder ! Es ist nötig, daß wir zu euch reden in Offenheit über den Patriarchen David, daß er gestorben ist und begraben wurde ; sein Grab befindet sich unter uns bis heute. [30] Weil er nun ein Prophet war und wußte, daß Gott ihm mit einem Eide geschworen hatte, daß er aus der Frucht seiner Lende *den Christus nach dem Fleisch würde erstehen lassen, damit er sich* auf seinen Thron setzt, [31] hat er seinerseits vorausgesehen und *vorausgesagt* hinsichtlich der Auferstehung des Christus, *weil er ihn* nicht zurückgelassen *hat* in der Unterwelt und auch sein Fleisch nicht das Verderben gesehen hat.

g : [29] Viri fratres, liceat dicere constanter ad uos de patriarcha dauid, qui defunctus est et sepultus est et monumentum eius est apud nos usque in hodiernum diem. [30] Quia ergo propheta erat et sciebat quia iureiurando iurauit illi deus de fructu uentris eius sedere supra thronum eius, [31] prouidens locutus est de resurrectione christi quia neque derelictus est in inferno, nec caro eius uidit corruptionem.

32 τοῦτον τὸν Ἰησοῦν
ἀνέστησεν ὁ θεός,
οὗ πάντες ἡμεῖς ἐσμεν μάρτυρες.
33 τῇ δεξιᾷ οὖν τοῦ θεοῦ ὑψωθεὶς
τήν τε ἐπαγγελίαν
τοῦ πνεύματος τοῦ ἁγίου λαβὼν
παρὰ τοῦ πατρὸς
ἐξέχεεν τοῦτο
ὃ ὑμεῖς καὶ βλέπετε καὶ ἀκούετε.
34 οὐ γὰρ Δαυὶδ ἀνέβη
εἰς τοὺς οὐρανούς,
λέγει δὲ αὐτός,
εἶπεν κύριος[1] τῷ κυρίῳ μου,
κάθου ἐκ δεξιῶν μου
35 ἕως ἂν θῶ τοὺς ἐχθρούς σου
ὑποπόδιον τῶν ποδῶν σου.

32 τοῦτον *οὖν*[1] *τὸν*[2] Ἰησοῦν
ἀνέστησεν ὁ θεός,
οὗ πάντες ἡμεῖς μάρτυρες *ἐσμεν*[3].
33 τῇ δεξιᾷ [ ][1] τοῦ θεοῦ ὑψωθεὶς
[ ][2] *τήν τε*[2] ἐπαγγελίαν
τοῦ [ ][3] πνεύματος [ ][3] λαβὼν
παρὰ τοῦ πατρὸς
ἐξέχεεν [ ][4]*τοῦτο τὸ δῶρον*[5]
ὃ *ὑμεῖς*[6] [ ][7] βλέπετε καὶ ἀκούετε.
34 οὐ γὰρ Δαυὶδ ἀνέβη
εἰς τοὺς οὐρανούς,
λέγει[1] *γὰρ*[2] αὐτός,
λέγει[3] κύριος τῷ κυρίῳ μου,
κάθου ἐκ δεξιῶν μου
35 ἕως *ἂν*[1] θῶ τοὺς ἐχθρούς σου
ὑποπόδιον τῶν ποδῶν σου.

1. B ℵ D ; ο κυριος : p[74] ℵ[c] A B[2] C E Ψ Koinè *NA 28*

---

32 – 1. D G[67] – Ee *pc* g p r Amb MVict / 2. *om.* τον : D (hpl., cf. *Boism*[1b]) / 3. Dd c p t g Vg Amb MVict SodC.10 ; εσμεν μαρτυρεσ : Ir[L] e ; *om.* εσμεν, cf. Ac 10,39

33 – 1. G[67] – Épiph(2/2) Ir[L] Sah.4 Eth Geo / 2. *om.* καὶ g p r y Amb Ir[L] (G[67]) Sah.4.16.460 Eth.1-3 Arm ; τε omis par *Boism*[1a] et repris par *Boism*[2] / 3. (G[67]) – Épiph CyrAl Eth.1-3.20 Geo / 4. voir *infra* / 5. Tert G[67] – Ee c p r t y Vg(mss) dem prv tpl Amb Ir Cass SyrPH Sah / 6. G[67] p t Vg Ir[L] / 7. G[67] – (tous sauf B Dd *pc* p)

34 – 1. p t Vg – voir *infra* / 2. Dd G[67] – p r ndl.2 SyrP / 3. D – r Vg(AI)

35 – 1. voir *infra*

v. 33 : Au lieu de τοῦ πνεύματος ἁγίου, G[67] suppose τοῦ θεοῦ. Pour l'ensemble du verset, D s'est aligné sur le TA ; on ne retiendra donc pas son addition du pronom υμειν (= υμιν).

v. 34 : Dd g y ont ειρηκεν au lieu de λέγει pour éviter deux λέγει de suite. Le TA s'est aligné sur la Septante de Ps 110(109),1

v. 35 : ἂν fait partie de la citation de Ps 110(109),1 et il est en outre exigé par la grammaire grecque. En D εωσ θω est grammaticalement incorrect.

32 τουτον ουν ι̅η̅ν̅　　　　　　**32** hunc ergo i̅h̅n̅
ανεστησεν ο θ̅σ̅　　　　　　　　resuscitauit d̅s̅
ου παντεσ ημεισ μαρτυρεσ εσμεν　cuius nos omnes testes sumus
33 τη δεξια ουν του θ̅υ̅ ὑψωθεισ　**33** dextera ergo d̅i̅ exaltatus
και την επαγγελιαν　　　　　　et pollicitationem
του αγιου π̅ν̅σ̅ λαβων　　　　　s̅p̅s̅ Sancti accepta
παρα του πατροσ　　　　　　　a patre
εξεχεεν υμειν　　　　　　　　effudit uobis
ο και βλεπετε και ακουετε　　　quod et uidistis et audistis
34 ου γαρ δαυειδ ανεβη　　　**34** non enim Dauid ascendit
εισ τουσ ουρανουσ　　　　　　in caelos
ειρηκεν γαρ αυτοσ　　　　　　dixit enim ipse
λεγει κ̅σ̅ τω κ̅ω̅ μου　　　　　dixit d̅n̅s̅ d̅n̅o̅ meo
καθου εκ δεξιων μου　　　　　sede ad dexteram meam
35 εωσ θω του εχθρουσ σου　**35** donec ponam inimicos tuos
ὑποποδιον των ποδων σου　　　scamillum pedum tuorum

G⁶⁷ : ³² Dies *nun* ist Jesus, den Gott hat auferstehen lassen, *für den* wir alle Zeugen sind. ³³ Dieser, den er erhöht hat zu *seiner* Rechten, hat die Verheißung *Gottes* empfangen durch den Vater und hat *diese Gnadengabe* ausgegossen, *die*, die ihr selbst seht und die ihr hört. ³⁴ Denn nicht David ist es, der sich hinauf in den Himmel begeben hat. *Denn* er sagt selbst : Der Herr sprach zu meinem Herrn : Setze dich zu meiner Rechten, ³⁵ bis ich deine Feinde als Fußbank *unter* deine Füße lege.'

g : ³² Hunc ergo ihesum suscitauit deus, cuius nos omnes testes sumus. ³³ Dextera ergo dei exaltatus promissione accepta spiritus sancti a patre effudit hoc quod uidetis et auditis. ³⁴ Non enim dauid ascendit in caelos, dixit autem ipse : dixit dominus domino meo. Sede a dextris meis, ³⁵ donec ponam inimicos tuos scabellum pedum tuorum.

36 ἀσφαλῶς οὖν γινωσκέτω
πᾶς οἶκος Ἰσραὴλ
ὅτι καὶ κύριον αὐτὸν καὶ Χριστὸν
ἐποίησεν ὁ θεός,
τοῦτον τὸν Ἰησοῦν
ὃν ὑμεῖς ἐσταυρώσατε.
37
ἀκούσαντες δὲ κατενύγησαν
τὴν καρδίαν,
εἶπόν τε πρὸς τὸν Πέτρον
καὶ τοὺς λοιποὺς ἀποστόλους,
τί ποιήσωμεν,
ἄνδρες ἀδελφοί;

38 Πέτρος δὲ πρὸς αὐτούς,
μετανοήσατε, καὶ βαπτισθήτω
ἕκαστος ὑμῶν ἐν τῷ ὀνόματι
Ἰησοῦ Χριστοῦ
εἰς ἄφεσιν τῶν ἁμαρτιῶν ὑμῶν,
καὶ λήμψεσθε τὴν δωρεὰν
τοῦ ἁγίου πνεύματος·

36 ἀσφαλῶς οὖν γινωσκέτω
πᾶς ὁ[1] οἶκος Ἰσραὴλ
ὅτι καὶ κύριον [ ][2] καὶ Χριστὸν
ἐποίησεν ὁ θεός[3],
τοῦτον τὸν[4] Ἰησοῦν
ὃν ὑμεῖς ἐσταυρώσατε.
37 τότε πάντες οἱ συνελθόντες καί[1]
ἀκούσαντες [ ][1] κατενύγησαν
τῇ καρδίᾳ[2] καὶ τινες ἐξ αὐτῶν[3]
εἶπαν [ ][3] πρὸς τὸν Πέτρον
καὶ τοὺς [ ][4] ἀποστόλους,
τί οὖν[5] ποιήσομεν[6]
ἄνδρες ἀδελφοί ;
ὑποδείξατε ἡμῖν[7] :
38 Πέτρος δὲ πρὸς αὐτούς, φησίν[1]
μετανοήσατε, καὶ βαπτισθήτω
ἕκαστος ὑμῶν ἐν[2] τῷ ὀνόματι
[ ][3] Ἰησοῦ [ ][3]
εἰς ἄφεσιν τῶν ἁμαρτιῶν ὑμῶν[4],
καὶ λήμψεσθε[5] τὴν δωρεὰν
τοῦ ἁγίου πνεύματος·

---

36 – 1. D G[67] – C SodC.10 Sah (versions ?) / 2. Dd Var(1/2) G[67] – p t[3] ndl / 3. g SyrP SyrH Tert / 4. *om.* τον : D (hpl., cf. *Boism*[1b])

37 – 1. Dd SyrH[mg] / 2. D – E *Koinè* (versions ?) / 3. Dd G[67] Ephr[k] / 4. Dd Aug[b] Aug[c] (*Serm.* 71,20 ; PL38) QvD – 241 g r Boh(FS) / 5. Dd Aug[c] G[67] – g Ir[L] Sah.4.443.452 / 6. D SodC(mss) SodB(mss) (Versions ?) / 7. Dd Aug[bc] QvD SyrH[mg] G[67] – Ee g p r t Vg(mss) ndl.2 prv
QdV : Quid faciemus, viri fratres, monstrate nobis (*Prom.* I,30,42)
Ephr : Quidam vero ex eis, postquam viderunt verba prophetarum... exterriti sunt at incipiebant dicere illi : Quid autem faciemus ut vivamus ?

38 – 1. Dd G[67] – p r Vg(D) Ir (cf. ≈ א C A p[74] *al*) / 2. D - voir *infra* / 3. Ir[L] PhilM et Boh(FS) – voir *infra* / 4. G[67] / 5. D : λημψεσθαι est grammaticalement incorrect.
Varia : τοῦ κυρίου : Dd Cyp Aug[b] (≈G[67]) – Ee *pc* b c p r Vg(A) ndl.1 GrElv lcf Var SyrPH Sah Geo

v. 37 : Pour la structure de l'ensemble, voir 4,13 TO.

v. 38 : Pour le titre court, voir l'intoduction §.III.1.1.1. La formule εἰς ἄφεσιν ἁμαρτιῶν est classique dans le NT ; c'est donc aussi une leçon facilitante (ignorée de G[67]). – Il faut garder devant τω ονοματι la préposition ἐν attestée par Dd au lieu de ἐπὶ attestée par G[67]. Augustin cite ce verset en omettant assez souvent la dernière phrase.

36 ασφαλωσ ουν γεινωσκετω	**36** pro certo ergo sciat
πασ ο οικοσ ϊσραηλ	omnis domus Istrahel
οτι και κ̅υ̅ και χ̅ρ̅ν̅	quia et d̅n̅m̅ et x̅p̅m̅
ο θ̅σ̅ εποιησεν	d̅s̅ fecit
τουτον ι̅η̅ν̅	hunc i̅h̅m̅
ον ϋμεισ εσταυρωσατε	quem uos crucifixistis
37 Τοτε παντεσ οι συνελθοντεσ και	**37** Tunc omnes qui conuenerant
ακουσαντεσ κατενυγησαν	exaudientes stimulati sunt
τη καρδια και τινεσ εξ αυτων	corde et quidam ex ipsis
ειπαν προσ τον πετρον	dixeruntad Petrum
και τουσ αποστολουσ	et ad apostolos
τι ουν ποιησομεν	quid ergo faciemus
ανδρεσ αδελφοι	uiri fratres
ϋποδειξατε ημειν	ostendite nobis
38 πετροσ δε προσ αυτουσ φησιν	**38** Petrus autrus autem ad eos ait
μετανοησατε και βαπτισθητω	paenitentiam agite et baptizetur
εκαστοσ ϋμων εν τω ονοματι	unus quisque uestrim in nomine
του κ̅υ̅ ι̅η̅ν̅ χ̅ρ̅υ̅	d̅n̅i̅ i̅h̅u̅ x̅p̅i̅
εισ αφεσιν αμαρτιων	in remissione peccatorum
και ◆λημψεσθαι την δωρεαν	et accipite gratiam
του αγιου π̅ν̅σ̅	sanctum s̅p̅m̅

G[67] : 36 Mit Sicherheit nun soll das ganze Haus Israels erkennen, daß Gott ihn zum Herrn und Christus gemacht hat — dieser ist Jesus, den ihr eurerseits gekreuzigt habt." 37 Als aber *viele diese (Worte)* gehört hatten, wurden sie von Herzen betrübt. *Einige aber von ihnen* sprachen zu Petrus und dem Rest der Apostel : „Was *also* ist es, das wir tun sollen, ihr Männer und Brüder ? *Belehrt uns !*" 38 Petrus aber sprach zu ihnen : „Tut Buße ! Jeder von euch soll getauft werden auf den Namen Jesu Christi *unseres Herrn* zur Vergebung eurer Sünden. Und ihr werdet die Gabe des Heiligen Geistes empfangen.

g : 36 Certissime itaque sciat omnis domus israhel, quoniam et dominum illum et christum fecit deus hunc ihesum quem uos crucifixistis. 37 Cum audissent autem compuncti sunt cordes dixeruntque ad petrum et ad apostolos : quid ergo faciemus ? Viri fratres, ostendite nobis. 38 Petrus uero ait ad illos : Paenitentiam agite et baptizetur unusquisque uestrum in nomine ihesu christi in remissionem peccatorum, et accipietis donum spiritus sancti.

39 ὑμῖν γάρ ἐστιν ἡ ἐπαγγελία
καὶ τοῖς τέκνοις ὑμῶν
καὶ πᾶσιν τοῖς εἰς μακρὰν
ὅσους ἂν προσκαλέσηται
κύριος ὁ θεὸς ἡμῶν.
40 ἑτέροις τε λόγοις πλείοσιν
διεμαρτύρατο,
καὶ παρεκάλει αὐτοὺς λέγων,
σώθητε ἀπὸ τῆς γενεᾶς
τῆς σκολιᾶς ταύτης.
41 οἱ μὲν οὖν ἀποδεξάμενοι
τὸν λόγον αὐτοῦ
ἐβαπτίσθησαν,
καὶ προσετέθησαν
ἐν τῇ ἡμέρᾳ ἐκείνῃ ψυχαὶ
ὡσεὶ τρισχίλιαι.
42 ἦσαν δὲ προσκαρτεροῦντες
τῇ διδαχῇ τῶν ἀποστόλων

καὶ τῇ κοινωνίᾳ,
τῇ κλάσει τοῦ ἄρτου
καὶ ταῖς προσευχαῖς.

39 *ἡμῖν* [1] γάρ ἐστιν ἡ ἐπαγγελία
καὶ τοῖς τέκνοις *ἡμῶν* [1]
καὶ πᾶσιν τοῖς εἰς μακρὰν
ὅσους ἂν *προσκαλέσηται* [2]
κύριος ὁ θεὸς ἡμῶν.
40 ἑτέροις *δὲ* [1] λόγοις πλείοσιν
διεμαρτύρατο,
καὶ παρεκάλει [ ][2] λέγων,
σώθητε ἀπὸ τῆς γενεᾶς
<u>*ταύτης τῆς σκολιᾶς*</u> [3].
41 οἱ *δὲ* [1] *ἀσμένως* [2] ἀποδεξάμενοι [3]
τὸν λόγον [3] [ ][4] *ἐπίστευσαν καὶ* [5]
ἐβαπτίσθησαν,
καὶ προσετέθησαν [ ][6]
<u>*ἐκείνῃ τῇ ἡμέρᾳ*</u> [7] ψυχαὶ
[ ][8] τρισχίλιαι
42 *καὶ* [1] ἦσαν προσκαρτεροῦντες
τῇ διδαχῇ τῶν ἀποστόλων
[ ][2]
καὶ τῇ κοινωνίᾳ,
τῇ κλάσει τοῦ ἄρτου
καὶ *τῇ προσευχῇ* [3]

---

39 – 1. Dd Aug[b] Aug[c] (*De Fide et Operibus* I[VIII] 13) G[67] *Varia* : *om*. ἐστίν : g Chr.1° / 2. D : προσκαλεσητε est grammaticalement incorrect.
Aug[c] : nobis enim haec est promissio et filiis nostris... (*Fid*. 8,13)

40 – 1. D G[67] – 489 Vg(DST) Sah Boh / 2. Aug[c] – Ee *Koinè* Eth.2 / 3. Dd Aug[c] G[67] – 2Chr[t] SodC.1-3 1838 g p r t Vg Lcf
Aug[c] : et ceteris verbis pluribus testificabatur dicens : eripite vos a saeculo hoc pravo (cf. v. 39a)

41 – 1. Aug[c] / 2. Aug[c] G[67] – Ee *Koinè* SyrP Geo / 3. voir *infra* / 4. Aug[c] G[67] – Chr.2[a] Boh Arm(mss) / 5. Aug[c] G[67] SyrH[mg] – p r Vg(D) – voir *infra* / 6. Aug[c] – Ee *Koinè* p Vg(G) (*contra* G[67]) / 7. Dd Aug[bc] – g p r t Vg (*contra* G[67]) / 8. Aug[c] G[67]

42 – 1. Dd – ndl.2 prv.1 Arm (*contra* : G[67]) / 2. *Varia* : *add*. εν Ιερουσαλημ : *post* αποστο-λων : Dd ; *post* προσευχῇ : t y Vg(T) (cf. v. 43) / 3. G[67] – Chr.1 prv.1 SyrP Boh(mss) Geo Eth *Varia* : *add*. : ἐν Ἰερουσαλήμ : *post* : ἀποστόλων : Dd ; *post* : προσευχῇ : t y Vg(T) (cf. v. 43)

v. 40 : **Aug[c]** cite certainement d'après le vieux texte africain, qu'il va donner intégralement au verset suivant. On peut se demander alors s'il ne faudrait pas omettre du TO le verbe παρεκάλει, qu'il ignore.

v. 41 : Le scribe de D, voulant faire un compromis entre TA et TO, a remplacé ἀποδεξάμενοι par πιστευσαντες ; mais dans les Actes, ce verbe n'est jamais suivi d'un accusatif.

39 ημειν γαρ εστιν η επαγγελια	**39** nobis enim est haec repromissio
και τοισ τεκνοισ ημων	et filiis nostris
και ✦πασι ✦τοι εισ μακραν	et omnibus qui in longinquo
οσουσ αν προσκαλεσητε	quos aduocauerit
κσ̄ ο θσ̄ ημων	dn̄s d̄s noster
40 ετεροισ δε λογοισ πλειοσιν	**40** aliis quoque sermonibus pluribus
διεμαρτυρατο	contestabatur
και παρεκαλει αυτουσ λεγων	et exortabatur eos dicens
σωθητε απο τησ γενεασ	salui estote ex progenie
ταυτησ της σκολιασ	hanc praua
41 οι μεν ουν πιστευσαντεσ	**41** hi ergo
τον λογον αυτου	credentes sermoni eius
εβαπτισθησαν	baptistati sunt
και προσετεθησαν εν	et adiectae sunt in
εκεινη τη ημερα ψυχαι	illo die animae
ωσει τρισχειλειαι	quasi tria milia
42 και ησαν προσκαρτερουντεσ	**42** et erant perseuerantes
τη διδαχη των αποστολων	in doctrina apostolorum
εν ϊερουσαλημ	in Hierusalem
και τη κοινωνια	et in communicatione
τη ✦κλασι του αρτου	fractionis panis
και ταισ προσευχαισ	et orationibus

G[67] : 39 Denn die Verheißung besteht für *uns* und *unsere* Kinder nebst einem jeden, der in der Ferne ist, denen, die der Herr, unser Gott, berufen wird." 40 Noch in vielen anderen Worten legte er Zeugnis ab, und er ermahnte sie, indem er sagte : „Laßt euch retten aus diesem verdrehten Geschlecht !" 41 Sie nun also nahmen *das* Wort *mit Freuden* an ; es *kamen zum Glauben* und wurden getauft an jenem Tage dreitausend Seelen. 42 Sie verharrten aber bei der Lehre der Apostel, der Gemeinschaft, dem Brotbrechen und *dem* Gebet.

g : 39 Vobis enim hec promissio et filiis uestris et omnibus, qui longe sunt, quoscumque aduocauerit dominus deus noster. 40 Aliis etiam uerbis pluribus contestabatur et exhortabatur petrus eos dicens : eripite uos de generatione ista praua. 41 Illi itaque, recepto hoc uerbo eius, baptizati sunt, et adiectae sunt in illa die animae fere tria milia. 42 Erant autem adherentes doctrinae apostolorum et communicationi, panis fractioni et orationibus.

43 Ἐγίνετο
δὲ πάσῃ ψυχῇ φόβος,
πολλά τε τέρατα καὶ σημεῖα
διὰ τῶν ἀποστόλων ἐγίνετο.

44 πάντες δὲ οἱ πιστεύσαντες[m]
ἐπὶ τὸ αὐτὸ[n] εἶχον
ἅπαντα κοινά,
45 καὶ τὰ κτήματα
καὶ τὰς ὑπάρξεις
ἐπίπρασκον καὶ διεμέριζον
αὐτὰ
πᾶσιν καθότι ἄν τις
χρείαν εἶχεν·

43 Ἐγίνετο
[ ][1]
[ ][1] σημεῖα καὶ τέρατα [2]
διὰ τῶν ἀποστόλων
ἐν Ἰερουσαλήμ,
ἐγίνετο δὲ φόβος μέγας
ἐπὶ πᾶσαν ψυχήν[1].

44 πάντες δὲ[1] οἱ πιστεύοντες [2]
ἦσαν [3] ἐπὶ τὸ αὐτὸ καὶ[4] εἶχον
πάντα[5] κοινά,
45 καὶ ὅσοι[1] κτήματα εἶχον[1]
ἢ[1] [ ][1] ὑπάρξεις
ἐπίπρασκον καὶ διεμέριζον
τὰς τίμας αὐτῶν[2]
[ ][3]
τοῖς χρείαν ἔχουσιν[4].

m. B ℵ 383 257 2401 522 36 453 104 88 913 255 431 1311 1838 2818 co ; πιστευοντες :
p[74vid] A C D E Ψ 33 81 323[s] 614 945 1175 1241 1505 1739 Koinè SyrH *NA 28*
n. B (2495) g m p r ; ησαν επι το αυτο : p[74vid] A C D E Ψ H Koinè Syr H *NA 28*

---

43 – TO = G[67] 1. voir *infra* / 2. G[67] – t[2] prv SyrP Sah Boh Eth

44 – 1. d g – voir *infra* / 2. D p[74vid] A C E Ψ Koinè SyrH / 3. D p[74] A C E Ψ Koinè SyrH
(versions ?) / 4. Dd G[67] / 5. D

45 – 1. Dd G[67] – SyrP (cf. SodC.3.4.8) / 2. G[67] / 3. G[67] / 4. (D) G[67] (+)

v. 43 : D suit ici le TA ; on ne retiendra donc pas son omission du deuxième δε. Dans le TO, le
redoublement du verbe ἐγίνετο est anormal ; il est probable que la dernière phrase fut ajoutée,
soit par l'archétype X, soit par G[67].

v. 44 : Le changement de δε en τε est contraire à la tendance du TO ; les latins ont d'ailleurs le
TA pour ce verset.

v. 45 : D a adopté le TA pour la seconde partie du verset. On notera toutefois l'article τοισ, qui
ne donne aucun sens. ROPES avait conjecturé le reste de la leçon τοῖς χρείαν ἔχουσιν, ce qui
est confirmé par G[67] qui a une leçon double. Il est probable alors que c'est l'archétype X qui
avait fusionné les deux finales de façon cohérente, comme en G[67]. Par distraction, le scribe de
D aurait omis χρείαν ἔχουσιν καθότι, probablement par saut du même au même : τοῖς
[χρείαν ἔχουσιν καθότι] ἄν. Le καθ ημεραν de D provient du verset suivant. Le TA a
harmonisé la finale du verset sur 4,35.

43 εγεινετο
δε παση ψυχη φοβοσ
πολλα τερατα και σημεια
δια των αποστολων

εγεινετο

44 παντεσ τε οι πιστευοντες
ησαν επι το αυτο και ειχον
παντα κοινα
45 και οσοι κτηματα ειχον
η ϋπαρξεισ
επιπρασκον και διεμεριζον
αυτα
καθημεραν ◆πασι
◆τοισ ◆αν τισ χρειαν ειχεν

43 nascebatur
quoque omni animae timor
multa etiam portenta et signa
per apostolos

fiebant

44 omnes etiam credentes
erant in unum et habebant
omnia communia
45 et qui possessiones habebant
et facultates
distrahebant et dispartiebantur
ea
cottidie omnibus
secundum quod qui opus erat

G[67] : [43] Es geschahen *Zeichen und Wunder* durch die Apostel *in Jerusalem* ; *und große Furcht* kam *über jede Seele.* [44] Alle, die zum Glauben gekommen waren, weilten beieinander ; und *ihre Besitztümer* waren *untereinander* gemeinsam. [45] *Alle, die* Grundstücke und Reichtümer *hatten,* verkauften sie, wobei sie *deren Erlös* unter *die* verteilten, *die Not litten,* nach dem Maße, wie ein jeder es brauchte.

g : [43] Et factus est omni animae timor ; multaque prodigia et signa per apostolos fiebant. [44] Omnes etiam, qui credebant, habebant munerum omnia communia [45] et possessiones et suppellectilem uendebant et diuidebant ea cottidie omnibus prout cuique opus erat.

46 καθ' ἡμέραν τε
προσκαρτεροῦντες
ὁμοθυμαδὸν ἐν τῷ ἱερῷ,

κλῶντές τε
κατ' οἶκον ἄρτον,
μετελάμβανον τροφῆς
ἐν ἀγαλλιάσει
καὶ ἀφελότητι καρδίας,
47 αἰνοῦντες τὸν θεὸν καὶ ἔχοντες
χάριν πρὸς ὅλον τὸν λαόν.
ὁ δὲ κύριος προσετίθει
τοὺς σῳζομένους
καθ' ἡμέραν ἐπὶ τὸ αὐτό.

46 *καθ' ἡμέραν*[1] *δὲ*[2]
προσεκαρτέρουν[3]
[ ][4] *ἐν τῷ ἱερῷ,*
καὶ ἦσαν ἐπὶ τὸ αὐτὸ[5]
κλῶντές [ ][6]
[ ][7] *ἄρτον*
μεταλαμβάνοντες[8] *τροφῆς*
ἐν ἀγαλλιάσει
καὶ ἀφελότητι καρδίας,
47 αἰνοῦντες τὸν θεὸν καὶ ἔχοντες
χάριν πρὸς ὅλον τὸν *λαόν*[1].
ὁ δὲ κύριος προσετίθει
τοὺς σῳζομένους
καθ' ἡμέραν [ ][2]
ἐν τῇ ἐκκλησίᾳ[3].

---

46 – 1. voir *infra* / 2. G[67] – SodC.4.18 Sah Boh / 3. D G[67] – e SyrP Sah / 4. D – 209 Vg(S) Boh(A) Eth.2-4 Geo (≈ après ἱερῷ : C SodC.6 SodB.6 *pc* b SyrP ; avant προσκαρτεροῦντες : r Chr.1°) / 5. (D) G[67] / 6. G[67] – 629 1838 *pc* Vg(S) Sah Boh / 7. D G[67] – Eth.1-4 (≈ D) / 8. d G[67] – Theoph II[L]

47 – 1. G[67] p t g / 2. 218 Vg(S) SyrP Eth Geo / 3. Dd (G[67]+) – SyrP Geo (cf. + : 181 1311 1838 *pc*) (≈ après ἐπὶ τὸ αὐτό : Dd)

v. 46 : Ici encore le texte de D est incohérent. Dans la formule κοτοικουσαν la particule αν est un reste du ησαν du TO et son κατ οικουσ fait double emploi avec le ἐπὶ τὸ αὐτὸ du TO ; il provient aussi du TA, mais avec une transposition inadmissible. Nous avons vu qu'il avait transposé le καθ' ἡμέραν au verset précédent ; il l'a remplacé ici par παντεσ pour harmoniser sur 1,14.

v. 47 : Dans le TO, l'expression ἐν τῇ ἐκκλησίᾳ doit remplacer ἐπὶ τὸ αὐτὸ exprimé au verset précédent. Dans G[67], *in der Gemeinde* traduit l'équivalent copte de εν τη εκκλησια.

46 παντεσ τε
προσεκαρτερουν
εν τω ϊερω
και ✦κατοικουσαν επι το αυτο
κλωντεσ τε
αρτο̄
μετελαμβανον τροφησ
εν αγαλλιασει
και αφελοτητι καρδιασ
47 αινουντεσ τον θν̄ και εχοντεσ
χαριν προσ ολον τον κοσμον
ο δε κσ̄ προσετιθει
τουσ σωζομενουσ
καθημεραν επι το αυτο
εν τη εκκλησια

46 omnes quoque
perseuerantes
in templo
et per domos id ipsum
capiebant
panes
accipientes cibum
in exultatione
et simplicitate cordis
47 laudem dicentes d̄o et habentes
gratiam aput totum mundū.
d̄ns autem autem adiciebat
eos qui salui fiebant
cotidie in umum
in ecclesia

G⁶⁷ : ⁴⁶ *Sie verharrten aber* täglich gemeinsam im Tempel, *und sie wohnten gemeinsam beieinander,* indem sie das Brot brachen *und* Nahrung *zu sich nahmen.* ⁴⁷ Sie lobten Gott *in Jubel und Einfalt,* indem sie Gunst bei dem ganzen Volk genossen. Der Herr aber fügte *ihnen* täglich *in der Gemeinde* gemeinsam die hinzu, die gerettet werden sollten.

g : ⁴⁶ Et cottidie instantes uno animo ac grangentes per domos panem percipiebant cibum cum gaudio et simplicitate cordis ⁴⁷ laudantes deum et habentes gratiam ad uniuersum populum. Dominus uero addebat qui salui fierent cottidie in id ipsum.

1
Πέτρος δὲ καὶ Ἰωάννης [a]
ἀνέβαινον εἰς τὸ ἱερὸν

ἐπὶ τὴν ὥραν τῆς προσευχῆς
τὴν ἐνάτην.
2 καί τις ἀνὴρ χωλὸς
ἐκ κοιλίας μητρὸς αὐτοῦ
ὑπάρχων ἐβαστάζετο,
ὃν ἐτίθουν καθ' ἡμέραν
πρὸς τὴν θύραν τοῦ ἱεροῦ
τὴν λεγομένην Ὡραίαν τοῦ αἰτεῖν
ἐλεημοσύνην παρὰ
τῶν εἰσπορευομένων
εἰς τὸ ἱερόν·
3 ὃς

ἰδὼν Πέτρον καὶ Ἰωάννην [a]
μέλλοντας εἰσιέναι εἰς τὸ ἱερὸν
ἠρώτα ἐλεημοσύνην
λαβεῖν.

1 Ἐν δὲ ταῖς ἡμέραις ταύταις [1]
Πέτρος καὶ Ἰωάννης
ἀνέβαινον εἰς τὸ ἱερὸν
τὸ δειλινὸν [2]
ἐπὶ τὴν ὥραν [ ]³ τῆς προσευχῆς.
[ ]³
2 καὶ ἰδού [1] τις ἀνὴρ χωλὸς
ἐκ κοιλίας μητρὸς αὐτοῦ
[ ]² ἐβαστάζετο
ὃν ἐτίθουν [ ]³
πρὸς τὴν θύραν τοῦ ἱεροῦ
τὴν λεγομένην Ὡραίαν τοῦ αἰτεῖν
ἐλεημοσύνην παρὰ [ ]⁴
τῶν εἰσπορευομένων [ ]⁴
εἰς τὸ ἱερόν ·
3 οὗτος [1]
ἀτενίσας τοῖς ὀφθαλμοῖς αὐτοῦ καὶ [2]
ἰδὼν Πέτρον καὶ Ἰωάννην
εἰσίοντας [3] εἰς τὸ ἱερόν
ἠρώτα αὐτούς [4] ἐλεημοσύνην
[ ]⁵.

a. *NA 28* ; B : Ιωανης / Ιωαννην

---

1 – 1. D G⁶⁷ – (p r) prv.2 / 2. D G⁶⁷ / 3. (D) Sah.481 (*contra* : G⁶⁷)

2 – 1. D G⁶⁷ – Chr.3 SyrP pᶜ t⁵ Vg(C) prv / 2. D G⁶⁷ – Chr.3 SyrP g p* r y Lcf Sah Arm / 3. – Chr.3 SyrP Sah.4.16.481 (pour G⁶⁷ voir *infra*) / 4. (h) d G⁶⁷ g p

3 - 1. Dd h G⁶⁷– g p r t⁵ Vg Lcf / 2. D h G⁶⁷/ 3. G⁶⁷ – Chr.2.3 g p r Lcf SyrP Eth Geo (pour D et h, voir *infra*) / 4. Dd h G⁶⁷ – p* / 5. Dd h – *Koinè* g p r Lcf Geo
Varia : om. εἰς τὸ ἱερὸν : Chr.3 Eth.3

v. 1 : Dans D, le mot ενατη (*sic*), sans article, fut ajouté par le scribe, et à une mauvaise place, sous l'influence du latin ; dans le TO, il fait double emploi avec l'expression τὸ δειλινὸν.

v. 2 : Vu les lacunes de h, le TO est difficile à reconstituer intégralement. D commence par suivre le TO, mais il adopte le TA à partir de ον εθιτουν. G⁶⁷ offre un texte évidemment surchargé : les mots ὃν ἐβαστάζετο καθ' ἡμέραν ἐτίθουν ἐκεῖ viennent trop tard et sont une insertion en provenance du TA (nous les avons mis entre crochets). Si l'on en fait abstraction, on constate qu'il soutient l'omission de καθ' ἡμέραν.

v. 3 : Le *incipientes introiret* de h est fautif. Le texte primitif n'avait-il pas *quod introiret*, qu'un scribe aurait corrigé en ajoutant le participe *incipientes* sous l'influence du TA ? Le texte de D semble aussi avoir été maladroitement corrigé par le scribe. L'archétype X devait avoir ici le TO puisqu'on le retrouve dans D et dans G⁶⁷. Mais tous deux l'ont légèrement modifié d'après le TA : D a adopté la leçon facilitante μελλοντες εισιεναι et G⁶⁷ a ajouté en finale le verbe λαβεῖν (ce qui donne une leçon double).

1 Εν δε ταισ ημεραισ ταυταισ	1 In diebus autem ipsis
πετροσ και ϊωανησ	Petrus et Iohanes
ανεβαινον εισ το ϊερον	ascendebant in templū
το δειλεινον	ad uesperum
επι την ωραν ◆ενατη	ad horam nonam
τη προσευχησ	orationis
2 και ιδου τισ ανηρ χωλοσ	2 et ecce quidam uir clodus
εκ κοιλιασ μητροσ αυτου	ex utero matris suae
εβασταζετο	baiolabatur
ον ετιθουν καθημεραν	quem ponebant cottidie
προσ την θυραν του ϊερου	ad ianuam templi
την λεγομενην ωραιαν του αιτειν	eam quae dicitur pulchra ut peteret
ελεημοσυνην παρ ◆αυτων	elemosynam ab his
εισπορευομενων ◆αυτων	qui ingrediebantur
εισ το ϊερον	in templum
3 ουτοσ	3 hic
ατενισασ τοισ οφθαλμοισ αυτου και	respiciens oculis suis et
ιδων πετρον και ◆ϊωανην	uidit Petrum, et Iohannen.
μελλοντασ ◆ειναι εισ το ϊερον	incipientes introire in templum
ηρωτα αυτουσ ελεημοσυνην	rogabat eos elemosynam

G[67] : [1] *In ebendiesen Tagen aber* gingen Petrus und Johannes hinauf zum Tempel *in der Abendstunde, um* das Gebet *zu verrichten* in der neunten Tagesstunde. [2] Und *siehe,* ein Mann, *den seine Mutter lahm geboren hatte, saß* an dem Tor des Tempels, (an) demjenigen, das ,das Schöne' genannt wird. *Seine Leute* brachten ihn täglich und setzten ihn *dort* hin, damit er Almosen erbitte von denen, die in den Tempel hineingingen. [3] *Dieser richtete seine Augen nach oben* und sah, wie Petrus und Johannes in den Tempel hinein*gingen*". Da bat er *sie, daß sie ihm* Almosen *geben möchten.*

h : [2] qui introibant templum. [3] hic contemplatus o[culis su]is, cum vidisset Petrum et Johannem incipien[tes in]troiret in templum, rogabat illos elemosynam.

g : [1] Petrus autem et iohannes ascendebant in templum ad horam orationis nonam. [2] Et quidam uir claudus, qui ex utero matris suae portabatur, quem cottidie ponebant ad ianuam templi, quae dicitur speciosa, ut peteret elemosinam ab introeuntibus in templum. [3] Hic cum uidisset petrum et iohannem introeuntes in templum rogabat elemosinam.

4 ἀτενίσας δὲ Πέτρος εἰς αὐτὸν

σὺν τῷ Ἰωάννῃ [a]
εἶπεν,
βλέψον εἰς ἡμᾶς.
5 ὁ δὲ ἐπεῖχεν αὐτοῖς
προσδοκῶν
τι παρ᾽ αὐτῶν λαβεῖν.
6 εἶπεν δὲ Πέτρος,
ἀργύριον καὶ χρυσίον
οὐχ ὑπάρχει μοι,
ὃ δὲ ἔχω τοῦτό σοι δίδωμι·
ἐν τῷ ὀνόματι Ἰησοῦ Χριστοῦ
τοῦ Ναζωραίου περιπάτει [b].

4 *ἐμβλέψας* [1] δὲ ὁ Πέτρος εἰς αὐτὸν
ἔστη [2]
[ ] [3]
καὶ εἶπεν,
ἀτένισον [4] εἰς ἐμέ [5]
5 ὁ δὲ *ἠτένισεν* [1] *αὐτῷ* [2]
προσδοκῶν
τι *λαβεῖν* [3] παρ᾽ *αὐτοῦ* [4].
6 εἶπεν δὲ *ὁ* [1] Πέτρος *πρὸς αὐτὸν* [2],
ἀργύριον καὶ χρυσίον
οὐχ ὑπάρχει μοι,
ὃ δὲ ἔχω τοῦτό σοι δίδωμι·
ἐν τῷ ὀνόματι Ἰησοῦ [ ] [3]
τοῦ Ναζωραίου περιπάτει.

a. *NA 28* ; B : Ιωανη / b. B ; εγειρε και π. : A C E Ψ 095[vid] *Koinè* lat Syr G[67] Boh *NA 28*

---

4 – 1. D – (G[67] ?) / 2. G[67] (cf. D *infra*) / 3. voir *infra)* / 4. D h(+) – (G[67] ?) / 5. h G[67]

5 – 1. (D) h – BarS[c] (pour D voir *infra*) / 2. h(vid) / 3. Dd h – Ee 1838 Chr.1[b] g p r Vg Lcf Sah Geo / 4. h – C ndl.3

6 - 1. D – SodB.2 (versions ?) / 2. h Cyp SyrH[mg] – p r Vg(D) prv.2 / 3. – Vg(O) ndl.1 Amb Prisc Solut EusEm BarS Sah.4 Boh(FSG) Eth.4.10 – voir *infra*

v. 4 : Le *intuitus* initial de h, comme le *intendens* de p et g, correspond au ἀτενίσας du TA (cf. 3,12 ; 6,15 ; 7,55 ; 14,9). Par ailleurs, sa finale contient une leçon double : *adspice* correspond à βλέψον et *contemplare* à ἀτένισον (cf. h en 3,3.5 ; Aug[a] en 1,10). C'est donc toute la phrase *intuitus autem... adspice* que h reprend du TA et qu'il complète en ajoutant à la fin *et contemplare me*, d'après le TO.
Le σὺν Ἰωάνην de D est un solécisme. Il est dû au scribe qui écrira de même σὺν αυτων en 4,14. Ce scribe a donc complété ici un TO qui ne comportait pas σὺν τῷ Ἰωάννῃ (rappelons que h s'est aligné ici sur le TA). Cette variante justifie le εἰς ἐμέ final attesté par h et G[67] comme aussi le TO du verset suivant qui ignore la présence de Jean.
Le καὶ de D devant ειπεν suppose la présence antérieure d'un verbe à l'indicatif, que l'on trouve justement dans G[67] : vraisemblablement le verbe ἔστη (cf. 1,11 et surtout 2,14) qui signifierait ici "s'arrêta". Le scribe de D omet ce verbe parce qu'il ne se lisait pas dans le TA, mais il garde fautivement le καὶ qui suivait.
Pour la distinction entre ἀτενίζειν et βλέπειν le témoignage de G[67] est impossible à préciser car le (même) verbe qu'il utilise au début et à la fin du verset traduit ailleurs l'un ou l'autre verbe. Il *peut* donc donner le TO primitif (avec le verbe ἔστη), mais nous n'en avons aucune certitude.

v. 5 : D offre un texte impossible : sa phrase contient deux participes qui ne dépendent d'aucun verbe à l'indicatif. La même anomalie se constate dans le texte de G[67].

v. 6 : L'addition de *christi*, chez les africains et D, était trop spontanée pour que l'on puisse songer ici à une harmonisation sur le TA. Pour le titre court, voir l'introduction §.III.1.1.2.

4 Εμβλεψασ δε ο πετροσ εισ αυτον | **4** intuitus autem Petrus in eum.

συν ♦ϊωανην | cum Iohannen
♦και ειπεν | et dixit
ατενεισον εις ημασ | aspice ad nos
5 ο δε ♦ατενεισασ αυτοισ | **5** ad ille adtendebat eos
προσδοκων | expectans
τι λαβειν παρ αυτων | aliquid accipere ab eis
6 Ειπεν δε ο πετροσ | **6** dixit autem Petrus
αργυριον και χρυσιον | argentum et aurum
ουχ ϋπαρχει μοι | non est mihi
ο δε εχω τουτο σοι διδωμι | quod habeo hoc tibi do
εν τω ονοματι ιηυ χρυ | in nomine ihu xpi
του ναζοραιου περιπατει | Nazorei ambula

G[67] : **4** Petrus aber blickte auf ihn, *trat herzu* mit Johannes und sprach *zu ihm : „Sieh mich an !"* **5** Er aber *blickte hin,* weil er dachte, daß er etwas bekommen würde. **6** Petrus aber sprach zu ihm : „Silber oder Gold besitze ich nicht. Was ich habe, das werde ich dir geben : Im Namen Jesu Christi, *unseres Herrn,* des Nazoräers ! Erhebe dich und wandele !"

h : **4** [intui]tus autem eum Petrus cum Joanne, adspic[e, inquit], et contemplare me. **5** ille autem contemplatus e[st eos,] sperans aliquid accipere ab eo. **6** dixit autem [Petrus] ad eum : argentum quidem et aurum non est [mihi : quod] autem habeo, hoc do tibi : in nomine Ihu Xpi Na[zareni] surge et ambula.

g : **4** Intendens autem in illum petrus cum iohanne dixit : Aspice in nos ! **5** At ille respexit in eos sperans se aliquid accepturum ab eis. **6** Ait autem illi petrus : Argentum et aurum non habeo, sed quod habeo hoc do tibi. In nomine ihesu christi nazareni surge et ambula !

7 καὶ πιάσας αὐτὸν
τῆς δεξιᾶς χειρὸς
ἤγειρεν αὐτόν·
παραχρῆμα δὲ
ἐστερεώθησαν
αἱ βάσεις αὐτοῦ καὶ τὰ σφυδρά,
8 καὶ ἐξαλλόμενος ἔστη
καὶ περιεπάτει,

καὶ εἰσῆλθεν σὺν αὐτοῖς
εἰς τὸ ἱερὸν
περιπατῶν καὶ ἁλλόμενος καὶ
αἰνῶν τὸν θεόν.
9 καὶ εἶδεν πᾶς ὁ λαὸς
αὐτὸν περιπατοῦντα
καὶ αἰνοῦντα τὸν θεόν,
10 ἐπεγίνωσκον δὲ αὐτὸν
ὅτι οὗτός^c ἦν ὁ πρὸς
τὴν ἐλεημοσύνην καθήμενος
ἐπὶ τῇ Ὡραίᾳ Πύλῃ τοῦ ἱεροῦ,
καὶ ἐπλήσθησαν θάμβους
καὶ ἐκστάσεως
ἐπὶ τῷ συμβεβηκότι αὐτῷ.

7 καὶ πιάσας [ ]¹
τὴν χειρὰ δεξιὰν αὐτοῦ¹
ἤγειρεν αὐτόν²·
καὶ³ παραχρῆμα ἐστάθη καὶ⁴
ἐστερεώθησαν
αὐτοῦ⁵ αἱ βάσεις καὶ τὰ σφυδρά⁵.
8 [ ]¹
καὶ περιεπάτει
χαίρων² καὶ ἁλλόμενος³
καὶ εἰσῆλθεν σὺν αὐτοῖς
εἰς τὸ ἱερὸν
[ ]⁴
αἰνῶν τὸν θεόν.
9 καὶ εἶδειν πᾶς ὁ λαὸς
αὐτὸν περιπατοῦντα
καὶ αἰνοῦντα τὸν θεόν·
10 ἐπεγίνωσκον δὲ¹ αὐτὸν
ὅτι αὐτός² ἦν ὁ πρὸς
τὴν ἐλεημοσύνην καθήμενος³
ἐπὶ τὴν Ὡραίαν Πύλην⁴ τοῦ ἱεροῦ
καὶ ἐπλήσθησαν πάντες⁵ θάμβους
καὶ ἐξίσταντο⁶
διὰ τὸ συμβεβηκέναι⁷ αὐτῷ ἴασιν⁸.

---

c. B Ψ E D *Koinè* ; αυτοσ ; p⁷⁴ ℵ A C 38 81 *pc* lat Lcf *NA 28*

---

7 - 1. Cyp G⁶⁷ – p r Vg Lcf Sah Eth(1.3.10) / 2. h p g G⁶⁷ / 3. Dd h – e Vg Ir^L Chr.1 / 4. Dd h Cyp G⁶⁷ – Eth / 5. D – E *Koinè* (versions ?)
p : Et adprehendens dexteram manum eius elevavit eum. Et confestim confirmati sunt gressus eius et plante.

8 - 1. h G⁶⁷ – Ir^L Eth / 2. (D)d h – Ee / 3. h G⁶⁷ – (Eth ?) / 4. Dd h G⁶⁷ – Eth

10 - 1. h Vg (g) (p) (Lcf) / 2. h – p ℵ A C p⁷⁴ *pc* g r Vg Lcf Eth / 3. voir *infra* / 4. h – p ℵ SodC.4 g r Vg Lcf / 5. h – p Vg(SL) SyrH / 6. h G⁶⁷ – p* Sah / 7. h – p* / 8. h – p*

v. 7 : D commence par suivre le TA, puis il passe au TO ; c'était probablement le texte de l'archétype X ; mais G⁶⁷ suit le TO.

v. 10 : *ammiratione* = θαμβος (cf. e en Lc 4,36 ; q en Lc 5,9) ; *stupebant* = εξισταντο comme ailleurs chez les latins, il y a donc même substrat grec pour h et G⁶⁷ ; *de eo quod* = δια το + infinitif (h en 4,2 ; 6,10) ; *accidere* = σθμβαινειν (cf. les autres latins en 20,19 ; Lc 24,14) ; pour traduire γινεσθαι (cf. D), on aurait eu plutôt *facta est* (cf. Aug^a en 2,12, dans le TO). D n'a ici aucun écho du TO (cf. h) ; on ne peut donc pas tenir compte des variantes qu'il a en propre.

7 και πιασασ αυτον
τησ δεξιασ χειροσ
ηγειρεν
και παραχρημα εσταθη και
♦εσταιρεωθησαν
αυτου αι βασεισ και τα ♦σφυρα
8 και εξαλλομενοσ εστη
και περιεπατει
χαιρομενοσ
και εισηλθεν συν αυτοισ
εισ το ϊερον

αινων τον θ̄ν̄
9 και ειδεν πασ ο λαοσ
αυτον περιπατουντα
και αινουντα τον θ̄ν̄
10 επεγεινωσκον ♦ται αυτον
οτι ουτοσ ην ο προσ
την ελεημοσυνην καθεζομενοσ
επι τη ωρεα πυλη του ϊερου
και επλησθησαν θαμβουσ
και εκτασεωσ
επι τω γεγενημενω αυτω

7 et adpraehensum eum
dextera manu
suscitabit
et confestim stetit et
firmatae sunt
eius uases et crura
8 et cum exsiluisset stetit
et ambulabat
gaudens
et introibit cum eis
in templum

laudem dans d̄ō
9 Et uidit onmis populus
eum ambulantem
et laudantem D̄m
10 cognoscebantque eum
quia hic erat qui ad
elemosynam sedebat
in porta illa pulchra templi
et repleti sunt terroris
et stupefactionis
in eo quod contegerat ei

G[67] : 7 Dabei ergriff er seine rechte Hand und richtete ihn auf. Sogleich *konnte er stehen, und* es festigten sich seine Füße und seine Fersen. 8 *Er freute sich aber, wobei er herumsprang.* Er begab sich mit ihnen in den Tempel *hinein, indem er Gott pries.* 9 Als nun das ganze Volk sah, wie er herumging und Gott pries — 10 sie erkannten ihn, daß dies jener war, der *an dem Zugangsweg* saß, wobei er Almosen erbettelte an der schönen Pforte des Tempels —, da wurden sie von Furcht erfüllt und *wunderten sich* über die Sache, die mit ihm geschehen war.

h : 7 et adpraehensa manu e[jus deste]ra, excitavit eum, et continue stetit, confirm[atique] sunt gressus ejus et laccania, 8 et ambulabat g[audens] et exultans. introivit autem cum eis in tem[plum lau]dans dm. 9 et vidit eum omnis populus ambulan[tem et] dm laudantem. 10 agnoscebant autem eum, qu[oniam] ipse fuit qui ad elemosynam sedebat ad horr[eam por]tam templi : et inpleti sunt omnes ammiration[e], et stupebant de eo quod illi accidit sanitas.

g : 7 Et apprehensa manu dextera eius erexit eum. Confestimque confirmati sunt pedes eius et plantae 8 et exiliens stetit et ambulabat et intrauit cum illis in templum, ambulans ac saliens laudansque deum. 9 Et uidit eum omnis populus ambulantem et laudantem deum, 10 et cognoscebant, quia ipse erat, qui ad elemosinam sedebat ad speciosam portam templi. Et repleti sunt stupore et ammiratione in eo, quod acciderat ei.

11 Κρατοῦντος δὲ αὐτοῦ
τὸν Πέτρον καὶ τὸν Ἰωάννην[d]

συνέδραμεν πᾶς ὁ λαὸς
πρὸς αὐτοὺς ἐπὶ τῇ στοᾷ
τῇ καλουμένῃ Σολομῶντος
ἔκθαμβοι.
12 ἰδὼν δὲ ὁ Πέτρος ἀπεκρίνατο
πρὸς τὸν λαόν,
ἄνδρες Ἰσραηλῖται[e],
τί θαυμάζετε ἐπὶ τούτῳ,
ἢ ἡμῖν τί ἀτενίζετε
ὡς ἰδίᾳ δυνάμει
ἢ εὐσεβείᾳ πεποιηκόσιν
τοῦ περιπατεῖν αὐτόν;

11 ἐκπορευομένου δὲ
τοῦ Πέτρου καὶ Ἰωάννου
συνεξεπορεύετο κρατῶν αὐτούς[1]
οἱ δὲ θαμβηθέντες ἔστησαν[2]
[ ][3]
[ ][3] ἐν[4] τῇ στοᾷ
[ ][5] Σολομῶνος[6]
[ ][7]
12 ἀποκριθεὶς[1] δὲ ὁ Πέτρος
εἶπεν[2] πρὸς αὐτούς[3]
ἄνδρες Ἰσραηλῖται,
τί θαυμάζετε ἐπὶ τούτῳ
ἢ ἡμῖν τί ἀτενίζετε
ὡς ἡμῶν τῇ[4] ἰδίᾳ δυνάμει
[ ][5] τοῦτο[6] πεποιηκότων[4]
[ ][6].

d. *NA* 28 : B : Ιωανην / e. *NA 28* ; B : Ισραηλειται

---

11 - 1. Dd h G[67] / 2. Dd G[67] / 3. Dd / 4. Dd 1838 (versions ?) / 5. – 1838 Eth (pour D voir *infra*) / 6. D – E SodC.4.10.11.13.15.16 SodB.4 *pc* (versions ?) / 7.

12 - 1. Dd / 2. Dd h(+)G[67] (+) – g p* t[4] y Vg(CT) Sah Eth Geo / 3. Dd G[67] (+) – 0236 g SyrP Sah Eth(+) / 4. Dd / 5. Chr.1[b] Chr.1[c] Vg(I) Ir[L] Eth.3.20 (ἐξουσία : h b y Vg(W) SyrP Eth.4-12) / 6. Dd(+)G[67] – 0236 Sah (leçon + : g p r)

v. 11 : D suit ici le TO. Le εκθαμβοι final fait double emploi avec θαμβηθεντες et provient du TA. On peut donc penser que le scribe a ajouté aussi en provenance du TA le η de καλουμενη, ayant omis par erreur le τ de l'article. Le ms. h donne la première moitié du verset selon le TO, mais la seconde selon le TA. G[67] fusionne le TO et le TA de façon logique ; il doit dépendre de l'archétype X. Avec la séquence θαμβηντεντεσ/εκθαμβοι, D a évidemment une leçon double (TO + TA). Son η καλουμενη n'offre aucun sens ; l'archétype de D omettait ce participe que le scribe a ajouté sous l'influence du latin (d : *qui vocatur*), d'où le nominatif aberrant (*A textual commentary on the Greek New Testament*, Bruce M. METZGER, Stuttgart, 1971, p. 309 prend occasion de cette "atrocius grammar", indigne du style de Luc, pour rejeter le TO tel qu'il se présente au v.11. Mais il ne se demande pas si le solécisme présent dans D remonte bien au TO). Dans la deuxième partie du verset, G[67] fusionne TA et TO (se rassembla vers eux/se tinrent).

v. 12 : Au début du verset, G[67] suit le TA dans lequel il insère un εἶπεν πρὸς αὐτούς repris du TO. Dans le milieu du texte, il ajoute une troisième interrogation qui répond au grec τί ἡμῖν προσέχετε. A l'exception de g p* Chr et CyrAl, les témoins qui soutiennent cette phrase suivent le TA pour la suite du verset. C'est donc une variante du TA que G[67] a insérée dans le TO. La variante 5 est certaine, attestée par des témoins grecs, latins et éthiopiens (les excellents mss 3 et 20).

11 Εκπορευομενου δε	**11** Exeunte autem
του πετρου και ✦ϊωανου	Petrum et Iohannen
συνεξεπορευετο κρατων αυτουσ	cum eis ibat tenens eos
οι δε θαμβηθεντεσ εστησαν	stupentes autem stabant
εν τη στοα	in porticum
✦η καλουμενη σολομωνοσ	qui uocatur solomonis
εκθαμβοι	stupebant
12 αποκριθεισ δε ο πετροσ	**12** respondens autem Petrus
ειπεν προσ αυτουσ	dixit ad eos
ανδρεσ ϊσραηλιται	uiri Istrahelitae
τι ✦θαυμαζεται επι τουτω	quid admiramini super hoc
η ημειν τι ατενιζετε	aut nos quid intuemini
ωσ ημων τη ϊδια ✦δυναμι	quasi nos nostra propria uirtute
η ευσεβια τουτο πεποιηκοτων	aut pietate hoc fecerimus
✦τουτο περιπατειν αυτο̄	ut ambulet hic

G⁶⁷ : ¹¹ *Als aber Petrus und Johannes im Herausgehen waren, ging auch er mit ihnen heraus, wobei er sie festhielt. Da* versammelte sich das ganze Volk bei ihnen, *sie traten hin, indem sie aufgeregt waren,* in die Halle, die ‚die des Salomo' genannt wird. ¹² Als aber Petrus (es) sah, antwortete er *und sprach zu* dem Volk : „Männer von Israel ! Weswegen wundert ihr euch über diese *Sache,* oder weswegen blickt ihr uns an, *oder weswegen richtet ihr eure Gedanken auf uns,* als ob *wir* durch unsere Kraft oder *durch unsere* Frömmigkeit *dies vollbracht hätten ?*

h : ¹¹ [exeun]tibus autem Petro et Joanne simul et ipse pro[dibat] tenens eos, et concurrit omnis populus ad eos [in porti]cu quae vocatur Solomonis, stupentes. ¹² cum v[ideret] autem Petrus, respondit ad populum et dixit : v[iri Istra]elitae, quid ammiramini super hoc, aut nos qu[id intu]emini, quasi nos nostra virtute aut potestate [fecerimu]s ut amvularet istae ?

g : ¹¹ Cum tenerent autem petrum et iohannem, concurrit omnis populus ad illos in porticu, quae dicitur salomonis stupentes. ¹² Videns autem petrus dixit ad illos : Viri israelitae quid miramini in hoc, uel quid in nos intenditis, tamquam propria uirtute et pietate hoc fecerimus ut hic ambulet.

13 ὁ θεὸς Ἀβραὰμ καὶ Ἰσαὰκ ᶠ
καὶ Ἰακώβ ᶠ,
ὁ θεὸς τῶν πατέρων ἡμῶν,
ἐδόξασεν τὸν παῖδα αὐτοῦ
Ἰησοῦν,
ὃν ὑμεῖς μὲν παρεδώκατε
καὶ ἠρνήσασθε
κατὰ πρόσωπον Πιλάτου,
κρίναντος ἐκείνου
ἀπολύειν·
14 ὑμεῖς δὲ τὸν ἅγιον καὶ δίκαιον
ἠρνήσασθε, καὶ ᾐτήσασθε
ἄνδρα φονέα
χαρισθῆναι ὑμῖν,
15 τὸν δὲ ἀρχηγὸν τῆς ζωῆς
ἀπεκτείνατε,
ὃν ὁ θεὸς ἤγειρεν ἐκ νεκρῶν,
οὗ ἡμεῖς μάρτυρές ἐσμεν.

13 ὁ θεὸς Ἀβραὰμ καὶ [ ]¹ Ἰσαὰκ
καὶ [ ]¹ Ἰακώβ,
ὁ θεὸς τῶν πατέρων ἡμῶν,
ἐδόξασεν τὸν παῖδα αὐτοῦ
Ἰησοῦν *χριστὸν* ²
ὃν *ὑμεῖς* ³ [*μὲν*]⁴ παρεδώκατε
εἰς κρίσιν ⁵ καὶ *ἀπηρνήσασθε* ⁶
[ ]⁷ κατὰ πρόσωπον Πιλάτου
θέλοντος ⁸
ἀπολύειν *αὐτόν* ⁸
14 ὑμεῖς δὲ τὸν ἅγιον καὶ δίκαιον
ἐβαρύνατε ¹ καὶ ᾐτήσασθε
ἄνδρα φονέα *ζῆν καὶ* ²
χαρισθῆναι ὑμῖν,
15 τὸν δὲ ἀρχηγὸν τῆς ζωῆς
ἀπεκτείνατε *κρεμάσαντες* ¹
ὃν ὁ θεὸς ἤγειρεν ἐκ νεκρῶν,
οὗ *ἡμεῖς* ² ἐσμεν μάρτυρες ³.

f. B E Ψ *Koinè* g h Syr Sah ; ο θεος Ισαακ και ο θεος Ιακωβ : p⁷⁴ ℵ C 104 1175 2818 lat Sah G⁶⁷ Boh Irᴸ *NA 28*

13 - 1. G⁶⁷ Irᴸ Boh Sah / 2. Dd h(vid) G⁶⁷ – Eth.5-13 / 3. D : ημεις est grammaticalement incorrect / 4. *om.* μὲν : D SodC.4.5 *pc* Chr.3 Theoph Iᴸ Oecumᴸ / 5. Dd h G⁶⁷ SyrHᵐᵍ – e p* Irᴸ / 6. D – (versions ?) / 7. h g p Irᴸ / 8. Dd h G⁶⁷ Ephrᵏ – Irᴸ Eth

14 - 1. Dd Augᶜ(+)G⁶⁷ – Irᴸ / 2. h Augᶜ – Ee

15 - 1. h (cf. 5,30 ; 10,39) / 2. voir *infra* / 3. h – 1522 Chr.1(1/2) Theoph IIᴸ Geo

v. 13 : D a comme finale πειλατου του κρειναντος εκεινου απολυειν αυτον θελοντος ; c'est une leçon double avec addition de l'article pour faire de κρειναντος une apposition de του πειλατου ; le θελοντος du TO a été rejeté en finale (opposer h Ephrᵏ G⁶⁷ Eth ; mais Irᴸ). Le pronom εκεινου, ignoré de Irᴸ Ephrᵏ et G⁶⁷, a été ajouté dans Dd h Eth sous l'influence du TA.

v. 15 : υμεις (D) est impossible avec εσμεν.

13 Ο θ͞σ αβρααμ και θ͞σ ✦ϊσακ	**13** d͞s Abraham et d͞s Isac
και θ͞σ ϊακωβ	et d͞s Iacob
ο θ͞σ των πατερων ημων	ds patrum nostrorum
εδοξασεν τον παιδα αυτου	clarificauit puerum suum
ι͞η͞ν χ͞ρ͞ν	ih͞m xp͞m.
ον ημεισ παρεδωκατε	quem tradidistis
εισ κρισιν και ✦απηρνησασθαι	in iudicio et negastis eum
αυτον κατα προσωπον πειλατου	ante faciem Pilati
του κρειναντοσ εκεινου	cum iudicasset ille
απολυειν αυτον ✦θελοντοσ	dismittere eum uoluit
14 ϋμεισ δε τον αγιον και δικαιον	**14** uos autem ipsum sanctum et iustum
εβαρυνατε και ✦ητ͞ησατε	grabastis et postulastis
ανδρα ✦φονεια	uirum homicida
χαρισθηναι ϋμειν	donari uobis
15 τον δε αρχηγον τησ ζωησ	**15** principem uero uitae
απεκτεινατε	interfecistis
ον ο θ͞σ ηγειρεν εκ νεκρων	quem d͞s suscitauit a mortuis
ου ϋμεισ μαρτυρεσ εσμεν	quibus nos testes sumus

G[67] : [13] Der Gott Abrahams, der Gott Isaaks, der Gott Jakobs, der Gott unserer Väter hat seinen Sohn, *den Herrn* Jesus *Christus* verherrlicht, diesen, den ihr eurerseits *ans Gericht* ausgeliefert und verleugnet habt vor Pilatus, *als er ihn freilassen wollte.* [14] Ja, den Heiligen und Gerechten *habt ihr belastet* und habt *vielmehr* gefordert, euch einen Mörder freizulassen. [15] Den Fürsten des Lebens aber habt ihr getötet, diesen, den Gott hat auferstehen lassen von den Toten ; für diesen sind wir unsererseits Zeugen.

h : [13] ds Abraham et Isac et Ja[cob, ds] patrum nostrorum clarificabit filium suum ihm [xpm, qu]em vos quidem tradidisti ad judicium, et negastis [ante] faciem Pilati, illo volente eum dimittere. [14] vos aute [sanct]um et justum negastis, et vos petestis homicidam [homi]nem vivere et donari vobis : [15] principem autem vi[tae s]uspendentes occidistis, quem ds excitavit a mor[tuis, cuj]us nos sumus testes.

g : [13] Deus abraham et ysaac et iacob, deus patrum nostrorum glorificauit puerum suum ihesum, quem uos quidem tradidistis et abnegastis ante faciem pilati cum iudicasset eum dimittendum, uos uero sanctum et iustum negastis et postulatis uirum homicidam donari uobis ; [15] auctorem autem uitae interfecistis, quem deus suscitauit a mortuis cuius nos testes sumus.

16 καὶ τῇ πίστει^g τοῦ ὀνόματος
αὐτοῦ τοῦτον ὃν θεωρεῖτε
καὶ οἴδατε ἐστερέωσεν
τὸ ὄνομα αὐτοῦ, καὶ ἡ πίστις
ἡ δι' αὐτοῦ ἔδωκεν αὐτῷ
τὴν ὁλοκληρίαν ταύτην
ἀπέναντι πάντων ὑμῶν.
17 καὶ νῦν, ἀδελφοί,
οἶδα ὅτι

κατὰ ἄγνοιαν ἐπράξατε,

ὥσπερ καὶ οἱ ἄρχοντες ὑμῶν
18 ὁ δὲ θεὸς ἃ προκατήγγειλεν
διὰ στόματος
πάντων τῶν προφητῶν
παθεῖν τὸν Χριστὸν αὐτοῦ
ἐπλήρωσεν οὕτως.
19 μετανοήσατε οὖν
καὶ ἐπιστρέψατε
πρὸς^h τὸ ἐξαλειφθῆναιⁱ
ὑμῶν τὰς ἁμαρτίας,

16 καὶ ἐπὶ ¹ τῇ πίστει τοῦ ὀνόματος
αὐτοῦ τοῦτον ὃν ² θεωρεῖτε
καὶ οἴδατε [ ]³ ἐστερέωσεν
τὸ ὄνομα αὐτοῦ, καὶ ἡ πίστις
[ ]⁴ ἔδωκεν αὐτῷ
τὴν ὁλοκληρίαν ταύτην
ἀπέναντι πάντων ὑμῶν,
17 καὶ νῦν, ἄνδρες ¹ ἀδελφοί,
ἐπιστάμεθα ² ὅτι
ὑμεῖς μὲν ³
κατὰ ἄγνοιαν ἐπράξατε
πονηρὸν ⁴
ὥσπὲρ καὶ οἱ ἄρχοντες ὑμῶν
18 ὁ δὲ θεός, ὃ¹ προκατήγγειλεν
διὰ στόματος
πάντων τῶν προφητῶν
παθεῖν τὸν Χριστὸν αὐτοῦ,
καὶ ² ἐπλήρωσεν [ ]³.
19 μετανοήσατε οὖν
καὶ ἐπιστρέψατε
εἰς τὸ ἐξαλειφθῆναι
τὰς ἁμαρτίας ὑμῶν ¹,

g. B ℵ* 0236^{vid} 81 1175 *pc* ; επι τη πιστει : ℵ^c A C D E Ψ *Koinè* lat Ir^L
h. B ℵ ; εισ : p⁷⁴ A C D E Ψ *Koinè*
i. *NA 28* ; B : εξαλιφθηναι

16 - 1. De h G⁶⁷ – (tous sauf ℵ B 0236(vid) 81 1175) / 2. d h G⁶⁷ g p Ir^L (D omet le relatif ον par haplographie) / 3. *Varia* : add. ὅτι *post* οἴδατε : D Eth.1-4.10.20/ 4. h

17 - 1. Dd h G⁶⁷ – Ee 1311 *pc* p t⁴ prv.1 / 2. Dd h G⁶⁷ Ephr^k – Geo Arm(mss) / 3. Dd (h) / 4. Dd h SyrH^{mg} – Ir^L

18 - 1. D h Ephr^k – SyrP Geo / 2. h / 3. h *Var*(mss) – Ir^L (≈ *ante* ἐπλήρωσεν : a(629) g pVar(mss)

19 - 1. Dd h Tert – b g m p s t^{3.4.5} Ir^L

16 και επι τη πιστει του ονοματοσ	**16** et in fide nominis eius
αυτου τουτον θεωρειτε	hunc quem uidistis
και οιδατε οτι εστερεωσεν	et scitis consoldauit
το ονομα αυτου και η πιστισ	nomen eius et fides
η δι αυτου εδωκεν αυτω	que per ipsum est dedit ei
την ολοκληριαν ταυτην	integritatem hanc
απεναντι παντων ϋμων	coram omnibus uobis
17 και νυν ανδρεσ αδελφοι	**17** Et nunc uiri fratres
επισταμεθα οτι	scimus quia
ϋμεισ μεν	uos quidem
κατα αγνοιαν επραξατε	per ignorantiam egistis
πονηρο̄	iniquitatem
ωσπερ και οι αρχοντεσ ϋμων	sicut et principes
18 ο δε θ̄σ̄ ο προκατηγγειλεν	**18** d̄s̄ autem quae praenuntiauit
δια στοματοσ	per os
παντων των προφητων	omnium prophetarum
παθειν τον χ̄ρ̄ν̄ αυτου	pati x̄p̄m̄ suum
επληρωσεν ουτωσ	inpleuit sic
19 μετανοησατε ουν	**19** paenitentiam ergo agite et
και επιστρεψατε	conuertimini ad hoc
εισ το εξαλειφθηναι	ut deleantur
τασ αμαρτιασ ϋμων	peccata uestra

G[67] : [16] Und durch den Glauben an seinen Namen hat er (sc. sein Name) diesen (Mann), den ihr seht und den ihr kennt, zu Kräften kommen lassen ; *denn* der Glaube *dieses (Mannes)* durch *Jesus,* er hat ihm die Gesundheit gegeben in eurer aller Gegenwart. [17] Jetzt also, *ihr Männer und Brüder, wissen wir (wohl),* daß ihr, ebenso wie auch eure Vorsteher, in Unwissenheit *dieses Böse* getan habt. [18] Was aber Gott von Anfang an gesagt hat durch den Mund aller *seiner* Propheten, daß sein Christus Leiden erdulden werde, das hat er sich erfüllen lassen in dieser Weise. [19] Tut also Buße und kehrt um, auf daß eure Sünden ausgetilgt werden,

h : [16] et supra fidelitate nominis [ejus h]unc quem videtis et nostis confirmavit nomen [ejus, et] fides dedit ei integritatem istam in cons[pectu o]mnium vestrum. [17] et nunc, viri fratres, scimus quo[niam no]n quidem per scientiam fecistis nequam, sicut [et princ]ipes vestri. [18] verum ds, quod adnuntiabit o[nium pr]ofetarum passurum xpm suum, et inplebit. [19] [penitea]t itaquae vos et convertimini ad perdelenda [peccata] vesta,

g : [16] Et in fide nominis eius hunc, quem uidetis et nostis, confirmauit nomen eius, et quae per ipsum est fides dedit illi integritatem hanc coram omnibus uobis. [17] Et nunc, fratres, scio, quia per ignorantiam gessistis hoc malum ita ut et principes uestri. [18] Deus autem, qui ante praenunciauerat per os omnium prophetarum pati christum ipsius ita impleuit. [19] Paenitentiam ergo agite et conuertimini ut deleantur peccata uestra,

20 ὅπως ἂν ἔλθωσιν
καιροὶ ἀναψύξεως ἀπὸ προσώπου
τοῦ κυρίου καὶ ἀποστείλη
τὸν προκεχειρισμένον ὑμῖν
Χριστόν, Ἰησοῦν,
21 ὃν δεῖ οὐρανὸν μὲν δέξασθαι
ἄχρι χρόνων ἀποκαταστάσεως
πάντων ὧν ἐλάλησεν ὁ θεὸς διὰ
στόματος τῶν ἁγίων
ἀπ’ αἰῶνος αὐτοῦ προφητῶν.
22 Μωϋσῆς μὲν εἶπεν

ὅτι Προφήτην ὑμῖν ἀναστήσει
κύριος ὁ θεὸς[j] ἐκ τῶν ἀδελφῶν
ὑμῶν ὡς ἐμέ· αὐτοῦ ἀκούσεσθε
κατὰ πάντα ὅσα
ἂν λαλήσῃ πρὸς ὑμᾶς.

20 ὅπως ἂν *ἐπέλθωσιν*[1] *ὑμῖν*[2]
καιροὶ ἀναψύξεως ἀπο προσώπου
τοῦ *θεοῦ*[3] καὶ ἀποστείλη
τὸν προκεχειρισμένον ὑμῖν
Χριστὸν [ ][4],
21 ὃν δεῖ *οὐρανούς*[1] [ ][2] δέξασθαι
ἄχρι χρόνων ἀποκαταστάσεως
πάντων ὧν ἐλάλησεν ὁ θεὸς
διὰ στόματος τῶν ἁγίων
[ ][3] [ ][4] προφητῶν.
22 Μωϋσῆς μὲν εἶπεν
πρὸς τοὺς πατέρας ἡμῶν[1]
[ ][2] Προφήτην ὑμῖν ἀναστήσει
κύριος ὁ θεὸς [ ][3] ἐκ τῶν ἀδελφῶν
ὑμῶν[4] ὡς *ἐμέ*[5] αὐτοῦ ἀκούσεσθε
κατὰ πάντα ὅσα
ἂν λαλήσῃ πρὸς ὑμᾶς.

j. B h p Tert Eus ; ημων : ℵ* C E Ψ 33 614 1241 2495 *pm* SyrH ; υμων : ℵ^c A D 36
81 323 945 1175 1739 *pm* lat Ir^L *NA 28*

20 - 1. D h Tert / 2. h Tert G⁶⁷ SyrH* Ephr^k – SyrP Boh Chr.2 / 3. Tert – Sah.449 / 4. Tert –
Sah.449
Tert : uti tempora uobis superueniant refrigerii ex persona dei et mittat praedesignatum uobis
christum (*Resurr.* 23,12)

21 - 1. h Tert – Eth / 2. h Tert – b Vg(M) Chr.1^o(2/2) / 3. Dd h Tert – g p t³ Ir^L SodC.12 *pc*
Geo / 4. Tert – 1898 a Vg(S) Eth.5-7.9-12

22 - 1. Dd h G⁶⁷ – SodC.3 g p t³ Vg(Th) ndl.2 prv Ir^L Sah Eth / 2. h – Vg(D) Eth / 3. h p Tert
/ 4. d (h) g p / 5. D : εμου est grammaticalement incorrect.

20 οπωσ αν επελθωσιν	**20** ut ueniant
καιροι αναψυξεωσ απο προσωπου	tempora refrigerii a facie
του κ̅υ̅ και αποστειλη	d̅m̅i et mittat
τον προκεχειρισμενον ϋμιν	praedestinatum uobis
χρ̅ν̅ ιη̅ν̅	i̅h̅m̅ x̅p̅m̅
21 ον δει ουρανον μεν δεξασθαι	**21** quem oportet caelum quidem
αχρι χρονον αποκαταστασεωσ	accipere usque ad tempora
παντων ων ελαλησεν ο θ̅σ̅ δια	restitutionis omnium quae locutus est
στοματος των αγιων	d̅s̅ per os sanctorum
αυτου των προφητων	suorum prophetarum
22 μωϋσησ μεν ειπεν	**22** Moyses quidem dixit
προσ τουσ πατερασ ημω̅	ad patres nostros
οτι προφητην ϋμειν αναστησει	quia prophetam uobis suscitauit
κ̅σ̅ ο θ̅σ̅ ϋμω̅ εκ των αδελφων	d̅n̅s̅ d̅s̅ uester de fratribus
ημων ωσ ◆εμου αυτου ◆ακουσεσθαι	Uestris tamquam me ipsum audietis
κατα παντα οσα	secundum omnia quaecumq.
αν λαληση προσ ϋμας	locutus fuerit

G[67] : [20] damit *für euch* kommen Zeiten von Erquickung vor dem Angesicht des Herrn und er euch den sende, den er zuvor erwählt hat, den Christus Jesus, [21] diesen, der im Himmel bleiben muß bis zu den Zeiten der Erfüllung aller Dinge, die Gott von Ewigkeit her angekündigt hat durch den Mund seiner heiligen Propheten. [22] Mose hat ja *zu unseren Vätern* gesagt : ,*Der Herr sprach zu mir : Alles, was er gesagt hat, hat er gut gesagt. Ich werde ihnen einen Propheten wie dich erstehen lassen. Ich werde mein Wort in seinen Mund geben. Er wird mit ihnen reden, wie ich es ihm auftragen werde.*

h : [20] ut tempora vobis refrigeris supraviniat [a facie d]ni, et mittat vobis praeparatum Ihm Xpm : [21] que [oporte]t caelos recipere usquae ad tempora dispositi[onis om]nium quae locutus est ds ore santorum pro[fetaru]m suorum.[22] Moyses quidem dixit ad patres [nostro]s : profetam vobis excitavit dns ds de fratrib[vestri]s tanquam me : eum vos audituri per omnia que[cumqu]e locutus fuerit ad vos.

g : [20] ut cum uenerint tempora refrigerii a facie domini et miserit eum qui destinatus est uobis ihesum christum, [21] quem oportet caelum quidem recipere usque ad restitutionem temporum omnium, quae locutus est deus per os sanctorum prophetarum suorum. [22] Moyses quidem dixit ad patres nostros quia prophetam uobis suscitabit dominus deus uester ex fratribus uestris sicut me, ipsum audietis per omnia quaecumque locutus erit ad uos.

23 ἔσται δὲ πᾶσα ψυχὴ ἥτις ἂν ^k
μὴ ἀκούσῃ τοῦ προφήτου ἐκείνου
ἐξολεθρευθήσεται ἐκ τοῦ λαοῦ.
24 καὶ πάντες δὲ οἱ προφῆται
ἀπὸ Σαμουὴλ καὶ τῶν καθεξῆς
ὅσοι ἐλάλησαν
καὶ κατήγγειλαν
τὰς ἡμέρας ταύτας.

23 [ ]¹ πᾶσα δὲ² ψυχὴ ἥτις ἂν
μὴ ἀκούσῃ τοῦ προφήτου ἐκείνου
ἐξολεθρευθήσεται ἐκ τοῦ λαοῦ.
24 καὶ πάντες [ ]¹ οἱ προφῆται
ἀπὸ Σαμουὴλ καὶ τῶν καθεξῆς
[ ]² ἐλάλησαν
καὶ κατήγγειλαν
τὰς ἡμέρας ταύτας.

k. B ; εαν : *NA 28*

---

23 - 1. h – prv.2* Eth / 2. h Vg (W)

24 - 1. Dd h – g p Vg Ir^L Boh (*contra* G⁶⁷) / 2. G⁶⁷ – p* Syr Sah Eth (pour D, voir *infra*)
Varia : *om.* καί : h 0165(vid) SodB.6 *pc* c g p^c Vg(DR) ndl prv
p*: et oms propheta a samuel et de in ceps locuti sunt et predicauerunt dies multos

v. 24 : Les latins confondent souvent *quotquot* et *quodquod*, comme ici h et d. L'archétype de
D devait omettre οσοι et le scribe aurait (mal) complété d'après le latin.

23 εσται δε πασα ψυχη ητισ αν	**23** erit autem omnis anima
μη ακουση του προφητου εκεινου	quaecumq. non audierit prophetam
εξολεθρευθησεται εκ του λαου	illum disperibit de populo
24 και παντεσ οι προφηται	**24** de populo et omnis prophetae
απο σαμουηλ και των καθεξησ	a Samuel et eorum qui ordine fuerunt
♦ο ♦ελαλησεν	quodquod locuti sunt
και ♦κατηνγειλαν	et adnuntiauerunt
τασ ημερασ ταυτασ	dies hos

G[67] : [23] *Und der Mensch, der nicht hören wird auf diese Worte, die der Prophet in meinem Namen sagen wird, dem werde ich selbst (es) vergelten.'* [24] Alle Propheten aber seit Samuel und die, die nach ihm kamen, *haben geredet, indem* sie diese Tage ankündigten.

h : [23] omnis autem anima quaecumquae non audierit profetam ilium, e[xtermi]navitur de populo [24] et omnes profetae a Samuel [et per] ordinem quodquod locuti sunt, adnuntiaver[unt is]tos dies.

g : [23] Erit autem, omnis anima quaecumque non audierit prophetam illum exterminabitur de plebe [24] Et omnes prophetae a samuel et deinceps, qui locuti sunt, pronunciauerunt hos dies.

25 ὑμεῖς ἐστε
οἱ υἱοὶ τῶν προφητῶν
καὶ τῆς διαθήκης ἧς
ὁ θεὸς διέθετο¹
πρὸς τοὺς πατέρας ὑμῶν,
λέγων πρὸς Ἀβραάμ,
καὶ ἐν τῷ σπέρματί σου
εὐλογηθήσονται ᵐ
πᾶσαι αἱ πατριαὶ τῆς γῆς.
26 ὑμῖν πρῶτον
ἀναστήσας ὁ θεὸς
τὸν παῖδα αὐτοῦ ἀπέστειλεν
αὐτὸν εὐλογοῦντα ὑμᾶς
ἐν τῷ ἀποστρέφειν ἕκαστον
ἀπὸ τῶν πονηριῶν ὑμῶν ⁿ.

25 ὑμεῖς ἐστε ¹
οἱ ² υἱοὶ τῶν προφητῶν
καὶ τῆς διαθήκης ἧς ³
ὁ θεὸς διέθετο
πρὸς τοὺς πατέρας ἡμῶν ⁴
λέγων πρὸς Ἀβραάμ,
καὶ ἐν τῷ σπέρματί σου
ενευλογηθήσονται ⁵
πᾶσαι αἱ πατριαὶ τῆς γῆς.
26 ὑμῖν πρῶτον
ὁ θεὸς ἀναστήσας ¹
τὸν παῖδα αὐτοῦ ἐξαπέστειλεν ²
[ ]³ εὐλογοῦντα ⁴ ὑμᾶς
ἐν τῷ ἀποστρέφειν ἕκαστον
ἀπὸ τῶν πονηριῶν αὐτῶν ⁵.

l. B D 0165 *pc* h p ; διεθετο ο θεος : p⁷⁴ ℵ A C E Ψ *Koinè* lat *NA 28*
m. B A*ᵛⁱᵈ Ψ 323 945 1739 Irᴸᵛⁱᵈ ; ενευλογηθησονται : p⁷⁴ ℵ Aᶜ D E 0165 33 81 614 1175 1241 1505 *Koinè NA 28*
n. ℵ A 0165 81 *NA 28* ; *om.* B Chr.1.2 (hpl. cf. *Boism* ¹ʳ p. 24)

25 - 1. voir *infra* /2. voir *infra* / 3. voir *infra* / 4. Dd h G⁶⁷ – ℵ C(vid) 0165 *Koinè* a b p t.3.5 Vg(mss) ndl Irᴸ SyrP Sah(mss) Boh Eth. / 5. ἐν εὐλογηθήσονται = LXX (D E ℵ Aᶜ p⁷⁴ 0165 *Koinè*
(πάντα τὰ ἔθνη : h SyrHᵐᵍ = LXX)

26 - 1. D d h – Ee A p⁷⁴ *Koinè* g p Vg Irᴸ Eth.1 (*om.* ὁ θεός : SodC.5 88 255 Chr.3 Chr.1ᵒ) / 2. D – (versions ?) / 3. Dd h – SodC.11.13.15 SodB.1 Chr.1.2 g p* ndl.2 Irᴸ / 4. voir *infra* / 5. d h G⁶⁷ – C 33 g p (Vg) ndl Irᴸ Sah

v. 25 : Dans D, εσται est grammaticalement incorrect ; nous pensons que l'omission de l'article devant υἱοί, contredite explicitement par G⁶⁷, est due à une distraction du scribe (haplographie). La règle grammaticale de l'attraction du relatif fait préférer ἧς au ην de D. Le ενευλογηθησονται de D reprend celui de la LXX (Gn 12,3 ; 18,18 ; 22,18 ; 26,4 ; 28,14) contrairement à πατρια qui ne reprend ni Gn 12,3 ; 28,14 (φυλαι) ni Gn 18,18 ; 22,18 ; 26,4 (εθνη). Conformément à la tendance de D de ne pas s'harmoniser sur la LXX (cf. *Boism* ² en Ac 15,16), πατρια (Dd) a donc toute sa légitimité dans le TO (contre *Boism* ¹ᵃ.²) dont il semblerait même que B, avec ευλογηθησονται, soit ici un meilleur représentant que D.

v. 26 : Dans D, ευλογουντας est incorrect, sans doute par dittographie avec υμας qui suit. L'omission de ὁ θεός, ici et au verset précédent, nous semble possible.

25 Ϋμεισ ✦εσται
ϋιοι των προφητων
και τησ διαθηκησ ✦ην
ο θͨσ διεθετο
προσ τουσ πατερασ ημων
λεγων προσ αβρααμ
και εν τω σπερματι σου
ενευλογηθησονται
πασαι αι πατριαι τησ γης
26 ϋμειν πρωτον
ο θͨσ αναστησασ
τον παιδα αυτου εξαπεστειλεν
✦ευλογουντασ ϋμασ
εν ✦τ απος τρεφειν εκαστοσ
εκ των πονηριων ϋμων

25 Uos estis
filii prophetarum.
et eius dispositionis quam
dͨs disputauit
ad patres nostros
dicens ad Abraham
et in semme tuo
benedicetur
omnis patriae terrae
26 uobis primum
dͨs suscitauit
puerum suum misit
benedicentem uos
in eo cum abertatur unusquisque
a nequitiis suis

G[67] : 25 Ihr seid die Söhne der Propheten und des Bundes, den Gott mit *unseren* Vätern geschlossen hat, indem er zu Abraham sagte : *‚es werden in dir gesegnet werden alle Volkstämme der Erde.'* 26 Gott hat seinen Sohn erstehen lassen im Anfang für euch und ihn gesandt, indem er euch segnet, wenn ein jeder *von euch* sich abwendet von *seinen* Bosheiten.

h : 25 vos estis fili profetorum, et testament[i quod] di disposuit ad patres nostros, dicens ad Abra[ham : et] in semine tuo venedicentur omnes nation[es ter]rae. 26 vobis primo ds excitabit filium suum, et [misit] venedicentem vos, ad avertendum unumqu[emque] a nequitis suis.

g : 25 Vos estis filii prophetarum et testamenti, quod disposuit deus ad patres nostros dicens ad abraham : in semine tuo benedicentur omnes patriae terrae. 26 Vobis deus primum resuscitans filium suum misit benedicentem uos, ut conuertat se unusquisque a maliciis suis.

1 Λαλούντων δὲ αὐτῶν
πρὸς τὸν λαὸν

ἐπέστησαν
αὐτοῖς
οἱ ἀρχιερεῖς [a]
καὶ ὁ στρατηγὸς τοῦ ἱεροῦ
καὶ οἱ Σαδδουκαῖοι,
2 διαπονούμενοι
διὰ τὸ διδάσκειν αὐτοὺς τὸν λαὸν
καὶ καταγγέλλειν
ἐν τῷ Ἰησοῦ
τὴν ἀνάστασιν
τὴν ἐκ νεκρῶν,
3 καὶ ἐπέβαλον αὐτοῖς
τὰς χεῖρας καὶ ἔθεντο εἰς τήρησιν
εἰς τὴν αὔριον·
ἦν γὰρ ἑσπέρα ἤδη.

a. B C ; ιερες : א A 0165 81 NA 28

1 Λαλούντων δὲ αὐτῶν
πρὸς τὸν λαὸν
τὰ ῥήματα ταῦτα [1]
ἐπέστησαν
[ ][2]
οἱ ἱερεῖς
[ ][3]
καὶ οἱ Σαδδουκαῖοι,
2 διαπονούμενοι [1]
διὰ τὸ διδάσκειν αὐτοὺς τὸν λαὸν
καὶ ἀναγγέλλειν [2]
τὸν Ἰησοῦν [3]
ἐν τῇ ἀναστάσει [4]
τῶν [5] [ ][5] νεκρῶν.
3 καὶ ἐκράτησαν αὐτοὺς
[ ][1] καὶ παρέδωκαν [2] εἰς τήρησιν
εἰς τὴν ἐπαύριον [3]
ἦν δὲ [4] ἑσπέρα [ ] [5].

---

1 - 1. Dd h SyrH[mg] – (Ee) SodC.10.11.13-15 Theoph I[L] g p prv.1 Lcf Cass SyrP / 2. Dd h – g p Vg Somm(V) Lcf Eth.2-13 / 3. Dd – Somm(V) (pour h, voir *infra*)
Somm(V) : quos supervenientes Sacerdotes et Sadducaei in carcerem tradunt.

2 - 1. D : καιαπονούμενοι est une distraction du scribe. Le ms. h a adopté ici le TA. / 2. D – Ψ Chr.1[b] (versions ?) / 3. Dd G[67] / 4. Dd / 5. Dd h G[67] – *Koinè* e g p x prv ndl Lcf Sah Eth Geo

3 - 1. h(+) – Somm(A). voir *infra* / 2. h – Geo / 3. D – 0165 (versions ?) / 4. h – Vg(MW) / 5. G[67] 1311 Vg(S) Sah Geo ; ηδη γαρ : g p
Somm(A) : et tenuerunt petrum et iohannem in custodiam.

v. 1 : Le Sommaire indique qu'une partie au moins de la *Vetus Latina* omettait στρατηγὸς. De fait, pour traduire ce mot, les latins, dont h, ont ici un mot différent de celui qu'ils auront en 5,24.26 : *praetor/magistratus* (h), *praepositus/magistratus* (e), *praepositus/praefectus* (p). C'est l'indice qu'ils ont complété le texte court du TO avec un vocabulaire différent de celui de leur archétype.

v. 3 : Le texte de D est impossible avec son participe initial séparé du verbe principal par και. Le participe initial devait se lire dans l'archétype X (G[67] devait le rendre par un indicatif), et le scribe de D aurait ajouté και par harmonisation sur le TA (cf. d). Le texte de h est également impossible, pour la même raison. Dans h, les mots *et injectis manibus* ont été ajoutés pour harmoniser sur le TA, mais lus dans l'archétype X qu'il semble donc connaître. *Tenuerunt* traduit εκρατησαν et non επιασαν qui aurait été rendu par *adprehenderunt*. Eth commence aussi le verset par *et tenuerunt-eos* (ⵯⵍⵯⵉⵔⵯ) mais c'est sa traduction habituelle pour επιβαλλειν τασ χειρασ. Dans h, la traduction de εισ την αθριον par *in crastinum* est inhabituelle ; au v.5 il a *postero die*, formule analogue à celle qu'il emploiera en 14,20 : *altera die* ; son archétype devait omettre l'expression.

1 Λαλουντων δε αυτων	1 loquentibus autem eis
προσ τον λαον	ad populum
τα ρηματα ταυτα	uerba haec
επεστησαν	adsisterunt
αυτοισ	
οι ειερεισ	sacerdotes
και οι σαδδουκαιοι,	et sadducaei
2 ✦και ✦απονουμενοι	2 dolore percussi eo
δια το διδασκειν αυτουσ τον λαον	quod docerent ipsi populum
και αναγγελλειν	et adnuntiarent
τον ι̅η̅ν̅	ih̅m̅
εν τη αναστασει	in resurrectione
των νεκρων	mortuorum
3 και ✦επειβαλοντεσ αυτοις	3 et inmiserunt eis
τασ χειρας και εθεντο εισ τηρησιν	manus et posuerunt in adsertionem
εισ την επαυριον	in crastinu̅
ην γαρ εσπερα ηδη.	erant enim uespera iam

G[67] : [1] Während sie aber mit *der Menge* sprachen, kamen über sie die Priester, *die Tempelhauptleute* und die Sadduzäer, [2] weil sie betrübt waren, darüber daß sie das Volk lehrten und *Jesus nebst der Auferstehung der Toten* verkündigten. [3] Sie legten Hand an sie und warfen sie ins Gefängnis, *um sie verwahren zu lassen* bis zum nächsten Tag ; denn es war Abend geworden.

h : [1] loquentibus autem illis ad po[pulum] verba ista, adstiterunt sacerdotes et praeto[r templi] et sadducei, [2] dolentes de eo quod docerent po[pulum], et adnuntiarent in ihm resurrectionem mo[rtuoru]. [3] et injectis manibus et tenuerunt eos et tra[diderunt] custodie in crastinum : fuit autem jam vesper[a.

g : [1] Loquentibus autem illis ad populum haec uerba insurrexerunt sacerdotes et pontifices et saducei [2] dolentes quod docerent plebem et annuciarent in ihesu resurrectionem mortuorum. [3] Et iniecerunt in eos manus et posuerunt in custodia in alterum diem ; iam enim uespere erat.

4 πολλοὶ δὲ τῶν ἀκουσάντων
τὸν λόγον
ἐπίστευσαν,
καὶ ἐγενήθη ὁᵇ ἀριθμὸς
τῶν ἀνδρῶν ὡς χιλιάδες πέντε.
5 Ἐγένετο δὲ
ἐπὶ τὴν αὔριον

συναχθῆναι αὐτῶν
τοὺς ἄρχοντας
καὶ τοὺς πρεσβυτέρους
καὶ τοὺς γραμματεῖς
ἐν Ἰερουσαλήμ
6 καὶ Ἄννας ὁ ἀρχιερεὺς
καὶ Καϊάφας καὶ Ἰωάννης
καὶ Ἀλέξανδρος καὶ ὅσοι
ἦσαν ἐκ γένους ἀρχιερατικοῦ
7 καὶ στήσαντες αὐτοὺς
ἐν τῷ μέσῳ ἐπυνθάνοντο,
Ἐν ποίᾳ δυνάμει ἢ ἐν ποίῳ
ὀνόματι ἐποιήσατε τοῦτο ὑμεῖς;

4 πολλοὶ δὲ τῶν ἀκουσάντων
[ ]¹
ἐπίστευσαν
ὁ ² ἀριθμὸς δὲ ³ ἐγενήθη ⁴
εἰς ⁵ [ ]⁶ χιλιάδες πέντε ἀνδρῶν ⁷
5 [ ]¹
ἐπὶ τὴν αὔριον
ἡμέραν ²
συνήχθησαν ³ [ ]
οἱ ἄρχοντες ³
καὶ οἱ πρεσβύτεροι ³
καὶ οἱ γραμματεῖς ³
[ ]⁴
6 καὶ Ἄννας ὁ ἀρχιερεὺς
καὶ Καίφας ¹ καὶ Ἰωνάθας ²
καὶ Ἀλέξανδρος καὶ ὅσοι
ἦσαν ἐκ γένους ἀρχιερατικοῦ
7 καὶ στήσαντες αὐτοὺς
ἐν τῷ μέσῳ ἐπυνθάνοντο,
Ἐν ποίᾳ δυνάμει ἢ ἐν ποίῳ
ὀνόματι τοῦτο ¹ ἐποιήσαν ² [ ]³ ;

b. p⁷⁴ A E Ψ 33.1739 *Koinè NA 28* ; *om.* B ℵ D

4 - 1. h – A / 2. L'article devant ἀριθμὸς s'impose d'autant plus qu'il précède un chiffre rond (χιλιάδες πέντε) introduit par εἰς. / 3. h / 4. D h G⁶⁷ – Sah Boh(FS) / 5. d h / 6. d h G⁶⁷ Ephrᵏ – ℵ A P SodC.4 *pc* Vg Sah.4 Boh Eth(– 20) / 7. h G⁶⁷ – prv.1 Cass SyrP Sah

5 - 1. h – x Cass SyrP Eth / 2. D G⁶⁷ h – p g d. *om. Boism* ¹ᵃ·² / 3. Dd h G⁶⁷ – x Cass SyrP Eth ; D omet οἱ devant γραμματεῖς par haplographie. / 4. h – 1838 SyrP Boh(K)

6 - 1. Dd h G⁶⁷ – 0165 g p Vg Sah / 2. D(d) G⁶⁷(gr) – g p* y Vg(Th)

7 - 1. h – ℵ Ee Cass (*om.* 794* Chr.2(2/3) BarSᴸ Eth.4 (cf. 12,8)) / 2. h / 3. ≈ ὑμεῖς τοῦτο : 0165 *pc*

v. 4 : D commence par suivre le TA, puis il a une leçon double avec και αριθμος τε ; il est probable qu'il a confondu δε et τε (confusion fréquente), ce qui donne TA + TO. La séquence αριθμος (δε) εγενηθη provient du TO mais le reste redonne le TA.

v. 5 : D et G⁶⁷ ajoutent au début du TO εγενετο δε en provenance du TA ; ils auront également tous deux la précision du TA "à Jérusalem". Leur texte est donc un compromis entre TA et TO. Ceci est moins net pour G⁶⁷ qui devait traduire l'infinitif par un temps fini.

v. 7 : Pour le style indirect, voir le TO en 9,38 et 23,19.

4 πολλοι δε των ακουσαντων	4 multi uero eorun qui audierunt
τον λογον	uerbum
επιστευσαν	crediderunt
και ♦αριθμοσ ♦τε εγενηθη	et factus est numerus
ανδρων ωσ χιλιαδεσ ε̄	uirorum ad quinq • milia
5 Εγενετο δε	5 Contigit autem
επι την αυριον	in crastinum
ημεραν	diem
συνηχθησαν	congregati sunt
οι αρχοντεσ	principes
και οι πρεσβυτεροι	et seniores
και ♦γραμματεισ	et scribae
εν ϊερουσαλημ	in Hierusalem
6 και αννασ ο αρχιερευσ	6 et annas pontefex
και καϊφασ και ϊωναθασ	et caifas et ionathas
και αλεξανδροσ και οσοι	et alexander et quodquod
ησαν εκ γενουσ αρχιερατικου	erant ex genere pontificali
7 και στησαντεσ αυτουσ	7 cum statuisset eos
εν τω μεσω επυνθανοντο	in medio interrogabant
εν ποια ♦δυναμι η εν ποιω	in qua uirtute aut quo
ονοματι εποιησατε τουτο ϋμεισ	nomine fecistis hoc uos

G[67] : 4 Viele aber von denen, die das Wort gehört hatten, kamen zum Glauben ; und (was) ihre Zahl (betrifft) — (so) waren sie fünftausend Männer. 5 Es geschah aber am nächsten Tag, daß sich *die* Obersten, die Ältesten und die Schriftgelehrten in Jerusalem versammelten 6 nebst *den* Hohenpriestern Hannas und Kaiphas, Johannes, Alexander und denen, die aus dem Geschlecht der Hohenpriester stammten. 7 Sie stellten sie in ihre Mitte und fragten sie: „In welcher Kraft oder in welchem Namen habt ihr dies getan?"

h : 4 mul]ti tamen ex eis qui audierunt crediderunt : nu[merus] autem factus ad quinquae milia hominum. 5 posttero die collecti sunt magistratus et prin[cipes et] seniores et scribe 6 et pontifex Annas et Caip[has et Jo]hannes et Alexander et quodquod fuer[unt ex ge]nere pontificali ; 7 et cum statuissent [eos in medi]um, quaerebant in qua uirtute aut in q[uo nomine] id fecissent.

g : 4 Multi autem ex his qui audierant uerbum, crediderunt et factus est numerus eorum fere quique milia. 5 Factum est autem in altero die, ut congregarentur principes eorum ac seniores et scribae in hierusalem, 6 et annas princeps sacerdotum et cayphas et ionathan et alexander et quicumque erant ex genere sacerdotali, 7 et statuentes illos in medio interrogabant dicentes : In qua uirtute aut in quo nomine fecistis hoc uos ?

8 τότε Πέτρος
πλησθεὶς πνεύματος ἁγίου
εἶπεν πρὸς αὐτούς,
Ἄρχοντες τοῦ λαοῦ
Καὶ πρεσβύτεροι,
9 εἰ ἡμεῖς σήμερον
ἀνακρινόμεθα
ἐπὶ εὐεργεσίᾳ ἀνθρώπου ἀσθενοῦς,
ἐν τίνι οὗτος σέσῳσται[c],
10 γνωστὸν ἔστω πᾶσιν ὑμῖν
καὶ παντὶ τῷ λαῷ Ἰσραὴλ[d]
ὅτι ἐν τῷ ὀνόματι Ἰησοῦ Χριστοῦ
τοῦ Ναζωραίου,
ὃν ὑμεῖς ἐσταυρώσατε,
ὃν ὁ θεὸς ἤγειρεν ἐκ νεκρῶν,
ἐν τούτῳ οὗτος παρέστηκεν
ἐνώπιον ὑμῶν ὑγιής.

11 οὗτός ἐστιν ὁ λίθος
ὁ ἐξουθενηθεὶς
ὑφ' ὑμῶν τῶν οἰκοδόμων,
ὁ γενόμενος εἰς κεφαλὴν γωνίας.

8 τότε Πέτρος
πλησθεὶς πνεύματος ἁγίου
εἶπεν πρὸς αὐτούς,
Ἄρχοντες τοῦ λαοῦ
καὶ πρεσβύτεροι τοῦ Ἰσραήλ[1],
9 ἰδοὺ[1] ἡμεῖς σήμερον
ἀνακρινόμεθα ἀφ ὑμῶν[2]
ἐπὶ εὐεργεσίᾳ ἀνθρώπου ἀσθενοῦς,
ἐν τίνι οὗτος σέσῳσται,
10 γνωστὸν ἔστω πᾶσιν ὑμῖν
καὶ παντὶ τῷ λαῷ Ἰσραὴλ
ὅτι ἐν τῷ ὀνόματι Ἰησοῦ Χριστοῦ
τοῦ Ναζωραίου,
ὃν ὑμεῖς ἐσταυρώσατε,
ὃν ὁ θεὸς ἤγειρεν ἐκ νεκρῶν,
ἐν τούτῳ οὗτος παρέστηκεν
ἐνώπιον ὑμῶν ὑγιής
ἐν ἄλλῳ δὲ οὐδενι[1].
11 οὗτός ἐστιν ὁ λίθος
ὁ ἐξουθενηθεὶς
ὑφ' ὑμῶν[1] τῶν οἰκοδόμων,
ὁ γενόμενος εἰς κεφαλὴν γωνίας.

c. B D E Ψ 0165 *Koinè* ; σεσωται : p[74] ℵ A Cyr *NA 28*
d. *NA 28* ; B : Ιστραηλ

8 - 1. Dd h Cyp G[67] – Ee *Koinè* g p y Vg(Th) ndl.2 prv Ir[L] Amb SyrP Geo

9 - 1. Cyp G[67] – (h *deest*) / 2. Dd h Cyp G[67] – Ee SodC.11-13.15 SyrH *pc* g p prv.1 Ir[L] SyrP Sah.43 Eth.5-13.

10 - 1. h Cyp G[67] SyrH[mg] – (Ee)

11 – 1. d h G[67] g

8 τοτε πετροσ	**8** tunc petrus
πλησθεισ π̅ν̅σ̅ αγιου	inpletus sp̅o sancto
ειπεν προσ αυτουσ,	dixit ad eos
αρχοντεσ του λαου	principes huius populi
και πρεσβυτεροι του ϊσραηλ	et seniores istrahel
9 ει ημεισ σημερον	**9** si nos hodie
ανακρεινομεθα αφ ϋμ̅ω̅	interrogamur a uobis
◆επ ευεργεσεια ανθρωπου ασθενουσ	super benefacio hominem infirmum
εν τινι ουτοσ σεσωσται	in quo hic saluus factus est
10 γνωστον εστω πασιν ϋμειν	**10** notum sit omnibus uobis
και παντι τω λαω ϊσραηλ	et omni populo istrahel
οτι εν τω ονοματι ι̅η̅υ̅ χ̅ρ̅υ̅	quia in nomine x̅p̅i̅ i̅h̅u̅
του ναζωραιου	nazoraei
ον ϋμεισ εσταυρωσατε	quem uos crucifixistis
ον ο θ̅σ̅ ηγειρεν εκ νεκρων	quem d̅s̅ suscitauit a mortuis
εν τουτω ουτοσ παρεστηκεν	in isto hic adsistit
ενωπιον ϋμων ϋγιησ	in conspectu uestro sanum
11 ουτοσ εστιν ο λιθοσ	**11** hic est lapis
ο εξουθενηθεισ	qui praeiectus est
ϋφ ημ̅ω̅ των οικοδομων	a uobis aedificatoribus
ο γενομενοσ εισ κεφαλην γωνιασ	qui factus est in capud anguli

---

G[67] : **8** Da wurde Petrus erfüllt vom Heiligen Geist und sprach zu ihnen: „Oberste des Volkes und Älteste *Israels !* **9** *Siehe,* wir werden heute verhört *von euch* wegen einer guten Tat, die wir einem schwachen Menschen getan haben, (nämlich) darüber, durch wen er denn nun gesund geworden ist. **10** Es soll *euch* kund werden und dem ganzen Volke von Israel, daß in dem Namen Jesu Christi, des Nazoräers, den ihr zwar gekreuzigt habt, den Gott aber hat auferstehen lassen von den Toten, (daß) er in diesem (Namen) also vor euch gesund hingetreten ist, *nicht aber in einem anderen.* **11** Dies ist der Stein, der verschmäht worden ist von euch, den Bauleuten, dieser, der zum *Haupt des Ecksteines* geworden ist.

h : **8** tunc Petrus replctus sp[u sco ait ad] eos : principes populi et seniores Istrael : **9** [si nos hodie inter]rogamus a vobis super benefacto hominis in[firmi]s, in quo iste salbatus est, **10** sit vobis omnibus no[tum, e]t omni populo Istrael, quoniam in nomi dni ihu [xpi N]azareni, quem vos crucifixistis, quem ds excita[vit a m]ortuis, in illo iste in conspectu vestro sanus ad[stat, i]n alio autem nullo. **11** hic est lapis qui contem[tus es]t a vobis quia aedificatis, qui factus est in caput [angu]li :

g : **8** Tunc petrus repletus spiritu sancto dixit ad illos : Principes populi et seniores israhel, audite : **9** Si nos hodie interrogamus a uobis in benefacto hominis infirmi in quo hic saluus factus sit, **10** notum sit omnibus uobis et uniuersae plebi israhel, quia in nomine ihesu christi nazareni, quem uos crucifixistis, quem deus suscitauit ex mortuis, in hoc hic asstat coram uobis saluus. **11** H est lapis qui spretus est a uobis aedificantibus, qui factus est in caput anguli,

12 καὶ οὐκ ἔστιν ἐν ἄλλῳ οὐδενὶ
ἡ σωτηρία,
οὐδὲ γὰρ ὄνομά ἐστιν ἕτερον
ὑπὸ τὸν οὐρανὸν τὸ δεδομένον
ἐν ἀνθρώποις ἐν ᾧ δεῖ σωθῆναι
ἡμᾶς.
13a θεωροῦντες δὲ
τὴν τοῦ Πέτρου παρρησίαν
καὶ Ἰωάννου,
καὶ καταλαβόμενοι
ὅτι ἄνθρωποι ἀγράμματοί εἰσιν
καὶ ἰδιῶται ἐθαύμαζον

12 [ ]¹
[ ]²
οὐκ³ [ ]⁴ ἐστιν⁵ ὄνομά ἕτερον
ὑπὸ τὸν οὐρανὸν [ ]⁶ δεδομένον
[ ]⁷ ἀνθρώποις ἐν ᾧ δεῖ σωθῆναι
[ ]⁸.
13a ἀκούσαντες¹ δὲ πάντες²
τὴν τοῦ Πέτρου παρρησίαν
καὶ Ἰωάννου
[ ]³ πεπεισμένοι⁴
ὅτι ἄνθρωποι ἀγράμματοί εἰσιν
καὶ ἰδιῶται⁵ ἐθαύμασαν⁶

---

12 - 1. h Cyp Augᶜ – PhilM ndl.1 Irᴸ (cf.v. 10) / 2. D h Cyp / 3. D h Cyp Augᶜ G⁶⁷ – PhilM Irᴸ / 4. d Augᶜ G⁶⁷ – PhilM Irᴸ 1311 ndl.1 prv Eth / 5. h Cyp (PhilM) - Irᴸ Augᶜ (QvD). *Boism*¹ᵃ·² : ὄνομά ἐστιν ἕτερον / 6. (D) h Cyp QvD – PhilM SodC.3 e g p Vg / 7. Dd h Cyp Augᶜ QvD G⁶⁷ – PhilM SodC.10.13.15 g p Vg Irᴸ Sah.16 Boh Geo Eth / 8. Augᶜ – PhilM Did(2/2) Ambʳ(2/2) Pris SyrP RabEd Boh Eth(-2) (ὑμᾶς : B 1704 *pc*)

QvD : ... quoniam non esse aliud nomen sub caelo datum hominibus in quo nos opoteat saluari (*Prom.* II,11)

Augᶜ : non est aliud nomen sub caelo in quo oportet homines salvos fieri (*Tri* 15,44)

PhilM : non datum est nomen aliud hominibus in quo oportet vivere nisi illud Iesu Christi (Lettre aux moines, p. 31s)

13a - 1. h G⁶⁷ – SyrP / 2. h G⁶⁷ / 3. h G⁶⁷ – Vg Sah(- 460) Boh(K) Eth.1.3.4 / 4. h / 5. h (G⁶⁷) (conj. voir *infra*) / 6. h G⁶⁷ Sah

v. 12 : Dans D, le o devant δεδομένον provient d'une rétroversion faite par le scribe à partir de d *quod datum est*. L'omission du pronom personnel final nous semble certaine étant donné la diversité des témoins en sa faveur. Le vieux texte africain devait l'omettre (cf. Augᶜ dont le *homines* provient du ἀνθρώπος qui précède) : les citations de h Cyp et de QvD sont quasi identiques, sauf justement pour la place de ce pronom, indice qu'il fut ajouté par ces témoins. Dans le TA, l'expression οὐδὲ γὰρ est liée au début du verset ; elle devait donc être absente du TO.

v. 13 : Faut-il omettre du TO καὶ ἰδιῶται avec D ? Mais on arriverait alors à cette situation illogique : D donnerait intégralement le TA, sauf pour l'omission de καὶ ἰδιῶται, et h donnerait intégralement le TO, sauf avec addition de cette expression qui serait reprise du TA. Dans g p et Sah, l'expression est déplacée, indice possible d'un texte court corrigé, mais tous ces témoins donnent par ailleurs le TA et non le TO. Nous pensons donc que l'omission de καὶ ἰδιῶται est une variante qui regarde le TA et non le TO. Ainsi, pour tout ce demi-verset, D suit le TA (avec une variante) et h (cf. G⁶⁷) reste fidèle au TO.
Sur le πεπείσμενοι de h, cf. Lc 20,6 : πεπεισμένος γάρ ἐστιν Ἰωάννην προφήτην εἶναι.

12 και ουκ εστιν εν αλλω ουδενι,	**12** et non est in alio quondam
ου γαρ εστιν ετερον ονομα	nequae aliud est nomen
ϋπο τον ουρανō ο δεδομενον	sub caelo quod datum est
ανθρωποισ εν ω δει σωθηναι	hominibus in quo oportet salbos fieri
ημασ.	nos
13a θεωρουντεσ δε	**13** intuentes uero
την του πετρου παρρησιαν	petri fiduciam
και ✦ϊωανου	et iohannis
και καταλαβομενοι	et adsecuti
οτι ανθρωποι αγραμματοι εισιν	quia homines sine litteris sunt
εθαυμαζον	admirabantur

G⁶⁷: ¹² Und Rettung ist nicht vorhanden in einem anderen, auch existiert kein anderer Name unter dem Himmel, der *den* Menschen gegeben ist, in dem wir werden gerettet werden, *außer diesem*." ¹³ᵃ Als sie nun *alle* den Freimut des Petrus und des Johannes *hörten* und erfahren hatten, daß sie einfache Leute sind, die nicht zu schreiben verstehen, wunderten sie sich.

h : ¹² non est enim nomen aliud sub caelo da[tum h]ominibus, in quo oportet salvari nos. ¹³ᵃ cum au[diren]t autem omnes Petri constantiam et Joannis, [persu]asi quoniam homines inlitterati sunt et idio[tae, am]mirati sunt :

g : ¹² et non est in alio aliquo salus, nec enim aliud nomem est sub caelo datum hominibus, in quo oportet nos saluos fieri. ¹³ Videntes autem petri constantiam et iohannis et comperto, quod homines imperiti sunt et sine litteris, mirabantur.

13b
[ἐπεγίνωσκόν τε αὐτοὺς
ὅτι σὺν τῷ Ἰησοῦ ἦσαν]
14 τὸν τε ἄνθρωπον
βλέποντες
σὺν αὐτοῖς ἑστῶτα
τὸν τεθεραπευμένον
οὐδὲν εἶχον ἀντειπεῖν.

15 κελεύσαντες δὲ αὐτοὺς
ἔξω τοῦ συνεδρίου ἀπελθεῖν

συνέβαλλον

πρὸς ἀλλήλους λέγοντες

[13b]
[ ][1]
[ ][1]
14 βλέποντες δὲ [1]
τὸν [3] ἀσθενῆ [2] ἄνθρωπον [3]
σὺν αὐτοῖς [4] ἑστῶτα
[ ][5] τεθεραπευμένον
οὐδὲν εἶχον ποιῆσαι [6] [ ][7].
13b τινὲς δὲ ἐξ αὐτῶν [2]
ἐπεγίνωσκόν [ ][3] αὐτοὺς
ὅτι σὺν τῷ Ἰησοῦ συνέστρεφον [4].
15 [ ][1]
[ ][1]
τότε [2]
συλλαλοῦντες [3]
ἐπυνθάνοντο [4]
πρὸς ἀλλήλους λέγοντες

---

14 - 1. h G[67] – E Koinè y (om. D) / 2. h G[67] – Boism[la.b] : ἄνθρωπον ἀσθενῆ / 3. h G[67] / 4. D : συν αυτων est grammaticalement incorrect / 5. h Geo Arm / 6. Dd h G[67] / 7. G[67]

13b - 1. voir infra / 2. h G[67] / 3. h G[67] / 4. h G[67] SyrP

15 - 1. conj. voir infra / 2. h G[67] SyrP / 3. h (G[67]) /4. h G[67]

v. 14 : Noter l'impossible συν αυτων de D, analogue à son συν ιωανην de 3,4.

v. 13b : L'insertion du verset 14 entre les versets 13a et 13b est attestée dans h comme dans G[67] ; elle doit donc remonter au TO. Elle permet de faire l'hypothèse suivante. La séquence que donne le TO dans ces deux demi-versets ἀκούσαντες δὲ πάντες (v. 13a)... τινὲς δὲ ἐξ αὐτῶν (v. 13b) a son équivalent en 2,37 (TO) : ἀκούσαντες … τινὲς δὲ ἐξ αὐτῶν. On peut donc penser qu'une forme ancienne du TO ne comportait pas le verset 14, ajouté dans une forme plus récente par harmonisation sur le TA.

v. 15 : D = TA (sauf omet ἀπελθεῖν corrigé en απαχθηναι).
Comme dans les versets précédents, h et G[67] sont très proches l'un de l'autre, mais leur texte ne semble pas homogène. Les deux premiers mots de h, ainsi que les quatre derniers, ont leur équivalent dans G[67]. On peut reconstituer facilement leur substrat grec : τότε συλλαλοῦντες [ ] ἐπυνθάνοντο πρὸς ἀλλήλους λέγοντες. Le quaerebant de h traduit le grec ἐπυνθάνοντο comme en 4,7 (cf. k en Mc 2,4 et e en Lc 15,26). A son habitude, G[67] a changé le participe initial en un temps fini. C'est un texte très original par rapport au TA. En revanche, malgré l'addition facilitante des noms de Pierre et de Jean, le reste est quasi identique au TA, le ἀπαχθῆναι que suppose h étant soutenu par D (= TA). On retrouve ici la technique de l'archétype X. Mais la reconstitution du TO peut être poussée plus loin. Au verset 18a du TO, au témoignage de h, il ne sera pas question de faire rentrer les deux apôtres (voir infra). On peut donc penser qu'ici également, dans le TO, il n'était pas question de les en faire sortir. C'est donc l'archétype X qui a complété le TO en l'harmonisant sur le TA. h suit donc ici l'archétype X.

13b
επεγεινωσκον δε αυτουσ
οτι συν τω ι̅η̅υ̅ ησα̅
14 τον ανθρωπον
βλεποντεσ
συν ♦αυτων εστωτα
τον τεθεραπευμενον
ουδεν ειχον ποιησαι η ♦αντιπειν

13b
cognoscebant autem eos
quia cum ī̅h̅u̅ erant
14 hominem quoque conspicientes

cum ipsis stantem illum
que curatum
nihil habebant contradicere

15 ♦καιλευσαντεσ αυτουσ
εξω του συνεδριου απαχθηναι

συνεβαλον

προς αλληλουσ

15 cum iussissent autem eos
extra consilium habire

conferebant

ad inuicem

G⁶⁷ : ¹⁴ Weil sie aber den *schwachen* Menschen, der geheilt worden war, bei ihnen stehen sahen, wußten sie nicht, *was sie tun sollten.* ¹³ᵇ *Einige aber von ihnen* erkannten sie, daß sie (nämlich) mit Jesus *gewandert* waren. ¹⁵ *Da redeten sie miteinander,* befahlen *dem Petrus und Johannes,* aus dem Synedrium zu gehen, und berieten miteinander,

h : ¹⁴ videntes autem et ilium infirmu [cum ei]s stantem curatum, nihil potuerunt facere [aut co]ntradicere. ¹³ᵇ quidam autem ex ipsis agnosce[bant e]is, quoniam cum ihu conversabantur. ¹⁵ tunc [conlo]cuti jusserunt foras extra concilium adduci [Petru]m et Johanem : et quaerebant ab invicem,

g : ¹³ᵇ Cognoscebant etiam illos, quia cum ihesu erant, ¹⁴ hominem etiam uidentes cum ipsis stantem, qui curatus erat, nichil habebant contradicere. ¹⁵ Cum iussissent autem illos horas extra concilium discedere conferebant ad inuicem

16 τί ποιήσωμεν
τοῖς ἀνθρώποις τούτοις ;
ὅτι μὲν
γὰρ γνωστὸν σημεῖον
γέγονεν δι' αὐτῶν
πᾶσιν τοῖς κατοικοῦσιν
Ἰερουσαλὴμ
φανερόν,
καὶ οὐ δυνάμεθα ἀρνεῖσθαι·
17 ἀλλ' ἵνα μὴ ἐπὶ πλεῖον
διανεμηθῇ εἰς τὸν λαόν,

ἀπειλησώμεθα αὐτοῖς
μηκέτι λαλεῖν
ἐπὶ τῷ ὀνόματι τούτῳ
μηδενὶ ἀνθρώπων.
18

καὶ καλέσαντες αὐτοὺς
παρήγγειλαν καθόλου ᵉ
μὴ φθέγγεσθαι μηδὲ διδάσκειν
ἐπὶ τῷ ὀνόματι Ἰησοῦ ᶠ.

16 τί *ποιήσομεν* [1]
τοῖς ἀνθρώποις τούτοις
[ ][2]
γνωστὸν *γὰρ*[2] σημεῖον
γεγονέναι[3] δι' αὐτῶν
πᾶσιν τοῖς κατοικοῦσιν
Ἰερουσαλὴμ
φανερότερόν ἐστιν[4],
καὶ οὐ δυνάμεθα ἀρνεῖσθαι·
17 *ἀλλ'*[1] ἵνα μὴ ἐπὶ πλεῖον [ ][2]
διανεμηθῇ εἰς τὸν λαόν
τὰ ῥήματα ταῦτα[3]
ἀπειλησόμεθα[4] [ ][5] αὐτοῖς
μηκέτι λαλεῖν
ἐπὶ τῷ ὀνόματι τούτῳ
μηδενὶ ἀνθρώπων.
18 *συγκατατιθεμένων* [1]
δὲ αὐτῶν τῇ γνώμῃ [2]
[ ][3]
παρήγγειλαν [τὸ] καθόλου [4]
μὴ φθέγγεσθαι μηδὲ διδάσκειν
ἐπὶ τῷ ὀνόματι *τοῦ* [5] Ἰησοῦ.

e. B אֵ* ; το καθολου : p⁷⁴ א¹ A E Ψ *Koinè NA 28*
f. B 614 2818 ; του Ιησου : B* א A 0165 *NA 28*

16 - 1. D SodC(mss) SodB(mss) (versions ?) (*contra* G⁶⁷) / 2. h (*contra* G⁶⁷ grec ; pour D, voir *infra*) / 3. D (h) / 4. D (cf. h)

17 - 1. h d p / 2. h / 3. (h) G⁶⁷ SyrH^mg – Ee g Lcf Sah.43 / 4. D (h) – *Koinè* (versions ?) / 5. (h) - Dd : ουν

18 - 1. D : συ̲γκατατιθεμενων̲ est une négligence du scribe. / 2. D (h) SyrH^mg (cf. d G⁶⁷) / 3. h (D voir *infra*) / 4. Le texte de D το κατα το... est fautif, mais suggère nettement la formulation το καθολου qui correspond à d (omnino) / 5. D

v. 16 : Le *apparet* de h traduit assez librement le substrat grec, mais suppose la présence du εστιν attesté par D (verbe à un temps fini).

v. 18 : Le texte de h est fautif ; le plus simple est de supposer une omission accidentelle du pronom *eis*. La traduction de SyrH^mg peut fort bien correspondre au texte attesté par D. L'omission des mots καὶ καλέσαντες αὐτους est certaine (h). D a complété par rétroversion du latin de d (*vocantes*), d'où son φωνήσαντες qui n'est pas autrement attesté. SodC.14 et SodB.1-4 ont complété par προσκαλέσαμενοι.

16 τι ποιησομεν	**16** quid faciamus
τοισ ανθρωποισ τουτοισ	hominibus istis
οτι μεν	quoniam
γαρ γνωστον σημειον	quidem notum signum
γεγονεναι δι αυτων	factum est per ipsos
πασιν τοισ κατοικουσιν	omnibus qui inhabitant
ϊερουσαλημ	hierusalem
φανεροτερον εστιν	manifestum est
και ου δυναμεθα ♦αρνισθαι	et non possumus negare
17 ϊνα μη επι ♦πλεον τι	**17** sed ut non amplius quid
διανεμηθη εισ τον λαον	serpiat in populum
♦επιλησωμεθα ουν αυτοισ	comminemur ergo eis
μηκετι λαλειν	iam non loqui
επι τω ονοματι τουτω	in nomine hoc
μηδενι ανθρωπων	cuiquam hominum
18 ♦συνκατατιθεμενων	**18** consentientibus
δε αυτων τη γνωμη	autem omnibus notitiā,
φωνησαντεσ αυτουσ	uocantes eos
παρηγγειλαντο ♦κατα ♦το	praeceperunt illis
μη φθεγγεσθαι μηδε διδασκειν	ne omnino loquerentur neque docerent
επι τω ονοματι του ι̅η̅υ̅	in nomine i̅h̅u̅.

G[67] : [16] indem sie sagten: „Was ist es, das wir tun sollen mit diesen Menschen ? Daß ein offenkundiges Zeichen geschehen ist durch sie, (ist) zwar *vor Augen allen, die in Jerusalem wohnen*, (und) werden wir nicht leugnen können. [17] Aber damit *diese Worte* sich nicht (noch) mehr im Volk verbreiten, wollen wir ihnen drohen, damit sie *von dieser Stunde an* mit keinem Menschen mehr in diesem Namen reden." [18] *Nachdem aber alle diesem Vorschlag zugestimmt hatten*, riefen sie sie (herein) und geboten ihnen, überhaupt nicht mehr *mit irgendjemandem* zu sprechen und auch nicht zu lehren im Namen Jesu.

h : [16] dice[tes : qui]d faciemus istis hominib- ? nam manifestum [signum] factum ab eis omnibus habitantib. Hierosoly[mis app]aret, et non possumus negare. [17] sed ne plus [divulgentu]r in populum verba istorum, comminavi[mur eis ultr]a non loqui in nomine isto ulli hominum. [18] [consentien]tib- autem ad sententiam, denuntiaverunt

g : [16] dicentes : quid faciemus hominibus his ? Nam quia notum factum est signum per ipsos omnibus hominibus habitantibus hierusalem manifestum est, et non possumus negare. [17] Sed ne amplius innotescant in populum uerba haec, comminemur illis ne amplius loquantur in nomine hoc alicui hominum. [18] Consentientibus autem omnibus accercientes eos praeceperunt illis ne omnino loquerentur neque docerent in nomine ihesu.

19 ὁ δὲ Πέτρος καὶ Ἰωάννης
ἀποκριθέντες εἶπαν ᵍ
πρὸς αὐτούς,

εἰ δίκαιόν ἐστιν
ἐνώπιον τοῦ θεοῦ
ὑμῶν ἀκούειν μᾶλλον ἢ τοῦ θεοῦ,
κρίνατε,
20 οὐ δυνάμεθα ʰ γὰρ ἡμεῖς
ἃ εἴδαμεν καὶ ἠκούσαμεν
μὴ λαλεῖν.
21 οἱ δὲ προσαπειλησάμενοι
ἀπέλυσαν αὐτούς,
μηδὲν εὑρίσκοντες
τὸ πῶς κολάσωνται ⁱ αὐτούς,
διὰ τὸν λαόν,
ὅτι πάντες ἐδόξαζον τὸν θεὸν
ἐπὶ τῷ γεγονότι
22 ἐτῶν γὰρ ἦν πλειόνων
τεσσεράκοντα
ὁ ἄνθρωπος
ἐφ᾽ ὃν γεγόνει ʲ τὸ σημεῖον τοῦτο
τῆς ἰάσεως.

19 *ἀποκριθέντες*[1] *δὲ*
ὁ Πέτρος καὶ Ἰωάννης[2] *εἶπαν*[3]
[ ][4]
κρίνατε[5]
εἰ δίκαιόν ἐστιν
[ ][6]
ὑμῶν ἀκούειν μᾶλλον ἢ τοῦ θεοῦ,
[ ][6]
20 οὐ δυνάμεθα γὰρ ἡμεῖς
ἃ εἴδαμεν καὶ ἠκούσαμεν
[ ] *ἀρνεῖσθαι*[1].
21 οἱ δὲ προσαπειλησάμενοι
ἀπέλυσαν αὐτούς
μὴ[1] εὑρίσκοντες *αἰτίαν*[1]
τὸ πῶς κολάσωνται αὐτούς,
διὰ τὸν λαόν,
ὅτι πάντες ἐδόξαζον τὸν θεὸν
ἐπὶ τῷ γεγονότι
22 ἐτῶν γὰρ [ ][1] πλειόνων
τεσσεράκοντα *ἦν*[1]
ὁ ἄνθρωπος
ἐφ᾽ ὃν γεγόνει τὸ σημεῖον [ ][2]
τῆς ἰάσεως.

g. B ; ειπον : ℵ A // h. *NA 28* ; B : δυνομετα
i. B² ℵ A D ; κολασωσιν : B // j. B D ; εγεγονει : ℵ A E Ψ *Koinè NA 28*

---

19 - 1. D : αποκρειτεις est grammaticalement incorrect. / 2. D d g Lcf SyrP t Eth / 3. d G⁶⁷ g p
/ 4. G⁶⁷ g Lcf / 5. G⁶⁷. Noter la forme propre à D : κρεινατε / 6. G⁶⁷ Chr.3(2/2)
Varia : εἰ τοῦτο ὑμῖν δίκαιον φαίνεται ... μᾶλλον ἀκούειν : Ee

20 - 1. cf. Ephrᵏ – Eth.1(pour Dd, voir *infra*)
Ephrᵏ : nos quae audivimus ab illo... celare utique nos possumus.

21 - 1. D G⁶⁷ – p SyrP Boh

22 - 1. D – dem Irᴸ Lcf / 2. D G⁶⁷ – g p ndl.1 Irᴸ Lcf Boh(FSKO) Eth.6

---

v. 19 : D = TA sauf αποκριθεις δε Πετρος. Son αποκρειτεις est impossible ; il suppose un
texte primitif qui avait ἀποκριθεὶς δὲ ὁ Πέτρος [ ] εἶπειν.

v. 20 : Eth.1 a le même verbe ici qu'en 4,16 = ἀρνεῖσθαι
L'archétype de D avait le TO. Le scribe de D a changé le verbe d'après le TA, mais en oubliant
de remettre la négation.

v. 22 : le premier ην de D se comprend comme une harmonisation incorrecte sur le TA.

19 ♦αποκρειθεισ δε	19 respondens autem
πετροσ και ♦ϊωανησ ειπον	petrus et iohannes dixerunt
προσ αυτουσ	ad eos
ει δικαιον εστιν	si iustium est
ενωπιον του θ̅υ̅	in conspectu d̅i̅
ϋμων ακουει̅ μαλλον η του θ̅υ̅	uestri audire magis quam d̅m̅
κρεινατε	iudicate
20 ου δυναμεθα γαρ ημεισ	20 non possumus enim nos
α ειδαμεν και ηκουσαμεν	quae uidimus et audiuimus
λαλειν	loqui
21 οι δε προσαπειλησαμενοι	21 ad illi etiam comminat
απελυσαν αυτουσ	dimiserunt eos
μη ευρισκοντεσ αιτιαν	nihil inuenientes causam
το πωσ κολασωνται αυτουσ	qua punirent eos
δια τον λαον	propter populum
οτι παντεσ εδοξαζον τον θ̅υ̅	quoniam omnes clarificabant d̅m̅
επι τω γεγονοτι	super quod factum est
22 ετων γαρ ην πλειονων	22 annorum autem erat plurimum
–μ̅– ♦ην	• x̅l̅ •
ο ανθρωποσ	his homo
εφ ον γεγονει το σημειον	super quem factum erat hoc signum
τησ ειασεωσ	sanitatis

G[67] : [19] Petrus aber und Johannes antworteten *und sprachen* : „Urteilt *selbst über folgendes : Ist es recht*, auf euch mehr zu hören als auf Gott ? [20] Denn hinsichtlich dessen, was wir selbst gesehen und gehört haben, so werden wir nicht ruhen können, ohne davon geredet zu haben." [21] Sie aber drohten ihnen nochmals und ließen sie frei, ohne *einen Grund* gefunden zu haben, sie zu bestrafen, wegen des Volkes ; denn alle priesen Gott wegen des Geschehenen. [22] Denn mehr als vierzig Jahre alt war der Mann, dem das Heilungswunder geschehen war.

g : [19] Respondentes autem petrus et iohannes dixerunt : Si iustum et coram deo uos audire potius quam deum, iudicate ! [20] Non enim possumus nos quae uidimus et audiuimus non loqui. [21] At illi comminantes dimiserunt eos non inuenientes quomodo punirent eos propter populum omnis enim honorificabant deum in facto. [22] Annorum enim erat plusquam XL homo in quo factum est signum sanitatis.

23 Ἀπολυθέντες δὲ ἦλθον
πρὸς τοὺς ἰδίους
καὶ ἀπήγγειλαν ὅσα πρὸς αὐτοὺς
οἱ ἀρχιερεῖς καὶ οἱ πρεσβύτεροι
εἶπαν.
24 οἱ δὲ ἀκούσαντες

ὁμοθυμαδὸν ἦραν φωνὴν

πρὸς τὸν θεὸν
καὶ εἶπαν, δέσποτα, σὺ
ὁ ποιήσας τὸν οὐρανὸν
καὶ τὴν γῆν καὶ τὴν θάλασσαν
καὶ πάντα τὰ ἐν αὐτοῖς,
25 ὁ τοῦ πατρὸς ἡμῶν
διὰ πνεύματος ἁγίου
στόματος
Δαυὶδ παιδός σου
εἰπών, ἵνα τί ἐφρύαξαν ἔθνη
καὶ λαοὶ ἐμελέτησαν κενά ;
26 παρέστησαν οἱ βασιλεῖς τῆς γῆς
καὶ οἱ ἄρχοντες συνήχθησαν
ἐπὶ τὸ αὐτὸ κατὰ τοῦ κυρίου
καὶ κατὰ τοῦ Χριστοῦ αὐτοῦ.

23 Ἀπολυθέντες δὲ ἦλθον
πρὸς τοὺς ἰδίους
καὶ ἀπήγγειλαν ὅσα πρὸς αὐτοὺς
οἱ ἀρχιερεῖς καὶ οἱ πρεσβύτεροι
εἶπαν.
24 οἱ δὲ [ ]¹ ἐπιγνόντες¹
τὴν τοῦ θεοῦ ἐνέργειαν²
ὁμοθυμαδὸν ἦραν τὴν³ φωνὴν
αὐτῶν³
[ ]⁴
καὶ εἶπαν, δέσποτα, σὺ ὁ θεὸς⁵
ὁ ποιήσας τὸν οὐρανὸν
καὶ τὴν γῆν καὶ τὴν θάλασσαν
καὶ πάντα τὰ ἐν αὐτοῖς,
25 ὁ¹ [ ]²
διὰ [ ]³
στόματος
Δαυὶδ παιδός σου
εἰπών⁴, ἵνα τί ἐφρύαξαν ἔθνη
καὶ λαοὶ ἐμελέτησαν κενά ;
26 παρέστησαν οἱ βασιλεῖς τῆς γῆς
καὶ οἱ ἄρχοντες συνήχθησαν
ἐπὶ τὸ αὐτὸ κατὰ τοῦ κυρίου
καὶ κατὰ τοῦ Χριστοῦ αὐτοῦ.

---

24 - 1. D(+) G⁶⁷ / 2. Dd G⁶⁷ – Chr.2 / 3. G⁶⁷ – Ee (SodC.10-13) y Vg(M) ndl.2 prv.2 SyrP
Sah Eth / 4. G⁶⁷ – ndl.1 (≈ avant φωνήν : SodB.7) / 5. Dd G⁶⁷ – (tous sauf TA)

25 - 1. D : ος non suivi d'un verbe conjugué est incorrect. / 2. Dd Ephrᵏ – *Koinè* / 3. Augᶜ
Ephrᵏ – *Koinè* / 4. Augᶜ
Ephrᵏ : Tu es qui locutus es per Davidem…
Augᶜ : qui per os patris nostri David, sancti pueri tui, dixisti : quare…(*Praed.* 16,33 ; *PL*
44/494) (cf. ndl.1 Hil)

v.25 : le TA est incohérent et l'on a essayé de le corriger de diverses façons. Sur les essais faits
pour justifier ce texte impossible voir METZGER, *A Textual Commentary of The Greek New
Testament*, 1971-2005, ad loc. Selon nous, le TA fusionne avec le TO un texte pré-alexandrin
qui avait seulement ὁ [ ] διὰ πνεύματος ἁγίου [ ] εἰπών. H. N. MOULE voyait en lui la fusion
d'au moins trois textes différents. L'hypothèse que nous proposons est la plus simple, dès que
l'on a admis la possiblité d'une contamination du TA par le TO. La conclusion de l'exposé de
METZGER manifetse une solide confiance dans la supériorité absolue du TA : « recognizing
that the reading of p⁷⁴ ℵ A B E *al* is unsatisfactory, the Committee nevertheless considered it to
be closer to what the author wrote originally than any of the other extant forms of text ». D a
un texte incoherent. Le realtif ος devrait introduire une relative qui n'existe pas ; le participe
λαλησας est une rétroversion faite par le scribe à partir du latin. De même, ce λαλησας sépare
indûment les mots στοματος et δαυειδ. D et G⁶⁷ dépendent probablement de l'archétype X
qui avait ajouté au TO le δια πνευματος αγιου. 'David notre père' est unique dans les Actes.

23 απολυθεντεσ δε ηλθον	**23** dismissi autem uenerunt
προσ τουσ ïδιουσ	ad suos
και απηγγειλαν οσα προσ αυτουσ	et renuntiauerunt quanta ad eos
οι αρχιερεισ και οι πρεσβυτεροι	pontifices et seniores
ειπαν	dixerunt
24 Οι δε ακουσαντεσ και επιγνοντεσ	**24** ad illi cum audissent et
την του θ̅υ̅ ενεργειᾱ	cognouissent
ομοθυμαδον ηραν φωνην	d̅i̅ uirtut̅e̅
	unanimiter autem uocem
προσ τον θ̅υ̅	leuauerunt
και ειπαν δεσποτα συ ο θ̅σ̅	ad d̅m̅
ο ποιησασ τον ουρανον	et dixerunt d̅n̅e̅ tu es d̅s̅
και την γην και την θαλασσαν	qui fecisti caelum
και παντα τα εν αυτοισ	et terram et mare
	et omnia quae in eis sunt
25 ✦οσ	**25** qui
δια π̅ν̅σ̅ αγιου	per s̅p̅m̅ sanctum
δια του στοματοσ λαλησασ	per os locutus est
δαυειδ παιδοσ σου	dauid puero tuo
ïνατι εφρυξαν εθνη	quare fremuerunt gentes
και λαοι εμελετησαν ✦καινα	et populi meditati sunt inania
26 παρεστησαν οι βασιλεισ τησ γησ	**26** adsisterunt reges terrae
και οι αρχοντεσ συνηχθησαν	et principes congregati sunt
επι το αυτο κατα του κ̅υ̅	in un̅u̅ aduersus d̅n̅m̅
και κατα του χ̅ρ̅υ̅ αυτου	et aduersus x̅p̅m̅ eius

G⁶⁷ : ²³ Nachdem sie aber freigelassen worden waren, gingen sie zu den Ihrigen und unterrichteten sie über das, was die Hohenpriester und die Ältesten ihnen gesagt hatten. ²⁴ Sie aber, *als sie die Wirksamkeit Gottes verstanden hatten*, erhoben sie gemeinsam *ihre Stimme* und sprachen: „Herr, du bist *der Gott*, der den Himmel und die Erde geschaffen hat, das Meer und alles, was in ihnen ist, ²⁵ der gesprochen hat durch den Heiligen Geist aus dem Munde Davids, unseres Vaters, deines Knechtes : ‚Weswegen haben die Heiden sich erhoben und haben die Völker Eitles ersonnen? ²⁶ Erhoben haben sich die Könige der Erde, und *ihre* Herrscher haben sich miteinander zugleich versammelt, indem sie kämpfen gegen den Herrn und seinen Christus.'

g : ²³ Dimissi autem uenerunt ad suos et retulerunt quanta ad illos principes sacerdotum et seniores dixerunt. ²⁴ At illi cum audissent uno animo leuauerent uocem ad deum et dixerunt : Domine tu deus, qui fecisti caelum et terram et mare et omnia, quae in eis sunt, ²⁵ qui per spiritum sanctum per os dauid patris nostri pueri tui dixisti : quare fremuerunt gentes et populi meditati sunt inania ? ²⁶ Adstiterunt reges terrae et principes conuenerunt in unum aduersus dominum et aduersus christum eius.

27 συνήχθησαν γὰρ ἐπ' ἀληθείας
ἐν τῇ πόλει ταύτῃ
ἐπὶ τὸν ἅγιον παῖδά σου
Ἰησοῦν, ὃν ἔχρισας,
Ἡρῴδης τε καὶ Πόντιος Πιλᾶτος
σὺν ἔθνεσιν καὶ λαοῖς Ἰσραήλ,
28 ποιῆσαι ὅσα ἡ χείρ σου
καὶ ἡ βουλή k προώρισεν
γενέσθαι.
29 καὶ τὰ νῦν, κύριε, ἔπιδε
ἐπὶ τὰς ἀπειλὰς αὐτῶν,
καὶ δὸς τοῖς δούλοις σου
μετὰ παρρησίας πάσης
λαλεῖν τὸν λόγον σου,
30 ἐν τῷ τὴν χεῖρά ἐκτείνειν σε [1]
εἰς ἴασιν καὶ σημεῖα
καὶ τέρατα γίνεσθαι
διὰ τοῦ ὀνόματος
τοῦ ἁγίου παιδός σου Ἰησοῦ.

27 συνήχθησαν γὰρ [ ][1] *πάντες*[1]
ἐν τῇ πόλει ταύτῃ
ἐπὶ τὸν ἅγιον παῖδά *σου* [2]
[ ][3] ὃν ἔχρισας ,
Ἡρῴδης τε καὶ [ ][4] Πιλᾶτος
σὺν ἔθνεσιν καὶ *λαὸς* [5] Ἰσραήλ.
28 ποιῆσαι ὅσα ἡ χείρ *σου* [1]
καὶ ἡ βουλή *σου* [2] προώρισεν
[ ][3].
29 καὶ τὰ νῦν, κύριε, *ἔφιδε* [1]
ἐπὶ τὰς ἀπειλὰς αὐτῶν,
καὶ δὸς τοῖς δούλοις σου
μετὰ *πάσης παρρησίας* [2]
λαλεῖν τὸν λόγον σου,
30 ἐν τῷ τὴν χεῖρά *σου* [1] ἐκτείνειν
εἰς *ἰάσεις* [2] καὶ σημεῖα
καὶ τέρατα *γενέσθαι* [3]
διὰ τοῦ ὀνόματος
τοῦ ἁγίου παιδός σου Ἰησοῦ.

k. B A* E* 323 945 1739 Vg g Lcf Aug^c Hil ; βουλη σου : ℵ A^c D E^c Ψ *Koinè* Syr Ir^L *NA 28*
l. B ; την χειρα [σου] εκτεινειν σε : ℵ* 36 104 614 2495 *al NA 28*

------

27 - 1. Tert / 2. d / 3. Tert – g prv.2 Cass Eth.5-12 / 4. Tert Aug^c Ephr^k – (915) c Cass SyrP /
5. Aug^c G^{67} – E Ψ SodC.3 Theoph I^L *pc* Hil Ir^L(mss) (Tert *silet)*
(λαῷ : e Vg(D) ndl prv.2 tpl SyrP Sah(-4) Eth Geo)
Tert : convenerunt enim universi in ista civitate adversus sanctum Filium tuum quem unxisti,
Herodes et Pilatus cum nationibus] (*Prax.* 28,1)
Aug^c : convenerunt enim in veritate in civitate ista adversus sanctum puerum tuum Jesum
quem unxisti Herodes et Pilatus et populus Israel (cf. v.25)
Ephr^k : contra erant gentes, Herodes, et principes, Pilatus, et meditati sunt simul de uncto
eius... congregati sunt reges Hebraeorum, Herodes et principes ethnicorum, Pilatus, facere
omnia
D = TA sauf ≈ σου παιδα ; G^{67} = TA sauf λαος.

28 - 1. D G^{67} p Ir^L/ 2. D G^{67} Vg p / 3. Ephr^k G^{67} – Chr.1^{ot} g Lcf Solut Boh(FS)

29 - 1. D – E A 88 1175 (versions ?) / 2. D – Ee g p Vg Lcf Hil

30 - 1. D / 2. G^{67} – 431 c g p^c Vg Lcf SyrP Sah Boh / 3. D – Theoph I^L 1838 *pc* (versions ?)

v. 27 : C'est probablement l'archétype X qui avait adopté ici le TA, sauf peut-être pour le λαὸς
final. Tertullien cite littéralement tout le texte d'après le TO, sauf les trois derniers mots qu'il
omet.

27 συνηχθησαν γαρ επ αληθειασ
εν τη πολει ταυτη
επι τον αγιον σου παιδα
ιην ον εχρεισασ
ηρωδησ τε και ποντιοσ πιλατοσ
συν εθνεσιν και λαοισ ϊσραηλ
28 ποιησαι οσα η χειρ σου
και η βουλη σου προωρισεν
γενεσθαι
29 και τα νυν κε εφιδε
επι τασ ♦αγιασ αυτων
και δοσ τοισ δουλοισ σου
μετα πασησ παρρησιασ
λαλειν τον λογον σου
30 εν τω την χειρα σου εκτεινειν
♦ισϊασιν και σημεια
και τερατα γενεσθαι
δια του ονοματοσ
του αγιου παιδοσ σου ιην

27 Collecti sunt enim reuera
in ciuitate hac
super sanctum puerum tuum
ihm quem unxist
herodes uero et pontius pilatus
cum gentibus et populis istrahel
28 facere quaecumq •manus tua
et uoluntas tua praedestinauit
fieri
29 et nunc sunt dne aspice
super minacias eoru
et da seruis tuis
cum fiducia omni
loqui uerbum tuum
30 in eo cum manum extendas
ad curatione et signa
et portenta fiant
per nomen
santi pueri tui ihu.

G⁶⁷ : ²⁷ Denn es haben sich wahrlich in dieser Stadt gegen deinen heiligen Sohn *Jesus* versammelt : Herodes, Pontius Pilatus, die Heiden und *das Volk* Israels, ²⁸ um das auszuführen, was deine Hand und dein *Arm* bestimmt haben von Anfang an, daß es geschehen soll. ²⁹ Jetzt, Herr, blicke herab auf ihre Drohungen und gib deinen Knechten *den Weg*, mit allem Freimut dein Wort zu verkündigen, ³⁰ indem du deine Hand ausstreckst zu Heilun*gen*, Zeichen und Wundern, so daß sie geschehen durch den Namen deines heiligen Sohnes *Jesus.*"

g : ²⁷ Conuenerunt enim uere in hac ciuitate aduersus sanctum filium tuum, quem unxisti, herodes et pontius pilatus cum gentibus et populis israhel, ²⁸ se facere quae manus tua et consilium praefiniuit. ²⁹ Et nunc domine respice ad animas eorum (sic) et da seruis tuis cum omni fiducia loqui uerbum tuum, ³⁰ dum extendis manus ad sanitates et signa et prodigia facienda per nomen sancti filii tui ihesu.

31 καὶ δεηθέντων αὐτῶν
ἐσαλεύθη ὁ τόπος
ἐν ᾧ ἦσαν συνηγμένοι,
καὶ ἐπλήσθησαν
ἅπαντες
τοῦ ἁγίου πνεύματος,
καὶ ἐλάλουν τὸν λόγον τοῦ θεοῦ
μετὰ παρρησίας.

32 Τοῦ δὲ πλήθους
τῶν πιστευσάντων ἦν
καρδία καὶ ψυχὴ μία,

καὶ οὐδὲ εἷς
τι τῶν ὑπαρχόντων
αὐτῷ ἔλεγεν ᵐ ἴδιον εἶναι,
ἀλλ' ἦν αὐτοῖς πάντα ⁿ κοινά.
33 καὶ δυνάμει μεγάλῃ ἀπεδίδουν
τὸ μαρτύριον οἱ ἀπόστολοι
τῆς ἀναστάσεως τοῦ κυρίου Ἰησοῦᵒ
χάρις τε μεγάλη ἦν
ἐπὶ πάντας αὐτούς.

31 καὶ δεηθέντων αὐτῶν
ἐσαλεύθη ὁ τόπος
ἐν ᾧ ἦσαν συνηγμένοι,
καὶ ἐπλήσθησαν
[ ]¹
τοῦ [ ]² πνεύματος,
καὶ ἐλάλουν τὸν λόγον τοῦ θεοῦ
μετὰ παρρησίας
παντὶ τῷ θέλοντι πιστεύειν ³.

32 *τὸ δὲ πλῆθος* ¹
τῶν πιστευσάντων ἦν
ψυχῇ καὶ καρδίᾳ ² μία
καὶ οὐκ ἦν διάκρισις
ἐν αὐτοῖς οὐδεμία ³
καὶ *οὐδὲ* ⁴ [ ]⁴
τι ⁵ τῶν ὑπαρχόντων
αὐτῶν ⁶ ἔλεγον ⁷ ἴδιον [ ]⁸
ἀλλ' ἦν αὐτοῖς πάντα κοινά.
33 καὶ δυνάμει μεγάλῃ ἀπεδίδουν
τὸ μαρτύριον οἱ ἀπόστολοι
τῆς ἀναστάσεως τοῦ κυρίου Ἰησοῦ
[ ]¹, χάρις τε μεγάλη ἦν
ἐπὶ πάντας αὐτούς.

m. ℵ A p⁸ D *NA 28* ; ελεγον : B // n. B D p⁸ *pc* ; απαντα : ℵ A E Ψ *Koinè*
o. p⁸ Ψ *Koinè* it SyrH Sah Irᴸ *NA 28* ; B : του κυτιου Ιησου της ανανστασεως

---

31 - 1. Ephrᵏ – a Vg(O) [≈ post ἁγίου : 209] / 2. Ephrᵏ – Eth.9 [≈πν. ἁγίου ; p⁴⁵ E *Koinè*] /
3. Dd G⁶⁷ cf. Ephrᵏ – Ee r y Vg(D) ndl.2 prv.1 Ir
Ephrᵏ : et impleti sunt spiritu et sine metu loquebantur cum omni homine qui voluit audire
verbum eorum.

32 - 1. Cyp Zen G⁶⁷ – r ndl.1 Amb Sah Boh Eth / 2. Cyp Zen – 629 1311 Amb Hil) / 3. Dd
Cyp Zen G⁶⁷ – (cf. Ee e r Amb χωρισμός) / 4. Cyp Zen / 5. voir *infra* / 6. d Cyp Zen –
Koinè r / 7. d Cyp Zen – B*(vid) p⁷⁴ *pc* m r Vg(AGIMOR) / 8. Cyp Zen – SodB.2
Cypr : turba autem eorum qui crediderant anima ac mente una agebant nec fuit inter illos
discrimen ullum nec quicquam suum iudicabant ex bonis quae eis erant sed fuerunt illis omnia
communia (*Quir.* III,3 ; = Zenon, *Tract.* I,6,18)

33 - 1. *om.* χριστου : Irᴸ SyrH p t g C Sah4 Eth13

v. 31 : D et G⁶⁷ suivent l'archétype X qui donnait le TA avec addition de la finale reprise du
TO ; ceci explique l'isolement d'Ephrem.

v. 32 : Dans D, l'omission de τι après οὐδείς ne donne aucun sens. Comme il suit le TA, sauf
en ce qui concerne la longue addition, on ne tiendra pas compte de son πάντα, attesté aussi
par p⁸ B, qui provient d'une forme du TA. Comme souvent ailleurs, le vieux texte africain est
le seul témoin du TO.

31 και δεηθεντων αυτων	**31** Et cum obsecrassent ipsi
εσαλευθη ο τοπος	commotus est locus
εν ω ησαν συνηγμενοι	in quo erant collecti
και επλησθησαν	et inpleti sunt
απαντες	omnes
του αγιου π̅ν̅σ̅	sancto sp̅o
και ελαλουν τον λογον του θ̅υ̅	et loquebantur uerbum d̅i
μετα παρρησιασ	cum fiducia
παντι τω θελοντι πιστευειν	omni uolenti credere
32 του δε πληθουσ	**32** multitudinis autem
των πιστευσαντων ην	eorum qui crediderunt erat
καρδια και ψυχη μια	cor et anima una
και ουκ ην διακρισισ	et non erat accusatio
εν αυτοισ ουδεμια	in eis ulla
και ουδεισ	et nemo
✦των ✦υπαρχοντων	quicquam ex eo quod possidebant
αυτου ελεγεν ϊδιον ειναι	dicebant suum esse
αλλα ην αυτοισ παντα κοινα	sed erant eis omnia communia
33 και δυναμει μεγαλη απεδιδουν	**33** et uirtute magna reddebant
το μαρτυριον οι αποστολοι	testim apostoli
τησ αναστασεωσ του κ̅υ̅ ι̅η̅υ̅	resurrectionem d̅n̅i i̅h̅u̅
χ̅ρ̅υ̅ χαρισ τε μεγαλη ην	x̅p̅i gratia magna erat
επι παντασ αυτουσ	super eos omnes

G[67] : [31] Während sie aber beteten, geriet der Ort, in dem sie versammelt waren, ins Wanken. Sie wurden alle erfüllt vom Heiligen Geist und redeten im Worte Gottes in Freimut *mit jedem, der glauben wollte.* [32] Die vielen aber, die zum Glauben gekommen waren, waren ein Herz und eine Seele. *Und es existierte keinerlei Trennung unter ihnen,* auch sagte niemand hinsichtlich der (Dinge), die ihm gehörten: „Es sind meine"; sondern es gehörte ihnen alles gemeinsam. [33] Und mit großer Kraft gaben die Apostel das Zeugnis der Auferstehung *unseres* Herrn Jesus *Christus,* und große Gnade ruhte auf ihnen allen.

g : [31] Et cum orassent, motus est locus, in qua erant congregati, et repleti sunt omnes spiritu sancto et loquebantur uerbum dei cum omni fiducia. [32] Multitudinis autem credentium erat cor unum et anima una et nemo quicquam ex eo, quod possidebat, proprium esse dicebat, sed erant illis omnia communia. [33] Et uirtute magna reddebat testimonium apostoli resurrectionis domini ihesu, et gratia magna erat in illis omnibus.

34 οὐδὲ γὰρ ἐνδεής τις ἦν ᵖ
ἐν αὐτοῖς·
ὅσοι γὰρ κτήτορες
χωρίων ἢ οἰκιῶν ὑπῆρχον,
πωλοῦντες ἔφερον
τὰς τιμὰς τῶν πιπρασκομένων
35 καὶ ἐτίθουν παρὰ τοὺς πόδας
τῶν ἀποστόλων·
διεδίδετο δὲ ἑκάστῳ
καθότι ἄν τις χρείαν εἶχεν.
36 Ἰωσὴφ δὲ ὁ ἐπικληθεὶς
Βαρναβᾶς
ἀπὸ τῶν ἀποστόλων,
ὅ ἐστιν ερμηνευόμενον �q
υἱὸς παρακλήσεως,
λευίτης, Κύπριος τῷ γένει,
37 ὑπάρχοντος αὐτῷ ἀγροῦ
πωλήσας ἤνεγκεν τὸ χρῆμα
καὶ ἔθηκεν παρὰʳ τοὺς πόδας
τῶν ἀποστόλων.

34 οὐδὲ γὰρ ἐνδεής τις ἦν ¹
ἐν αὐτοῖς·
ὅσοι [ ]² κτήτορες [ ]³
οἰκιῶν ἢ χωρίων ⁴ υπηρχον
πωλοῦντες [ ]⁵ ἔφερον
τὰς ⁶ τιμὰς τῶν πιπρασκομένων
35 καὶ ἐτίθουν παρὰ τοὺς πόδας
τῶν ἀποστόλων
καὶ ¹ διεδίδετο [ ]¹ ἕνι ² ἑκάστῳ
καθότι ἄν τις χρείαν εἶχεν.
36 Ἰωσῆς ¹ δὲ ὁ ἐπικληθεὶς
Βαρναβᾶς
ὑπὸ ² τῶν ἀποστόλων,
ὅ ἐστιν μεθερμηνευόμενον ³
υἱὸς παρακλήσεως,
[ ]⁴ Κύπριος [ ]⁵ τῷ γένει,
37 ὑπάρχοντος αὐτῷ χωρίου ¹
πωλήσας ἤνεγκεν τὸ χρῆμα
καὶ ἔθηκεν παρὰ τοὺς πόδας
τῶν ἀποστόλων.

p. ℵ A ; ην τις : B // q. B ; μεθερμηνευομενον : ℵ A pᵛⁱᵈ *NA 28*
r. B A D p⁵⁷·⁷⁴ B Ψ *Koinè* ; προς : ℵ E 36 *pc NA 28*

---

34 - 1. voir *infra* / 2. d G⁶⁷ – Vg(D) Eth.1-4 (Cyp *silet*) / 3. voir *infra* / 4. Cyp - 1311 dem prv Eth / 5. voir *infra* / 6. D om. τας (hpl.)
Cyp : Domos tunc et fundos uenundabant et thesauros sibi in caelo reponentes, distribuenda in usus indigentium pretia apostolis offerebant.
Varia : ὑπῆρχην *loco* ἦν : D p⁸ E *Koinè*

35 - 1. G⁶⁷ – SodC.3 Sah / 2. D – (versions ?)

36 - 1. G⁶⁷ – *Koinè* Sah BarSᶜ (cf. 1,23) / 2. D – SodC.3-6.10-16 SodB.6.7 *pc* Chr.1 (versions ?) / 3. D / 4. – ndl.1 (≈ Κύπριος λευίτης : Dd Sah.378) / 5. voir *infra*

37 - 1. Dd - c p

v. 34 : D suit ici le TA, dont p⁸ est un bon témoin. On ne retiendra donc pas la variante donnée aux *varia*. Son texte est incohérent. Son ἦσαν, qui fait doublet avec ὑπῆρχον, provient d'une harmonisation sur le latin. Par ailleurs, son participe φέροντες est impossible puisqu'il est séparé du verbe suivant (v. 35) par καί. Le texte de d ne va pas non plus. Comme souvent chez les latins, son *quodquod* est mis pour *quotquot*. Mais surtout, le *et* devant le verbe principal est de trop.

v. 35 : Ici, le TO se comprend mieux que le TA : en grec, on ne peut avoir δὲ après καὶ διεδίδετο.

v. 36 : BarS : Ioses, in Peshitta Ioseph.
On pourra contester l'omission de λευίτης dans le TO ; mais la place de ce mot dans D est certainement fautive ; c'est l'indice de la correction erronée d'un texte court.

34 ουδε γαρ ενδεησ τισ ϋπηρχεν	**34** nec enim inosp quisquam erat
εν αυτοισ	in eis
οσοι γαρ κτητορεσ ησαν	quodquod possessores erant
χωριων η οικειων ♦υπηρχον	praediorum aut domum
πωλουντεσ ♦αι ♦φεροντεσ	uendentes et adferebant
♦τειμασ των πιπρασκο[μεν]ων	praetia quae ueniebant
35 και ετιθουν παρα τουσ ποδασ	**35** et ponebant ad pedes
των αποστολω̄	apostolorum
διεδιδετο δε ενι εκαστω	distribuebantur uero singulis
καθοτι αν τισ χρειαν ειχεν	secundum cui que opus erat
36 ϊωσηφ δε ο επικληθεισ	**36** ioseph autem qui cognominatus est
βαρναβασ	barnabas
ϋπο των αποστολω̄	ab apostolis
ο εστιν μεθερμηνευομενον	quod est interpraetatum
υιοσ παρακλησεωσ	filius exhorationis
κυπριοσ λευειτησ τω γενει	cyprius leuita genere
37 ϋπαρχοντοσ αυτω ♦χωριον	**37** cum esset ei ager
πωλησασ ηνεγκε το χρημα	uenundato eo adtulit hanc pecuniam
και εθηκεν παρα τουσ ποδασ	et posuit iuxta pedes
των αποστολω̄	apostolorum.

G⁶⁷ : ³⁴ Denn niemand von ihnen hatte Mangel. Diejenigen aber, die Grundstücke und Häuser hatten, verkauften sie, wobei sie den Erlös der (Dinge), die sie verkauften, brachten ³⁵ und sie zu den Füßen der Apostel niederlegten ; und sie gaben einem jeden einzelnen, woran er Bedürfnis hatte. ³⁶ *Joses* aber, der ‚Barnabas' genannt worden war von den Aposteln, das, was übersetzt wird : ‚der Sohn der Zuversicht', ein zyprischer Levit hinsichtlich seiner Abstammung, ³⁷ besaß einen Acker ; er verkaufte ihn, brachte *sein* Geld und legte es zu den Füßen der Apostel nieder.

g : ³⁴ Nec enim quisquam egens erat inter illos. Quiqumque enim possessores praediorum aut domorum erat, uendentes afferebant praecia uenditorum ³⁵ et ponebant ante pedes apostolorum. Diuidebatur autem unicuique prout opus erat. ³⁶ Ioseph autem, qui cognominatus est barnabas ab apostolis, quod est interpretatus filius exhorationis leuita cyprius genere ³⁷ cum haberet agrum uendidit et adtulit precium et posuit ante pedes apostolorum.

1 Ἀνὴρ δέ τις Ἀνανίας ὀνόματι
σὺν Σαπφείρῃ τῇ γυναικὶ αὐτοῦ
ἐπώλησεν κτῆμα
2 καὶ ἐνοσφίσατο ἀπὸ τῆς τιμῆς,
συνειδυίης ᵃ καὶ τῆς γυναικός,
καὶ ἐνέγκας μέρος τι
παρὰ τοὺς πόδας
τῶν ἀποστόλων ἔθηκεν
3 εἶπεν δὲ ὁ Πέτρος·
Ἀνανία,
διὰ τί ἐπλήρωσεν ὁ Σατανᾶς
τὴν καρδίαν σου
ψεύσασθαί σε τὸ πνεῦμα τὸ ἅγιον
καὶ νοσφίσασθαι
ἀπὸ τῆς τιμῆς τοῦ χωρίου ;
4 οὐχὶ μένον σοὶ ἔμενεν
καὶ πραθὲν ἐν τῇ σῇ ἐξουσίᾳ
ὑπῆρχεν ;
τί ὅτι ἔθου ἐν τῇ καρδίᾳ σου
τὸ πρᾶγμα τοῦτο ;
οὐκ ἐψεύσω ἀνθρώποις
ἀλλὰ τῷ θεῷ.

1 Ἀνὴρ δέ τις _ὀνόματι Ἀνανίας_ [1]
σὺν _Σαφφίρᾳ_ [2] τῇ γυναικὶ αὐτοῦ
ἐπώλησεν κτῆμα
2 καὶ ἐνοσφίσατο _ἐκ_ [1] τῆς τιμῆς,
συνειδυίης [2] καὶ τῆς _γυναικός_ [3],
καὶ ἐνέγκας μέρος τι
παρὰ τοὺς πόδας
τῶν ἀποστόλων _ἔθετο_ [4]
3 εἶπεν δὲ [ ] [1] Πέτρος
πρὸς Ἀνανίαν [2]·
διὰ τί ἐπλήρωσεν ὁ Σατανᾶς
τὴν καρδίαν σου
ψεύσασθαί σε _τὸ ἅγιον πνεῦμα_ [3]
καὶ νοσφίσασθαι _σε_ [4]
ἀπὸ τῆς _τιμῆς_ [5] τοῦ χωρίου ;
4 οὐχὶ μένον σοὶ ἔμενεν
καὶ πραθὲν ἐν τῇ _σῇ_ [1] ἐξουσίᾳ
ὑπῆρχεν ;
τί ὅτι ἔθου ἐν τῇ καρδίᾳ σου
ποιῆσαι [2] τὸ _πονηρὸν_ [3] τοῦτο ;
οὐκ _ἐψεύσω_ [4] ἀνθρώποις
ἀλλὰ τῷ θεῷ.

a. *NA 28* ; B : συνιδυης

1 - 1. Dd G⁶⁷ – A SodC.10-16 SodB.36 *pc* Chr.1 g r t Vg / 2. (D) G⁶⁷ – E r t¹ Vg(mss) ndl (D : σαφφυρα)

2 - 1. D (versions ?) / 2. Noter la forme propre à D. / 3. Noter le grec défectueux de D : γυναικαικος / 4. D(versions ?)

3 - 1. D G⁶⁷ – *Koinè* (versions ?) / 2. Dd – p⁸(vid) Ψ o ndl.2 prv / 3. D – Epiph (1/2) / 4. D – *Koinè* (versions ?) / 5. Noter la forme propre à D.

4 - 1. G⁶⁷ d t g p / 2. Dd G⁶⁷ – p⁷⁴ Did p SyrP Sah / 3. Dd G⁶⁷ – Sah / 4. Noter la forme propre à D.

v. 4 : Dans D, l'absence de l'article τό est incorrecte.

1 ανηρ δε τισ ονοματι ανανιασ
συν ♦σαφφυρα τη γυναικι αυτου
επωλησεν κτημα
2 και ενοσφισατο εκ τησ τιμησ
♦συνειδυϊασ και τησ ♦γυναικαικοσ
και ενεγκασ μεροσ τι
παρα τουσ ποδασ
των αποστολων εθετο
3 Ειπεν δε πετροσ
προσ ανανιαν
διατι επληρωσεν ο σατανασ
την καρδιαν σου
ψευσασθαι σε το αγιον π̄ν̄α
και νοσφισασθαι σε
απο τησ τειμησ του χωριου
4 ουχι μεσον σοι εμενεν
και πραθεν εν τη εξουσια
υπηρχεν
τι οτι εθου εν τη καρδια σου
ποιησαι πονηρον τουτο
ουκ ♦εψευσου ανθρωποισ
αλλα τω θ̄ω̄

1 quidam. autem uir nomine ananias
cum sapphira uxore sua
uendidit possessione
2 et subtraxit de praetio
conscia uxore sua
et cum adtulissent partem quandam
iuxta pedes
apostolorum posuit
3 dixit autem petrus
ad ananian
ut quid adinpleuit satanas
cor tuum
mentiri te spiritui sancto
et intercipere te
ex praetium praedii
4 nonne manens tibi manebat
et destractum in tua potestate
erat
quid utique posuisti in corde tuo
facere dolose rem istam
non es mentitus hominibus
sed d̄ō

G[67] : [1] Da war auch ein Mann, dessen Name Ananias war, mit Saphira, seiner Frau ; er verkaufte ein Grundstück, [2] stahl (etwas) von *seinem* Erlös, wobei auch *seine* Frau (es) wußte, brachte einen Teil und legte ihn zu den Füßen der Apostel nieder. [3] Petrus sprach zu ihm : „Ananias ! Weswegen hat der Satan dein Herz erfüllt, so daß du den Heiligen Geist belügst und (etwas) von dem Erlös des Grundstückes stiehlst ? [4] Gehörte es denn nicht dir ? Auch nachdem du es verkauft hattest, war es unter deiner Verfügungsgewalt ! Weswegen hast du es dir ins Herz gesetzt, *dieses Böse zu tun* ? Du hast nicht Menschen belogen, sondern Gott !"

g : [1] Vir quidam nomine ananias cum safira uxore sua uendidit agrum [2] et subtraxit de precio conscia uxore sua et afferens partem aliquam posuit ante pedes apostolorum. [3] Ait autem petrus. Anania, ut quid repleuit sathanas cor tuum ut mentireris spiritui sancto et subtraheres de precio predii ? [4] Nonne manens tibi manebat et uenditum in tua potestate erat ? Quid est quod posuisti in corde tuo rem istam ? non es mentitus hominibus sed deo.

5 ἀκούων δὲ ὁ Ἀνανίας
τοὺς λόγους τούτους

πεσὼν ἐξέψυξεν·
καὶ ἐγένετο φόβος μέγας
ἐπὶ πάντας τοὺς ἀκούοντας.
6 ἀναστάντες δὲ οἱ νεώτεροι
συνέστειλαν αὐτὸν
καὶ ἐξενέγκαντες ἔθαψαν.
7 Ἐγένετο δὲ
ὡς ὡρῶν τριῶν διάστημα
καὶ ἡ γυνὴ αὐτοῦ
μὴ εἰδυῖα τὸ γεγονὸς
εἰσῆλθεν.
8 ἀπεκρίθη δὲ πρὸς αὐτὴν Πέτρος,
εἰπέ μοι,
εἰ τοσούτου τὸ χωρίον
ἀπέδοσθε ;
ἡ δὲ εἶπεν, ναί, τοσούτου.
9 ὁ δὲ Πέτρος πρὸς αὐτήν,
τί ὅτι συνεφωνήθη ὑμῖν
πειράσαι τὸ πνεῦμα κυρίου ;
ἰδοὺ οἱ πόδες τῶν θαψάντων
τὸν ἄνδρα σου ἐπὶ τῇ θύρα
καὶ ἐξοίσουσίν σε.

5 *ἀκούσας*[1] δὲ [ ][2] Ἀνανίας
τοὺς λόγους τούτους
παραχρῆμα[3]
πεσὼν ἐξέψυξεν
καὶ ἐγένετο φόβος μέγας
ἐπὶ πάντας τοὺς ἀκούοντας.
6 ἀναστάντες δὲ οἱ νεώτεροι
συνέστειλαν αὐτὸν
καὶ ἐξενέγκαντες ἔθαψαν.
7 Ἐγένετο δὲ
ὡς ὡρῶν τριῶν διάστημα
καὶ ἡ γυνὴ αὐτοῦ
μὴ εἰδυῖα τὸ γεγονὸς
εἰσῆλθεν.
8 *εἶπεν*[1] δὲ πρός αὐτὴν ὁ[2] Πέτρος
ἐπερωτήσω σε[3]
εἰ *ἄρα*[4] *τὸ χωρίον τοσούτου*[5]
ἀπέδοσθε ;
ἡ δὲ εἶπεν ναί, τοσούτου.
9 ὁ δὲ Πέτρος *πρός*[1] αὐτήν,
τί ὅτι *συνεφωνήθη*[1] ὑμῖν
πειράσαι τὸ πνεῦμα *τοῦ*[2] κυρίου ;
ἰδοὺ οἱ πόδες τῶν θαψάντων
τὸν ἄνδρα σου ἐπὶ τῇ θύρα
καὶ ἐξοίσουσίν σε.

---

5 - 1. D – 547 (*contra* G[67]) / 2. D – SodC.1.2.5.10-16 SodB1.5.6. 1838 *pc* (*contra* G[67]) / 3. Dd – p (cf. Εε και ευθεως ακουων)

8 - 1. Dd G[67] – g p r t Vg(CRT) prv Lcf SyrP Sah Boh Geo Arm / 2. D – E *Koinè* (*contra* G[67] ; autres versions ?) / 3. D G[67] / 4. D G[67](gr) / 5. D (*contra* G[67])

9 - 1. Dans D le πρός devant αὐτήν est tombé par haplographie et le συνεφώνησεν est sûrement une erreur / 2. D - *om. Boism*[1a]

5 ακουσασ δε ανανιασ	**5** audies autem ananias
τουσ λογουσ τουτουσ	sermones hos
παραχρημα	subito
πεσων εξεψυξεν	cum cecidisset obriguit
και εγενετο φοβοσ μεγας	et factus est timor magnus
επι παντασ τουσ ακουοντασ	superomnes qui audiebant
6 αναστáντεσ δε οι νεωτεροι	**6** cum surrexissent autem iubenes
♦συνεστιλαν αυτ̄ο	inuoluerunt eum
και εξενεγκαντεσ εθαψαν	et cum extulissent sepelierunt
7 εγενετο δε	**7** factum est
ωσ ωρων – γ̄ – ♦διαστεμα	quasi horarum trium spatium
και η γυνη αυτου	et uxor eius
μη ♦ϊδυϊα το γεγονοσ	nesciens quod factum erat
εισηλθεν	introibit
8 Ειπεν δε προσ αυτην ο πετροσ	**8** Dixit autem ad eam petrus
επερωτησω σε	dic mihi
ει αρα το χωριον τοσουτου	si tanti praedium
απεδοσθε	uendedistis
η δε ειπεν ναι τοσουτου	ad illa dixit etiam tantum
9 ο δε πετροσ αυτην :	**9** Petrus uero ad eam
τι οτι ♦συνεφωνησεν υμειν	quid utique conuenit uobis
πειρασαι το π̄ν̄ᾱ του κ̄ῡ	teptare sp̄m̄ d̄n̄i
ϊδου οι ποδεσ των θαψαντων	ecce pedes eorum qui sepelierunt
τον ανδρα σου επι τη θυρα	uirum tu̅u̅ ad ostium
και εξοισουσιν σε	et efferente

G⁶⁷ : ⁵ Als aber Ananias diese Worte hörte, stürzte er nieder und starb. Und große Furcht kam über jeden, der (es) hörte. ⁶ Es erhoben sich *Jünglinge*, balsamierten ihn, brachten ihn hinaus und begruben ihn. ⁷ Es geschah aber nach dem Ausmaß von drei Stunden, daß seine Frau hereinkam, ohne daß sie wußte, was geschehen war. ⁸ Petrus sprach zu ihr : *„Ich frage dich nach dem, was (wirklich) geschehen ist.* Sage mir : Habt ihr das Grundstück für *nur* dieses Geld verkauft ? " Sie aber sprach : „Ja, für dieses !" ⁹ Petrus sprach zu ihr : „Weswegen seid ihr miteinander übereingekommen, den Geist des Herrn zu versuchen ? Siehe, die Füße derer, die deinen Gatten begraben haben, sind vor der Tür. Sie werden *auch* dich heraustragen."

g : ⁵ Audiens autem ananias hos sermones cecidit et exspirauit. Et factus est timor magnus super omnes, qui audiebant. ⁶ Venientes autem adolescentuli tulerunt eum et euntes sepelierunt ; ⁷ factumque est horarum fere trium interuallum, et uxor eius nesciens quod factum erat intrauit. ⁸ Dixit ad illam petrus : Dic michi, si tanti praedium uendidistis ? Illa uero ait itaque. ⁹ Et petrus ad illam inquit : Quid conuenit inter uos temptare spiritum domini ? Ecce pedes eorum, qui sepelerunt uirum tuum in ostio sunt ut efferant te.

10 ἔπεσεν δὲ παραχρῆμα	10 *καὶ*[1] ἔπεσεν δὲ παραχρῆμα
πρὸς τοὺς πόδας αὐτοῦ	πρὸς τοὺς πόδας αὐτοῦ
καὶ ἐξέψυξεν·	καὶ ἐξέψυξεν·
εἰσελθόντες δὲ οἱ νεανίσκοι εὗρον	εἰσελθόντες δὲ οἱ νεανίσκοι εὗρον
αὐτὴν νεκράν, καὶ	αὐτὴν νεκράν, καὶ [ ][2]
ἐξενέγκαντες ἔθαψαν	*ἐξενέγκαντες*[3] ἔθαψαν
πρὸς τὸν ἄνδρα αὐτῆς.	πρὸς τὸν ἄνδρα αὐτῆς.
11 καὶ ἐγένετο φόβος μέγας	11 καὶ ἐγένετο φόβος μέγας
ἐφ᾽ ὅλην τὴν ἐκκλησίαν	ἐφ᾽ ὅλην τὴν ἐκκλησίαν
καὶ ἐπὶ πάντας	καὶ ἐπὶ πάντας
τοὺς ἀκούοντας ταῦτα.	τοὺς ἀκούοντας ταῦτα.
12 Διὰ δὲ τῶν χειρῶν	12 Διὰ δὲ τῶν χειρῶν
τῶν ἀποστόλων	τῶν ἀποστόλων
ἐγίνετο σημεῖα καὶ τέρατα πολλὰ	ἐγίνετο σημεῖα καὶ τέρατα πολλὰ
ἐν τῷ λαῷ·	ἐν τῷ λαῷ·
καὶ ἦσαν ὁμοθυμαδὸν παντες[b]	καὶ ἦσαν ὁμοθυμαδὸν *ἅπαντες*[1]
	ἐν τῷ ἱερῷ[2]
ἐν τῇ Στοᾷ Σολομῶνος[c].	ἐν τῇ Στοᾷ Σολομῶνος.
13 τῶν δὲ λοιπῶν οὐδεὶς[d]	13 *καὶ*[1] οὐδείς τῶν λοιπῶν[2]
ἐτόλμα κολλᾶσθαι αὐτοῖς,	ἐτόλμα κολλᾶσθαι αὐτοῖς,
ἀλλ᾽ ἐμεγάλυνεν αὐτοὺς ὁ λαός·	ἀλλ᾽ ἐμεγάλυνεν αὐτοὺς ὁ λαός·
14 μᾶλλον δὲ προσετίθεντο	14 μᾶλλον δὲ προσετίθεντο
πιστεύοντες τῷ κυρίῳ	πιστεύοντες τῷ κυρίῳ
πλήθη ἀνδρῶν τε καὶ γυναικῶν,	*πλήθη*[1] ἀνδρῶν τε καὶ γυναικῶν,

b. B A E 0189 *pc* ; απαντες : p[74vid] ℵ D Ψ *Koinè NA 28*

c. B D A E SodC.3.4.8.10-13.15 629 1522 1898 Chr.1[b].2[b] ; Σολομοντος : *Boism[1.2] NA 28*

d. *NA 28* ; B : ουθεις

---

10 - 1. Dd – g r t Vg(CORT) ndl.2 prv.2 Lcf Geo[A] / 2. *om.* d G[67] g p. La leçon propre de D : συνστειλαντες est une harmonisation sur le v. 6 / 3. d g p e (*contra* G[67] Vg)

12 – 1. Dd / 2. Dd G[67] – Sah(-460) Eth

13 - 1. Dd – t SyrH[P] (*om.* δέ : G[67]) / 2. Dd (G[67])

14 - 1. Noter la forme propre à D, sans doute par iocisation.

v.12 : B avait Σολομῶντος en 3,11. Il a ici la même leçon que le TO.

10 και επεσεν παραχρημα	**10** et ceciditque confestim
προσ τουσ ποδασ αυτου	ad pedes eius
και εξεψυξεν	et perobriguit
Εισελθοντεσ δε οι νεανισκοι ευρον	Cumque introissent iubenes inuenerunt
αυτην νεκραν και συνστειλαντεσ	eam mortuam et
εξηνεγκαν και εθαψαν	cum extulissent sepelierunt
προσ τον ανδρα αυτησ	ad uirum suum
11 και εγενετο φοβοσ μεγασ	**11** Et factus est timor magnus
εφ ολην την εκκλησιαν	super totam ecclesiam
και επι παντασ	et super omnes
τουσ ◆ακουοντεσ ταυτα	qui audierunt haec
12 δια τε των χειρων	**12** per manus uero
των αποστολων	apostolorum
εγεινετο σημεια και τερατα πολλα	fiebant signa et portenta multa
εν τω λαω	in populo
και ησαν ομοθυμαδον απαντες	et erant pariter uniuersi
εν τω ϊερω,	in tem
εν τη στοα ◆τη σολομωνοσ	in porticum solomonis
13 και ουδεισ των λοιπων	**13** nec quisquam ex ceteris
ετολμα κολλασθαι αυτοισ	curabat adherere eis
αλλ εμεγαλυνεν αυτουσ ο λαοσ	sed magnificabat eos populos
14 μαλλον δε προσετιθεντο	**14** magisque adiciebantur
πιστευοντεσ τω κω̄	credentes dn̄o multitudo
◆πληθι ανδρων τε και γυναικων	uirorumque et mulierum

G⁶⁷ : ¹⁰ Sogleich stürzte *die Frau* nieder zu den Füßen *des Petrus* und starb. Die Jünglinge kamen herein, fanden, daß sie tot war, trugen sie heraus und begruben ihn bei ihrem Gatten. ¹¹ Große Furcht aber kam über die ganze Gemeinde und jeden, der dieses hörte. ¹² Es gab viele Zeichen und Wunder im Volk durch die Hände der Apostel ; und sie waren alle miteinander *im Tempel* in der Halle Salomos. ¹³ Es hatte niemand gewagt von den übrigen, sich ihnen anzuschließen ; wohl aber pries das Volk sie *sehr*. ¹⁴ Es kamen aber *täglich* zu ihnen viele Männer und Frau- en hinzu, die an den Herrn glaubten,

g : ¹⁰ Et protinus cecidit ante pedes eius et expirauit. Intrantes autem adolescentes inuenerunt eam mortuam et elatam sepelierunt ad uirum suum. ¹¹ Factus est itaque timor magnus in uniuersa ecclesia et in omnibus, qui uidebant haec. ¹² Per manus autem apostolorum fiebant signa et prodigia multa in plebe et erant uno animo omnes in porticu salomonis. ¹³ Ceterorum autem nemo audebat ad illos accedere, sed magnificabat illos plebs, ¹⁴ magisque addebantur credentes domino multitudo uirorum ac mulierum,

15 ὥστε καὶ εἰς τὰς πλατείας
ἐκφέρειν τοὺς ἀσθενεῖς
καὶ τιθέναι ἐπὶ κλιναρίων
καὶ κραβάττων,
ἵνα ἐρχομένου Πέτρου
κἂν ἡ σκιὰ ἐπισκιάσῃ ᵉ
τινὶ αὐτῶν.

15 ὥστε [ ]¹ κατὰ² τὰς³ πλατείας
ἐκφέρειν τοὺς ἀσθενεῖς [ ]⁴
καὶ τιθέναι ἐπὶ κλιναρίων
καὶ κραβάττων,
ἵνα ἐρχομένου Πέτρου
κἂν ἡ σκιὰ ἐπισκιάσῃ
τινὶ αὐτῶν. *ἀπηλλάσοντο γὰρ*
ἀπὸ πάσης ἀσθενείας ἧς εἶχεν
*ἕκαστος αὐτῶν*⁵.

16 συνήρχετο δὲ καὶ
τὸ πλῆθος τῶν πέριξ πόλεων
Ἰερουσαλήμ, φέροντες ἀσθενεῖς
καὶ ὀχλουμένους
ὑπὸ πνευμάτων ἀκαθάρτων,
οἵτινες ἐθεραπεύοντο ἅπαντες.
17 Ἀναστὰς δὲ ὁ ἀρχιερεὺς
καὶ πάντες οἱ σὺν αὐτῷ,
ἡ οὖσα αἵρεσις τῶν Σαδδουκαίων,
ἐπλήσθησαν ζήλου
18 καὶ ἐπέβαλον τὰς χεῖρας
ἐπὶ τοὺς ἀποστόλους
καὶ ἔθεντο αὐτοὺς
ἐν τηρήσει δημοσίᾳ.

16 συνήρχετο δὲ [ ]¹
τὸ² πλῆθος τῶν *πέριξ*³ πόλεων
*εἰς*⁴ Ἰερουσαλὴμ φέροντες ἀσθενεῖς
καὶ ὀχλουμένους
*ἀπὸ*⁵ πνευμάτων ἀκαθάρτων
*καὶ*⁶ *ἰῶντο*⁷ *πάντες*⁸.
17 *Ἄννας*¹ δὲ ὁ ἀρχιερεὺς
καὶ πάντες οἱ σὺν αὐτῷ,
ἡ οὖσα αἵρεσις τῶν Σαδδουκαίων,
ἐπλήσθησαν ζήλου
18 καὶ ἐπέβαλον τὰς χεῖρας
ἐπὶ τοὺς ἀποστόλους
καὶ ἔθεντο¹ αὐτοὺς
ἐν τηρήσει δημοσίᾳ
καὶ ἐπορεύθη εἷς ἕκαστος
*εἰς τὰ ἴδια*².

e. *NA 28* ; επισκιασει : B 33 614 1241 1505

---

15 - 1. Dd G⁶⁷ – *Koinè* e g t Vg Lcf / 2. D – *Koinè* (versions ?) / 3. *om.* τας : D par haplographie / 4. G⁶⁷ g t Vg / 5. Dd G⁶⁷ – p ChrAq ; Le ως de D ne donne aucun sens. *Varia* : καὶ ῥυσθωσιν ἀπὸ τῆς ἀσθενείας αὐτῶν : (Ee) a b o Vg(mss) ndl prv Eth.10 (cf. c g dem Vg Lcf)

16 - 1. Dd – SodC.4.10 1838 *pc* a b g t² y Vg(DST) prv Lcf / 2. Noter la négligence du scribe de D / 3. D : περι ne donne aucun sens. / 4. Dd – Ee *Koinè* c dem Vg(CMT) ndl.3 prv Boh Geo / 5. D – (versions ?) / 6. D – 206 g p t ndl.3 Lcf Sah Geo / 7. D – g Lcf / 8. D – (versions ?) // **17** - 1. G⁶⁷ – p (cf. a Vg(DTh) prv : leçon double)

18 - 1. Noter la négligence du scribe de D / 2. Dd G⁶⁷
Cf. 21, 6 : ἐκεῖνοι δὲ ὑπέστρεψαν εἰς τὰ ἴδια.

v. 16 : Dans les Actes, g et Lcf traduisent régulièrement θεραπεύειν par *curare* et ἰᾶσθαι par *sanare*, verbes qu'ils ont ici. Les autres versions ne peuvent rendre la différence. G⁶⁷ suit ici le TA.

v. 17 : En faveur du TO, cf. Ac 4,6 et aussi Lc 3,2.

15 ωστε κατα πλατειασ	15 ita ut in plateis
εκφερειν τουσ ασθενεισ αυτω̄	inferrent infirmos eorum
και τιθεναι επι κλιναριων	et ponerent in lectulis
και κραβαττω̄	et grabattis
ϊνα ερχομενου πετρου	ut uenientis petri
καν η σκια επισκιαση	uel umbra inumbraret
τινι αυτων απηλλασσοντο γαρ	quemcumque illorum et liuerabantur
απο πασησ ✦ασθενιασ ✦ωσ ειχεν	ab omnem ualetudinem quem habeban
εκαστοσ αυτων	unusquisque eorum
16 συνηρχετο δε	16 conueniebat uero
πληθοσ των ✦περι πολεων	multitudo finium undique
εισ ϊερουσαλημ φεροντεσ ασθενεισ	in hierusalem ferentes infirmos
και οχλουμενουσ	et qui uexabantur
απο πνευματων ακαθαρτω̄	ab spiritibus inmundis
και ειωντο παντεσ	qui curabantur uniuersi
17 αναστασ δε ο αρχιερευσ	17 Cum surrexisset autem pontifex
και παντεσ οι συν αυτω	et omnes qui cum ipso
η ουσα αιρεσισ των σαδδουκαιων	quae est secta sadducaeorum
επλησθησαν ζηλου	inpleti sunt aepulationem
18 και επεβαλον τασ χειρασ	18 et miserunt manus
επι τουσ αποστολουσ	in apostolos
και ✦ηθεντο αυτουσ	et posuerunt eos
εν τηρησει δημοσια	in adseruatione publica
και επορευθη εισ εκαστοσ	et abierunt unusquisque
εισ τα ϊδια	in domicilia

G[67] : ¹⁵ so daß man die Kranken auf die Straßen herausbrachte und sie auf Betten und Bahren legte, damit, wenn Petrus *zufällig vorbeikäme*, wenigstens sein Schatten auf *sie* fiele. *Und jeder einzelne genas von jeglicher Krankheit, in der er war.* ¹⁶ Es kamen aber die Volksmengen der Städte, die in der Umgebung von Jerusalem liegen, zusammen, indem sie die Kranken zu ihnen brachten und diejenigen, die von den unreinen Geistern gequält wurden; sie wurden alle geheilt. ¹⁷ *Hannas* aber, der Hohepriester, wurde erfüllt von Eifersucht nebst allen, die zu ihm gehörten, und der Partei der Sadduzäer. ¹⁸ Sie legten Hand an die Apostel und warfen sie *öffentlich ins Gefängnis ; (dann) begab sich jeder einzelne von ihnen nach Hause.*

g : ¹⁵ ita ut in plateis eicerent infirmo set ponerent in lectulis et gabbati ut ueniente petro uel umbra inumbraret aliquem eorum et liberantur ab infirmitate sua. ¹⁶ Concurrebat autem multitudo uicinarum ciuitatum hierusalem portantes infirmo set eos, qui a spiriti bus inmundis uexabantur et omnes sanabantur. ¹⁷ Exsurgens autem principes sacerdotum et omnes qui cum illo erant heresis saduceorum repleti sunt inuidia ¹⁸ et iniecerunt manus apostolis et posuerunt illos in custodia publica.

19
ἄγγελος δὲ κυρίου διὰ νυκτὸς
ἤνοιξε ᶠ τὰς θύρας τῆς φυλακῆς
ἐξαγαγὼν δὲ ᵍ αὐτοὺς εἶπεν·
20 πορεύεσθε καὶ σταθέντες
λαλεῖτε ἐν τῷ ἱερῷ τῷ λαῷ
πάντα τὰ ῥήματα
τῆς ζωῆς ταύτης.
21 ἀκούσαντες δὲ
εἰσῆλθον ὑπὸ τὸν ὄρθρον
εἰς τὸ ἱερὸν καὶ ἐδίδασκον.
παραγενόμενοι ʰ δὲ
ὁ ἀρχιερεὺς καὶ οἱ σὺν αὐτῷ

συνεκάλεσαν τὸ συνέδριον
καὶ πᾶσαν τὴν γερουσίαν
τῶν υἱῶν Ἰσραήλ,
καὶ ἀπέστειλαν εἰς τὸ
δεσμωτήριον ἀχθῆναι αὐτούς.

19 *τότε* ¹
διὰ νυκτὸς ² ἄγγελος κυρίου
ἤνοιξε ³ τὰς θύρας τῆς φυλακῆς
ἐξαγαγὼν δὲ ³ αὐτοὺς εἶπεν·
20 πορεύεσθε καὶ σταθέντες
ἐν τῷ ἱερῷ λαλεῖτε ¹ τῷ λαῷ
πάντα τὰ ῥήματα
τῆς ζωῆς ταύτης.
21 *ἐξελθόντες* ¹ δὲ
ὑπὸ τὸν ὄρθρον εἰσῆλθον ²
εἰς τὸ ἱερὸν καὶ ἐδίδασκον.
[ ] ³
ὁ δὲ ⁴ ἀρχιερεὺς καὶ οἱ σὺν αὐτῷ
ἐγερθέντες ⁵ *ὄρθρου* ⁶ [ ] ⁷
συνεκάλεσαν ⁸ τὸ συνέδριον
καὶ πᾶσαν τὴν γερουσίαν
τῶν υἱῶν Ἰσραήλ,
καὶ ἀπέστειλαν εἰς τὸ
δεσμωτήριον ἀχθῆναι αὐτούς.

f. B D E Ψ 0189 *Koinè* ; ανοιξας : p⁷⁴ ℵ A 453 1175 2818 *NA 28*
g. B Ψ 0189 ; τε : p⁷⁴ ℵ A 453 1175 *pc NA 28*
h. B p ; παραγενομενος : B* ℵ A D G⁶⁷ g *NA 28*

---

19 - 1. D – SyrP / 2. Dd SyrP (≈*post* φυλακῆς : G⁶⁷ – *om.* : Lcf Cass) / 3. (D)d G⁶⁷ – SyrP B E Ψ *Koinè* pc (voir *infra*)

20 - 1. G⁶⁷ – SyrP g p y Vg(DSTU) ndl prv.2 Lcf Sah Eth Geo Arm

21 - 1. G⁶⁷ – SyrP Ee / 2. G⁶⁷ – SyrP Boh Eth (D s'est aligné sur le TA) / 3. G⁶⁷ – SyrP Eth.4-13 / 4. G⁶⁷ - SyrP / 5. Dd G⁶⁷ / 6. (D)d G⁶⁷ / 7. G⁶⁷ / 8. d G⁶⁷ d (voir *infra*)

v.19 : D a ανεωξαν par influence de ανοιξας qui va de pair avec τε au lieu de δε.

v. 21 : Au lieu de ὄρθρου, on lit τὸ πρωὶ dans D alors que cet adverbe n'est jamais précédé d'un article dans le NT. Comme il a suivi le TA depuis le verset 19 et encore ici dans la seconde partie du verset 21, on peut penser que le scribe a ajouté le ἐγερθέντες τὸ πρωὶ du TO en traduisant en grec le *exurgentes ante lucem* de d. Dans d, l'expression *ante lucem* doit traduire ὄρθρου (cf. son *sub ante lucem* au début du verset 21) ; pour traduire πρωὶ il utilise toujours soit *mane*, soit *diluculo*. Pour faire sa rétroversion en grec, le scribe n'a pas fait la différence entre les deux expressions. Par ailleurs, D a encore un texte incohérent. Après le participe συνκαλεσάμενοι, il devait supprimer le καὶ devant ἀπέστειλαν puisque tous les participes qui précèdent dépendent de ce verbe. Comme il est le seul à attester ce participe (contre G⁶⁷), on peut penser à une fantaisie du scribe après la rétroversion en grec qu'il vient d'effectuer. L'archétype grec de D suivait donc le TA pour tout ce verset 21, comme pour les versets 19 et 20.

19 τοτε	19
δια νυκτοσ αγγελοσ κ̄ῡ	per nocte uero angelus d̄n̄ī
♦ανεωξαν τασ θυρασ τησ φυλακησ	aperuit ianuas carceris
εξαγαγων τε αυτουσ ειπεν	cumque duxisset eos dixit
20 πορευεσθε και σταθεντεσ	20 ite et stantes
♦λαλειται εν τω ϊερω τω λαω	loquimmi in templo populo
παντα τα ρηματα	omnia uerba
τησ ζωησ ταυτησ	uitae eius
21 ακουσαντεσ δε	21 cum audissent autem
εισηλθον ϋπο τον ορθρον	introierunt sub ante luc̄e
εισ το ϊερον και εδιδασκον	in templum et docebant
παραγενομενοσ δε	Cumque uenisset
ο αρχιερευσ και οι συν αυτω	pontifex et qui cum ipso
εγερθεντεσ ♦το πρωϊ και	exurgentes ante lucem et
συνκαλεσαμενοι το συνεδριον	conuocauerunt concilium
και πασαν την γερουσιαν	et omnem senatum
των ϋιων ϊσραηλ	filiorum istrahel
♦και απεστειλαν εισ το	et miserunt ad
δεσμωτηριον αχθηναι αυτουσ	carcerem adduci eos

G[67] : [19] Der Engel des Herrn aber öffnete die Türen des Gefängnisses in der Nacht, führte sie heraus und sprach zu ihnen : [20] „Geht, *stellt euch in den Tempel* und redet mit dem Volk alle Worte *in diesem Glauben*. [21] *Sie gingen heraus in der Morgenstunde, begaben sich* in den Tempel und lehrten. *Der Hohepriester aber nebst denen, die zu ihm gehörten, erhoben sich am Morgen*, riefen das Synedrium und die Ältesten der Kinder Israels zusammen und sandten zu dem Gefängnis, damit sie gebracht würden.

g : [19] Angelus autem domini per noctem aperuit ianuas carceri set eduli illos dicens : [20] Ite et stantes in templo loquimini ad populum omnia uerba uitae huius. [21] Cum haec itaque audissent introierunt sub luce in templo et docebant eos. Adueniens autem princeps sacerdotum et qui cum illo erant conuocauerunt concilium et omnem congregationem israhel. Et miserunt in carcerem ut eos adducerent.

22 οἱ δὲ παραγενόμενοι ὑπηρέται

οὐχ εὗρον αὐτοὺς
ἐν τῇ φυλακῇ,
ἀναστρέψαντες δὲ ἀπήγγειλαν
23 λέγοντες ὅτι
τὸ δεσμωτήριον εὕρομεν
κεκλεισμένον ἐν πάσῃ ἀσφαλείᾳ
καὶ τοὺς φύλακας ἑστῶτας
ἐπὶ τῶν θυρῶν, ἀνοίξαντες δὲ
ἔσω,
οὐδένα εὕρομεν.
24 ὡς δὲ ἤκουσαν
τοὺς λόγους τούτους
ὅ τε στρατηγὸς τοῦ ἱεροῦ
καὶ οἱ ἀρχιερεῖς,
διηπόρουν περὶ αὐτῶν
τί ἂν γένοιτο τοῦτο.

22 οἱ δὲ *ὑπηρέται παραγενόμενοι* [1]
καὶ ἀνοίξαντες τὴν φυλακὴν [2]
οὐχ εὗρον αὐτοὺς
ἔσω [3]
ἀναστρέψαντες [ ][4] ἀπήγγειλαν
23 λέγοντες ὅτι
τὸ δεσμωτήριον εὕρομεν
κεκλεισμένον [1] ἐν πάσῃ ἀσφαλείᾳ
καὶ τοὺς φύλακας ἑστῶτας
πρὸ [2] τῶν θυρῶν, ἀνοίξαντες δὲ
[ ][3]
οὐδένα εὕρομεν.
24 ὡς δὲ ἤκουσαν
[ ][1]
οἵ τε ἀρχιερεῖς [2]
καὶ οἱ στρατηγοὶ [3] τοῦ ἱεροῦ
διηπόρουν περὶ αὐτῶν
τί ἂν *γένοιτο* [4] τοῦτο.

---

22 - 1. Dd G[67] – Ee *Koinè* p Sah / 2. Dd G[67] SyrH* - SodC.11.13.15 p t[7] Vg / 3. Dd G[67] / 4. D – 33 Sah.4 (*contra* G[67])

23 - 1. voir *infra* / 2. h(vid) – E *Koinè* a Vg(MR²T) prv.2[c] / 3. h – 1319 p Cass (≈*post* οὐδένα : 440 1311 g t[7] Vg Lcf)

24 - 1. G[67] / 2. G[67] SyrP Eth SodC.3.14 Chr.1 Theoph I[L] / 3. G[67] – SyrP Eth ndl.2 Boh(mss) Arm / 4. Noter la négligence du scribe de D.

v. 22 : Dans D, l'addition fautive de και devant απηγγειλαν est due à une influence du latin (d : *reversi sunt et renuntiaverunt*).

v. 23 : Le ms h a repris la moitié du dernier verbe précédent (v. 22). Dans D, ενκλεκλεισ. s'explique par dittographie avec εὕρομεν.

v. 24 : D et même h suivent ici le TA, comme ils le feront au verset suivant. On pourrait hésiter sur la variante 1., qui n'est pas soutenue par SyrP et Eth.

22 οι δε ϋπηρεται παραγενομενοι	22 ministri uero cum uenissent
και ◆ανυξαντεσ την φυλακην	et aperuissent carcerem
ουκ ευρον αυτουσ	non inuenerunt eos
εσω	intus
αναστρεψαντεσ ◆και απηγγειλαν	reuersi sunt et renuntiauerunt
23 λεγοντεσ οτι	23 dicentes quia
το δεσμωτηριον ευρομεν	carcerem inuenimus
◆ενκλεκλεισμενο̄ εν παση ◆ασφαλια	clusum in omni diligentia
και τουσ φυλακασ εστωτασ	et ugiles stantes
επι των θυρων ανοιξαντεσ δε	ad ostium aperientes
εσω	intus
ουδενα ευρομεν	neminem inuenimus
24 ωσ δε ηκουσαν	24 ut uero audierunt
τουσ λογουσ τουτουσ	sermones hos
ο τε στρατηγοσ του ϊερου	praetorque templi
και οι αρχιερεις	et ipsi pontefices
διηπορουν περι αυτων	haesitabant de eis
τι αν ◆γενηται τουτο	quidnam fieret de hoc

G[67] : [22] Die Diener aber, als sie sich (dorthin) begeben hatten, *öffneten das Gefängnis und fanden sie nicht darin*. Sie kehrten aber zurück und informierten sie, [23] indem sie sagten : „Wir fanden, daß das Gefängnis mit jeder Sicherheitsvorkehrung verschlossen war und daß die Wächter vor den Türen standen. Wir öffneten aber und fanden niemanden drinnen." [24] Als aber *die Hohenpriester und die Tempelhauptleute (das) hörten*, fragten sie sich ihretwegen verlegen, was es denn sei, das mit ihnen geschehen war.

h : [22] [........] verunt [23] dicentes : quoniam pignarium in[venimus] clausum in omni firmitate, et custodes stan[tes ante] ostia : cum aperuiesmus autem, ueminem in[venimus]. [24] et quomodo audierunt verba ista magistrates templi] et pontifices, confundebantur de ipsis quidn[am illud] esset,

g : [22] Cum uenissent autem ministri non inuenerunt eos in carcere et regressi nunciauerunt [23] dicentes : Quoniam carcerem quidem clausum inuenimus in omni diligentia et custodes stantes in ianua cum aperuissemus autem neminem intus inuenimus. [24] Ut audierunt autem hos sermones pontifex et princeps sacerdotum hesitabant de illis quid illud esset.

25 παραγενόμενος δέ τις
ἀπήγγειλεν αὐτοῖς ὅτι
Ἰδοὺ οἱ ἄνδρες οὓς ἔθεσθε
ἐν τῇ φυλακῇ εἰσὶν

ἐν τῷ ἱερῷ ἑστῶτες
καὶ διδάσκοντες τὸν λαόν.
26 τότε ἀπελθὼν ὁ στρατηγὸς
σὺν τοῖς ὑπηρέταις
ἦγεν αὐτούς, οὐ μετὰ βίας,
ἐφοβοῦντο γὰρ
τὸν λαόν, μὴ λιθασθῶσιν.
27 ἀγαγόντες δὲ αὐτοὺς
ἔστησαν ἐν τῷ συνεδρίῳ.
καὶ ἐπηρώτησεν αὐτοὺς
ὁ ἀρχιερεὺς λέγων,

25 [ ]¹ *τότε*²
*ἀπήγγειλαν*³ αὐτοῖς ὅτι
Ἰδοὺ οἱ ἄνδρες οὓς ἔθεσθε
ἐν τῇ φυλακῇ *τὸ δειλινὸν*⁴ εἰσὶν
*ἐπὶ τὸ αὐτό*⁵
ἐν τῷ ἱερῷ ἑστῶτες
καὶ διδάσκοντες τὸν λαόν.
26 τότε ἀπελθὼν ὁ στρατηγὸς
σὺν τοῖς ὑπηρέταις
*ἤγαγεν*¹ αὐτούς, *οὐ*² μετὰ βίας,
*φοβούμενος*³ [ ]⁴
<u>*μήποτε λιθασθῇ ὑπὸ τοῦ λαοῦ*⁵</u>.
27 *καὶ ὡς ἤγαγον*¹ αὐτοὺς
[ ]² *ἐνώπιον τοῦ συνεδρίου*³
*ἤρξατο πρὸς αὐτούς*⁴
ὁ ἀρχιερεὺς *λέγειν*⁴.

---

25 - 1. G⁶⁷ Sah.378 / 2. G⁶⁷ / 3. G⁶⁷ (Cass) / 4. G⁶⁷ (Cass) / 5. G⁶⁷
Cass : (qui reperientes carcerem diligenter servatum, nullum tamen eorum quos pridie retruserant invenerunt) sed aliis indicantibus agnoverunt eos quos quaerebant in templo populis domini magnalia praedicare (*In Act.* 13 ; PL 70/1385).

26 - 1. h – Ee *Koinè* g p t Vg Lcf (ἤγαγον : D G⁶⁷) / 2. (h) G⁶⁷ . Dd ne donnent aucun sens cohérent. / 3. h G⁶⁷ (φοβούμενοι : D) / 4. h / 5. h G⁶⁷

27 - 1. h / 2. h / 3. h G⁶⁷ SyrP / 4. h(vid) G⁶⁷ SyrP
SyrP : et cum adduxissent eos statuerunt eos in conspectus toti concilii et incepit summus sacerdos dicere.

v. 25 : Pour la traduction copte de τὸ δειλινὸν, voir Dd et G⁶⁷ en 3,1. Pour celle de ἐπὶ τὸ αὐτό, voir 2,44. Pour l'ordre des mots dans la seconde partie du verset 25, on ne peut se fier à G⁶⁷ qui le bouleverse souvent. Le pluriel *aliis indicantibus* de Cass correspond au ἀπήγγειλαν de G⁶⁷. On comprend difficilement comment le scribe du manuscrit copte aurait inventé ce pluriel impersonnel s'il ne l'avait pas lu dans son archétype grec. Il est possible aussi que Cass ait transféré au verset précédent (*pridie*) le τὸ δειλινόν de G⁶⁷. Comme au verset précédent, D et h ont adopté ici le TA.

v. 26 : Noter que D omet la négation οὐ par inadvertance (haplographie ?)

v. 27 : D suit encore ici le TA, comme g et Lcf. Nous ne retiendrons donc pas leur ιερεὺς pour reconstituer le TO. Dans h, *quomodo perduxerunt* traduit ὡς ἤγαγον (cf. au verset 24 ou ὡς ἤκουσαν est traduit par *quomodo audierunt*. D'ailleurs, avec l'absence du verbe ἔστησαν, le TO ne peut pas avoir ici un participe au pluriel, qui dépendrait du verbe ἤρξατο.
Au lieu de ὁ ἀρχιερεὺς, h semble lire ὁ στρατηγὸς. Mais il le traduit ici par *praetor* alors qu'il avait *magistratus* aux versets précédents. Commen il n'est soutenu ni par G⁶⁷ ni par SyrP, nous ne tiendrons pas compte de cette variante. G⁶⁷ et SyrP suivent d'abord le TA mais reviennent au TO par la suite. C'est la technique de l'archétype X. D suit encore ici le TA, comme g et Lcf. Nous ne retiendrons donc pas leur ιερευς pour reconstituer le TO.

25 παραγενομενοσ δε τισ	25 cum uenisset autem quidam
απηγγειλεν αυτοισ οτι	adnuntiauit eis quia
ϊδου οι ανδρεσ ουσ εθεσθε	ecce uiri quos posuistis
εν τη φυλακη εισιν	in carcerem sunt
εν τω ϊερω εστωτεσ	in templo stantes
και διδασκοντεσ τον λαον	et docentes populum
26 τοτε απελθων ο στρατηγος	26 tunc cum abisset ipse praetor
συν τοισ ϋπηρεταισ	cum ministris
ηγαγον αυτουσ μετα βιασ	deducebant eos cum uim
φοβουμενοι γαρ	timebant enim
τον λαον μη λιθασθωσιν	populum ne lapidarentur
27 αγαγοντεσ δε αυτουσ	27 cumque adduxissent eos
εστησαν εν τω συνεδριω	statuerunt in concilio
και επηρωτησεν αυτουσ	et interrogauit eos
ο ϊερευσ λεγων	pontefix dicens

G[67] : 25 *Da wurden sie informiert* : „Siehe, die Männer, die ihr *am Abend* ins Gefängnis geworfen habt, stehen *miteinander* im Tempel, indem sie das Volk lehren." 26 Da begab sich der Hauptmann mit den Dienern (dahin) und *brachten* sie — (aber) nicht mit Gewalt. Denn sie fürchteten sich vor dem Volk, daß sie (nämlich) gesteinigt werden könnten. 27 Nachdem sie sie aber gebracht hatten, stellten sie sie *vor* das Synedrium, und der Hohepriester *begann mit ihnen zu rechten,*

h : 25 adveniens autem quidam nuntiavit [eis, dicens] : quoniam ecce viri quos misistis in custodi[am, in tem]plo sunt, stantes et docentes populum. 26 tu[nc abiit] magistratus cum ministris, et abduxit eos, n[on vero] per vi, mettues ne forte lapiraretur a popul[o. 27 et quo]modo perduxerunt eos in conspectu conci[lii, incepit] ad eos praetor dicere :

g : 25 Adueniens autem quidam renunciauit illis dicens : Ecce uiri quos posuistis in custodia in templo sunt stantes et docentes populum. 26 Tunc abiit princeps cum ministris et adduxit illos non cum ui timebant enim populum ne lapidarentur. 27 Cum autem adduxissent eos statuerunt in concilio. Et interrogauit eos sacerdos

28 [ ]ⁱ παραγγελίᾳ
παρηγγείλαμεν ὑμῖν
μὴ διδάσκειν ἐπὶ τῷ ὀνόματι τούτῳ
καὶ ἰδοὺ πεπληρώκατε
τὴν Ἰερουσαλὴμ τῆς διδαχῆς ὑμῶν,
καὶ βούλεσθε ἐπαγαγεῖν ἐφ᾽ ἡμᾶς
τὸ αἷμα τοῦ ἀνθρώπου τούτου.
29 ἀποκριθεὶς δὲ Πέτρος
καὶ οἱ ἀπόστολοι εἶπαν,
πειθαρχεῖν δεῖ θεῷ
μᾶλλον ἢ ἀνθρώποις.

30 ὁ θεὸς τῶν πατέρων ἡμῶν
ἤγειρεν Ἰησοῦν,
ὃν ὑμεῖς διεχειρίσασθε
κρεμάσαντες ἐπὶ ξύλου·

28 οὐ ¹ παραγγελίᾳ
παρηγγείλαμεν ὑμῖν
μὴ διδάσκειν ἐπὶ τῷ ὀνόματι τούτῳ
ὑμεῖς δὲ ² ἰδοὺ πεπληρώκατε
τὴν Ἰερουσαλὴμ τῆς διδαχῆς ὑμῶν,
καὶ βούλεσθε ἐπαγαγεῖν ἐφ᾽ ἡμᾶς
τὸ αἷμα τοῦ ἀνθρώπου ἐκείνου ³.
29 ἀποκριθεὶς δὲ Πέτρος ¹
[ ]² εἶπεν ³ πρὸς αὐτόν ⁴
τίνι ⁵ πειθαρχεῖν δεῖ θεῷ
[ ]⁶ ἢ ἀνθρώποις
ὁ δὲ εἶπεν θεῷ ⁷.
ὁ δὲ Πέτρος εἶπεν ⁸ πρὸς αὐτόν ⁹·
30 ὁ θεὸς τῶν πατέρων ἡμῶν
ἤγειρεν Ἰησοῦν,
ὃν ὑμεῖς διεχειρίσασθε
κρεμάσαντες ἐπὶ ξύλου·

i. B A ℵ* p⁷⁴ 1175 pc Boh ; NA 28 : [ου]

---

28 - 1. Dd – Ee Koinè p o SyrP Sah(mss) Eth / 2. h – (prv) SyrP /3. D h – g Lcf Sah

29 - 1. h / 2. h – Eth.2-4 / 3. h G⁶⁷ – (Eth.2-4) / 4. h (G⁶⁷) / 5. h Augᶜ G⁶⁷ / 6. h SodB.2 g Lcf
/ 7. h – g (οἱ δὲ εἶπαν θεῷ : G⁶⁷ Vg(DThᵐᵍ) prv.1) / 8. D h G⁶⁷ – g Vg(DThᵐᵍ) prv.1 ndl.2 /
9. h (πρὸς αὐτούς : D G⁶⁷ g Vg(DThᵐᵍ) prv.1 ndl.2

30 - 1. Noter la négligence du scribe de D.

v. 29 : Le scribe de D a omis par inadvertance le début du verset, ce qui rend son texte incompréhensible. Mais ensuite, il donne le TA auquel il ajoute la phrase du TO qui introduit la réponse de Pierre à la question qu'il vient de poser. C'est une incohérence de plus, puisque, selon lui, Pierre n'aurait pas cessé de parler. Retenons seulement que D témoigne d'un texte dans lequel TA et TO étaient fusionnés. g suit d'abord le TA, mais il introduit un *utrum* pour rendre interrogative la phrase prononcée par Pierre, ce qui lui permet de continuer en reprenant le dialogue attesté par le TO. G⁶⁷ commence par donner le TA, mais en adoptant le εἶπεν au singulier du TO. On peut penser qu'il a ajouté la mention des apôtres par harmonisation sur le TA. Il en va de même du μᾶλλον inconnu de h et de g. Pour le reste, il suit le même texte que h, à une exception près : les interlocuteurs de Pierre sont représentés par des pronoms au pluriel, particularité qui se trouve attestée par D (en finale) et par g.
Voici dès lors comment on peut reconstituer l'histoire de la transmission du texte. Le TO nous est donné par h. L'archétype X suivait aussi le TO, mais il avait changé de singuliers en pluriels les deux pronoms désignant l'interlocuteur de Pierre. G⁶⁷ reprend le texte de cet archétype, mais il y introduit deux expressions reprises du TA : καὶ οἱ ἀπόστολοι et μᾶλλον. D, dont le texte est incohérent, n'a gardé de l'archétype X que la finale de ο δε Πετρος ειπεν προς αυτους. Le ms. g semble bien dépendre lui aussi de l'archétype X, très légèrement modifié.

28 ου παραγγελια	28 denuntiatione
παρηγγειλαμεν ϋμειν	praecepimus uobis
μη διδασκειν επι τω ονοματι τουτω	non docere in nomine hoc
ϊδου πεπληρωκατε	ecce inplestis
την ϊερουσαλημ τησ διδαχησ ϋμων	hierusalem doctrina uestra
και ◆βουλεσθαι	et uultis
◆εφαγαγειν εφ ημασ	adducere super nos
το αιμα του ανθρωπου εκεινου	sanguinem hominis huius
29	**29**
πειθαρχειν δε θ͞ω	obtemperare d͞o
μαλλον η ανθρωποισ	oportet magis quam ho[mi]nibus,
δε Πετροσ ειπεν προσ αυτουσ	petrus uero respondit ad eos
30 ο θ͞σ των πατερων ημων	**30** d͞s patrum nostrorum
ηγειρεν ι͞η͞ν	suscitauit i͞h͞m
ον ϋμεισ ◆διεχειρισασθαι	quem uos interfecistis
κρεμασαντεσ επι ξυλου	suspensum in ligno

G⁶⁷ : ²⁸ indem er sagte : „Haben wir euch nicht ausdrücklich geboten, *überhaupt niemanden* zu lehren in diesem Namen ? Und siehe, ihr habt (ganz) Jerusalem erfüllt mit eurer Lehre ; ihr wollt das Blut dieses Menschen über uns bringen." ²⁹ Es antwortete Petrus nebst den Aposteln, indem *er zu ihnen* sagte : *„Ist das, was sich geziemt, auf Gott zu hören oder auf die Menschen ?"* Sie aber sprachen : „Auf Gott." ³⁰ *Petrus sprach zu ihnen* : „Der Gott unserer Väter hat Jesus auferstehen lassen, ihn, den ihr ans Holz gehängt und getötet habt.

h : ²⁸ non praecepto prae[cepimus] vobis ne umquam in hoc nomine doceretis ? vos autem ecce implestis Hierosolymam do[ctrina ves]tra : et vultis super nos adducere sanguine h[ominis] illius. ²⁹ respondens autem Petrus dixit ad il[lum] : cui obaudire oportet, do an hominib- ? ille aut[em ait : do]. ³⁰ et dixit Petrus ad eum : ds patrum nostroru[m excita]vit ihm, quos vos interemistis, suspendent[es in ligno].

g : ²⁸ dicens : Denunciatione denunciauimus uobis ne doceretis in hoc nomine. Et ecce replestis hierusalem doctrina uestra et uultis inducere supra nos sanguinem hominis illius. ²⁹ Respondens autem petrus et apostoli dixerunt : Utrum oportet obaudire, deo an hominibus ? At ille dixit : deo. Et petrus ait ad illos : ³⁰ Deus patrum nostrorum suscitauit ihesum, quem uos interemistis suspendentes in ligno ; ³¹ hunc deus principem et saluatorem exaltauit maiestate sua ad paenitentiam dandam israhel et remissionem peccatorum.

31 τοῦτον ὁ θεὸς ἀρχηγὸν
καὶ σωτῆρα ὕψωσεν
τῇ δεξιᾷ αὐτοῦ,
τοῦ δοῦναι μετάνοιαν τῷ Ἰσραὴλ
καὶ ἄφεσιν ἁμαρτιῶν.
32 καὶ ἡμεῖς *εν αυτω*[j] μάρτυρες
τῶν ῥημάτων τούτων,
καὶ τὸ πνεῦμα τὸ ἅγιον
ἔδωκεν[k] ὁ θεὸς
τοῖς πειθαρχοῦσιν αὐτῷ.
33 οἱ δὲ ἀκούσαντες

διεπρίοντο καὶ ἐβούλοντο
ἀνελεῖν αὐτούς.
34 ἀναστὰς δέ
τις ἐν τῷ συνεδρίῳ
Φαρισαῖος ὀνόματι Γαμαλιήλ,
νομοδιδάσκαλος
τίμιος παντὶ τῷ λαῷ,
ἐκέλευσεν ἔξω βραχὺ
τοὺς ἀνθρώπους ποιῆσαι,

31 τοῦτον ὁ θεὸς ἀρχηγὸν
καὶ σωτῆρα ὕψωσεν
τῇ *δόξῃ*[1] αὐτοῦ,
[ ][2] δοῦναι μετάνοιαν τῷ Ἰσραὴλ
καὶ ἄφεσιν ἁμαρτιῶν *ἐν αὐτῷ*[3].
32 καὶ ἡμεῖς ἐσμεν μάρτυρες
πάντων[1] τῶν ῥημάτων τούτων,
καὶ τὸ πνεῦμα τὸ ἅγιον
ὃ ἔδωκεν ὁ θεὸς
τοῖς πειθαρχοῦσιν αὐτῷ.
33 [ ][1] *ἀκούοντες*[2] δὲ
τὰ ῥήματα ταῦτα[3]
διεπρίοντο καὶ *ἐβουλεύοντο*[4]
ἀνελεῖν αὐτούς.
34 ἀναστὰς δέ
τις *ἐκ τοῦ συνεδρίου*[1]
Φαρισαῖος ὀνόματι Γαμαλιήλ,
νομοδιδάσκαλος
τίμιος παντὶ τῷ λαῷ,
ἐκέλευσεν τοὺς *ἀποστόλους*[2]
ἔξω βραχὺ[3] ποιῆσαι.

j. B Ir[L] Boh (A) (cf. 10,39) ; μαρτυρες εσμεν : A Ψ d g h p Vg Var ; εσμεν μαρτυρες : p[74vid] ℵ
D 104 614 1175 SyrP *NA 28*
k. B CyrJ ; ο εδωκεν : ℵ A D h g G[67] *NA 28*

31 - 1. Dd h(vid) Aug[c] – g p Ir[L] Sah / 2. D – [Tous les grecs sauf ℵ B] (versions ?) / 3. Dd h
Aug[c] G[67] – p Sah Eth.1-4

32 - 1. Dd h G[67] – p

33 - 1. h – g Lcf SyrP Sah Boh Eth / 2. d h – p[45] Koinè e g p Lcf Sah460 (SyrP ?) / 3. h SyrH*
G[67] – SodC(mss) p SyrP Boh(FS) Eth.6.7 / 4. Dd h(vid) - ℵ Koinè e g p Vg Lcf SyrP Geo
p : At illi audientes sermones hos fremebant et cogitabant perdere eos.

34 - 1. D h – Ee p Boh Eth / 2. Dd h G[67] – [tous sauf TA] / 3. Dd h G[67] - g

v. 33 : La formule de h *haec cum audirent verba* peut traduire soit ακουσαντεσ (14,14), soit
ακουοντεσ (4,13 TO) ; les autres latins ont *audientes*. Dans h, *verba* est à une place anormale ;
l'archétype de h ne devait pas avoir ce substantif et h l'a ajouté.

31 τουτον ο θ̄σ̄ αρχηγον	31 hunc d̄s̄ ducem
και σωτηρα υψωσεν	et saluatorem exaltauit
τη δοξη αυτου	caritate sua
δουναι μετανοιαν τω ϊσραηλ	dare paenitentiam istrahel
και αφεσιν αμαρτιων εν αυτω	et remissionem peccatorum in ipso
32 και ημεισ εσμεν μαρτυρεσ	32 et nos ipsi testes sumus
παντων των ρηματων τουτων	omnium uerborum horum
και το π̄ν̄ᾱ το αγιον	et sp̄m̄ sanctum
♦ον εδωκεν ο θ̄σ̄	quem dedit d̄s̄
τοισ ♦πιθαρχουσιν αυτω	hiis qui obtemperat ei
33 Οι δε ακουσαντεσ	33 ad illi audientes
διεπριοντο και εβουλευοντο	discruciabantur et cogitabant
ανελειν αυτουσ	interficere eos
34 αναστασ δε	34 cum surrexisset autem
τισ εκ του συνεδριου	quidam in concilio
Φαρισαιοσ ονοματι γαμαλιηλ	pharisaeus nomine gamaliel
νομοδιδασκαλοσ	legis doctor
τιμιοσ παντι τω λαω	honorabiles apud omnem populum
εκελευσεν τουσ αποστολουσ	iussit apostolos
εξω βραχυ ποιησαι	foras pusillum facere

G[67] : [31] Diesen aber hat Gott als Führer und Erlöser zu seiner Rechten erhöht, um Israel Buße zu gewähren und Sündenvergebung *in ihm*. [32] Und wir sind die Zeugen *aller* dieser Worte und der Heilige Geist, er, den Gott gegeben hat denen, die auf ihn hören." [33] Sie aber, als sie *diese Worte* hörten, wurden sie zornig. Es gefiel ihnen, sie zu töten. [34] Es erhob sich aber in dem Synedrium ein Pharisäer, dessen Name Gamaliel war, ein Lehrer im Gesetz, der geehrt war bei dem ganzen Volk. Er sagte, daß die *Apostel* für eine kurze Zeit *von dort* herausgehen sollten.

h : [31] hunc principem ds et salvatorem exalt[avit gloria] sua, dare penitentiam Israel et remissi[onem peccati] in se : [32] et nos quidem testes sumus omniu[m verborum] istorum, et sps sci, quem dedit ds eis qui[cumq- crediderint in eu]m. [33] haec cum audirent verba, dirrupiebantur, [et cogita]bant perdere eos. [34] exurrexit autem de co[cilio fari]seus quidam, nomine Gamaliel, qui erat legis [doctor e]t acceptus totae plebi : et jussit apostolos mi[. . . d]uci interim foras :

g : [32] Et nos testes sumus uerborum horum et spiritus sanctus, quem dedit deus credentibus sibi. [33] Audientes autem haec fremebant et cogitabant eos occidere. [34] Exsurgens autem quidam in concilio phariseus nomine gamaliel legis doctor carus omni populo iussit pusillum apostolos foras secedere

35 εἶπέν τε πρὸς αὐτούς,

ἄνδρες Ἰσραηλῖται,
προσέχετε ἑαυτοῖς
ἐπὶ τοῖς ἀνθρώποις τούτοις
τί μέλλετε πράσσειν.
36 πρὸ γὰρ τούτων τῶν ἡμερῶν
ἀνέστη Θευδᾶς,
λέγων εἶναί τινα ἑαυτόν,
ᾧ προσεκλίθη
ἀνδρῶν ἀριθμὸς
ὡς τετρακοσίων·
ὃς ἀνῃρέθη,

καὶ πάντες ὅσοι ἐπείθοντο αὐτῷ
διελύθησαν
καὶ ἐγένοντο εἰς οὐδέν.

35 εἶπέν τε πρὸς [ ]¹
πᾶν τὸ συνέδριον¹
ἄνδρες Ἰσραηλῖται,
προσέχετε ἑαυτοῖς
ἀπὸ τῶν ἀνθρώπων τούτων²
τί μέλλετε πράσσειν.
36 πρὸ γὰρ τούτου τοῦ καιροῦ¹
ἀνέστη Θευδᾶς τις²
λέγων εἶναι [ ]³ μέγαν⁴ ἑαυτόν,
καὶ ἠκολούθησαν αὐτῷ⁵
[ ]⁶ [ ]⁶
ὡς⁷ τετρακόσιοι ἄνδρες⁸
ὃς διελύθη⁹
[ ]¹⁰
καὶ πάντες ὅσοι ἐπείθοντο αὐτῷ
[ ]¹¹
ἐγένοντο εἰς οὐδέν.

---

35 - 1. (Dd) h G⁶⁷ (voir *infra*) / 2. h G⁶⁷ – Ee g p Vg(CDThT)
p : … attendite uobis ab hominibus istis quid estis acturi.

36 - 1. h Ephr^k – SyrP / 2. h – Vg(CT) / 3. h Ephr^k – ndl.2 / 4. Dd h G⁶⁷ (Ephr^k) – Ee
SodC(mss) SodB(mss) pc a g Vg(mss) ndl.2 prv SyrP Eth / 5. Ephr^k G⁶⁷ – Chr.3 SyrP Sah
Eth / 6. Ephr^k G⁶⁷ – SyrP / 7. Dd h G⁶⁷ SyrP (*om. Boism* ¹ᵃ·²) / 8. G⁶⁷ (Ephr^k) SyrP / 9. D G⁶⁷
p / 10. voir *infra* / 11. (D) Ephr^k (G⁶⁷ : διεσκορπίσθησαν καί, harmonisé sur le verset 37)
Varia : (διέλυθη) + δι' αὐτοῦ : D G⁶⁷

Ephr^k : … istis verbis : Ante, ait, quam tempus hoc… exstitit, ait, Theude unctus magia et
aberraverunt post eum quadraginti viri, qui facti sunt in morte eius nihil.

v. 35 : La mention des « chefs », ignorée de h, fut ajoutée probablement par l'archétype X.

v. 36 : Le ms. h donne le TO pour la première moitié du verset, puis il adopte le TA à partir de
cui sensit. Nous en avons un indice dans le fait qu'il traduit ici ὅσοι ἐπείθοντο αὐτῷ par
omnes qui ei consenserant, tandis qu'il aura *quodquod ei crediderant* au verset suivant où il
reviendra au TO.
D suit au contraire le TA dès le début du verset, mais à partir de ος διελυθη il adopte le TO ; il
revient en finale au TA comme l'indique le και devant εγενοντο. Nous laissons tomber son
αυτος δι' αυτου qui ne donne pas grand sens.
G⁶⁷ suit le TO auquel, vers la fin, il ajoute le verbe διεσκορπίσθησαν repris du verset suivant,
dont il harmonisera la finale sur le présent verset.
Ephrem a confondu μέγαν et μάγον, quadraginta (40) et quadrigenti (400).

35 ειπεν τε προσ τουσ αρχοντασ	**35** dixitque ad principes
και ✦τουσ ✦συνεδριους	et concilium
ανδρεσ ϊσραηλειται	uiri istrahelitae
✦προσεχεται εαυτοισ	adtendite uobis
επι τοισ ανθρωποισ τουτοισ	super istis hominibus
τι ✦μελλεται πρασσειν	quidnam incipiatis agere
36 προ γαρ τουτων των ημερων	**36** ante hos enim dies
ανεστη θευδασ	surrexit theudas
λεγων ειναι τινα μεγαν εαυτον	dicens esse quendam magnum ipsorum.
ω και προσεκληθη	cui adsensum est
αριθμοσ ανδρων	numeri uirorum
ωσ τετρακοσιων	quasi quagringentorum,
οσ διελυθη	qui interfectus est
✦αυτοσ ✦δι ✦αυτου	
και παντεσ οσοι ✦επιθοντο αυτω	et omnes quodquod obtemperabant ei
✦και εγενοντο εισ ουθεν	facti sunt nihil

G⁶⁷ : ³⁵ Er sprach gegenüber *den Obersten und dem ganzen Synedrium* : „Männer von Israel ! Seht wohl zu, was es ist, das ihr *diesen Männern* tun werdet. ³⁶ Denn vor diesen Tagen erhob sich *Theudes*, wobei er von sich sagte : „Ich bin *ein Großer*", er, dem etwa *vierhundert Männer folgten*. Er *wurde zunichte für sich selbst* ; und alle, die ihm gehorcht hatten, *zerstreuten sich* und wurden zu nichts.

h : ³⁵ et ait ad totum concilium: [viri Istra]elite, attendite vobis quid de istis hominibus [agere i]ncipiatis. ³⁶ nomen ante hoc tempus surrexit [Theudas] quidam, dicens se esse magnum, cui sensit [numer]us hominum non minus quadrigentorum : [qui jug]ulatus est, et omnes qui ei consenserant co[fusi sun]t et nihil sunt facti.

g : ³⁵ dixitque ad illos : Viri israelitae, attendite uobis ab hominibus istis quid estis facturi. ³⁶ Ante hos enim dies exstitit theodas dicens se esse quendam magnum, cui consensit numerus uirorum circiter quadringentorum, qui postea occisus est et omnes qui credebant ei dissoluti sunt et nichil effecti sunt.

37 μετὰ τοῦτον ἀνέστη
Ἰούδας ὁ Γαλιλαῖος
ἐν ταῖς ἡμέραις τῆς ἀπογραφῆς
καὶ ἀπέστησεν¹ λαὸν
ὀπίσω αὐτοῦ·
κἀκεῖνος ἀπώλετο,
καὶ πάντες ὅσοι ἐπείθοντο αὐτῷ
διεσκορπίσθησαν.
38 καὶ νῦν ᵐ
λέγω ὑμῖν, ἀπόστητε
ἀπὸ τῶν ἀνθρώπων τούτων
καὶ ἄφετε αὐτούς·

ὅτι ἐὰν ᾖ
ἐξ ἀνθρώπων ἡ βουλὴ αὕτη
ἢ τὸ ἔργον τοῦτο,
καταλυθήσεται·

37 μετὰ τοῦτον ἔπειτα¹ ἀνέστη
Ἰούδας ὁ Γαλιλαῖος
ἐν ταῖς ἡμέραις τῆς ἀπογραφῆς
καὶ ἀπέστησεν λαὸν πολύν²
ὀπίσω αὐτοῦ·
κἀκεῖνος ἀπώλετο,
καὶ [ ]³ ὅσοι ἐπείθοντο αὐτῷ
διεσκορπίσθησαν.
38 [ ]¹[ ]¹ νῦν δὲ¹ ἀδελφοί²
λέγω ὑμῖν, ἀπόστητε
ἀπὸ τῶν ἀνθρώπων τούτων
καὶ ἐάσατε³ αὐτούς
μὴ μιάναντες τὰς χεῖρας ὑμῶν⁴
ὅτι ἐὰν ᾖ ἡ ἐξουσία αὐτή⁵
ἐξ ἀνθρωπίνου βουλήματος⁵
[ ]⁵
καταλυθήσεται
ἡ δύναμις αὐτῆς⁵.

l. B ; απεστεσεν : NA 28
m. B E ; τα νυν : B* ℵ A C D NA 28

---

37 - 1. h Ephrᵏ / 2. Dd h G⁶⁷ – C(vid) g o p prv.1 SyrP Eth Geo (add. ἱκανόν : Ee SodC(mss) pc) / 3. Dd h p⁴⁵ – 209 g p

38 - 1. h / 2. Dd h G⁶⁷ / 3. D – E 0140 (versions ?) / 4. (Dd) h G⁶⁷ (om. ὑμῶν : Dd) (cf. Ee avec μολυνόντες) / 5. h

v. 38 : Ici encore, h est le seul à nous donner le TO. – D et G⁶⁷ sont d'accord pour suivre le TA dans lequel est insérée la proposition μη μιαναντες τας χειρας υμων, propre au TO. C'est la technique de l'archétype X dont ils dépendent ici.

37 μετα τουτον ανεστη
ϊουδασ ο γαλιλαιοσ
εν ταισ ημεραισ τησ απογραφησ
και απεστησεν λαον πολυν
οπισω αυτου
κακεινοσ απωλετο
και οσοι ◆επιθοντο αυτω
διεσκορπισθησαν
38 και τα νυν ◆εισιν αδελφοι
λεγω ϋμειν αποστητε
απο των ανθρωπων τουτων
και εασατε αυτουσ
μη μιαναντεσ τασ χειρας
οτι εαν η
εξ ανθρωπων η βουλη αυτη
η το εργον τουτο
καταλυθησεται

37 post hunc surrexit
iudas galilaeus
in diebus professionis
et alienauit populum
 post se
et ille periit
et qui credebant illi
dispersi sunt
38 et quae nunc fratres
dico uobis discedite
ab hominibus istis
et dismittite eos
non coinquinatas manus
quia sic erit
ab hominibus consilium istud
aut hopus hoc
destruetur

G[67] : [37] Nach diesem erhob sich der Galiläer Judas in den Tagen der Schätzung und zog *zahlreiches* Volk nach sich. Auch er *wurde wieder zunichte für sich selbst'*, und alle, die ihm gehorcht hatten, zerstreuten sich. [38] Jetzt nun, *Brüder*, sage ich euch : Laßt ab von diesen Männern, laßt sie (gewähren) und *besudelt nicht eure Hände* ! Denn wenn dieses Vorhaben oder dieses Werk von Menschen stammt, dann wird es zunichte werden.

h : [37] post hunc deinde sur[rexit Ju]das Galileus in diebus census, et convertit [multa]m plebem post se : et ille perit, quodquod ei cre[didera]nt persecutiones habuerunt. [38] nunc au[tem, frat]res, dico vobis, ab istis hominib- recedatis, et [eos dimi]ttatis, et non maculetis manus vestras : quo[niam si] haec potestas humani voluntatis est, dissol[vetur vir]tus ejus :

g : [37] Post hunc surrexit iudas galilens in diebus proffessionis et abduxit post se populum multum et periit et qui credebant illi dispersi sunt. [38] Et nunc dico uobis : discedite ab hominibus istis et sinite eos, quia si ab hominibus est hoc consilium aut opus istud dissoluetur,

39 εἰ δὲ
ἐκ θεοῦ ἐστιν,
οὐ δυνήσεσθε καταλῦσαι αὐτούς

μήποτε καὶ θεομάχοι εὑρεθῆτε.
ἐπείσθησαν δὲ αὐτῷ,
40 καὶ προσκαλεσάμενοι
τοὺς ἀποστόλους δείραντες

παρήγγειλαν μὴ λαλεῖν
ἐπὶ τῷ ὀνόματι τοῦ Ἰησοῦ
καὶ ἀπέλυσαν.
41 οἱ μὲν οὖν
ἐπορεύοντο
χαίροντες ἀπὸ προσώπου
τοῦ συνεδρίου
ὅτι κατηξιώθησαν
ὑπὲρ τοῦ ὀνόματος ἀτιμασθῆναι·

39 εἰ δὲ ἡ ἐξουσία αὕτη[1]
ἐκ θεοῦ βουλήματός[1] ἐστιν,
οὐ δυνήσεσθε καταλῦσαι αὐτούς
οὔτε ὑμεῖς, οὔτε βασιλεῖς
οὔτε τύραννοι · ἀπέχεσθε οὖν
ἀπὸ τῶν ἀνθρώπων τούτων[2]
μήποτε καὶ θεομάχοι εὑρεθῆτε.
ἐπείσθησαν δὲ αὐτῷ,
40 καὶ προσκαλεσάμενοι
τοὺς ἀποστόλους δείραντες
ἀπέλυσαν αὐτούς[1]
παραγγείλαντες[1] μὴ λαλεῖν τινι[1]
ἐν[2] τῷ ὀνόματι τοῦ Ἰησοῦ
[ ][3]
41 οἱ [ ][1][ ][1]
[ ][1][ ][1]δέ[1] ἀπολυθέντες[2] ἀπῆλθον[3]
χαίροντες ἀπὸ προσώπου
τοῦ συνεδρίου
ὅτι ὑπὲρ τοῦ ὀνόματος
κατηξιώθησαν[4] ἀτιμασθῆναι·

---

39 - 1. h / 2. (Dd) h (G⁶⁷) SyrH* SodC.11-15
Varia : add. οὔτε ὑμεῖς οὔτε οἱ ἄρχοντες ὑμῶν ἀπόσχεσθε κτλ. : Ee g dem Vg(D)

40 - 1. h – g Lcf Cass / 2. h Ee (g Lcf) ndl.2 Eth.2-12 / 3. h g Lcf

41 - 1. h cf. G⁶⁷ / 2. h / 3. h G⁶⁷ p / 4. Dd Ee *Koinè* g p Lcf
Varia : οἱ μὲν οὖν ἀπόστολοι : Dd (G⁶⁷) Ee SodC(mss) p ndl.1 SyrH

v. 37 : G⁶⁷ harmonise la finale sur celle du précédent verset, telle qu'il l'avait écrite : κακεῖνος διελύθη ὑπ' αὐτοῦ καὶ κτλ.

v. 38 : Ici encore, h est le seul à nous donner le TO. D et G⁶⁷ sont d'accord pour suivre le TA dans lequel est insérée la proposition μὴ μιάναντες τὰς χεῖρας, propre au TO. C'est la technique de l'archétype X dont ils dépendent ici.

v. 39 : **SyrH*** : … neque vos neque reges neque tyranni…
D et G⁶⁷ (cf. SyrH*) qui suivent d'abord le TA puis le TO dépendent de l'archétype X. C'est lui qui a changé le ἄρχοντες (cf. h(vid) soutenu par E) en βασιλεῖς.

39 ει δε   **39** si autem
εκ θ̄ῡ εστιν   a d̄o̅ est
ου ✦δυνησεσθαι καταλυσαι αυτουσ   non poteritis destruere eos
ουτε ϋμεισ ουτε βασιλεισ   nec uos nec imperatores
ουτε τυραννοι ✦απεχεσθαι ουν   nec reges discedite ergo
απο των ανθρωπων τουτω̄   ab hominibus istis
μηποτε θεομαχοι ευρεθητε   ne forte d̄o̅ repugnantes inueniamini
✦επειστεσ δε αυτω   consenserunt itaquae ei
40 και προσκαλεσαμενοι   **40** et cum uocasset
τουσ αποστολους δειραντεσ   apostolos caesis

παρηγγειλαν μη λαλειν   eis praeceperunt non loqui
επει τω ονοματι του ῑη̄ῡ   in nomine ī̄h̄u
και απελυσαν αυτουσ   et dismiserunt eos
41 οι μεν ουν   **41**
αποστολοι επορευοντο   apostoli uero ibant
χαιροντεσ απο προσωπου   gaudentes a conspectu
του συνεδριου   concilii
οτι ϋπερ του ονοματοσ   quia pro nomine
ατιμασθηναι   digni habitati sunt contumeliam

G[67] : [39] Wenn es aber *etwas von Gottes Wirksamkeit* ist, werdet ihr sie nicht zunichtemachen können, *weder ihr selbst, noch die Könige, noch die Tyrannen. Laßt also ab von diesen Männern,* damit ihr nicht erfunden werdet, wie ihr streitet gegen Gott." Sie folgten ihm aber. [40] Und sie riefen die Apostel herbei, schlugen sie, verboten ihnen, *überhaupt mit irgendjemandem* zu reden in dem Namen Jesu, und ließen *sie* frei. [41] *Die Apostel aber* gingen heraus aus dem Synedrium, sich freuend, darüber daß sie gewürdigt worden waren, für *diesen* Namen verachtet zu werden.

h : [39] si autem haec potestas ex di volu[tate est, no]n poteritis dissolbere illos, neque vos neq- [principes] ac tyranni. abstinete itaquae vos ab is[tis homini]bus, ne forte et adversus dm inveniamini [pugnantes. [40] con]senserunt itaque illi : et vocaverunt apos[tolos, et caeso]s dimiserunt eos, praecipientes ne umquam loquerentur alicui in nomine ihu. [41] [illi] autem dimissi avierunt gaudentes et conspe[ctu con]cilii, quod digni habiti essent ignominias pati [in nomi]ne ihu.

g : [39] si uero ex deo est, non poteristis dissoluere eos neque uos neque principes uestri ; ne forte etiam deo repugnantes inueniamini. Consenserunt itaque ei [40] et uocantes apostolos cesos dimiserunt praecipientes ne loquerentur in nomine ihesu ulli hominum. [41] Illi ergo ibant gaudentes a conspectu concilii, quod pro nomine ihesu digni habiti sunt contumeliam pati.

42 πᾶσάν τε ἡμέραν ἐν τῷ ἱερῷ
καὶ κατ᾽ οἶκον
οὐκ ἐπαύοντο διδάσκοντες
καὶ εὐαγγελιζόμενοι
τὸν χριστόν, Ἰησοῦν.

42 πᾶσάν δέ[1] ἡμέραν ἐν τῷ ἱερῷ
καὶ κατ᾽ οἶκον
οὐκ ἐπαύοντο διδάσκοντες
καὶ εὐαγγελιζόμενοι
τὸν *κύριον*[2] Ἰησοῦν [ ][2].

---

42 - 1. Dd – SodB.2 e g Vg Lcf Sah Boh / 2. G⁶⁷ – C SodC.6 33 *pc* Eth.4 (voir introduction
1.1.1) - (leçon + : Dd h Ephrᵏ 1898 p Vg(CT) SyrP Sah Eth.5-13)

42 πασαν δε ημεραν εν τω ϊερω
και κατ οικον
ουκ επαυοντο διδασκοντεσ
και ευαγγελιζομενοι
τον κ̄ν̄ ιη̄ν χ̄ρ̄ν.

42 pati onmi autem die in templo
et domi
non cessabant docentes
et euangelizantes
d̄n̄m ih̄m x̄p̄m.

G[67] : [42] Sie hörten nicht auf, täglich im Tempel und Haus für Haus zu lehren und den *Herrn Jesus* zu verkündigen.

h : [42] omni atquae die in templo et in domib[us non] cessabant docentes et annuntiantes dnm ih[m xpm].

g : [42] Omni autem die in templo et domi non cessabant docente set euangelizantes dominum christum ihesum.

1 Ἐν δὲ ταῖς ἡμέραις ταύταις
πληθυνόντων
τῶν μαθητῶν
ἐγένετο γογγυσμὸς
τῶν Ἑλληνιστῶν
πρὸς τοὺς Ἑβραίους,
ὅτι παρεθεωροῦντο
ἐν τῇ διακονίᾳ τῇ καθημερινῇ
αἱ χῆραι αὐτῶν.

2 προσκαλεσάμενοι δὲ
οἱ δώδεκα
τὸ πλῆθος τῶν μαθητῶν
εἶπαν,
οὐκ ἀρεστόν ἐστιν ἡμᾶς
καταλείψαντας
τὸν λόγον τοῦ θεοῦ
διακονεῖν τραπέζαις·

1 Ἐν δὲ ταῖς ἡμέραις ἐκείναις[1]
πληθυνόντος τοῦ πλήθους[2]
τῶν μαθητῶν
ἐγένετο γογγυσμὸς
[ ][3]
[ ][4]
ὅτι παρεθεωροῦντο
ἐν τῇ διακονίᾳ τῇ[5] καθημερινῇ
αἱ χῆραι τῶν Ἑλληνιστῶν[6]
[ ] [6]ὑπὸ τῶν διακόντων[6]
τῶν Ἑβραίων[6].

2 καὶ προσεκάλεσαν[1]
οἱ δώδεκα πᾶν[2]
τὸ πλῆθος τῶν μαθητῶν
καὶ[1] εἶπαν αὐτοῖς[3]
οὐ δίκαιον[4] ἐστιν ἡμῖν[5]
καταλείψαντας
τὸν λόγον τοῦ θεοῦ
διακονεῖν τραπέζαις

---

1 - 1. h G[67] t – SodC.3.4 SodB.1 Vg Sah / 2. h – Eth (Sah16.460) / 3. 218 et conj. (voir *infra*) / 4. Chr.3 et conj. (voir *infra*) / 5. τῇ : om. D / 6. h G[67]

2 - 1. h Cyp G[67] / 2. h Cyp – SyrP Eth.1.4-13 / 3. h Cyr G[67] – SyrP Sah Eth (D : πρὸς αὐτοὺς) / 4. h G[67] – t Vg Hes[L] Eth.1 / 5. Dd h G[67] – C g p prv Sah Geo (ὑμῖν : h y 1838) *Varia* : καὶ προσεκάλεσαν τοὺς δώδεκα τὸ πλῆτος : Eth.3.

v. 1 : A part l'inversion ταύταις ταῖς ἡμέραις, D suit le TA auquel il ajoute à la fin ἐν τῇ διακονίᾳ τῶν Ἑβραίων. Dans D, la curieuse répétition de εν τη διακονια à la fin du verset a tout de l'amorce d'une surcharge ou d'un doublon. La comparaison avec h *quod in cottidiano…* montre qu'il n'en est rien et que cette apparente reprise est en réalité le reliquat d'une subordonnée introduite par *oti* (= *quod*) et dont le verbe se trouve tout à la fin du verset (*discupierentur*). G[67] le confirme, notamment si l'on remet au passif la phrase que le copte a naturellement tendance à mettre à l'actif. On peut en déduire que là encore D fait un (début de) compromis entre le TA qui mentionne une première fois les hellénistes et les hébreux et le TO qui ne les mentionne que dans la subordonnée donnant l'explication des murmures. Le témoignage concordant de h G[67] et g inviterait à maintenir παρεθεωρουντο à la fin du verset. En sens inverse, D p t et *Boism*[1a.2] le laissent après οτι sans doute sous l'influence du TA.

v. 2 : L'omission de δὲ dans D semble être accidentelle.
Dans h et Cyp, l'expression *illi xii* semble être une leçon double ; le *duodecim* est omis dans un manuscrit de Cyprien. Par ailleurs, on notera le *discipulorum* dans h et Cyp, alors que l'on a dans h *discentium* aux versets 1, 5 et 7, indice d'un texte remanié en fonction du TA. Dans le TO, le sujet du verbe n'était-il pas alors un simple ἐκεῖνοι se rapportant aux « Héllènes » du verset précédent ? Ce sont eux qui auraient convoqué la foule des disciples. Le TO du verset suivant pourrait confirmer cette hypothèse. Mais elle est malgré tout trop fragile pour que nous puissions la retenir.

1 Εν δε ταυταισ ταισ ημεραισ	1 in diebus autem istis
πληθυνοντων	multiplicantibus
των μαθητων	discipulis
εγενετο γογγυσμοσ	facta est murmuratio
των ελληνιστων	quae ex grecis erant
προσ τουσ εβραιουσ	aduersus aebraeos
οτι παρεθεωρουντο	quia discupiuntur
εν τη διακονια καθημερινη	in ministerio diurno
αι χηραι αυτων	uiduae ipsorum
εν τη διακονια	in ministerio
των εβραιων	haebreorum
2 προσκαλεσαμενοι	2 Conuocantes itaque
οι– ιβ–	•xii
το πληθοσ των μαθητων	multitudinem discipulorun
ειπον προσ αυτουσ	dixerunt ad eos
ουκ αρεστον εστιν ημειν	non enim placet nobis
καταλειψαντασ	derelicto
τον λογον του θυ	uerbo di
διακονειν τραπεζαισ	ministrare mensis

G[67] : [1] In *jenen* Tagen aber, als sich die Jünger mehrten, entstand ein Murren unter den *Griechen* gegen die Hebräer, weil täglich (SCHENKE : *post* der Hebräer) *die Diakone der Hebräer* die Witwen *der Griechen* beim Tischdienst (SCHENKE : *ante* die Witwen) *übersahen*. [2] Die Zwölf aber riefen die Menge der Jünger und sprachen *zu ihnen* : „Es geziemt sich nicht *für uns*, daß wir das Wort Gottes vernachlässigen und Tischen dienen.

h : [1] in diebus autem illis, cum abundaret turba di[scentiu], facta est contentio Graecorum adversus Ebr[. . . .] quod in cottidiano ministerio viduae Graec[orum] a ministris Hebraecorum discupierentur. [2] et [convo]caverunt illi xii totam plebem discipulorum, [et dixe]runt eis : non est aecum vobis reliquisse ver[bum di] et ministrare mensis.

g : [1] In his ergo diebus cum esset mulitudo discipulorum factum est murmur grecorum aduersus hebreos, quod uiduae eorum in ministerio corridano despicerentur [2] Conuocantes autem apostoli multitudinem discipulorum dixerunt : Non placet nobis relicto uerbo dei ministrari mensis

3
ἐπισκέψασθε δέ, ἀδελφοί, ἄνδρας
ἐξ ὑμῶν
μαρτυρουμένους ἑπτὰ
πλήρεις πνεύματος καὶ σοφίας,
οὓς καταστήσομεν
ἐπὶ τῆς χρείας ταύτης·
4 ἡμεῖς δὲ
τῇ προσευχῇ
καὶ τῇ διακονίᾳ τοῦ λόγου
προσκαρτερήσομεν.
5 καὶ ἤρεσεν ὁ λόγος
ἐνώπιον παντὸς
τοῦ πλήθους,
καὶ ἐξελέξαντο Στέφανον,
ἄνδρα πλήρη[a] πίστεως
καὶ πνεύματος ἁγίου,
καὶ Φίλιππον καὶ Πρόχορον
καὶ Νικάνορα καὶ Τίμωνα
καὶ Παρμενᾶν καὶ Νικόλαον
προσήλυτον Ἀντιοχέα,

3 τί οὖν ἐστιν[1]
ἀδελφοί ἐπισκέψασθε [ ][2]
ἐξ ὑμῶν αὐτῶν[3]
ἄνδρας[4] μαρτυρουμένους ἑπτὰ
πλήρεις πνεύματος καὶ σοφίας,
οὓς καταστήσομεν
ἐπὶ τῆς χρείας ταύτης·
4 ἡμεῖς δὲ ἐσόμεθα[1]
τῇ προσευχῇ
καὶ τῇ διακονίᾳ τοῦ λόγου
προσκαρτεροῦντες[1].
5 καὶ ἤρεσεν ὁ λόγος οὗτος[1]
ἐνώπιον πάντων
τῶν μαθητῶν[2]
καὶ ἐξελέξαντο Στέφανον,
ἄνδρα πλήρης πίστεως
καὶ πνεύματος ἁγίου,
καὶ Φίλιππον καὶ Πρόχορον
καὶ Νικάνορα[3] καὶ Τίμωνα[3]
καὶ Παρμενᾶν[3] καὶ Νικόλαον
προσήλυτον Ἀντιοχέα,

a. B C* *Koinè* ; πληρης : p⁷⁴ ℵ A C D E Ψ 33 614 1175 1241 1505

---

3 – 1. Dd h G⁶⁷ – p /2. *om.* δε : D h G⁶⁷ / 3. D h g p t / 4. Dd h (t) Vg(SU) ndl prv Eth

4 – 1. D h G⁶⁷ – g p t Vg (≈ προσκαρτ. ἐσόμεθα : D)

5 – 1. Dd h G⁶⁷ – (g t) ndl.2 SyrP Sah Eth Geo / 2. D(+) h G⁶⁷ (+)/ 3. Noter les formes particulières de D : Νικορα, Τειμωνα et Παρμενα au lieu de Νικάνορα, Τίμωνα, Παρμενᾶν

v. 3 : Nous ne retiendrons pas dans le TO l'addition de ἁγίου, attestée par h, G⁶⁷ et de nombreux autres mss, mais ignorée de D. C'est une leçon facilitante assez spontanée. La précision du TO ἐξ ὑμῶν αὐτῶν vise les Héllènes ; c'était les Héllènes qui avaient provoqué le rassemblement de tous les disciples (cf. verset 2 TO ?)

v. 4 : Pour éviter la proposition participiale, D ajoute εσομετα après ημεις δε ; les latins ajoutent *erimus* après *perseverantes*.

v. 5 : D et G⁶⁷ ont une leçon double : παντὸς τοῦ πλήθους τῶν μαθητῶν.

3 τι ουν εστιν
αδελφοι ✦επισκεψαθαι
εξ ὗμων αυτων
ανδρασ μαρτυρουμενουσ –ζ̄–
πληρεισ π̄ν̄σ και σοφιασ
ουσ καταστησομεν
επι τησ ✦χριασ ✦αυτησ
4 ημεισ δε εσομεθα
τη προσευχη
και τη διακονια του λογου
προσκαρτερουντεσ
5 και ηρεσεν ο λογοσ ουτοσ
ενωπιον παντοσ
του πληθουσ των μαθητων
και εξελεξαντο στεφανον
ανδρα πληρησ πιστεωσ
και πνευματοσ αγιου
και φιλιππον και προχορον
και ✦νικορα και τειμωνα
και ✦παρμενα και νικολαον
προσηλυτον αντιοχεα

3 quid ergo est
fratres prospicite itaque
ex uobis
uiros testimonio bono • u̅ii •
plenos sp̅u et sapientia
quos constituamus
in negotio hoc
4 nos autem sumus
oratione
et ministerio uerbi
perseueramus
5 Et placuit sermo hic
in conspectu omni
multitudini discipulorum
et elegerunt stephanum.
uirum plenum fidei
et spiritu sancti
et philippum et prochorum
et nicanorem et timonem
et permenan et nicholaum
proselytum antiocensem

G[67] : ³ *Was nun also ist es, Brüder ? Wählt* sieben Männer aus eurer Mitte, für die ein (gutes) Zeugnis gegeben wird und die erfüllt sind von *Heiligem* Geist und Weisheit, und wir werden sie für dieses Bedürfnis einsetzen, ⁴ wir aber werden Muße haben für *die Lehre, die* Gebete und den Dienst des Wortes." *Dieses* Wort gefiel der ganzen Menge *der Jünger* wohl, und sie wählten Stephanus, einen Mann, der erfüllt war von Glauben und Heiligem Geist, Philippus, Prochorus, Nikanor, Timon, Parmenas und Nikolaus, einen antiochenischen Fremdling.

h : ³ quid est ergo, frat[res ? ex]quirite ex vobis ipsis homines probatos sep[tem, ple]nos spu sco et sapientia dni, quos constitu[amus in] hunc usum. ⁴ nos autem orationi verbi adse[rvientes] erimus. ⁵ et placuit sermo iste in conspectu o[mnium] discentium : et elegerunt Stefanum, hominem [plenum] fide et sco spu, et Filippum et Proculum et N[icanore] et Simonem et Parmenen et Nicolaum pros[elytum] Antiocensem.

g : ³ Eligite ergo fratres uiros ex uobis ipsis boni testimonii VII plenos spiritu et sapientia, quos constituamus super hoc opus ; ⁴ nos autem orationi et ministerio uerbi erimus adseruientes ⁵ Et placuit hic sermo coram omni multitudine. Et elegerunt stephanum uirum plenum fide et spiritu sancto et philippum et prochorum et nichanorem et thimonem et parmenam et nicolaum aduenam antiochensem,

6 οὓς ἔστησαν
ἐνώπιον τῶν ἀποστόλων,
καὶ προσευξάμενοι ἐπέθηκαν
αὐτοῖς τὰς χεῖρας.
7 καὶ ὁ λόγος τοῦ θεοῦ ηὔξανεν,
καὶ ἐπληθύνετο
ὁ ἀριθμὸς τῶν μαθητῶν
ἐν Ἰερουσαλὴμ σφόδρα,
πολύς τε ὄχλος τῶν ἱερέων
ὑπήκουον τῇ πίστει.
8 Στέφανος δὲ πλήρης χάριτος
καὶ δυνάμεως
ἐποίει τέρατα καὶ σημεῖα μεγάλα
ἐν τῷ λαῷ.

9 ἀνέστησαν δέ τινες
τῶν ἐκ τῆς συναγωγῆς
τῆς λεγομένης Λιβερτίνων
καὶ Κυρηναίων
καὶ Ἀλεξανδρέων
καὶ τῶν ἀπὸ Κιλικίας
καὶ Ἀσίας συζητοῦντες
τῷ Στεφάνῳ,

6 τούτους¹ ἔστησαν²
ἐνώπιον τῶν ἀποστόλων,
[ ]³ καὶ⁴ προσευξάμενοι ἐπέθηκαν
αὐτοῖς τὰς χεῖρας.
7 καὶ ὁ λόγος τοῦ κυρίου¹ ηὔξανεν,
καὶ ἐπληθύνετο
ὁ ἀριθμὸς τῶν μαθητῶν
[ ]² σφόδρα.
πολύς δὲ³ ὄχλος ἐν τῷ ἱερῷ⁴
ἤκουον τὴν πίστιν⁵.
8 Στέφανος δὲ πλήρης χάριτος
καὶ δυνάμεως
ἐποίει τέρατα καὶ σημεῖα [ ]¹
ἐν τῷ λαῷ
ἐν τῷ ὀνόματι Ἰησοῦ Χριστοῦ².
9 ἐξανέστησαν¹ δέ τινες
[ ]² ἐκ τῆς συναγωγῆς
τῆς λεγομένης Λιβερτίνων
καὶ ἄλλοι Κυρηναῖοι³
καὶ ἀπὸ Ἀλεξανδρείας⁴
καὶ [ ]⁵ [ ]⁵ Κιλικίας
καὶ Ἀσίας⁶ συζητοῦντες
τῷ Στεφάνῳ,

---

6 – 1. h (G⁶⁷) – y Vg / 2. h d p t g / 3. D : + οιτινεσ, *om.* h d G⁶⁷ p t g / 4. *καὶ* : h d p t g

7 – 1. Dd h – Ee Ψ SodC.2.11.13 pc a b c p s t y Vg(mss) ndl.2 prv SyrH / 2. h – 181 (≈ *post* σφόδρα : 1898 b ndl prv) / 3. h G⁶⁷ – 440 e p / 4. h – (τῶν Ἰουδαίων : ℵ SodC.3.8 SyrP) / 5. h

8 – 1. h – SodC.15.16 Theoph Iᴸ y Vg(D) ndl.1 SyrP / 2. h Sah(ms) – (+ τοῦ κυρίου : Ee g v) *add*. : διὰ τοῦ ὀνόματος κύριου I X : Dd G⁶⁷ SodC(mss) p t SyrH

9 – 1. h(vid) – SodC.1.2.6.11.14 g p v / 2. h G⁶⁷ - ℵ SodC.5 1838 e p t g v Vg SyrHP Sah Boh Eth Geo / 3. h / 4. h p / 5. h / 6. h

v. 7 : Pour la finale du texte de h, cf. 5,20-21,42. Les deux formules « obéir à la foi » (TA) et « écouter la foi » (TO) ne se lisent nulle part ailleurs dans le NT.
D suit le TO pour le début du verset, puis adopte le TA. Mais G⁶⁷ s'est aligné sur le TA.

v. 8 : Pour le titre Ιησου χρισου voir l'introduction §.III.1.2.

v. 9 : D a adopté ici le TA mais il omet καὶ Ἀσίας par saut du même au même. Comme G⁶⁷ semble suivre lui aussi le TA, on peut penser que tous deux dépendent ici de l'archétype X.

6 ουτοι εσταθησαν	6 quos statuerunt
ενωπιον των αποστολων	in conspectu apostolorum
οιτινεσ προσευξαμενοι επεθηκαν	cumque orassent superposuerunt
αυτοισ τασ χειρασ	eis manus
7 και ο λογοσ του κ͞υ ηὒξανεν	7 et uerbum d͞ni crescebat
και επληθυνετο	et multiplicabatur
ο αριθμοσ των μαθητων	numerus discipulorum
εν ϊερουσαλημ σφοδρα	in hierusalem nimis
πολυσ τε οχλοσ των ϊερεων	multaque turba sacerdotum
ϋπηκουον ◆α τη ◆πιστι	oboediebant fidei
8 στεφανοσ δε πληρησ χαριτοσ	8 stephanus uero plenus gratia
και δυναμεωσ	et uirtute
εποιει τερατα και σημεια μεγαλα	faciebat portenta et signa magna
εν τω λαω	in populo
δια του ονοματος κ͞υ ι͞η͞υ χ͞ρ͞υ.	per nomen d͞ni i͞hu x͞pi
9 ◆αναστησαν δε τινεσ	9 surrexerunt autem quidam
των εκ τησ συναγωγησ	qui erant de synagoga
τησ λεγομενησ λειβερτεινων	quae dicitur liuertinorum
και ◆κυρηνεων	et cyrenensium
και αλεξανδρεων	et alexandrinorum
και των απο κιλικιασ	et eorum qui sunt a cilicia
◆συνζητουντεσ	altercantes
τω στεφανω	cum stephano

G⁶⁷ : ⁶ *Diese wurden zugleich* vor die Apostel *gestellt.* Sie beteten und legten ihnen die Hand auf. ⁷ Und das Wort Gottes wuchs, und es mehrte sich sehr die Zahl der Jünger in Jerusalem. Eine große Menge aber von den Priestern wurde dem Glauben gehorsam. ⁸ Stephanus aber, erfüllt von Gnade und Kraft tat große *Zeichen und Wunder* in dem Volk *durch den Namen des Herrn Jesus Christus.* ⁹ Es erhoben sich aber einige aus der Synagoge, die genannt wird : (die) der Libertiner, der Kyrenäer, der Alexandriner, derer aus Kilikien und Asien, indem sie mit Stephanus rechteten,

h : ⁶ hos statuerunt ante apostol[os et ora]tes inposuerunt eis manus. ⁷ et verbum dni ad[cresce]bat, et multiplicabantur numerus discentiu[m ....] : magna autem turba in templo audiebant fid[ei]. ⁸ [Stef]anus autem plenus gratiam et virtute faciebat [prod]igia et signam coram plebem in nomine ihu xpi. ⁹ [exur]rexerunt autem quidam ex synagoga quae [dicit]ur Libertinorum et alii Cyrenaei et ab Alexan[dria e]t Cilicia et Asia, contendentes cum Stefano :

g : ⁶ quos statuerunt ante apostolos. Et cum orassent, imposuerunt illis manus. ⁷ Verbum autem dei crescebat, et multiplicabatur numerus discipulorum in hierusalem uehementer, multa etiam turba sacerdotum obaudiebat fidei. ⁸ Stephanus autem plenus gratia et uirtute faciebat signa et prodigia magna in populo in nomine domini ihesu christi. ⁹ Exsurrexerunt autem quidam de synagoga eorum, qui dicuntur libertini et de cyrenium et de alexandrinorum et eorum qui a cicilicia (sic) et ab asia erant conquirentes cum stephano,

10 καὶ οὐκ ἴσχυον ἀντιστῆναι
τῇ σοφίᾳ
καὶ τῷ πνεύματι
ᾧ ἐλάλει.

10 οἵτινες[1] οὐκ ἴσχυον ἀντιστῆναι
τῇ σοφίᾳ τῇ οὔσῃ ἐν αὐτῷ[2]
καὶ τῷ πνεύματι τῷ ἁγίῳ[3]
ᾧ ἐλάλει
διὰ τὸ ἐλέγχεσθαι[4]
[ ][5] ὑπ'[6] αὐτοῦ[7]
μετὰ πάσης παρρησίας[7].
μὴ δυνάμενοι οὖν ἀντοφθαλμεῖν[8]
τῇ ἀληθείᾳ[8]

11 τότε
ὑπέβαλον ἄνδρας λέγοντας
ὅτι ἀκηκόαμεν αὐτοῦ λαλοῦντος
ῥήματα βλάσφημα
εἰς Μωϋσῆν καὶ τὸν θεόν·
12 συνεκίνησάν τε τὸν λαὸν
καὶ τοὺς πρεσβυτέρους
καὶ τοὺς γραμματεῖς,
καὶ ἐπιστάντες συνήρπασαν αὐτὸν
καὶ ἤγαγον εἰς τὸ συνέδριον,

11 τότε
ὑπέβαλον ἄνδρας λέγοντας
[ ][1] ἀκηκόαμεν αὐτοῦ λαλοῦντος
ῥήματα βλασφημίας[2]
εἰς Μωϋσῆν καὶ τὸν θεόν·
12 συνεκίνησάν τε τὸν λαὸν
καὶ τοὺς πρεσβυτέρους
καὶ τοὺς γραμματεῖς,
καὶ ἐπιστάντες συνήρπασαν αὐτὸν
καὶ ἤγαγον εἰς τὸ συνέδριον,

---

10 – 1. Dd h G[67] – t / 2. Dd h G[67] – Ee ndl.1[c] / 3. Dd h G[67] – Ee g p t v Vg(O) Eth Geo[1] / 4. Dd h t / 5. h t SyrH / 6. [h] / 7. D h SyrH[mg] Ephr[k] G[67] – e t y Vg(ADTh) bhm ndl[2] tpl / 8. Dd t (voir *infra*)
(διότι ἠλέγχοντο κτλ : Ee)

11 – 1. h z – 642 / 2. D h ℵ SodC.1.2 p t g v Vg SyrP
Varia : *add.* : επειδη ουκ εδυνατο αντιλεγειν τη αληθεια : Ee SyrH[mg]

v. 10 : Il est impossible de répartir ici les versions entre les deux leçons concurrentes (δια το : D ; διοτι : E). Ainsi h traduit par *eo quod* l'une et l'autre formule : cf. 4,2 ; 18,2-3 ; 27,4 pour celle de D, mais 27,4 et 28,9 pour celle de E. Le *propter quod* des latins est tout aussi ambigu. SyrH[mg] ne les distingue jamais. Toutefois, tous les témoins autres que D soutiendront ce manuscrit contre E au début du verset suivant, où la différence entre D et E est sans équivoque. On peut hésiter sur la place de la variante μη δυναμενοι (ουν) αντοφταλμειν τη αληθεια avant τοτε, en gardant sa leçon longue – avec ουν – d'après Dd t, ou après τοτε, en prenant sa leçon courte – sans ουν – d'après h G[67] et *Boism*[2]. Toutefois, la négligence habituelle de D – ou pour ουν – milite pour l'authenticité de la leçon longue et donc pour le maintien de toute la variante là où D la donne.

v. 11 : **SyrH[mg]** : Cum non possent igitur intueri contra veritatem…
Le *resistere* de h traduit ἀντοφθαλμεῖν (cf. g et s en 27,15, hapax du NT).

10 οιτινεσ ουκ ισχυον αντιστηναι	**10** qui non poterant resistere
τη σοφια τη ουση εν αυτω	sapientiae quae erat in eo
και τω π̅ν̅ι τω αγιω	et sp̅o sancto
ω ελαλει	in quo loquebatur
δια το ελεγχεσθαι αυτουσ επ	quoniam probatur
αυτους επ αυτου	illis ab illo
μετα πασησ παρρησιασ	cum omni fiducia
μη δυναμενοι ◆ου αντοφθαλμειν	non potentes autem resistere
τη αληθεια	ueritati
11 τοτε	**11** tunc
ϋπεβαλον ανδρασ λεγοντασ	summiserunt uiros qui dicerent
οτι ακηκοαμεν αυτου λαλουντοσ	quia audiuimus eum loquentem
ρηματα βλασφημιασ	uerba blasphema
εισ μωϋσην και τον θ̅ν̅	in moysen et in d̅u̅m
12 συνεκεινησαν τε τον λαον	**12** commoueruntque populum
και τουσ πρεσβυτερουσ	et seniores
και τουσ γραμματεισ	et scribas
και επισταντεσ συνηρπασαν αυτον	et adgressi adripuerunt eum
και ηγαγον εισ το συνεδριον	et adduxerunt in concilium

G[67] : [10] *sie, die* sich nicht messen konnten mit der Weisheit, *die in ihm war,* und dem *Heiligen* Geiste, *der in ihm redete, denn er überführte sie durch ihn in allem Freimut.* [11] *Da sie nun nicht vermochten, gegen die Wahrheit zu kämpfen,* führten sie Männer ein, die sagten : „Wir haben gehört, wie er lästerliche Worte gegen Mose und Gott gesagt hat." [12] *Da* wiegelten sie das Volk auf, die Ältesten und die Schriftgelehrten. Sie kamen über ihn, ergriffen ihn und brachten ihn hinein in die Ratsversammlung.

h : [10] qui [non v]alebant contradicere sapientiae quae erat in [eo et s]pui sco quo loquaebatur, et quod revincebantur [ab eo c]um omni fiducia. [11] tunc itaque, non valen[tes res]istere adversus veritatem, summiserunt ho[mines], qui dicerent : audivimus eum loquentem [verba] blasphemiae in Monsen et dm. [12] et concitaverunt [plebe]m et majores natu et scribas : venerunt et rapu[erunt] eum, et perduxerunt in concilium,

g : [10] nec poterant resistere sapientiae et spiritui sancto, qui loquebatur. [11] Tunc summiserunt uiros dicentes, quod audiuimus eum loquentem uerba blasphemiae in moysen et deum [12] Et concitauerunt populum ac seniores et scribas et circumstantes rapuerunt eum et adduxerunt eum in concilium,

13 ἔστησάν τε
μάρτυρας ψευδεῖς λέγοντας,
Ὁ ἄνθρωπος οὗτος οὐ παύεται
λαλῶν ῥήματα
κατὰ τοῦ τόπου τοῦ ἁγίου τούτου
καὶ τοῦ νόμου·
14 ἀκηκόαμεν γὰρ
αὐτοῦ λέγοντος
ὅτι Ἰησοῦς ὁ Ναζωραῖος οὗτος
καταλύσει τὸν τόπον τοῦτον
καὶ ἀλλάξει τὰ ἔθη ἃ
παρέδωκεν ἡμῖν Μωϋσῆς.
15 καὶ ἀτενίσαντες εἰς αὐτὸν
πάντες οἱ καθεζόμενοι
ἐν τῷ συνεδρίῳ
εἶδαν [b] τὸ πρόσωπον αὐτοῦ
ὡσεὶ πρόσωπον ἀγγέλου.

13 καὶ[1] ἔστησάν κατ' αὐτοῦ[2]
μάρτυρας ψευδεῖς λέγοντας,
Ὁ ἄνθρωπος οὗτος οὐ παύεται
ῥήματα λαλῶν[3]
κατὰ τοῦ τόπου τοῦ ἁγίου τούτου[4]
καὶ τοῦ νόμου·
14 ἀκηκόαμεν γὰρ
αὐτοῦ λέγοντος
ὅτι Ἰησοῦς ὁ Ναζωραῖος [ ][1]
καταλύσει τὸν ναὸν[2] τοῦτον
καὶ ἤλλαξεν[3] τὸ ἔθος ὃ[4]
παρέδωκεν ἡμῖν Μωϋσῆς.
15 καὶ ἀτενίσαντες[1] [ ][1] αὐτῷ[2]
πάντες οἱ [ ][3]
ἐν τῷ συνεδρίῳ
[ ][4] εἶδον τὸ πρόσωπον αὐτοῦ
ὡσεὶ πρόσωπον ἀγγέλου θεοῦ[5]
ἑστῶτος ἐν μέσῳ αὐτῶν[6].

b. B ; ειδον : NA 28

13 – 1. Dd h – t v Vg / 2. h z – Eth.1-4 (≈κατ' αὐτοῦ post ψευδεῖς : Dd G⁶⁷) / 3. Dd h / 4. h
G⁶⁷ - p t g / om. D (par haplographie).
Varia : ῥήματα βλάσφημα λαλῶν : Ee Koinè G⁶⁷ ; cf. verset 12 TA.

14- 1. h z – SodB.7 ndl.1 Eth Geo / 2. h z Augᶜ G⁶⁷ – Eth / 3. H d – Boism¹ᵃ : αλλαξαι / 4. h
z Augᶜ – g v ndl.1 Eth Geo

15 – 1. d h t / 2. D h – (a) t Vg / 3. h z – y' Theoph Iᴸ (καθήμενοι : D SodC(mss) pc) /4. h p t
g / 5. hz – t y' Vg(IS) Sah.460 Eth / 6. Dd h G⁶⁷ – t y'

v. 14 : D s'est aligné ici sur le TA.

v. 15 : Le καὶ initial de D est une erreur et provient d'une influence du TA, probablement par
harmonisation sur le d latin.
La séquence de D ἠτενίζον δὲ... καὶ est soutenue, semble-t-il, par G⁶⁷ ; il est vrai qu'il change
d'ordinaire les participes en temps finis, mais il atteste au moins la particule δὲ, qu'il donne en
grec comme à son ordinaire.
Avec hésitation, nous avons choisi les leçons de h : dans tous ces versets, il a été fidèle au TO et
l'on pourrait difficilement justifier une influence du TA à propos de ce seul détail.
Cf. Lc 1,11 : ὤφθη δὲ αὐτῷ ἄγγελος κυρίου ἑστὼς ἐκ δεξιῶν τοῦ θυσιαστηρίου.

13 και εστησαν μαρτυρασ ψευδεισ	**13** et statuerunt testes falsos
κατα αυτου λεγοντασ	aduersum eum dicentes
Ο ανθρωποσ ουτοσ ου παυεται	homo hic non cessabit
ρηματα λαλῶ	uerba loquens
κατα του τοπου του αγιου	aduersus locum sanctum
και του νομου	et legem
14 ακηκοαμεν γαρ	**14** audiuimus enim
αυτου λεγοντοσ	eum dicentem
οτι ι̅η̅σ̅ ο ναζοραιοσ ουτοσ	quia i̅h̅s̅ nazoraeus hic
καταλυσει τον τοπον τουτον	destruet locum istum
και αλλαξει τα εθη α	et mutauit iterum quos
παρεδωκεν ημειν μωϋσησ	tradidit nobis moyses
15 και ητενιζον δε αυτω	**15** et intuiti in eum
παντεσ οι καθημενοι	omnes qui sedebant
εν τω συνεδριω	in concilio
και ειδον το προσωπον αυτου	et uiderunt faciem eius
ωσει προσωπον αγγελου	quasi faciem angeli
εστωτοσ εν μεσω αυτων.	stans in medio eorum.

G[67] : ¹³ Sie stellten falsche Zeugen *gegen ihn* auf, die sagten : „Dieser Mann hört nicht auf, *lästerliche* Worte zu sagen, *die sich gegen das Gesetz und ebendiesen heiligen Ort richten.* ¹⁴ Denn wir haben gehört, wie er gesagt hat : " Jesus, der Nazoräer, er ist es, der diesen *Tempel* zunichte machen wird, und wird *die Werke und* die Gebräuche, die Mose uns übergeben hat, ändern." ¹⁵ Es starrten aber alle, die im Synedrium saßen, auf ihn hin und sahen, *daß* sein Gesicht wie das Gesicht eines Engels *war, der in ihrer Mitte stand.*

h : ¹³ et statue[runt a]dversus eum testes falsos, qui dicerent : non [quies]cit homo iste verba jacere adversus legem [et adv]ersus hunc locum scm : ¹⁴ audivimus autem eum [dicent]em quod ihs Nazarenus dissolbet templum is[tum et] consuetudinem istam mutavit quam trade[dit no]bis Moyses. ¹⁵ et cum intueretur eum omnes [qui er]ant in concilio, videbant vultu ejus tamqua [vultum] angeli di stantis inter illos.

g : ¹³ et statuerunt falsos testes dicentes : Homo iste non cessat loqui uerba contra locum sanctum et legem, ¹⁴ audiuimus enim illum dicentem, quia ihesus nazarenus hic destruet locum hunc et immutabit instar, quod tradidit nobis moyses. ¹⁵ Et intendentes in eum omnes, qui sedebant in concilio uiderunt uultum eius tamquam uultum angeli.

1 Εἶπεν δὲ ὁ ἀρχιερεύς,

εἰ ταῦτα οὕτως ἔχει ;
2 ὁ δὲ ἔφη,
Ἄνδρες ἀδελφοὶ καὶ πατέρες,
ἀκούσατε.
Ὁ θεὸς τῆς δόξης ὤφθη
τῷ πατρὶ ἡμῶν Ἀβραὰμ
ὄντι ἐν τῇ Μεσοποταμίᾳ
πρὶν ἢ κατοικῆσαι αὐτὸν
ἐν Χαρράν,
3 καὶ εἶπεν πρὸς αὐτόν,
Ἔξελθε ἐκ τῆς γῆς σου
καὶ τῆςᵃ συγγενείας σου,
καὶ δεῦρο εἰς τὴν γῆν
ἣν ἄν σοι δείξω.

1 εἶπεν δὲ ὁ ἀρχιερεύς
τῷ Στεφάνῳ¹
εἰ² τοῦτο³ οὕτως ἔχει ;
2 ὁ δὲ ἀπεκρίθη¹
Ἄνδρες ἀδελφοὶ καὶ πατέρες,
ἀκούσατε.
ὁ θεὸς τῆς δόξης ὤφθη
τῷ πατρὶ ἡμῶν Ἀβραὰμ
ὄντι ἐν τῇ Μεσοποταμίᾳ
πρίν ἢ κατοικῆσαι αὐτὸν
ἐν Χαρρὰν
3 καὶ εἶπεν πρὸς αὐτόν·
ἔξελθε ἀπό¹ τῆς γῆς σου
καὶ τῆς συγγενείας σου,
καὶ δεῦρο εἰς² τὴν γῆν
ἣν ἄν σοι δείξω.

a. B ; εκ της : p ⁷⁴ ℵ A C E Ψ *Koinè* Syr Ir^L

---

1 - 1. Dd h G⁶⁷ – Ee a g o t v y Vg(CDThTW) ndl.2 prv / 2. voir *infra* / 3. D G⁶⁷ ; *Boism* ¹ᵃ·² :
ταυτα

2 - 1. h G⁶⁷(+) – t ndl.1(+) Sah(+)
Le ms. h devient lacuneux jusqu'au verset 42.

3 - 1. D – (versions ?) / 2. Noter le ει aberrant de D
Varia : add. καὶ ἐκ τοῦ οἴκου τοῦ πατρός σου (= LXX) : Augᶜ G⁶⁷ Ee SodC.3 Vg(D).

v.1 : Le ἄρα que D ajoute après εἰ n'est soutenu par aucun des latins. Il n'est peut-être qu'une infuence de la *Koinè* sur D.

1 ειπεν δε ο αρχιερευσ
τω στεφανω ει
αρα τουτο ουτωσ εχει
2 ο δε εφη
ανδρεσ ◆αδελφη και πατερεσ
◆ακουσατεο
◆θ̄σ̄ τησ δοξησ ωφθη
τω πατρι ημων αβρααμ
οντι εν τη μεσοποταμια
πριν η κατοικησαι αυτον
εν ◆χαραν
3 και ειπεν προσ αυτον
εξηλθε απο τησ γησ σου
και τησ ◆συνγενιασ σου
και δευρο ◆ει εισ την γην
ην αν σοι δειξω

1 ait autem pontifex
stephano
sic haec sic habent
2 ad ille dixit
uiri fratres et patres
audite
d̄s̄ claritatis uisus est
patri nostro abraham
cum esset in mesopotamiam,
postea quam mortuus esset
in charris
3 et dixit ad eum
exi de terra tua
et a cognatione tua
et ueni in terra
quamcumque tibi monstrauero

G⁶⁷ : ¹ Der Hohepriester sprach *zu Stephanus :* „Ist *dies* wirklich so ?" ² Er aber
antwortete und sprach : „Männer und Brüder, und *meine* Väter, hört ! Der Gott der
Herrlichkeit ist unserem Vater Abraham erschienen, als er noch in Mesopotamien
war, bevor er in Charan Wohnung nahm. ³ Er sprach zu ihm : ‚Ziehe fort aus deinem
Lande, deiner Verwandtschaft *und dem Hause deines Vaters,* und geh' hin in das
Land, über das ich dich belehren werde !'

h : ¹ et interrogavit [sacer]dos Stefanum : si haec ita se haberent. ² [ad ille re]spondit :
viri fratres et patres audite : ds clari[tatis]

g : ¹ Ait autem princeps sacerdotum stephano : si haec sic se habent ? ² At illi dixit :
uiri fratres et patres ! audite : deus maiestatis apparuit patri nostro abrahae, cum esset
in mesopotamia priusquam habitaret in carran priusquam mortuus est pater eius. ³ Et
dixit ad eum : Exi de terra tua et de cognatione tua et uade in terram quam tibi
demonstrabo.

4 τότε ἐξελθὼν	**4** ( )¹
ἐκ γῆς Χαλδαίων	( )¹
κατῴκησεν ἐν Χαρράν.	( )¹
κἀκεῖθεν μετὰ τὸ ἀποθανεῖν	( )¹
τὸν πατέρα αὐτοῦ	( )¹
μετῴκισεν αὐτὸν	*καὶ*² μετῴκισεν αὐτὸν
εἰς τὴν γῆν ταύτην	εἰς τὴν γῆν ταύτην
εἰς ἣν ὑμεῖς νῦν κατοικεῖτε,	εἰς ἣν ὑμεῖς νῦν κατοικεῖτε
	*καὶ οἱ πατέρες ὑμῶν*³
	*οἱ πρὸ ὑμῶν*⁴.
5 καὶ οὐκ ἔδωκεν αὐτῷ	**5** καὶ οὐκ ἔδωκεν αὐτῷ
κληρονομίαν ἐν αὐτῇ	κληρονομίαν ἐν αὐτῇ
οὐδὲ βῆμα ποδός,	οὐδὲ βῆμα ποδός,
καὶ ἐπηγγείλατο δοῦναι αὐτῷ	*ἀλλ΄*¹ ἐπηγγείλατο δοῦναι αὐτῷ
εἰς κατάσχεσιν αὐτὴν	εἰς κατάσχεσιν αὐτὴν
καὶ τῷ σπέρματι αὐτοῦ μετ᾽αὐτόν,	καὶ τῷ σπέρματι αὐτοῦ μετ᾽αὐτόν,
οὐκ ὄντος αὐτῷ τέκνου.	οὐκ ὄντος αὐτῷ τέκνου.
6 ἐλάλησεν δὲ οὕτως ὁ θεὸς	**6** ἐλάλησεν δὲ οὕτως ὁ θεὸς
	*πρὸς αὐτόν*¹
ὅτι ἔσται τὸ σπέρμα αὐτοῦ	ὅτι ἔσται τὸ σπέρμα αὐτοῦ
πάροικον ἐν γῇ ἀλλοτρίᾳ,	πάροικον ἐν γῇ ἀλλοτρίᾳ,
καὶ δουλώσουσιν αὐτὸ	καὶ δουλώσουσιν *αὐτὸ*²
καὶ κακώσουσιν ἔτη τετρακόσια·	καὶ κακώσουσιν ἔτη τετρακόσια ·

---

4 - 1. – p Irᴸ / 2. Dd – p Irᴸ / 3. (Dd) SyrH* G⁶⁷ – Ee SodC.11.13-16 (Dd : ἡμῶν) – *om. Boism* ¹ᵃ / 4. (Dd) SyrH* – SodC.11.13-16 (Dd : ἡμῶν) – *om. Boism* ¹ᵃ

Varia : *add.* Ἀβραάμ *post* τότε : Dd SyrP

p* (vv. 3b-5a) : ... et ueni in terram quam cumque tibi demonstravero, [ ] Et in de transtulit eum in terra hac in qua uos nunc habitatis. Et non dedit ei ereditatem...

Irᴸ (vv. 3b-5a) : et veni in terram hanc quam demontrabo tibi. [ ] et trantulit illum in terram hanc quam nunc et vos inhabitatis, et non dedit ei hereditatem...

5 - 1. Dd G⁶⁷ – b c dem g r Vg(mss) ndl prv.2 Irᴸ Sah Eth

6 - 1. Dd G⁶⁷ Irᴸ / 2. p

v. 4 : D manifeste trois erreurs du scribe. Après le participe ἐξελθὼν, son premier καὶ est dû à une rétroversion à partir du d latin. Par ailleurs, son κἀκεῖ ἦν (cf. d), qui n'est pas autrement attesté, est une distraction pour κἀκεῖθεν. Enfin il écrit μετωκησεν au lieu de μετωκισεν.
L'archétype X, dont dépendent Dd SyrH* et G⁶⁷, reprend le TA auquel il ajoute la leçon longue du TO à la fin du verset. Ee et G⁶⁷ omettent la finale par saut du même au même.
En l'absence de témoins du vieux texte africain, le TO n'est plus représenté que par p et Irᴸ (qui cite à la suite les versets 3-8). Le verbe μετῴκισεν du verset 4b, avec Dieu comme sujet, est la suite normale du verset 3 tandis que dans le TA le changement de sujet des verbes est difficile.

4 τοτε αβρααμ εξελθων	**4** tunc abraham exibit
εκ γησ χαλδαιων	de terra chaldeorum
◆και κατωκησεν εν χαρραν	et habitauit in charra
κακει ην μετα το αποθανειν	et ibi erat post mortem
τον πατερα αυτου	patris sui
και ◆μετωκησεν αυτον	et intransmigrauit eum
εισ την γην ταυτην	in terram hanc
εισ ην ὕμεισ νυν ◆κατοικειται	in qua uos nunc habitatis
και οι πατερεσ ημων	et patres nostri
οι προ ημων	qui ante nos
5 και ουκ εδωκεν αυτω	**5** et non dedit ei possessionem
κληρονομιαν εν αυτη	heredetatis in ea
ουδε βημα ποδοσ	nec quantum tenet gradus pedis
αλλ επηγγειλατο δουναι αυτω	sed promisit ei dare
εισ κατασχεσιν αυτην	eam in possessionem
και τω σπερματι αυτου μετ αυτον	et semini eius post ipsum
ουκ οντοσ αυτω τεκνου	quando non esset ei filium
6 ελαλησεν δε ουτωσ ο θ͞σ	**6** locutus est antem sic d͞s
προσ αυτον	ad eum
οτι εσται το σπερμα αυτου	quia erit semen eius
παροικον εν γη αλλοτρια	peregrinum in terra aliena
και δουλωσουσιν αυτουσ	et in seruitute redigent eos
και κακωσουσιν ετη –u͞–	et male tractabunt annis c͞c͞c͞c

G⁶⁷ : ⁴ Da zog *Abraham* fort aus dem Lande der Chaldäer und nahm Wohnung in Charan. Nachdem aber sein Vater gestorben war, ließ er ihn von jenem Ort in ebendieses Land übersiedeln, das, in dem ihr euererseits jetzt wohnt *nebst euren Vätern.* ⁵ Und er gab ihm kein Erbe in ihm, nicht einmal einen Fußabdruck (breit), *sondern* ihm nebst seinem Samen nach ihm, obwohl er doch gar keinen Sohn hatte, verhieß er es, es zum Besitz zu geben. ⁶ Gott sprach *zu ihm* so : *„Mit Gewißheit sollst du wissen, daß dein* Same ein Beisasse sein wird in einem Lande, *das ihm nicht gehört,* und man wird *sie* zu Knechten machen und *sie* erniedrigen vierhundert Jahre lang.

g : ⁴ Tunc exiens de terra chaldeorum habitauit in carran et inde transtulit eum in terram hanc in qua nunc uos habitabis. ⁵ Et non dedit illi hereditatem in ea nec uestigium pedis, sed promisit dare illi eam in possessionem et semini eius post ipsum cum non esset ei filius. ⁶ Locutus est autem ei deus sic, quod semen eius aduena erit in terra aliena et seruitio eos subicient, et male tractabunt eos annis quadringentis.

7 καὶ τὸ ἔθνος ᾧ ἂν ^b δουλεύσωσιν	7 καὶ τὸ ἔθνος ᾧ ἂν δουλεύσουσιν

7 καὶ τὸ ἔθνος ᾧ ἂν ᵇ δουλεύσωσιν
ᶜ κρινῶ ἐγώ, ὁ θεὸς εἶπεν,
καὶ μετὰ ταῦτα ἐξελεύσονται
καὶ λατρεύσουσίν μοι
ἐν τῷ τόπῳ τούτῳ.
8 καὶ ἔδωκεν αὐτῷ
διαθήκην περιτομῆς·
καὶ οὕτως ἐγέννησεν τὸν Ἰσαὰκ ᵈ
καὶ περιέτεμεν αὐτὸν
τῇ ἡμέρᾳ τῇ ὀγδόῃ,
καὶ Ἰσαὰκ τὸν Ἰακώβ,
καὶ Ἰακὼβ
τοὺς δώδεκα πατριάρχας.
9 Καὶ οἱ πατριάρχαι
ζηλώσαντες τὸν Ἰωσὴφ ἀπέδοντο
εἰς Αἴγυπτον·
καὶ ἦν ὁ θεὸς μετ᾽ αὐτοῦ,
10 καὶ ἐξείλατο αὐτὸν
ἐκ πασῶν τῶν θλίψεων αὐτοῦ,
καὶ ἔδωκεν αὐτῷ χάριν καὶ σοφίαν
ἐναντίον Φαραὼ
βασιλέως Αἰγύπτου,
καὶ κατέστησεν αὐτὸν ἡγούμενον
ἐπ᾽ Αἴγυπτον
καὶ ὅλον ᵉ τὸν οἶκον τοῦτον ᶠ.

7 καὶ τὸ ἔθνος ᾧ ἂν δουλεύσουσιν
κρινῶ ἐγώ, λέγει ¹ ὁ κύριος ²,
καὶ μετὰ ταῦτα ἐξελεύσονται
καὶ λατρεύσουσίν μοι
ἐν τῷ τόπῳ τούτῳ.
8 καὶ ἔδωκεν αὐτῷ
διαθήκην περιτομῆς·
καὶ οὕτως ἐγέννησεν τὸν Ἰσαὰκ
καὶ περιέτεμεν αὐτὸν
τῇ ἡμέρᾳ τῇ ὀγδόῃ,
καὶ [ ]¹ Ἰσαὰκ τὸν Ἰακώβ,
καὶ Ἰακὼβ
τοὺς δώδεκα πατριάρχας.
9 Καὶ οἱ πατριάρχαι
ζηλώσαντες τὸν Ἰωσὴφ ἀπέδοντο
εἰς Αἴγυπτον·
καὶ ἦν ὁ θεὸς μετ᾽ αὐτοῦ,
10 καὶ ἐξείλατο αὐτὸν
ἐκ πασῶν τῶν θλίψεων αὐτοῦ,
καὶ ἔδωκεν <u>αὐτῷ χάριν</u> ¹ καὶ σοφίαν
ἐναντίον Φαραὼ
βασιλέως Αἰγύπτου,
καὶ κατέστησεν αὐτὸν ἡγούμενον
ἐπ᾽ Αἴγυπτον
καὶ [ἐφ]² ὅλον τὸν οἶκον αὐτοῦ ³.

b. B D Ψ 36 453 1898 ; εαν : *NA 28*
c. p³³ B ℵ E Ψ *Koinè* ; δουλευσουσιν : p⁷⁴ A C D Ir^Lvid *NA 28*
d. *NA 28* ; B : Ισακ
e. B D Ψ *Koinè* e g r ; εφ ολον : p⁷⁴ℵ A C E 104 323 945 1175 1739 p Vg *NA 28*
f. B ; αυτου : ℵ A C D *NA 28*

7 - 1. p Ir^L / 2. d G⁶⁷(+) – p Ir^L b c g o r dem Vg(mss) ndl prv Sah.33.378 Geo

8 - 1. D : + ὁ

10 - 1. d - p g Vg / 2. G⁶⁷ p Vg SyrP SyrH Sah Boh Eth. *om.* : Dd e g / 3. D

v. 8 : Nulle part ailleurs D ne place l'article défini devant le nom d'un des trois patriarches au nominatif.

7 – και το εθνοσ ω αν δουλευσουσιν	7 et gentem cui seruierint
κρινω εγω ειπεν ο θ͞σ	iudicauo ego dicit d͞s
και μετα ταυτα εξελευσονται	et postea xibunt
και λατρευσουσιν μοι	et deseruient mihi
εν τω τοπω τουτω	in loco hoc
8 και εδωκεν αυτω	8 et dedit ei
διαθηκην περιτομησ	dispositionem circunicisionis
και ουτωσ εγεννησεν τον ♦Ισακ	et sic genuit isac
και περιετεμεν αυτον	et circumcidit eum
τη ημερα τη ογδοη	die octabo
και ο ♦ϊσακ τον ϊακωβ	et isac ipsum iacob
και ϊακωβ	et iacob
τουσ –ι͞β– πατριαρχασ	- x͞ii- patriarchas
9 και οι πατριαρχαι	9 et patriarchae
ζηλωσαντεσ τον ϊωσηφ απεδοντο	hemulati ioseph distraxerunt
εισ αιγυπτον	in aaegyptum
και ην ο θ͞σ μετ αυτου	et erat d͞s cum illo
10 και ♦εξιλατο αυτον	10 et eripuit eum
εκ πασων των θλειψεων αυτου	ex omnibus conflictationibus eius
και εδωκεν χαριν αυτω και σοφιαν	et dedit ei gratiam eti sapientiam
εναντιον φαραω	coram farao
βασιλεωσ αιγυπτου	regae aegypti
και κατεστησεν αυτον ηγουμενον	et constituit eum
επ αιγυπτ͞ο	in aegyptum,
και ολον τον οικον αυτου	et omnem domum suam

G⁶⁷ : ⁷ Das Volk aber, dem sie als Knechte dienen werden, werde ich meinerseits richten, sprach Gott, *der Herr*, und danach werden sie ausziehen *zu diesem Ort mit großem Gepäck* und werden mir dienen an ebendiesem Ort." ⁸ Er gab ihm einen Bund der Beschneidung ; so zeugte er Isaak und beschnitt ihn an *seinem* achten Tage. Isaak aber *zeugte* Jakob, Jakob aber *unsere* zwölf Patriarchen. ⁹ Die Patriachen aber wurden eifersüchtig auf Joseph und verkauften ihn nach Ägypten ; Gott aber war mit ihm. ¹⁰ Und er rettete ihn aus allen seinen Bedrängnissen und gab ihm Gnade und Weisheit vor Pharao, dem König Ägyptens ; der setzte ihn als einen Großen ein über Ägypten und über sein ganzes Haus.

g : ⁷ Et de gente cui seruierint iudicabo ego, dixit dominus, et post haec exient et seruient, michi in loco hoc. ⁸ Et dedit illi testamentum circumcisionis, et sic genuit ysaac et circumcidit eum die octaua, et ysaac iacob, et iacob XII patriarchas, ⁹ et patriarchae zelantes ioseph uendiderunt in egyptum et erat deus cum illo, ¹⁰ et eripuit eum ex omnibus tribulationibus eius et dedit ei gratiam et sapientiam ante pharaonem regem aegypti et constituit eum principem super aegyptum et omnem domum suam

11 ἦλθεν δὲ λιμὸς
ἐφ᾽ ὅλην τὴν Αἴγυπτον
καὶ Χανάαν καὶ θλῖψις μεγάλη,
καὶ οὐχ ηὕρισκον χορτάσματα
οἱ πατέρες ἡμῶν.
12 ἀκούσας δὲ Ἰακὼβ
ὄντα σιτία
εἰς Αἴγυπτον ἐξαπέστειλεν
τοὺς πατέρας ἡμῶν πρῶτον·
13 καὶ ἐν τῷ δευτέρῳ
εγνωρίσθη ᵍ Ἰωσὴφ
τοῖς ἀδελφοῖς αὐτοῦ,
καὶ φανερὸν ἐγένετο τῷ Φαραὼ
τὸ γένος Ἰωσὴφ ʰ.
14 ἀποστείλας δὲ Ἰωσὴφ
μετεκαλέσατο Ἰακὼβ
τὸν πατέρα αὐτοῦ
καὶ πᾶσαν τὴν συγγένειαν
ἐν ψυχαῖς ἑβδομήκοντα πέντε,
15 κατέβη δὲ ⁱ Ἰακὼβ ʲ
καὶ αὐτὸς ἐτελεύτησεν ᵏ
καὶ οἱ πατέρες ἡμῶν,
16 καὶ μετετέθησαν εἰς Συχὲμ
καὶ ἐτέθησαν ἐν τῷ μνήματι
ᾧ ὠνήσατο Ἀβραὰμ
τιμῆς ἀργυρίου
παρὰ τῶν υἱῶν Ἐμμὼρ ἐν Συχέμ.

11 ἦλθεν δὲ λιμὸς
ἐφ᾽ ὅλην τὴν Αἴγυπτον
καὶ Χανάαν καὶ θλῖψις μεγάλη,
καὶ οὐχ ηὕρισκον χορτάσματα
οἱ πατέρες ἡμῶν.
12 ἀκούσας οὖν¹ Ἰακὼβ
ὄντα σιτία
εἰς Αἴγυπτον ἐξαπέστειλεν
τοὺς πατέρας ἡμῶν πρῶτον·
13 καὶ ἐπί¹ τῷ δευτέρῳ
ἀνεγνωρίσθη² Ἰωσὴφ
τοῖς ἀδελφοῖς αὐτοῦ,
καὶ φανερὸν ἐγενήθη³ τῷ Φαραὼ
τὸ γένος τοῦ⁴ Ἰωσήφ.
14 ἀποστείλας δὲ Ἰωσὴφ
μετεκαλέσατο Ἰακὼβ
τὸν πατέρα αὐτοῦ
καὶ πᾶσαν τὴν συγγένειαν αὐτοῦ¹
ἐν ἑβδομήκοντα καὶ² πέντε ψυχαῖς³,
15 κατέβη [ ]¹ Ἰακὼβ εἰς Αἴγυπτον.
καὶ ἐτελεύτησεν αὐτὸς²
τε³ καὶ οἱ πατέρες ἡμῶν,
16 καὶ μετετέθη¹ εἰς Συχὲμ
καὶ ἐτέθη² ἐν τῷ μνήματι
ᾧ ὠνήσατο Ἀβραὰμ
τιμῆς ἀργυρίου
παρὰ τῶν υἱῶν Ἐμμὼρ τοῦ³ Συχέμ.

g. B A p Vg ; ανεγνωρισθη : *NA 28* // h. B C p³³ *pc* ; του Ιοσηφ : p⁴⁵ D Ψ *Koinè* [*NA 28*]
i. B Sah Boh *Koinè* ; και κατεβη : p³³·⁷⁴ א A C E 945 1175 1739 2818 Vg *NA 28*
j. B ; Ιακουβ εις Αιγυπτον : א A C D *NA 28*
k. B Boh ; ετελευτησεν αυτος : א A C D *NA 28*

12 - 1. Dd g. δε : p Vg (*Boism* ¹ᵃ·² avec TA)

13 - 1. D (cf. Job 40,5). εν : alii (*Boism* ¹ᵃ·² avec TA) / 2. Dd g / 3. Dd . ἐγένετο : alii (*Boism* ¹ᵃ·² avec TA) / 4. D Ψ p⁴⁵ *Koinè*

14 - 1. Dd Ee p³³(vid) g p Vg SyrP SyrH SodC.10.15.16 SodB.1-7. 88 467 / 2. Dd Ψ SodC.1.2.10.11.13.14 431(versions ?) /3. Dd p g SodC.1.3-5.7 36 453 181 1898 255 131 467 536 Chr.1° // 15 - 1. Dd G⁶⁷ – Ψ *pc* g p SyrH / 2. D א A C / 3. D(d)

16 - 1. – ndl.1 SyrP Eth.5-7 *Boism* ¹ᵃ (*Boism*² : μετηχθη) / 2. G⁶⁷ – ndl.1 SyrP Eth.5-7 p³³(vid) / 3. D G⁶⁷ – p Vg p⁷⁴ *Koinè* (*om.* ἐν Συχέμ : SyrP)

v. 16 : Dans G⁶⁷ le scribe a harmonisé le premier verbe sur le TA. Dans g toute la suite du verset contenant les deux autres verbes est omise.

11 ηλθεν δε λειμοσ	11 uenit autem famis
εφ ◆ολησ ◆τησ ◆αιγυπτου	super omnem terram aegypti
και χανααν και θλειψεισ μεγαλη	et chanaam et conflictatio magna
και ουχ ◆ευρισκον χορτασματα	et non inueniebant utensilia
οι πατερεσ ημω̅	patres nostri
12 ακουσασ ουν ϊακωβ	12 cum audisset uero iacob
οντα σειτια	esse frumenta
◆εν ◆αιγυπτω εξαπεστειλεν	in aegypto misit
τουσ πατερασ ημων πρωτον	patres nostros primum
13 και επι τω δευτερω	13 et in secundo
ανεγνωρισθη ϊωσηφ	recognitus est ioseph.
τοισ αδελφοισ αυτου	a fratribus suis
και φανερον εγενηθη τω φαραω	et manifestum factum est ipsi pharao
το γενοσ του ϊωσηφ	genus ioseph
14 αποστειλασ δε ϊωσηφ	14 cum misisset autem ioseph
μετεκαλεσατο ϊακωβ	accersibit iacob
τον πατερα αυτου	patrem suum
και πασαν την ◆συνγενειαν αυτου	et omnem cognationem eius
εν −ο̅− και −ε̅− ψυχαισ	in ·lxx· et ·u̅· animabus
15 κατεβη ϊακωβ εισ αιγυπτον	15 descendit iacob· in aegyptum
και ετελευτησεν αυτος	et defuctus est ipseque
τε και οι πατερεσ ημω̅	et patres nostri
16 και μετηχθησαν εισ ◆συχεν	16 et translati sunt in sychem
και ετεθησαν εν τω μνηματι	et positi sunt in sepulchro
ω ωνησατο αβρααμ	quod mercatus est abraham
τειμησ αργυριου	praetio argenti
παρα των ϋιων εμμωρ του συχεμ	a filiis emmor et sychem

G⁶⁷ : ¹¹ Eine Hungersnot aber kam über ganz Ägypten und (über) Kanaan nebst einer großen und *vielfältigen* Bedrängnis ; und unsere Väter fanden kein Brot. ¹² Jakob aber, als er hörte, daß es Weizen in Ägypten gebe, sandte unsere Väter ein erstes Mal. ¹³ Beim zweiten Mal aber offenbarte sich Joseph gegenüber seinen Brüdern ; und Pharao lernte die Abstammung Josephs kennen. ¹⁴ Joseph aber sandte hin und ließ Jakob, seinen Vater, holen und *seine* ganze Verwandtschaft. ¹⁵ *Jakob* kam herab nach Ägypten *mit einer Anzahl von dreimal zwanzig und fünfzehn Seelen.* Er selbst starb und unsere Väter. ¹⁶ Sie wurden nach Sichem überführt ; und *er wurde* in das Grab *gelegt*, das Abraham für eine Summe Geldes von den Söhnen Hemors, *des (Vaters) von Sichem*, gekauft hatte.

g : ¹¹ Venit autem fames in universam terram aegypti et canahan et tribulatio magna et non inueniebant pabula parentes nostri. ¹² Cum audisset itaque iacob esse frumenta in egypto misit patres nostros primum, ¹³ et in secundo recognitus est ioseph a fratribus suis et innotuit pharaoni genus ioseph. ¹⁴ Mittens autem ioseph accersit iacob patrem suum et omnem cognationem suam cum LXX et quique animabus. ¹⁵ Descendit iacob in egyptum, et defunctus est ipse et patres nostri, ¹⁶ et translati sunt in sychem.

17 Καθὼς δὲ ἤγγιζεν	17 καθὼς δὲ ἤγγιζεν
ὁ χρόνος τῆς ἐπαγγελίας	ὁ χρόνος τῆς ἐπαγγελίας
ἧς ὡμολόγησεν	ἧς *ἐπηγγείλατο*[1]
ὁ θεὸς τῷ Ἀβραάμ,	ὁ θεὸς τῷ Ἀβραάμ,
ηὔξησεν ὁ λαὸς	ηὔξησευ ὁ λαὸς
καὶ ἐπληθύνθη ἐν Αἰγύπτῳ,	καὶ ἐπληθύνθη ἐν *Αἰγύπτῳ*[2]
18 ἄχρι οὗ ἀνέστη βασιλεὺς ἕτερος	18 ἄχρι οὗ ἀνέστη βασιλεὺς ἕτερος
ἐπ᾽ Αἴγυπτον	[ ][1]
ὃς οὐκ ᾔδει τὸν Ἰωσήφ.	ὃς οὐκ *ἐμνήσθη τοῦ*[2] Ἰωσήφ.
19 οὗτος κατασοφισάμενος	19 *καὶ*[1] κατασοφισάμενος
τὸ γένος ἡμῶν	τὸ γένος ἡμῶν
ἐκάκωσεν τοὺς πατέρας[1]	ἐκάκωσεν τοὺς πατέρας *ἡμῶν*[2]
τοῦ ποιεῖν	τοῦ ποιεῖν
τὰ βρέφη ἔκθετα αὐτῶν	*ἔκθεντα τὰ βρέφη*[3] αὐτῶν
εἰς τὸ μὴ ζῳογονεῖσθαι.	εἰς τὸ μὴ ζῳογονεῖσθαι.
20 ἐν ᾧ καιρῷ ἐγεννήθη Μωϋσῆς,	20 ἐν ᾧ καιρῷ ἐγεννήθη Μωϋσῆς,
καὶ ἦν ἀστεῖος τῷ θεῷ·	καὶ ἦν ἀστεῖος τῷ θεῷ·
ὃς ἀνετράφη μῆνας τρεῖς	ὃς ἀνετράφη μῆνας τρεῖς
ἐν τῷ οἴκῳ τοῦ πατρός·	ἐν τῷ οἴκῳ τοῦ πατρός *αὐτοῦ*[1],
21 ἐκτεθέντος δὲ αὐτοῦ	21 ἐκτεθέντος δὲ αὐτοῦ
	παρὰ τὸν ποταμὸν[1]
ἀνείλατο αὐτὸν ἡ θυγάτηρ Φαραὼ	ἀνείλατο αὐτὸν ἡ θυγάτηρ Φαραὼ
καὶ ἀνεθρέψατο αὐτὸν	*καὶ*[2] *ἀνεθρέψατο*[3] [ ][4]
ἑαυτῇ εἰς[m] υἱόν.	*ἑαυτῇ*[3] εἰς υἱόν.

l. B ℵ D p⁷⁴ 1175 1505 t *pc* Vg ; πατερας ημων : A C E Ψ *Koinè NA 28*
m. ℵ A C 81 D *NA 28* ; *om.* B

---

17 - 1. Dd G⁶⁷ SyrH^mg – p⁴⁵ Ee p Vg(DT) Eth Geo / 2. d et alii. D donne 3 fois Εγύπτω (7,17.34 ; 21,38) contre 19 fois Αιγυπτω.
Varia : *om.* ὁ θεός : p

18 - 1. Dd – p⁴⁵(vid) Ee *Koinè* g p Eth.6.7 Geo.1 / 2. Dd – g p Chr.2^b
SyrH^mg ajoute ἐπ᾽ Αἴγυπτον mais garde le ᾔδει attesté par SyrH. On obtient alors le TA, que suit aussi G⁶⁷.

19 - 1. Dd – SyrP / 2. G⁶⁷ e g p – (tous sauf ℵ B D P 1175 t Vg) / 3. Dd G⁶⁷ – p⁴⁵ Ee *Koinè* p

20 - 1. Dd QvD G⁶⁷ – Theoph I^L. II^L Ee SodC(mss) SodB(mss) *pc* g p Vg SyrHP Sah Eth Geo.

21 - 1. Dd G⁶⁷(?) – 88.915 / 2. d p g / 3. Noter la négligence du scribe de D : ανεθραψατο et αυτη / 4. Dd – Ψ SodC.1.2.10-13 431 SyrH (*contra* SyrH*)
Varia : εἰς τὸν ποτ. : Ee a Vg(DM) ndl.2 prv.2 SyrH*

17 καθωσ δε ηγγιζεν	**17** ut uero adpropinquauit
ο χρονοσ τησ επαγγελιασ	tempus promissionis
ησ επηγγειλατο	quam pollicitus est
ο θ̄σ̄ τω αβρααμ	d̄s̄ ipsi abraham
ηυξησεν ο λαοσ	auctus est populus
και επληθυνθη εν ◆εγυπτω	et multiplicatus est in aegypto
18 αχρι ου ανεστη βασιλευσ ετεροσ	**18** donec alius exurrexerit rex
οσ ουκ εμνησθη του ϊωσηφ	qui non meminisset ipsius ioseph.
19 και κατασοφισαμενοσ	**19** cum iustitias coepisset
το γενοσ ημων	cum genus nostrū
εκακωσεν τουσ πατερασ	male tractauit patres
του ποιειν	ut faceret
◆εκθετα τα βρεφη αυτων	exponi infantes eorum
εισ το μη ◆ζωογονεισθε	ut non educarentur
20 εν ω καιρω εγεννηθη μωυσησ	**20** in quo tempore natus esset moyses
και ην ◆αστιοσ τω θ̄ω̄	et erat eligans d̄ō
οσ ανετραφη μηνασ ◆τρισ	qui mensibus tribus
εν τω οικω του πατροσ αυτου	educatus est in domo patris eius
21 εκτεθεντοσ δε αυτου	**21** cum uero expositus esset
παρα τον ποταμον	secus flumen
ανειλατο αυτον η θυγατηρ φαραω	sustulit eum filia pharao
◆ανεθραψατο	et uice fili educauit
αυτη εισ ϋιον	sibi

G⁶⁷ : ¹⁷ Als aber die Zeit der Verheißung, die Gott dem Abraham *verheißen* hatte, nahe herbeigekommen war, *ließ Gott das Volk wachsen* ; und es vermehrte sich in Ägypten, ¹⁸ bis sich ein anderer König über Ägypten erhob, der Joseph nicht kannte. ¹⁹ Dieser *erhob sich über* unseren Stamm und quäte unsere Väter, daß sie ihre Kinder aussetzen und nicht am Leben erhalten sollten. ²⁰ In jener Zeit wurde Mose geboren ; und er war schön für Gott und wurde drei Monate lang in dem Hause *seines* Vaters aufgezogen. ²¹ Als er aber *in den Fluß hinein* ausgesetzt wurde, hob ihn die Tochter Pharaos auf und zog ihn sich auf zu einem Sohn.

g : ¹⁷ Et cum adpropiabat tempus promissionis, quod iurauit deus abrahae, creuit populus et multiplicatus est in egypto, ¹⁸ donec surrexit alius rex, qui non fuit memor ioseph, ¹⁹ hic circumueniens genus nostrum afflixit patres nostros ut exponerent infantes suos, ut non uiuificarentur masculi, ²⁰ in quo tempore natus est moyses. Et fuit acceptus deo, qui nutritus est mensibus tribus in domo patris sui, ²¹ expositum autem illum sustulit eum filia pharao et nutriuit eum sibi pro filio.

22 καὶ ἐπαιδεύθη Μωϋσῆς
πάσῃ σοφίᾳⁿ Αἰγυπτίων,
ἦν δὲ δυνατὸς
ἐν λόγοις καὶ ἔργοις αὐτοῦ.
23 ὡς δὲ ἐπληροῦτο
αὐτῷ τεσσερακονταετὴς χρόνος,
ἀνέβη ἐπὶ τὴν καρδίαν αὐτοῦ
ἐπισκέψασθαι τοὺς ἀδελφοὺς
αὐτοῦ τοὺς υἱοὺς Ἰσραήλ.
24 καὶ ἰδών τινα ἀδικούμενον
ἠμύνατο
καὶ ἐποίησεν ἐκδίκησιν
τῷ καταπονουμένῳ
πατάξας τὸν Αἰγύπτιον.
25 ἐνόμιζεν δὲ συνιέναι
τοὺς ἀδελφοὺς ᵖ
ὅτι ὁ θεὸς διὰ χειρὸς αὐτοῦ
δίδωσιν σωτηρίαν αὐτοῖς,
οἱ δὲ οὐ συνῆκαν.

22 καὶ ἐπαιδεύθη Μωϋσῆς
πάσαν σοφίαν[1] Αἰγυπτίων,
ἦν *τε*[2] δυνατὸς
ἐν λόγοις καὶ ἔργοις αὐτοῦ.
23 ὡς δὲ ἐπληροῦτο
αὐτῷ τεσσερακονταετὴς[1] χρόνος,
ἀνέβη ἐπὶ τὴν καρδίαν αὐτοῦ
ἐπισκέψασθαι τοὺς ἀδελφοὺς
αὐτοῦ τοὺς υἱοὺς Ἰσραήλ.
24 καὶ ἰδών τινα ἀδικούμενον
ἐκ τοῦ γένους αὐτοῦ[1] *ἠμύνετο*[2]
καὶ ἐποίησεν ἐκδίκησιν
τῷ καταπονουμένῳ
πατάξας τὸν Αἰγύπτιον.
25 *ἐνόμιζεν*[1] δὲ συνιέναι
τοὺς ἀδελφοὺς *αὐτοῦ*[2]
ὅτι ὁ θεὸς διὰ χειρὸς αὐτοῦ
δίδωσιν[1] σωτηρίαν αὐτοῖς,
οἱ δὲ *οὐ*[1] συνῆκαν.

n. B Ψ d Vg *Koinè* Or Eus Did ; εν π. σ. : p⁷⁴ᵛⁱᵈ ℵ A C E g p *NA 28*
o. ℵ A C 81 D ; *om.* B
p. B ℵ p⁷⁴ g Vg 6 *pc* ; αδελγους αυτου : A D E Ψ *Koinè* p Vg Syr *NA 28*

22 - 1. (D) – ClemAl Chr.3 Chr.1° (*contra* G⁶⁷; autres versions ?) (*add.* τὴν : D) / 2. Dd G⁶⁷ – E

23 - 1. d p g

24 - 1. Dd G⁶⁷ SyrH* – Ee b g SyrP / 2. D – 1311
Varia : *add.* καὶ ἔκρυψεν αὐτὸν ἐν τῇ ἄμμῳ : Dd *alq*

25 - 1. Noter les négligences du scribe de D : ενομιζον, διδωσει, *om.* ου / 2. Dd G⁶⁷ – Ee
Koinè a b c p Vg(MT) ndl SyrP Eth Geo

v. 24 : Dans la leçon longue du TO, D omet αὐτοῦ par haplographie.
L'addition notée aux *varia*, ignorée de G⁶⁷, harmonise sur Ex 2,22 LXX, ce qui est contraire à
la tendance du TO.

22 και ✦επεδευθη μωϋσησ
πασαν την σοφιαν αιγυπτιω̄
ην τε δυνατοσ
εν λογοισ και εργοισ αυτου
23 ωσ δε επληρουτο
−μ̄− ετησ αυτω χρονοσ
ανεβη επι την καρδιαν αυτου
επισκεψασθαι τουσ αδελφουσ
αυτου τουσ υιουσ ϊσραηλ
24 και ϊδων τινα αδικουμενον
εκ του γενουσ ημυνετο
και εποιησεν εκδικησιν
τω καταπονουμενω
παταξασ τον αιγυπτιō
25 ✦ενομιζον δε συνιεναι
τουσ αδελφουσ αυτου
οτι ο θō̄ δια χειροσ αυτου
✦διδωσει σωτηριαν αυτοισ
οι δε συνηκαν

22 et eruditus est moyses
omni sapientia aegyptiorū
erat quae potens
in sermonibus et operibus suis
23 ad ubi inpletur
ei ·x̄l· annorum tempus
ascendit in cor eius
uisitare fratres
suos filios istrahel
24 et cum uidisset quendam iniuriari
de genere suo uindicauit
et praestitit uindictam
ei qui uexauatur
percusso aegyptio
25 - arbitrabatur autem intellegere
fratres suos
quia d̄s per manus eius
dat salutem ipsis ad illi
non intellexerunt

G⁶⁷ : ²² Mose wurde erzogen in jeder Weisheit der Ägypter ; und er war mächtig in seinen Worten und seinen Werken. ²³ *Als er aber vierzig Jahre vollendet hatte*, kam es ihm in den Sinn, seine Brüder, die Kinder Israels, zu besuchen. ²⁴ Er sah, wie einem *aus seinem Stamm* Unrecht getan wurde, rettete ihn, vollzog die Rache für *den, dem Unrecht getan wurde*, und tötete den Ägypter. ²⁵ Er dachte, daß seine Brüder erkennen würden, daß Gott ihnen Erlösung geben werde durch seine *Hände*. Sie aber erkannten (es) nicht.

g : ²² Et eruditus est moyses in omni sapientia egyptorium et erat potens in uerbis et operibus suis. ²³ Cum impletum autem esset ei XL annorum tempus ascendit in corde eius uisitare fratres suos filios israhel, ²⁴ et cum uideret quidam iniuriam accipientem de genere suo, uindicauit eum. Et fecit ultionem ei qui uim patiebatur occiso aegyptio. ²⁵ Existimabat autem intellegere fratres quod deus per manum ipsius dat illis salutem, at illi non intellexerunt.

26 τῇ τε ἐπιούσῃ ἡμέρᾳ	**26** τῇ δὲ[1] ἐπιούσῃ ἡμέρᾳ
ὤφθη αὐτοῖς μαχομένοις	[ ][2]
	εἶδέν τινας ἀδικοῦντας ἀλλήλους[2]
καὶ συνήλλασσεν αὐτοὺς	καὶ συνήλλασσεν αὐτοὺς
εἰς εἰρήνην εἰπών,	εἰς εἰρήνην εἰπών·
Ἄνδρες, ἀδελφοί ἐστε·	[ ][3] ἄνδρες ἀδελφοί, [ ][3]
ἵνα τί ἀδικεῖτε ἀλλήλους ;	ἵνα τί ἀδικεῖτε[4] εἰς[5] ἀλλήλους ;
27 ὁ δὲ ἀδικῶν τὸν πλησίον	**27** ὁ δὲ ἀδικῶν τὸν πλησίον
ἀπώσατο αὐτὸν εἰπών,	ἀπώσατο αὐτὸν εἰπών[1]·
τίς σε κατέστησεν	τίς σε κατέστησεν
ἄρχοντα καὶ δικαστὴν	δικαστὴν[2] ἤ[3] ἄρχοντα[2]
ἐφ' ἡμῶν ;	ἐφ' ἡμᾶς[4] ;
28 μὴ ἀνελεῖν με σὺ θέλεις	**28** μὴ ἀνελεῖν με σὺ θέλεις
ὃν τρόπον ἀνεῖλες ἐχθὲς	ὃν τρόπον ἀνεῖλες ἐχθὲς
τὸν Αἰγύπτιον ;	τὸν Αἰγύπτιον ;
29	**29** οὕτως καί[1]
ἔφυγεν δὲ Μωϋσῆς	ἐφυγάδευσεν[2] Μωϋσῆς[3]
ἐν τῷ λόγῳ τούτῳ,	ἐν τῷ λόγῳ τούτῳ,
καὶ ἐγένετο πάροικος	καὶ ἐγένετο πάροικος
ἐν γῇ Μαδιάμ,	ἐν γῇ Μαδιάμ,
οὗ ἐγέννησεν υἱοὺς δύο.	οὗ ἐγέννησεν υἱοὺς δύο.

---

26 - 1. G[67](+) – Ee p Vg (pour D, voir *infra*) / 2. QvD (pour Dd voir *infra*) / 3. Dd(+) QvD G[67](+) / 4. D : αδεικειται / 5. D (*om. Boism*[1a.2])

QvD : Vidit Moyses alia die secum Hebraeos altercantes coepitque eos componere ad pacem dicens : Viri fratres, ut quid alteruturm nocetis ? (*Prom.* I, 34)

27 - 1. D : ειπας qui ne donne aucun sens / 2. QvD G[67] – Ee a g p dem Vg(D) / 3. QvD – p / 4. D – E *Koinè* (versions ?)

QvD : Quis te statuit iudicem vel principem nobis ? (cf. v. 26)

29 - 1. Dd G[67] / 2. D – E g / 3. ἐφυγάδευσεν Μωϋσῆς : Dd ; Μωϋσῆς ἐφυ. : *Boism* [1a.2] avec TA

v. 26 : C'est à tort que R. Braun, l'éditeur du texte du QvD dans le CC, a ajouté *estis* après *viri fratres*, contrairement aux éditions précédentes.

Au début du verset, D a confondu τῇ τε et τότε, tandis que G[67] a une leçon double. Pour la première partie du verset, la fusion entre TA et TO, attestée plus ou moins fidèlement par D et G[67], remonte certainement à l'archétype X. Pour la finale du verset, il serait tentant de voir une fusion entre TO et TA attestée par D. Nous y avons renoncé parce que le τί ποιεῖτε n'est attesté, ni par G[67], ni par QvD (vieux texte africain). – Pour l'interjection ἄνδρες ἀδελφοί, voir 7,2.

v. 27 : Cf. Lc 12,14 : τίς με κατέστησεν κριτὴν ἤ ἐριστὴν ἐφ' ὑμᾶς ;

v. 29 : Les latins traduisent φεύγειν par *fugere* (cf. aussi 27,30) ; g a ici *fugatus est*.

26 τοτε επιουση ημερα	**26** tunc sequenti die
ωφθη αυτοισ ✦μαχομενοσ	uisus est eis litigantibus
και ειδεν αυτουσ αδικουντασ	et uidit eos iniquitantes
και ✦συνηλλασεν αυτουσ	et reconciliauit eos
εισ ειρηνην ειπω̄	in pacem dicens
τι ποιειτε ανδρεσ αδελφοι	quid facitis uiri fratres
ϊνα τι ✦αδεικειται εισ αλληλουσ	ut quid iniuriam facitis inuicem
27 ο δε αδικων τον πλησιον	**27** qui autem iniuriam faciebat
απωσατο αυτον ✦ειπασ	proximo
τισ σε κατεστησεν	repulit eum dicens
αρχοντα και δικαστην	quis te constituit
εφ ημασ	principem et iudicem
	super nos
28 μη ανελειν με συ θελεισ	**28** num quid interficere me uis
ον τροπον ανειλεσ ✦αιχθεσ	quem ad modum interfecisti externa die
τον αιγυπτιον	aegyptium
29 ουτωσ και	**29** ad que ita
εφυγαδευσεν μωϋσησ	profugit moyses
εν τω λογω τουτω	in sermone hoc
και εγενετο παροικοσ	et fuit incola
εν γη μαδιαμ	in terram madiam
ου εγεννησεν ϋιουσ δυο	ubi genuit filios duo

G[67] : 26 *Als* er aber am nächsten Tag wieder *daranging, sich ihnen zu offenbaren, sah er, wie einige einander Unrecht taten,* und suchte sie zum Frieden zu versöhnen, indem er sagte : ‚Männer ! Ihr seid (doch) Brüder. Weswegen tut ihr einander Unrecht ?' 27 *Er sprach zu dem, der Unrecht tat :* „Weswegen schlägst du deinen Nächsten ?" *Er aber* stieß ihn weg, indem er sagte : „Wer ist es, der dich eingesetzt hat als Herrscher *oder* als Richter über uns ? 28 Willst du etwa auch mich töten, wie du gestern den Ägypter getötet hast ?" 29 *So, als* Mose dieses Wort *hörte,* begab er sich (hinweg), wurde Beisasse in dem Lande Midians und zeugte zwei Söhne an jenem Ort.

g : 26 Sequenti quoque die apparuit illis litigantibus inter se, et reconciliabat eos in pace dicens : uiri fratres, estis ut quid nocetis alterutrum ? 27 Is autem qui qui (sic) iniuriam faciebat proximo suo reppulit eum dicens : quis te constituit principem aut iudicem super nos ? 28 Numquid interficere me uis sicut hestierna die interfecisti aegyptium ? 29 Fugatus est autem moyses hoc uerbo et factus est aduena in terra madian, ubi genuit filios duos.

30 Καὶ
πληρωθέντων
ἐτῶν τεσσεράκοντα
ὤφθη αὐτῷ
ἐν τῇ ἐρήμῳ τοῦ ὄρους Σινᾶ
ἄγγελος
ἐν φλογὶ πυρὸς βάτου.
31 ὁ δὲ Μωϋσῆς ἰδὼν ἐθαύμασεν ^q
τὸ ὅραμα·
προσερχομένου δὲ αὐτοῦ
κατανοῆσαι
ἐγένετο φωνὴ κυρίου,
32 ἐγὼ ὁ θεὸς τῶν πατέρων σου,
ὁ θεὸς Ἀβραὰμ καὶ Ἰσαὰκ
καὶ Ἰακώβ.
ἔντρομος δὲ γενόμενος Μωϋσῆς
οὐκ ἐτόλμα κατανοῆσαι.

30 *καὶ μετὰ ταῦτα*[1]
πλησθέντων αὐτῷ[2]
ἐτῶν[3] *τεσσεράκοντα*
ὤφθη αὐτῷ
ἐν τῇ ἐρήμῳ ἐν τῷ ὄρει[4] *Σινᾶ*
ἄγγελος κυρίου[5]
ἐν φλογί πυρὸς βάτου.
31 *ὁ δὲ Μωϋσῆς ἰδὼν ἐθαύμαζεν*[1]
τὸ ὅραμα,
καὶ[2] *προσερχομένου αὐτοῦ*
[ ][3] *κατανοῆσαι*
ὁ κύριος εἶπεν αὐτῷ λέγων[4]·
32 *ἐγὼ ὁ θεὸς τῶν πατέρων σου,*
ὁ θεὸς Ἀβραὰμ καὶ [ ][1] *Ἰσαὰκ*
καὶ [ ][1] *Ἰακώβ.*
ἔντρομος δὲ γενόμενος Μωϋσῆς
οὐκ ἐτόλμα κατανοῆσαι.

q. B A C Ψ (33) 326.1175 *pc* Vg SyrP ; εθαυμαζεν : p⁷⁴ ℵ D E *Koinè NA 28*

---

30 - 1. Dd / 2. D – SyrP / 3. Au lieu de ετη (D) / 4. d G⁶⁷ – g Vg(D) Sah.4.482 Eth.1-4.6. / 5.
Dd Aug^c G⁶⁷ – Ee *Koinè* p o prv SyrP Boh(B) Eth Geo
Aug^c : Et completis illic annis quadraginta, apparuit illi in deserto montis Sina angelus
domini… (*Trin.* III,10)
SyrP : Et cum complerentur ei illic quadraginta anni apparuit ei in deserto montis Sina angelus
domini…
Varia : (πλησθέντων αὐτῷ) ἐκεῖ : Aug^c SyrP
Om. ἐν τῷ ὄρει Σινά : Sah.460 Eth.5.7-12

31 - 1. Dd Aug^c – p⁷⁴ Ee *Koinè* g p Geo / 2. Dd – g Vg SyrP (*om.* Aug^c) (*contra* G⁶⁷) / 3. G⁶⁷ p
g e Aug / 4. Dd (G⁶⁷) – (SyrP)
SyrP : dixit ei dominus in voce.

32 - 1. + θεός : D

v. 31 : Dans D [κ]αι devant κατανοησαι est grammaticalement incorrect. L'addition de ἐν
φωνῇ dans G⁶⁷ et SyrP provient probablement de l'archétype X qui a voulu combiner TO et
TA.

v. 32 : Dd (cf. Aug^c) ajoute θεός (sans article) devant Ἰσαὰκ et Ἰακώβ ; c'est une harmonisation
sur la Septante de Ex 3,6 où ce double θεός ne porte pas d'article. Cette harmonisation est
contraire à la tendance du TO (opposer 3,13)

30 και μετα ταυτα	**30** et post haec
πλησθεντων αυτω	et inpletis
ετη $-\bar{\mu}-$	annis $\overline{xl}\cdot$
ωφθη αυτω	uisus est ei
εν τη ερημω του ♦ορου σεινα	in solitudine in monte sina
αγγελοσ $\overline{κυ}$	angelus $\overline{dni}$
εν φλογι πυροσ βατου	in flamma ignis rubi
31 ο δε μωϋσησ ειδων εθαυμαζεν	**31** moyses enim cum uidisset mirabatur
το οραμα	uisum
και προσερχομενου αυτου	cumque ipse accederet
♦αι κατανοησαι	et consideraret
ο $\overline{κσ}$ ειπεν αυτω λεγων	$\overline{dns}$ ait ad eum dicens
32 εγω ο $\overline{θσ}$ των πατερων σου	**32** ego sum ds patrum tuorum
ο $\overline{θσ}$ αβρααμ και $\overline{θσ}$ ♦ϊσακ	$\overline{ds}$ abraham et $\overline{ds}$ isac
και $\overline{θσ}$ ϊακωβ	et $\overline{ds}$ iacob
εντρομοσ δε γενομενοσ μωϋσησ	tremibundusque· factus moyses
ουκ ετολμα κατανοησαι	non audiebat considerare

G[67] : [30] Und als *weitere* vierzig Jahre sich vollendet hatten, erschien ihm der Engel *des Herrn* in der Wüste auf dem Berge Sinais in einer Feuersflamme *aus dem* Dornbusch. [31] Mose aber, als er (es) sah, wunderte er sich über die Erscheinung. Als er aber im Begriffe war hinzuzutreten, daß er (sie) betrachte, *redete der Herr mit ihm in einer Stimme, indem er sprach :* [[33] SCHENKE : v.33 ante v.32] [32] *„Ich bin es, der der Gott deines Vaters ist, der Gott Abrahams, der Gott Isaaks und der Gott Jakobs." Mose aber wandte sein Gesicht ab ; denn er fürchtete sich hinzublicken vor Gott.*

g : [30] Et expletis annis XL apparuit illi in deserto in monte syna angelus in flamma ignis in rubo, [31] moyses uero uidens uisum mirabatur. Et accedente eo considerare facta est uox domini ad eum dicens : [32] ego sum deus patrum tuorum deus abraham deus ysaac et deus iacob. Tremefactus autem moyses non audebat considerare.

33 εἶπεν δὲ αὐτῷ ὁ κύριος,	**33** καὶ ἐγένετο φωνὴ πρὸς αὐτόν[1]·
λῦσον τὸ ὑπόδημα	λῦσον τὸ ὑπόδημα
τῶν ποδῶν[r],	τῶν ποδῶν σου,
ὁ γὰρ τόπος	ὁ γὰρ τόπος
ἐφ᾽ ᾧ ἕστηκας γῆ ἁγία ἐστίν.	ἐφ᾽ ᾧ[2] ἕστηκας γῆ ἁγία ἐστίν.
34 ἰδὼν εἶδον	**34** καὶ[1] ἰδὼν γὰρ[1] εἶδον
τὴν κάκωσιν τοῦ λαοῦ μου	τὴν κάκωσιν τοῦ λαοῦ μου[2]
τοῦ ἐν Αἰγύπτῳ,	τοῦ ἐν Αἰγύπτῳ[3]
καὶ τοῦ στεναγμοῦ αὐτοῦ[s]	καὶ τοῦ στεναγμοῦ αὐτοῦ
ἤκουσα,	ἀκήκοα[4]
καὶ κατέβην ἐξελέσθαι αὐτούς·	καὶ κατέβην ἐξελέσθαι αὐτούς·
καὶ νῦν δεῦρο ἀποστείλω σε	καὶ νῦν [ ][5] ἀποστείλω σε
εἰς Αἴγυπτον.	εἰς Αἴγυπτον.
35 Τοῦτον τὸν Μωϋσῆν,	**35** Τοῦτον τὸν Μωϋσῆν,
ὃν ἠρνήσαντο εἰπόντες,	ὃν ἠρνήσαντο εἰπόντες,
Τίς σε κατέστησεν ἄρχοντα	τίς σε κατέστησεν ἄρχοντα
καὶ δικαστήν	καὶ δικαστὴν ἐφ᾽ἡμῶν[1]
τοῦτον ὁ θεὸς	τοῦτον ὁ θεὸς
καὶ ἄρχοντα καὶ λυτρωτὴν	καὶ ἄρχοντα καὶ λυτρωτὴν
ἀπέσταλκεν σὺν χειρὶ ἀγγέλου	ἀπέσταλκεν σὺν χειρὶ ἀγγέλου
τοῦ ὀφθέντος αὐτῷ ἐν τῇ βάτῳ.	τοῦ ὀφθέντος αὐτῷ ἐν τῇ βάτῳ.

r. B ; των ποδων σου : ℵ A D 81
s. B D d g ; αυτων : p⁷⁴ ℵ A C E Ψ *Koinè* SyrH *NA 28*

33 - 1. Dd / 2. D p g - D : ου

34 - 1. D*(d) / 2. p g. *om.* : Dd (haplographie ?)/ 3. D : Εγυπτω (cf. 7,17) / 4. D – 181 460 1175 1898 (versions ?) / 5. – p Eth.1.3

35 - 1. Dd ℵ C Ψ 36. 453 81 467 1175 ; εφ᾽ ημας : Ee SodC.6.8 SodB.1-7 88 915 431 1311 pc Chr.1

v. 34 : Ex 3,7.8.10 : ἰδὼν εἶδον τὴν κάκωσιν τοῦ λαοῦ μου τοῦ ἐν Αἰγύπτῳ καὶ τῆς κραυγῆς αὐτῶν ἀκήκοα... καὶ κατέβην ἐξελέσθαι αὐτούς· καὶ νῦν δεῦρο ἀποστέλλω σε πρὸς Φαραω... G⁶⁷ a cité intégralement Ex 3,7-10.

33 και εγενετο φωνη προσ αυτον	**33** et facta est uox ad eum
λυσον το ϋποδημα	solue calciamentum
των ποδων σου	pedum tuorum.
ο γαρ τοποσ	locus enim
ου εστηκασ γη αγια εστιν	in quo stas terra santa est
34 και ϊδων γαρ ✦ϊδον	**34** intuitus enim uidi
την κακωσιν του λαου	mulcationem populi
του εν ✦εγυπτω	qui est in aegypto
και του στεναγμου αυτου	et gemitus eius
ακηκοα	audiui
και κατεβην εξελεσθαι αυτουσ	et descendi eripere eos
και νυν δευρο αποστειλω σε	et nunc ueni mittam te
εισ αιγυπτον	in aegyptum
35 τουτον τον μωϋσην	**35** hunc ipsum moysen
ον ηρνησαντο ειποντεσ	quem negauerunt dicentes
τισ σε κατεστησεν αρχοντα	quis te constituit principem
και δικαστην εφ ημω̄	et iudicem super nos
τουτον ο θσ̄	hunc d̄s
και αρχοντα και λυτρωτην	et principem et redemptorem
απεσταλκεν συν χειρι αγγελου	misit in manu angeli
του οφθεντοσ αυτω εν τη βατω	qui uisus est ei in rubo

G⁶⁷ : [³³ *,Mose, Mose !' Er aber sprach : ,Was ist es, Herr ?' Er sprach zu ihm : „Nähere dich diesem Orte nicht ! Löse die Sandale, die an deinen Füßen ist ! Denn der Ort an dem du stehst, ist ein heiliges Land !"* Er sprach zu ihm :] ³⁴ *Gott sprach gegenüber Mose :* „Ich habe wohl die Mißhandlung meines Volkes, das in Ägypten ist, gesehen ; und ich habe ihr Geschrei gehört *über die Aufseher ; denn ich kenne ihren Schmerz.* Ich bin herabgekommen, um sie zu retten *aus der Hand der (Leute) von Ägypten.* Jetzt komm, daß ich dich nach Ägypten sende, *um sie aus jenem Lande herauszuführen und sie hinzubringen in das Land, das gut und weit ist, ein Land, das fließt von Milch und Honig, in das Gebiet der Kanaaniter, Hethiter, Amoriter, Pheresiter, Hewiter, Gergesiter und Jebusiter. Siehe, das Geschrei der Kinder Israels ist zu mir gedrungen, und ich habe die Bedrückung gesehen, mit der die Ägypter sie bedrücken. Jetzt komm, daß ich dich zu Pharao sende, dem König Ägyptens, und du mein Volk, die Kinder Israels, aus dem Lande Ägyptens herausführst !"* ³⁵ Dieser ist Mose, den sie verleugnet haben, indem sie sagten : „Wer ist es, der dich eingesetzt hat als Herrscher *oder* als Richter *über uns ?"* Diesen hat Gott gesendet als Herrscher und als Erlöser mit der Hand des Engels, der ihm im Dornbusch erschienen war,

g : ³³ Et dixit illi dominus : Salue calciamentum pedum tuorum. Locus enim in quo stas terra sancta est. ³⁴ Videndo uidi afflictionem populi mei, qui est in aegypto, et gemitum eorum audiui et descendi eripere eos et nunc ueni mittam te in aegyptum. ³⁵ Hunc moysen, quem abnegauerunt dicentes : quis te constituit principe aut iudicem super nos, hunc deus iudicem et redemptorem misit in manu angeli, qui apparuit illi in rubo

<table>
<tr><td>

36 οὗτος ἐξήγαγεν
αὐτοὺς ποιήσας
τέρατα καὶ σημεῖα
ἐν τῇ Αἰγύπτῳ[t]
καὶ ἐν Ἐρυθρᾷ Θαλάσσῃ
καὶ ἐν τῇ ἐρήμῳ
ἔτη τεσσεράκοντα.
37 οὗτός ἐστιν ὁ Μωϋσῆς
ὁ εἴπας τοῖς υἱοῖς Ἰσραήλ,
Προφήτην ὑμῖν ἀναστήσει ὁ θεὸς
ἐκ τῶν ἀδελφῶν ὑμῶν
ὡς ἐμέ.
38 οὗτός ἐστιν ὁ γενόμενος
ἐν τῇ ἐκκλησίᾳ ἐν τῇ ἐρήμῳ
μετὰ τοῦ ἀγγέλου
τοῦ λαλοῦντος αὐτῷ
ἐν τῷ ὄρει Σινᾶ
καὶ τῶν πατέρων ἡμῶν,
ὃς ἐδέξατο[u] λόγια ζῶντα
δοῦναι ὑμῖν[v],
39 ᾧ οὐκ ἠθέλησαν
ὑπήκοοι γενέσθαι οἱ πατέρες ἡμῶν
ἀλλὰ ἀπώσαντο
καὶ ἐστράφησαν
ἐν ταῖς καρδίαις αὐτῶν
εἰς Αἴγυπτον,

</td><td>

36 οὗτος ἐξήγαγεν
αὐτοὺς [ ][1] ποιήσας
σημεῖα καὶ τέρατα[2]
ἐν γῇ Αἰγύπτου[3]
καί ἐν ἐρυθρᾷ θαλάσσῃ
καὶ ἐν τῇ ἐρήμῳ
ἔτη τεσσεράκοντα.
37 οὗτός ἐστιν [ ][1] Μωϋσῆς
ὁ εἴπας τοῖς υἱοῖς Ἰσραήλ,
προφήτην [ ][2] ἀναστήσει ὁ θεὸς
ἐκ τῶν ἀδελφῶν ὑμῶν
ὡσεὶ[3] *ἐμέ, αὐτοῦ ἀκούσεσθε*[4].
38 οὗτός ἐστιν ὁ γενόμενος
ἐν τῇ ἐκκλησίᾳ ἐν τῇ ἐρήμῳ
μετὰ τοῦ ἀγγέλου
τοῦ[1] λαλοῦντος αὐτῷ
ἐν τῷ ὄρει Σινᾶ
καὶ τῶν πατέρων ἡμῶν,
ὃς ἐδέξατο λόγια ζῶντα
δοῦναι *ἡμῖν*[2],
39 ᾧ[1] οὐκ ἠθέλησαν
ὑπήκοοι γενέσθαι οἱ πατέρες ἡμῶν
ἀλλὰ ἀπώσαντο
καὶ *ἀπεστράφησαν*[2]
[ ][3] ταῖς καρδίαις [ ][4]
εἰς Αἴγυπτον.

</td></tr>
</table>

t. B C d 36 453 pc d G[67]; εν γη Αιγυπτω : p[74] D Ψ pc NA 28
u. NA 28 ; εξελεξατο : B (ne donne aucun sens)
v. B ℵ p[74] 36 453 522 913 1739 1838 2138 2495 2818 p G[67] Sah Boh Geo Ir[L] ; ημιν : Dd Ee C A Koinè g Vg SyrP Eth Hes[L] NA 28

---

36 – 1. G[67] (d) g p / 2. G[67] – g p SyrP SodB.1-6 1838 pc ndl SyrH Sah Eth / 3. D – g p SyrP Theoph II[L] SodB(1.3-6) p[74] Ψ SodC(mss) pc Vg

37 - 1. D – p[74] SodC.mss) SodB(mss) 1838 pm Chr.1[a].2[a] / 2. – SodC.4 (σοι : G[67] = LXX) / 3. D – 1874 (versions ?) / 4. (D)d G[67] – g p SyrP Ee C SodC(mss) SodB(ms) 1838 al Vg Boh Eth.1.5-13 Geo

38 – 1. scribe D om. τον / 2. Dd – g Ir[Arm] SyrP Ee C A Koinè Vg Eth

39 - 1. d - pg / 2. D – SodC.8 69 Chr.1[b] pc (versions ?) / 3. Dd – g Or Ee p[74] Koinè Ir[L] Vg / 4. Dd – b Or

v. 37 : Ex 18,15 : προφήτην ἐκ τῶν ἀδελφῶν σου ὡς ἐμὲ ἀναστήσει σοι κύριος ὁ θεὸς σου αὐτοῦ ἀκούσεσθε

36 ουτοσ εξηγαγεν	**36** hic eduxit
αυτουσ ο ποιησας	eos cum fecisset
τερατα και σημεια	portenta et signa
εν γη αιγυπτου	in aegypto
και εν ✦υρεθρα θαλασση	et in rubro mari
και εν τη ερημω	et in solitudine
ετη μ	per annos ·x̄l·
37 ουτοσ εστιν μωϋσησ	**37** hic est moyses
ο ειπασ τοισ υιοισ ϊσραηλ	qui dixit filiis istrahel
προφητην ϋμειν αναστησει ο θ̄σ̄	prophetam uobis suscitauit d̄s
εκ των αδελφων ϋμων	de fratribus uestris
ωσει εμε αυτου ✦ακουεσθε	tamquam me ipsum audietis
38 ουτοσ εστιν ο γενομενοσ	**38** hic est qui fuit
εν τη εκκλησια εν τη ερημω	in ecclesia in solitudine
μετα του αγγελου	cum angelo
λαλουντοσ αυτω	qui loquebatur ei
εν τω ορει σεινα	in monte sina
και των πατερων ημων	et patribus nostris
οσ εδεξατο λογια ζωντα	qui accipit eloquia uiuentium
δουναι ημιν	dare nobis
39 οτι ουκ ηθελησαν	**39** cui noluerunt
υπηκοοι ✦γενεσθε οι πατερεσ ημων	oboedientes esse patres nostri
αλλα απωσαντο	sed repulerunt
και απεστραφησαν	et conuersi sunt
ταισ καρδιαισ	cordibus
εισ αιγυπτ̄ο	in aegyptum

G[67] : [36] dieser, der sie herausführte, wobei er *Zeichen und Wunder* tat *in Ägypten* und im Roten Meer, in der Wüste vierzig Jahre lang, [37] dieser ist es, *der gesagt hat* zu den Kindern Israels : „*Der Herr, dein* Gott wird *dir* einen Propheten wie mich erstehen lassen aus *deinen* Brüdern, *auf ihn sollt ihr hören*", [38] dieser ist es, der bei der Versammlung in der Wüste war mit dem Engel, der auf dem Berge Sinais mit ihm redete, und mit unseren Vätern, dieser, der lebendige Worte empfing, um sie *euch* zu geben. [39] *Und* es hat *euren* Vätern nicht gefallen zu hören, sondern sie verließen ihn und wandten sich in ihrem Herzen nach Ägypten.

g : [36] hic eduxit illos faciens signa et prodigia in terra aegypti et in rubro mari et in deserto annis XL. [37] Hic est moyses qui dixit filiis israhel : prophetam uobis suscitabit dominus deus de fratribus uestris tamquam me ipsum audietis. [38] Hic est, qui fuit in ecclesia in solitudine cum eo, qui loquebatur cum ipso in monte syna et cum patribus nostris, qui accepti eloquia uiuentia dare nobis, qui noluerunt obaudire patres nostri, sed reppulerunt eum et conuersi sunt cordibus nostris in aegyptum

40 εἰπόντες τῷ Ἀαρών,   40 *εἰπόντες*[1] τῷ Ἀαρών,
Ποίησον ἡμῖν θεοὺς   Ποίησον ἡμῖν θεοὺς
οἳ προπορεύσονται ἡμῶν·   οἳ προπορεύσονται ἡμῶν·
ὁ γὰρ Μωϋσῆς οὗτος,   ὁ γὰρ Μωϋσῆς [ ][2],
ὃς ἐξήγαγεν ἡμᾶς   ὃς ἐξήγαγεν ἡμᾶς
ἐκ γῆς Αἰγύπτου,   ἐκ γῆς Αἰγύπτου,
οὐκ οἴδαμεν τί ἐγένετο αὐτῷ.   οὐκ οἴδαμεν τί *γέγονεν*[3] αὐτῷ.
41 καὶ ἐμοσχοποίησαν   41 καὶ ἐμοσχοποίησαν
ἐν ταῖς ἡμέραις ἐκείναις   ἐν ταῖς ἡμέραις ἐκείναις
καὶ ἀνήγαγον θυσίαν τῷ εἰδώλῳ, καὶ *ἀνήγαγον*[1] *θυσίας*[2] τῷ εἰδώλῳ,
καὶ εὐφραίνοντο   καὶ *ηὐφραίνοντο*[3]
ἐν τοῖς ἔργοις τῶν χειρῶν αὐτῶν. ἐν τοῖς ἔργοις τῶν χειρῶν αὐτῶν.
42 ἔστρεψεν δὲ ὁ θεὸς   42 ἔστρεψεν δὲ *αὐτοὺς*[1] ὁ θεὸς
καὶ παρέδωκεν αὐτοὺς λατρεύειν καὶ παρέδωκεν αὐτοὺς λατρεύειν
τῇ στρατιᾷ τοῦ οὐρανοῦ,   τῇ στρατιᾷ τοῦ οὐρανοῦ,
καθὼς γέγραπται   καθὼς γέγραπται
ἐν βίβλῳ τῶν προφητῶν,   ἐν βίβλῳ [ ][2] προφητῶν,
Μὴ σφάγια καὶ θυσίας   Μὴ σφάγια καὶ θυσίας
προσηνέγκατέ μοι   προσηνέγκατέ μοι
ἔτη τεσσεράκοντα   ἔτη τεσσεράκοντα
ἐν τῇ ἐρήμῳ, οἶκος Ἰσραήλ[w] ;   *ἐν τῇ ἐρήμῳ*[3], οἶκος Ἰσραήλ ;

w. B 241 Vg(O) FilB ; εν τη ερημω οικος Ισραηλ : א C 81 D *NA 28*

---

40 - 1. Au lieu de ειπαντες : D / 2. – p Ir[L] Geo / 3. D E *Koinè* (versions ?)

41 - 1. d. Au lieu de l'impossible απηγοντο (D) / 2. g p Vg(T) Ir[L] SyrP Chr.1.2 Eth / 3. D –
Ψ SodC.5.11-14 431 1838 (versions ?)

42 - 1. h G[67] – C Vg(G) prv Sah Eth.2-4 / 2. D 917 1898 Theoph II[L] (cf. Ac 1, 20 ; Lc 3,4 ;
20, 42) / 3. Dd h G[67] g

40 ◆ειπαντεσ τω ααρων	**40** dicentes ad aaron
ποιησον ημειν θεουσ	fac nobis d͞e͞o
οι προπορευσονται ημων	qui praecedant nos
ο γαρ μωϋσησ ουτοσ	moyses enim hic
οσ εξηγαγεν ημασ	qui eduxit nos
εκ γησ αιγυπτου	de terra aegypti
ουκ οιδαμεν τι γεγονεν αυτω	nescimus quid contegerit ei
41 και εμοσχοποιησαν	**41** et uitulum fecerunt
εν ταισ ημεραισ εκειναισ	in diebus illis
και ◆απηγοντο θυσιαν τω ειδωλω	et obtulerunt hostiam simulacro
και ηυφραινοντο	et iucundabantur
εν τοισ εργοισ των χειρων αυτων	in operibus manum suarum
42 εστρεψεν δε ο θ͞σ	**42** conuertit autem d͞s
και παρεδωκεν αυτουσ λατρευειν	et tradidit eos deseruire
τη στρατεια του ουρανου	exercitui caeli
καθωσ γεγραπται	sicut scriptum est
εν βιβλω προφητων	in libro prophetarum
μη σφαγια και θυσιασ	num quid hostias et sacrificia
προσηνεγκατε μοι	obtulisti mihi
ετη –μ͞–	annis ·x͞l·
εν τη ερημω οικοσ ϊσραηλ	in solitudine domus istrahel

G[67] : [40] Sie sagten zu Aaron : „*Auf*, schaffe uns Götter, die vor uns herziehen sollen ! Denn dieser *Mann namens* Mose, dieser, der uns aus dem Lande Ägyptens herausgeführt hat, wir wissen nicht, was es ist, das mit ihm geschehen ist." [41] Und sie schufen das Kalb in jenen Tagen, ließen Opfer aufsteigen für das Götzenbild und freuten sich an den Werken ihrer Hände. [42] Gott aber verstieß sie und gab sie dahin, daß sie dienten dem Heer des Himmels, wie geschrieben ist *bei dem Prophetem Amos* : „Habt ihr etwa mir Schlachttiere und Opfer dargebracht vierzig Jahre lang in der Wüste, *ihr vom* Hause Israels ?

h : [42] tunc itaque pervertit illos deus, et tradidit il[los ser]vire exercitui caeli, sicut scriptum est in libr[o profej̍tarum : numquid hostias et immolation[es obtuj̍listis mihi per annos XL in deserto. domus Is[trael]

g : [40] dicentes ad aaron : Fac nobis deos, qui nos proeant, moyses enim hic, qui eduxit nos de terra aegypti, nescimus quid factum sit illi. [41] Et uitulum fecerunt in illis diebus et immolauerunt hostias symulachro, et epulabantur in operibus manuum suarum. [42] Conuertit autem deus et tradidit illos ut seruirent exercitui caeli, sicut scriptum in libro prophetarum. Numquid sacrificia aut hostias obtulistis michi XL annis in deserto, domus israhel ?

43 καὶ ἀνελάβετε
τὴν σκηνὴν τοῦ Μολὸχ
καὶ τὸ ἄστρον
τοῦ θεοῦ [ ]ˣ Ῥουφά ʸ,
τοὺς τύπους
οὓς ἐποιήσατε προσκυνεῖν αὐτοῖς·
καὶ μετοικιῶ ὑμᾶς
ἐπέκεινα Βαβυλῶνος.
44 Ἡ σκηνὴ τοῦ μαρτυρίου ἦν
τοῖς πατράσιν ἡμῶν
ἐν τῇ ἐρήμῳ,
καθὼς διετάξατο
ὁ λαλῶν τῷ Μωϋσῇ
ποιῆσαι αὐτὴν
κατὰ τὸν τύπον
ὃν ἑωράκει,
45 ἦν καὶ εἰσήγαγον
διαδεξάμενοι οἱ πατέρες ἡμῶν
μετὰ Ἰησοῦ
ἐν τῇ κατασχέσει τῶν ἐθνῶν
ὧν ἐξῶσεν ὁ θεὸς ἀπὸ προσώπου
τῶν πατέρων ἡμῶν
ἕως τῶν ἡμερῶν Δαυίδ,

43 καὶ ἀνελάβετε
τὴν σκηνὴν τοῦ Μολὸχ
καὶ τὸ ἄστρον
τοῦ θεοῦ *ὑμῶν*[1] *Ῥεμφάμ*[2],
τοὺς τύπους
οὓς ἐποιήσατε προσκυνεῖν αὐτοῖς·
καὶ μετοικιῶ ὑμᾶς
ἐπὶ τὰ μέρη[3] Βαβυλῶνος.
44 Ἡ σκηνὴ τοῦ μαρτυρίου ἦν
ἐν[1] τοῖς *πατράσιν*[2] ἡμῶν
ἐν τῇ ἐρήμῳ
καθὼς διετάξατο
[ ]³ λαλῶν τῷ Μωϋσῇ
ποιῆσαι αὐτὴν
κατὰ τὸν *τύπον*[4]
ὃν ἑωράκεν[5]·
45 ἦν καὶ εἰσήγαγον
διαδεξάμενοι οἱ πατέρες ἡμῶν
μετὰ *Ἰησοῦ*[1]
ἐν τῇ κατασχέσει τῶν ἐθνῶν
ὧν ἐξῶσεν ὁ θεὸς ἀπὸ προσώπου
τῶν πατέρων *ἡμῶν*[2]
ἕως τῶν ἡμερῶν Δαυίδ,

---

x. B D 36 453 2818 g SyrP Sah Or Ir^L ; του θεου υμων : p⁷⁴ ℵ A C E Ψ *Koinè* h p Vg SyrH
G⁶⁷ Boh Cyr *NA 28*
y. B Or ; Ρομφαν : ℵ ; Ρεμφα : 81 ; Ραιφαν : A ℵᶜ *NA 28*

---

43 - 1. p h G⁶⁷ Vg / 2. Dd h(vid) – g p Vg Ir^L SodC.4.7.10 SodB.1.3-7 *pm* / 3. D(vid)d g p ;
επεκεινα : (h) *Boism*¹ᵃ avec TA.

44 - 1. Dd (cf. 15,36) G⁶⁷ E SyrH SodC1.2.6.11-16 SodB.1-5.7 36 453 181 1898 431 467 *om.* :
*Boism*¹ᵃ·² avec TA / 2. Au lieu de l'impossible πατερεσιν (D) / 3. D h(vid) – e g Vg SodC.1.2
/ 4. Au lieu de πα[ρατ]υπον proposé par ROPES mais qui n'est attesté ni dans la Septante ni
dans le Nouveau Testament. / 5. D – Chr.1ᵇ Theoph I^L E SodB.1-6 *pc* (versions ?)

45 - 1. d h G⁶⁷ g p / 2. d h G⁶⁷ g p

43 και ανελαβετε	**43** et adsumpsistis
την σκηνην του μολοχ	tabernaculum ipsius moloch
και το αστρον	et astrum
του θῡ ✦ρεμφαμ	dī rempham
τουσ τυπουσ	figuras
ουσ εποιησατε προσκυνειν αυτοισ	quas fecistis adorare eis
και μετοικιω ϋμασ	et transmigrauo uos
επι ✦ρη βαβυλωνοσ	in illas partes babylonis
44 η σκηνη του μαρτυριου ην	**44** tabernaculum testimonii erat
εν τοισ ✦πατερεσιν ημων	penes patres nostros
εν τη ερημω	in solitudine
καθωσ διεταξατο	sicut disposuit
λαλων τω ✦μωϋσι	qui loquebatur moysi
ποιησαι αυτην	facere illud
κατα ✦το ✦πα ✦υπον	iuxta figuram
ον εωρακεν	quam uiderat
45 ην και εισηγαγον	**45** quod etiam introduxerant
διαδεξαμενοι οι πατερεσ ημων	patres nostri
μετα ϊησουν	cum iesum.
εν τη κατασχεσει των εθνων	in possessionem gentium
ων εξωσεν ο θ͞σ απο προσωπου	quas expulit d͞s a facie
των πατερων ϋμων	patrum nostrorum
εωσ των ημερων δαυειδ	usque ad dies dauit

G[67] : [43] Ihr habt das Zelt des Moloch (mit)genommen und den Stern eures Gottes *Rempha*, *ihre* Gestalten, die ihr euch geschaffen habt, um sie zu verehren. Ich werde euch verbannen (nach) jenseits von Babylon, *spricht der Herr, Gott, der Allherrscher, dies ist sein Name.*" [44] Das Zelt des Zeugnisses aber war in der Wüste bei unseren Vätern, wie (es) angeordnet hatte *der, der* zu Mose *gesagt hatte*, sie zu schaffen nach dem Vorbild, das er gesehen hatte, [45] dies, das unsere Väter hineingebracht haben mit Josua, sie, die nach den ersten (Vätern) gekommen waren, bei der Besitzergreifung der Heiden, die Gott vor unseren Vätern vertrieb, bis zu den Tagen Davids,

h : [43] et recepistis domum Moloc, et sidus di ve[stri Re]pham, et effigies quas fecistis ut adoretis ea[s : et trans]feram vos ultra Babylonem. [44] et domus te[stimonii] fuit patribus nostris in deserto, sicut praec[epit loquens] ad Mossem, faceret eam secundum effigie[m quam] vidit. [45] quam et induxerunt recipientes pat[res nos]tri cum ihu in possessione nationum, ex q[uibus] salvabit ds a conspectu patrum nostroru[m, usque] in diem David,

g : [43] Et suscepistis tabernaculum moloch et sydus dei remfam, figuras, quas fecistis ut adoretis, et transferam uos in partes babyloniae. [44] Tabernaculum testimonii erat patribus nostris in deserto sicut disposuit cum loqueretur ad moysen ut faceret illud secundum formam, quam uiderat [45] quod etiam induxerant suscipientes patres nostri cum ihesu in possisionem gentium, quas expulit deus a facie patrum nostrorum usque ad dies dauid,

46 ὃς εὗρεν χάριν ἐνώπιον τοῦ θεοῦ	**46** ὃς εὗρεν χάριν ἐνώπιον τοῦ θεοῦ
καὶ ἠτήσατο εὑρεῖν σκήνωμα	καὶ ἠτήσατο *σκήνωμα εὑρεῖν*[1]
τῷ οἴκῳ Ἰακώβ.	τῷ *θεῷ*[2] Ἰακώβ.
47 Σολομῶν δὲ	**47** Σολομῶν δὲ
οἰκοδόμησεν αὐτῷ οἶκον.	οἰκοδόμησεν αὐτῷ οἶκον.
48 ἀλλ᾽ οὐχ ὁ ὕψιστος	**48** ὁ *δὲ*[1] ὕψιστος *οὐ*[1]
ἐν χειροποιήτοις κατοικεῖ·	*κατοικεῖ ἐν χειροποιήτοις*[2]
καθὼς ὁ προφήτης λέγει,	*ὡς*[3] ὁ προφήτης λέγει·
49 Ὁ οὐρανός μοι θρόνος,	**49** ὁ οὐρανός μοι *ἐστιν*[1] θρόνος[2]
καὶ ἡ γῆ	[ ][3] ἡ *δὲ*[4] γῆ
ὑποπόδιον τῶν ποδῶν μου·	ὑποπόδιον τῶν ποδῶν μου·
ποῖον οἶκον οἰκοδομήσετέ[z] μοι,	ποῖον οἶκον οἰκοδομήσετέ μοι,
λέγει κύριος, ἢ τίς τόπος	[ ][5] ἢ *ποῖος*[6] τόπος
τῆς καταπαύσεώς μου ;	τῆς καταπαύσεώς μου *ἐστίν*[7] ;
50 οὐχὶ ἡ χείρ μου ἐποίησεν	**50** οὐχὶ ἡ χείρ μου ἐποίησεν
ταῦτα πάντα ;	*πάντα ταῦτα*[1] ;

z. *NA 28* ; οικοδομησατε : B 1799 1611 876 *pc*

---

46 - 1. Dd h / 2. h G[67] g p : tous sauf D ℵ B p[74] 049 SodC.5 *pc* Sah.4

48 - 1. D h (SyrP) / 2. Dd h G[67] – ndl.2 / 3. D – (versions ?)

49 - 1. Dd h G[67] – e p Vg / 2. Dd. θρόνος ἐστιν : p h Vg *Boism*[1a.2] / 3. Dd p Vg *Boism*[1a] ; και : h *Boism*[2] avec TA / 4. D d p. *om.* : *Boism*[1.2] avec TA / 5. h g p* / 6. D h G[67] / 7. Dd h(vid) G[67] – 181 1898 e Vg SyrH

50 - 1. D h – Ee A C p[74] SodC.4 SodB.5 *pc* [= Septante]

v. 46 : D s'est aligné sur le TA. La leçon du TO seule est conforme au contexte immédiatement antérieur et postérieur.

v. 48 : Le *sed* de h traduit le δέ du TO. En revanche, G[67] commence par un ἀλλά en grec immédiatement suivi par la négation. Il s'est aligné sur le TA.

v. 49 : Is 61,1 : Οὗτος λέγει κύριος· ὁ οὐρανός μοι θρόνος ἡ δὲ γῆ ὑποπόδιον τῶν ποδῶν μου· ποῖον οἶκον οἰκοδομήσετέ μοι ἢ ποῖος τόπος τῆς καταπαύσεώς μου ; Le TA s'est fortement aligné sur la Septante, y compris pour l'addition de λέγει κύριος. G[67] s'est aligné sur le TA.

46 οσ ✦ευρε χαριν ενωπιον του θ̄ῡ
και ητησατο σκηνωμα ευρειν
τω οικω ϊακωβ
47 σολομων δε
οικοδομησεν αυτω οικον
48 ο δε ϋψιστοσ ου
κατοικει εν χειροποιητοισ
ωσ ο προφητησ λεγει
49 ο ουρανοσ μου εστιν θρονοσ
η δε γη
υποποδιον των ποδων μου
ποιον οικον ✦οικοδομησεται μοι
λεγει κ̄σ̄ η ποιοσ τοποσ
τησ καταπαυσεωσ μου εστ̄ι
50 ουχι η χειρ μου εποιησεν
παντα ταυτα

46 qui referit gratiam in sconspectu d̄i
et petiit tabernaculum inuenire sedes
domui iacob
47 solomon autem
aedificauit ei domum
48 sed ipse altissimus
 inhabitauit in manufacto
sicut profeta dixit
49 caelum est meus thronus
terra uero
scamillum pedum meorum
qualem domum aedificatis mihi
dicit d̄n̄s aut quis locus
requens mea est
50 nonne manus mea fecit
haec omnia

G[67] : [46] dieses (Mannes), der Gnade fand vor Gott und darum bat, einen Wohnort zu finden für den Gott Jakobs. [47] Salomo aber baute ihm ein Haus. [48] Jedoch der, der erhaben ist, wohnt nicht in einem Gebilde von Händen, wie der Prophet *Jesaja* sagt : [49] „Der Himmel ist *mein* Thron, *und* die Erde ist der Schemel meiner Füße. Was für ein Hauss ist es, das ihr mir bauen könntet, sprach der Herr, oder welches ist der Platz meiner Ruhe ? [50] *Denn alle diese (Dinge) — meine Hand ist es, die sie geschaffen hat.*“

h : [46] qui invenit gratiam coram [do], et petit habitationem invenire in do Jacob. [47] [Solomo] autem aedificavit illi domum. [48] sed altissim[us non] habitat in aedificis manu factis hominu[m, sicut] dicit profeta : [49] caelus mihi tronus est et [terra sub]pedaneum pedum meorum. qualem do[mum ae]dificavitis mihi, vel qualis domus quietis m[eae est] ? [50] nunquid non manus mea fecit omnia ista ?

g : [46] qui inuenit gratiam ante dominum et petiit ut inueniret tabernaculum deo iacob. [47] Salomon autem aedificauit ei domum ; [48] sed altissimus non in manufactis habitat, sicut per prophetam dicit : [49] caelum michi sedes, terra autem scabellum pedum (m)eorum ; quam domum aedificabitis michi aut quis locus requietionis meae ? [50] Nonne manus mea facit haec omnia ?

51 Σκληροτράχηλοι
καὶ ἀπερίτμητοι
καρδίας^aa καὶ τοῖς ὠσίν,
ὑμεῖς ἀεὶ τῷ πνεύματι τῷ ἁγίῳ
ἀντιπίπτετε,
ὡς οἱ πατέρες ὑμῶν καὶ ὑμεῖς.
52 τίνα τῶν προφητῶν
οὐκ ἐδίωξαν οἱ πατέρες ὑμῶν ;
καὶ ἀπέκτειναν
τοὺς προκαταγγείλαντας
περὶ τῆς ἐλεύσεως τοῦ δικαίου
οὗ νῦν ὑμεῖς προδόται
καὶ φονεῖς ἐγένεσθε,
53 οἵτινες ἐλάβετε τὸν νόμον
εἰς διαταγὰς ἀγγέλων,
καὶ οὐκ ἐφυλάξατε.
54 Ἀκούοντες δὲ
ταῦτα διεπρίοντο
ταῖς καρδίαις αὐτῶν
καὶ ἔβρυχον τοὺς ὀδόντας
ἐπ᾽ αὐτόν.

51 Σκληροτράχηλοι
καὶ ἀπερίτμητοι
τῇ καρδίᾳ[1] καὶ τοῖς ὠσίν,
ὑμεῖς ἀεὶ τῷ πνεύματι τῷ ἁγίῳ
ἀντιπίπτετε,
καθὼς[2] οἱ πατέρες ὑμῶν [ ][3].
52 τίνα τῶν προφητῶν
οὐκ ἐδίωξαν ἐκεῖνοι[1]
καὶ ἀπέκτειναν αὐτοὺς[2]
τοὺς προκαταγγείλαντας
περὶ τῆς[3] ἐλεύσεως τοῦ δικαίου,
οὗ [ ][4] ὑμεῖς προδόται
καὶ φονεῖς ἐγένεσθε,
53 οἵτινες ἐλάβετε τὸν νόμον
εἰς διαταγὰς ἀγγέλων
καὶ οὐκ ἐφυλάξατε.
54 Ἀκούσαντες[1] δὲ
ταῦτα[2] διεπρίοντο
ταῖς καρδίαις αὐτῶν
καὶ ἔβρυχον τε[3] τοὺς ὀδόντας
ἐπ᾽ αὐτόν.

aa. B ; καρδιαις : p^74 A C D p Vg Cyr NA 28

---

51 - 1. h Aug^c G^67 – Ee Koinè g m t v y Vg(mss) prv Lcf SyrP Sah Eth.2-13 / 2. D – (versions ?) / 3. (D) h Aug^c – c g t dem Vg(T) Anon.
Aug^c : Dura cervice, inquit, et non circumcisi corde… sicut et patres vestri (Trin III,10)
Anon. : Dura cervice et incircumsi corde… sicut patres vestri (Trin. XIII, 100 ; CC 9/186)
Varia : om. τῷ ἁγίῳ : Aug^c(mss) – SodB.6 Chr.2(3/4) (≈ h)

52 - 1. Dd h – t Or^L / 2. Dd p t g Vg. om. : Boism^1a.2 avec TA / 3. scribe D om. Της / 4. – e ndl.1 prv SyrP Boh Eth.5-13)
(≈ post ὑμεῖς : h G^67 p t Vg Sah Eth.2-4)

54 - 1. D h – SodC.15 g t^2 Vg(S) Lcf / 2. h G^67 p t g Vg / 3. D. om. : Boism^1a.2 avec TA.

v. 51 : Pour D, une correction indique qu'il faut omettre le καὶ, ajouté probablement sous l'influence du latin : sicut patres vestri et vos.

v. 52 : La variante 2. semble certaine, étant donné la variété des témoins en sa faveur. Les latins se sont alignés sur Vg. Eth.2-4 ont aussi corrigé le texte court attesté par Eth.5-13.

51 σκληροτραχηλοι	**51** durae ceruices
και απεριτμητοι	et incircumcisi
καρδιαισ και τοισ ωσιν	cordibus et auribus
υμεισ αει τω π̅ν̅ι τω αγιω	nos semper sp̅o̅ sancto
♦αντιπιπτεται	obstitistis
καθωσ οι πατερεσ και ♦ϋμων	sicut patres uestri et uos
52 τινα των προφητων	**52** quem prophetarum
ουκ εδιωξαν εκεινοι	non persecuti sunt illi
και απεκτειναν αυτουσ	et occiderunt eos
τουσ προκαταγγειλαντασ	qui praenuntiauerunt
περι ελευσεωσ του δικαιου	de aduentu iusti
ου νυν ϋμεισ προδοται	cuius nunc uos proditores
και φονεισ ♦εγενεσθαι	et homicidae effecti estis
53 οιτινεσ ελαβετε τον νομον	**53** qui accepistis legem
εισ διαταγασ αγγελων	in dispositiones angelorum
και ουκ εφυλαξατε	et non custoditis
54 ακουσαντεσ δε	**54** audientes autem
αυτου διεπριοντο	eum discruciabantur
ταισ καρδιαισ αυτων	cordibus suis
και εβρυχον τε τουσ οδοντασ	et stridebant dendibus
επ αυτον	super eum

G[67] : [51] (Ihr) Halsstarrigen und ihr Unbeschnittenen an *Herz* und Ohren ! Ihr kämpft zu jeder Zeit gegen den Heiligen Geist, wie schon eure Väter, (so) auch ihr. [52] *Denn* welche unter den Propheten sind es, die eure Väter nicht verfolgt und getötet haben, sie, die vorherverkündet hatten, daß der Gerechte kommen werde, dieser, für den ihr selbst jetzt zu Verrätern und Mördern geworden seid, [53] die ihr das Gesetz durch Anordnungen von Engeln empfangen und es nicht gehalten habt." [54] Sie aber, als sie diese (Worte) *von ihm* hörten, wurden zornig in ihren *Seelen* und knirschten mit den Zähnen gegen ihn.

h : [51] duncordes, et incircumcisi corde et auribus, vos semper sco spui contradixisti, sicut p[atres] vestri. [52] quem non ex profetis illi persecut[i sunt ? et occideru]nt qui nuntiaverunt de adventum justi, cu[jus vos] nunc proditores et latrones fuistis, [53] [qui acc]epistis legem in praeceptis angelorum, nec -o[nino s]ervastis. [54] et cum haec illi audissent, fre[meban]t intra corda sua, et stridebant dentes in eu.

g : [51] dura ceruice et non circumcisi corde et auribus, uos semper spiritui sancto restitistis sicut patres uestri. [52] Quem prophetarum non sunt persecuti patres uestri ? Et occiderunt eos qui annunciabant de aduentu iusti cuius nunc uos proditores et interfectores fuistis, [53] qui accepistis legem in ordinationem angelorum et non custodistis. [54] Cum autem haec audirent fremebant in cordibus suis et stridebant dentibus in eum.

55 ὑπάρχων δὲ
πλήρης πνεύματος ἁγίου
ἀτενίσας εἰς τὸν οὐρανὸν εἶδεν
δόξαν θεοῦ καὶ Ἰησοῦν
ἑστῶτα ἐκ δεξιῶν τοῦ θεοῦ,
56 καὶ εἶπεν,
Ἰδοὺ θεωρῶ
τοὺς οὐρανοὺς διηνοιγμένους
καὶ τὸν υἱὸν τοῦ ἀνθρώπου
ἐκ δεξιῶν ἑστῶτα τοῦ θεοῦ.
57
κράξαντες δὲ φωνῇ μεγάλῃ
συνέσχον τὰ ὦτα αὐτῶν,
καὶ ὥρμησαν ὁμοθυμαδὸν
ἐπ᾽ αὐτόν,
58 καὶ ἐκβαλόντες
ἔξω τῆς πόλεως
ἐλιθοβόλουν.
καὶ οἱ μάρτυρες ἀπέθεντο
τὰ ἱμάτια ἑαυτῶν^{bb}
παρὰ τοὺς πόδας νεανίου
καλουμένου Σαύλου.

55 ὁ δὲ[1] ὑπάρχων
ἐν πνεύματι ἁγίῳ[2]
ἀτενίσας εἰς τὸν οὐρανὸν εἶδεν
δόξαν θεοῦ καὶ Ἰησοῦν τὸν κύριον[3]
ἐκ δεξιῶν τοῦ θεοῦ ἑστῶτα[4].
56 καὶ εἶπεν ·
ἰδοὺ θεωρῶ
τοὺς οὐρανοὺς ἀνεῳγμένους[1]
καὶ τὸν υἱὸν τοῦ ἀνθρώπου
ἐκ δεξιῶν ἑστῶτα τοῦ θεοῦ.
57 τότε[1] ὁ λαὸς[2]
ἔκραξεν[3] [ ][4] φωνῇ μεγάλῃ
καὶ[5] συνέσχον[6] τὰ ὦτα αὐτῶν,
καὶ ὥρμησαν πάντες[7]
ἐπ᾽ αὐτόν,
58 καὶ ἐκβαλόντες
ἔξω τῆς πόλεως
ἐλιθοβόλουν αὐτόν[1]
καὶ οἱ μάρτυρες ἀπέθεντο
τὰ ἱμάτια αὐτῶν
παρὰ τοὺς πόδας νεανίου
οὗ τὸ ὄνομα καλεῖται[2] Σαῦλος.

bb. B pc ; αυτων : ℵ A C D E 81 Koinè NA 28

55 - 1. h Var G⁶⁷ – g p t v Vg(CT) SyrP Geo / 2. h / 3. Dd h G⁶⁷ – p Sah.442.462 / 4. Dd h (om. : Ir^L)
Ir^L : Stephanus … vidit gloriam Dei et Iesum ad dexteram et dixit…
Varia : om. τοῦ θεοῦ : Ir^L Vg(MO) BarS(3/3) Arm(mss)

56 -1. (D) p⁷⁴ E Koinè Boism^{1a}

57 - 1. h / 2. h G⁶⁷ – Sah (≈ post ὥρμησαν : Eth.4) / 3. h – SyrP (contra : G⁶⁷) / 4. h (G⁶⁷) / 5. h G⁶⁷ / 6. Au lieu de συνεσχαν : D / 7. h(+) – t SyrP ndl(+) prv(+)
Ici, D = TA.

58 - 1. Dd h SyrH* G⁶⁷ – a(629) p t prv SyrP Sah Eth / 2. h Geo

v. 55 : TO : cf. Lc 16,23 : ὑπάρχων ἐν βασάνοις. Sur le titre long ι.τ.κ. propre au TO, voir l'introduction §.III.2

v. 58 : Pour la variante 2, cf. Lc 2,21 : ἐκλήθη τὸ ὄνομα αὐτοῦ Ἰησοῦς. – Lc 19,2 : ἰδοὺ ἀνὴρ ὀνόματι καλούμενος Ζακχαῖος. Cf. Mt 1,23.25 d'après Is 6,14.

55 ϋπαρχων δε
πληρησ πνσ αγιου
ατενεισασ εισ τον ουρανον ♦ειδε
δοξαν θυ και ιην τον κυ
εκ δεξιων του θυ εστωτα
56 και ειπεν
ϊδου θεωρω
τουσ ουρανουσ ηνεωγμενουσ
και τον ϋιον του ανθρωπου
εκ δεξιων εστωτα του θυ
57
κραξαντεσ δε φωνη μεγαλη
♦συνεσχαν τα ωτα αυτων
και ωρμησαν ομοθυμαδον
επ αυτον
58 και εκβαλοντες
εξω τησ πολεωσ
ελιθοβολουν αυτον
και οι μαρτυρεσ απεθεντο
τα ειματια αυτων
παρα τουσ ποδασ νεανιου
τινοσ καλουμενου σαυλου

55 cumque esset
plenna spu sancto
intuitus in caelum
uidit gloriam di et ihm dnm
ad dexteram di stantem
56 et dixit
ecce uideo
caelos apertos
et filium hominis
ad dexteram di stantem
57
et cum exclamasset uoce magna
conpresserunt aures eorum
et inpetum unanimiter fecerunt
in eu
58 et eiectum
extra ciuitatem
lapidabant eum
adque ipsi testes deposuerunt
uestimenta sua
ad pedes adulescentes
cuiusdam nomine sauli

G[67] : ⁵⁵ *Er aber*, erfüllt von Heiligem Geist, blickte hinauf zum Himmel and sah die Herrlichkeit Gottes und Jesus, *den Herrn*, zur Rechten Gottes stehen. ⁵⁶ Er sprach : „Siehe, ich sehe, wie die Himmel geöffnet sind und der Sohn des Menschen zur Rechten Gottes steht." ⁵⁷ *Das Volk aber, als es diese (Worte) gehört hatte*, schrieen sie mit lauter Stimme und preßten ihre Hände gegen ihre Ohren. Und sie stürzten sich zugleich über ihn, ⁵⁸ warfen ihn aus der Stadt hinaus und steinigten ihn. Und die Zeugen legten ihre Kleider nieder zu Füßen eines Jünglings, der Saulus genannt wurde.

h : ⁵⁵ [ipse aut]em cum esset in spu sco, et intueretur caelu, [vidit ho]norem di, et ihm dnm ad dexteram di stan[tem, ⁵⁶ et d]ixit : ecce video caelos apertos, et filium homi[nis ad d]exteram di stantem. ⁵⁷ tunc populus exclama[vit voce] magna et continuerunt aures suas, et in[rueru]nt pariter omnes in eum. ⁵⁸ et expulerunt eu [extra ci]vitate, et lapidabunt eum : et illi testes posu[erunt] vestimenta sua ante pedes juvenis, cujus [nome]n vocatur Saulus.

g : ⁵⁵ Ille autem cum esset plenus spiritu sancto intendens in caelum uidit gloriam dei et ihesum stantem a dextris dei ⁵⁶ et ait : Ecce uideo caelos apertos et filium hominis stantem a dextris dei. ⁵⁷ Clamantes autem voce magna compresserunt aures suas et impetum fecerunt uno animo in eum ⁵⁸ et eiecerunt extra ciuitatem lapidabant. Et falsi testes exposuerunt uestimenta secus pedes adolescentis cuiusdam nomine sauli.

59 καὶ ἐλιθοβόλουν τὸν Στέφανον
ἐπικαλούμενον καὶ λέγοντα,
Κύριε Ἰησοῦ, δέξαι τὸ πνεῦμά μου.
60 θεὶς δὲ τὰ γόνατα ἔκραξεν
φωνῇ μεγάλῃ,
Κύριε, μὴ στήσῃς αὐτοῖς
ταύτην τὴν ἁμαρτίαν.
καὶ τοῦτο εἰπὼν ἐκοιμήθη.

59 καὶ ἐλιθοβόλουν τὸν Στέφανον
ἐπικαλούμενον καὶ λέγοντα,
Κύριε Ἰησοῦ, δέξαι τὸ πνεῦμά μου.
60 καὶ[1] θεὶς τὰ γόνατα ἔκραξεν
φωνῇ μεγάλῃ, [ ][2]
Κύριε, μὴ στήσῃς αὐτοῖς
ταύτην τὴν ἁμαρτίαν.
καὶ τοῦτο εἰπὼν ἐκοιμήθη.

---

60 - 1. h(vid) – 1838 Chr.1 Boh(mss) – (τε : 1522 d g v) (om. : D SodC.1 467 Boh(AFSO) Geo) / 2. h
Varia : add. λέγων : Dd G[67] 88 915 Theoph II[L] pc g p v Vg Sah.4 Boh(FSP) Eth.1

v. 60 : D a φωνὴν μεγάλην par erreur.
Au début du verset, G[67] n'a aucune particule de liaison ; mais comme il omet régulièrement les liaisons par καί, il est impossible de dire ici s'il soutient D ou h.

59 και ελιθοβολουν τον στεφανον
επικαλουμενον και λεγοντα
κ̅ε̅ ι̅η̅υ̅ ♦δεξε το π̅ν̅α μου
60 θεισ τα γονατα εκραξεν
♦φωνην ♦μεγαλην λεγω̅ν̅
κ̅ε̅ μη ♦στησεισ αυτοισ
ταυτην την αμαρτι̅α̅
και τουτο ειπων εκοιμηθη

59 et lapidabant stephanum
inuocantem et dicentem
d̅n̅e i̅h̅u accipe s̅p̅m meum
60 cumque posuisset genua et clamauit
uoce magna dicens
d̅n̅e ne statuas illis
peccatum hoc
et cum hoc dixisset dormibit.

G[67] : [59/60] Und sie steinigten *ihn. Stephanus aber beugte seine Knie und rief mit lauter Stimme aus, indem er sagte :* „Herr ! Rechne ihnen diese Sünde nicht an. [59] Aber du, Herr Jesus, nimm meinen Geist bei dir auf !" *Nachdem er dies gesagt hatte, entschlief er.*

h : [59] et lapidabunt Stefanum [invoca]ntem et dicentem : dne ihu recipe spum meu. [60] [et geni]bus positis exclamavit voce magna : dne ne [statuas i]llis hoc peccatum. et dum hoc dicit, obdor[mivit].

g : [59] Et lapidabant stephanum inuocantem et dicentem domine ihesu, accipe spiritum meum. [60] Positisque genibus clamauit uoce magna dicens : domine ne statuas illis hoc peccatum ! Et hoc dicto dormiuit.

1 Σαῦλος δὲ ἦν συνευδοκῶν
τῇ ἀναιρέσει αὐτοῦ.
Ἐγένετο δὲ ἐν ἐκείνῃ τῇ ἡμέρᾳ
διωγμὸς μέγας
ἐπὶ τὴν ἐκκλησίαν
τὴν ἐν Ἱεροσολύμοις ·
πάντες δὲ διεσπάρησαν
κατὰ τὰς χώρας
τῆς Ἰουδαίας καὶ Σαμαρείας
πλὴν τῶν ἀποστόλων.

2 συνεκόμισαν δὲ τὸν Στέφανον
ἄνδρες εὐλαβεῖς
καὶ ἐποίησαν κοπετὸν μέγαν
ἐπ' αὐτῷ.

1 Σαῦλος δὲ ἦν συνευδοκῶν
τῇ ἀναιρέσει αὐτοῦ.
Καὶ[1] *ἐν ταύταις ταῖς ἡμέραις*[2]
ἐγένετο[2] *θλίψις*[3] μέγας
ἐπὶ τὴν ἐκκλησίαν
τὴν ἐν Ἱεροσολύμοις ·
πάντες δὲ διεσπάρησαν
κατὰ τὰς *κώμας*[4]
τῆς[5] Ἰουδαίας καὶ Σαμαρείας
πλὴν τῶν ἀποστόλων
οἱ ἔμειναν ἐν Ἱηρουσαλήμ[6].

2 *ἔθαψαν*[1] δὲ τὸν Στέφανον
ἄνδρες εὐλαβεῖς
καὶ ἐποίησαν κοπετὸν μέγαν
ἐπ' αὐτῷ.

---

1 – 1. h p SyrP / 2. h / 3. Eth.2-13 (θλίψις καὶ διωγμὸς : h G[67] – ndl.1 Sah) (διωγμοσ ... και
θλειψεις : Dd) / 4. h Ephr[c] – ndl.2 SyrP Eth.1 Arm / 5. *om.* τῆς : D / 6. Dd h Aug[bc] G[67] – g t v
y prv.1[mg] BarS[c] Sah(- 33) Eth.2-12

2 – 1. z G[67] – Vg(D[mg]W) SyrP(+) Sah Eth.2-12 (h *deest*)
Varia : *om.* δε : D SodC.1 467 Boh(mss) Geo

v.1 : La présence ici de θλίψις est confirmée par Act 11,19 ; mais l'expression καὶ διωγμὸς, à
une place différence dans D et dans h G[67], provient d'une harmonisation sur le TA. Pour κατὰ
τὰς κώμας, voir Lc 9,6 : διήρχοντο κατὰ τὰς κώμας.
La présence de l'article défini devant Ιουδαιας est conforme à la correction du grec.

v.2 : Les éditeurs ont complété la lacune en *portaver]unt*, mais h pouvait aussi bien avoir
sepelier]unt. On notera que d a *conportaveruntquae* ; p a *tulerunt* ; Vg *curaverunt*... Le texte de
G[67] est par ailleurs bien soutenu par d'autres témoins éventuels du TO, spécialement par la
syriaque. Le ms. devient ensuite lacuneux jusqu'à 9,14.

1 Σαυλος δε ην συνευδοκων	1 saulus uero erat consentiens
τη ◆ανεραισι αυτου.	interfecti eius
Εγενετο δε εν εκεινη τη ημερα	facta est itaque in illa die
διωγμοσ μεγασ και θλειψεισ	persecutio magna et tribulatio
επι την εκκλησιαν	super ecclesiam
την εν ϊεροσολυμοις	quae est in hierosolymis
παντεσ δε διεσπαρησαν	omnes enim dispersi sunt
κατα τασ χωρασ	per regiones
ϊουδαιασ και ◆σαμαριασ	iudaeae et samariae
πλην των αποστολων	praeter apostolos
οι εμειναν εν ϊερουσαλημ	qui manserunt hierusalem
2 ◆συννκομισαντεσ τον στεφανον	2 conportauerunt quae stephanum
ανδρεσ ευλαβεισ	uiri timorati
και εποιησαν κοπετον μεγαν	et fecerunt planctum magnum
επ αυτω	super eum

G⁶⁷ : ¹ Saulus aber war einverstanden mit seiner Ermordung. Es kam aber an jenem Tage *eine Bedrängnis und* eine große Verfolgung über die Gemeinde, die in Jerusalem war. *Und* alle wurden zerstreut über die Landschaften von Judäa und Samaria - mit Ausnahme *nur* der Apostel, *da sie in Jerusalem blieben.* ² Es bestatteten den Stephanus Männer, in denen (Gottes-)Furcht war, und sie veranstalteten eine große Totenklage über ihn.

h : ¹ [Sa]ulus autem erat conprobator neci Stefani. [et in illi]s diebus facta est tribulatio et persecutio [magna] ecclesiae quae est Hirosollimis. omnes aute [dispersi] sunt circa civitates Judeae et Samariae, [praete]r apostolos, qui remanserant Hierosylymis. ² [portaver]unt autem Stefanum homines pii, et fecerunt

Les éditeurs ont complété la lacune en *portaver]unt*, mais h pouvait aussi bien avoir *sepelier]unt*. On notera que d a *conportaveruntquae* ; p a *tulerunt* ; Vg *curaverunt*... Le texte de G⁶⁷ est par ailleurs bien soutenu par d'autres témoins éventuels du TO, spécialement par la syriaque. Le ms. devient ensuite lacuneux jusqu'à 9,14.

g : ¹ Saulus autem erat consentiens interfectioni eius. Factum est itaque in illo die persecutio magna in ecclesia, quae erat hierosolymis, et dispersi sunt omnes per regiones iudeae et samariae praeter apostolos, qui remanserunt hierusalem. ² Comportauerunt autem stephanum uiri timorati et fecerunt planctum magnum super eum,

3 Σαῦλος δὲ
ἐλυμαίνετο τὴν ἐκκλησίαν
κατὰ τοὺς οἴκους εἰσπορευόμενος,
σύρων τε ἄνδρας καὶ γυναῖκας
παρεδίδου εἰς φυλακήν.
4 Οἱ μὲν οὖν διασπαρέντες
διῆλθον

εὐαγγελιζόμενοι τὸν λόγον.
5 Φίλιππος δὲ κατελθὼν
εἰς τὴν πόλιν τῆς Σαμαρείας
ἐκήρυσσεν αὐτοῖς τὸν Χριστόν.

3 Ὁ δὲ[1] Σαῦλος
ἐλυμαίνετο τὴν ἐκκλησίαν
κατὰ τοὺς οἴκους εἰσπορευόμενος,
σύρων τε ἄνδρας καὶ γυναῖκας
παραδίδους[2] *εἰς φυλακήν.*
4 Οἱ μὲν οὖν διασπαρέντες
διελθόντες[1]
κατὰ πόλεις καὶ κώμας[2]
εὐηγγελίζοντο[3] *τὸν λόγον.*
5 Φίλιππος δὲ κατελθὼν
εἰς [ ][1] πόλιν τῆς Σαμαρείας
ἐκήρυσσεν αὐτοῖς τὸν *Ἰησοῦν*[2].

---

3 – 1. D – (*contra* G[67] ; autres versions ?) / 2. (D) G[67] – 917 Sah Boh
Varia : τὰς ἐκκλησίας : d t Vg(BTh) SyrH Sah.33 Eth Geo

4 – 1. Aug[b] / 2. Aug[b] g2 – v (≈ *post* τὸν λόγον : o p prv tpl ; cf. G[67]) / 3. Aug[b]
Aug[b] : at illi qui dispersi erant transeuntes per ciuitates et castella euangelizabant uerbum dei
(*Cath.* 11,30)
g2 : per civitates et castella (Fragmentum *Mediolanense* s.x-xi ; ed. A.M. CERIANI *Mon. Sacr. et prof.* I, ii, p.127, Mediol. 1865, in WORDSWORTH-WHITE, *Nov. Test. D.n.I.C. lat. Sec. ed. S. Hiero.*, III Act. Apos., Oxford 1905-54, pp.34.86

5 – 1. D G[67] – E C *Koinè* Sah Boh (autres versions ?) / 2. – g ndl.3 Arm(mss) (leçon + : b Eth.5-12 Arm(mss))

v.3 : Le παρεδιδους de D est un compromis entre TA et TO.

v.5 : Bien que très faiblement attestée (mais il faut tenir compte des témoins qui ont une leçon double), nous avons adopté la leçon τὸν Ἰησοῦν comme en 9,20 et 19,13, alors que celle du TA ne se lit jamais ailleurs dans les Actes mais est paulinienne (1 Cor 1,23 ; 15,12 ; Phil 1,15). Comme souvent ailleurs, l'archétype X, suivi par D et G[67], avait d'abord adopté le TO, puis il est passé au TA.

3 Ο δε σαυλοσ

♦ελυμενετο την εκκλησιαν

κατα τουσ οικουσ εισπορευομενοσ

συρων τε ανδρασ και γυναικασ

♦παρεδιδουσ εισ φυλακην

4 Οι μεν ουν διασπαρεντεσ

διηλθον

εναγγελιζομενοι τον λογον

5 φιλιπποσ δε ♦καλελθων

εισ πολιν τησ ♦σαμαριασ

εκηρυσσεν αυτοισ τον χρν

3 Saulus autem

diuastabat ecclesias

per singulas quae domos ingrediens

trahensque uiros et mulieres

tradebat in carcerem

4 ad illi quidem qui dispersi erant

adnuntiabant

euangelizantes uerbum

5 philippus uero cum uenisset

in ciuitate samariae

praedicabat eis xpm

G[67] : [3] Saulus aber erschütterte die Gemeinde, indem er in die Häuser eindrang, die Männer und die Frauen wegschleppte und sie in das Gefängnis warf. [4] Als sie aber zerstreut waren, zogen sie umher, indem sie das Wort verkündigten *Stadt für Stadt*. [5] Philippus aber kam herab zu *einer* Stadt Samarias und verkündigte ihnen den Christus.

g : [3] Saulus autem deuastabat ecclesiam in domos intrans et trahens uiros ac mulieres trahebat in custodiam. [4] Hi ergo, qui dispersi erant, ibant euangelizantes uerbum. [5] Philippus uero cum deuenisset in ciuitatem samariae praedicabat illis ihesum,

6
προσεῖχον δὲ οἱ ὄχλοι
τοῖς λεγομένοις ὑπὸ τοῦ Φιλίππου
ὁμοθυμαδὸν
ἐν τῷ ἀκούειν αὐτοὺς
καὶ βλέπειν τὰ σημεῖα
ἃ ἐποίει ·

6 ὡς δὲ ἤκουον[1] [ ][2]
οἱ ὄχλοι ἐπείθοντο[3]
τοῖς λεγομένοις ὑπ' αὐτοῦ[4]
[ ][5]
[ ][6]
ὅτι ἔβλεπ0ν[7] μεγάλα[8] σημεῖα
τὰ γινόμενα δι' αὐτοῦ[8] ·

---

6 – 1. D (G[67]) – (SyrP) / 2. G[67] p g SyrP SyrH / 3. D* SyrP p 915 / 4. G[67] – SyrP / 5. D* SyrP / 6. D SyrP / 7. – SyrP BarS[c] / 8. (G[67]) – BarS[c] (voir *infra*)

SyrP : et cum audiebant verbum - eius turbae quae - ibi [adhaerebant ei et] acquiescebant omnibus quae dicebat quia videbant signa quae faciebat

BarS[L+C] :]et acquiescebant omnibus quae dicebat i.e. quia videbant magna signa quae fiebant per ipsum

D* : ωσ δε ηκουον παν οι οχλοι [προσειχον τοισ λεγομενοισ υπο φιλιππου] επειθοντο [εν τω ακουειν αυτουσ και βλεπειν τα σημεια α εποιει]

G[67] : ὡς οἱ ἄνθρωποι δὲ ἤκουον [συνήχθησαν ὁμοθυμαδὸν προσέχοντες] τοῖς λεγομένοις ὑπ'αὐτου θέλοντες ἀκούειν αὐτου] μεγάλα σημεῖα ἐγίνετο δι'αὐτου

v.6 : Dans les textes ci-dessus, nous mettons entre crochets les harmonisations sur le TA. D et G[67] (légèrement glosé) dépendent de l'archétype X qui avait fusionné TO et TA, d'où le doublet constitué par le verbe "entendre". Le second provenant du TA, nous pouvons attribuer le premier au TO (cf. SyrP). Le début du TO est donc relativement facile à reconstituer : ὡς δὲ ἤκουον οἱ ὄχλοι ἐπείθοντο.

Pour la finale, comment justifier les divergences entre G[67] et BarS ? Le substrat grec de G[67] avait, comme dans D, la séquence ἀκούειν αὐτοὺς καὶ βλέπειν mais les mots αὐτοὺς καὶ βλέπειν en étaient tombés par saut du même au même. Le traducteur copte aurait donné un sens acceptable au texte en ajoutant un αὐτοῦ après ἀκούειν et en changeant le participe γινόμενα, qui restait en l'air, en un indicatif.

6 ωσ δε ηκουον ♦παν
οι οχλοι προσειχον
τοισ λεγομενοισ ϋπο φιλιππου
♦οντ[ο]
εν τω ακουειν αυτουσ
και βλεπειν τα σημεια
α εποιει

6 intendebant autem omnis
turbae his qui dicebantur
a philippo unanimo

in eo quod audierint ipsi
et uidebant signa
quae faciebat

G[67] : [6] *Als die Menschen (es) hörten, versammelten sie sich zugleich, indem sie* acht gaben auf das, was er sagte. *Sie wollten ihn hören. Große Zeichen geschahen durch ihn.*

g : [6] et intendebant turba his, quae a philippo dicebantur uno animo audientes ac uidentes signa et prodigia, quae faciebat.

D* : [6] ωσ δε ηκουον παν οι οχλοι [προσειχον τοισ λεγομενοισ υπο φιλιππου] επειθοντο [εν τω ακουειν αυτουσ και βλεπειν τα σημεια α εποιει]

7 πολλοὶ γὰρ τῶν ἐχόντων ᵃ	7 πολλοὶ¹ γὰρ τῶν ἐχόντων
πνεύματα ἀκάθαρτα	πνεύματα ἀκάθαρτα
βοῶντα φωνῇ μεγάλῃ	[ ]³
ἐξήρχοντο,	ἐθεραπεύοντο²
πολλοὶ δὲ παραλελυμένοι	[ ]³
καὶ χωλοὶ ἐθεραπεύθησαν ·	[ ]³

a. B ℵ A C 81 1175 *NA 28*, mais voir la reconstitution du TA ci-dessous.

---

7 – 1. (D)d G⁶⁷ – p* g / 2. Dd G⁶⁷ – p *pc* / 3. conj. (voir *infra*)

Ce verset offre deux difficultés : d'une part le TA ne donne aucun sens et est certainement corrompu ; d'autre part tous les témoins du TO (en l'absence des africains) ont été influencés par le TA.

a) La reconstitution du TA

Le verset 7a s'y lit ainsi : πολλοὶ γὰρ τῶν ἐχόντων πνεύματα ἀκάθαρτα βοῶντα φωνῇ μεγάλῃ ἐξήρχοντο. Il est évident que ce ne sont pas les πολλοί qui sortaient en criant, mais les esprits impurs. Pour obtenir un texte cohérent, il faut donc d'abord supprimer le τῶν ἐχόντων. Ensuite, deux hypothèses peuvent être faites. Selon la conjecture de Lachmann (citée par Nestle-Aland), il faudrait changer πολλοί en πολλά. Nous en proposons une autre qui a l'avantage de s'appuyer sur un texte déjà existant. Nous verrons plus loin que D et d ont été fortement influencés par le TA. Or au début du verset on lisait dans D* απο πολλοις, solécisme venant d'une rétroversion en grec du a *multis* de d, lequel traduit un ἀπὸ πολλῶν. C'était le début du verset dans le TA. On obtient alors ce texte : ἀπὸ πολλῶν γὰρ [ ] πνεύματα ἀκάθαρτα ... ἐξήρχοντο. C'est un texte excellent qui a son parallèle en Lc 4,41 : ἐξήρχετο δὲ καὶ δαιμόνια ἀπὸ πολλῶν κραυγάζοντα. Pour expliquer l'anomalie du TA, une seule hypothèse est vraisemblable : le début de son texte a été remplacé par celui du TO.

b) La reconstitution du TO

En voici les témoins que nous donnons en mettant entre crochets les emprunt au TA :

p* : multi enim illorum qui habebant spiritus in mundus (= in mundos pᶜ) [clamantes voce magna et] sanabantur. [Multi quoque paralitici et claudi curati sunt] – **G⁶⁷** : πολλοὶ γὰρ τῶν ἐχόντων πνεύματα ἀκάθαρτα [βοῶντα φωνῇ μεγάλῃ ἐξήρχοντο] [πολλοὶ δὲ παραλελυμένοι καὶ χωλοὶ] ἐθεραπεύοντο – **D*** : [απο πολλοις] γαρ των εχοντων πνευματα ακαθαρτα [βωοντα φωνη μεγαλη εξερχοντο] [πολλοι δε παραλελυμενοι χωλοι] εθεραπευοντο.

Si G⁶⁷et p commencent le verset par la séquence πολλοὶ γὰρ τῶν ἐχόντων πνεύματα ἀκάθαρτα, ce n'est pas par influence d'un TA corrompu, mais c'est parce qu'ils suivent fidèlement le TO qui, dans le TA, a remplacé le début du texte primitif. – Mais quel était le verbe dont πολλοί était le sujet ? Ce ne pouvait être qu'un verbe signifiant "être guéri", comme en Lc 6,18 : καὶ οἱ ἐνοχλούμενοι ἀπὸ πνευμάτων ἀκαθάρτων ἐθεραπεύοντο (cf. 8,2). Or c'est précisément ce verbe que nous donne p* ; lui seul nous a donc conservé le TO, à condition d'omettre les mots *clamantes voce magna et*, influencés par le TA et qui donnent une construction grammaticale impossible.

Reste le problème plus délicat du verset 7b. Nos trois témoins du TO donnent un texte identique au TA, sauf le verbe final qui est à l'imparfait dans D et G⁶⁷. Cet imparfait répond au *sanabantur* de p* lequel terminait le verset 7a (opposer le *curati sunt* du verset 7b). Par ailleurs, toujours dans le TO, le verset 7b apparaît comme un doublet du verset 7a : πολλοὶ ἐθεραπεύοντο ou ἐθεραπεύθησαν. Nous pensons donc que ce verset 7b fut ajouté au TO par harmonisation sur le TA. En éliminant de D et de G⁶⁷ toutes les harmonisations sur le TA (cf. les textes *supra*), on obtient un texte identique à celui de p* (v. 8a), avec l'imparfait ἐθεραπεύοντο en finale. C'est cet imparfait qui donne la solution du problème.

7 ✦πολλοισ γαρ των εχοντων
πνευματα ακαθαρτα
βοωντα φωνη μεγαλη
εξηρχοντο
πολλοι δε παραλελυμενοι
χωλοι εθεραπευοντο

7 a multis enim qui habebant
spiritum in mundum
clamantes voce magna
exiebant
multi enim paralysin passi
clodi curabantur

G[67] : 7 Denn eine Menge von denen, bei denen unreine Geister waren, die schrieen mit lauter Stimme, wenn sie im Begriffe waren, aus ihnen auszufahren. Aber auch viele, die gelähmt waren, und Krüppel *heilte er.*

g : 7 Nam multi habentes spiritus inmundos clamantes uoce magna exibant ; 8 multique paracliti et claudi curati sunt

8 ἐγένετο δὲ πολλὴ χαρὰ
ἐν τῇ πόλει ἐκείνῃ.
9 Ἀνὴρ δέ τις ὀνόματι Σίμων
προϋπῆρχεν ἐν τῇ πόλει
μαγεύων καὶ ἐξιστάνων
τὸ ἔθνος τῆς Σαμαρείας,
λέγων εἶναί τινα ἑαυτὸν μέγαν,
10 ᾧ προσεῖχον πάντες
ἀπὸ μικροῦ ἕως μεγάλου λέγοντες,
Οὗτός ἐστιν ἡ δύναμις τοῦ θεοῦ
ἡ καλουμένη μεγάλη.
11 προσεῖχον δὲ αὐτῷ
διὰ τὸ ἱκανῷ χρόνῳ
ταῖς μαγείαις ἐξεστακέναι αὐτούς.
12 ὅτε δὲ ἐπίστευσαν
τῷ Φιλίππῳ εὐαγγελιζομένῳ
περὶ τῆς βασιλείας τοῦ θεοῦ
καὶ τοῦ ὀνόματος Ἰησοῦ Χριστοῦ,
ἐβαπτίζοντο ἄνδρες τε καὶ γυναῖκες.
13 ὁ δὲ Σίμων καὶ αὐτὸς ἐπίστευσεν,
καὶ βαπτισθεὶς ἦν
προσκαρτερῶν τῷ Φιλίππῳ,
θεωρῶν τα [b] σημεῖα
καὶ δυνάμεις μεγάλας γινομένας
ἐξίστατο.

8 χαρὰ [ ][1] μεγάλη [2] ἐγένετο [3]
ἐν τῇ πόλει ἐκείνῃ.
9 Ἀνὴρ δέ τις ὀνόματι Σίμων
προϋπῆρχεν [1] ἐν τῇ πόλει
μαγεύων καὶ ἐξιστάνων [1]
τὸ ἔθνος τῆς Σαμαρείας,
λέγων εἶναί τινα ἑαυτὸν μέγαν,
10 ᾧ προσεῖχον πάντες
ἀπὸ μικροῦ ἕως μεγάλου λέγοντες,
Οὗτός ἐστιν ἡ δύναμις τοῦ θεοῦ
ἡ [ ][1] μεγάλη.
11 προσεῖχον δὲ αὐτῷ
διὰ τὸ ἱκανῷ χρόνῳ
ταῖς μαγείαις ἐξεστακέναι αὐτούς.
12 ὅτε δὲ ἐπίστευσαν
τῷ Φιλίππῳ εὐαγγελιζομένῳ
περὶ τῆς βασιλείας τοῦ θεοῦ
καὶ τοῦ ὀνόματος Ἰησοῦ Χριστοῦ,
ἐβαπτίζοντο ἄνδρες τε καὶ γυναῖκες.
13 ὁ δὲ Σίμων καὶ αὐτὸς ἐπίστευσεν,
καὶ [ ][1] ἦν
[ ][2] προσκαρτερῶν τῷ Φιλίππῳ,
θεωρῶν τε [3] σημεῖα
καὶ δυνάμεις μεγάλας γινομένας
ἐξίστατο [4].

b. B ; τε : ℵ A C 81 NA 28

---

8 – 1. d G[67] – Vg(T[c]) Sah Boh(K) (τε : D – καί : Ee Koinè g p ndl.3 SyrP) / 2. Dd G[67] – Ee Koinè a p Vg(DE) SyrP / 3. Dd G[67] – g prv SyrP

9 – 1. Dans D l'absence de καὶ avant μαγεύων empêche de voir en εξε le début d'un verbe conjugué. La présence de καὶ (d-pg) après μαγεύων conduit alors à retenir la forme conjuguée προϋπῆρχεν et le participe ἐξιστάνων.

10 – 1. G[67] – Koinè SyrP Sah Eth.5-13
Varia : om. πάντες : Koinè Ir[L] Eth.

12 – Varia : ἐν τῷ ὀνόματι Ἰησοῦ Χριστοῦ : a c p dem Vg(mss) ndl prv SyrP Eth(-9)

13 – 1. G[67] – SodB.1 ndl.1 (≈ ante ἐπίστευσεν : Eth.2.3) / 2. G[67] / 3. D Vg(RCT) / 4. contre D : εξεισταντο
Varia : om. ὁ δέ : G[67]

v.8 : La formule χαρὰ μεγάλη est classique chez Luc (Lc 2,10 ; 24,52 ; Ac 15,3) ; en revanche celle du TA est unique.

8 χαρα τε μεγαλη εγενετο	**8** gaudium magnum factum est
εν τη πολει εκεινη	in ciuitate illa
9 ανηρ δε τισ ονοματι σιμων	**9** uiri autem quidam nomine simon
προϋπαρχων εν τη πολει	iam pridem erat in ipsa ciuitate
μαγευων ✦εξε	magika faciens et mentem auferens
το εθνοσ τησ ✦σαμαριασ	gentibus samariae
λεγων ειναι τινα εαυτον μεγαν	dicens esse quendam magnum
10 ω προσειχον παντεσ	**10** cui intendebant omnes
απο μεικρου εωσ μεγαλου λεγοντεσ	a pusillo usque ad magnum dicentes
Ουτοσ εστιν η δυναμισ του θ̄ῡ	hic est uirtus d̄ī
η καλουμενη μεγαλη	quae uocatur magna
11 προσειχον δε αυτω	**11** intendebant autem ei propterea
δια το ϊκανω χρονω	quod plurimo tempore
ταισ ✦μαγιαισ εξεστακεναι αυτουσ	magicis rebus mentem abstulisset eis
12 Οτε δε επιστευσαν	**12** Cum uero crederent
τω φιλιππω ευαγγελιζομενω	philippo euangelizantem
περι τησ ✦βασιλιασ του θ̄ῡ	regnum d̄ī
και του ονοματοσ ῑη̄ῡ χ̄ρ̄ῡ	et de nomine īh̄ū x̄p̄ī
εβαπτιζοντο ανδρεσ τε και γυναικεσ	baptizabantur uiri ac mulieres
13 Ο δε σιμων και αυτοσ επιστευσεν	**13** simon quoque et ipse credidit
και βαπτισθεισ ην	et baptizatus est
και προσκαρτερων τω φιλιππω	et adherebat philippo
θεωρων τε σημεια	uidens signa
και ✦δυναμισ μεγαλασ γεινομενας	et uirtutes magnas fieri
✦εξεισταντο	obstupiscebat

G⁶⁷ : ⁸ Eine große Freude kam auf in jener Stadt. ⁹ Es gab aber einen Mann, der in der Stadt weilte, dessen Name Simon war und der ein Zauberer war. Er verwirrte das Volk Samarias dadurch, daß er über sich sagte : „Ich bin ein Großer.“¹⁰ Sie alle gaben acht auf ihn von ihrem Kleinsten bis zu ihrem Größten, indem sie sagten : „Dieser ist *die große Kraft Gottes.*“ ¹¹ Sie gaben acht auf ihn, weil er eine lange Zeit damit zugebracht hatte, sie zu verwirren mit *seiner Zauberei.* ¹² Als sie aber dem Philippus Glauben schenkten, als der *ihnen* das Reich Gottes verkündigte *durch den Herrn* Jesus Christus, ließen sich taufen die Männer und die Frauen. ¹³ Auch Simon selbst *kam zum Glauben und* hielt sich zu Philippus, als er Zeichen und große Machterweise sah, die er tat ; und er wunderte sich.

g : ⁹ et gaudium magnum factum est in illa ciuitate. Vir autem quidam nomine symon erat ante in ciuitate magias exercens et dementabat gentem samariae dicens se quendam magnum. ¹⁰ Cui intendebant omnes a minimo usque ad maximum dicentes : hic est uirtus dei, quae uocatur magna. ¹¹ Intendebant autem in eum propterea quod multo tempore magus eos dementasset. ¹² Sed postquam crediderunt philippo euangelizante regnum dei et de nomine ihesu christi, baptizabantur uiri ac mulieres. ¹³ Symon quoque et ipse credidit et baptizatus est et adhaerebat philippo uidens signa et uirtutes magnas quae fiebant, stupens amirabatur eis.

14 Ἀκούσαντες δὲ
οἱ ἐν Ἱεροσολύμοις ἀπόστολοι
ὅτι δέδεκται ἡ Σαμάρεια
τὸν λόγον τοῦ θεοῦ
ἀπέστειλαν πρὸς αὐτοὺς
Πέτρον καὶ Ἰωάννην c,
15 οἵτινες καταβάντες
προσηύξαντο d περὶ αὐτῶν
ὅπως λάβωσιν πνεῦμα ἅγιον ·
16 οὐδέπω γὰρ
ἦν ἐπ᾿ οὐδενὶ αὐτῶν ἐπιπεπτωκός,
μόνον δὲ βεβαπτισμένοι ὑπῆρχον
εἰς τὸ ὄνομα τοῦ κυρίου Ἰησοῦ.
17 τότε ἐπετίθεσαν e τὰς χεῖρας
ἐπ᾿ αὐτούς,
καὶ ἐλάμβανον πνεῦμα ἅγιον.
18 ἰδὼν δὲ ὁ Σίμων ὅτι
διὰ τῆς ἐπιθέσεως
τῶν χειρῶν τῶν ἀποστόλων
δίδοται τὸ πνεῦμα,
προσήνεγκεν αὐτοῖς χρήματα
19 λέγων ·
Δότε κἀμοὶ τὴν ἐξουσίαν ταύτην
ἵνα ᾧ ἐὰν ἐπιθῶ τὰς χεῖρας
λαμβάνῃ πνεῦμα ἅγιον.

14 Ἀκούσαντες δὲ
οἱ ἐν Ἱερουσαλήμ 1 ἀπόστολοι
ὅτι δέδεκται ἡ Σαμάρεια
τὸν λόγον τοῦ θεοῦ
ἀπέστειλαν πρὸς αὐτοὺς
τὸν 2 Πέτρον καὶ Ἰωάννην,
15 οἵτινες καταβάντες
προσηύξαντο περὶ αὐτῶν
ὅπως λάβωσιν πνεῦμα ἅγιον ·
16 οὐδέπω γὰρ
ἦν ἐπ᾿ οὐδενὶ αὐτῶν ἐπιπεπτωκός,
μόνον δὲ βεβαπτισμένοι ὑπῆρχον
εἰς τὸ ὄνομα τοῦ κυρίου Ἰησοῦ [ ]1.
17 τότε ἐπετίθουν 1 τὰς χεῖρας
ἐπ᾿ αὐτούς,
καὶ ἐλάμβανον πνεῦμα ἅγιον.
18 ἰδὼν δὲ ὁ Σίμων ὅτι
διὰ τῆς ἐπιθέσεως
τῶν χειρῶν τῶν ἀποστόλων
δίδοται τὸ πνεῦμα [ ]1,
προσήνεγκεν αὐτοῖς χρήματα
19 παρακαλῶν καὶ 1 λέγων ·
Δότε κἀμοὶ τὴν ἐξουσίαν ταύτην
ἵνα κἀγὼ 3 ᾧ ἂν 4 ἐπιθῶ τὰς χεῖρας
λαμβάνῃ πνεῦμα ἅγιον.

c. *NA 28* ; B : Ιωανην // d. *NA 28* ; B : προσευχαντο // e. *NA 28* ; B : επετιθοσαν

---

14 – 1. Dd G^{67} / 2. G^{67} – *Koinè* *(autres versions ?)*
Varia : καὶ (ἡ Σαμάρεια) : SodC.1.2.11.13 431 467 g r *Solut*

16 – 1. C p t g e Vg SyrHP Eth.1.3.13 – voir intro. §.III.1.1.1
Varis : *add.* χριστοῦ : Dd G^{67} Vg(AIM) ndl.1 Eth.4.7.10.11

17 – 1. Dd – p^{45} Ee *Koinè* g p r Vg SyrP Boh(B 18)

18 – 1. G^{67} Sah
Varia : *add.* τὸ ἅγιον : tous sauf G^{67} ℵ B Sah

19 – 1. Dd G^{67} – g p / 2. – g p c Vg(F) ndl prv BarS Sah.4 Geo Arm(mss) / 3. (Dd ≈) – p CAp
/ 4. D – SodC.3.13.15 SodB.2.7 CAp *pm* (versions ?)
p : deprecans et dicens. Date mihi potestatem istam ut et ego cui cumque in posuero manum accipiat spiritum sanctum.

v.19 : Les leçons κἀμοί et κἀγώ forment doublet. G^{67} suit le TA. D les a toutes les deux, mais la seconde après ἐπιθῶ. Seul p a gardé le TO. Il semble que l'archétype X suivait le TA (cf. G^{67}) et que D l'a complété d'après le TO, mais en mettant κἀγώ à une mauvaise place.

14 ακουσαντεσ δε
οι εν ϊερουσαλημ αποστολοι
οτι δεδεκται η ♦σαμαρια
τον λογον του θυ̅
απεστειλαν προσ αυτουσ
πετρον και ♦ϊωανην
15 οιτινεσ καταβαντεσ
προσηυξαντο περι αυτων
οπωσ λαβωσιν πν̅α αγιον
16 ουδεπω γαρ
ην επι ♦ουδενα αυτων επιπεπτωκοσ
μονον δε βεβαπτισμενοι ϋπηρχον
εισ το ονομα του κυ̅ ιη̅υ χρ̅υ
17 Τοτε επετιθουν τασ χειρας
επ αυτουσ
και ελαμβανον πν̅α αγιον
18 ιδων δε ο σιμων οτι
δια τησ επιθεσεωσ
των χειρων των αποστολων
διδοται το πν̅α το αγιον
♦προσηνεγκαν αυτοισ χρηματα
19 παρακαλων και λεγων
δοτε καμοι την εξουσιαν ταυτην
ϊνα ω αν επιθω καγω τασ χειρασ
λαμβανη πν̅α αγιον

14 Cum uero audissent
qui in hierusalem erant apostoli
quia excepit samaria
uerbum d̅i̅
miserunt ad eos
petrum et iohannen
15 qui cum descendissent
orauerunt super eos
ut accipiant sp̅m̅ sanctum
16 non dum enim
erat super quemquam eoru̅ inlapsus
tantum autem baptizati erant
in nomine d̅n̅i̅ ih̅u̅ xp̅i̅
17 tunc inponebant manus
super eos
et accipiebant sp̅m̅ sanctum
18 cum uidisset simon quia
per in positionem
manum apostolorum
datur sp̅s̅ sanctus
obtulit eis paecunias
19 rogando et dicendo
date et mihi potestatem hanc
ut cuicumque inposuero et ego manus
accipiat sp̅m̅ sanctum

G67 : **14** Als aber die Apostel, die in Jerusalem waren, hörten, daß Samarien das Wort Gottes angenommen habe, sandten sie zu ihnen Petrus und Johannes. **15** Diese aber, nachdem sie sich (dorthin) begeben hatten, beteten über ihnen, damit sie Heiligen Geist empfingen. **16** Denn er war noch auf keinen von ihnen herabgekommen, sondern sie waren nur getauft worden auf den Namen des Herrn Jesus *Christus*. **17** Da legten sie ihnen die Hände auf, und sie empfingen *den* Heiligen Geist. **18** Als nun Simon sah, daß *sie* durch die Handauflegung *von Petrus und Johannes den Geist empfingen*, brachte er ihnen Geld, **19** indem er *sie bat und* sagte : „Gebt auch mir diese Vollmacht, damit der, dem ich die Hände auflegen werde, *Geist* empfange."

g : **14** Cum audissent autem qui hierosolimis erant apostoli, quod et samaria quoque receperunt uerbum Miserunt ad eos petrum et iohannem **15** qui descenderunt et orarent pro eis ut acciperent spiritum sanctum. **16** Nondum enim in quemquam illorum superuenerat, si tantum baptizati erant in nomine domini ihesu. **17** Tunc imponebant manus super eos et accipiebant spiritum sanctum. **18** Videns autem symon quod per impositionem manuum apostolorum datur spiritus sanctus obtulit illis pecuniam **19** rogans et dicens : Date michi hanc potestatem ut cuicumque imposuero manus, accidia spiritum sanctum.

20 Πέτρος δὲ εἶπεν πρὸς αὐτόν,
Τὸ ἀργύριόν σου σὺν σοὶ
εἴη εἰς ἀπώλειαν,
ὅτι τὴν δωρεὰν τοῦ θεοῦ ἐνόμισας
διὰ χρημάτων κτᾶσθαι.
21 οὐκ ἔστιν σοι μερὶς οὐδὲ κλῆρος
ἐν τῷ λόγῳ τούτῳ,
ἡ γὰρ καρδία σου
οὐκ ἔστιν εὐθεῖα ἔναντι τοῦ θεοῦ.
22 μετανόησον οὖν
ἀπὸ τῆς κακίας σου ταύτης,
καὶ δεήθητι τοῦ κυρίου
εἰ ἄρα ἀφεθήσεταί σοι
ἡ ἐπίνοια τῆς καρδίας σου ·
23 εἰς γὰρ χολὴν πικρίας
καὶ σύνδεσμον ἀδικίας
ὁρῶ σε ὄντα.

20 Πέτρος δὲ εἶπεν πρὸς αὐτόν,
Τὸ[1] ἀργύριόν σου[1] σὺν σοὶ
εἴη εἰς ἀπώλειαν,
ὅτι τὴν δωρεὰν τοῦ θεοῦ ἐνόμισας
διὰ χρημάτων κτᾶσθαι.
21 οὐκ ἔστιν σοι μερὶς οὐδὲ κλῆρος
ἐν *τῇ πίστει ταύτῃ*[1],
ἡ γὰρ καρδία σου
οὐκ ἔστιν εὐθεῖα ἔναντι τοῦ θεοῦ.
22 μετανόησον οὖν
ἀπὸ τῆς κακίας σου ταύτης,
καὶ δεήθητι τοῦ κυρίου
εἰ ἄρα ἀφεθήσεταί σοι[1]
ἡ ἐπίνοια τῆς καρδίας σου:
23 *ἐν*[1] γὰρ *χολῇ*[1] πικρίας
καὶ *συνδεσμῷ*[1] ἀδικίας
θεωρῶ[2] σε ὄντα.

---

20 – 1. το (hapl.) ; σου (hapl.)

21 – 1. Aug^c G^67 – p g r Cass SyrP
Aug^c : non est tibi pars neque sors in hac fide (*Serm.* 100,10; *PL* 38/801)
p : non est tibi pars neque sors in fide ac. cor enim tuum non est directum in conspectu dei.
Varia : om. γάρ : D SodB.6 Sah.4

22 – 1. Noter l'erreur σου de D.

23 – 1. (D) – p et tous les latins (*contra* : G^67) / 2. D – E SodC.1.2.11.14 *pc* (versions ?)

v.21 : La variante que nous avons adoptée est très bien attestée par des témoins d'origine différente, dont un africain. La difficulté vient de ce qu'elle est ignorée, non seulement de D, mais encore de Tertullien (*Idol.* IX,8) et de l'auteur du *De Rebapt.* (chap. 16). Pour ces deux auteurs, voir la double tradition africaine étudiée par *Boism*[2] p. 22 et suivantes. Quant à D, il aurait adopté ici le TA comme si souvent ailleurs.
Nous ne retiendrons pas l'omission de γάρ par D, car les deux autres témoins qui la soutiennent suivent le TA ; c'est donc une variante à l'intérieur du TA.

v. 23 : Le TA offre une anomalie grammaticale : le verbe "être" est suivi de εἰς et l'accusatif. Il était normal pour les latins de la corriger en mettant *in* suivi de l'ablatif ; mais p* ne corrige que le premier substantif. L'inversion πικριασ χολη de D n'est pas autrement attestée.

20 πετροσ δε ειπεν προσ αυτον   20 petrus autem dixit ad eum
αργυριον συν σοι
ειη εισ απωλειαν
οτι την δωρεαν του θῡ ενομισας
δια χρηματων κτασθαι
21 ουκ εστιν σοι μερεισ ουδε κληροσ   21
εν τω λογω τουτω
η καρδία σου
ουκ εστιν ευθεια εναντι του θῡ
22 μετανοησον ουν   22
απο τησ κακιασ σου ταυτησ
και δεηθητι του κῡ
ει αρα ◆αφηθησεται ◆σου
η επινοια της καρδιας σου
23 ◆ην γαρ πικριασ χολη   23
και συνδεσμω αδικιασ
θεωρω σε οντα

G[67] : [20] Petrus sprach zu ihm : „Dein Geld soll mit dir ins Verderben fahren ! Denn über das Geschenk Gottes hast du gedacht, daß man durch Geld es sich erwirbt. [21] Es ist kein Teil noch Los für dich an diesem *Glauben*. Denn dein Herz ist nicht gerade vor Gott. [22] Tue also Buße von deiner Bosheit und bitte *Gott*, vielleicht wird dir der Gedanke deines Herzens vergeben werden. [23] Denn ich sehe, daß du dich in Galle von Bitterkeit und einer Fessel von Ungerechtigkeit befindest."

g : [20] Petrus autem dixit ad illum : Pecunia tua tecum sit interitum, quia donum dei existimasti pecunia acquirere. [21] Non est tibi porcio neque sora in hac fide ; cor enim tuum non est rectum coram deo. [22] Penitentiam itaque habe ab hac malicia tua et roga dominum, si forte remittatur tibi haec cogitatio cordis tui ; [23] in felle enim amaritudinis et obligatione ligatione iniquitatis uideo te esse.

24 ἀποκριθεὶς δὲ ὁ Σίμων εἶπεν,

Δεήθητε ὑμεῖς ὑπὲρ ἐμοῦ
πρὸς τὸν κύριον
ὅπως μηδὲν ἐπέλθη
ἐπ' ἐμὲ
ὧν εἰρήκατε.

25 Οἱ μὲν οὖν
διαμαρτυράμενοι καὶ λαλήσαντες
τὸν λόγον τοῦ κυρίου
ὑπέστρεφον εἰς Ἱεροσόλυμα,
πολλάς τε κώμας τῶν Σαμαριτῶν
εὐηγγελίζοντο.
26 Ἄγγελος δὲ κυρίου ἐλάλησεν
πρὸς Φίλιππον λέγων,
Ἀνάστηθι καὶ πορεύου
κατὰ μεσημβρίαν
ἐπὶ τὴν ὁδὸν τὴν καταβαίνουσαν
ἀπὸ Ἱερουσαλὴμ εἰς Γάζαν ·
αὕτη ἐστὶν ἔρημος.

24 ἀποκριθεὶς δὲ ὁ Σίμων εἶπεν
πρὸσ αὐτούς[1] · *παρακαλῶ*[2]
Δεήθητε ὑμεῖς [ ][3]
πρὸς τὸν *θεὸν*[4]
ὅπως μηδὲν ἐπέλθη
μοι[5] *τούτων τῶν κακῶν*[6]
ὧν εἰρήκατε [ ][7]
[ ][8] *καὶ*[8] *πολλὰ κλαίων*
οὐ διελίμπανεν[9].
25 *Πέτρος δὲ καὶ Ἰωάννης*[1]
διαμαρτυράμενοι [ ][2]
τὸν λόγον τοῦ κυρίου
ὑπέστρεφον εἰς Ἱεροσόλυμα,
πολλάς τε κώμας τῶν Σαμαριτῶν
εὐηγγελίζοντο *διερχόμενοι*[3]
26 Ἄγγελος δὲ κυρίου ἐλάλησεν
πρὸς Φίλιππον λέγων,
Ἀνάστὰς[1] [ ][2] *πορεύθητι*[3]
κατὰ μεσημβρίαν
ἐπὶ τὴν ὁδὸν τὴν καταβαίνουσαν
ἀπὸ Ἱερουσαλὴμ εἰς Γάζαν ·
αὕτη ἐστὶν ἔρημος.

---

24 – 1. D G[67] / 2. D G[67] SyrH* – SodC.1.2.10-16 431 g r / 3. – SodB.1.2.10-16 t (≈ *ante* ὑμεῖς : Vg(M); *post* κύριον : Vg(D) ndl.1) (περὶ ἐμοῦ : D 181 467 1175) / 4. D G[67] SyrH – SodC.1-4.11-14 SodB.5 431 c p dem Vg(AFMW) ndl.2 prv.2 SyrP (*contra* SyrH[mg]) / 5. D / 6. D G[67] – Vg(D[mg]) (τῶν κακῶν *tantum*) (*Add.* τῶν κακῶν *post* εἰρήκατε : Ee Chr.3) / 7. G[67] p t g / 8. G[67] SyrH[mg] / 9. D(+ ος) G[67] SyrH[mg]

25 – 1. Aug[b] G[67] – SyrP Eth.4-11 / 2. Aug[b] G[67] – t (≈ *post* Ἰωάννης : Eth.2-13) / 3. Aug[b] (G[67]) (≈ g Sah.16.460)
Varia : *om.* τοῦ κυρίου : SodC.3 pc (τοῦ θεοῦ : A p[74] t y' dem Vg(DM) ndl.1 prv.1 SyrP Boh)
Aug[b] : Petrus autem et Iohannes testificati verbum domini redibant Hierosolymam, multosque viros [*pro* vicos] Samaritanorum euaggelizabant transeuntes (*Cath.* 11,30)

26 – 1. D – p[50] Chr.3 / 2. D G[67] – p[50] Chr.3 a p SyrP / 3. D – p[50] C SodC.6.8 181 (versions ?)

---

v. 24 : La variante 3 est peu attestée. On notera toutefois que D et G[67], qui offrent pour ce verset un texte quasi identique, ne sont plus d'accord ici : D aurait complété d'après le latin (*pro me*) et G[67] d'après le grec.

24 αποκρειθεισ δε ο σιμων ειπεν
προσ αυτουσ παρακαλω
δεηθητε ϋμεισ περι εμου
προσ τον θ̄ν̄
οπωσ μηδεν επελθη
μοι τουτων των κακων
♦ον ειρηκατε μοι
♦οσ πολλα κλαιων
ου ♦διελυμπανεν
25 οι μεν ουν
διαμαρτυραμενοι και λαλησαντες
τον λογον του κ̄ῡ
ϋπεστρεφον εισ ειεροσολυμα
πολλασ δε κωμασ των σαμαρειτων
ευηγγελιζοντο
26 αγγελοσ δε κ̄ῡ ελαλησεν
προσ φιλιππον λέγω̄
αναστασ πορευθητι
κατα μεσημβριαν
επι την οδον την καταβαινουσαν
απο ϊερουσαλημ εισ γαζαν
αυτη εστιν ερημος

G[67] : [24] Simon antwortete, indem er *zu ihnen* sagte : „*Ich flehe (euch) an* : Bittet ihr *Gott* zu meinen Gunsten, damit nichts von *diesen bösen (Dingen)*, die ihr genannt habt, über mich komme" ; *und er weinte sehr ohne aufzuhören*. [25] *Petrus aber und Johannes bezeugten das Wort* des Herrn und machten sich auf den Rückweg nach Jerusalem ; vielen Dörfern der Samaritaner predigten sie *wirkungsvoll*. [26] *Der* Engel des Herrn aber redete mit Philippus, indem er sagte : „Erhebe dich und gehe um die Mittagsstunde an den Weg, der hinabführt von Jerusalem nach Gaza !" Dieser *aber war* einsam.

g : [24] Respondens autem symon dixit : Obsecro orate uos pro me ad dominum, ut nichil superueniat ad me ex his quae dixistis. [25] Illi ergo testificati et locuti uerbum domini redibant in hierosolimam ac permulta castella samariae transeuntes praedicibant (sic) euangelium. [26] Angelus autem domini locutus est ad philippum dicens : Surge et uade contra meridianum ad uiam, quae discendi ab hierusalem in gazam, haec est deserta.

27 καὶ ἀναστὰς ἐπορεύθη ·
καὶ ἰδοὺ ἀνὴρ Αἰθίοψ εὐνοῦχος
δυνάστης Κανδάκης
βασιλίσσης Αἰθιόπων,
ὃς ἦν ἐπὶ πάσης τῆς γάζης αὐτῆς,
ὃς ἐληλύθει προσκυνήσων
εἰς Ἰερουσαλήμ,
28 ἦν τε ὑποστρέφων
καὶ καθήμενος
ἐπὶ τοῦ ἅρματος αὐτοῦ
καὶ ἀνεγίνωσκεν
τὸν προφήτην Ἡσαΐαν.
29 εἶπεν δὲ τὸ πνεῦμα τῷ Φιλίππῳ,
Πρόσελθε
καὶ κολλήθητι τῷ ἅρματι τούτῳ.
30 προσδραμὼν δὲ ὁ Φίλιππος
ἤκουσεν αὐτοῦ ἀναγινώσκοντος
Ἡσαΐαν τὸν προφήτην,
καὶ εἶπεν ·
ἀρά γε γινώσκεις ἃ ἀναγινώσκεις ;

27 καὶ ἀναστὰς ἐπορεύθη ·
καὶ ἰδοὺ ἀνὴρ Αἰθίοψ εὐνοῦχος
[ ][1] Κανδάκης
βασιλίσσης [ ][2] Αἰθιόπων,
ὃς ἦν ἐπὶ πάσης τῆς γάζης αὐτῆς[3]
[ ][4] ἐληλύθει προσκυνήσων
εἰς[2] Ἰερουσαλήμ,
28 ἦν τε ὑποστρέφων
[ ][1] καθήμενος
ἐπὶ τοῦ ἅρματος [ ][2]
[ ][3] ἀναγινώσκων[4]
τὸν προφήτην Ἡσαΐαν.
29 εἶπεν δὲ τὸ πνεῦμα τῷ Φιλίππῳ,
Πρόσελθε
καὶ κολλήθητι τῷ ἅρματι [ ][1]
30 προσελθὼν[1] δὲ ὁ Φίλιππος
ἤκουσεν αὐτοῦ ἀναγινώσκοντος
Ἡσαΐαν τὸν προφήτην,
καὶ εἶπεν τῷ εὐνούχῳ[2] ·
εἰ[3] [ ][4] γινώσκεις ἃ ἀναγινώσκεις ;

---

27 – 1. Aug[c] – SodC.5* dem Vg(O) Ir[L] Eth / 2. voir infra / 3. D : αυτου ne donne aucun sens / 4. D – א C A p[74] 915 p (t) Vg SyrP Sah Boh(mss)

28 – 1. D – Cass p[50] 88 460 Chr.3 l r t Vg / 2. D – Cass t[4] SyrP / 3. D G[67] – Cass a g l p r t א C A p[74] 915 SodC(mss) SodB(mss) Sah / 4. D G[67] – Cass l p t Vg Sah
Cass : iste revertens de ierusalem... sedebat in curru isaiae profetae locum illum legens

29 – 1. – SyrP Boh(FS) (D *deest*) (αὐτοῦ : SodC.1.2.11-14 Chr.1 e g l – τούτου : SodC.10 r)

30 – 1. p[50] Sah SyrP 181 460 r(+) Boh Eth.20 Geo / 2. G[67] – p[50] Sah / 3. g r SyrP / 4. p[50] g r SyrP SodC.4.10 *pc*

v. 27 : D ajoute τινοσ après βασιλισσησ ; ne serait-ce pas le reste d'un texte qui omettait le nom de la reine ? Par erreur, il omet εις devant ιερουσαλημ.

v. 29 : On imagine difficilement que les témoins de la leçon courte aient omis le démonstratif ; cette omission difficile a d'ailleurs été corrigée par l'addition de αὐτοῦ et de τούτου (qui confirme indirectement la leçon courte). Voir d'ailleurs l'absence de déterminatif au verset précédent.

v. 30 : Le εἰ introduit une interrogation directe ; sémitisme difficile à garder en grec.

27 και αναστασ επορευθη
και ιδου ανηρ αιθιοψ· ευνουχοσ
δυναστησ κανδακησ
βασιλεισσησ ◆τινοσ αιθιοπων
οσ ην επι πασησ τησ γαζησ ◆αυτου
εληλυθει προσκυνησων
ϊερουσαλημ
28 ην τε ϋποστρεφων
καθημενοσ επι του αρματοσ
αναγεινωσκων τον προφητην ϊσαϊαν
29 Ειπεν δε το π̅ν̅α̅ τω φιλιππω

Deest D : Ac 8,29s-10,14

G⁶⁷ : ²⁷ Und er erhob sich und ging. Siehe, ein Äthiopier, Eunuch, Hofbeamter, *der ein Kandakes* der Königin der Äthiopier *war*, dieser, der über *dem* ganzen Schatz (eingesetzt) war, der war nach Jerusalem gekommen, um anzubeten. ²⁸ Er hatte den Rückweg angetreten und saß auf seinem Wagen, *wobei er* den Propheten Jesaja *las*. ²⁹ Der Geist sprach zu Philippus : „Stürze los und hefte dich an diesen Wagen !" ³⁰ *Er aber wurde in keiner Weise verwirrt.* Philippus stürzte *zu ihm* hin und hörte, wie er den Propheten Jesaja las. Er sprach *zu dem Eunuchen* : „Verstehst du denn, was du liest ?"

g : ²⁷ Et surgens abiit. Et ecce uir quidam ethiops spado potens candacis reginae ethiopum, qui erat supra omnes diuicias eius hic uenerat adorare in hierusalem. ²⁸ Et cum rediret et sederet in curru sua legebat prophetam ysayam. ²⁹ Ait autem spiritus ad philippus : Accede et iunge te ad currum eius. ³⁰ Et accurrit philippus et audiuit eum legentem prophetam ysaiam. Et ait : Si intelligis quae legis ?

31 ὁ δὲ εἶπεν ·
Πῶς γὰρ ἂν δυναίμην
ἐὰν μή τις ὁδηγήσει ᶠ με ;
παρεκάλεσέν τε τὸν Φίλιππον
ἀναβάντα καθίσαι σὺν αὐτῷ.
32 ἡ δὲ περιοχὴ τῆς γραφῆς
ἣν ἀνεγίνωσκεν ἦν αὕτη ·
Ὡς πρόβατον ἐπὶ σφαγὴν ἤχθη,
καὶ ὡς ἀμνὸς
ἐναντίον τοῦ κείραντος ᵍ αὐτὸν
ἄφωνος,
οὕτως οὐκ ἀνοίγει
τὸ στόμα αὐτοῦ.
33 Ἐν τῇ ταπεινώσει
ἡ κρίσις αὐτοῦ ἤρθη ·
τὴν γενεὰν αὐτοῦ
τίς διηγήσεται ;
ὅτι αἴρεται ἀπὸ τῆς γῆς
ἡ ζωὴ αὐτοῦ.
34 Ἀποκριθεὶς δὲ ὁ εὐνοῦχος
τῷ Φιλίππῳ εἶπεν ·
Δέομαί σου,
περὶ τίνος ὁ προφήτης λέγει τοῦτο ʰ ;
περὶ ἑαυτοῦ ἢ περὶ ἑτέρου τινός ;

31 ὁ δὲ εἶπεν ·
Πῶς [ ]¹ [ ]² δύναμαι²
γινώσκειν³ ἐὰν μή τις διδάξει⁴ με ;
παρεκάλεσέν τε τὸν Φίλιππον
ἀναβάντα καθίσαι σὺν αὐτῷ.
32 ἡ δὲ περιοχὴ τῆς γραφῆς
ἣν ἀνεγίνωσκεν ἦν αὕτη ·
Ὡς πρόβατον ἐπὶ σφαγὴν ἤχθη,
καὶ ὡς ἀμνὸς
ἐναντίον τοῦ κείραντος [ ]¹
ἄφωνος,
οὕτως οὐκ ἀνοίγει
τὸ στόμα [ ]².
33 Ἐν τῇ ταπεινώσει
ἡ κρίσις αὐτοῦ ἤρθη ·
τὴν δὲ¹ γενεὰν αὐτοῦ
τίς διηγήσεται ;
ὅτι αἴρεται ἀπὸ τῆς γῆς
ἡ ζωὴ αὐτοῦ.
34 Ἀποκριθεὶς δὲ ὁ εὐνοῦχος
[ ]¹ εἶπεν ·
Δέομαί σου,
περὶ τίνος ὁ προφήτης λέγει τοῦτο ;
περὶ ἑαυτοῦ ἢ περὶ ἑτέρου [ ]²;

f. *NA 28* ; B : οδαγησει // g. *NA 28* ; B 81 : κειροντος // h. B* CyrAl *NA 28* : *om.* B

---

31 – 1. G⁶⁷ – g l p r ndl prv SyrP Ee SodB.2 *pc* Sah Boh Eth / 2. G⁶⁷ – g l r t Vg SyrP 1175 / 3. G⁶⁷ – Vg(R²) dem SyrP / 4. G⁶⁷ (+) – e p Jer Eth

32 – 1. Tert(6/7) – Or l p t⁴ Vg(ThS) Ir^L (1/2) Cass SyrP EusEm(1/3) Eth.1–4.7.9-13 Geo / 2. Tert(3/6) – g Ir^L(1/2) EusEm(3/3)
Is 53,7 : *om.* αὐτόν : mss BS*C – *om.* αὐτοῦ : S*

33 – 1.– (tous sauf G⁶⁷ et TA) ; TA = LXX

34 – 1. r y Vg(T) (≈ *post* εἶπεν : SodB.7) / 2. g l r y Eth.1-3.10*.13 Chr.3 (≈ *ante* ἑτέρου : Ee C a ndl.2.3 SyrP)

v. 31 : e p G⁶⁷(+) Sah Eth supposent διδαξει au lieu de οδηγησει. Noter le contact entre p *si non sit qui instruat me* et Eth. On pense à un substrat grec tel que ἐὰν μὴ ᾖ ὁ μὴ διδάσκων.

v. 34 : G⁶⁷ suit le TA depuis le verset 32 (cf. v. 33 !) et en partie encore au verset 35 ; d'où la pauvreté des témoins en faveur du TO.

G⁶⁷ : ³¹ Er aber sprach : „Wie soll ich *verstehen* können, wenn mich nicht einer führt *in ebendiesen Schriften und mich über sie belehrt"*, und er bat Philippus *dringend*, daß er aufsteige und sich an seine Seite setze. ³² *Er öffnete das Buch und fand* die Stelle *dieser* Schrift, die *der Eunuch* gerade las : „Er wurde geführt wie ein Schaf zur Schlachtung. Und wie ein Lamm vor dem, der es schert, stumm bleibt, so öffnete er seinen Mund nicht ³³ *in seiner Erniedrigung*. Sein Gericht wurde aufgehoben. Sein Geschlecht - wer ist es, der darüber wird reden können. Denn sein Leben wird hinweggenommen werden von der Erde." ³⁴ Der Eunuch antwortete und spraeh zu Philippus : „Ich bitte dich, *sage mir* : Über wen sagt *dieser* Prophet dieses ? Über sich oder über einen anderen ?"

g : ³¹ Et ille dixit : Quomodo possum nisi aliquis me in uiam inducat ? Et rogauit philippum ut ascenderet et sederet secum. ³² Erat autem circumstantia scripturae, quam legebat, haec : Tamquam ouis ad occisionem ductus est et sicut agnus coram tondente se sine uoce, sic non apperuit os ; ³³ in humiliatione iudicium eius sublatum est, generationem autem eius quis enarrabit ? quia tollitur de terra uita eius. ³⁴ Et respondens eunuchus philippo ait : Obsecro te de quo propheta dicit hoc, de se an de alio ?

35 ἀνοίξας δὲ ὁ Φίλιππος
τὸ στόμα αὐτοῦ καὶ ἀρξάμενος
ἀπὸ τῆς γραφῆς ταύτης
εὐηγγελίσατο αὐτῷ τὸν Ἰησοῦν.
36 ὡς δὲ ἐπορεύοντο κατὰ τὴν ὁδόν,
ἦλθον ἐπί τι ὕδωρ,
καί φησιν ὁ εὐνοῦχος,
Ἰδοὺ ὕδωρ ·
τί κωλύει με βαπτισθῆναι ;
37

35 ἀνοίξας δὲ ὁ Φίλιππος
τὸ στόμα αὐτοῦ καὶ ἀρξάμενος
ἀπὸ τῆς γραφῆς ταύτης
εὐηγγελίζετο¹ [ ]² τὸν Ἰησοῦν.
36 ὡς δὲ ἐπορεύοντο κατὰ τὴν ὁδόν,
ἦλθον ἐπί τινα λίμνην¹,
καί φησιν ὁ εὐνοῦχος,
Ἰδοὺ ὕδωρ ·
τί τὸ κωλυόν² με βαπτισθῆναι ;
37 τότε εἶπεν ὁ Φίλιππος ·
εἰ πιστεύεις ἐξ ὅλης τῆς καρδίας σου,
ἔξεστιν. ἀποκριθεὶς δὲ εἶπεν ·
πιστεύω τὸν υἱὸν τοῦ θεοῦ εἶναι
Ἰησοῦν Χριστόν.¹

---

35 – 1. – SodC.1.2.12.13 dem Vg(Th) / 2. – c p t^{1.3.5} Vg(O)

36 – 1. (G⁶⁷) – y / 2. Cyp – r y ChrAq
Cyp :... quid est quod me inpediat tingui (*Test.* iii,43) – y : in quodam stagnum
Varia : *om.* ἰδοὺ ὕδωρ : p⁴⁵

37 – 1. Cyp Augᶜ SyrH* G⁶⁷ – Theoph IIᴸ Ee SodC.6.14-16 SodB.1-7 *pc* a b c g l m o p r t y
dem Vg(mss) ndl prv Eth.5 Geo Arm Irénée
SodC(mss) : ειπεν δε αυτω· ει πιστευεις εξ ολης της καρδιας σου, εξεστιν. αποκριτεις δε
ειπε· πιστευω τον υιον του θεου ειναι ιησουν χριτον (cf. E, avec de nombreuses variantes)
p : Tunc dixit philippus. Si credis ex toto corde tuo, licet. et respondit spado dixit *(sic).* Credo
filium esse dei ihm xpm
Cyp : Tunc dixit Philippus : si credis ex toto corde tuo, licet (*Test.* III,43)
SyrH* : Dixit autem ei, Si credis ex toto corde, licet. Respondens autem dixit. Credo filum Dei
esse Iesum Christum

v. 35 : La présence de αὐτῷ dans le TA est anormale. Dans les Actes, εὐηγγελίζεσθαι n'est
jamais suivi d'un complément au datif ; en Luc, les seuls cas sont 1,19 et 2,10, où le verbe n'a
pas son sens technique d'annoncer l'évangile, et 4,18 qui cite Isaïe.

<hr>

G[67] : [35] *Da erhielt* Philippus *den Anstoß* durch ebendiese Schrift *und geriet in den Geist.* Und er begann, *ihm die Schrift aufzulösen, indem* er ihm *den Herrn* Jesus *Christus* verkündigte. [36] Während sie aber auf dem Wege dahinzogen *und sich miteinander unterhielten,* kamen sie an ein Wasser*becken.* Der Eunuch sprach *zu Plillippus* : „ Siehe, da ist Wasser ! *Wer* ist es, der mich hindert, daß ich getauft werde ?" [37] *Philippus antwortete und sprach zu ihm : „Wenn du mit Deinem ganzen Herzen glaubst, ist es erlaubt."* Der Eunuch *antwortete und sprach : „Ich glaube an, Jesus Christus, daß er der Sohn Gottes ist."*

g : [35] Aperiens autem philippus os suum et incipiens ab hac scriptura euangelizauit ei ihesum. [36] Et dum eunt per uiam peruenerunt ad quandam aquam. Et ait eunuchus : Ecce aqua, quis probibet me baptizari ? [37] Dixit autem philippus : Si credis ex toto corde hoc. Et respondit : Credo filium dei esse ihesum christum.

<table>
<tr><td>

38 καὶ ἐκέλευσεν ⁱ στῆναι τὸ ἅρμα,
καὶ κατέβησαν ἀμφότεροι
εἰς τὸ ὕδωρ
ὅ τε Φίλιππος καὶ ὁ εὐνοῦχος,
καὶ ἐβάπτισεν
αὐτόν.
39 ὅτε δὲ ἀνέβησαν ἐκ τοῦ ὕδατος,
πνεῦμα

κυρίου
ἥρπασεν τὸν Φίλιππον,
καὶ οὐκ εἶδεν αὐτὸν
οὐκέτι ὁ εὐνοῦχος ·
ἐπορεύετο γὰρ αὐτοῦ τὴν ὁδὸν ^j
χαίρων.

</td><td>

38 καὶ ἐκέλευσεν στῆναι τὸ ἅρμα,
καὶ κατέβησαν ἀμφότεροι
εἰς τὸ ὕδωρ
[ ]¹
καὶ ἐβάπτισεν ὁ *Φίλιππος*²
*τὸν εὐνοῦχον*³.
39 ὅτε δὲ ἀνέβησαν ἐκ τοῦ ὕδατος,
πνεῦμα *ἅγιον*¹
*ἐπέπεσεν ἐπὶ τὸν εὐνοῦχον*²
*ἄγγελος δὲ*³ κυρίου
ἥρπασεν τὸν Φίλιππον *ἀπ' αὐτοῦ*⁴
καὶ οὐκ εἶδεν αὐτὸν
οὐκέτι ὁ εὐνοῦχος ·
ἐπορεύετο γὰρ <u>τὴν ὁδὸν</u>⁵ αὐτοῦ
χαίρων.

</td></tr>
</table>

i. *NA 28* ; B : εκελευσε
j. αυτου την οδον : B ; την οδον αυτου : *NA 28*

38 – 1. G⁶⁷ – y ChrAq SyrP / 2. G⁶⁷ y ChrAq SyrP / 3. G⁶⁷ SyrP
Lect.y : et descenderunt ambo in aquam et baptisavit eum Philippus (= Chromatius d'Aquilée)
SyrP : et iussit ut starret currus et descenderunt ambo in aquam et baptisavit Philippus
eunuchum ipsum

39 – 1. SyrHᵐᵍ G⁶⁷ – p SodC(mss) SodB(mss) / 2. SyrHᵐᵍ G⁶⁷ (Ephrᵏ) – p SodC(mss)
SodB(mss) / 3. SyrHᵐᵍ Augᵇ G⁶⁷ Ephrᵏ – p SodC(mss) SodB(mss) / 4. SyrHᵐᵍ G⁶⁷ – p / 5. p g t
SodB.C(mss) : πνευμα αγιον επεπεσεν επι τον ευνουχον αγγελος δε κυριου...
p : Cum aurem ascendissent de aqua spiritus sanctus cecidit super eunicum. et angelus domini
abripuit philippum ab eo
Augᵇ : Angelus autem domini rapuit philippum (et v. 39b) (*Cath.* 11,30)
SyrH* : Quum autem ascendissent ex aqua, Spiritus Domini cecidit in eunuchum : angelus
autem Domini rapuit Philippum
SyrHᵐᵍ : Spiritus] Sanctus cecidit in eunuchum : angelus autem Domini rapuit Philippum[ab
eo
Ephrᵏ : Statim habitavit super eum ascendentem e lavacro baptismi spiritus virtutis operum... –
Ephrᶜ : Wherefore as he went up from the font of baptism, there dwelt forthwith upon him the
spirit of might of works... Et angelus domini rapuit philippum...

v. 38 : Malgré l'absence de D et de h, la reconstitution du TO est certaine.

G[67] : [38] Und *Philippus sagte,* daß der Wagen anhalten sollte. Sie begaben sich zu zweit zum Wasser hinab und *Philippus* taufte *den Eunuchen.* [39] Als sie aber aus dem Wasser herausstiegen, *kam* der *Heilige* Geist *auf den Eunuchen herab. Der Engel* des Herrn aber raffte Philippus fort *von ihm.* Der Eunuch konnte ihn also hinfort nicht mehr sehen ; *aber* er zog auf dem Wege dahin, indem er sich freute *und jubelte in der Meinung, daß er (noch) neben ihm säße.*

g : [38] Et iussit stare currum ac descenderunt uterque in aqua philippus et eunuchus et baptizauit eum. [39] Cumque ascendissent de aqua spiritus domini rapuit philippum et amplius non uidit eum eunuchus ; ibat enim per uiam suam gaudens.

40 Φίλιππος δὲ εὑρέθη
εἰς Ἄζωτον,
καὶ διερχόμενος
εὐηγγελίζετο τὰς πόλεις πάσας
ἕως τοῦ ἐλθεῖν αὐτὸν
εἰς Καισάρειαν.

40 Φίλιππος δὲ εὑρέθη
παραγίνεσθαι[1] εἰς Ἄζωτον,
[ ][2] *ἐκεῖθεν ὑποστρέφων*[2]
εὐηγγελίζετο *κατὰ*[3] [ ][3] πόλεις [ ][4]
ἕως τοῦ ἐλθεῖν αὐτὸν
εἰς Καισάρειαν.

---

40 – 1. Aug^b y / 2. Aug^b y / 3. Aug^b G^67 y / 4. G^67 – 181 (voir *infra*)

Aug^b: Philippus autem inventus est advenisse in Azotum, unde reversus evangelizabat per omnes civitates usque dum veniret in Caesaream (cf. v. 39)

Lect.y: Philippus autem inventus est advenisse in Azoto. unde revertens, evangelizabat per totas civitates : usque dum venisset in Cesaream.

v. 40 : Après le distributif κατά, il faut omettre l'article et l'adjectif πάσας, avec G^67 et le ms. 181. On notera que les textes d'Augustin et du lectionnaire ne diffèrent en vocabulaire que par la façon de traduire πάσας, ce qui pourrait indiquer l'addition de cet adjectif à leur archétype latin commun. Pour justifier ce choix, voir Lc 13,22 : καὶ διεπορεύετο κατὰ πόλεις καὶ κώμας διδάσκων.

Même G^67 n'a gardé ici du TO que la formule κατὰ πόλιν (en grec). Ce passage du TO au TA, avec un simple écho du TO, remonte probablement à son archétype X.

G[67] : [40] Philippus aber wurde in Asdod (wieder)gefunden, wo er herumzog und *in einer Stadt nach der anderen* verkündigte, bis er nach Caesarea kam.

g : [40] Philippus autem inuentus est in azoto et pertransiens praedicabat in ciuitatibus omnibus donec uenit cesaream.

1 Ὁ δὲ Σαῦλος,
ἔτι ἐμπνέων[a] ἀπειλῆς καὶ φόνου
εἰς τοὺς μαθητὰς τοῦ κυρίου,
προσελθὼν τῷ ἀρχιερεῖ
2 ᾐτήσατο παρ' αὐτοῦ ἐπιστολὰς
εἰς Δαμασκὸν
πρὸς τὰς συναγωγάς,
ὅπως ἐάν τινας εὕρῃ
τῆς ὁδοῦ ὄντας,
ἄνδρας τε καὶ γυναῖκας,
δεδεμένους ἀγάγῃ εἰς Ἰερουσαλήμ.
3 ἐν δὲ τῷ πορεύεσθαι ἐγένετο
αὐτὸν ἐγγίζειν τῇ Δαμασκῷ,
ἐξαίφνης[b] τε αὐτὸν
περιήστραψεν φῶς
ἐκ τοῦ οὐρανοῦ,
4 καὶ πεσὼν ἐπὶ τὴν γῆν

ἤκουσεν φωνὴν λέγουσαν αὐτῷ,
Σαοὺλ Σαούλ, τί με διώκεις ;

1 Ὁ δὲ Σαῦλος,
[ ][1] ἐμπνέων ἀπειλῆς καὶ φόνου
εἰς τοὺς μαθητὰς τοῦ κυρίου,
προσελθὼν τοῖς ἀρχιερεῦσιν[2]
2 ᾐτήσατο παρ' αὐτοῖς[1] ἐπιστολὰς
εἰς Δαμασκὸν
πρὸς τὰς συναγωγάς,
ὅπως ἐάν τινας εὕρῃ
τῆς ὁδοῦ ταύτης[2] [ ][3],
ἄνδρας τε καὶ γυναῖκας,
δεδεμένους ἀγάγῃ εἰς Ἰερουσαλήμ.
3 ἐν δὲ τῷ πορεύεσθαι ἐγένετο
αὐτὸν ἐγγίζειν τῇ Δαμασκῷ,
ἐξαίφνης τε αὐτὸν
περιήστραψεν φῶς
ἐκ τοῦ οὐρανοῦ,
4 καὶ πεσὼν ἐπὶ τὴν γῆν
μετὰ πολλῆς ἐκστάσεως[1]
ἤκουσεν φωνὴν λέγουσαν αὐτῷ,
Σαοὺλ Σαούλ, τί με διώκεις ;

a. *NA 28* ; B : ενπνεων
b. *NA 28* ; B : εξεφνης

---

1 - 1. G⁶⁷ – ℵ *pc* Sah.460 Boh(FS) / 2. Augᶜ – l p Vg(OS) ndl Eth.4 (cf. v. 14)
Augᶜ : Saulus, inquit, sicut Actus Apostolorum testatur, acceptis litteris a principibus sacerdotum... ibat spirans et anhelans caedes (*Serm.* 279, 1, *PL* 38/1275)
Id : et nunc litteras accepit a principibus sacerdotum... (*Serm* 279,2 *PL* 38/1276 ; cf. *Serm.* 295,6 *PL* 38/1351)

2 - 1. l ndl.2 Augᶜ / 2. Augᶜ – 181 1838 e p t g l r Vg SyrP / 3. Augᶜ G⁶⁷ – SodB.4.6 *pc* e p t g l r Vg Eth.2-13
Augᶜ : ... et nunc litteras portat a principibus sacerdotum ut ubicumque invenerit viae huius viros vinctos adducat (*Serm.* 296,6 *PL* 38/1352)

4 - 1. G⁶⁷ Ephrᵏ – p

v. 4 : on lit dans p et t *cum magna mentis alienatione (consternatione)*, qui traduit certainement μετὰ πολλῆς ἐκστάσεως (cf. Vg(CT) en 3,10 ; p en 10,10). Ce thème est confirmé par Ephrᵏᶜ : *cecidit Shavul dum stupefactus* (reft of sense) *stabat, non post vocem sed ante vocem.* G⁶⁷ a ⲚⲀϭⲚϩⲀⲦⲈ qui traduit normalement le thème de la peur, mais qui peut rendre aussi ἔκστασις comme en 11,5. Le texte de h fait difficulté ; lacuneux depuis 8,2, il reprend ici au milieu du verset. La finale *vore* implique une formule telle que *cum magna pavore*, ce qui correspondrait à μετὰ θάμβους, mais le thème de la peur sera de nouveau exprimé au v.5c dans le TO et il est peu probable qu'on l'ait déjà au v.4. On adoptera donc ἐκστάσεως.

G⁶⁷ : ¹ Saulus aber war voll von Drohung und Mord gegen die Jünger des Herrn. Er ging zu dem Hohenpriester ² und erbat sich Briefe von ihm nach Damaskus an die Synagogen, damit er die von ‚dem Wege‘, die er finden würde, die Männer und die Frauen, gefesselt nach Jerusalem brächte. ³ Es geschah aber, als er auf dem Wege war und sich Damaskus genähert hatte, daß plötzlich ein Licht aus dem Himmel über ihm aufging. ⁴ Er stürzte nieder auf die Erde und hörte *mit großer Furcht* eine Stimme, die zu ihm sagte : „Saul, Saul, weswegen verfolgst du mich? *Es ist eine schwierige Sache für dich, aufzuschlagen gegen einen Stachel.*"

h : ⁴ [...]vore, et audivit vocem dicentem sibi : Saule, [Saule], quid me persequeris ?

g : ¹ Saulus uero adhuc spirans minas et cedes in discipulos domini accessit ad principem sacerdotum ² et postulauit ab eo epistolas in damascum ad synagogas ut quoscumque inueniret huius uiae uiros ac mulieres uinctos adduceret in hierusalem. ³ Et dum iter fecit contigit ut adpropinquaret damasco. Et circumfulsit eum lux de celo, ⁴ et procidit in terram et audiuit uocem de caelo dicentem sibi : Saule, saule, quid me persequeris ?

5 εἶπεν δέ, Τίς εἶ, κύριε ;
ὁ δέ, Ἐγώ εἰμι Ἰησοῦς
ὃν σὺ διώκεις·

6
ἀλλὰ ἀνάστηθι
καὶ εἴσελθε ᶜ εἰς τὴν πόλιν,
καὶ λαληθήσεταί σοι
ὅ τί σε δεῖ ποιεῖν.
7 οἱ δὲ ἄνδρες
οἱ συνοδεύοντες αὐτῷ
εἱστήκεισαν ἐνεοί,
ἀκούοντες μὲν τῆς φωνῆς
μηδένα δὲ θεωροῦντες.

5 εἶπεν δέ, Τίς εἶ, κύριε ;
ὁ δέ, Ἐγώ εἰμι Ἰησοῦς
ὃν σὺ διώκεις·
[ ]¹ὁ δὲ τρέμων, ἔμφοβος γενόμενος
ἐπὶ τῷ γεγονότι αὐτῷ εἶπεν
κύριε, τί με θέλεις ποιῆσαι² ;
6 καὶ ὁ κύριος πρὸς αὐτόν¹·
[ ]¹ ἀνάστηθι
καὶ εἴσελθε εἰς τὴν πόλιν,
κἀκεῖ² ὑποδεικεταί³ σοι
ὅ τί σε δεῖ ποιεῖν.
7 οἱ δὲ ἄνδρες
οἱ συνοδεύοντες αὐτῷ
εἱστήκεισαν ἐνεοί,
ἀκούοντες μὲν τῆς φωνῆς
μηδένα δὲ θεωροῦντες λαλοῦντα¹

c. *NA 28* ; B : εισιθι

---

5 - 1. La leçon σκληρὸν δέ σοι πρὸς κέντρα λακτίζειν attestée par E SyrH* G⁶⁷ et tous les latins est une harmonisation sur 26,14. SyrHᵐᵍ note explicitement : « 'durum est tibi calcitrare ad stimulum' non est hoc loco in graeco, sed ubi enarrat de se paulus. » Cette leçon est ignorée aussi d'Ephrem. / 2. h Augᶜ G⁶⁷ SyrH* Ephrem

SyrH* : Ille autem tremens et pavens super eo quod factum fuerat ei dixit : Domine, quid vis me facere ?

Ephrᵏ : Tunc dum stabat in tremore propter ea quae evenerant illi... propterea ait illi : Quid vis, domine meus, ut faciam ?

6 - 1. h G⁶⁷ SyrH* Ephrem – a b c l p t¹ dem Vg(mss) ndl prv / 2. h (Tert) – SodC.6.16 *pc* a p r Vg(MSU) ndl.1 SyrPH Eth.5-7.9-13 (*vel* καὶ ἐκεῖ : SodC.1.2.10-13.15 431) / 3. G⁶⁷ Tert – Sah Eth.1

Tert : Exsurge, dicens [Dominus], et intra in Damascum ; illic tibi demonstrabitur quid debeas agere (*Bapt.* 13,4)

7 - 1. h G⁶⁷ – g l p tpl

---

v. 7 : λαλουντα = *cum loqueretur* (h), *qui loqueretur* (p tpl), *cum quo loqueretur* (g l), « celui qui parlait avec lui » (G⁶⁷) en suivant ZAHN, contre BLASS (suivi par CLARK) qui fait une rétroversion très littérale à partir du texte de g.

G[67] : [5] *Er aber antwortete und* sprach : „Wer bist du, Herr ?" *Der Herr* aber *sprach* : „Ich bin Jesus, der, den du verfolgst." *Er aber, zitternd und unter Furcht wegen der Sache, die mit ihm geschehen war, sprach : „Herr, was willst du, daß ich tun soll ?"* [6] *Der Herr sprach zu ihm* : „Erhebe dich, begib dich in die Stadt hinein, und *du wirst belehrt werden* über das, was nötig ist, daß du es tust !" [7] Die Männer aber, die mit ihm reisten, standen da, hinstarrend. Sie hörten *nur* die Stimme, *verstanden aber nicht, was er zu ihm sagte, noch sahen sie den, mit dem er sprach.*

h : [5] qui respondit, dicens : [quis es], dne ? et dixit dns : ego sum ihs Nazarenus que[m tu per]sequeris : vanum autem est tibi contra stim[ulum cal]citrare. qui tremens, timore plenus in isto sib[i facto], dixit : dne, quid me vis facere ? [6] et dns ad eum : ex[urge, et] introi in civitatem, et ibi tibi dicetur quid te o[porteat] facere. [7] homines autem illi, qui ei comitaban[tur, sta]bant stupefacti, et audiebant quidem vocem [sed ne]minem videbant, cum loqueretur.

g : [5] Dixit autem : Quis es domine ? At ille dixit : Ego sum dominus ihesus, quem tu persequeris. Durum est tibi ad stimulum calcitrare, [6] sed surgens intra in ciuitatem et dicetur tibi, quod te oporteat facere. [7] Viri autem, qui comitabantur cum eo, stabant audientes quidem uocem, neminem tamen uidentes, cum quo loqueretur.

8
ἠγέρθη δὲ Σαῦλος ἀπὸ τῆς γῆς,

ἀνεῳγμένων δὲ
τῶν ὀφθαλμῶν αὐτοῦ
οὐδὲν ἔβλεπεν ·
χειραγωγοῦντες δὲ αὐτὸν
εἰσήγαγον εἰς Δαμασκόν.
9 καὶ
ἦν ἡμέρας τρεῖς μὴ βλέπων,
καὶ οὐκ ἔφαγεν οὐδὲ ἔπιεν.
10 ἦν δέ τις μαθητὴς ἐν Δαμασκῷ
ὀνόματι Ἀνανίας,
καὶ εἶπεν πρὸς αὐτὸν
ἐν ὁράματι ὁ κύριος· Ἀνανία.
ὁ δὲ εἶπεν· Ἰδοὺ ἐγώ, κύριε.
11 ὁ δὲ κύριος πρὸς αὐτόν·
Ἀναστὰς¹ πορεύθητι ἐπὶ τὴν ῥύμην
τὴν καλουμένην Εὐθεῖαν
καὶ ζήτησον ἐν οἰκίᾳ Ἰούδα
Σαῦλον ὀνόματι
Ταρσέα ·
ἰδοὺ γὰρ προσεύχεται,

8 εἶπεν δὲ πρὸς αὐτούς ·
ἐγείρετέ με ἀπὸ τῆς γῆς¹.
καὶ ὡς ἤγειρον αὐτὸν²
οὐδὲν ἔβλεπεν
ἀνεῳγμένων [ ]⁴
τῶν ὀφθαλμῶν³ [ ]⁴
χειραγωγοῦντες δὲ αὐτὸν
ἤγαγον⁵ εἰς Δαμασκόν.
9 καὶ οὕτως¹ ἔμεινεν²
ἡμέρας τρεῖς μηδὲν³ βλέπων,
καὶ οὐδὲ⁴ ἔφαγεν οὐδὲ ἔπιεν.
10 ἦν δέ τις μαθητὴς ἐν Δαμασκῷ
ὀνόματι Ἀνανίας,
καὶ εἶπεν πρὸς αὐτὸν
ἐν ὁράματι ὁ κύριος· Ἀνανία.
ὁ δὲ ἀποκριθεὶς¹· ναί¹, κύριε.
11 ὁ δὲ κύριος πρὸς αὐτόν·
Ἀναστὰς πορεύθητι ἐπὶ τὴν ῥύμην
τὴν καλουμένην Εὐθεῖαν
καὶ ζήτησον ἐν οἰκίᾳ Ἰούδα
ἄνθρωπον¹ ὀνόματι Σαῦλον²
Ταρσέα τῷ γένει³·
ἰδοὺ γὰρ αὐτὸς⁴ προσεύχεται,

d. *NA 28* ; B : αναστα

---

8 - 1. h G⁶⁷ / 2. h cf. Ephrᵏ / 3. h / 4. h g l p r t Vg / 5. h Ephrᵏ(+) – SodC.5 1522 Eth.1 (*om.* G⁶⁷)

Ephr : Amoverunt elevaverunt eum de terra et in magna ignominia postquam elevatum habebant illum, ducebant, introduxerunt eum

9 - 1. h / 2. h Ephrᵏ / 3. h p / 4. h Theoph Iᴸ SodC.5 (οὐδέν : G⁶⁷)

Ephrᵏ : Sed posquam manserat illic triduum...

10 - 1. h

11 - 1. Augᶜ G⁶⁷ – Sah (pour h, voir *infra*) / 2. h Augᶜ G⁶⁷ – l Sah / 3. h – p 36.453 (*sed* ≈ ἄνθ. Ταρσέα ὀν. : G⁶⁷) / 4. h G⁶⁷ – g l p t³·⁵ Vg(CDT) Sah(mss) Eth.5-13

v. 8 : Le texte de h est soutenu, d'abord par G⁶⁷, ensuite par l'allusion que fait Ephrem à ce verset (verbe à l'actif). – G⁶⁷ commence par donner le TO, puis il passe au TA ; c'est la technique de l'archétype X, mais l'absence de D empêche toute confirmation.

v. 11 : Etant donné l'inversion *nomine saulum*, le texte de h exige la présence de *hominem*, qui a dû tomber par haplographie.

G[67] : [8] *Saulus sprach zu ihnen : „Hebt mich auf von der Erde !" Und siehe, er erhob sich*, und seine Augen waren offen, aber er konnte nichts sehen. Sie führten ihn *nach* Damaskus hinein. [9] Er verbrachte drei Tage, ohne sehen zu können. Und er aß weder *irgendetwas*, noch trank er. [10] Es war aber ein Jünger in Damaskus, dessen Name Ananias war. Der Herr sprach zu ihm in einem Gesicht : „Ananias !" Er aber sprach : „Siehe, (hier bin) ich, Herr !" [11] Der Herr sprach zu ihm : „Erhebe dich und begib dich zu der Gasse, die ‚die Gerade' genannt wird, und frag' in dem Hause des Judas nach einem Tarser, dessen Name Saulus ist. Denn siehe, (da ist) er, wie er betet.

h : [8] sed ait ad [eos : leva]te me de terra. et cum lebassent illum, nihil [videbat] apertis oculis : et tenentes manus ejus dedux[erunt] Damascum. [9] et sic mansit per tridum nihil vid[ens, et] neque cibum neque potum accepit. [10] erat a[utem] quidam discens Damasci, nomine Annanias : [et ei in] visionem dns ait : Annania. qui respon[dens ait : i]ta, dne. [11] et dns ad eum : surge et vade in vicum [qui voca]tur, et quaere in domum Judae nomine Saul[um, na]tione Tarseum : ecce enim adorat ipse.

g : [8] Surrexit autem saulus a terra apertis oculis nichil uidebat. Et ad manum illum deducentes intrauerunt damascum. [9] Et erat diebus tribus non uidens et non manducauit neque bibit. [10] Erat autem quidam discipulus damasco nomine ananias et ait ad illum in uisu dominus : Annania ! Et ille dixit : Ecce ego domine. [11] Et dominus ad illum : Surgens uade in uicum, qui uocatur rectus, et quaeres in domo iudae saulum nomine tharsensem ; ecce enim ipse orat ;

12 καὶ εἶδεν ἄνδρα

ἐν ὁράματι Ἀνανίαν ὀνόματι

εἰσελθόντα καὶ ἐπιθέντα αὐτῷ

τὰς χεῖρας ὅπως ἀναβλέψῃ.

13 ἀπεκρίθη δὲ Ἀνανίας·

Κύριε, ἤκουσα ἀπὸ πολλῶν

περὶ τοῦ ἀνδρὸς τούτου,

ὅσα κακὰ τοῖς ἁγίοις σου ἐποίησεν

ἐν Ἰερουσαλήμ·

14 καὶ ὧδε ἔχει ἐξουσίαν

παρὰ τῶν ἀρχιερέων δῆσαι

πάντας τοὺς ἐπικαλουμένους

τὸ ὄνομά σου.

15 εἶπεν δὲ πρὸς αὐτὸν ὁ κύριος·

Πορεύου, ὅτι σκεῦος ἐκλογῆς

ἐστίν μοι οὗτος

τοῦ βαστάσαι τὸ ὄνομά μου

ἐνώπιον τῶνᵉ ἐθνῶν τε

καὶ βασιλέων υἱῶν τε Ἰσραήλ·

16 ἐγὼ γὰρ ὑποδείξω αὐτῷ

ὅσα δεῖ αὐτὸν

ὑπὲρ τοῦ ὀνόματός μου παθεῖν

12 [ ]¹

[ ]¹

[ ]¹

[ ]¹

13 ἀπεκρίθη δὲ Ἀνανίας·

Κύριε, ἤκουσα [ ]¹

περὶ τοῦ ἀνδρὸς τούτου,

ὅσα κακὰ ἐποίησεν τοῖς ἁγίοις σου ²

ἐν Ἰερουσαλήμ·

14 καὶ ἰδού¹ ἔχει ἐξουσίαν

παρὰ τῶν ἀρχιερέων δῆσαι

πάντας τοὺς ἐπικαλουμένους

τὸ ὄνομά σου.

15 εἶπεν δὲ πρὸς αὐτὸν ὁ κύριος·

Πορεύου, ὅτι σκεῦος ἐκλογῆς

ἐστίν μοι ὁ ἄνθρωπος¹ οὗτος

τοῦ βαστάσαι τὸ ὄνομά μου

ἐνώπιον ἐθνῶν τε

καὶ βασιλέων υἱῶν τε Ἰσραήλ·

16 ἐγὼ γὰρ ὑποδείξω αὐτῷ

ὅσα δεῖ αὐτὸν

ὑπὲρ τοῦ ὀνόματός μου παθεῖν

e. B C* pc ; om. : p⁷⁴ ℵ A C² E Ψ 81 Koinè NA 28

---

12 - 1. h Eth.4

13 - 1. Augᶜ G⁶⁷ – 623* LibGr (≈ post τούτου : h Boh Eth.4-12) / 2. h Augᶜ – Koinè l t¹·⁵ ndl.3 prv (cf. G67)
Augᶜ : ait Ananias : Domine audivi de isto homine quia multa mala operatus est in sanctos tuos (Serm. 279,2 PL 38/1276 ; cf Serm. 295,6 PL 38/1352).

14 - 1. h SyrP

15 - 1. h QvD

v. 12 : Ce verset est absent de h et de Eth.4., mais attesté sans variante par G⁶⁷, qui doit donc suivre le TA. Ni dans le texte grec, ni dans la version éthiopienne, il ne peut s'agir d'une omission accidentelle, par saut du même au même. ROPES ccxxxviii conteste que l'omission du v. 12 soit originelle. Mais ROPES cxlvii ne paraît pas avoir exploité les versions éthiopiennes pour son travail critique puisqu'il reconnaît en être encore à l' « expectation of… valuable results ».

G[67] : [12] Er hat in einem Gesicht gesehen, wie ein Mann, dessen Name Ananias ist, hereinkam und ihm *seine (Hand)* auflegte, damit er wieder sehen könnte." [13] Ananias aber *sprach* : „Herr ! *Ich habe* über diesen Mann *gehört,* daß er viel Böses deinen Heiligen in Jerusalem angetan hat. [14] Und er hat auch für hier Vollmacht von *dem* Hohenpriester erhalten, um jeden in Fesseln zu legen, der deinen Namen anruft." [15] Der Herr sprach zu ihm : „Mach' dich auf ; denn dieser ist mir ein auserwähltes Werkzeug, daß er meinen Namen trage vor *die* Heiden, *die* Könige und *die* Kinder Israels. [16] Denn ich selbst werde ihn (noch) belehren über die Leiden, die er um meines Namens willen empfangen wird."

h : ([12]) [13] res[pondit] autem Annanias : dne, audivi ego de isto hom[ine a] multis, quantas persecutiones fecerit sti[s tuis] Hierosolymam : [14] et ecce accepit a sacerdoti[bus] potestatem in nos, uti alliget universos qu[i invocant nom]en tuum. [15] cui dixit dns : vade, quia vas elec[tionis e]st mihi homo iste, ut ferat nomen meum cora [gentib]us et regib. et filiis Istrael : [16] ego enim demons[trabo e]i quanta oporteat eum pati causa nominis mei.

g : [12] et uidit uirum nomine ananiam introeuntem et imponentem sibi manus ut uideat. [13] Respondens autem ananias : Domine, audiui multos de hoc uiro, quanta mal sanctis tuis fecerit in hierusalem ; [14] et hic habet potestatem a principibus sacerdotum alligandi omnes, qui inuocant nomen tuum. [15] Et ait ad illum dominus : Vade, quia uas electionis est hic michi, ut portet nomen meum coram gentibus et regiis filiis israhel. [16] Ego enim ostendam illi, quanta eum oporteat pati propter nomen meum.

17
Ἀπῆλθεν δὲ Ἀνανίας
καὶ εἰσῆλθεν εἰς τὴν οἰκίαν,
καὶ ἐπιθεὶς ἐπ' αὐτὸν τὰς χεῖρας

εἶπεν· Σαοὺλ ἀδελφέ,
ὁ κύριος ἀπέσταλκέν με,
Ἰησοῦς ὁ ὀφθείς σοι ἐν τῇ ὁδῷ
ᾗ ἤρχου, ὅπως ἀναβλέψῃς
καὶ πλησθῇς πνεύματος ἁγίου.
18 καὶ εὐθέως ἀπέπεσαν
αὐτοῦ ἀπὸ τῶν ὀφθαλμῶν
ὡς λεπίδες,
ἀνέβλεψέν τε
καὶ ἀναστὰς ἐβαπτίσθη,
19 καὶ λαβὼν τροφὴν ἐνίσχυσεν [f].
Ἐγένετο δὲ
μετὰ τῶν ἐν Δαμασκῷ μαθητῶν

ἡμέρας τινάς,
20 καὶ εὐθέως
ἐν ταῖς συναγωγαῖς
ἐκήρυσσεν

τὸν Ἰησοῦν
ὅτι οὗτός ἐστιν ὁ υἱὸς τοῦ θεοῦ.

---

17 τότε[1] ἐγερθεὶς[2]
<u>Ἀνανίας ἀπῆλθεν</u>[3]
[ ][4] εἰς τὴν οἰκίαν,
καὶ ἐπιθεὶς ἐπ' αὐτὸν τὴν χεῖρα[5]
ἐν τῷ ὀνόματι Ἰησοῦ Χριστοῦ[6]
εἶπεν· Σαοὺλ ἀδελφέ,
ὁ κύριος ἀπέσταλκέν με,
Ἰησοῦς ὁ ὀφθείς σοι ἐν τῇ ὁδῷ
ᾗ ἤρχου, ὅπως ἀναβλέψῃς
καὶ πλησθῇς πνεύματος ἁγίου.
18 καὶ εὐθέως ἀπέπεσαν
<u>ἀπὸ τῶν ὀφθαλμῶν αὐτοῦ</u>[1]
ὡς λεπίδες,
καὶ[2] ἀνέβλεψέν παραχρῆμα[3]
καὶ ἀναστὰς ἐβαπτίσθη,
19 καὶ λαβὼν τροφὴν ἐνίσχυσεν.
[ ][1] <u>ἡμέρας</u>[1] δὲ ἱκανὰς[2]
καὶ ἐν τῇ πόλει[1] Δαμασκῷ
μετὰ τῶν μαθητῶν
διῆγεν[1]
20 καὶ [ ][1] εἰσελτὼν[2]
εἰς τὰς συναγωγὰς[3] τῶν Ἰουδαίων[4]
ἐκήρυξεν[5]
μετὰ πάσης παρρησίας[6]
τὸν κύριον[7] Ἰησοῦν
ὅτι οὗτός ἐστιν ὁ υἱὸς τοῦ θεοῦ.

f. p⁷⁴ ℵ A C² E Ψ *Koinè NA 28* ; B C* (p⁴⁵) 323 945 1175 1739 *pc* : ενισχυθη

---

17 - 1. G⁶⁷ – SodC.1.2.10.12-16 p SyrP / 2. (h) G⁶⁷ – SodC.1.2.10.12-16 p / 3. h G⁶⁷ – SodC.1.2.10.12-16 p SyrP (Geo) / 4. h G⁶⁷ – SodC.1.2.10.12-16 SyrP / 5. h G⁶⁷ – a r t¹·⁵ Vg(IMST) ndl.3 Sah.4.6 SyrP / 6. h G⁶⁷ – t³ Vg(Th) (ndl.2) prv.2
p : Tunc exurgens ananias introivit in domum et positis super eum manibus dixit
SyrP : tunc ananias abiit in domum ad eum et posuit super eum manum et dixit ei...

18 - 1. h G⁶⁷ – et tous sauf p⁴⁵ (vid) B A *pc* (versions ?) / 2. h G⁶⁷ – p⁴⁵ 431 g l p r t Vg / 3. h G⁶⁷ – Ee SodC(mss) SodB(mss) *pm* p SyrH Sah Eth.3-13 // 19 - 1. h / 2. h G⁶⁷ p⁴⁵

20 - 1. h G⁶⁷ – Eth.4 / 2. h G⁶⁷ – a b c m p Vg(mss) ndl prv / 3. h G⁶⁷ – Ir[L] / 4. h G⁶⁷ – m p SyrP Sah / 5. h G⁶⁷ – Ee g / 6. h (G⁶⁷) – (l m) Ir[L] / 7. h G⁶⁷ – l m r Sah Eth.3.8

v. 17 : Au début du verset, h a changé le participe en un indicatif, comme au verset 4. Le ms. p commence à suivre le TO puis passe au TA. Peut-être suit-il l'archétype X.

v. 20 : Comme aux versets 4 et 17, h a changé le participe initial en un indicatif. G⁶⁷ suit intégralement le TO sauf en finale où il omet πάσης avec les mss l et m, et ajoute χριστὸν.

G⁶⁷ : ¹⁷ *Da erhob sich* Ananias und begab sich zu dem Haus. Er legte *Saulus seine Hand* auf *im Namen des Herrn Jesus Christus* und sprach *zu ihm* : „Saulus, mein Bruder ! Der Herr Jesus ist es, der mich geschickt hat, der, der dir erschienen ist auf dem Wege, auf dem du gekommen bist, damit du wieder sehen könnest und mit *dem* Heiligen Geist erfüllt werdest." ¹⁸ Sogleich fiel (es) von seinen Augen wie Schuppen. Und *Saulus* konnte *sogleich* wieder sehen. Und er erhob sich und ließ sich taufen. ¹⁹ Nachdem er gegessen hatte, kam er (wieder) zu Kräften. Er blieb aber bei den Jüngern, die in Damaskus sind, *viele* Tage lang. ²⁰ Und *er lief in die* Synagogen *der Juden*, wobei er *in Freimut den Herrn* Jesus *Christus* verkündigte, daß (nämlich) er es ist, der der Sohn Gottes ist.

h : ¹⁷ [et sur]rexit Annanias, et abiit ad domum : et inposuit [ei man]um in nomine ihu xpi , dicens : Saule frater, [dns me] misit, ihs qui tivi visus est in via per quam ve[nisti, ut] videas, et replearis sps sto. ¹⁸ et estatim cecide[runt d]e oculis ejus tamquam squamae, et continuo [vidit : et] surrexit et tintus est. ¹⁹ et accepit civum, et con[fortatu]s est. dies autem plurimos et in civitate Damus[co cum] discentibus transsegit. ²⁰ et introibit in sinago[gas Jude]orum, et praedicavit cum omni fiducia dnm [ihm, qu]ia hic est xps, filius di.

g : ¹⁷ Abiit autem ananias et intrauit in domum et cum imposuisset manus super eum dixit : Saule frater ! Dominus misit me, ihesus, qui apparuit tibi in uia, qua ueniebas, et implearis spiritu sancto. ¹⁸ Et confestim ceciderunt ab oculis eius tamquam squamae et uisum recepit. Et surgens baptizatus est. ¹⁹ Cumque accepisset cibum confortatus est. Fuit autem cum discentibus, qui erant damasco, aliquot dies. ²⁰ Et continuo in synagogis praedicauit ihesum quia hic est filius dei.

21 ἐξίσταντο δὲ
πάντες οἱ ἀκούοντες καὶ ἔλεγον·
Οὐχ οὗτός ἐστιν ὁ πορθήσας
ἐν^g Ἰερουσαλὴμ
τοὺς ἐπικαλουμένους
τὸ ὄνομα τοῦτο
καὶ ὧδε εἰς τοῦτο ἐληλύθει
ἵνα δεδεμένους αὐτοὺς
ἀγάγῃ ἐπὶ τοὺς ἀρχιερεῖς ;
22 Σαῦλος δὲ
μᾶλλον ἐνεδυναμοῦτο
καὶ συνέχυννεν Ἰουδαίους
τοὺς κατοικοῦντας ἐν Δαμασκῷ,
συμβιβάζων ὅτι
οὗτός ἐστιν ὁ Χριστός.

23 Ὡς δὲ ἐπληροῦντο
ἡμέραι ἱκαναί,
συνεβουλεύσαντο οἱ Ἰουδαῖοι
ἀνελεῖν αὐτόν·
24 ἐγνώσθη δὲ τῷ Σαύλῳ
ἡ ἐπιβουλὴ αὐτῶν.
παρετηροῦντο δὲ καὶ τὰς πύλας
ἡμέρας τε καὶ νυκτὸς
ὅπως αὐτὸν ἀνέλωσιν·
25 λαβόντες δὲ
οἱ μαθηταὶ αὐτοῦ
νυκτὸς διὰ τοῦ τείχους
καθῆκαν αὐτὸν
χαλάσαντες ἐν σπυρίδι.

g. B C E Ψ *Koinè* ; p⁷⁴ ℵ A *pc* NA 28

---

21 ἐξίσταντο δὲ
πάντες οἱ ἀκούοντες καὶ ἔλεγον·
Οὐχ οὗτός ἐστιν ὁ πορθήσας
ἐν Ἰερουσαλὴμ
πάντας[1] τοὺς ἐπικαλουμένους
τὸ ὄνομα τοῦτο
καὶ ὧδε εἰς τοῦτο ἐληλύθει
ἵνα δεδεμένους αὐτοὺς
ἀγάγῃ ἐπὶ τοὺς ἀρχιερεῖς ;
22 Σαῦλος δὲ
μᾶλλον ἐνεδυναμοῦτο *ἐν τῷ λόγῳ*[1]
καὶ συνέχυννεν Ἰουδαίους
τοὺς κατοικοῦντας ἐν Δαμασκῷ,
συμβιβάζων ὅτι
οὗτός ἐστιν ὁ Χριστός
ἐν ᾧ ὁ θεὸς εὐδόκησεν[2].

23 Ὡς δὲ ἐπληροῦντο
ἡμέραι ἱκαναί,
συνεβουλεύσαντο οἱ Ἰουδαῖοι
ἀνελεῖν αὐτόν·
24 ἐγνώσθη δὲ τῷ Σαύλῳ
ἡ ἐπιβουλὴ αὐτῶν.
παρετηροῦντο δὲ καὶ τὰς πύλας
ἡμέρας τε καὶ νυκτὸς
ὅπως αὐτὸν ἀνέλωσιν·
25 *τότε*[1] λαβόντες *αὐτὸν*[2]
οἱ μαθηταὶ [ ][3]
νυκτὸς <u>καθῆκαν αὐτὸν</u>
<u>διὰ τοῦ τείχους</u>[4]
χαλάσαντες ἐν σπυρίδι.

---

21 - 1. h G⁶⁷ – 181 1898 Chr.2 Theoph II^L p ndl SyrP Sah.460

22 - 1. h G⁶⁷ – (C) E 467 e l p / 2. h G⁶⁷ – g l p

25 - 1. G⁶⁷ – SyrP / 2. G⁶⁷ – SyrP Ee *Koinè* a c g l p Vg(ThSU) Geo /3. G⁶⁷ – SyrP Ee *Koinè* a c g Vg(UVW) prv Sah Boh Eth Geo Arm / 4. – p⁴⁵ (vid) *Koinè* g (om. διὰ τοῦ τείχους : b) SyrP : tunc posuerunt eum discipuli in sportam et descenderunt eum de muro nocte.

v. 25 : Si l'on retenait l'omission de διὰ τοῦ τείχους dans le TO, on pourrait penser que le TA aurait fait une harmonisation savante sur 2 Cor 11,32 : καὶ διὰ θυρίδος ἐν σαργάνῃ <u>ἐχαλάσθην διὰ τοῦ τείχους</u>.

G[67] : [21] Es gerieten aber alle in Verwunderung, die *ihn* hörten, und sagten : „Ist das nicht jener, der (schon) in Jerusalem *alle* zerstreut hat, die diesen Namen anrufen ? Und hierher ist er wegen dieser (selben) Sache *gesandt* worden, (nämlich) damit er sie gefesselt zu den Hohenpriestern bringe !" [22] Saulus aber erstarkte noch mehr *im Worte* und brachte die Juden, die in Damaskus wohnen, in Verwirrung, dadurch daß er sie belehrte, *indem er sagte : „Dieser Jesus*, er ist es, der der Christus ist, *an dem Gott Wohlgefallen gefunden hat.*" [23] Als viele Tage sich vollendet hatten, beschlossen die Juden, ihn zu töten. [24] Saulus wurde informiert über ihren Plan, *den sie gegen ihn gemacht hatten*. Sie bewachten aber die Tore am Tage und in der Nacht, damit, *wenn er käme, um sich wegzubegeben*, sie ihn töteten. [25] *Da* nahmen ihn die *Brüder* in der Nacht und ließen ihn über die Mauer hinab in einem Korb.

h : [21] stupebant autem omnes [qui a]udiebant, et intra se dicebant : ita non hic est [qui per]sequitur omnes Hierosolymis qui invocant [nomen is]tut, et nunc quoq. propterca venit uti victos [eos addu]cat sacerdotibus ? [22] Saulus autem magis conro[borab]atur in verbo, et perturbat Judeos qui mora[bantur] Damasci, inducens quia hic est xps in que [bene se]nsit ds. [23] et cum jam multi dies implerentur, con[silium] ceperunt Judaei uti eum interficerent : [24] notae [autem] Saulae factae sunt cogitationes eorum, quod

g : [21] Stupebant autem qui audiebant et dicebant : Nonne hic est, qui expugnabat in hierusalem eos, qui inuocabant nomen hoc ? Et hic ideo uenerat ut uinctos illos duceret ad principes sacerdotum ? [22] Saulus autem magis conualescebat et confundebat iudeos, qui habitabant damasco, ostendens hunc esse christum, in quo deus bene sensit. [23] Cum complerentur autem dies multi, consilium fecerunt iudei ut eum interficerent. [24] Innotuit autem saulo consilium eorum. Obseruabant autem ad portas die ac nocte ut eum interficerent. [25] Sed acceptum illum discipuli per noctem dimiserunt per murum submittentes in sporta.

26 Παραγενόμενος δὲ
εἰς Ἰερουσαλὴμ ἐπείραζεν [h]
κολλᾶσθαι τοῖς μαθηταῖς·
καὶ πάντες ἐφοβοῦντο αὐτόν,
μὴ πιστεύοντες ὅτι ἐστὶν μαθητής.
27 Βαρναβᾶς δὲ ἐπιλαβόμενος
αὐτὸν ἤγαγεν
πρὸς τοὺς ἀποστόλους,
καὶ διηγήσατο αὐτοῖς
πῶς ἐν τῇ ὁδῷ εἶδεν τὸν κύριον
καὶ ὅτι ἐλάλησεν αὐτῷ,
καὶ πῶς ἐν Δαμασκῷ
ἐπαρρησιάσατο
ἐν τῷ ὀνόματι Ἰησοῦ [i].
28 καὶ ἦν μετ' αὐτῶν
εἰσπορευόμενος καὶ ἐκπορευόμενος
εἰς Ἰερουσαλήμ,
παρρησιαζόμενος
ἐν τῷ ὀνόματι τοῦ κυρίου,
29 ἐλάλει τε καὶ συνεζήτει
πρὸς τοὺς Ἑλληνιστάς·
οἱ δὲ ἐπεχείρουν ἀνελεῖν αὐτόν.
30 ἐπιγνόντες δὲ οἱ ἀδελφοὶ
κατήγαγον αὐτὸν εἰς Καισάρειαν

καὶ ἐξαπέστειλαν αὐτὸν
εἰς Ταρσόν.
31 Ἡ μὲν οὖν ἐκκλησία
καθ' ὅλης τῆς Ἰουδαίας
καὶ Γαλιλαίας καὶ Σαμαρείας
εἶχεν εἰρήνην,
οἰκοδομουμένη καὶ πορευομένη
τῷ φόβῳ τοῦ κυρίου,
καὶ τῇ παρακλήσει
τοῦ ἁγίου πνεύματος ἐπληθύνετο.

26 Παραγενόμενος δὲ
εἰς Ἰερουσαλὴμ ἐπείραζεν
κολλᾶσθαι τοῖς μαθηταῖς·
καὶ πάντες ἐφοβοῦντο αὐτόν,
μὴ πιστεύοντες ὅτι ἐστὶν μαθητής.
27 Βαρναβᾶς δὲ ἐπιλαβόμενος
αὐτὸν ἤγαγεν
πρὸς τοὺς ἀποστόλους,
καὶ διηγήσατο αὐτοῖς
πῶς ἐν τῇ ὁδῷ εἶδεν τὸν κύριον
καὶ ὅτι ἐλάλησεν αὐτῷ,
καὶ πῶς ἐν Δαμασκῷ
ἐπαρρησιάσατο
ἐν τῷ ὀνόματι τοῦ[1] Ἰησοῦ.
28 καὶ ἦν μετ' αὐτῶν
εἰσπορευόμενος καὶ ἐκπορευόμενος
εἰς Ἰερουσαλήμ,
παρρησιαζόμενος
ἐν τῷ ὀνόματι τοῦ κυρίου,
29 ἐλάλει τε καὶ συνεζήτει
πρὸς τοὺς Ἑλληνιστάς·
οἱ δὲ ἐπεχείρουν ἀνελεῖν αὐτόν.
30 ἐπιγνόντες δὲ οἱ ἀδελφοὶ
κατήγαγον αὐτὸν εἰς Καισάρειαν
διὰ νυκτός[1]
καὶ ἐξαπέστειλαν αὐτὸν
εἰς Ταρσόν.
31 Αἱ[1] μὲν οὖν ἐκκλησίαι[1]
καθ' ὅλης τῆς Ἰουδαίας
καὶ Γαλιλαίας καὶ Σαμαρείας
εἶχον[1] εἰρήνην,
οἰκοδομούμεναι[1] καὶ πορευόμεναι[1]
τῷ φόβῳ τοῦ κυρίου,
καὶ τῇ παρακλήσει
τοῦ ἁγίου πνεύματος ἐπληθύνοντο[1].

h. *NA 28* ; B : επειραζε // i. B C 81 323 *pc* ; του Ιησου : p[74] א E *Koinè NA 28*

---

27 – Tous sauf TA (*cf. Boism*[1b] *p. 66*)

30 - 1. SyrH* G[67] – Ee SodC(mss) *pc* b p SyrP Sah

31 - 1. Aug[b] (G[67]) – Ee *Koinè* g l p Vg(D) Boh(FS) Eth.5-13 Geo
     Aug[b] : ecclesiae quidem... habebant... instructae et confirmatae... replebantur (*Cath.* 11,30)

v. 31 : G[67] n'a gardé du TO primitif que les deux derniers pluriels.

G⁶⁷ : ²⁶ Als er sich aber nach Jerusalem begeben hatte, trachtete er danach, sich an die Jünger zu heften. Und alle fürchteten sich vor ihm, weil sie nicht glaubten, daß er ein Jünger sei. ²⁷ Barnabas aber nahm sich seiner an und brachte ihn zu den Aposteln. Und *Saulus* belehrte sie, wie er den Herrn auf dem Wege gesehen habe, und, daß *der Herr* zu ihm geredet habe, schließlich, wie er in Damaskus freimütig im Namen Jesu aufgetreten sei. ²⁸ Er blieb aber bei ihnen, indem er (mit ihnen) ein- und ausging, in Jerusalem und trat freimütig im Namen des Herrn auf. ²⁹ Er redete, indem er mit den *Griechen* rechtete. Auch sie wiederum beschlossen, ihn zu töten. ³⁰ Als die Brüder (es) aber erfuhren, brachten sie ihn hinab nach Caesarea *in der Nacht. Von jenem Ort* aber sandten sie ihn nach Tarsus. ³¹ Die Kirche nun, die in ganz Judäa, in Galiläa und Samaria war, befand sich in Frieden, indem sie auferbaut wurde. *Sie* wandelten *zuverlässig* in der Furcht des Herrn *und (in) der Zuversicht* des Heiligen Geistes und *waren* dabei, sich zu mehren.

g : ²⁶ Et cum uenisset in hierusalem temptabat herere discipulis, et omnes timebant eum non credentes illum discipulum esse. ²⁷ Barnabas autem apprehensum illum duxit ad apostolos et narrauit illis quomodo uidit dominum, et quia locutus esset ei et quomodo damasco locutus est in nomine ihesu. ²⁸ Et erat una cum eis intrans et exiens in hierusalem et cum fiducia in nomine domini ²⁹ loquebatur et conquirebatur cum grecis ; illi autem temptabant eum occidere. ³⁰ Quod cum cognouissent fratres deduxerunt eum nocte cesaream et inde dimiserunt tharso. ³¹ Ecclesiae itaque per uniuersam iudeam et galileam et samariam habebant pacem et aedificabantur et ambulabant in timore domini et exhortatione spiritus sancti replebantur.

32 Ἐγένετο δὲ Πέτρον διερχόμενον
διὰ πάντων κατελθεῖν
καὶ πρὸς τοὺς ἁγίους
τοὺς κατοικοῦντας Λύδδα.
33 εὗρεν δὲ ἐκεῖ ἄνθρωπόν τινα
ὀνόματι Αἰνέαν ἐξ ἐτῶν ὀκτὼ
κατακείμενον ἐπὶ κραβάττου[j],
ὃς ἦν παραλελυμένος.
34
καὶ εἶπεν αὐτῷ ὁ Πέτρος·
Αἰνέα, ἰᾶταί σε Ἰησοῦς Χριστός·
ἀνάστηθι καὶ στρῶσον σεαυτῷ.
καὶ εὐθέως ἀνέστη.
35 καὶ εἶδαν αὐτὸν
πάντες οἱ κατοικοῦντες
Λύδδα καὶ τὸν Σαρῶνα,
οἵτινες ἐπέστρεψαν ἐπὶ τὸν κύριον.
36 Ἐν Ἰόππῃ δέ τις ἦν μαθήτρια
ὀνόματι Ταβιθά, ἣ διερμηνευομένη
λέγεται Δορκάς·
αὕτη ἦν πλήρης ἔργων ἀγαθῶν
καὶ ἐλεημοσυνῶν ὧν ἐποίει.
37 ἐγένετο δὲ
ἐν ταῖς ἡμέραις ἐκείναις
ἀσθενήσασαν αὐτὴν ἀποθανεῖν·
λούσαντες δὲ ἔθηκαν ἐν ὑπερῴῳ.

32 Ἐγένετο δὲ Πέτρον διερχόμενον
διὰ *πολέων καὶ χώρων*[1] κατελθεῖν
καὶ πρὸς τοὺς ἁγίους
τοὺς κατοικοῦντας *Λύδδαν*[2].
33 εὗρεν δὲ ἐκεῖ ἄνθρωπόν τινα
ὀνόματι Αἰνέαν ἐξ ἐτῶν ὀκτὼ
κατακείμενον ἐπὶ κραβάττου,
ὃς ἦν παραλελυμένος.
34 *ἀτενίσας δὲ εἰς αὐτὸν*[1]
<u>ὁ Πέτρος εἶπεν αὐτῷ</u>[1]·
Αἰνέα, ἰᾶταί σε Ἰησοῦς Χριστός·
ἀνάστηθι καὶ στρῶσον σεαυτῷ.
καὶ εὐθέως ἀνέστη.
35 καὶ *ἰδόντες*[1] αὐτὸν
πάντες οἱ κατοικοῦντες
Λύδδαν[2] καὶ τὸν *Σαρῶναν*[3],
[ ][1] ἐπέστρεψαν ἐπὶ τὸν κύριον.
36 Ἐν Ἰόππῃ δέ τις ἦν μαθήτρια
ὀνόματι Ταβιθά, ἣ διερμηνευομένη
λέγεται Δορκάς·
αὕτη ἦν πλήρης ἔργων ἀγαθῶν
καὶ ἐλεημοσυνῶν ὧν ἐποίει.
37 ἐγένετο δὲ
ἐν ταῖς ἡμέραις ἐκείναις
ἀσθενήσασαν αὐτὴν ἀποθανεῖν·
λούσαντες δὲ ἔθηκαν ἐν ὑπερῴῳ.

j. *NA 28* ; B : κραββατου

32 - 1. G⁶⁷ – p(+) l t⁴ (cf. SyrP et ndl.2 : *om.* καὶ χώρων) / 2. C E *Koinè* p Vg(DO) (G⁶⁷?)
varia : περιερχόμενον : g l t⁴ ndl.2 (*contra* G⁶⁷)

34 - 1. G⁶⁷ – p Sah
p : Intendens autem in eum petrus dixit ei. Aenea...

35 - 1. G⁶⁷ – (431) Chr.2b Cass BarSc / 2. – [tous sauf ℵ B A *pc* e g Vg] (G⁶⁷ ?) / 3. – p⁴⁵
SodC(mss) SodB(mss) *pc* e l p Vg(D) (G⁶⁷ ?)
Cass : Quo viso miraculo, conversi sunt omnes ad Deum, omnes qui habitabant Lyddae atque
Sarronae.

v. 32 : Pour la dernière variante, G⁶⁷(gr) est indécis puisqu'il ne donne jamais les
désinences grecques.

G[67] : [32] Es geschah aber, als Petrus durch *Städte und das Land* zog, daß er zu den Heiligen, die in Lydda wohnen, kam. [33] Er fand dort einen Mann, dessen Name Äneas war, der acht Jahre zugebracht hatte, indem er gelähmt war und auf einem Bett darniederlag. [34] Petrus *blickte ihn an und* sprach zu ihm : „Äneas ! *Der Herr* Jesus Christus hat dich geheilt. Steh' auf und mach' dir dein Bett !" Und sogleich erhob sich *Äneas*. [35] Als ihn aber alle sahen, die in Lydda und Saron wohnten, bekehrten sich *viele* zum Herrn. [36] Es war aber eine Schwester in Joppe, deren Name Tabitha war, was übersetzt ‚Gazelle' heißt. Sie war voll von allen guten Werken und, indem sie Almosen tat. [37] Es geschah in jenen Tagen, daß diese krank wurde und starb. Sie wuschen sie und legten sie in einen Raum, der oben war.

g : [32] Factum est autem cum circuiret petrus ut ueniret per sanctos, qui habitabant lidda. [33] Inuenitque ibi hominem quendam nomine aeneam ab annis octo iacentem in grabbato, qui erat paraclitus. [34] Et ait illi petrus : Enea, sanat te dominus ihesus christus, surge et sterne tibi. Et confestim surrexit. [35] Et uiderunt eum omnes, qui habitabant lidda et sarona, qui conuersi sunt ad dominum. [36] In ioppe erat quaedam discipula, nomine thabita, quae interpretata dicitur dorchas ; haec erat plena operibus bonis et elemosinis, quas faciebat. [37] Factum est autem in diebus illis, ut infirmata moreretur. Quam cum luissent, posuerunt in cenaculo.

38 ἐγγὺς δὲ οὔσης Λύδδας
τῇ Ἰόππῃ οἱ μαθηταὶ ἀκούσαντες
ὅτι Πέτρος ἐστὶν
ἐν αὐτῇ ἀπέστειλαν δύο ἄνδρας
πρὸς αὐτὸν παρακαλοῦντες,
Μὴ ὀκνήσῃς διελθεῖν ἕως ἡμῶν.
39 ἀναστὰς δὲ Πέτρος
συνῆλθεν αὐτοῖς·
ὃν παραγενόμενον ἀνήγαγον
εἰς τὸ ὑπερῷον,
καὶ παρέστησαν αὐτῷ
πᾶσαι αἱ χῆραι κλαίουσαι
καὶ ἐπιδεικνύμεναι χιτῶνας
καὶ ἱμάτια ὅσα ἐποίει μετ' αὐτῶν
οὖσα ἡ Δορκάς.
40 ἐκβαλὼν δὲ ἔξω πάντας ὁ Πέτρος
καὶ θεὶς τὰ γόνατα προσηύξατο,
καὶ ἐπιστρέψας πρὸς τὸ σῶμα
εἶπεν· Ταβιθά, ἀνάστηθι.

ἡ δὲ ἤνοιξεν τοὺς ὀφθαλμοὺς αὐτῆς,
καὶ ἰδοῦσα τὸν Πέτρον ἀνεκάθισεν.
41 δοὺς δὲ αὐτῇ χεῖρα
ἀνέστησεν αὐτήν,
φωνήσας δὲ τοὺς ἁγίους
καὶ τὰς χήρας
παρέστησεν αὐτὴν ζῶσαν.

38 ἐγγὺς δὲ οὔσης Λύδδας
τῇ Ἰόππῃ οἱ μαθηταὶ ἀκούσαντες
ὅτι Πέτρος ἐστὶν
ἐν αὐτῇ ἀπέστειλαν δύο ἄνδρας
πρὸς αὐτὸν παρακαλοῦντες,
Μὴ *ὀκνήσαι*[1] διελθεῖν ἕως *αὐτῶν*[1].
39 ἀναστὰς δὲ Πέτρος
συνῆλθεν αὐτοῖς·
ὃν παραγενόμενον *ἤγαγον*[1]
εἰς τὸ ὑπερῷον,
καὶ *περιέστησαν αὐτὸν*[2]
πᾶσαι αἱ χῆραι κλαίουσαι
καὶ ἐπιδεικνύμεναι χιτῶνας
καὶ ἱμάτια ὅσα *ἐποίησεν*[3] *αὐταῖς*[4]
οὖσα ἡ Δορκάς.
40 ἐκβαλὼν δὲ ἔξω πάντας ὁ Πέτρος
καὶ θεὶς τὰ γόνατα προσηύξατο,
καὶ ἐπιστρέψας πρὸς τὸ σῶμα
εἶπεν· Ταβιθά, ἀνάστηθι
ἐν τῷ ὀνόματι Ἰησοῦ Χριστοῦ[1]
ἡ δὲ ἤνοιξεν τοὺς ὀφθαλμοὺς αὐτῆς,
καὶ ἰδοῦσα τὸν Πέτρον ἀνεκάθισεν.
41 δοὺς δὲ αὐτῇ χεῖρα
ἀνέστησεν αὐτήν,
καὶ[1] φωνήσας δὲ τοὺς ἁγίους
καὶ τὰς χήρας
παρέστησεν αὐτὴν ζῶσαν.

---

38 - 1. G[67] – p[45] *Koinè* SyrP Eth Arm

39 - 1. G[67] – p[45] p t g l m r Vg SyrPH Sah.460 / 2. Cyp – SodC.10.11.14.15 Chr e p t g l m r Vg Geo Arm (p[45] *deest*) / 3. p[45] / 4. p[45] (+) g l r t Vg

40 - 1. Cyp G[67] SyrH* – b g l m p r Vg(DO) Solut Cass Amb Sah Geo (plusieurs témoins ont ajouté τοῦ κυρίου [ἡμῶν]).

41 - 1. – *Koinè* p t g l m r Vg
Varia : *om.* δοὺς δὲ ... αὐτήν : G[67]

G⁶⁷ : ³⁸ Lydda aber lag nahe bei Joppe. Als die *Brüder* aber hörten, daß Petrus *in Lydda* sei, sandten sie zwei Männer zu ihm, indem sie ihn bitten ließen : „Zögere nicht, zu uns zu kommen !" *Denn die Stadt war nicht fern von ihnen. Als sich die Männer nun (dorthin) begeben hatten, baten sie ihn, daß er mit ihnen käme ohne Zögern.* ³⁹ Petrus aber erhob sich und ging mit ihnen. Als er aber (an)gekommen war, brachten sie ihn in das Obergemach. Alle Witwen traten zu ihm, *indem sie* ihm die Mäntel und die Kleider zeigten, die ‚Gazelle' ihnen hergestellt hatte, als sie noch bei ihnen war. ⁴⁰ Petrus aber, nachdem er alle herausgeworfen hatte, beugte seine Knie und betete. Er wandte sich zu dem Leichnam und sprach : „Tabitha ! Erhebe dich *im Namen unseres Herrn Jesus Christus.*" Sie aber öffnete *sogleich* ihre Augen. Als sie Petrus sah, setzte sie sich auf. ⁴¹ *Er rief* die Heiligen und die Witwen und stellte sie *ihnen* lebend vor.

g : ³⁸ Et quia prope erat lidda ad ioppe, cum audissent discipuli, quia petrus est in ea miserunt duos uiros ad eum rogantes : ne te pigeat peruenire ad nos. ³⁹ Et surgens petrus abiit cum illis. Cumque aduenissent, duxerunt eum in cenaculum et circumsteterunt eum omnes uiduae flentes atque ostendentes tunicas et uestimenta, quae faciebat illis dorchas. ⁴⁰ Eiectisque foris omnibus petrus positis genibus orauit. Et conuersus ad corpus ait : Thabita, surge in nomine domini nostri ihesu christi. Quae statim aperuit oculos suos et ut uidit petrum resedit. ⁴¹ Dansque ei manum petrus erexit eam. Et uocatis sanctis ac uiduis exhibuit eam uiuentem.

42 γνωστὸν δὲ ἐγένετο
καθ' ὅλης Ἰόππης[k],
καὶ ἐπίστευσαν πολλοὶ
ἐπὶ τὸν κύριον.
43 Ἐγένετο δὲ
ἡμέρας ἱκανὰς μεῖναι ἐν Ἰόππῃ
παρά τινι Σίμωνι βυρσεῖ.

42 *ἐλάλουν δὲ τὸ γεγονὸς*[1]
καθ' ὅλης τῆς[2] *Ἰόππης,*
καὶ ἐπίστευσαν πολλοὶ
ἐπὶ τὸν κύριον.
43 *κρατούμενος*[1] *δὲ ὁ Πέτρος*[2]
ἐν Ἰόππῃ[3] *ἡμέρας ἱκανὰς ἔμεινεν*[1]
παρά τινι Σίμωνι βυρσεῖ.

k. B p[53] C* ; της Ιοππης : ℵ A 81 *NA 28*

---

42 - 1. G[67] / 2. Tous sauf TA (*cf. Boism*[1b] *p. 68*)

43 - 1. G[67] / 2. G[67] – Vg(SU) Cass / 3. G[67] – p ndl.1 Syr Boh Eth.2-4

v. 42 : Le texte de G[67] n'est pas autrement attesté, mais on voit difficilement le scribe du codex ayant inventé le si lucanien τὸ γεγονὸς.

G⁶⁷ : ⁴² *Man redete aber über das, was mit ihr geschehen war,* in ganz Joppe ; viele kamen zum Glauben *und bekehrten sich zu Gott.* ⁴³ *Sie hielten aber den Petrus* in Joppe viele Tage lang *fest.* Er wohnte bei einem gewissen Simon, dem Gerber.

g : ⁴² Et innotuit hoc per totam ioppen, et crediderunt multi in dominum. ⁴³ Factum est autem ut dies multos moraretur in ioppe apud quendam symonem coriarium.

1 Ἀνὴρ δέ τις ἐν Καισαρείᾳ
ὀνόματι Κορνήλιος, ἑκατοντάρχης
ἐκ σπείρης ᵃ τῆς καλουμένης
Ἰταλικῆς,
2 εὐσεβὴς καὶ φοβούμενος τὸν θεὸν
σὺν παντὶ τῷ οἴκῳ αὐτοῦ,
ποιῶν ἐλεημοσύνας πολλὰς
τῷ λαῷ
καὶ δεόμενος τοῦ θεοῦ διὰ παντός,
3 εἶδεν ἐν ὁράματι φανερῶς ὡσεὶ
περὶ ὥραν ἐνάτην τῆς ἡμέρας
ἄγγελον τοῦ θεοῦ εἰσελθόντα
πρὸς αὐτὸν καὶ εἰπόντα αὐτῷ ·
Κορνήλιε.
4 ὁ δὲ ἀτενίσας αὐτῷ
καὶ ἔμφοβος γενόμενος εἶπεν ·
Τί ἐστιν, κύριε ; εἶπεν δὲ αὐτῷ ·
Αἱ προσευχαί σου
καὶ αἱ ἐλεημοσύναι σου ἀνέβησαν
εἰς μνημόσυνον
ἔμπροσθεν τοῦ θεοῦ.
5 καὶ νῦν πέμψον ἄνδρας εἰς Ἰόππην
καὶ μετάπεμψαι Σίμωνά τινα
ὃς ἐπικαλεῖται Πέτρος·

1 Ἀνὴρ δέ τις ἐν Καισαρείᾳ
ὀνόματι Κορνήλιος, ἑκατοντάρχης
ἐκ σπείρης τῆς καλουμένης
Ἰταλικῆς,
2 εὐσεβὴς καὶ φοβούμενος τὸν θεὸν
σὺν παντὶ τῷ οἴκῳ αὐτοῦ,
ποιῶν ἐλεημοσύνας πολλὰς
ἐν¹ τῷ λαῷ
καὶ δεόμενος τοῦ θεοῦ διὰ παντός,
3 εἶδεν ἐν ὁράματι φανερῶς [ ]¹
περὶ ὥραν ἐνάτην τῆς ἡμέρας
ἄγγελον [ ]² εἰσελθόντα
πρὸς αὐτὸν καὶ εἰπόντα αὐτῷ ·
Κορνήλιε.
4 ὁ δὲ ἀτενίσας αὐτῷ
καὶ ἔμφοβος γενόμενος εἶπεν ·
Τίς εἶ¹, κύριε ; εἶπεν δὲ αὐτῷ ·
Αἱ προσευχαί σου
καὶ αἱ ἐλεημοσύναι σου ἀνέβησαν
εἰς μνημόσυνον
ἔμπροσθεν τοῦ θεοῦ.
5 καὶ νῦν πέμψον [ ]¹ εἰς Ἰόππην
καὶ μετάπεμψαι Σίμωνά τινα
ὃς ἐπικαλεῖται Πέτρος·

a. NA 28 ; B : σπειρας

---

2 - 1. Cyp G⁶⁷ – 181 g l p Irᴸ SyrHP Sah.43 Geo
Cyp : Fuit faciens multas eleemosynas in plebem et semper orans Deum (*Dom. Orat.* 32).

3 - 1. Cyp G⁶⁷ – SodC.3 *pc* Irᴸ Sah Eth / 2. Cyp – Ψ a(629) g
Varia : *om.* περί : *Koinè* e g l p Vg
Cyp : huic circa horam nonam oranti adstitit angelus testimonium reddens sui operis et dicens :
Corneli... (cf. v. 2)

4 - 1. – 2127 *pc* a b c p y' Vg(GIRTW) ndl prv Geo

5 - 1. – 181 1898 255 Chrᶜ Ps.-Chr Irᴸ Cass BarSᴸ Sah.451 (*contra* SyrP)
Irᴸ : propter quo mitte ad Simonem qui vocatur Petrus
Cass : mitte in Joppe ad Petrum...
BarS : mitte in ioppen et invenies Simonem

v. 4 : Cyprien cite le verset 4b (sans addition du pronom σου), mais pas le verset 4a.

v. 5 : L'omission de ἄνδρας (sémitisme) est confirmée par 10,32 ; cf. aussi 11,13 ; 20,17.

4
et trepidus factus dixit
quid est d̅n̅e dixit autem ei
orationis tuae
et aelemosynae ascenderunt
in recordatione
coram d̅e̅o
5 et nunc mitte uiros in ioppen
et accersi simonem
qui cognominatur petrus

G⁶⁷ : ¹ Es war ein Mann in Caesarea, dessen Name Kornelius war und der ein Hauptmann aus der Kohorte war, die die ‚italische' genannt wird, ² der ein Gottesdiener war und Gott fürchtete mit *allen (Leuten) seines* Hauses. Er tat viel Almosen *in* dem Volk, indem er allezeit Gott im Gebet anrief. ³ Er sah deutlich *ein* Gesicht in der neunten Tagesstunde. *Er sah, wie* ein Engel Gottes bei ihm eintrat und zu ihm sprach : „Kornelius !" ⁴ Er aber blickte ihn an ; und, nachdem er in Furcht geraten war, sprach er : „Wast ist, Herr ?" *Der Engel antwortete und* sprach zu ihm : „Deine Gebete und deine Almosen sind aufgestiegen zu einer Erinnerung *für dich* vor Gott. ⁵ Sende jetzt Männer nach Joppe und laß Simon holen, dessen Name Petrus ist

g : ¹ Vir autem quidam erat in cecarea nomine cornelius centurio cohortis, quae uocatur talica (sic) ² pius et timens deum cum omni domo sua faciens elemosinas multas in plebe et rogans deum semper ³ uidit in uisu manifeste fere hora nona diei angelum intrasse ad se et dicentem sibi : Corneli. ⁴ At ille cum intendisset in eum timore repletus sit : Quid est domine ? Dixitque illi : Orationes tuae et elemosinae tuae ascenderunt in memoria coram domino. ⁵ Et nunc mitte uiros in ioppen et accersi symonem, qui cognominatur petrus,

6 οὗτος ξενίζεται
παρά τινι Σίμωνι βυρσεῖ,
ᾧ ἐστιν οἰκία παρὰ θάλασσαν.
7 ὡς δὲ ἀπῆλθεν
ὁ ἄγγελος ὁ λαλῶν αὐτῷ,
φωνήσας δύο τῶν οἰκετῶν
καὶ στρατιώτην εὐσεβῆ
τῶν προσκαρτερούντων αὐτῷ,
8 καὶ ἐξηγησάμενος ἅπαντα
αὐτοῖς ἀπέστειλεν αὐτοὺς
εἰς τὴν Ἰόππην.
9 Τῇ δὲ ἐπαύριον
ὁδοιπορούντων ἐκείνων
καὶ τῇ πόλει ἐγγιζόντων
ἀνέβη Πέτρος ἐπὶ τὸ δῶμα
προσεύξασθαι περὶ ὥραν ἕκτην.
10 ἐγένετο δὲ πρόσπεινος
καὶ ἤθελεν γεύσασθαι·
παρασκευαζόντων δὲ αὐτῶν
ἐγένετο ἐπ᾽ αὐτὸν ἔκστασις,

6 καὶ αὐτός[1] ἐστιν ξενιζόμενος[2]
πρὸς Σίμωνά τινα βυρσέα[3],
ᾧ ἐστιν οἰκία παρὰ θάλασσαν.
7 ὡς δὲ ἀπῆλθεν
ὁ ἄγγελος ὁ λαλῶν αὐτῷ,
φωνήσας δύο τῶν οἰκετῶν
καὶ στρατιώτην εὐσεβῆ
τῶν προσκαρτερούντων αὐτῷ,
8 καὶ ἐξηγησάμενος αὐτοῖς[1]
τὸ ὅραμα[1] ἀπέστειλεν αὐτοὺς
εἰς τὴν Ἰόππην.
9 Τῇ δὲ ἐπαύριον
ὁδοιπορούντων ἐκείνων
καὶ τῇ πόλει ἐγγιζόντων
ἀνέβη Πέτρος εἰς τὸ ὑπερῷον[1]
προσεύξασθαι περὶ ὥραν ἕκτην.
10 ἐγένετο δὲ πρόσπεινος
καὶ ἤθελεν γεύσασθαι·
παρασκευαζόντων δὲ αὐτῶν
ἐπέπεσεν[1] ἐπ᾽ αὐτὸν ἔκστασις,

---

6 - 1. – SodC.1-2.10-13 Chr.1 Eth.1 / 2. d – SodC.1-2.10-13 Chr.1 / 3. – SodC.1-2.10-13 Chr.1 (versions ?)

8 - 1. d G⁶⁷ – g SyrP(+)
Varia : ≈ αὐτοῖς ἅπαντα : C *Koinè*

9 - 1. d Tert Cyp(+) – Or Chr.1 CAp e g l t³ Vg(CT)
Tert : ...prius in superiora ad orandum ascendisse (*Ieiu.* X,2)
Cyp : ...in tectum superius ascendens... (*Dom. Orat.* 34)

10 - 1. d G⁶⁷ – ClemAl (*Paid.* II,16,2) Ee *Koinè* g l p t³ Vg SyrP Sah

---

v. 9 : Chr.1 cite à deux reprises selon le TA, mais il écrit ensuite, comme entre parenthèses, ὡς ἂν ἐν τῷ ὑπερῴῳ. Pour le *in superiora* de Tert e Vg(CT) et le *in cenaculum* de d g l, voir les latins en 1,13 ; 9,37.39 ; 20,8.

6 hic est ospitans
aput simonem pellionem
cuius est domus iuxta mare
7 ut autem dissit
angelus qui loquebatur ei
uocatis duobus famulorum eius
et militem fidelem
ex his qui praesto erant
8 enarrauit illis
uisum et misit illos
in ioppen
9 postera autem die
iter illis facientibus
et adpropiantibus ciuitati
ascendit petrus in cenaculum
et horabit circa hora sexta
10 factus est autem esuriens
et bolebat gustare
praeparantibus uero ipsis
cecidit super eum mentis stupor

G[67] : [6] und der bei einem gewissen Simon, dem Gerber, wohnt, dessen Haus am Meer liegt." [7] Als aber der Engel, der mit ihm redete, sich hinwegbegeben hatte, rief er zwei von seinen Dienern und einen frommen Soldaten von denen, die ihm treu ergeben waren, [8] erzählte ihnen *das Gesicht* und schickte sie nach Joppe. [9] Am anderen Tage aber, als jene auf dem Wege waren und sich der Stadt genähert hatten, hatte sich Petrus auf das Dach begeben, um zu beten, ungefähr in der sechsten Tagesstunde. [10] *Es geschah* aber, *als* er hungrig wurde, *daß* er essen wollte. Während sie ihm (etwas) zubereiteten, *kam* eine Verzückung über ihn.

g : [6] qui hospitatur apud quendam symonem coriarium, cuius est domus iuxta mare. [7] Et cum discessisset angelus domini, qui loquebatur cum eo, uocauit duos seruos et militem colentem deum ex his, qui praesto erant illi, [8] et enarrans illis uisum misit eos in ioppen. [9] Postera autem die iter illis facientibus et adpropinquantibus ciuitati petrus ascendit in cenaculum et orauit circa horam diei sextam. [10] Cumque esuriret et uellet gustare praeparantibus illis, cecidit super eum mentis stupor.

11 καὶ θεωρεῖ
τὸν οὐρανὸν ἀνεῳγμένον

καὶ καταβαῖνον σκεῦός τι
ὡς ὀθόνην μεγάλην
τέσσαρσιν ἀρχαῖς
καθιέμενον ἐπὶ τῆς γῆς,
12 ἐν ᾧ ὑπῆρχεν
πάντα τὰ τετράποδα
καὶ ἑρπετὰ τῆς γῆς
καὶ πετεινὰ τοῦ οὐρανοῦ.
13 καὶ ἐγένετο φωνὴ πρὸς αὐτόν ·
Ἀναστάς, Πέτρε, θῦσον καὶ φάγε.
14 ὁ δὲ Πέτρος εἶπεν ·
Μηδαμῶς, κύριε,
ὅτι οὐδέποτε ἔφαγον
πᾶν κοινὸν καὶ ἀκάθαρτον.

11 καὶ θεωρεῖ
τὸν οὐρανὸν ἀνεῳγμένον
καὶ _τέσσαρσιν ἀρχαῖς_ δεδέμενον[1]
[ ][2] σκεῦός τι
[ ][3]
[ ][4]
καθιέμενον ἐπὶ τῆς γῆς,
12 ἐν ᾧ [ ][1]
πάντα τὰ τετράποδα
καὶ ἑρπετὰ [ ][2]
καὶ πετεινὰ τοῦ οὐρανοῦ.
13 καὶ ἐγένετο φωνὴ πρὸς αὐτόν ·
Ἀναστά[1] [ ][2] καὶ[1] θῦσον καὶ φάγε.
14 _εἶπεν δὲ ὁ Πέτρος_[1] ·
[ ][2] κύριε,
[ ][3] οὐδέποτε ἔφαγον
πᾶν κοινὸν ἤ[4] ἀκάθαρτον.

---

11 - 1. d Aug[b] G[67] – p[45] BarS[c] (cf. ClemAl) / 2. d g G[67] ClemAl Aug[b] p[45]/ 3. – p[45] ClemAl Didasc / 4. – p[45] ClemAl

ClemAl : ... ἀνεῳγμένον καί τι σκεῦος τέσσαρσιν ἀρχαῖς ἐκδεδέμενον ἐπὶ τῆς γῆς (cf. v. 9)

BarS[c] : h.e. vidit per operationem spiritus vas ligatum quattuor angulis et distincte vidit vas descendere...

Aug[b] : Petrus vidit... caelum apertum et quattuor initiis ligatum uas quoddam tanquam linteum limpidum in quo... (*Cath.* 11,30)

12 - 1. Aug[b] G[67] – cf. ClemAl / 2. d Aug[b] – 61 630 Amb ChrAq Cass BarS Sah.460

Aug[b] : in quo omne genus quadrupedum ac ferarum et uolucrum caeli (cf. v. 11)

ClemAl : πάντα τὰ τετράποσα ... ἐν αὐτῷ (cf. v. 10)

13 - 1. Aug[b] G[67] – ClemAl p* g Vg Cass / 2. Ephr[kc] – p[45] ClemAl Epiph g Ambr Cass LibGr (≈ *ante* ἀνάστας : d Aug[b] p ndl.1 ChrAq SyrP)

ClemAl : ... Ἀναστά καὶ θῦσον καὶ φάγε (cf. v. 10)

14 - 1. Aug[b] – g l t[3] Vg ndl.1 Sah / 2. Aug[b] – ndl.2 Amb(mss) / 3. Aug[b] – SodB.4.6 *pc* Epiph Amb Eth / 4. D G[67](gr) – Ee *Koinè* Vg(S) prv.1 Sah.16 Boh

Aug[b] : ait autem Petrus : domine, numquam manducaui omne commune et immundum (cf. verset 11).

v. 11 : Le TO étant ici assuré, nous renonçons à donner une vue complète de l'apparat critique, très tourmenté. d Aug[b] et G[67] dépendent de l'archétype X qui donnait le TO avec insertion de ὡς ὀθόνην (λαμπράν) en provenance du TA. Noter que SyrH[mg] corrige μεγάλην en λαμπράν. C'est probablement cet archétype qui, vers la fin du verset, avait ajouté le ἐκ τοῦ οὐρανοῦ attesté par d et G[67].

11 et uidit
caelum apertum
ex quattuor principiis ligatum
uas quodam
et linteum splendidum
quod differebatur de caelo in terram
12 et erant
omnia quadripedia
et serpentia
et uolatilia caeli
13 Et facta est uox ad eum
petre surge immola et manduca
14 ad illi dixit
non d$\overline{\text{n}}$e
quoniam numquam manducaui

παν κοινου η ακαθαρτον   omne com mune et in mundum

G[67] : [11] Und er sah den Himmel offen, und *siehe*, da wurde ein Behälter, *der* an den vier Rändern *angebunden war*, wie ein großes Leinen*gewand*, herabgelassen *aus dem Himmel* auf die Erde, [12] in dem alles Vieh, die Kriechtiere der Erde und die Vögel des Himmels waren. [13] Eine Stimme aber wurde ihm zuteil : „Steh' auf, Petrus, schlachte und iß !" [14] Petrus aber sprach : „Tue es mir nicht an, Herr ! Denn ich habe noch nie etwas Verunreinigtes *oder* Unreines gegessen.

g : [11] Et uidit caelum apertum et IIII principiis ligatum uas quoddam ut lintheum splendidum, quod deferebatur in terram, [12] in quo erant omnia quadrupedia et serpentia terrae et uolatilia caeli. [13] Et facta est uox ad eum : Surge immola et manduca ! [14] Ait autem petrus : Absit domine, quia numquam commune manducaui et immundum.

15 καὶ φωνὴ πάλιν ἐκ δευτέρου
πρὸς αὐτόν·
Ἃ ὁ θεὸς ἐκαθάρισεν σὺ μὴ κοίνου.
16 τοῦτο δὲ ἐγένετο ἐπὶ τρίς,
καὶ εὐθὺς ἀνελήμφθη τὸ σκεῦος
εἰς τὸν οὐρανόν.
17 Ὡς δὲ ἐν ἑαυτῷ ᵇ
διηπόρει ὁ Πέτρος
τί ἂν εἴη τὸ ὅραμα ὃ εἶδεν,
ἰδοὺ οἱ ἄνδρες οἱ ἀπεσταλμένοι
ὑπὸ τοῦ Κορνηλίου
διερωτήσαντες
τὴν οἰκίαν τοῦ Σίμωνος ἐπέστησαν
ἐπὶ τὸν πυλῶνα,

15 *καὶ φωνὴ* ¹ *πάλιν ἐκ δευτέρου*
πρὸς αὐτόν·
Ἃ ὁ θεὸς ἐκαθάρισεν σὺ μὴ κοίνου.
16 τοῦτο δὲ ἐγένετο ἐπὶ τρίς,
καὶ [ ]¹ ἀνελήμφθη [ ]² τὸ σκεῦος
εἰς τὸν οὐρανόν.
17 Ὡς δὲ [ ]¹
[ ]² διηπόρει ὁ Πέτρος
τί ἂν εἴη τὸ ὅραμα ὃ εἶδεν,
καὶ ³ ἰδοὺ οἱ ἄνδρες οἱ ἀπεσταλμένοι
ὑπὸ ⁴ τοῦ Κορνηλίου
[ ]⁵
[ ]⁵ ἐπέστησαν
ἐπὶ τὸν πυλῶνα,

b. *NA 28* ; αυτω : B 323

---

15 - 1. d - Dans D, le participe masculin φωνησασ ne donne aucun sens.

16 - 1. Dd – p⁴⁵ 36.453 1175 CAp Cass ChrAq SyrP Sah.460.461 Boh(A) Geo Arm (*contra* SyrHᵐᵍ) / 2. voir *infra*
Varia : πάλιν *loco* εὐθύς : D G⁶⁷ p *Koinè*

17 - 1. – p⁴⁵(vid) Chr.1 CAp Eth.2-13 ; cf. Ephrᵏ LibGr / 2. La sequence ωσ ... εγενετο διηπορει soutenue par Dd est grammaticalement incorrecte / 3. Dd – Chr.2 C Ee *Koinè* p Vg(M) prv.2 ChrAq / 4. G⁶⁷ d g p ChrAq Eth / 5. – Chr.2 ChrAq Boh(K) Eth.2.5.6.8-12 (voir *infra*)
Varia : add. ἦλθον *post* Κορνηλίου : G⁶⁷ p / add. ἐγένετο *post* ἐν αὐτῷ : Dd p
Chr.2 :]καὶ ἰδοὺ οἱ ἄνδρες, φησί, οἱ ἀπεσταλμένοι ὑπὸ τοῦ Κορνηλίου
ChrAq : et ecce, inquit, viri missi a cornelio stabant ad domum simonis [interrogantes, cf. v. 18)
Eth : advenerunt viri qui missi erant a cornelio et steterunt ad portam [et interrogaverunt, cf. v. 18)
p : Cumque ad se reuersus esset. Hesitabat petrus... quae vidit. Et ecce uiri qui missi erant acornelio uenerunt et interrogantes domum simonis astiterunt ad ostium.

v. 16 : Dans g πάλιν, à une place aberrante, est traduit par *denuo* tandis qu'ailleurs on a *iterum* ou *rursum* ; l'archétype de sa famille ne devait avoir aucun adverbe ici et c'est le scribe de g qui a corrigé. L'archétype X, suivi par D et G⁶⁷, a ajouté πάλιν par harmonisation sur 11,10. Quant à SyrHᵐᵍ, elle a complété elle aussi le texte court, mais d'après le TA.

v. 17 : Tous les latins (sauf p) traduisent διερωτήσαντες par *inquirentes* et le ἐπυθάνουντο du début du verset suivant par *interrogabant*. Le *interrogantes* de Chromatius doit donc correspondre à ce ἐπυθάνουντο. Ceci nous est confirmé par le texte de p. Sa formule *interrogantes domum* est impossible en latin. Son *interrogantes* correspond donc, comme chez Chromatius, au ἐπυθάνουντο du verset suivant, auquel le scribe a ajouté *domum simonis astiterunt ad ostium* par harmonisation sur le TA. Indirectement, p atteste donc le texte court du TO. Au lieu de διερωτήσαντες, hapax du NT, on lit επερωτησαντες dans D, indice qu'il fait une rétroversion à partir du texte de d *inquirentes domum simonis*.

15 ✦φωνησασ δε παλιν εκ δευτερου προσ αντον	**15** et uox rursum iterato ad eum
α ο θ̄σ̄ εκαθαρισεν σοι μη κοινου	quae d̄s̄ mundauit tu noli communicare
16 τουτο δε εγενετο επι τρισ	**16** hoc enim factum est per ter
και ανελημφθη παλιν το σκευος	et adsumptum est ipsum uas
εισ τον ουρανō	in caelum
17 ωσ δε εν εαυτω	**17** Et dum intra se
✦εγενετο διηπορει ο πετροσ	factus est haesitabat petrus
τι αν ✦ει το οραμα ο ειδεν	quae esset uisio quam uiderat
και ειδου οι ανδρεσ οι απεσταλμενοι	et ecce uiri qui missi erant
απο κορνηλιου	a cornelio
επερωτησαντεσ	inquirentes
την οικιαν του σιμωνοσ επεστησαν	domum simonis adsisterunt
επι τον πυλωνα	ad ianuam

G⁶⁷ : ¹⁵ Die Stimme wurde ihm wieder zuteil, zum zweitenmal : „Was Gott gereinigt hat, sollst du nicht verunreinigen !" ¹⁶ Dies aber geschah dreimal, und der Behälter wurde *wieder* in den Himmel hinaufgenommen. ¹⁷ Während Petrus aber bei sich ratlos war, was dieses Gesicht, das er gesehen hatte, war, siehe, da *kamen* die Männer, die von Kornelius geschickt worden waren, *und* suchten nach dem Haus des Simon. Sie kamen zu dem Tor,

g : ¹⁵ Et uox iterum ad eum : Quae dominus mundauit tu commune ne dixeris. ¹⁶ Hoc factum est per ter, et receptum est uas denuo in caelum. ¹⁷ Et dum intra se hesitaret petrus, quae esset uisio, quam uiderat, ecce uiri, qui missi erant a cornelio inquirentes domum symonis, steterunt ad ianuam

18 καὶ φωνήσαντες ἐπυνθάνοντο ^c
εἰ Σίμων ὁ ἐπικαλούμενος Πέτρος
ἐνθάδε ξενίζεται.
19 τοῦ δὲ Πέτρου διενθυμουμένου
περὶ τοῦ ὁράματος
εἶπεν ^d τὸ πνεῦμα ·
Ἰδοὺ ἄνδρες δύο ^e ζητοῦντές σε ·
20 ἀλλὰ ἀναστὰς κατάβηθι
καὶ πορεύου σὺν αὐτοῖς
μηδὲν διακρινόμενος,
ὅτι ἐγὼ ἀπέσταλκα αὐτούς.
21 καταβὰς δὲ Πέτρος
πρὸς τοὺς ἄνδρας εἶπεν ·
Ἰδοὺ ἐγώ εἰμι ὃν ζητεῖτε·

τίς ἡ αἰτία δι' ἣν πάρεστε ;

18[ ]¹ *πυνθανομένοι* ²
εἰ [ ]³ Πέτρος
ἐνθάδε ξενίζεται.
19 τοῦ δὲ Πέτρου *διαπορουμένου* ¹
περὶ τοῦ ὁράματος
εἶπεν *αὐτῷ*² τὸ πνεῦμα ·
Ἰδοὺ ἄνδρες [ ]³ *ζητοῦσιν* ⁴ σε ·
20 ἀλλὰ *ἀνάστα* ¹ [ ]²
καὶ *πορεύθητι* ³ σὺν αὐτοῖς
μηδὲν διακρινόμενος,
ὅτι ἐγὼ ἀπέσταλκα αὐτούς.
21 *τότε* ¹ καταβὰς *ὁ*² Πέτρος
πρὸς τοὺς ἄνδρας εἶπεν ·
Ἰδοὺ ἐγώ εἰμι ὃν ζητεῖτε·
τί θέλετε ³
[ ]⁴ τίς ἡ αἰτία δι' ἣν πάρεστε ;

c. *NA 28* ; B C : επυθοντο / d. B Vg(I) ; ειπεν αυτω : D E L Ψ p⁴⁵*Koinè NA 28*
e. B ; τρεῖς : p⁷⁴ ℵ A C E 33 81 323 453 945 1175 1739 SyrP SyrH^{mg} *NA 28*

---

18 - 1. – ChrAq Eth.2.5-12 629 Sah.4 Arab / 2. ChrAq / 3. – ChrAq Eth.2.11 (≈ *post* ξενίζεται : G⁶⁷ Sah)
Chr.Aq : stabant ad domum simonis] interrogantes si petrus ibi habitaretur
Eth(mss) : ... steterunt ad portam] et interrogaverunt si ibi habitaretur petrus.

19 - 1. SyrH* Ephr^k – e p(+) prv.2(+) LibGr BarS^c / 2. DdVar SyrH – p⁴⁵ (vid) *Koinè* a c g l p t³ ndl.2 Amb (≈ *post* πνεῦμα : ℵ C A p⁷⁴ *al* Vg) / 3. Dd Ephr^k – p⁴⁵(vid)*Koinè* l m p Amb Cass Arm (*contra* : G⁶⁷ SyrH^{mg}) / 4. Dd G⁶⁷ – p⁴⁵ (et tous sauf ℵ B p⁷⁴ *pc*)
p* : Petro igitur ad hoc cogitante et hesitante deuiso. Dixit ei spiritus. Ecce uiri querunt te
Ephr^k : Ait illi spiritus : Ortus incede neque haesites cum viris qui venerunt inquirere te...

20 - 1. Dd*Var* – 1838 l t³ Vg Cass / 2.Var Ephr^k – 1838 ndl.1 Vg(MS) Did CAp Cass LibGr / 3. – 1838 Did CAp (versions ?)
Var : surge et vade cum illis (II,20)
Cass : surge et vade cum eis...

21 - 1. Dd G⁶⁷ – Ee ndl.1 SyrP / 2. D(d) – E SodC.3.15.16 SodB.2.7 *pc* Chr.1 / 3. Dd – SyrH
Varia : om. ἰδού : p⁴⁵(vid) SodC.10 SyrP / 4. voir *infra*
SyrH : quid vultis quae causa est propter quam venistis

v. 19 : C'est l'archétype X, suivi par G⁶⁷ et SyrH^{mg}, qui a ajouté τρεῖς d'après le TA.

v. 20 : D n'atteste que la première variante et il s'est aligné ensuite sur le TA ; G⁶⁷ suit le TA.

v. 21 : Il est probable que le TO omettait τίς ἡ αἰτία δι' ἣν πάρεστε ; c'est l'archétype X qui aurait fusionné les deux textes. Dans D, l'addition de la conjonction ἤ a pour but d'éviter l'impression de doublet.

18 και φωνησαντεσ επυνθανοντο	18et cum clamassent interrogabant
ει σιμων ο επικαλουμενοσ πετροσ	si simon qui cognominatur petrus
ενθαδε ξενιζεται	hic ospitatur
19 Του δε πετρου διενθυ μουμενου	19 petro autem cogitante
περι του οραματοσ	de uisione
ειπεν αυτω το π̅ν̅α	dixit ei s̅p̅s
ϊδου ανδρεσ ζητουσιν σε	ecce uiri quaerunt te
20 αλλα ♦αναστα καταβηθι	20 sed surge et descende
και πορευου συν αυτοισ	et uade cum eis
μηδεν διακρινομενοσ	nihil dubitant
οτι εγω απεσταλκα αντουσ	quia ego misi eos
21 Τοτε καταβασ ο πετροσ	21 tunc descendens petrus
προσ τουσ ανδρασ ειπε̅	ad ipsos uiros dixit
ϊδου εγω ειμι ον ζητειτε	ecce ego sum quem queritis
τι ♦θελεται	quid uultis
η τισ η αιτια δι ην παρεστε	quae causa propter quam uenistis

G⁶⁷ : ¹⁸ riefen *jemanden* und fragten *ihn*, ob Simon, der Petrus genannt wird, sich hier aufhalte. ¹⁹ Während aber Petrus über das Gesicht nachdachte, sprach der Geist zu ihm : „Siehe, drei Männer fragen nach dir ! ²⁰ Aber steh' auf, begib dich hinab *zu ihnen* und begib dich mit ihnen (auf den Weg), ohne irgendwie verwirrt zu werden ; denn ich bin es, der sie *zu dir* geschickt hat." ²¹ *Da* ging Petrus hinab und sprach zu den Männern : „Siehe, ich bin es, nach dem ihr fragt. Was ist der Grund, um dessen willen ihr gekommen seid ?"

g : ¹⁸ et uocantes interrogabant, si symon, qui cognominatur petrus, hic hospitatur. ¹⁹ Petro autem cogitante de uisione, dixit ad illum spiritus. Ecce uiri tres quaerunt te ; ²⁰ sed surgens descende et uade cum illis nichil dubitans quia ego misi illos. ²¹ Et descendens petrus ad illos ait : Ecce ego quem quaeritis, quae est causa propter quam uenistis ?

22 οἱ δὲ εἶπαν ·   22 οἱ δὲ εἶπαν *πρὸς αὐτόν*[1]·
Κορνήλιος ἑκατοντάρχης,   Κορνήλιος [ ][2] ἑκατοντάρχης,
ἀνὴρ δίκαιος καὶ φοβούμενος   ἀνὴρ δίκαιος καὶ φοβούμενος
τὸν θεὸν μαρτυρούμενός τε   τὸν θεὸν μαρτυρούμενός τε
ὑπὸ ὅλου τοῦ ἔθνους   ὑπὸ ὅλου τοῦ ἔθνους
τῶν Ἰουδαίων,   τῶν Ἰουδαίων,
ἐχρηματίσθη ὑπὸ ἀγγέλου ἁγίου   ἐχρηματίσθη ὑπὸ ἀγγέλου ἁγίου
μεταπέμψασθαί σε   μεταπέμψασθαί σε
εἰς τὸν οἶκον αὐτοῦ   εἰς τὸν οἶκον αὐτοῦ
καὶ ἀκοῦσαι ῥήματα παρὰ σοῦ.   καὶ ἀκοῦσαι ῥήματα παρὰ σοῦ.
23 εἰσκαλεσάμενος οὖν   23 *τότε*[1] *εἰσαγαγὼν*[2] *ὁ Πέτρος*[3]
αὐτοὺς ἐξένισεν. Τῇ δὲ ἐπαύριον   *ἐξένισεν αὐτοὺς*[4]. Τῇ δὲ ἐπαύριον
ἀναστὰς ἐξῆλθεν σὺν αὐτοῖς,   ἀναστὰς ἐξῆλθεν σὺν αὐτοῖς,
καί τινες τῶν ἀδελφῶν   καί τινες τῶν ἀδελφῶν
τῶν ἀπὸ Ἰόππης συνῆλθον[f] αὐτῷ. [ ][5] ἀπὸ Ἰόππης συνῆλθον αὐτῷ.
24 τῇ δὲ ἐπαύριον εἰσῆλθεν   24 τῇ δὲ ἐπαύριον *εἰσῆλθον*[1]
εἰς τὴν Καισάρειαν · ὁ δὲ Κορνήλιος εἰς [ ][2] Καισάρειαν · ὁ δὲ Κορνήλιος
ἦν προσδοκῶν αὐτούς,   ἦν *προσδεχόμενος*[3] αὐτούς,
συγκαλεσάμενος   *καὶ*[4] συγκαλεσάμενος
τοὺς συγγενεῖς αὐτοῦ[g]   τοὺς συγγενεῖς αὐτοῦ
καὶ τοὺς ἀναγκαίους φίλους.   καὶ τοὺς ἀναγκαίους φίλους
                                                         περιέμεινεν[5].

f. *NA 28* ; B : συνηλθαν
g. *NA 28* ; B : αυτους

22 - 1. Dd G⁶⁷ – prv.2* SyrP Sah Eth Geo / 2. d. voir *infra*

23 - 1. Dd G⁶⁷ – Ee ndl.1 / 2. D – e p* Vg / 3. Dd (G⁶⁷) – p prv SyrP Sah / 4. Dd SyrH*(+)
G⁶⁷ – l SyrP Sah / 5. D G⁶⁷ – SodB.6 1838 *pc* g l p Vg Sah Bo

24 - 1. SyrHᵐᵍ G⁶⁷ – Ee ℵ C A p⁷⁴ *Koinè* g prv.1 Sah.460 Boh Eth.5.7.8 Geo (pour D, voir
infra) / 2. D – SodC.1-3.5.11.14 1838 *pc* (*contra* G⁶⁷ ; autres versions ?) / 3. D – Cass / 4. Dd
SyrHᵐᵍ – prv.2 / 5. Dd SyrHᵐᵍ – p

v. 22 : D ajoute l'indéfini τις après "Corneille", probablement par influence de 10,1.

v. 24 : Le TA n'est pas très logique. Selon le verset 24a, c'est Pierre qui entre (εἰσῆλθεν) à
Césarée. Le verset 25a ressemble alors à une reprise rédactionnelle qui mentionne de nouveau
cette entrée de Pierre dans la ville. Selon le TO, ce sont les envoyés de Corneille qui entrent
(εἰσῆλθον) à Césarée. Corneille les reçoit (cf. D et Cassiodore) et se prépare à accueillir Pierre
en convoquant ses proches et ses amis. Dans ce contexte, au début du verset, le singulier
εἰσῆλθεν de D est impossible et provient d'une harmonisation maladroite sur le TA (d :
ingressus est). Il est curieux de constater que, contrairement à D, G⁶⁷ n'a gardé du TO primitif
que le pluriel εἰσῆλθον.

22 οι δε ✦ειπον προσ αυτον	22 ad illi dixerunt ad eum
κορνηλιοσ τισ εκατονταρχησ	cornelius centurio
ανηρ δικαιοσ και φοβουμενοσ	uir iustus et timens
τον θ̄ν̄ μαρτυρουμενοσ τε	d̄m̄ testimonio quoque
ϋφ ολου του εθνουσ	a tota gente
των ϊουδαιων	iudaeorum
εχρηματισθη ϋπο αγγελου αγιου	responsum accepit ab angel o sancto
μεταπεμψασθαι σε	accersire te
εισ τον οικον αυτου	in domum suam
και ακουσαι ρηματα παρα σου	et audire uerba abs te
23 Τοτε εισαγαγων ο πετρος	23 tunc ergo ingressus petrus
εξενισεν αυτους τη δε επαυριον	hospitio excepit eos ac postera die
αναστας εξηλθεν συν αυτοις	cum surrexisset exibit cum eis
και τινεσ των αδελφω̄	et quidam fratrum
απο ✦ϊοππην ✦συνηλθαν αυτω	qui ab ioppen simul uenerunt cum eo
24 τη δε επαυριον εισηλθεν	24 postero quoque die ingressus est
εισ ✦καισαριαν ο δε κορνηλιοσ	caesaream cornelius uero
ην προσδεχομενοσ αυτουσ	erat expectans eos
και συνκαλεσαμενοσ	et conuocatis
τουσ ✦συνγενεισ αυτου	cognatis suis
και τουσ αναγκαιουσ φιλουσ	et necessariis amicis
περιεμεινεν	sustinuit

G[67] : 22 Sie aber sprachen *zu ihm* : „Kornelius, ein Hauptmnann, ein gerechter Mann, der Gott fürchtet und einen guten Ruf hat bei dem ganzen Volk der Juden, wurde durch einen heiligen Engel belehrt, dich in sein Haus holen zu lassen und Worte von dir zu hören." 23 *Da* rief *Petrus die Männer herbei* und nahm sie bei sich auf. Am nächsten Morgen aber erhob er sich und ging mit ihnen los. Und einige von den Brüdern, die in Joppe sind, gingen mit ihm los. 24 Am nächsten Morgen aber *kamen sie* nach Caesarea. Kornelius nun erwartete sie und hatte seine Verwandten und seine treuen Freunde eingeladen.

g : 22 At illi dixerunt : Cornelius centurio uir iustus et timens deum bene audiens ab uniuersa gente iudeorum responsum accepit ab angelo sancto accersire te in domum suam et audire uerba abs te. 23 Vocante itaque eos et hospicio recepit. Sequenti autem die surgens petrus profectus est cum illis et quidam fratres ab ioppe commitati sunt cum illo. 24 Altera autem die introierunt cesaream. Cornelius uero expectabat eos conuocatis cognatis suis et necessariis amicis.

25 ὡς δὲ ἐγένετο
τοῦ εἰσελθεῖν τὸν Πέτρον,

συναντήσας αὐτῷ
ὁ Κορνήλιος πεσὼν
ἐπὶ τοὺς πόδας
προσεκύνησεν.
26 ὁ δὲ Πέτρος ἤγειρεν αὐτὸν
λέγων · Ἀνάστηθι·
καὶ ἐγὼ αὐτὸς ἄνθρωπός εἰμι.

25 προσεγγίζοντος δὲ τοῦ Πέτρου
εἰς τὴν Καισάρειαν,
προσδραμὼν εἷς τῶν δούλων
διεσάφησεν παραγεγονέναι αὐτόν.
ὁ δὲ Κορνήλιος ἐκπηδήσας καί[1]
συναντήσας αὐτῷ
[ ][2] πεσὼν
πρὸς[3] τοὺς πόδας
προσεκύνησεν αὐτόν[4].

26[ ][1]
εἶπεν αὐτῷ[1] ὁ Πέτρος· [ ][2] τί ποίεις[3];
κἀγὼ[4] [ ][5] ἄνθρωπός εἰμι
ὡς καὶ σύ[6].

---

25 - 1. D SyrH^mg G^67 – (g) BarS^c / 2. Dd G^67 SyrH^mg/ 3. D / 4. Dd p t
BarS : Et cum proximus eset Simeon ut perveniret Caesaream, servus quidam annunciavit Cornelio qui exiit obviam ei
Cass : quos receptos [= quibus receptis] hospitio, alio die cum ipsis ad Cornelium festinavit (cf. v. 25).

26 - 1. – p / 2. Dd – Cyr.Al / 3. Dd SyrH^mg – CyrAl o p prv.1 / 4. D – (versions ?) / 5. Dd – Ee CyrAl g l p t prv.2 / 6. Dd G^67 – Ee g p o t Vg(D) ndl.2 prv tpl Boh(FSK) Eth
p : (25)... et procidens ad pedes ejus (ad)horavit eum. 26 Dixit ei Petrus. Quid facis. Surge ego enim homo sum sicut et tu
SyrH^mg : dicens] quid facis [surge...

v. 26 : Le début du verset a été conservé par le seul ms. p. Mais chez les latins, d e g ont ἤγειρεν αὐτὸν avec le TA, mais ils traduisent ce verbe par *levare* alors qu'ailleurs ils ont *suscitare*, indice d'un texte court corrigé » (cf. *Boism* ^1b p. 73). D a donc agi comme au verset précédent : il suit le TO dont il modifie seulement le début par harmonisation sur le TA.

25 προσεγγιζοντοσ δε του πετρου	**25** cum adpropiaret autem petrus
εισ την ◆καισαριαν	in caesaraeam
προδραμων εισ των δουλων	praecurrens unus ex seruis
διεσαφησεν παραγεγονεναι αυτον	nuntiauit uenisse eum
ο δε κορνηλιοσ εκπηδησασ και	Cornelius autem exiliens et
συναντησασ αυτω	obuius factus est ei
πεσων	procidens
προσ τουσ ποδασ	ad pedes eius
προσεκυνησεν αυτο̄	adorauit eum
26 ο δε πετροσ ηγειρεν αυτον	**26** uero petrus leuabit eum
λεγων τι ποιεισ	dicens quid facis
καγω ανθρωποσ ειμι	et ego homo sum
ωσ και συ	quomodo et tu

G[67] : [25] *Als Petrus sich aber Caesarea näherte lief einer der Diener los, kam vorher an und informierte ihn, daß Petrus gekommen sei. Kornelius aber ging los, ihm entgegen, um ihm zu begegnen. Er warf sich* Petrus *zu Füßen und verehrte ihn.* [26] Petrus *aber ließ ihn aufstehen indem er sagte :* „Steh' auf ! Ich meinerseits bin auch ein Mensch wie du."

g : [25] Cum adpropinquaret autem petrus, unus ex seruia percurrens nunciauit eum uenisse. Tunc obuiauit ei cornelius et procidens ante pedes eius adorauit. [26] Petrus uero leuauit eum dicens : Surge ! Ego homo sum sicut et tu.

<table>
<tr><td>

27 καὶ συνομιλῶν αὐτῷ εἰσῆλθεν,
καὶ εὑρίσκει
συνεληλυθότας πολλούς,
28 ἔφη τε πρὸς αὐτούς·
Ὑμεῖς ἐπίστασθε
ὡς ἀθέμιτόν ἐστιν ἀνδρὶ Ἰουδαίῳ
κολλᾶσθαι
ἢ προσέρχεσθαι ἀλλοφύλῳ·
κἀμοὶ ὁ θεὸς ἔδειξεν
μηδένα κοινὸν
ἢ ἀκάθαρτον λέγειν ἄνθρωπον·
29 διὸ καὶ ἀναντιρρήτως [h]
ἦλθον μεταπεμφθείς.
πυνθάνομαι οὖν
τίνι λόγῳ μετεπέμψασθέ με ;

</td><td>

27 καὶ [ ][1] *εἰσηλθὼν*
[ ][2] *εὖρεν*
συνεληλυθότας πολλούς,
28 ἔφη τε πρὸς αὐτούς·
Ὑμεῖς *βέλτιον*[1] ἐπίστασθε
ὡς ἀθέμιτόν ἐστιν ἀνδρὶ Ἰουδαίῳ
κολλᾶσθαι
ἢ προσέρχεσθαι [ ][2] ἀλλοφύλῳ·
ἐμοὶ δὲ[3] ὁ θεὸς *ἐπέδειξεν*[4]
μηδένα[5] κοινὸν
ἢ ἀκάθαρτον λέγειν ἄνθρωπον·
29 διὸ καὶ ἀναντιρρήτως
ἦλθον μεταπεμφθείς [ ][1].
πυνθάνομαι οὖν
τίνι λόγῳ μετεπέμψασθέ με ;

</td></tr>
</table>

h. *NA 28* ; B : αναντιρητως

---

27 - 1. Dd (≈ *post* εἰσῆλθεν : Boh Eth.2.3.9-11) / 2. voir *infra*
Ephr[k] : prostravit sese illi [cf. v. 25] et conduxit illum in domum suam. Invenit viros multos quia praeparati erant audiendi eum causa

28 - 1. Dd Aug[b] G[67] / 2. voir *infra* / 3. Aug[b] G[67] – b c l p t y' dem Vg(mss) ndl prv Ir[L] Sah / 4. D – 440 (versions ?) / 5. D a par erreur μηνα au lieu de μηδενα.
Varia : om. ὁ θεός : 440 (≈ *post* ἔδειξεν : ℵ Ee A p[74] SodB.1-6 181 p Vg SyrM(vid) (ὁ κύριος : t[2] y' Vg(O) Cyp
Aug[b] : uos melius scitis quomodo abominandum sit uiro iudaeo iungi aut accedere ad alienigenum; sed mihi deus ostendit nullum communem aut inquinatum dicere hominem (*Cath.* 11,30)
Cyp : Dominus mihi dixit neminem hominum communem dicere et immundum (*Lettre* 64,5).

29 - 1. g t – voir *infra*

v. 27 : Le τε καὶ de D est impossible. Le second καὶ fut ajouté sous l'influence du latin d *et introibit et inuenit..* En omettant ce τε καὶ aberrant, on obtient un texte cohérent assez différent du TA. G[67] suit le TA (en ajoutant les noms propres, comme au verset précédent) moyennant l'addition de l'expression "dans sa maison", qui est attestée aussi par SodB.7 et Ephrem. N'aurions-nous pas ici un écho du TO ? Mais on se trouverait alors devant cette situation étrange : D, qui suivait le TO, aurait omis cette expression, tandis que G[67], qui suivait le TA, l'aurait ajoutée ! Si l'on veut en tenir compte, il vaut mieux penser qu'il s'agit d'une variante à l'intérieur du TA et non du TO. La situation est alors claire : D suit fidèlement le TO tandis que G[67] (cf. p) a adopté le TA.

v. 28 : D, avec p[50], SyrP et Sah, ajoute ανδρι avant αλλοφυλω, mais c'est une addition assez spontanée qui n'est soutenue ni par Aug[b] ni par G[67]. L'omission de ὁ θεός dans le TO nous semble probable mais son attestation directe est trop faible pour nous permettre de l'adopter.

v. 29 : La variante ὑφ᾽ὑμῶν D E min. *a vobis* d e p est une leçon facilitante.

27 και ✦εισελθωντε	**27** et introibit
και ευρεν	et inuenit
συνεληλυθοτασ πολλουσ	conuenisse multos
28 εφη τε προσ αυτουσ	**28** aitque ad eos
ϋμεισ βελτιον ✦εφιστασθαι	uos melius scitis
ωσ αθεμιστον εστιν ανδρι ϊουδαιω	ut nefas sit uiro iudaeo
κολλασθαι	adherere
η προσερχεσθαι ανδρι αλλοφυλω	aut accedere ad allophylum
καμοι ο θ̄σ̄ ✦επεδιξεν	Et mihi d̄s̄ ostendit
✦μηνα κοινον	neminem communem
η ακαθαρτον λεγειν ανθρωπον	aut immundum dicere hominem
29 διο και ✦αναντιρητωσ	**29** propter quod et sine cunctatione
ηλθον μεταπεμφθεισ ϋφ υμων	ueni transmissus a uobis
πυνθανομαι ουν	interrogo ergo
τινι λογω ✦μετεπεμψασθαι με	qua ratione accersisti me

G⁶⁷ : ²⁷ Während *Petrus* aber mit ihm redete, kam er hinein *in das Haus des Kornelius* und fand eine versammelte Menge vor. ²⁸ *Nachden er eingetreten war*, sprach er zu ihnen : „Ihr selbst wißt *gut genug*, daß es etwas Unreines ist für einen jüdischen Menschen, einen Stammesfremden *zu berühren oder sich an ihn zu heften*. Gott aber hat mich belehrt, keinen Menschen als verunreinigt oder als etwas Unreines zu rechnen. ²⁹ Deswegen bin ich, als ihr nach mir schicktet, gekommen, ohne widersprochen zu haben. Ich frage *euch* nun, um welcher Sache willen ihr nach mir geschickt habt."

g : ²⁷ Et confabulando cum illo intrauit et inuenit conuenisse multos ; ²⁸ dixitque ad illos : Vos scitis quia illicitum est uiro iudeo adherere aut accedere ad alienigenam, et michi deus ostendit neminem communem aut inmundum dicere hominem ; ²⁹ ideo sine dubitatione uenio accersitus. Interrogo ergo quae est causa, propter quam accersistis me ?

30 καὶ ὁ Κορνήλιος ἔφη·
Ἀπὸ τετάρτης ἡμέρας
μέχρι ταύτης τῆς ὥρας
ἤμην τὴν ἐνάτην
προσευχόμενος
ἐν τῷ οἴκῳ μου, καὶ ἰδοὺ ἀνὴρ ἔστη
ἐνώπιόν μου ἐν ἐσθῆτι λαμπρᾷ
31 καὶ φησίν [i] · Κορνήλιε,
εἰσηκούσθη σου ἡ προσευχὴ
καὶ αἱ ἐλεημοσύναι σου
ἐμνήσθησαν ἐνώπιον τοῦ θεοῦ.
32 πέμψον οὖν εἰς Ἰόππην
καὶ μετακάλεσαι Σίμωνα
ὃς ἐπικαλεῖται Πέτρος·
οὗτος ξενίζεται
ἐν οἰκίᾳ Σίμωνος βυρσέως
παρὰ θάλασσαν.

30 καὶ ὁ Κορνήλιος ἔφη·
Ἀπὸ *τετάρτης*[1] ἡμέρας
μέχρι [ ][2] *ἄρτι* [ ][2]
ἤμην *νηστεύων*[3] [ ][4]
[ ][4] *καὶ*[3] προσευχόμενος
ἐν τῷ οἴκῳ μου, καὶ ἰδοὺ ἀνὴρ ἔστη
ἐνώπιόν μου ἐν ἐσθῆτι λαμπρᾷ
31 καὶ φησίν · Κορνήλιε,
εἰσηκούσθη σου ἡ προσευχὴ
καὶ αἱ ἐλεημοσύναι σου
ἐμνήσθησαν ἐνώπιον τοῦ θεοῦ.
32 πέμψον οὖν εἰς Ἰόππην
καὶ μετακάλεσαι Σίμωνα
ὃς ἐπικαλεῖται Πέτρος·
οὗτος ξενίζεται
ἐν οἰκίᾳ Σίμωνος βυρσέως
παρὰ θάλασσαν
ὃς παραγενόμενος λαλήσει σοι[1]

i. *NA 28* ; B : φησι

---

30 - 1. d - p t g. Dans D, la leçon τησ τριτησ peut dériver de τε ταρτης par homographie.
Voir aussi τετρασιν (D) par rapport à τεσσαρσιν (B) en 11,5 / 2. D(+) – SyrP Sah / 3. (Dd)
G[67] – p[74] Ee *Koinè* b g l t Vg(D) SyrP Sah / 4. – p t y' Vg(S) prv.1 (voir *infra*) (≈ *post* ἐν τῷ
οἴκῳ μου : G[67] Sah)
Varia : ἄγγελος : SyrH[mg] G[67] Sah.378

32 - 1. Dd G[67] – SyrM C Ee *Koinè* b g l p t Vg(DR*) ndl.2 prv.2 tpl SyrP Sah Geo

v. 30 : La reconstitution du TO est difficile et les accords D et G[67] ne nous font atteindre que
l'archétype X qui aurait harmonisé sur le verset 3 avec les variantes τὴν ἐνάτην (à une place
impossible dans le TA) et ἄγγελος. Voici comment il aurait procédé. La formule μεχρι τησ
αρτι ωρασ de D est un compromis entre TA et TO et doit être de son crû. La mention de la
neuvième heure est rattachée au seul participe προσευχομενοσ dans D comme dans G[67] (qui a
changé l'ordre des mots, comme il le fait souvent), ce qui évite la difficulté de cette précision
horaire telle qu'elle se lit dans le TA. Mais le TO avait certainement la séquence νηστεύων καὶ
προσευχόμενος, par ailleurs bien attestée. Il aurait enfin changé "homme" en "ange",
toujours pour harmoniser sur le verset 3. Tout ceci dénote un travail intelligent, bien dans la
manière de cet archétype. Nous pensons donc que les latins sont les vrais représentants du TO
lorsqu'ils omettent l'expression τὴν ἐνάτην.

30 και ο κορνηλιοσ εφη	**30** Et cornelius ait
απο τησ τριτησ ημερασ	a nustertiana die
μεχρι τησ αρτι ωρασ	usque in hunc diem
ημην νηστευων την ενατην	eram iaiunans et nona
τε προσευχομενοσ	orauam
εν τω οικω μου και ϊδου ανηρ εστη	in domo meo et ecce uir stetit
ενωπιον μου εν εσθητι λαμπρα	in conspectu meo in ueste splendida
31 και φησιν κορνηλιε	**31** et ait corneli
εισηκουσθη σου η προσευχη	exaudita est oratio tua
και αι ελεημοσυναι σου	et aelemosynae tuae
εμνησθησαν ενωπιον του θ̄ῡ	in mente habitae sunt in conspectu d̄i
32 πεμψον ουν εισ ϊοππην	**32** mitte ergo in ioppen
και μετακαλεσαι σιμωνα	et accersi simonem
οσ επικαλειται πετροσ	qui cognominatur petrus
ουτοσ ξενιζεται	hic hospitatur
εν οικια σιμωνος βυρσεωσ	in domum simonis pellionis
παρα θαλασσαν	iuxta mare
οσ παραγενομενοσ λαλησει σοι	qui cum uenerit loquatur tibi

G[67] : [30] Kornelius aber *antwortete und* sprach : „Vor vier Tagen um diese Stunde *fastete ich. Und* während ich in meinem Hause in der neunten *Tagesstunde* betete, siehe, da trat ein *Engel* vor mich hin in einem leuchtenden Gewand, [31] welcher sagte : „Kornelius ! Dein Gebet ist gehört worden und deiner Almosen wurde gedacht vor Gott. [32] Sende nun nach Joppe und laß Simon, der Petrus genannt wird, holen. Dieser wohnt im Hause Simons, des Gerbers, am Meer, *er, der kommen und mit dir reden wird in Worten, durch die du gerettet werden wirst.*“

g : [30] Cornelius dixit : A nudius quartana die eram ieiunans usque in hunc diem et hora nona in domo mea, et ecce, uir stetit ante me in ueste splendida et dixit : [31] Corneli, exaudita est oratio tua et elemosinae tuae rememoratae sunt coram deo. [32] Mitte ergo in ioppen et accersi symonem, qui cognominatur petrus ; hic hospitatur in domo symonis coriarii secus mare ; is cum aduenerit loquetur tibi.

33 ἐξαυτῆς οὖν ἔπεμψα πρὸς σέ,

σύ τε καλῶς ἐποίησας
παραγενόμενος.
νῦν οὖν πάντες ἡμεῖς
ἐνώπιον τοῦ θεοῦ πάρεσμεν ἀκοῦσαι
πάντα τὰ προστεταγμένα σοι
ὑπὸ τοῦ κυρίου.

34 Ἀνοίξας δὲ Πέτρος τὸ στόμα
εἶπεν · Ἐπ' ἀληθείας
καταλαμβάνομαι
ὅτι οὐκ ἔστιν προσωπολήμπτης
ὁ θεός,
35 ἀλλ' ἐν παντὶ ἔθνει
ὁ φοβούμενος αὐτὸν
καὶ ἐργαζόμενος δικαιοσύνην
δεκτὸς αὐτῷ ἐστιν.
36 τὸν λόγον[j] ἀπέστειλεν
τοῖς υἱοῖς Ἰσραὴλ
εὐαγγελιζόμενος εἰρήνην
διὰ Ἰησοῦ Χριστοῦ
οὗτός ἐστιν πάντων κύριος

33 ἐξαυτῆς οὖν ἔπεμψα πρὸς σέ,
παρακαλῶν ἐλθεῖν πρὸς ὑμᾶς[1]
σύ *δὲ*[2] καλῶς ἐποίησας
ἐν τάχει[3] παραγενόμενος.
νῦν *ἰδού*[4] πάντες ἡμεῖς
ἐνώπιόν *σου*[5] [ ][6] ἀκοῦσαι
βουλόμενοι[7] *παρά σου*[8]
[ ][9] τὰ προστεταγμένα σοι
ἀπὸ[10] *τοῦ θεοῦ*[11].

34 Ἀνοίξας δὲ τὸ στόμα[1] Πέτρος
εἶπεν · Ἐπ' ἀληθείας
καταλαμβάνομαι[2]
ὅτι οὐκ ἔστιν προσωπολήμπτης
ὁ θεός,
35 ἀλλ' ἐν παντὶ ἔθνει
ὁ φοβούμενος αὐτὸν
καὶ ἐργαζόμενος δικαιοσύνην
δεκτὸς αὐτῷ ἐστιν.
36 τὸν *γὰρ*[1] λόγον [ον][2] ἀπέστειλεν
τοῖς υἱοῖς Ἰσραὴλ
εὐαγγελιζόμενος εἰρήνην
διὰ Ἰησοῦ Χριστοῦ
οὗτός ἐστιν πάντων κύριος

j. B A ℵ¹ C^vid 81 1739 G⁶⁷ d Cyr ; λογον ον : p⁷⁴ ℵ* C D Ee L Ψ *Koinè* SyrPHM^vid Geo
323 945 1175 1241 1505 *NA 28*

---

33 - 1. Dd G⁶⁷ – SyrM SyrH p prv / 2. Dd – SyrM e g l t Sah Boh (*contra* G⁶⁷) / 3. Dd G⁶⁷ –
SyrM / 4. D G⁶⁷(+) – SyrM SyrP Sah(+) Eth.4-13 Geo / 5. Dd G⁶⁷ – SyrM l p t Vg SyrP Sah
Eth(–4) / 6. Dd G⁶⁷ – g SyrP Sah (≈ *ante* ἐνώπιόν: p⁴⁵ c p t⁵ Vg(SU) prv.2 Eth.2-13 Geo) / 7.
Dd – SyrM g l t SyrP / 8. Dd – prv.2 Arab / 9. Dd G⁶⁷ – 1838 Sah (SyrM *deest*) / 10. D –
(versions ?) / 11. Dd G⁶⁷ – SyrM p⁷⁴ *Koinè* p prv.2 SyrP Sah Eth
On notera l'accord remarquable, sur ce nombre considérable de variantes, entre D et le
fragment syriaque découvert à Khirbet Mird. – G⁶⁷ suit aussi le TO, mais il a supprimé les mots
βουλόμενοι παρά σου, par harmonisation sur le TA. En D, ου et δου sont des erreurs du
scribe.

34 - 1. Dd – p⁴⁵ g Vg(A) / 2. En D, le participe καταλαμβανομενοσ donne une suite impossible.

36 - 1. D SyrH* – SyrM(vid) C SodC.1.2.10-14 a l m p t y y' Vg(CORT) ndl.2 SyrP Sah / 2.
D - SyrPHM^vid p⁷⁴ ℵ* C Ee L Ψ *Koinè* 323 945 1175 1241 1505 Geo

v. 36 : La présence de ον dans D SyrM(vid) ℵ C Ee p⁷⁴ *Koinè* SyrP SyrH Geo rend le grec
problématique et ne peut être concédée qu'au prix d'une tournure peu naturelle : « En effet, la
parole il l'a envoyée aux fils d'Israël… par I. C. : c'est lui… » (cf. trad. TOB).

33 εξαυτησ ✦ου επεμψα προσ σε	33 e uestigio ergo misi ad te
παρακαλων ελθειν προσ ημασ	rogando uenire te ad nos
συ δε καλωσ εποιησασ	tu autem bene fecisti
εν ταχει παραγενομενοσ	in breui aduenire
νυν ✦δου παντεσ ημεισ	nunc ergo nos omnes
ενωπιον σου ακουσαι	in conspectu tuo audire
βουλομενοι παρα σου	uolumus a te
τα προστεταγμενα σοι	quae praecepta sunt tibi
απο του θ͞υ	a d͞o
34 ανοιξασ δε το στομα πετροσ	34 aperiens autem os petrus
ειπεν επ αληθειασ	dixit in ueritate
✦καταλαμβανομενοσ	expedior
οτι ουκ εστιν προσωπολημπτησ	quia non est personarum acceptor
ο θ͞σ	d͞s
35 αλλ εν παντι ✦εθνι	35 sed in omni gente
ο φοβουμενοσ αυτον	qui timet eum
και εργαζομενοσ δικαιοσυνην	et operatur iustitiam
δεκτοσ αυτω εστιν	acceptus est ei
36 τον γαρ λογον ον ✦απεστιλεν	36 uerbum suum misit
τοισ ϋιοισ ϊσραηλ	filiis istrahel
ευαγγελιζομενοσ ειρηνην	euangelizare pacem
δια ι͞η͞υ χ͞ρ͞υ	per i͞h͞m x͞p͞m
ουτοσ εστιν παντων κ͞σ	hic est omnium d͞n͞s

G[67] : 33 Sogleich nun sandte ich zu dir, *indem ich bitten ließ, daß du zu uns kämest.* Du aber hast es gut gemacht, als du gekommen bist. Jetzt also, *siehe,* wir alle sind hier vor *dir,* um zu hören, *was* dir *von Gott* aufgetragen ist." 34 Petrus aber öffnete seinen Mund und sprach : „In Wahrheit weiß ich, daß Gott nicht jemand ist, der die Person ansieht. 35 Sondern in jedem Volk ist der, der ihn fürchtet, indem er die Gerechtigkeit ausübt, willkommen bei ihm. 36 *Sein* Wort aber *hat er* den Kindern Israels gesandt, indem er Frieden verkündigte durch Jesus Christus, *der* der Herr von allen *ist.*

g : 33 Confestim itaque misi ad te ; tu autem bene fecisti ueniendo. Nunc ergo nos omnes coram deo aure uolumus audire omnia quae imperata sunt tibi a domino. 34 Aperiens autem os petrus dixit : In ueritate comperi, quia non est personarum acceptor deus, 35 sed in omni gente, qui timet deum et operatur iusticiam, acceptus est ei. 36 Verbum suum misit filiis israhel annuncians pacem per ihesum christum, hic est omnium dominus.

37 οἴδατε, τὸ γενόμενον ῥῆμα	37 ὑμεῖς¹ οἴδατε, τὸ γενόμενον [ ]²
καθ' ὅλης τῆς Ἰουδαίας,	καθ' ὅλης τῆς Ἰουδαίας,
ἀρξάμενος ἀπὸ τῆς Γαλιλαίας	ἀρξάμενος γὰρ³ ἀπὸ τῆς Γαλιλαίας
μετὰ τὸ βάπτισμαᵏ ὃ ἐκήρυξεν Ἰωάννης	μετὰ τὸ βάπτισμα ὃ ἐκήρυξεν Ἰωάννης
38 Ἰησοῦν τὸν ἀπὸ Ναζαρέθ,	38 Ἰησοῦν τὸν ἀπὸ Ναζαρέθ,
ὡς ἔχρισεν αὐτὸν ὁ θεὸς	ὃν¹ ἔχρισεν [ ]¹ ὁ θεὸς
πνεύματι ἁγίῳ καὶ δυνάμει,	πνεύματι [ ]² καὶ δυνάμει,
ὃς διῆλθεν εὐεργετῶν	οὗτος³ διῆλθεν εὐεργετῶν
καὶ ἰώμενος	καὶ ἰώμενος
πάντας τοὺς καταδυναστευομένους	[ ]⁴ τοὺς καταδυναστευθέντας⁵
ὑπὸ τοῦ διαβόλου,	ὑπὸ τοῦ διαβόλου,
ὅτι ὁ θεὸς ἦν μετ' αὐτοῦ.	ὅτι ὁ θεὸς ἦν μετ' αὐτοῦ.
39 καὶ ἡμεῖς μάρτυρες	39 καὶ ἡμεῖς μάρτυρες αὐτοῦ¹
πάντων ὧν ἐποίησεν	[ ]² ὧν ἐποίησεν
ἔν τε τῇ χώρᾳ τῶν Ἰουδαίων	ἔν τε τῇ χώρᾳ τῶν Ἰουδαίων
καὶ Ἰερουσαλήμ·¹·	καὶ Ἰερουσαλήμ·
ὃν	ὃν ἀπώσαντο οἱ Ἰουδαῖοι³
καὶ ἀνεῖλαν κρεμάσαντες ἐπὶ ξύλου.	καὶ ἀνεῖλαν κρεμάσαντες ἐπὶ ξύλου.
40 τοῦτον ὁ θεὸς ἤγειρεν	40 τοῦτον ὁ θεὸς ἤγειρεν
τῇ τρίτῃ ἡμέρᾳ	μετὰ τὴν τρίτην ἡμέραν¹
καὶ ἔδωκεν αὐτὸν ἐμφανῆ γενέσθαι,	καὶ ἔδωκεν αὐτῷ² ἐμφανῆ γενέσθαι,

k. B² ℵ A C *NA 28* ; B : κηρυγμα // l. B D Ψ 467 1505 2495 ; εν Ιερου. : ℵ A C E L *Koinè NA 28*

---

37 - 1. Dd / 2. Dd (το ρημα το γ. : 36 453 431 *pc* ; το γ. ρημα : *Boism* ¹ᵃ / 3. Dd A p⁷⁴ e l p t z Vg prv.2 Irᴸ SyrM ; *om. Boism*²

38 - 1. Dd SyrM G⁶⁷ – g l p t SyrHP Eth Geo CyrAl Epiph Amb Solut / 2. SyrM(vid) – SyrP(mss) Arm(mss) / 3. Dd z Var SyrM – g l p t y' Vg(CT) SyrP Sah(+) / 4. SyrM – SodC.3 Vg(A) SyrP Eth.1-3.5.8-13 / 5. D SyrM – Irᴸ SyrP
Varia : περιῆλθεν : p⁴⁵ z Irᴸ (SyrM *deest*)

39 - 1. Dd – ndl SyrP Eth / 2. Dd – p⁴⁵ (vid) SodC.4.5 915 g l t / 3. z SyrH* G⁶⁷ – SyrM l p(vid) t prv.2

40 - 1. Dd – l t / 2. Dd – 1311 *pc* y y' Geo Arm

---

v. 38 : Nous avons renoncé à la variante περιῆλθεν : son principal témoin, p⁴⁵, suit le TA pour le reste du verset. En revanche, nous avons gardé l'omission de ἁγίῳ car l'addition de cet adjectif était assez spontanée ; on rejoint d'ailleurs Lc 1,17 : ἐν πνεύματι καὶ δυνάμει Ἠλίου. G⁶⁷ s'est presque totalement aligné sur le TA.

v. 39 : Il ne reste plus aucun témoin grec pour la leçon longue du TO. Clark restitue ἀπεδοκίμασαν, mais les latins traduisent ce verbe par *reprobare* tandis qu'ils ont ici *repellere* qui traduit régulièrement ἀποθεῖσθαι, jamais ἀποδοκιμάζειν. G⁶⁷ a ici le même verbe qu'en 13,46 et il soutient donc les latins.

37 ϋμεισ οιδατε το γενομενον	**37** uos scitis quid factum est
καθ ολησ ϊουδαιας	per totam iudaēa
αρξαμενοσ γαρ απο τησ γαλιλαιας	cum coepisset enim a galilaca
μετα το βαπτισμα	post baptismum
ο εκηρυξεν ✦ϊωανης	quod praedicauit iohannes
38 ιη̄ν τον απο ναζαρεθ	**38** ιη̄m a nazareth
ον εχρισεν ο θ̄σ	quem unxit d̄s
αγιω π̄νι και δυναμει	sancto s̄p̄o et uirtute
ουτοσ διηλθεν ✦εν ✦εργετων	hic pergressus est benefaciens
και ✦ειωμενασ	et sanans
παντας τουσ καταδυναστευθεντασ	omnes qui obtenebantur
ϋπο του διαβολου	a diabolo
οτι ο θ̄σ ην μετ αυτου	quia d̄s erat cum illo
39 και ϋμεισ μαρτυρεσ αυτου	**39** et nos testes eius
ων εποιησεν	quae fecit
εν τε τη χωρα των ϊουδαιων	in regione iudaeorum
και ϊερουσαλημ'	et hierusalem
ον	quem
και ανειλαν κρεμασαντεσ επι ξυλου	etiam interfecerunt suspensum in ligno
40 τουτον ο θ̄σ ηγειρεν	**40** hunc d̄s suscitauit
μετα την τριτην ημερᾱ	post tertium dieum
και εδωκεν αυτω ✦ενφανη γενεσθαι	et dedit ei manifestum fieri

G⁶⁷ : ³⁷ Ihr eurerseits kennt das Wort, das in ganz Judäa geschehen ist, wobei es angefangen hatte von Galiläa aus nach der Taufe, die Johannes gepredigt hatte. ³⁸ Jesus, der (Mann), der aus Nazareth stammt, *der, den* Gott gesalbt hat mit Heiligem Geist und Kraft, *während er unter ihnen* umherzog, indem er Gutes tat und alle heilte, denen vom Teufel Gewalt angetan wurde, *(da) war Gott* mit ihm. ³⁹ Und wir unsererseits sind Zeugen von allem, was er tat im Lande der Juden und in Jerusalem, der, den *die Juden von sich gestoßen*, ans Holz gehängt und getötet haben. ⁴⁰ Diesen hat Gott auferstehen lassen am dritten Tage ; und *er hat sich gezeigt,*

g : ³⁷ Vos scitis quod factum est uerbum per universam iudeam incipiens a galilaea post baptismum, quod praedicauit iohannes, ³⁸ ihesum a nazareth, quem liniuit deus spiritu sancto et uirtute, hic perambulauit bene faciens et sanans omnes, qui obtinebantur a diabolo, quia deus erat cum illo. ³⁹ Et nos testes sumus horum quae fecit in regione iudeorum et hierusalem, quem etiam occiderunt suspendentes in ligno, ⁴⁰ hunc deus suscitauit tertio die et dedit eum manifestum fieri in omni populo,

41 οὐ παντὶ τῷ λαῷ
ἀλλὰ μάρτυσιν[m]
τοῖς προκεχειροτονημένοις
ὑπὸ τοῦ θεοῦ, ἡμῖν,
οἵτινες συνεφάγομεν
καὶ συνεπίομεν αὐτῷ

μετὰ τὸ ἀναστῆναι αὐτὸν
ἐκ νεκρῶν·
42 καὶ παρήγγειλεν ἡμῖν
κηρύξαι τῷ λαῷ
καὶ διαμαρτύρασθαι
ὅτι οὗτός ἐστιν ὁ ὡρισμένος
ὑπὸ τοῦ θεοῦ
κριτὴς ζώντων καὶ νεκρῶν.
43 τούτῳ πάντες οἱ προφῆται
μαρτυροῦσιν,
ἄφεσιν ἁμαρτιῶν λαβεῖν
διὰ τοῦ ὀνόματος αὐτοῦ
πάντα τὸν πιστεύοντα εἰς αὐτόν.
44 Ἔτι λαλοῦντος τοῦ Πέτρου
τὰ ῥήματα ταῦτα
ἐπέπεσεν[n] τὸ πνεῦμα τὸ ἅγιον
ἐπὶ πάντας τοὺς ἀκούοντας
τὸν λόγον.

41 οὐ παντὶ τῷ λαῷ
ἀλλὰ μάρτυσιν
τοῖς προκεχειροτονημένοις
ὑπὸ τοῦ θεοῦ, ἡμῖν,
οἵτινες συνεφάγομεν
καὶ συνεπίομεν αὐτῷ
καὶ συνεστράφημεν[1]

μετὰ τὸ ἀναστῆναι *αὐτὸν*[2]
ἐκ νεκρῶν *ἡμέρας τεσσαράκοντα*[3].
42 καὶ *ἐνετείλατο*[1] ἡμῖν
κηρύξαι τῷ λαῷ
καὶ διαμαρτύρασθαι
ὅτι *αὐτός*[2] ἐστιν ὁ ὡρισμένος
ὑπὸ τοῦ θεοῦ
κριτὴς ζώντων καὶ νεκρῶν.
43 τούτῳ πάντες οἱ προφῆται
μαρτυροῦσιν,
ἄφεσιν ἁμαρτιῶν λαβεῖν
διὰ τοῦ ὀνόματος αὐτοῦ
πάντα τὸν πιστεύοντα εἰς αὐτόν.
44 Ἔτι λαλοῦντος τοῦ Πέτρου
τὰ ῥήματα ταῦτα
ἐπέπεσεν τὸ πνεῦμα τὸ ἅγιον
ἐπὶ πάντας τοὺς ἀκούοντας
τὸν λόγον.

m. *NA 28* ; B : μαρτυσι
n. *NA 28* ; B : επεπεσε

41 - 1. Dd Var G[67] – g l o p t[2.3.4] prv Cass SyrH / 2. L'omission de ce pronom demande les substantifs à la place du verbe de resurrection (Ir[L]) / 3. Dd Ephrk G[67] – Ee g l o t y y' Vg(DTh) prv Sah Eth (≈ *post* συνεστράφημεν : pVar SyrH* CAp)

42 - 1. Dd G[67] – p Vg Sah / 2. G[67] – (tous sauf D B C E SodC.1.2.12-16 SodB.1-7)

v. 42 : Pour la variante ἐνετείλατο, voir les explications données en 1,2 ; ici, les latins traduisent par *praecepit*. G[67] et Sah donnent toujours παράγγελειν en traduction grecque. Ici, ils ont le verbe qui traduit ailleurs ἐντέλλεσθαι. Avec les deux leçons longues du verset 41 et ici le verbe ἐνετείλατο, le TO accentue la référence à 1,2-4.

41 ου παντι τω λαω	**41** non omni populo
αλλα ✦μαρτυσι	sed testibus
τοις προκεχειροτονημενοισ	praedestinatis
ὑπο του θῦ ημειν	a dō nobis
οιτινεσ συνεφαγομεν	qui simul manducauimus
και συνεπιομεν αυτω	et simul bibimus cum eo
και συνεστραφημεν	et conuersi sumus
μετα το αναστηναι	postquam surrexit
εκ νεκρων ημερασ ·μ̄·	a mortuis dies .x̄l.
42 Και ενετειλατο ημειν	**42** Et praecepit nobis
κηρυξαι τω λαω	praedicare populo
και διαμαρτυρασθαι	et protestari
οτι ουτοσ εστιν ο ωρισμενοσ	quia ipse est qui praestitus est
ὑπο του θῦ	a dō
κριτησ ζωντων και νεκρων	iudex uiuorum et mortuorum
43 τουτω παντεσ οι προφηται	**43** huic omnes prophetae
μαρτυρουσιν	testimonium peribent
αφεσιν αμαρτιων λαβειν	remissionem peccatorum accipere
δια του ονοματοσ αυτου	per nomen eius
παντα τον πιστευοντα εισ αυτον	omnem qui credit in eum
44 Ετι λαλουντοσ του πετρου	**44** adhuc loquente petro
τα ρηματα ταυτα	berba haec
✦επεσεν το π̄ν̄ᾱ το αγιον	cecidit s̄p̄s sanctus
επι παντας τουσ ακουοντασ	super omnes qui audiebant
τον λογον	uerbum

G⁶⁷ : ⁴¹ (aber) nicht dem ganzen Volk, sondern uns, die Gott von Anfang an zu Zeugen bestimmt hatte, die wir mit ihm gegessen und getrunken haben. *Wir wandelten mit ihm,* nachdem er auferstanden war von den Toten, *vierzig Tage lang.* ⁴² *Er befahl* uns, dem Volk zu verkündigen und *ihnen* zu bezeugen, daß dieser es sei, der von Gott bestimmt wurde zum Richter der Lebendigen und der Toten. ⁴³ In bezug auf diesen bezeugen alle Propheten, daß alle, die an ihn glauben, Vergebung ihrer Sünden empfangen durch seinen Namen." ⁴⁴ Während Petrus noch diese Worte sagte, kam der Heilige Geist herab auf alle, die die Rede hörten.

g : ⁴¹ sed testibus praedestinatis nobis a deo, qui cum ipso manducauimus et bibimus et conuersati sumus postquam surrexit a mortuis per dies XL ⁴² et praecepit nobis praedicare populo et testificari, quia ipse constitutus est a deo iudex uiuorum et mortuorum. ⁴³ Huic omnes prophetae testimonium reddunt remissionem peccatorum percipe per nomen eius omnes, qui credunt in eum. ⁴⁴ Adhuc loquente petro haec uerba decidit spiritus sanctus super omnes, qui audiebant uerbum,

45 καὶ ἐξέστησαν
οἱ ἐκ περιτομῆς πιστοὶ
οι°συνῆλθαν τῷ Πέτρῳ,
ὅτι καὶ ἐπὶ τὰ ἔθνη
ἡ δωρεὰ τοῦ πνεύματος τοῦ ἁγίου ᵖ
ἐκκέχυται·
46 ἤκουον γὰρ αὐτῶν λαλούντων
γλώσσαις καὶ μεγαλυνόντων
τὸν θεόν. τότε ἀπεκρίθη Πέτρος,
47 Μήτι τὸ ὕδωρ
δύναται κωλῦσαί τις
τοῦ μὴ βαπτισθῆναι τούτους
οἵτινες τὸ πνεῦμα τὸ ἅγιον ἔλαβον
ὡς καὶ ἡμεῖς ;
48 προσέταξεν δὲ αὐτοὺς
ἐν τῷ ὀνόματι Ἰησοῦ Χριστοῦ
βαπτισθῆναι.
τότε ἠρώτησαν αὐτὸν
ἐπιμεῖναι ἡμέρας τινάς.

45 καὶ ἐξέστησαν
οἱ ἐκ περιτομῆς πιστοὶ
ὅσοι¹ συνῆλθαν τῷ Πέτρῳ,
ὅτι καὶ ἐπὶ τὰ ἔθνη
ἡ δωρεὰ τοῦ πνεύματος [ ]²
ἐκκέχυται·
46 ἤκουον γὰρ αὐτῶν λαλούντων
γλώσσαις καὶ μεγαλυνόντων¹
τὸν θεόν. [ ]² εἶπεν δὲ³ ὁ⁴ Πέτρος
47 Μή τις¹ τὸ ὕδωρ
κωλῦσαί δύναται² [ ]¹
[ ]³ αὐτούς⁴
οἵτινες τὸ πνεῦμα τὸ ἅγιον ἔλαβον
ὥσπερ⁵ καὶ ἡμεῖς ;
48 τότε¹ προσέταξεν [ ]² αὐτοὺς
βαπτισθῆναι³
ἐν τῷ ὀνόματι Ἰησοῦ [ ]⁴
τότε παρεκάλεσαν⁵ αὐτὸν
διαμεῖναι⁶ πρὸς αὐτούς⁷ ἡμέρας τινάς.

o. B 1611 ; οσοι : ℵ A D 81 *NA 28* / p.του αγιου πνευματος : p⁷⁴ ℵ A E *Koinè NA 28*

45 – 1. D G⁶⁷ e / 2. Ephrᵏ – 1838 Eth.9 (≈ πν. τ. ἁγίου : B D⁽⁺⁾ Ψ 1175 Rebapt *pc*)
Les témoins qui ont l'adjectif sont divisés, ce qui ne lui est pas favorable.

46 - 1. G⁶⁷ g p / 2. Dd – ndl.1 SyrP Eth / 3. Dd G⁶⁷(+) – ndl.1 SyrP Eth / 4. D – E *Koinè*
(versions ?) (*contra* G⁶⁷)

47 - 1. d Rebapt – Irᵍʳ Epiph / 2. Dd Rebapt – *Koinè* Ir g p l Vg / 3. – Irᵍʳ Epiph BarSᶜ / 4. D
Ephrᵏ – 1175 e BarSᶜ / 5. D - *Boism*² : ὡς
Ir : καὶ διὰ τοῦτο ἔλεγε· μή τις τὸ ὕδωρ κωλῦσαι δύναται τούτους οἵτινες τὸ πνεῦμα τὸ
ἅγιον ἔλαβον ὡς καὶ ἡμεῖς ; (III,xii,15, *Caten.*) – **Epiph** : Μή τις δύναται κωλῦσαί τὸ
ὕδωρ ἀπὸ τούτων τῶν καταξιωθέντων τὸ πνεῦμα τὸ ἅγιον λαβεῖν ; (*Haer.* 28,3,4) –
BarS : Numquid nunc ab aquis interdicemus eos qui acceperunt Spiritum sanctum sicut nos ?
Ephr : Quid potest impedire baptismum in illis qui antequam baptizati acceperunt spiritrum
sanctum tanquam nos ?

48 - 1. Dd – p SyrP Cass Eth.8 / 2. Dd G⁶⁷ p / 3. Dd Rebapt G⁶⁷– Ee *Koinè* b g l p ndl.2.3 SyrP
/ 4. – SodC.5 1175 Eth.3.10 (voir intro. 1.1.1) / 5. D – (versions ?) / 6. D – (versions ?) / 7. –
Dd G⁶⁷ a b c g p y y' Vg(mss) ndl.1.2 prv SyrHP Sah Boh Eth Geo (≈ *ante* διαμεῖναι : Dd)

v. 47 : Le TA offre une difficulté qui se retrouve dans nombre de témoins du TO. Il faut
certainement faire de τὸ ὕδωρ le complément direct du verbe κωλῦσαί qui prend alors le sens
de "refuser", comme en Lc 6,29 (cf. BAUER-ALAND, *Wörterbuch*, col. 937, qui donnent Lc
6,29 et Ac 10,47 comme seuls exemples de ce sens dans le NT). Mais la formule τοῦ μὴ
βαπτισθῆναι inviterait à donner au verbe le sens de "empêcher", comme en Ac 8,36 : τί
κωλύει με βαπτισθῆναι. Les traductions françaises tournent la difficulté en traduisant par
"Qui peut refuser l'eau du baptême" (Osty, BJ, TOB). On peut penser alors que la formule
τοῦ μὴ βαπτισθῆναι a été ajoutée pour harmoniser sur 8,36. Il est impensable qu'Irénée,
Épiphane et BarSalibi aient omis la mention du baptême s'ils la lisaient dans leur texte.

45 και εξεστησαν	**45** et obstupefacti sunt
οι εκ περιτομησ πιστοι	qui erant ex circumcisio fideles
οσοι συνηλθον τω πετρω	qui simul uenerunt cum petro
οτι και επι τα εθνη	quia et super gentes
η δωρεα του π̅ν̅σ̅ αγιου	donum s̅p̅s̅ sancti
εκκεχυται	effusum est
46 ηκουον γαρ αυτων λαλουντων	**46** audiebant enim eos loquentes
ν	praeuaricatis linguis et magnificantes
τον θ̅υ̅ ειπεν δε ο πετρος	d̅m̅ dixit autem petrus
47 μητι το υδωρ	**47** numquid aliquis aquam
♦κωλαι τισ δυναται	prohibere potest
του μη βαπτισθηναι αυτουσ	ut baptizentur isti
οιτινεσ το π̅ν̅α̅ το αγιον ελαβον	qui s̅p̅m̅ sanctum acceperunt
ωσπερ και ημεις	sicut et nos
48 Τοτε προσεταξεν αυτουσ	**48** tunc praecepit eos
βαπτισθηναι	baptizari
εν τω ονοματι του κ̅υ̅ ι̅η̅υ̅ χ̅ρ̅υ̅	in nomine d̅n̅i̅ i̅h̅u̅ x̅p̅i̅
τοτε παρεκαλεσαν αυτον	tunc rogauerunt eum
προς αυτους διαμειναι ημερας τινας	ad eos demorari dies aliquos

G[67] : 45 Es wunderten sich die Gläubigen, die aus der Beschneidung waren, die, die mit Petrus gekommen waren, daß die Gabe des Heiligen Geistes auch auf die Heiden ausgegossen wurde. 46 Denn sie hörten, wie sie in *anderen* Zungen redeten und Gott priesen. Da antwortete Petrus *und sprach* : 47 „Kann etwa jemand das Wasser hindern, daß diese nicht getauft werden, sie, die den Heiligen Geist empfangen haben wie *wir*?" 48 Er befahl ihnen, daß sie getauft würden im Namen Jesu Christi. Dann baten sie ihn, daß er *bei ihnen* bliebe für einige Tage.

g : 45 et opstupuerunt omnes, qui erant ex circumcisione fideles, qui cum petro erant, quia et in nationes donum dei spiritus sanctus effudit. 46 Audiebant enim illos loquentes linguis et magnificantes deum. 47 Tunc respondit petrus : Numquid aquam prohibere potest quis, ne baptizentur hi qui spiritum sanctum acceperunt sicut et nos ? 48 et iussit illos baptizari in nomine ihesu christi. Rogauerunt autem eum ut maneret apud illos aliquot dies.

1 Ἤκουσαν δὲ
οἱ ἀπόστολοι
καὶ οἱ ἀδελφοὶ οἱ ὄντες
κατὰ τὴν Ἰουδαίαν
ὅτι καὶ τὰ ἔθνη ἐδέξαντο
τὸν λόγον τοῦ θεοῦ.

1 *Ἀκουστὸν δὲ ἐγένετο*
τοῖς ἀποστόλοις
καὶ τοῖς ἀδελφοῖς τοῖς[1]
κατὰ τὴν Ἰουδαίαν
ὅτι καὶ τὰ ἔθνη ἐδέξαντο
τὸν λόγον τοῦ θεοῦ
καὶ εὐλογοῦντο τὸν θεόν.[2]

---

1 - 1. D – SyrP / 2. SyrH* G⁶⁷
Varia : *add.* καὶ ἐδόξαζοντὸν θεόν : Augᶜ a(629) b g l p y y' Vg(Th) ndl prv.1 tpl

v. 1 : D présente une difficulté. Son οἱ est impossible et doit provenir d'une rétroversion à partir du latin (d : *qui erant in iudaeam* ; cf. d p y en 15,23). Mais ce fait rend suspecte sa variante εν τη ιουδαια. C'est peut-être aussi pour harmoniser le grec sur le latin que le scribe de D omet la phrase finale, ignorée du TA. – Noter que D écrit ensuite fautivement εδεξατο.
Pour la variante 1., voir LXX Gen 45,2 ; Is 23,5 ; 48,3.20. Pour la variante 2, voir Lc 1,64 ; 2,28 ; 24,53, nulle part ailleurs dans le NT. Voir encore Ac 15,23 : τοῖς κατὰ τὴν Ἀντιόχειαν ... ἀδελφοῖς.

1 ακουστον δε εγενετο	**1** audito uero
τοισ αποστολοισ	apostoli
και τοισ αδελφοισ οι	et fratres qui erant
εν τη ϊουδαια	in iudaeam
οτι και τα εθνη ◆εδεξατο	quia et gentes exceperunt
τον λογον του θ̄ῡ	uerbum d̄i

G⁶⁷ : ¹ Es hörten aber die Apostel und die Brüder, die in Judäa wohnten, daß *die Heiden* das Wort Gottes angenommen hatten, *und sie priesen* Gott.

g : ¹ Audierunt autem apostoli et fratres, qui erant in iudea, quia et gentes receperunt uerbum dei et glorificabant deum.

2 ὅτε δὲ ἀνέβη Πέτρος
εἰς Ἰερουσαλήμ,

2 ὁ μὲν οὖν[1] Πέτρος
διὰ ἱκανοῦ χρόνου ἠθέλεσεν
πορευθῆναι εἰς Ἱεροσόλυμα
καὶ πορσφωνήσας τοὺς ἀδελφοὺς
καὶ ἐπιστηρίξας αὐτοὺς ἐξῆλθεν
πολὺν λόγον ποιούμενος
διὰ τῶν χωρων διδάσκων αὐτούς[1]
ὅς καὶ κατήντησεν αὐτοῦ
καὶ ἀπήγγειλεν αὐτοῖς
τὴν χάριν τοῦ θεοῦ.[2]

διεκρίνοντο πρὸς αὐτὸν
οἱ ἐκ περιτομῆς

οἱ δὲ[3] ἐκ περιτομῆς ἀδελφοὶ[4]
διεκρίνοντο πρὸς αὐτόν[5]

---

2 - 1. Dd (SyrH) G⁶⁷ – p o Vg(R) prv tpl (mais voir *infra*). / 2. Dd G⁶⁷ / 3. D(d) G⁶⁷ / 4. Dd
G⁶⁷ - p o Sah Eth.2.3.5-13 / 5. Dd
p : Petrus igitur post multum temporis uoluit ire ihrosolimam. et con vocans fratres, et con
firmans egressus est. Copiosum quoque verbum faciens per regiones docens eos (suit v. 2 = TA)
Cum ascendisset ihrosolymis [= v. 2 TA] disceptabant illum hii qui ex circumcisione erant
fratres dicentes (cf. g)
SyrH : Ipse quidem igitur petrus per tempus non modicum volebat abire Hierosolymam et
loqui fratribus ; et cum confirmasset eos, profectus est [**SyrH*** : *add. et docuit eos*]. (suit v. 2 =
TA). Et quum ascendisset Petrus Hierosolymam [= v. 2 TA] disceptabant adversus eum qui
erant ex circumcisione, dicentes
Chr.2 : οὐκ εἶπεν ὅτι διεκρίθη Πέτρος, ἀλλ᾽ οἱ ἐκ περιτομῆς.

v. 2 : Dans Dd, l'omission de εξηλθεν avant πολυν est une distraction du scribe puisque ce
verbe est attesté par tous les autres témoins.
Par ailleurs, après κατηντησεν son αυτοισ est impossible ; dans les Actes, ce verbe (9 fois) est
toujours suivi d'un nom de lieu. Le scribe a dû mal lire un αυτου primitif à sens adverbial (cf.
15,34). G⁶⁷ l'a explicité en "à Jérusalem".
Les témoins autres que Dd reprennent le verset 2 du TA auxquels ils ajoutent en finale οἱ δὲ ἐκ
περιτομῆς ἀδελφοὶ (en supprimant le δέ de liaison). C'est la technique de l'archétype X dont
ils doivent dépendre ici. Mais le cas de G⁶⁷ est plus complexe puisqu'il garde le δέ initial du
TO. Il semble donc connaître le TO primitif, qu'il remanie en fonction de l'archétype X.

2 Ο μεν ουν πετροσ	2 quidem ergo petrus
δια ικανου χρονου ✦ηθελησαι	per multo tempore uoluit
πορευθηναι εισ ϊεροσολυμα	proficisci in hierosolyma
και προσφωνησασ τουσ αδελφους	et conuocauit fratres
και επιστηριξασ αυτουσ	et confirmauit eos
πολυν λογον ποιουμενοσ	multum uerbum faciens
δια των χωρων διδασκων αυτουσ	per ciuitates docens eos
οσ και κατηντησεν ✦αυτοισ	quia et obuiauit eis
και ✦απηγγιλεν αυτοισ	et enuntiauit eis
την χαριν του θ̄ῡ	gratiam d̄ī
οι δε εκ περιτομησ αδελφοι	quia erant de circumcisione fratres
διεκρινοντο προσ αυτον	iudicantes ad eum

G[67] : [2] *Petrus wollte nun, nach einer langen Zeit, sich nach Jerusalem begeben. Er rief die Brüder, stärkte sie und ging los. Er zog durch die ländlichen Gebiete, indem er sie lehrte in dem Wort, kam nach Jerusalem und schilderte ihnen die Gnade Gottes. Als sich Petrus aber nach Jerusalem begeben hatte,* prozessierten gegen ihn die Brüder, die aus der Beschneidung waren,

g : [2] Cum ascendisset autem petrus hierosolymis diceptabantur aduersus eum, qui erant ex circumcisione

3 λέγοντες ὅτι εἰσῆλθεν ᵃ
πρὸς ἄνδρας ἀκροβυστίαν ἔχοντας
καὶ συνέφαγεν ᵇ αὐτοῖς.
4 ἀρξάμενος δὲ
Πέτρος ἐξετίθετο αὐτοῖς
καθεξῆς λέγων·
5 Ἐγὼ ἤμην ἐν πόλει Ἰόππῃ
προσευχόμενος
καὶ εἶδον ἐν ἐκστάσει ὅραμα,
καταβαῖνον σκεῦός τι
ὡς ὀθόνην μεγάλην
τέσσαρσιν ἀρχαῖς
καθιεμένην ἐκ τοῦ οὐρανοῦ,
καὶ ἦλθεν ἄχρι ἐμοῦ ·
6 εἰς ἣν ἀτενίσας κατενόουν καὶ
εἶδον τὰ τετράποδα τῆς γῆς
καὶ τὰ θηρία καὶ τὰ ἑρπετὰ
καὶ τὰ πετεινὰ τοῦ οὐρανοῦ.

3 λέγοντες διατὶ¹ εἰσῆλθες²
πρὸς ἄνδρας ἀκροβυστίαν ἔχοντας
καὶ *συνέφαγες*² αὐτοῖς.
4 ἀρξάμενος δὲ
Πέτρος ἐξετίθετο αὐτοῖς
καθεξῆς λέγων·
5 Ἐγὼ ἤμην ἐν *Ἰόππῃ τῇ πόλει*¹
προσευχόμενος
καὶ εἶδον *ἐν*² ἐκστάσει ὅραμα,
καταβαῖνον σκεῦός τι
ὡς ὀθόνην μεγάλην
*τέσσαρσιν*³ ἀρχαῖς
καθιεμένην ἐκ τοῦ οὐρανοῦ,
καὶ ἦλθεν *ἕως*⁴ ἐμοῦ ·
6 εἰς ἣν ἀτενίσας [ ]¹
εἶδον *τὰ*² τετράποδα τῆς γῆς
καὶ τὰ θηρία καὶ *τὰ*² ἑρπετὰ
καὶ *τὰ*² πετεινὰ τοῦ οὐρανοῦ.

a. B 81 p⁴⁵ SyrHP ; εισηλθες : p⁷⁴ᵛⁱᵈ ℵ A D G⁶⁷ Syrᵐᵍ Koinè NA 28
b. B 81 p⁴⁵ SyrHP ; συνεφαγες : p⁷⁴ᵛⁱᵈ ℵ A D E Ψ G⁶⁷ Syrᵐᵍ Koinè NA 28

---

3 - 1. – Chr.1.3 c g l p Vg LibGr / 2. Dd G⁶⁷ SyrHᵐᵍ – ℵ A p⁷⁴ (vid) SodB.1-5 Chr.1 g l p Vg
LibGr Sah Boh Eth / 3. voir infra
Chr.1 : οὐ λέγουσιν διὰ τί κατήγγειλας ; ἀλλὰ διὰ τί συνέφαγες
Chr.3 : διατί εἰσῆλθες... (In princ. Act. II ; PG 52/786)
SyrHᵐᵍ :]ingressus sis et ederis[.

4 - 1. τα (D) devant l'adverbe κατεξης est incohérent.

5 - 1. (D)d – Chr.3 Boh Geo / 2. d g p Boh(FSK) Eth.3 / 3. Au lieu de τετρασιν (D). Voir
10,30 / 4. D 241 (versions ?) Boismˡᵃ ; ἄχρι : Boism²

6 - 1. – p SyrP Eth Geo / 2. L'omission des articles est une harmonisation sur 10,12.

v. 3 : Le problème qui se pose est celui de la conjonction initiale. La conjonction διατί est
attestée par trois traditions différentes : grecque, latine et syriaque (LibGr). En revanche, D et
G⁶⁷ dépendent de l'archétype X qui avait adopté la leçon du TA. Dans D, συν doit provenir
d'une rétroversion du latin cum (absent de 10,41).

v. 5 : D omet l'article, peut-être par rétroversion du latin d. La formule du TO est un
sémitisme, normal dans la bouche de Pierre.

v. 6 : D et G⁶⁷ dépendent de l'archétype X qui s'est aligné sur le TA.

3 λεγοντεσ οτι εισηλθεσ	**3** dicentes quia introisti
προσ ανδρασ ακροβυστιαν εχοντασ	ad uiros praeputia habentes
και συνεφαγεσ συν αυτοισ	et simul manducasti cum eis
4 αρξαμενοσ δε	**4** incipiens autem
πετροσ εξετιθετο αυτοισ	petrus exponebat eis
♦τα κατεξησ λεγων	per ordinem dicens
5 εγω ημην εν ϊοππη πολει	**5** ego eram in ioppen ciuitate
προσευχομενοσ	orans
και ειδον εκστασει οραμα	et uidi in mentis stupore uisum
καταβαινον σκευοσ τι	descendere uas quodam
ωσ οθονην μεγαλην	uelut linteum magnum
♦τετρασιν αρχαισ	quattuor principi bus
καθιεμενην εκ του ουρανου	dimittebatur de caelo
και ηλθεν εωσ εμου	et uenit usque ad me
6 εισ ην ♦αθενισασ κατενοουν και	**6** in quod intuitus considerabat et
ειδον τετραποδα τησ γησ	uidi qua dripedes terrae
και τα θηρια και ερπετα	et uestias et repentia
και πετεινα του ουρανου	et uolatilia caeli

G[67] : ³ indem sie sagten : „Du bist hingegangen zu unbeschnittenen Menschen und hast mit ihnen gegessen." ⁴ Petrus aber begann, ihnen die Weise von Anfang an zu schildern, indem er sagte : ⁵ „Als ich meinerseits in der Stadt Joppe weilte, betete ich und sah voller Furcht ein Gesicht, einen Behälter wie ein großes Leinengewand, das herabgelassen wurde an den vier Rändern vom Himmel ; und er kam bis zu mir. ⁶ Ich blickte aber auf ihn hin, nahm wahr und sah das Vieh der Erde, *die Kriechtiere, die Raubtiere* und die Vögel des Himmels.

g : ³ dicentes : Quid introisti ad uiros praeputium habentes et manducasti cum eis ? ⁴ incipiens itaque petrus exposuit omnia per ordinem dicens : ⁵ Ego eram in ciuitate ioppe orans et uidi in mentis studiis uisum descendere uas quoddam uelut lintheum magnum IIII principiis submitti de celo et uenit usque ad me. ⁶ In quod intuens considerabam et uidi quadrupedia terrae et bestias et reptilia et uolatilia caeli.

7 ἤκουσα δὲ
καὶ φωνῆς λεγούσης μοι ·
Ἀναστάς, Πέτρε, θῦσον καὶ φάγε.
8 εἶπον δέ · Μηδαμῶς, κύριε,
ὅτι κοινὸν ἢ ἀκάθαρτον
οὐδέποτε εἰσῆλθεν
εἰς τὸ στόμα μου.
9 ἀπεκρίθη δὲ ἐκ δευτέρου φωνὴᶜ
ἐκ τοῦ οὐρανοῦ ·
Ἃ ὁ θεὸς ἐκαθάρισεν
σὺ μὴ κοίνου.
10 τοῦτο δὲ ἐγένετο ἐπὶ τρίς,
καὶ ἀνεσπάσθη πάλιν ἅπαντα
εἰς τὸν οὐρανόν.
11 καὶ ἰδοὺ ἐξαυτῆς τρεῖς ἄνδρες
ἐπέστησαν ἐπὶ τὴν οἰκίαν
ἐν ᾗ ἦμεν, ἀπεσταλμένοι
ἀπὸ Καισαρείας πρός με.
12 εἶπεν δὲ τὸ πνεῦμά μοι
συνελθεῖν αὐτοῖς μηδὲν διακρίναντα.
ἦλθον δὲ σὺν ἐμοὶ
καὶ οἱ ἓξ ἀδελφοὶ οὗτοι,
καὶ εἰσήλθομεν
εἰς τὸν οἶκον τοῦ ἀνδρός ·

7 καὶ ¹ ἤκουσα [ ]²
φωνὴν λέγουσαν³ μοι ·
Ἀνάστά⁴, Πέτρε, θῦσον καὶ φάγε.
8 εἶπον δέ · Μηδαμῶς, κύριε,
ὅτι κοινὸν ἢ ἀκάθαρτον
οὐδέποτε εἰσῆλθεν
εἰς τὸ στόμα μου.
9 ἐγένετο¹ [ ]² [ ]³ φωνὴ
ἐκ τοῦ οὐρανοῦ πρός με⁴·
Ἃ ὁ θεὸς ἐκαθάρισεν
σὺ μὴ κοίνου.
10 τοῦτο [ ]¹ ἐγένετο ἐπὶ τρίς,
καὶ ἀνεσπάσθη [ ]² ἅπαντα
εἰς τὸν οὐρανόν.
11 καὶ ἰδοὺ ἐξαυτῆς τρεῖς ἄνδρες
ἐπέστησαν ἐπὶ τὴν οἰκίαν
ἐν ᾗ ἤμην¹ ἀπεσταλμένοι
ἀπὸ Καισαρείας πρός με.
12 εἶπεν δὲ τὸ πνεῦμά μοι
συνελθεῖν αὐτοῖς [ ]¹
ἦλθον [ ]² σὺν ἐμοὶ
καὶ οἱ ἓξ ἀδελφοὶ οὗτοι,
καὶ εἰσήλθομεν
εἰς τὸν οἶκον τοῦ ἀνδρός ·

c. εκ δευτερου φωνη : B E Ψ 453 2818 ; φωνη εκ δευτερου : p⁴⁵·⁷⁴ ℵ A 81 945 1739 *NA 28*

---

7 - 1. Dd – 36.453 431 1175 ndl.1 Geo (*om.* : p Vg(D) Sah.4 Boh(FS)) / 2. D. La présence de καὶ justifie l'absence de δὲ / 3. D – 36.453 431 1175 (versions ?) / 4. D – g l p Vg (*contra* G⁶⁷)

9 - 1. D G⁶⁷ – Sah.378 Geo / 2. D – Sah.4 Geo (*contra* G⁶⁷) / 3. Dd – l p* Sah.378 Geo (≈ *post* φωνή : p⁴⁵·⁷⁴ ℵ *Koinè* g Vg) / 4. D G⁶⁷ – p Sah.378

10 - 1. G⁶⁷ – p⁴⁵ H SyrP Boh(G) Geo Arm / 2. – SodB.1 1874 Vg(C) SyrP Sah.16.460 Eth.3 Geo

11 - 1. – p⁴⁵ Ee *Koinè* g l p Vg SyrP Sah Boh Eth Geo Arm

12 - 1. Dd – p⁴⁵ l p* SyrH / 2. D – 1838 Arm Geo

v. **7** : Au début du verset, G⁶⁷ n'a aucune particule de liaison ; mais comme il omet régulièrement les καί, il est impossible de savoir s'il soutient D ou p.

v. **10** : La variante 2. est plus que probable, étant donné la variété des témoins qui la soutiennent. Pour tout le verset, D s'est d'ailleurs aligné sur le TA.

v. **11** : Ici encore, D et G⁶⁷ suivent l'archétype X, qui a adopté le TA. p⁴⁵ aura le TO au verset suivant.

7 και ηκουσα	7 Et audiui
φωνην λεγουσαν μοι	uocem dicentem mihi
αναστα πετρε θυσον και φαγε	surgens petre immola et manduca
8 ✦ειπα δε μηδαμωσ κ̄ε̄	8 dixit autem absit d̄n̄e
οτι κοινον η ακαθαρτον	quia commune et inmundum
ουδεποτε εισηλθεν	numquam introibit
εισ το στομα μου	in os meum
9 Εγενετο φωνη	9 respondit uero uox
εκ του ουρανου προσ με	de caelo ad me
α ο θ̄σ̄ εκαθαρισεν	quae d̄s̄ mundauit
συ μη κοινου	tu noli communicare
10 τουτο δε εγενετο επι τρισ	10 hoc autem factum est per ter
και ανεσπασθη παλιν απαντα	et sublata sunt iterum omnia
εισ τον ουρανο̄	in caelo
11 και ϊδου εξαυτησ ·γ̄· ανδρεσ	11 et ecce statim tres uiri
επεστησαν επι την οικιαν	superuenerunt ad domum
εν η ημεν απεσταλμενοι	in qua erant missi
απο ✦καισαραιασ προσ με	a caesarea ad me
12 ειπεν δε το π̄ν̄ᾱ μοι	12 et dixit s̄p̄s̄ mihi simul
συνελθειν αυτοισ	uenire cum eis
ηλθον συν εμοι	ueneruntque mecum
και οι εξ αδελφοι ουτοι	etiam sex fratres isti
και εισηλθομεν	et introibimus
εισ τον οικον του ανδροσ	in domum ipsius uiri

G[67] : 7 Ich hörte, wie eine Stimme zu mir sagte : „Erhebe dich, Petrus, schlachte und iß!" 8 Ich sprach : „Tue es mir nicht an, Herr ! Denn Verunreinigtes oder Unreines ist noch nie in meinen Mund eingegangen." 9 Die Stimme aber *wurde mir* zum zweitenmal vom Himmel her *zuteil und sprach* : Was Gott gereinigt hat, sollst du nicht verunreinigen." 10 Dies geschah dreimal, und alles wurde wieder in den Himmel hinaufgehoben. 11 Sogleich, siehe, da kamen drei Männer zu dem Haus, in dem *ich* war, die von Caesarea aus zu mir geschickt worden waren. 12 Der Geist sprach zu mir : „Begib dich mit ihnen (auf den Weg), ohne irgendwie verwirrt zu werden !" Es kamen aber mit mir auch diese *zwei* Brüder. Wir begaben uns in das Haus des Mannes.

g : 7 Audiui autem et uocem dicentem michi : Surge petre occide et manduca. 8 Dixi autem : Nequaquam, domine, quia commune et inmundum numquam introiuit in os meum. 9 Et respondit uox secundo de caelo ; quae deus mundauit, tu commune ne dixeris. 10 Hoc autem factum est per ter, et recepta sunt rursum omnia in caelum. 11 Et ecce confestim tres uiri asstiterunt in domo, in qua eram, missi a cecarea ad me. 12 Dixit autem spiritus ad michi ut irem cum illis nichil hesitans. Venerunt autem mecum sex fratres isti et ingressi sumus in domum uiri.

13 ἀπήγγειλεν δὲ ἡμῖν
πῶς εἶδεν τὸν ἄγγελον
ἐν τῷ οἴκῳ αὐτοῦ
σταθέντα καὶ εἰπόντα ·
Πέμψον ᵈ εἰς Ἰόππην
καὶ μετάπεμψαι Σίμωνα
τὸν ἐπικαλούμενον Πέτρον,
14 ὃς λαλήσει ῥήματα πρὸς σὲ
ἐν οἷς σωθήσῃ σὺ
καὶ πᾶς ὁ οἶκός σου.
15 ἐν δὲ τῷ ἄρξασθαί με
λαλεῖν ἐπέπεσεν τὸ πνεῦμα
τὸ ἅγιον ἐπ' αὐτοὺς
ὥσπερ καὶ ἐφ' ἡμᾶς ἐν ἀρχῇ.
16 ἐμνήσθην δὲ
τοῦ ῥήματος τοῦ κυρίου
ὡς ἔλεγεν ·
Ἰωάννης μὲν ἐβάπτισεν ὕδατι,
ὑμεῖς δὲ βαπτισθήσεσθε
ἐν πνεύματι ἁγίῳ.

13 ἀπήγγειλεν δὲ ἡμῖν
πῶς εἶδεν [ ]¹ ἄγγελον
ἐν τῷ οἴκῳ αὐτοῦ
σταθέντα καὶ εἰπόντα αὐτῷ ²·
Ἀπόστειλον ³ εἰς Ἰόππην
καὶ μετάπεμψαι Σίμωνα
τὸν ἐπικαλούμενον Πέτρον,
14 ὃς λαλήσει ῥήματα πρὸς σὲ
ἐν οἷς σωθήσῃ σὺ
καὶ πᾶς ὁ οἶκός σου.
15 ἐν δὲ τῷ ἄρξασθαί με
λαλεῖν αὐτοῖς ² ἐπέπεσεν τὸ πνεῦμα
τὸ ἅγιον ἐπ' αὐτοὺς
ὡς ² καὶ ἐφ' ἡμᾶς ἐν ἀρχῇ.
16 ἐμνήσθην δὲ
τοῦ ῥήματος τοῦ κυρίου
ὡς ἔλεγεν ·
Ἰωάννης μὲν ἐβάπτισεν ὕδατι,
ὑμεῖς δὲ βαπτισθήσεσθε
ἐν πνεύματι ἁγίῳ.

d. B ; αποστειλον : ℵ A 81 *NA 28*

13 - 1. D – p⁴⁵ Ψ (*contra* G⁶⁷) (autres versions ?) / 2. Dd G⁶⁷ – (tous sauf ℵ B A p⁷⁴ 81 Sah.4 Boh) (p⁴⁵ *deest*) / 3. D

15 - 1. Dd – p (ad eos) Augᶜ (ad illos : *Trin.* xv, xix, 35) / 2. D - *Boism* ² : ὥσπερ

13 απηγγειλεν δε ημειν	**13** adnuntiauit autem nobis
πωσ ειδεν αγγελον	quomodo uidit angelum
εν τω οικω αυτου	in domo sua
σταθεντα και ειποντα αυτω	stetisse et dixisse ei
αποστειλον εισ ϊοππην	mitte in ioppen
και μεταπεμψαι σιμωνα	et accersi simonem
τον επικαλουμενον πετρον	qui cognominatur petrus
14 οσ λαλησει ρηματα προσ σε	**14** qui loquebatur uerba ad te
εν οισ σωθηση συ	in quibus saluus fias
και πασ ο οικοσ σου	et omnis domus tua
15 Εν δε τω αρξασθαι με	**15** Et dum coepisset
λαλειν αυτοισ ♦επεσεν το π̅ν̅α̅	loqui eis cecidit s̅p̅s̅
το αγιον επ ♦αυτοις	sanctus super eos
ωσ και εφ ημασ εν αρχη	sicut super nos in principium
16 εμνησθην δε	**16** recordatus sum
του ρηματοσ του κ̅υ̅	uerbum d̅n̅i̅
ωσ ελεγε̅	sicut dicebat
ιωαννησ μεν εβαπτισεν ϋδατι	iohannes quidem baptizauit aqua
υμεισ δε ♦βαπτισθησεσθαι	uos autem baptizamini
εν π̅ν̅α̅ αγιω	s̅p̅o̅ sancto

G⁶⁷ : ¹³ Er informierte uns, wie er gesehen hatte, daß der Engel in seinem Hause stand und *zu ihm* sagte : „Schick nach Joppe und laß Simon, der Petrus genannt wird, holen. ¹⁴ Dieser wird dir Worte sagen, durch die du selbst gerettet werden wirst und *alle (Angehörigen) deines Hauses.*" ¹⁵ Nachdem ich aber angefangen hatte zu reden, kam der Heilige Geist auf sie herab, wie *er* auch von Anfang an auf uns selbst *gekommen war.* ¹⁶ Ich erinnerte mich an das Wort des Herrn, wie er gesagt hat : „Johannes hat mit Wasser getauft, ihr aber werdet getauft werden mit Heiligem Geist."

g : ¹³ Narrauit autem nobis, quomodo uidisset angelum in domo sua stantem et dicentem sibi : Mitte in ioppen et accersi symonem, qui cognominatur petrus, ¹⁴ qui loquetur tibi uerba in quibus saluus eris tu et uniuersa domus tua. ¹⁵ Cum autem cepissem loqui cecidit spiritus sanctus super eos sicut et in nos in inicio. ¹⁶ Recordatus sum autem uerbi domini sicut dicebat iohannes quidem baptizauit aqua, uos autem baptizamini spiritu sancto.

17 εἰ οὖν τὴν ἴσην δωρεὰν
ἔδωκεν αὐτοῖς ὁ θεὸς
ὡς καὶ ἡμῖν πιστεύσασιν
ἐπὶ τὸν κύριον Ἰησοῦν Χριστόν,
ἐγὼ τίς ἤμην δυνατὸς
κωλῦσαι τὸν θεόν ;

18 ἀκούσαντες δὲ ταῦτα
ἡσύχασαν καὶ ἐδόξασαν τὸν θεὸν
λέγοντες · Ἄρα καὶ τοῖς ἔθνεσιν
ὁ θεὸς τὴν μετάνοιαν εἰς ζωὴν
ἔδωκεν.
19 Οἱ μὲν οὖν διασπαρέντες
ἀπὸ τῆς θλίψεως τῆς γενομένης
ἐπὶ Στεφάνῳ διῆλθον
ἕως Φοινίκης καὶ Κύπρου
καὶ Ἀντιοχείας,
μηδενὶ λαλοῦντες τὸν λόγον
εἰ μὴ μόνον Ἰουδαίοις.

17 εἰ οὖν τὴν ἴσην δωρεὰν
ἔδωκεν αὐτοῖς [ ]¹
ὡς καὶ ἡμῖν πιστεύσασιν
ἐπὶ τὸν κύριον Ἰησοῦν [ ]²,
ἐγὼ τίς ἤμην [ ]³
κωλῦσαι τὸν θεόν
τοῦ μὴ δοῦναι αὐτοῖς
πνεῦμα ἅγιον [ ]⁴ ;
18 ἀκούσαντες δὲ ταῦτα
ἡσύχασαν καὶ ἐδόξασαν τὸν θεὸν
λέγοντες · Ἄρα καὶ τοῖς ἔθνεσιν
ὁ θεὸς [ ]¹ μετάνοιαν εἰς ζωὴν
ἔδωκεν.
19 Οἱ μὲν οὖν διασπαρέντες
ἀπὸ τῆς θλίψεως τῆς γενομένης
ἀπὸ *τοῦ* Στεφάνου¹ διῆλθον
ἕως Φοινίκης καὶ Κύπρου
καὶ Ἀντιοχείας,
μηδενὶ λαλοῦντες [τὸν λόγον]
εἰ μὴ *μόνοις*² Ἰουδαίοις.

---

17 - 1. Dd Augᶜ *Rebapt* – Vg(W) / 2. Augᶜ(mss) – Chr.1.3 SodB.7 *pc* Vg(W) / 3. Augᶜ(mss)
G⁶⁷ – Chr.2 BarSᶜ / 4. Dd Augᶜ SyrH* G⁶⁷ – 467 b p Vg(DRThO) bhm ndl.2 prv tpl BarSᶜ
(voir *infra*)
Chr.2(1/3) : ἐγὼ τίς ἤμην κωλῦσαι τὸν θεόν
Augᶜ : Si igitur aequale donum dedit illis sicut et nobis qui credidimus in dominum Iesum
[Christum ; *om.* J], ego quis eram [qui possem ; *om.* A R] prohibere deum non dare illis
spiritum sanctum ? (*Trin.* XV,xix,35 ; CC 50A/512 ; le texte court, primitif, a été complété
par l'éditeur d'après la Vg)
BarS : quid mihi faciendum erat nisi illud ? Voluistis ut impedivissem Deum ne daret eis
Spiritum ?

18 - 1. D – SodC.4 (*contra* G⁶⁷) (autres versions ?)

19 - 1. D – p Vg(Rᵐᵍ) / 2. Dd – SodC.1.2.10.14 SodB.1.3 Chr.3 g p Vg Cass(*om.* : Chr.2
Vg(S) Geoᴮ
Varia : *om.* τὸν λόγον : Chr.1.3 Boh(B) (≈ τὸν λόγον λαλοῦντες : Dd)

v. 17 : Pour le titre court κυριον Ιησουν voir l'introduction §.III.1.1.2. La leçon longue du TO
του μη δουναι αυτοις πνευμα αγιον a été complétée (Dd : + πιστευσασιν επ αυτω ; b
Vg(DThO) bhm ndl.2 prv tpl SyrH* : + πιστευσασιν επι τ.κ.ι.χ) en fonction du contexte
antérieur.

v. 19 : L'omission de τὸν λόγον dans le TO nous semble probable, étant donné l'inversion du
terme dans Dd, indice possible d'un texte court corrigé fautivement. Cette omission est
soutenue par le TO au verset suivant.

17 ει ουν την ϊσην δωρεαν	**17** si autem aequalem donum
εδωκεν αυτοισ	dedit eis
ωσ και ημειν πιστευσασιν	sicut nobis credentibus
επι τον κν ιην χρν	in dīm iħm x̄pm
εγω τισ ημην δυνατοσ	ego quis eram qui possim
κωλυσαι τον θῡ	prohibere dūm
του μη δουναι αυτοισ	ut non daret eis
πν̄α αγιον πιστευσασιν επ ✦αυτω	spm sanctum credentibus in eum
18 ακουσαντεσ δε ταυτα	**18** Cum autem audissent haec
ησυχασαν και ✦εδοξαν τον θῡ	siluerunt et clarificauerunt dm̄
λεγοντεσ αρα και τοισ εθνεσιν	dicentes forsitam et gentibus
ο θσ̄ μετανοιαν εισ ζωην	ds paenitentiam in uitam
εδωκεν	dedit
19 οι μεν ουν διασπαρεντεσ	**19** illi quidem dispersi
απο τησ θλειψεωσ τησ γενομενησ	a conflictatione quae facta est
απο του στεφανου διηλθον	sub stephano transierunt
εωσ φοινεικησ και κυπρου	usque phoenicen et cyprum
και αντιοχειασ	et antiochiam
μηδενι τον λογον λαλουντες	nemini uerbum loquentes
ει μη μονοισ ϊουδαιοισ	nisi solis iudaeis

G67 : 17 Wenn Gott also ihnen *die Gabe* gegeben hat - wie *er (sie)* auch uns *gegeben hat* -, nachdem sie zum Glauben an den Herrn Jesus Christus gekommen sind, wer bin ich meinerseits, um Gott *zu hindern, daß er ihnen nicht den Heiligen Geist gibt.*" 18 Als die *Brüder* aber dies gehört hatten, beruhigten sie sich und priesen Gott, indem sie sagten : „Also hat Gott auch den Heiden die Buße geschenkt, auf daß sie leben." 19 Diejenigen aber, die zerstreut worden waren bei der Bedrängnis, die wegen Stephanus geschehen war, zogen dahin bis nach Phönizien, Zypern und Antiochia, ohne mit irgendjemandem im Wort zu reden außer (mit) den Juden allein.

g : 17 Si ergo eandem gratiam dedit illis deus sicut et nobis, qui credidimus in dominum ihesum christum. Ego quis eram, qui possim prohibere deum ? 18 his auditis tacuerunt et glorificauerunt deum dicentes : Et ergo gentibus deux penitentiam ad uitam dedit. 19 Et illi quidem, qui dispersi fuerant a tribulatione, quae facta fuerat sub stephano, perambulauerunt usque phenicen et cyprum et antiochiam nemini loquentes uerbum nisi solis iudeis.

20 ἦσαν δέ τινες ἐξ αὐτῶν
ἄνδρες Κύπριοι καὶ Κυρηναῖοι,
οἵτινες ἐλθόντες εἰς Ἀντιόχειαν
ἐλάλουν καὶ πρὸς τοὺς Ἑλληνιστάς
εὐαγγελιζόμενοι
τὸν κύριον Ἰησοῦν.
21 καὶ ἦν χεὶρ κυρίου μετ' αὐτῶν,
πολύς τε ἀριθμὸς ὁ πιστεύσας
ἐπέστρεψεν ἐπὶ τὸν κύριον.
22 ἠκούσθη δὲ ὁ λόγος
εἰς τὰ ὦτα τῆς ἐκκλησίας
τῆς οὔσης ἐν Ἰερουσαλὴμ
περὶ αὐτῶν,
καὶ ἐξαπέστειλαν Βαρναβᾶν ᵉ
ἕως Ἀντιοχείας ·
23 ὃς παραγενόμενος
καὶ ἰδὼν τὴν χάριν τὴν τοῦ θεοῦ
ἐχάρη καὶ παρεκάλει πάντας
τῇ προθέσει τῆς καρδίας
προσμένειν ἐν τῷ κυρίῳ,
24 ὅτι ἦν ἀνὴρ ἀγαθὸς
καὶ πλήρης πνεύματος ἁγίου
καὶ πίστεως.
καὶ προσετέθη ὄχλος ἱκανὸς
τῷ κυρίῳ ᶠ.

20 ἦσαν δέ τινες ἐξ αὐτῶν
ἄνδρες Κύπριοι καὶ Κυρηναῖοι,
οἵτινες ἐλθόντες εἰς Ἀντιόχειαν
ἐλάλουν [ ]¹ πρὸς τοὺς Ἕλληνας ²
εὐαγγελιζόμενοι
τὸν κύριον Ἰησοῦν [ ]³.
21 [ ]¹ ἦν δέ ¹ χεὶρ κυρίου μετ' αὐτῶν,
πολύς τε ἀριθμὸς [ ]² πιστεύσας
ἐπέστρεψεν ἐπὶ τὸν κύριον.
22 ἠκούσθη δὲ ὁ λόγος
εἰς τὰ ὦτα τῆς ἐκκλησίας
τῆς [ ]¹ ἐν Ἰερουσαλὴμ
περὶ αὐτῶν,
καὶ ἐξαπέστειλαν Βαρναβᾶν
διελθεῖν ² ἕως τῆς ³ Ἀντιοχείας ·
23 ὃς καὶ¹ παραγενόμενος
καὶ ἰδὼν τὴν χάριν [ ]² τοῦ θεοῦ
ἐχάρη καὶ παρεκάλει πάντας
τῇ προθέσει τῆς καρδίας
προσμένειν [ ]³ τῷ κυρίῳ,
24 ὅτι ἦν ἀνὴρ ἀγαθὸς
καὶ πλήρης πνεύματος ἁγίου
καὶ πίστεως.
καὶ προσετέθη ὄχλος ἱκανὸς
τῷ κυρίῳ.

e. B p⁷⁴ ℵ A 81 1739 Vg SyrP Boh ; Βαρναβαν διελθειν : D E Ψ Koinè p g SyrH Sah G⁶⁷ NA 28
f. ικανος : B ; ικανος τω κυριω : B² ℵ A 81 NA 28

20 - 1. Dd – Ee Koinè a c g Vg(mss) / 2. Dd G⁶⁷(gr) – A p⁷⁴ SodC.5.10.11*-13 Chr.1ᵇ.2ᵇ / 3. p g e Vg SyrH SyrP Boh Sah.4 Eth.1 614 ndl.2
Chr.1ᵇ : ὅρα Ἕλλησιν εὐαγγελιζόνται...
Chr.2ᵇ : Ἕλληνας αὐτοὺς ἐκαλοῦν...

21 - 1. D(p) – Boism¹ᵃ·² : και ην χειρ / 2. D E L Ψ Koinè

22 - 1. D – Koinè (contra G⁶⁷) / 2. Dd G⁶⁷ – Ee Koinè g p Vg(R²) Sah / 3. D G⁶⁷ – (autres versions ?)

23 - 1. D – (g) / 2. D G⁶⁷ E p⁷⁴ Koinè / 3. D E p⁷⁴ Koinè (contra G⁶⁷)

20 Ησαν δε τινεσ εξ αυτων
ανδρεσ κυπριοι και κυρηναιοι
οιτινεσ ελθοντεσ εισ αντιοχειαν
ελαλουν προσ τουσ ελληνασ
ευαγγελιζομενοι
τον κ̅υ̅ ι̅η̅ν̅ χ̅ρ̅ν̅
21 ην δε χειρ κ̅υ̅ μετ αυτων
πολυσ τε αριθμοσ πιστευσας
επεστρεψεν επι τον κ̅υ̅
22 ηκουσθη δε ο λογοσ
εισ τα ωτα τησ εκκλησιασ
τησ εν ϊερουσαλημ
περι αυτων
και εξαπεστειλαν βαρναβαν
διελθειν εωσ τησ αντιοχειασ
23 οσ και παραγενομενοσ
και ϊδων την χαριν του θ̅υ̅
εχαρη και παρεκαλει παντασ
τη προθεσει τησ καρδιασ
προσμενειν τω κ̅ω̅
24 Οτι ην ανηρ αγαθοσ
και πληρησ π̅ν̅σ̅ αγιου
και πιστεωσ
και προσετεθη οχλοσ ϊκανοσ
τω κ̅ω̅

20 Erant autem quidam ex ipsis
uiri cyprii et cyrinenses
qui cum uenissent antiochiam
loquebantur cum craecos
euangelizare
d̅n̅m̅ i̅h̅m̅ x̅p̅m̅
21 et erat manus d̅n̅i̅ cum eis
multisque numeris cum credidissent
reuersi sunt ad d̅n̅m̅
22 auditus est uero hic sermo
in auribus ecclesiae
quae erat in hierusalem
de eis
et miserunt barnabant
ut iret usque antiochiam
23 qui cum uenisset
et uidisset gratiam d̅i̅
gauisus est et ad orabantur omnes
ipso proposito cordis
permanere a d̅n̅m̅
24 quia erat uir uonus
et plenus s̅p̅o̅ sancto
et fidei
et ad posita est turba copiosa
ad d̅n̅m̅

G⁶⁷ : ²⁰ *Es kamen* aber *zum Glauben* etliche von ihnen, die Zyprier und Kyrenäer waren. Diese kamen nach Antiochia und redeten *mit den Griechen*, indem sie den Herrn Jesus *Christus* verkündigten. ²¹ Und die Hand des Herrn war mit ihnen. Eine große Menge aber kamen zum Glauben und sie bekehrten sich zum Herrn. ²² Die Kunde von ihnen gelangte zu den Ohren der Gemeinde, die in Jerusalem war, und sie sandten Barnabas, daß er nach Antiochia ginge. ²³ Er aber, nachdem er sich (dorthin) begeben hatte, sah die Gnade Gottes und freute sich. Er ermahnte einen jeden *von ganzem Herzen*, daß sie beim Herrn blieben. ²⁴ Denn er war ein guter Mann, der erfüllt war von Heiligem Geist und Glauben. Und eine zahlreiche Menge *kam zum Glauben an* den Herrn.

g : ²⁰ Erant autem quidam ex eis uiri cyprii et cyrenenses, Qui cum uenissent antiochiam loquebantur cum grecis praedicantes dominum ihesum. ²¹ Et erat manus domini cum eis ; magnusque numerus penitentiam egit et credidit in dominum. ²² Auditus est sermo domini de illis in aures ecclesiae, qui erat hierosolymis, et miserunt barnabam ut iret antiochiam ; ²³ et cum uenisset et uidisset gratiam dei gauisus est et hortabatur omnes permanere in proposito cordis sui in domino, ²⁴ quia erat uir bonus et plenus spiritu sancto ac fide et apposita est turba multa in domino.

25
ἐξῆλθεν δὲ εἰς Ταρσὸν
ἀναζητῆσαι Σαῦλον,
26 καὶ εὑρὼν ἤγαγεν
εἰς Ἀντιόχειαν.
ἐγένετο δὲ αὐτοῖς
καὶ ἐνιαυτὸν ὅλον συναχθῆναι
ἐν τῇ ἐκκλησίᾳ
καὶ διδάξαι ὄχλον ἱκανόν,
χρηματίσαι τε πρώτως
ἐν Ἀντιοχείᾳ
τοὺς μαθητὰς Χριστιανούς.
27 Ἐν ταύταις δὲ ταῖς ἡμέραις
κατῆλθον ἀπὸ Ἱεροσολύμων
προφῆται εἰς Ἀντιόχειαν ·

25 ἀκούσας δὲ ὅτι Σαῦλος εστιν[1]
ἐν Ταρσῷ [2] ἐξῆλθεν[1]
ἀναζητῶν αὐτόν[1],
26 *ᾧ συγτυχὼν παρεκάλεσεν*
ἐλθεῖν[1] *εἰς Ἀντιόχειαν.*
παραγενόμενοι δὲ[1]
[ ][1] *ἐνιαυτὸν ὅλον συναχθῆσαν*[1]
[ ][1] *τῇ ἐκκλησίᾳ*
καὶ ἐδίδασκον[2] *ὄχλον ἱκανόν,*
καὶ τότε πρῶτον ἐχρημάτισαν[3]
ἐν Ἀντιοχείᾳ
οἱ μαθηταὶ Χριστιανοί[3]
27 Ἐν ταύταις δὲ ταῖς ἡμέραις
κατῆλθον ἀπὸ Ἱεροσολύμων
προφῆται εἰς Ἀντιόχειαν ·
ἦν δὲ πολλὴ ἀγαλλίασις[1].

---

25 - 1. Dd SyrH^mg G^67 – g p cf. Cass / 2. d G^67 g p
Cass : Audiens quoque Barnabas quod Saulus esset in Tarso, perrexit ad eum

26 - 1. (Dd) SyrH^mg G^67 – p Vg(R^mg) / 2. G^67 p Vg(R^mg)/ 3. Dd – p g SyrP
p* : [25]quem cum in uenisset rogabat ut antiochiam ueniret. [26]Cum autem uenissent per annum totum con miscuerunt se eclesie et docebant turbam multam (g = TA)
SyrH^mg : qui cum colloquus esset cum eo rogabat eum venire antiochiam. cum venissent autem annum integrum congregati sunt [SyrH : in ecclesia ut docerent turbam multam]

27 - 1. Dd Aug^c G^67 – o p Vg(R) prv Prof BarS^L
Aug^c : eratque magna exultatio (*Serm. Dom.* II,17,57)
Prof : atque magna exultatio (III/21)

v. 25 : D (contre d) a l'accusatif εἰς Ταρσὸν par influence du TA.

v. 26 : Le texte de D est assez incohérent. Au début, son καὶ ωσ συγτυχων n'offre aucun sens ; le καὶ ωσ provient d'une rétroversion à partir de d (*et cum* = TA). L'addition de οιτινεσ devant παραγενομενοι et la suppression de δε est contredite par les trois autres témoins. Le συνεχυθησαν, qui ne donne aucun sens (on aurait attendu au moins une forme à l'actif), est une corruption pour le συνήχθησαν que supposent les trois autres témoins (et cf. le TA sous une forme différente). La finale du verset a été écourtée par inadvertance.
G^67, qui n'a pas le τότε, semble suivre ici le TA ; comme il fait souvent ailleurs, il parle des "frères" et non des "disciples".

25 ακουσασ δε οτι σαυλοσ εστιν
♦εισ ♦θαρσον εξηλθεν
αναζητων αυτον
26 και ωσ συντυχων παρεκαλεσεν
ελθειν εισ ♦αντιοχεων
οιτινεσ παραγενομενοι
ενιαυτον ολον συνεχυθησαν

οχλον ϊκανον
και τοτε πρωτον ♦εχρηματισεν
εν αντιοχεια
οι μαθηται χρειστιανοι
27 Εν ταυταισ δε ταισ ημεραισ
κατηλθον απο ϊεροσολυμων
προφηται εισ αντιοχειαν
ην δε πολλη αγαλλιασισ

25 audiens autem quod saulus est
tharso exiit
requirere eum
26 et cum inuenissent depraecabantur
uenire antiochiam
contigit uero
eis annum totum commiscere
ecclesiam

et tunc primum nuncupati sunt
in antiochīa
discipulos christianos
27 in istis autem diebus
aduenerunt ab hierosolymis
prophetae in antiochiam
erant autem magna exultatio

G[67] : 25 *Er hörte aber, daß Saulus in Tarsus sei, und ging los, um ihn zu suchen.* 26 *Als er ihn gefunden hatte, bat er ihn, daß er nach Antiochia käme. Als sie aber dorthin gekommen waren, verbrachten sie dort ein Jahr, indem sie in der Gemeinde beisammen waren, und unterrichteten eine große Menge. Und die Brüder, die in Antiochia waren, wurden zuerst ‚Christen' genannt.* 27 *In jenen Tagen kamen Propheten aus Jerusalem herab nach Antiochia.*

g : 25 Audiens autem quod saulus esset tharso, exiuit requirere eum. Et cum inuenisset eum, duxit antiochiam. 26 Contigit autem illis totum annum commisceri ecclesiae et docere multam turbam, et tunc primum nuncupati sunt antiochia discentes christiani. 27 In diebus illis descenderunt ab hierosolimis prophetae antiochiam,

28
ἀναστὰς δὲ εἷς ἐξ αὐτῶν
ὀνόματι Ἀγαβος
ἐσήμαινεν ᵍ διὰ τοῦ πνεύματος
λιμὸν μεγάλην μέλλειν ἔσεσθαι
ἐφ' ὅλην τὴν οἰκουμένην ·
ἥτις ἐγένετο
ἐπὶ Κλαυδίου.
29 τῶν δὲ μαθητῶν
καθὼς εὐπορεῖτό τις ὥρισαν
ἕκαστος αὐτῶν εἰς διακονίαν
πέμψαι τοῖς κατοικοῦσιν
ἐν τῇ Ἰουδαίᾳ ἀδελφοῖς ·
30 ὃ καὶ ἐποίησαν ἀποστείλαντες
πρὸς τοὺς πρεσβυτέρους
διὰ χειρὸς Βαρναβᾶ καὶ Σαύλου.

28 *συνεστραμμένων δὲ ἡμῶν* [1]
ἀνέστη [2] *εἷς ἐξ αὐτῶν*
ὀνόματι Ἀγαβος
σημαίνων [2] *διὰ τοῦ πνεύματος*
λιμὸν μέγαν [3] *μέλλειν ἔσεσθαι*
ἐφ' ὅλην τὴν οἰκουμένην ·
ὅστις [4] *ἐγένετο*
ἐπὶ Κλαυδίου Καίσαρος [5].
29 *οἱ δὲ μαθηταὶ* [1]
καθὼς εὐποροῦντο [2] [ ] [2] *ὥρισαν*
ἕκαστος αὐτῶν εἰς διακονίαν
πέμψαι τοῖς κατοικοῦσιν
ἐν τῇ Ἰουδαίᾳ ἀδελφοῖς ·
30 *ὃ καὶ ἐποίησαν ἀποστείλαντες*
πρὸς τοὺς πρεσβυτέρους
διὰ χειρὸς Βαρναβᾶ καὶ Σαύλου.

g. B (Ψ) d Vg ; εσημανεν : p⁷⁴ ℵ A E L Koinè g NA 28

---

28 - 1. Dd Augᶜ G⁶⁷ – o p Vg(R) Prof / 2. (Dd) G⁶⁷ / 3. D – E Koinè Or (versions ?) / 4. – E Koinè (pour D, cf. *infra*) / 5. Augᶜ (mss) – Ee Koinè p Vg(GR) ndl prv.2 tpl SyrP Eth.4.6.10 Geo

p : con gregatis autem nobis surgens unus ex his nomine agabus, qui significabat per spiritum famem magnam futuram huniuerso horbe. que et facta est sub claudio cesare (= Vg(R) et Prof: sauf surgens [ ] ex illis ; cf. v. 27c)

Augᶜ : congregatis autem nobis surgens unus ex illis nomine Agabus significabat per spiritum famem magnam futuram in uniuerso orbe, quae et facta est sub Claudio [caesare : mss] (cf. v. 27c)

29 - 1. Dd (G⁶⁷) – e g p Vg SyrP (Sah) / 2. D – p Vg(R) prv (*contra* G⁶⁷)

v. 28 : Dans D, la séquence εφ η (= εφη)... σημενων est impossible ; comme l'a conjecturé ROPES, le premier verbe doit être une distraction du scribe pour ανεστη (passée dans le latin *ait*), conjecture vérifiée exacte grâce à G⁶⁷. Par ailleurs, la séquence de p Vg(R) et Prof *surgens... qui significabat* est impossible puisqu'il n'y a pas de verbe principal dans la phrase. Comme le *qui significabat* peut traduire un σημαίνων grec, le mieux est de supposer que le participe *surgens* a remplacé un *surgit* primitif par influence du TA. Augustin a corrigé ce texte impossible en supprimant le pronom *qui*.
D est illogique, avec sa séquence μεγαν ... ητισ. Il est donc passé du TO au TA, d'où l'omission de Καίσαρος.

v. 29 : Comme souvent ailleurs, G⁶⁷ change "disciples" en "frères"; mais il suppose un nominatif grec. Dans nos précédents volumes, nous avons eu le tort de donner raison à p⁴⁵ contre D. Comme au verset 28, il suit ici le TA dont il change l'ordre des mots.

v. 30 : Il n'y a aucune raison d'adopter le relatif οἱ attesté par p⁴⁵ et Augᶜ (cf. v. 27c) puisque ces deux témoins suivaient le TA au verset précédent ; c'est une variante à l'intérieur du TA et non du TO.

28 συνεστραμμενων δε ημων	28 revertentibus autem nobis
εφ η εισ εξ αυτων	ait unus ex ipsis
ονοματι αγαβοσ	nomine agabus
♦σημενων δια του π̅ν̅σ̅	significabat per s̅p̅m̅
λειμον μεγαν μελλειν εσεσθαι	famem magnam futuram esse
εφ ολην την οικουμενην	in toto orbe terrae
ητισ εγενετο	quae fuit
επι κλαυδιου	sub claudio
29 οι δε μαθηται	29 discipuli autem
καθωσ ευπορουντο ωρισαν	sicut prout copiam
εκαστοσ αυτων εισ διακονιαν	singuli autem ipsorum in ministerium
πεμψαι τοισ κατοικουσιν	mittere hiis qui inhabitant
εν τη ϊουδαια αδελφοισ	in iudaea fratribus
30 ο και εποιησαν ♦αποστειλαστεσ	30 quod etiam fecerunt cum misissent
προσ τουσ πρεσβυτερουσ	ad presbyteros
δια χειροσ βαρναβα και σαυλου	per manum barnabae et sauli

G⁶⁷ : ²⁸ *Es herrschte aber eine große Freude. Während wir beieinander versammelt waren*, erhob sich einer von ihnen, dessen Name Agab war, und kündigte durch den *Heiligen* Geist eine große Hungersnot an, die über die ganze Welt kommen würde, die, die unter Claudius kam. ²⁹ *Die Brüder* aber verpflichteten sich, wie jeder von ihnen (es) hatte, *daß sie (es) gäben* zu einer Unterstützung *und es* sendeten den Brüdern, die in Judäa wohnten. ³⁰ Dies aber taten sie, indem sie es den Ältesten, *die in Jerusalem sind*, durch Barnabas und Saulus übersandten.

g : ²⁸ et surgens unus de eis nomine agabus significauit per spiritum sanctum famem magnam futuram per universum orbem, quae fuit sub claudio. ²⁹ Et qui erant antiochiae discipuli prout quisque habebat proposuerunt singuli eorum ministerium mittere fratribus habitantibus in iudea, ³⁰ quod et fecerunt mittentes ad presbyteros per manum barnabae et sauli.

1 Κατ' ἐκεῖνον δὲ τὸν καιρὸν
ἐπέβαλεν
Ἡρῴδης ὁ βασιλεὺς
τὰς χεῖρας κακῶσαί
τινας τῶν ἀπὸ τῆς ἐκκλησίας.

2 ἀνεῖλεν δὲ Ἰάκωβον
τὸν ἀδελφὸν Ἰωάννου[a] μαχαίρῃ.
3 ἰδὼν δὲ ὅτι ἀρεστόν ἐστιν
τοῖς Ἰουδαίοις

προσέθετο συλλαβεῖν καὶ Πέτρον
ἦσαν δὲ ἡμέραι[b] τῶν ἀζύμων.

1 Κατ' ἐκεῖνον δὲ τὸν καιρὸν
ἐπέβαλεν τὰς χεῖρας[1]
Ἡρῴδης ὁ βασιλεὺς
κακῶσαί
τινας τῶν ἀπὸ τῆς ἐκκλησίας
τῆς ἐν τῇ Ἰουδαίᾳ[2]
2 καὶ[1] ἀνεῖλεν [ ][2] Ἰωάννην[3]
τὸν ἀδελφὸν Ἰακώβου[3] μαχαίρῃ.
3 καὶ[1] ἰδὼν δὲ ὅτι ἀρεστόν ἐστιν
τοῖς Ἰουδαίοις
ἡ ἐπιχείρησις αὐτοῦ
ἐπὶ τοὺς πιστούς[2]
προσέθετο συλλαβεῖν καὶ Πέτρον
ἦσαν δὲ αἱ[3] ἡμέραι τῶν ἀζύμων.

a. *NA 28* ; B : Ιωανου
b. B ℵ L *pc* ; αι ημεραι : A D E Ψ *Koinè NA 28*

---

1 - 1. Dd – Chr.2 (SyrP) Sah / 2. SyrH* – o p Vg(R) prv (*id. sed om.* τῆς : Dd G⁶⁷ – SodC.1.2)
Varia : om. ὁ βασιλεύς : 1898 Cassᴸ Eth.2.5-13
(≈ *ante* Ἡρῴδης : ℵ SodC.1.2.10-13 SodB.5 *pc* Chr.2 ndl.1 SyrH

2 - 1. Dd – Boh(AP) / 2. Dd / 3. – Eth.2.3 (voir *infra* Geo)

3 - 1. Dd G⁶⁷ – *Koinè* g Lcf / 2. Dd SyrHᵐᵍ G⁶⁷ – p Vg(R) / 3. D G⁶⁷ – E A *Koinè* (autres versions ?)

v. 1 : Pour la variante 2., avec l'article, cf. 8,1 ; 11,22 (p : ...quae est in iudea). Cet article fut supprimé dans l'archétype X, d'où son absence dans D et G⁶⁷. En revanche, l'omission de ὁ βασιλεύς n'est attestée que par des témoins qui suivent ici le TA (comme presque tous ceux qui ont l'inversion). C'est une variante qui concerne le TA et non le TO.

v. 2 : G⁶⁷ n'offre aucune particule de liaison ; comme il supprime habituellement le καί initial, il est probable qu'il avait ici le même texte que D.
Geo : « Toi qui fus le serviteur d'ineffables secrets et le participant d'un terrifiant spectacle sur la montagne sainte, ô glorieux apôtre, tu promis à ton Seigneur, à cause de cela, de boire sa coupe sans revenir en arrière : la mort à cause de lui. A cause de lui aussi *tu reçus le glaive d'Hérode* sur ton cou, car tu te hâtais d'aller vers ton Seigneur, lui qui te donna la couronne de la victoire » (hymne liturgique ancienne en l'honneur de Jean, évangéliste et apôtre ; *Dasadebelni, Iadgari*, p. 29.). Après l'allusion à Mt 20,22, celle à Ac 12,2 selon Eth.2.3 nous semble certaine (sur les nombreux textes liturgiques et patristiques attestant un martyre de Jean l'Apôtre, voir M.-E. BOISMARD, *Le martyre de Jean l'Apôtre*, Cahiers de la Revue Biblique, 35, Paris, Gabalda, 1996).

1 κατ εκεινον δε τον καιρον	**1** per illum uero temporis
επεβαλεν τασ χειρασ	inmisit manus suas
ηρωδησ ο βασιλευσ	herodes rex
κακωσαι	maletractare
τινας των απο τησ εκκλησιασ	quosdam qui erant ab ecclesia
εν τη ϊουδαια.	in iudaea
2 και ανειλεν ✦ϊαχωβον	**2** et interfecit iacobum
τον αδελφον ✦ϊωανου ✦μαχαιρα	fratrem iohannis gladio
3 Και ιδων οτι αρεστον εστιν	**3** Et cum uidisset quod placeret hoc
τοισ ϊουδαιοισ	iudaeis
η επιχειρησεισ αυτου	conpraehensio eius
επι τουσ πιστουσ	super credentes
προσεθετο ✦συνλαβειν και πετρον	adiecit adpraehendere et petrum
ησαν δε αι ημεραι των αζυμων	erant autem dies asymorum

G[67] : [1] In jener Zeit legte der König Herodes Hand an, um einige von der Gemeinde *die in Judäa ist,* zu mißhandeln. [2] Er tötete Jakobus, den Bruder des Johannes, mit dem Schwert. [3] Als er aber sah, daß die Sache den Juden wohlgefiel, *(nämlich) daß er Hand an die Christen legte, gefiel es ihm weiterhin,* auch den Petrus zu ergreifen. Es waren aber die Tage der Ungesäuerten (Brote).

g : [1] Eodem tempore misit herodes rex manus ut noceret quosdam in ecclesia. [2] Occidit autem iacobum fratrem iohannis gladio. [3] Et cum uidisset, quod placeret iudeis, apposuit ut comprehenderent et petrum. Erant autem dies azimorum.

4 ὃν καὶ πιάσας
ἔθετο εἰς φυλακήν,
παραδοὺς
τέσσαρσιν τετραδίοις στρατιωτῶν
φυλάσσειν αὐτόν, βουλόμενος
μετὰ τὸ πάσχα
ἀναγαγεῖν αὐτὸν τῷ λαῷ.
5 ὁ μὲν οὖν Πέτρος ἐτηρεῖτο
ἐν τῇ φυλακῇ ·
προσευχὴ δὲ ἦν ἐκτενῶς
γινομένη
ὑπὸ τῆς ἐκκλησίας [c]
περὶ αὐτοῦ.
6 Ὅτε δὲ ἤμελλεν
προσαγαγεῖν [d] αὐτὸν ὁ Ἡρῴδης,
τῇ νυκτὶ ἐκείνῃ
ἦν ὁ Πέτρος κοιμώμενος
μεταξὺ δύο στρατιωτῶν
δεδεμένος ἁλύσεσιν δυσίν,
φύλακές τε πρὸ τῆς θύρας ἐτήρουν
τὴν φυλακήν.

4 τοῦτον[1] [ ][1] πιάσας
ἔθετο εἰς φυλακήν,
παραδοὺς
τέσσαρσιν τετραδίοις στρατιωτῶν
φυλάσσειν [ ][2], βουλόμενος
μετὰ τὸ πάσχα
ἀναγαγεῖν αὐτὸν τῷ λαῷ.
5 ὁ μὲν οὖν Πέτρος ἐτηρεῖτο
ἐν τῇ φυλακῇ ·
πολλή[1] δὲ προσευχὴ ἦν [ ][2]
[ ][3] περὶ αὐτοῦ[4]
ἀπό[5] τῆς ἐκκλησίας πρὸς τὸν θεὸν.
6 Ὅτε δὲ ἤμελλεν
προαγεῖν[1] αὐτὸν [ ][2] Ἡρῴδης,
τῇ νυκτὶ ἐκείνῃ
ἦν ὁ Πέτρος κοιμώμενος
μεταξὺ δύο στρατιωτῶν
δεδεμένος ἁλύσεσιν δυσίν,
φύλακές δὲ[3] πρὸ τῆς θύρας ἐτήρουν
τὴν φυλακήν.

c. B ; εκκλησιας προς τον θεον : ℵ A 81 D *NA 28*
d. B 33 ; προαγαγειν : p⁷⁴ A 81 453 945 2818 *NA 28*

---

4 - 1. Dd – g Lcf / 2. D – a b c g p s y dem Vg(mss) prv Lcf

5 - 1. Dd G⁶⁷ – Sah / 2. G⁶⁷ – SyrP Sah Eth.2.3.5-12 Arab (ἐκτενῆς : E *Koinè* p SyrP – εν εκτενεια : D) / 3. Dd (e) *Boism*¹ᵃ / 4. Dd(+) – p ndl.1 Eth.1-3 (*contra* G⁶⁷) / 5. D (G⁶⁷) – *Boism*²
: ὑπὸ
Varia : om. ὁ μὲν οὖν ... τῇ φυλακῇ : dem Eth.4 ; om. ὑπὸ τῆς ἐκκλησίας : dem Vg(S)

6 - 1. D SyrHᵐᵍ – E *Koinè* / 2. D Chr.1ᵇ / 3. Dd – e

v. 5 : Avec le redoublement de l'expression περὶ αὐτοῦ, D fusionne TO (première occurrence) et TA (seconde occurrence). De même, les deux expressions πολλη (TO) et εν εκτενεια (cf. TA) forment doublet. La seconde peut provenir d'une rétroversion libre du *instantissime* de d.

4 τουτον πιασασ	**4** hunc adprehensum
εθετο εισ φυλακην	posuit in carcerem
παραδουσ	traditum
τεσσαρσιν τετραδιοισ στρατιωτων	quattuor quaternionibus militū
♦φυλασσιν βουλομενοσ	custodire eum uolens
μετα το πασχα	post pascha
αναγαγειν αυτον τω λαω	producere eum populo
5 Ο μεν ουν πετροσ ετηρειτο	**5** Uero petrus custodiebatur
εν τη φυλακη	in carcere
πολλη δε προσευχη ην εν εκτενεια	multa uero oratio erat instantissime
περι αυτου	pro eo ___
απο τησ εκκλησιασ προσ τον θ̄ν̄	ab ecclesia ad dũm
περι αυτου	super ipso
6 οτε δε ♦εμελλεν	**6** ad uero cum incipiebat
προαγειν αυτον ηρωδησ	prodocere eum herodes
τη νυκτει εκεινη	nocte illa
ην ο πετροσ ♦κοιμουμενοσ	erat petrus dormiens
μεταξυ δυο στρατιωτων	inter duos milites
δεδεμενοσ ♦αλυσεσι δυσιν	ligatus catenis duabus
φυλακεσ δε προ τησ θυρασ ετηρουν	uigiles autem ante ostium adseruabant
την φυλακην	carcerem

G[67] : [4] Er ergriff ihn, warf ihn ins Gefängnis und übergab ihn an *sechzehn Soldaten*, um ihn zu bewachen, *damit* er ihn nach dem Passa *den Juden* vorführe. [5] Petrus also wurde *sicher* bewacht im Gefängnis *durch die Soldaten des Königs*. Es wurde aber ein *großes* Gebet hinauf zu Gott in der Gemeinde gehalten um *des Petrus* Willen. [6] Als aber *der König* Herodes im Begriffe war, ihn vorzuführen in jener Nacht schlief Petrus in der Mitte von zwei Soldaten, während er mit zwei Ketten gefesselt war. *Die übrigen Soldaten und die* Wächter waren vor der Tür, indem sie das Gefängnis bewachten.

g : [4] Hunc cum apprehendisset, misit in carcerem traditum IIII quaternionibus militum custodiendum uolens post pascha educere eum plebi. [5] Petrus uero custodiebatur in carcere, oratio uero instantissime fiebat ad dominum pro eo ab ecclesia. [6] Et cum futurum esset, ut eum herodes produceret, illa nocte petrus dormiebat inter duos milites alligatus cathenis duabus et custodes ante ostium custodiebant carcerem.

7 καὶ ἰδοὺ ἄγγελος κυρίου
ἐπέστη,
καὶ φῶς ἔλαμψεν ἐν τῷ οἰκήματι·
πατάξας δὲ
τὴν πλευρὰν τοῦ Πέτρου
ἤγειρεν αὐτὸν λέγων ·
Ἀνάστα ἐν τάχει.
καὶ ἐξέπεσαν αὐτοῦ αἱ ἁλύσεις
ἐκ τῶν χειρῶν.
8 εἶπεν δὲ ὁ ἄγγελος πρὸς αὐτόν ·
Ζῶσαι καὶ ὑπόδησαιᵉ
τὰ σανδάλιά σου.
ἐποίησεν δὲ οὕτως.
καὶ λέγει αὐτῷ ·
Περιβαλοῦ τὸ ἱμάτιόν σου
καὶ ἀκολούθει μοι.
9
καὶ ἐξελθὼν
ἠκολούθει,
καὶ οὐκ ᾔδει ὅτι ἀληθές ἐστιν
τὸ γινόμενον διὰ τοῦ ἀγγέλου,
ἐδόκει δὲ ὅραμα βλέπειν.

7 καὶ ἰδοὺ ἄγγελος κυρίου
ἐπέστη *τῷ Πέτρῳ*[1]
καὶ φῶς *ἐπέλαμψεν*[2] *ἐν*[3] τῷ οἰκήματι·
νύξας[4] δὲ
τὴν πλευρὰν τοῦ Πέτρου
ἤγειρεν αὐτὸν λέγων ·
Ἀνάστα ἐν τάχει.
καὶ *ἐλύθησαν*[5] αὐτοῦ αἱ ἁλύσεις
ἐκ τῶν χειρῶν *αὐτοῦ*[6].
8 εἶπεν δὲ ὁ ἄγγελος πρὸς αὐτόν ·
Ζῶσαι καὶ ὑπόδησαι
τὰ σανδάλιά σου.
ἐποίησεν δὲ οὕτως.
καὶ λέγει αὐτῷ ·
Περιβαλοῦ τὸ ἱμάτιόν σου
καὶ ἀκολούθει μοι.
9 *ἐκράτησεν δὲ αὐτὸν*
καὶ ἐπορεύθη ἔμπροσθεν αὐτοῦ[1]
καὶ ἐξήγαγεν αὐτὸν[2]
καὶ οὐκ ᾔδει ὅτι ἀληθές ἐστιν
τὸ γινόμενον διὰ τοῦ ἀγγέλου,
ἐδόκει *γὰρ*[3] ὅραμα βλέπειν.

e. NA 28 ; B : υποδυσαι

---

7 - 1. Dd SyrH* G⁶⁷ – p Vg(R) Sah Eth.2.3 / 2. D – (versions ?) / 3. D : haplographie / 4. Dd G⁶⁷ – Chr.3 p* g Lcf SyrHP / 5. G⁶⁷ Ephrᵏ / 6. D G⁶⁷ – g p r Vg Lcf
Varia : om. κυρίου : Vg(D) Ephrk BarS add. ἀπ' αὐτοῦ post ἔλαμψεν : SyrHᵐᵍ g p r Lcf
Ephrᵏ : Apparuit angelus in luce magna et soluta sunt vincula de manibus eius et eduxit eum (cf. v. 9)

9 - 1. G⁶⁷(+) / 2. G⁶⁷ Ephrᵏ (cf. v. 7) / 3. Dd G⁶⁷ – 36.453 pc g p r Vg(DOT) SyrP Sah
Varia : διά / ὑπό : SyrHᵐᵍ A H SodC.6 181 1838 pc Chr.1

7 και ϊδου αγγελοσ κ̄ῡ 7 Et ecce angelus dn̄i
επεστη τω πετρω adsistit petro
και φωσ επελαμψεν τω οικηματι et lux refulgens in illo loco
νυξασ δε pungens autem
την πλευραν του πετρου latus petri
ηγειρεν αυτον λεγων suscitauit eum dicens
αναστα εν ταχει surge cilerius
και εξεπεσαν αι αλυσεισ et ceciderunt eius catenae
εκ των χειρων αυτου de manibus
8 Ειπεν δε ο αγγελοσ προσ αυτον 8 dixit autem angelus ad eum
ζωσαι και ϋποδησαι praecinge te et calciate
τα σανδαλια σου calciamenta tua
εποιησεν δε ουτως fecit autem sic
και λεγει αυτω et dicit ei
περιβαλου το ϊματιον σου operi te uestimentum tuum
και ακολουθει μοι et sequere me
9 9
και εξελθων et cum exisset
ηκολουθει sequebatur
και ουκ ηδει οτι αληθεσ εστιν et non sciebat quia uerum est
το γεινομενον δια του αγγελου quod fiebat per angelum
εδοκει γαρ οραμα βλεπειν putabat enim uisum uidere

G[67] : [7] Siehe, ein Engel des Herrn *kam und* trat *zu Petrus.* Und Licht strahlte auf in dem Hause. Er *stieß gegen* die Seite des Petrus und ließ ihn aufstehen, indem er sagte : „Erhebe dich schnell !" Und *siehe, sogleich lösten sich* die Fesseln von seinen Händen. [8] Der Engel sprach zu ihm : „Gürte *deine Lenden* und gib *deine Sandale* an deine Füße !" Er tat aber so. Er sprach zu ihm : „Zieh' deinen Mantel an und folge mir !" [9] *Er ergriff ihn aber ging vor ihm her und brachte ihn heraus. Petrus* folgte ihm, ohne zu wissen, daß es Wirklichkeit war, was der Engel tat. Denn er dachte, daß es ein Gesicht wäre, was er sah.

g : [7] Et ecce angelus domini asstitit et lumen ab eo refulsit in illo loco. Pungens autem latus petri suscitauit eum dicens : Surge uelociter, et surrexit et ceciderunt cathenae de manibus eius. [8] Et dixit angelus ad eum : Precingere et calcia te caligas tuas, et ita fecit. Et ait illi : Circumda uestimentum tuum et sequere me. [9] Et exiens sequebatur eum, et nesciebat uerum esse, quod fiebat per angelum. Existimabat enim se uisum uidere.

10 διελθόντες δὲ πρώτην φυλακὴν
καὶ δευτέραν
ἦλθαν ἐπὶ τὴν πύλην τὴν σιδηρᾶν
τὴν φέρουσαν εἰς τὴν πόλιν,
ἥτις αὐτομάτη ἠνοίγη αὐτοῖς,
καὶ ἐξελθόντες

προῆλθον ῥύμην μίαν,
καὶ εὐθέως ἀπέστη ὁ ἄγγελος
ἀπ' αὐτοῦ.
11 καὶ ὁ Πέτρος
ἐν ἑαυτῷ [f] γενόμενος εἶπεν ·
Νῦν οἶδα ἀληθῶς ὅτι
ἐξαπέστειλεν ὁ κύριος
τὸν ἄγγελον αὐτοῦ
καὶ ἐξείλατό με ἐκ χειρὸς Ἡρῴδου
καὶ πάσης τῆς προσδοκίας
τοῦ λαοῦ τῶν Ἰουδαίων.
12 συνιδών τε ἦλθεν
ἐπὶ τὴν οἰκίαν τῆς Μαρίας
τῆς μητρὸς Ἰωάννου [g]
τοῦ ἐπικαλουμένου Μάρκου,
οὗ ἦσαν ἱκανοὶ συνηθροισμένοι
καὶ προσευχόμενοι.

10 διελθόντες δὲ πρώτην
καὶ δευτέραν [1] φυλακὴν
ἦλθον [2] ἐπὶ τὴν πύλην τὴν σιδηρᾶν
τὴν φέρουσαν εἰς τὴν πόλιν,
ἥτις αὐτομάτη ἠνοίγη αὐτοῖς,
καὶ ἐξελθόντες
κατέβησαν τοὺς ἀναβαθμοὺς [3]
καὶ προσῆλθαν [4] ῥύμην μίαν,
καὶ εὐθέως ἀπέστη ὁ ἄγγελος
ἀπ' αὐτοῦ.
11 τότε [1] ὁ Πέτρος
ἐν ἑαυτῷ γενόμενος εἶπεν ·
Νῦν οἶδα ὅτι ἀληθῶς [2]
ἐξαπέστειλεν ὁ [3] κύριος
τὸν ἄγγελον αὐτοῦ
καὶ ἐξείλατό με ἐκ χειρὸς Ἡρῴδου
καὶ πάσης τῆς προσδοκίας
[ ][4] τῶν Ἰουδαίων.
12 [ ][1] ἦλθεν
ἐπὶ τὴν οἰκίαν τῆς Μαρίας
τῆς μητρὸς Ἰωάννου
τοῦ ἐπικαλουμένου Μάρκου [2],
οὗ ἦσαν ἱκανοὶ συνηθροισμένοι
ἀδελφοὶ [3] καὶ προσευχόμενοι.

f. ℵ A 81 D *NA 28* ; B : αυτω / g. *NA 28* ; B : Ιωανου

---

10 - 1. Dd – SodC.8 Chr.2(1/3) g p r Vg Lcf SyrHP Geo / 2. D / 3. (Dd) G[67] – p ndl.1 (voir *infra*) / 4. D – L 209
Varia : *om.* τὴν φέρουσαν εἰς τὴν πόλιν : L Vg(S) SyrP Eth(–4)

11 - 1. SyrH[mg] – SodC.13 p r / 2. Dd – Ee Ψ SodC.11-14 Chr.1.2 p r Lcf Eth (*om.* ἀληθῶς : G[67]) / 3. D : *om.* ὁ / 4. – 1838 l SyrP
Varia : *om.* ὁ Πέτρος : 1838 Eth.2.3

12 - 1. G[67] – Eth (cf. Cass) / 2. noter l'erreur de D : αρκου / 3. SyrH* – SodC.1.2.13 SodB.1.6 *pc* SyrP Eth.5-13.

v. 10 : On lit dans D : κατεβησαν τουσ ζ βαθμουσ ; le chiffre "sept" n'est attesté par aucun autre témoin du TO. L'archétype de D devait avoir αναβαθμουσ et le scribe a confondu ανα et επτα qu'il a rendu par un ζ.

v. 11 : L'omission de τοῦ λαοῦ nous semble certaine, attestée par des témoins : grec, latin et syriaque.

10 διελθοντεσ δε πρωτην	**10** cum praeterissent primam
και δευτεραν φυλακην	et secundam custodiam
ηλθον επι την πυλην την σιδηραν	uenerunt ad portam ferream
την φερουσαν εισ την πολιν	quae ducit in ciuitatem
ητισ αυτοματη ✦ηνυγη αυτοισ	quae sua sponte aperta est eis
και εξελθοντεσ	et cum exissent
κατεβησαν τουσ • ζ̄ • βαθμουσ	descenderunt septem grados
και προσηλθαν ρυμην μιαν	et processerunt gradum unum
και ευθεωσ απεστη ο αγγελοσ	et continuo discessit angelus
απ αυτου	ab eo
11 και ο πετροσ	**11** et petrus
εν εαυτω γενομενοσ ειπεν	in se conuersus dixit
νυν οιδα οτι αληθωσ	nunc scio quia uere
εξαπεστειλεν κ̄σ̄	misit dn̄s
τον αγγελον αυτου	angelum suum
και εξειλατο με εκ χειροσ ηρωδου	et eripuit me de manibus herodis
και πασησ τησ προσδοκειας	et omni expectationi
του λαου των ϊουδαιων	populi iudaeorum
12 και συνειδων ηλθεν	**12** et cum considerasset uenit
επι την οικειαν τησ μαριασ	ad domum mariae
τησ μητροσ ✦ϊωανου	matris iohannis
του επικαλουμενου ✦αρκου	qui cognominatur marcus
ου ησαν ϊκανοι συνηθροισμενοι	ubi erant copiosi coaceruati
και προσευχομενοι	et orantes

G67 : 10 Nachdem sie aber durch das erste *Tor* und das zweite gegangen waren, kamen sie an die eiserne Pforte, die in die Stadt hineinführt. Diese öffnete sich ihnen selbst. Als sie aber herausgegangen waren, *stiegen sie die Stufen herab und* gelangten bis zur ersten Gasse. Sogleich wich der Engel von ihm. 11 Und als das Bewußtsein des Petrus ihm (wieder) zuteil geworden war, sprach er : „Jetzt habe ich *begriffen*, daß der Herr seinen Engel gesandt und mich aus der Hand des Herodes und der ganzen Erwartung des Volkes der Juden errettet hat." 12 *Er ging* zu dem Hause der Maria, der Mutter des Johannes, der Markus genannt wird, dem Ort, an dem viele versammelt waren, indem sie beteten.

g : 10 Et cum transissent primos et secundos custodes uenerunt ad portam ferream, quae ducit ad ciuitatem, quae ab se aperta est ais. Et cum exissent processerunt uicum unum et continuo discessit ab eo angelus. 11 Et petrus in se reuersus ait : Nunc scio uere quia misit dominus angelum suum et eripuit me de manibus herodis et de omne expectatione plebis iudeorum. 12 Conciderans autem uenit ad domum mariae matris iohannis, qui cognominatur marcus, ubi erant multi congregati.

13 κρούσαντος δὲ αὐτοῦ
τὴν θύραν τοῦ πυλῶνος
προσῆλθεν ʰ παιδίσκη ὑπακοῦσαι
ὀνόματι Ῥόδη ·
14 καὶ ἐπιγνοῦσα
τὴν φωνὴν τοῦ Πέτρου
ἀπὸ τῆς χαρᾶς
οὐκ ἤνοιξεν τὸν πυλῶνα,
εἰσδραμοῦσα δὲ ἀπήγγειλεν
ἑστάναι τὸν Πέτρον
πρὸ τοῦ πυλῶνος.
15 οἱ δὲ πρὸς αὐτὴν εἶπαν · Μαίνῃ ·
ἡ δὲ διισχυρίζετο οὕτως ἔχειν.
οἱ δὲ ειπαν ·
Ὁ ἄγγελός ἐστιν αὐτοῦ.
16 ὁ δὲ Πέτρος ἐπέμενεν κρούων ·
ἀνοίξαντες δὲ εἶδαν αὐτὸν
καὶ ἐξέστησαν.

13 κρούσαντος δὲ αὐτοῦ
τὴν θύραν [ ]¹
προσῆλθεν παιδίσκη [ ]²
ὀνόματι Ῥόδη [ ]² ·
14 καὶ ἐπιγνοῦσα
τὴν φωνὴν τοῦ Πέτρου
ἀπὸ τῆς χαρᾶς
οὐκ ἤνοιξεν τὸν πυλῶνα,
*καὶ*¹ εἰσδραμοῦσα δὲ ἀπήγγειλεν
ἑστάναι [ ]² Πέτρον
πρὸ τοῦ πυλῶνος.
15 οἱ δὲ *ἔλεγον αὐτῇ*¹· Μαίνῃ ·
ἡ δὲ διισχυρίζετο οὕτως ἔχειν.
οἱ δὲ *ἔλεγον πρὸς αὐτὴν*² ·
*τυχὸν*³ ὁ ἄγγελός αὐτοῦ ἐστιν⁴.
16 ὁ δὲ [ ]¹ ἐπέμενεν κρούων ·
*ἐξανοίξαντες*² δὲ *καὶ ἰδόντες*³ αὐτὸν
[ ]⁴ ἐξέστησαν.

h. *NA 28* ; B : προσηλθε

---

13 - 1. (D*d) G⁶⁷ – 1838 Or s Eth (cf. Cass) / 2. G⁶⁷ – ChrAq (≈ *ante* παιδίσκη : A 1175 *pc* c SyrHP – *post* Ῥόδη : Dd r)
Varia : om. δέ : 1838 p Geo
C'est par distraction que le scribe de D a d'abord écrit κρουσαντεσ, puis a omis πυλωνοσ. Il a enfin ajouté υπακουσαι, mais à une place fautive, par harmonisation sur le TA.

14 - 1. Dd(+) G⁶⁷ / 2. D G⁶⁷ – (autres versions ?)

15 - 1. D G⁶⁷ – SyrP / 2. Dd G⁶⁷ SyrP/ 3. Dd – ChrAq SyrP (πάντως : G⁶⁷(gr)) / 4. Dd – [tous sauf ℵ B A p⁷⁴ 226]

16 - 1. Dd – Chr.2 p r ndl.1 Eth.2 / 2. D / 3. D – Chr.1b BarSᴸ Boh Eth.1.2.4.6.8.12.13 Geo / 4. – Chr.1ᵇ BarSᴸ Boh Eth.(mss) Geo (pour D, voir *infra*)
Varia : εξανοιξαντεσ : D

v. 13 : C'est par distraction que le scribe de D a d'abord écrit κρουσαντεσ, puis a omis πυλωνοσ. Il a enfin ajouté υπακουσαι, mais à une place fautive, par harmonisation sur le TA.

v. 16 : D ajoute le και par harmonisation sur le latin qui suit le TA. G⁶⁷ suit ici le TA.

13 ✦Κρουσαντεσ δε αυτου	**13** Cumque ipse pulsasset
την θυραν ✦του	ianuam foris
προσηλθεν παιδισκη	accessit puella
ονοματι ροδη ϋπακουσαι	nomine rhode respondere
14 και επιγνουσα	**14** et cum cognouisset
την φωνην του πετρου	uocem petri
απο τησ χαρασ	a gaudio
ουκ ✦ηνυξε τον πυλωνα	non aperuit ianuam
και εισδραμουσα δε απηγγειλεν	et adcurrens autem adnuntiauit
εσταναι πετρον	stare petrum
προ του πυλωνος	ante ianuam
15 ✦ο δε ε γον αυτη μαινη	**15** ad illi ad eam dixerunt insanis ad illa
η δε ✦διεσχυριζετο ουτωσ εχειν	uero perseuerabat ita esse
οι δε ελεγον προσ αυτην	qui autem dixerunt ad eam
τυχον ο αγγελοσ αυτου εστιν	forsitam angelus eius est
16 ο δε επεμεν εν κρουων	**16** ipse uero perseuerabat pulsans
εξανοιξαντεσ δε και ϊδοντεσ αυτον	et cum aperuisset uiderunt eunt
και εξεστησαν	et obstupuerunt

G[67] : ¹³ Als er aber an *die Tür* klopfte, kam eine Magd *heraus*, deren Name Rhode war. ¹⁴ Als sie aber die Stimme des Petrus erkannte, öffnete sie infolge der Freude die Tür (gar) nicht sondern lief hinein und informierte sie, daß Petrus vor der Tür stehe. ¹⁵ Sie aber sprachen zu ihr : Du bist verrückt !" Sie jedoch versicherte, daß *er es sei*. Sie aber *sprachen zu ihr* : „*Sicherlich* ist es sein Engel !" ¹⁶ Petrus aber hörte nicht auf zu klopfen. Als sie öffneten, sahen sie ihn und wunderten sich.

g : ¹³ Et cum pulsasset ostium ianuae accessit puella obaudire nomine rhode, ¹⁴ quae ut cognouit uocem petri por gaudio non aperuit ianuam, introcurrens autem nunciauit petrum stare ante ianuam. ¹⁵ Illi autem dixerunt ad eam : Insanis. At illa perseuerabat ita est. Quidam autem dixerunt : angelus eius est. ¹⁶ Petrus uero perseuerabat pulsans. Et cum aperuissent, uiderunt illum et obstupuerunt.

17 κατασείσας δὲ αὐτοῖς
τῇ χειρὶ σιγᾶν
διηγήσατο αὐτοῖς
πῶς ὁ κύριος αὐτὸν ἐξήγαγεν
ἐκ τῆς φυλακῆς, εἶπέν τε ·
Ἀπαγγείλατε Ἰακώβῳ
καὶ τοῖς ἀδελφοῖς ταῦτα.
καὶ ἐξελθὼν ἐπορεύθη
εἰς ἕτερον τόπον.
18 Γενομένης δὲ ἡμέρας
ἦν τάραχος οὐκ ὀλίγος
ἐν τοῖς στρατιώταις ·
τί ἄρα ὁ Πέτρος ἐγένετο.

17 κατασείσας δὲ αὐτοῖς
τῇ χειρὶ σιγᾶν[1] εἰσῆλθεν καὶ[2]
διηγήσατο αὐτοῖς
πῶς ὁ κύριος αὐτὸν ἐξήγαγεν
ἐκ τῆς φυλακῆς, εἶπέν δέ[3] ·
Ἀπαγγείλατε Ἰακώβῳ
καὶ τοῖς ἀδελφοῖς ταῦτα.
καὶ ἐξελθὼν ἐπορεύθη
εἰς ἕτερον τόπον.
18 Γενομένης δὲ ἡμέρας
ἦν τάραχος [ ][1]
ἐν τοῖς στρατιώταις ·
τί ἄρα ὁ Πέτρος ἐγένετο
ἢ πῶς ἐξῆλθεν[2].

---

17 - 1. voir infra / 2. Dd SyrH* G[67] – p prv Cass SyrP / 3. Dd – *Koinè* e (*contra* G[67])
Varia : *om.* ὁ κύριος : p* Cass
(≈ *post* ἐξήγαγεν : prv.1 – ὁ θεός : Vg(D) Boh(GNOT))
ἐξείλατο : d (liberavit) 1838 Cass (cf. v. 11)
Cass : ...ingressus est eosque docuit quemadmodum de custodiae nexibus, veniente angelo, fuerat absolutus

18 - 1. Dd – 142 g p Lcf (μέγας : G[67] 36.453 431 1175 Sah Boh(FS) Cass) / 2. G[67] – pc Vg(Th) ndl.2 prv tpl (cf. Cass)
Cass : Die autem facto inter custodes carceris magna cœpit esse contentio quemadmodum Petrus tot vigilias hominum et tot catenas evasisset

v. 17 : Dans D, le ινα σειγε σιν [= ινα σιαγωσιν] provient d'une harmonisation sur le latin. En revanche, le *et* devant *enarravit* de d provient d'une harmonisation sur le grec. Il est possible que, ici encore, l'archétype X ait adopté le TO pour le verset 17a, puis le TA pour le verset 17b ; il aurait été suivi par D et G[67]. Les deux variantes notées aux *varia* pourraient donc provenir du TO.

v. 18 : *Boism*[1b] admet avec plusieurs auteurs que l'omission de οὐκ ὀλίγος est due à une haplographie. Mais *Boism*[2] revient sur ce point en affirmant que D est bien soutenu par les latins. Dans le TO, la deuxième partie du verset est probablement une leçon double, les mots τί ἄρα ἐγένετο étant une harmonisation sur le TA. Le TO aurait eu simplement πῶς ἐξῆλθεν ὁ Πέτρος. Cassiodore semble ignorer cette harmonisation. La fusion du TA et du TO aurait été effectuée par l'archétype X.

17 κατασεισ ασ δε αυτοισ	**17** cum que significasset eis
τη χειρι ινα ◆σειγα σιν εισηλθεν και	de manu ut silerent introiens
διηγησατο αυτοισ	eterrabit eis
πωσ ο k͞σ αυτον εξηγαγεν	quemadmodum d͞n͞s eum liuerauit
εκ τησ φυλακησ ειπεν δε	de carcere dixit autem
◆απαγγειλατε ϊακωβω	renuntiate iacobo
και τοισ αδελφοισ ταυτα	et fratribus haec
και εξελθων επορευθη	et egressus abiit
εισ ετερον τοπον	in alium
18 Γενομενησ δε ημερασ	**18** facto autem die
ην ταραχοσ	erat turbatio
εν τοισ στρατιωταισ	in militibus
τι αρα ο πετροσ εγενετο	quid petrus factus esset

G⁶⁷: ¹⁷ Er bewegte seine Hand gegen sie, *damit sie schwiegen, ging hinein und* berichtete ihnen, wie der Herr ihn aus dem Gefängnis herausgebracht habe. Er sprach *zu ihnen* : „Unterrichtet den Jakobus darüber und die Brüder", ging fort und begab sich an einen anderen Ort. ¹⁸ Als es aber *Morgen* wurde, herrschte eine *große* Aufregung unter den Soldaten, was es denn wäre, das mit Petrus geschehen sei, *oder auf welche Weise er geflohen sei.*

g : ¹⁷ Monens itaque ad eos manus, ut tacerent narrauit illis quomodo eum dominus eduxit de carcere et ait : Nunciate haec iacobo et fratribus. Et egressus abiit in alium locum. ¹⁸ Facta autem die turbatio erat inter milites, quidnam de petro factum esset.

19 Ἡρῴδης δὲ ἐπιζητήσας αὐτὸν
καὶ μὴ εὑρὼν
ἀνακρίνας τοὺς φύλακας
ἐκέλευσεν ἀπαχθῆναι,
καὶ κατελθὼν ἀπὸ τῆς Ἰουδαίας
εἰς Καισάρειαν διέτριβεν.
20 ἦν δὲ θυμομαχῶν
Τυρίοις καὶ Σιδωνίοις ·
ὁμοθυμαδὸν δὲ

παρῆσαν πρὸς αὐτόν,
καὶ πείσαντες Βλάστον
τὸν ἐπὶ τοῦ κοιτῶνος
τοῦ βασιλέως ἠτοῦντο εἰρήνην,
διὰ τὸ τρέφεσθαι αὐτῶν
τὴν χώραν ἀπὸ τῆς βασιλικῆς.
21 τακτῇ δὲ ἡμέρᾳ
Ἡρῴδης ⁱ ἐνδυσάμενος
ἐσθῆτα βασιλικὴν
καθίσας ʲ ἐπὶ τοῦ βήματος
ἐδημηγόρει πρὸς αὐτούς ·
22
ὁ δὲ δῆμος ἐπεφώνει · Θεοῦ φωνὴ
καὶ οὐκ ἀνθρώπου.

19 Ἡρῴδης δὲ ἐπιζητήσας αὐτὸν
καὶ μὴ εὑρὼν
ἀνακρίνας τοὺς φύλακας
ἐκέλευσεν *ἀποκτανθῆναι*¹,
καὶ *κατῆλθεν*² ἀπὸ τῆς Ἰουδαίας
εἰς Καισάρειαν [ ]³.
20 ἦν *γὰρ*¹ θυμομαχῶν
Τυρίοις καὶ Σιδωνίοις ·
*οἱ δὲ*² ὁμοθυμαδὸν
*ἐξ ἀμφοτέρων τῶν πόλεων*³
παρῆσαν πρὸς *τὸν βασιλέα*⁴,
καὶ πείσαντες Βλάστον
τὸν ἐπὶ τοῦ κοιτῶνος
*αὐτοῦ*⁵ ἠτοῦντο εἰρήνην,
διὰ τὸ τρέφεσθαι *τὰς χώρας*⁶
αὐτ̲ῶ̲ν̲⁶ *ἐκ*⁷ τῆς βασιλικῆς.
21 τακτῇ δὲ ἡμέρᾳ
*ὁ*¹ Ἡρῴδης ἐνδυσάμενος
ἐσθῆτα βασιλικὴν
*καὶ*² καθίσας ἐπὶ τοῦ βήματος
ἐδημηγόρει πρὸς αὐτούς ·
22*καταλλαγέντος*[]¹*αὐτοῦ*¹*αὐτοῖς*²
ὁ [ ]³ δῆμος ἐπεφώνει · Θεοῦ *φωναί*⁴
καὶ οὐκ ἀνθρώπου.

i. B 945 1175 1739 ; ο Ηρωδης : ℵ A 81 D *NA 28*
j. B ℵ 81 1175 p Vg Lcf ; και καθισας : p⁷⁴ A D E L Ψ *Koinè* g SyrH *NA 28*

---

19 - 1. D G⁶⁷(+) Ephrᵏ – SyrHP Boh Eth.4-13 / 2. G⁶⁷ – g Lcf Eth / 3. – Cass(?) Eth(- 4) Arab
(g Lcf : voir *infra*)
Cass : ipse autem in Caesaream Iudaeamque descendens (et v. 20)
g Lcf : ... et descendit a iudaea caesaream ibique mansit

20 - 1. Dd – ndl.1 SyrP Eth (cf. Cass : *quoniam*) / 2. D SyrH^mg G⁶⁷ – p Vg Sah / 3. Dd SyrH*
G⁶⁷ – SodC.1(2) 808 / 4. Dd G⁶⁷ / 5. D – 440 1758 / 6. Dd G⁶⁷ – SodB.2 g p Vg Lcf Sah / 7.
D – SodB.2 181 1898 (versions ?) // **21** - 1. D / 2. Dd.Ee p⁷⁴ g SyrH *om. Boim* ^1.2

22 - 1. Dd SyrH* G⁶⁷ – p Vg(Th) ndl.2 prv tpl / 2. SyrH* – p (τυριοις : Dd G⁶⁷ Vg(Th))
τυροις και σιδωνιοις : ndl.2 prv tpl) / 3. voir *infra* / 4. Dd – g p Vg Lcf SyrP

v. 19 : A la fin du verset, g et Lcf traduisent διατρίβειν par *manere* alors qu'ailleurs ils ont
morari ou *demorari* ; leur archétype a probablement complété un substrat grec qui omettait ce
verbe, comme dans Eth.

v. 22 : L'omission de δέ est attestée par d G⁶⁷ et prv. Dans Dd, le second δέ est évidemment
impossible : harmonisation sur le TA. – Pour αὐτοῖς, nous avons donné raison à p et SyrH* ; la
leçon τυρίοις fut introduite par l'archétype X (cf. verset 20a).

19 ηρωδησ δε επιζητησασ αυτον	19 herodes uero cum irequisisset eum
και μη ευρω̄	et non inuenisse
αναχρεινασ τουσ φυλακας	interrogatione habita uigiles
εκελευσεν απ κ ανθηναι	iussit obduci
και κατελθων απο τησ ϊουδαιασ	et cum descendisset a iudaea
εισ ◆καισαραιαν διετριβεν	in caesaraeam demorabatur
20 ην γαρ θυμομαχων	20 erat enim animus inpugnans
τυριοισ και σιδωνιοισ	tyrios et sidonios
οι δε ομοθυμαδον	unanimiter autem
εξ αμφοτερων των πολεων	ab inuice ciuitates
παρησαν προσ τον βασιλεα	uenerunt ad regem
και πεισαντεσ βλαστον	et cum suasissent blasto
τον επι του κοιτωνοσ	qui a cubiculo erat
αυτου ητουντο ειρηνην	postulabant pacem
δια το τρεφεσθαι τας χωρασ	propter ne alienarentur regiones
αυτων εκ τησ βασιλικησ	eorum de regno
21 τακτη δε ημερα	21 constituto autem die
ο ηρωδησ ενδυσαμενοσ	herodes indutus
◆αισθητα βασιλικην	habito regio
και καθισασ επι του βηματοσ	et sedi pro tribunali
◆εδημειγορει προσ αυτουσ	contentionabatur ad eos
22 καταλλαγεντοσ δε αυτου	22 cum ingratiasset
τοισ τυριοισ	cum tyrios
ο δε δημοσ επεφωνει θ̄ῡ φωναι	populus uero adclamabant d̄ī uoces
και ουκ ανθρωπου	et non hominis

G[67] : [19] Als Herodes aber *Petrus* suchte und ihn nicht fand, verhörte er *die Soldaten und* die Wächter und befahl, sie abzuführen, *um sie umzubringen.* Er ging aber fort von Judäa, *begab sich* nach Caesarea und blieb dort. [20] Er war aber zornig auf die Leute von Tyrus und Sidon. *Sie, die (Leute) der beiden Städte, kamen gemeinsam zu dem König.* Sie gewannen Blastus, den Kammerherrn des Königs, (für sich) und erbaten Frieden, weil ihr Land *von denen des Königs* ernährt wurde. [21] An einem Tage aber, der festgesetzt worden war, zog Herodes *sein* königliches Gewand an, setzte sich auf den Richtstuhl und sprach Recht für sie. [22] *Er versöhnte sich mit den Leuten von Tyrus.* Die Menge schrie : „Die Stimme eines Gottes ist es ; es ist nicht die Stimme eines Menschen !"

g : [19] Herodes autem cu requisisset eum et non inuenisset interrogatos custodes iussit duci. Et descendit a iudea cesaream ibique mansit. [20] Erat autem infestus tyriis et syoniensibus. Qui unanimes uenerunt ad eum, et persuaso blasto qui erat a cubiculo regis postulabant pacem eo quod regiones eorum de regis alerentur. [21] Statuto autem die herodes uestitus est ueste regali et sedit por tribunali et concionabatur ad eos. [22] Populus autem clamabat : dei uoces et non hominis.

23 παραχρῆμα δὲ
ἐπάταξεν αὐτὸν ἄγγελος κυρίου
ἀνθ' ὧν οὐκ ἔδωκεν
τὴν δόξαν τῷ θεῷ, καὶ

γενόμενος σκωληκόβρωτος
ἐξέψυξεν.
24 Ὁ δὲ λόγος τοῦ κυρίου[k] ηὔξανεν
καὶ ἐπληθύνετο.
25 Βαρναβᾶς δὲ καὶ Σαῦλος

ὑπέστρεψαν εἰς Ἰερουσαλὴμ
πληρώσαντες τὴν διακονίαν,
συμπαραλαβόντες[1]
Ἰωάννην τὸν ἐπικληθέντα Μᾶρκον.

23 παραχρῆμα δὲ
<u>αὐτὸν ἐπάταξεν</u>[1] ἄγγελος κυρίου
ἀνθ' ὧν οὐκ ἔδωκεν
[ ][2] δόξαν τῷ θεῷ, καὶ
καταβὰς ἀπὸ τοῦ βήματος[3]
γενόμενος σκωληκόβρωτος[4]
ἔτι ζῶν[5] [ ][6] ἐξέψυξεν.
24 Ὁ δὲ λόγος τοῦ θεοῦ ηὔξανεν
καὶ ἐπληθύνετο.
25 Βαρναβᾶς δὲ καὶ Σαῦλος
ὃς ἐπεκλήθη Παῦλος[1]
ὑπέστρεψαν *ἀπὸ*[2] Ἰερουσαλὴμ
πληρώσαντες τὴν διακονίαν,
συμπαραλαβόντες
τὸν[3] Ἰωάννην τὸν ἐπικληθέντα Μᾶρκον.

k. B Vg Boh(mss) ; θεου : א A D L E Ψ *Koinè* g p Syr G⁶⁷ *NA 28*
l. *NA 28* ; B א A D : συνπαραλαβοντες

23 - 1. Dd – Ψ SodC.1.2.10-13 SodB.1-5 *pc* Chr.1 Theoph II[L] / 2. D – *Koinè* (versions ?) / 3. Dd G⁶⁷ Ephr[kc] / 4. D : haplographie / 5. Dd G⁶⁷ – om. *Boism*[1a] / 6. G⁶⁷

25 - 1. SyrH* G⁶⁷ – SodC.1.2 614 p / 2. Dd – Ee Ψ SodC.1.2.10-13 SodB.7 *pc* Chr.1/ 3. D (ἐξ : A p⁷⁴ SodC.5.14-16 SodB.1-6 1838 Chr.1[a])
(ἀπό ou ἐξ : g p Vg Cass SyrHP Sah(–4) Eth.4-13 Geo : cf. Ephr[k])
(*contra* : SyrH[mg] G⁶⁷ = TA)
Varia : ὑπέστρεψεν : (D) SyrH[mg] 38 (pour le singulier, cf. 13,6)

v. 23 : Le deuxième καὶ est impossible après le premier, et provient d'une rétroversion du latin.

23 παραχρημα δε	23 et confestim
αυτον επαταξεν αγγελοσ κ̄ῡ	eum percussit angelus d̄n̄i
ανθ ων ουκ εδωκεν	pro eo quod non dedit
δοξαν τω θ̄ω̄ και	claritatem d̄ō et
καταβασ απο του βηματοσ	cum descendisset de tribunal
γενομενοσ ◆κωληκοβρωτοσ	sed et a bermibus comestus
ετι ζων και ουτωσ εξεψυξεν	adhuc uiuens et sic expirauit
24 Ο δε λογοσ του θ̄ῡ ◆ευξανε	24 Uerbum autem d̄ī augebatur
και επληθυνετο	et multiplicabatur
25 βαρναβασ δε και σαυλος	25 barnabas uero et saulus
◆απεστρεψεν απο ϊερουσαλημ	reuersi sunt ab hierusalem
πληρωσαντεσ την διαχονιαν	impleto ministerio
◆συνπαραλαβοντεσ	adsupto
τον ◆ϊωανην τον επικληθεντα μαρκον	iohannen qui cognominatur marcus

---

G[67] : 23 Sogleich schlug ihn der Engel des Herrn, weil er nicht Gott die Ehre gegeben hatte. *Und nachdem er von dem Richtstuhl herabgekommen war,* wurde er von Würmern zerfressen, *während er noch lebte,* und starb. 24 Das Wort Gottes wuchs und vermehrte sich. 25 Barnabas aber und Saulus, *dieser, der Paulus genannt wurde,* kehrten aus Jerusalem zurück — sie hatten *ihre* Unterstützung erfüllt -, wobei sie *auch* Johannes, den, der Markus genannt wird, mit sich nahmen.

g : 23 Confestim autem eum percussit angelus domini, quia non dedit honorem deo, et uermibus scatens exspirauit. 24 Verbum autem dei crescebat et multiplicabatur. 25 Barnabas autem et saulus redierunt ab hierusalem expleto ministerio assumpto iohanne, qui cognominatur marcus.

1 ἦσαν δὲ ἐν ἀντιοχείᾳ κατὰ τὴν
οὖσαν ἐκκλησίαν
προφῆται καὶ διδάσκαλοι ·
ὅ τε Βαρναβᾶς καὶ Συμεὼν
ὁ καλούμενος Νίγερ,
καὶ Λούκιος ὁ Κυρηναῖος,
Μαναήν τε ἡρῴδου
τοῦ τετράρχου[a] σύντροφος
καὶ Σαῦλος.
2 λειτουργούντων δὲ αὐτῶν
τῷ κυρίῳ καὶ νηστευόντων
εἶπεν τὸ πνεῦμα τὸ ἅγιον ·
ἀφορίσατε δή μοι
τὸν Βαρναβᾶν καὶ Σαῦλον
εἰς τὸ ἔργον
ὃ προσκέκλημαι αὐτούς.
3 τότε νηστεύσαντες
καὶ προσευξάμενοι
καὶ ἐπιθέντες τὰς χεῖρας αὐτοῖς
ἀπέλυσαν.

1 ἦσαν δὲ ἐν [ ][1] τῇ[2]
[ ][2] ἐκκλησίᾳ[2]
προφῆται καὶ διδάσκαλοι ·
ἐν οἷς[3] Βαρναβᾶς καὶ Συμεὼν
ὁ ἐπικαλούμενος[4] Νίγερ,
καὶ Λούκιος [ ][5] Κυρηναῖος,
Μαναήν τε Ἡρῴδου
τοῦ[6] τετραάρχου σύντροφος
καὶ Παῦλος[7].
2 λειτουργούντων δὲ αὐτῶν
τῷ κυρίῳ [ ][1]
εἶπεν τὸ πνεῦμα [ ][2] ·
ἀφορίσατε δή μοι
τὸν Βαρναβᾶν καὶ Παῦλον[3]
εἰς τὸ ἔργον
ὃ προσκέκλημαι αὐτούς.
3 τότε νηστεύσαντες
καὶ προσευξάμενοι [ ][1]
καὶ ἐπιθέντες <u>αὐτοῖς τὰς χεῖρας</u>[2]
ἀπέλυσαν.

a. Β ; τετρααρχου : *NA 28*

---

1 - 1. Prof – p* / 2. Prof G[67] – Vg / 3. Dd – Vg Eth.4-12 (*om.* Prof) / 4. D – SodC.4 431 453 *pc* (versions ?) / 5. D – SodC.4 (versions ?) / 6. voir *infra* / 7. G[67] – p*
Prof : erant etiam in ecclesia prophetae et doctores barnabas et saulus... (p. 21)
p : Erant autem secundum unam quam que ecclesiam prophete et doctores. Barnabas quoque...
Vg : Erant autem in ecclesia quae erat antiochiae...

2 - 1. Var – Vg(D) Eth.1 (≈ *ante* λειτουργούντων : G[67] SyrP ; ≈ *ante* τω κυριω : Chr.3 (2/2) Lcf Amb) / 2. Var – Chr.3 y' ndl.1 BarS[LC] / 3. Var QvD G[67] Ephr[k] – m p y' ndl.2 Trin Boh(GNOT)
Varia : om. τῷ κυρίῳ : g Lcf (τῷ θεῷ :Var G[67])
Var : Qui cum seruirent deo dixit eis spiritus : segregate mihi Barnabam et Paulum in opere quo uouaui eos (III,68)

3 - 1. voir *infra* / 2. Var Prof SyrH* – Ee SodC.4.5.14-16 SodB.1 536 *pc* g p Vg Lcf SyrP

vv. 1-3 : Aux versets 1-3, le TO est reconstitué notamment à partir du *De Prophetis et Prophetiis* (Prof), mns Sang.133 (cf. *Boism*[1b] pp.86-87.347 et J. ROPES, *The Text of Acts*, in *The Beginnings of Christianity*, Part I *The Acts of the Apostles*, London 1926, p. 115).

v. 1 : Dans D, le και devant τετραρχου provient d'une rétroversion du latin.

v. 3 : L'omission de απελυσαν dans D est certainement une distraction du scribe car la phrase n'a pas de verbe principal. Nous ne retenons pas non plus son addition de παντεσ après προσευξαμενοι qui n'est pas autrement attestée.

1 ησαν δε εν αντιοχεια κατα την	1 erant autem in antiochia aput quem
ουσαν εκκλησιαν	erat ecclesiam
προφηται και διδασκαλοι	prophetae et doctores
εν οισ βαρναβασ και συμεων	in quo barnabas et symeon
ο επικαλουμενοσ νιγερ	qui uocatur niger
και λουκειοσ κυρηναιοσ	et lucius cyrenensis
μαναην τε ηρωδου	manaenque herodis
♦και ♦τετραρχου συντροφοσ	et tetrarchi conlactaneus
και σαυλοσ	et saulus
2 λειτουργουντων δε αυτων	2 Deseruientibus autem eis
τω κω̄ και νηστευοντων	dn̄o et ieiunantibus
ειπεν το πν̄α το αγιον	dixit sp̄s sanctus
αφορισατε δη μοι	secernite mihi
τον βαρναβαν και σαυλον	barnaban et saulum
εισ το εργον	ad opus
ο προσκεκλημαι αυτουσ	uocaui eos
3 τοτε νηστευσαντεσ	3 tunc cum iaiunassent
και προσευξαμενοι παντες	et orassent omnes
και επιθεντεσ τασ χειρασ αυτοισ	et inposuissent manus eis

G[67] : [1] Es weilten aber in der Gemeinde von Antiochia Propheten und Lehrer, welches waren : Barnabas, Symeon, der, der Niger genannt wird, Lucius, der Kyrenäer, auch Manaen - er ist der Milchbruder des Tetrarchen Herodes - und *Paulus*. [2] *Diese waren zu der Gemeinde gekommen. Während sie fasteten und Gott dienten*, sprach der Heilige Geist *zu ihnen* : „Sondert mir ab Barnabas *und Paulus* für des Werk, zu dem ich sie berufen habe !" [3] Da fasteten und beteten sie, legten ihnen die Hand auf und entließen sie.

g : [1] Erant autem in ecclesia, qui erat antiochiae prophetae et magistri : Barnabas et symon, qui cognaminatur niger, et lucius cyrenensis et manahen herodis tetrarchae collactaneus et saulus. [2] Deseruientibus autem illis et ieiunantibus, dixit spiritus sanctus : Segregate michi barnaban et saulum ad opus, quod uocam eos. [3] Tunc ieiunantes et orantes posuerunt illis manus et dimiserunt eos.

4 αὐτοὶ μὲν οὖν ἐκπεμφθέντες
ὑπὸ τοῦ ἁγίου πνεύματος
κατῆλθον εἰς σελεύκειαν,
ἐκεῖθέν τε ἀπέπλευσαν εἰς κύπρον,
5 καὶ γενόμενοι ἐν σαλαμῖνι
κατήγγελλον
τὸν λόγον τοῦ θεοῦ
ἐν ταῖς συναγωγαῖς τῶν ἰουδαίων·
εἶχον δὲ καὶ ἰωάννην
ὑπηρέτην.
6 διελθόντες δὲ
ὅλην τὴν νῆσον ἄχρι Πάφου
εὗρον ἄνδρα τινὰ μάγον
ψευδοπροφήτην ἰουδαῖον
ᾧ ὄνομα Βαριησοῦς [b],
7 ὃς ἦν
σὺν τῷ ἀνθυπάτῳ Σεργίῳ Παύλῳ,
ἀνδρὶ συνετῷ.
οὗτος προσκαλεσάμενος Βαρναβᾶν
καὶ Σαῦλον ἐπεζήτησεν
ἀκοῦσαι τὸν λόγον τοῦ θεοῦ ·

4 οἵ[1] μὲν οὖν ἐκπεμφθέντες
ὑπὸ τῶν ἁγίων[2]
κατῆλθον[3] εἰς σελεύκειαν,
ἐκεῖθέν [ ][4] ἀπέπλευσαν εἰς κύπρον,
5 [ ][1] γενόμενοι δὲ[1] ἐν τῇ[2] σαλαμῖνι
κατήγγειλλαν[3]
τὸν λόγον τοῦ κυρίου[4]
ἐν ταῖς συναγωγαῖς τῶν ἰουδαίων·
εἶχον δὲ καὶ ἰωάννην
ὑπηρέτουντα αὐτοῖς[5].
6 καὶ[1] περιελθόντων [ ][2] αὐτῶν[2]
ὅλην τὴν νῆσον ἄχρι Πάφου
εὗρον ἄνδρα τινὰ μάγον
ψευδοπροφήτην ἰουδαῖον
ὀνόματι[3] καλούμενον[4] Βαριησοῦα[5]
7 ὃς ἦν
σὺν τῷ ἀνθυπάτῳ Σεργίῳ Παύλῳ,
ἀνδρὶ συνετῷ.
οὗτος συγκαλεσάμενος[1] Βαρναβᾶν
καὶ Παῦλον[2] [ ][3] εζήτησεν[4]
ἀκοῦσαι τὸν λόγον τοῦ θεοῦ ·

b. B ; Βαριησου : p⁷⁴ א Vg *NA 28*

---

4 - 1. D – Ps-Chr / 2. G⁶⁷ – p Sah / 3. voir *infra* / 4. D g p

5 - 1. D / 2. D (versions ?) / 3. D 1522 1838 *pc* Chr.1ᵃ Vg(W) / 4. D – 623 g y' Lcf SyrP / 5. Dd SyrHᵐᵍ G⁶⁷ – SodC.1.2 p SyrP Sah Eth.4-13

6 - 1. D(+) – g Vg Lcf (*om.* δέ : G⁶⁷) / 2. D – prv.2 (cf. διελθοντων : 1522) (*contra* G⁶⁷) / 3. Dd G⁶⁷ – p⁴⁵ 36.453 181 431 p Geo / 4. Dd – Geo / 5. Dd G⁶⁷ – SyrH Eth.1 (βαριησουμαι : (G⁶⁷(gr) d – bariesuban : Lcf)
Varia : *om.* ψευδοπροφήτην : Boh(K) Eth. 2.3 (≈ *post* ιουδαῖον : G⁶⁷ Eth.4-13)
(διελθών : Vg(G) Eth.1 – εὕρην : Eth.1 (cf. 12,25 *varia*))

7 - 1. D / 2. G⁶⁷ SodC.1.2.11-13 Vg Boh(FSG) (cf. vv. 1-2) / 3. voir *infra* / 4. D
Varia : et petebat ut sciret quae sit ratio praedicationis eorum : SyrH (BarSᶜ)

v. 4 : Le texte de D est incohérent et l'on ne peut pas retenir son καταβαντεσ δε.

v. 6 : δὲ ne saurait être maintenu après καὶ. Les leçons au singulier notées aux *varia* sont loin d'être isolées. On en a noté déjà en 12,25 ; on en rencontrera encore aux passages suivants : 13,8.46 ; 14,1.3.14.18.20.21. Certaines peuvent s'expliquer par des erreurs de scribe, mais la plupart pourraient remonter au TO. Ne seraient-elles pas l'écho d'une forme de récits dans lesquels il n'y avait qu'un seul missionnaire ? (cf. *Boism*¹ᵇ p.88)

v. 7 : Dans D, le και devant εζητησεν est impossible. Il provient d'une rétroversion du texte latin de d ; mais la séquence *et quaesire[t] voluit* est une leçon double.

4 οι μεν ουν εκπεμφθεντεσ
ϋπο του π̅ν̅σ̅ αγιου
καταβαντεσ δε εισ ◆σελευκιαν
εκειθεν απεπλευσαν εισ κυπρον
5 γενομενοι δε εν τη σαλαμεινι
◆κατηνγειλαν
τον ◆λον του κ̅υ̅
εν ταισ συναγωγαισ των ϊουδαιων
ειχον δε και ϊωαννην
ϋπηρετουντα αυτοισ
6 και ◆ριελθοντων ◆δε αυτων
ολην την νησσον αχρι παφου
ευρον ανδρα τινα μαγον
ψευδοπροφητην ϊουδαιον
ονοματι καλουμενοσ ◆βαρϊησουα
7 οσ ην
συν τω ανθυπατω σεργιω παυλω
ανδρι συνετω
ουτοσ ◆συνκαλεσαμενοσ βαρναβαν
και σαυλο̅ ◆και εζητησεν
ακουσαι τον λογον του θ̅υ̅

4 ipsi uero dismissi
ab s̅p̅o̅ sancto
descenderunt seleuciam
inde uero nauigauerunt in cyprum
5 et cum fuissent salamina
adnuntiabant
uerbum d̅i̅
in synagogis iudaeorum
habebant uero et iohannen
ministrantem eis
6 cum pergressi fuissent
totem insulam usquae ad paphum
inuenerunt uirum quendam magum
pseudoprophetam iudaeum
nomine qui uocatur bariesuam
7 qui erat
cum proconsule sergio paulo
uiro prudenti
hic cum uocasset barnaban
et saulum et quaesire uoluit
audire uerbum d̅i̅

G[67] : [4] Sie nun, nachdem sie von *den Heiligen* entsandt worden waren, gingen hinab nach Seleukia. Von jenem Ort aus aber fuhren sie zu Schiff nach Zypern. [5] Und nachdem sie in Salamis angekommen waren, verkündigten sie das Wort Gottes in den Synagogen der Juden. Sie hatten aber auch Johannes (bei sich), *indem er sie bediente.* [6] Nachdem sie die ganze Insel bis nach Paphus durchzogen hatten, fanden sie einen Mann, einen jüdischen Zauberer und falschen Propheten, *dessen Name Barjesus war.* [7] Dieser war um den Statthalter Sergius Paulus, einen verständigen Mann. Er ließ Barnabas und *Paulus* holen und trachtete danach, das Wort Gottes zu hören.

g : [4] Et illi quidem dimissi a spiritu sancto descenderunt seleuciam et inde nauigauerunt cyprum. [5] Et cum uenissent salamina, praedicabant uerbum domini in synagogis iudeorum habebant autem iohannem ministrum. [6] Et cum perambulassent uniuersam insulam usque pafum, inuenerunt quendam uirum pseudoprophetam iudeum, cui nomen erat barihesu, quod interpretatur paratus, [7] qui erat cum proconsule sergio paulo uiro prudente. Qui cum aduocasset barnaban et saulum querebat audire uerbum dei.

8 ἀνθίστατο δὲ αὐτοῖς
Ἐλύμας ὁ μάγος,
οὕτως γὰρ μεθερμηνεύεται
τὸ ὄνομα αὐτοῦ,
ζητῶν διαστρέψαι τὸν ἀνθύπατον
ἀπὸ τῆς πίστεως.

9 Σαῦλος δέ, ὁ καὶ Παῦλος,
πλησθεὶς πνεύματος ἁγίου
ἀτενίσας εἰς αὐτὸν εἶπεν ·
10 ὦ πλήρης παντὸς δόλου
καὶ πάσης ῥᾳδιουργίας,
υἱὲ διαβόλου,
ἐχθρὲ πάσης δικαιοσύνης,
οὐ παύσῃ διαστρέφων
τὰς ὁδοὺς τοῦ κυρίου
τὰς εὐθείας ;
11 καὶ νῦν ἰδοὺ χεὶρ κυρίου ἐπὶ σέ,
καὶ ἔσῃ τυφλὸς
μὴ βλέπων τὸν ἥλιον ἄχρι καιροῦ.
παραχρῆμά δὲ c ἔπεσεν d
ἀχλὺς καὶ σκότος,
καὶ περιάγων
ἐζήτει χειραγωγούς.

8 ἀνθίστατο δὲ αὐτοῖς
Ἕτοιμας[1] ὁ μάγος,
οὕτως γὰρ μεθερμηνεύεται
τὸ ὄνομα αὐτοῦ,
ζητῶν διαστρέψαι τὸν ἀνθύπατον
ἀπὸ τῆς πίστεως
ἐπειδὴ ἥδιστα ἤκουεν αὐτῶν[2].

9 [ ][1] Παῦλος δὲ [ ][1]
πλησθεὶς πνεύματος ἁγίου
καὶ[2] ἀτενίσας εἰς αὐτὸν εἶπεν ·
10 ὦ πλήρης παντὸς δόλου
καὶ [ ][1] ῥᾳδιουργίας,
υἱὸς[2] διαβόλου,
ἐχθρὲ πάσης δικαιοσύνης,
οὐ παύσῃ διαστρέφων
τὰς ὁδοὺς [ ][3] κυρίου
τὰς οὔσας[4] εὐθείας ;
11 καὶ νῦν ἰδοὺ χεὶρ κυρίου ἐπὶ σέ,
καὶ ἔσῃ τυφλὸς
μὴ βλέπων τὸν ἥλιον ἕως[1] καιροῦ.
καὶ[2] εὐθέως[3] ἔπεσεν ἐπ᾽ αὐτὸν
ἀχλὺς καὶ σκότος,
καὶ περιάγων
ἐζήτει χειραγωγούς.

c. p⁷⁴ A B E L Koinè SyrH ; τε : p⁷⁵ ℵ C Ψ 81 1175 NA 28
d. B ; επεπεσεν : p⁴⁵ᵛⁱᵈ·⁷⁴ C E Koinè ; επεπσεν επ αυτον : A D L Ψ 33 81 1505 NA 28

---

8 - 1. Dd – (Lcf) (contra G⁶⁷) / 2. Dd SyrH* G⁶⁷ – (om. ἥδιστα : G⁶⁷)
Varia : αὐτῷ loco αὐτοῖς : 1838 Vg(R) Lcf (cf. v. 6 varia)

9 - 1. Var / 2. Dd p⁴⁵ Ee Koinè g
Var : Paulus autem repletus... intendens in eum ait (II,8)

10 - 1. D Var Ephrᵏ – SodC.4.5* g y' Lcf Orᴸ Eth Arab / 2. D Var – Vg(mss) Lcf / 3. D – (tous sauf ℵ B pc) (versions ?) / 4. Dd G⁶⁷ – Sah
Var : O plene dolo et cauillatione, filius diaboli, inimice omnis iustitiae, quare non sinis peruertere uias domini, cum sint rectae (cf. v. 9)

11 - 1. D / 2. D – (versions ?) / 3. Dd G⁶⁷(?) – g Vg Lcf Boh / 4. D – Boh (autres versions ?)

v. 9 : La variante 1. est certaine puisque Paul a été nommé ainsi dès le début de l'épisode.

8 ανθειστατο δε αυτοισ	8 resistabat autem eis
ετ[ ]ιμασ ο μαγοσ	etoemas magus
ουτωσ γαρ μεθερμηνευεται	sic enim interpraetabatur
το ονομα αυτου	nomen eius
ζητων διαστρεψαι τον ανθυπατον	quaerens uertere proconsolem
απο τησ πιστεωσ	a fidem
♦επιδη ηδιστα ηκουεν αυτων	quoniam liuenter audiebat eos
9 σαυλοσ δε ο και παυλοσ	9 Saulus uero qui et paulus
πλησθεισ π̅ν̅σ̅ αγιου	inpletus s̅p̅o sancto
και ατενεισασ εισ αυτον ειπεν	et intuitus in eum dixit
10 ω πληρησ παντοσ δολου	10 o plenae omnis dolus
και ραδιουργιασ	et falsi
♦υιοι διαβολου	fili diabole
♦εκθρε πασησ δικαιοσυνησ	inimicae omnis iustitiae
ου παυση διαστρεφων	non cessas euertere
τασ οδουσ κ̅υ̅	uias domini
τασ ουσασ ευθειασ	quas sunt rectas
11 και νυν ειδου η χειρ κ̅υ̅ επι σε	11 et nunc ecce manus d̅n̅i super te
και εση τυφλοσ	et eris caecus
μη βλεπων τον ηλειον εωσ καιρου	non videns solem usq· ad tempus
και ευθεωσ επεσεν επ αυτον	et confestim caecidit super eum
αχλυσ και σκοτοσ	caligo et tenebrae
και περιαγων	et circumiens
εζητει χειραγωγουσ	quaerebat ad manum deductores

G⁶⁷ : ⁸ Es kämpfte aber gegen sie Elymas, der Zauberer — denn so wird sein Name übersetzt, *wie er sagt -*, indem er danach trachtete, den Statthalter vom Glauben abzuhalten, *weil er ihnen gern zuhörte.* ⁹ Saulus aber, welcher Paulus ist, wurde erfüllt vom Heiligen Geist, blickte zu ihm hin ¹⁰ und sprach : „O, der du voll bist von jeder List und jeder Bosheit„ du Sohn des Teufels, du Feind jeder Gerechtigkeit ! Wirst du nicht aufhören, die geraden Wege des Herrn zu verkehren ? ¹¹ Jetzt, siehe, die Hand des Herrn wird über dich kommen, und du wirst blind werden, daß du die Sonne eine Zeitlang nicht (mehr) sehen kannst." Sogleich kam eine Hülle über ihn und Finsternis. Er ging umher, indem er suchte, *daß man ihn führe.*

g : ⁸ Resistebat autem illis elimas magus, sic enim interpretatum dicitur nomen eius, qui querebat auertere proconsulem a fide. ⁹ Saulus autem qui et paulus repletus spiritu sancto et intendens in eum ¹⁰ ait : O plene omni dolo et fallacia, fili diaboli, inimice omnis iustitiae ! non desinis peruertere uias domini rectas ? ¹¹ Et nunc ecce manus domini aduersus te, et eris cecus et non uidens solem usque ad tempus. Et protinus cecidit super eum caligo et tenebrae et circuiens querebat, qui se ad manum deduceret.

12 τότε ἰδὼν ὁ ἀνθύπατος
τὸ γεγονὸς
ἐπίστευσεν ἐκπλησσόμενος ᵉ
ἐπὶ τῇ διδαχῇ τοῦ κυρίου.
13 ἀναχθέντες δὲ ἀπὸ τῆς Πάφου
οἱ περὶ Παῦλον ἦλθον
εἰς πέργην τῆς παμφυλίας·
Ἰωάννης ᶠ δὲ ἀποχωρήσας
ἀπ᾽ αὐτῶν ὑπέστρεψεν
εἰς Ἱεροσόλυμα.
14 αὐτοὶ δὲ διελθόντες
ἀπὸ τῆς Πέργης
παρεγένοντο
εἰς Ἀντιόχειαν τὴν Πισιδίαν,
καὶ ελθόντες ᵍ
εἰς τὴν συναγωγὴν
τῇ ἡμέρᾳ τῶν σαββάτων
ἐκάθισαν.

12 [ ]¹ ἰδὼν δὲ² ὁ ἀνθύπατος
τὸ γεγονὸς ἐθαύμασεν καὶ³
ἐπίστευσεν τῷ θεῷ⁴ [ ]⁵
[ ]⁶.
13 ἀναχθέντες [ ]¹ ἀπὸ τῆς Πάφου
οἱ περὶ Παῦλον ἦλθον
εἰς πέργην τῆς παμφυλίας·
Ἰωάννης δὲ ἀποχωρήσας
ἀπ᾽ αὐτῶν ὑπέστρεψεν
εἰς Ἱεροσόλυμα.
14 οὗτοί¹ δὲ διελθόντες
ἀπὸ τῆς Πέργης
παρεγένοντο
εἰς Ἀντιόχειαν τῆς Πισιδίας²,
καὶ εἰσελθόντες³
εἰς τὴν συναγωγὴν
[ ]⁴ τῷ σαββάτῳ⁵
ἐκάθισαν.

e. *NA 28* ; εκπληττομενος : B ℵ C 81 // f. *NA 28* ; Ιωανης : B D // g. B C ℵ* 81 1175 ;
εισελθοντες : p⁷⁴ ℵ² A D E L Ψ 33 323 614 945 1241 1505 1739 *Koinè* Syr *NA 28*

12 - 1. D – g Lcf SyrP Eth(1-3.5.6.9-13) / 2. D – g Lcf (*om.* SyrP) / 3. Dd – Ee SyrP Eth(mss)
cf. g Ephrˢ / 4. Dd – cf. Eth.(mss)/ 5. (Dd+) – SyrP Eth.(mss) (D, voir *infra*) / 6. (Dd+) –
Eth(mss) (D, voir *infra*)
Eth(mss) : et videns proconsul quod accidit miratus est et credidit in domino nostro
SyrP : cum vidisset proconsul quod accidit miratus est et credidit in doctrina domini
Ephrᵉ : Scripsit quod perculsus est oculos suos Barshuma magus et admiratio occupavit
hegemona (som. 12).

13 - 1. d – p⁴⁵ 915 1838 Geo

14 - 1. d – p⁴⁵ g Vg Geo (Paul et Barnabé : G⁶⁷) / 2. Dd z G⁶⁷ – (tous sauf p⁴⁵ et TA) / 3. Dd z
– Ee A p⁷⁴ *Koinè* Vg / 4. conj. (voir *infra*) / 5. D z G⁶⁷ – g Sah.4 Geoᴬ

v. 12 : D a gardé le TO intégralement (cf. Eth) auquel il a ajouté la seconde partie du verset
selon le TA. Cette fusion a dû se faire au niveau de l'archétype X (cf. g). SyrP suit aussi le TO,
sauf pour la finale reprise du TA.
D'après le récit, le proconsul croit en Dieu à la vue du miracle (TO), et non "frappé *aussi* par
l'enseignement du Seigneur", comme semble le dire le TA. Cette phrase du TA détonne dans le
contexte des Actes : le verbe ἐκπλήσσεσθαι ne s'y lit qu'ici et partout ailleurs il s'agit de la
"doctrine" des apôtres ou de Paul (cf. 2,42 ; 5,28 ; 17,19), jamais de celle du Seigneur (= le
Christ). Le TA peut avoir été influencé par des textes tels que Mt 7,28 ou 22,33.

v. 14 : L'expression τῇ ἡμέρᾳ τῷ σαββάτῳ ne se rencontre jamais dans le NT ; on a soit τῇ
ἡμέρᾳ τῶν σαββάτων soit τῷ σαββάτῳ. Le TO a donc ici une leçon double (due à
l'archétype X ?) et il faut supprimer τῇ ἡμέρᾳ.

12 ιδων δε ο ανθυπατοσ	**12** tunc cum uidisset proconsul
το γεγονοσ εθαυμασεν και	quod factum est miratus est et
επιστευσεν τω θ︦ω︦ εκπλησσομενοσ	credidit in d︦o︦ stupens
επι τη διδαχη του κ︦υ︦	super doctrina d︦n︦i
13 αναχθεντεσ δε απο τησ παφου	**13** superuenientes a papho
οι περι παυλ︦ο︦ ηλθον	qui erant circa paulo uenerunt
εισ περγην τησ παμφυλιασ	in pergen pamphyliae
◆ϊωανησ δε αποχωρησασ	iohannes uero cum discedisset
απ αυτων υπεστρεψεν	ab eis reuersus est
εισ ϊεροσολυμα	hierosolymis
14 αυτοι δε διελθοντεσ	**14** isti autem cum transissent
απο τησ περγησ	a pergen
παρεγενοντο	uenerunt
εισ αντειοχειαν τησ πεισιδιασ	antiochiam pisidiae
και εισελθοντεσ	et cum introissent
εισ την συναγωγην	in synagogam
τη ◆ημετερα τω σαββατω	die sabbatorum
εκαθισαν	sed erunt

G[67] : [12] Da, als der Statthalter sah, was geschehen war, kam er zum Glauben, indem er sich wunderte über die Lehre des Herrn. [13] Als die (Leute) des Paulus aber zu Schiff von Paphus abgefahren waren, kamen sie nach Perge in Pamphylien. Johannes aber trennte sich von ihnen und kehrte zurück nach Jerusalem. [14] *Paulus* aber *und Barnabas*, nachdem sie von Perge fortgegangen waren, kamen nach Antiochia in Pisidien. Und sie begaben sich in die Synagoge am Tage des Sabbats und setzten sich.

g : [12] Videns autem proconsul, quod erat factum, credidit cum ammiratione stupens in doctrinam domini. [13] Et cum a pafo nauigassent hi, qui cum paulo erant, uenerunt pergen pamfiliae, Iohannes autem discessit ab eis et rediit hierosolimam. [14] Illi uero pertranseuntes pergen uenerunt antiochiam pisidiae et introierunt in synagogam die sabbato et sederunt.

15 μετὰ δὲ τὴν ἀνάγνωσιν
τοῦ νόμου καὶ τῶν προφητῶν
ἀπέστειλαν οἱ ἀρχισυνάγωγοι
πρὸς αὐτοὺς λέγοντες ·
ἄνδρες ἀδελφοί, εἴ τίς ἐστιν
ἐν ὑμῖν λόγος
παρακλήσεως
πρὸς τὸν λαόν, λέγετε.
16 ἀναστὰς δὲ Παῦλος
καὶ κατασείσας τῇ χειρὶ
εἶπεν · ἄνδρες ἰσραηλῖται
καὶ οἱ φοβούμενοι τὸν θεόν,
ἀκούσατε.
17 ὁ θεὸς τοῦ λαοῦ τούτου [h]
Ἰσραὴλ
ἐξελέξατο τοὺς πατέρας ἡμῶν,
καὶ τὸν λαὸν ὕψωσεν
ἐν τῇ παροικίᾳ ἐν γῇ Αἰγύπτου,
καὶ μετὰ βραχίονος ὑψηλοῦ
ἐξήγαγεν αὐτοὺς ἐξ αὐτῆς,
18 καὶ ὡς τεσσερακονταέτη χρόνον
ἐτροποφόρησεν αὐτοὺς
ἐν τῇ ἐρήμῳ,

15 μετὰ δὲ τὴν ἀνάγνωσιν
τοῦ νόμου καὶ τῶν προφητῶν
ἀπέστειλαν οἱ ἀρχισυνάγωγοι
πρὸς αὐτοὺς λέγοντες ·
ἄνδρες ἀδελφοί, εἴ τίς ἐστιν
λόγος σοφίας [1] ἐν ὑμῖν [2]
[ ] [3]
πρὸς τὸν λαόν, λέγετε.
16 ἀναστὰς δὲ ὁ [1] Παῦλος
καὶ κατασείσας τῇ χειρὶ *σιγᾶν* [2]
εἶπεν · ἄνδρες ἰσραηλῖται
καὶ οἱ φοβούμενοι τὸν θεόν,
ἀκούσατε.
17 ὁ θεὸς τοῦ λαοῦ τούτου Ἰσραὴλ
ἐξελέξατο τοὺς πατέρας ἡμῶν,
διά [1] τὸν λαὸν *καὶ* [2] ὕψωσεν
ἐν τῇ παροικίᾳ ἐν *τῇ* [3] *Αἰγύπτῳ* [4],
καὶ μετὰ βραχίονος ὑψηλοῦ
ἐξήγαγεν αὐτοὺς ἐξ αὐτῆς,

18 καὶ [ ] [1] ἔτη *τεσσεράκοντα* [2] [ ] [3]
ἐτροφοφόρησεν [4] αὐτοὺς
ἐν τῇ ἐρήμῳ,

h. D *NA 28* ; B : του

---

15 - 1. Dd (z) G⁶⁷ / 2. Dd z (G⁶⁷) / 3. voir *infra*
z : si qua prudentia est in bobis consolationis ad plebem dicite

16 - 1. D – (versions ?) / 2. – 489 g Lcf Eth Geo ; cf. **Cass** : Tunc Paulus facta manu silentio...

17 - 1. Dd – SodC.1.2.13 Chr.1b g SyrH BarSᴸ / 2. – SodC.1.2.13 Chr.1ᵇ g SyrH BarSᴸ / 3. Dd(+) G⁶⁷(+) – Ψ 209 / 4. D – C E *Koinè*

18 - 1. Dd G⁶⁷ – Ee SodC.14 Theoph IIᴸ g Vg SyrP Sah Boh Eth Geo / 2. Dd / 3. Dd G⁶⁷ – SyrP Sah Eth Geo / 4. G⁶⁷ – Ee A C p⁷⁴ SodC.5 SodB.2 181 1838 *pc* g SyrP Sah Eth Geo

v. 15 : Le TO est difficile à reconstituer. Il semble que les mots "sagesse" et "exhortation" forment doublet, le premier provenant du TO et le second du TA. Dans D, le génitif λογου ne donne aucun sens et l'on peut supposer une erreur du scribe pour λογοσ, attesté par d. C'est l'archétype X qui aurait effectué la fusion entre TO et TA, et l'on peut reconstituer ainsi son texte : εἴ τίς ἐστιν λόγος σοφίας ἐν ὑμῖν ἢ λόγος παρακλήσεως πρὸς τὸν λαὸν λέγετε, Dd et G⁶⁷ dépendraient tous les deux de ce texte, mais en simplifiant chacun une des deux formules.

v. 16 : D a adopté ici le TA. Cf. 12,17 : κατασείσας δὲ αὐτοῖς τῇ χειρὶ σιγᾶν διηγήσατο

v. 17 : La variante 2., abandonnée par D, est nécessaire après la variante 1. – La leçon de D εν τη γη Αιγυπτω est certainement fautive. L'archétype X avait probablement combiné TO et TA sous la forme ἐν τῇ γῇ Αἰγύπτου, conservée par G⁶⁷.

15 μετα δε την αναγνωσιν	**15** post lectionem uero
του νομου και των προφητων	legis et prophetarum
απεστειλαν οι αρχισυναγωγοι	miserunt archisynagogi
προσ αυτουσ λεγοντεσ	ad eos dicentes
ανδρεσ αδελφοι ει τισ εστιν	uiri fratres si quis est
◆λογου σοφιασ εν ϋμειν	sermo et intellectus in uobis
παρακλησεωσ	exhortationis
προσ τον λαον ◆λεγεται	ad populum dicite
16 αναστασ δε ο παυλοσ	**16** Cum surrexisset paulus
και κατασεισασ τη χειρει	et silentium manu postulasset
ειπεν ανδρεσ ϊστραηλιται	dixit uiri istrahelitae
και οι φοβουμενοι τον θ͞υ	et qui timetis d͞m
ακουσατε	audite
17 ο θ͞σ του λαου τουτου ϊσραηλ	**17** D͞s populi huius istrahel
εξελεξατο τουσ πατερασ ημων	elegit patres nostros
δια τον λαον ϋψωσεν	propter populum exaltatum
εν τη παροικια εν τη γη ◆αιγυπτω	in peregrinatione in terra aegypti
και μετα βραχειονοσ ϋψηλου	et cum brachio alto
εξηγαγεν αυτουσ εξ αυτησ	eduxit eos ex ipsa
18 και ετη ·μ͞·	**18** et annis ·x͞l·
ετροποφορησεν αυτουσ	ac si nutrix aluit eos
εν τη ερημω	in solitudine

G⁶⁷ : ¹⁵ Aber nach der Lesung des Gesetzes und der Propheten sandten die Synagogenvorsteher zu ihnen, indem sie sagten : „Ihr Männer und Brüder ! Wenn *Weisheit* in *einem von* euch ist *oder* ein Wort von Zuversicht, *redet zu dem Volk* !" ¹⁶ Paulus aber erhob sich, bewegte seine Hand *gegen sie* und sprach : „Männer von Israel und ihr, die ihr Gott fürchtet ! Hört ! ¹⁷ Der Gott dieses Volkes Israel hat unsere Väter erwählt und hat das Volk erhöht in *seinem* Aufenthaltsort im Lande Ägypten. Mit erhobenem Arm hat er sie aus *jenem Ort* herausgeführt. ¹⁸ Er hat sie vierzig Jahre lang in der Wüste *ernährt.*

g : ¹⁵ Post lectionem autem legis et prophetarum miserunt ad eos principes synagogae dicentes : Viri fratres, si quis est in uobis sermo exhortationis ad plebem, dicite. ¹⁶ Exsurgens autem paulus et mouens manum ut tacerent ait : Viri israhelitae et qui timetis deum, audite. ¹⁷ Deus populi huius israhel elegit patres nostros perpetuum populum et exaltauit cum essent incolae in terra egypti et cum manu excelsa eduxit eos ex ea ¹⁸ et per XL annorum tempus aluit eos in deserto

19 καθελὼν[i] ἔθνη ἑπτὰ
ἐν γῇ Χανάαν κατεκληρονόμησεν
τὴν γῆν αὐτῶν
20 ὡς ἔτεσιν[j] τετρακοσίοις
καὶ πεντήκοντα. καὶ μετὰ ταῦτα
ἔδωκεν κριτὰς
ἕως Σαμουὴλ προφήτου[k].
21 κἀκεῖθεν ᾐτήσαντο βασιλέα,
καὶ ἔδωκεν αὐτοῖς ὁ θεὸς
τὸν Σαοὺλ υἱὸν κίς,
ἄνδρα ἐκ φυλῆς Βενιαμίν,
ἔτη τεσσεράκοντα.
22 καὶ μεταστήσας αὐτὸν
ἤγειρεν τὸν Δαυὶδ αὐτοῖς
εἰς βασιλέα,
ᾧ καὶ εἶπεν μαρτυρήσας,
εὗρον Δαυὶδ τὸν τοῦ Ἰεσσαί,
κατὰ[l] τὴν καρδίαν μου,
ὃς ποιήσει
πάντα τὰ θελήματά μου.
23 τούτου ὁ θεὸς
ἀπὸ τοῦ σπέρματος
κατ᾽ ἐπαγγελίαν ἤγαγεν
τῷ Ἰσραὴλ σωτῆρα Ἰησοῦν,

19 *καὶ*[1] καθελὼν ἔθνη ἑπτὰ
ἐν γῇ Χανάαν κατεκληρονόμησεν
τὴν γῆν *τῶν ἀλλοφύλων*[2]
20 *καὶ*[1] [ ]² ἔτεσιν τετρακοσίοις
καὶ πεντήκοντα. [ ]³
ἔδωκεν κριτὰς
ἕως Σαμουὴλ *τοῦ*[4] προφήτου.
21 κἀκεῖθεν ᾐτήσαντο βασιλέα,
καὶ ἔδωκεν αὐτοῖς [ ]¹
τὸν Σαοὺλ υἱὸν κίς,
ἄνδρα ἐκ φυλῆς Βενιαμίν,
ἔτη τεσσεράκοντα.
22 καὶ μεταστήσας αὐτὸν
ἤγειρεν *τὸν*[1] Δαυὶδ αὐτοῖς
εἰς βασιλέα,
ᾧ καὶ εἶπεν μαρτυρήσας,
εὗρον Δαυὶδ [ ]² *υἱὸν*[2] Ἰεσσαί,
ἄνδρα κατὰ τὴν καρδίαν μου,
ὃς ποιήσει
πάντα τὰ θελήματά μου.
23 ὁ θεὸς *οὖν*[1]
ἀπὸ τοῦ σπέρματος τούτου[2]
κατ᾽ ἐπαγγελίαν *ἤγειρεν*[3]
τῷ Ἰσραὴλ *σωτηρίαν*[4] [ ]⁴,

i. B 6 81 ; και καθελων : ℵ A C D *NA 28* // j. *NA 28* ; B : ετεσι // k. p⁷⁴ ℵ A B 81 ; του
προφητου : C D E L Ψ *Koinè NA 28* // l. B E ; ανδρα κατα : ℵ A C 81 D *NA 28*

19 - 1. Dd G⁶⁷g / 2. Dd SyrH*(+) G⁶⁷

20 - 1. Dd G⁶⁷ – g SyrP Sah(mss) Eth.5-12 / 2. G⁶⁷ – SodC.1.2 629* g SyrP Eth (D : εωσ) / 3.
Dd – g SyrP Sah(mss) Eth.5-12 (≈ Ee *Koinè* Eth.1.2.4) / 4. D G⁶⁷ – C E *Koinè* (versions ?)

21 - 1. – SodC.4.5 SodB.2 *pc* Chr.1ᵃ a(629) b g Vg(DGORSW) ndl.1

22 - 1. voir *infra* / 2. Dd G⁶⁷ – Or e g Vg SyrP Sah Eth Geo (voir *infra*)

23 - 1. Dd G⁶⁷ / 2. (D)d G⁶⁷ – Chr.2 / 3. Dd G⁶⁷ – C SodC.1.2.10-13 SodB.1.2.4.7 181 1838
pc g o x Vg(CT) prv SyrHP Sah Geo / 4. G⁶⁷(+) – Chr.2 *Koinè* Eth.1.2-4
Chr.2 : ἀπὸ τοῦ σπέρματος τούτου κατ᾽ ἐπαγγελίαν ἤγαγε τῷ Ἰσραὴλ σωτηρίαν

v.22 : La présence de τον devant Δαωιδ αυτοις est appelée par le parallélisme avec αυτοις
τον Σαουλ au verset précédent. Dans D, l'absence de του devant ιεσσαι (cf. B) donne à
penser que la leçon τον υιον ιεσσαι est une combinaison du TA (B) et du TO υιον ιεσσαι.

v. 23 : Le pronom αυτου de D est une correction du scribe ; la leçon τούτου est certaine,
attestée par d G⁶⁷ et Chr.2. – Il est possible que le sujet ὁ θεός ait été omis dans le TO : il est
ignoré de Chr.2 et situé à deux places très différentes dans D et G⁶⁷.
Cf. Lc 1,69 : καὶ ἤγειρεν κέρας σωτηρίας ἡμῖν.

19 και καθελων εθνη επτα	**19** et sublatisq· gentibus septe
εν γη χανααν κατεκληρονομησεν	in terra chanaam possidere eos fecit
την γην των αλλοφυλῶ	terram allophoelorum
20 και εωσ ετεσιν ·ῡ· και ·ν̄·	**20** et quasi annis ·c̄c̄c̄c̄· et ·l̄·
εδωκεν κριτασ	dedit iudices
εωσ σαμουηλ του προφητου	usque ad samuel prophetam
21 κακειθεν ητησαντο βασιλεα	**21** et exinde petierunt regem
και εδωκεν αυτοισ ο θ̄σ̄	et dedit eis d̄s̄
τον σαουλ ϋιον κεισ	saul filium cis
ανδρα εκ φυλησ βενιαμιν	uirum ex tribu beniamin
ετη ·μ̄·	annis ·xl̄·
22 και μεταστησασ αυτον	**22** et remoto eo
ηγειρεν δαυειδ αυτοισ	excitauit dauit eis
εισ βασιλεα	in regem
ω και ειπεν μαρτυρησασ	cui etiam dixit testimonio
ευρον δαυειδ τον ϋιον ϊεσσαι	inueni dauid filium iessae
ανδρα κατα την καρδιαν μου	uirum secundum cor meum
οσ ποιησει	qui faciet
παντα τα θεληματα μου	omnes uoluntates meas
23 ο θ̄σ̄ ουν	**23** d̄s̄ autem
απο του σπερματοσ αυτου	a semine huius
κατ επαγγελειαν ηγειρεν	secundum pollicitationem resurrexit
τω ϊσραηλ σωτηρα τον ῑη̄ν̄	ipsi istrahel salbatorem ih̄m̄

G[67] : [19] Er hat ausgetilgt sieben Völker im Lande Kanaans und hat *sie* erben lassen das Land *der Stammesfremden* [20] vierhundert und fünfzig Jahre lang. Nach diesen gab er *ihnen* Richter bis auf den Propheten Samuel. [21] Zuletzt forderten sie einen König ; und Gott gab ihnen Saul, den Sohn des Kis, einen Mann aus dem Stamm Benjamin, vierzig Jahre lang. [22] Und als er ihn verworfen hatte, ließ er ihnen David als König erstehen, den, (für den) er Zeugnis ablegte, indem er sagte : „Ich habe David gefunden, den *Sohn* des Jesse, einen Mann, *der meinem Herzen entspricht*, den, der alles, was ich will, ausführen wird." [23] Aus dem Samen von diesem *nun hat* Gott nach einer Verheißung *den Erlöser* für Israel *erstehen lassen, den Erlöser Jesus,*

g : [19] et destruens VII gentes intra chanaan, sorte distribuit illis in possessionem terrarum illorum [20] et per annos quadringentos quiquaginta dedit illis iudices usque ad samuel prophetam, [21] et exinde postulauerunt regem et dedit illis saul filium cis uirum beniamin annis XL [22] et amoto illo suscitauit illis deus dauid regem, cui etiam dixit testimonium reddens : inueni dauid filium yesse uirum secundum cor meum, qui faciet omnes uoluntates meas. [23] Huius ex semine deus secundum promissum suscitauit plebi israhel salutare ihesum

24 προκηρύξαντος Ἰωάννου[m]
πρὸ προσώπου τῆς εἰσόδου αὐτοῦ
βάπτισμα μετανοίας
παντὶ τῷ λαῷ Ἰσραήλ.
25 ὡς δὲ ἐπλήρου Ἰωάννης
τὸν δρόμον, ἔλεγεν ·
τί ἐμὲ ὑπονοεῖτε εἶναι ;
οὐκ εἰμὶ ἐγώ·
ἀλλ᾽ ἰδοὺ ἔρχεται μετ᾽ ἐμὲ
οὗ οὐκ εἰμὶ ἄξιος
τὸ ὑπόδημα τῶν ποδῶν λῦσαι.
26 ἄνδρες ἀδελφοί,
υἱοὶ γένους Ἀβραὰμ
οἱ[n] ἐν ὑμῖν φοβούμενοι τὸν θεόν,
ἡμῖν ὁ λόγος
τῆς σωτηρίας ταύτης
ἐξαπεστάλη.

24 προκηρύξαντος Ἰωάννου
πρὸ προσώπου τῆς εἰσόδου αὐτοῦ
βάπτισμα μετανοίας
παντὶ τῷ λαῷ Ἰσραήλ.
25 ὡς δὲ ἐπλήρου Ἰωάννης
τὸν δρόμον, ἔλεγεν ·
τίνα με[1] ὑπονοεῖτε εἶναι ;
οὐκ εἰμὶ ἐγώ·
ἀλλ᾽ ἰδοὺ ἔρχεται μετ᾽ ἐμὲ
οὗ οὐκ εἰμὶ ἄξιος
τὸ ὑπόδημα τῶν ποδῶν λῦσαι.
26 ἄνδρες ἀδελφοί,
υἱοὶ γένους Ἀβραὰμ
καὶ οἱ ἐν ὑμῖν[1] φοβούμενοι τὸν θεόν,
ἡμῖν ὁ λόγος *οὗτος*[2]
τῆς σωτηρίας [ ][3]
ἐξαπεστάλη.

m. *NA 28* ; Ιωανου : B
n. B p[45] ; και οι : ℵ A C 81 D *NA 28*

24 - 1. *Varia* : *om.* παντί : *Koinè* a(629) Eth.4-12
om. Ἰσραήλ : SodC.7 241 Sah Eth.4

25 - 1. Dd QvD(1/2) – p[45] Ee C *Koinè* g Vg SyrP Boh Eth Geo
QvD : Quem me suspicamini esse non sum ego (*Iud.* XIV,9)

26 - 1. Dd / 2. z. ημιν (Dd) est incohérent / 3. z – C SodC.3 *pc* SyrH Eth Geo / 4. – C SodC.3
SodB.1.4 *pc* t[1.2.4] Vg(S) ndl.1 SyrHP Eth Geo
z : Uiri [f]ratres filii generis abraam et qui in bo[b]is sunt timentes dominum audite nobis [h]oc
[be]rbum salutis [h]ius missum est him [= iesum?] enim [christu]m [?] (*RB* 74 (1964) 281)

v. 26 : L'archétype X avait adopté ici le TA.

24 προκηρυξαντοσ ✦ϊωανου	**24** cum prius praedicasset iohannes
προ προσωπου τησ εισοδου αυτου	ante faciem ingressionis eius
βαπτισμα μετανοιασ	baptisma paenitentiae
παντι τω λαω ϊσραηλ	omni populo istrahel
25 ωσ δε ✦επληρουν ✦ϊωανησ	**25** et dum inpleret cursum iohannes
τον δρομον ελεγε̄	dicebat
τινα με ✦ϋπονοειται ειναι	quem suspicamini me esse
ουκ ειμι εγω	non sum ego
αλλα ϊδου ερχεται ✦μεθ εμε	sed ecce ueniet post me
ου ουκ ειμι αξιοσ	cuius non sum dignus
το ϋποδημα των ποδων λυσαι	calciamentum pedum soluere
26 ανδρεσ αδελφοι	**26** uiri fratres
ϋιοι γενουσ αβρααμ	fili generis abraham
και οι εν ✦ημειν φοβουμενοι τον θ̄ῡ	et qui in nobis timentes d̄m
ημειν ο λογοσ	nobis uerbum
τησ σωτηρειασ ταυτησ	salutis huius
εξαπεσταλη	missum est

G[67] : ²⁴ während Johannes vor seinem Kommen eine Bußtaufe dem ganzen Volk Israels verkündigt hatte. ²⁵ Johannes aber, nachdem er *seinen* Lauf vollendet hatte, sagte : „*Weswegen sagt ihr über mich, daß ich es sei ? Nicht ich bin es* ; sondern, siehe, er wird nach mir kommen, der, dem ich nicht würdig bin, die Sandale loszubinden, *die an* seinen Füßen *befestigt ist.*" ²⁶ Ihr Männer und Brüder, Kinder des Geschlechtes Abrahams, und die, die Gott fürchten unter euch ! Zu uns ist das Wort dieser Erlösung gesandt worden.

g : ²⁴ praedicante iohanne ante faciem aduentus eius per baptismum penitentiae omni populo israhel. ²⁵ Et dum impleret iohannes cursum suum dicebat : Quem me suspicamini esse, non sum ego christus sed ecce uenit post me cui non sum dignus calciamentum de pedibus soluere. ²⁶ Viri fratres filii generis abraham, quicumque inter uos timerit deum, uobis uerbum salutis huius missum est.

27 οἱ γὰρ κατοικοῦντες
ἐν Ἰερουσαλὴμ
καὶ οἱ ἄρχοντες αὐτῶν
τοῦτον ἀγνοήσαντες
καὶ τὰς φωνὰς τῶν προφητῶν
τὰς κατὰ πᾶν σάββατον
ἀναγινωσκομένας
κρίναντες ἐπλήρωσαν,
28 καὶ μηδεμίαν αἰτίαν θανάτου
εὑρόντες
ἠτήσαντο Πιλᾶτον
ἀναιρεθῆναι αὐτόν ·

27 οἱ γὰρ κατοικοῦντες
ἐν Ἰερουσαλὴμ
καὶ οἱ ἄρχοντες αὐτῆς[1]
[ ][2] μὴ συνίεντες[3]
[ ][4] τὰς γραφὰς[5] τῶν προφητῶν
τὰς κατὰ πᾶν σάββατον
ἀναγινωσκομένας
κρίναντες ἀπώσαντο[6],
28 καὶ μηδεμίαν αἰτίαν θανάτου
εὑρόντες ἐν αὐτῷ[1] [ ][2]
[ ][2] ἠτήσαντο ἀπὸ Πιλάτου[3]
ἀνελεῖν[3] αὐτόν ·

---

27 - 1. Dd z – g t Vg / 2. Dd z – t[3] Vg(S) Eth.5 / 3. d z G[67]– Eth.5 (+ : Eth.4.6-12) / 4. Dd z Eth.5 / 5. Dd z(+) – Ee SyrP Eth.4-16 / 6. z – p t Vg(D)
z : et qui in[h]abitant ierusalem et principes [ei]us Nescientes scripturas et boces profetarum quem omni sabbato leguntur iudicantes repullerunt (cf. v. 26)
Eth.5 : et nescierunt scripturas prophetarum...

28 - 1. Dd z SyrH* – SodC.1.2.13 614 c g Vg Sah Boh Eth(– 3.5) / 2. voir *infra* / 3. z
z : nullam causam in eo inbenientes petierunt a pilato occidere eum (cf. v. 26)

v. 27 : Du verbe éthiopien de Eth.5 DILLMANN écrit : « maxime convenit cum graeco συνιεναι » (cf. *Boism*[1b] p. 92). Bien qu'il ne soit pas attesté en grec, le dernier verbe du TO est certain étant donné les traductions latines : *repullerunt* (z), *reprobaverunt* (p), *inpulluerunt* (Vg(D)), *respuerunt* (t). Seul le vieux texte africain, donné par le lectionnaire z, suit entièrement le TO (avec toutefois une leçon double). D passe du TO au TA (en finale), probablement en suivant l'archétype X. En finale, le TA est difficile car il sous-entend un complément direct différent pour κρίναντες (le Christ) et pour ἐπλήρωσαν (les Écritures). On notera aussi que les Écritures dont il est question ne sont pas les mêmes : selon le TA, les juifs ont accompli les Ecritures qui annonçaient la mort du Messie (cf. v. 29) ; selon le TO, les juifs n'ont pas compris les Ecritures qui annonçaient la venue du Christ, et ils l'ont rejeté.
Cf. Lc 24,45 : τοῦ συνιέναι τὰς γραφάς (ici seulement dans le NT).

v. 28 : La finale du texte de D est impossible ; le ινα provient d'une rétroversion du *ut* de d. La seconde partie du texte de D ne trouve aucun écho dans z ou dans G[67]. Par ailleurs, elle ne va pas dans le TO puisque le κρίναντες a été déjà exprimé au verset précédent. Sommes-nous devant une création de l'archétype X ? Nous allons trouver un problème analogue au verset suivant.

27 οι γαρ κατοικουντεσ	**27** qui enim habitabat
εν ϊερουσαλημ	in hierusalem
και οι αρχοντεσ ✦αυτησ	et principes eius
	non intellegentes
✦ταισ τασ γραφασ των προφητων	scripturas prophetarū
τασ κατα παν σαββατον	quae per omnem sabbatum
αναγεινωσκομενασ	leguntur
✦και κρειναντεσ επληρωσαν	et cum iudicassent inplerunt
28 και μηδεμιαν αιτιαν θανατου	**28** et nullam causam mortis
ευροντεσ εν αυτω κρειναντεσ	inuenta est in eo iudicantes autem
αυτον παρεδωκαν πειλατω	eum tradiderunt pilato
✦ϊνα εισ αναιρεσιν	ut interficeretur

G[67] : [27] Denn die, die in Jerusalem wohnen und ihre Obersten, weil sie diesen *Jesus* nicht erkannten und die Stimmen der Propheten, die sie an jedem Sabbat lesen, *nicht verstanden*, haben sie *ihn* gerichtet und *sie* erfüllt. [28] Obgleich sie aber keinerlei Todesschuld *gegen ihn* fanden, forderten sie Pilatus auf, ihn zu töten.

g : [27] Qui enim habitabant hierusalem et principes eius hunc ignorantes et uoces prophetarum, quae per omnem sabbatum leguntur iudicantes impleuerunt. [28] Et cum nullam causam mortis inuenissent in eo postulauerunt a pilato, ut interficeretur,

29 ὡς δὲ ἐτέλεσαν	**29** μετὰ τὸ σταυρωθῆναι αὐτὸν
πάντα τὰ	ᾐτήσαντο Πιλᾶτον ἀπὸ τοῦ ξύλου
γεγραμμένα περὶ αὐτοῦ °	καταρεῖν αὐτὸν καὶ ἐπιτυχόντες[1]
	[ ][1]
	[ ][1]
	[ ][1]
καθελόντες ἀπὸ τοῦ ξύλου	καὶ[2] καθελόντες αὐτὸν[1] [ ][1]
ἔθηκαν εἰς μνημεῖον.	[ ][3] ἔθηκαν εἰς μνημεῖον.
30 ὁ δὲ θεὸς ἤγειρεν αὐτὸν	**30** ὃν[1] [ ][2] ὁ θεὸς ἤγειρεν [ ][1]
ἐκ νεκρῶν·	[ ][2.]
31 ὃς ὤφθη ἐπὶ ἡμέρας πλείους	**31** οὗτος[1] ὤφθη
τοῖς συναναβᾶσιν αὐτῷ	τοῖς συναναβᾶσιν αὐτῷ
ἀπὸ τῆς Γαλιλαίας εἰς Ἰερουσαλήμ,	ἀπὸ τῆς Γαλιλαίας εἰς Ἰερουσαλήμ,
	ἐφ᾽ <u>ἡμέρας πλείονας</u>[2]
οἵτινες εἰσιν ᴾ	οἵτινες [ ][3] <u>νῦν</u>[3] εἰσιν
μάρτυρες αὐτοῦ	μάρτυρες αὐτοῦ
πρὸς τὸν λαόν.	πρὸς τὸν λαόν.
32 καὶ ἡμεῖς ὑμᾶς εὐαγγελιζόμεθα	**32** καὶ ἡμεῖς ὑμᾶς εὐαγγελιζόμεθα
τὴν πρὸς τοὺς πατέρας	τὴν πρὸς τοὺς πατέρας <u>ἡμῶν</u>[1]
ἐπαγγελίαν γενομένην,	<u>γενομένην ἐπαγγελίαν</u>[2],

o. γεγραμμενα περι αυτου : B ; περι αυτου γεγραμμενα : ℵ A C 81 D *NA 28*
p. οιτινες εισι(ν) : B (E L *Koinè*) ; οιτινες νυν εισιν : p⁴⁵·⁷⁴ A C 33 81 323 453 945 1175 1739 g SyrP G⁶⁷ *NA 28*

---

29 - 1. SyrH^mg – cf. t¹ / 2. Dd SyrH^mg / 3. SyrH^mg
SyrH^mg : quae de eo scripta sunt = SyrH] postquam crucifixus esset petierunt pilato ut de ligno detraherent eum inpetrarunt et detrahentes eum posuerunt eum in sepulchro
t¹ : postquam crucifixum petierunt a pylato ut deponerent eum de ligno et iussum est eis
z = TA

30 - 1. Dd z – g / 2. Dd – g

31 - 1. Dd G⁶⁷ – e Sah / 2. D – (versions ?) / 3. G⁶⁷ – p⁴⁵ C A p⁷⁴ SodB.1-4.6.7 *pc* g SyrP Sah Boh Eth.1.2.4 (ἄρχι νῦν : Dd SodC.1.2.10-16 255 t Vg SyrH)

32 - 1. Dd G⁶⁷ – Ee g t Vg Amb SyrP Sah Eth / 2. Dd – 36.453 209 431 Amb Hil

v. 29 : Dans D, le verbe εισιν, impossible en grec, provient d'une rétroversion à partir de d. Il en va de même du και devant εθηκαν. Par ailleurs, dans D, le remplacement des mots du TO ἀπὸ τοῦ ξύλου καταρεῖν αὐτὸν par τουτον μεν σταυρωσαι est soutenu par G⁶⁷ mais ne peut aller contre le témoignage de SyrH^mg soutenue par le lectionnaire de Tolède. Comme au verset précédent, ces deux témoins dépendent d'une tradition qu'il est impossible de préciser mais qui ne fait que reprendre le thème exprimé dans le TO au verset précédent.

29 ωσ δε ετελουν	**29** et consummauerunt
παντα τα περι αυτου	omnia quae de illo
γεγραμμενα ♦εισιν	scripta sunt
ητουντο τον πειλατον	petierunt pilatum
τουτον μεν σταυρωσαι	hunc crucifigi
και επιτυχοντεσ παλιν	et inpetrauerunt iterum
και καθελοντεσ απο του ξυλου	et deposuerumt de ligno
♦και εθηκαν εισ μνημειον	et posuerunt in monumento
30 ον ο θ̄σ̄ ηγειρεν	**30** quem d̄s uero excitauit
31 ουτοσ ωφθη	**31** hic qui uisus est
τοισ συναναβαινουσιν αυτω	his qui simul ascenderunt cum eo
απο τησ γαλιλαιασ εισ ♦ϊηρουσαλημ	a galilaea in hierusalem
εφ ημερασ πλειονασ	in diebus pluribus
οιτινεσ αχρι νυν εισιν	qui usquae nunc sunt
μαρτυρεσ αυτου	testes eius
προσ τον λᾱο̄	ad populū
32 και ημεισ ϋμασ ευαγγελιζομεθα	**32** et nos uos euangelizamus
την προσ τουσ πατερασ ημων	eam quae patres nostros
γενομενην επαγγελιαν	factam pollicitationem

G[67] : [29] Nachdem sie aber alles, was über ihn geschrieben steht, erfüllt hatten, *forderten sie Pilatus auf, ihn zu kreuzigen. Sie begaben sich noch einmal zu ihm,* nahmen ihn von dem Holz herab und legten ihn in ein Grab. [30] Gott aber hat ihn auferstehen lassen von den Toten, [31] ihn, der sich viele Tage lang denen gezeigt hat, die sich mit ihm von Galiläa nach Jerusalem begeben hatten, diesen, die für ihn jetzt Zeugen vor dem Volk sind. [32] Und auch wir unsererseits verkündigen euch die Verheißung, die an *unsere* Väter ergangen ist,

g : [29] et consummauerunt omnia, quae de illo erant scripta. Et deponentes de ligno posuerunt in monumeno, [30] quem deus suscitauit. Qui uisus est per dies aliquo [31] ab his, qui simul ascenderant a galilea hierusalem, qui nunc sunt testes eius ad plebem. [32] Et nos uobis annunciamus promissum, quod ad patres nostros factum est,

33 ὅτι ταύτην ὁ θεὸς ἐκπεπλήρωκεν
τοῖς τέκνοις ἡμῶν q ἀναστήσας
Ἰησοῦν ὡς καὶ ἐν τῷ ψαλμῷ
γέγραπται τῷ δευτέρῳ ·
υἱός μου εἶ σύ,
ἐγὼ σήμερον γεγέννηκά σε.

33 ὅτι ταύτην ὁ θεὸς ἐκπεπλήρωκεν
τοῖς τέκνοις ἡμῶν ἀναστήσας
τὸν Ἰησοῦν[1] *ὡς*[2] [ ][3]
ἐν τοῖς ψαλμοῖς[4] γέγραπται [ ][5]
υἱός μου εἶ σύ,
ἐγὼ σήμερον γεγέννηκά σε.
[ ][6]
[ ][6]
[ ][6]
[ ][6]

34 ὅτι δὲ ἀνέστησεν αὐτὸν
ἐκ νεκρῶν
μηκέτι μέλλοντα ὑποστρέφειν
εἰς διαφθοράν,
οὕτως εἴρηκεν ὅτι δώσω ὑμῖν
τὰ ὅσια Δαυὶδ τὰ πιστά.
35 διότι καὶ ἐν ἑτέρῳ λέγει ·
οὐ δώσεις τὸν ὅσιόν σου
ἰδεῖν διαφθοράν.
36 Δαυὶδ μὲν γὰρ ἰδίᾳ γενεᾷ
ὑπηρετήσας τῇ τοῦ θεοῦ βουλῇ
ἐκοιμήθη καὶ προσετέθη
πρὸς τοὺς πατέρας αὐτοῦ
καὶ εἶδεν διαφθοράν,

34 *ὅτε*[1] δὲ ἀνέστησεν αὐτὸν
ἐκ νεκρῶν
μηκέτι μέλλοντα ὑποστρέφειν
εἰς διαφθοράν,
οὕτως εἴρηκεν ὅτι δώσω ὑμῖν
τὰ ὅσια Δαυὶδ τὰ πιστά.
35 [ ][1] καὶ *ἑτέρως*[1] λέγει ·
οὐ δώσεις τὸν ὅσιόν σου
ἰδεῖν διαφθοράν.
36 Δαυὶδ [ ][1] γὰρ ἰδίᾳ γενεᾷ
ὑπηρετήσας τῇ τοῦ θεοῦ βουλῇ
ἐκοιμήθη καὶ προσετέθη
πρὸς τοὺς πατέρας αὐτοῦ
καὶ εἶδεν διαφθοράν,

q. p[74] ℵ A B C* D Ψ ; [αυτων] ημιν : C[3] E L *Koinè* Syr *NA 28*

---

33 - 1. t e C Vg SyrP Boh Eth1.13 / 2. Plutôt que ουτωσ dû à une négligence de D / 3. t[4] G[67]
/ 4. – p[45] t[4] / 5. – p[45] t[4] SodB.6 1175 Hes y MaxT (ἐν τῷ πρώτῳ ψ. : Dd g Hil ; ἐν τῷ
δευτέρῳ ψ. : G[67] SodC.4.5.14-16 ; ἐν τῷ ψαλμῷ τῷ δευτέρῳ : Ee *Koinè*) / 6. voir *infra*
Varia : add. κύριον : Dd Syh* G[67] SodC.1.2 ndl.1.3 Amb Hil Sah (*id.*+ Χριστόν : Dd G[67]
ndl.1.3 Amb Sah) *Add.* αἴτησαι παρ' ἐμοῦ ... τῆς γῆς : Dd SyrH[mg] G[67] Vg(D)

34 - 1. Dd – SodC.1.2.255 1175 g Vg(D) Hil
Varia : τοῦτον ἀνέστησεν οὕτως : G[67] ; *om.* δέ : d Hil

35 - 1. Dd G[67] – SyrP Sah.473 Eth / 2. Dd – g Vg ndl.1

36 - 1. Dd – Vg Sah.4.452 (*contra* G[67])
Varia : *om.* γάρ : 1838 pc g Vg(U) Eth (*contra* G[67])

v. 33 : Pour le titre ultra court Ἰησοῦν voir l'introduction §.III.1.1.1. Nous pensons que c'est
l'archétype X qui a changé ἐν τοῖς ψαλμοῖς en ἐν τῷ πρώτῳ ψαλμῷ (corrigé par G[67]).
C'est à lui aussi qu'il faut attribuer l'addition de Ps 2,8 ; nous savons que le groupe Dd SyrH[mg]
G[67] peut en dépendre (cf. 1,2). Tous ces remaniements sont attribuables à une révision du TO.

33 οτι ταυτην ο θ̄ν̄ εκπεπληρωκεν	**33** quia hanc d̄s̄ adimpleuit
τοισ τεκνοισ ημων αναστησασ	filiis nostris suscitauit
τον κ̄ν̄ ῑη̄ν̄ χ̄ρ̄ν̄ ✦ουτωσ γαρ	dnm ihs xpm sicut enim
εν τω πρωτω ψαλμω γεγραπται	in primo psalmo scriptum est
ϋιοσ μου ει συ	filius meus es tu
εγω σημερον γεγεννηκα σε	ego hodie genui te
αιτησαι παρ ✦αιμου και δωσω σοι	postula a me et dabo tibi
εθνη την κληρονομιαν σου	gentes hereditatem tuam
και την κατασκεσιν σου	et possessionem tuam
τα περατα τησ γησ	terminos terrae
34 οτε δε ανεστησεν αυτον	**34** quando suscitauit eum
εκ νεκρων	a portuis
μηκετι μελλοντα ϋποστρεφειν	iam non rediturum
εισ διαφθοραν	in interitum
ουτωσ ειρηκεν οτι δωσω ϋμειν	ita dicit quia dabo uobis
τα οσια δαυειδ τα πιστα	sancta dauid fidelia
35 και ετερωσ λεγει	**35** ideoque et alia dicit
ου δωσεισ τον οσιον σου	non dabis sanctum tuum
ϊδειν διαφθοραν	uidere corruptionem
36 δαυειδ γαρ ϊδια γενεα	**36** dauid enim sua progenie
ϋπηρετησασ τη του θ̄ῡ βουλη	cum ministrasset d̄ō uoluntate
εκοιμηθη και προσετεθη	dormiuit et adpositus est
προσ τουσ πατερασ αυτου	ad patres suos
και ϊδεν διαφθοραν	et uidit corruptionem

G[67] : [33] daß Gott sie *uns und unseren Kindern* erfüllt hat, indem er *uns unseren Herrn* Jesus *Christus* erstehen ließ, wie geschrieben steht im zweiten Psalm : „Du bist mein Sohn; ich meinerseits habe dich heute gezeugt. *Bitte mich, und ich werde dir Völker zu deinem Erbe geben und deine Besitztümer bis an die Enden der Erde."* [34] *Diesen* hat er *so* auferstehen lassen von den Toten als einen, der sich folglich nicht wieder in das Verderben begeben wird, *damit das ganze Volk (es) wisse und Buße empfange.* *Denn so steht geschrieben in dem Propheten Jesaja :* „Ich werde *mit euch einen ewigen Bund schließen,* das Heilige Davids, das zuverlässig ist !" [35] *Und wiederum* sagt er *in den Psalmen :* „Du wirst nicht zugeben, daß dein Heiliger das Verderben sieht." [36] Denn David hat zwar in seiner Generation gedient in dem, was Gott gefiel, ist entschlafen, wurde zu seinen Vätern gelegt und sah das Verderben.

g : [33] quem deus hoc impleuit filiis eorum suscitans eum a mortuis sicut in primo psalmo scriptum est : filius meus es tu ; ego hodie genui te. [34] Cum autem suscitauit eum a mortuis iam non rediturum in interitum ita dixit, quia dabo uobis sancta dauid fidelia. [35] Ideoque et alias dixit : non dabis sanctum tuum uidere corruptionem. [36] Dauid siquidem sua generatione cum ministrasset uoluntate dei dormitionem accepit et adpositus est ad patres suos et uidit corruptionem,

37 ὃν δὲ ὁ θεὸς ἤγειρεν
οὐκ εἶδεν διαφθοράν.
38 γνωστὸν οὖν ἔστω ὑμῖν,
ἄνδρες ἀδελφοί, ὅτι διὰ τούτο ʳ ὑμῖν
ἄφεσις ἁμαρτιῶν καταγγέλλεται,
καὶ ἀπὸ πάντων
ὧν οὐκ ἠδυνήθητε
ἐν νόμῳ Μωυσέως δικαιωθῆναι
39 ἐν τούτῳ πᾶς ὁ πιστεύων
δικαιοῦται.
40 βλέπετε οὖν μὴ ἐπέλθῃ
τὸ εἰρημένον ἐν τοῖς προφήταις,
41 ἴδετε, οἱ καταφρονηταί,
καὶ θαυμάσατε καὶ ἀφανίσθητε,
ὅτι ἔργον ἐργάζομαι ἐγὼ
ἐν ταῖς ἡμέραις ὑμῶν,
ἔργον ὃ οὐ μὴ πιστεύσητε
ἐάν τις ἐκδιηγῆται ὑμῖν.

42 ἐξιόντων δὲ αὐτῶν

εἰς τὸ μεταξὺ σάββατον ἠξίουν ˢ
λαληθῆναι αὐτοῖς τὰ ῥήματα ταῦτα

37 ὃν δὲ ὁ θεὸς ἤγειρεν
οὐκ εἶδεν διαφθοράν.
38 γνωστὸν οὖν ἔστω ὑμῖν,
ἄνδρες ἀδελφοί, ὅτι διὰ τούτου ὑμῖν
ἄφεσις ἁμαρτιῶν καταγγέλλεται,
καὶ *μετανοία* [1] ἀπὸ πάντων
ὧν οὐκ ἠδυνήθητε
ἐν νόμῳ Μωυσέως δικαιωθῆναι
39 ἐν τούτῳ *οὖν* [1] πᾶς ὁ πιστεύων
δικαιοῦται *παρὰ θεῷ* [2].
40 βλέπετε οὖν μὴ ἐπέλθῃ
τὸ εἰρημένον ἐν τοῖς προφήταις,
41 ἴδετε, οἱ καταφρονηταί,
καὶ θαυμάσατε καὶ ἀφανίσθητε,
ὅτι ἔργον ἐργάζομαι ἐγὼ
ἐν ταῖς ἡμέραις ὑμῶν,
[ ] [1] ἔργον ὃ οὐ μὴ πιστεύσητε
ἐάν τις *ἐκδιηγήσεται* [2] ὑμῖν
καὶ ἐσίγησαν [2].
42 ἐξιόντων δὲ αὐτῶν
παρεκάλουν [1]
εἰς τὸ *ἐξῆς* [2] σάββατον
λαληθῆναι αὐτοῖς τὰ ῥήματα ταῦτα

r. p⁷⁴ B 1175 2818 ; τουτου : ℵ A C 81 D *NA 28*
s. εις το μεταξυ σαββατον ηξιουν : B ; παρεκαλουν εις το μεταξυ σαββατον : p⁷⁴ ℵ A C Ψ
097 33 81 323 614 945 1175 1739 *NA 28*

37 - *Varia* : *om.* ὁ θεός : 81 t.4

38 - 1. Dd SyrH* G⁶⁷ – (cf. Vg(D))

39 - 1. Dd SyrHᵐᵍ SodC.1.2.13 y dem / 2. Dd SyrHᵐᵍ G⁶⁷ SodC(mss) t

40 - 1. D – 88 915 467 1838 (versions ?) / 2. (Dd) SyrH* G⁶⁷ – SodC.1.2

41 - 1. Dd g / 2. D – 88 915 467 1838 (versions ?) / 3. (Dd) SyrH* G⁶⁷ – SodC.1.2

42 - 1. D / 2. D G⁶⁷ – (versions ?)

37 ✦ο δε ο θ̄σ̄ ηγειρεν	**37** quem autem d̄s suscitauit
ουκ ειδεν δειαφθοραν	non uidit corruptio
38 γνωστον ουν εστω ϋμειν	**38** notum ergo sit uobis
ανδρεσ αδελφοι οτι δια τουτου ϋμειν	uiri fratres quia per hunc uobis
αφεσεισ αμαρτιων καταγγελλεται	remissio peccatorum adnuntiatur
και μετανοια απο παντων	et paenitentia ab omnibus
ων ουκ ηδυνηθητε	quibus non potuistis
εν νομω ✦μωσεωσ δικαιωθηναι	in lege moysi iustificari
39 εν τουτω ουν πασ ο πιστευων	**39** in isto enim omnis qui credit
✦δικαιουτε παρα θ̄ω̄	iustificatur ad
40 βλεπετε ουν μη επελθη	**40** uidete ergo ne superueniat
το ειρημενον εν τοισ προφηταισ	quod dictum est in prophetis
41 ϊδετε οι ✦καταφρονητε	**41** uidete contemptores
και θαυμασατε και αφανισθητε	et admiramini et exterminamini
οτι εργον εργαζομαι εγω	qua opus operor ego
εν ταισ ημεραισ ϋμων	in diebus uestris
ο ου μη πιστευσητε	quod non creditis
εαν τισ εκδιηγησεται ϋμειν	si quis exposuerit uobis
και εσειγησαν	et tacuerunt
42 εξιοντων δε αυτων	**42** progregientibus uero eis
παρεκαλουν	rogabant
εισ το εξησ σαββατον	in sequente sabbato
λαληθηναι αυτοισ τα ρηματα ταυτα	narrari sibi haec uerba

G⁶⁷ : ³⁷ Der aber, den Gott hat auferstehen lassen, hat das Verderben nicht gesehen. ³⁸ Es soll euch also offenbar werden, ihr Männer und Brüder, daß durch diesen *Jesus* euch verkündigt wird die Vergebung *eurer* Sünden *und Buße* und (daß) von allem, worin ihr nicht gerechtfertigt werden konntet durch das Gesetz des Mose, ³⁹ durch diesen jeder, der *an Gott* glaubt, gerechtfertigt werden wird. ⁴⁰ Blickt also *auf euch selbst, Brüder,* damit nicht *über euch* kommt, was *im Propheten Habakuk geschrieben steht* : ⁴¹ „Seht, ihr Verächter, wundert euch und geht zugrunde ! Denn ich werde meinerseits ein Werk tun in euren Tagen, ein Werk, das ihr nicht glauben werdet, wenn einer es euch erzählt." *Und nachdem er dies gesagt hatte, schwieg er.* ⁴² Als sie aber hinausgingen, baten sie *ihn,* daß *er* ihnen diese Worte (auch) am kommenden Sabbat sage.

g : ³⁷ quem autem deus suscitauit, non uidit corruptionem ; ³⁸ notum sit itaque uobis, uiri fratres, quia per ihesum uobis remissio peccatorum annunciatur, et ab omnibus quibus non potuistis in lege moysi iustificari, ³⁹ in hoc omnis, qui credit, iustificatur. ⁴⁰ Videte itaque ne superueniat in uos, quod dictum est in prophetis. ⁴¹ Videte, contemptores et ammiramini et exterminamini, quia opus ego operor in diebus uestris, quod non credetis, si quis narrauerit uobis. ⁴² Exeuntibus autem eis rogabant, ut sequenti sabbato loquerentur eis uerba haec.

43 λυθείσης δὲ τῆς συναγωγῆς
ἠκολούθησαν
πολλοὶ τῶν ἰουδαίων
καὶ τῶν σεβομένων προσηλύτων
τῷ Παύλῳ καὶ τῷ Βαρναβᾷ,

οἵτινες προσλαλοῦντες αὐτοῖς
ἔπειθον αὐτοὺς προσμένειν
τῇ χάριτι τοῦ θεοῦ.

44 τῷ τε ᵗ ἐρχομένῳ σαββάτῳ
σχεδὸν πᾶσα ἡ πόλις συνήχθη
ἀκοῦσαι τὸν λόγον
τοῦ θεοῦ ᵘ.
45 ἰδόντες δὲ οἱ Ἰουδαῖοι
τοὺς ὄχλους ἐπλήσθησαν ζήλου
καὶ ἀντέλεγον τοῖς
ὑπὸ Παύλου
λαλουμένοις βλασφημοῦντες.

43 λυθείσης δὲ τῆς συναγωγῆς
ἠκολούθησαν
πολλοὶ τῶν ἰουδαίων
καὶ τῶν σεβομένων προσηλύτων
τῷ Παύλῳ καὶ [ ]¹ Βαρναβᾷ,
ἀξιοῦντες βαπτισθῆναι²
οἵτινες προσλαλοῦντες αὐτοῖς
ἐπείθοντο³ αὐτοὺς προσμένειν
τῇ χάριτι τοῦ θεοῦ.
ἐγένετο δὲ κατ᾽ ὅλης τῆς πόλεως
διελθεῖν τὸν λόγον⁴ .

44 τῷ δὲ¹ ἐρχομένῳ σαββάτῳ
σχεδὸν ὅλη² ἡ πόλις συνήχθη
ἀκοῦσαι Παύλου πολὺν¹ λόγον
ποιησαμένου περὶ¹ τοῦ κυρίου¹.
45 καὶ¹ ἰδόντες οἱ Ἰουδαῖοι
τὸ πλῆθος² ἐπλήσθησαν ζήλου
[ ]³
[ ]³
ἀντιλέγοντες καὶ⁴ βλασφημοῦντες.

t. B E (L) 1241 1505 *Koinè* SyrH ; δε : p⁷⁴ א A C D Ψ 33 81 323 614 945 1175 1739 *NA 28* //
u. B C E L Ψ 614 1241 1505 *Koinè* Vgᶜˡ Syr Boh ; κυριου : p⁷⁴ א A B² 33 81 323 945 1175 1739 g Vgˢᵗ Sah *NA 28*

---

43 - 1. D – 216 1175 Chr.1ᵇ / 2. SyrH* – SodC.1.2.4.7-8 Chr.1 / 3. D – 919 (versions ?) / 4. Dd SyrHᵐᵍ (*add.* του θεου : D)
SyrHᵐᵍ : factum est autem per omnem civitatem transire verbum

44 - 1. Dd / 2. Dd G⁶⁷(+)

45 - 1. Dd – ndl.1 / 2. Dd G⁶⁷ Sah / 3. conj. voir *infra* / 4. Dd SyrH
SyrH : Quum vidissent Judaei turbas, repleti sunt   invidia et obsistebant iis quae a Paulo dicebantur, dicentes contra ea et blasphemantes – G⁶⁷ = TA sauf τὸ πλῆθος (cf. Sah).

v. 43 : On notera que, selon D, la parole de Dieu se répand "par toute la ville" ; selon E, elle est divulguée "dans toute ville" (de la région). Mais seul le texte de D rend compte du verset suivant. Celui de E aura son équivalent au verset 49.

v. 44 : Le texte de G⁶⁷ reprend celui de l'archétype X qui avait en finale ajouté le TO au TA. D en revanche suit ici le TO, mais avec ajout de la particule τε difficilement explicable. Où serait-ce un faible écho du TO, D confondant souvent τε et δέ (cf. G⁶⁷) ?

v. 45 : D et la Koinè fusionnent TA et TO, d'où le doublet αντελεγον et αντιλεγοντες. La finale αντιλεγοντεσ και βλασφημουντεσ, appuyée par SyrH, provient du TO. – Mais les mots τοισ λογοισ υπο του Παυλου λεγομενοισ sont étroitement liés au verbe αντελεγον et ne devaient donc pas se lire dans le TO. C'est la technique de l'archétype X : une phrase du TA (και αντελεγον τοισ υπο του Παυλου λεγομενοισ) a été insérée dans le TO.
Donc D suivrait l'archétype X, mais G⁶⁷ a adopté le TA.

43 λυθεισησ δε τησ συναγωγησ	**43** Et dismissa synagoga
ηκολουθησαν	saecuti sunt
πολλοι των ϊουδαιων	multi iudaeorum
και των σεβομενων προσηλυτων	et colentium proselytorum
τω παυλω και βαρναβα	paulum et barnabam
οιτινεσ προσλαλουντεσ αυτοισ	qui loquentes cum illis
✦επιθοντ αυτουσ προσμενειν	persuadentes eis permanere
τη χαριτι του θ̅υ̅	in gratia d̅i̅
εγενετο δε καθ ολησ τησ πολεωσ	factum est autem per omnem ciuitatem
διελθειν τον λογον του θ̅υ̅	transire uerbum d̅n̅i̅
44 τω δε ερχομενω σαββατω	**44** sequenti autem sabbato
σχεδον ολη η πολισ συνηχθη	paene tota ciuitas collecta est
ακουσαι παυλου πολυν ✦τε λογον	audire paulu̅ multum uerbum
ποιησαμενου περι του κ̅υ̅	faciens de d̅n̅o̅
45 και ϊδοντεσ οι ϊουδαιοι	**45** et cum uidissent iudaei
το πληθοσ επλησθησαν ζηλου	turbam repleti sunt aemulatione
και αντελεγον τοισ λογοισ	et contradicebant sermonibus
ϋπο του παυλου λεγομενοισ	quae a paulo dicebantur
αντιλεγοντεσ και βλασφημουντεσ	contra dicentes et blasphemantes

---

G[67] : [43] Nachdem aber die Synagoge(n versammlung) sich erhoben hatte, folgten dem Paulus und Barnabas viele Juden und die (Gott) dienenden Beisassen. Sie aber redeten mit ihnen und überzeugten sie, daß sie in der Gnade Gottes bleiben sollten. *Nachdem das Wort aber sich in der ganzen Stadt verbreitet hatte,* [44] versammelte sich auch am kommenden Sabbat beinahe die ganze Stadt, zu hören das Wort des Herrn. *Paulus aber redete viel in dem Worte über den Herrn Jesus.* [45] Als die Juden die Menge sahen, wurden sie von Eifersucht erfüllt und stritten gegen das, was Paulus sagte, indem sie lästerten.

g : [43] Dimissa autem synagoga, secuti sunt multi iudeorum et colentium aduenarum paulum et barnaban, qui loquentes cum illis suadebant ut permanerent in gratia domini. [44] Sequenti autem sabbato fere omnis ciuitas conuenit audire uerbum domini. [45] Videntes autem iudei turbas, repleti sunt zelo et contradicebant uerbis, quae a paulo dicebantur, resistentes et blasphemantes.

46 παρρησιασάμενοί τε
ὁ Παῦλος καὶ ὁ Βαρναβᾶς εἶπαν ·
ὑμῖν ἦν ἀναγκαῖον πρῶτον
λαληθῆναι τὸν λόγον τοῦ θεοῦ ·
ἐπειδὴ ἀπωθεῖσθε αὐτὸν καὶ
οὐκ ἀξίους κρίνετε ἑαυτοὺς
τῆς αἰωνίου ζωῆς,
ἰδοὺ στρεφόμεθα εἰς τὰ ἔθνη.

46 παρρησιασάμενοί τε
ὁ Παῦλος καὶ ὁ Βαρναβᾶς εἶπαν ·
πρὸς αὐτοὺς[1] ὑμῖν ἦν ἀναγκαῖον[2] [ ][3]
καταγγεῖλαι[4] τὸν λόγον τοῦ θεοῦ ·
ἐπειδὴ δὲ[5] [ ][6]
ἀναξίους[5] κρίνετε ἑαυτοὺς
[ ][8]
ἰδοὺ στρεφόμεθα εἰς τὰ ἔθνη.

---

46 - 1. Dd / 2. voir *infra* / 3. Or Jer Cass (cf. SodC 14.15) (≈ D) / 4. – Or (voir *infra*) / 5. Aug[c] – Or Chr Jer ChA GrE Cass (cf. p[45.74] C *pc*) / 6. – Or Chr Jer ChA / 7. Aug[c] – Or Chr Jer ChA (cf. SodC.7 e g Vg) / 8. Aug[c] – Or Chr Jer GrE (cf. Vg(W))
Or.1 : ὑμῖν ἦν ἀναγκαῖον [ ] καταγγεῖλαι τὸν λόγον τοῦ θεοῦ · ἐπεὶ δὲ [ ] ἀναξίους κρίνετε ἑαυτοὺς [ ] ἰδοὺ στρεφόμεθα εἰς τὰ ἔθνη / **Or.**2 : *idem* sauf λαληθῆναι / **Or.**3 : idem sauf ἀναγγεῖλαι
Or.4 : ὑμῖν ἦν ἐξαπεσταλμένος ὁ λόγος τῆς σωτηρίας · ἐπείδη δὲ [ ] ἀναξίους κρίνετε ἑαυτοὺς [ ] ἰδοὺ στρεφόμεθα εἰς τὰ ἔθνη
Chr : ὑμῖν νῦν πρῶτον, φησίν, ἦν ἀναγκαῖον λαληθῆναι τὸν λόγον τοῦ θεοῦ · ἐπείδη δὲ [ ] ἀναξίους κρίνετε ἑαυτοὺς [ ] ἰδοὺ στρεφόμεθα εἰς τὰ ἔθνη
Jer : vobis quidem oportebat praedicari verbum, sed quoniam vos indignos iudicastis salute, transgredimur ad gentes.
Aug : vobis primum oportuit praedicari verbum, sed quoniam indignos vos iudicastis, ecce convertimur nos ad gentes.

Ce texte est encore cité, chez les latins, par Grégoire d'Elvire (GrE), Chromatius d'Aquilée (ChA) et Cassiodore (Cass), comme nous venons de l'indiquer.
Nous sommes donc devant un texte ultra-court parfaitement bien attesté. Mais son appartenance au TO ne va pas sans difficulté, et nous reviendrons plus loin sur ce problème. Voyons auparavant s'il ne serait pas possible de pousser plus loin l'analyse du texte en tenant compte de la citation faite par Origène 4. Il omet l'adjectif verbal ἀναγκαῖον, comme le fait D. Par ailleurs, aucune de ses citations n'est d'accord sur l'infinitif qui suit : λαληθῆναι, καταγγεῖλαι, ἀναγγεῖλαι, et une citation de Ac 13,26. Les latins ont *praedicari*, ce qui correspondrait plutôt à κηρύσσεσθαι. Une telle variété fait supposer que l'infinitif λαληθῆναι était omis dans le TO, tout comme l'adjectif verbal ἀναγκαῖον. Les deux mots sont d'ailleurs solidaires l'un de l'autre. Le TO primitif serait donc attesté par Origène 4, mais il aurait complété l'absence de ἀναγκαῖον λαληθῆναι par la citation d'Ac 13,26. On aurait eu comme texte : ὑμῖν ἦν ὁ λόγος τοῦ θεοῦ "à vous était [= appartenait] la parole de Dieu". Nous reconnaissons que cette gymnastique de critique littéraire est assez subtile, et c'est pourquoi nous n'en tiendrons pas compte (ce qui ne veut pas dire que nous la rejetons) afin de ne pas nous attirer des critiques supplémentaires.
Mais le texte reconstitué plus haut appartenait-il bien au TO ? Ce problème est plein d'apparentes contradictions. Le fait qu'Origène cite à quatre reprises un texte ultra-court ferait penser qu'il le tenait pour le seul authentique, et donc pour appartenir au TA, texte qu'il suit d'ordinaire. Mais dans ce cas, pourquoi n'en avons-nous plus aucune trace dans les ténors du TA, spécialement dans ℵ et B ? L'appartenance du texte ultra-court au TO ne va pas non plus sans difficulté. Il est ignoré de D et de G[67], et ce qui est plus grave, de Cyprien et de Tertullien. Le cas de D et de G[67] n'est pas grave puisque, nous l'avons vu dans les versets précédents, leur archétype commun oscille souvent entre TO et TA. Il en va de même de Cyprien car nous avons vu à plusieurs reprises h (qui représente la même tradition africaine) adopter à l'occasion le TA. Quant à Tertullien, qui semble traduire directement sur le grec, il utilise certainement plusieurs formes de texte. Il reste que l'accord entre Chrysostome et les latins nous fait remonter en toute probabilité au TO.
Il semble que l'archétype de D donnait ici le TO. Le παρρησιασαμενοσ suppose un texte selon lequel Paul seul intervenait. Par ailleurs, le déplacement de πρωτον indique un texte court mal corrigé. Enfin l'omission de ἀναγκαῖον nous fait rejoindre le texte cité par Origène 4.
TO hypothétique : παρρησιασάμενος δὲ ὁ Παῦλος [ ] εἶπεν πρὸς αὐτοὺς · ὑμῖν ἦν ὁ λόγος τοῦ θεοῦ · ἐπειδὴ δὲ [ ] ἀναξίους κρίνετε ἑαυτοὺς [ ] ἰδοὺ στρεφόμεθα εἰς τὰ ἔθνη.

46 ◆παρρησιαμενοσ τε
ο παυλοσ και βαρναβασ ειπαν
προσ αυτουσ ϋμειν πρωτον ◆ην
λαληθηναι τον ◆λον του θ̅υ̅
◆επιδη απωθεισθαι αυτον και
ουκ αξιουσ κρεινατε εαυτουσ
τησ αιωνιου ζωησ
ιδου στρεφομεθα εισ τα εθνη

46 adhibita uero fiducia
paulus et barnabas dixerunt
ad eos uobis oportebat primum
loqui uerbum dn̄i
sed quia repulistis illud et
non dignos iudicastis eos
in aeternam uitam
ecce conuertimur ad gentes

G[67] : [46] Paulus aber und Barnabas traten mit Freimut auf und sprachen : „Es war notwendig, euch das Wort Gottes zuerst zu sagen. Weil ihr es abweist und euch des ewigen Lebens nicht für würdig erachtet, *jetzt*, siehe, werden wir uns an die Heiden wenden.

g : [46] Tunc constanter paulus et barnabas dixerunt : Vobis oportebat primis loqui uerbum dei. Sed quia reppulistis illud et indignos uos iudicastis aeternae uitae, ecce conuertimur ad gentes.

47 οὕτως ᵛ γὰρ	**47** οὕτως γὰρ
ἐντέταλται ἡμῖν ὁ κύριος,	εἶπεν¹ [ ]² ἡ γραφή³ ·
τέθεικά σε εἰς φῶς	ἰδοὺ⁴ <u>φῶς τέθεικά σε</u>⁵
ἐθνῶν	τοῖς ἔθνεσιν⁶
τοῦ εἶναί σε εἰς σωτηρίαν	τοῦ εἶναί σε εἰς σωτηρίαν
ἕως ἐσχάτου τῆς γῆς.	ἕως ἐσχάτου τῆς γῆς.
48 ἀκούοντα δὲ τὰ ἔθνη ἔχαιρον	**48** καὶ¹ ἀκούοντα δὲ τὰ ἔθνη ἔχαιρον
καὶ ἐδόξαζον	καὶ ἐδέξαντο²
τὸν λόγον τοῦ θεοῦ ʷ,	τὸν λόγον τοῦ κυρίου³,
καὶ ἐπίστευσαν	καὶ ἐπίστευσαν
ὅσοι ἦσαν τεταγμένοι	ὅσοι ἦσαν τεταγμένοι
εἰς ζωὴν αἰώνιον ·	εἰς ζωὴν αἰώνιον ·
49 διεφέρετο δὲ ὁ λόγος τοῦ κυρίου	**49** καὶ¹ διεφέρετο δὲ ὁ λόγος [ ]²
δι᾿ ὅλης τῆς χώρας.	δι᾿ ὅλης τῆς χώρας.

v. *NA 28* ; B : ουτω

w. B D E 323 453 Sah Boh ; κυριου : p⁴⁵·⁷⁴ ℵ A C L Ψ 33 81 945 1175 1241 1505 1739 *Koinè* g Vg Sah G⁶⁷ *NA 28*

47 - 1. Cyp G⁶⁷ – Sah Eth / 2. Cyp G⁶⁷ – Sah Eth / 3. Cyp(+) – Sah Eth (cf. SyrP +) / 4. Dd Cyp – Sah Eth.4 / 5. Dd Cyp – (cf. SyrP) / 6. Dd Cyr – SyrP

Cyp : sic enim dixit per scripturam dominus : ecce lumen posui te inter gentes ita ut sis etc. (*Test.* I,21)

Sah et **Eth** : ainsi a dit l'Écriture : voici (Eth.4) que je t'ai établi lumière des nations

SyrP : Sic enim mandavit dominus sicut scriptum [est] quod posui te lumen gentibus...

48 - 1. Dd – g (*contra* G⁶⁷) / 2. Dd Augᵇ G⁶⁷(+) – g Cass / 3. d G⁶⁷ – p⁴⁵·⁷⁴ *Koinè* e g Vg Sah(–4) (cf. v. 49)

Varia : ἐδόξαζον τὸν θεόν : SodC(mss) prv.1 SyrHP

49 - 1. Dd – SodB.1.6 *pc* p ndl SyrP Geo (*om.* : SodB.4 p* SyrH) / 2. – p⁴⁵ SodB.2 ndl.3

v. 48 : La formule du TA "glorifier la parole" est étrange, d'où la variante indiquée aux *varia*.

v. 49 : G⁶⁷ n'a aucune particule de liaison, mais il supprime régulièrement les καί ; il peut donc soutenir la variante de D.

47 ουτωσ γαρ	**47** ita enim
εντεταλκεν ο κ̅σ̅	mandatum dedit nobis d̅n̅s
ϊδου φωσ τεθεικα σε	ecce lumen posui te
τοισ εθνεσιν	super gentibus
του ειναι σε εισ σωτηριαν	ut sint in salutem
εωσ εσχατου τησ γησ	usquae ad ultimum terrae
48 και ακουοντα τα εθνη εχαιρον	**48** Et cum audirent gentes gauisae sunt
και εδεξαντο	et exceperunt
τον λογον του θ̅υ̅	uerbum d̅n̅i
και επιστευσαν	et crediderunt
οσοι ησαν τεταγμενοι	quodquod erant
εισ ζωην αιωνιον	in uitam aeternam
49 και διεφερετο ο λογοσ του κ̅υ̅	**49** Et prouulgabatur uerbum d̅n̅i
δι ολησ τησ χωρασ	per omnem regionem

G⁶⁷ : ⁴⁷ Denn so hat der Herr *gesagt* : „Ich habe dich eingesetzt *als* ein Licht *für* die Heiden, auf daß du zur Erlösung werdest bis zum Ende der Erde." ⁴⁸ Als aber die Heiden (das) hörten, freuten sie sich und *nahmen* das Wort des Herrn *an, indem sie ihm* Lobpreis gaben. Und es kamen zum Glauben (alle), die zum ewigen Leben bestimmt worden waren. ⁴⁹ Das Wort des Herrn nahm seinen Lauf in dem ganzen Lande.

g : ⁴⁷ Sic enim nobis mandauit dominus : posui te lumen gentibus, ut sis in salutem usque ad ultimum terrae. ⁴⁸ Et cum audirent gentes, gauisae sunt et receperunt uerbum domini et crediderunt omnes, qui destinati erant in uitam aeternam. ⁴⁹ Disseminabatur autem uerbum domini per uniuersam regionem.

50 οἱ δὲ Ἰουδαῖοι παρώτρυναν
τὰς σεβομένας γυναῖκας
τὰς εὐσχήμονας
καὶ τοὺς πρώτους τῆς πόλεως
καὶ ἐπήγειραν
διωγμὸν
ἐπὶ τὸν Παῦλον καὶ Βαρναβᾶν,
καὶ ἐξέβαλον αὐτοὺς
ἀπὸ τῶν ὁρίων[x].
51 οἱ δὲ ἐκτιναξάμενοι
τὸν κονιορτὸν τῶν ποδῶν
ἐπ᾽ αὐτοὺς ἦλθον εἰς Ἰκόνιον,
52 οἵ τε μαθηταὶ ἐπληροῦντο
χαρᾶς καὶ πνεύματος ἁγίου.

50 οἱ δὲ Ἰουδαῖοι παρώτρυναν
τὰς σεβομένας γυναῖκας
τὰς εὐσχήμονας
καὶ τοὺς πρώτους τῆς πόλεως
καὶ ἐπήγειραν *θλίψιν*[1] [ ][2]
[ ][3] [ ][3]
ἐπὶ *τὸν*[4] Παῦλον καὶ Βαρναβᾶν,
καὶ ἐξέβαλον αὐτοὺς
ἀπὸ τῶν ὁρίων *αὐτῶν*[5].
51 οἱ δὲ ἐκτιναξάμενοι
τὸν κονιορτὸν τῶν ποδῶν *αὐτῶν*[1]
ἐπ᾽ αὐτοὺς *κατήντησαν*[2] εἰς Ἰκόνιον,
52 *οἱ δὲ*[1] μαθηταὶ ἐπληροῦντο
χαρᾶς καὶ πνεύματος ἁγίου.

x. B ; οριων αυτων : ℵ A C 81 D *NA 28*

---

50 - 1. Dd(+) Ephr[k] G[67](+) – Ee(+) / 2. Ephr[k] G[67] Ee / 3. Ephr[k] / 4. voir *infra* / 5. Dd G[67]
Ephr[k] : ... et fecerunt tribulationem Paulo et Barnabae

51 - 1. Dd G[67] – Ee *Koinè* g ndl.2.3 SyrHP Sah Eth Geo / 2. D

52 - 1. Dd G[67] – ℵ C Ee p[74] *Koinè* g Vg(D) ndl.3 Sah Boh

v. 50 : La même alternance entre les deux substantifs se lisaient déjà en 8,1. La présence de καὶ διωγμόν à deux places différentes dans D et dans G[67] confirme la leçon courte d'Ephrem. Pour un seul article devant deux noms de personnes, voir *Boism*[1a] p. 110.

50 οι δε ϊουδαιοι ♦παρωτρυνον	**50** iudaei autem instigauerunt
τασ σεβομενασ γυναικασ	caelicolas mulieres
τασ ευσχημονασ	honestas
και τουσ πρωτουσ τησ πολεωσ	et principes ciuitatis
και επηγειραν θλειψειν μεγαλην	et suscitauerunt tribulationem magnam
και διωγμον	et persecutionem
♦επει παυλον και βαρναβαν	super paulum et barnabā
και εξεβαλον αυτουσ	et eiecerunt eos
απο των οριων αυτῶ	de finibus eorum
51 οι δε εκτιναξαμενοι	**51** ad illi excusso
τον κονιορτον των ποδων αυτων	puluere de pedibus suis
επ αυτουσ κατηντησαν εισ εικονιον	super eos uenerunt in hiconio
52 οι δε μαθηται επληρουντο	**52** discipuli uero inplebantur
χαρασ και π̅ν̅σ̅ αγιου	gaudio et sp̅u̅ sancto

G[67] : [50] Die Juden aber stachelten die Frauen *der Reichen*, die *Gott* dienten, und die großen Männer der Stadt an, erregten eine Verfolgung *und eine Bedrängnis* gegen *Barbabas und Paulus* und warfen sie aus ihren Grenzen hinaus. [51] Sie aber schüttelten den Staub *ihrer* Füße ab wider sie und gingen nach Ikonium. [52] Die *Brüder* aber wurden erfüllt von Freude und Heiligem Geist.

g : [50] Iudei autem concitauerunt aliquas de colentibus deum mulieres honestas et principes ciuitatis, et suscitaverunt persecutionem in paulum et barnabam. Et eiecerunt eos a finibus suis. [51] At illi excusso puluere a pedibus suis super eos uenerunt yconium. [52] Discipuli uero replebantur gaudio et spiritu sancto.

1 ἐγένετο δὲ ἐν ἰκονίῳ
κατὰ τὸ αὐτὸ εἰσελθεῖν αὐτοὺς
εἰς τὴν συναγωγὴν τῶν ἰουδαίων
καὶ λαλῆσαι οὕτως
ὥστε πιστεῦσαι ἰουδαίων τε
καὶ ἑλλήνων πολὺ πλῆθος.

2 οἱ δὲ ἀπειθήσαντες ἰουδαῖοι

ἐπήγειραν

καὶ ἐκάκωσαν
τὰς ψυχὰς τῶν ἐθνῶν
κατὰ τῶν ἀδελφῶν.

1 ἐγένετο δὲ ἐν ἰκονίῳ
κατὰ τὸ αὐτὸ εἰσελθεῖν *αὐτοὺς*¹
εἰς τὴν συναγωγὴν τῶν ἰουδαίων
καὶ λαλῆσαι *πρὸς αὐτοὺς*² οὕτως
ὥστε *θαυμάσαι*³ ἰουδαίων τε
καὶ ἑλλήνων πολὺ πλῆθος
κ̲α̲ὶ̲ ̲π̲ι̲σ̲τ̲ε̲ῦ̲σ̲α̲ι̲²
2 *οἱ δὲ ἀρχισυνάγωγοι*

*καὶ οἱ ἄρχοντες*¹
*ἐπήγειραν διωγμὸν*²

[ ]³
[ ]³
*κατὰ τῶν δικαίων*⁴.
*ὁ δὲ κύριος ἔδωκεν ταχὺ εἰρήνην*⁵.

---

1 - 1. D G⁶⁷ SyrH / 2. (Dd) G⁶⁷ – Ee SyrP (ουτωσ προσ αυτουσ : Dd) / 3. G⁶⁷ – Ee

2 - 1. (Dd) SyrHᵐᵍ (pour Dd, cf. *infra*) / 2. Dd SyrHᵐᵍ – Ee SodC.1.2.4.5.7.10-13 b g o Vg(DR²) SyrH / 3. Conj. (cf. *infra*) / 4. Dd Ephrᵏ / 5. Dd SyrHᵐᵍ G⁶⁷ – a(629) b g o p dem Vg(Th) ndl.2 prv tpl (cf. Cass)
SyrHᵐᵍ : ipsi autem principes synagogae et principes (même mot qu'en 13, 50) excitaverunt persecutionem et male affectos reddiderunt animas gentium adversus fratres. Dominus autem dedit cito pacem
Ephrᵏ : seniores vero exorti persequebantur iustos

v. 1 : κατα το αυτο fait préférer le pluriel αυτους (cf. Ac 13,51 précédent) au singulier αυτον de D.

v. 2 : Le début du texte de D est incohérent : les αρχισυναγωγοι sont identiques aux αρχοντεσ τησ συναγωγησ. Le bon texte a été conservé par SyrHᵐᵍ. Après le premier substantif, D a ajouté των ιουδαιων pour harmoniser sur le TA. L'addition de τησ συναγωγησ est plus difficile à justifier. Son επηγαγον αυτοισ est impossible, puisque ceux sur qui la persécution va s'exercer sont désignés ensuite par l'expression κατα των δικαιων. On s'en tiendra donc au simple verbe ἐπήγειραν attesté par SyrHᵐᵍ. D offre ensuite une leçon double comme l'indique la séquence κατα των δικαιων – κατα των αδελφων. C'est le premier substantif qui provient du TO d'après la citation faite par Ephrem. C'est donc D et SyrHᵐᵍ qui ont harmonisé sur le TA (cf. *infra*). Ephrem seul est resté fidèle au TO.
Voici comment on peut reconstituer l'évolution des textes. L'archétype X avait repris le TO en y insérant une phrase du TA (que nous allons mettre entre crochets) : οἱ δὲ ἀρχισυνάγωγοι καὶ οἱ ἄρχοντες ἐπήγειραν διωγμὸν κατὰ τῶν δικαίων [καὶ ἐκάκωσαν τὰς ψυχὰς τῶν ἐθνῶν κατὰ τῶν ἀδελφῶν] ὁ δὲ κύριος ἔδωκεν ταχὺ εἰρήνην. D suit l'archétype X, sauf au début où il veut harmoniser sur le TA, mais de façon incohérente. SyrHᵐᵍ reprend aussi le texte de l'archétype X, mais pour éviter un doublet trop flagrant, elle supprime les mots κατὰ τῶν δικαίων. Quant à G⁶⁷, il s'est aligné sur le TA, ne gardant de l'archétype X que la proposition finale.

1 εγενετο δε εν ικονιω
κατα το αυτο εισελθειν αυτον
εισ την συναγωγην των ϊουδαιων
και λαλησαι ουτωσ προσ αυτουσ
ωστε πιστευεῑ ϊουδαιων τε
και ελληνων πολυ πληθοσ

2 οι δε αρχισυναγωγοι
των ϊουδαιων
και οι αρχοντεσ τησ συναγωγησ
επηγαγον αυτοισ διωγμον
κατα των δικαιων
και εκακωσαν
τασ ψυχασ των εθνων
κατα των αδελφων
ο δε κ̅σ̅ εδωκεν ταχυ ειρηνην

1 Contigit autem ut ichonio
similiter introire eos
in synagoga iudaeorum
et loqui sic ad eos
ita ut crederent iudaeorum
et grecorum copiosa multitudo

2 archisynagogae
iudaeorum
et principes synagogae
incitauerunt persecutionem
aduersus iustos
et maletractauerunt
animas gentium
aduersus fratres
d̅n̅s autem dedit comfestim pacem

G⁶⁷ : ¹ Es geschah in Ikonium, *daß sie* in die Synagoge der Juden gingen ; und sie redeten *mit ihnen* so, daß sie sich *wunderten.* Eine große *und zahlreiche* Menge unter den Juden und den Griechen *kam aber* zum Glauben. ² Die Juden aber, die nicht zum Glauben gekommen waren, erhoben sich und machten die Seelen der Heiden bitter gegen die Brüder. *Der Herr aber gab seinen Frieden schnell.*

g : ¹ Contigit autem ut yconio similiter introirent in synagogam iudeorum et loquerentur ita ut crederet iudeorum et grecorum copiosa multitudo. ² Iudei autem, qui non credebant, concitauerunt persecutionem et concitauerunt animas gentium aduersus fratres. Dominus autem cito dedit pacem.

3 ἱκανὸν μὲν οὖν χρόνον
διέτριψαν παρρησιαζόμενοι
ἐπὶ τῷ κυρίῳ τῷ μαρτυροῦντι
τῷ λόγῳ[a] τῆς χάριτος αὐτοῦ,
διδόντι σημεῖα καὶ τέρατα
γίνεσθαι διὰ τῶν χειρῶν αὐτῶν.
4 ἐσχίσθη δὲ
τὸ πλῆθος τῆς πόλεως,
καὶ οἱ μὲν ἦσαν σὺν τοῖς Ἰουδαίοις
οἱ δὲ σὺν τοῖς ἀποστόλοις.

5 ὡς δὲ ἐγένετο ὁρμὴ

τῶν ἐθνῶν τε
καὶ ἰουδαίων
σὺν τοῖς ἄρχουσιν[b] αὐτῶν
ὑβρίσαι
καὶ λιθοβολῆσαι αὐτούς,

3 ἱκανὸν μὲν οὖν χρόνον
διέτριψαν παρρησιαζόμενοι[1]
ἐπὶ τῷ κυρίῳ τῷ μαρτυροῦντι
τῷ λόγῳ τῆς χάριτος αὐτοῦ,
διδόντι σημεῖα καὶ τέρατα
γίνεσθαι διὰ τῶν χειρῶν *αὐτῶν*[1].
4 *ἦν δὲ ἐσχίσμένον*[1]
τὸ πλῆθος τῆς πόλεως,
καὶ οἱ μὲν ἦσαν σὺν τοῖς Ἰουδαίοις
ἄλλοι[2] δὲ σὺν τοῖς ἀποστόλοις
κολλώμενοι διὰ τὸν λόγον
τοῦ θεοῦ[3]
5 [ ][1]
καὶ πάλιν ἐπήγειραν διωγμὸν
ἐκ δευτέρου οἱ Ἰουδαῖοι
σὺν τοῖς ἔθνεσιν[1]
[ ][1]
[ ][1]
καὶ λιθοβολήσαντες[2] αὐτούς
ἐξέβαλον ἐκ τῆς πόλεως[3].

a. p[74] ℵ[2] B C D E L Ψ 33 81 323 614 945 1175 1241 1505 1739 *Koinè* ; επι τω λογω : ℵ* A SyrP *NA 28* // b. *NA 28* ; B : αρχουσι

---

3 - 1. voir *infra*

4 - 1. Dd / 2. Dd G[67] / 3. Dd SyrH[mg] (G[67]*om.* κολλώμενοι)

5 - 1. SyrH[mg] (voir *infra*) cf. G[67] et Ephr[P] / 2. SyrH[mg] cf. Ephr[P] / 3. SyrH[mg] G[67] Ephr[Pk]
SyrH[mg] : Et iterum excitaverunt persecutionem secundo iudaei cum Gentibus et lapidantes eos eduxerunt eos e civitate
Ephr[k] : et lapidaverunt et expulerunt eos e civitate
Ephr[P] : iconii autem post anteriorem tribulationem suscitaverunt persecutionem iudaei et gentiles et lapidantes eum ac barnabam eiecerunt illos e civitate.

v. 3 : Le διατριψαντεσ est une erreur du scribe puisque D n'a pas de verbe principal dans la phrase. Mais son αυτου pourrait être l'écho d'un texte dans lequel Barnabé seul était en scène ; cf. 12,25 ; 13,6 (note). La forme παρησιαμενοι est incorrecte.

v. 4 : C'est un autre verbe syriaque que SyrH utilise en Ac 9,26 ; 10,28 ; 17,34 (cf. 8,29 à une forme différente) pour traduire κολλάομαι, et c'est sans doute pour cette raison que l'édition critique de NESTLE-ALAND met ce témoin entre parenthèses. Mais SyrH utilise encore un verbe différent en 5,13. Il n'y a donc aucune raison de penser que la Syriaque ne lisait pas ici κολλώμενοι. C'est Mae (= G[67]) que la même édition aurait pu ajouter, en la mettant entre parenthèses.

v. 5 : Pour la rétroversion en grec du texte de la SyrH[mg], voir 14,2 ; 10,15 ; 7,58. G[67] dépend ici de l'archétype X : le TA a été inséré à l'intérieur du TO. Comme D, h (son texte reprend ici) a adopté le TA, comme il va le faire au verset suivant.

3 ϊκανον μεν ουν χρονον
διατρειψαντεσ ✦παρησιαμενοι
επι τω κω̄ τω μαρτυρουντι
τω λογω τησ χαριτοσ αυτου
διδοντι σημεια και τερατα
γεινεσθαι δια των χειρων αυτου
4 ην δε εσχισμενον
το πληθοσ τησ πολεωσ
και οι μεν ησαν συν τοισ ϊουδαιοισ
αλλοι δε συν τοισ αποστολοισ
κολλωμενοι δια τον λογον
του θῡ
5 ωσ δε εγενετο ορμη

των εθνων
και των ϊουδαιων
συν τοισ αρχουσιν αυτων
ϋβρισαι
και λιθοβολησαι αυτουσ

3 plurimo ergo tempore
commorati sunt habita fiducia
in dn̄o qui testimonium perhibuit
uerbo gratiae ipsius
dans signa et portenta
fieri per manus eorum
4 diuisa autem erat
multitudo ciuitatis
et alii quidem erant cum iudaeis
alii uero cum apostolis
adherentes propterter uerbum
d̄i
5 ut autem factum est impetus

gentilium
et iudaeorum
cum magistribus ipsorum
et iniuriauerunt
et lapidauerunt eos

G⁶⁷ : ³ Sie verbrachten eine lange Zeit dort, indem sie freimütig auftraten (im Vertrauen) auf den Herrn, diesen, der das Wort seiner Gnade bezeugte, indem er veranlaßte, daß Zeichen und Wunder durch ihre Hände geschahen. ⁴ Die Menge der Stadt aber spaltete sich ; die einen waren mit den Juden, die anderen aber waren mit den Aposteln *wegen des Wortes Gottes. Die Juden und die Heiden erregten wiederum, zum zweitenmal, eine Bedrängnis gegen sie.* ⁵ Nachdem *die Juden, die Heiden* und ihre Obersten herbeigestürmt waren, *schlugen und steinigten sie sie und warfen sie aus der Stadt hinaus.*

h : ⁵ runt eos et lapidaverunt,

g : ³ Et cum multo tempore ibi demorati fuissent et confidentur egissent in domino, testimonium reddente uerbo gratiae suae dando signo et prodigia fieri per manus eorum. ⁴ Diuisa est multitudo tota ciuitatis et quidam quidem erant cum iudaeis, quidam uero cum apostolis. ⁵ Cumque impetum fecissent gentiles et iudei cum principibus suis ut iniuriam illis facerent et lapiderent eos ;

6 συνιδόντες κατέφυγον

εἰς τὰς πόλεις τῆς Λυκαονίας
Λύστραν
καὶ Δέρβην
καὶ τὴν περίχωρον,
7 κἀκεῖ εὐαγγελιζόμενοι ἦσαν.

8

καί τις ἀνὴρ
ἀδύνατος ἐν Λύστροις
τοῖς ποσὶν ἐκάθητο,
χωλὸς ἐκ κοιλίας μητρὸς αὐτοῦ,
ὃς οὐδέποτε περιεπάτησεν.

6 [ ] καὶ καταφύγοντες
κατήντησαν[1]
εἰς τὴν Λυκαονίαν[2]
εἰς πόλιν τινὰ καλουμένη[3] Λύστραν
[ ][4]
[ ][5]
7 καὶ[1] εὐαγγελιζόμενοι ἦσαν
καὶ ἐκινήθη ὅλον τὸ ἔθνος
ἐπὶ τῇ διδαχῇ αὐτῶν[2].
8 ὁ δὲ Παῦλος καὶ Βαρναβὰς
διέτριβον ἐν Λύστροις[1].
[ ][2] ἦν[3] τις ἀνὴρ καθήμενος[3]
ἀδύνατος [ ][4]
τοῖς ποσὶν [ ][5]
ὅς[6] ἐκ κοιλίας της[7] μητρὸς αὐτοῦ
οὐδέποτε περιπεπάτηκει[8],
ὑπάρχων ἐν φόβῳ[9].

---

6 - 1. SyrH^mg G^67 cf. Ephr^k / 2. SyrH^mg / 3. SyrH^mg / 4. Ephr^k (pour SyrH^mg cf. *infra*) / 5. SyrH^mg (G^67) Ephr^k
SyrH^mg : et fugientes pervenerunt in Lycaoniam, in civitatem quamdam quae vocatur Lystra, et Derben
Ephr^k : venerunt autem illi Lystram

7 - 1. h G^67 / 2. (Dd) h G^67 – b o Vg(Th) prv tpl (cf. Cass)

8 - 1. Dd h G^67 – Ee b o y Vg(Th) prv tpl / 2. h G^67 / 3. h (G^67) – (εκαθητο : Dd) / 4. Dd h G^67 / 5. Dd h / 6. h G^67 / 7. D / 8. Dd h / 9. h (voir *infra*)

v. 6 : L'évolution des textes est identique à celle du verset précédent : SyrH^mg reste fidèle au TO ; mais en finale, la mention de Derbé, impossible après *in civitatem quemdam*, est une harmonisation sur le TA. Ici comme au verset précédent, Ephrem fait allusion à ce passage en se référant au TO. G^67 donne le texte de l'archétype X qui fusionnait TO (les premiers mots) et TA (que nous avons mis entre crochets). Mais il va transférer au verset suivant la finale καὶ τὴν περίχωρον.

v. 7 : Le *genus* de h ne traduit certainement pas πλῆθος mais plutôt ἔθνος (cf. G^67, en grec), comme les autres latins en 17,26 (cf. ZAHN). On peut supposer aussi que ce *genus* est une erreur de scribe pour *gens* ; c'est en effet par ce mot que h traduit ἔθνος en 14,16 ; 26,23, et Cyprien en 13,46 (cf. *Boism*^1a, p. 53). C'est l'absence de l'adverbe "ici" qui a poussé G^67 à transposer l'expression "dans toute la contrée", reprise du verset précédent. D suivait le TA au verset précédent. Il continue sur sa lancée au début du présent verset avec κακει, comme dans le TA. En finale, l'omission de αυτων est une distraction du scribe.

v. 8 : L'expression ὑπάρχων ἐν φόβῳ est placée par Dd au verset suivant (après λαλοῦντος) où elle ne s'accorde pas avec le ἡδέως du TO (que D supprime).

6 συνϊδοντεσ ✦και κατεφυγον	**6** intellexerunt et fugerunt
εισ τασ ✦πολισ τησ ✦λυκαωνιασ	in ciuitates lycaoniae
εισ λυστραν	in lystra
και δερβην	et derben
και την περιχωρον οληv	et circum totam regionem
7 κακει ευαγγελιζομενοι ησαν	**7** et illic erant euangelizantes
και εκεινηθη ολον το πληθοσ	et commota est omnis multitudo
επι τη διδαχη	in doctrinis
8 ο δε παυλοσ και βαρναβασ	**8** paulus autem et barnabas
διετριβον εν λυστροισ	moras faciebant in lystris
και τισ ανηρ εκαθητο	et quidam uir sedebat
αδυνατοσ	adynatus
τοισ ποσιν	a pedibus
εκ κοιλιασ της μητροσ αυτου	ab utero matris suae
οσ ουδεποτε περειπεπατηκει	qui numquam ambulauerat

G[67] : [6] *Als sie aber flohen, kamen sie* zu Städten in Lykaonien : Lystra und Derbe. [7] Und sie verkündigten *in der ganzen Umgebung. Das ganze Volk geriet in Unruhe über ihre Lehre. Paulus aber und Barnabas blieben in Lystra.* [8] Es gab (da) einen Mann, schwach an seinen Füßen, der nur sitzen konnte und lahm war vom Leibe seiner Mutter an, ohne jemals gegangen zu sein.

h : [6] intellexerunt [et fugerunt] in Lycaoniae civitates, sicut ihs dixerat eis LX[. ., in Lys]tra et Derben et omnes confines regionis. [7] [et bene nu]tiabant ut motum est omne genus in doctri[na eorum]. Paulus autem et Barnabas commorabantu[r in Lystris]. [8] illic fuit quidam infirmus sedens, languid[us pedibus], qui a vente matris numquam ambulaver[at, habens ti]morem.

g : [6] intellexerunt et fugerunt in ciuitates yconiae lystram et derben et confines regionis, [7] ibique predicabant euangelium. [8] Et quidam uir lystris sedebat infirmus pedibus suis ex utero matris suae qui nunquam ambulauit.

9 οὗτος ἤκουεν ᶜ
τοῦ παύλου λαλοῦντος ·

ὃς ἀτενίσας αὐτῷ
καὶ ἰδὼν
ὅτι ἔχει πίστιν τοῦ σωθῆναι
10 εἶπεν μεγάλῃ φωνῇ ·

ἀνάστηθι ἐπὶ τοὺς πόδας σου
ὀρθός
καὶ ἥλατο
καὶ περιεπάτει.
11 οἵ τε ὄχλοι ἰδόντες
ὃ ἐποίησεν Παῦλος
ἐπῆραν τὴν φωνὴν αὐτῶν
Λυκαονιστὶ λέγοντες ·
οἱ θεοὶ ὁμοιωθέντες
ἀνθρώποις
κατέβησαν πρὸς ἡμᾶς ·

9 οὗτος ἤδεως¹ ἤκουσεν²
τῶν ἀποστόλων ἀρξαμένων λαλεῖν³
[ ]⁴
[ ]⁵ ἀτένισεν⁶ [ ]⁷ αὐτῷ ὁ Παῦλος⁸
καὶ ἔγνω⁹
ὅτι ἔχει πίστιν τοῦ σωθῆναι
10 εἶπεν μεγάλῃ φωνῇ · σοὶ λέγω,
ἐν τῷ ὀνόματι Ἰησοῦ¹
ἀνάστηθι ἐπὶ τοὺς πόδας σου
ὀρθός καὶ περιπάτει²
καὶ οὗτος ὁ ἀσθενῆς³ ἥλατο
καὶ περιεπάτει.
11 οἵ δὲ¹ ὄχλοι ἰδόντες
ὃ ἐποίησεν Παῦλος
ἐπῆραν [ ]² φωνὴν [ ]³
Λυκαονιστὶ λέγοντες ·
οἱ θεοὶ ὁμοιωθέντες
τοῖς⁴ ἀνθρώποις
κατέβησαν πρὸς ἡμᾶς·

c. B C 6 323 1241 *pc* ; ηκουσεν : p⁷⁴ (ℵ) A D E L Ψ 33 81 614 945 1175 1505 1739 *pc NA 28*

---

9 - 1. h G⁶⁷ / 2. Dd h ℵ A p⁷⁴ Ee Koinè Vg SyrP Boh Eth Geo / 3. h(vid) / 4. voir au verset précédent (14,8) / 5. Dd h G⁶⁷ – Ee g SyrP Eth Geo / 6. h – Eth / 7. h / 8. Dd (h ≈) G⁶⁷ – Ee g SyrP Eth Geo / 9. h – (εἰδὼς : G⁶⁷(+) SyrP Sah Boh(A))

10 - 1. cf. Dd h SyrHᵐᵍ G⁶⁷ – Ee C SodC(mss) SodB(mss) *pm* t⁵⁽ᵛⁱᵈ⁾ Vg(T) prv Cass SyrP Sah.4.16 Boh(mss) Eth.2.4-12 Geo (voir *infra*) / 2. Dd h SyrHᵐᵍ G⁶⁷ / 3. h
SyrHᵐᵍ : dixit voce magna] tibi dico in nomine domini Jesu christi surge in pedes tuos et ambula. Et statim eadem hora exiliebat et ambulabat
Cass : ... in nomine iesu christi intuens...

11 - 1. Dd G⁶⁷ – Ee C Koinè g Vg Sah(- 4) / 2. D – 1838 (*contra* G⁶⁷ ; autres versions ?) / 3. h – 1838 ℵ g Vg(MO) (≈ *ante* τὴν φωνὴν : SodC.4.5.14-16 Chr.1) / 4. D G⁶⁷ – *pc* Sah (autres versions ?)
Varia : ὁ ὄχλος : d g Cass SyrP Geo

---

v. 9 : Le *populus* de h est évidemment une erreur pour *paulus* de même que le scribe a écrit *salutur* pour *saluaretur*. Mais son *cognovit* suppose un ἔγνω grec car les latins traduisent toujours οἶδα par *scio*. Dans le TO, le remplacement du relatif ὃς par le sujet ὁ Παῦλος ne se justifie que si l'on admet juste avant la variante τοὺς ἀποστόλους attestée par le seul h. De ce point de vue, les textes de D et surtout de G⁶⁷ sont peu vraisemblables. Avec hésitation, nous avons adopté le texte de h pour reconstituer le TO étant donné l'inconstance des autres témoins.

v. 10 : C'est à l'archétype X que l'on doit la formule longue τοῦ κυρίου Ἰησοῦ Χριστοῦ comme l'addition de la forme double εὐθέως παραχρῆμα. Le TO devait avoir simplement ἐν τῷ ὀνόματι Ἰησοῦ (cf. h et Cass, qui ont aussi allongé la formule, mais de façon différente).

9 ουτοσ ηκουσεν	**9** hic audiuit
του παυλου λαλουντοσ	paulum loquentem
ϋπαρχων εν φοβω	possidens in timore
ατενισασ δε αυτω ο παυλοσ	intuitus autem eum paulum
και ϊδων	et uidens
οτι εχει πιστιν του σωθηναι	quia habet fidem ut saluus fiat
10 ειπεν μεγαλη φωνη σοι λεγω	**10** dixit uoce magna tibi dico
εν τω ονοματι του κ͞υ ι͞η͞υ χ͞ρ͞υ	in nomine d͞ni i͞h͞u x͞pi
αναστηθι επι τουσ ποδασ σου	surge supra pedes tuos
ορθοσ και περιπατει	rectus et ambula
και ευθεωσ παραχρημα ◆ανηλατο	et statim subito exiliuit
και περιεπατει	et ambulabat
11 οι δε οχλοι ϊδοντεσ	**11** turba autem uidens
ο εποιησεν παυλοσ	quod fecit paulus
επηραν φωνην αυτων	leuauerunt uocem suam
λυκαωνιστι λεγοντεσ	lycaoni dicentes
οι θεοι ομοιωθεντεσ	dii adsimulati
τοις ανθρωποισ	hominibus
κατεβησαν προσ ημασ	descenderunt ad nos

G[67] : [9] Dieser aber *liebte es*, Paulus reden *zu hören. Als Paulus ihn sah*, blickte er ihn fest an und *erkannte im Geist*, daß er Glauben hatte, um geheilt zu werden. [10] Er sprach *zu ihm* mit lauter Stimme : *„Ich sage dir da im Namen unseres Herrn Jesus Christus :* Erhebe dich, stell' dich auf deine Füße *und wandele !" Er erhob sich sogleich (und) unverzüglich* ; er wandelte, indem er herumsprang. [11] Die Mengen aber, als sie sahen, was Paulus getan hatte, erhoben sie ihre Stimme *in ihrer Sprache*, auf Lykaonisch, indem sie sagten : „Die Götter haben sich *den* Menschen gleichgemacht und sind zu uns herabgekommen."

h : [9] hic libenter audivit apostolos in[cipientes] loqui. intuitus est eum et cognobit Populu[s quoniam] haberet fidem ut salvaretur. [10] clamans dixit ei [magna vo]ce : tibi dico in nomine ihu, nostri dni, fili di, sur[ge supra pe]des tuos rectus, et amvula. et ille infirmus [exilivit] et ambulabat. [11] et turbae, videntes quod fe[cit Paulus], adlevaverunt vocem Lycaonicae dicent[es : dii simi]laverunt se hominibus et descenderun[t ad nos.

g : [9] Hic cum audisset paulum loquentem credidit. Quem cum intendisset paulus et uidisset quia habet fidem ut saluus fieret, [10] uoce magna dixit : Surge super pedes tuos rectus. Et exiliit et ambulabat. [11] Turba autem cum uidisset, quod fecit paulus, eleuauerunt uocem diaconicae (sic) dicentes : Dii similes facti hominibus descenderunt ad nos.

12 ἐκάλουν τε
τὸν Βαρναβᾶν Δία,
τὸν δὲ Παῦλον Ἑρμῆν,
ἐπειδὴ αὐτὸς ἦν
ὁ ἡγούμενος τοῦ λόγου.
13 ὅ τε ἱερεὺς
τοῦ Διὸς τοῦ ὄντος πρὸ τῆς πόλεως
ταύρους καὶ στέμματα
ἐπὶ τοὺς πυλῶνας
ἐνέγκας σὺν τοῖς ὄχλοις
ἤθελεν θύειν.
14 ἀκούσαντες δὲ οἱ ἀπόστολοι
Βαρναβᾶς καὶ Παῦλος,
διαρρήξαντες τὰ ἱμάτια ἑαυτῶν ᵈ
ἐξεπήδησαν εἰς τὸν ὄχλον,
κράζοντες

12 ἐκάλουν [ ]¹
[ ]² Βαρναβᾶν Δίαν³
τὸν δὲ Παῦλον Ἑρμῆν,
ἐπειδὴ αὐτὸς ἦν
[ ]⁴ ἡγούμενος τοῦ λόγου.
13 οἱ¹ δὲ² ἱερεῖς¹
τοῦ ὄντος Διὸς³ πρὸ [ ]⁴ πόλεως
ταύρους [ ]⁵ καὶ στέμματα
ἐπὶ τοὺς πυλῶνας
ἐνέγκαντες¹ σὺν τῷ ὄχλῳ⁶
ἤθελον⁷ ἐπιθύειν⁸.
14 ἀκούσαντες δὲ [ ]¹
Παῦλος καὶ Βαρναβᾶς²,
διαρρήξαντες τὰ ἱμάτια αὐτῶν³
[ ]⁴ ἐξεπήδησαν εἰς τὸν ὄχλον,
κράζοντες

---

d. ℵ² A B 33 453 2818 ; αυτων : p⁷⁴ ℵ* C D E L Ψ 81 823 614 945 1175 1241 1505 1739 *Koinè NA 28*

---

12 - 1. d G⁶⁷ – SodC.5* 1838 Boh (καί : h Vg ; δέ : D SodB.1-4 *pc* Chr.1a e g) / 2. D G⁶⁷ – (autres versions ?) / 3. D – E p⁷⁴ SodB.3 181 1898 476 1175 (versions ?) / 4. D – C SodC.10 467 (versions ?)

13 - 1. Dd Ephrᵏ – g Vg(SU) ndl.1 Eth (cf. Augᶜ) / 2. Dd G⁶⁷ – Ee *Koinè* g t⁵ y Vg(D) Sah / 3. Dd – SodC.1.2.6.7.10-13 Chr.1ᵇ g / 4. D – (*contra* G⁶⁷ ; autres versions ?) / 5. voir *infra* / 6. d h Ephrᵏ G⁶⁷ – y / 7. Dd Augᶜ G⁶⁷ – SodC.3.15 SodB.3.4 g Vg(STU) Irᴸ ndl.1 Eth (cf. Ephrᵏ) / D (versions ?)
Ephrᵏ : et sa(cerdot)es idolorum una cum plebe adduxerunt taurum ad sacrificum usque ad portas domi eorum ubi ingressi erant
Augᶜ : Hoc credentes attulerunt vittas et victimas et voluerunt illis offerre sacrificium (*Serm.* 273,8 ; *PL* 38/1251)

14 - 1. Dd h – g SyrP / 2. h Augᶜ G⁶⁷ – t⁵ ndl.2 / 3. D – ℵ C p⁷⁴ *Koinè* (versions ?) / 4. Après le participe διαρρηξαντεσ, καί est impossible devant l'aoriste ἐξεπήδησαν.
Augᶜ : Tunc Paulus et Barnabas consciderunt vestimenta sua et dixerunt... (*In Ps* 96,12)

v. 13 : D suit le TO sauf pour la variante 6, par ailleurs bien attestée. h semble suivre plutôt le TA dont il interprète à sa façon le début difficile. G⁶⁷ suit aussi le TA, sauf pour les variantes 6 et 7. Ephrem suit le TO dont il simplifie le début difficile. Divers témoins ont ajouté αυτοις, mais à cinq places différentes (cf. Dd, Ee) ; c'est une leçon facilitante.

12 εκαλουν δε
βαρναβαν διαν
τον δε παυλον ερμην
♦επιδη αυτοσ ην
ηγουμενοσ του λογου
13 οι δε ϊερεισ
του οντοσ διοσ προ πολεωσ
ταυρουσ αυτοισ και στεμματα
επι τουσ πυλωνασ
ενεγκαντεσ συν τοισ οχλοισ
ηθελον επιθυειν
14 ♦ακουσασ δε
βαρναβασ και παυλοσ
διαρρηξαντεσ τα ϊματια αυτων
♦και εξεπηδησαν εισ τον οχλον
Κραζοντες

12 uocabant
barnaban iouem
paulum uero mercurium
quoniam ipse erat
princeps sermonum
13 sacerdotes autem
qui erant iouis ante ciuitate
tauros eis et coronas
ad ianuas
adferentes cum turba
bolentes immolare
14 Cum audisset autem
barnabas et paulus
consciderunt uestimenta sua
et exilierunt ad turbas
clamantes

G[67] : [12] Sie nannten Barnabas Zeus, Paulus aber Hermes, weil er es war, der mächtig war in der Rede. [13] Aber der Priester des Zeus(tempels), der außerhalb der Stadt ist, brachte Jungstiere und Kränze *zum Tor* zusammen mit der Menge, weil *sie* Opfer darbringen *wollten*. [14] Als aber die Apostel *Paulus* und *Barnabas* (das) hörten, zerrissen sie ihre Kleider, liefen heraus zu der Menge und schrieen,

h : [12] et] vocaverunt Barnaban Jovem Populum a[utem Mer]curium, quoniam ipse erat princeps verborum. [13] et [ad portam] erat sacerdos Jovis : tauros et diademata e[t coronas] adduxit ad januas cum plebe, volens immo[lare]. [14] et cum audissent Paulus et Barnabas ista, con[sciderunt] suum vestimentum, accurrentes ad plebem.

g : [12] Vocabant autem barnaban iouem, paulum uero mercurium, quoniam ipse proibat sermone. [13] Sacerdotes autem, qui erant iouis ante ciuitatem ad portam tauros et coronas afferentes illis cum turbis, uolebant sacrificare. [14] Quo audito barnabas et paulus consciderunt uestimenta sua et exilierunt ad turbas clamantes :

15 καὶ λέγοντες · ἄνδρες,
τί ταῦτα ποιεῖτε ;
καὶ ἡμεῖς ὁμοιοπαθεῖς ἐσμεν ὑμῖν
ἄνθρωποι,
εὐαγγελιζόμενοι ὑμᾶς
ἀπὸ τούτων τῶν ματαίων
ἐπιστρέφειν ἐπὶ Θεὸν ζῶντα
ὃς ἐποίησεν τὸν οὐρανὸν
καὶ τὴν γῆν καὶ τὴν θάλασσαν
καὶ πάντα τὰ ἐν αὐτοῖς ·
16 ὃς ἐν ταῖς παρῳχημέναις
γενεαῖς
εἴασεν πάντα τὰ ἔθνη
πορεύεσθαι ταῖς ὁδοῖς αὐτῶν·
17 καίτοι οὐκ ἀμάρτυρον
αὐτὸν ἀφῆκεν ἀγαθουργῶν,
οὐρανόθεν ὑμῖν ὑετοὺς διδοὺς
καὶ καιροὺς καρποφόρους,
ἐμπιπλῶν τροφῆς
καὶ εὐφροσύνης τὰς καρδίας ὑμῶν.

15 καὶ φωνοῦντες[1]· ἄνδρες,
τί ταῦτα ποιεῖτε ;
[ ][2] ἡμεῖς ὁμοιοπαθεῖς ἐσμεν ὑμῖν
ἄνθρωποι,
εὐαγγελιζόμενοι ὑμῖν τὸν Θεὸν[3]
ὅπως[4] ἀπὸ τούτων τῶν ματαίων
ἐπιστρέψητε[4] ἐπὶ τὸν[5] Θεὸν ζῶντα
τὸν ποιήσαντα[6] τὸν οὐρανὸν
καὶ τὴν γῆν καὶ τὴν θάλασσαν
καὶ πάντα τὰ ἐν αὐτοῖς ·
16 ὃς[1] ἐν ταῖς παρῳχημέναις γενεαῖς
εἴασεν πᾶν ἔθνος ἀνθρώπων[2]
πορεύεσθαι ταῖς ὁδοῖς αὐτοῦ[3]·

17 καίγε[1] οὐκ ἀμάρτυρον
ἀφῆκεν[2] ἑαυτὸν[3] ἀγαθοποιῶν[4],
οὐρανόθεν ὑμῖν ὑετοὺς διδοὺς
καὶ καιροὺς καρποφόρους,
ἐμπιπλῶν τροφῆς
καὶ εὐφροσύνης τὰς καρδίας ὑμῶν.

---

15 - 1. Dd – (*om.* 18 100 g) / 2. Dd h – 1175 Chr.1 g ndl.1 (*om.* καὶ ἡμεῖς : p45) / 3. Dd Aug^cVar (Ephr^k) G67 – m Ir^L (ὑμῖν *tantum* : h) / 4. Dd (h) Var – g m (E)e Ir^L / 5. D (*contra* G67 ; autres versions ?) / 6. D (*contra* G67 ; autres versions ?)

Varia : *om.* ταῦτα : Aug^c Vg(S) Eth.4 Did Chr.3 / *om.* : ζῶντα : h

Ir^L : Nos similes uobis sumus homines, euangelisantes uobis Deum, uti ab eis uanis simulacris convertimini ad Deum uiuum, qui fecit etc.

Aug^c : ... et dixerunt eis : Fratres, quid facitis ? Et nos sicut vos homines sumus passibiles ; sed annuntiamus vobis Deum uerum. Convertimini ab his vanis (cf. v. 13)

Ephr^k : ... et dicere: Homines sumus quia annuntiamus vobis de Deo...

16 - 1. o, dans D, est incorrect. / 2. h cf. Ephr^k / 3. h – 1838 prv

Ephr : qui permisit filiis hominum ambulare in viis idolorum.

17 - 1. Dd – p45 Ee Vg (latins : *et quidem*) (*contra* G67(gr) – καί : h) / 2. Dd h G67 / 3. D h G67 – C p74 *Koinè* (versions ?) / 4. Dd – E *Koinè* (versions ?)

15 και φωνουντεσ ανδρεσ	**15** et uociferantes uiri
τι ταυτα ◆ποιειται	quid haec facitis
ημεισ ομοιοιπαηθεισ εσμεν ϋμειν	nos patientes sumus uobis
ανθρωποι	hominibus
ευαγγελιζομενοι ϋμειν τον θ̄ῡ	euangelizamus uobis d̄m̄
οπωσ απο τουτων των ματαιων	ut ab his uanis
◆επιστρεψηται επι τον θ̄ῡ ζωντα	conuertamini ad d̄m̄ uiuum
τον ποιησαντα τον ουρανον	qui fecit caelum
και την γην και την θαλασσαν	et terram et mare
και παντα τα εν αυτοισ	et omnia quae in eis sunt
16 ◆ο εν ταισ παρωχημεναισ γενεαις	**16** qui in praeteritis saeculis
◆ειασε κατα τα εθνη	sanauit omnes gentes
πορευεσθαι ταισ οδοισ αυτων	ambulate uias suas
17 καιγε ουκ αμαρτυρον	**17** et quidem non sine testimonio
αφηκεν εαυτον αγαθοποιων	reliquid se ipsū benefaciens
ουρανοθεν υμειν υετουσ διδουσ	de caelo uobis imbrens dans
και καιρουσ καρποφορουσ	et tempora fructifera
◆ευπιμπλων τροφησ	implens ciuo
και ευφροσυνησ καρδιασ ϋμων	et iucunditate corda uestra

G[67] : [15] indem sie sagten : „Ihr Männer ! *Was ist das, was ihr tut ?* Auch wir unsererseits, wir sind Menschen wie ihr, indem wir *euch Gott* verkündigen, *auf daß* ihr euch *abwendet* von diesen Nichtigkeiten, um euch demgegenüber zu bekehren zu dem lebendigen Gott, diesem, der den Himmel und die Erde, das Meer und jedes Ding, das in ihnen ist, geschaffen hat, [16] der in den Generationen, die vorübergegangen sind, es allen Völkern zugelassen hat, daß sie auf ihren Wegen wandelten. [17] Gleichwohl hat er sich auch nicht ohne Zeugnis gelassen, indem er *euch* Gutes tat, indem er euch regnen ließ vom Himmel, *indem er die Zeit mit Früchten füllte,* indem er *euch* sättigte mit Speise und eure Herzen mit Freude."

h : [15] [et clama]tes dicebant : viri, quid haec facitis ? nos ho[mines su]mus vestri corporis, nuntiantes vobis d[... con]vertamini ad eum qui fecit caelum et terra, [mare et] omnia quae in eis sunt : [16] qui praeteritis tempo[ribus di]misi omni gentis hominum ire in viam suam. [17] [et non int]estabilem dimisit se, sed magis benefecit, dans [vobis plu]biam dae caelo tempora fructuosa, adimplens [cibo et ju]cunditate corda vestra.

g : [15] Viri, quid haec facistis ? nos similiter passibiles ut uos sumus homines annunciantes uobis ut ab his uanis conretamini ad deum uiuum, qui fecit celum et terram et mare et omnia, quae in illis sunt, [16] qui in praeteritis temporibus reliquit omnes gentes ambulare uias suas. [17] Et quidem non sine testimonio semet ipsum reliquit benefaciens uobis e caelo dando pluuiam et tempora fructifera replens cibo et epulis corda nostra.

18 καὶ ταῦτα λέγοντες
μόλις κατέπαυσαν τοὺς ὄχλους
τοῦ μὴ θύειν αὐτοῖς.

19

ἐπῆλθαν δὲ
ἀπὸ ἀντιοχείας καὶ Ἰκονίου
Ἰουδαῖοι,
καὶ πείσαντες τοὺς ὄχλους

καὶ λιθάσαντες τὸν Παῦλον
ἔσυρον ἔξω τῆς πόλεως,
νομίζοντες αὐτὸν τεθνηκέναι.

18 καὶ ταῦτα λέγοντες
μόγις[1] ἔπεισαν[2] τοὺς ἀνθρώπους[3]
τοῦ μὴ θύειν αὐτοῖς
καὶ ἀπέλυσαν αὐτοὺς ἀφ᾽ ἑαυτῶν[4].

19 διατριβόντων δὲ αὐτῶν
καὶ διδασκόντων[1]
ἐπῆλθόν[1] τινες[2] Ἰουδαῖοι[3]
ἀπὸ Ἰκονίου καὶ Ἀντιοχείας[4]
καὶ διαλεγομένων αὐτῶν παρρησίᾳ
ἀνέπεισαν τοὺς ἀνθρώπους
ἀποστῆναι ἀπ᾽ αὐτῶν λέγοντες
ὅτι οὐδὲν ἀληθὲς λέγουσιν ἀλλὰ
πάντα ψεύδονται[5]
κινήσαντες τὸν ὄχλον[6]
ἵνα λιθαστῶσιν[7] τὸν Παῦλον
ἔσυραν[8] ἔξω τῆς πόλεως,
νομίζοντες αὐτὸν τεθνηκέναι[9].

---

18 - 1. D G⁶⁷(gr) – 1175 Sah(gr) Boh(gr) (autres versions ?) / 2. d h(vid) G⁶⁷(gr) – 917 1874 g Vg(D) Sah.452.460(gr) / 3. h – (cf. 8,6 TO) / 4. h
Varia : *add.* ἀλλὰ πορεύεσθαι ἕκαστον εἰς τὰ ἴδια : C SodC(mss) *pc* ; λεγων : Sah.4 Eth.2.3*.9

19 - 1. D*d h SyrHᵐᵍ G⁶⁷ – Ee SodC.14-16 SodB.1-7 181 1175 *al* Cassᴸ Eth.4-12 Geo Arm (*om.* δὲ : Dd – *add.* καί : h) / 2. D h Ephrᵏᶜ – Ee 467 Vg Cassᴸ / 3. Dd h SyrHᵐᵍ Ephrᵏ G⁶⁷ – SyrP / 4. Dd h SyrHᵐᵍ Ephrᵏ G⁶⁷ – SyrP / 5. h SyrHᵐᵍ G⁶⁷ – (C) SodC.14-16 SodB.1-7 181 1175 *pc* Geo Arm (τοὺς ἀνθρώπους : h *tantum* ; cf. 8,6) / 6. h SyrHᵐᵍ – (cf. SyrP) / 7. h – ndl.1 / 8. D / 9. h
Varia : νομίσαντες : p⁴⁵ C E *Koinè* (versions ?) ; τεθνάναι : p⁴⁵ D E *Koinè* (versions ?)

v. 19 : D suit d'abord le TO, puis adopte le TA à partir de πεισαντεσ τουσ οχλουσ (avec un impossible επεισεισαντεσ). G⁶⁷ suit le TO jusqu'à πάντα ψεύδονται, puis il adopte le TA qu'il introduit par un τοτε en grec. Il est possible que tous deux dépendent de l'archétype X, qu'ils corrigent chacun à sa manière. Les variantes notées aux *varia* appartiennent au TA et non au TO.

18 και ταυτα λεγοντεσ
μογισ κατεπαυσαν τουσ οχλουσ
του μη θυειν αυτοισ

19 διατριβοντων αυτων
και διδασκοντων
επηλθον τινεσ ϊουδαιοι
απο ϊκονιου και ✦αντιοχιασ
και ✦επεισεισαντεσ τουσ οχλουσ

18 et haec dicentes
et conpescuerunt turbas
ne sibi immolarent

19 moras facientes eos
et docentes
superuenerunt autem iudaei
ab iconio et antiochia
et cum istigassent turbam

και λιθασαντεσ τον παυλον
εσυραν εξω τησ πολεωσ
νομιζοντεσ τεθναναι αυτον

et lapidassent paulum
traxerunt extra ciuitatem
existimantes mortuum esse eum

G[67] : [18] Indem sie aber dies sagten, *überzeugten* sie die Menge *nur mit Mühe*, ihnen nicht zu opfern. [19] *Als sie aber dort lehrend verweilten*, kamen *Juden aus Ikonium und Antiochia. Sie stritten mit ihnen in Freimut ; (doch) sie überredeten die Menge, daß sie sich von ihnen abwenden sollten, indem sie sagten : „Die Worte von diesen (Leuten) sind nicht wahr ; sondern in jeder Sache lügen sie."* Da steinigten sie Paulus, schleiften ihn aus der Stadt hinaus ; *sie ließen ihn liegen*, weil sie dachten, daß er (schon) gestorben sei.

h : [18] et haec dicentes, [vix persu]aserunt ne inmolarent sibi illi homines : et di[miserun]t eos ab se. [19] et cum ibi commorarentur et doce[rent, supe]rvenerunt quidam Judaei ab Iconia et Antio[chia, qui] palam disputabant verbum di. persuadebant [illis ho]minib ne crederent eis docentibus, dicentes [quia nihil] veri dicunt sed in omnibus mentiuntur. [et concita]berunt turbam, ut lapidarent Paulum : que [trahente]s foras extra civitatem, putaberunt eum esse [mortuum].

g : [18] Et haec dicentes uix conspescuerunt turbas, ne sibi immolarent. [19] Superuenerunt autem ab antiochia et yconio iudei, qui concitatis turbis lapidauerunt paulum et traxerunt extra ciuitatem aestimantes eum mortuum esse.

20 κυκλωσάντων δὲ
τῶν μαθητῶν αὐτὸν

ἀναστὰς εἰσῆλθεν
εἰς τὴν πόλιν.
καὶ τῇ ἐπαύριον ἐξῆλθεν
σὺν τῷ Βαρναβᾷ εἰς Δέρβην.
21 εὐαγγελισάμενοί τε
τὴν πόλιν ἐκείνην
καὶ μαθητεύσαντες ἱκανοὺς
ὑπέστρεψαν εἰς τὴν Λύστραν
καὶ εἰς Ἰκόνιον καὶ Ἀντιόχειαν ᵉ,
22 ἐπιστηρίζοντες
τὰς ψυχὰς τῶν μαθητῶν,
παρακαλοῦντες
ἐμμένειν τῇ πίστει,
καὶ ὅτι διὰ πολλῶν θλίψεων
δεῖ ἡμᾶς εἰσελθεῖν
εἰς τὴν βασιλείαν τοῦ θεοῦ.

20 κυκλωσάντων δὲ
τῶν μαθητῶν αὐτοῦ[1]
καὶ ἀναχωρησάντος τοῦ ὄχλου[2]
τῇ ἑσπέρᾳ[3]
ἀναστὰς εἰσῆλθεν
εἰς τὴν Λύστραν[4] πόλιν.
καὶ τῇ ἐπαύριον ἐξῆλθεν
σὺν τῷ Βαρναβᾷ εἰς Δέρβην.
21 εὐαγγελιζόμενοί[1] δὲ[2]
τοὺς ἐν τῇ πόλει[3]
καὶ μαθητεύσαντες πολλούς[4]
ὑπέστρεψαν εἰς [ ][5] Λύστραν
καὶ [ ][6] Ἰκόνιον καὶ Ἀντιόχειαν,
22 ἐπιστηρίζοντες
τὰς ψυχὰς τῶν μαθητῶν,
παρακαλοῦντες τε[1]
ἐμμένειν τῇ πίστει,
καὶ ὅτι διὰ πολλῶν θλίψεων
δεῖ ἡμᾶς εἰσελθεῖν[2]
εἰς τὴν βασιλείαν τοῦ θεοῦ.

e. B D L 323 614 1241 1505 *Koinè* ; εις Αντιοχειαν : ℵ A C E Ψ 33 945 1175 1739 2818
NA 28

---

20 - 1. Dd (*Boism* ˡᵃ·² : αυτον) / 2. h G⁶⁷ / 3. h Ephrᵏ G⁶⁷ – Sah / 4. Dd h(≈)

21 - 1. D – E A p⁷⁴ (versions ?) / 2. Dd G⁶⁷ – Ee 181 1898 Sah (h : *et*) / 3. D h / 4. D –
Boism ˡᵃ·² : ἱκανούς / 5. D – SodC.15.16 SodB.1-5.7 181 1898 1175 Chr.1.3 (versions ?) / 6.
Dd h G⁶⁷ – p⁴⁵(vid) (B) *Koinè* e g Vg Cass Sah Boh Eth Geo
Varia : ευαγγελομενος : h Cass Eth.2

22 - 1. D h G⁶⁷ / 2. d(h) G⁶⁷. Noter la négligence du scribe de D : δι ημασ ελθειν εισ au lieu de
δει ημασ ελθειν εισ

---

v. 20 : La finale τὴν Λύστραν πόλιν est un sémitisme que h a voulu éviter.

20 ◆κυκλωσαντεσ δε	**20** circueuntes enim
των μαθητων αυτου	discipuli eius
αναστασ εισηλθεν	cum surrexisset introibit
εισ την λυστραν πολιν	in lystram ciuitate
και ◆την επαυριον εξηλθεν	et altera die exiuit
[συν]τω βαρναβα εισ δερβην	cum barnaban derben
21 ευαγγελιζομενοι δε	**21** Euangelizantes autem
τουσ εν τη πολει	in illa ciuitate
και μαθητευσαντεσ πολλουσ	et discipulos fecissent plures
◆ϋπεστρεψον εισ λυστραν	reuersi sunt lystram
και εικονιον και αντιοχειαν	et iconium et antiochiam
22 επιστηριζοντεσ	**22** confirmantes enim
τασ ψυχασ των μαθητων	animas discipulorum
παρακαλουντεσ τε	exhortantes
εμμενειν τη πιστει	ut permanerent in fidem
και οτι δια πολλων θλειψεων	et quia per multas conflictationes
◆δι ημασ ◆ελθειν	oportet nos introire
εισ την βασιλειαν του θ̄ῡ	in regnum d̄i

G[67] : [20] Während ihn aber die *Brüder* umringten, *zog sich die Menge zurück.*
Nachdem es aber Abend geworden war, stand er auf und ging er in die Stadt hinein.
Am nächsten Morgen ging er zusammen mit Barnabas fort nach Derbe. [21] Nachdem
sie aber *in jener Stadt* verkündigt hatten, belehrten sie viele und kehrten zurück nach
Lystra, Ikonium und Antiochia, [22] indem sie die Seelen der *Brüder* stärkten und sie
ermahnten, daß sie blieben in dem Glauben : „durch viele Bedrängnisse *werden* wir
eingehen in das Reich Gottes."

h : [20] tunc circumdederunt eum dicentes, et [cum disce]ssisset populus vespere levavit
se et intro[ivit civit]atem Lystrum, et altera die exibit cum Barna[ban in] Derben. [21]
ec bene nuntiavit eis qui erant in [civita]te, et docuerunt multos. tunc reversi sunt
[Lystra] et Iconium et Antiochiam, [22] confortantes ani[mas disce]ntium, et rogantes
eos permanere in fide, [dicentes] quia per multas tribulationes oportebit vos [introire]
regnum di.

g : [20] Et circumdatus a discipulis surgens intrauit in ciuitatem ; altera autem die
profectus est cum barnaba derben. [21] Et cum in illa ciuitate praedicassent et
docuissent multos regressi sunt lystram et yconium et antiochiam [22] confirmantes
animas discipulorum exhortantes ut permanerent in fide et quia per multas
tribulationes oportet nos introire in regnum dei.

23 χειροτονήσαντες δὲ αὐτοῖς
κατ᾽ ἐκκλησίαν πρεσβυτέρους
προσευξάμενοι μετὰ νηστειῶν
παρέθεντο αὐτοὺς τῷ κυρίῳ
εἰς ὃν πεπιστεύκεισαν.
24 καὶ διελθόντες τὴν Πισιδίαν
ἦλθαν f εἰς τὴν Παμφυλίαν,
25 καὶ λαλήσαντες ἐν Πέργῃ
τὸν λόγον κατέβησαν
εἰς Ἀττάλιαν.

26 κἀκεῖθεν g
εἰς Ἀντιόχειαν, ὅθεν ἦσαν
παραδεδομένοι τῇ χάριτι τοῦ θεοῦ
εἰς τὸ ἔργον ὃ ἐπλήρωσαν.
27 παραγενόμενοι δὲ
καὶ συναγαγόντες τὴν ἐκκλησίαν
ἀνήγγελλον ὅσα
ἐποίησεν ὁ θεὸς
μετ᾽ αὐτῶν
καὶ ὅτι ἤνοιξεν
τοῖς ἔθνεσιν θύραν πίστεως.
28 διέτριβον δὲ χρόνον οὐκ ὀλίγον
σὺν τοῖς μαθηταῖς.

23 χειροτονήσαντες δὲ αὐτοῖς
πρεσβυτέρους κατ᾽ ἐκκλησίαν ¹
προσευξάμενοι [ ]² μετὰ νηστειῶν
παρέθεντο αὐτοὺς τῷ κυρίῳ
εἰς ὃν πεπιστεύκεισαν.
24 διελθόντες δὲ¹ τὴν Πισιδίαν
ἦλθαν εἰς [ ]² Παμφυλίαν,
25 καὶ λαλήσαντες ἐν Πέργῃ
τὸν λόγον κατέβησαν
εἰς Ἀττάλιαν
εὐαγγελιζόμενοι αὐτούς¹
26 κἀκεῖθεν ἀπέπλευσαν¹
εἰς Ἀντιόχειαν, ὅθεν ἦσαν
παραδεδομένοι τῇ χάριτι τοῦ θεοῦ
εἰς τὸ ἔργον ὃ ἐπλήρωσαν.
27 παραγενόμενοι δὲ
καὶ συναξάντες¹ τὴν ἐκκλησίαν
ἀνήγγελλον ὅσα
ὁ θεὸς ἐποίησεν² αὐτοῖς³
μετὰ τῶν ψυχῶν⁴ αὐτῶν
καὶ ὅτι ἤνοιξεν
τοῖς ἔθνεσιν θύραν πίστεως.
28 διέτριβον δὲ χρόνον οὐκ ὀλίγον
σὺν τοῖς μαθηταῖς.

f. B ; ελθον : *NA 28*
g. B ; κακειθεν απεπλευσαν : B² ℵ A C 81 D *NA 28*

23 - 1. h(vid) G⁶⁷ – Ee *Koinè* b prv Eth / 2. G⁶⁷ e

24 - 1. Dd G⁶⁷ – b Sah(4+) Boh / 2. D (*Boism*¹ᵃ : την)

25 - 1. Dd SyrH* G⁶⁷ – SodC.1.2.4-7

27 - 1. D G⁶⁷ / 2. Dd G⁶⁷ – p⁷⁴ ℵ SodC.1-3.6.7.10-14 SodB.1-6 *pc* / 3. Dd – c p Vg(mss) / 4. Dd - g
Varia : ἀπήγγειλαν : Ee SodB.2.7 *pc* Chr.1 g Vg (cf. ἀνήγγειλαν : *Koinè*)

23 χειροτονησαντεσ δε αυτοισ	**23** Et cum ordinassent illis
κατα εκκλησιαν πρεσβυτερουσ	per ecclesias presbyteros
προσευξαμενοι δε μετα νηστειων	orantes autem cum ieiunationibus
παρεθεντο αυτουσ τω κ̅ω̅	conmendauerunt eos d̅o̅
εισ ον ♦πεπιστευκασιν	in quem crediderunt
24 διελθοντεσ δε την πισιδιαν	**24** regressi autem pisidiam
ηλθαν εισ παμφυλιαν	uenerunt in pamphyliam
25 και λαλησαντεσ εν περγη	**25** et locuti aput pergen
τον λογον κατεβησαν	uerbum descenderunt
εισ ατταλιαν	in attaliam
ευαγγελιζομενοι αυτουσ	euangelizantes eos
26 κακειθεν απεπλευσαν	**26** et inde enauigarunt
εισ αντιοχειαν οθεν ησαν	antiochiam unde erant
παραδεδομενοι τη χαριτι του θ̅υ̅	traditi in cratia d̅i̅
εισ το εργον ο επληρωσαν	ad opus quod inpleuerunt
27 παραγενομενοι δε	**27** cum aduenissent autem
και συναξαντεσ την εκκλησιαν	et collegissent ecclesiam
♦ανηγγειλον οσα	renuntiauerunt quae
ο θ̅σ̅ εποιησεν αυτοισ	d̅s̅ fecit illis
μετα των ψυχων αυτων	cum animabus eorum
και οτι ♦ηνυξε	et quia aperuit
τοισ εθνεσιν θυραν πιστεωσ	gentibus osteum fidei
28 διετριβον δε χρονον ουκ ολιγον	**28** demorabantur uero tempus non
συν τοισ μαθηταισ	modicum cum discipulis

G[67] : [23] Sie setzten ihnen aber Älteste ein, in einer Gemeinde nach der anderen, beteten unter Fasten und übergaben sie dem Herrn, an den sie gläubig geworden waren. [24] Nachdem sie aber Pisidien durchzogen hatten, kamen sie nach *Perge in* Pamphylien. [25] Nachdem sie das Wort in Perge verkündigt hatten, begaben sie sich nach Attalia *und predigten ihnen.* [26] Von jenem Ort fuhren sie zu Schiff nach Antiochia, dem Ort, an dem sie in die Gnade Gottes gegeben worden waren zu dem Werk, das sie vollendet hatten. [27] Als sie aber angekommen waren, versammelten sie die Gemeinde und berichteten ihnen alles, was Gott mit ihnen getan hatte, und, daß er eine Tür des Glaubens den Heiden aufgetan hätte. [28] Sie blieben *dort* für eine lange Zeit bei den Jüngern.

h : [23] et constituerunt eis majores na[tu]

g : [23] Et cum ordinassent illis per singulas ecclesias presbyteros et orassent cum ieiunationibus commendauerunt eos domino, in quem crediderunt. [24] Et perambulantes a pisidia uenerunt pamfiliam [25] et locuti pergen uerbum dei descenderunt in achaiam, [26] et inde nauigauerunt antiochiae, unde uenerant traditi gratiae dei ad opus, quod impleuerunt. [27] Et cum uenissent et congregassent ecclesiam, narrauerunt omnia, quae fecit deus cum animabus eorum et quia aperuit gentibus ianua fidei [28] et morati sunt ibi non modicum tempus cum discipulis.

1 καί τινες κατελθόντες
ἀπὸ τῆς Ἰουδαίας ἐδίδασκον
τοὺς ἀδελφοὺς
ὅτι ἐὰν μὴ περιτμηθῆτε
τῷ ἔθει τῷ Μωυσέως,
οὐ δύνασθε σωθῆναι.
2 γενομένης δὲ στάσεως
καὶ ζητήσεως οὐκ ὀλίγης
τῷ Παύλῳ καὶ τῷ Βαρναβᾷ
πρὸς αὐτοὺς

ἔταξαν ἀναβαίνειν Παῦλον
καὶ Βαρναβᾶν καί τινας ἄλλους
ἐξ αὐτῶν
πρὸς τοὺς ἀποστόλους
καὶ πρεσβυτέρους εἰς Ἱερουσαλὴμ

περὶ τοῦ ζητήματος τούτου.

1 καί τινες κατελθόντες
ἀπὸ τῆς Ἰουδαίας ἐδίδασκον
τοὺς ἀδελφοὺς
ὅτι ἐὰν μὴ περιτμηθῆτε
καί[1] τῷ ἔθει [ ][2] *Μωυσέως,*
περιπατήτε[1] οὐ δύνασθε σωθῆναι.
2 γενομένης δὲ στάσεως
καὶ ζητήσεως οὐκ ὀλίγης
τῷ Παύλῳ καὶ [ ][1] Βαρναβᾷ
σὺν αὐτοῖς[2]
ἔλεγεν γὰρ ὁ Παῦλος μένειν
οὕτως καθώς ἐπίστευσαν[3]
διισχυριζόμενος[4]
οἱ δὲ ἐληλυθότες ἀπὸ Ἱρουσαλημ[5]
παρήγγειλαν [ ][6] *τῷ Παύλῳ*
καὶ Βαρναβᾳ καί τισιν ἄλλοις
[ ][7] *ἀναβαίνεν*[7]
πρὸς τοὺς ἀποστόλους
καὶ πρεσβυτέρους εἰς Ἱερουσαλὴμ
ὅπως κριτῶσιν ἐπ᾽ αὐτοῖς[8]
περὶ τοῦ ζητήματος τούτου.

---

1 - 1. Dd SyrH^mg Ephr^k G^67 – *Didasc* Sah / 2. D E *Koinè* (versions ?)

2 - 1. D – E (versions ?) / 2. D G^67 – (autres versions ?) / 3. Dd SyrH^mg Ephr^kc G^67 – b g o Vg(Th) prv tpl / 4. D SyrH^mg G^67 / 5. Dd SyrH^mg (G^67 : οἱ δὲ ἐληλυθότες *tantum*) / 6. voir *infra* / 7. Dd SyrH^mg / 8. Dd (cf. Ephr^k) (≈ *post* ζητήματος τούτου : SodC.1.2.4-7 SyrH*)
Ephr^kc : ... et volebant pronunciari iudicium coram apostolis et presbyteris in Iudaea

v. 2 : Le εκτασεως de D ne donne aucun sens. Par ailleurs, παρηγγειλαν αυτοις τω παυλω καὶ βαρναβα est une leçon double : les noms de deux missionnaires furent ajoutés sous l'influence du TA.
G^67 adopte le TA à partir de ἔταξαν tout en supprimant ἀπὸ Ἱηρουσαλημ à la fin du TO : οἱ δὲ ἐληλυθότες ἔταξαν.
Pour le TO, cf. Act 25,19-20 : « Ils avaient avec lui quelque question (ζητήματα) au sujet de leur religion... Etant dans l'embarras (ἀπορούνεος ; cf. v. 7) dans ce débat, je lui ai demandé s'il voulait aller à *Jérusalem* et là être jugé (κρίνεσθαι) là-dessus. »

1 και τινεσ κατελθοντεσ	1 et quidam cum aduenissent
απο τησ ιουδαιασ εδιδασκον	a iudaea docebant
τουσ αδελφουσ	fratres
οτι εαν μη περιτμηθητε	quia non circumcisi fueritis
και τω εθει ♦μωσεωσ περιπατητε	et more moysi ambulaueritis
ου δυνασθε σωθηναι	non potestes salui fieri
2 Γενομενησ δε ♦εκτασεωσ	2 facta ergo seditione
και ζητησεωσ ουκ ολιγησ	et questione non modica
τω παυλω και βαρναβα	a paulo et barnaba
συν αυτοισ	ad eos
ελεγεν γαρ ο παυλοσ μενειν	dicebat autem paulus manere
ουτωσ καθ ωσ επιστευσαν	sic sicut crediderunt
διϊσχυριζομενοσ	
οι δε εληλυθοτεσ απο ϊερουσαλημ	qui autem uenerunt ab hierusalem
παρηγγειλαν αυτοισ τω παυλω	statuerunt eis paulo
και βαρναβα και τισιν αλλοισ	et barnabae et quosdam alios
αναβαινειν	ascendere
προσ τουσ αποστολουσ	apostolos
και πρεσβυτερουσ εισ ϊερουσαλημ	et presbyteros in hierusalem
οπωσ κριθωσιν επ αυτοισ	ut iudicent super eos
περι του ζητηματοσ τουτου	de questione hanc

G[67] : [1] Es kamen aber etliche (Leute) aus Judäa, indem sie zu den Brüdern sagten : „Wenn ihr euch nicht beschneidet *und (nicht)* in der Sitte des Mose *wandelt*, werdet ihr nicht gerettet werden können !" [2] Als aber eine Aufregung entstand und ein großer Streit für Paulus und Barnabas *mit ihnen - denn Paulus sagte, indem er es fest versicherte, daß jeder so bleiben solle, wie er zum Glauben kommen würde -*, da verpflichteten *die, die gekommen waren*, den Paulus und Barnabas und (noch) andere von ihnen, daß sie sich begeben sollten zu den Aposteln und den Ältesten, die in Jerusalem waren, wegen dieses Streitfalles.

g : [1] Et quidam descenderunt a iudea qui, docebant fratres : quia nisi circumcidamini more moysi, non poterstis salui esse. [2] Facta autem seditione et questione non minima paulo et barnabe aduersus eos dicebat enim paulus manere eos ita ut crediderunt. Statuerunt autem ut ascenderent paulus et barnabas et aliqui ex illis ad apostolos et presbyteros in hierusalem de hac questione.

3 οἱ μὲν οὖν προπεμφθέντες
ὑπὸ τῆς ἐκκλησίας διήρχοντο
τήν τε Φοινίκην καὶ Σαμάρειαν
ἐκδιηγούμενοι
τὴν ἐπιστροφὴν τῶν ἐθνῶν,
καὶ ἐποίουν χαρὰν μεγάλην
πᾶσιν ᵃ τοῖς ἀδελφοῖς.
4 παραγενόμενοι δὲ
εἰς Ἱεροσόλυμα ᵇ παρεδέχθησαν
ἀπὸ τῆς ἐκκλησίας
καὶ τῶν ἀποστόλων
καὶ τῶν πρεσβυτέρων,
ἀνήγγειλάν τε ὅσα
ὁ Θεὸς ἐποίησεν μετ' αὐτῶν.

3 οἱ μὲν οὖν *ἐκπεμφθέντες* [1]
ὑπὸ τῆς ἐκκλησίας διήρχοντο
τήν [ ][2] Φοινίκην καὶ Σαμάρειαν
ἐκδιηγούμενοι
τὴν ἐπιστροφὴν τῶν ἐθνῶν,
καὶ ἐποίουν χαρὰν μεγάλην
[ ][3] τοῖς ἀδελφοῖς.
4 παραγενόμενοι δὲ
εἰς *Ἱερουσαλὴμ* [1] *παρεδέχθησαν* [2]
μεγάλως [3] *ὑπὸ* [4] τῆς ἐκκλησίας
καὶ τῶν ἀποστόλων
καὶ τῶν πρεσβυτέρων,
ἀπαγγείλαντες [5] [ ][6] ὅσα
ἐποίησεν ὁ Θεὸς [7] μετ' αὐτῶν.

a. *NA 28* ; B : πασι
b. p⁴⁵·⁷⁴ A B Ψ 81 614 1175 g Vg ; Ιηρουσαλημ : ℵ C D E L 323 945 1241 1739 *Koinè NA 28*

---

3 - 1. – g Ee Geo / 2. d – g Vg Ee *Koinè* / 3. – g Cass 467 1898 *pc* Sah.460 Boh(FS)

4 - 1. Dd – ℵ C Ee *Koinè* CAp Vg(D) Sah.4.437.460 / 2. voir *infra* / 3. Dd SyrH* – C
SodC.1.2.4-7.12.13 *pc* Amb Cass^L Sah / 4. D – (tous sauf TA ; versions ?) / 5. D – p⁴⁵ Vg / 6.
D – p⁴⁵ ℵ Vg / 7. Dd – p⁴⁵ SodC.1.2.4-7 g Vg(DT) SyrHP

v. 2 : Le παρεδοθησαν de D ne donne aucun sens.

v. 3 : Le *dimissi* de e g traduit ἐκπεμφθέντες comme en 13,4.
L'archétype X, suivi par D et G⁶⁷, avait adopté ici le TA ; nous ne retiendrons donc pas l'article
τήν devant Σαμάρειαν attesté par D et quelques autres. le TO est bien représenté par g.

3 οι μεν ουν προπεμφθεντεσ	**3** illi quidem praemissi
ϋπο τησ εκκλησιασ διηρχοντο	ab ecclesia regrediebantur
την τε φοινικην και την σαμαριαν	phoenicem et samariam
εκδιηγουμενοι	exponentes
την επιστροφην των εθνων	reuersionem gentium
και εποιουν χαραν μεγαλην	et efficiebat gaudium magnum
πασιν τοισ αδελφοισ	omnibus fratribus
4 παραγενομενοι δε	**4** cum peruenissent autem
εισ ϊερουσαλημ ✦παρεδοθησαν	hierusalem excepti sunt mirae
✦μεγωσ ϋπο τησ εκκλησιασ	ab ecclesia
και των αποστολων	et apostolis
και των πρεσβυτερων	et presbyteris
απηγγειλαντεσ οσα	renuntiauerunt quanta
εποιησεν ο θ̅σ̅ μετ αυτω̅	fecit d̅s̅ cum illis

G[67] : 3 Sie nun, nachdem sie von der Gemeinde Geleit bekommen hatten, zogen durch Phönizien und Samaria, indem sie die Bekehrung der Heiden berichteten und (damit) allen *Gläubigen* große Freude bereiteten.

g : 3 Dimissi itaque ab ecclesia perambulabant phenicen et samariam narrantes conuersionem gentium et faciebant gaudium magnum fratribus. 4 Et cum uenissent hierosolinam excepti sunt ab ecclesia et ab apostolis et presbyteris et exposuerunt, quanta fecit deus cum illis.

5

ἐξανέστησαν δέ
τινες τῶν ἀπὸ τῆς αἱρέσεως
τῶν Φαρισαίων πεπιστευκότες,
λέγοντες ὅτι δεῖ περιτέμνειν αὐτοὺς
παραγγέλλειν τε τηρεῖν
τὸν νόμον Μωυσέως.

5 οἱ δὲ παραγγείλαντες αὐτοῖς
ἀναβαίνεν πρὸς τοὺς πρεσβυτέρους[1]
ἐξανέστησαν[ ]¹
[ ]²
[ ]²
λέγοντες ὅτι δεῖ περιτέμνειν αὐτοὺς
παραγγέλλειν τε τηρεῖν
τὸν νόμον Μωυσέως.

---

5 - 1. Dd SyrH^mg / 2. voir *infra*

SyrH^mg : illi autem quum iussissent eos ascendere ad seniores surrexerunt adversus apostolos, [cum essent qui crediderunt de haeresi Pharisaeorum] [surrexerunt autem quidam (= SyrH] – Ephr^c : Note that those who brought Paul and his to judgment,... yet of themselves they were not disposed to be silent in respect of whatever they wished. Wherefore in presence of the very elders they said : Oportet, and it is fitting for you, circumcidere gentiles and servare legem Mosis (Ephr^k *deest*)

v. 5 : Le problème du verset 5 est plus complexe que nous ne l'avions admis jadis. Comme l'avait reconnu Fr. BLASS, les textes de Dd et de SyrH^mg fusionnent TO et TA. Le scribe de D a procédé de façon maladroite. Il a inséré les mots que nous avons mis entre crochets, repris du TA, *après* le εξανεστησαν λεγοντεσ en provenance du TO. La suture rédactionnelle est visible aussi dans SyrH^mg qui ajoute *cum essent* avant l'insertion reprise du TA. La reconstitution du TO que nous proposons est confirmée par le commentaire du v. 5 fait par Ephrem, comme l'a bien vu CONYBEARE, l'éditeur du texte (ROPES, *op. cit.*, pp.423.425, n.5). Il note que le début du commentaire d'Ephrem fait allusion non seulement au v. 2, mais aussi au v. 5a lu selon le TO. Ephrem ne mentionne pas les Pharisiens que suppose le TA.

Mais le TO fait alors problème. Il est clair que les mots παραγγείλαντες αὐτοῖς ἀναβαίνεν πρὸς τοὺς πρεσβυτέρους reprennent les expressions du verset 2 et l'on pense à une "reprise rédactionnelle". Voici donc l'hypothèse que nous proposons : le TO archaïque aurait eu cette forme :

v. 2c οἱ δὲ ἐληλυθότες ἀπὸ Ἱηρουσαλημ
v. 5b ἐξανέστησαν λέγοντες ὅτι δεῖ περιτέμνειν αὐτοὺς παραγγέλλειν τε τηρεῖν τὸν νόμον Μωυσέως
v. 2d ἀπήγγειλαν αὐτοῖς καί τισιν ἄλλοις ἀναβαίνεν πρὸς τοὺς ἀποστόλους καὶ πρεσβυτέρους εἰς Ἰερουσαλὴμ ὅπως κριτῶσιν ἐπ' αὐτοῖς περὶ τοῦ ζητήματος τούτου.
vv. 3-4.
Omettre le v. 5
vv. 6ss

Dans une forme plus récente du TO, on aurait transféré le v. 5b à sa place actuelle, en reprenant le οἱ δέ du récit primitif mais en ajoutant les mots παραγγείλαντες αὐτοῖς ἀναβαίνεν πρὸς πρεσβυτέρους pour rappeler le contexte primitif de la phrase.

5 οι δε παραγγειλαντεσ αυτοισ
αναβαινειν προσ τουσ πρεσβυτερουσ
εξανεστησαν
λεγοντεσ τινεσ απο τησ ◆ερεσεωσ
των φαρισαιων πεπιστευκοτες
οτι δει περιτεμνειν αυτουσ
παραγγελλειν ◆δε τηρειν
τον νομον μωσεωσ

5 qui autem praeceperunt eis
ascendere ad praesbyteros
surrexerunt
dicentes quidam de heresim
pharisaeorum crediderunt
quia oportet circumcidi eos
praecipiendum quae serbari
legem moysi

---

g : [5] Surrexerunt autem quidam de heresi phariseorum, qui crediderant, dicentes :
quod oportet circumcidi eos, praecipiendumque seruare legem moysi.

6 συνήχθησάν τε οἱ ἀπόστολοι
καὶ οἱ πρεσβύτεροι

ἰδεῖν περὶ τοῦ λόγου τούτου.

7 πολλῆς δὲ ζητήσεως γενομένης

ἀναστὰς πέτρος
εἶπεν πρὸς αὐτούς ·
ἄνδρες ἀδελφοί, ὑμεῖς ἐπίστασθε
ὅτι ἀφ' ἡμερῶν ἀρχαίων
ἐν ὑμῖν ἐξελέξατο ὁ θεὸς
διὰ τοῦ στόματός μου
ἀκοῦσαι τὰ ἔθνη τὸν λόγον
τοῦ εὐαγγελίου καὶ πιστεῦσαι·
8 καὶ ὁ καρδιογνώστης θεὸς
ἐμαρτύρησεν αὐτοῖς
δοὺς τὸ πνεῦμα τὸ ἅγιον
καθὼς καὶ ἡμῖν,
9 καὶ οὐθὲν διέκρινεν
μεταξὺ ἡμῶν τε καὶ αὐτῶν,
τῇ πίστει καθαρίσας
τὰς καρδίας αὐτῶν.

6 συνήχθησάν δὲ¹ οἱ ἀπόστολοι
καὶ [ ]² πρεσβύτεροι
σὺν τῷ πλήθει³
ἰδεῖν περὶ τοῦ ζητήματος⁴ τούτου.
7 καὶ ἀπορούντων αὐτῶν
ἐπὶ πλεῖον¹
ἀναστὰς² πέτρος ἐν πνεύματι ἁγίῳ³
[ ]² εἶπεν πρὸς αὐτούς ·
ἄνδρες ἀδελφοί, ὑμεῖς ἐπίστασθε
ὅτι ἀφ' ἡμερῶν ἀρχαίων
ἐν ἡμῖν⁴ ὁ θεὸς ἐξελέξατο⁵
διὰ [ ]⁶ στόματός μου
ἀκοῦσαι τὰ ἔθνη τὸν λόγον
τοῦ εὐαγγελίου καὶ πιστεῦσαι·
8 καὶ¹ [ ]¹ ὁ καρδιογνώστης [ ]¹ θεὸς
ἐμαρτύρησεν αὐτοῖς
δοὺς [ ]¹ τὸ πνεῦμα τὸ ἅγιον
καθὼς καὶ ἡμῖν,
9 καὶ οὐδὲν¹ διέκρινεν
μεταξὺ ἡμῶν [ ]² καὶ αὐτῶν,
τῇ πίστει καθαρίσας
τὰς καρδίας αὐτῶν.

---

6 - 1. Dd – p⁴⁵ ℵ A Ee *Koinè* g Vg(M) SyrP / 2. D Ephrᶜ / 3. Ephrᶜ – SodC.1.2.4-7 SyrH / 4. Ephrᶜ – Ee SodC.1.2.6.7.10-13 g SyrH
Ephrᶜ: ... were mustered together the apostles and priests along with the multitude in order to see what verdict would come forth about this matter.

7 - 1. g / 2. voir *infra* / 3. (Dd) SyrHᵐᵍ – SodC.1.2.6.7 cf. Tert Ephrᶜ Cass (Dd ≈)1 / 4. (D)d – (SodC.1.2) Ee *Koinè* d g Vg (D *om.* εν) / 5. Dd *Rebapt* – SodC.1.2.4.7.10-14 SodB.7 Chr.1 g Irᴸ Amb / 6. D – E *pc* (versions ?)
Ephr: ... there dwelt in him the Holy Spirit and he began to speak
Cass: Tunc Petrus, Spiritu sancto repletus, docuit gentiles...

8 – 1. g – voir *infra* // 9 – 1. D – *Boism*¹ᵃ·⁽²⁾ : ουθεν / 2. Dd g Vg - *Boism*¹ᵃ·⁽²⁾ : τε

v. 6 : Ephrᶜ seul a suivi le TO, en le glosant très légèrement. – D s'est aligné sur le TA.

v. 7 : Le verbe *haesitare* de g peut traduire, soit l'exclusivement lucanien διαπορεῖν (Lc 9,7 ; Ac 2,12 ; 5,24 ; 10,17), soit le simple ἀπορεῖν. Nous avons opté pour ce second verbe à cause de Ac 25,20 cité à propos du v. 2 TO. Pour *diu* = ἐπὶ πλεῖον, cf. 20,9. Pour cette expression, voir Ac 4,17 ; 20,9 ; 24,4 ; ailleurs dans le NT seulement 2 Tim 2,16 et 3,9. On voit difficilement le scribe de g inventant ce texte aussi lucanien. Il doit le tenir du TO qu'il suit relativement souvent.
D : ανεστεν... και, mais probablement par influence du latin.

v. 8 : D : ο δε κ. ο θεος... δου(ς) επ αυτους, mais probablement par influence du latin vu que le *qui autem... super eos* de d n'est soutenu par aucun autre témoin.

6 συνηχθησαν δε οι αποστολοι και πρεσβυτεροι	**6** Conuenerunt autem apostoli et praesbyteri
ϊδειν περι του λογου τουτου **7** πολλησ δε συνζητησεωσ γενομενησ	uidere de sermone hoc **7** et cum multa altercatio fieret
♦ανεστσεν εν π̄ν̄ι πετροσ και ειπεν προσ αυτουσ ανδρεσ αδελφοι ϋμεισ ♦επιστασθαι οτι αφ ημερων αρχαιων ημειν ο θ̄σ̄ εξελεξατο δια στοματοσ μου ακουσαι τα εθνη τον λογον του ευαγγελιου και πιστευσαι **8** ο δε καρδιογνωστησ ο θ̄σ̄ εμαρτυρησεν αυτοισ ♦δου επ αυτουσ το π̄ν̄ᾱ το αγιον καθωσ και ημειν **9** και ουδεν διεκρεινεν μεταξυ ημων και αυτων τη πιστει καθαρισας τασ καρδιασ αυτων	surrexit in s̄p̄o̅ petrus et dixit ad eos uiri fratres uos scitia quia a diebus antiquis in nobis d̄s̄ elegit per os meum audire gentes uerbum euangelii et credere **8** qui autem corda nobit d̄s̄ testimonium perhibuit eis dedit super eos s̄p̄m̅ sanctum sicut et nobis **9** et nihil discreuit inter nos et ipsos fidei emundatis cordibus eorum

---

g : ⁶ Conuenerunt autem apostoli et presbyteri uidere de hac questione. ⁷ Et cum diu hesitarent surgens petrus dixit ad eos : Viri fratres ! uos scitis quod ab antiquis diebus inter nos deus elegit per os meum audire gentes uerbum euangelii et credere ⁸ et qui nouit corda omnium deus testimonium dedit illis dando spiritum sanctum sicut et nobis, ⁹ et non discreuit inter nos et illos, fide, purificans corda eorum,

10 νῦν οὖν τί πειράζετε τὸν θεόν,
ἐπιθεῖναι ζυγὸν
ἐπὶ τὸν τράχηλον τῶν μαθητῶν
ὃν οὔτε οἱ πατέρες ἡμῶν
οὔτε ἡμεῖς ἰσχύσαμεν βαστάσαι ;
11 ἀλλὰ διὰ τῆς χάριτος
τοῦ κυρίου Ἰησοῦ πιστεύομεν
σωθῆναι καθ’ ὃν τρόπον κἀκεῖνοι.
12

ἐσίγησεν δὲ πᾶν τὸ πλῆθος,
καὶ ἤκουον Βαρναβᾶ
καὶ Παύλου ἐξηγουμένων
ὅσα ἐποίησεν ὁ θεὸς
σημεῖα καὶ τέρατα
ἐν τοῖς ἔθνεσιν δι’ αὐτῶν.
13 μετὰ δὲ τὸ σιγῆσαι αὐτοὺς
ἀπεκρίθη Ἰάκωβος λέγων ·
ἄνδρες ἀδελφοί, ἀκούσατέ μου.
14 Συμεὼν ἐξηγήσατο
καθὼς πρῶτον ὁ θεὸς
ἐπεσκέψατο λαβεῖν ἐξ ἐθνῶν
λαὸν τῷ ὀνόματι αὐτοῦ.

10 καὶ[1] νῦν [ ][1] τί πειράζετε [ ][2],
ἐπιθεῖναι ζυγὸν
[ ][3]
ὃν οὔτε οἱ πατέρες ἡμῶν
[ ][4] ἰσχύσαν[5] βαστάσαι ;
11 ἀλλὰ διὰ τῆς χάριτος
[τοῦ][1] [ ][2] Ἰησοῦ πιστεύομεν[3]
σωθῆναι καθ’ ὃν τρόπον κἀκεῖνοι.
12 συνκατατιθεμένων δὲ
τῶν πρεσβυτέρων
τοῖς ὑπὸ τοῦ Πέτρου εἰρημένοις[1]
ἐσίγησεν [ ][1] [ ][2] τὸ πλῆθος,
καὶ ἤκουον Βαρναβᾶ
καὶ Παύλου ἐξηγουμένων
ὅσα ἐποίησεν ὁ θεὸς
σημεῖα καὶ τέρατα
ἐν τοῖς ἔθνεσιν δι’ αὐτῶν.
13 μετὰ δὲ τὸ σιγῆσαι αὐτοὺς
ἀναστὰς[1] Ἰάκωβος εἶπεν[1] ·
ἄνδρες ἀδελφοί, ἀκούσατέ μου.
14 Συμεὼν ἐξηγήσατο
καθὼς πρῶτον ὁ θεὸς
ἐπεσκέψατο λαβεῖν ἐξ ἐθνῶν
λαὸν τῷ ὀνόματι αὐτοῦ.

---

10 - 1. Tert – CyrAl (4/4) (cf. + Ee SodC.7 536) / 2. – Chr.3 Meth Vg(U) ndl.1 prv.1 Jer
(Tert : *dominum*) / 3. – Chr.3 Eth.2 (cf. Tert Meth ndl.1) / 4. Tert(2/3) – Chr.3 Meth
CyrAl(1/4) / 5. Tert(3/3) – Chr.3 Meth CyrAl(2/4) Jer Eth.1-3.6.10
Chr.3 : τί βιάζετε ἐπιθεῖναι ζυγὸν ὃν οὐκ ἰσχύσαν οἱ πατέρες ὑμῶν βαστάσαι (*In Jer.*
31,32; *PG* 64/981) – **Méthode** : Denn nicht billig ist es, sagen sie, dass die gläubig Gewordenen
in das Joch gespannt werden, welches auch <unsere> Väter nicht zu tragen vermochten (*Cib.*
VI,6 ; GCS 27/434 ; trad. G.N. BONWETSCH) – **Tert** : Et nunc, inquit, non tentatis dominum
de imponendo iugo fratribus quod neque nos neque patres nostri sufferre valuerunt (*Pud.*
21,13) – *Id.* non esse imponendo onera hominibus quae patres ipsi non potuerunt sustinere
(*Marc.* IV,2,7) – *Id.* ... ut onera quidem eius [legis] quae secundum sententiam apostolorum
nec patres sustinere valuerunt (*Mon.* 7,1). – **ndl.1** : warom(m)e pijndy dan uv ene last op
d'ionguerē halse te bringhe

11 - 1. voir *infra* / 2. Tert – ndl.1 / 3. voir *infra*

12 - 1. Dd SyrH* Ephr^c / 2. – SodB.2.3 1838 Boh(FS) // 13 - 1. Dd – SyrP

v. 10 : Dd = TA. Sur ce sens de πειράζεν dans le TO, voir Ac 9,26 ; 16,7 ; 24,6. Dans le TA, le
verbe πειραζειν a le sens de « tenter quelqu'un », nulle part ailleurs en Lc/Ac.

v. 11 : Le TO a tendance à mettre l'article devant le nom de « Jésus » lorsque celui-ci est en
complément (1,16 ; 4,18 ; 9,27 ; contre 1,1). Πιστευσομεν (D ℵ) donne un sens peu probable.

10 νυν ουν τι ✦πιραζετε τον θ̄ν̄	**10** nunc ergo quid temptatis d̄m̄
επιθειναι ζυγον	inponere iugum
επι τον τραχηλον των μαθητω̄	super ceruices discipulorum
ον ουτε οι πατερεσ ημων	quod ne quae patres nostri
ουτε ημεισ ισχυσαμεν βαστασαι	ne que nos potuimus baiolare
11 αλλα δια τησ χαριτοσ	**11** sed per gratiam
κ̄ῡ ῑη̄ῡ χ̄ρ̄ῡ πιστευσομεν	d̄n̄i ῑη̄ū x̄p̄i credimus
σωθηναι καθ ον τροπον κακεινοι	salbi fieri quemadmodum et illi
12 ✦συνκατατεθεμενων δε	**12** desponentes autem
των πρεσβυτερω̄	presbyteros
τοισ υπο του πετρου ειρημενοισ	quae a petro dicebantur
εσειγησεν παν το πληθοσ	sileuitque omnis multitudo
και ηκουον ✦βαρναβαν	et audiebant barnabam
και ✦παυλον ✦εξηγουμενοι	et paulum. exponentes
οσα εποιησεν ο θ̄σ̄	quanta fecerit d̄s̄
σημεια και τερατα	signa et prodigia
εν τοισ εθνεσιν δι αυτων	in gentibus per ipsos
13 μετα δε το σειγησαι αυτουσ	**13** Postquam autem hii silerunt
αναστασ ϊακωβοσ ειπεν	surgens iacobus dixit
ανδρεσ αδελφοι ακουσατε μου	uiri fratres audite me
14 συμεων εξηγησατο	**14** Symeon exposuit
καθωσ πρωτον ο θ̄σ̄	quemadmodum primum d̄s̄
επεσκεψατο λαβειν εξ εθνων	prospexit accipere ex gentibus
λαον τω ονοματι αυτου	populum nomini suo

---

g : [10] nunc ergo quid temptastis deum, ut imponatis iugum supra ceruicem discipulorum, quod neque patres nostri neque nos potuimus portare ? [11] sed per gratiam domini nostri ihesu christi credimus nos saluos fieri quemadmodum et illi. [12] Tacuit autem omnis multitudo et audierunt barnaban et paulum exponentes quanta fecit deus signa et prodigia per eos inter gentes. [13] Cum tacuissent autem respondit iacob dicens : Viri fratres ! audite me. [14] Symon narrauit quemadmodum primum deus suscitauit ut acciperet plebem ex gentibus nomini suo

15 καὶ τούτῳ συμφωνοῦσιν
οἱ λόγοι τῶν προφητῶν,
καθὼς γέγραπται ·
16 μετὰ ταῦτα ἀναστρέψω
καὶ ἀνοικοδομήσω τὴν σκηνὴν
Δαυὶδ τὴν πεπτωκυῖαν,
καὶ τὰ κατεστραμμένα ᶜ αὐτῆς
ἀνοικοδομήσω
καὶ ἀνορθώσω αὐτήν,
17 ὅπως ἂν ἐκζητήσωσιν
οἱ κατάλοιποι τῶν ἀνθρώπων
τὸν κύριον, καὶ πάντα τὰ ἔθνη
ἐφ᾽ οὓς ἐπικέκληται τὸ ὄνομά μου
ἐπ᾽ αὐτούς,
λέγει κύριος ποιῶν ταῦτα
18 γνωστὰ ἀπ᾽ αἰῶνος.

19 διὸ ἐγὼ κρίνω
μὴ παρενοχλεῖν
τοῖς ἀπὸ τῶν ἐθνῶν ἐπιστρέφουσιν
ἐπὶ τὸν θεόν,

15 καὶ *οὕτως*[1] συμφωνοῦσιν
οἱ λόγοι τῶν προφητῶν,
καθὼς γέγραπται ·
16 μετὰ *δὲ*[1] ταῦτα *ἐπιστρέψω*[2]
καὶ ἀνοικοδομήσω τὴν σκηνὴν
Δαυὶδ τὴν πεπτωκυῖαν,
καὶ τὰ *κατεσκαμμένα*[3] αὐτῆς
ἀνοικοδομήσω
καὶ ἀνορθώσω αὐτήν,
17 ὅπως ἂν ἐκζητήσωσιν
οἱ κατάλοιποι τῶν ἀνθρώπων
τὸν *θεόν*[1], καὶ πάντα τὰ ἔθνη
ἐφ᾽ οὓς ἐπικέκληται τὸ ὄνομά μου
ἐπ᾽ αὐτούς,
λέγει κύριος *ποιῶν*[2] ταῦτα
18 *γνωστὸν ἀπ᾽ αἰῶνός ἐστιν*
[ ][1] *τὸ ἔργον αὐτοῦ*[1].
19 διὸ ἐγὼ κρίνω
μὴ παρενοχλεῖν
τοῖς ἀπὸ τῶν ἐθνῶν ἐπιστρέφουσιν
ἐπὶ τὸν θεόν,

c. B ℵ Ψ 33 326 Eus ; κατεσκαμμενα : p⁷⁴ A C D L 81 323 614 945 1175 1241 1505 1739
Koinè NA 28

---

15 - 1. Dd – g prv.2 Ir^L Sah

16 - 1. Dd – 1874 / 2. Dd – Vg(S) / 3. Dd Rebapt

17 - 1. Dd Rebapt – b c y' Vg(Th) prv.1 / 2. voir *infra*

18 - 1. (Dd) SyrH^mg Ephr^c – 1898 (A p⁷⁴ Vg Ir^L Eth) (*add.* τῷ κυρίῳ vel τῷ θεῷ)
Varia : *add.* ἐστίν τῷ θεῷ πάντα τὰ ἔργα αὐτοῦ : Ee *Koinè* g SyrP

v. 16 : La leçon 2. est douteuse ; c'est une harmonisation sur Jr 12,15 LXX, ce qui est contraire
à la tendance du TO.

v. 17 : Le ποιησει de D est incorrect mais il s'explique par les nombreux futurs contenus dans
la citation d'Amos.

15 και ουτωσ ◆συνφωνησουσιν	**15** et sic consonat
οι λογοι των προφητων	sermones prophetarum
καθωσ γεγραπται	sicut scriptum est
16 μετα δε ταυτα επιστρεψω	**16** post haec autem conuertar
και ανοικοδομησω την σκηνην	et aedificabo tabernaculum
δαυειδ την πεπτωκυιαν	dauid quod cecidit
και τα κατεσκαμμενα αυτησ	et quae dimolita sunt eius
ανοικοδομησω	raeaedificabo
και ανορθωσω αυτην	et erigam illud
17 οπωσ αν εκζητησωσιν	**17** et exquiram
οι καταλοιποι των ανθρωπων	residui hominum
τον θ̄ν̄ και παντα τα εθνη	d̄m̄ et omnes gentes
εφ ουσ επικεκληται το ονομα μου	super ipsos inuocatum est nomen meum
επ αυτουσ	super ipsos
λεγει κ̄σ̄ ◆ποιησει ταυτα	dicit d̄n̄s̄ faciens haec
18 γνωστον απ αιωνοσ εστιν	**18** Notum a saeculo est
τω κ̄ω̄ το εργον αυτου	dno opus ipsius
19 διο εγω κρεινω	**19** propter quod ego iudico
μη παρενοχλειν	non sumus molesti
τοισ απο των εθνων επιστρεφουσιν	his qui de gentibus conuertuntur
επι τον θ̄ν̄	ad d̄m̄

---

g : [15] et ita conueniunt uerba prophetarum sicut scriptum est : [16] post haec reuertar et reaedificabo tabernaculum dauid, quod cecidit, et diruta eius reaedificabo et erigam illud [17] ut requirant residui homines dominum et omnes gentes in quos inuocatum est nomen meum super illos dicit dominus faciens haec. [18] Nota sunt deo a seculo opera eius. [19] Ideoque ego iudico non molestari his, qui ex gentibus conuertuntur ad deum

20 ἀλλὰ ἐπιστεῖλαι αὐτοῖς
τοῦ ἀπέχεσθαι
τῶν ἀλισγημάτων
τῶν εἰδώλων καὶ τῆς πορνείας
καὶ πνικτοῦᵈ καὶ τοῦ αἵματος ·
21 Μωυσῆς γὰρ ἐκ γενεῶν ἀρχαίων
κατὰ πόλιν τοὺς κηρύσσοντας
αὐτὸν ἔχει ἐν ταῖς συναγωγαῖς
κατὰ πᾶν σάββατον
ἀναγινωσκόμενος.
22 τότε ἔδοξε τοῖς ἀποστόλοις
καὶ τοῖς πρεσβυτέροις
σὺν ὅλῃ τῇ ἐκκλησίᾳ
ἐκλεξαμένους ἄνδρας ἐξ αὐτῶν
πέμψαι εἰς Ἀντιόχειαν
σὺν τῷ Παύλῳ καὶ Βαρναβᾷ,
Ἰούδαν
τὸν καλούμενον Βαρσαββᾶν
καὶ Σιλᾶν, ἄνδρας ἡγουμένους
ἐν τοῖς ἀδελφοῖς,

20 ἀλλὰ ἐπιστεῖλαι αὐτοῖς
τοῦ ἀπέχεσθαι
τῶν ἀλισγημάτων
τῶν εἰδώλων καὶ τῆς πορνείας
[ ]¹ καὶ τοῦ αἵματος [ ]² ·
21 Μωυσῆς γὰρ ἐκ γενεῶν ἀρχαίων
κατὰ πόλιν ἔχει¹ τοὺς κηρύσσοντας
αὐτὸν ἐν ταῖς συναγωγαῖς
κατὰ πᾶν σάββατον
ἀναγινωσκόμενος.
22 τότε ἔδοξε τοῖς ἀποστόλοις
καὶ τοῖς πρεσβυτέροις
σὺν ὅλῃ τῇ ἐκκλησίᾳ
ἐκλεξαμένοις¹ ἄνδρας [ ]²
πέμψαι εἰς Ἀντιόχειαν
σὺν [ ]³ Παύλῳ καὶ Βαρναβᾷ,
Ἰούδαν
τὸν καλούμενον Βαρσαββᾶν⁴
καὶ Σιλᾶν, ἄνδρας ἡγουμένους
ἐν τοῖς ἀδελφοῖς,

d. p⁷⁴ A B Ψ 33 81 ; και του πνικτου : p⁴⁵ ℵ C E L 323 614 945 1175 1241 1505 1739 *Koinè NA 28*

20 - 1. Dd Augᶜ Ephrᵏ – g ndl.1 Irᴸ Ambr / 2. voir *infra*
Varia : *add.* καὶ ὅσα μὴ θέλουσιν ἑαυτοῖς γίνεσθαι ἑτέροις μὴ ποιεῖν : (Dd) SodB.1-7 pc Vg(D) Irᴸ Sah (Eth) (ποιειτε : Dd)

21 - 1. Dd – g

22 - 1. Ephrᵏ – Meth(+) g SodC.1.2.11-13 SodB. 1-4.6.7 *pc* Vg SyrP Sah Eth Geo (cf. Chr.1) / 2. Ephrᵏ – A Meth g y' Cassᴸ / 3. D (cf. Ac 15,12.25 : *contra* Ac 14,12) / 4. voir *infra*
Chr.1 : ἐκλεξάμενοι ἄνδρας ἐξ ἡμῶν
Meth : Und es gefiel den Aposteln, ausgewählt habend zuverlässsige Männer zu senden... (*Cib.* VI,7 ; cf. v. 10)
Ephr : Ergo elegerunt (apostoli et presbyteri Iudam et Shilan) et expediverunt il(los Antiochiam...)
g : ut eligerent viros et mitterent...
Cassᴸ : ... eligere viros et mittere... (Vg: eligere viros ex eis et mittere)
Dd = TA

v. 20 : La variante 1 sera confirmée au verset 29 par Tertullien et Cyprien. L'addition de la règle d'or, ignorée ici d'Augustin et d'Ephrem, doit avoir été introduite par l'archétype X en référence au verset 29. Noter que ici et au v.29 D confond plus ou moins les deux formules.

v. 22 : La variante 1. du TO est confirmée par le verset 25TA. D : βαραββαν probablement par influence du latin *barabbas* de d qui n'est pas autrement attesté.

20 αλλα επιστειλαι αυτοισ
του απεχεσθαι
των αλισγηματων
των ειδωλων και τησ πορνειασ
και του αιματοσ
και οσα μη θελουσιν
εαυτοισ γεινεσθαι ετεροισ μη ποιειτε
21 μωϋσησ γαρ εκ γενεων
αρχαιων
κατα πολιν εχει τουσ κηρυσσοντασ
αυτον εν ταισ συναγωγαισ
κατα παν σαββατον
αναγεινωσκομενοσ
22 ΤΟΤΕ ✦εδοξασεν τοισ
αποστολοισ
και τοισ πρεσβυτεροισ
συν ολη τη εκκλησια
εκλεξαμενουσ ανδρασ εξ αυτων
πεμψαι εισ αντιοχειαν
συν παυλω και βαρναβα
ϊουδαν
τον καλουμενον βαραββαν
και σειλᾱ ανδρασ ηγουμενουσ
εν τοισ αδελφοις

20 sed praecipere eis
ut abstineant
a contaminationibus
simulacrorum et stupris
et sanguinem
et quae uolunt
non fieri sibi aliis ne faciatis
21 Moyses enim ex progeniebus antiquis
per ciuitates habet qui eum praedicant
habent in synagogis
per omne sabbatum
ut legatur

22 tunc uisum est apostolis
et presbyteris
cum tota ecclesia
electos uiros ut ex eis
mitterent in antiochiam
cum paulo et barnaba
iudas
qui uocatur barabbas
et silan uiros principales
ad fratribus

---

g : ²⁰ sed scribendum ad eos, ut abstineant a contaminationibus ydolorum et a fornicatione et sanguine. ²¹ Moyses enim a temporibus antiquis per singulas ciuitates habet et, qui eum praedicent in synagogis, qui per omne sabbatum legitur. ²² Tunc placuit apostolis et senioribus cum uniuersa, ut eligerent uiros et mitterent antiochiam cum paulo et barnaba, iudam, qui cognominabatur barsaban, et sylean, uiros primos inter fratres

23 γράψαντες διὰ χειρὸς αὐτῶν,

οἱ ἀπόστολοι καὶ οἱ πρεσβύτεροι
ἀδελφοὶ
τοῖς κατὰ τὴν Ἀντιόχειαν
καὶ Συρίαν καὶ Κιλικίαν ἀδελφοῖς
τοῖς ἐξ ἐθνῶν χαίρειν.
24 ἐπειδὴ ἠκούσαμεν
ὅτι τινὲς ἐξ ἡμῶν

ἐτάραξαν ᵉ ὑμᾶς λόγοις
ἀνασκευάζοντες τὰς ψυχὰς ὑμῶν,
οἷς οὐ διεστειλάμεθα,

23 γράψαντες δ̲ι̲ὰ̲ ̲χ̲ε̲ι̲ρ̲ὸ̲ς̲ ̲α̲ὐ̲τ̲ῶ̲ν̲[1],
ἐπιστόλην περιέχουσαν τάδε[1]
οἱ ἀπόστολοι καὶ οἱ πρεσβύτεροι
ἀδελφοὶ
τοῖς κατὰ τὴν Ἀντιόχειαν
καὶ Συρίαν καὶ Κιλικίαν ἀδελφοῖς
[ ][2] χαίρειν.
24 ἐπειδὴ ἠκούσαμεν
ὅτι τινὲς ἐξ ἡμῶν
πρὸς ὑμᾶς ἐλθόντες[1]
ἐτάραξαν ὑμᾶς λόγοις
[ ][2]
οἷς οὐ διεστειλάμεθα,

e. ℵ* B 1175 ; εξελθοντες εταραξαν : p³³·⁷⁴ ℵ² A C D E L Ψ 33 81 323 614 1241 1505 1739 *Koinè NA 28*

---

23 - 1. (Dd Ephrᵏ SyrHᵐᵍ) – C (SodC.1.2.4-7) c g o Vg(DI) ndl prv.1 tpl SyrP *Didasc* Sah Eth.4-13 / 2. – Meth 919 Eth.3 (pour D, voir *infra*)
SyrHᵐᵍ : [scribentes per manum eorum] epistolam et mittentes in qua erant haec = SodC
Ephr : (sribentes per manum eor)um epistolam
Meth : .. durch ihre Hände so geschrieben habend : Die Apostel und die Ältesten der Bruderschaft, welche ist in Antiochien und Syrien, sich zu freuen !

24 - 1. SyrHᵐᵍ – Épiph Sah Boh(FS) Arab / 2. – Épiph Meth Anon Eth.1-3
Varia : *om.* ἐξ ἡμῶν : SodB.2 *pc* Vg(B) *Didasc* Eth.1-3
Épiph : ὅτι ἄγνωμέν τινας ἐξ ἡμῶν πρὸς ὑμᾶς ἐλθόντες καὶ ταράξαντες ὑμᾶς λόγοις οἷς οὐκ διεστειλάμεθα
Méthode : Da wir gehört haben, dass einige von uns gekommen, euch beunruhigt haben mit <worten> welche vir ihnen nicht befohlen haben...
Anon. : Quoniam audiuimus, quod ex nobis quidam turbauerunt uos verbis quae non constituimus (*Trin.*, 181 ; CC 9/204)
SyrHᵐᵍ : quod quidam ex nobis exeuntes]profecti sunt ad vos et [turbaverunt vos verbis
Eth.1-3 : quia audivimus quidam turbaverunt animas vestras verbo quod non mandavimus.

v. 23 : L'archétype de D omettait l'expression τοισ εξ εθνων. Le scribe de D l'a remis à une mauvaise place, ce qui ne donne pas grand sens.

v. 24 : Le TO est difficile à reconstituer puisque D a adopté le TA. La variante la plus sûre est 1. Mais puisque SyrHᵐᵍ garde SyrH avec ἐξ ἡμῶν ἐξέλθοντες, il devait lire au moins ἐξ ἡμῶν dans son archétype grec, et c'est pourquoi nous l'avons gardé avec Épiphane, Méthode et l'Anonyme latin.

23 γραψαντεσ επιστολην	**23** scripserunt epistulam
δια χειροσ αυτων	per manus suas
περιεχουσαν ταδε	continentem haec
οι αποστολοι και οι πρεσβυτεροι	apostoli et presbyteri
αδελφοι	fratres
τοισ ♦κα την αντιοχειαν	hiis qui sunt per antiochiam
και συρειαν και ♦κιλειαν	et syriam et ciliciam
τοισ εξ εθνων αδελφοισ χαιρειν	qui sunt ex gentibus fratribus salutem
24 ♦επιδη ηκουσαμεν	**24** quoniam audiuimus
οτι τινεσ εξ ημων	quod quidam ex nobis
εξελθοντεσ	exeuntes
εξεταραξαν ϋμασ λογοισ	perturbaberunt uos uerbis
ανασκευαζοντεσ τασ ψυχασ ϋμων	destruentes animas uestras
οισ ου ♦διεστειλομεθα	quibus non iniunximus

---

g : ²³ scribentes per manus eorum epistolam continentem haec : Apostoli et seniores fratres his, qui sunt antiochiae et syriae et ciliciae, fratribus, qui sunt ex gentibus, salutem. ²⁴ Quoniam audiuimus quosdam ex nobis exisse et conturbasse nos uerbis destruentes animas uestras, quibus non praecipimus dicentes : circumcidimini et custodite legem

25 ἔδοξεν ἡμῖν
γενομένοις ὁμοθυμαδὸν
ἐκλεξαμένοις ἄνδρας πέμψαι
πρὸς ὑμᾶς
σὺν τοῖς ἀγαπητοῖς ἡμῶν
Βαρναβᾷ καὶ Παύλῳ,
26 ἀνθρώποις παραδεδωκόσι
τὰς ψυχὰς αὐτῶν
ὑπὲρ τοῦ ὀνόματος
τοῦ κυρίου ἡμῶν Ἰησοῦ Χριστοῦ.

27 ἀπεστάλκαμεν οὖν
Ἰούδαν καὶ Σιλᾶν, καὶ αὐτοὺς
διὰ λόγου
ἀπαγγέλλοντας τὰ αὐτά.

25 ἔδοξεν ἡμῖν
γενομένοις ὁμοθυμαδὸν
ἐκλεξαμένοις[1] ἄνδρας πέμψαι
πρὸς ὑμᾶς
σὺν τοῖς ἀγαπητοῖς ἡμῶν
Βαρναβᾷ καὶ Παύλῳ,
26 ἀνθρώποις παραδεδωκόσι
τὴν ψυχὴν[1] αὐτῶν
ὑπὲρ τοῦ ὀνόματος
τοῦ κυρίου ἡμῶν Ἰησοῦ Χριστοῦ
εἰς πάντα πειρασμόν[2]
27 ἀπεστάλκαμεν οὖν
Ἰούδαν καὶ Σιλᾶν, καὶ αὐτοὺς
διὰ λόγου
ἀπαγγέλλοντας ταῦτα[1].

---

25 - 1. cf. Ac 15,22TO

26 - 1. Dd – Ir[L] Boh(AP) / 2. Dd SyrH[mg] – Ee SodC.1.2.4-7 l

27 - 1. Dd – SodC.1.2.6.7.12-14 181 1898 1175 *pc* Chr.1[b] SyrHP Didasc Sah Eth.5-13 Geo

25 εδοξεν ημειν
γενομενοισ ομοθυμαδον
εκλεξαμενουσ ανδρασ πεμψαι
προσ ϋμασ
συν τοισ αγαπητοισ ϋμων
βαρναβα και παυλω
26 ανθρωποισ ◆παραδεδωκασιν
την ψυχην αυτων
ϋπερ του ονοματοσ
του κ̅υ̅ ημων ι̅η̅υ̅ χ̅ρ̅υ̅
εισ παντα πειρασμον
27 απεσταλκαμεν ουν
ϊουδαν και σιλαν και αυτουσ
δια λογου
◆απαγγελλουντασ ταυτα

25 uisum est nobis
constitutis pariter
electos uiros mittere
ad uos
cum dilectissimis nostris
barnaba et paulo
26 hominibus qui tradiderunt
anim suam
propter nomen
d̅n̅i nostri i̅h̅u̅ x̅p̅i̅
in omni temptationi
27 misimus ergo
iudam et silan et ipsos
uerbo
adnuntiantes haec

---

g : ²⁵ placuit nobis in unum congregatis eligere uiros et mittere ad uos cum carissimis nostris barnaba et paulo ²⁶ hominibus, qui tradiderunt animas suas propter nomen domini dei nostri ihesu christi. ²⁷ Misimus ergo iudam et sylean qui est ipsi uobis uerbis eadem referent.

28 ἔδοξεν γὰρ
τῷ πνεύματι τῷ ἁγίῳ καὶ ἡμῖν
μηδὲν πλέον ἐπιτίθεσθαι ὑμῖν
βάρος πλὴν τούτων τῶν ἐπάναγκες
29 ἀπέχεσθαι εἰδωλοθύτων
καὶ αἵματος καὶ πνικτῶν
καὶ πορνείας ·

ἐξ ὧν διατηροῦντες ἑαυτοὺς
εὖ πράξετε.

ἔρρωσθε.
30 οἱ μὲν οὖν ἀπολυθέντες

κατῆλθον εἰς Ἀντιόχειαν,
καὶ συναγαγόντες τὸ πλῆθος
ἐπέδωκαν τὴν ἐπιστολήν ·
31
ἀναγνόντες δὲ ἐχάρησαν
ἐπὶ τῇ παρακλήσει.

---

28 ἔδοξεν γὰρ
τῷ ἁγίῳ πνεύματι¹ καὶ ἡμῖν
μηδὲν πλεῖον² ἐπιτίθεσθαι ὑμῖν
βάρος πλὴν τούτων τῶν³ ἐπάναγκες
29 ἀπέχεσθαι εἰδωλοθύτων
καὶ αἵματος [ ]¹
καὶ πορνείας ·
καὶ ὅσα μὴ θέλετε ἑαυτοῖς γίνεσθαι
ἑτέροις μὴ ποιεῖτε²
ἀφ'³ ὧν διατηροῦντες ἑαυτοὺς
εὖ πράξετε
φερόμενοι ἐν τῷ ἁγίῳ πνεύματι⁴
ἔρρωσθε.
30 οἱ μὲν οὖν ἀπολυθέντες
ἐν ἡμέραις ὀλίγαις¹
ἦλθον² εἰς Ἀντιόχειαν,
καὶ συναγαγόντες τὸ πλῆθος
ἐπέδωκαν τὴν ἐπιστολήν ·
31 τότε Ἰούδας καὶ Σιλᾶς¹
ἀναγνόντες [ ]²
[ ]²

---

28 - 1. Dd l Cyp – p³³ Ee *Koinè* Or CyrAl(4/4) g Ir^L Hes^L / 2. D – SodB.1-4.6 (versions ?) / 3. D : *om.* τωυ (hapl.)

29 - 1. Dd l Tert Cyp – Ir^L *Trin* Eth.3.8 / 2. (D)d l Cyp SyrH* Ephr^k – SodC.1.2.7 SodB.1-7 b p Vg(DTh) prv tpl Ir^L Sah (Eth) (D : πραξατε) / 3. D – (versions ?) / 4. Dd l Tert Ephr^kc – Ir^L

30 - 1. Dd l / 2. d l – g y' Ee *Koinè* SyrP Boh

31 - 1. l SyrH* / 2. (l) – (voir *infra*)
ms. l : tunc iudas et sileas cum legisunt [= legissent] super rogatione sta [= ista] iudas autem et sileas verbis complur. rogabant fratres et confortabantur eos cum essent et ipsi prophete
SyrP : et cum legissent laetati sunt et consolati sunt. et in sermone multo roboraverunt fratres et confortabant eos socii iudae et silae quia et ipsi prophetae erant
Ephr : ... et con(firmaverunt eos ...) Iudaini et Silvanenses per pro(phetiam).

v. 30 : Le ms. l est un représentant du vieux texte africain ; nous pouvons donc lui faire confiance, tandis que, pour la seconde variante, D s'est aligné sur le TA comme il va le faire aux versets suivants.

v. 31 : Le ms. l donne le TO, mais avec une insertion en provenance du TA, comme l'indique le redoublement des noms Jude et Silas. Cette insertion commence avec l'expression ἐπὶ τῇ παρακλήσει, traduite par *super rogatione (i)sta* ; le substantif grec peut en effet signifier "prière" aussi bien qu'"exhortation". SyrH* rattache au verset précédent la mention de Jude et de Silas : *...reddiderunt epistolam Iudas et Silas. Quum legissent...* D'où l'omission du τότε initial.

28 εδοξεν γαρ	**28** uisum est enim
τω αγιω π̅ν̅ι̅ και ημειν	sancto sp̅u̅i̅ et nobis
μηδεν πλειον επιτιθεσθαι ημειν	nihil amplius ponere uobis
βαροσ πλην τουτων επαναγκεσ	honeris praeter haec quae necesse est
29 απεχεσθαι ειδωλοθυτων	**29** abstinere sacrificatis
και αιματος	et sanguine
και ♦πορνιασ	et stupris
και οσα μη θελετε εαυτοισ γεινεσθαι	et quaecumque non uultis uobis fieri
♦ετερω μη ♦ποιειν	alii ne feceritis
αφ ων διατηρουντεσ εαυτουσ	a quibus conuersantes uos ipsos
ευ ♦πραξατε	bene agitis
φερομενοι εν τω αγιω π̅ν̅ι̅	ferentes in santo sp̅o̅
ερρωσθε	ualete
30 οι μεν ουν απολυθεντεσ	**30** illi quidem dismissi
εν ημεραισ ολιγαισ	in diebus paucis
κατηλθον εισ αντιοχειαν	peruenerunt antiochiam
και συναγοντεσ το πληθοσ	et cum collegissent multitudinem
επεδωκαν την επιστολην	tradiderunt epistulam
31	**31**
αναγνοντεσ δε εχαρησαν	et cum legissent gauisi sunt
επι τη παρακλησει	super hanc orationem

---

g : [28] Visum est sancto spiritui et nobis nichil amplius imponere uobis oneris quam haec quae necessitatis sunt [29] ut abstineatis uos a delibatis symulachrorum et sanguine et suffocato et fornicatione, a quibus custodientes uos bene agetis. Valete. [30] Et illi quidam dismissi uenerunt antiochiam et cum conuocassent ecclesiam tradiderunt epistolam. [31] Quam cum legissent gauisi sunt in exhortatione.

32 Ἰούδας τε καὶ Σιλᾶς,	32 [ ]¹
καὶ αὐτοὶ προφῆται ὄντες,	[ ]¹
	[ ]¹
διὰ λόγου πολλοῦ	διὰ λόγου *πολλοῦ*²
παρεκάλεσαν τοὺς ἀδελφοὺς	παρεκάλεσαν τοὺς ἀδελφοὺς
καὶ ἐπεστήριξαν ·	καὶ ἐπεστήριξαν
	<u>καὶ αὐτοὶ προφῆται ὄντες</u>³
33 ποιήσαντες δὲ χρόνον	33 *ποιήσας*¹ δὲ χρόνον
ἀπελύθησαν μετ᾽ εἰρήνης	*ὑπέστρεψεν*¹ [ ]²
ἀπὸ τῶν ἀδελφῶν	[ ]³
πρὸς τοὺς ἀποστείλαντας αὐτούς.	[ ]⁴
34	34 *Ἰούδας εἰς Ἱεροσόλυμα*¹
	*ἔδοξε δὲ τῷ Σιλεᾷ ἐπιμεῖναι αὐτοῦ*².
	[ ]³
35 Παῦλος δὲ καὶ Βαρναβᾶς	35 *ὁ δὲ*¹ Παῦλος καὶ Βαρναβᾶς
διέτριβον ἐν Ἀντιοχείᾳ	διέτριβον ἐν Ἀντιοχείᾳ
διδάσκοντες καὶ εὐαγγελιζόμενοι	διδάσκοντες καὶ εὐαγγελιζόμενοι
μετὰ καὶ ἑτέρων πολλῶν	μετὰ <u>καὶ</u>² ἑτέρων πολλῶν
τὸν λόγον τοῦ κυρίου.	τὸν λόγον τοῦ κυρίου.

---

32 – 1. l / 2. l SyrP / 3. l (Ephrᵏ) – SyrP Eth.4-13
ms. l : verbis complur. rogabant fratres et confortabantur eos cum essent et ipsi prophete

33 - 1. Ephrᵏ – cf. Cass / 2. Ephrᵏ – Cass Vg(B) (≈ post ἀδελφῶν : Vg(I) prv.1) / 3. Ephrᵏ – Cass Boh(ABa 18) Eth.1.3 / 4. Ephrᵏ – Cass Sah.4
Ephr : et reversus est Iudas post dies in ierusalem et silas remansit apud paulum
Cass : sed sileas ibi se tenuit, solus autem iudas hierosolymam est reversus

34 - 1. l Ephrᵏ – Cass prv.2 Sah Eth.4.6.7 / 2. Dd l (Ephrᵏ) SyrH* – (Cass) C SodC.1.2.4-7.12.13 SodB.1-7 181 1898 1175 al a b c g o y' Vg(mss) ndl prv Sah Boh(K) Eth Geo Arm / 3. voir *infra*
Varia : add. μόνος δὲ Ἰούδας ἐπορεύθη : Dd l (Cass) b g o y' Vg(DThMRT) ndl prv

35 - 1. D – (versions ?) / 2. voir *infra*

v. 33 : Il semble possible de reconstituer le TO à partir du commentaire d'Ephrem, bien qu'il ne cite pas littéralement. Il est en partie appuyé par Cassiodore, qui inverse les données pour se conformer à l'ensemble des latins et qui semble mêler les deux traditions.

v. 34 : D (et l ?) dépend de l'archétype X qui aurait procédé ainsi : il suit le TA pour le verset 33, il y ajoute le verset 34b selon le TO (ἔδοξε αὐτοῦ), mais il complète en ajoutant le texte noté aux *varia* du v. 34, afin de tenir compte du verset 33 selon le TO.

v. 35 : Dans D l'ordre καὶ μετα amorce une nouvelle proposition qui reste inachevée.

32 ϊουδασ ◆δε και σειλασ
και αυτοι προφηται οντεσ
πληρεισ π͞ν͞σ αγιου
δια λογου
παρεκαλεσαν τουσ αδελφουσ
και επεστηριξαν

33 ποιησαντεσ δε χρονον
απελυθησαν μετ ειρηνησ
απο των αδελφων
προσ τουσ αποστειλαντασ αυτουσ
34
εδοξε δε τω σειλεα επιμειναι ◆αυτουσ
μονοσ δε ϊουδασ επορευθη
35 ο δε παυλοσ και βαρναβασ
διετρειβον εν αντιοχεια
διδασκοντεσ και ευαγγελιζομενοι
και μετα ετερων πολλων
τον λογον του

32 iudas quoque et silas
etiam ipsi prophetae cum essent
pleni s͞p͞o sancto
sermoni
exhortati sunt fratres
et perconfirmati sunt

33 cum fecissent autem tempus
dismissi sunt cum pace
a fratribus
ad ipsos qui miserant eos
34
placuit autem sileae sustinere eos
solus autem iudas profectus est
35 Paulus uero et bamabas
demorabantur antiochia
docentes et euangelizantes
et cum aliis multis
uerbum d͞n͞i

---

g : [32] Iudas quoque et syleas, qui et ipsi prophetae erant, multis sermonibus exhortati sunt fratres et confirmauerunt eos. [33] Facientes autem tempus dimissi sunt cum pace a fratribus ad eos, qui miserant illos. [34] Visum est autem syleae remanere ibi, solus autem iudas abiit. [35] Paulus uero et barnabas demorabantur antiochie docentes et euangelizantes cum aliis multis uerbum domini.

36 μετὰ δέ τινας ἡμέρας
εἶπεν πρὸς Βαρναβᾶν Παῦλος ·
ἐπιστρέψαντες δὴ ἐπισκεψώμεθα
τοὺς ἀδελφοὺς
κατὰ πόλιν πᾶσαν
ἐν αἷς κατηγγείλαμεν
τὸν λόγον τοῦ κυρίου, πῶς ἔχουσιν.

37 Βαρναβᾶς δὲ ἐβούλετο
συμπαραλαβεῖν καὶ τὸν Ἰωάννην
τὸν καλούμενον Μᾶρκον ·
38 Παῦλος δὲ ἠξίου
τὸν ἀποστάντα ἀπ᾽ αὐτῶν
ἀπὸ Παμφυλίας
καὶ μὴ συνελθόντα αὐτοῖς
εἰς τὸ ἔργον
μὴ συμπαραλαμβάνειν τοῦτον.

36 μετὰ δέ τινας ἡμέρας
εἶπεν ὁ¹ Παῦλος² πρὸς Βαρναβᾶν ·
ἐπιστρέψαντες δὴ ἐπισκεψώμεθα
τοὺς ἀδελφοὺς
τοὺς³ κατὰ πᾶσαν πόλιν⁴
ἐν αἷς κατηγγείλαμεν
τὸν λόγον τοῦ κυρίου, τί ποιοῦσιν⁵.
ἤρεσεν δὲ καὶ Βαρναβᾷ ἡ βουλή⁶.
37 [ ]¹ ἐβούλετο² τε¹
συμπαραλαβεῖν [ ]³ [ ]⁴ Ἰωάννην
τὸν ἐπικαλούμενον⁵ Μᾶρκον ·
38 Παῦλος δὲ οὐκ ἐβούλετο¹
λέγων² ·τὸν ἀποστάντα ἀφ᾽ ἡμῶν³
ἀπὸ Παμφυλίας
καὶ μὴ συνελθόντα ἡμῖν³
εἰς τὸ ἔργον [ ]⁴
οὐ δεῖ παραλαβεῖν αὐτόν⁵

---

36 - 1. D – 36.453 431 1175 *pc* (versions ?) / 2. Dd l – Ee *Koinè* g Vg(W) ndl prv / 3. D l SyrH* – SodC.1.2.4-7.10.11.13.14 36.453 141 *pc* SyrP / 4. Dd l – E(e) *Koinè* g Vg / 5. l(+) – SyrP Sah / 6. l SyrH* Ephr^kc – SyrP
Varia : *om.* τοῦ κυρίου : Chr.2 (τοῦ θεοῦ : SodC.3 SyrP Boh.26)
ms. l : ... quid agant et quomodo se habeant. placuit autem et barnabe consilium.

37 - 1. l (*voluitq.*) / 2. voir *infra* / 3. Dd l – *Koinè* p Vg(DThO) prv Sah / 4. D – A C E Ψ p⁷⁴ SodC.3.5.10 SodB.1-4.6.7 36.453 181 1898 1175 1838 *pc* (versions ?) / 5. D – A C SodC(mss) SodB.2-6 181 1898 1175 1838 (versions ?)
Varia : ἐβουλεύτο : D g – ἐβουλεύσατο : *Koinè*.

38 - 1. Dd l – SyrP Eth.4-13 / 2. Dd l – a(629) Vg(Th) ndl.2 prv.2 Eth.2-4 / 3. l – Chr^co Eth.1-4 / 4. l / 5. l(conj) – (voir *infra*)
Varia : *add.* εἰς ὃ ἐπέμφθησαν : Dd c o Vg(CMRT) prv.2 tpl ; τουτο μη ειναι συν αυτοισ : D(d)
ms. l : paulus autem non c(onse)nsit ei dicens qui deseruit (nos a pamphilia et) in opus noluit nobis(cum ire non debere recipi eum) (l'éditeur a complété la fin du texte en reprenant celui de la Vg).

v. 36 : D suit d'abord le TO, puis il adopte le TA ; il dépend peut-être de l'archétype X.

v. 37 : Dans le TO, l'omission du nom de Barnabé s'impose puisqu'il vient d'être nommé. En revanche, on comprend que D (ou son archétype X) qui n'a pas retenu la fin du verset précédent (TO) continue ici avec le TA. On ne retiendra donc pas son εβουλευετο qui doit probablement être une variante du TA ; elle est ignorée du ms. l.

v. 38 : La finale du TO est impossible à reconstituer de façon certaine étant donné la lacune du ms. l. Les infinitifs du TA et de la Vg ne s'accordent pas avec le style "nous" du TO ; nous y avons restitué un indicatif.

36 μετα δε τινασ ημερασ   **36** et post aliquos dies
ειπεν ο παυλοσ προσ βαρναβαν   ait paulus ad bamaban
επιστρεψαντεσ δη επισκεψωμεθα   reuersique uisitemus
τουσ αδελφουσ   fratres
τουσ κατα πασαν πολιν   per omnem ciuitatem
εν ✦οισ ✦κατηνγειλαμε̄   penes quos adnuntiabimus
τον λογον του κ̄ῡ πωσ εχουσιν   uerbum dn̄i quomodo habeat

37 βαρναβασ δε εβουλευετο   **37** barnabas uero uolebat
συνπαραλαβειν ϊωανην   adsumere iohannen
τον επικαλουμενον μαρκον   qui cognominatur marcus
38 παυλοσ δε ουκ εβουλετο   **38** paulus autem nolebat
λεγων τον ✦αποστησαντα απ αυτων   dicens hiis qui discesserunt ab eis
απο παμφυλιασ   a pamphylia
και μη συνελθοντα   et nec simul uenerunt
εισ το εργον εισ ο επεμφθησαν   ad opus in quo missi erant
τουτον μη ειναι συν αυτοισ   hunc non adsumerent secum

---

g : [36] Post aliquot autem dies dixit paulus ad barnaban : Euntes uisitemus fratres per omnem ciuitatem in quibus praedicauimus uerbum domini qualiter habeant. [37] Barnabas autem cogitabat assumere et iohannem, qui cognominatur marcus. [38] Paulus autem postulabat ne is qui discessit ab eis a pamfilia et simul cum illis comitatus est in opus assumere.

39 ἐγένετο δὲ παροξυσμὸς
ὥστε ἀποχωρισθῆναι αὐτοὺς
ἀπ' ἀλλήλων, τόν τε Βαρναβᾶν
παραλαβόντα τὸν Μᾶρκον
ἐκπλεῦσαι εἰς Κύπρον.
40 Παῦλος δὲ ἐπιλεξάμενος Σιλᾶν
ἐξῆλθεν παραδοθεὶς
τῇ χάριτι τοῦ κυρίου
ὑπὸ τῶν ἀδελφῶν,
41 διήρχετο δὲ τὴν Συρίαν
καὶ τὴν Κιλικίαν
ἐπιστηρίζων τὰς ἐκκλησίας.

39 ἐγένετο δὲ παροξυσμὸς
ὥστε ἀποχωρισθῆναι αὐτοὺς
ἀπ' ἀλλήλων. ὁ δὲ¹ Βαρναβᾶς²
παραλαβων² τὸν Μᾶρκον
ἔπλευσεν² εἰς Κύπρον.
40 Παῦλος δὲ ἐπιλεξάμενος Σιλᾶν
ἐξῆλθεν παραδοθεὶς
τῇ χάριτι τοῦ θεοῦ¹
ὑπὸ τῶν ἀδελφῶν,
41 διήρχοντο¹ δὲ τὴν Συρίαν
καὶ τὴν Κιλικίαν
ἐπιστηρίζοντες² τὰς ἐκκλησίας
παραδιδόντες τὰς ἐντολὰς³
τῶν πρεσβυτέρων³.

---

39 - 1. (D) d – H *pc* Boh(AB^aP) (D : τοτε) / 2. Dd – a b c g Vg(D) prv
Varia : ἀποχωρῆσαι : E(e) SodC.1.2.7.11-13 a g Vg

40 - 1. – p⁴⁵ C Ee *Koinè* a b g Vg(BW) ndl.1 prv.2 SyrP Boh Geo Arm

41 - 1. Eph^k – Vg(D) Eth.2 / 2. (Eph^k) – Vg(D) p* / 3. SyrH^mg (Ephr^k)
Varia : *add.* παραδιδοὺς κτλ. : Dd a b c g o dem Vg(mss) prv ndl
Ephr^k : At Paulu(s Silasque ab ecclesia dis)cedentes transiverunt evangeli(sare in finibus
Assyriae et Ciliciae) apud quos et litteras ab [apostol]is [habebant ut portarent ad] illos...
SyrH^mg : confirmans ecclesias] et tradebant iis custodire mandata apostolorum et seniorum (cf.
16,1b)

v. 39 : L'adverbe τοτε de D n'est pas autrement soutenu. Nous pensons que, comme déjà à
plusieurs reprises, il a fait un compromis entre TO et TA.

v. 41 : Ephrem seul, soutenu en partie par d'autres témoins, a conservé le TO. Les pluriels qu'il
atteste seront confirmés en 16,1. D et les latins dépendent de l'archétype X qui avait changé le
pluriel en singulier pour harmoniser sur le TA qu'il suivait pour le début du verset. Mais le
scribe de D gardera le pluriel en 16,4, où il reprendra ce texte.

39 εγενετο δε παροξυσμοσ
ωστε αποχωρισθηναι αυτουσ
απ αλληλων τοτε βαρναβασ
παραλαβων τον μαρκον εισ
επλευσεν κυπρον
40 παυλοσ δε ♦επιδεξαμενοσ
σειλαν
εξηλθεν παραδοθεισ
τη χαριτι κ̄ῡ
απο των αδελφω̄
41 διηρχετο δε την συριαν
και την κιλικιαν
επιστηριζων τασ εκκλησιασ
παραδιδους τας εντολας
των πρεσβυτερων

39 facta est autem discertatio
ita ut separarentur
ab inuicem barnabas uero
adsumpto marco
nauigauerunt in cyprum
40 paulus autem suscepit silan
exibit traditus
gratia d̄n̄i
a fratribus

41 pergrediebatur autem syriam
et ciliciā
confirmans ecclesias
tradens autem mandatum
presbyterorū   ‾

---

g : [39] Et facta est inter eos disceptatio ita ut discederent ab inuicem, et barnabas quidem assumpto marco nauigauit cyprumm. [40] Paulus uero elegit sylean et profectus est commendatus gratiae dei a fratribus [41] et perambulabat syriam et ciliciam et confirmabat ecclesias praecipiens custodire praecepta apostolorum et seniorum.

1
κατήντησεν δὲ
καὶ εἰς Δέρβην καὶ εἰς Λύστραν.
καὶ ἰδοὺ μαθητής τις ἦν ἐκεῖ
ὀνόματι Τιμόθεος,
υἱὸς γυναικὸς Ἰουδαίας
πιστῆς
πατρὸς δὲ Ἕλληνος,
2 ὃς ἐμαρτυρεῖτο
ὑπὸ τῶν ἐν Λύστροις
καὶ Ἰκονίῳ ἀδελφῶν.
3 τοῦτον ἠθέλησεν ὁ Παῦλος
σὺν αὐτῷ ἐξελθεῖν,
καὶ λαβὼν περιέτεμεν αὐτὸν
διὰ τοὺς Ἰουδαίους
τοὺς ὄντας ἐν τοῖς τόποις ἐκείνοις,
ᾔδεισαν γὰρ ἅπαντες
ὅτι Ἕλλην ὁ πατὴρ αὐτοῦ
ὑπῆρχεν.

1 *διελθόντες δὲ τὰ ἔθνη ταῦτα*¹
*κατήντησαν*²
[ ]³ εἰς Δέρβην καὶ [ ]⁴ Λύστραν.
καὶ ἰδοὺ μαθητής τις [ ]⁵ ἦν
ὀνόματι Τιμόθεος,
υἱὸς γυναικὸς Ἰουδαίας
πιστῆς, *χήρας*⁶
πατρὸς δὲ Ἕλληνος,
2 ὃς ἐμαρτυρεῖτο
ὑπὸ τῶν ἐν Λύστροις
καὶ Ἰκονίῳ ἀδελφῶν.
3 τοῦτον ἠθέλησεν ὁ Παῦλος
σὺν αὐτῷ ἐξελθεῖν,
καὶ *ἔλαβεν καὶ*¹ περιέτεμεν αὐτὸν
διὰ τοὺς Ἰουδαίους
τοὺς ὄντας ἐν τοῖς τόποις ἐκείνοις,
ᾔδεισαν γὰρ *παντες*²
*τὸν πατέρα αὐτοῦ ὅτι Ἕλλην*³
ὑπῆρχεν.

---

1 - 1. SyrH^mg – b* prv Cass^L (Ephr^k *deest*) / 2. SyrH^mg Ephr^k – SodB.2 915 prv.1 Eth.2.3 / 3. Dd SyrH^mg Ephr^k – ℵ C Ee *Koinè* g Vg Cass / 4. Dd – A C p⁷⁴ *Koinè* g Vg Sah Geo / 5. – 223 629 Vg(D) Eth (≈ *ante* ἦν : D ; *ante* μαθητής ; g ndl) / 6. – 104 1838 a c g p Vg(mss) prv *Varia* : διελθὼν δὲ … ταῦτα : Dd a g Vg(DO) prv.2 tpl
SyrH^mg : quum pertransivissent autem gentes has, pervenerunt...
Ephr : Sed (Paul)iani venerunt attinuerunt Lystros
Cass : Cumque circuissent has nationes, pervenit...

3 - 1. Ephr^k(2/3) – p⁴⁵ SodC.1-5.7.10.11.13.14 Chr.1^b SyrH ndl.1 / 2. D – C 181 1898 1175 *pc* (versions ?) (p⁴⁵ *deest*) / 3. Dd Ephr^k – p⁴⁵ Ee *Koinè* g SyrP
Ephr^k : Et vol(uit Paul)us ducere eum secum...assumpsit dircumcidit eum... Ergo assumens circumcidit Timotheum... (Idcirco) assumpsit circumcidit eum (apud fratre)s qui erant in ter(ra ib)i qui cognoscebant pa(trem...)

v. 1 : La variante 5. se recommande par la diversité d'origine des témoins qui la soutiennent, comme par la place différente que cet adverbe occupe dans d'autres témoins du TO. Pour l'addition de χήρας, les latins sont soutenus par 1838 qui est un bon témoin du TO lorsqu'il ne suit pas la *Koinè*. Dans le TA, le mot a pu tomber par haplographie.

v. 3 : Ephrem recueille ici trois traditions différentes. La plus intéressante est la dernière qui atteste les variantes 1. et 3.

1διελθων δε τα εθνη ταυτα
κατηντησεν
εισ δερβην και λυστραν
και ϊδου μαθητσ τισ εκει ην
ονοματι τιμοθεοσ
ϋιοσ γυναικοσ ϊουδαιας
πιστησ
πατροσ δε ελληνοσ
2 οσ εμαρτυρειτο
ϋπο των εν λυστροισ
και εικονιω αδελφων
3 τουτον ηθελησεν ο παυλοσ
συν αυτω εξελθε͞ι
και λαβων περιετεμεν αυτον
δια τουσ ϊουδαιουσ
τουσ οντασ εν τοισ τοποισ εκεινοισ
ηδεισαν γαρ παντεσ
τον πατερα αυτου οτι ελλην
ϋπηρχεν

1 pertransiens gentes istas
debenit
derben et lystram
ecce discipulus quidam erat ibi
nomine timotheus
filius mulieris iudeae
fidelis
patre autem graeco
2 cui testimonium perhibuit
ab hiis qui lystrae
et iconio fratribus
3 hunc uoluit paulus
secum exire
et accipiens circumcidit eum
propter iudaeos
qui erant in locis suis
sciebant enim omnes
patrem eius quod crecus
esset

---

g : ¹ Et cum circuisset ciuitates deuenit derben et lystram. Et ecce, ibi discipulus erat quidam nomine tymotheus filius uidue mulieris fidelis patre autem greco ² cui testimonium bonum reddebant fratres, qui lystris erant et yconio. ³ Hunc uoluit paulus secum proficisci et accipiens circumcidit eum propter iudeos, qui erant in locis illis ; sciebant enim omnes patrem eius grecum esse.

4 ὡς δὲ διεπορεύοντο τὰς πόλεις,
παρεδίδοσαν αὐτοῖς φυλάσσειν
τὰ δόγματα τὰ κεκριμένα
ὑπὸ τῶν ἀποστόλων
καὶ πρεσβυτέρων
τῶν ἐν Ἱεροσολύμοις.

5 αἱ μὲν οὖν ἐκκλησίαι
ἐστερεοῦντο τῇ πίστει
καὶ ἐπερίσσευον τῷ ἀριθμῷ
καθ᾽ ἡμέραν.
6 διῆλθον δὲ τὴν Φρυγίαν
καὶ Γαλατικὴν χώραν,
κωλυθέντες
ὑπὸ τοῦ ἁγίου πνεύματος
λαλῆσαι τὸν λόγον
ἐν τῇ Ἀσίᾳ·

4 διερχόμενοι δὲ¹ τὰς πόλεις,
[ ]²
[ ]²
[ ]²
[ ]²
[ ]²
ἐκήρυσσον μετὰ πάσης παρησίας
τὸν κύριον Ἰησουν Χριστόν³.
5 αἱ μὲν οὖν ἐκκλησίαι
ἐστερεοῦντο [ ]¹
καὶ ἐπερίσσευον τῷ ἀριθμῷ
καθ᾽ ἡμέραν.
6 διῆλθον δὲ τὴν Φρυγίαν
καὶ Γαλατικὴν χώραν,
κωλυθέντες
ὑπὸ τοῦ ἁγίου πνεύματος μηδενὶ¹
λαλῆσαι τὸν λόγον τοῦ θεοῦ²
ἐν τῇ Ἀσίᾳ·

---

4 - 1. Dd SyrH^mg Ephr^k / 2. SyrH^mg Ephr^k / 3. Dd SyrH^mg Ephr^k
SyrH^mg: quum autem pertransissent civitates] praedicantes cum omni libertate dominum iesum christum[
Ephr^k: (dum) transibant civitates et manifestum [faciebant et ap]ostolatu intrepido praedicabant il(...)ri, et donec ecclesiae confirmabantur (= v. 5).

5 - 1. Dd Ephr^k
Ephr^k: ... et donec ecclesiae confirmaban(tur inter filios) virorum per signa quae facta sunt (cotidie in) illis.

6 - 1. Dd Ephr^kc – g m / 2. Dd Ephr^kc – g m Vg(DThO) ndl.1 SyrP Boh(-G) Eth.5-13
Varia: om. ἁγίου : Chr.2 1Chr^t Theoph I^L Somm(CT) (≈ 4 Épiph b c g dem Vg(mss))
Ephr^k: Impedivit illos spiritus sanctus quin loquer(entur) ulli verbum dei in regione ibi Asianorum...

v. 4 : Bien qu'Ephrem ne cite pas ad litteram, sa dépendance à l'égard du TO est certaine. Dans D noter que les mots καὶ παρεδιδοσαν αυτοις sont à une place aberrante. D fusionne manifestement les deux traditions. Il est plus difficile de préciser la façon dont il a procédé. Le remplacement de τὰ δόγματα par τασ εντολασ, comme l'absence d'article devant αποστολων, tout à fait fautive, ferait penser à une rétroversion grecque à partir du latin. Mais cela ne correspondrait pas à la finale du texte dans d. En fait, les mots παραδιδοντεσ τασ εντολασ (των) πρεσβυτερων reprennent ceux de 15,41 TO. Seul, le καὶ πρεσβυτερων, sans article, proviendrait d'une rétroversion à partir du latin. Le thème exprimé dans le TA l'avait été déjà par le TO en 15,41, d'où son absence ici. On peut penser que la fusion entre TO et TA fut effectuée dans l'archétype X. Le TO primitif n'avait probablement pas le titre χριστον.

4 διερχομενοι δε τασ πολεισ
εκηρυσσον και παρεδιδοσαν αυτοισ
μετα πασησ παρρησιασ
τον κ̄ν̄ ῑη̄ν̄ χ̄ρ̄ν̄
αμα παραδιδοντεσ και τασ εντολασ
αποστολων
και πρεσβυτερω̄
των εν ϊεροσολυμοισ
5 αι μεν ουν εκκλησιαι
εστερεουντο
και επερισσευον τω αριθμω
καθ ημεραν
6 διηλθον δε την φρυγιαν
και γαλατικην χωραν
κωλυθεντεσ
ϋπο του αγιου π̄ν̄σ̄ μηδενι
λαλησαι τον λογον του θ̄ῡ
εν τη ασια

4 Circumeuntes autem ciuitates
praedicabant et tradebant eis
cum omnem fiduciam
d̄n̄m̄ ī h̄m̄ x̄p̄m̄
simul tradentes et mandata
apostolorum
et presbyterorū
his qui erant hierosolymis
5 ecclesiae ergo
consolidabantur
et abundabant numero
cottidie
6 pertransiebant autem phygiam
et galatiam regionem
prohibiti
a sancto s̄p̄o̅ nemini
loqui uerbum d̄ī
in Asia

---

g : **4** Circumeuntes ergo ciuitates tradebant illis ut custodirent praecepta, quae ab apostolis et senioribus hierosolimis erat constituta. **5** Ecclesiae ergo confirmabantur fide et habundabant numero cottidie. **6** Pertransiebant autem frigiam et galathie regionem prohibiti a spiritu sancto, ne omnino uerbum dei in asia loquerentur.

7 ἐλθόντες δὲ κατὰ τὴν Μυσίαν
ἐπείραζον εἰς τὴν Βιθυνίαν
πορευθῆναι,
καὶ οὐκ εἴασεν αὐτοὺς
τὸ πνεῦμα Ἰησοῦ ·
8 παρελθόντες δὲ τὴν Μυσίαν
κατέβησαν εἰς Τρῳάδα.
9 καὶ ὅραμα διὰ νυκτὸς ᵃ
τῷ Παύλῳ ὤφθη,
ἀνὴρ Μακεδών τις ἦν ἑστὼς

καὶ παρακαλῶν αὐτὸν καὶ λέγων,
διαβὰς εἰς Μακεδονίαν
βοήθησον ἡμῖν.
10 ὡς δὲ
τὸ ὅραμα εἶδεν,
εὐθέως ἐζητήσαμεν ἐξελθεῖν
εἰς Μακεδονίαν,
συμβιβάζοντες
ὅτι προσκέκληται ἡμᾶς ὁ θεὸς
εὐαγγελίσασθαι
αὐτούς.

7 γενόμενοι¹ δὲ κατὰ τὴν Μυσίαν
ἤθελον² εἰς [ ]³ Βιθυνίαν
πορεύεσθαι⁴,
καὶ οὐκ εἴασεν αὐτοὺς
τὸ πνεῦμα Ἰησοῦ ·
8 διελθόντες¹ δὲ τὴν Μυσίαν
κατήντησαν² εἰς Τρῳάδα.
9 καὶ ἐν ὁράματι¹ [ ]²
<u>ὤφθη τῷ Παύλῳ</u>³,
ὡσεὶ⁴ ἀνὴρ Μακεδών [ ]⁵ [ ]⁶ ἑστὼς
κατὰ πρόσωπον αὐτοῦ⁷
[ ]⁸ παρακαλῶν [ ]⁹ καὶ λέγων,
διαβὰς εἰς Μακεδονίαν
βοήθησον ἡμῖν.
10 διεγερθεὶς οὖν διηγήσατο
τὸ ὅραμα ἡμῖν¹,
[ ]²
[ ]²
καὶ ἐνοήσαμεν³
ὅτι προσκέκληται ἡμᾶς ὁ κύριος⁴
εὐαγγελίσασθαι
τοὺς ἐν τῇ Μακεδονίᾳ⁵.

a. B A D 6 1175 2818 ; της νυκτος : p⁷⁴ C E L ℵ Ψ 33 81 323 614 945 1241 1505 1739 *Koinè* NA 28

---

7 - 1. D / 2. Dd – SyrP Eth / 3. D – SodB.5 (versions ?) / 4. D – C p⁷⁴ *Koinè* (versions ?) cf. 27,7 : καὶ μόλις γενόμενοι κατὰ τὴν Κνίδον...

8 - 1. Dd – e / 2. D

9 - 1. D – e Ir^L Cass SyrP Fay Geo / 2. Ephr^kc – b Ir^L Cass Eth.1 (≈ *post* Παύλῳ : prv Eth.3.5-13) / 3. Dd Ephr^kc – A C *Koinè* g prv SyrP Eth / 4. Dd Ephr^kc – SyrP Sah / 5. Ephr^kc – SodB.4 431 Chr.2 Ir^L Eth / 6. Dd Ephr^k – Ee 209 1311 Chr.2 SyrP Eth / 7. Dd SyrH* – SodC.1.2.4-7 ndl.1 Sah / 8. D Ephr^k – *Koinè* Chr.2 Somm(B) Eth.3.4.6.7.9.10 / 9. Dd – 1022 Chr.2 g **Ephr** : Ap[paruit Paulo tanquam vir Macedo] adveniens enim o[rabat et impetrabat illum ut ven]iret opitularetur il[li in Macedoniam] - **Ir^L** : et cum vidisset Paulus per somnium virum Macedonem dicentem: Veniens in Macedoniam opitulare nobis, Paule - **Cass** : Nam cum venissent Troadem Paulus vidit in somnia quemdam Macedonem dicere... - **SyrP** : et in visione noctis apparuit paulo sicut vir quidam macedonis qui stetit et petivit ab eo dicens...

10 - 1. Dd – Sah / 2. Dd (≈ *post* εὐαγγελίσασθαι αὐτούς : ndl.1) / 3. D / 4. Dd *Koinè* c Ir^L prv.1 SyrP Sah Arm / 5. Dd

v. 9 : Les variantes ὡσεὶ et τις semblent former doublet. L'expression δια νυκτος omise par Eth.1 se trouve à deux places différentes dans les autres témoins de son groupe : Eth.2.4 d'une part et Eth.3 d'autre part. L'omission primitive dans le groupe Eth.4 est quasi certaine.

7 ♦γενομενην δε κατα την μυσιαν
♦ηθελαν εισ ♦βυθυνιαν
πορευεσθαι
και ουκ ειασεν αυτους — —
το πνα ιηυ
8 διελθοντεσ δε την μυσιαν
κατηντησαν εισ τρωαδα
9 και εν οραματι δια νυκτοσ
ωφθη τω παυλω
ωσει ανηρ μακεδων τισ εστωσ
κατα προσωπον αυτου
παρακαλων και λεγων
διαβασ εισ μακεδονιαν
βοηθησον ημειν
10 διεγερθεισ ουν διηγησατο
το οραμα ημιν

και ενοησαμεν —
οτι προσκεκληται ημασ ο κ̅σ̅
ευαγγελισασθαι
τους εν τη μακεδονια

7 Cum uenissent autem circa mysiam
uolebant bithyniam
abire
et uetuit illos — —
sps ihu
8 cum transissent autem mysiam
descenderunt troada
9 et uisum per noctem
apparuit paulo
quasi uir macedo quidam stans
anti faciem eius
et rogans dicens
transi in macedonia
auxiliari nobis
10 exurgens ergo enarrabit
uisum nobis

et intellegimus —
quoniam prouocauit nos d̅n̅s
euangelizare
qui in macedonia sunt

---

g : ⁷ Cum uenissent autem misiam, temptabant in bithiniam ire et uetuit illos spiritus domini. ⁸ Et cum pertransissent misiam, descenderunt troadem. ⁹ E uisio per noctem aparuit paulo : Vir macedo quidam erat stans et obsecrans et dicens : Transi in macedoniam et adiuua nos. ¹⁰ Et ut uidit uisum confestim quesiuimus proficisci in macedoniam, certi facti quia dominus nos aduocauit euangelizare illis.

11
ἀναχθέντες ουν[b] ἀπὸ Τρῳάδος
εὐθυδρομήσαμεν εἰς Σαμοθράκην,
τῇ δὲ ἐπιούσῃ
εἰς Νέαν πόλιν,
12 κἀκεῖθεν εἰς Φιλίππους,
ἥτις ἐστὶν πρώτη[c] μερίδος
τῆς Μακεδονίας πόλις, Κολωνία.
ἦμεν δὲ ἐν ταύτῃ τῇ πόλει
διατρίβοντες ἡμέρας τινάς.
13 τῇ τε ἡμέρᾳ τῶν σαββάτων
ἐξήλθομεν ἔξω τῆς πύλης
παρὰ ποταμὸν οὗ ἐνομίζομεν
προσευχὴ[d] εἶναι,
καὶ καθίσαντες ἐλαλοῦμεν
ταῖς συνελθούσαις γυναιξίν.

11 *τῇ δὲ ἐπαύριον*[1]
ἀναχθέντες [ ][1] ἀπὸ Τρῳάδος
εὐθυδρομήσαμεν εἰς Σαμοθράκην,
καὶ[2] τῇ ἐπιούσῃ *ἡμέρᾳ*[3]
εἰς Νέαν πόλιν,
12 κἀκεῖθεν εἰς Φιλίππους,
ἥτις ἐστὶν *πρώτης μερίδος*[1]
τῆς Μακεδονίας πόλις, Κολωνία.
ἦμεν δὲ ἐν ταύτῃ τῇ πόλει
διατρίβοντες ἡμέρας τινάς.
13 τῇ *δὲ*[1] ἡμέρᾳ τῶν σαββάτων
ἐξήλθομεν ἔξω τῆς πύλης
παρὰ *τὸν*[2] ποταμὸν οὗ *ἐδόκει*[3]
προσευχή[4] εἶναι,
καὶ καθίσαντες ἐλαλοῦμεν
ταῖς *συνεληλυθυῖαις*[5] γυναιξίν.

b. B C L 323 945 1241 1505 1739 *Koinè* g SyrH It[lat] ; δε : p[74] ℵ A E Ψ 6 33 81 326 1175 Vg *NA 28*
c. B L 323 *Koinè* ; πρωτης : Vg[mss] *NA 28*
d. B A ; προσευχην : ℵ A[c] C Ψ 33 81 Boh *NA 28*

---

11 - 1. Dd SyrH[mg] – SodC.1.2.4-7 / 2. Dd – g l Vg / 3. D – Versions ?) / 4. Dd – C Ee *Koinè* g Vg Syr Sah(gr) Boh

12 – 1. C Vg(Th) ndl.2 – voir *infra*

13 - 1. Dd – C SodC.1-5.7.10.11.13.14 SodB.1-4.6 Chr.1 e Vg SyrH Sah Boh / 2. D – 1838 *pc* (versions ?) / 3. Dd – g Vg SyrP Geo (ἐνομίζετο : Ee *Koinè*) / 4. Dd – g Vg SyrP Geo Ee *Koinè* / 5. Dd g SyrH (cf. Lc 23,55) – *Boism*[1a.2] : συνελθουσαις

v. 11 : Pour la variante 3, cf. Ac 7,26.

v. 12 : Le κεφαλη de D est généralement expliqué par une rétroversion du latin *caput* de d (cf. B. M. METZGER, *A Textual Commentary on the Greek New Testament*, United Bible Societies, Stuttgart 1971, p. 446). On peut attribuer à la même rétroversion l'absence de μεριδος en D. Le TA suivi par la *Koinè* modifie le texte difficile des Actes en changeant πρωτης en πρωτη qui se rapporte alors à πολις et en changeant de place l'article της (πρωτης της μεριδος). B supprime cet article par haplographie. La leçon de B (πρωτη) est certainement erronée (cf. *Boism*[1b] pp. 113.354 n.77). La province de Macédoine était divisée en quatre districts et la ville de Philippes était la capitale du premier.

v. 13 : Le *videbatur* des latins et de SyrP semble traduire ἐδόκει plutôt que ἐνομίζετο.

11 τη δε επαυριον	**11** alia die
◆αχθεντεσ απο τρωαδοσ	perducti a troadae
ευθυδρομησαμεν εισ σαμοθρακην	cursum direximus in samotrachiam
και τη επιουση ημερα	et sequenti die
εισ ◆νεαπολιν	neapolim
12 κακειθεν εισ φιλιππουσ	**12** indie autem philippis
ητισ εστιν κεφαλη	quae est capud
τησ μακεδονιασ πολισ κολωνια	macedoniae ciuitas colonia
ημην δε εν ταυτη τη πολει	fuimus in ista ciuitate
διατρειβοντεσ ημερασ τινας	demorantes dies aliquos
13 τη δε ημερα των σαββατων	**13** Die autem sabbati
εξηλθομεν εξω τησ πυλησ	exibimus extra portam
παρα τον ποταμον ου εδοκει	secundum flumen
προσευχη ειναι	ubi oratio esset bidebatur
και καθισαντεσ ελαλουμεν	et cum sedissemus loquebatur
ταισ συνεληλυθυιαισ γυναιξιν	quae cum uenerant mulieres

---

g : [11] Nauigantes ergo a troade recto cursu uenimus samotraceo sequentique die neapolim, [12] inde philippis, quae est prima partis macedonie, civuitas colonia. Demorati autem sumus in ipsa ciuitate diebus multis. [13] Et die sabbati exiuimus extra portam secus flumen, ubi oratio esse uidebatur. Et cum sedissent, loquebauimus mulieribus quae conuenerant.

14 καί τις γυνὴ ὀνόματι Λυδία,
πορφυρόπωλις πόλεως
Θυατείρων
σεβομένη τὸν θεόν, ἤκουεν,
ἧς ὁ κύριος διήνοιξεν τὴν καρδίαν
προσέχειν τοῖς λαλουμένοις
ὑπὸ παύλου ͤ.
15 ὡς δὲ ἐβαπτίσθη
καὶ ὁ οἶκος αὐτῆς,
παρεκάλεσεν λέγουσα ·
εἰ κεκρίκατέ με πιστὴν τῷ κυρίῳ
εἶναι, εἰσελθόντες εἰς τὸν οἶκόν μου
μένετε· καὶ παρεβιάσατο ἡμᾶς.
16 ἐγένετο δὲ πορευομένων ἡμῶν
εἰς τὴν προσευχὴν παιδίσκην τινὰ
ἔχουσαν πνεῦμα πύθωνα
ὑπαντῆσαι ἡμῖν,
ἥτις ἐργασίαν πολλὴν παρεῖχεν
τοῖς κυρίοις αὐτῆς
μαντευομένη.

14 καί τις γυνὴ ὀνόματι Λυδία,
πορφυρόπωλις *της*[1] πόλεως
Θυατείρων
σεβομένη τὸν θεόν, *ἤκουσεν*[2],
ἧς ὁ κύριος διήνοιξεν τὴν καρδίαν
προσέχειν τοῖς λαλουμένοις
ὑπὸ παύλου[3].
15 ὡς δὲ ἐβαπτίσθη
καὶ *πᾶς*[1] ὁ οἶκος αὐτῆς,
παρεκάλεσεν λέγουσα ·
εἰ κεκρίκατέ με πιστὴν τῷ *κυρίῳ*[2]
εἶναι, εἰσελθόντες εἰς τὸν οἶκόν μου
μένετε· καὶ παρεβιάσατο ἡμᾶς.
16 ἐγένετο δὲ πορευομένων ἡμῶν
εἰς *τὴν*[1] προσευχὴν παιδίσκην τινὰ
ἔχουσαν πνεῦμα *πύθωνος*[2]
ἀπαντῆσαι[3] ἡμῖν,
ἥτις ἐργασίαν πολλὴν παρεῖχεν
τοῖς κυρίοις [ ][4]
[ ][5] μαντευομένη.

e. B D ; υπο του παυλου : p[127] ℵ A C E L Ψ 33 81 323 614 945 1175 1241 1505 1739 *Koinè*
NA 28

---

14 - 1. D / 2. D – L C SodC.1-5.10-14 SodB.4-6 1838 *pc* Chr.1 Theoph II[L] Vg / 3. *Boism*[la] :
του παυλου

15 - 1. Dd – SodC.14 SodB.6 *pc* g Vg(CT) Cass Sah.452 Boh(FSGO) / 2. d g – voir *infra*
Varia : ἐβαπτίσθη αὐτή : Ee *pc* Chr.1 a Vg(M) dem ndl.2 SyrHP Sah Geo

16 - 1. voir *infra* / 2. D[c] – p[45] Ee *Koinè* g Vg(CMT) ndl.1 Lcf Cass Hes[L] SyrP Sah Boh / 3. D –
A *Koinè* (versions ?) / 4. D – SodC.1 917 / 5. g SyrH Vg – voir *infra*

v. 15 : Pour la leçon 1. du TO, cf. 10,2 ; 11,14 (7,10 ; 18,8). La formule simple du TA ne se lit
nulle part ailleurs dans les Actes. Pour la leçon 2., cf. Ac 16,14 et le passage de θεον à κυριος.

v. 16 : dans D, l'omission de l'article devant προσευχην est fautive. D* s'était aligné sur le TA
pour la leçon πύθωνα. La leçon δια τουτου probablement due à une rétroversion du latin *per
hoc* n'est pas autrement attestée.

14 και τισ γυνη ονοματι λυδια
πορφυροπωλισ τησ πολεωσ
θυατειρων
σεβομενη τον θ̄ν̄ ηκουσεν
ησ ο κ̄σ̄ ♦διηνυξεν την καρδιαν
προσεχειν τοισ λαλουμενοισ
ϋπο παυλου
15 ωσ δε εβαπτισθη
και πασ ο οικοσ αυτησ
♦παρεκαλεσε λεγουσα
ει κεκρικατε με πιστην τω θ̄ω̄
ειναι εισελοντεσ εισ τον οικον μου
μενετε και παρεβειασατο ημας
16 εγενετο δε πορευομενων ημων
εισ προσευχην παιδισκην τινα
εχουσαν π̄ν̄ᾱ πυθωνα
απαντησαι ημειν
ητισ εργασιαν πολλην ♦παρειχε
τοισ κυριοισ
δια τουτου μαντευομενη

14 et quaedam mulier nomme lydia
purpuraria thyatirum
ciuiuitatis
colens d̄m̄ audiebat
cuius d̄n̄s̄ aperuit cor
intendere eis quae dicebantur
a paulo
15 ut autem baptizata est
et omnis domus eius
rogauit dicens
si iudicastis me fidelem d̄n̄ō
esse ingressi in domum meam
manete et extorsuit nobis
16 Contigit quae euntibus nobis
ad orationem puella quendam
habentem s̄p̄m̄ phytonem
obuiam fieri nobis
quae reditum multum praestabat
dominis suis
per hoc diuinando

---

g : [14] Et quedam mulier nomine lydia, quae purpuras uendebat ciuitatis tyatirae colens deum audiebat uerbum. Huic dominus aperuit sensum ut intenderet his, quae a paulo dicebantur. [15] Haec cum baptizata esset cum omnibus suis rogabat dicens : Si iudicastis me fidelem esse domino introeuntes in domum meam manete. Et coegit nos. [16] Factum est autem euntibus nobis ad orationem puellam quandam habentem spiritum fitonis (sic) occurrere nobis, quae reditum multum praestabat dominis suis diuinando.

17 αὕτη κατακολουθοῦσα
Παύλῳ ᶠ καὶ ἡμῖν ἔκραζεν
λέγουσα · οὗτοι οἱ ἄνθρωποι
δοῦλοι τοῦ θεοῦ τοῦ ὑψίστου εἰσίν,
οἵτινες καταγγέλλουσιν ὑμῖν
ὁδὸν σωτηρίας.
18 τοῦτο δὲ ἐποίει
ἐπὶ πολλὰς ἡμέρας.
διαπονηθεὶς δὲ Παῦλος
καὶ ἐπιστρέψας
τῷ πνεύματι εἶπεν ·
παραγγέλλω σοι
ἐν ὀνόματι Ἰησοῦ χριστοῦ ἐξελθεῖν
ἀπ᾽ αὐτῆς·
καὶ ἐξῆλθεν αὐτῇ τῇ ὥρᾳ.

17 αὕτη κατακολουθοῦσα
τῷ¹ Παύλῳ καὶ ἡμῖν [ ]² ἔκραξεν²
λέγουσα · οὗτοι οἱ [ ]³
δοῦλοι τοῦ θεοῦ τοῦ ὑψίστου εἰσίν,
οἵτινες εὐαγγελίζονται⁴ ὑμῖν
ὁδὸν σωτηρίας.
18 τοῦτο δὲ ἐποίει
ἐπὶ πολλὰς ἡμέρας.
[ ]¹
ἐπιστρέψας δὲ² ὁ³ Παῦλος²
ἐν⁴ [ ]⁴ πνεύματι [ ]⁵ εἶπεν ·
παραγγέλλω σοι
ἐν τῷ⁶ ὀνόματι Ἰησοῦ χριστοῦ
ἐξελθεῖν⁷ ἀπ᾽ αὐτῆς·
καὶ εὐθέως⁸ ἐξῆλθεν⁹

f. Β 1891 ; τω παυλω : NA 28

---

17 - 1. D / 2. – Lcf SodC.3.10 36 1175 Theoph Iᴸ Vg(T) / 3. Dd – g Lcf Chr.1ᵇ* / 4. (D)d – g
Lcf SyrP Boh(FS)

18 - 1. – SyrP (pour Dd voir *infra*) / 2. Dd – SyrP / 3. D – C E *Koinè* (versions ?) / 4. d –
Amb Sah.4 Eth.1.2 / 5. voir *infra* / 6. D / 7. voir *infra* / 8. D – Sah.453 Eth.1 Geo(+) / 9. Dd
– p⁴⁵ ndl.1
Varia : om. δὲ (1) : g l Sah.400 Boh(F*) Eth.2.4.9 Geo ; *om.* δὲ (2) : g Lcf Sah.6 Boh(FS) Geo
SyrP : Et conversus est petrus et dixit ad spiritum...

v. 17 : Par erreur, D a εκραζον au lieu de ἔκραζεν et ευαγγελιζοντες sous l'influence
du οιτινες qui précède. Contrairement à *et clamabat* (d) après *persecuta est*, και εκραζεν (D)
est impossible après le participe κατακολουτουσα.

v. 18 : Pour unifier les témoins du TO, nous avons décidé de faire confiance ici à D plutôt
qu'aux témoins secondaires, mais moyennant les remarques suivantes. Il est clair que
l'expression και διαπονηθεισ sépare indûment τω πνι de ειπεν. C'est une insertion maladroite
du scribe pour harmoniser sur le TA. L'archétype de D devait l'omettre, comme SyrP. C'est
probablement aussi pour harmoniser sur le TA que le scribe de D a changé εν [ ] πνευματι en
τω πνευματι. Le ινα εξελθησ est également insolite. Dans les Actes, παραγγέλειν (11 fois)
est toujours suivi d'un infinitif, comme ici dans le TA. Mais les latins traduisent, tantôt par
l'infinitif, tantôt par *ut* suivi du subjonctif, comme ici dans d e g Lcf. On peut donc admettre
que le scribe a voulu harmoniser D sur d. Pour justifier la variante 4., cf. 19,31 et aussi 4,8 ;
7,55 ; 18,25.

17 αυτη κατακολουθουσα
τω παυλω και ημεῖ και ◆εκραζον
λεγουσα ουτοι οι
δουλοι του θῡ του ϋψιστου εισιν
οιτινεσ ευαγγελιζοντεσ ϋμειν
οδον σωτηριασ
18 τουτο δε εποιει
επι πολλασ ημερασ

επιστρεψασ δε ο παυλοσ
τω π̅ν̅ι και διαπονηθεισ ειπεν
παραγγελλω σοι
εν τω ονοματι ι̅η̅υ̅ χ̅ρ̅υ̅
ϊνα εξελθησ απ αυτησ
και ευθεωσ εξηλθεν

17 haec persecuta est
paulum et nos et clamabat
dicens hi
serui d̅i̅ excelsi sunt
qui euangelizant uobis
uiam salutis
18 hoc autem faciebat
per multos dies

Conuersus autem paulus
in s̅p̅u̅ et cum in doluisset dixit
praecipio tibi
in nomine i̅h̅u̅ x̅p̅i̅
ut exeas ab eam
et eadem hora exiit

---

g : ¹⁷ Haec subsecuta est paulum et nos et clamat dicens : Hi serui dei excelsi, qui praedicant uobis uiam salutis. ¹⁸ Hoc faciebat per multos dies. Quod cum indoluisset paulus conuersus ad spiritum ait : Praecipio tibi in nomine ihesu christi ut exeas ab ea ; et exiit eadem hora.

19 καὶ ἰδόντες [g]
οἱ κύριοι αὐτῆς
ὅτι ἐξῆλθεν
ἡ ἐλπὶς τῆς ἐργασίας αὐτῶν

ἐπιλαβόμενοι τὸν Παῦλον
καὶ τὸν Σιλᾶν εἵλκυσαν
εἰς τὴν ἀγορὰν ἐπὶ τοὺς ἄρχοντας,
20 καὶ προσαγαγόντες αὐτοὺς
τοῖς στρατηγοῖς εἶπαν ·
οὗτοι οἱ ἄνθρωποι
ἐκταράσσουσιν ἡμῶν τὴν πόλιν
Ἰουδαῖοι ὑπάρχοντες,

19 *ὡς δὲ εἶδον* [1]
οἱ κύριοι *τῆς παιδίσκης* [2]
ὅτι *ἀπεστερῆσθαι* [3]
τῆς ἐργασίας αὐτῶν
ἧς εἶχον δι αὐτῆς [3]
ἐπιλαβόμενοι τὸν Παῦλον
καὶ [ ] [4] Σιλᾶν εἵλκυσαν
εἰς τὴν ἀγορὰν [ ] [5]
20 καὶ προσαγαγόντες αὐτοὺς
τοῖς στρατηγοῖς *εἶπον* [1]·
οὗτοι οἱ ἄνθρωποι
ἐκταράσσουσιν ἡμῶν τὴν πόλιν
Ἰουδαῖοι ὑπάρχοντες,

g. και ιδοντες : B ; ιδοντες δε : ℵ C 81 *NA 28*

19 - 1. Dd – (cf. SyrP ?) / 2. Dd Ephr – *Boism* [1a.2] : αυτης / 3. Dd / 4. D – C 88 915 919 1898
pc / 5. – SyrP Eth (voir *infra*)

20 – 1. D

v. 19 : Le ωσ δε ειδαν de D ne semble pas être une rétroversion à partir de d, qui n'a pas la
conjonction. Il est vrai que les latins peuvent traduire ainsi un simple participe, mais ici tous les
autres latins ont *videntes*. quant à SyrP, elle a *et cum videret*, ce qui peut traduire soit ὡς δὲ
εἶδον, soit ἰδόντες. À la fin du verset, d g Lcf supposent un ἐπὶ τοὺς στρατηγούς. Leur
archétype avait probablement le texte court de SyrP, et ils ont complété en s'inspirant du verset
suivant. Dans le TO, il faut probablement supprimer le pronom αὐτῶν.

19 ωσ δε ✦ειδαν	**19** cum uidissent
οι κυριοι τησ ✦πεδισκης	domini eius puelles
οτι απεστερησθαι	quoniam ispes
τησ εργασιασ αυτων	et reditus eorum
ησ ✦ειχαν δι αυτησ	quem habebant per ipsam
επιλαβομενοι τον παυλον	adpraehenderunt paulum
και σιλαν ειλκυσαν	et silam traxerunt
εισ την αγοραν επι τουσ αρχοντας	in forum ad magistratos
20 και προσαγαγοντασ αυτουσ	**20** et cum optulissent eos
τοισ στρατηγοισ ειπον	praetoribus dixerunt
ουτοι οι ανθρωποι	isti homines
εκταρασσουσιν ημων την πολιν	perturbam nostram ciuitatem
ϊουδαιοι ϋπαρχοντεσ	iudaeicum sint

---

g : [19] Videntes autem domini eius, quia exiuit spes reditus eorum apprehensum paulum et sylean traxerunt ad forum ad magistratum [20] et obtulerunt eos dicentes : Homines hi conturbant ciuitatem nostram, cum sint iudei

21 καὶ καταγγέλλουσιν ἔθη
ἃ οὐκ ἔξεστιν ἡμῖν παραδέχεσθαι
οὐδὲ ποιεῖν Ῥωμαίοις οὖσιν.
22 καὶ συνεπέστη ὁ ὄχλος
κατ᾽ αὐτῶν,
καὶ οἱ στρατηγοὶ
περιρήξαντες αὐτῶν τὰ ἱμάτια
ἐκέλευον ῥαβδίζειν,
23 πολλὰς δὲ [h] ἐπιθέντες αὐτοῖς
πληγὰς ἔβαλον εἰς φυλακήν,
παραγγείλαντες τῷ δεσμοφύλακι
ἀσφαλῶς τηρεῖν αὐτούς·
24 ὃς παραγγελίαν τοιαύτην
λαβὼν ἔβαλεν αὐτοὺς
εἰς τὴν ἐσωτέραν φυλακὴν
καὶ τοὺς πόδας ἠσφαλίσατο αὐτῶν
εἰς τὸ ξύλον.

21 [ ][1] *καταγγέλλοντες*[1] *ἔθη* [2]
ἃ οὐκ ἔξεστιν *ἡμᾶς*[3] *παραδέξεσθαι*[4]
οὔτε[5] *ποιεῖν* [ ][6].
22 καὶ *πολὺς*[1] ὄχλος *συνεπέστησαν*[2]
κατ᾽ αὐτῶν *κράζοντες*[2],
τότε[3] οἱ στρατηγοὶ
περιρήξαντες αὐτῶν τὰ ἱμάτια
ἐκέλευσαν[4] *ῥαβδίζεσθαι*[5],
23 πολλὰς *τε*[1] ἐπιθέντες αὐτοῖς
πληγὰς ἔβαλον εἰς φυλακήν,
παραγγείλαντες τῷ δεσμοφύλακι
ἀσφαλῶς *τηρεῖσθαι*[2] αὐτούς·
24 ὁ *δὲ*[1] παραγγελίαν τοιαύτην
λαβὼν ἔβαλεν αὐτοὺς
εἰς τὴν ἐσωτέραν φυλακὴν
καὶ τοὺς πόδας *αὐτῶν*[2] ἠσφαλίσατο
ἐν τῷ ξύλῳ[3]

---

h. B 6 81 1175 e ; τε : p[74] ℵ A C D E Ψ 33 323 614 94 1241 1505 1739 *Koinè* SyrH *NA 28*

---

21 - 1. d – 467 1175 Theoph II[L] Sah.4 (d : *add.* et) / 2. e p – voir *infra* / 3. D / 4. D / 5. D (versions ?) / 6. (D conj. voir *infra*)
Varia : *om.* παραδέχεσθαι οὐδὲ : Eth.1.2.5-13
(≈ ποιεῖν... παραδέχεσθαι : SodC.1-3.6.7.10.11.13.14 *pc*)

22 - 1. Dd – SyrHP Sah.440 Eth.4 (cf. g Lcf) / 2. Dd / 3. Dd – SyrP / 4. d – SyrP SodC.15 *pc*
e g Lcf Vg Sah / 5. d – SyrP 181 1898 e g l Lcf Vg

23 - 1. Dd / 2. Dd

24 - 1. D – SyrP Sah Boh(FS) / 2. Dd – Ee *Koinè* (versions ?) / 3. Dd *pc* g Lcf Vg

v. 21 : La reconstitution du TO est ici très conjecturale. Le texte de D est incohérent. Son τα εθνη est impossible (mais cf. aussi ms. 15*). L'accusatif ημασ pourrait se comprendre, comme sujet de l'infinitif qui suit, mais le datif υπαρχουσιν devient impossible. Deux hypothèses peuvent être faites. Selon la première, le scribe, par erreur, aurait mis ημασ pour ημιν. Selon la seconde, l'archétype de D n'aurait pas eu l'expression ρομαιοισ ουσιν et le scribe aurait complété d'après le latin, mais en s'inspirant du verset précédent Ἰουδαῖοι ὑπάρχοντες. C'est cette seconde hypothèse qui nous semble la plus vraisemblable puisqu'elle explique la dernière variante de D.

v. 22 : Dans le TO, l'addition de κράζοντες est confirmée par la fin du verset 39 TO : "... ceux qui ont crié contre vous". De même, le passif ῥαβδίζεσθαι est confirmé par le passif τηρεῖσθαι que l'on aura dans le TO au verset suivant. Comme souvent ailleurs, D commence par suivre le TO, puis il adopte le TA.

21 και καταγγελουσιν τα εθνη	**21** et praedicantes gentes
α ουκ εξεστιν ημασ παραδεξασθαι	quam non licet nobis recipere
ουτε ποιειν ρωμαιοισ ϋπαρχουσιν	nec facere romani cum simus
22 και πολυσ οχλοσ συνεπεστησαν	**22** et multa turba superuenerunt
κατ αυτων κραζοντεσ	aduersus eos clamantes
Τοτε οι στρατηγοι	tunc magistrati
περιρηξαντεσ αυτων τα ϊματεια	discissis uestimentis
εκελευον ραβδειζειν	iusserunt uirgis caedi
23 πολλασ τε επιθεντεσ αυτοισ	**23** multisque inpositis eis
πληγασ εβαλον εισ φυλακην	plagis miserunt in carcerem
παραγγειλαντεσ τω δεσμοφυλακει	praecepto dato optioni carceris
ασφαλωσ τηρεισθαι αυτουσ	diligenter seruari eos
24 ο δε παραγγελειαν τοιαυτην	**24** qui mandato tali accepto
λαβων εβαλεν αυτουσ	misit eos
εισ την εσωτεραν φυλακην	in imam carceris
και τουσ ποδασ αυτων ησφαλισαντο	et pedes eorum conclusit
εν τω ξυλω	in ligno

---

g : [21] et predicant sectam, quam non licet nobis recipere nec facere, cum simus romani. [22] Et consurrexit uniuersa turba aduersus eos et magistratus et destitutis tunicis eorum iusserunt eos uirgis caedi. [23] Et cum multas eis plagas imposuissent miserunt eos in carcerem praecipientes custodi carceris diligenter seruare eos. [24] Qui cum tale preceptum accepisset, misit illos (in) intima carceris et pedes eorum in neruo conclusit.

25 κατὰ δὲ τὸ μεσονύκτιον
Παῦλος καὶ Σιλᾶς προσευχόμενοι
ὕμνουν τὸν θεόν,
ἐπηκροῶντο δὲ αὐτῶν
οἱ δέσμιοι ·
26 ἄφνω δὲ
σεισμὸς ἐγένετο μέγας
ὥστε σαλευθῆναι
τὰ θεμέλια τοῦ δεσμωτηρίου,
ἠνεῴχθησαν δὲ
αἱ θύραι [i] πᾶσαι,
καὶ πάντων τὰ δεσμὰ ἀνέθη.
27 ἔξυπνος δὲ γενόμενος
ὁ δεσμοφύλαξ
καὶ ἰδὼν ἀνεῳγμένας
τὰς θύρας τῆς φυλακῆς,
σπασάμενος τὴν μάχαιραν
ἤμελλεν ἑαυτὸν ἀναιρεῖν, νομίζων
ἐκπεφευγέναι τοὺς δεσμίους.
28 ἐφώνησεν δὲ Παῦλος
μεγάλη φωνῇ [j] λέγων ·
μηδὲν πράξῃς σεαυτῷ κακόν,
ἅπαντες γάρ ἐσμεν ἐνθάδε.

25 κατὰ δὲ [ ][1] *μέσον τῆς νυκτός*[2]
ὁ[3] Παῦλος καὶ Σιλᾶς προσευχόμενοι
ὕμνουν τὸν θεόν,
καὶ[4] ἐπηκροῶντο δὲ αὐτῶν
οἱ δέσμιοι·
26 ἄφνω δὲ
σεισμὸς ἐγένετο μέγας
ὥστε σαλευθῆναι
τὰ θεμέλια τοῦ δεσμωτηρίου,
ἠνεῴχθησαν δὲ *παραχρῆμα*[1]
αἱ θύραι πᾶσαι,
καὶ πάντων τὰ δεσμὰ *ἀνελύθη*[2].
27 [ ][1] ἔξυπνος δὲ γενόμενος
ὁ δεσμοφύλαξ
καὶ ἰδὼν ἀνεῳγμένας
τὰς θύρας τῆς φυλακῆς,
[ ][2] σπασάμενος τὴν μάχαιραν
ἤμελλεν[3] ἑαυτὸν ἀναιρεῖν, νομίζων
ἐκπεφευγέναι τοὺς δεσμίους.
28 ἐφώνησεν δὲ *φωνῇ μεγάλῃ*[1]
ὁ[2] Παῦλος λέγων ·
μηδὲν πράξῃς σεαυτῷ [ ][3] κακόν,
ἅπαντες γάρ ἐσμεν ἐνθάδε.

i. p¹²⁷ B g Lcf ; παραχρημα αι θυραι : ℵ A C 81 *NA 28*
j. Παυλος μεγαλη φωνη : B ; μεγαλη φωνη [ο] Παυλος : A *NA 28*

---

25 - 1. D – ℵ / 2. D – (versions ?) / 3. D – *pc* (versions ?) / 4. – SodC.1-3.6.7.10.11.13.14 g Vg

26 - 1. Dd / 2. Dd – ℵ Chr.3 (cf. ἐλύθη : 1838 *pc*)

27 - 1. e g Lcf Vg(FUR) / 2. e g Lcf Vg(CIOD) / 3. voir *infra*

28 - 1. D g p c dem Vg(BDΘRVW) Lcf SyrP / 2. D / 3. d e p Vg

v. 25 : Pour la variante 1., cf. 27,27 (TA et TO)

v. 27 : εμελλεν (D) est propre au quatrième évangile, tandis que ημελλεν est fréquent dans Lc/Ac.

25 κατα δε μεσον τησ νυκτοσ	**25** Circa mediam uero nocte
ο παυλοσ και σιλασ προσευχομενοι	paulus et silas orantes
ϋμνουν τον θ̄ν̄	ymnum dicebant d̄ō
επηκροωντο δε αυτων	audiebant autem eos
οι δεσμιοι	ipsi uincti
26 αφνω δε	**26** repente autem
σεισμοσ εγενετο μεγας	terrae motus factus est magnus
ωστε σαλευθηναι	ita ut commouerentur
τα θεμελια του δεσμωτηριου	fundamenta carceris
ηνεωχθησαν δε παραχρημα	apertequae sunt statim
αι θυραι πασαι	ianuae omnes
και παντων τα δεσμα ανελυθη	et omnium uincula relaxata sunt
27 και εξυπνοσ γενομενοσ	**27** Et exomnis factus est
ο δεσμοφυλαξ	optio carceris
και ϊδων ανεωγμενασ	et uidit apertas
τασ θυρασ τησ φυλακησ	ianuas carceris
και σπασαμενοσ την μαχαιραν	e uaginato gladio
εμελλεν εαυτον αναιρειν νομιζων	coeperat se interficere existi mans
εκπεφευγεναι τουσ δεσμιουσ	effugisset custodias
28 εφωνησεν δε φωνη μεγαλη	**28** clamauit autem magna uoce
ο παυλοσ λεγων	paulus dicens
μηδεν πραξησ σεαυτω τι κακον	nihil feceris tibi malum
απαντεσ γαρ εσμεν ενθαδε	omnes enim sumus hic

---

g : **25** Circa autem mediam noctem paulus et syleas orantes ymnum canebant deo, et audiebant eos ceteri uincti. **26** De repente autem terre motus factus est magnus ita ut concuterentur omnia fundamenta carceris et ostia aperta sunt et omnium uincula soluta sunt. **27** Experge autem factus est custos carceris et cum uidisset ostia aperta carceris exemit gladium ut se interficeret estimans effugisse uinctos. **28** Exclamauit autem paulus uoce magna dicens : Nichil tibi male feceris, omnes enim hic sumus.

29
αἰτήσας δὲ φῶτα εἰσεπήδησεν,
καὶ ἔντρομος γενόμενος
προσέπεσεν
τῷ Παύλῳ καὶ Σιλᾷ ᵏ,
30 καὶ προαγαγὼν αὐτοὺς ἔξω

ἔφη ·
κύριοι, τί με δεῖ ποιεῖν
ἵνα σωθῶ ;
31 οἱ δὲ εἶπαν ·
πίστευσον ἐπὶ τὸν κύριον Ἰησοῦν,
καὶ σωθήσῃ σὺ καὶ ὁ οἶκός σου.
32 καὶ ἐλάλησαν αὐτῷ
τὸν λόγον τοῦ θεοῦ ¹
σὺν πᾶσιν τοῖς ἐν τῇ οἰκίᾳ αὐτοῦ.
33 καὶ παραλαβὼν αὐτοὺς
ἐν ἐκείνῃ τῇ ὥρᾳ τῆς νυκτὸς
ἔλουσεν ἀπὸ τῶν πληγῶν,
καὶ ἐβαπτίσθη αὐτὸς
καὶ οἱ αὐτοῦ ἅπαντες ᵐ παραχρῆμα,

29 τοῦτο ἀκούσας ὁ δεσμοφύλαξ ¹
ᾐτήσατο φῶτα καὶ ² εἰσεπήδησεν,
καὶ ἔντρομος [ ]³
προσέπεσεν πρὸς τοὺς πόδας
τοῦ Παύλου καὶ Σιλεᾶ ⁴,
30 καὶ προήγαγεν ¹ αὐτοὺς ἔξω
τοὺς λοιποὺς ἀσφαλισάμενος ²
καὶ ¹ εἶπεν αὐτοῖς ³ ·
κύριοι, τί με δεῖ ποιεῖν
ἵνα σωθῶ ;
31 οἱ δὲ εἶπαν ·
πίστευσον ἐπὶ τὸν κύριον Ἰησοῦν ¹,
καὶ σωθήσῃ σὺ καὶ ὁ οἶκός σου.
32 καὶ ἐλάλησαν αὐτῷ
τὸν λόγον [ ]¹
σὺν πᾶσιν τοῖς ἐν τῇ οἰκίᾳ αὐτοῦ.
33 καὶ παραλαβὼν αὐτοὺς
ἐν ἐκείνῃ τῇ ὥρᾳ τῆς νυκτὸς
ἔλουσεν ἀπὸ τῶν πληγῶν,
καὶ ἐβαπτίσθη αὐτὸς ¹
καὶ ὁ οἶκος ² αὐτοῦ [ ]³ [ ]⁴

k. p¹²⁷ B C* D ; τω Σιλα : p⁷⁴ ℵ A C³ E L Ψ 33 81 323 614 945 1175 1241 1505 1739 *Koinè NA 28* // l. ℵ* B ; κυριου : p⁴⁵·⁷⁴·¹²⁷ ℵ² A C D E L Ψ 33 81 323 614 945 1175 1241 1505 1739 *Koinè NA 28* // m. ℵ B 614 1505 ; παντες : p⁷⁴ C D E L Ψ 81 323 945 1175 1241 1739 *NA 28*

---

29 - 1. – g Lcf Vg(I*) / 2. – g Lcf Vg(I*) (cf. SyrP Sah Boh Geo) / 3. – g Lcf Vg(I*) (ὑπάρχων : D C* Ψ SodC.1-3.6.7.10-14) / 4. – (Dd) SyrH* – g Lcf Vg(I*) Chr.2 Vg(MIOT) ndl.1.2 prv.1 Cass SyrP Sah(-4) Geo
Lcf : quo audito custos carceris petiit lumen et ingressus est et tremens procidit ad pedes pauli et sileae (cf. Vg(I*))

30 - 1. D(d) ndl.1 / 2. Dd SyrH* / 3. D 36 453 441 Chr.1ᵇ // **31** - 1. – g l Vg Lcf Boh (voir intro. §.III.1.1.1)

32 - 1. – SodB.4 Chr.2 Vg(D) (pour D, voir *infra*) (θεοῦ : ℵ* B *pc* ndl.1)

33 - 1. g Vg / 2. – p⁴⁵ 181 1898 Vg(DS *et al*) / 3. – p⁴⁵ SodC.8 *pc* a(629) pᶜ Vg(DS) / 4. – g Lcf Cass Boh(A) Eth.2-12 Geo Arab (≈ *ante* ἐβαπτίσθη : prv.1 SyrP Sah Boh(mss)
Varia : πάντες : D E C p⁷⁴ *Koinè*

v. 29 : Le texte de D est incohérent. Il suit le TA dans lequel il insère un προσ τους ποδασ repris du TO, mais sans mettre les noms propres au génitif !

v. 32 : L'archétype de D omettait probablement τοῦ κυρίου et le scribe a complété d'après d, mais en omettant l'article. // **v. 33** : D a adopté ici le TA.

29
φωτα δε ετησασ εισεπηδησεν
και εντρομοσ ϋπαρχων
προσεπεσεν προσ τουσ ποδασ
♦τω ♦παυλω και σιλα
30 και προηγαγεν αυτουσ εξω
τουσ λοιπουσ ασφαλισαμενοσ
και ειπεν αυτοισ
κυριοι τι με δει ποιειν
ϊνα σωθω
31 οι δε ειπαν
πιστευσον επι τον κ̅ν̅ ι̅η̅ν̅ χ̅ρ̅ν̅
και σωθηση συ και ο οικοσ σου
32 και ελαλησαν αυτω
τον λογον κ̅υ̅
συν πασιν τοισ εν τη οικια αυτου

33 και παραλαβων αυτουσ
εν εκεινη τη ωρα τησ νυκτοσ
♦ελυσεν απο των πληγων
και αυτοσ εβαπτισθη
και οι αυτου παντεσ παραχρημα

29
lumen uero petens
accucurrit et tremibundus factus
procidit ad pedes
paulo et silae
30 et cum produxisset eos foras
ceteros custodiuit
et dixit illis
Domini quid me oportet facere
ut saluus fiam
31 ad illi dixerunt
crede in d̅n̅o̅ i̅h̅u̅ x̅p̅o̅
et saluus fies tu et domus tua
32 et locuti sunt ei
uerbum d̅n̅i̅
cum omnibus qui erant in domum
eius

33 et adpraehendit eos
in illa hora noctis
soluit plagas
et ipse baptizatus est
et eius omnes confestim

---

g : [29] Quo audito custos carceris petiit lumen et ingressus est et tremens procedit ad pedes pauli et sylea. [30] Et cum porduxisset eos foras ait : Domini, quod me oportet facere ut saluus sim ? [31] At illi dixerunt : Crede in dominum ihesum, et saluus erit tu et domus tua. [32] Et locuti sunt ei uerbum domini cum omnibus, qui erant in domo eius. [33] Et sumens eos ipsa hora noctis, lauit a plagis et baptizatus est ipse cum omnibus suis.

34 ἀναγαγὼν τε αὐτοὺς
εἰς τὸν οἶκον
παρέθηκεν τράπεζαν,
καὶ ἠγαλλιάσατο πανοικεὶ
πεπιστευκὼς τῷ θεῷ.
35 ἡμέρας δὲ γενομένης

ἀπέστειλαν οἱ στρατηγοὶ
τοὺς ῥαβδούχους λέγοντες ·
ἀπόλυσον
τοὺς ἀνθρώπους ἐκείνους.

36
ἀπήγγειλεν δὲ ὁ δεσμοφύλαξ
τοὺς λόγους n πρὸς τὸν Παῦλον,
ὅτι ἀπέσταλκαν οἱ στρατηγοὶ
ἵνα ἀπολυθῆτε · νῦν οὖν ἐξελθόντες
πορεύεσθε ἐν εἰρήνῃ.

34 *καὶ ἤγαγεν*[1] [ ][1] *αὐτοὺς*
εἰς τὸν οἶκον
καὶ[1] παρέθηκεν τράπεζαν,
καὶ *ἠγαλλιᾶτο*[2] *πανοικεῖ*[3]
πεπιστευκὼς *τῷ κυρίῳ*[4].
35 ἡμέρας δὲ γενομένης
συνῆλθον οἱ στρατηγοὶ
ἐπὶ τὸ αὐτὸ εἰς τὴν ἀγορὰν καὶ
ἀναμνησθέντες τὸν σεισμὸν
τὸν γεγονότα ἐφοβήθησαν καὶ[1]
ἀπέστειλαν [ ][1]
τοὺς ῥαβδούχους λέγοντες ·
ἀπόλυσον
τοὺς ἀνθρώπους ἐκείνους
οὓς ἐχθὲς παρέλαβες[2]
36 *καὶ εἰσελθὼν*[1]
ὁ δεσμοφύλαξ ἀπήγγειλεν[1]
τοὺς λόγους πρὸς τὸν Παῦλον,
ὅτι *ἀπεστάλκασιν*[2] οἱ στρατηγοὶ
ἵνα ἀπολυθῆτε · νῦν οὖν ἐξελθόντες
πορεύεσθε [ ][3]

n. B C D 453 1891 2818 ; λογους τουτους : p45.74 ℵ A E L Ψ 33 81 323 614 945 1175 1241 1505 1739 *Koinè* SyrH *NA 28*

---

34 - 1. d – SyrP (pour D voir *infra*) / 2. Dd SyrPH – *om. Boism*1a.2 / 3. Dd – SyrP C *Koinè* (g Lcf) e Sah Boh(ABKP) Geo / 4. voir *infra* / 5. d – SodC.8 1898 *pc* Chr.1b c g s Vg(D) Lcf Sah Geo Eth.1.4-13 (pour D voir *infra*)

35 - 1. Dd SyrHmg – cf. Cass / 2. Dd – SodC.1.2.4.5.7 SyrH (Geo) cf. Ephrk
Cass : quo terraemotu magistatus quoque commoti sunt et perceperunt ut apostoli de custodia linquerentur.
Ephrk : [quoniam apud le]gem judaicam calumniabantur ab illis in di[e an]te...

36 - 1. Dd – Geo / 2. D E *Koinè* (versions ?) / 3. Dd g

v. 34 : Au début du verset, D a une leçon double ; le αναγαγων τε provient du TA et l'on peut conjecturer que son archétype avait καὶ ἤγαγεν, en provenance du TO, étant donné le καί qui précède παρεθηκεν. Par ailleurs, son συν τω οικω αυτου est probablement une rétroversion à partir du latin, seule façon pour eux de traduire πανοικεί. Pour le dernier mot, on peut penser que D s'est aligné sur le TA comme il l'a fait pour le début du verset. Les leçons propres à D (συν τω οικω αυτου ; επι τον θεον) proviennent en partie d'une influence du latin.

34 αναγαγων τε αυτουσ	**34** et perduxit eos
εισ τον οικον αυτου	in domum suam
παρεθηκεν τραπεζαν	et posuit mensam
και ηγαλλιατο συν τω οικω αυτου	et exultabat cum tota domu sua
πεπιστευκωσ επι τον θν	credens in dno
35 ημερασ δε γενομενησ	**35** Die autem facta
συνηλθον ◆οισ στρατηγοι	conuenerunt magistrati
επι το αυτο εισ την αγοραν και	id ipsud in foro et
αναμνησθεντεσ τον σεισμον	rememorati sunt terrae motum
τον γεγονοτα εφοβηθησαν και	qui factus est timuerunt et
απεστειλαν	transmiserunt
τουσ ραβδουχουσ ◆λεγοντασ	lectores dicentes
απολυσον	dimitte
τουσ ανθρωπουσ εκεινουσ	homines illos
ουσ εχθεσ παρελαβεσ	quos externa die suscepisti
36 και εισελθων	**36** et ingressus
ο δεσμοφυλαξ απηγγειλεν	optio carceris renuntiauit
τουσ λογουσ προσ τον παυλον	hos sermones ad paulum
οτι απεσταλκασιν οι στρατηγοι	quoniam miserunt praetores
ϊνα απολυθητε νυν ουν εξελθοντεσ	ut dimittamini nunc ergo exeuntes
◆πορευεσθαι	ambulate

---

g : ³⁴ Et ducens eos domum apposuit mensam et epulabatur cum omni domo sua credens in domino. ³⁵ Die autem facta miserunt magistratus lictores dicentes : Dimitte homines istos ! ³⁶ Renunciauit ergos custos carceris uerba haec paulo, quia miserunt magistratus ut dimittamini ; nunc ergo exeuntes ite.

37 ὁ δὲ Παῦλος ἔφη πρὸς αὐτούς ·

δείραντες ἡμᾶς δημοσίᾳ
ἀκατακρίτους,
ἀνθρώπους ῥωμαίους ὑπάρχοντας,
ἔβαλαν εἰς φυλακήν ·
καὶ νῦν λάθρᾳ ἡμᾶς ἐκβάλλουσιν ;
οὐ γάρ, ἀλλὰ ἐλθόντες αὐτοὶ
ἡμᾶς ἐξαγαγέτωσαν.
38 ἀπήγγειλαν δὲ
τοῖς στρατηγοῖς
οἱ ῥαβδοῦχοι τὰ ῥήματα ταῦτα.

ἐφοβήθησαν δὲ ἀκούσαντες
ὅτι ῥωμαῖοί εἰσιν,

37 ὁ δὲ Παῦλος ἔφη πρὸς αὐτούς ·
ἀναιτίους [1]
δείραντες ἡμᾶς δημοσίᾳ,
[ ] [1]
ἀνθρώπους ῥωμαίους ὑπάρχοντας,
ἔβαλαν εἰς φυλακήν ·
καὶ νῦν λάθρᾳ ἡμᾶς ἐκβάλλουσιν ;
οὐ γάρ, ἀλλὰ ἐλθόντες αὐτοὶ
ἡμᾶς ἐξαγαγέτωσαν.
38 καὶ ἀπῆλθον [1]

οἱ ῥαβδοῦχοι [1]

πρὸς τοὺς στρατηγούς [2]
καὶ [1] ἀπήγγειλαν αὐτοῖς [2]
τὰ ῥηθέντα [3]
οἱ δὲ ἀκούσαντες
ὅτι ῥωμαῖοί εἰσιν
ἐφοβήθησαν. [4]

---

37 - 1. Dd – ndl.2 Cass SyrP Eth Geo(+)

38 - 1. – SyrP Eth.5-12 Geo / 2. Dd(+) / 3. Dd(+) – SyrP(+) / 4. Dd – SyrP cf. Geo(+)
SyrP : et abierunt lictores et dixerunt magistratibus verba haec quae dicta sunt eis et audientes
quia romani sunt timuerunt
Geo : ierunt lictores illi et annuntiaverunt praetoribus illis hoc omne ; illi ut audierunt terror
exivit plus illo [= maxime ideo] quia audierunt quoniam romani sunt homines illi.

v. 38 : « La reconstitution du TO est ici quasi désespérée » (Boism[1b] p. 117 avec la note 78 p.
354 qui fait sentir l'embarras de BLASS, CLARK et ZAHN). « Voici toutefois une solution
possible, en partant du texte incohérent de D. » Ce texte offre trois doublets :
a) αυτοισ et οι [= τοισ] στρατηγοισ ; la seconde expression provient du TA ; la première doit
donc appartenir au TO.
b) τοισ στρατηγοισ et προσ τουσ στρατηγουσ, la seconde expression doit appartenir au
TO. Mais elle n'est pas à sa place car les paroles dont il est question n'ont pas été adressées à
eux mais aux licteurs. Le plus logique est d'en faire le complément du verbe ἀπῆλθον.
c) τα ρηματα et τα ρηθεντα ; la première expression provenant du TA, on devra attribuer la
seconde au TO. Le même doublet se lit dans SyrP.

37 Ο δε παυλοσ εφη προσ αυτουσ	**37** paulus autem ait ad ipsos
αναιτειουσ	anetios
δειραντεσ ημασ δημοσια	caesos nos publice
ακατακριτουσ	indemnatos
ανθρωπουσ ρωμαιουσ ϋπαρχοντασ	homines romanos ciues
εβαλαν εισ φυλακην	miserunt in carcerem
και νυν λαθρα ημασ εκβαλλουσιν	et nunc occultae nos eiciunt
ου γαρ αλλα ελθοντεσ αυτοι	non ita sed ueniant ipsi
ημασ εξαγαγετωσᾱ	nos producant
38 απηγγειλαν δε	**38** renuntiauerunt autem
αυτοισ οι στρατηγοισ	praetoribus
οι ραβδουχοι τα ρηματα ταυτα	lectores uerba haec
τα ρηθεντα	quae dicta sunt
προσ τουσ στρατηγουσ	a praetores
οι δε ακουσαντεσ	cum autem audierunt
οτι ρωμαιοι εισιν	quia romani sunt
εφοβηθησαν	timuerunt

---

g : [37] Paulus autem ad eos ait : Cesos nos publice homines ciues romanos inauditos miserunt in carcerem et nunc occulte nos eiciunt, non, sed ueniant [38] et ipsi nos eiciant. Renunciauerunt autem magistratibus lictores uerba haec. Et timuerunt cum audissent, quia ciues romani sunt

39 καὶ ἐλθόντες

παρεκάλεσαν αὐτούς,

καὶ ἐξαγαγόντες
ἠρώτων ἀπελθεῖν
ἀπὸ τῆς πόλεως.

40 ἐξελθόντες δὲ ἀπὸ τῆς φυλακῆς
εἰσῆλθον πρὸς τὴν Λυδίαν,
καὶ ἰδόντες

παρεκάλεσαν τοὺς ἀδελφοὺς
καὶ ἐξῆλθαν.

39 καὶ παραγενόμενοι
μετὰ φίλων πολλῶν[1]
εἰς τὴν φυλακὴν[2]
παρεκάλεσαν αὐτούς,
ἐξελθεῖν εἰπόντες ἠγνοήσαμεν
τὰ καθ᾽ ὑμᾶς ὅτι ἐστὲ ἄνδρες δίκαιοι[3]
[ ][4]
[ ][4]
ἐκ τῆς πόλεως ταύτης ἐξέλθατε
μήποτε πάλιν συνστάφωσιν ἡμῖν
οἱ ἐπικράξαντες καθ᾽ ὑμῶν[5]
40 ἐξελθόντες δὲ ἐκ[1] τῆς φυλακῆς
ἦλθον[2] πρὸς τὴν Λυδίαν,
καὶ ἰδόντες <u>τοὺς ἀδελφοὺς</u>[3]
διήγησαντο[4]
ὅσα ἐποίησεν ὁ[5] κύριος αὐτοῖς[4]
παρεκαλέσαντες[6] αὐτοὺς[3]
[ ][7] ἐξῆλθαν.

---

39 - 1. Dd / 2. Dd SyrH* – SodC.1.2.4-7 Vg(R2) / 3. Dd SyrH* Ephr^kc – SodC.1.2.4-7 Vg(R2) / 4. voir *infra* / 5. Dd SyrH* Ephr^kc – SodC.1.2.4-7

40 - 1. D – E A p⁷⁴ *Koinè* (versions ?) / 2. Dd – 1175 e g ndl.1 Cass Sah.452 Eth Geo(+) / 3. Dd – (tous sauf TA = ℵ B SodC.12 SodB.1-6 181 1898 1175 Boh) / 4. Dd – b Vg(D) bhm Cass / 5. voir *infra* / 6. D b g Vg(D) / 7. – b g Vg(D)

v. 39 : D donne le TO jusqu'à ανδρες δικαιοι, puis il passe au TA qu'il arrange à sa façon : και εξαγαγοντεσ παρεκαλεσαν αυτουσ λεγοντεσ ; il revient enfin au TO qu'il donne intégralement à partir de εκ τησ πολεωσ. L'article οι manque devant επικραζαντες probablement par influence du latin. SyrH* offre un texte analogue à celui de D et tous deux dépendent certainement de l'archétype X qui a fusionné de façon intelligente TO et TA.

v. 40 : D a ajouté και (var. 6.) soit pour harmoniser sur le TA, soit pas influence de d : *exhorti sunt eos et exierunt*. On attribuera aussi à l'influence de d l'omission de l'article devant κσ.

39 και παραγενομενοι	**39** et cum uenissent
μετα φιλων πολλων	cum amicis multis
εισ την φυλακην	in carcerem
παρεκαλεσαν αυτουσ	rogauerunt eos
εξελθειν ειποντεσ ηγνοησαμεν	exire dicentes ignoramus
τα καθ υμασ οτι εσται ανδρεσ δικαιοι	aduersum uos quoniam estis uiri iusti
και εξαγαγοντεσ	et cum produxissent
παρεκαλεσαν αυτουσ λεγοντεσ	rogauerunt eos dicentes
εκ τησ πολεωσ ταυτησ εξελθατε	de ciuitate ista exite
μηποτε παλιν συνστραφωσιν ημειν	ne forte iterum conuertantur ad nos
επικραζοντεσ καθ υμων	clamantes aduersum uos
40 εξελθοντεσ δε εκ τησ φυλακησ	**40** Et cum exissent de carcere
ηλθον προσ την λυδιαν	uenerunt ad lydiam
και ϊδοντεσ τουσ αδελφουσ	et cum uidissent fratres
διηγησαντο	narrauerunt
οσα εποιησεν κο αυτοισ	quanta fecit dns cum eis
παρακαλεσαντεσ αυτουσ	exhorti sunt eos
και εξηλθαν	et exierunt

g : [39] et uenerunt et exhortati sunt eos, et iecerunt eos et rogabant ut exirent de ciuitate. [40] Cum exissent autem de carcere uenerunt ad lidiam et uiderunt fratres hortatique eos profecti sunt.

1 Διοδεύσαντες δὲ τὴν ἀμφίπολιν
καὶ τὴν Ἀπολλωνίαν ἦλθον
εἰς Θεσσαλονίκην,
ὅπου ἦν
συναγωγὴ τῶν Ἰουδαίων.
2 κατὰ δὲ τὸ εἰωθὸς τῷ Παύλῳ
εἰσῆλθεν πρὸς αὐτοὺς
καὶ ἐπὶ σάββατα τρία
διελέξατο αὐτοῖς
ἀπὸ τῶν γραφῶν,
3 διανοίγων καὶ παρατιθέμενος
ὅτι τὸν χριστὸν ἔδει παθεῖν
καὶ ἀναστῆναι ἐκ νεκρῶν,
καὶ ὅτι οὗτός ἐστιν
ὁ χριστός ὁ Ἰησοῦς [a],
ὃν ἐγὼ καταγγέλλω ὑμῖν.

1 Διοδεύσαντες δὲ τὴν ἀμφίπολιν
[ ][1] κατῆλθον[2] εἰς[3] [ ][3] Ἀπολλωνίαν
κἀκεῖθεν[4] εἰς Θεσσαλονίκην,
ὅπου ἦν
συναγωγὴ τῶν Ἰουδαίων.
2 καὶ[1] [ ][1] κατὰ τὸ εἰωθὸς ὁ Παῦλος[2]
εἰσῆλθεν πρὸς αὐτοὺς
[ ][3] ἐπὶ σάββατα τρία
διελέχθη[4] αὐτοῖς
ἐκ[5] τῶν γραφῶν,
3 διανοίγων καὶ παρατιθέμενος
ὅτι τὸν χριστὸν ἔδει παθεῖν
καὶ ἀναστῆναι [ ][1]
καὶ ὅτι οὗτός ἐστιν
[ ][2] [ ][3] [ ][4] Ἰησοῦς,
ὃν ἐγὼ καταγγέλλω ὑμῖν.

a. ο χριστος ο Ιησους : B *NA 28* ; χριστος Ιησους : p[74] A D 33 81 g Vg

1 - 1. voir *infra* / 2. Dd / 3. D *Koinè* (versions ?) / 4. Dd

2 - 1. Dd *Boism*[1a] (*Boism*[2]: κατα δε) / 2. Dd – e g Vg SyrP Eth Geo (*Boism*[1a]: τω παυλω)/ 3. Dd – prv.1 Sah.460 / 4. Dd – E C SodC.1-7.10-13 SodB.5. 181 1898 431 Chr.1[b].2 / 5. D – (versions ?)

3 - 1. Aug[c] – Cass Theoph II[L] Eth.2 / 2. D / 3. – 919 (voir *infra*) / 4. D
(≈ Ἰησοῦς ὁ χριστός : E SodC.7.10 36.453 431 Chr1[a](1/2)
(Ἰησοῦς χριστός : ℵ SodC.(mss); *cf.* b (e) Vg(BDOW) SyrP Boh
(χριστός Ἰησοῦς : Dd A p[74] 1838 *pc* g Vg
(*om.* Ἰησοῦς : 218 prv.1 Eth.3.6.7.10 Geo)
TA = *Koinè* Sah (cf. B : ο χριστοσ ο ιησουσ)
Aug[c] : quia oportebat Christum pati et resurgere] (*Trin.* II,31)
Cass : ...docebat eos secundum stripturas sanctas oportuisse Christum Dominum pro salute nostra pati, et triduana celeritate resurgere

v. 1 : καὶ devant κατηλθον donne un sens problématique et vient manifestement du TA.

v. 2 : Pour la variante 3., cf. Mc 9,34.

1 διοδευσαντεσ δε την αμφιπολιν	**1** cum ambulassent autem
✦και κατηλθον εισ ✦απολλωνιδα	amphipolim
κακειθεν εισ θεσσαλονικην	et descenderunt apolloniam
οπου ην	et inde thessalonicam
συναγωγη των ϊουδαιων	ubi erat
	synagoga iudaeorum
2 και κατα το ✦εισωθοσ ο παυλος	**2** et secundum consuetudinem paulus
εισηλθεν προσ αυτουσ	introibit ad eos
επι σαββατα τρια	per sabbata tria
διελεχθη αυτοισ	disputabit eis
εκ των γραφω̅	de scripturis
3 διανοιγων και παρατιθεμενοσ	**3** adaperiens et confirmans
οτι χ̅ρ̅ν̅ εδει παθειν	quia x̅p̅m̅ oportet pati
και αναστηναι εκ νεκρων	et resurgere a mortuis
και οτι ουτοσ εστιν	et quia hic est
χ̅ρ̅σ̅ ι̅η̅σ̅	x̅p̅s̅ i̅h̅s̅
ον εγω καταγγελλω ϋμειν	quem ego adnuntio uobis

---

g : ¹ Cum perambulassent autem pamfipolim (sic) et apolloniam uenerunt thessalonicensen (sic) ubi erat synagoga iudeorum. ² Secundum consuetudinem itaque paulus intrauit ad eos, et per tria sabbata disputauit cum eis de scripturis ³ adaperiens et confirmans quia christus ihesus, quem ego annuncio uobis.

4 καί τινες ἐξ αὐτῶν ἐπείσθησαν
καὶ προσεκληρώθησαν
τῷ Παύλῳ καὶ Σιλᾷ [b],

τῶν τε σεβομένων Ἑλλήνων
πλῆθος πολὺ
γυναικῶν τε τῶν πρώτων
οὐκ ὀλίγαι.
5 ζηλώσαντες δὲ οἱ Ἰουδαῖοι
καὶ προσλαβόμενοι
τῶν ἀγοραίων ἄνδρας τινὰς
πονηροὺς καὶ ὀχλοποιήσαντες
ἐθορύβουν τὴν πόλιν,
καὶ ἐπιστάντες τῇ οἰκίᾳ Ἰάσονος
ἐζήτουν αὐτοὺς προαγαγεῖν
εἰς τὸν δῆμον.

4 καί τινες ἐξ αὐτῶν ἐπείσθησαν
[ ][1]
[ ][1]
τῇ διδαχῇ[2] πολλοί[3]
τῶν [ ][3] σεβομένων Ἑλλήνων
[ ][3]
καὶ γυναῖκες[4] εὐσχήμονες[5]
οὐκ ὀλίγαι.
5 [ ][1] οἱ δὲ ἀπειθοῦντες[2] Ἰουδαῖοι
συστράψαντες[3]
τινὰς ἄνδρας[4] τῶν ἀγοραίων
πονηροὺς [ ][5]
ἐθορύβησαν[6] τὴν πόλιν,
καὶ ἐπιστάντες τῇ οἰκίᾳ Ἰάσονος
ἐζήτουν αὐτοὺς ἐξαγαγεῖν[7]
εἰς τὸν δῆμον.

b. B ; τω Σιλα : ℵ A D 81 *NA 28*

---

4 - 1. – cf. Ephr[k] et Cass ; pour Dd, voir *infra* / 2. Dd / 3. Dd Ephr[k] – Cass SyrP / 4. Dd Ephr[k] – Cass SyrP g Vg Eth Geo / 5. (Ephr[k]) – Cass SyrP g Vg(S*)
Cass : quod multi populorum et nobiles mulieres credentes apostolis fidei probantur adjuncti
SyrP : d'abord = TA, puis : ... et multi ex graecis qui timebant deum et etiam feminae nobiles non paucae = TO
Ephr : quidam [ex iudaeis] (persuasi sunt et portio facti) sunt eorum. Si(militer plures gentilium) [una cum] maximis dominabus.

5 - 1. Dd – *Koinè* g / 2. Dd – SodC.6.14 SodB.5 *al* Chr.1 (≈ *post* Ἰουδαῖοι : *Koinè* – *post* προσλαβόμενοι : 0120 SodC.(mss) / 3. Dd / 4. Dd ℵ *Koinè* g / 5. Dd / 6. D / 7. D – *pc* SyrP(+) Sah Eth.2-12 Geo

v. 4 : Nous allons reconstituer le TO en analysant le texte de D. Il est clair que son τη διδαχη n'offre aucun sens là où il est placé ; il devait primitivement se rapporter au verbe επεισθησαν, ce qui suppose l'insertion des mots και προσεκληρωθησαν τω παυλω και τω σιλαια, repris du TA. De fait, ces mots sont ignorés de Cassiodore et d'Éphrem. Le πολλοι qui suit , absent du TA, est bien attesté par SyrP, Cass et Éphrem. Mais il fait doublet avec le πληθοσ πολυ qui va suivre, ignoré des trois autres témoins que nous venons de citer et donc repris du TA. Ce πολλοι doit commander les génitifs των σεβομενων ελληνων, mais en supprimant le και (cf. SyrP) introduit par D pour justifier l'addition de πληθοσ πολυ. Le nominatif γυναικεσ est bien soutenu par SyrP et Cass. Mais au lieu de των πρωτων, en provenance du TA, il faut restituer ευσχημονεσ avec SyrP et Cass (*nobiles*, cf. 17,12, auquel répond probablement le *maximis* d'Éphrem). Pour les variantes 3, 4 et 5, voir 17,12 TA.

v. 5 : cf. 14,2 : οἱ δὲ ἀπειθήσαντες Ἰουδαῖοι ἐπήγειραν...

4 και τινεσ εξ αυτων επισθησαν	**4** et quidam ex eis persuasum est
και προσεκληρωθησαν	et consortes facti sunt
τω παυλω και τω σιλαια	paulo et silae
τη διδαχη πολλοι	doctrinae multi
των σεβομενων και ελληνων	caelicolarum et graecorum
πληθοσ πολυ	multitudo magna
και γυναικεσ των πρωτων	et mulieres quae morum
ουκ ολιγαι	non pauce
5 οι δε απειθουντεσ ϊουδαιοι	**5** adsuptis uero iudaeis
♦συνστρεψαντεσ	conuertentes
τινασ ανδρασ των αγοραιων	quosdam uiros forenses
πονηρουσ	sub doles
♦εθορυβουσαν την πολιν	turbabant ciuitatem
και επισταντεσ τη οικια ♦ϊασωνοσ	et circumstantes ad domum iasonis
εζητουν αυτουσ εξαγαγειν	quaerebant eos producere
εισ τον δημον	ad populum

---

g : ⁴ Et quidam ex eis crediderunt et adiuncti sunt paulo et sylee de colentibus et de grecis multitudo magna et mulieres non paucae. ⁵ Iudei autem assumptis forensibus quibusdam uiris nequissimis et congregata turba conturbabant ciuitatem et circumstantes domum iasonis querebant eos producere in populum.

6 μὴ εὑρόντες δὲ αὐτοὺς
ἔσυρον Ἰάσονα καί τινας ἀδελφοὺς
ἐπὶ τοὺς πολιτάρχας,
βοῶντες ὅτι
οἱ τὴν οἰκουμένην
ἀναστατώσαντες οὗτοι
καὶ ἐνθάδε πάρεισιν,
7 οὓς ὑποδέδεκται Ἰάσων ·
καὶ οὗτοι πάντες ἀπέναντι
τῶν δογμάτων Καίσαρος
πράσσουσιν,
βασιλέα ἕτερον λέγοντες
εἶναι Ἰησοῦν.
8 ἐτάραξαν δὲ τὸν ὄχλον
καὶ τοὺς πολιτάρχας
ἀκούοντας ταῦτα,
9 καὶ
λαβόντες τὸ ἱκανὸν
παρὰ τοῦ Ἰάσονος καὶ τῶν λοιπῶν
ἀπέλυσαν αὐτούς.
10 οἱ δὲ ἀδελφοὶ εὐθέως
διὰ νυκτὸς ἐξέπεμψαν
τόν τε Παῦλον καὶ τὸν Σιλᾶν
εἰς Βέροιαν, οἵτινες παραγενόμενοι
εἰς τὴν συναγωγὴν τῶν Ἰουδαίων
ἀπήεσαν.

6 μὴ εὑρόντες δὲ αὐτοὺς
ἔσυραν[1] Ἰάσονα καί τινας ἀδελφοὺς
ἐπὶ τοὺς πολιτάρχας,
βοῶντες *καὶ λέγοντες*[2] ὅτι
οἱ τὴν οἰκουμένην
ἀναστατώσαντες οὗτοι *εἰσιν*[3]
καὶ ἐνθάδε πάρεισιν,
7 οὓς ὑποδέδεκται Ἰάσων ·
καὶ οὗτοι πάντες ἀπέναντι
[ ][1] Καίσαρος
πράσσουσιν,
βασιλέα λέγοντες *ἕτερον*[2]
εἶναι Ἰησοῦν.
8 *καὶ*[1] *ἐτάραξαν*[2][ ][1] *τοὺς πολιτάρχας*
καὶ τὸν ὄχλον[3]
λέγοντες[3] ταῦτα,
9 *οἱ μὲν πολιτάρχαι*[1]
λαβόντες τὸ ἱκανὸν
παρὰ τοῦ Ἰάσονος καὶ τῶν λοιπῶν
ἀπέλυσαν αὐτούς.
10 οἱ δὲ ἀδελφοὶ [ ][1]
[ ][2] ἐξέπεμψαν
τόν [ ][3] Παῦλον καὶ [ ][4] Σιλᾶν
εἰς Βέροιαν, οἵτινες παραγενόμενοι
εἰς τὴν συναγωγὴν τῶν Ἰουδαίων
ἀπήεσαν.

---

6 - 1. Dd / 2. Dd b g o Vg(DR) ndl prv Eth Arab / 3. Dd Ψ a c g p Vg(mss) ndl prv tpl SyrP Eth

7 - 1. Ephr^k – 489 Vg(Th) / 2. Dd – *Koinè* (≈*post* εἶναι : Ee – *om.* : Chr.1ᵇ.3)
Ephr^kc : … et dicunt : Hi sunt [contra] Caesarem quia novum principem iuxta Caesarem praedicant.

8 - 1. Dd g ndl.1 Sah Boh / 2. d g e SyrH^mg Vg / 3. Dd – g SyrP / 3. SyrH^mg (pour D, voir *infra*)

9 - 1. SyrH^mg
SyrH^mg : ipsi quidem primores civitatis quum accepissent sponsores [dimiserunt eos

10 - 1. – A ndl.1 Eth.2-12 / 2. – A 81 Vg(G) prv.1 Arm / 3. Dd – SodC.4.7 *pc* c g Vg / 4. – SodC.5.11.13-16 36.453 (versions ?)

v. 8 : Le nominatif ακουσαντεσ de D est impossible. C'est une rétroversion à partir du *audientes* de d, que le scribe a pris pour un nominatif !

v. 9 : Le pluriel *sponsores*, qui se lit aussi en SyrP (= TA), interprète le τὸ ἱκανὸν comme désignant des persones. // **v. 10** : D s'est aligné sur le TA.

6 μη ευροντεσ δε αυτουσ	**6** cum uero non inuenissent eos
εσυραν♦ϊασωναν και τινεσ♦αδελφους	traxerunt iasonē et quosdam fratres
επι τουσ πολειταρχασ	ad principes ciuitatis
βοωντεσ και λεγοντεσ οτι	clamantes et dicentes quia
οι την οικουμενην	qui orbem terrae
αναστατωσαντεσ ουτοι εισιν	inquitauerunt hi sunt
και ενθαδε παρεισιν	et hoc uenerunt
7 ουσ ϋποδεδεκται ϊασων	**7** quos suscepit iason
και ουτοι παντεσ απεναντι	et isti omnes contra
των δογματων καισαρος	consulta caesaris
πρασσουσιν	agunt
βασιλεα λεγοντεσ ετερον	regem dicentes alium
ειναι ιη̅ν̅	esse ih̅m.
8 και εταραξεν τουσ πολιταρχας	**8** et concitauerunt principes
και τον οχλον	et turbam
ακουσαντεσ ταυτα	audientes haec
9 και	**9** et
λαβοντεσ το ϊκανον	accipientes satis
παρα του ♦ϊασωνοσ και των λοιπων	ab iasonem et ceteris
απελυσαν αυτουσ	dismiserunt eos
10 οι δε αδελφοι ευθεωσ	**10** uero fratres statim
δια νυκτοσ εξεπεμψαν	per noctem dismiserunt
τον παυλον και τον σειλαν	paulum et silan
ει βεροια̅ οιτινεσ παραγενομενοι	beroean qui cum aduenissent
εισ την συναγωγην των ϊουδαιων	in synagogam iudaeorum
απηεσα̅	ibant

---

g : **6** Et cum non inuenissent illos trahebant iasonem et quosdam fratres ad principes ciuitatis clamantes et dicentes quia orbem terre inquietant ; hi sunt et huc uenerunt, **7** quos suscepti iason et hi omnes contra dicta caesaris faciunt regem alium dicentes esse nescio quem ihesum. **8** Et concitauerunt principes ciuitatis ac turbas audientes haec **9** Et cum satis accepissent ab iasone et ceteris dimiserunt eos. **10** Fratres itaque continuo per noctem dimiserunt paulum et sylean in beroeam. Qui cum aduenissent intrauerunt in synagogam iudeorum.

11 οὗτοι δὲ ἦσαν εὐγενέστεροι
τῶν ἐν Θεσσαλονίκῃ,
οἵτινες ἐδέξαντο τὸν λόγον
μετὰ πάσης προθυμίας,
καθ᾽ ἡμέραν ^c
ἀνακρίνοντες τὰς γραφὰς
εἰ ἔχοι ταῦτα οὕτως.

12 πολλοὶ μὲν οὖν ἐξ αὐτῶν
ἐπίστευσαν,

καὶ τῶν ἑλληνίδων γυναικῶν
τῶν εὐσχημόνων
καὶ ἀνδρῶν οὐκ ὀλίγοι

11 οὗτοι δὲ ἦσαν *εὐγενέστεροι*[1]
τῶν ἐν τῇ[2] *Θεσσαλονίκῃ*,
οἵτινες ἐδέξαντο τὸν λόγον
μετὰ πάσης προθυμίας,
καθ᾽ ἡμέραν
ἀνακρίνοντες τὰς γραφὰς
εἰ *ἔχει*[3] ταῦτα οὕτως
καθὼς Παῦλος ἀπαγγέλει[4].

12 *πολλοὶ*[1] μὲν οὖν ἐξ αὐτῶν
ἐπίστευσαν,
τινὲς δὲ ἠπίστησαν[2]
[ ][3]
[ ][3]
[ ][3]

c. p[45.74] ℵ A[vid] D E Ψ 33 81 323 614 945 1505 1739 *pm* *NA* *28* ; το καθ ημεραν : B L 6 1175 *pm*

11 - 1. d g Vg – voir *infra* / 2. D – (versions ?) / 3. D – E SodC.3.4.10.14 SodB.2 181 1898 Theoph I[L] *pc* (versions ?) / 4. SyrH* Ephr – SodC.1.2.4.5.7 b g Vg(D)

12 - 1. d e – voir *infra* / 2. Dd – SodC.1.2.4.5.7 / 3. conj. Pour Dd, voir *infra*

v. 11 : Le comparatif ευγενεστεροι est appelé par le complément qui suit.

v. 12 : Le TO a un bon parallèle en 28,24 : καὶ οἱ μὲν ἐπείθοντο τοῖς λεγομένοις, οἱ δὲ ἠπίστουν. Mais les précisions que donne le TA καὶ τῶν ἑλληνίδων... οὐκ ὀλίγοι ne vont plus après le τινὲς δὲ ἠπίστησαν du TO et devaient en être absentes. Le scribe de D (ou son archétype X) a donc complété le TO en fonction du TA, mais en s'inspirant aussi du parallèle de 17,4 lu selon le TO (d'où le τινες qui commence le verset dans Dd). Pour effectuer cette harmonisation, le correcteur a dû reprendre en finale le verbe επιστευσαν de la première partie du verset. Ce remaniement n'est pas très heureux car, dans les Actes, l'adjectif εὐσχήμων ne se dit que des femmes (cf. ici le TA ; 13,50 ; 17,4 TO) alors qu'ici en D il se dit aussi des hommes.

11 ουτοι δε ησαν ♦ευγενεισ
των εν τη θεσσαλονικη
οιτινεσ εδεξαντο τον λογον
μετα πασησ προθυμειασ
καθ ημεραν
ανακρεινοντεσ τασ γραφασ
ει εχει ταυτα ουτωσ
12 τινεσ μεν ουν αυτων
επιστευσαν
τινεσ δε ηπιστησαν
και των ελληνων
και των ευσχημονων ανδρεσ
και γυναικεσ ϊκανοι επιστευσαν

11 hi autem sunt nobiliores
qui thessalonicae sunt
qui exceperunt uerbum
cum omni animatione
cottidiae
exanimantes scripturas
si habeant haec ita
12 multi ergo ex his
crediderunt
quidam uero credere noluerunt
et grecorum
et non placentium et uiri
et mulieris pleres crediderunt

---

g : [11] Hi autem sunt nobiliores de thessalonicensibus, qui exceperunt uerbum cum omnia concupiscentia. Cottidie scrutantes scripturas, si ita se haec haberent quemadmodum paulus annunciabat. [12] Et multi quidem ex eis crediderunt et grece mulieres diuites et uiri non pauci.

13 ὡς δὲ ἔγνωσαν
οἱ ἀπὸ τῆς Θεσσαλονίκης Ἰουδαῖοι
ὅτι καὶ ἐν τῇ Βεροίᾳ κατηγγέλη
ὑπὸ τοῦ Παύλου
ὁ λόγος τοῦ θεοῦ,
ἦλθον κἀκεῖ σαλεύοντες
καὶ ταράσσοντες
τοὺς ὄχλους.
14 εὐθέως δὲ τότε τὸν Παῦλον
ἐξαπέστειλαν οἱ ἀδελφοὶ
πορεύεσθαι ἕως ἐπὶ τὴν θάλασσαν ·
ὑπέμεινάν τε ὅ τε Σιλᾶς
καὶ ὁ Τιμόθεος ἐκεῖ.

13 ὡς δὲ ἔγνωσαν
οἱ ἀπὸ [ ]¹ Θεσσαλονίκης Ἰουδαῖοι
ὅτι *καὶ ἐν τῇ Βεροίᾳ*³ κ̲α̲τ̲η̲γ̲γ̲έ̲λ̲η̲²
[ ]⁴
ὁ̲ λ̲ό̲γ̲ο̲ς̲ τ̲ο̲ῦ̲ θ̲ε̲ο̲ῦ̲²,
[ ]³ ἦλθον [ ]³ κἀκεῖ σαλεύοντες
καὶ ταράσσοντες
*τὸν ὄχλον*⁵ *οὐ διελίμπανον*⁶.
14 [ ]¹ [ ]³ [ ]² *τὸν μὲν οὖν*³ Παῦλον
οἱ ἀδελφοὶ ἐ̲ξ̲α̲π̲έ̲σ̲τ̲ε̲ι̲λ̲α̲ν̲.⁴
*ἀπελθεῖν*⁵ [ ]⁶ ἐπὶ τὴν θάλασσαν ·
*ὑπέμεινεν*⁷ *δὲ*⁸ ὅ [ ]⁹ Σιλᾶς
καὶ [ ]¹⁰ Τιμόθεος ἐκεῖ.

---

13 - 1. D – E P SodC.1-3.7.11-14 SodB.1-2 / 2. D / 3. voir *infra* / 4. Dd – ndl.1 Cass^L / 5. d – H Vg SyrP Sah.460 Boh(FSG) Geo / 6. Dd – SyrP(≈)
Varia : *om.* τοῦ θεοῦ : 1758 (et voir *infra*)

14 - 1. D – Chr1ᵇ SyrP / 2. Dd – Chr1ᵇ SyrP SodC.1-5.7.10-14 181 1898 1838 SyrH Sah Eth Geo / 3. D – Chr1ᵇ (*om.* οὖν) / 4. Dd / 5. Dd / 6. Dd – SodC.10 *pc* g SyrP Sah.460 Boh(ABFS) Geo / 7. Dd – SodC.1-7.10-13 *pc* / 8. Dd – *Koinè* e Vg Sah Boh / 9. Dd – SodC.6.7 p⁷⁴ e / 10. – SodC.3.15 1898 *pc*

v. 13 : Dans D, l'expression λογοσ θεου, sans article, est probablement une rétroversion à partir du latin *verbum dei*. Cela pourrait indirectement soutenir la variante donnée aux *Varia*. Par ailleurs, le καὶ devant ηλθον sépare indûment le verbe de son sujet. Le scribe de D a probablement ajouté le verbe επιστευσαν, sous l'influence du verset précédent, et inséré fautivement un καὶ de liaison entre les deux verbes ainsi rapprochés. Étant donné ces libertés du scribe, nous ne tiendrons pas compte des autres variantes de D, qui ne sont pas autrement attestées (ex. : εισ βεροιαν est sans doute une rétroversion à partir de *in beroean*).

13 ωσ δε εγνωσαν	**13** ut autem cognouerunt
οι απο θεσσαλονικησ ϊουδαιοι	qui a thessalonica iudaei
οτι λογοσ θ̄ῡ κατηγγελη εισ βεροιαν	quia uerbum d̄ī adnuntiatum est in beroeaι
♦και επιστευσαν	et credederunt
♦και ηλθον εισ αυτην κακει	et uenerunt in eam
σαλευοντες	et illic commouentes
και τασσοντεσ	et turbantes
τουσ οχλουσ ου διελιμπανο̄	multitudinem non cessabant
14 τον μεν ουν παυλον	**14** statimquae paulum
οι αδελφοι εξ απεστειλαν	fratres dismiserunt
απελθειν επι την θαλασσαν	abire ad mare
ϋπεμεινεν δε ο σειλασ	uersus substinuit autem silas
και ο τιμοθεοσ εκει	et timotheus ibi

---

g : [13] Cum cognouissent autem ad thessalonicen iudei quia et in beroea quoque praedicatum est a paulo uerbum dei uenerunt et ibi concitantes et commouentes turbas ; [14] continuo autem tunc paulum dimiserunt fratres ut iret ad mare ; nam syleas et tymotheus remanserunt ibi.

15	**15** παρῆλθεν δὲ τὴν Θεσσαλίαν ἐκωλύθη γὰρ εἰς αὐτοὺς κηρύξαι τὸν λόγον[1]
οἱ δὲ καθιστάνοντες	οἱ δὲ *καταστάνοντες*[2]
τὸν Παῦλον ἤγαγον ἕως Ἀθηνῶν,	τὸν Παῦλον ἤγαγον ἕως Ἀθηνῶν,
	[ ][1]
	[ ][1]
	[ ][1]
καὶ λαβόντες ἐντολὴν	*καὶ*[3] λαβόντες ἐντολὴν [ ][4]
πρὸς τὸν Σιλᾶν καὶ τὸν Τιμόθεον	πρὸς τὸν Σιλᾶν καὶ [ ][5] Τιμόθεον
ἵνα ὡς τάχιστα ἔλθωσιν	ὅπως ἐν τάχει[6] ἔλθωσιν
πρὸς αὐτὸν ἐξήεσαν.	πρὸς αὐτὸν ἐξήεσαν.
16 ἐν δὲ ταῖς Ἀθήναις	**16** ὁ δὲ *Παῦλος*[1]
ἐκδεχομένου αὐτοὺς τοῦ Παύλου,	ἐκδεχόμενος[1] [ ][2] <u>ἐν δὲ ταῖς Ἀθήναις</u>[1]
παρωξύνετο τὸ πνεῦμα αὐτοῦ	παρωξύνετο ἐν τῷ πνεύματι[3] αὐτοῦ
ἐν αὐτῷ θεωροῦντος	[ ][3] θεωρῶν[1]
κατείδωλον οὖσαν τὴν πόλιν.	κατείδωλον οὖσαν τὴν πόλιν.

---

15 - 1. (≈ Dd) Ephr[k] / 2. D – p[45] / 3. D – A p[74] *Koinè* / 4. D – g
Ephr[kc] : Sed impedivit [illum spiritus sanctus a praedicando ne for]te occiderent [illum]....

16 - 1. Aug[c] – SyrP Eth.4 / 2. (D)d – SyrP Eth.4 ℵ 1522 Geo / 3. (Aug[c]) – SyrP Eth.4
Aug[c]: paulus autem cum illos athenis exspectaret irritabatur spiritu suo intra se videns... (*Cres.*
I,15 ; il cite à la suite, d'abord les versets 16-18, puis les versets 19-23).
SyrP : ipse autem paulus cum exspectaret in athenis irritabatur in spiritu suo cum videret...

v. 15 : Dd placent le texte long du TO après la mention d'Athènes, mais la séquence ainsi obtenue est impossible. Ce déplacement a obligé le scribe (ou celui de l'archétype X ?) à ajouter παρα παυλου après εντολην. Dans le TO, on aurait attendu l'article devant le nom propre. Και devant λαβοντες est requis par le sens et par l'articulation des deux propositions principales (...ηγαγον ...εξηεσαν).

v. 16 : Les textes de D et de d sont incohérents. Tous deux suivent tant bien que mal le TA. Il semble que le scribe ait écrit par erreur αυτου au lieu de αυτουσ, ce qui donne un ablatif absolu rendu par *expectante eo* dans d, qui a ensuite le nom de Paul à l'accusatif. Le rattachement du datif θεωρουντι à εν αυτω est assez anormal ; dans d, il se rattacherait mieux à *expectante eo*.

15   **15**

οι δε καταστανοντεσ	qui autem ducebant
τον παυλον ηγαγον εωσ αθηνων	paulum perduxerunt usque athenis
παρηλθεν δε την θεσσαλιαν	transiit uero thessaliam
εκωλυθη γαρ εισ αυτουσ	uetatus est enim super eos
κηρυξαι τον λογον	praedicare sermonem
λαβοντεσ δε εντολην παρα παυλου	ut accepissent mandatum a paulo
προσ τον σειλαν και τιμοθεον	ad silam et timotheum
οπωσ εν ταχει ελθωσιν	ut quam cileriter ueniant
προσ αυτον εξηεσαν	ad eum proficiscebantur
16 εν δε ταισ αθηναισ	**16** uero athenis
εκδεχομενου ✦αυτου του παυλου	expectante eo paulum
παρωξυνετο π̅ν̅α̅ αυτου	incitabatur s̅p̅s̅ eius
εν αυτω θεωρουντι	in eo uidenti
κατειδωλον ουσαν την πολιν	simul acris esse ciuitatem

---

g : [15] Qui uero deducebant paulum produxerunt usque athenis et accepto mandato ad sylean et tymotheum ut uelociter ad eum uenirent exierunt. [16] Paulus autem cum athenis eos expectaret, concitabatur spiritus eius in ipso aspiciente circa ydola esse ciuitatem.

17 διελέγετο μὲν οὖν
ἐν τῇ συναγωγῇ
τοῖς Ἰουδαίοις καὶ τοῖς σεβομένοις
καὶ ἐν τῇ ἀγορᾷ
κατὰ πᾶσαν ἡμέραν
πρὸς τοὺς παρατυγχάνοντας.
18 τινὲς δὲ καὶ τῶν ἐπικουρείων
καὶ στωϊκῶν ᵈ φιλοσόφων
συνέβαλλον αὐτῷ,
καί τινες ἔλεγον · τί ἂν θέλοι
ὁ σπερμολόγος οὗτος λέγειν ;
οἱ δέ, ξένων δαιμονίων
δοκεῖ καταγγελεὺς εἶναι ·
ὅτι τὸν Ἰησοῦν καὶ τὴν ἀνάστασιν
εὐηγγελίζετο.

17 διελέγετο μὲν οὖν
ἐν τῇ συναγωγῇ
τῶν Ἰουδαίων¹ [ ]²
καὶ [ ]³ ἐν τῇ ἀγορᾷ
κατὰ πᾶσαν ἡμέραν
πρὸς τοὺς παρατυγχάνοντας.
18 τινὲς δὲ [ ]¹ τῶν Ἐπικουρείων
καὶ Στοϊκῶν φιλοσόφων
συνέβαλλον² αὐτῷ,
καί τινες ἔλεγον · τί ἂν θέλοι
ὁ σπερμολόγος οὗτος λέγειν ;
οἱ δέ, ξένων δαιμονίων
δοκεῖ καταγγελεὺς εἶναι ·
[ ]³
[ ]³

d. B ; στοικων : *NA 28*

17 - 1. Augᶜ(1/2) – 1522 g / 2. Augᶜ(1/2) – SodB.6 *pc* Chr.1ᵇ Eth (*om.* καί : 1522) / 3. Augᶜ (1/2) g SyrH*
Varia : τοῖς (ἐν τῇ ἀγορᾷ) : Dd SyrHᵐᵍ SodC.1.2.4.5.7 Sah
Augᶜ : disputabat igitur Iudaeis in synagoga et gentibus et colentibus et in foro per omnem diem... (cf. v. 16)
Id. ... stantem ac sermocinantem non in synagoga iudaeorum neque in ecclesia christianorum sed in Areopago Atheniensium (cf. v.16, mais après citation des versets 19-23).

18 - 1. Augᶜ – g Vg Ee SodC.1-7.10-14 SodB. 1.5.7 181 1898 431 *pc* Chr.2ᵃ / 2. (D) – L SodC.1-3.7.8.10.11.13.14 SodB.3.4 181 1898 431 / 3. Dd Augᶜ – g
Augᶜ : cf. v. 16. – **D** : συνελαβον, par erreur.

v. 17 : L'archétype X, suivi par D et SyrHᵐᵍ, avait adopté le TA, mais avec une variante qui ne donnerait aucun sens dans le TO. Noter que le ms. 1522 avait déjà une variante du TO au verset précédent.

v. 18 : Pour la variante 2., g et Aug ont *conferebant* avec Vg.

17 διελεγετο μεν ουν	**17** disputabat ergo
εν τη συναγωγη	in synagoga
τοισ ϊουδαιοισ και τοισ σεβομενοισ	iudaeis et hiis qui colunt
και τοισ εν τη αγορα	et his qui forte aderant
κατα πασαν ημεραν	et hiis qui in foro
προσ τουσ ◆παρατυχοντασ	per omnem diem
18 τινεσ δε και των ◆επικουριων	**18** quidam autem et epicuriorum
και των στοϊκων φιλοσοφων	et stoicorum philosoporum
◆συνελαβον αυτω	conferebant cum eo
και τινεσ ελεγον τι αν ◆θελη	et quidam dicebant quid nunc uellit
ο σπερμολογοσ ουτοσ λεγειν	spermologus hic dicere
◆οιδεν ξενων δαιμονιων	alii noborum daemoniorum
δοκει καταγγελευσ ειναι	uidetur adnuntiator esse

---

g : [17] Disputabat ergo in synagoga iudeorum et colentibus deum et in foro per omnem diem cum eis, qui praesentes erant. [18] Quidam autem epicurei et stoici philosofi conferebant eum eo et quidam dicebant, quid uult hic seminator uerborum dicere ? Alii autem dicebant : nouorum demoniorum uidetur pronunciator esse

19
ἐπιλαβόμενοί δὲ ͨ αὐτοῦ
ἐπὶ τὸν ἄρειον πάγον ἤγαγον,
λέγοντες ·
δυνάμεθα γνῶναι
τίς ἡ καινὴ αὕτη
ἡ ͨ ὑπὸ σοῦ λαλουμένη διδαχή ;
20 ξενίζοντα γάρ τινα εἰσφέρεις
εἰς τὰς ἀκοὰς ἡμῶν ·
βουλόμεθα οὖν γνῶναι
τίνα θέλει ταῦτα εἶναι.

21 Ἀθηναῖοι δὲ πάντες
καὶ οἱ ἐπιδημοῦντες ξένοι
εἰς οὐδὲν ἕτερον ηὐκαίρουν
ἢ λέγειν τι ἢ ἀκούειν τι καινότερον.

19 μετὰ δὲ ἡμέρας τινὰς¹
ἐπιλαβόμενοί [ ]² αὐτοῦ ἤγαγον³ [ ]⁴
ἐπὶ τὸν⁵ ἄρειον πάγον,
πυνθανόμενοι⁶ [ ]⁷ ·
δυνάμεθα γνῶναι
τίνα ταῦτα⁸
τὰ ὑπὸ σοῦ λαλουμένα⁸ [ ]⁸
20 ξενίζοντα γάρ τινα φέρεις¹
[ ]² εἰς τὰς ἀκοὰς ἡμῶν ·
βουλόμεθα οὖν γνῶναι
τίνα³ θέλει ταῦτα εἶναι.

21 Ἀθηναῖοι δὲ [ ]¹
καὶ οἱ ἐπιδημοῦντες [ ]² ξένοι
εἰς οὐδὲν ἕτερον ηὐκαίρουν
ἢ λέγειν τι καινότερον³ ἢ ἀκούειν [ ]⁴.

e. δε : B Ψ 33 81 453 1241 2818 ; τε : ℵ A E L 323 614 945 1175 1505 1739 Koinè NA 28
f. NA 28 ; om. η : B D

19 - 1. Dd SyrH* – SodC.1.2.4-7 / 2. D SyrH* / 3. Dd – SodC.10 Chr.1 g ndl.2 prv / 4. d Augͨ
g Vg SyrP / 5. voir infra /6. Dd(+) / 7. voir infra / 8. Augͨ
Augͨ: adprehensumque eum, inquit, in Areopagum duxerunt dicentes: possumus scire quae sint haec quae a te dicuntur ? (cf. v. 16)

20 - 1. Dd Augͨ – SodB.6 917 / 2. voir infra / 3. voir infra
Augͨ (cf. v. 16): affers ; Vg : infers.

21 - 1. Augͨ – ndl.1 (≈ post καί : SodC.4 917 Eth) / 2. Augͨ / 3. Augͨ / 4. Dd Augͨ – Ee Koinè
Augͨ: Athenienses autem et advenae hospites ad nihil aliud vacabant quam dicere novi aliquid aut audire (cf. v. 16).

v. 19 : Le TA devait omettre ἡ ὑπὸ σοῦ λαλουμένη (cf. g), introduit par harmonisation sur le TO. L'absence d'article devant αρειον παγον (cf. v.22) est probablement due à l'influence du latin. Καὶ λέγοντες est redondant après πυνθανομενοι (cf. Ac 4,7 ; 10,29 ; 23,19) mais pas dans le TA où il est seul mentionné. D'où son maintien uniquement dans le TA. Pour la finale du TO, cf. 13,45 : ἀντέλεγον τοῖς ὑπὸ Παύλου λαλουμένοις ; et aussi 16,14 ; 13,45 ; Lc 2,18.

v. 20 : ρηματα avant εισφερες (Ee) ou après φερεις (Dd Sah Boh) apparaît comme une addition. Boism¹ᵃ ad. loc. : τι αν θελοι est une harmonisation sur le v.18.

v. 21 : L'omission du second τι ne semble acceptable, en grec, qu'avec la construction donnée par Aug.

19 μετα δε ημερασ τινασ	**19** post dies aliquos
επιλαβομενοι αυτου ηγαγον αυτον	adpraehensum que eum. adduxerunt
επι ◆αριον παγον	ad arium pagum
πυνθανομενοι και λεγοντες	cogitantes et dicentes
δυναμεθα γνωναι	possumus scire
τισ η καινη αυτη	que est nouitas haec
ὕπο σου καταγγελλομενη διδαχη	a te narratio doctrinae
20 ξηνιζοντα γαρ τινα φερεις	**20** noua enim quaedam adferens
ρηματα εισ τασ ακοασ ημων	inter locutiones aduersus nostras
βουλομεθα ουν γνωναι	uolumus ergo scire
τι αν θελοι ταυτα ειναι	quid nunc sibi uellint haec esse
21 αθηναιοι δε παντεσ	**21** athenenses uero omnes
και οι επιδημουντεσ εισ αυτουσ	et qui aduene erant
ξενοι εισ ουδεν ετερον ηυκαιρουν	hospitiis ad nihil aliut uacabant
η λεγειν τι η ακουειν καινοτερον	quam dicere aliquid aut audire
	nouius

---

g : [19] et apprehensum eum produxerunt ad ariopagum dicentes : Possumus scire quae est hec noua doctrina ? [20] nouas enim res quasdam infers auribus nostris. Volumus ergo scire quid uelint hec esse. [21] Athenienses autem omnes et hospites peregrini ad nichil aliud uacabant nisi audire aut dicere aliquid noui.

22 σταθεὶς δὲ Παῦλος ^g
ἐν μέσῳ τοῦ ἀρείου πάγου ἔφη ·
ἄνδρες Ἀθηναῖοι, κατὰ πάντα
ὡς δεισιδαιμονεστέρους ὑμᾶς
θεωρῶ·
23 διερχόμενος γὰρ
καὶ ἀναθεωρῶν
τὰ σεβάσματα ὑμῶν εὗρον
καὶ βωμὸν ἐν ᾧ ἐπεγέγραπτο,
ΑΓΝΩΣΤΩ ΘΕΩ.
ὃ οὖν ἀγνοοῦντες εὐσεβεῖτε,
τοῦτο ἐγὼ καταγγέλλω ὑμῖν.
24 ὁ θεὸς ὁ ποιήσας τὸν κόσμον
καὶ πάντα τὰ ἐν αὐτῷ,
οὗτος οὐρανοῦ καὶ γῆς ὑπάρχων
κύριος οὐκ ἐν χειροποιήτοις ναοῖς
κατοικεῖ

22 σταθεὶς δὲ ὁ¹ Παῦλος
ἐν μέσῳ τοῦ ἀρείου πάγου ἔφη ·
ἄνδρες Ἀθηναῖοι, κατὰ πάντα
ὡς δεισιδαιμονεστέρους ὑμᾶς
θεωρῶ·
23 *περιερχόμενος*¹ γὰρ
καὶ *ἱστορῶν*²
τὰ σεβάσματα ὑμῶν εὗρον
[ ]³ βωμὸν ἐν ᾧ *ἐπεγέγραπτο*⁴,
ΑΓΝΩΣΤΩ ΘΕΩ.
*ὃν*³ οὖν ἀγνοοῦντες εὐσεβεῖτε,
*τοῦτον*⁵ ἐγὼ καταγγέλλω ὑμῖν.
24 ὁ θεὸς ὁ ποιήσας τὸν κόσμον
καὶ πάντα τὰ ἐν αὐτῷ,
οὗτος οὐρανοῦ καὶ γῆς ὑπάρχων
κ̲ύ̲ρ̲ι̲ο̲ς̲.¹ οὐκ ἐν χειροποιήτοις ναοῖς
κατοικεῖ

g. ℵ A B 326 ; ο παυλος : p⁷⁴ D E L Ψ 33 81 323 614 945 1175 1241 1505 1739 *Koinè NA 28*

---

22 - 1. D – E p⁷⁴ *Koinè* (versions ?)

23 - 1. d – ClemAl(1/2) g / 2. (D) Aug^c – ClemAl (D : διιστορων) / 3. Aug^c – ClemAl(1/2) Or 1898 e dem Vg(ACGSU) ndl.2 prv BarS^C / 4. voir *infra* / 5. Aug^c – ClemAl Ee *Koinè* BarS^C

ClemAl : περιερχόνεμος γὰρ καὶ ἀναθεωρῶν τὰ σεβάσματα ὑμῶν εὗρον καὶ βωμὸν ... ὃν οὖν ἀγνοοῦντες εὐσεβεῖτε, τοῦτον ἐγὼ καταγγέλλω ὑμῖν (*Str.* V,12 cite les vv.22-23)
Id. : διερχομενος γαρ και ιστορων τα σεβοματα υμων ευρον βωμον... (*Str.* I,19 cite les vv.22-28)
Aug^c : perambulans enim et considerans simulacra vestra inveni etiam aram in qua erat scriptum : ignoto deo ; quem ergo ignorantes colitis, hunc ego adnuntio vobis (cf. v. 16)
BarS^C : illum quem vos cum ignoretis vultis colere veni ut vobis annuntiarem

24 - 1. D(d) – ClemAl (V,12) *Koinè* Ir^L (Aug^c *deest*)

v. 23 : La leçon propre à D est probablement une rétroversion à partir du latin *scriptum erat*.

22 σταθεισ δε ο παυλοσ	**22** cum stetisset autem paulus
εν μεσω του ✦αριου παγου εφη	in medio arii pagi ait
ανδρεσ αθηναιοι κατα παντα	uiri athenenses per omnia
ωσ δεισιδαιμονεστερουσ ὕμασ	superstitiosos uos
θεωρω	uideo esse
23 διερχομενοσ γαρ	**23** circumambulans enim
και ✦διιστορων	et perspiciens
τα σεβασματα ὕμων ευρον	ea quae colitis inueni etiam
και βωμον εν ω ✦η γεγραμμενον	et aram in qua scriptum erat
αγνωστω θ͞ω	ignoto d͞o
ο ουν αγνοουντεσ ευσεβειτε	quod ergo ignorantes colitis
τουτο εγω καταγγελλω υμειν	hoc ego adnuntio uobis
24 ο θ͞σ ο ποιησασ τον κοσμον	**24** d͞s qui fecit mundum
και παντα τα εν αυτω	et omnia quae in eo sunt
ουτοσ ουρανου και γησ κ͞σ ὕπαρχων	hic cum sit caeli et terrae d͞n͞s qui est
ουκ εν χειροποιητοισ ναοισ	non in manufactis templis
✦κατοικοι	inhabitat

---

g : ²² Stans itaque paulus in medio ariopogo dixit : Viri athenienses, per omnia uos superstitiosos uos uideo. ²³ Circumambulans enim et, quem colitis, circumspiciens inueni etiam aram in qua scriptura est : ignoto deo. Quod ergo ignoratis colitis hoc ego annuncio uobis. ²⁴ Deus qui fecit hunc mundum et omnia, quae in eo sunt, hic cum sit celi et terre dominus non in manufactis templis habitabat,

25 οὐδὲ ὑπὸ χειρῶν ἀνθρωπίνων
θεραπεύεται προσδεόμενός τινος,
αὐτὸς διδοὺς πᾶσι
ζωὴν καὶ πνοὴν καὶ τὰ πάντα ·
26 ἐποίησέν τε ἐξ ἑνὸς
πᾶν ἔθνος ἀνθρώπων κατοικεῖν
ἐπὶ παντὸς προσώπου τῆς γῆς,
ὁρίσας προστεταγμένους καιροὺς
καὶ τὰς ὁροθεσίας
τῆς κατοικίας αὐτῶν,
27 ζητεῖν τὸν θεὸν
εἰ ἄρα γε ψηλαφήσειαν αὐτὸν
καὶ εὕροιεν,
καί γε οὐ μακρὰν
ἀπὸ ἑνὸς ἑκάστου ἡμῶν
ὑπάρχοντα.

25 οὐδὲ ὑπὸ χειρῶν ἀνθρωπίνων
θεραπεύεται προσδεόμενός τινος[1]
[ ][2] αὐτός[2] [ ][2] δοὺς[3] πᾶσι
ζωὴν καὶ πνοὴν καὶ τὰ πάντα ·
26 ἐποίησέν [ ][1] ἐξ ἑνὸς αἵματος[2]
πᾶν γένος[3] ἀνθρώπων κατοικεῖν
ἐπὶ παντὸς προσώπου τῆς γῆς,
ὁρίσας προτεταγμένους[4] καιροὺς
κατὰ ὁροθεσίαν[5]
τῆς κατοικίας αὐτῶν,
27 [ ][1] ζητεῖν τὸ θεῖον[2] [ ][3]
εἰ ἄρα [ ][4] ψηλαφήσειαν[5] [ ][6]
ἤ[7] εὕροιεν ἄν[8],
καίτοι[9] οὐ μακρὰν [ ][10]
ἀπὸ ἑνὸς ἑκάστου ἡμῶν
ὑπάρχοντος[10].

---

25 - 1. *om.* D (hapl.) / 2. ClemAl / 3. D – ClemAl SodC.15 629 Chr.1[a]
Varia : *add.* ὡς *ante* προσδ. : ℵ 1829 1838 d e g Ir[L] Geo Arm

26 - 1. Dd – Ee Vg(OS) Sah Boh Geo / 2. Dd Ephr[k] – Ee *Koinè* g Vg(D) Ir[L] SyrP Geo / 3.
SyrH[mg] – ClemAl Chr.2[b] SodC.1.2.4-7.10 SodB.4 *pc* e g Vg Ir[L] Geo / 4. D – SodC.7 629 1898
pc Boh (Ir[L]) / 5. D – Ir[L]
Ephr[k] : et ex uno sanguine, i.e. ex uno viro, factus est mundus hic filiorum hominum.

27 - 1. ClemAl g / 2. Dd – ClemAl g Ir[L] / 3. ClemAl g / 4. – ClemAl SodC.3.7 Chr.1[b].2[b]
(versions ?) / 5. – ClemAl ℵ E SodC.8.14 181 1898 1838 *pc* Geo / 6. – ClemAl Geo (αυτο :
Dd) / 7. D – ClemAl A p[74] Ψ SodB.3.5 181 1898 1175 *pc* g Vg Ir[L] Sah / 8. (D) – ClemAl / 9.
– ClemAl Ee A p[74] Boh / 10. ClemAl – voir *infra*
(καίτοιγε : ℵ SodB.1-7 *al* Ir[L])

v. 25 : Aucun des témoins qui soutiennent cette dernière variante ne suivent ici le TO ; c'est
donc une variante à l'intérieur du TA, comme l'atteste ℵ.
D omet τινοσ par haplographie.

v. 26 : Un fait curieux : les variantes de D sont ignorées de ClemAl, et l'unique variante de
ClemAl est ignorée de D. Pourtant, la variante 2. est soutenue aussi de façon certaine par Ephr,
et la variante 3 par SyrH[mg]. Le lien entre les variantes 2. et 3. est assuré par g Ir[L] et Geo.

v. 27 : Dans D, l'addition de εστιν provient d'une influence du latin. καιτε est une erreur pour
καιγε. Le ψηλαφησαιαν est incompréhensible. – ευροισαν est une erreur pour εὕροιεν ἄν.
Enfin le ον pourrait être dû aussi à une influence du latin traduisant ὑπάρχοντος.

25 ✦οδε ὕπο χειρων ανθρωπινων
θεραπευεται προσδεομενοσ
✦οτι ✦ουτοσ ο δουσ πασι
ζωην και πνοην και τα παντα
26 εποιησεν εξ ενοσ αιματοσ
παν εθνοσ ανθρωπου κατοικειν
επι παντοσ προσωπου τησ γησ
ορισασ προτεταγμενουσ καιρουσ
κατα οροθεσιαν
τησ κατοικιασ αυτων

27 μαλιστα ζητειν το θειον εστιν
ει αρα γε ✦ψηλαφησαισαν αυτο
η ✦ευροισαν ✦καιτε ου μακραν ον
✦αφ ενοσ εκαστου ημων

25 neque manibus humanis
curatur tamquam egeat
quod ipse dederit omnibus
uitam et spiramentū et omnia,
26 fecit ex uno sanguine
omnem nationem hominum
inhabitare
super omnem faciem terrae
cum definisset imperata tempora
et determinationes
inhabitationes eorum

27 quaerere quod diuinum est
si forte tractent illud
inueniant quidem non longe
ab uno quoque nostrorum

---

g : 25 neque humanis manibus curatur, tamquam egeat aliquid cum ipse det omnibus uitam et spiritum et uniuersa, 26 fecitque ex uno sanguine omne genus humanum habitare super omnem faciem terrae definiens imperata tempora et terminos habitationis eorum 27 querere illud diuinum si forte tractent aut inueniant illud quamuis non longe sit ab unoquoque nostrum ;

28 ἐν αὐτῷ γὰρ ζῶμεν	28 ἐν αὐτῷ γὰρ ζῶμεν
καὶ κινούμεθα καὶ ἐσμέν,	καὶ κινούμεθα καὶ ἐσμέν,
ὡς καί τινες	[ ]¹ ὥσπερ² καί τινες³
τῶν καθ᾽ ἡμᾶς ʰ ποιητῶν εἰρήκασιν,	[ ]⁴ καθ᾽ ὑμᾶς⁵ [ ]⁴ εἰρήκασιν,
τοῦ γὰρ καὶ γένος ἐσμέν.	τοῦ⁶ γὰρ καὶ γένος ἐσμέν.
29 γένος οὖν ὑπάρχοντες τοῦ θεοῦ	29 γένος οὖν ὑπάρχοντες τοῦ θεοῦ
οὐκ ὀφείλομεν νομίζειν χρυσῷ	οὐκ ὀφείλομεν νομίζειν [ ]¹ χρυσῷ
ἢ ἀργύρῳ ἢ λίθῳ,	ἢ ἀργύρῳ ἢ λίθῳ,
χαράγματι τέχνης	χαράγματι τέχνης
καὶ ἐνθυμήσεως ἀνθρώπου,	ἤ² ἐνθυμήσεως ἀνθρώπου,
τὸ θεῖον εἶναι ὅμοιον.	τὸ θεῖον εἶναι ὅμοιον.
30 τοὺς μὲν οὖν χρόνους	30 τοὺς μὲν οὖν χρόνους
τῆς ἀγνοίας	τῆς ἀγνοίας ταύτης¹
ὑπεριδὼν ὁ θεὸς	παριδὼν² ὁ θεὸς
τὰ νῦν ἀπαγγέλλει ⁱ	τὰ νῦν παραγγέλλει³
τοῖς ἀνθρώποις	τοῖς ἀνθρώποις
πάντας πανταχοῦ μετανοεῖν,	[ ]⁴ πάντας πανταχοῦ μετανοεῖν,

h. p⁷⁴ B 326 614 ; υμας : NA 28

i. ℵ* B ; παραγγελλει : p⁴¹·⁷⁴ ℵ² A D E L Ψ 323 614 945 1175 1241 1505 1739 Koinè SyrH Irᴸ Cyr NA 28

28 - 1. voir *infra* / 2. D Augᶜ – (versions ?) / 3. Augᶜ / 4. (Dd) Augᶜ – (tous sauf : B p⁷⁴ 049 SodC.1.2 SodB.2 *pc*) / 5. Dd Augᶜ – g Irᴸ Amb BarSᶜ Eth.1-3 / 6. Aratus, *Phaen.* 5
Varia : *add.* το καθ ημεραν *post* εσμεν : Dd
Augᶜ : Quia in ipso uiuimus et mouemur et sumus, addidit: sicut et quidam secundum vos dixerunt (*Rm* 3,4 = *Serm.* 68,3)
BarSᶜ : sapientes ex vobis dixerunt

29 - 1. voir *infra* / 2. D – Chr.3 Irᴸ ndl Boh

30 - 1. Dd – Vg / 2. D – (versions ?) / 3. D – (tous sauf ℵ B 915 d e g Vg Boh) / 4. voir *infra*

v. 28 : D a fautivement gardé l'article των qui précède ποιητων dans le TA ; il est ignoré d'Aug. Nous ne tiendrons pas compte non plus de la variante attestée par D aux *varia* ; elle est ignorée d'Aug.

v. 29 : La séquence fautive ουτε... η... η... pour marquer une série de négations provient d'une rétroversion du latin *neque... aut... aut...*

v. 30 : ινα incompatible avec l'infinitif μετανοειν s'explique par rétroversion de *ut* ignoré d'ailleurs de plusieurs témoins latins (e m Aug Irᴸ...).

28 εν αυτη γαρ ζωμεν	**28** in ipso enim uiuimus
και κεινουμεθα και εσμεν	et mouemur et simus
το καθ ημεραν ωσπερ και	in diurnum sicut
των καθ υμασ τινεσ ειρηκασιν	qui secundum uos sunt quidam dixerunt
✦τουτου γαρ και ✦γοσ εσμεν	huius enim et genus sumus
29 γενοσ ουν ὑπαρχοντεσ του θ̅υ̅	**29** genus ergo cum simus d̅i̅
ουκ ✦οφιλομεν νομιζειν ουτε χρυσω	non debemus existimare neque auro
η αργυρω η λιθω	aut argento aut lapidi
χαραγματι τεχνησ	sculptioni artis
η ενθυμησεωσ ανθρωπου	et cupiditatis humanae
το θειον ειναι ομοιον	quod diuinum est esse simile
30 τουσ μεν ουν χρονουσ	**30** itaquae temporibus
τησ αγνοιασ ταυτησ	ignorantiae huius
παριδων ο θ̅σ̅	despiciens d̅s̅
τα νυν παραγγελλει	iam nunc adnuntiat
τοισ ανθρωποισ	hominibus
✦ϊνα παντεσ πανταχου μετανοειν	ut omnes ubique paenitentiam agant

---

g : ²⁸ in ipso enim uiuimus, mouemus et sumus. Sicut quidam etiam secundum nos (sic) dixerunt ; huius enim et genus sumus. ²⁹ Cum ergo genus simus dei, non debemus existimare auro aut argento aut lapidis sculpturae artis et desiderii hominis diuinum esse simile ; ³⁰ tempora enim ignorantiae despiciens deus iam nunc annunciat hominibus ut omnis ubique poenitentiam agant,

31 καθότι ἔστησεν ἡμέραν
ἐν ᾗ μέλλει κρίνειν τὴν οἰκουμένην
ἐν δικαιοσύνῃ ἐν ἀνδρὶ ᾧ ὥρισεν,
πίστιν παρασχὼν πᾶσι[j]
ἀναστήσας αὐτὸν ἐκ νεκρῶν.
32 ἀκούσαντες δὲ
ἀνάστασιν νεκρῶν
οἱ μὲν ἐχλεύαζον, οἱ δὲ εἶπαν ·
ἀκουσόμεθά σου περὶ τούτου
καὶ πάλιν.
33 οὕτως ὁ Παῦλος ἐξῆλθεν
ἐκ μέσου αὐτῶν.
34 τινὲς δὲ ἄνδρες
κολληθέντες αὐτῷ ἐπίστευσαν,
ἐν οἷς καὶ Διονύσιος ἀρεοπαγίτης [k]
καὶ γυνὴ ὀνόματι Δάμαρις
καὶ ἕτεροι σὺν αὐτοῖς.

31 καθότι *ἔστησεν* [1] ἡμέραν
[ ][2] *κρίναι* [3] τὴν οἰκουμένην
ἐν δικαιοσύνῃ ἐν ἀνδρὶ [ ][4] ᾧ ὥρισεν,
πίστιν παρασχὼν πᾶσιν
ἀναστήσας αὐτὸν ἐκ νεκρῶν.
32 ἀκούσαντες δὲ
ἀνάστασιν νεκρῶν
οἱ μὲν ἐχλεύαζον, οἱ δὲ *εἶπον* [1]·
ἀκουσόμεθά σου περὶ τούτου
[ ][2] [*πάλιν*][3].
33 οὕτως ὁ Παῦλος ἐξῆλθεν
ἐκ μέσου αὐτῶν.
34 τινὲς δὲ [ ][1]
[ ][2] [ ][2] ἐπίστευσαν,
ἐν οἷς [ ][3] Διονύσιος *τις* [4] ἀρεοπαγίτης
καὶ γυνὴ [5] [ ][6] *ὀνόματι Δάμαρις* [5]
καὶ ἕτεροι *πολλοί* [7] σὺν αὐτοῖς.

j. B ; πασιν : NA 28 // k. B ; ο αρεοπαγιτης : ℵ A NA 28

---

31 - 1. voir *infra* / 2. Dd Aug^c – m Ir^L Sah.34 Boh(KNOT) / 3. D – SodB.6 *pc* Meth (versions ?) / 4. Aug^c
Varia : add. Ἰησοῦ *post* ἀνδρί : Dd Vg(D) Ir^L
Aug^c : eo quod statuit diem iudicare orbem in aequitate in viro quo definiuit fidem omnibus ressuscitans illum a mortuis (*Civ.* 16,54).

32 – 1. D / 2. Dd g Vg (*Boism*^2 : και παλιν) / 3. voir *infra*

34 - 1. h – Theoph I^L BarS^L Geo / 2. h – BarS^L (pour D, voir *infra*) / 3. h – Theoph I^L ndl prv BarS^L Geo / 4. Dd h – Vg(C) / 5. h / 6. h, voir *infra* / 7. h – SodB.1.5 255 467 *pc* Eth.1
Varia : ἐκολλήθησαν : D g

v. 31 : Dans l'archétype grec que suit Aug^c (cf. Ir^L), le participe παρασχών a dû tomber par saut du même au même. Dans D, la leçon εστησαν au pluriel est erronnée.

v. 32 : παλιν avant περι τουτου (*Koinè*) ou avant και (Ee SoB.6 36 453 431 Vg(CT)) est une addition confirmée par son absence dans p^41(vid) SoB.4 Sah Boh. E et *Koinè* rattachent le και au verset suivant, comme le fait *Boism*^1a avec les témoins grecs qui omettent παλιν.

v. 34 : D connaît le TO comme l'atteste la variante 4 qu'il atteste. Nous en avons un autre indice. Il a adopté la variante εκολληθησαν, mais sans ajouter un και de liaison devant επιστευσαν. Son archétype devait donc omettre l'expression κολληθέντες αὐτῷ et le scribe a complété son texte de façon maladroite. L'omission des mots καὶ γυνὴ ὀνόματι Δάμαρις pourrait s'expliquer par un saut du même au même (καί... καί). Mais comment expliquer la présence de ευσχημων ? Dans les Actes, cet adjectif ne concerne que des femmes, et l'archétype de D devait avoir γυνη ευσχημων par addition faite sous l'influence de 17,12. Le scribe aurait supprimé la mention de Damaris parce qu'elle semblait contredire le ανδρεσ du début du verset.

31 καθοτι ✦εστησαν ημεραν	31 quoniam statuit diem iudicare
κρειναι την οικουμενη̄	orbem terrae
εν δικαιοσυνη ανδρι ῑη̄ν̄ ω ωρισεν	in iustitia in uiro ī̄h̄ū cuius constituit
πιστιν ✦παρεσχειν πασιν	fidem exibere omnibus
αναστησασ αυτον εκ νεκρων	resuscitauit eum a mortuis
32 ακουσαντεσ δε	32 audientes autem
αναστασιν νεκρων	resurrectione mortuorun
οι μεν εχλευαζον οι δε ειπον	aliquid eridebant alii uero dixerunt
ακουσομεθα σου περι τουτου	audimus te de hoc
παλιν	iterum
33 ουτωσ ο παυλοσ εξηλθεν	33 sic paulus exibit
εκ μεσου αυτων	de medio illorum
34 τινεσ δε ανδρεσ	34 quidam autem uiri
εκολληθησαν αυτω επιστευσαν	cum esitassent ei crediderunt
εν οισ και διονυσιοσ τισ αρεοπαγειτησ	in quibus et dionysius quis areopagita
ευσχημων	conplacens
και ετεροι συν αυτοισ	et alii cum eis.

---

g : [31] qui statuit diem quo iudicet orbem terrarum per iustitiam in uiro quo constituit fidem omnibus exhibere resuscitans eum a mortuis, [32] cum audissent autem resurrectionem mortuorum aliqui quidem deridebant, aliqui uero dixerunt audiemus te de hoc iterum. [33] Sic paulus exiit de medio eorum ; [34] aliqui uero uiri adhererunt paulo et crediderunt. Inter quos et dionisius ariopagita et mulier nomine damaris et alii cum eis.

h : [34] quidam autem crediderunt : in quibus Dion[ysius qui]dam Areopagites, et mulier nomine Damalis, e[t multi ce]teris cum eis.

1 μετὰ ταῦτα χωρισθεὶς
ἐκ τῶν Ἀθηνῶν ἦλθεν
εἰς Κόρινθον.
2 καὶ εὑρών
τινα Ἰουδαῖον ὀνόματι Ἀκύλαν,
ποντικὸν τῷ γένει,
προσφάτως ἐληλυθότα
ἀπὸ τῆς Ἰταλίας
καὶ Πρίσκιλλαν γυναῖκα αὐτοῦ

διὰ τὸ διατεταχέναι
Κλαύδιον ᵃ χωρίζεσθαι
πάντας τοὺς Ἰουδαίους
ἀπὸ τῆς Ῥώμης,
προσῆλθεν αὐτοῖς,

1 [ ]¹ ἀναχωρήσας² δὲ³
ἀπὸ⁴ τῶν Ἀθηνῶν ἦλθεν
εἰς Κόρινθον.
2 καὶ εὑρών
[ ]¹ Ἀκύλαν,
ποντικὸν τῷ γένει, Ἰουδαῖον¹
προσφάτως ἐληλυθότα²
ἀπὸ τῆς Ἰταλίας
σὺν Πρισκίλλῃ γυναικὶ³ αὐτοῦ
ἠσπάσατο αὐτούς⁴
οὗτοι δὲ ἐξῆλθον ἀπὸ τῆς Πόλεως⁵
διὰ τὸ τεταχέναι⁶
Κλαύδιον Καίσαρα⁷ χωρίζεσθαι
πάντας τοὺς⁸ Ἰουδαίους
ἀπὸ τῆς Πόλεως⁹,
[ ]¹⁰
οἱ καὶ κατῴκησαν εἰς τὴν Ἀχαίαν¹¹
[ ]¹⁰.

a. *NA 28* ; B : *om.* κλαυδιον

---

1 - 1. Dd h – Chr.2ᵃ SyrP /2. Dd h – (g) / 3. Dd – Chr.2ᵃ (h : *et*) / 4. D – Chr.1ᵇ.2ᵃ (versions ?)

2 - 1. h / 2. voir *infra* / 3. h SyrHᵐᵍ g / 4. h Vg(R2) (≈ *post* v. 2 : a b g o Vg(D)) / 5. h SyrHᵐᵍ – Vg(R²) (a *roma* : SyrHᵐᵍ BarSᴸ Vg(R²)) / 6. D (hapl. ?) – (*Boism*¹ᵃ·² : διατεταχεναι) / 7. h(vid) – ndl.1 SyrP Geo / 8. voir *infra* / 9. h / 10. h SyrHᵐᵍ / 11. Dd h SyrHᵐᵍ
Varia : αὐτῷ : Dd Eth.1-3
Vg(R²) : hi autem exierunt de Roma...
SyrHᵐᵍ : hi autem exierant a Roma eo quod praecepisset Claudius ut discederent omnes iudaei ab Italia. Et [ ] Achaiam

---

v. 2 : Dans D, εληλυθα est erronné ; l'omission de l'article devant Ιουδαιους est probablement due à l'influence du latin. La finale du TO est insérée dans le TA, moyennant un changement de nombre pour les pronoms. C'est la technique de l'archétype X que D doit suivre ici.

1 αναχωρησασ δε	1 regressus uero
απο των αθηνων ηλθεν	ab athenis uenit
εισ κορινθον	in corinthum
2 και ευρων	2 et cum inuenissent
τινα ϊουδαιον ονοματι ακυλαν	quemdam iudaeum nomine acylam
ποντικον τω γενει	pontium nomine
προσφατωσ ♦εληλυθα	recens uenisse
απο τησ ϊταλιασ	ab italia
και πρισκιλλαν γυναικα αυτου	et priscillam uxorem eius
δια το τεταχεναι	eo quod praecepisset
♦κλαυδιοσ χωριζεσθαι	claudius discedere
παντασ ϊουδαιουσ	omnes iudaeos
απο τησ ρωμησ	ex urbem
♦οικε ♦κατωκησεν εισ την αχαϊαν	qui et demorati sunt in achaiam
προσηλθεν ♦αυτω ο Παυλος	accessit ad eos Paulus

---

h : [1] et cum recessisset Paulus ab At[henis, venit] Corinthum : [2] et invenit Aquilam, natione Pon[ticum, Ju]daeum, qui in recenti verant ab Italia, cum [Pris]cilla uxore sua, et salutavit eos. hii aute[m propte]rea exsierunt ab urbe, quod dixisset Claud[ius Caesar] uti omnes Judaei exirent ab urbe : qui vene[r . . . in Acha]iam.

g : [1] Post haec ab athenis recessit et uenit corinthum [2] et inuenit quendam iudeum nomine aquilam ponticum genere, qui nuper uenerat ab italia, cum priscilla uxora sua eo quod praecepisset claudius discedere omnes iudeos ab roma. Et accessit ad eos, et salutauit eos,

3

καὶ διὰ τὸ ὁμότεχνον εἶναι
ἔμενεν παρ᾽ αὐτοῖς
καὶ ἠργάζοντο [b] ·
ἦσαν γὰρ σκηνοποιοὶ τῇ τέχνῃ.
4 διελέγετο δὲ
ἐν τῇ συναγωγῇ
κατὰ πᾶν σάββατον,

ἔπειθέν τε
Ἰουδαίους καὶ Ἕλληνας.

3 ὁ δὲ Παῦλος ἐγνωρίσθη
τῷ Ἀκύλᾳ[1]
[ ][1] διὰ τὸ ὁμόφυλον εἶναι[2]
καὶ[1] ἔμεινεν[3] παρ᾽ αὐτῷ[4]
[ ][5]
[ ][6]
4 εἰσπορευόμενος[1] δὲ
εἰς τὴν συναγωγὴν[1]
κατὰ πᾶν σάββατον,
διελέγετο[1]
[ ][2] ἐντιθεὶς τὸ ὄνομα
τοῦ κυρίου Ἰησοῦ[3]
[ ][4] ἔπειθέν δὲ[5] οὐ μόνον[6]
Ἰουδαίους ἀλλὰ[6] καὶ Ἕλληνας.

b. B ℵ* Sah^mss Boh ; ηργαζετο : p^74 ℵ^2 A D E L Ψ 33 323 614 945 1175 1241 1505 1739 *Koinè* Syr Sah^mss *NA 28*

---

3 - 1. h m (SyrH^mg) / 2. m(+) SyrH^mg(+) / 3. h m   Aug^c − E SodC.5.10.14-16 SodB.1.3-5 467 915 al Chr.1.2 SyrP (*om.* SyrH^mg) / 4. h m(mss) − Chr.2^a(1/2).2^b(2/2) ndl.1 / 5. h − (≈ post ἔμενεν : prv) / 6. Dd − g
Varia : ἠργάζετο : (tous sauf ℵ B Sah.4.442 Boh Ath ; *om.* : h)
m : Paulus autem agnitus erat aquilae eo quod essent [esset ; MLC] unius gentis et unius artis et mansit apud eos [eum: MLC] opus faciens; erant enim arte fabri
SyrH^mg : ipse autem Paulus agnovit Aquilam et quia eiusdem gentis et   eiusdem opificii esset [manebat] apud eos

4 - 1. Dd h − Vg(D) / 2. h SyrH^mg / 3. Dd h SyrH^mg : a(629) b c g dem Vg(DThW) ndl prv tpl / 4. voir *infra* / 5. D(+) h − Vg(D) / 6. Dd h − Vg(D)

v. 3 : Le texte de D est une rétroversion à partir du latin. On peut le conclure à partir de son impossible εμενεν προσ αυτουσ alors que les latins ne pouvaient traduire autrement que par *manebat apud eos*. Cette rétroversion expliquerait aussi l'omission de ειναι. Les mss d'origine africaine h et m ont un texte assez semblable, surtout si l'on tient compte des variantes données pour m par les mss MLC. La conjonction *quoniam*, conjecturée par l'éditeur, pourrait aussi bien avoir été *eo quod*. Mais ils diffèrent totalement pour *artificio lectari* et *arte fabri* ; c'est un signe que cette proposition ne se lisait pas dans le vieux texte africain primitif.

v. 4 : Dans D, le και a été ajouté devant επιθεν par le scribe sous l'influence de d latin qui traduit par *et persuadebat* le ἔπειθέν τε du TA.

3

καὶ διὰ τὸ ομοτεχνον
εμενεν ♦προσ ♦αυτουσ
καὶ ηργαζετο

4 εισπορευομενοσ δε
εισ την συναγωγην
κατα παν σαββατον
διελεγετο
καὶ εντιθεισ το ονομα
του κ̅υ̅ ι̅η̅υ̅
καὶ ♦επιθεν δε ου μονον
ϊουδαιουσ αλλα καὶ ελληνας

3

et propter artificium
manebat apud eos
et operabatur

4 ingressus autem
in synagogam
per omne sabbatum
disputabat
et interponens nomen
dni ihu
et persuadebat non solos
iudaeos sed et graecos

---

h : [3] Paulus autem agnitus est Aquilae, ³ [quoniam] esset ejusdem artis, et mansit apud eum : e[rant eni] arteiieio lectari. ⁴ et cum introiret in syna[gogam, per] omnem sabbatum disputabat, interponen[s nomen] dni ihu : suadebat autem non tantum Judae[is sed et Gre]cis.

g : ³ et quia eiusdem artis erat manebat aput eos et operabatur. ⁴ Et disputabat in synagoga per omnem sabbatum interponens nomen domini ihesu suadebatque iudeos et grecos.

5 ὡς δὲ κατῆλθον
ἀπὸ τῆς Μακεδονίας
ὅ τε Σιλᾶς καὶ ὁ Τιμόθεος,
συνείχετο τῷ λόγῳ ὁ Παῦλος,
διαμαρτυρόμενος τοῖς Ἰουδαίοις
εἶναι τὸν Χριστόν, Ἰησοῦν.
6

ἀντιτασσομένων δὲ αὐτῶν
καὶ βλασφημούντων
ἐκτιναξάμενος
τὰ ἱμάτια
εἶπεν πρὸς αὐτούς ·
τὸ αἷμα ὑμῶν
ἐπὶ τὴν κεφαλὴν ὑμῶν ·
καθαρὸς ἐγώ·
ἀπὸ τοῦ νῦν
εἰς τὰ ἔθνη πορεύσομαι.

5 τότε ἐπῆλθον[1]
ἀπὸ τῆς Μακεδονίας
ὁ [ ][2] Σιλᾶς καὶ [ ][3] Τιμόθεος,
[ ][4]
[ ][4]
[ ][4]
6 πολλοῦ δὲ λόγου γινομένου
καὶ γραφῶν διερμηνευομένων[1]
ἀντιτάσσοντο Ἰουδαῖοί τινες
καὶ ἐβλασφημούν[2]
τότε[3] ἐκτιναξάμενος [ ][6]
τὸ ἱμάτιον[4] αὐτοῦ[5]
ὁ Παῦλος[6] εἶπεν πρὸς αὐτούς ·
τὸ αἷμα ὑμῶν
ἐπὶ τὴν κεφαλὴν ὑμῶν·
καθαρὸς ἐγώ·
[ ][7] νῦν
εἰς τὰ ἔθνη πορεύομαι[8] ἀφ᾽ ὑμῶν[9].

---

5 - 1. h / 2. h(vid) : g Vg / 3. D – SodB.2 88 915 *pc* (versions ?) / 4. h

6 - 1. Dd h SyrH[mg] (cf. Cass) / 2. h / 3. h – ndl.1 / 4. h – ndl.1 Geo / 5. Dd h – *pc* a(629) b c g dem Vg(mss) ndl prv Cass SyrP Eth / 6. h – a(629) b Vg(CTW) (≈ *ante* τὰ ἱμάτια : D ndl prv) / 7. Dd(vid) h Ephr[c] (cf. Cass) / 8. Dd h – H L / 9. h (≈ *post* καθαρὸς ἐγώ : Dd Arab ; cf. Cass?)
SyrH[mg] : (après v. 5 SyrH = TA) *add.* quum verba autem multa facta fuissent et scripturae explicatae essent (puis SyrH : cum obsisterent ei et blasphemarent, excutiens vestimenta sua...)
Cass : verbum domini Paulus docebat instanter sed non audientibus quibusdam Iudaeis, excutiens vestimenta sua dixit ad eos : Christi Domini sanguis effusus vos oneret : ego autem, sicut mihi praeceptum est, ad gentes vadam protinus instruendas.

v. 5 : Chez les latins, le verbe *supervenire* de h ne traduit jamais le verbe παραγίνεσθαι attesté par D, mais ἐπέρχεσθαι. Le texte de D est curieux. Il semble suivre plutôt le TO au début du verset, avec le verbe initial à l'indicatif (mais changé). Par ailleurs, le τότε initial du TO vient remplacer le ὅ τε (devant Σιλᾶς) du TA ; mais sa place est alors quelque peu aberrante. On notera enfin l'addition du titre κυριον en abrégé.

v. 6 : Dans D, la répétition impossible de la conjonction δέ montre que le scribe passe du TO au TA. Avec cette insertion, les verbes à l'indicatif imparfait, nécessaires dans le TO (cf. h), ont été remplacés par des génitifs absolus. L'expression ἀφ᾽ ὑμῶν (καθαρος εγω α[φ υμω]ν νυν) est mal placée ; on aurait dû avoir ἀπ᾽ αὐτοῦ (cf. Act 20,26) ; elle est au contraire à sa place normale dans h (Lc 4,42 : ... τοῦ μὴ πορεύεσθαι ἀπ᾽ αὐτῶν ; cf.16,30).

5 παρεγενοντο δε	**5** ut uero aduenerunt
απο τησ μακεδονιασ	in macedonia
τοτε σιλασ και τιμοθεοσ	silas et timotheus
συνειχετο τω λογω παυλοσ	instabant sermoni
◆διαμαρτυρουμενοσ τοισ ϊουδαιοισ	paulus testificabatur iudaeis
ειναι τον χ̄ρ̄ν̄ κ̄ν̄ ῑη̄ν̄	esse x̄p̄m̄ d̄n̄m̄ īh̄m̄
6 πολλου δε λογου γεινομενου	**6** multoque uerbo facto
και γραφων διερμηνευομενων	et scripturis disputantibus
◆τι ◆τασσομενων δε αυτων	resistentibus autem eis
και βλασφημουντων	et blasphemantibus
εκτιναξαμενοσ ο παυλοσ	excutiens paulus
τα ειματια αυτου	uestimenta sua
ειπεν προσ αυτουσ	dixit ad eos
το αιμα ϋμων	sanguinem uestrum
επι την κεφαλην ϋμων	super caput uestrum
καθαροσ εγω	mundus ego
◆α ◆ν νυν	a bobis nunc
εισ τα εθνη πορευομαι	ad gentes uado

h : ⁵ tunc superuenerunt a Macedonia [Sileas et] Timotheus. [6] atque iterum, cum multis fier[et uerbum], et scripturae interpraetarentur, ⁶ contr[adicebant] Judaei quidam, et maledicebant. tunc exc[ussit ues]tem suam Paulus, et dixit ad eos : sanguis ues[ter super] caput uestrum : mundus ego : nunc uado ad [gentes] ab uobis.

g : ⁵ Cum uenissent autem a macedonia syleas et tymotheus urgebatu uerbo paulus testificando iudeis esse ihesum christum. ⁶ Resistentibus autem et blasphemantibus excutiens uestimenta sua dixit ad eos : Sanguis uester super caput uestrum ; mundus ego ex hoc, ad gentes ibo.

7 καὶ μεταβὰς ἐκεῖθεν
ἦλθεν ᶜ εἰς οἰκίαν
τινὸς ὀνόματι Τιτίου Ἰούστου
σεβομένου τὸν θεόν,
οὗ ἡ οἰκία ἦν συνομοροῦσα
τῇ συναγωγῇ.
8 Κρίσπος δὲ
ὁ ἀρχισυνάγωγος
ἐπίστευσεν τῷ κυρίῳ
σὺν ὅλῳ τῷ οἴκῳ αὐτοῦ,
καὶ πολλοὶ τῶν Κορινθίων
ἀκούοντες
ἐπίστευον καὶ ἐβαπτίζοντο.

9 εἶπεν δὲ ὁ κύριος ἐν νυκτὶ
δι᾽ ὁράματος τῷ Παύλῳ ·
μὴ φοβοῦ, ἀλλὰ λάλει
καὶ μὴ σιωπήσῃς,
10 διότι ἐγώ εἰμι μετὰ σοῦ
καὶ οὐδεὶς ἐπιθήσεταί σοι
τοῦ κακῶσαί σε,
διότι λαός ἐστί μοι πολὺς
ἐν τῇ πόλει ταύτῃ.

7 καὶ¹ μεταβὰς ἀπὸ Ἀκύλα²
ἀπῆλθεν³ εἰς τὸν οἶκον⁴
[ ]⁵ [ ]⁶ [ ]⁷ Ἰούστου
σεβομένου τὸν θεόν,
ἦν δὲ⁸ ἡ οἰκία αὐτοῦ⁸ συνομοροῦσα
τῇ συναγωγῇ.
8 ἀρχισυνάγωγος δέ
τις ὀνόματι Κρίσπος¹
ἐπίστευσεν εἰς τὸν κύριον²
σὺν ὅλῳ τῷ οἴκῳ αὐτοῦ,
καὶ πολὺ πλῆθος³ τῶν Κορινθίων
ἀκούοντες τὸν λόγον τοῦ κυρίου⁴
ἐβαπτίζοντο πιστεύοντες τῷ θεῷ
ἐν τῷ ὀνόματι Ἰησοῦ χριστοῦ⁵.
9 τότε¹ εἶπεν [ ]¹ ὁ² κύριος [ ]³
ἐν ὁράματι⁴ πρὸς τὸν Παῦλον⁵ ·
μὴ φοβοῦ, ἀλλὰ λάλει
καὶ ὅρα⁶ μὴ σιωπήσῃς,
10 διότι ἐγώ εἰμι μετὰ σοῦ
καὶ οὐδεὶς ἐπιθήσεται [ ]¹
τοῦ κακῶσαί σε,
διότι λαός ἐστί μοι πολὺς
ἐν τῇ πόλει ταύτῃ.

c. B D¹ E L Ψ 614 1241 1505 Koinè SyrH ; εισηλθεν : p⁷⁴ A D* 33 104 323 945 1175 1739 SyrPHᵐᵍ NA 28

---

7 - 1. h d Boism² (μεταβὰς δε : Sah.4.16.442.449 Boism¹ᵃ) / 2. h d / 3. h – (εἰσῆλθεν : Dd SyrHᵐᵍ א A P SodB.1-7 181 1898 1175 pc g Vg Eth Geo) / 4. D – (versions ?) / 5. h – Chr.2ᵃ Eth / 6. h – A 1738 pc Chr.1ᵇ.2ᵃ / 7. Dd h(vid) – A Koinè p Eth.1.3.6.7.13 / 8. h – SyrP(et) Varia : δέ loco καί : D – Sah.4.16.442.449

8 - 1. h(vid) / 2. Dd h Vg(O) / 3. h Ephrᶜ / 4. h / 5. Dd(+) h (cf. SodC.1.2.4.7 SyrH*)
SyrH* : et multi ex corinthiis quum audissent credebant *per nomen Domini Iesu Christi / et baptizabantur
Ephrᶜ : ... yet the gentile Corinthians all together a big crowd were baptized (Ephrᵏ deest)

9 - 1. h / 2. voir infra / 3. h – A Chr.2ᵃ SyrP (≈ post Παύλῳ : Dd Theoph Iᴸ g prv.1 – post ὁράματος : Ee Koinè / 4. h – A SodC.3.10 / 5. h / 6. h // 10 - 1. D h - Ee g Vg(CT)

v. 8 : Dans D, le redoublement du verbe "croire" indique la fusion de TO et de TA. Cette fusion semble avoir été faite déjà au niveau de l'archétype X, d'où le διά dont témoignent D et SyrH*. Noter que D amplifie les titres du Christ.
Cf. Lc 16,20 : πτωχὸς δέ τις ὀνόματι Λάζαρος ἐβέβλητο...

v. 9 : Cf. Act 9,10 : καὶ εἶπεν πρὸς αὐτὸν ἐν ὁράματι ὁ κύριος... Pour l'addition de ὅρα, voir TO en 21,31. L'omission de l'article devant κυριος est attribuable à l'influence du latin.

7 μεταβασ ✦λα	**7** et cum recessisset ab acyla
[εισ]ηλθεν εισ τον ✦ι ✦ν	introibit in domum
τινοσ ✦ονοματ ✦σ ιουστου	cuiusdam nomine iusti
σεβομενου τον θν	colentis dm
ου η οικια ην συνομοροουσα	cuius domus erat confinis
τη συναγωγη	synagogae
8 Ο δε αρχισυναγωγοσ	**8** Uero archisynagogus
κρισποσ	crispus
επιστευσεν εισ τον κν	credidit in dno
συν ολω τω οικω αυτου	cum tota domo sua
και πολλοι των κορινθιων	et multi corinthiorum
ακουοντεσ επιστευον	audientes credebant
και εβαπτιζοντο πιστευοντεσ τω θω	et baptizabantur credentes in do
δια του ονοματοσ του κυ ημων ιηυ χρυ	per nomen dni nostri ihu xpi
9 Ειπεν δε κσ	**9** dixit autem dns per uisum Paulo
δι οραματοσ τω παυλω εν νυκτι	per noctem
μη φοβου αλλα λαλει	ne timeas sed loquere
και μη ✦σειωσησ	et ne tacueris.
10 διοτι εγω ειμι μετα σου	**10** quoniam ego sum tecum
και ουδεισ επιθησεται	et nemo adgreditur te
του κακωσαι σε	ut malefaciat tibi
διοτι λαοσ εστι μοι πολυσ	quoniam populus est mihi multus
εν τη ✦πολι ταυτη	in ciuitate hac

---

h : 7 et recessit ab Aquila, et abiit in do[mum Justi], metuentis dm : erat autem domus ejus co[nfinis sy]nagogae. 8 arcihisynagogus autem quida[m, nomine] Crispus, credidit in dnm cum tota domo sua : et [quomodo mult]a plebs Corinthiorum audierant verbum dni, [tinti sun]t, credentes do in nomine ihu xpi. 9 tunc dixit [dns ad Pa]ulum in uisum : ne timeas, sed loquaere, et ui[de ne tac]eas : 10 quoniam ego sum tecum : et nemo cona[bitur m]ale facere tibi, propterea quod plebs est mihi [multa i]n ista civitate.

g : 7 Et cum inde transisset intruit in domum cuiusdam nomine tyti iusti colentis deum cuius domus confinis erat synagogae. 8 Crispus autem archisynagogus credidit domino cum uniuersa domo sua, et multi ex corinthiis audientes credebant et baptizabantur. 9 Dixit autem dominus per uisum paulo in nocte : Ne timueris sed loquere, ne tacueris, 10 quia ego sum tecum et nemo poterit nocere te quoniam populus est michi multus in hac ciuitate.

11 ἐκάθισεν δὲ
ἐνιαυτὸν καὶ μῆνας ἓξ διδάσκων
ἐν αὐτοῖς τὸν λόγον τοῦ θεοῦ.
12 Γαλλίωνος δὲ
ἀνθυπάτου ὄντος τῆς Ἀχαίας
κατεπέστησαν οἱ Ἰουδαῖοι
ὁμοθυμαδὸν

τῷ Παύλῳ

καὶ ἤγαγον αὐτὸν ἐπὶ τὸ βῆμα,
13
λέγοντες ὅτι παρὰ τὸν νόμον
ἀναπείθει οὗτος τοὺς ἀνθρώπους
σέβεσθαι τὸν θεόν.
14 μέλλοντος δὲ τοῦ Παύλου
ἀνοίγειν τὸ στόμα εἶπεν
ὁ Γαλλίων πρὸς τοὺς Ἰουδαίους,
εἰ μὲν ἦν ἀδίκημά τι
ἢ ῥᾳδιούργημα πονηρόν,
ὦ Ἰουδαῖοι, κατὰ λόγον
ἂν ἀνεσχόμην ὑμῶν ·
15 εἰ δὲ ζητήματά ἐστιν
περὶ λόγου καὶ ὀνομάτων
καὶ νόμου τοῦ καθ’ ὑμᾶς,
ὄψεσθε αὐτοί· κριτὴς ἐγὼ τούτων
οὐ βούλομαι εἶναι.

11 καὶ[1] ἐκάθισεν ἐν Κορίνθῳ[2]
ἐνιαυτὸν καὶ μῆνας ἓξ διδάσκων
ἐν αὐτοῖς[3] τὸν λόγον τοῦ θεοῦ.
12 Γαλλίωνος δὲ[1]
ἀνθυπάτου ὄντος τῆς Ἀχαίας
κατεπέστησαν ὁμοθυμαδὸν[2]
οἱ Ἰουδαῖοι[2]
συλλαλήσαντες μεθ’ ἑαυτῶν[2]
ἐπὶ τὸν Παῦλον[2]
ἐπέβαλον αὐτῷ τὰς χεῖρας[3]
καὶ[4] ἤγαγον []5 ἐπὶ τὸν ἀνθύπατον[6]
13 καταβοῶντες καὶ[1]
λέγοντες ὅτι παρὰ τὸν νόμον
[]2 ἀναπείθει []2 τοὺς ἀνθρώπους
σέβεσθαι τὸν θεόν.
14 μέλλοντος δὲ τοῦ Παύλου
ἀνοίγειν τὸ στόμα εἶπεν
ὁ Γαλλίων πρὸς τοὺς Ἰουδαίους,
εἰ μὲν ἦν ἀδίκημά τι
ἢ ῥᾳδιούργημα πονηρόν,
ὦ ἄνδρες[1] Ἰουδαῖοι, κατὰ λόγον
ἂν ἀνεσχόμην ὑμῶν ·
15 εἰ δὲ ζητήματά τινά[1] ἐστιν
περὶ λόγου καὶ ὀνομάτων
καὶ νόμου τοῦ καθ’ ὑμᾶς,
ὄψεσθε αὐτοί· κριτὴς []2 τούτων
οὐ θέλω[3] εἶναι.

---

11 - 1. Dd h (*om.* SodB.6 b Sah.4 – τε : E *Koinè*) / 2. Dd h SyrH* – SyrP / 3. h SyrH SyrP *Varia* :*om.* ἐν αὐτοῖς : Eth.3 – αὐτούς : D Eth(-3)

12 - 1. h / 2. Dd h / 3. (Dd) h SyrH* – Sah / 4. h / 5. h – 920 1829 g Vg(C) / 6. h SyrH*(+) Ephr^c

13 - 1. Dd h / 2. h – Chr.1 (1/2) (*ante* ἀναπείθει : Dd Ee *Koinè* g Vg)

14 - 1. Dd h – Vg ndl.1

15 - 1. h / 2. h 36 431 440 (≈ *post* τούτων : SodB.6 *pc* d g) / 3. D – (versions ? ; tous les latins traduisent par *nolo*)

---

v. 12 : SyrH* : ... et injecerunt manus in eum et adduxerunt eum ad proconsulem ante tribunal

v. 15 : Le difficile εστιν a été interprété dans h par addition de *inter nos* et dans D par changement en εχετε.

11 και εκαθισεν εν κορινθω	11 et consedit in corintho
ενιαυτον και μηνασ εξ διδασκων	anno et mensibus sex docens
αυτουσ τον λογον του θ̅υ̅	penes ipsos ueruum d̅i̅
12 Γαλλιωνοσ τε	12 cumque gallio
ανθυπατου οντοσ τησ αχαϊασ	proconsol essed achaie
κατεπεστησαν ομοθυμαδον	inruerunt unanimiter
οι ϊουδαιοι	iudaei
συνλαλησαντεϛ μεθ εαυτων	conloquentes inter semetipsos
επι τον παυλον	de paulo
και επιθεντεσ τασ χειρασ	et inponentes manum
ηγαγον αυτον επι το βημα	ad duxerunt eum ad tribunal
13 καταβοωντεσ και	13 clamantes et
λεγοντεσ οτι παρα τον νομον	dicentes quia contra legem
ουτοσ αναπειθει τουσ ανθρωπουσ	hic persuadet hominibus
σεβεσθαι τον θ̅ν̅	colere d̅m̅
14 Μελλοντοσ δε του παυλου	14 Incipiente autem paulo aperire os
ανοιγειν το στομα ειπεν	dixit gallio ad iudaeos si quidem esset
ο γαλλιων προσ τουσ ϊουδαιουσ	iniuria aut falsum sub dolum
ει μεν ην αδικημα τι	o uiri iudaei cum ratione forsitam
η ραδιουργημα πονηρον	paterer uos
ω ανδρεσ ϊουδαιοι κατα λογον	
αν ◆ηνεσχομην ϋμων	
15 ει δε ζητημα εχετε	15 si autem questio est
περι λογου και ονοματω̅	de uerbo et nominibus
και νομου του καθ υμασ	et legem quae secundum uos est
◆οψεσθαι αυτοι κριτησ εγω	uideritis ipsi iudex horum
τουτων ου θελω ειναι	ego nolo esse

h : [11] et sedit Corinthi per annu et [sex men]ses, docens apud eos verbum di. [12] Gallio aute [cum ess]et pro consule Achaiae, exurreserunt co[sentient]es Jubaei, et conlocuti secum de Paulo. inje[cerunt ei] manus, et perduxerunt ad proconsulem, [13] cla[mantes] et dicentes quia adversus legem suadet homi[nibus d]m colere. [14] et cum vellet Paulus os aperire, dixit [Gallio a]d Judeos : si esset aliqua iniquitas in eo vel fa[cinus nequ]am, o viri Judei, recte vos sustinerem. [15] sed [si quaes]tiones aliquae sunt inter vos vel de verbo [vel de no]minib- vel de lege vestra, ipsi videritis : judex [horum n]olo esse.

g : [11] Sedit autem ibi annum et sex menses docens inter eos uerbum dei [12] Gallione autem proconsule achaiae insurrexerunt uno animo iudei in paulum et duxerunt ad tribunal [13] dicentes : quia contra legem hic suadet hominibus colere deum. [14] Incipiente ergo paulo aperire os, dixit gallio ad iudeos : Si quidem esset aliqua iniquitas aut fallacia, o iudei, merito uos sustinerem ; [15] quod si questiones habetis de uerbo et de nominibus et de lege uestra ipsi uideritis ; iudex horum ego nolo esse ;

16 καὶ ἀπήλασεν αὐτοὺς
ἀπὸ τοῦ βήματος.
17 ἐπιλαβόμενοι δὲ πάντες
Σωσθένην τὸν ἀρχισυνάγωγον
ἔτυπτον ἔμπροσθεν τοῦ βήματος ·
καὶ οὐδὲν τούτων
τῷ Γαλλίωνι ἔμελεν.
18 ὁ δὲ Παῦλος
ἔτι προσμείνας ἡμέρας ἱκανὰς
τοῖς ἀδελφοῖς ἀποταξάμενος
ἐξέπλει εἰς τὴν συρίαν,
καὶ σὺν αὐτῷ
Πρίσκιλλα καὶ Ἀκύλας,

Κειράμενος ἐν Κεγχρεαῖς [d]
τὴν κεφαλήν, εἶχεν γὰρ εὐχήν.

16 καὶ *ἀπέλυσεν*[1] αὐτοὺς
ἀπὸ τοῦ βήματος.
17 ἐπιλαβόμενοι δὲ *οἱ Ἕλληνες*[1]
Σωσθένην τὸν ἀρχισυνάγωγον
ἔτυπτον ἔμπροσθεν τοῦ βήματος ·
καὶ[2] [ ][3]
ὁ Γαλλίων προσεποιεῖτο μὴ ἰδεῖν[3].
18 ὁ δὲ Παῦλος
[ ][1] προσμείνας ἡμέρας ἱκανὰς
τοῖς ἀδελφοῖς ἀποταξάμενος
ἔπλευσεν[2] εἰς τὴν συρίαν,
καὶ σὺν αὐτῷ
Πρίσκιλλα καὶ Ἀκύλας [ ][3]
ὃς εὐχὴν ποιησάμενος[3]
ἐν Κεγχρεαῖς τὴν κεφαλήν[3],
ἐκειρήσατο[2].

d. *NA 28* ; B : κενχρεαις

---

16 - 1. D h

17 - 1. h Ephr[c] – BarS[L] Arab (+ : Dd Ee *Koinè* g Vg(D) SyrP Sah Eth Geo) / 2. h / 3. d h − cf. Ephr[c] Chr[ct]
Ephr[c] : The Greeks who believed were beating Sosthenes head of the synagogue... The hegemon... he became as one not seeing...

18 - 1. h – SodC.7 1898 g prv SyrP Eth.3 Geo / 2. Dd (e) Vg – (εξεπλει : (h) *Boism*[1a.2]) / 3. h

v. 17 : Malgré les lacunes, il semble certain que D grec ne suivait pas le TO pour la finale du verset. Cf. Lc 24,28 : καὶ αὐτὸς προσεποιήσατο πορρώτερον πορεύεσθαι. Ce verbe est un hapax du NT.

v. 18 : D suit le TA pour tout le verset, malgré l'inversion την κεφαλην εν κεγχρεαισ ; il est possible que la finale soit une rétroversion du latin, étant donné le προσευχεν qui répondrait au *orationem* de d.

16 και απελυσεν αυτουσ	**16** et abiecit eos
απο του βηματοσ	a tribunal
17 ✦πολαβομενοι δε παντεσ οι ελληνε;	**17** adpraehendentes eum omnes graeci
σωσθενην τον αρχεισυναγωγον	cum sosthenen archisynagogum
ετυπτον ✦ενπροσθεν του βηματοσ	caedebant ante tribunal
✦τ ✦ω	tunc
γαλλιω ✦εν	gallio fingebat eum non uidere
18 Ο δε παυλοσ	**18** Uero paulus
ετι ✦προσμινασ ημερασ εικανασ	adhuc memoratus dies plurimos
τοισ αδελφοισ αποταξαμενοσ	fratribus ualefecit
επλευσεν εισ την συριαν	nauigauit in syriam
και συν αυτω	et cum ipso
πρισκιλλα και ακυλασ	priscilla et aquila
κειραμενοσ την κεφαλην	tonso capite
εν κενχρειαισ ειχεν γαρ ✦πρ ✦σευχην	in cenchris habebebat enim orationem

---

h : ¹⁶ et dimisit eos a tribunali suo. ¹⁷ et co[prehen]derunt Graeci Sostenen archisynagogu, [et cecid]erunt ante tribunal : et Gallio simulabat [se non vi]dere. ¹⁸ Paus autem, commoratus illic conplu[ribus die]bus, valefecit fratrib., navigans in Syriam, [et cum e]o Priscilla et Aquila, qui votum cum fecisset [Cenchris], capud tondit.

g : ¹⁶ et abegit eos a tribunali. ¹⁷ Apprehendentes autem omnes greci sosthenen principem synagoge percutiebant eum ante tribunal et nichil horum gallio curabat. ¹⁸ Paulus autem cum dies aliquot moratus ibi esset ualefecit fratribus et nauigauit in syriam et cum eo priscilla et aquila detonsis capillis capitis cenchris enim habebat uotum.

19 κατήντησαν δὲ εἰς Ἔφεσον,

κἀκείνους κατέλιπεν αὐτοῦ,
αὐτὸς δὲ εἰσελθὼν
εἰς τὴν συναγωγὴν
διελέξατο τοῖς Ἰουδαίοις.
20 ἐρωτώντων δὲ αὐτῶν
ἐπὶ πλείονα χρόνον μεῖναι
οὐκ ἐπένευσεν.
21 ἀλλὰ ἀποταξάμενος καὶ εἰπών ·

πάλιν ἀνακάμψω πρὸς ὑμᾶς
τοῦ θεοῦ θέλοντος,

ἀνήχθη ἀπὸ τῆς ἐφέσου ·
22 καὶ κατελθὼν εἰς Καισάρειαν,
ἀναβὰς καὶ ἀσπασάμενος
τὴν ἐκκλησίαν,
κατέβη εἰς Ἀντιόχειαν,

19 *καταντήσας*[1] *δὲ εἰς Ἔφεσον,*
[ ]²*τῷ ἐπιόντι σαββάτῳ*²
[ ]³
[ ]⁴[ ]⁴*εἰσελθὼν ὁ Παῦλος*⁴
εἰς τὴν συναγωγὴν
*καὶ*⁴ *διελέγετο*⁵ *τοῖς Ἰουδαίοις.*
20 *ἐρωτώντων δὲ*¹ *αὐτῶν*
ἐπὶ πλείονα χρόνον μεῖναι
*παρ' αὐτοῖς*² *οὐκ ἐπένευσεν.*
21 *ἀλλὰ ἀποταξάμενος καὶ εἰπών ·*
δεῖ μέ πάντως τὴν ἑορτήν [ ]¹
τὴν ἐρχομένην ποιῆσαι
*εἰς Ἱεροσόλυμα*¹
[ ]² *ἀνακάμψω πρὸς ὑμᾶς*
τοῦ θεοῦ θέλοντος,
τὸν δὲ Ἀκύλαν εἴασεν
*ἐν Ἐφέσῳ*³ *αὐτος δὲ ἀνήχθείς*⁴ ·
22 *ἦλθεν*¹ *εἰς τὴν*² *Καισάρειαν,*
*καὶ*³ *ἀναβὰς καὶ ἀσπασάμενος*
τὴν ἐκκλησίαν,
κατέβη εἰς Ἀντιόχειαν,

---

19 - 1. D h – Eth.6.7 Arm (κατήντησεν : *Koinè* g Vg SyrH Boh Eth.1.9) / 2. (Dd) h SyrH* –
SodC.1.2-4-8 Sah (καὶ : voir *infra*) / 3. Ephr^c – SyrP Sah Eth.4.9-12 (h *deest*) / 4. – SyrP Sah
Eth.4.5.9-12 (h *deest*) / 5. Dd – e g Vg SyrP Boh Geo (h *deest*)

20 - 1. g Vg (voir *infra*) / 2. D SyrH* – Ee *Koinè* o prv ndl.1 SyrP Sah.4 Boh Eth.6.7 (σὺν
αὐτοῖς : d Ephr^c SodC.6.7.15.16 – ἐκεῖ : Vg(T) ndl.2 Geo)

21 - 1. Dd (*om.* ημεραν *add.* την : cf. *infra*) – *Koinè* a b g dem Vg(DThMW) ndl prv tpl Cass
SyrHP Eth.4-13 / 2. Dd – Sah.4.452.453 Boh(ABFSHP) Eth.4-12 / 3. SyrH^mg – SyrP Boh(K)
Eth.4-12 (≈ *post* ἀπὸ τῆς ἐφέσου : SodC.1.2.4-7.8) / 4. SyrH^mg – SyrP Eth.4-13 (≈
SodC.1.2)
Varia : *om.* πρὸς ὑμᾶς : Eth.1-3 Geo

22 - 1. SyrH^mg – SodC.1.2 g ndl.1 / 2. – SodC.1-4.6.10-13 (versions ?) / 3. Dd– 1831 g SyrHP

v. 19 : Le texte de D est impossible avec le participe initial séparé du verbe principal par la
conjonction καὶ. Il semble que la séquence και τω επιοντι ... εισελθων soit une rétroversion à
partir du latin qui avait déjà fusionné TA et TO ; ceci expliquerait le εκει au lieu de αυτου.
La variante 3. est certaine ; le commentaire d'Ephrem (Ephr^c) commence seulement après la
citation des vv.19-20 : so Paul came, reached Ephesus and with him Aquila's party (ROPES, *op.
cit.*, p. 439). Il est clair que dans le TO Paul ne se sépare d'Aquilas qu'au v.21.

v. 21 : D suit le TO, puis adopte le TA. Dans la variante 1., on notera son την εορτην ημεραν
ερχομενη, rétroversion du latin *solemnem diem advenientem*. – Dans la troisième partie du
verset, il a fautivement απο του εφεσου.

19 καταντησασ δε εισ εφεσον	19 deuenerunt ephesum
♦και τω επιοντι σαββατω	et sequenti sabbato
εκεινουσ κατελιπεν εκει	illos reliquerunt ibi
αυτοσ δε εισελθων	ipse uero ingressus
εισ την συναγωγην	in synagogam
διελεγετο τοισ ϊουδαιοισ	disputabat iudaeis
20 ερωτωντων τε αυτων	20 rogantibusque eis
επι ♦πλιον χρονον μειναι	longiore tempore manere
παρ αυτοισ ουκ επενευσεν	cum eis non adnuit
21 αλλα αποταξαμενοσ και ειπων	21 sed cum salutasset eos et dixit
δει ♦δε παντωσ την εορτην ♦ημεραν	oportet me sollemnem diem
ερχομενη̄ ποιησαι	aduenientem facere
εισ ϊεροσολυμα	hierosolymis iter
♦ανα ♦ω προσ ϋμασ	et reuerti ad uos
του θ̄υ θελοντοσ	d̄o uolente
ανηχθη απο ♦του εφεσου	redie ab epheso
22 και κατελθων εισ ♦καισαριαν	22 et descendit caesaream
και αναβασ και ασπασαμενοσ	et cum ascedisset et salutasset
την εκκλησιᾱ	ecclesiam
κατεβη εισ αντιοχειαν	descendit in antiochiam

---

h : ¹⁹ et cum venisset Ephesum in se[quenti]

g : ¹⁹ Deuenit autem ephesum et illos reliquit illic ipse uero ingressus in synagogam disputabat cum iudeis. ²⁰ Rogantibus autem eis ut ibi diutius demoraretur, non consensit, ²¹ sed ualefaciens eis ait : Oportet me sollemnem diem aduenientem facere hierosolimis, et iterum reuertar ad uos deo uolente. Et profectus ab epheso, ²² uenit cesaream et cum ascendisset et salutasset ecclesiam, descendit antiochiam

23 καὶ ποιήσας χρόνον τινὰ
ἐξῆλθεν διερχόμενος
καθεξῆς τὴν Γαλατικὴν χώραν
καὶ Φρυγίαν στηρίζων ᵉ
πάντας τοὺς μαθητάς.
24 Ἰουδαῖος δέ τις
Ἀπολλῶς ὀνόματι,
Ἀλεξανδρεὺς τῷ γένει, ἀνὴρ λόγιος,
κατήντησεν εἰς Ἔφεσον,
δυνατὸς ὢν ἐν ταῖς γραφαῖς.
25 οὗτος ἦν κατηχημένος

τὴν ὁδὸν τοῦ κυρίου ᶠ,
καὶ ζέων τῷ πνεύματι ἐλάλει ᵍ
καὶ ἐδίδασκεν ἀκριβῶς
τὰ περὶ τοῦ Ἰησοῦ,
ἐπιστάμενος μόνον
τὸ βάπτισμα Ἰωάννου ʰ.

23 καὶ ποιήσας χρόνον τινὰ
ἐξῆλθεν διερχόμενος
καθεξῆς τὴν Γαλατικὴν χώραν
καὶ Φρυγίαν *καὶ ἐπιστηρίζων*¹
[ ]² τοὺς μαθητάς.
24 Ἰουδαῖος δέ τις
*ὀνόματι*¹ *Ἀπολλώνιος*²,
[ ]³ Ἀλεξανδρεὺς [ ]³, ἀνὴρ λόγιος,
κατήντησεν εἰς Ἔφεσον,
δυνατὸς ὢν ἐν ταῖς γραφαῖς.
25 *ὅς*¹ ἦν κατηχημένος
*ἐν τῇ πατρίδι*²
*τὸν λόγον*³ τοῦ κυρίου,
καὶ ζέων τῷ πνεύματι *ἀπελάλει*⁴
καὶ ἐδίδασκεν ἀκριβῶς
τὰ περὶ *τοῦ*⁵ Ἰησοῦ,
ἐπιστάμενος μόνον
τὸ βάπτισμα Ἰωάννου.

e. p⁷⁴ ℵ A B 33 1891 ; επιστηριζων : D E L Ψ 323 614 945 1175 1241 1505 1739 *Koinè*
NA 28
f. *NA 28* ; *om.* p⁴¹ B 614
g. *NA 28* ; B : ελαλει δε
h. *NA 28* ; B : Ιωανου

23 - 1. D (*om.* και : *Boism* ¹ᵃ·⁽²⁾) / 2. – SodB.1.2 36.453 431 Theoph Iᴸ Vg(DT) ndl.1

24 - 1. Dd – 33 g (s) / 2. Dd – 33 / 3. – Eth.4-13 (≈ *ante* Ἀλεξανδρεὺς : (D)d g ndl SyrP Eth.1-3)

25 - 1. D / 2. Dd (≈ *post* τοῦ κυρίου : g) / 3. Dd SodB.1-7 36.453 431 / 4. Dd g / 5. voir *infra*

v. 24 : Le texte de D est impossible pour deux raisons : l'omission de l'article et la place du substantif avant le nom indiquant le lieu d'origine. La leçon du TA est seule correcte (cf. 4,36 et 18,2). Le scribe du codex a fait une rétroversion à partir du latin. On peut donc penser que l'archétype de D grec omettait l'expression τῷ γένει. Chez les latins, l'inversion *natione alexandrinus* s'imposait.

v. 25 : L'omission de l'article devant Ιησου est attribuable à l'influene du latin. Pour le maintien de l'article au génitif dans le TO, cf. Ac 4,18 ; 9,27.

23 και ποιησασ χρονον τινα
εξηλθεν διερχομενοσ
◆κατεξησ την γαλατικην χωραν
και φρυγιαν ◆και επιστηριζων
παντασ τουσ μαθητασ
24 ϊουδαιοσ δε τισ
ονοματι απολλωνιοσ
γενει αλεξανδρευσ ανηρ λογιοσ
κατηντησεν εισ εφεσον
δυνατοσ ων εν ταισ γραφαισ
25 οσ ην κατηχημενοσ
εν τη πατριδι
τον λογον του κ̅υ̅
και ζεων τω π̅ν̅ι απελαλει
και εδιδασκεν ακριβωσ
τα περι ι̅η̅υ̅
επισταμενοσ μονον
το βαπτισμα ◆ιωανου

23 et cum fecissent tempus quo dam
pexiuit pergrediens
ex ordine galatiam regionem
et phrygiam confirmans
omnes discipulos
24 iudaeus autem qui dam
nomine apollonius,
natione alexandrinus uir disertus
deuenit ephesum
potens in scripturis
25 hic erat doctus
in patria ___
uerbum d̅n̅i
et ferbens s̅p̅u̅ eloquebatur
et docebat diligenter
de i̅h̅u̅
sciens solum
baptisma iohannis

---

g : ²³ et ibi demoratus aliquod temporis profectus est et perambulans ex ordine galathiae regionem et frigiam confirmans omnes discipulos. ²⁴ Iudeus autem quidam nomine apollo natione alexandrinus uir disertus deuenit ephesum, perfectus in scripturis. ²⁵ Hic audierat uiam domini in patria sua et feruens spiritu eloquebatur et docebat certissime de ihesu, sciens tantum baptisma iohannis.

26 οὗτός τε ἤρξατο παρρησιάζεσθαι
ἐν τῇ συναγωγῇ ·
ἀκούσαντες δὲ αὐτοῦ
Πρίσκιλλα καὶ Ἀκύλας
προσελάβοντο αὐτὸν
καὶ ἀκριβέστερον αὐτῷ
ἐξέθεντο τὴν ὁδὸν τοῦ θεοῦ.
27

βουλομένου δὲ αὐτοῦ
διελθεῖν
εἰς τὴν Ἀχαίαν

προτρεψάμενοι οἱ ἀδελφοὶ
ἔγραψαν τοῖς μαθηταῖς
ἀποδέξασθαι αὐτόν ·
ὃς παραγενόμενος
συνεβάλετο πολὺ
τοῖς πεπιστευκόσιν
διὰ τῆς χάριτος ·
28 εὐτόνως γὰρ τοῖς Ἰουδαίοις
διακατηλέγχετο δημοσίᾳ
ἐπιδεικνὺς ⁱ
διὰ τῶν γραφῶν
εἶναι τὸν χριστόν, Ἰησοῦν.

26 οὗτός [ ]¹ ἤρξατο παρρησιάζεσθαι
ἐν τῇ² συναγωγῇ ·
καὶ³ ἀκούσαντος⁴ αὐτοῦ
[ ]⁵ Ἀκύλα⁶ [ ]⁵
προσελάβετο⁷ αὐτὸν
καὶ ἀκριβέστερον αὐτῷ
ἐξέθετο⁸ τὴν ὁδὸν [ ]⁹.
27 ἐν δὲ τῇ Ἐφέσῳ ἐπιδημοῦντές
τινες Κορίνθιοι καὶ ἀκούσαντες
αὐτοῦ παρεκάλουν
διελθεῖν σὺν αὐτοῖς
εἰς τὴν πατρίδα αὐτῶν¹.
συνκατανεύσαντος δὲ αὐτοῦ²
[ ]² οἱ Ἐφέσιοι³
ἔγραψαν τοῖς ἐν Κορίνθῳ¹ μαθηταῖς
ὅπως ἀποδέξωνται τὸν ἄνδρα² ·
ὃς ἐπιδημήσας⁴ εἰς τὴν Ἀχαίαν⁵
πολὺ συνεβάλετο⁶
ἐν ταῖς ἐκκλησίαις⁷
[ ]⁸
28 εὐτόνως γὰρ τοῖς Ἰουδαίοις
διακατηλέγχετο δημοσίᾳ
διαλεγόμενος καὶ¹ ἐπιδεικνὺς
διὰ τῶν γραφῶν
[ ]² χριστὸν³ εἶναι³ Ἰησοῦν.

i. NA 28 ; B : επιδικνυς

---

26 - 1. D – H SodC.7 483 g Sah Arm / 2. voir infra / 3. Dd / 4. D p* s Vg(DO) Boh(FSG) / 5. – conj. (voir infra) (≈ Ἀκύλας καὶ Πρίσκιλλα : Dd Koinè g Augᶜ Cass SyrP Sah.(mss) / 6. – א / 7. conj. (voir infra) / 8. – H 1175 (voir infra) / 9. Dd – g (≈ ante ὁδὸν : Koinè – κυρίου : Ee SodC.3.6.7 SodB.1.2.4.5.7 a b c p dem Vg(mss) ndl prv Augᶜ SyrP)

27 - 1. D SyrHᵐᵍ – Vg(Rᵐᵍ) / 2. Dd SyrHᵐᵍ / 3. Dd / 4. Dd – SyrHP / 5. Dd SyrH* – p³⁸ SodC.1.2.4-8 g / 6. Dd – p³⁸ / 7. Dd – p³⁸ / 8. Dd – p³⁸ SodC.1-3.10-13 Chr.1 g Vg SyrH Arm p³⁸:]εισ την αχαιαν πολυ συνεβαλλετο εν ταισ εκκλησιαισ

28 - 1. Dd – p³⁸ᵛⁱᵈ (om. και : Boismᴵᵃ·², contre Ac 19,8) / 2. [D]– p³⁸ (versions ?) / 3. p³⁸ᵛⁱᵈ

---

v. 26 : Outre son ητος initial, difficilement explicable, et l'omission de l'article devant συναγωγη par influence du latin, le texte de D est incohérent. Son participe au génitif singulier suppose un sujet de même forme attesté effectivement par א, ce qui exige aussi l'omission du nom de Priscilla (ajouté à une mauvaise place dans de nombreux témoins). Les verbes qui suivent doivent être alors au singulier, et le second est bien attesté à la variante 7. Il ne reste plus que des bribes du TO primitif, selon lequel Aquila était le seul à intervenir. La reconstitution du TO reste conjecturale ; mais on attribuera difficilement au hasard la convergence des variantes qui permettent cette reconstitution.

26 ♦ητοσ ηρξατο ♦παρησιαζεσθαι	**26** adque hic coepit cum fiducia loqui
εν συναγωγη	in synagoga
και ακουσαντοσ αυτου	et cum audissent eum
ακυλασ και πρισκιλλα	aquilas et priscilla
προσελαβοντο αυτον	adprehenderunt eum
και ακριβεστερον αυτω	et diligentius ei
♦εξεθοντο την οδον	exposuerunt uiam
27 εν δε τη εφεσω επιδημουντεσ	**27** in aephesum autem exeuntes
τινεσ κορινθιοι και ακουσαντεσ	quidam corinthii et audierunt
αυτου παρεκαλουν	eum hortantes
διελθειν συν αυτοισ	transire cum ipsis
εισ την πατριδα αυτων	in patria ipsorum
συνκατανευσαντοσ δε αυτου	redeunte autem eo
οι εφεσιοι	ephesi
εγραψαν τοισ εν κορινθω μαθηταισ	scripserunt qui sunt in corintho discipulis
οπωσ αποδεξωνται τον ανδρα	quo modo exciperent hunc uirum
οσ επιδημησασ εισ την αχαϊαν	qui cum exibit in achaiam
♦πολυν ♦συνεβαλλετο	multum contulit
εν ταις εκκλησιαισ	in ecclesias
28 ευτονωσ γαρ τοισ ϊουδαιοισ	**28** fortiter enim iudaeos
διακατηλεγχετο δημοσια	conuincebat publicae
διαλεγομενοσ και ♦επιδικνυσ	disputante et ostendens
δια τ͞ω͞ν γραφ͞ω͞ν	per scripturas
τον ι͞η͞ν ειναι χ͞ρ͞ν	ī͞h͞m esse x͞p͞m.

---

g : [26] Hic cepit confidenter loqui in synagoga. Cum audissent autem eum aquila et priscilla susceperunt eum et diligentii ei exposuerunt uiam. [27] Cum ergo uellet exire in achaiam hortantes eum fratres scripserunt discipulis, ut exciperent eum. Qui cum aduenit in achaiam multum contulit his, qui crediderunt ; [28] forsitan enim iudeos conueniebat publice ostendens per scripturas esse christum ihesum.

1

	1 θέλοντος δὲ τοῦ Παύλου
	κατὰ τὴν ἰδίαν βουλὴν
	πορεύεσθαι εἰς Ἱεροσόλυμα
	εἶπεν αὐτῷ τὸ πνεῦμα
	ὑποστρέφειν εἰς τὴν Ἀσίαν¹
ἐγένετο δὲ ἐν τῷ τὸν Ἀπολλῶ	[ ]²
εἶναι ἐν κορίνθῳ	[ ]²
Παῦλον διελθόντα	[ ]² διελθὼν δὲ²
τὰ ἀνωτερικὰ μέρη	τὰ ἀνωτερικὰ μέρη
ἐλθεῖν ᵃ εἰς Ἔφεσον	ἔρχεται² εἰς Ἔφεσον
καὶ εὑρεῖν τινας μαθητάς,	καὶ [ ]³
2 εἶπέν τε πρὸς αὐτούς·	2 εἶπέν [ ]¹ τοῖς μαθηταῖς² ·
εἰ πνεῦμα ἅγιον ἐλάβετε	εἰ πνεῦμα ἅγιον ἐλάβετε
πιστεύσαντες ; οἱ δὲ πρὸς αὐτόν ·	πιστεύσαντες ; οἱ δὲ πρὸς αὐτόν ·
ἀλλ᾽ οὐδ᾽ εἰ πνεῦμα ἅγιον	ἀλλ᾽ οὐδὲ εἰ³ πνεῦμα ἅγιον
ἔστιν ἠκούσαμεν.	λαμβάνουσίν τινες⁴ ἠκούσαμεν.
3 εἶπέν τε ·	3 ὁ δὲ Παῦλος¹ πρὸς αὐτούς⁴ ·
εἰς τί οὖν ἐβαπτίσθητε ;	εἰς τί οὖν ἐβαπτίσθητε ;
οἱ δὲ εἶπαν ·	οἱ δὲ ἔλεγον³ ·
εἰς τὸ Ἰωάννου ᵇ βάπτισμα.	εἰς τὸ Ἰωάννου βάπτισμα.

a. B L 323 614 1175 1241 1505 *Koinè* ; [κατ]ελθειν : p⁷⁴ᵛⁱᵈ ℵ A E Ψ 33 945 1739 1891 *NA 28*
b. *NA 28* ; B : Ιωανου

---

1 - 1. Dd SyrHᵐᵍ Ephrᶜ – p³⁸ Vg(Rᵐᵍ) / 2. Dd SyrHᵐᵍ – p³⁸ BarSᴸ / 3. – p³⁸ (≈ cf. v. 2 : SyrP)

2 - 1. Dd – p³⁸ Ee *Koinè* g Sah(-4) Boh / 2. – p³⁸ (cf. SyrP) / 3. voir *infra* / 4. Dd SyrH – p³⁸·⁴¹ Sah ndl.1(+)
Varia : add. ἀπεκρίναντο *post* οἱ δὲ : p³⁸ SyrP

3 - 1. – p³⁸ / 2. – p³⁸ *Koinè* / 3. D – p³⁸

v. 1 : En finale du verset, D a quitté le TO pour le TA et il continuera au début du verset suivant. Mais ce passage est fait de façon intelligente, avec changement de l'infinitif en un participe lié au εἶπέν qui va suivre. D reprend ici le texte de l'archétype X.

v. 2 : Nous ne retiendrons pas le απoκρεινα[ντο (sic) de p³⁸, forme moyenne qui ne se lit ailleurs dans les Actes qu'en 3,12. Ce verbe a été ajouté pour compléter une forme de dialogue jugée trop elliptique. Pour la même raison, la *Koinè* et les latins ont ajouté εἶπον.
À la fin du verset 1 et au début du verset 2, SyrP semble bien suivre un texte de même structure que p³⁸ ; voici les deux textes : ερχεται εισ εφεσον [ ] και ειπεν τοισ μαθηταισ ... οι δε απεκριναντο ... – et venit ad ephesum [ ] et interrogabat discipulos illos quos invenerat ibi... responderunt et dixerunt ei... S'il ajoute à une place insolite *illos quos invenerat ibi,* c'est par harmonisation sur le v. 1 du TA, qu'il connaît certainement. Dans D, l'absence de ει devant πνευμα est attribuable à l'influence du latin éventuellement doublée d'une négligence du scribe (hapl. ?).

1 Θελοντοσ δε του παυλου	**1** uolente uero paulo
κατα την ϊδιαν βουλην	secundum suum consilium
πορευεσθαι εισ ϊεροσολυμα	exire in hierosolyma
ειπεν αυτω το π̄ν̄α	dixit ei s̄p̄s
ϋποστρεφειν εισ την ασιᾱ	reuertere in asiam
διελθων δε	perambulantes
τα ανωτερικα μερη	superioris partibus
ερχεται εισ εφεσον	uenit in ephesum
και ευρων τινασ μαθητασ	et cum inuenisset quosdam discipulos
2 ειπεν προσ αυτουσ	**2** dixit ad eos
ει π̄ν̄α αγιον ελαβετε	si s̄p̄m sanctum accepistis
πιστευσαντεσ οι δε προσ αυτον	cum credidissetis illi uero ad eum
αλλ ουδε π̄ν̄α αγιον	sed neque s̄p̄m sanctum
λαμβανουσ̄ι τινεσ ηκουσαμεν	accipiunt quidam audiuimus
3 ειπεν δε	**3** dixitque
εισ τι ουν εβαπτισθητε	quid ergo baptizati estis
οι δε ελεγον	ad illi dixerunt
εισ το ✦ϊωανου βαπτισμα	in iohannis baptisma

---

g : [1] Factum est autem cum apollo esset corinthi et paulus perambulantis superioribus partibus uenit ephesum et inventis quibusdam discipulis [2] ait illis : Si spiritum sanctum accepistis, cui credidistis ? At illi dixerunt : Sed neque si spiritus est audiuimus. [3] Et ait : In qui d ergo baptizati estis ? Responderunt : In iohannis baptismate.

4 εἶπεν δὲ Παῦλος ·
Ἰωάννης ᶜ ἐβάπτισεν
βάπτισμα μετανοίας
τῷ λαῷ λέγων εἰς τὸν ἐρχόμενον
μετ᾽ αὐτὸν ἵνα πιστεύσωσιν,
τοῦτ᾽ ἔστιν εἰς τὸν Ἰησοῦν.
5 ἀκούσαντες δὲ
ἐβαπτίσθησαν
εἰς τὸ ὄνομα τοῦ κυρίου Ἰησοῦ ·

4 εἶπεν δὲ [ ]¹ ·
Ἰωάννης ἐβάπτισεν
βάπτισμα μετανοίας
τῷ λαῷ λέγων εἰς τὸν ἐρχόμενον
μετ᾽ αὐτὸν ἵνα πιστεύσωσιν,
τοῦτ᾽ ἔστιν *εἰς τὸν Ἰησοῦν*².
5 ἀκούσαντες δὲ *τοῦτο*¹
ἐβαπτίσθησαν
εἰς τὸ ὄνομα *τοῦ κυρίου Ἰησοῦ*²
*εἰς ἄφεσιν ἁμαρτιῶν*³

c. *NA 28* ; B : Ἰωανης

---

4 - 1. p⁴¹ Sah.34^(vid) Eth.1 Arab (ο δε παυλος ειπεν : 88 915) *Boism*¹ᵃ - *Boism*² : παυλος (voir *infra*) / 2.*Varia* : εἰς χριστόν : Dd 1845 r (opposer le verset 5)

5 - 1. Dd – p³⁸ ndl prv / 2. Ee Vg(SC) Boh Arm Eth.1.7 ndl.2 – voir *infra* / 3. Dd SyrH* – p³⁸ SodC.1.2.4-7 Chr
Varia : *om.* κυριου : Vg(S) Eth.7 Geo
Add. χριστοῦ : Dd SyrH* SodC.1.2.4-7 a(629) b g Vg(ThW) ndl.3 SyrP Sah Eth.2-5.8-13 Geo

v. 4 : L'omission primitive du nom de Paul dans le TO rend compte de la divergence entre p³⁸ et D sur la présence de l'article devent le nom. Ce nom a été exprimé au verset précédent. La même logique se retrouve dans le TA en sens inverse entre le début du v.3 et le début du v.4.

v. 5 : Pour la discussion sur le titre court κ.ι. voir l'introduction. Dans D, l'absence de l'article devant κυριου peut provenir d'une influence du latin. Pour son maintien dans le TO cf. Ac 1,21 ; 4,33 ; 5,42 ; 8,16 ; 16,31.

4 Ειπεν δε ο παυλοσ
♦ϊωανησ εβαπτισεν
βαπτισμα μετανοιασ
τω λαω λεγων εισ τον ερχομενον
μετ αυτον ϊνα πιστευσωσιν
τουτ εστιν εισ χρν
5 ακουσαντεσ δε τουτο
εβαπτισθησαν
εισ το ονομα κυ ιηυ χρυ
εισ αφεσιν αμαρτιων

4 Dixit autem paulus
iohannes baptizauit
baptisma paenitentiae
populo dicens in eum qui uenerit
post ipsum ut crederent
hoc est in xpm
5 cum audissent hoc
baptizati sunt
in nomine dni ihu xpi
in remissione peccatorum

---

g : ⁴ Dixit autem paulus : Iohannes autem baptizauit baptismum penitentie plebi
dicens in eum qui uenturus esset post ipsum ut crederent ; hoc est in ihesum christum.
⁵ His auditis baptizati sunt in nomine domini ihesu christi.

6 καὶ ἐπιθέντος αὐτοῖς
τοῦ Παύλου χεῖρας ᵈ ἦλθε
τὸ πνεῦμα τὸ ἅγιον ἐπ᾽ αὐτούς,
ἐλάλουν τε γλώσσαις

καὶ ἐπροφήτευον.
7 ἦσαν δὲ οἱ πάντες ἄνδρες

ὡσεὶ δώδεκα.

6 καὶ ἐπιθέντος αὐτοῖς
χεῖρα¹ τοῦ Παύλου¹ [ ]² ἐπέπεσεν³
τὸ πνεῦμα τὸ ἅγιον ἐπ᾽ αὐτούς,
ἐλάλουν [ ]⁴ γλώσσαις
καὶ αὐτοὶ διηρμήνευον αὐτὰς⁵
καὶ ἐπροφήτευον.
7 ἦσαν δὲ οἱ [ ]¹ [ ]²
πιστεύσαντες³
[ ]⁴ ὀνόματα⁵ δώδεκα.

---

d. p⁷⁴ ℵ A B (D) 326 1241 ; τας χειρας : E L Ψ 323 614 945 1175 1505 1739 *Koinè NA 28*

---

6 - 1. Dd Ephrᶜ – p³⁸ r s dem Vg(mss) Sah (του παυλου χειρα : *Boism*¹ᵃ·²) / 3. Dd – p³⁸ r *Prof*
Jer / 4. d Ephrᶜ – 69 Geo Arm (p³⁸ *deest*) / 5. (SyrHᵐᵍ Ephr) – (p) (pour p³⁸, voir *infra*)
Varia : add. εὐθέως *ante* ἐπέπεσεν : Dd Vg(CT) Jer (*contra* p³⁸)
Om. τὸ ἅγιον : Chr1(3/4) Vg(R*) Eth.4
Add. ἑτέραις : SyrHᵐᵍ Cass Sah Eth
Ephrᶜ : And when Paul laid on them his hand, they received the Holy Spirit, spake with tongues
and interpreted of themselves
SyrHᵐᵍ : et loquebantur linguis aliis et sentiebant in seipsis et interpretabantur illas hi ipsi
quidam autem prophetabant
p : et prophetabant ita ut ipsi sibi interpretarentur

7 - 1. – r g Eth.1 Geo B* / 2. r Eth.3 / 3. – r / 4. – r Vg(C) SyrP Sah Boh Eth / 5. – r
r : *erant autem qui crederant nomina duodecim.*
p³⁸ est lacuneux. D n'offre aucune variante, mais il a dû adopter le TA comme à la fin du
verset précédent.

v. 6 : En l'absence de témoins grecs, la reconstitution de la variante 5. est conjecturale, sauf en
ce qui concerne le verbe. Peut-être faut-il remplacer αὐτάς, omis par Ephr et p(?), par ἐν
ἑαυτοῖς, au sens de "parmi eux". p³⁸ est lacuneux jusqu'au verset 12, mais le comput des
lettres montre qu'il devait avoir un texte dépassant celui de D d'environ 27 lettres, ce qui
pourrait correspondre au texte que nous avons reconstitué. Nous n'avons pas retenu l'omission
de τὸ ἅγιον mais elle nous semble assez probable. Il était tellement plus naturel d'ajouter cet
adjectif que de le retrancher !

v. 7 : Le texte de r se recommande du parallèle de Act 1,15 : ἦν δὲ ὄχλος ὀνομάτων ὡς
ἑχάτον εἴκοσι, où le TO a remplacé ὀνομάτων par ἀνδῶν. Voir encore pour la formule οἱ
πιστεύσαντες : 2,44 ; 4,32 ; 11,21. On conçoit difficilement qu'un scribe ait pu "inventer" le
texte si typique que donne r.

6 και♦ επιθεντο αυτοισ	**6** et cum inposuisset eis
χειρα του παυλου ευθεωσ επεπεσεν	manum paulus statim cecidit
το π̅ν̅α̅ το αγιον επ αυτοισ	s̅p̅s̅ sanctus super eos
♦λαλουν δε γλωσσαισ	loquebatur linguis
και επροφητευον	et profetabant
7 ησαν δε οι παντεσ ανδρεσ	**7** erant autem uniuersi uiri
ωσει δωδεκα	quasi duodecim

---

g : [6] Et cum imposuisset illis manus paulus, uenit spiritus sanctus super illos et loquebantur linguis et prophetabant. [7] Erant autem uiri fere XII. [8] Et cum intrasset paulus in synagogam confidentes loquebantur per menses tres disputans et suadens de regno dei. [9] Et cum indurarentur quidam ex eis et non crederent maledicentes uiam domini coram multitudine discessit ab eis et segregauit discipulos et cottidie disputabat in scola tyranni cuiusdam ab hora quita usque in horam decimam. [10] Hoc autem per biennium factum est ita ut omnes, qui habitabant in asia, audirent uerbum domini iudei atque greci,

8 εἰσελθὼν δὲ
εἰς τὴν συναγωγὴν

ἐπαρρησιάζετο ἐπὶ μῆνας τρεῖς
διαλεγόμενος καὶ πείθων
περὶ ᵉ τῆς βασιλείας τοῦ θεοῦ.
9 ὡς δέ τινες
ἐσκληρύνοντο καὶ ἠπείθουν
κακολογοῦντες τὴν ὁδὸν
ἐνώπιον τοῦ πλήθους,
ἀποστὰς ἀπ᾽ αὐτῶν
ἀφώρισεν τοὺς μαθητάς,
καθ᾽ ἡμέραν διαλεγόμενος
ἐν τῇ σχολῇ Τυράννου.

10 τοῦτο δὲ ἐγένετο ἐπὶ ἔτη δύο,
ὥστε πάντας τοὺς κατοικοῦντας
τὴν Ἀσίαν ἀκοῦσαι
τὸν λόγον τοῦ κυρίου,
Ἰουδαίους τε καὶ Ἕλληνας.

8 εἰσελθὼν δὲ ὁ Παῦλος¹
εἰς τὴν συναγωγὴν
ἐν δυνάμει μεγάλῃ²
ἐπαρρησιάζετο ἐπὶ μῆνας τρεῖς
διαλεγόμενος καὶ πείθων
περὶ τῆς βασιλείας τοῦ θεοῦ.
9 τινες μὲν οὖν αὐτῶν¹
ἐσκληρύνοντο καὶ ἠπείθουν
κακολογοῦντες τὴν ὁδὸν
ἐνώπιον τοῦ πλήθους τῶν ἐθνῶν²,
τότε³ ἀποστὰς ὁ Παῦλος⁴ ἀπ᾽ αὐτῶν
ἀφώρισεν τοὺς μαθητάς,
τὸ⁵ καθ᾽ ἡμέραν διαλεγόμενος
ἐν τῇ σχολῇ Τυραννίου⁶ τινὸς⁷
ἀπὸ ὥρας πέντε ἕως δεκάτης⁸.
10 τοῦτο δὲ ἐγένετο ἐπὶ ἔτη δύο,
ἕως πάντες οἱ κατοικοῦντες¹
τὴν Ἀσίαν ἤκουσαν¹
τὸν λόγον² [ ]³
[ ]⁴

e. B D Ψ 1175 1891ᶜ ; τα περι : ℵ A E L 33 323 614 645 1241 1505 1739 1891* Koinè NA 28

8 - 1. Dd – g s Vg(SU) ndl.1.3 SyrP Eth / 2. Dd SyrHᵐᵍ

9 - 1. D – (cf. om. ὡς δέ : SyrP Eth – add. αὐτῶν : d g SyrP) / 2. Dd SyrH* – Ee SodC.15.16
SyrP (≈ SodC.1.2.4-7) / 3. Dd SyrH* – x SyrP (≈ SodC.1.2.4-7) / 4. Dd – ndl.1 SyrP Eth /
5. D – SodC.1-5.10-14 181 1838 Chr.1ᵇ (versions ?) / 6. D – Ψ 181 1898 / 7. Dd – Ee Koinè a
g dem Vg(mss) ndl.1SyrHP / 8. Dd SyrH* – SodC.1.2.4-8 b g o Vg(DThGc) Ambrʳ

10 - 1. D Ephrᵏᶜ – e SyrP Eth.4-13 Geo Arm / 2. Ephrᵏᶜ / 3. Ephrᵏᶜ – Chr1ᵃ(1/2) (τοῦ θεοῦ :
SodC.10 b prv.1) / 4. Ephrᵏᶜ – Vg(F) (≈ ante ἀκοῦσαι : ndl.1 – ante τοὺς κατοικ. : prv)
Ephrᵏ:]facta donec omnibus audibilis factus est sermo quicumque habitabant asiam.
Ephrᶜ: for the preaching was prolonged until the word was heard by all whoever were
domiciled in asia.

8 Εισελθων δε ο παυλοσ
εισ την συναγωγην
εν δυναμει μεγαλη
επαρρησιαζετο επι μηνασ ·γ̄·
διαλεγομενοσ και πειθων
περι τησ βασιλειασ του θ̄ῡ
9 τινεσ μεν ουν αυτων
εσκληρυνοντο και ◆ηπιθουν
κακολογουντεσ την οδον
ενωπιον του πληθουσ των εθν̄ω̄
Τοτε αποστασ ο παυλοσ απ αυτων
αφωρισεν τουσ μαθητασ
το καθημεραν διαλεγομενοσ
εν τη σχολη τυραννιου τινοσ
απο ωρασ ·ε̄· εωσ δεκατησ
10 τουτο δε εγενετο επι ετη δυο
◆εσ παντεσ οι κατοικουντεσ
την ασιαν ◆κουσαν
τουσ λογουσ του κ̄ῡ
ϊουδαιοι και ελληνεσ

8 Cum introisset autem paulus
in synagogā
cum fiducia magna
palam loquebatur per trens menses
disputans et persuadens
de regno d̄i
9 ut uero quidam eorum
cum indurarent et non crederent
maledicentes uiam
in conspectu multitudinis gentiū
Tunc recessit paulus ab eis
segregauit discipulos
cottidie disputans
in scola tyranni cuiusdam
ab hora ū usque decima
10 hoc autem factum est in annos duos
ita ut omnes qui habitant
asiam audirent
uerba d̄n̄i
iudaeique et craeci

---

g : [8] Et cum intrasset paulus in synagogam confidentes loquebantur per menses tres disputans et suadens de regno dei. [9] Et cum indurarentur quidam ex eis et non crederent maledicentes uiam domini coram multitudine discessit ab eis et segregauit discipulos et cottidie disputabat in scola tyranni cuiusdam ab hora quita usque in horam decimam. [10] Hoc autem per biennium factum est ita ut omnes, qui habitabant in asia, audirent uerbum domini iudei atque greci,

11 δυνάμεις τε οὐ τὰς τυχούσας
ὁ θεὸς ἐποίει
διὰ τῶν χειρῶν Παύλου,
12 ὥστε καὶ ἐπὶ τοὺς ἀσθενοῦντας
ἀποφέρεσθαι
ἀπὸ τοῦ χρωτὸς αὐτοῦ
σουδάρια ἢ σιμικίνθια
καὶ ἀπαλλάσσεσθαι
ἀπ' αὐτῶν τὰς νόσους,
τά τε πνεύματα τὰ πονηρὰ
ἐκπορεύεσθαι.
13 ἐπεχείρησαν δέ τινες
καὶ τῶν περιερχομένων Ἰουδαίων
ἐξορκιστῶν ὀνομάζειν
ἐπὶ τοὺς ἔχοντας
τὰ πνεύματα τὰ πονηρὰ
τὸ ὄνομα τοῦ κυρίου Ἰησοῦ
λέγοντες·
ὁρκίζω ὑμᾶς τὸν Ἰησοῦν
ὃν Παῦλος κηρύσσει.
14 ἦσαν δέ τινος Σκευᾶ
Ἰουδαίου ἀρχιερέως
ἑπτὰ υἱοὶ τοῦτο ποιοῦντες.

11 δυνάμεις δὲ[1] οὐ τὰς τυχούσας
ὁ θεὸς[2] ἐποίει
διὰ τῶν χειρῶν τοῦ[3] Παύλου,
12 ὥστε καὶ ἐπὶ τοὺς ἀσθενοῦντας
ἐπιφέρεσθαι[1]
ἀπὸ τοῦ χρωτὸς [ ][2]
σουδάρια ἢ [ ][3] σιμικίνθια
καὶ ἀπαλλάσσεσθαι
ἀπ' αὐτῶν τὰς νόσους,
τά τε πνεύματα τὰ πονηρὰ
ἐκπορεύεσθαι.
13 ἐπεχείρησαν δέ τινες
[ ][1] ἐκ[2] τῶν περιερχομένων Ἰουδαίων
ἐξορκιστῶν ὀνομάζειν
ἐπὶ τοὺς ἔχοντας
τὰ πνεύματα τὰ πονηρὰ
τὸ ὄνομα τοῦ[3] κυρίου Ἰησοῦ
λέγοντες·
ἐξορκίζομεν[4] ὑμᾶς τὸν Ἰησοῦν
ὃν κηρύσσει Παῦλος[5].
14 ἐν οἷς καὶ υἱοὶ Σκευᾶ τινὸς
ἱερέως ἠθέλησαν τὸ αὐτὸ ποιῆσαι
ἔθος ἔχοντες τοὺς τοιούτους
ἐξορκίζειν καὶ εἰσελθόντες
πρὸς τὸν δαιμονιζόμενον ἤρξαντο
ἐπικαλεῖσθαι τὸ ὄνομα λέγοντες·
παραγγέλομέν σοι ἐν Ἰησοῦ
ὃν Παῦλος κηρύσσει ἐξελθεῖν[1].

---

11 - 1. D – Theoph I[L] SodB.4 431 *pc* SyrH Boh / 2. Dd – *om.* ο θεος : Vg(G) ndl.2 Sah.4 *Boism*[1a.2] (≈ *post* ἐποίει : *Koinè* b x Vg(W(+) – *post* Παύλου. : SodB.7) / 3. – SodC.5 88 453 1831 (versions?)

12 - 1. Dd – *Koinè* g r x (p[38] *deest*) / 2. – p[38] Chr.3 / 3. d (voir *infra*)

13 - 1. Dd – *Koinè* g p r dem Vg(D) ndl.2 prv / 2. Dd – p[38] g dem / 3. cf. Ac 19,5 / 4. – p[38] SodC.1.2.4.6.7.13 SodB.1-5.7 *pc* b x Vg(D) SyrP Sah.16.452.460 Boh(K) Eth Geo (ὁρκίζομεν : *Koinè*) / 5. – p[38] SyrP

14 - 1. Dd SyrH[mg] – p[38] (cf. o Ephr[k] Cass) - *Boism*[1a.2] : *om.* τον

v. 12 : La leçon double η και de D n'est pas autrement attestée.

v. 14 : Ces témoins offrent quelques variantes. p[38] a ιουδαιου τινος αρχιερεως, par harmonisation sur le TA. Il précise aussi que Paul était un "apôtre". D a ειχαν au lieu de εχοντες. En finale, il a l'inversion εξελθειν κηρυσσει, ce qui ne donne aucun sens. Le ms. o ne cite que la seconde partie du verset.

11 δυναμεισ δε ου τασ τυχουσασ	**11** uirtutes etiam non quasilibet
ο θ̄σ̄ εποιει	d̄s̄ faciebat
δια των χειρων παυλου	per manus pauli
12 ωστε και επι τουσ ασθενουντασ	**12** ita ut et super infirmantes
επιφερεσθαι	inferentur
απο του χρωτοσ αυτου	a corpore eius
σουδαρια η και σιμικινθια ·	sudaria aut simicintia
και απαλλασσεσθαι	et recedent
απ αυτων τασ νοσουσ	ab eis infirmitatis
τα τε ◆π̄ν̄ᾱ τα πονηρα	ut s̄p̄s̄ malignus
εκπορευεσθαι	exiret
13 Επεχειρησαν δε τινεσ	**13** adgressi sunt quidam
εκ των περιερχομενω ϊουδαιων	ex circumuenientibus iudaeis
εξορκιστων ονομαζειν	exorcistarum nominare
επι τουσ εχοντασ	super eos qui haberent
τα ◆π̄ν̄ᾱ τα πονηρα	s̄p̄s̄ malignos
το ονομα κ̄ῡ ῑη̄ῡ	nomen d̄n̄ī ī̄h̄ū
λεγοντεσ	dicentes
Ορκιζω ϋμασ τον ῑη̄ν̄	Adiuro uos per ī̄h̄m̄
ον παυλοσ κηρυσσει	quem paulus praedicat
14 εν οισ και ϋιοι σκευα τινοσ	**14** in quo et fili sceuae cuiusdam
ϊερεωσ ηθελησαν το αυτο ποιησαι	sacerdotis uoluerunt similiter facere
εθοσ ◆ειχαν τουσ τοιουτουσ	consuetudinem habebant apud eos
εξορκιζειν και εισελθοντεσ	exorcizare et introierunt
προσ τον δαιμονιζομενο̄ ηρξαντο	adimplentes coeperunt
επικαλεισθαι το ονομα λεγοντεσ	inuocare nomen dicentes
παραγγελομεν σοι εν ῑη̄ῡ	praecipimus tibi ī̄h̄ū
ον παυλοσ εξελθειν κηρυσσει	quem paulus praedicat exire

---

g : ¹¹ uirtutesque non modicas deus faciebat per manus pauli ¹² ita ut et infirmis inferrentur de corpore eius sudaria uel semicincta et discederent ab eis languores et maligni spiritus exirent. ¹³ Temptauerunt autem quidam ex circumuenientibus iudeis exorcistis inuocare supra habentes spiritus malignos nomen domini ihesu dicentes : adiuro uos per ihesum quem paulus praedicat ut exentis. ¹⁴ Erant autem filii sceue duo sacerdotis, qui faciebant similiter.

15 ἀποκριθὲν δὲ
τὸ πνεῦμα τὸ πονηρὸν εἶπεν αὐτοῖς·
τὸν μὲν Ἰησοῦν γινώσκω
καὶ τὸν Παῦλον ἐπίσταμαι,
ὑμεῖς δὲ τίνες ἐστέ ;
16 καὶ ἐφαλόμενος
ὁ ἄνθρωπος ἐπ᾽ αὐτοὺς ἐν ᾧ ἦν
τὸ πνεῦμα τὸ πονηρὸν
κατακυριεύσας ἀμφοτέρων
ἴσχυσεν κατ᾽ αὐτῶν, ὥστε
γυμνοὺς καὶ τετραυματισμένους
ἐκφυγεῖν ἐκ τοῦ οἴκου ἐκείνου.
17 τοῦτο δὲ ἐγένετο γνωστὸν
πᾶσιν ἰουδαίοις τε καὶ ἕλλησιν ᶠ
τοῖς κατοικοῦσιν τὴν Ἔφεσον,
καὶ ἐπέπεσεν φόβος
ἐπὶ πάντας αὐτούς, καὶ ἐμεγαλύνετο
τὸ ὄνομα τοῦ κυρίου Ἰησοῦ.
18 πολλοί τε τῶν πεπιστευκότων
ἤρχοντο ἐξομολογούμενοι
καὶ ἀναγγέλλοντες
τὰς πράξεις αὐτῶν.

15 [ ]¹ *ἀποκριθὲν*² *δὲ*¹
τὸ πνεῦμα τὸ πονηρὸν εἶπεν αὐτοῖς·
τὸν [ ]³ Ἰησοῦν γινώσκω
καὶ τὸν Παῦλον ἐπίσταμαι,
ὑμεῖς δὲ τίνες ἐστέ ;
16 καὶ *ἐναλλόμενος*¹ [ ]²
ὁ ἄνθρωπος [ ]² ἐν ᾧ ἦν
τὸ πνεῦμα τὸ πονηρὸν
*κυριεύσας*³ ἀμφοτέρων ἴσχυσεν κατ᾽
αὐτῶν, ὥστε
γυμνοὺς καὶ τετραυματισμένους
ἐκφυγεῖν ἐκ τοῦ οἴκου ἐκείνου.
17 τοῦτο δὲ ἐγένετο γνωστὸν
πᾶσιν ἰουδαίοις τε καὶ ἕλλησιν
τοῖς κατοικοῦσιν τὴν Ἔφεσον,
καὶ <u>φόβος ἐπέπεσεν</u>¹
ἐπὶ πάντας αὐτούς, καὶ ἐμεγαλύνετο
τὸ ὄνομα τοῦ² κυρίου Ἰησοῦ.
18 πολλοί *δὲ*¹ τῶν *πιστευόντων*²
ἤρχοντο ἐξομολογούμενοι
καὶ ἀναγγέλλοντες
τὰς πράξεις αὐτῶν.

f. *NA 28* ; Β : ελλησι

---

15 – 1-2. δε : SyrH^mg (voir *infra*) / 3. Dd – p³⁸ ℵ A *Koinè* e g r Vg

16 - 1. Dd – g r Vg [p³⁸ *desinit*] / 2. – SodC.1.2.4.6 536 *pc* Geo (εἰς αὐτούς : Dd g Vg – ἐπ
αὐτούς : Ee a r) (≈ *post* ἐφαλ. : Dd p⁷⁴ *Koinè* g r ndl.2 – *post* πονηρόν : Ee) / 3. D Ψ (*Boism*^{1a.(2)} :
κατακυριευσας)

17 - 1. D – g x ndl.2 / 2. cf. Ac 19,5

18 - 1. D – 36.433 181 Sah Boh / 2. D Ψ SodC.1-3.6.7.10-13
Varia : om. καὶ ἀναγγέλοντες : dem ndl.1 prv.1 Eth Geo (≈ SyrP)

v. 15 : D commence le verset par un τοτε qui est ignoré de p³⁸ et de SyrH^mg (celle-ci donne le
début du verset 15 à la suite du verset 14) et qui paraît attribuable à une rétroversion du latin
tunc. En l'absence de conjonction de coordination avant ειπεν le participe αποκριθεν
respondens s'impose à la place de l'aoriste απεκριθη.

15 τοτε απεκριθη	**15** tunc respondens
το π̅ν̅α το πονηρον ειπεν αυτοισ	sp̅s malignus dixit ad eos
τον ιη̅ν γεινωσκω	ih̅m ad gnosco
και τον παυλον επισταμαι	et paulum scio
ϋμεισ δε τινεσ ✦εσται	uos autem qui estis
16 και εναλλομενοσ εισ αυτουσ	**16** et insilien in eos
ο ανθρωποσ εν ω ην	homo in quo erat
το π̅ν̅α το πονηρον	sp̅s nequa
κυριευσασ αμφοτερων εισχυσεν	dominatus utrisque ualuit
κατ αυτω̅ ωστε	aduersus eos ita
γυμνουσ και τετραυματισμενουσ	ut nudi et uulnerati
εκφυγειν εκ του οικου εκεινου	effugerent de domo illa
17 Τουτο δε εγενετο γνωστον	**17** Hoc autem factum est notum
πασι ϊουδαιοισ και ελλησιν	omnibus iudaeis et grecis
τοισ κατοικουσιν την εφεσο̅	his qui habitant in ephesum
και φοβοσ επεσεν	et incidit timor
επι παντασ αυτουσ και εμεγαλυνετο	super omnes eos et magnificabatur
το ονομα κ̅υ̅ ιη̅υ	nomen d̅n̅i̅ ih̅u
18 πολλοι δε των πιστευοντων	**18** multique credentium
ηρχοντο εξομολογουμενοι	ueniebant confitentes
και αναγγελλοντεσ	et nuntiantes
τασ πραξεισ αυτων	actos suos

---

g : [15] Quibus respondens spiritus nequam dixit : Ihesum scio et paulum noui, uos autem qui estis ? [16] et insiliens in eos homo in quo erat spiritus nequam dominatur utrisque praeualuit aduersus eos ita ut nudi et uulnerati effugerent de domo illa. [17] Hoc autem notum factum est omnibus iudeis atque grecis habitantibus ephesum et timor decidit super omnes illos et magnificabatur nomen domini ihesu [18] et multi de credentibus ueniebant confitentes et annunciantes acta sua.

19 ἱκανοὶ δὲ τῶν τὰ περίεργα
πραξάντων συνενέγκαντες
τὰς βίβλους κατέκαιον
ἐνώπιον πάντων·
καὶ συνεψήφισαν
τὰς τιμὰς αὐτῶν καὶ εὗρον
ἀργυρίου μυριάδας πέντε.
20 οὕτως κατὰ κράτος

τοῦ κυρίου ὁ λόγος
ηὔξανεν καὶ ἴσχυεν.

19 ἱκανοὶ [ ][1] τῶν τὰ περίεργα
πραξάντων συνενέγκαντες
[ ][2] τὰς βίβλους κατέκαιον
ἐνώπιον πάντων·
καὶ *συνψηφίσαντες*[3]
τὰς τιμὰς αὐτῶν [ ][3] εὗρον
ἀργυρίου μυριάδας πέντε.
20 *καί*[1] οὕτως κατὰ κράτος
ἐνίσχυσεν[2]
[ ][1] *ἡ πίστις τοῦ θεοῦ*[3]
[ ][4] *καὶ ἐπληθύνετο*[5].

---

19 - 1. D – Sah.4 (τε : SodC.1-4.7.11.13) / 2. voir *infra* / 3. d – e g Vg (pour D, voir *infra*)

20 - 1. SyrP (voir *infra*) / 2. Dd – SyrP Eth.2-13 / 3. Dd – SyrP / 4. – SyrP / 5. Dd – SyrP Geo

SyrP : et sic in virtute magna roborabatur et multiplicabatur fides dei

v. 19 : Le texte de D est particulièrement perturbé : και devant τας βίβλους et non devant ευρον, περι τα εργα au lieu de τα περιεργα, καταικεον au lieu de κατεκαιον. Avec le TA, D garde le συνεψήφισαν, mais avec le TO il omet καί devant εὗρον.

v. 20 : Le texte de D n'est pas cohérent puisque le verbe ενισχυσεν n'a pas de sujet en raison du και suivant que SyrP met à sa juste place. Son ηὔξανεν est une harmonisation sur le TA.

19 ϊκανοι των ✦περι ✦τα ✦εργα	**19** multi autem ex his qui curiosa
πραξαντων συνενεγκαντεσ	gesserunt adtulerunt
και τασ βιβλουσ ✦καταικεον	et libros commurebant coram
ενωπιον παντων	omnibus
και συνεψηφισον	et conputatis
τασ τιμασ αυτων ευρον	praetiis illorum inuenerunt
αργυριου μυριδασ πεντε	denariorum sestertia docenta
20 ουτωσ κατα κρατος	**20** sic potens
ενϊσχυσεν	conualescebat
και η πιστισ του θ͞υ	et fides d͞i
ηϋξανε και ✦επληθυνε	crescebat et conualescebat

---

g : [19] Multi autem ex his, qui curiosa gesserunt, contulerunt libros et comburebant coram omnibus et computatis pretiis illorum inuenerunt denariorum L milia [20] Sic potens uerbum dei crescebat et conualescebat.

21 ὡς δὲ ἐπληρώθη ταῦτα,
ἔθετο ὁ Παῦλος ἐν τῷ πνεύματι
διελθὼν τὴν Μακεδονίαν
καὶ Ἀχαίαν πορεύεσθαι
εἰς Ἱεροσόλυμα, εἰπὼν ὅτι
μετὰ τὸ γενέσθαι με ἐκεῖ δεῖ με
καὶ Ῥώμην ἰδεῖν.
22 ἀποστείλας δὲ
εἰς τὴν Μακεδονίαν
δύο τῶν διακονούντων αὐτῷ,
Τιμόθεον καὶ Ἔραστον,
αὐτὸς ἐπέσχεν χρόνον
εἰς τὴν Ἀσίαν.
23 ἐγένετο δὲ
κατὰ τὸν καιρὸν ἐκεῖνον
τάραχος οὐκ ὀλίγος περὶ τῆς ὁδοῦ.

21 [ ]¹ τότε¹ ὁ Παῦλος²
ἔθετο ἐν τῷ πνεύματι
διελθεῖν³ τὴν Μακεδονίαν
καὶ τὴν⁴ Ἀχαίαν καὶ³ πορεύεσθαι
εἰς Ἱεροσόλυμα, εἰπὼν ὅτι
μετὰ τὸ γενέσθαι με ἐκεῖ δεῖ με
καὶ Ῥώμην ἰδεῖν.
22 καὶ ἀποστείλας¹ [ ]¹
δύο τῶν διακονούντων αὐτῷ²
εἰς τὴν Μακεδονίαν,
Τιμόθεον καὶ Ἔραστον,
αὐτὸς ἐπέσχεν χρόνον ὀλίγον³
ἐν τῇ Ἀσίᾳ⁴.
23 ἐγένετο δὲ
κατὰ τὸν καιρὸν ἐκεῖνον
τάραχος οὐκ ὀλίγος περὶ τῆς ὁδοῦ.

---

21 - 1. Dd / 2. Dd Ee / 3. Dd – c g Vg(CDMRT) (cf. Ee A 1311 pc a : om. καί) / 4. D – E A p⁷⁴ SodB.1.2.4-6 181 pc (versions ?)

22 – 1. D SyrP (αποστειλας δε : Boism¹ᵃ·⁽²⁾) / 2. SyrP (δυο των διακονουντων αυτω après εις την Μακεδονιαν : Boism¹ᵃ·⁽²⁾ – voir infra) / 3. D / 4. D 917 1838 pc e g Vg

v. 21 : L'omission de l'article devant le nom de Paul est contraire à la tendance du TO : pour la discussion voir Boim¹ p. 110.

v. 22 : Vu l'attention de Boism¹ᵃ·² à suivre SyrP aux versets 20 et 24, il paraît licite de faire de même ici au verset 22.

21 τοτε παυλοσ	**21** tunc paulus
εθετο εν τω π̅ν̅ι	ad posuit in s̅p̅o
διελθειν την μακεδονιαν	transire per macedoniam
και την αχαϊαν και πορευεσθαι	et achaiam et sic ire
εισ ◆ϊεροσολυσολυμα ειπων οτι	in hierosolyma dicens quia
μετα το γενεσθαι με εκει ◆δειμαι	cum fuero ibi necesse est me
και ρωμην ειδειν	roma uidere
22 και αποστειλασ	**22** et misit
εισ την μακεδονιαν	in macedoniam
δυο των διακονουντων αυτω	duos qui sibi ministrabant
τιμοθεον και εραστον	timotheum et erastum
αυτοσ επεσχεν χρονον ολιγον	ipse uero substitit tempus
εν τη ασια	in asiam
23 Εγενετο δε	**23** Factum est autem
κατα τον καιρον εκεινον	in illo tempore
ταραχοσ ουκ ολιγοσ περι τησ οδου	tumultus non modicus de hac uia d̅n̅i

---

g : [21] His autem expletis statuit paulus in spiritu transire macedoniam et achaiam et sic ire hierosolimam dicens quia cum fuero ibi necesse est me et romam uidere. [22] Et misit in macedoniam duos, qui sibi ministrabant, tymotheum et erastum, ipse uero substitit tempus in asia. [23] Factum est autem in illo tempore tumultus non modicus de uia domini.

24 Δημήτριος γάρ τις ὀνόματι,
ἀργυροκόπος,
ποιῶν ναοὺς ᵍ Ἀρτέμιδος
παρείχετο τοῖς τεχνίταις
οὐκ ὀλίγην ἐργασίαν,
25 οὓς συναθροίσας
καὶ τοὺς περὶ τὰ τοιαῦτα ἐργάτας
εἶπεν ·
ἄνδρες, ἐπίστασθε
ὅτι ἐκ ταύτης τῆς ἐργασίας
ἡ εὐπορία ἡμῖν ἐστιν,

24 ἦν δέ τις¹
ἀργυροκόπος ὀνόματι Δημήτριος.¹
ὃς² ἐποιεῖ³ ναοὺς ἀργυροῦς Ἀρτέμιδος
καὶ³ παρείχετο τοῖς τεχνίταις
οὐκ ὀλίγην ἐργασίαν,
25 οὗτος¹ συναθροίσας
[ ]² τοὺς [ ]³ [ ]³ τεχνίτας⁴
ἔφη πρὸς αὐτούς⁵ ·
ἄνδρες συντεχνῖται⁶, ἐπίστασθε
ὅτι ἐκ ταύτης τῆς ἐργασίας
ἡ εὐπορία ἡμῖν ἐστιν,

---

g. B g ; ναους αργυρους : D d Vg SyrP *NA 28*

---

24 - 1. – ndl SyrP cf. Cass / 2. (≈ Dd) – prv SyrP Cass / 3. – prv SyrP Cass
Varia : *om.* ὀνόματι : Dd g Cass Sah ; παρεῖχε : D E A SodC.4 (versions ?)
SyrP : erat autem ibi argentarius quidam cuius nomen erat demetrios qui faciebat aedes argenteas artemis et praestabat...
Cass : Erat quidam Demetrius qui in templo Dianae faciebat argenteas : iste artificibus consueverat non minimas praestare mercedes

25 - 1. Dd – Cass SyrHP g Vg(CDT) SodC.1-3.6.7.10-13 / 2. Dd – Cass SyrP g Vg(CDOT) prv.1 808 / 3. Ephrᵏ – Cass Eth.1-3 / 4. D Ephrᵏ – Cass Eth.1-3 e Vg(CDT) ndl prv.1 Sah (+ SyrP Eth.4-13) / 5. Dd – (versions ?) / 6. Dd SyrH* – Sah
Cass : is videns... supradictos artifices adversum apostolos ejusque discipulos graviter incitavit
Ephrᵏ : ... et congregnas artifices artis suae turbabat

v. 24 : Le scribe de D suit le TA dans lequel il a inséré deux mots en provenance du TO, mais à une place aberrante : ην et οσ. Le premier perd son sens de "il y avait" (TO) pour donner un imparfait périphrastique avec ποιων, mais la construction de la phrase est maladroite. Quant au relatif, il est mieux en situation dans SyrP et Cass. On ne retiendra donc pas son omission de ὀνόματι attestée encore par des témoins qui suivent ici le TA (sauf Cassiodore, qui cite assez librement et simplifie le texte). C'est une variante à l'intérieur du TA, où ce mot ne semble pas à sa place normale. On en dira de même de la variante παρεῖχε dont les autres témoins suivent ici aussi le TA et non le TO. La reconstitution du TO s'appuie donc ici avant tout sur SyrP soutenue par Cass et d'autres témoins de la tradition latine. Le texte est de structure parfaitement lucanienne : Act 9,10 : ἦν δέ τις μαθητὴς ἐν Δαμασκῷ ὀνόματι Ἀνανίας... (cf. 9,36; 16,1).

v. 25 : Même s'ils ne citent pas *ad litteram*, il est clair que Cassiodore et Ephrem suivent le TO, comme au verset précédent pour Cassiodore. Dans ce texte, le περὶ τὰ τοιαῦτα est superflu ; D l'a ajouté par harmonisation sur le TA.

24 Δημητριοσ γαρ τισ ην
αργυροκοποσ
ποιων ναουσ αργυρουσ αρτεμιδοσ
οσ ♦παρειχε τοισ τεχνειταισ
ουκ ολιγην εργασιαν
25 ουτοσ συναθροισασ
τουσ περι τα τοιαυτα ♦τεχνεταισ
εφη προσ αυτουσ
ανδρεσ συντεχνειται ♦επιστασται
οτι εκ ταυτησ τησ εργασιασ
η ευπορια ημειν εστιν

24 Demetrius enim quidam
argentarius
faciens tempula argentea dianae
qui prestabat artificibus
non modicam adquisitionem
25 hic conuocauit
eos qui circa haec operabantur
ait ad eos
Uiri artifices scitis
quia ex hac operationem
adquisitio est nobis

---

g : ²⁴ Demetrius autem quidam argentarius faciens templa diane praestabat artificibus non modicum questum. ²⁵ Hic conuocans eos qui huius modi erant operarios dixit : O uiri, scitis quia de hoc artificio acquisitio est nobis

26 καὶ θεωρεῖτε καὶ ἀκούετε
ὅτι οὐ μόνον Ἐφέσου
ἀλλὰ σχεδὸν πάσης τῆς Ἀσίας
ὁ Παῦλος οὗτος
πείσας μετέστησεν ἱκανὸν ὄχλον,
λέγων ὅτι οὐκ εἰσὶν θεοὶ
οἱ διὰ χειρῶν γινόμενοι.
27 οὐ μόνον δὲ τοῦτο
κινδυνεύει ἡμῖν
τὸ μέρος εἰς ἀπελεγμὸν ἐλθεῖν,
ἀλλὰ καὶ
τὸ τῆς μεγάλης θεᾶς Ἀρτέμιδος ἱερὸν
εἰς οὐθὲν λογισθῆναι,
μέλλειν τε καὶ καθαιρεῖσθαι
τῆς μεγαλειότητος αὐτῆς,
ἣν ὅλη ἡ ʰ Ἀσία καὶ ἡ ⁱ οἰκουμένη
σέβεται.
28 ἀκούσαντες δὲ
καὶ γενόμενοι πλήρεις θυμοῦ

ἔκραζον λέγοντες·
μεγάλη ἡ Ἄρτεμις Ἐφεσίων.

26 καὶ θ̲ε̲ω̲ρ̲ε̲ῖ̲τ̲ε̲¹ καὶ ἀ̲κ̲ο̲ύ̲ε̲τ̲ε̲¹
ὅτι² οὐ μόνον [ ]³ Ἐφέσου
ἀλλὰ καὶ⁴ σχεδὸν πάσης τῆς⁵ Ἀσίας
ὁ Παῦλος οὗτος τίς ποτε⁶
πείσας μετέστησεν ἱκανὸν ὄχλον,
λέγων ὅτι οὗτοι⁷ οὐκ εἰσὶν θεοὶ
οἱ διὰ χειρῶν ἀνθρώπων⁸ γινόμενοι.
27 οὐ μόνον δὲ τοῦτο
ἡ̲μ̲ῖ̲ν̲ κ̲ι̲ν̲δ̲υ̲ν̲ε̲ύ̲ε̲ι̲¹
τὸ μέρος εἰς ἀπελεγμὸν ἐλθεῖν,
ἀλλὰ καὶ
τὸ τῆς μεγάλης θεᾶς ἱ̲ε̲ρ̲ὸ̲ν̲ Ἀ̲ρ̲τ̲έ̲μ̲ι̲δ̲ο̲ς̲²
εἰς οὐδὲν³ λογισθήσεται⁴,
ἀλλὰ⁵ καὶ⁶ καθαιρεῖσθαι μέλλει⁵
ἡ μεγαλειότης αὐτῆς⁷,
ἣν ὅλη ἡ⁸ Ἀσία καὶ ἡ οἰκουμένη
σέβεται.
28 ταῦτα¹ δὲ ἀκούσαντες
καὶ γενόμενοι πλήρεις θυμοῦ
καὶ δραμόντες εἰς τὸ ἄμφοδον²
ἔκραζον λέγοντες·
μεγάλη ἡ³ Ἄρτεμις Ἐφεσίων.

h. *NA 28* ; *om.* : B D
i. *NA 28* ; *om.* : B

26 - 1. voir *infra* / 2. d g e Vg / 3. voir *infra* / 4. D – b g dem Vg(F) SyrP Eth.1-3 A L 36.453
181 1898 Chr.1 Geo / 5. cf. Ac 16,6 ; 19,10 / 6. (Dd) – g (voir *infra*) / 7. D – *om.* ουτοι :
Boism¹ᵃ·² / 8. Ephrᵏᶜ – SyrP Eth SodC.1-5.7.8.10-14 Chr.1ᵃᶜ Boh(FS)
Varia : ≈ ἀκούετε... θεωρεῖτε : Dd SyrP Boh(FS)

27 - 1. Dd – 69 1175 Chr.1ᵇ g (*om.* ἡμῖν : SyrP Vg(S) / 2. Dd – Ee *Koinè* (g) / 3. D – E
SodC.1-8.10-14 SodB.1.4.6 181 431 1175 1838 *al* Chr.1 (versions ?) / 4. Dd – Ee A Chr.1ᵇ g
Vg Jer / 5. Dd – g Vg / 6. Vg / 7. – g Vg Chr.1ᵃ(1/2)

28 - 1. Dd – g Vg SyrP Eth.3 Geo Arm / 2. (Dd) SyrHᵐᵍ – SodC.1.2.4-8 (*om.* καί : Dd) / 3.
voir *infra*

v. 26 : L'ordre des verbes donné aux *varia* ne va pas avec le contexte immédiatement
postérieur : les artisans voient à Éphèse et entendent dire de toute l'Asie. Les mots θεωρεῖτε καὶ
ont pu tomber par saut du même au même (cf. Eth.2), puis remis à une mauvaise place. –
L'addition par D de εως devant εφεσου est étrange ; on l'aurait attendu plutôt devant πασησ
τησ ασιασ. Comme au verset 24, le scribe aurait inséré à une mauvaise place un mot qu'il lisait
dans une autre tradition textuelle. L'incise oratoire τις ποτε correspondant au *nescio quem* de
g est préférable au τισ τοτε problématique de D.

v. 28 : D omet ἡ par haplographie.

26 και ♦ακουεται και ♦θεωρειται   **26** et audistis et uidetis
ου μονον εωσ ♦εφεσιου   quia non solum ipsius ephesi
αλλα και σχεδον πασησ ασιασ   sed paenae omnis asiae
Ο παυλοσ ουτοσ τισ τοτε   Paulus hic quidam tunc
♦πισασ μετεστησεν ϊκανον οχλον   suadens e duxit plurimam turbam
λεγων οτι ουτοι ουκ εισιν θεοι   dicens quoniam non sunt dii
οι δια χειρων ♦γενομενοι   qui fiunt manibus
27 ου μονον δε τουτο   **27** non solum autem
ημειν κινδυνευει   nobis periclitatur
το μεροσ εισ απελεγμον ελθειν   pars in redargutionem uenire
αλλα και   sed etiam
το τησ μεγαλησ θεασ ϊερον αρτεμιδος   magnae deae templum dianae
εισ ουδεν λογισθησεται   in nihilum deputabitur
αλλα ♦καθερισθαι μελλει   sed destrui incipiet

η ολη ασια και η οικουμενη   tota asia et orbis terrarum
σεβεται   colitur
28 ταυτα δε ακουσαντεσ   **28** haec autem cum audissent
και γενομενοι πληρεισ θυμου   et fuissent pleni indignatione
δραμοντεσ εισ το αμφοδον   currentes in campo
εκραζον λεγοντεσ   clamauerunt dicentes
μεγαλη αρτεμισ εφεσιων   magna est diana ephesiorum

---

g : [26] et uidetis et auditis, quod non tantum ephesiis sed et universe asie hic paulus nescio quem suasit et auertit magnam turbam dicens, quia non sunt dii, qui manibus fiunt. [27] Non tantum autem hec pars nobis periclitatur in traductionem peruenire sed etiam templum magne dee diane in nichil estimabitur, sed et destrui incipiet maiestas eius, quam tota asia et orbis terrarum colit. [28] His auditis repleti sunt ira et exclamauerunt dicentes : Magna diana ephesiorum

29 καὶ ἐπλήσθη
ἡ πόλις τῆς συγχύσεως,
ὥρμησάν τε ὁμοθυμαδὸν
εἰς τὸ θέατρον
συναρπάσαντες Γάιον
καὶ Ἀρίσταρχον Μακεδόνας,
συνεκδήμους Παύλου.
30 Παύλου δὲ βουλομένου
εἰσελθεῖν εἰς τὸν δῆμον
οὐκ εἴων αὐτὸν οἱ μαθηταί ·
31 τινὲς δὲ καὶ τῶν Ἀσιαρχῶν,
ὄντες αὐτῷ φίλοι,
πέμψαντες πρὸς αὐτὸν
παρεκάλουν μὴ δοῦναι ἑαυτὸν
εἰς τὸ θέατρον.

29 καὶ *συνεχύθη*[1]
ὅλη[2] ἡ πόλις [][3]
ὥρμησάν *δὲ*[4] ὁμοθυμαδὸν
εἰς τὸ θέατρον
συναρπάσαντες Γάιον
καὶ Ἀρίσταρχον Μακεδόνας,
συνεκδήμους Παύλου.
30 *βουλομένου*[1] δὲ *τοῦ*[2] Παύλου
εἰσελθεῖν εἰς τὸν δῆμον
οἱ μαθηταί ἐκώλυον[3] [][4]
31 τινὲς δὲ καὶ τῶν Ἀσιαρχῶν,
ὑπάρχοντες[1] αὐτῷ φίλοι,
πέμψαντες πρὸς αὐτὸν
παρεκάλουν μὴ δοῦναι ἑαυτὸν
εἰς τὸ θέατρον.

---

29 - 1. D – g SyrP Sah.4 / 2. Dd – g Cass SyrP Sah Eth Geo 36.453 431 1811 (≈ Ee *Koinè*) / 3. g SyrP (voir *infra*) / 4. D – *pc*

30 - 1. Dd – g / 2. D E *Koinè* (versions ?) / 3. D(d) Ephr^k SyrP Eth / 4. *om.* αυτον : Dd 467* g Vg

31 - 1. D – e (*om.* Vg(R*) Eth)
Varia : αὐτοῦ : d g Vg E 88 915 (*om.* Eth)

v. 29 : Le texte de D est ici très influencé par le latin.

v. 31 : Ces deux variantes semblent solidaires et pourraient donner pour le TO : τινὲς δὲ καὶ τῶν Ἀσιαρχῶν αὐτοῦ φίλοι... D ne donnerait alors que l'archétype X influencé par le TA.

29 και συνεχυθη	**29** et repleta est
ολη η πολισ αισχυνησ	tota ciuitas confusionem
ωρμησαν δε ομοθυμαδον	impetumque fecerunt unanimiter
εισ το θεατρον	in theatru
και συναρπασαντεσ γαϊον	et rapuerunt gaium
και αρισταρχον ◆μακεδονεσ	et aristarchum macedonibus
συνεκδημουσ παυλου	comitibus pauli
30 βουλομενου δε του παυλου	**30** ipso autem uolente paulo
εισελθειν εισ τον δημον	introire in turbam
οι μαθηται εκωλυον	discipuli non sinebant
31 τινεσ δε και των ασιαρχων	**31** quidam uero asiarcharum
ϋπαρχοντεσ αυτω φιλοι	qui erant amici eius
πεμψαντεσ προσ αυτον	cum mississent ad eum
παρεκαλουν μη δουναι εαυτον	rogabant eum ne darent se
εισ το θεατρο̄	in theatrum

---

g : [29] Et confusa est uniuersa ciuitas. Et impetu facto irruerunt omnes unanimes in theatrum et rapuerunt gaium et aristarchum macedones comites pauli. [30] Volente autem paulo intrare in turbam non sinebant discipuli [31] aliqui autem et de principibus asie, qui erant amici eius, miserunt ad eum rogantes ne se in theatrum daret.

32 ἄλλοι μὲν οὖν ἄλλο τι ἔκραζον,
ἦν γὰρ ἡ ἐκκλησία συγκεχυμένη,
καὶ οἱ πλείους οὐκ ᾔδεισαν
τίνος ἕνεκα συνεληλύθεισαν.
33 ἐκ δὲ τοῦ ὄχλου
συνεβίβασαν Ἀλέξανδρον,
προβαλόντων αὐτὸν
τῶν Ἰουδαίων·
ὁ δὲ Ἀλέξανδρος
κατασείσας τὴν χεῖρα
ἤθελεν ἀπολογεῖσθαι τῷ δήμῳ.
34 ἐπιγνόντες δὲ ὅτι Ἰουδαῖός ἐστιν
φωνὴ ἐγένετο μία ἐκ πάντων
ὡσεὶ[j] ἐπὶ ὥρας δύο κραζόντων,
μεγάλη ἡ Ἄρτεμις Ἐφεσίων
μεγάλη ἡ Ἄρτεμις Ἐφεσίων[k].
35 καταστείλας δὲ
τὸν ὄχλον ὁ γραμματεὺς[l] φησίν ·
ἄνδρες Ἐφέσιοι,
τίς γάρ ἐστιν ἀνθρώπων
ὃς οὐ γινώσκει
τὴν Ἐφεσίων πόλιν νεωκόρον
οὖσαν τῆς μεγάλης Ἀρτέμιδος
καὶ τοῦ διοπετοῦς ;
36 ἀναντιρρήτων[m] οὖν
ὄντων τούτων
δέον ἐστὶν ὑμᾶς κατεσταλμένους
ὑπάρχειν καὶ μηδὲν προπετὲς
πράσσειν.

32 ἄλλοι μὲν οὖν ἄλλο [ ][1] ἔκραζον,
ἡ γὰρ ἐκκλησία ἦν[2] συγκεχυμένη,
καὶ οἱ πλεῖστοι[3] οὐκ ᾔδεισαν
τίνος ἕνεκεν[4] συνεληλύθεισαν.
33 ἐκ δὲ τοῦ ὄχλου
κατεβίβασαν[1] Ἀλέξανδρον,
προβαλόντων αὐτὸν
τῶν Ἰουδαίων·
ὁ δὲ Ἀλέξανδρος
κατασείσας τῇ χειρὶ[2]
ἤθελεν ἀπολογεῖσθαι τῷ δήμῳ.
34 ἐπιγνόντες δὲ ὅτι Ἰουδαῖός ἐστιν
φωνὴ ἐγένετο [ ][1] [ ][2] πάντων
ὡς[3] ἐπὶ ὥρας δύο κραζόντων,
μεγάλη ἡ Ἄρτεμις Ἐφεσίων.
[ ][4]
35 κατασείσας[1] δὲ
ὁ γραμματεὺς τὸν ὄχλον φησίν ·
ἄνδρες Ἐφέσιοι,
τίς γάρ ἐστιν ὁ ἄνθρωπος[2]
ὃς οὐ γινώσκει
τὴν ἡμετέραν[3] [ ][3] πόλιν νεωκόρον
εἶναι[4] τῆς μεγάλης Ἀρτέμιδος
καὶ τοῦ διοπετοῦς ;
36 ἀναντιρρήτων οὖν
ὄντων τούτων
δέον ἐστὶν ὑμᾶς κατεσταλμένους
ὑπάρχειν καὶ μηδὲν προπετὲς
πράσσειν.

j. p[74] B 33 ; ως : *NA 28*
k. B ; *om.* : D d g *NA 28*
l. B 1175 ; ο γρα. τ. οχλ. : D d g *NA 28*
m. *NA 28* ; B : ανατιρητων

---

32 - 1. Dd g Vg ndl.2 / 2. Dd / 3. D / 4. D E *Koinè* (versions ?)

33 - 1. Dd – e g Vg / 2. Dd Ψ SodC.3 181 1175 1838 *pc* Chr.1 Vg Cass

34 - 1. SyrH* – SodC.1-4.10.11.13 Eth.1.3.7.8 / 2. Dd – g Vg SyrP Eth / 3. D / 4. Dd (tous sauf B)

35 - 1. Dd – E Ψ SodC.1-3.10.11 Chr.1 1Chr[t] Geo Arm / 2. Dd – (g) *Koinè* (*om.* Ephr[k]) / 3. Dd Ephr[k] – Chr.2(1/2) / 4. Dd Ephr[k] – e g Vg
Ephr[k] : Postea dederunt consilium principes urbis civibus et aiunt: Quis est qui non scit nostram civitatem cultricem esse Artemidos...

32 αλλοι μεν ουν αλλο εκραζον	**32** alii autem uero aliut clamabant
η γαρ εκκλησια ην ♦συνκεχυμενη	erat enim ecclesia confusa
και οι πλειστοι ουκ ηδεισαν	et plures nesciebant
τινοσ ενεκεν συνεληλυθεισαν	cuius rei causa
33 εκ δε του οχλου	**33** conuenerint de ipsa turba
κατεβιβασαν αλεξανδρον	distraxerunt alexandrum
♦προβαλλοντων αυτον	propellentibus eum
των ϊουδαιων	iudaeis
Ο δε αλεξανδροσ	alexander autem
κατασεισασ τη χειρι	innuens manu
ηθελεν απολογεισθαι τω δημω	uolebat rationem reddere populo
34 επιγνοντεσ δε οτι ϊουδαιοσ εστιν	**34** cognito autem eo quod iudaeus esset
φωνη εγενετο μια παντων	uox facta est una omnium
ωσ επι ωρασ δυο κραζοντων	quasi horis duabus clamantium
μεγαλη αρτεμισ εφεσιων	magna est diana ephesiorum
35 κατασεισασ δε	**35** cum conpescuisset
ο γραμματευσ τον οχλον φησῑ	scriba turba ait
ανδρεσ εφεσιοι	uiri ephesi
τισ γαρ εστιν ο ανθρωποσ	quis enim est homo
οσ ου γεινωσγει	qui ignorat
την ημετεραν πολιν ♦ναοκορον	uestram ciuitatem aedituam
ειναι τησ μεγαλησ αρτεμιδοσ	esse magnae dianae
και του ♦διοσπετους	et huius iouis
36 αναντιρρητων ουν	**36** contradictione itaque
οντων τουτων	non capientibus his
δεον εστιν ϋμασ κατεσταλμενουσ	oportet uos questos
ϋπαρχῑ και μηδεν προπετεσ	esse et nihil temere
πρασσειν	agere

g : ³² Alii ergo aliud clamabant ; erat enim ecclesia confusa, et plures nesciebant qua ex causa conuenissent. ³³ De turba itaque detraxerunt alexandrum propellentibus eum iudeis. Alexander autem mouit manum uolens se excusare ad populum. ³⁴ Qui cognito quia iudeus est uox facta est una omnium fere horis duabus clamantium : magna diana ephesiorum. ³⁵ Et cum sedasset, scriba dixit ad turbam : Viri ephesii, quis enim est homo, qui nesciat ephesiorum ciuitatem cultores esse magne diane et iouis. ³⁶ Cum ergo his contradici non possit, oportet uos sedatos esse et nichil temere agere.

37 ἠγάγετε γὰρ
τοὺς ἄνδρας τούτους
οὔτε ἱεροσύλους
οὔτε βλασφημοῦντας
τὴν θεὸν ἡμῶν.
38 εἰ μὲν οὖν Δημήτριος
καὶ οἱ σὺν αὐτῷ τεχνῖται ἔχουσι
πρός τινα λόγον,
ἀγοραῖοι ἄγονται
καὶ ἀνθύπατοί εἰσιν ·
ἐγκαλείτωσαν ἀλλήλοις.
39 εἰ δέ τι περαιτέρω ἐπιζητεῖτε,
ἐν τῇ ἐννόμῳ ἐκκλησίᾳ ἐπιλυθήσεται.
40 καὶ γὰρ κινδυνεύομεν
ἐγκαλεῖσθαι στάσεως
περὶ τῆς σήμερον,
μηδενὸς αἰτίου ὑπάρχοντος,
περὶ οὗ οὐ δυνησόμεθα
ἀποδοῦναι λόγον
περὶ τῆς συστροφῆς ταύτης.
41 καὶ ταῦτα εἰπὼν
ἀπέλυσεν τὴν ἐκκλησίαν.

37 ἠγάγετε γὰρ
τοὺς ἄνδρας τούτους *ἐνθάδε*[1]
μήτε[2] ἱεροσύλους
μήτε[2] βλασφημοῦντας
τὴν *θεάν*[3] ἡμῶν.
38 εἰ μὲν οὖν *ὁ*[1] Δημήτριος *οὗτος*[1]
καὶ οἱ[2] σὺν αὐτῷ τεχνῖται ἔχουσι
πρός *αὐτούς*[3] τινα λόγον,
ἀγοραῖοι ἄγονται
καὶ ἀνθύπατοί εἰσιν ·
ἐγκαλείτωσαν ἀλλήλοις.
39 εἰ δέ τι *περὶ ἑτέρων*[1] ἐπιζητεῖτε,
ἐν *τῇ ἐννόμῳ*[2] ἐκκλησίᾳ ἐπιλυθήσεται
40 καὶ γὰρ κινδυνεύομεν *σήμερον*[1]
ἐγκαλεῖσθαι στάσεως
[ ][2]
μηδενὸς[3] αἰτίου *ὄντος*[4]
περὶ οὗ [ ][5] δυνησόμεθα
ἀποδοῦναι λόγον
[ ][6] τῆς συστροφῆς ταύτης.
41 καὶ ταῦτα εἰπὼν
ἀπέλυσεν τὴν ἐκκλησίαν.

---

37 - 1. Dd SyrH^mg – SodC.1.2.4.5 Sah Boh / 2. D – (versions ?) / 3. Dd – SodC.1-3.10-14 1838 *pc* Chr.1ᵃ e g Vg

38 - 1. (D)d Ephr^k – SodC.1-4.10.11.13 ndl SyrP (D : *om.* ὁ) / 2. d (voir *infra*) / 3. Dd (*om. Boism* ^(1a.(2)))

39 - 1. D – (tous sauf : B (E) p^74 SodB.1-5 431 *pc* d g) / 2. voir *infra*

40 - 1. Dd – Vg(D) / 2. Dd – g Vg(D) / 3. (*Boism*² : ως μηδενος) / 4. D – (versions ?) / 5. Dd – g Vg Ee p^74 SodB.1.2.4-6 431 1175 *pc* Chr.2 Sah Bon(AB) / 6. D

v. 38 : L'archéype de D devait omettre ουτος ; le scribe l'a ajouté par influence du latin, sans mettre l'article pourtant nécessaire devant le nom propre. La séquence οι και de D vient sans doute d'une négligence du scribe.

v. 39 : D est ici influencé par le latin au prix de l'incorrection du grec.

37 ηγαγετε γαρ	**37** ad duxistis enim
τουσ ανδρασ τουτουσ ενθαδε	uiros istos hoc
μητε ϊεροσυλουσ	neque sacrilegos
μητε βλασφημουντασ	neque blasphemantes
την θεαν ημων	deam nostram
38 ει μεν ουν δημητριοσ ουτοσ	**38** si quidem ergo demetrius hic
οι και συν αυτω τεχνειτε εχουσι	et qui cum eo sunt artefices habent
προσ αυτουσ τινα λογον	cum ali quos quendam uerbum
αγοραιοι αγονται	conuentus aguntur
και ανθυπατοι εισιν	et proconsoles sunt
♦ενκαλιτωσαν αλληλοισ	accusent se inuicem
39 ει δε τι περι ετερων επιζητειτε	**39** si quid autem ulterius requiritis
εν ♦τω ♦νομω εκκλησια επιλυθησετα	in legem ecclesiae discutietur
40 και γαρ κινδυνευομεν σημερον	**40** nam etiam periclitamur hodie
♦ενκαλεισθαι στασεωσ	accusari seditionis
μηδενοσ αιτιου οντοσ	nullius causa esse
περι ου δυνησομεθα	cuius possumus
αποδουναι λογον	reddere rationem
της συστροφησ ταυτησ	de hoc concurso
41 και ταυτα ειπων	**41** et haec cum dixisset
♦απελυσε την εκκλησιαν	dissoluit ecclesiam.

---

g : [37] Adduxistis enim istos homines neque sacrilegos neque blasphemantes deam nostram. [38] Quod si demetrius et qui cum eo sunt artifices habent aliquid inter se conuentes forenses aguntur et proconsules sunt accusent inuicem. [39] Quod si aliquid ulterius requiritis, in legitima ecclesia resoluetur. [40] Nam periclitamur accusari quasi seditiosi hodie, cum causa nulla sit cuius rationem reddere possimus de hoc concursu [41] et his dictis soluit ecclesiam.

1 Μετὰ δὲ τὸ παύσασθαι
τὸν θόρυβον
μεταπεμψάμενος ὁ Παῦλος
τοὺς μαθητὰς
καὶ παρακαλέσας,
ἀσπασάμενος ἐξῆλθεν
πορεύεσθαι εἰς Μακεδονίαν.
2 διελθὼν δὲ τὰ μέρη ἐκεῖνα
καὶ παρακαλέσας αὐτοὺς
λόγῳ πολλῷ
ἦλθεν εἰς τὴν Ἑλλάδα,

3 ποιήσας τε μῆνας τρεῖς
γενομένης ἐπιβουλῆς αὐτῷ
ὑπὸ τῶν Ἰουδαίων
μέλλοντι ἀνάγεσθαι
εἰς τὴν Συρίαν
ἐγένετο γνώμης τοῦ
ὑποστρέφειν
διὰ Μακεδονίας.

1 Μετὰ δὲ τὸ παύσασθαι
τὸν θόρυβον
*προσκαλεσάμενος*¹ ὁ² Παῦλος
τοὺς μαθητὰς
καὶ *πολλὰ*³ παρακαλέσας,
ἀσπασάμενος ἐξῆλθεν
[ ]⁴ εἰς Μακεδονίαν.
2 διελθὼν δὲ *πάντα*¹ τὰ μέρη
ἐκεῖνα
καὶ *χρησάμενος*² [ ]²
λόγῳ πολλῷ
ἦλθεν εἰς τὴν Ἑλλάδα,

3 ποιήσας *δὲ*¹ μῆνας τρεῖς
*καὶ γενηθεῖσα*² αὐτῷ ἐπιβουλῆς
ὑπὸ τῶν Ἰουδαίων
*ἠθέλησεν ἀναχθῆναι*³
εἰς [ ]⁴ Συρίαν
*εἶπεν δὲ τὸ πνεῦμα αὐτῷ*⁵
ὑποστρέφειν
διὰ *τῆς*⁶ Μακεδονίας.

---

1 - 1. Dd – A *Koinè* b e g Vg(OW) SyrP / 2. cf. Ac 19,21 / 3. Dd (*om. Boism*¹ᵃ·²– voir *infra*) / 4. Dd – SodC.3 SodB.1-3.7 g Cass Boh(FSP)
Varia : add. πολλα : D

2 - 1. Dd (*om. Boism*¹ᵃ·²– voir *infra*) / 2. D(d)

3 - 1. Dd – SodC.4 *pc* e / 2. Dd – (*Boism*¹ᵃ·²: και γενομεης επιβουλης αυτω – voir *infra*) / 3. Dd SyrH^mg / 4. D – SodC.5 *pc* (versions ?) / 5. Dd SyrH^mg Ephr^kc – g / 6. D – (versions ?)

v. 1 : D'après *Boism*¹ᵃ, dans D l'addition de πολλα étrangère au style de Lc/Ac est facilitante.

v. 2 : L'avis de *Boism*¹ᵃ concernant πολλα au verset précédent semble ici se retrouver implicitement le même concernant παντα.

v. 3 : Dans D, le α de γενηθεισα est tombé par haplographie.

1 μετα δε το παυσασθαι	**1** posquam autem cessauit
τον θορυβον	tumultus
προσκαλεσαμενοσ παυλος	conuocauit paulus
τουσ μαθητασ	discipulos
και πολλα παρεκαλεσασ	et multo exhortatus
♦αποσπασαμενοσ εξηλθεν	salutans exiit
πορευθηναι εισ μακεδονιαν	in macedoniam
2 διελθων δε παντα τα μερη	**2** cum perambulasset omnes partes illas
♦εκεινη	et exortatus
και ♦χρησ ♦σ	sermone multo
λογω πολλω	uenit in ellada
ηλθεν εισ την ελλαδα	
3 ποιησασ δε μηνασ ·γ̄·	**3** fecit autem menses tres
και γενηθεισ αυτω επιβουλησ	et cum fierent ei insidiae
ϋπο των ϊουδαιω̄	a iudaeis
ηθελησεν αναχθηναι	uoluit
εισ συριαν ___	in syriam perduci
Ειπεν δε το π̄ν̄α αυτω	dixitque s̄p̄s ei
ϋποστρεφειν	reuertere
δια τησ μακεδονιασ	per macedoniam

g : ¹ Postquam autem quieuit tumultus, paulus conuocatis discipulis et exhortatus eos ualefecit et profectus est in macedoniam. ² Cum perambulassent autem partes illas et exhortatus esset eos multo sermone, uenit in graeciam, ³ ibique moratus est mensibus tribus. Et cum incidie ei fierent a iudeis et nauigaturus esset in syriam dixit illi spiritus ut rediret per macedoniam.

4
συνείπετο δὲ αὐτῷ

Σώπατρος Πύρρου Βεροιαῖος,
Θεσσαλονικέων δὲ Ἀρίσταρχος
καὶ Σεκοῦνδος, καὶ Γάιος
Δερβαῖος καὶ Τιμόθεος,
Ἀσιανοὶ δὲ Τυχικὸς καὶ Τρόφιμος.
5 οὗτοι δὲ προσελθόντες ᵃ
ἔμενον ἡμᾶς ἐν Τρῳάδι·
6 ἡμεῖς δὲ ἐξεπλεύσαμεν
μετὰ τὰς ἡμέρας τῶν ἀζύμων
ἀπὸ Φιλίππων, καὶ ἤλθομεν
πρὸς αὐτοὺς εἰς τὴν Τρῳάδα
ἄχρι ἡμερῶν πέντε,
οὗ ᵇ διετρίψαμεν ἡμέρας ἑπτά.

4 *μέλλοντος δὲ ἐξιέναι αὐτοῦ* [1]
συνείπετο αὐτῷ [2]
μέχρι τῆς Ἀσίας [3]
Σωσίπατρος [4] *Πύρρου* Βεροιαῖος,
Θεσσαλονικέων δὲ Ἀρίσταρχος
καὶ Σεκοῦνδος, καὶ Γάιος
Δουβέριος [5] καὶ Τιμόθεος,
Ἐφέσιοι [6] δὲ Τυχικὸς καὶ Τρόφιμος.
5 οὗτοι [ ][1] *προελθόντες* [2]
ἔμενον *αὐτὸν* [2] ἐν Τρῳάδι·
6 ἡμεῖς δὲ ἐξεπλεύσαμεν
μετὰ τὰς ἡμέρας τῶν ἀζύμων
ἀπὸ Φιλίππων, καὶ ἤλθομεν
πρὸς αὐτοὺς εἰς [ ][1] Τρῳάδα
πεμπταῖοι [2],
οὗ [3] *καὶ* [4] διετρίψαμεν ἡμέρας ἑπτά.

---

a. B* ℵ Aᵛⁱᵈ E L Ψ 1175 1241 1505 1739 *pm* ; προελθοντες : p⁷⁴ B² D 104 323 614 945 1891 2818 *pm NA 28*
b. B L 323 945 1175 1241 1739 *Koinè* ; οπου : p⁷⁴ ℵ A E 33 *NA 28*

---

4 - 1. (D)d SyrHᵐᵍ (ουν : D) / 2. SyrHᵐᵍ / 3. (D)d SyrHᵐᵍ (cf. Ac 20,7) – Ee A *Koinè* g Vg(IMR²) prv SyrP Geo (*Boism*¹ᵃ·² : αχρι) / 4. – 1Chrᵗ SodC.4.5.10.14-16 *pc* a b c g dem Vg(mss) ndl prv Sah Boh Eth.4-13 Geo (*contra* : Dd SyrHᵐᵍ) / 5. Dd – g Vg(I) / 6. Dd SyrHᵐᵍ(+) – Sah (cf. SodC.1.2.4.5)

5 - 1. Dd – *Koinè* g Vg SyrP Geo Arm / 2. D
Varia : om. προελθόντες : Eth.1-3

6 - 1. D – SodC.3* Theoph.Iᴸ / 2. D – Eth.1-3 / 3. voir *infra* / 4. D – Ψ SodC.1-5.10-14 Chr.1ᵇ Irᴸ SyrH
Varia : εν η : D
Cf. 28,13 : δευτεραῖοι ἤλθομεν εἰς Ποντιόλους.

v. 4 : La diversité des témoins en faveur de la variante 4. est plus impressionnante que l'accord D SyrHᵐᵍ, qui peut ne remonter qu'à l'archétype X. En faveur de cette variante, voir Rm 16,21.

v. 6 : Le εν η de D est une rétroversion à partir du latin *in qua* ; son archétype devait omettre l'adverbe, comme le fait SodC.10.

4 μελλοντοσ ουν εξειεναι αυτου

μεχρι τησ ασιασ
σωπατροσ πυρρου ♦βερυιαιος
θεσσαλονικεων δε αρισταρχοσ
και σεκουνδοσ και γαϊοσ
♦δουβριοσ και τιμοθεοσ
εφεσιοι δε ευτυκοσ και τροφιμοσ
5 ουτοι προελθοντεσ
εμενον αυτον εν ♦τροαδι
6 ημεισ δε εξεπλευσαμεν
μετα τασ ημερασ των αζυμων
απο φιλιππων και ηλθομεν
προσ αυτουσ εισ τρωαδα
πεμπταιοι
εν η και διετριψαμεν ημερασ επτα

4 uolente autem comitari eum

usquae ad asiã
sopater uirri beryensis
thessalonicensium uero aristarchus
et secundus et gaius
douerius et timotheus
ephesii autem eutychus et trophimus
5 hic cum praecessissent
expectabant nos troade
6 nos uero enauigauimus
post dies azymorum
a philippis et uenimus
ad eos troadam
quintani
in qua demorati sumus dies septem

---

g : **4** Et comitati sunt cum illo usque in asiam sopater pirri beroensis. Thessalonicensium autem aristarcus et secundus et gaius doberuis (sic) et tymotheus, asiani uero tychicus et trophimus. **5** Hi cum praecessissent, sustinuerunt nos troade. **6** Nos uero nauigauimus post dies azimorum a philippis et venimus ad eos troadem in diebus quinque, ubi demorati sumus diebus VII.

7 ἐν δὲ τῇ μιᾷ τῶν σαββάτων
συνηγμένων ἡμῶν
κλάσαι ἄρτον
ὁ Παῦλος διελέγετο αὐτοῖς,
μέλλων ἐξιέναι τῇ ἐπαύριον,
παρέτεινέν τε τὸν λόγον
μέχρι μεσονυκτίου.
8 ἦσαν δὲ λαμπάδες ἱκαναὶ
ἐν τῷ ὑπερῴῳ οὗ ἦμεν συνηγμένοι·
9 καθεζόμενος δέ τις νεανίας
ὀνόματι Εὔτυχος ἐπὶ τῆς θυρίδος,
καταφερόμενος ὕπνῳ βαθεῖ
διαλεγομένου τοῦ Παύλου
ἐπὶ πλεῖον, κατενεχθεὶς
ἀπὸ τοῦ ὕπνου ἔπεσεν
ἀπὸ τοῦ τριστέγου κάτω
καὶ ἤρθη νεκρός.
10 καταβὰς δὲ ὁ Παῦλος
ἐπέπεσεν αὐτῷ
καὶ συμπεριλαβὼν c εἶπεν·
μὴ θορυβεῖσθαι d,
ἡ γὰρ ψυχὴ αὐτοῦ ἐν αὐτῷ ἐστιν.

7 ἐν δὲ τῇ μιᾷ [ ]¹ τῶν σαββάτων
συνηγμένων ἡμῶν
*τοῦ*² κλάσαι ἄρτον
ὁ Παῦλος διελέγετο αὐτοῖς,
μέλλων ἐξιέναι τῇ ἐπαύριον,
παρέτεινέν [ ]³ τὸν λόγον
μέχρι μεσονυκτίου.
8 ἦσαν δὲ *ὑπολαμπάδες*¹ ἱκαναὶ
ἐν τῷ ὑπερῴῳ οὗ ἦμεν συνηγμένοι·
9 καθεζόμενος δέ τις νεανίας
ὀνόματι Εὔτυχος ἐπὶ *τῇ θυρίδι*¹,
*κατεχόμενος*² ὕπνῳ *βαρεῖ*³
διαλεγομένου *τοῦ*⁴ Παύλου
ἐπὶ πλεῖον, κατενεχθεὶς
*ὑπὸ*⁵ τοῦ ὕπνου ἔπεσεν
ἀπὸ τοῦ τριστέγου κάτω
καὶ [ ]⁶ ἤρθη νεκρός.
10 καταβὰς δὲ ὁ Παῦλος
ἐπέπεσεν *ἐπ'*¹ αὐτῷ
καὶ συμπεριλαβὼν εἶπεν·
μὴ θορυβεῖσθε,
ἡ γὰρ ψυχὴ αὐτοῦ ἐν αὐτῷ ἐστιν.

c. *NA 28* ; συνπεριλαβων : B ℵ A
d. B C D E 1175 ; φορυβεισθε : ℵ A *NA 28*

---

7 - 1. voir *infra* / 2. D – 467 2Chrᵗ *pc* (Versions ?) / 3. D – g ndl.1 Boh(FSK)

8 - 1. D

9 - 1. D (cf. Jn 4,6) – (*Boism* ¹ᵃ·⁽²⁾ : της θυριδος) / 2. D – g Cass (*pressus, compressus*) / 3. Dd e g Vg SyrP / 4. cf. Ac 17,16 ; 18,14 ; 19,30 ; 21,30) / 5. D – SodC.3-5.7 181 1898 1838 *pc* Chr.1ᵃ (versions ?) / 6. d (voir *infra*)

10 - 1. D – 467 1838 Chr.1ᵃ Theoph IIᴸ (versions ?)

v. 7 : Dans D, le πρωτη redondant ne donne aucun sens.

v. 9 : Dans D, après και, le relatif ος est incorrect en l'absence de nouvelle proposition principale.

v. 10 : Dans D, le second και, impossible, fut ajouté par influence du latin.

7 εν ✦τε τη μια πρωτη των σαββατων	7 in una autem sabbati
συνηγμενων ημων	collectis nobis
του κλασαι αρτον	frangere panem
Ο παυλοσ διελεγετο αυτοισ	paulus disputabat eis
μελλων εξιεναι τη επαυριον	incipiens exire post alia die
✦παρετινε τον λογον	extendit que sermonem
μεχρι μεσονυκτιου	usque in media nocte
8 ησαν δε ϋπολαμπαδεσ ϊκαναι	8 et erant faculae copios ae
εν τω ϋπερωω ου ημεν συνηγμενοι	in superioribus ubi eramus collecti
9 καθεζομενοσ δε τισ νεανιασ	9 sedens autem quidam iubenis
ονοματι ευτυχοσ επι τη θυριδι	nomine eutychus super fenestram
κατεχομενοσ ϋπνω βαρει	demersu somno graui
διαλεγομενου παυλου	disputante paulo
επι πλειον κατενεχθεισ	prolixius praeceps datus est
ϋπο του ϋπνου επεσεν	a somno cecidit
απο του τριστεγου κατω	de tristego zosum
και ✦οσ ηρθη νεκροσ	et sublatus est mortuus
10 καταβασ δε ο παυλοσ	10 Cum descendisset autem paulus
✦επεσεν επ αυτω	cecidit super eū
και ✦συνπεριλαβων ✦και ειπεν	et circumplexit et dixit
μη ✦θορυβισθαι	nolite turbari
η γαρ ψυχη αυτου εν αυτω εστιν	anima enim eius in ipso est

g : ⁷ In uno autem sabbati, cum uenissemus frangere panem, paulus disputabat illis et confirmabat animas illorum. Et alia die exiturus producebat uerbum usque ad mediam noctem. ⁸ Erat autem laterne multe in cenaculo in quo eramus congregati. ⁹ Sedens autem quidam adolescens nomine euthicus supra fenestram pressus somno graue disputante paulo perplexius deductus a fenestra cecidit de tristego deorsum et sublatus est mortuus. ¹⁰ Descendit autem paulus et incubuit super eum et complexus ait : Nolite turbari, anima eius in ispso est.

11 ἀναβὰς δὲ
καὶ [c] κλάσας τὸν ἄρτον
καὶ γευσάμενος ἐφ᾽ ἱκανόν τε
ὁμιλήσας ἄχρι αὐγῆς
οὕτως ἐξῆλθεν.
12
ἤγαγον δὲ τὸν παῖδα ζῶντα,
καὶ παρεκλήθησαν οὐ μετρίως.
13 ἡμεῖς δὲ προσελθόντες [f]
ἐπὶ τὸ πλοῖον ἀνήχθημεν
ἐπὶ τὴν Ἄσσον, ἐκεῖθεν μέλλοντες
ἀναλαμβάνειν τὸν Παῦλον,
οὕτως γὰρ διατεταγμένος ἦν
μέλλων αὐτὸς πεζεύειν.
14 ὡς δὲ συνέβαλλεν ἡμῖν
εἰς τὴν Ἄσσον, ἀναλαβόντες αὐτὸν
ἤλθομεν εἰς Μιτυλήνην,
15 κἀκεῖθεν ἀποπλεύσαντες
τῇ ἐπιούσῃ
κατηντήσαμεν ἄντικρυς Χίου,
τῇ δὲ ἑσπέρᾳ [g] παρεβάλομεν εἰς Σάμον

τῇ δὲ ἐχομένῃ ἤλθομεν
εἰς Μίλητον·

11 ἀναβὰς δὲ
καὶ [1] κλάσας τὸν ἄρτον
καὶ γευσάμενος ἐφ᾽ ἱκανόν δὲ [2]
ὁμιλήσας ἄχρι αὐγῆς
οὕτως ἐξῆλθεν.
12 ἀσπαζομένων δὲ αὐτῶν [1]
ἤγαγεν [2] τὸν νεανίσκον [3] ζῶντα,
καὶ παρεκλήθησαν οὐ μετρίως.
13 ἡμεῖς δὲ κατελθόντες [1]
εἰς [2] τὸ πλοῖον ἀνήχθημεν
εἰς [3] τὴν Ἄσσον, ἐκεῖθεν μέλλοντες
ἀναλαμβάνειν τὸν Παῦλον,
οὕτως γὰρ ἦν διατεταγμένος [4]
ὡς [5] μέλλων αὐτὸς πεζεύειν.
14 ὡς δὲ συνέβαλεν [1] ἡμῖν
εἰς τὴν Ἄσσον, ἀναλαβόντες αὐτὸν
ἤλθομεν εἰς Μιτυλήνην,
15 κἀκεῖθεν ἀποπλεύσαντες
τῇ ἐπιούσῃ
κατηντήσαμεν ἄντικρυς Χίου,
τῇ δὲ ἑτέρᾳ [1] παρεβάλομεν εἰς Σάμον,
καὶ μείναντες ἐν Τρωγυλίῳ [2]
τῇ [ ] [2] ἐρχομένῃ [3] ἤλθομεν
εἰς Μίλητον·

f. B* A E 1175 1241 *Koinè* ; προελθόντες : p[41.74] ℵ B[2] C L Ψ 33 323 614 945 1505 1739 2818 *NA 28*

g. B 453 1175 1241 2818 Boh ; ετερα : ℵ A C D *NA 28*

11 - 1. Dd / 2. D – E SodB.3 255 629 (cf. Ac 9,8 TA)

12 - 1. Dd / 2. D *pc* Eth / 3. Dd

13 - 1. D g SyrP / 2. D p[41] *pc* / 3. D *Koinè* / 4. D*Koinè* / 5. D *pc*

14 - 1. D – C *Koinè* (versions ?)

15 - 1. Dd / 2. Dd – p[41] (+ δέ) *Koinè* g SyrP Sah(+ δέ) / 2. D – SodC.1.2.4 SodB.2-4 1175 *pc*

11 αναβασ δε	**11** cum ascendisset
και κλασασ τον αρτον	et fregisset panem
και γευσαμενοσ εφ ικανον δε	et gustasset satisque
ομειλησασ αχρισ αυγησ	fabulatus esset usquae ad lucem
ουτωσ εξηλθεν	sic profectus est
12 ασπαζομενων δε αυτων	**12** salutantes aute os
ηγαγεν τον νεανισκον ζωντα	ad duxerunt iubenem uiuentem
και παρεκληθησαν ου μετριωσ	et consolati sunt non mediocriter
13 ημεισ δε κατελθοντεσ	**13** nos uero ascendimus
εισ το πλοιον ανηχθημεν	in nauem de uenimus
εισ την ασσον εκειθεν μελλοντεσ	assum inde mox
αναλαμβανειν τον παυλο̄	recepturi paulum
ουτωσ γαρ ην διατεταγμενοσ	sic enim disposuerat
ωσ μελλων αυτοσ πεζευειν	incipiens ipse iter facere
14 ωσ δε συνεβαλεν ημειν	**14** ut autem conuenit nos
εισ την ασσον αναλαβοντεσ αυτον	in assum adsupto eo
ηλθομεν εισ μιτυληνη̄	uenimus mitylenen
15 κακειθεν αποπλευσαντεσ	**15** et inde cum enauigassemus
τη επιουση	pridie
κατηντησαμεν αντικρυσ ♦χειου	peruenimus contra chium
τη δε ετερα παρελαβομεν εισ σαμον	et alia die applicauimus samum
και μειναντεσ εν ♦τρωγυλια	et manentes in trogylio
τη ερχομενη ηλθομεν	sequenti uenimus
εισ μειλητον	in miletum

---

g : **11** Et ascendens fregit panem et gustauit satisque allocutus usque ad lucem profectus est. **12** Adduxerunt autem puerum uiuentem et consolati sunt non mediocriter. **13** Nos uero descendimus ad nauem et nauigauimus in asson inde suscepturi paulum nam ita praeceperat ipse per terram iter facturus. **14** Ut autem conuenit nos in asson excepimus eum et uenimus mitilenem. **15** Et inde nauigantes sequenti die uenimus contarchium (sic) et altera die applicuimus samum et manentes in trogilio, sequenti die uenimus miletum.

16 κεκρίκει γὰρ ὁ Παῦλος
παραπλεῦσαι τὴν Ἔφεσον,
ὅπως μὴ γένηται αὐτῷ
χρονοτριβῆσαι ἐν τῇ Ἀσίᾳ,
ἔσπευδεν γὰρ εἰ δυνατὸν εἴη αὐτῷ
τὴν ἡμέραν τῆς πεντηκοστῆς
γενέσθαι εἰς Ἱεροσόλυμα.
17 ἀπὸ δὲ τῆς Μιλήτου πέμψας
εἰς Ἔφεσον μετεκαλέσατο
τοὺς πρεσβυτέρους τῆς ἐκκλησίας.
18 ὡς δὲ παρεγένοντο πρὸς αὐτὸν

εἶπεν αὐτοῖς·
ὑμεῖς ἐπίστασθε
ἀπὸ πρώτης ἡμέρας ἀφ' ἧς ἐπέβην
εἰς τὴν Ἀσίαν

πῶς μεθ' ὑμῶν
τὸν πάντα χρόνον ἐγενόμην
19 δουλεύων τῷ κυρίῳ
μετὰ πάσης ταπεινοφροσύνης
καὶ δακρύων καὶ πειρασμῶν
τῶν συμβάντων μοι
ἐν ταῖς ἐπιβουλαῖς τῶν Ἰουδαίων·
20 ὡς οὐδὲν ὑπεστειλάμην
τῶν συμφερόντων
τοῦ μὴ ἀναγγεῖλαι ὑμῖν
καὶ διδάξαι ὑμᾶς
δημοσίᾳ καὶ κατ'οἴκους

16 κεκρίκει γὰρ ὁ Παῦλος
παραπλεῦσαι τὴν Ἔφεσον,
μήποτε γενήθη[1] *αὐτῷ*
χατάσχησίς τις[1] *ἐν τῇ Ἀσίᾳ,*
ἔσπευδεν γὰρ [ ][2]
[ ][3] τὴν ἡμέραν τῆς πεντηκοστῆς
γενέσθαι *ἐν*[4] Ἱεροσόλυμα.
17 ἀπὸ δὲ τῆς Μιλήτου πέμψας
εἰς Ἔφεσον *μετεπέμψατο*[1]
τοὺς πρεσβυτέρους τῆς ἐκκλησίας.
18 ὡς δὲ παρεγένοντο πρὸς αὐτὸν
ὠμόσε ὄντων αὐτῶν[1]
εἶπεν *πρὸς αὐτούς*[2] ·
ὑμεῖς ἐπίστασθε, *ἀδελφοί*[3],
ἀπὸ πρώτης ἡμέρας ἀφ' ἧς ἐπέβην
εἰς τὴν Ἀσίαν
ὡς τριετίαν ἢ καὶ πλεῖον[4]
ποταπῶς[5] μεθ' ὑμῶν
ἤμην παντὸς χρόνου[5]
19 δουλεύων τῷ κυρίῳ
μετὰ πάσης ταπεινοφροσύνης
καὶ δακρύων καὶ πειρασμῶν
τῶν συμβάντων μοι
ἐν ταῖς ἐπιβουλαῖς τῶν Ἰουδαίων·
20 ὡς οὐδὲν ὑπεστειλάμην
τῶν συμφερόντων
τοῦ [ ][1] ἀναγγεῖλαι ὑμῖν
καὶ διδάξαι [ ][2]
κατ'οἴκους καὶ δημοσίᾳ[3]

---

16 - 1. Dd Ephr^k – H Eth.1 (≈ ndl.1) / 2. Dd Ephr^k – H Eth.1 (≈ *post* Ἱεροσόλυμα : ndl.1) / 3. voir *infra* / 4. Dd

17 - 1. Dd

18 - 1. Dd – (A) p^74 181^mg 1898 g Vg(-S) / 2. Dd – 1898 / 3. Dd – *pc* Sah.4.16.43 / 4. Dd / 5. Dd – g y' Lcf (voir *infra*)

20 - 1. Dd – Vg(Th) Lcf SyrP Eth.3 / 2. Dd – Theoph I^L ndl Lcf Jer / 3. Dd

v. 16 : Dans D, le εις inutile en grec devant την ημεραν est attribuable à une rétroversion du latin.

v. 18 : Dans D, le ην erronné est une négligence du scribe.

16 ✦και ✦κρικι γαρ ο παυλοσ	**16** iudicauerat enim paulus
παραπλευσαι την εφεσον	praeternauigare ephesum
μηποτε γενηθη αυτω	ut non contingeret ei
✦χατασχεσισ τισ εν τη ασια	morandi quis in asia
✦εσπευδε γαρ	festinabat enim
εισ την ημεραν τησ πεντηκοστησ	in die pentecostes
γενεσθαι εν ϊεροσολυμα	adesse in hierosolymis
17 απο δε τησ μειλητου πεμψασ	**17** a mileto autem cum misisset
εισ εφεσον μετεπεμψατο	in ephesum transmisit
τουσ πρεσβυτερουσ τησ εκκλησιασ	presbyteros de ecclesiam
18 ωσ δε παρεγενοντο προσ αυτον	**18** ad ubi uenerunt ad eum
ομωσ εοντων αυτων	simul que cum esset
ειπεν προσ αυτουσ	ait ad eos
ϋμεισ επιστασθαι αδελφοι	uos scitis fratres
απο πρωτησ ημερασ εφ ησ επεβην	a prima die in qua ingressus sum
εισ την ασιαν	asiam
ωσ τριετιαν η και πλειον	quasi triennium et amplius
ποταπωσ μεθ υμων	quemadmodum uobiscum fui
ην παντοσ χρονου	per omne tempore
19 δουλευων τω κ͞ω	**19** seruiens d͞n͞o
μετα πασησ ταπεινοφροσυνησ	cum omni humilitati sensui
και δακρυων και πειρασμων	et lacrimis et temptationibus
των συνβαντων μοι	quae euenerunt mihi
εν ταισ επιβουλαισ των ϊουδαιων	ex insidiis ad iudaeis
20 ωσ ουδεν ϋπεστειλαμην	**20** quam nihil substraxerim
των ✦συν φεροντ͞ω	que utilia essent
του αναγγειλαι ϋμειν	ut adnuntiarem uobis
και διδαξαι	et docerem
κατ οικουσ και δημοσια	per domos et publice

---

g : 16 Proposuerat enim paulus pertransire ephesum. Et reuerebatur ne qua mora illi fieret in asia ; festinabat enim si posset fieri ut diem pentecostes faceret hierosolimis. 17 A mileto autem mittens ephesum conuocauit omnes presbyteros ecclesiae, 18 qui cum conuenissent ad eum simulque essent ait illis : Vos scitis a prima die, qua ingressus eum asiam quemadmodum uobiscum fui per omne tempus 19 seruiens in omni humilitate domino et lacrimis et temptationibus, que michi acciderunt ab insidiis iudeorum 20 quomodo nichil subtraxerim ab eis, que utilia essent, quo minus renunciaret uobis et doceret uos publice et per domos,

21 διαμαρτυρόμενος
Ἰουδαίοις τε καὶ Ἕλλησιν
τὴν εἰς θεὸν μετάνοιαν
καὶ πίστιν
εἰς τὸν κύριον ἡμῶν Ἰησοῦν.

22 καὶ νῦν ἰδοὺ δεδεμένος ἐγὼ
τῷ πνεύματι
πορεύομαι εἰς Ἰερουσαλήμ,
τὰ ἐν αὐτῇ συναντήσοντά εμοι ʰ
μὴ εἰδώς
23 πλὴν ὅτι τὸ πνεῦμα τὸ ἅγιον
κατὰ πόλιν διαμαρτύρεταί μοι
λέγον ὅτι δεσμὰ καὶ θλίψεις
με μένουσιν.

21 *διαμαρτυρούμενος*[1]
Ἰουδαίοις τε καὶ Ἕλλησιν
τὴν εἰς *τὸν*[2] θεὸν μετάνοιαν
καὶ πίστιν *τὴν*[3]
διὰ τοῦ κυρίου ἡμῶν Ἰησοῦ[4]
[ ][5].

22 καὶ νῦν [ ][1] ἐγὼ δεδεμένος[2]
τῷ πνεύματι
πορεύομαι εἰς *Ἰεροσόλυμα*[3],
τὰ [ ][4] [ ][4] *συμβησομένα*[5] μοι
μὴ *γινώσκων*[6]
23 πλὴν [ ][1] τὸ [ ][2] πνεῦμα
διαμαρτύρεταί μοι κατὰ [ ][3] πόλιν[3]
λέγον ὅτι δεσμὰ καὶ θλίψεις
σε[4] μένουσιν ἐν *Ἰεροσολύμοις*[5].

h. B ; *NA 28* : μοι

---

21 - 1. D – 88 915 181 1838 *pc* (versions ?) / 2. D – A p⁷⁴ Koinè (versions ?) / 3. – Ee Koinè
SyrP Arm / 4. D / 5. Lcf 614 SyrH Sah.4.43 Eth.1 (voir *infra*)
Varia : *om.* ἡμῶν : Ee *pc* a(629) dem

22 - 1. – Chr.3 p SyrP Sah.4 Eth.12 (≈ *ante* νῦν : b ndl.1 Did) / 2. Dd – Koinè g Vg(AIOT)
Did Epiph (*om.* ἐγώ : 1829 Vg(S) Lcf Chr.3) / 3. D / 4. – SodC.6 Chr.2 p Vg(D) Eth.1-3 (≈
post μοι : p⁴¹ SyrP) / 5. – p⁴¹ C SodC.7 SodB.1-6 431 1175 Theoph IIᴸ *pc* Sah.4 / 6. D – p⁴¹

23 - 1. d – Ψ SodC.3 Epiph Lcf SyrHP Sah Eth Geo Arm(mss) / 2. – Did Epiph Chr.3(3/3)
(D : το αγιον πνευμα) / 3. – p⁴¹ Did Epiph Sah (*om.* Ee) / 4. – p⁴¹ SyrP Sah Boh Eth / 5. Dd
SyrH* – SodC.1.2 c g y' Vg(AGThW) ndl Lcf Sah (εν ιερουσαλεμ : p⁴¹)
Épiph : πλὴν τὸ πνεῦμά μοι διαμαρτύρεται κατὰ πόλιν λέγον (*Pan.* 74,5,9)

---

v. 21 : cf. Ac 3,16 : καὶ ἡ πίστις ἡ δι αὐτοῦ ἔδωκεν... Jamais ailleurs dans le NT. La reprise de
l'article après πιστιν va de pair avec le changement de εισ en δια. Comme souvent ailleurs, D
ajoute le titre χριστον dont l'absence dans le TO ne résulte pas d'un alignement sur B (voir
introduction §.III.1.1.1).

v. 22 : Il semble que D avait adopté le TA sauf pour le participe final ; il a donc fallu faire
appel aux témoins secondaires pour reconstituer le TO. La variante 1. est soutenue par des
témoins si divers : grec, latin, syriaque, copte, éthiopien, qu'elle est quasi certaine. – Le thème
de la variante 4. sera exprimé dans le TO au verset suivant, par l'ajout de l'expression "à
Jérusalem". Pour la variante 5., cf. au verset 19.

v. 23 : Ici encore, D suit le TA sauf pour la dernière variante. On notera les irrégularités de son
texte : le solécisme λεγων et le datif μοι qui est certainement erroné. L'adjectif το αγιον a été
spontanément ajouté.

21 διαμαρτυρουμενοσ
ϊουδαιοισ τε και ελλησῑ
την εισ τον θν̄ μετανοιαν
και πιστιν
δια του κῡ ημων ιηῡ
χρῡ
22 και νυν ειδου εγω δεδεμενοσ
τω πν̄ι
πορευομαι εισ ϊεροσολυμα
τα εν αυτη συναντησαντα μοι
μη γεινωσκων
23 πλην οτι το αγιον πν̄α
κατα πασαν πολιν διαμαρτυρεται μοι
♦λεγω̄ οτι δεσμα και θλειψεισ
μενουσιν ♦μοι εν ϊεροσολυμοισ

21 testificando
iudaeisquae et graecis
quae in d͞o paenitentiam agent
et fidem
in d͞n͞m nostrum ih͞m
xp͞m
22 et nunc ecce ego ligatus
sp͞o
uado in hierosolyma
quae in ea mihi
uentura sunt
23 nesciens tamquam sp͞m sanctum
per singulas ciuitates protestatur mihi
dicens quia uincula et tribulationes
manem mi in hierosolymis

g : 21 testificando iudeis et grecis in deum penitentiam et fidem in dominum nostrum ihesum. 22 Et nunc ecce ego uinctus spiritu uado in hierusalem, que in ea michi euentura sunt ignorans, 23 nisi quod spiritus sanctus per omnem ciuitatem protestatur michi dicens : Quia uincula et tribulationes me manent in hierosolimis,

24 ἀλλ᾽ οὐδενὸς λόγου	**24** ἀλλ᾽ οὐδενὸς λόγον ἔχω [ ]¹οὐδὲ¹
ποιοῦμαι τὴν ψυχὴν τιμίαν	ποιοῦμαι τὴν ψυχὴν [ ]²τιμίαν
ἐμαυτῷ ὡς τελειῶσω ⁱ	ἐμαυτῷ ὥστε³ τελειῶσαι
τὸν δρόμον μου καὶ τὴν διακονίαν	τὸν δρόμον μου καὶ τὴν διακονίαν
ἣν ἔλαβον	τοῦ λόγου ὅν⁴ παρέλαβον⁵
παρὰ τοῦ κυρίου Ἰησοῦ,	παρὰ τοῦ κυρίου Ἰησοῦ,
διαμαρτύρασθαι	διαμαρτύρασθαι
	Ἰουδαίοις τε καὶ Ἕλλησιν⁶
τὸ εὐαγγέλιον	τὸ εὐαγγέλιον
τῆς χάριτος τοῦ θεοῦ.	τῆς χάριτος τοῦ⁷ θεοῦ.
25 καὶ νῦν ἰδοὺ ἐγὼ οἶδα ὅτι	**25** καὶ νῦν [ ]¹ ἐγὼ οἶδα ὅτι
οὐκέτι ὄψεσθε τὸ πρόσωπόν μου	οὐκέτι ὄψεσθε τὸ πρόσωπόν μου
ὑμεῖς πάντες ἐν οἷς διῆλθον	ὑμεῖς πάντες ἐν οἷς διῆλθον
κηρύσσων τὴν βασιλείαν·	κηρύσσων τὴν βασιλείαν
	τοῦ Ἰησοῦ²
26 διότι μαρτύρομαι ὑμῖν	**26** [ ]¹
ἐν τῇ σήμερον ἡμέρᾳ	ἄχρι οὖν τῆς² σήμερον ἡμέρας²
ὅτι καθαρός εἰμι	[ ]² καθαρός εἰμι
ἀπὸ τοῦ αἵματος πάντων,	ἀπὸ τοῦ αἵματος πάντων ὑμῶν³,
27 οὐ γὰρ ὑπεστειλάμην	**27** οὐ γὰρ ὑπεστειλάμην
τοῦ μὴ ἀναγγεῖλαι	τοῦ [ ]¹ ἀναγγεῖλαι
πᾶσαν τὴν βουλὴν τοῦ θεοῦ ὑμῖν.	πᾶσαν τὴν βουλὴν τοῦ θεοῦ [ ]².

i. ℵ B Vg ; τελειωσαι : p⁴¹ ᵛⁱᵈ A D E L Ψ 323 614 945 1175 1241 1505 1739 *Koinè* g Lcf *NA 28*

---

24 - 1. D(d) – p⁷⁴ A Ee *Koinè* / 2. voir *infra* / 3. E SodC.1-3.10.11 SodB.1-7 181 255 *Boism*¹ᵃ
- *Boism*² : ως (voir *infra*) / 4. Dd Ephr^{kc} – b g dem Vg(ThM) ndl.2 Lcf Amb / 5. D – p⁴¹
SodC.1-5.10-15 *pc* (versions ?) / 6. D(d) Ephr^{kc} – p⁴¹ g Lcf Sah / 7. cf. Ac 11,23 ; 13,43 ;
14,26 (voir *infra*)
Ephr : Non pretii facio animam meam quam labores it[ineris et quam ministeri]um evan[gelii
sermonis quod a domino nostro accep]eram ut testi[ficer Iudaeis et gentilibus...

25 - 1. – Ee 181 431 1874 g Vg(S*) Lcf SyrP Eth.2.9 / 2. Dd – Sah (g Lcf : domini iesu)

26 - 1. Dd Ephr^k – Vg(G) / 2. Dd Ephr^k – (cf. SodC.4*) / 3. Ephr^k – Ee SodC.7.8² SodB.1-4.6
Theoph II^L *pc* a(629) b Vg(U) ndl SyrP Eth Geo – cf. Ac 20,28
Ephr^k : et dicebat quod usque hodie purus sum a sanguine omnium vestrum.

27 - 1. D – SodC.5 Chr.2ᵇ(1/2) g Lcf / 2. – 629ᶜ 1827 g Lcf

v. 24 : Dans D, μοι après εχω vient manifestement d'une rétroversion du latin *mihi*. De même
pour μου après ψυχην à partir de *ipsam* qui pallie, en latin, l'absence d'article devant *animam*.
Outre ses témoins qui l'appuient, ωστε quant au sens est, par rapport à ως (B) plus proche de
του (D) qui peut résulter d'une dittographie (εμαυτου). L'absence d'article devant θεου est
attribuable à l'influence du latin.

v. 26 : υμων appartenait certainement au TO. Dans D il est tombé par haplographie.

24 αλλ ουδενοσ λογον εχω μοι ουδε
ποιουμαι την ψυχην μου τιμιαν
✦εμαυτου του ✦τελιωσαι
τον δρομον μου και την διακονιαν
του λογου ον παρελαβον
παρα του κ̅υ̅ ι̅η̅υ̅
διαμαρτυρασθαι
ϊουδαιοισ και ελλησιν
το ευαγγελιον
τησ χαριτοσ θ̅υ̅
25 και νυν ειδου εγω οιδα οτι
ουκετι ✦οψεσθαι το προσωπον μου
ϋμεισ παντεσ εν οισ διηλθον
κηρυσσων την βασιλειαν
του ι̅η̅υ̅
26
αχρι ουν τησ σημερον ημερασ
καθαροσ ειμι
απο του αιματοσ παντων
27 ου γαρ ϋπεστειλαμην
του αναγγειλαι
πασαν την βουλην του θ̅υ̅ ημιν

24 sed nihil horum cura est mihi neque
habeo ipsam animam caram
mihi quam consummare
cursum meum et ministerium
uerbi quod accepi
a d̅n̅o̅ i̅h̅u̅
testificari
iudaeis et crecis
euangelium
gratiae d̅i̅
25 et nunc ecce ego scio quia
non uidebis faciem meam
uos omnis inter quos perambulaui
praedicans illud regnum
i̅h̅u̅
26 propter quod
hodierno die
mundus sum
a sanguine omnium
27 non enim substraxi
ut non adnuntiem
omnem uolumptatem d̅i̅ uobis

---

g : ²⁴ sed pro nichilo estimo animam meam esse caram michi, quam consummare cursum meum et ministerium uerbi, quod accepi a domino testari iudeis et grecis euangelium gratis dei. ²⁵ Et nunc ego scio, quod amplius non uidebitis faciem meam uos omnes, inter quos perambulaui praedicando regnum domini ihesu, ²⁶ se propter quod contestor uobis hodierna die quia mundus sum a sanguine omnium ²⁷ et non intermisi praedicando omnem uoluntatem dei.

28 προσέχετε ἑαυτοῖς
καὶ παντὶ τῷ ποιμνίῳ,
ἐν ᾧ ὑμᾶς τὸ πνεῦμα τὸ ἅγιον
ἔθετο ἐπισκόπους, ποιμαίνειν
τὴν ἐκκλησίαν τοῦ θεοῦ
ἣν περιεποιήσατο
διὰ τοῦ αἵματος τοῦ ἰδίου.
29 ἐγὼʲ οἶδα ὅτι εἰσελεύσονται
μετὰ τὴν ἄφιξίν μου λύκοι βαρεῖς
εἰς ὑμᾶς μὴ φειδόμενοι τοῦ ποιμνίου,
30 καὶ ἐξ ὑμῶνᵏ
ἀναστήσονται ἄνδρες λαλοῦντες
διεστραμμένα τοῦ ἀποσπᾶν
τοὺς μαθητὰς ὀπίσω εαυτῶνˡ.
31 διὸ γρηγορεῖτε, μνημονεύοντες
ὅτι τριετίαν νύκτα καὶ ἡμέραν
οὐκ ἐπαυσάμην
μετὰ δακρύων νουθετῶν
ἕνα ἕκαστον.

28 προσέχετε ἑαυτοῖς¹
καὶ παντὶ τῷ ποιμνίῳ,
ἐν ᾧ ὑμᾶς τὸ ἅγιον [ ]² πνεῦμα²
ἔθετο ἐπισκόπους, ποιμαίνειν
τὴν ἐκκλησίαν τοῦ κυρίου³
ἣν περιεποιήσατο ἑαυτῷ⁴
διὰ τοῦ αἵματος τοῦ ἰδίου.
29 ἐγὼ οἶδα ὅτι εἰσελεύσονται
μετὰ τὴν ἄφιξίν μου λύκοι βαρεῖς
[ ]¹ μὴ φειδόμενοι τοῦ ποιμνίου,
30 καὶ ἐξ ὑμῶν αὐτῶν¹
ἀναστήσονται ἄνδρες λαλοῦντες
διεστραμμένα τοῦ ἀποστρέφειν²
τοὺς μαθητὰς ὀπίσω αὐτῶν³.
31 διὸ γρηγορεῖτε, μνημονεύοντες
ὅτι τριετίαν νύκτα καὶ ἡμέραν
οὐκ ἐπαυσάμην
μετὰ δακρύων νουθετῶν
ἕνα ἕκαστον ὑμῶν¹.

j. א A C D *NA 28* ; B : οτι εγω
k. B ; υμων παντων : א A C *NA 28*
l. א B A Irᴸ ; αυτων : p⁴¹·⁷⁴ C D E L Ψ 33 323 614 945 1175 1241 1505 1739 *Koinè NA 28*
m. B 326 g Sah Boh ; θεω : p⁷⁴ א A C D E L Ψ 33 323 614 945 1175 1241 1505 1739 *Koinè*
Vg Syr Sah *NA 28*

28 - 1. d g e Vg (voir *infra*) / 2. D Vg(CR) – cf. Ac 1,8 ; 2,38 ; 4,31 ; (9,31) ; 16,6 / 3. Dd Prof
SyrHᵐᵍ – p⁷⁴ Ee A C SodC.6.7.16 SodB.1.3.4.6 36.453 181 431 1898 g p Lcf Irᴸ Amb CAp
Chr.1ᵇ(2/3)ᶜ Ath(mss) Did CyrAl Sah Boh Arm (Eth.4-13 : *christi*) / 4. Dd – Vg(G) Irᴸ Sah

29 - 1. QvD – Chr.1ᵇ(1/2) c GrElv Orᴸ Eth.2-6.8*-13

30 - 1. Dd /2. Dd – Irᴸ SyrP / 3. D

31 - 1. D – Ee SodC.1-5.7.10-14 SodB.1-7 467 Chr.1ᵇ(1/2).3(5/5) g Vg Lcf SyrP Sah Boh
Eth – cf. Ac 20,26

v. 28 : αυτοις (D) est difficile après la fin du v.26 et fait double emploi avec ce qui suit. Le TA
donne un texte théologiquement impossible que l'on a essayé de corriger de diverses façons.
C'est le seul cas dans les Actes où le mot "église", fort courant, est suivi d'un déterminatif. Pour
la leçon du TO, voir Rm 16,16 (avec χριστοῦ), mais Paul a d'ordinaire le déterminatif τοῦ
θεοῦ et la leçon du TA est peut-être due à une harmonisation sur Paul, tandis que celle du TO
se trouve dans la perspective de 20,25 TO : "proclamant le royaume de Jésus".

28 ♦προσεχεται αυτοισ	**28** attendite uos
και παντι τω ποιμνιω	et omni gregi
εν ω ϋμασ το αγιον π̅ν̅α̅	in uobis s̅p̅s̅ sanctus
εθετο επισκοπουσ ♦ποιμενειν	posuit episcopos regere
την εκκλησιαν του κ̅υ̅	ecclesiam d̅n̅i
ην περιεποιησατο εαυτω	quam ad quisibit sibi
δια του αιματοσ του ϊδιου	per sanguinem suum
29 εγω οιδα οτι εισελευσονται	**29** Ego scio quia introibunt
μετα την ♦αφεξιν μου λυκοι βαρεισ	pos diescessum meum lupi graues
εισ ϋμασ μη φειδομενοι του ♦πυμνειου	in uos non parcentes gregi
30 και εξ υμων αυτων	**30** et ex uobis ipsis
αναστησονται ανδρεσ λαλουντες	exurgent uiri loquentes
διεστραμμενα του αποστρεφειν	peruersa ut abstrahant
τουσ μαθητασ οπισω αυτω̅	discipulos post seipsos
31 διο γρηγορειτε μνημονευοντες	**31** propter quod uigilate memores estote
οτι τριετιαν νυκτα δε ημεραν	quia triennio nocte ac die
ουκ επαυσαμην	
μετα δακρυων νουθετων	
ενα εκαστον υμων	

---

g : [28] Attendite uobis et omni gregi, in quo uos spiritus sanctus posuit episcopos regere ecclesiam domini, quam acquisiuit sanguine suo. [29] Ego scio quia intrabunt post discessum meum lupi graues in uos non parcentes gregi [30] et ex uobis ipsis exsurgent homines loquentes peruersa ut abducant discipulos post se, [31] propter quod non cessans eum lacrimis monendo unumquemque uestrum.

32 καὶ τὰ νῦν παρατίθεμαι ὑμᾶς
τῷ κυρίῳ ᵐ καὶ τῷ λόγῳ
τῆς χάριτος αὐτοῦ τῷ δυναμένῳ
οἰκοδομῆσαι καὶ δοῦναι
τὴν κληρονομίαν
ἐν τοῖς ἡγιασμένοις πᾶσιν.
33 ἀργυρίου ἢ χρυσίου
ἢ ἱματισμοῦ οὐδενὸς
ἐπεθύμησα·
34 αὐτοὶ γινώσκετε ὅτι
ταῖς χρείαις μου
καὶ τοῖς οὖσιν ⁿ μετ' ἐμοῦ
ὑπηρέτησαν αἱ χεῖρες αὗται.
35 πάντα ὑπέδειξα ὑμῖν ὅτι οὕτως
κοπιῶντας δεῖ ἀντιλαμβάνεσθαι
τῶν ἀσθενούντων, μνημονεύειν τε
τῶν λόγων τοῦ κυρίου Ἰησοῦ
ὅτι αὐτὸς εἶπεν, μακάριόν ἐστιν
μᾶλλον διδόναι ἢ λαμβάνειν.
36 καὶ ταῦτα εἰπὼν
θεὶς τὰ γόνατα αὐτοῦ
σὺν πᾶσιν αὐτοῖς προσηύξατο ᵒ.

32 καὶ τὰ νῦν παρατίθεμαι ὑμᾶς
τῷ θεῷ¹ καὶ τῷ λόγῳ
τῆς χάριτος αὐτοῦ τῷ δυναμένῳ
οἰκοδομῆσαι ὑμᾶς² καὶ δοῦναι
τὴν³ κληρονομίαν
πάντων τῶν ἡγιασμένων⁴.
33 ἀργυρίου καὶ¹ χρυσίου
καὶ² ἱματισμοῦ οὐκ³ [ ]⁴
ἐπεθύμησα·
34 αὐτοὶ γινώσκετε ὅτι
ταῖς χρείαις μου
[ ]¹ καὶ τοῖς οὖσιν μετ' ἐμοῦ
ὑπηρέτησαν αἱ χεῖρες μου².
35 πάντα ὑπέδειξα ὑμῖν ὅτι οὕτως
κοπιῶντας δεῖ ἀντιλαμβάνεσθαι
τῶν ἀσθενούντων, μνημονεύειν [ ]¹
τῶν λόγων τοῦ κυρίου [ ]²
ὅτι αὐτὸς εἶπεν, μακάριος [ ]³ ὁ
διδῶν μᾶλλον ἢ ὁ λαμβάνων.³
36 καὶ ταῦτα εἶπας¹
θεὶς τὰ γόνατα [ ]²
σὺν πᾶσιν αὐτοῖς προσηύξατο.

m. B 326 g Sah Boh ; θεω : p⁷⁴ ℵ A C D E L Ψ 33 323 614 945 1175 1241 1505 1739 *Koinè*
Vg Syr Sah *NA 28* // n. *NA 28* ; B : ουσι // o. *NA 28* ; B : προσευξατο

---

32 - 1. D / 2. D g Ee / 3. voir *infra* / 4. – Sah.4.460 Eth.1-3 / 4. Ephrᵏ
Dans le texte incohérent de D, le génitif final ne peut s'expliquer que comme une synthèse
maladroite entre TA et TO. La leçon retenue π.τ.η. impose l'article devant κληρονομιαν.

33 - 1. D Ephrᵏ – a b c p dem Vg(mss) Geo / 2. Ephrᵏ – Vg(SU) Geo / 3. Ephrᵏ –
Chr.2ᵃ(1/2)2ᵇ SyrP Sah
Varia : add. υμων : D Ee ndl.2 Eth
Ephrᵏ : Et dixit quod argentum et aurum et vestem non concupivi.

34 – 1. voir *infra* / 2. D Ephrᵏ (*Boism* ¹ᵃ·⁽²⁾ : αυται)
Ephrᵏ : …sed laboravi et vivere de manibus meis non piger eram

35 - 1. D – A SodC.8 915 / 2. – ℵᶜ SodC.4.5 915 *pc* Epiph Chr.2 BarS Arm(mss) / 3. (Dd) –
CAp SyrP Eth

36 - 1. D, cf. Ac 27,35 (*Boism* ¹ᵃ·² : ειπων) / 2. D – p⁴¹ SodC.14 88 917 1838 *pc* g Cass Arm

v. 34 : D a un texte impossible : il semble compléter le texte de son archétype par le texte attesté
par g qui est seul à soutenir son πασιν (contrairement au v.32 où υμας est aussi soutenu par Ee)

v. 35 : D, avec le masculin μακαριος, fusionne de façon aberrante TO et TA.

32 και τα νυν παρατιθεμαι ϋμασ
τω θ‾ω‾ και τω λογω
τησ χαριτοσ αυτου τω δυναμενω
οικοδομησαι ϋμασ και δουναι
κληρονομιαν
εν ♦αυ♦στοισηγιασμενοιστωνπαντων
33 αργυριου και χρυσιου
η ειματισμου ουδενοσ ϋμων
επεθυμησα
34 αυτοι ♦γεινωσκεται οτι
♦τασ ♦χρειασ μου
πασιν και τοισ ουσιν μετ εμου
ϋπηρετησαν αι χειρεσ μου
35 ♦πα ♦ι ϋπεδειξα ϋμειν οτι ουτωσ
κοπιωντασ δει αντιλαμβανεσθαι
των ασθενουντ‾ω‾ μνημονευειν
των λογων του κ‾υ‾ ι‾η‾υ‾
οτι ουτοσ ειπεν μακαριοσ εστιν
μαλλον διδοναι η λαμβανειν
36 και ταυτα ειπασ
θεισ τα γονατα
συν πασιν αυτοισ ♦προσευξατο

---

g : [32] Et nunc quidem commendo uos domino et uerbo gratie eius, qui potest edificare uos et dare hereditatem in sanctis omnibus. [33] Argentum aut aurum aut uestem nullius concupiui [34] ipsi scitis, quia necessitatibus meis omnibus et his qui sunt mecum ministrauerunt manus iste. [35] Omnis ostendi uobis quia sic laborantes oportet austinere infirmos et meminisse uerborum domini ihesu, quia ipse dixit : beatus est magis dare quam accipere. [36] Et haec cum dixisset positis genibus cum omnibus illis orauit.

37 ἱκανὸς δὲ κλαυθμὸς
ἐγένετο πάντων, καὶ ἐπιπεσόντες
ἐπὶ τὸν τράχηλον τοῦ Παύλου
κατεφίλουν αὐτόν,
38 ὀδυνώμενοι μάλιστα
ἐπὶ τῷ λόγῳ ᾧ εἰρήκει ὅτι
οὐκέτι μέλλουσιν
τὸ πρόσωπον αὐτοῦ θεωρεῖν.
προέπεμπον δὲ αὐτὸν
εἰς τὸ πλοῖον.

37 ἐγένετο δὲ κλαυθμὸς ἱκανὸς¹
πάντων, καὶ ἐπιπεσόντες
ἐπὶ τὸν τράχηλον αὐτοῦ²
κατεφίλουν αὐτόν,
38 [ ]¹ μάλιστα
[ ]² ὅτι εἴπεν³ [ ]⁴
οὐκέτι μέλλετε⁵
τὸ πρόσωπον μου⁶ θεωρεῖν.
προέπεμπον δὲ αὐτὸν
ἕως τοῦ πλοίου⁷.

---

37 - 1. – Ψ SodC.1-5.10-13 Chr.1 SyrHP Geo / 2. – p⁴¹ 1175 Chr.2 Cass SyrP

38 - 1. – 1898 Eth.2.4.5.9-12 / 2. – Cass Eth Arab. / 3. D(+) – Cass Eth.1.2.4-13 / 4. D – Cass
Eth / 5. D*(vid) – Eth g Sah Boh(FSG) / 6. – Eth g Sah Boh(FSG) (om. D) / 7. SyrH* – Eth
Vg(SU)- SyrP
Cass : profusa pietate deflebant [cf. v. 37] propter quod illis dixerat eos ulterius se non esse
visuros.
Eth(mss) : maxime quia dixerat eis non videbitis faciem meam

v. 38 : Dans D, contrairement à la structure de phrase du TA, les deux formules επι τω λογω
et οτι ειπεν forment doublet. L'archétype de D devait avoir μαλιστα οτι ειπεν, et le scribe a
ajouté επι τω λογω οδυνωμενοι par harmonisation sur le TA ; mais le participe οδυνωμενοι
est mis à une place fautive (aucune autre attestation).

37 ϊκανοσ δε κλαυθμοσ εγενετο
παντων και επιπεσοντεσ
επι τον τραχηλον του παυλου
κατεφιλουν αυτον
38 μαλιστα
επι τω λογω οδυνωμενοι οτι ειπεν
ουκετι μελλει ♦ι
το προσωπον θεωρειν
προεπεμπον δε αυτον
επι το πλοιον.

---

g : [37] Et perfletus magnus omnium factus est et incumbentes super collum pauli consolabantur eum, [38] dolentes maxime propter uerbum, quod dixerat, quia amplius non uidebitis faciem meam ; et deducebant eum ad nauem.

<table>
<tr><td>

1 ὡς δὲ ἐγένετο ἀναχθῆναι
ἡμᾶς ἀποσπασθέντας [a]
ἀπ᾽ αὐτῶν,
εὐθυδρομήσαντες ἤλθομεν
εἰς τὴν Κῶ, τῇ δὲ ἑξῆς
εἰς τὴν Ῥόδον,
κἀκεῖθεν εἰς Πάταρα·
2 καὶ εὑρόντες πλοῖον
διαπερῶν εἰς Φοινίκην
ἐπιβάντες ἀνήχθημεν.
3 ἀναφάναντες δὲ τὴν Κύπρον
καὶ καταλιπόντες αὐτὴν
εὐώνυμον ἐπλέομεν εἰς Συρίαν,
καὶ κατήλθομεν εἰς Τύρον,
ἐκεῖσε γὰρ τὸ πλοῖον ἦν
ἀποφορτιζόμενον τὸν γόμον.

</td><td>

1 [ ][1] [ ][1] [ ][1]
ἀποσπασθέντων δὲ ἡμῶν [2]
ἀπ᾽αὐτῶν,
εὐθυδρομήσαμεν [3] [ ][3]
εἰς τὴν [4] Κῶ, τῇ δὲ ἐπιούσῃ [5]
εἰς [ ][6] Ῥόδον,
κἀκεῖθεν εἰς Πάταρα καὶ Μύρα [7]·
2 καὶ εὑρόντες πλοῖον
διαπορευόμενον [1] εἰς Φοινίκην
ἐπιβάντες ἀνήχθημεν.
3 ἀναφάναντες δὲ τὴν Κύπρον
[ ][1] καταλιπόντες αὐτὴν
εὐώνυμον ἐπλέομεν εἰς Συρίαν,
καὶ [2] κατήχθημεν [3] εἰς Τύρον,
ἐκεῖσε γὰρ ἦν τὸ πλοῖον [4]
ἀποφορτιζόμενον τὸν γόμον.

</td></tr>
</table>

a. ℵ A C NA *28* ; B : αποσπασθεντες

---

1 - 1. voir *infra* / 2. D g SyrP / 3. – SyrP Sah.460 / 4. voir *infra* / 5. D – (versions ?) / 6. D – Ψ
C 181 1898 1175 *pc* Chr.1.2 (versions ?) / 7. D – p⁴¹ b g Vg(Th) ndl Sah

2 - 1. – SodC.1-3.10.11 SyrP Eth

3 - 1. – A SodC.5 *pc* a b c g dem Vg(RTW) / 2. voir *infra* / 3. d – *Koinè* / 4. d *Koinè* (g)

v. 1 : Dans D, le début mutilé du verset και επιβαντες ανηχθημεν + Ptc + δε est un décalque
pas autrement attesté de la fin du verset suivant επιβαντες ανηχθημεν + Ptc + δε ; l'omission
de ως δε εγενετο de B est ainsi soutenue par D g SyrP et celle de αναχθηναι ημας par (D) g
ndl.1 SyrP. La suite également mutilée du verset correspond à αποσπασθεντων δε ημων. Le
ηκομεν a probablement été ajouté sous l'influence du latin ; d, lacuneux, devait avoir *venimus*
comme tous les autres latins. Contrairement à l'absence bien soutenue de την devant Ροδον,
l'absence du même article devant Κω dans D n'est pas autrement attestée. Dans le TA,
l'expression και Μύρα a pu tomber par haplographie.

v. 3 : Contrairement à l'omission bien soutenue de και devant καταλιποντες, celle de *et* devant
enavigavimus n'est pas autrement attestée. Pour le TO, voir 27,3 : κατήχθημεν εἰς Σιδῶνα
(cf. 28,12)

1 ◆ι επι ◆αντ ◆σ ανηχθημεν   **1**
αποσπασθεντων δε   ν
απ αυτων
ευθυδρομησαντεσ ηκομεν
εισ κω τη δε επιουση
εισ ροδον
κακειθεν εισ παταρα και μυρα
2 και ευροντεσ πλοιον   **2**
διαπερων εισ ◆φ ◆νεικην

                       ascendentes nauigauimus
3   **3** uidentes autem cyprum
                       et reliquentes eas a sinistro
                       collauimus in syriam
                       enauigauimus in tyro
                       ibi erat enim nauis
                       ex postura onus
                       ——

Deest D : Ac 21,2s-10

g : [1] Cum autem ab illis discessissemys enauigantes protinus uenimus choum et sequenti die rhodum et inde pataram, deinde myram. [2] Et eum inuenissemus nauem transfretantem phenicen ascendentes nauigauimus. [3] Cum apparuisset eytem cyprus reliquentes eam a sinistro nauigauimus in syriam et inuenimus tyrum ; ibi enim habebat nauis exponere onus.

4 ἀνευρόντες δὲ
τοὺς μαθητὰς
ἐπεμείναμεν αὐτοῦ ἡμέρας ἑπτά,
οἵτινες τῷ Παύλῳ ἔλεγον ᵇ
διὰ τοῦ πνεύματος μὴ ἐπιβαίνειν
εἰς Ἱεροσόλυμα.
5 ὅτε δὲ ἐγένετο
ἐξαρτίσαι ἡμᾶς
τὰς ἡμέρας ᶜ, ἐξελθόντες
ἐπορευόμεθα
προπεμπόντων ἡμᾶς πάντων
σὺν γυναιξὶ καὶ τέκνοις
ἕως ἔξω τῆς πόλεως,
καὶ θέντες τὰ γόνατα
ἐπὶ τὸν αἰγιαλὸν προσευξάμενοι
6 ἀπησπασάμεθα ἀλλήλους,
καὶ ἐνέβημεν ᵈ εἰς τὸ πλοῖον,
ἐκεῖνοι δὲ ὑπέστρεψαν εἰς τὰ ἴδια.

4 καὶ¹ ἀνευρόντες [ ]²
τοὺς μαθητὰς
ἐπεμείναμεν [ ]³ ἡμέρας ἑπτά,
οἵτινες τῷ Παύλῳ ἔλεγον
διὰ τοῦ πνεύματος μὴ ἀναβαίνειν⁵
εἰς Ἱερουσαλήμ⁵.
5 [ ]¹
μέτα δὲ τὸ² ἐξαρτίσαι [ ]³
τὰς ἡμέρας, ἐξελθόντες
ἐπορευόμεθα τὴν ὁδὸν⁴ ἡμῶν⁵
προπεμπόντων ἡμᾶς πάντων
σὺν γυναιξὶ καὶ τέκνοις
[ ]⁶ ἔξω τῆς πόλεως,
καὶ θέντες τὰ γόνατα
ἐπὶ τὸν αἰγιαλὸν προσηυξάμεθα⁷
6 καὶ ἀπησπασάμενοι¹ ἀλλήλους,
[ ]¹ ἐνέβημεν εἰς τὸ πλοῖον,
ἐκεῖνοι δὲ ὑπέστρεψαν εἰς τὰ ἴδια.

b. *NA 28* ; B : ελεγαν // c. B* A E ; ημας εξαρτισαι : p⁷⁴ ℵ B¹ C L Ψ (33) 323 614 945 1175
1241 1505 1739 *Koinè NA 28* // d. ℵ² B E Ψ 945 1739 1891 ; ανεβημεν : p⁷⁴ ℵ* A C 453 614
1175 1505 2818 *NA 28*

---

4 - 1. d – *Koinè* g Sah Boh Geo / 2. – *Koinè* (versions ?) (cf. Cass : Ibi repertis discipulis
quibusdam) / 3. – Geo (αυτουσ : 1175 – πρὸς αὐτούς : Chr.1ᵃ.2ᵃ – αὐτοῖς : A E L SodC.8)
(παρ᾿ αὐτοῖς : 255 d e Cass SyrHP Sah Boh) / 4. – Ee *Koinè* g Vg Epiph (Did) / 5. – *Koinè*
Vg(I) Epiph Did

5 - 1. d – Chr.2 g Vg SyrP Eth Geo / 2. (d) – Chr.2 (g) SyrP Eth.4-11 / 3. d – Chr.2 TheophΠᴸ
g Vg SyrP Eth.4-13 Geo / 4. d – SyrP Eth.4-13 (Chr.2 *deest*) / 5. d – *Boism*¹ᵃ (om. *Boism*²)
/ 6. d – ℵ g p* Eth.4.5.8-13 / 7. d – e g Vg Sah Boh(AB 18)
Chr : μετὰ δὲ τὸ ἐξαρτίσαι τὰς ἡμέρας, φησίν : τουτέσιν πληρῶσαι. ἡμέρας δὲ λέγει τὰς
τεταγμένας (*in* Ac 21,5 ; *PG* 60/317) // **Eth** : et post hoc egressi sumus ad viam...
SyrP : et post hos dies egressi sumus ut abiremus in via...usque extra civitatem... et oravimus

6 - 1. d – *Koinè* g Vg (e)

v. 4 : Nous avons adopté la variante 3. en raison de la multitude des leçons concurrentes, qui
supposent un texte court que l'on a voulu compléter. Ce texte court se recommande aussi des
parallèles de 10,48 ; 21,10 ; 28,12.

v. 5 : L'omission de οτε δε εγενετο (B) est soutenue par d – Chr.2 g Vg SyrP Eth Geo. Celle de
sequentes autem die (d) est soutenue par Chr g SyrP et même Eth, cette leçon propre à d
donnant par ailleurs un texte peu cohérent par rapport au verset précédent. Il faut garder le
participe ἐξελθόντες, attesté par l'ensemble des versions. Il est omis par A SodB.1-3 629 Vg(O)
ndl.1 mais tous ces témoins donnent le TA pour l'ensemble du verset. C'est donc une variante à
l'intérieur du TA et non du TO. Cf. 8,39 TO : ἐπορεύετο γὰρ τὴν ὁδόν (le TA ajoute
αὐτοῦ).

4

4 et inuentis
discipulis
mansimus apud eos dies septem
quidam autem paulo dicebant
per sp̅m̅ non ingredi
hierosolyma

5

5 Sequenti autem

die exeuntes
ambulamus uiam nostram
deducentibus omnibus nos
cum uxor ibus et filiis
extra ciuitatem
et positis genibus
in litore orauimus

6

6 et cum salutassemus inuicem

reuersi uero quisque ad sua

---

g : ⁴ Et inuentis discipulis mansimus ibi dies VII ; hique paulo dicebant per spiritum ne ascenderet hierosolimam. ⁵ Expletis diebus profecti ibamus deducentibus nos omnibus cum uxoribus et filiis foras extra ciuitatem. Et positis genibus ad litus orauimus, ⁶ et ualefacientes altrumutrum ascendimus in nauem ; illi autem reuersi sunt in sua.

7 ἡμεῖς δὲ τὸν πλοῦν διανύσαντες
ἀπὸ Τύρου κατηντήσαμεν
εἰς Πτολεμαΐδα,
καὶ ἀσπασάμενοι τοὺς ἀδελφοὺς
ἐμείναμεν ἡμέραν μίαν
παρ' αὐτοῖς.
8 τῇ δὲ ἐπαύριον ἐξελθόντες
ἤλθομεν ᵉ εἰς Καισάρειαν,
καὶ εἰσελθόντες εἰς τὸν οἶκον
Φιλίππου τοῦ εὐαγγελιστοῦ ὄντος
ἐκ τῶν ἑπτὰ ἐμείναμεν παρ' αὐτῷ.
9 τούτῳ δὲ ἦσαν
θυγατέρες τέσσαρες παρθένοι
προφητεύουσαι.

7 ἡμεῖς δὲ τὸν πλοῦν διανύσαντες
ἀπὸ Τύρου κατηντήσαμεν
εἰς Πτολεμαΐδα,
καὶ ἀσπασάμενοι τοὺς ἀδελφοὺς
*ἐπεμείναμεν*¹ *παρ' αὐτοῖς*²
ἡμέραν μίαν
8 τῇ δὲ ἐπαύριον ἐξελθόντες
ἤλθομεν εἰς Καισάρειαν,
καὶ *εἰσήλθομεν*¹ εἰς τὸν οἶκον
Φιλίππου τοῦ εὐαγγελιστοῦ ὄντος
ἐκ τῶν ἑπτὰ [ ]²
9 ᾧ [ ]¹ ἦσαν
θυγατέρες τέσσαρες [ ]²
προφητεύουσαι.

e. *NA 28* ; B : ηλθαμεν

7 - 1. – A 181 Theoph Iᴸ *pc* (versions ?) / 2. – g 255 917 1874 *pc*

8 - 1. Prof – g SyrP Eth.4.5.8-13 / 2. Prof – g SyrP Eth.4.5.8-13

9 - 1. Prof – g (cf. SyrP Eth) / 2. – SodC.4 1898 Chr.1.3 Epiph(3/3) a(629) Geo (≈ *ante*
θυγατέρες : C 36.453 431 ndl.2 prv.1 (≈ *ante* τέσσαρες : Ee *Koinè* SyrP)
SyrP : et erant ei filiae virgines quattuor quae prophetabant
Eth : et erant apud eum quattuor virgines filiae-eius et prophetabant.

v. 7 : À la variante 2. tous les latins sauf g ont le TA.

v. 8 : Le ms. g transpose la phrase ἐμείναμεν παρ' αὐτῷ à la fin du verset 9.

7

7 nos autem uauigatione expedita
a tyro uenimus
ptolemaidem
et salutauimus fratres
[et manimus diem u]num
aput eos

8　　　　　　　　　　**8**

9　　　　　　　　　　9

---

g : [7] Nos uero explicito nauigio tyro deuenimus ptholemaidem et salutatis fratribus mansimus aput eos die uno. [8] Altera autem die profecti uenimus cesaream et intrauimus in domum philippi euangeliste, qui erat de VII, [9] cui erant filie III virgines prophetantes et mansimus aput eum. [10] Et commorantibus nobis in caesarea per dies aliquot superuenit a iudea quidam profeta nomine agabus [11] et uenit ad nos. Et tollens zonam pauli alligauit sibi pedes et manus et dixit : Haec dicit spiritus sanctus : Virum cuius haec zona est sic aligabatur iudei in hierusalem et tradent in manus gentium.

10 ἐπιμενόντων δὲ ἡμέρας πλείους
κατῆλθέν τις
ἀπὸ τῆς Ἰουδαίας προφήτης
ὀνόματι Ἄγαβος,
11 καὶ ἐλθὼν πρὸς ἡμᾶς
καὶ ἄρας τὴν ζώνην τοῦ Παύλου
δήσας ἑαυτοῦ τοὺς πόδας
καὶ τὰς χεῖρας εἶπεν,
τάδε λέγει τὸ πνεῦμα τὸ ἅγιον,
τὸν ἄνδρα οὗ ἐστιν ἡ ζώνη αὕτη
οὕτως δήσουσιν
ἐν Ἰερουσαλήμ
οἱ Ἰουδαῖοι
καὶ παραδώσουσιν εἰς χεῖρας ἐθνῶν.

12 ὡς δὲ ἠκούσαμεν ταῦτα,
παρεκαλοῦμεν ἡμεῖς τε
καὶ οἱ ἐντόπιοι
τοῦ μὴ ἀναβαίνειν αὐτὸν
εἰς Ἰερουσαλήμ.

10 ἐπιμενόντων δὲ ἡμέρας πλείους
ἐπῆλθέν[1] τις
ἀπὸ τῆς Ἰουδαίας προφήτης
ὀνόματι Ἄγαβος,
11 ἀνελθὼν δὲ[1] πρὸς ἡμᾶς
καὶ λαβὼν[2] τὴν ζώνην τοῦ Παύλου
δήσας ἑαυτοῦ τοὺς ἰδίους[3] πόδας
[ ][4] εἶπεν,
[ ][5]
οὗτος[6] οὗ ἐστιν ἡ ζώνη αὕτη
οὕτως δήσουσιν αὐτὸν[7]
καὶ ἀποίσουσιν[8] εἰς[9] Ἰερουσαλήμ
[ ][10]
[ ][11]

12 ὡς δὲ ἠκούσαμεν ταῦτα,
παρεκαλοῦμεν ἡμεῖς [ ][1]
καὶ οἱ ἐντόπιοι τὸν Παῦλον[2]
τοῦ μὴ ἐπιβαίνειν[3] αὐτὸν
εἰς Ἰερουσαλήμ.

---

10 - 1. – g Vg

11 - 1. D / 2. – Or Épiph Cass / 3. d – (Épiph) Cass / 4. – Épiph Cass CyrAl (≈ χεῖρας... πόδας : A SodC.1-7.10-14 SodB.6.7 1898 al Or Chr.1[a] b ndl Sah.4.453 Eth(-9)) – (om. τοὺς πόδας καὶ : Eth.9) / 5. – 36.453 Épiph Cass CyrAl / 6. – Épiph Chr.1(+) CyrAl(+) Vg(CT) Amb(+) / 7. – Épiph Vg(D) Amb / 8. – Épiph (cf. Or) / 9. D – Épiph Or Chr.1.2 / 10. – Épiph Or Chr.2(?) Vg(S*) Amb(1/2) Eth.3 (≈ iudaei in J. : dem g Vg(Th) Amb(1/2) / 11. – Épiph Or CyrAl

Épiph : λαβὼν τὴν ζώνην τοῦ Παύλου καὶ δήσας τοῖς ἰδίοις ποσίν φησίν· οὗτος οὗ ἐστιν ἡ ζώνη αὕτη δήσουσιν αὐτὸν καὶ ἀποίσουσιν εἰς Ἰηρουσαλήμ (*Pan.* 48,8,4)

Orig : ὁ μὲν γὰρ Ἄγαβος λαβὼν αὐτοῦ τὴν ζώνην δήσας ἑαυτὸν χειρῶν καὶ ποδῶν ἔλεγε· τὸν ἄνδρα οὗ ἐστιν ἡ ζώνη αὕτη οὕτω δήσουσιν ἀπελθόντα εἰς Ἰηροσόλυμα (*in Mt* 20,17-19; XVI,1)

CyrAl[syr] : Agabus autem propheta solvens zonam eius et alligans sibi pedes, dixit postea : Hunc virum cuius est haec zona sic alligabunt in Ierusalem Iudaei (*In Luc.* hom. 50 ; *CSCO*, Scrip. Syr. 70 ; trad. R.M. TONNEAU)

Cass : ... qui assumens zonam Pauli, pedes suos inligans dixit : ita esse virum cuius erat cingulum, à Iudaeis protinus alligandum et in manibus gentium contradendum.

12 - 1. Dd – g Vg Theoph I[L] / 2. Dd – g Eth / 3. D

10

10

προφητησ	profeta
ονοματι αγαβοσ	nomine agabus
11 ανελθων δε προσ ημασ	**11** cum uenisset ad nos
και αρασ την ζωνην του παυλου	et tulisset zonam pauli
δησασ εαυτου τουσ ποδασ	ligauit suos pedes
και τασ χειρασ ειπε̄	et manus et dixit
ταδε λεγει το π̄ν̄ᾱ το αγιον	haec dicit s̄p̄s̄ sanctus
τον ανδρα ου εστιν η ζωνη αυτη	eum uirum cus est zona haec
ουτωσ δησουσιν	sic ligabunt
εισ ϊερουσαλημ	hierusalem
ιουδαιοι	iudaei
και παραδωσουσιν εισ χειρασ εθνων	et tradent in manus gentium
12 ωσ δε ηκουσαμεν ταυτα	**12** et uero audiuimus haec
παρακαλουμεν ημεισ	depraecabamur nos
και οι εντοπιοι τον παυλον	et incolae loci illius paulum
του μη επιβαινειν αυτον	ut non ascenderet
εισ ϊερουσαλημ	hierusalem

---

g : [10] Et commorantibus nobis in caesarea per dies aliquot superuenit a iudea quidam profeta nomine agabus [11] et uenit ad nos. Et tollens zonam pauli alligauit sibi pedes et manus et dixit : Haec dicit spiritus sanctus : Virum cuius haec zona est sic aligabatur iudei in hierusalem et tradent in manus gentium. [12] His auditis rogabamus nos et incole loci illius paulum ne ascenderet hierosolimis.

13 τότε ἀπεκρίθη Παῦλος ᶠ
τί ποιεῖτε κλαίοντες
καὶ συνθρύπτοντές μου
τὴν καρδίαν ; ἐγὼ γὰρ οὐ μόνον
δεθῆναι
ἀλλὰ καὶ ἀποθανεῖν
εἰς Ἰερουσαλὴμ
ἑτοίμως ἔχω ὑπὲρ τοῦ ὀνόματος
τοῦ κυρίου Ἰησοῦ.
14 μὴ πειθομένου δὲ αὐτοῦ
ἡσυχάσαμεν
εἰπόντες,
τοῦ κυρίου τὸ θέλημα γινέσθω.
15 μετὰ δὲ τὰς ἡμέρας ταύτας
ἐπισκευασάμενοι ἀνεβαίνομεν
εἰς ἱεροσόλυμα·

13 εἶπεν δὲ πρὸς ἡμᾶς¹ ὁ Παῦλος
τί ποιεῖτε κλαίοντες
καὶ θορύβοῦντές² μου
τὴν καρδίαν ; ἐγὼ γὰρ οὐ μόνον
δεθῆναι εὐξαίμην ἄν³
ἀλλὰ καὶ ἀποθανεῖν
[ ]⁴
[ ]³ [ ]³ ὑπὲρ τοῦ ὀνόματος
τοῦ κυρίου μου⁵ Ἰησοῦ [ ]⁶
14 μὴ πειθομένου δὲ αὐτοῦ
ἡσυχάσαμεν
[ ]¹ εἰπόντες προς αλληλους²,
τὸ θέλημα τοῦ θεοῦ³ γινέσθω.
15 μετὰ δέ τινας¹ ἡμέρας
ἀποκαταξάμενοι² ἀναβαίνομεν³
εἰς ἱεροσόλυμα·

f. B ; ο παυλος : B¹ C² 2818 Boh NA 28

---

13 - 1. D / 2. D*d Tert(1/2) – g p prv.1 Jer / 3. Tert(2/2) – (βουλομαι : Dd) / 4. Aug^c –
SodC.4.5.7 SodB.1-4.6.7 pc Vg(I) Chr.3 CyrAl(5/5) Or^L Cass (pour Or^gr et Tert, voir infra) /
5. Tert – Or^gr Cass^P Ee Vg SyrHP (Sah.4) Boh Eth.1.13
CyrAl^syr : Quid facitis flentes et affligentes cor meum ? Ego enim non tantum alligari sed mori
paratus sum propter nomen domini nostri Iesu Christi (cf. v. 11)
Cass^P : ego enim pro nomine iesu non solum alligari sed et mori paratus sum (CXVIII, 60)
Or^L : dixit : Quid facitis flentes et confringentes cor meum? ego enim non solum alligari sed et
mori paratus sum pro nomine domini nostri Iesu Christi
Or^gr : εἶπε· τί ποιεῖτε... συντρύπτοντές... οὐ μόνον δεθῆναι [εἰς Ἰερουσόλυμα γενόμενος
ἑτοίμως ἔχω] ἀλλὰ καὶ ἀποθανεῖν ὑπὲρ τοῦ ὀνόματος τοῦ κύριου μου Ἰησοῦ (cf. v. 11)
Tert : quid inquit facitis lacrimantes et conturbantes cor meum ? ego enim non modo uincula
pati optauerim sed etiam mori hierosolymis pro nomine domini mei iesu christi (Fug. 6,6) –
id. : quid fletis et constristatis cor meum ? at ego non modo uincula hierosolymis pati
optauerim uerum etiam mori pro nomine domini mei iesu christi (Sco. 15,5).

14 – 1. voir infra / 2. Dd (om. Boism ^1a.(2)) / 3. D (Boism ^1a.(2) : του κυριου το θελεμα)

15 - 1. D / 2. D / 3. Dd C SodC.5* 36 Chr.1 g Eth.1-3

v. 13 : L'expression εἰς Ἰηρουσαλήμ se lit à deux places différentes dans Tert, indice que cet
auteur l'a ajouté à son archétype qui devait l'omettre. – De même, dans Or, les mots εἰς
Ἰεροσόλυμα γενόμενος ἑτοίμως ἔχω, que nous avons mis entre crochets, se trouvent à une
place aberrante et ont dû être ajoutés par un scribe recopiant le texte d'Origène grec. Comme
souvent ailleurs, D a ajouté le titre χριστου.

v. 14 : Dans D, οι après ησυχασαμεν et avant ειπόντες est aberrant.

13 Ειπεν δε προσ ημασ ο παυλοσ	**13** Respondit autem ad nos paulus
τι ◆ποιειται κλαιοντεσ	quid facitis plorantes
και θορυβουντεσ μου	et conturbantes meum
την καρδιαν εγω γαρ ου μονον	cor ego enim non solum
δεθηναι βουλομαι	ligari uolo
αλλα και αποθανειν	sed mori
εισ ϊερουσαλημ	in hierusalem
ετοιμωσ εχω ϋπερ του ονοματοσ	propositum habeo propter nomen
του κ̅υ̅ ι̅η̅υ̅ χ̅ρ̅υ̅	d̅n̅i x̅p̅i i̅h̅u̅
14 μη πειθομενου δε αυτου	**14** cum non suaderetur ei
ησυχασαμεν	qui euimus
οι ειποντεσ προσ αλληλουσ	dicentes ad inuicem
το θελημα του θ̅υ̅ γεινεσθω	uoluntas d̅n̅i fiat
15 μετα δε τινασ ημερασ	**15** post hos autem dies
◆αποταξαμενοι αναβαινομεν	refecimus nos et ascendimus
εισ ◆ϊερ	hierosolyma

---

g : [12] His auditis rogabamus nos et incole loci illius paulum ne ascenderet hierosolimis. [13] Qui respondit et dixit nobis : Quid facitis flentes et conturbantes cor meum ? Ego enim non tantum alligari sed etiam mori in hierosolima paratus sum pro nomine domini ihesu christi. [14] Et cum suadere non possemus, tacuimus dicentes : uoluntas domini fiat ! [15] Post hos autem dies refecius nos et ascendimus hierosolimam

16 συνῆλθον δὲ καὶ τῶν μαθητῶν
ἀπὸ Καισαρείας σὺν ἡμῖν,
ἄγοντες παρ' ᾧ
ξενισθῶμεν

Μνάσωνί τινι Κυπρίῳ,
ἀρχαίῳ μαθητῇ.
17
γενομένων δὲ ἡμῶν
εἰς ἱεροσόλυμα
ἀσμένως ἀπεδέξαντο ἡμᾶς
οἱ ἀδελφοί.
18 τῇ δὲ ἐπιούσῃ
εἰσῄει ὁ Παῦλος σὺν ἡμῖν
πρὸς Ἰάκωβον,
πάντες τε παρεγένοντο
οἱ πρεσβύτεροι.
19 καὶ ἀσπασάμενος αὐτοὺς
ἐξηγεῖτο καθ' ἓν ἕκαστον
ὧν ἐποίησεν ὁ θεὸς ἐν τοῖς ἔθνεσιν
διὰ τῆς διακονίας αὐτοῦ.

16 συνῆλθον δὲ καὶ τῶν μαθητῶν[1]
ἐκ[2] Καισαρείας σὺν ἡμῖν,
οὗτοι δὲ ἤγαγον ἡμᾶς προς οὕς[3]
ξενισθῶμεν
καὶ παραγινόμενοι εἴς τινα κώμην
ἐγενόμεθα παρὰ[4]
Μνάσωνί τινι Κυπρίῳ,
ἐκ τῶν ἀρχαίων μαθητῶν[5].
17 κἀκεῖθεν ἐξιόντες[1]
ἤλθομεν[2]
εἰς ἱεροσόλυμα
ὑπεδέξαντο δὲ[3] ἡμᾶς
οἱ ἀδελφοί ἀσμένως[4].
18 τῇ δὲ ἐπιούσῃ
εἰσῄμεθα σὺν τῷ Παύλῳ[1]
πρὸς Ἰάκωβον,
[ ][2] ἦσαν δὲ παρ' αὐτῷ[3]
οἱ πρεσβύτεροι συνήγμενοι[3].
19 οὕς[1] ἀσπασαμένων ἡμῶν[2]
διηγεῖτο[3] [ ][4] ὁ Παῦλος[5]
ὡς[6] ἐποίησεν ὁ θεὸς ἐν τοῖς ἔθνεσιν
διὰ τῆς διακονίας αὐτοῦ.

---

16 – 1. g Vg SyrH (voir infra) / 2. D – (versions ?) / 3. D(vid) (d) – (d : apud quem) / 4. D(vid) d SyrH^mg / 5. SyrH^mg – Eth.4-13

17 – 1. D(vid) d SyrH^mg / 2. D(vid) d – (ἐγένομεν : SyrH^mg) / 3. D(vid) d – (Versions ?) / 4. (Dd) – g Vg(Th) ndl SyrP Sah Eth (≈ ante ἡνᾶς : Dd)

18 – 1. – g Vg(CT) SyrP Eth.4-13 / 2. om. παντες δε : Dd – Sah Eth.3 / 3. Dd – (ndl) Sah

19 – 1. D – g Vg Sah / 2. – g SyrP Eth.4-12 / 3. D – (versions ?) / 4. – p Eth Arab (pour D, voir infra) / 5. – g SyrP Eth.6-8.9c / 6. D – ndl.1

v. 16 : D'après *Boism*[1a], D omet par erreur le début du verset συνηλθον...μαθητων en passant directement de εισ ιεροσολυμα à εκ κεσα...

v. 17 : Pour la place de l'adverbe ἀσμένως, le témoignage de D ne peut valoir contre celui des autres témoins du TO. Il est possible que l'archétype de D omettait l'adverbe, et que le scribe l'ait ajouté par harmonisation sur le TA.

v. 18 : La variante 1. sera confirmée par les mêmes témoins au verset suivant.

v. 19 : Au début du verset, D fusionne TO et TA. – L'archétype de D devait omettre καθ' εν εκαστον ; le scribe a complété en ajoutant seulement les deux derniers mots, ce qui ne donne aucun sens. C'est sans doute par distraction que le scribe a omis la préposition εν devant τοις εθνεσιν (opposer 15,12).

16	**16**
εκ ♦κεσα[ραιας συν ημειν	de caesarea nobiscum
ουτοι δε ηγαγον ημας προς ους	simul quae ad duxerunt nos apud quem
ξενισθωμεν	ospitaremur
και παραγενομενοι εις τινα κωμην	et cum uenerunt in quendam ciuitatem
εηενομεθα παρα	fuimus
♦Νασωνι τινι κυπριω	ad nasonem quendam cyprium
μαθητη αρχαιω	discipulum antiquum
17 κακειθεν εξιοντες	**17** et in de exeuntes
ηλθομεν	uenimus
εις Ιεροσολυμα	hierosolyma
υπεδεξαντο δε ημας	susceperunt autem nos
ασμενως οι αδελφοι	cum laetitia fratres
18 τη δε επιουση	**18** sequenti autem die
εισηει ο Παυλος συν ημιν	introibit paulus nobiscum
προς Ιακωβον]	ad iacobum
ησαν δε παρ αυτω	erant autem cum eo
οι πρεσβυτεροι συνηγμενοι	praesbyteri conuenti
19 ουσ ♦ασπαμενοσ	**19** cum salutasset eos
διηγειτο ♦ενα εκαστον	narrabat per singula
ωσ εποιησεν ο θ̄σ̄ τοισ εθνεσιν	quae fecit d̄s̄ in gentibus
δια τησ διακονιασ αυτου	per ministerium eius

[ραιας... Ιακωβον] : texte reconstitué par J.H. ROPES, *The Reconstruction of the Torn Leaf of Codex Bezae*, Harward Theological Review xvi 1923 pp.162-168 and R.P. CASEY, *ibid.*, pp.392-394 (cf. Ropes, *op.cit.*, p.203)

---

g : [16] et uenerunt quidam de discipulis a cesarea nobiscum adducentes apud quem hospitaremur iasonem quendam cyprium antiquum discipulum. [17] Et cum uenissemus hierosolimis exceperunt nos fratres cum gaudio. [18] Sequenti quoque die intrauimus cum paulo ad iacobum et conuenerunt omnes presbyteri. [19] Quos cum salutassemus narrabat paulus per singula, quae fecit deus inter grecos per ministerium eius.

20 οἱ δὲ ἀκούσαντες
ἐδόξαζον τὸν θεόν, εἶπόν τε αὐτῷ·
θεωρεῖς, ἀδελφέ,
πόσαι μυριάδες εἰσὶν
ἐν τοῖς ἰουδαίοις τῶν πεπιστευκότων,
καὶ πάντες ζηλωταὶ
τοῦ νόμου ὑπάρχουσιν·
21 κατηχήθησαν δὲ περὶ σοῦ
ὅτι ἀποστασίαν διδάσκεις
ἀπὸ Μωϋσέως τοὺς κατὰ
τὰ ἔθνη πάντας ἰουδαίους, λέγων
μὴ περιτέμνειν αὐτοὺς τὰ τέκνα
μηδὲ τοῖς ἔθεσιν
περιπατεῖν.
22 τί οὖν ἐστιν ; πάντως

ἀκούσονται ὅτι ἐλήλυθας ᵍ.
23 τοῦτο οὖν ποίησον
ὅ σοι λέγομεν·
εἰσὶν ἡμῖν ἄνδρες τέσσαρες
εὐχὴν ἔχοντες ἐφ᾽ ἑαυτῶν ʰ.
24 τούτους παραλαβὼν
ἁγνίσθητι σὺν αὐτοῖς
καὶ δαπάνησον ἐπ᾽ αὐτοῖς
ἵνα ξυρήσονται τὴν κεφαλήν,
καὶ γνώσονται πάντες
ὅτι ὧν κατήχηνται περὶ σοῦ
οὐδέν ἐστιν, ἀλλὰ στοιχεῖς
καὶ αὐτὸς φυλάσσων τὸν νόμον.

20 οἱ δὲ ἀκούσαντες
ἐδόξασαν¹ τὸν κύριον², εἰπόντες [ ]³·
θεωρεῖς, ἀδελφέ,
πόσαι μυριάδες εἰσὶν
ἐν τῇ Ἰουδαίᾳ⁴ τῶν πεπιστευκότων,
καὶ πάντες οὗτοι⁵ ζηλωταὶ
τοῦ νόμου ὑπάρχουσιν·
21 κατηχήσαν¹ δὲ περὶ σοῦ
ὅτι ἀποστασίαν διδάσκεις
ἀπὸ Μωϋσέως τοὺς κατὰ
τὰ² ἔθνη [ ]² [ ]³ ἰουδαίους [ ]⁴
μὴ περιτέμνειν αὐτοὺς τὰ τέκνα
μηδὲ ἐν⁴ τοῖς ἔθεσιν αὐτοῦ⁵
περιπατεῖν.
22 τί οὖν ἐστιν ; πάντως
δεῖ συνελθεῖν πλῆθος¹
ἀκούσονται γὰρ¹ ὅτι ἐλήλυθας.
23 τοῦτο οὖν ποίησον
ὅ σοι λέγομεν·
εἰσὶν ἡμῖν ἄνδρες τέσσαρες
εὐχὴν ἔχοντες ἐφ᾽ ἑαυτῶν.
24 τούτους παραλαβὼν
ἁγνίσθητι σὺν αὐτοῖς
καὶ δαπάνησον εἰς αὐτοὺς¹
ἵνα ξυρήσωνται² τὴν κεφαλήν,
καὶ γνώσονται πάντες
ὅτι ὧν κατήχηνται περὶ σοῦ
οὐδέν ἐστιν, ἀλλ᾽ ὅτι πορεύου³
[ ]⁴ αὐτὸς φυλάσσων τὸν νόμον.

g. *NA 28* ; B : ελελυθες // h. A C D *NA 28* ; αφ᾽ εαυτων : א B Boh Or

---

20 - 1. Dd – א Theoph IIᴸ g SyrP Sah 88 915 *pc* / 2. Dd – *Koinè* g Vg(DTh) Sah / 3. Dd – C *Koinè* / 4. Dd Augᶜ – Eus Em p Ambr SyrP Sah (om. א g 209 *pc* Chr.3(2/10 – ≈ *post* πεπιστευκότων : 1758 Chr.3(2/10) / 5. Dd Augᶜ – c g Vg(CT) Ambr SyrP Chr.1(1/2).3

21 - 1. Dd – 181 *pc* g Geo / 2. voir *infra* / 3. Dd – P A Ee *pc* g Vg Boh Geo / 4. Dd / 5. D – Eth.1-3.6.7.10 / 6. D*d SyrHᵐᵍ – Sah

22 - 1. (Dd) Augᶜ – (א) A p⁷⁴ Ee (*Koinè*) SodC.7 SodB.1.2.4-7 88 915 181 1898 629 g Vg (≈συνελθεῖν πλῆθος : Dd *Koinè*) (om. γὰρ : א)

24 - 1. Dd Augᶜ – Jer (om. Chr.1ᵇ Sah.4)(ἐπ᾽ αὐτοὺς : A SodB.A.3.4.6.7 *pc* – σὺν αὐτοῖς : SodC.1-3 1838) / 2. (D*) – A C *Koinè* (D*: ξυρνωται, par erreur) (versions ?) / 3. D / 4. Dd

---

v. 21 : Dans D, l'omission de l'article τα devant εθνη, la présence de εισιν après εθνη ainsi que le εθεσιν aberrant sont attribuables à l'influence du latin.

20 οι δε ακουσαντεσ	**20** ad illi cum audissent
εδοξασαν τον κ̅ν̅ ειποντεσ	clarificauerunt d̅n̅m̅ dicentes
Θεωρεισ αδελφε	Uides frater
ποσαι μυριαδεσ♦ ειεισιν	quanta milia sint
εν τη ϊουδαια των πεπιστευκοτων	in iudaea qui crediderunt
και παντεσ ♦τουτοι ζηλωται	et omnes isti hemulatores
του νομου ϋπαρχουσῖ	legis sunt
21 κατηχησαν δε περει σου	**21** diffamauerunt autem de te
οτι αποστασιαν διδασκεισ	quia abscensionem docens
απο ♦μωσεωσ τουσ κατα	a moysen qui in
εθνη εισιν ♦ϊουδαιοισ	gentibus sunt iudaeos
μη περιτεμνειν αυτουσ τα τεκνα	ne circumcidat filios
μητε εν τοισ ♦εθνεσιν αυτου	neque gentes eius
περιπατειν	ambulant
22 Τι ουν εστιν παντωσ	**22** quid ergo est utique
δει πληθοσ συνελθειν	oportet multitudinem conuenire
ακουσονται γαρ οτι εληλυθασ	audient enim quia uenisti
23 τουτο ουν ποιησον	**23** hoc ergo fac
ο σοι λεγομεν	quod tibi digimus
εισιν ημειν ανδρεσ τεσσαρεσ	sunt nobis uiri quattuor
ευχην εχοντεσ εφ εαυτων	uotum habentes super se
24 τουτουσ παραλαβων	**24** hos adsume
αγνισθητι συν αυτοισ	purificate cum illis
και δαπανησον εισ αυτουσ	et eroga in eos
ϊνα ♦ξυρωνται την κεφαλην	ut radant caput
και γνωσονται παντεσ	et cognoscant omnes
οτι ων κατηχηνται περι ου	quia quae audierunt de te
ουδεν εστιν αλλ οτι πορευου	nihil est sed ambulans
αυτοσ φυλασσων τον νομο̅	ipse custodiens legem

---

g : [20] Qui cum audissent magnificauerunt dominum et dixerunt ei : Vides quot milia sunt hominum, qui crediderunt, et omnes isti emulatores sunt legis ; [21] diffamauerunt autem de te tamquam discidium doceas a moyse qui per gentes sunt iudeos dicens ne circumcidant filios suos neque secundum consuetudinem conueniant. [22] Quid ergo est ? utique oportet conuenire multitudinem ; audient enim quia uenisti huc. [23] Nunc ergo fac, quod tibi dicemus. Sunt nobis uiri IIII uotum habentes in se ; [24] hos assume et purifica te cum illis, et impende in eis ut radant capita sua et sciant omnes, quia quae audierunt de te, falsa sunt ; sed ambulans et ipse custodiens legem ;

25 περὶ δὲ τῶν πεπιστευκότων ἐθνῶν

ἡμεῖς ἀπεστείλαμεν ⁱ κρίναντες

φυλάσσεσθαι αὐτούς
τό τε εἰδωλόθυτον
καὶ αἷμα καὶ πνικτὸν καὶ πορνείαν.
26 τότε ὁ Παῦλος
παραλαβὼν τοὺς ἄνδρας,
τῇ ἐχομένῃ ἡμέρᾳ σὺν αὐτοῖς
ἁγνισθεὶς εἰσῄει εἰς τὸ ἱερόν,
διαγγέλλων τὴν ἐκπλήρωσιν
τῶν ἡμερῶν τοῦ ἁγνισμοῦ
ἕως οὗ προσηνέχθη
ὑπὲρ ἑνὸς ἑκάστου αὐτῶν
ἡ προσφορά.
27 ὡς δὲ ἔμελλον
αἱ ἑπτὰ ἡμέραι συντελεῖσθαι,
οἱ ἀπὸ τῆς Ἀσίας Ἰουδαῖοι
θεασάμενοι αὐτὸν ἐν τῷ ἱερῷ
συνέχεον πάντα τὸν ὄχλον
καὶ ἐπέβαλον ʲ
ἐπ' αὐτὸν τὰς χεῖρας,

25 περὶ δὲ τῶν πεπιστευκότων ἐθνῶν
οὐδὲν ἔχουσιν λέγειν πρός σε[1]
ἡμεῖς *γὰρ*[1] ἀπεστείλαμεν κρίναντες
μηδὲν τοιοῦτον τηρεῖν αὐτούς εἰ μὴ[2]
φυλάσσεσθαι αὐτοὺς
τό [ ]³ εἰδωλόθυτον
καὶ αἷμα [ ]⁴ καὶ πορνείαν.
26 τότε ὁ¹ Παῦλος
παραλαβὼν τοὺς ἄνδρας,
[ ]² σὺν αὐτοῖς
ἁγνισθεὶς *εἰσῆλθεν*³ εἰς τὸ ἱερόν,
διαγγέλλων τὴν ἐκπλήρωσιν
τῶν ἡμερῶν τοῦ ἁγνισμοῦ
*ἕως οὗ*⁴ προσηνέχθη
ὑπὲρ ἑνὸς ἑκάστου αὐτῶν
*ἡ*⁵ προσφορά.
27 *συντελουμένης δὲ*
*τῆς ἑβδόμης ἡμέρας*¹,
οἱ [ ]² ἀπὸ τῆς Ἀσίας Ἰουδαῖοι [ ]³
θεασάμενοι αὐτὸν ἐν τῷ ἱερῷ
συνέχεον πάντα τὸν ὄχλον
καὶ *ἐπιβάλλουσιν*⁴
ἐπ' αὐτὸν τὰς χεῖρας,

i. B C* D Ψ 614 2495 Boh ; επεστειλαμεν : ℵ A C *NA 28*
j. *NA 28* ; B : επεβαλαν

---

25 - 1. Dd – g Sah / 2. Dd Augᶜ – g ndl.2 (D) Ee (Koinè) Geo Arm / 3. Dd – g Vg P Ee Ψ
SodC.1.2.10-13 181 1898 pc Chr.1 / 4. Dd Augᶜ – g Geo

26 – 1. Cf. Ac 17,16 ; 18,14 ; 19,21.30 ; 21,30 / 2. – SodC.8 (1838) Eth.4.6-8 / 3. Dd (*Boism*
¹ᵃ·⁽²⁾ : εισηει) / 4. d g (voir *infra*) / 5. voir *infra*
Varia : επιουση : D

27 - 1. Dd – g (SyrP) / 2. voir *infra* / 3. voir *infra* / 4. D

v. 26 : Ce participe n'est pas autrement attesté dans les mss grecs. Nous pensons que l'archétype
de D avait la variante 2. et que le scribe a complété d'après le latin de d : *sequenti
die*. Dans D
οπως ne peut pas introduire l'indicatif aoriste προσηνεχθη. L'absence d'article devant
παυλος et devant προσφορα est attribuable à l'influence du latin.

v. 27 : Le δε de D dans οι δε α (sic) της ασιασ est impossible ; l'archétype de D omettait-il le
génitif absolu initial ? La variante εληλυθοτες est attribuable à une rétroversion du latin
venerant aberrant après *erant*.

25 περι δε των πεπιστευκοτων εθνων	25 de illis uero qui crediderunt gentibus
ουδεν ♦εχουσι λεγειν προσ σε	nihil habent quod dicere in te
ημεισ γαρ απεστειλαμεν ♦κρεινοντες	nos enim scripsimus iudicantes
μηδεν τοιουτον τηρειν αυτουσ ει μη	nihil tale obseruare eos nisi
φυλασσεσθαι αυτουσ	custodirent se
το ♦εδωλοθυτον	a sacrificato
και αιμα και πορνειαν	et sanguine et fornicatione
26 Τοτε παυλοσ	26 Tunc paulus
παραλαβων τουσ ανδρασ	adsumpsit uiros
τη επιουση ημερα συν αυτοισ	sequenti die cum ipsis
αγνεισθεισ εισηλθεν εισ το ϊερον	purificatus introibit in templum
διαγγελλων την εκπληρωσιν	adnuntians expeditionem
των ημερω̄ του αγνισμου	dierum purificationis
οπωσ προσηνεχθη	donec oblata est
ϋπερ ενοσ εκαστου αυτων	pro uno quoque eorum
προσφορα	oblatio
27 συντελουμενησ δε	27 cum repleretur autem
τησ εβδομησ ημερασ	eis septimus dies
οι δε ♦α τησ ασιασ ϊουδαιοι εληλυθοτεσ	qui ab asia erant iudaei uenerant
θεασαμενοι αυτον εν τω ϊερω	uidentes eum in templo
συνεχεον παντα τον οχλον	confuderunt omnem turbam
και επιβαλλουσιν	et miserunt
επ αυτον τασ χειρασ	super eum manus

---

g : 25 nam qui crediderunt de gentibus nichil habent in te dicere ; nos enim scripsimus iudicantes nichil tale custodire eos, nisi ut deuitent immolatum ydolis et sanguinem et fornicationem. 26 Tunc paulus assumptis uiris postera die purificatus cum illis intrauit in templum annuncians consummationem dierum implete purificationis quoadusque oblata esset pro unoquoque oblatio. 27 Cum repleretur autem dies VII, qui ab asya erant iudei uidentes eum in templo concitauerunt omnem turbam et iniecerunt illi manus

28 κράζοντες·
ἄνδρες Ἰσραηλῖται, βοηθεῖτε·
οὗτός ἐστιν ὁ ἄνθρωπος
ὁ κατὰ τοῦ λαοῦ καὶ τοῦ νόμου
καὶ τοῦ τόπου τούτου
πάντας πανταχῇ διδάσκων,
ἔτι τε καὶ Ἕλληνας εἰσήγαγεν
εἰς τὸ ἱερὸν καὶ κεκοίνωκεν
τὸν ἅγιον τόπον τοῦτον.
29 ἦσαν γὰρ προεωρακότες
Τρόφιμον τὸν Ἐφέσιον ἐν τῇ πόλει
σὺν αὐτῷ, ὃν ἐνόμιζον ὅτι
εἰς τὸ ἱερὸν εἰσήγαγεν ὁ Παῦλος.
30 ἐκινήθη τε ἡ πόλις ὅλη
καὶ ἐγένετο συνδρομὴ τοῦ λαοῦ,
καὶ ἐπιλαβόμενοι τοῦ Παύλου
εἷλκον αὐτὸν ἔξω τοῦ ἱεροῦ,
καὶ εὐθέως ἐκλείσθησαν αἱ θύραι.

28 κράζοντες καὶ λέγοντες[1]·
ἄνδρες Ἰσραηλῖται, βοηθεῖτε·
οὗτός ἐστιν ὁ ἄνθρωπος
ὁ κατὰ τοῦ λαοῦ καὶ τοῦ νόμου
καὶ τοῦ τόπου τούτου
πάντας πανταχῇ διδάσκων,
ἔτι [ ][2] καὶ Ἕλληνας εἰσήγαγεν
εἰς τὸ[3] ἱερὸν καὶ κεκοίνωκεν[4]
τὸν ἅγιον τόπον τοῦτον.
29 ἦσαν γὰρ προεωρακότες
Τρόφιμον τὸν Ἐφέσιον ἐν τῇ πόλει
σὺν αὐτῷ, ὃν ἐνόμισαν[1] ὅτι
εἰς τὸ ἱερὸν εἰσήγαγεν ὁ[2] Παῦλος.
30 καὶ[1] ἐκινήθη ἡ πόλις ὅλη
καὶ ἐγένετο συνδρομὴ τοῦ λαοῦ,
καὶ ἐπιλαβόμενοι τοῦ Παύλου
εἷλκον αὐτὸν ἔξω τοῦ ἱεροῦ,
[ ][2]

---

28 - 1. – 467 pc g Cass SyrP Sah.4 Boh(26) Eth Arm(mss) / 2. Dd – pc e g Vg / 3. voir infra /
4. voir infra

29 - 1. (D)d – e g Vg (D : ενομισαμεν !) /2. Cf. Ac 21,26
Varia : om. ἐν τῇ πόλει : SyrH Geo (≈ post σὺν αὐτῷ : 547 Eth.1.4-13)

30 - 1. d – g (om. τε : SodB.6 Sah Boh(Q) Geo) / 2. – Sah.4 Boh(26) (tantum ἐκλείσθη
εὐθέως : ℵ)
Varia : om. αὐτὸν : Dd c g dem Vg(FR) ndl.1 (haplographie)

v. 28 : Dans le TA, le καὶ λέγοντες a pu tomber par haplographie. Le TO omettait peut-être
εις το ιερον, d'où l'inversion dans 1838 et l'absence d'article dans D (corrigé sur le latin).
L'article réapparaît au verset suivant. D a, par erreur, le verbe κοινωνεω (partager) au lieu de
κοινοω (profaner).

v. 30 : D suit ici le TA, comme en partie au verset suivant, et c'est la raison pour laquelle nous
avons adopté la variante 2. – De tous les mss de la Sahidique, Sah.4 est un des meilleurs
témoins du TO. On ne voit pas pourquoi il aurait omis la phrase en question si elle se lisait
dans son archétype grec.

28 κραζοντεσ	**28** clamantes
ανδρεσ ✦ϊστραηλειται ✦βοηθειται	Uiri istrahelitae adiuuate
ουτοσ εστιν ο ανθρωποσ	hic est homo
ο κατα του λαου και του νομου	qui aduersus populum et legem
και του τοπου τουτου	et locum hunt
παντασ πανταχη διδασκων	omnes ubique docet
ετι και ελληνασ ✦εισηγεν	insuper et grecos introduxit
✦ισ ιερον και ✦εκοινωνησεν	in templum et communicauit
τον αγιον τοπον τουτον	sanctum locum hunc
29 ησαν γαρ προεωρακοτεσ	**29** erant autem prouidentes
τροφιμον τον εφεσιον εν τη πολει	trophimum et ephesium in ciuitate
συν αυτω ον ✦ενομισαμεν οτι	cum eo quem putauerunt quia
εισ το ϊερον εισηγαγεν παυλοσ	in templum induxit paulus
30 εκεινηθη τε η πολισ ολη	**30** et commota est ciuitas tota
και εγενετο συνδρομη του λαου	et facta est concursio populi
και επιλαβομενοι του παυλου	et cum adprehendissent paulum
✦ειλκων εξω του ϊερου	trahebant extra templum
και ευθεωσ εκλεισθησαν αι θυραι	et continuo clusae sunt ianuae

---

g : ²⁸ clamantes et dicentes : Viri israhelite, adiuuate. Hic est homo, qui aduersus legem et locum hunc ubique omnes docet ; insuper et grecos induxit in templum et communicauit locum hunc sanctum. ²⁹ Preuiderant enim trophimum ephesium in ciuitate cum eo, quem putauerunt a paulo introductum in templum. ³⁰ Et commota est uniuersa ciuitas et facta est concursio populi, et comprehensum paulum trahebant extra templum et confestim clausae sunt ianuae.

31 ζητούντων τε αὐτὸν ἀποκτεῖναι ἀνέβη φάσις τῷ χιλιάρχῳ τῆς σπείρης ὅτι ὅλη συγχύννεται Ἰερουσαλήμ,	31 καὶ[1] ζητούντων αὐτὸν ἀποκτεῖναι ἀνέβη φάσις τῷ χιλιάρχῳ τῆς σπείρης ὅτι [ ][2] συγκέχυται[3] Ἰερουσαλήμ, ὅρα οὖν μὴ ποίωσιν στάσιν[4].
32 ὃς ἐξαυτῆς παραλαβὼν [k] στρατιώτας καὶ ἑκατοντάρχας κατέδραμεν ἐπ᾽ αὐτούς· οἱ δὲ ἰδόντες τὸν χιλίαρχον καὶ τοὺς στρατιώτας ἐπαύσαντο τύπτοντες τὸν Παῦλον.	32 ὃς ἐξαυτῆς παραλαβὼν στρατιώτας καὶ ἑκατοντάρχας κατέδραμεν ἐπ᾽ αὐτούς· οἱ δὲ ἰδόντες τὸν χιλίαρχον καὶ τοὺς στρατιώτας ἐπαύσαντο τύπτοντες τὸν Παῦλον.
33 τότε ἐγγίσας ὁ χιλίαρχος ἐπελάβετο αὐτοῦ καὶ ἐκέλευσεν [l] δεθῆναι ἁλύσεσι δυσί, καὶ ἐπυνθάνετο τίς εἴη καὶ τί ἐστιν πεποιηκώς.	33 τότε ἐγγίσας ὁ χιλίαρχος ἐπελάβετο αὐτοῦ καὶ ἐκέλευσεν δεθῆναι ἁλύσεσι δυσί, καὶ ἐπυνθάνετο τίς εἴη καὶ τί ἐστιν πεποιηκώς.
34 ἄλλοι δὲ ἄλλο τι ἐπεφώνουν ἐν τῷ ὄχλῳ· μὴ δυναμένου δὲ αὐτοῦ γνῶναι τὸ ἀσφαλὲς διὰ τὸν θόρυβον ἐκέλευσεν ἄγεσθαι αὐτὸν εἰς τὴν παρεμβολήν.	34 ἄλλοι δὲ ἄλλα[1] [ ][2] ἐπεφώνουν ἐν τῷ ὄχλῳ· καὶ[3] μὴ δυναμένου αὐτοῦ γνῶναι τὸ ἀσφαλὲς διὰ τὸν θόρυβον ἐκέλευσεν ἄγεσθαι αὐτὸν εἰς τὴν παρεμβολήν.
35 ὅτε δὲ ἐγένετο ἐπὶ τοὺς ἀναβαθμούς, συνέβη βαστάζεσθαι αὐτὸν ὑπὸ τῶν στρατιωτῶν διὰ τὴν βίαν τοῦ ὄχλου,	35 ὅτε δὲ ἐγένετο εἰς[1] τοὺς ἀναβαθμούς, συνέβη τὸν Παῦλον[2] βαστάζεσθαι ὑπὸ τῶν στρατιωτῶν διὰ τὴν βίαν τοῦ λαοῦ[3],

k. *NA 28* ; B d : λαβων
l. *NA 28* ; B : εκελευσε

---

31 - 1. D*d – g Sah.4 Geo (δέ : *Koinè* c Vg Sah.46.460 Boh) / 2. – 1831 ndl.1 Boh(FSGK) Eth.1 (pour g, voir *infra*) / 3. d – g Ee p⁷⁴ *Koinè* / 4. SyrH*
Varia : om. τῆς σπείρης : ndl.1 Boh(26)

34 - 1. D – Chr.1ᵃ SyrH / 2. Dd – Chr.1ᵃ SodC.3 g Vg / 3. Dd – g Vg Geo
Varia : om. ἐν τῷ ὄχλῳ : 620 Vg(S) Boh(mss)

35 - 1. Dd – Chr.1ᵇ Vg(D) / 2. Dd – prv.1 Geo / 3. Dd – e g Vg SyrP Geo

---

v. 31 : L'archétype de g devait omettre ὅλη traduit ici par *tota* au lieu de *universa*. D s'est aligné sur le TA.

v. 34 : Nous n'avons pas retenu la variante signalée aux *varia* car aucun des témoins qui la soutiennent ne suit ici le TO.

31 ζητουντων
αυτον αποκτειναι ανεβη φασισ
τω χιλιαρχω τησ σπειρησ
οτι ολη συνχυννεται ϊερουσαλημ

31 et cum quererent
eum occidere nuntiatum est
tribuno cohortis
quia tota confusa est in hierusalem

32 οσ εξαυτησ παραλαβων
στρατιωτασ και εκατονταρχασ
κατεδραμεν επ αυτουσ
οι δε ειδοντεσ τον χειλιαρχον
και ✦του στρατιωτασ επαυσαντο
τυπτοντεσ τον παυλον
33 τοτε εγγισασ ο χιλιαρχοσ
επελαβετο αυτου και εκελευσεν
δεθηναι ✦αλυσεσιν ✦δυσιν
και επυνθανετο τισ ειη
και ✦τισ εστιν πεποικωσ
34 αλλοι δε αλλα επεφωνουν
εν τω οχλω
και μη δυναμενου αυτου
γνωναι το ασφαλεσ
δια τον θορυβον ✦εκευλευσε
αγεσθαι αυτον εισ την παρεμβολῆ
35 οτε δε εγενετο
εισ τουσ αναβαθμουσ
συνεβη τον παυλον βασταζεσθαι
ϋπο των στρατιωτων
δια την βιαν του λαου

32 qui statim sumptis
militibus et centurionibus
procucurrit ad eos
ad illi cum uidissent tribunum
et milites cessauerunt
percutientes paulum
33 tunc cum adpropinquasset tribunus
conpraehendit eum et iussit
ligari catenis duabus
et interrogabat quis sit
et quid fecisset
34 alii autem aliud clamabant
in turba
et cum non possit
scire quod certum est
propter tumultum iussit
ad duci eum in castra
35 cum autem adhuc esset
in graduus
obtigit paulum baiulari
a militibus
propter uim populi

---

g : ³¹ Et cum quererent eum occidere, nunciatum est tribuno cohortis, quia tota confusa est ciuitas. ³² Qui statim assumptis militibus et centurione decucurrit ad eos. Qui cum uidissent tribunum et milites cessauerunt percutientes paulum. ³³ Et accedens tribunus comprehendit eum et iussit alligari cathenis duabus, et interrogabat quis esset et quid fecisset. ³⁴ Alii autem aliud acclamabant in turba. Et cum non posset certum scire propter tumultum iussit eum adduci in castris. ³⁵ Et cum uenisset ad gradus contigit ut portaretur a militibus propter uim populi

36 ἠκολούθει γὰρ τὸ πλῆθος
τοῦ λαοῦ κράζοντες· αἶρε αὐτόν.
37 μέλλων τε εἰσάγεσθαι
εἰς τὴν παρεμβολὴν ὁ Παῦλος
λέγει τῷ χιλιάρχῳ·
εἰ ἔξεστίν μοι εἰπεῖν τι πρὸς σέ ;
ὁ δὲ ἔφη· Ἑλληνιστὶ γινώσκεις ;
38 οὐκ ἄρα σὺ εἶ ὁ Αἰγύπτιος
ὁ πρὸ τούτων τῶν ἡμερῶν
ἀναστατώσας καὶ ἐξαγαγὼν εἰς
τὴν ἔρημον τοὺς τετρακισχιλίους
ἄνδρας τῶν σικαρίων ;
39 εἶπεν δὲ ὁ Παῦλος·
ἐγὼ ἄνθρωπος μέν εἰμι Ἰουδαῖος,
Ταρσεὺς τῆς Κιλικίας,
οὐκ ἀσήμου πόλεως πολίτης·
δέομαι δέ σου, ἐπίτρεψόν μοι
λαλῆσαι πρὸς τὸν λαόν.
40
ἐπιτρέψαντος δὲ αὐτοῦ
ὁ Παῦλος ἑστὼς
ἐπὶ τῶν ἀναβαθμῶν κατέσεισεν [m]
τῇ χειρὶ τῷ λαῷ·
πολλῆς δὲ γενομένης σιγῆς [n]
προσεφώνησεν τῇ Ἑβραΐδι διαλέκτῳ
λέγων·

36 ἠκολούθει γὰρ τὸ πλῆθος
[ ][1]κράζον[2]· αἶρε τὸν ἐχθρὸν ἡμῶν[3].
37 μέλλων τε εἰσάγεσθαι
εἰς τὴν παρεμβολὴν [ ][1]
τῷ χιλιάρχῳ ἀποκριθεὶς εἶπεν[2] ·
εἰ ἔξεστίν μοι λαλῆσαι[3] [ ][1] πρὸς σέ ;
ὁ δὲ ἔφη· Ἑλληνιστὶ γινώσκεις ;
38 οὐ[1] [ ][1] σὺ εἶ ὁ Αἰγύπτιος
ὁ πρὸ τούτων τῶν ἡμερῶν
ἀναστατώσας καὶ ἐξαγαγὼν εἰς
τὴν ἔρημον τοὺς τετρακισχιλίους
ἄνδρας τῶν σικαρίων ;
39 εἶπεν δὲ ὁ Παῦλος·
ἐγὼ ἄνθρωπος μέν εἰμι Ἰουδαῖος,
Ταρσεὺς τῆς Κιλικίας[1],
[ ][2]
δέομαι δέ σου, συγχωρῆσαι[3] μοι
λαλῆσαι πρὸς τὸν λαόν.
40 καὶ[1]
ἐπιτρέψαντος [ ][1] τοῦ χιλιάρχου[2]
ἑστὼς ὁ Παῦλος[3]
ἐπὶ τῶν ἀναβαθμῶν καὶ σείσας[4]
τῇ χειρὶ πρὸς αὐτούς·
πολλῆς τε[6] ἡσυχίας[7] γενομένης
προσεφώνησεν τῇ Ἑβραΐδι διαλέκτῳ
λέγων·

m. *NA 28* ; B : κατεσεισε
n. B (γενομενες σειγης) 945 1739 1891 ; σιγης γενομενης : ℵ A (D) *NA 28*

---

36 - 1. Dd – g (τοῦ ὄχλου : SodC.1-5.10-15 1838) / 2. Dd – e g Vg *Koinè* / 3. – g Sah
Varia :]καὶ ἐκράξεν ὁ λαός· αἶρε αὐτόν : Eth.2.3 ; αναρεισθαι : D

37 - 1. Dd – (≈ *post* εἰσάγεσθαι : SodB.6) / 2. Dd – (εἶπεν *tantum* : 36 453 431 1175 *pc* c
dem Vg(ThOR) / 3. Dd – e g Vg ndl SyrP Eth Geo / 4. Dd – g Vg(RT) Geo *Koinè*

38 – 1. Dd g // **39** - 1. d g (voir *infra*) / 2. D – Eth.1-5.9*.12 /3. D – *Boism*[1a] (*Boism*[2] :
επιστρεψον μοι συγχωρησαι προς τον λαον)
o Vg(W) ndl prv SyrP Eth.6-8.10

40 - 1. D(+)d – g Vg Geo (voir *infra*) / 2. Dd – g Sah / 3. Dd g / 4. D Vg(S) / 5. Dd SyrP / 6.
Dd – g / 7. D SyrP

v. 39 : Dans D, εν ταρσω δε της κιλικιας γεγεννημενος est une harmonisation sur Ac 22,3.

v. 40 : La variante 7 est confirmée par l'expression μᾶλλον ἡσύχασαν de 22,2 (TO ; cf. aussi
TA). Dans D, δε après και επιτρεψαντος est aberrant.

36 ✦ηκολουθι γαρ το πληθοσ	**36** sequebatur enim multitudo
κραζον αναιρεισθαι αυτον	clamans tollite eum
37 μελλων τε εισαγεσθαι	**37** et cum iam in duceretur
εισ την παρεμβολην	in castris
τω χειλιαρχω αποκρειθεισ ειπεν	tribuno respondens dixit
ει εξεστιν μοι λαλησαι προσ σε	si licet mihi loqui ad te ad ille
ο δε εφη ελληνιστι γεινωσκεισ	ait grece nosti
38 ου συ ει ο ✦εγυπτιοσ	**38** nonne tu es ille aegyptius
ο προ τουτων των ημερων	qui anti hos dies
αωαστατωσασ και εξαγαγων εισ	sollicitasti et e duxisti in
την ερημον τουσ τετρακισχειλιουσ	eremum quattuor milia
ανδρασ των σικαριω	uirorum sicariorum
39 Ειπεν δε ο παυλοσ	**39** Dixit autem paulus
εγω ανθρωποσ μεν ειμι ϊουδαιοσ	ego homo quidem sum iudaeus
εν ταρσω δε τησ κιλικιασ γεγεννημενοσ	tarsensis ex ciliciae
	non ignotae ciuitatis cuius
✦δαιομε δε σου συνχωρησαι μοι	rogo obsegro autem mihi
λαλησαι προσ τον λαον	loqui ad populum
40 και	**40** et
επιτρεψαντοσ δε του χιλιαρχου	cum permisset ei tribunus
εστωσ ο παυλοσ	stans paulus
επι των αναβαθμων και σεισασ	in gradibus et mouit
τη χειρει προσ αυτουσ	manum ad eos
πολλησ τε ησυχειασ γενομενησ	magno que silentio facto
προσεφωνησεν τη εβραϊδι διαλεκτω	ad locutus est hebreica lingua
λεγω̄	dicens

---

g : 36 sequebatur enim multitudo clamans : tolle inimicum nostrum. 37 Et cum iam induceretur in castris paulus ait tribuno : Si licet michi loqui ad te ? Qui dicit : Grece nosti ? 38 nonne tu es aegyptius qui ante hos dies perturbasti et eduxisti in deserto IIII milia uirorum sicariorum ? 39 Ait autem ad eum paulus : Ego homo quidem sum iudeus a tharso ciliciae non ignotae ciuitatis ciuis. Rogo itaque te ut permittas michi loqui ad populum. 40 Et cum permississet ei tribunus loqui stans paulus in gradibus mouit manus ad populum magnoque silentio facto allocutus est eos hebraica lingua :

1 ἄνδρες ἀδελφοὶ καὶ πατέρες,
ἀκούσατέ μου τῆς πρὸς ὑμᾶς νυνὶ
ἀπολογίας.
2 ἀκούσαντες δὲ ὅτι
τῇ Ἑβραΐδι διαλέκτῳ
προσεφώνει αὐτοῖς μᾶλλον
παρέσχον ἡσυχίαν καὶ φησίν·
3 ἐγώ εἰμι ἀνὴρ Ἰουδαῖος,
γεγεννημένος
ἐν Ταρσῷ τῆς Κιλικίας
ἀνατεθραμμένος δὲ
ἐν τῇ πόλει ταύτῃ,
παρὰ τοὺς πόδας Γαμαλιήλου ᵃ
πεπαιδευμένος κατ᾽ᵇ ἀκρίβειαν
τοῦ πατρῴου νόμου,
ζηλωτὴς ὑπάρχων τοῦ θεοῦ
καθὼς πάντες ὑμεῖς ἐστε σήμερον
4 ὃς ταύτην τὴν ὁδὸν ἐδίωξα
ἄχρι θανάτου, δεσμεύων καὶ
παραδιδοὺς εἰς φυλακὰς ἄνδρας
τε καὶ γυναῖκας,

1 ἄνδρες ἀδελφοὶ καὶ πατέρες,
ἀκούσατέ [ ]¹ τῆς πρὸς ὑμᾶς νυνὶ
ἀπολογίας.
2 ἀκούσαντες δὲ ὅτι
[ ]¹ Ἑβραΐδι [ ]¹
προσφώνει ² [ ]³ μᾶλλον
ἡσύχασαν ⁴ καὶ φησίν·
3 ἐγώ εἰμι [ ]¹ Ἰουδαῖος,
ἐν Ταρσῷ τῆς Κιλικίας
γεγεννημένος ²
ἀνατεθραμμένος δὲ
ἐν τῇ πόλει ταύτῃ,
παρὰ τοὺς πόδας Γαμαλιὴλ ³
πεπαιδευμένος ⁴ κατὰ ἀκρίβειαν
τοῦ πατρῴου νόμου,
ζηλωτὴς [ ]⁵ [ ]⁶
καθὼς ἐστε ⁷ ὑμεῖς πάντες ⁸ σήμερον
4 καὶ¹ ταύτην τὴν ὁδὸν ἐδίωξα
μέχρι² θανάτου, δεσμεύων καὶ
παραδιδοὺς εἰς φυλακὴν³ ἄνδρας
τε καὶ γυναῖκας,

a. Β Ψ SodC.1.2.11.14 SodB.1.3-5 36 1175 Chr.1 a b c p Vg(CT) ; *NA 28* : Γαμαλιηλ
b. Β ; *NA 28* : κατα

---

1 - 1. – SodC.4 431 g Vg Cass Sah.4 Eth(- 7)

2 - 1. – Vg(R) SyrP Sah.4.16.443.461 Eth / 2. Dd – E H *pc* p* Vg / 3. D – g Vg(T) / 4. D – SyrP

3 - 1. – Eth.4-12 (≈ *post* Ἰουδαῖος : D Eth.3 – *post* ἐγώ : ℵ g Geo) / 2. D – Vg(D) / 3. D g Vg / 4. voir *infra* / 5. D – g Vg / 6. – b Vg(CITW) Ψ SodC.1-3.10.11.13.14 Chr.1 / 7. D (après υμεις (παντες) : *Boism*¹ᵃ˙² – voir *infra*) / 8. D – g Vg SodB.6 Eth.3 Geo (*om.* 209 Arab – *Boism*¹ᵃ)
Varia : παιδευομενοσ : D

4 - 1. D – SyrP Eth / 2. D – SodC.4.5.10 1175 1838 *pc* (versions ?) / 3. D – Ψ 36 431 pc g p Vg(CT) ndl SyrH Boh Geo
Varia : et hanc viam persecutus sum [ ] alligans [ ] in custodiam... : ndl.1 (*om.* καὶ παραδιδοὺς εἰς φυλ. : Eth)

v. 3 : Bien qu'attestée par la seule version éthiopienne, nous avons adopté la variante 1. parce que, dans les Actes, le substantif précède toujours le gentilice (1,11; 2,14.22: 3,11; 5,35; 13,16; 20,18) ; la leçon de D est donc impossible et provient de la correction du texte court pour harmoniser sur le TA. Dans D, le présent παιδευομενος est incohérent au vu des autres participes qui précèdent. Dans le TA, l'addition de ὑπάρχων harmonise sur Gal 1,14. l'omission de παντες dans 209 Arab, confirmée par sa mobilité (après υμεις : D g Vg SodB.6 Eth.3 Geo ; après σημερον : SodC.10 a (629)), et l'omission de σημερον dans SyrP permettent de penser que D a peut-être gardé la trace d'un original ultra-court καθως εστε υμεις qui, par rapport à l'ensemble de la phrase du v.3, avait tout son relief et toute sa valeur.

1 ανδρεσ αδελφοι και πατερεσ
ακουσατε μου τησ προσ ϋμασ νυνει
απολογιασ
2 ακουσαντεσ δε οτι
τη εβραϊδι διαλεκτω
προσφωνει μαλλον
ησυχασαν και φησιν
3 εγω ειμι ϊουδαιοσ ανηρ
εν ταρσω τησ κιλικιασ
γεγεννημενοσ
ανατεθραμμενοσ δε
εν τη πολει ταυτη
παρα τουσ ποδασ γαμαλιηλ
παιδευομενοσ κατα ακριβιαν
του πατρωου νομου
ζηλωτησ του θ̅υ̅
καθωσ εσται ϋμεισ παντεσ σημερον
4 και ταυτην την οδον εδιωξα
μεχρι θανατου
δεσμευων και παραδιδουσ
εισ φυλακην ανδρασ τε
και γυναικασ

1 Uiri fratres et patres
audite me nunc aput uos
reddo rationem
2 cum audissent autem qui
hebreica lingua
adloquitur
3

4

---

g : [1] Uiri fratres et patres audite uerba mee excusationis. [2] Qui cum audisset eum hebraica lingua loqui magnum silentium praestiterunt. [3] Et ait : Ego homo sum iudeus natus tharso ciliciae nutritus autem in ciuitate hac secus pedes gamaliel eruditus secundum diligentiae patriae legis emulator dei sic et uos omnes estis hodie [4] qui hanc persecutus sum usque ad motem alligando et trahendo uiros ac mulieres

5 ὡς καὶ ὁ ἀρχιερεὺς μαρτυρεῖ[c] μοι
καὶ πᾶν τὸ πρεσβυτέριον·
παρ' ὧν καὶ ἐπιστολὰς δεξάμενος
πρὸς τοὺς ἀδελφοὺς εἰς Δαμασκὸν
ἐπορευόμην ἄξων
καὶ τοὺς ἐκεῖσε ὄντας δεδεμένους
εἰς Ἰερουσαλὴμ ἵνα τιμωρηθῶσιν.
6 ἐγένετο δέ μοι πορευομένῳ
καὶ ἐγγίζοντι τῇ Δαμασκῷ
περὶ μεσημβρίαν ἐξαίφνης
ἐκ τοῦ οὐρανοῦ περιαστράψαι
φῶς ἱκανὸν περὶ ἐμέ,
7 ἔπεσά τε εἰς τὸ ἔδαφος
καὶ ἤκουσα φωνῆς λεγούσης μοι·
Σαοὺλ Σαούλ, τί με διώκεις ;

5 ὡς καὶ ὁ[1] ἀρχιερεὺς *μαρτυρήσει*[2] μοι
καὶ *ὅλον*[3] τὸ πρεσβυτέριον·
παρ' ὧν [ ][4] ἐπιστολὰς δεξάμενος
πρὸς τοὺς ἀδελφούς[5] εἰς Δαμασκὸν
ἐπορευόμην ἄξων
καὶ τοὺς ἐκεῖσε ὄντας δεδεμένους
εἰς[6] Ἰερουσαλὴμ ἵνα τιμωρηθῶσιν.
6 [ ][1]
ἐγγίζοντι δέ μοι[1]
μεσημβρίας[2][ ][3]*Δαμασκῷ*[4]*ἐξαίφνης*
ἐκ[5] τοῦ οὐρανοῦ *περιήστραψε*[6]
φῶς ἱκανὸν περὶ ἐμέ,
7 *καί*[1] *ἔπεσον*[2] εἰς τὸ ἔδαφος
καὶ ἤκουσα φωνῆς λεγούσης μοι·
Σαῦλε Σαῦλε[3], τί με διώκεις ;

c. ℵ A *NA 28* ; B : εμαρτυρει

5 - 1. voir *infra* / 2. D – Vg(CT) / 3. D – (versions ?) / 4. D a Vg(FΘRSU) Boh(codd) – *Boism*[1a.(2)]
/ 5. voir *infra* / 6. voir *infra*

6 - 1. D – Chr.1(1/2) / 2. D – g Vg / 3. D – SodC.11* 915 (versions ?) / 4. D (*Boism*[1a.2] :
Δαμασκω μεσημβριας) / 5. voir *infra* / 6. D – g Vg Ee SodC.1-3.11.14 Chr.1[b]
Varia : *om.* ἐξαίφνης ἐκ τοῦ οὐρανοῦ : ndl.1 (cf. verset 4)

7 - 1. D – g Vg / 2. D g – Ψ SodC.1-5.10-14 SodB.1-6 *al* Chr.1 (versions ?) / 3. D – 1838 e g
Vg Sah

v. 5 : Dans le TO, l'expression ὁ ἀρχιερεὺς était probablement omise et donc aussi le καὶ qui
suit. Elle est traduite dans g par *pontifex* au lieu de l'habituel *princeps sacerdotum*, indice d'un
archétype latin court corrigé. De même, D n'a pas l'article, indice d'un texte court corrigé
d'après le latin. L'expression παρα των αδελφων aberrante quant au sens est peut-être
attribuable à une dittographie du παρ ων précédent. εν au lieu de εις devant Ιηρουσαλημ est
sans doute dû à l'influence du latin *in*.

v. 6 : Le scribe de D a omis εκ devant του ουρανου par négligence ou par haplographie
(εξεφνησα). De même, la terminaison erronée de περιεστραψαμ peut s'expliquer par
attraction de εμε à la fin du verset.

v. 7 : SyrH[mg], g et d'autres harmonisent ensuite sur 26,14.

5 ωσ και αρχιερευσ μαρτυρησει μοι   5
και ολον το πρεσβυτεριον
παρ ων επιστολασ δεξαμενοσ
παρα των αδελφῶ εισ δαμασκον
επορευομην αξων
και τουσ ♦εκει οντασ δεδεμενουσ
εν ϊερουσαλημ ϊνα τειμωρηθωσιν
6   6
♦ενγιζοντι ♦δ ♦οι
μεσημβριασ δαμασκω ♦εξεφνησα
του ουρανου ♦περιεστραψαμ
φωσ ϊκανον περι εμε
7 και επεσον εισ το εδαφοσ   7
και ηκουσα φωνησ λεγουσησ μοι
σαυλε σαυλε τι με διωκεισ

---

g : [5] in custodiam sicut pontifex et totum concilium testimonium michi perhibent et omnes seniores a quibus etiam epistolis acceptis ad fratres damascum ibam producturus eos qui ibi essent, alligatos hierusalem, ut punirentur, si qui de hac uia essent. [6] Contigit autem michi eun·i adpropinquanti damasco, subito media die de celo circumfulsit lumen magnum [7] et cecidi supra terram. Et audiui uocem dicentem michi lingua hebraica : Saule, saule, quid me persequeris ? durum tibi ad stimulum calcitrare.

8 ἐγὼ δὲ ἀπεκρίθην· τίς εἶ, κύριε ;
εἶπέν τε πρός με· ἐγώ εἰμι Ἰησοῦς
ὁ Ναζωραῖος ὃν σὺ διώκεις.
9 οἱ δὲ σὺν ἐμοὶ ὄντες
τὸ μὲν φῶς ἐθεάσαντο

τὴν δὲ φωνὴν οὐκ ἤκουσαν
τοῦ λαλοῦντός μοι.
10 εἶπον δέ· τί ποιήσω, κύριε ;
ὁ δὲ κύριος εἶπεν πρός με· ἀναστὰς
πορεύου εἰς Δαμασκόν,
κἀκεῖ σοι λαληθήσεται
περὶ πάντων
ὧν τέτακταί [d] σοι ποιῆσαι.
11 ὡς δὲ οὐδὲν[e] ἔβλεπον[e]
ἀπὸ τῆς δόξης τοῦ φωτὸς ἐκείνου,
χειραγωγούμενος
ὑπὸ τῶν συνόντων μοι
ἦλθον εἰς Δαμασκόν.

8 ἐγὼ δὲ ἀπεκρίθην· τίς εἶ, κύριε ;
εἶπέν δέ[1] πρός με· ἐγώ εἰμι Ἰησοῦς
ὁ Ναζωραῖος ὃν σὺ διώκεις.
9 οἱ δὲ σὺν ἐμοὶ ὄντες
τὸ μὲν φῶς ἐθεάσαντο
[ ][1]
τὴν δὲ φωνὴν οὐκ ἤκουσαν
τοῦ λαλοῦντός μοι.
10 εἶπα[1] δέ· τί ποιήσω, κύριε ;
ὁ δὲ [ ][2] εἶπεν πρός με· ἀναστὰς
πορεύου εἰς Δαμασκόν,
κἀκεῖ σοι λαληθήσεται
[ ][3]
τί σε δεῖ ποιεῖν[3].
11 ἀναστὰς[1] δὲ οὐκ ἔβλεπον[2]
ἀπὸ τῆς δόξης τοῦ φωτὸς ἐκείνου,
καὶ[3] χειραγωγούμενος
ὑπὸ τῶν συνόντων μοι
ἦλθον εἰς Δαμασκόν.

d. א A *NA 28* ; B : ευτετακται
e. B ; ουκ ενεβλεπον : א A *NA 28*

8 - 1. D – SodC.5 SodB.1-6 *pc*

9 – 1. voir *infra*

10 - 1. D - p⁷⁴ / 2. D – *pc* ndl.1 Sah Boh(K) Eth / 3. H SodC.15.16 1838 *pc*   Chr.1ᵃ (3/3).1ᵇ
(1/3) (d) (g) (Vg) – *Boism*¹ᵃ·⁽²⁾ : B)

11 - 1. d SyrHᵐᵍ – SodC.13(+) g Sah / 2. E d g Vg – (*Boism*¹ᵃ : ενεβλεπον ; *Boism*² :
ανεβλεπον par erreur) (voir *infra*) / 3. d g (*om. Boism*¹ᵃ·⁽²⁾)
Varia : εἰσῆλθον : SodC.1.2.4.10-14 c SyrH Geo

v. 9 : L'addition du thème de la peur est certainement secondaire ; il sépare malencontreusement les expressions το μεν et την δε ; c'est une influence venue de Ac 9,5TO.

v. 10 : Les latins ont le texte court complété par *de omnibus*.

v. 11 : B harmonise sur Ac 9,8.

8 εγω δε απεκριθην τισ ει κ̅ε̅   8
ειπεν δε προσ με εγω ♦ει ι̅η̅σ̅
ο ♦ναζοραιοσ ον συ δειωκεισ
9 οι δε συν εμοι οντεσ   9
το μεν φωσ εθεασαντο
και ενφοβοι εγενοντο
την δε φωνην ουκ ηκουσαν
του λαλουντοσ μοι
10 ειπα δε τι ποιησω κ̅ε̅   10
ο δε ειπεν προσ με αναστασ
πορευου εισ δαμασκο̅
κακει σοι λαληθησεται
περι παντων

                                         quae te oportet facere
11   11 ut autem surrexit non uidebam
                                         a claritate lucis illius
                                         et ad manum deductus
                                         qui mecum erant
                                         ueni in damascum

Deest D : Ac 22,10s-20

---

g : ⁸ Ego autem respondi : Quis es domine ? Dixitque ad me : Ego sum ihesus nazarenus, quem tu persequeris. ⁹ At hi, qui mecum erant, lumen quidem uiderunt et timefacti sunt ; uocem autem non audierunt eius, qui loquebatur mecum. ¹⁰ Et dixi : Quid faciam domine ? Dominus autem dixit ad me : Surge, uade damascum et illic tibi dicetur de omnibus, quae te oporteat facere. ¹¹ Cum autem exsurrexissem, non uidebam prae luminis illius claritate. Et ad manum dedectus ab eis, qui mecum erant, ueni damascum.

12 Ἀνανίας δέ τις ἀνὴρ εὐλαβὴς
κατὰ τὸν νόμον, μαρτυρούμενος
ὑπὸ πάντων τῶν κατοικούντων
Ἰουδαίων,
13 ἐλθὼν πρός με ꜰ καὶ ἐπιστὰς
εἶπέν μοι· Σαοὺλ ἀδελφέ,
ἀνάβλεψον· κἀγὼ αὐτῇ τῇ ὥρᾳ
ἀνέβλεψα εἰς αὐτόν
14 ὁ δὲ εἶπεν·
ὁ θεὸς τῶν πατέρων ἡμῶν
προεχειρίσατό σε γνῶναι
τὸ θέλημα αὐτοῦ
καὶ ἰδεῖν τὸν δίκαιον
καὶ ἀκοῦσαι φωνὴν
ἐκ τοῦ στόματος αὐτοῦ,
15 ὅτι μάρτυς αὐτῷ
πρὸς πάντας ἀνθρώπους ἔσῃ ᵍ
ὧν ἑώρακας καὶ ἤκουσας.

12 ἀνὴρ δέ τις Ἀνανίας¹ εὐλαβὴς
κατὰ τὸν νόμον, [ ]²μαρτυρούμενος
ὑπὸ πάντων τῶν [ ]³ ἐν Δαμασκῷ⁴
Ἰουδαίων,
13 ἐλθὼν πρός με [ ]¹
εἶπέν μοι· Σαῦλε² [ ]²ἀδελφέ,
ἀνάβλεψον· κἀγὼ αὐτῇ τῇ ὥρᾳ
ἀνέβλεψα [ ]³
14 καὶ¹ εἶπεν μοι²·
ὁ θεὸς τῶν πατέρων ἡμῶν
προεχειρίσατό σε γνῶναι
τὸ θέλημα αὐτοῦ
καὶ ἰδεῖν τὸν δίκαιον
καὶ ἀκοῦσαι φωνὴν
ἐκ τοῦ στόματος αὐτοῦ,
15 ὅς¹ ἔσῃ μάρτυς αὐτοῦ²
πρὸς πάντας ἀνθρώπους
ὧν ἑώρακας καὶ ἤκουσας.

f. *NA 28* ; B : εμε
g. B : ανθρωπους εση ; *NA 28* : εση μαρτυς

12 - 1. – ndl.1(*et*) SyrP(*et*) Sah / 2. *om.* καὶ : SyrP d g Vg / 3. d – SodC.3 Chr.1(2/2) a(629) /
4. – SodC.3 Chr.1(1/2) p⁴¹(vid) *Koinè* c dem Vg(CMRT) ndl prv.1 Sah Eth Geo

13 - 1. d – SyrP Eth.4-13 / 2. d – e g Vg Sah (voir *infra*) / 3. d – p⁴¹ Chr.1(1/2) *pc* Sah
Eth.1-3.13

14 - 1. d g SyrP (*Boism*¹ᵃ·² : ο δε) / 2. d – p⁴¹ SodC.10 Vg(SU) prv SyrP Sah Boh(mss) Eth

15 - 1. d – Vg(DThW) / 2. d – SodC.1-5.7.10.11.13.14 *pc* Chr.1 Vg Eth

v. 12 : Cf. 5,1 : ἀνὴρ δέ τις Ἀνανίας...
Cf. 16,2 : ὅς ἐμαρτυρεῖτο ὑπὸ τῶν ἐν Λύστροις ... ἀδελφῶν.
La structure du TA : nom propre + δέ τις, se lit ici seulement dans les Actes, comme le verbe
κατοικεῖν sans déterminatif de lieu.

v. 13 : Dans d, la répétition de *Saule* est une harmonisation sur le verset 7.

12	**12** ananias quidam uir timoratus
	secundum legem et testimonio
	ab omnibus
	iudaeis
13	**13** cum uenisset ad me
	dix• mihi Saule saule frater
	aspi•e et ego ipsa hora
	aspexi
14	**14** et dixit mihi
	D̄s patrum nostrorum
	praeordinauit te ut cognosceris
	uoluntatem eius
	et uidere iustum
	et audire uocem
	ex ore eius
15	**15** qui eris testis eius
	aput omnes homines
	eorum quae uidisti et audisti

---

g : [12] Ananias autem quidam uir metuens secundum legem bene audiens ab omnibus habitantibus ibi iudeis, [13] uenit ad me et asstans michi dixit : Saule frater, aspice : ego ipsa hora aspexi in eum. [14] Et dixit : Deus patrum nostrorum praeordinauit te ut cognosceres uoluntatem eius et uideres iustum et audires uocem de ore eius, [15] quia eris illi testis ad omnes homines eorum, quae uidisti

16 καὶ νῦν τί μέλλεις ;
ἀναστὰς βάπτισαι καὶ ἀπόλουσαι
τὰς ἁμαρτίας σου
ἐπικαλεσάμενος τὸ ὄνομα αὐτοῦ.
17 ἐγένετο δέ μοι ὑποστρέψαντι
εἰς Ἰερουσαλὴμ
καὶ προσευχομένου μου ἐν τῷ ἱερῷ
γενέσθαι με ἐν ἐκστάσει
18 καὶ ἰδεῖν αὐτὸν λέγοντά μοι·
σπεῦσον καὶ ἔξελθε ἐν τάχει
ἐξ Ἰερουσαλήμ,
διότι οὐ παραδέξονταί σου
μαρτυρίαν περὶ ἐμοῦ.
19 κἀγὼ εἶπον· κύριε,
αὐτοὶ ἐπίστανται
ὅτι ἐγὼ ἤμην φυλακίζων
καὶ δέρων κατὰ τὰς συναγωγὰς
τοὺς πιστεύοντας ἐπὶ σέ·
20 καὶ ὅτε ἐξεχύννετο
τὸ αἷμα στεφάνου τοῦ μάρτυρός σου
καὶ αὐτὸς ἤμην ἐφεστὼς
καὶ συνευδοκῶν καὶ φυλάσσων
τὰ ἱμάτια τῶν ἀναιρούντων αὐτόν.
21 καὶ εἶπεν πρός με· πορεύου,
ὅτι ἐγὼ εἰς ἔθνη μακρὰν
ἀποστελῶ [h] σε.

16 καὶ νῦν τί μέλλεις ;
ἀναστὰς βάπτισαι καὶ ἀπόλουσαι
τὰς ἁμαρτίας σου
ἐπικαλούμενος[1] τὸ ὄνομα αὐτοῦ.
17 ἐγένετο δέ μοι ὑποστρέψαντι
εἰς[1] Ἰερουσαλὴμ
[ ][2] προσευχομένῳ[3] [ ][3] ἐν τῷ ἱερῷ
γενέσθαι με ἐν ἐκστάσει
18 καὶ εἶδον[1] αὐτὸν λέγοντά μοι·
σπεῦσον [ ][2] ἔξελθε ἐν τάχει
ἐξ Ἰερουσαλήμ,
διότι οὐ *παραδέχονται*[3]
μαρτυρίαν ̲σ̲ο̲υ̲[4] [ ][5].
19 κἀγὼ εἶπον· κύριε,
αὐτοὶ ἐπίστανται
ὅτι ἐγὼ ἤμην φυλακίζων
καὶ δέρων κατὰ τὰς συναγωγὰς
τοὺς πιστεύοντας ἐπὶ σέ·
20 καὶ ὅτε ἐξεχύννετο
τὸ αἷμα στεφάνου τοῦ μάρτυρός σου[1]
[ ][2] αὐτὸς ἤμην ἐφεστὼς
καὶ συνευδοκῶν καὶ φυλάσσων
τὰ ἱμάτια τῶν ἀναιρούντων αὐτόν.
21 καὶ εἶπεν πρός με· πορεύου,
ὅτι ἐγὼ εἰς ἔθνη μακρὰν
ἐξαποστέλλω[1] σε.

h. B ; εξαποστελω σε : ℵ A C *NA 28*

---

16 - 1. d – e g p⁷⁴

17 - 1. voir *infra* / 2. d – 241 917 1838 Chr.1 Amb Boh(26) / 2. – g Vg p⁴¹(vid) Ee SodC.3.7 SodB.6 *pc* Chr.1ᵇ

18 - 1. d – ℵ 36 453 431 Vg(D) Amb / 2. – SodC.4.5 p dem Vg(ThSU) / 3. – 1319 e Vg(F) Amb SyrHP / 4. d g Vg SyrHP (*Boism* ¹ᵃ·² : σου μαρτυριαν) / 5. – Chr.1.2 ndl.1 (≈ ante μαρτυρίαν : 467 1838)

20 – 1. g Vg SyrHP / 2. *om.* και : d g Vg (και : SyrP *Boism* ¹ᵃ·⁽²⁾)

21 - 1. D – SodC.4 1522

v. 17 : L'omission de εις est due à l'influence du latin.

16	**16** et nunc quid expectas
	surge baptizare et ablue
	peccata tua inuocans nomen eius
17	**17** Factum est autem mihi reuerso
	hierusalem
	orante me in templo
	fieri me in soporem
18	**18** et uidi eum dicentem mihi
	festina et exi cito
	de hierusalem
	quia non recipient
	testimonium meum
19	**19** et dixi d̅n̅e
	ipsi sciunt
	quia ego eram in carcere includens
	et caedens per synagogas
	eos qui credebant in te
20	**20** et cum effunderetur
	sangui stephani martyris
	ego eram adsistans
και φυλασσων	et consentiens

τα ειματια των αναιρουντων αυτον
21 και ειπεν προσ με πορευου
οτι εγω εισ εθνη μακραν
εξαποστελλω σε　　　　**21**

---

g : [16] et nunc quid expectas ? Surge, baptizare et ablue peccata tua inuocans nomen eius. [17] Factum est autem reuertenti michi in hierusalem et oranti in templo fieri me in stupore mentis [18] et uidere ipsum dicentem michi : Festina et exi quam uelocius de hierusalem, quia non recipient testimonium tuum de me. [19] Et ego dixi : Domine, ipsi sciunt quia ego eram concludens in carcere et puniens per omnem synagogam eos, qui credebant in te ; [20] et dum effunderetur sanguis stephani testis tui, ego eram assistens et consentiens et custodiens uestimenta interficientium eum. [21] Et dixit ad me : Vade quia ego longe ad gentes mittam te.

22 ἤκουον δὲ αὐτοῦ
ἄχρι τούτου τοῦ λόγου
καὶ ἐπῆραν τὴν φωνὴν αὐτῶν
λέγοντες·
αἶρε ἀπὸ τῆς γῆς τὸν τοιοῦτον,
οὐ γὰρ καθῆκεν αὐτὸν ζῆν.
23 κραυγαζόντων τε αὐτῶν
καὶ ῥιπτούντων τὰ ἱμάτια
καὶ κονιορτὸν βαλλόντων
εἰς τὸν ἀέρα,
24 ἐκέλευσεν ὁ χιλίαρχος
εἰσάγεσθαι αὐτὸν
εἰς τὴν παρεμβολήν,
εἴπας μάστιξιν ἀνετάζεσθαι αὐτὸν
ἵνα ἐπιγνῷ δι' ἣν αἰτίαν
οὕτως ἐπεφώνουν αὐτῷ.
25 ὡς δὲ προέτειναν αὐτὸν
τοῖς ἱμᾶσιν εἶπεν πρὸς τὸν ἑστῶτα
ἑκατόνταρχον ὁ Παῦλος·
εἰ ἄνθρωπον ῥωμαῖον
καὶ ἀκατάκριτον ἔξεστιν ὑμῖν
μαστίζειν ;

22 *ἤκουσαν*[1] δὲ αὐτοῦ
ἄχρι τούτου τοῦ λόγου
καὶ ἐπῆραν τὴν φωνὴν αὐτῶν
λέγοντες·
αἶρε ἀπὸ τῆς γῆς τὸν τοιοῦτον,
οὐ γὰρ καθῆκεν αὐτὸν ζῆν.
23 κραυγαζόντων *δὲ*[1] [ ][2]
καὶ *ῥιπτόντων*[1] τὰ ἱμάτια
καὶ κονιορτὸν βαλλόντων
εἰς τὸν *οὐρανόν*[4],
24 ἐκέλευσεν ὁ χιλίαρχος
εἰσάγεσθαι αὐτὸν
εἰς τὴν παρεμβολήν,
εἴπας μάστιξιν *ἀνετάζειν*[1] αὐτὸν
ἵνα ἐπιγνῷ δι' ἣν αἰτίαν
οὕτως *κατεφώνουν*[2] *περὶ αὐτοῦ*[3].
25 ὡς δὲ *προσέτειναν*[1] αὐτὸν
τοῖς ἱμᾶσιν εἶπεν πρὸς τὸν ἑστῶτα
ἑκατοντάρχην[2] [ ][3]·
εἰ *ἔξεστιν ὑμῖν*[4] ἄνθρωπον ῥωμαῖον
καὶ ἀκατάκριτον
μαστίζειν ;

---

22 - 1. D – g Vg(T) Sah

23 - 1. D – g Vg א p⁷⁴ Ee *Koinè* Sah.16.43 Boh / 2. D g / 3. D – Ψ E SodC.7 SodB.2.6 181 1898 1838 (versions ?) / 4. D – g Vg(D) Cass SyrP

24 - 1. D – Vg(S) 88 915 / 2. D – g Ψ SodC.1.2.4.10.11.14 / 3. D – g (αὐτοῦ : Ψ SodC.1.2.4. 11.14 Chr.1)
Varia : *om.* ἵνα ἐπιγνῷ ... αὐτῷ : Eth.1-3

25 - 1. D – C H SodC.1-3.6 SodB.5 181 1898 1175 *pc* Chr.1 (versions ?) / 2. D – (versions ?) / 3. D – g SyrP SodC.1-4.11.13 Chr.1 / 4. D – ndl.1

22 ηκουσαν δε αυτου　　　　　　　22
αχρι τουτου του λογου
και επηραν την φωνην ◆αυτ·ν
λεγοντεσ
αιρε απο τησ γησ τον ◆τοιουτ·ν
ου γαρ καθηκεν αυτον ζην
23 κραυγαζοντω δε　　　　　　　23
και ◆ρειπτοντω τα ειματια
και κονιορτον βαλλοντων
εισ τον ουρανον
24 εκελευσεν ο χειλιαρχοσ　　　　　　　24
εισαγεσθαι αυτον
εισ την παρεμβολην
ειπασ μαστιξιν ανεταζειν αυτον
ϊνα επιγνω δι ην αιτιαν
ουτωσ κατεφωνουν περι αυτου
25 ωσ δε ◆προσετιναν αυτον　　　　　　　25
τοισ ειμασιν ειπεν προσ τον εστωτα
εκατονταρχην
ει εξεστιν ϋμειν ανθρωπον ρωμαιον
και ακατακριτον
μαστιζειν

---

g : [22] Audierunt autem eum usque ad hoc uerbum et exclamauerunt dicentes : Tolle a terra talem, non est enim fas enum uiuere. [23] Clamantibus autem et iactantibus uestimenta et puluerem in celum mittentibus, [24] iussit tribunus induci eum in castris dicens flagellis eum interrogari, ut sciret ob quam causam sic proclamarent de eo. [25] Et cum asstrinxissent eum loris, dixit adstanti centurioni : Si hominem romanum et indempnatum licet uobis flagellare ?

26 ἀκούσας δὲ
ὁ ἑκατόνταρχος

προσελθὼν τῷ χιλιάρχῳ
ἀπήγγειλεν λέγων·
τί μέλλεις ποιεῖν ;
ὁ γὰρ ἄνθρωπος οὗτος
Ῥωμαῖός ἐστιν.
27 προσελθὼν δὲ ὁ χιλίαρχος
εἶπεν αὐτῷ· λέγε μοι,
σὺ ῥωμαῖος εἶ ;
ὁ δὲ ἔφη· ναί.
28 ἀπεκρίθη δὲ ὁ χιλίαρχος·

ἐγὼ πολλοῦ κεφαλαίου
τὴν πολιτείαν ταύτην ἐκτησάμην.
ὁ δὲ Παῦλος ἔφη·
ἐγὼ δὲ καὶ γεγέννημαι.

26 τοῦτο¹ ἀκούσας [ ]²
ὁ ἑκατοντάρχης³
ὅτι Ῥομαῖον ἑαυτὸν λέγει⁴
προσελθὼν τῷ χιλιάρχῳ
ἀπήγγειλεν [ ]⁵ αὐτῷ⁶ ὅρα⁷
τί μέλλεις ποιεῖν ;
ὁ⁸ [ ]⁹ ἄνθρωπος οὗτος
Ῥωμαῖός ἐστιν.
27 τοτε¹ προσελθὼν ὁ χιλίαρχος
ἐπηρώτησεν αὐτόν² · [ ]³
εἰ⁴ σὺ ῥωμαῖος εἶ ;
[ ]⁵ [ ]⁵ εἶπεν⁶ · εἰμί⁷.
28 καὶ¹ ἀπεκρίθη² ὁ χιλίαρχος
καὶ εἶπεν³·

ἐγὼ οἶδα⁴ πόσου⁵ κεφαλαίου
τὴν πολιτείαν ταύτην ἐκτησάμην.
[ ]⁶ [ ]⁶ Παῦλος δὲ⁶ ἔφη·
ἐγὼ δὲ καὶ γεγέννημαι.

---

26 - 1. D – g Vg Geo / 2. D – g Vg *pc* Sah.43.449 Eth.1 Geo / 3. D – ℵ C A (versions ?) / 4. D – g Vg(R) prv tpl / 5. D – SodC.1-3.10.11.13 Chr.1ᵇ SyrH / 6. D SyrH* – b g Vg(SU) dem ndl.2 prv.1 SyrP Sah.16.452 Eth *pc* / 7. D – g p Vg(Θᵐᵍ) *Koinè* Sah / 8. voir *infra* / 9. D – Vg(DW) Eth Arab

27 - 1. D / 2. D – Sah(+) BarS / 3. – Chr.1° Vg(DS) BarS Sah / 4. – Chr.1° a b c dem Vg(BGKRW) *Koinè* / 5. – Vg(SU) SyrP 1319 Eth / 6. D – p⁷⁴ (versions ?) / 7. D – g Chr.1° : τοῦ χιλιάρχου πυνθανομένου· Εἰ σὺ Ῥομαῖος εἶ ; διεβεβαιοῦτο ...

28 - 1. D – g Vg SyrP Eth / 2. voir *infra* / 3. D* – Vg(O) SyrP Sah.16 Eth.1.4-13 Geo / 4. D / 5. D (*Boism* ¹ᵃ·⁽²⁾ : πολλου) / 6. voir *infra* D* : και αποκριθεισ... και ειπεν.

v. 26 : L'article omis par erreur ou par négligence devant ανθρωπος est exigé par la présence de ουτος.

v. 27 : L'interrogation directe introduite par εἰ, qui est un sémitisme, a été évitée, soit en ajoutant λέγε μοι (cf. le TA en 5,8), soit en supprimant l'interrogatif (cf. le TA en 8,30).

v. 28 : Le και devant ειπεν de D* suppose un απεκριθη initial, comme dans les autres témoins de cette variante. L'absence d'article devant Παυλος est ici exceptionnellement contraire à la tendance de D.

26 τουτο ακουσασ   26
ο εκατονταρχησ
οτι ρομαιον εαυτον λεγει
προσελθων τω χειλιαρχω
♦πηγγειλεν αυτω ορα
τι μελλεισ ποιειν
  ανθρωποσ ουτοσ
ρωμαιοσ εστιν
27 τοτε προσελθων ο χειλιαρχοσ   27
επηρωτησεν αυτον λεγε μοι
συ ρωμαιοσ ει
ο δε ειπεν ειμι
28 και αποκριθεισ ο χειλιαρχοσ   28
  ειπεν
εγω οιδα ποσου κεφαλαιου
την πολειτειαν ταυτην εκτησαμην
παυλοσ δε εφη
εγω δε και γεγεννημαι

---

g : ²⁶ Hoc audito centurio, quia ciuem romanum se esse dixit, acessit ad tribunum et ait illi : Vide quid facturus es ; hic enim ciuis romanum est. ²⁷ Accedens autem ad eum tribunus ait : die michi : ciuis romanus es tu ? At ille dixit : sum. ²⁸ Et respondit tribunus : Ego multa peccunia ciuitatem hanc consecutus sum. Et paulus ait : Ego uero natus.

29 εὐθέως οὖν ἀπέστησαν
ἀπ᾽ αὐτοῦ οἱ μέλλοντες
αὐτὸν ἀνετάζειν· καὶ ὁ χιλίαρχος δὲ
ἐφοβήθη ἐπιγνοὺς
ὅτι ῥωμαῖός ἐστιν
καὶ ὅτι αὐτὸν ἦν δεδεκώς.

30 τῇ δὲ ἐπαύριον
βουλόμενος γνῶναι
τὸ ἀσφαλὲς τὸ τί κατηγορεῖται
ὑπὸ τῶν Ἰουδαίων ἔλυσεν αὐτόν, καὶ
ἐκέλευσεν συνελθεῖν
τοὺς ἀρχιερεῖς
καὶ πᾶν τὸ συνέδριον,
καὶ καταγαγὼν τὸν Παῦλον
ἔστησεν εἰς αὐτούς.

29 *τότε*[1] ἀπέστησαν
ἀπ᾽ αὐτοῦ οἱ μέλλοντες
αὐτὸν ἀνετάζειν· καὶ ὁ χιλίαρχος δὲ
ἐφοβήθη ἐπιγνοὺς
ὅτι ῥωμαῖός ἐστιν
καὶ ὅτι αὐτὸν ἦν δεδεκώς
καὶ παραχρῆμα ἔλυσεν αὐτόν[2].

30 *καὶ*[1] τῇ [ ][1] ἐπαύριον
βουλόμενος γνῶναι
τὸ ἀσφαλὲς τὸ τί κατηγορεῖται
ὑπὸ τῶν Ἰουδαίων [ ][2] [ ][2] [ ][2]
ἐκέλευσεν συνελθεῖν
τοὺς ἀρχιερεῖς
καὶ πᾶν τὸ συνέδριον,
καὶ καταγαγὼν τὸν Παῦλον
ἔστησεν εἰς αὐτούς.

---

29 - 1. D – Eth Geo(+) / 2. SyrH* – SodC.1.2.13 Cass Sah (cf. verset 30)

30 - 1. – g SyrHP / 2. – Vg(D) Cass Sah (cf. verset 29)

29 τοτε απεστησαν   29
απ αυτου

30   30

Deest D : Ac 22,30-28,31

---

g : [29] Confestim itaque discesserunt ab eo, qui interrogaturi erant eum ; sed tribunus timuit cognouit enim quia ciuis romanus est, sed et quia alligasset eum. [30] Et postera die uolens scire quid accusaretur a iudeis, soluit eum et iussit principes sacerdotum conuenire et omnem concilium eorum et producens paulum statuit inter eos.

1 ἀτενίσας δὲ ὁ Παῦλος ᵃ
τῷ συνεδρίῳ εἶπεν· ἄνδρες ἀδελφοί,
ἐγὼ πάσῃ συνειδήσει ἀγαθῇ
πεπολίτευμαι τῷ θεῷ
ἄχρι ταύτης τῆς ἡμέρας.
2 ὁ δὲ ἀρχιερεὺς Ἀνανίας ἐπέταξεν
τοῖς παρεστῶσιν αὐτῷ
τύπτειν αὐτοῦ τὸ στόμα.
3 τότε ὁ Παῦλος πρὸς αὐτὸν
εἶπεν· τύπτειν σε μέλλει ὁ θεός,
τοῖχε κεκονιαμένε· καὶ σὺ κάθῃ
κρίνων με κατὰ τὸν νόμον,
καὶ παρανομῶν κελεύεις
με τύπτεσθαι ;
4 οἱ δὲ παρεστῶτες εἶπαν·
τὸν ἀρχιερέα τοῦ θεοῦ λοιδορεῖς ;
5 ἔφη τε ὁ Παῦλος· οὐκ ἤδειν,
ἀδελφοί, ὅτι ἐστὶν ἀρχιερεύς·
γέγραπται γὰρ ὅτι ἄρχοντα
τοῦ λαοῦ σου οὐκ ἐρεῖς κακῶς.

1 ἀτενίσας [ ]¹ [ ]² [ ]²
τῷ συνεδρίῳ εἶπεν· ἄνδρες ἀδελφοί,
ἐγὼ πάσῃ συνειδήσει ἀγαθῇ
πεπολίτευμαι τῷ θεῷ
ἄχρι ταύτης τῆς ἡμέρας.
2 ὁ δὲ ἀρχιερεὺς [ ]¹ ἐπέταξεν
[ ]²
τύπτειν αὐτοῦ τὸ στόμα.
3 τότε ὁ Παῦλος πρὸς αὐτὸν
εἶπεν· τύπτειν σε μέλλει ὁ θεός,
τοῖχε κεκονιαμένε· καὶ σὺ κάθῃ
κρίνων με [ ]¹,
καὶ παρὰ τὸν νόμον² κελεύεις
με τύπτεσθαι ;
4 οἱ δὲ παρεστῶτες εἶπαν·
τὸν ἀρχιερέα [ ]¹ λοιδορεῖς ;
5 ἀπεκρίθη¹ [ ]² [ ]³ [ ]³ · οὐκ ἤδειν,
ἀδελφοί, ὅτι ἀρχιερεύς ἐστιν ⁴·
γέγραπται γὰρ [ ]⁵ ἄρχοντα
τοῦ λαοῦ σου οὐκ ἐρεῖς κακῶς.

a. *om.* o : B 453 614 1505 2818 ; ο Παυλος : p⁷⁴ᵛⁱᵈ L Ψ 323 1175 1241 *Koinè NA 28*

1 - 1. – 915 1838 Sah.4.16.443.460 Geo / 2. – Eth.3 181 (≈ post συνεδρίῳ : g Vg Lcf Cass SyrP ℵ C A Ee SodB.1-6)

2 - 1. Ephrᵏ Eth.3 a(629) / 2. Ephrᵏ Eth.3 Chr.2

3 - 1. – 1898 Cass / 2. – 1898 Cass g Vg Lcf Amb Ee

4 - 1. Cyp(mss) Augᶜ – g (cf. verset suivant)

5 - 1. Cyp Augᶜ – Cass / 2. Cyp(+) Augᶜ – Cass 460 919 *pc* Sah.452 Geo (δέ : SodC.1-4.10-14 e g Vg Sah.4.443.460 Geo) / 3. Cyp Augᶜ – Cass ndl.1 Eth.5 / 4. Cyp Augᶜ – g p ndl.1 SodC.4.7.8 SodB.6.7 Chr.2 *pc* / 5. Cyp Augᶜ – Cass g Vg C Ee *Koinè*

v. 1 : La variante 1. est suffisamment soutenue par des témoins ayant de nombreuses affinités avec le TO pour pouvoir être retenue. Pour la variante 2., en l'absence des témoins majeurs du TO nous avons fait confiance à Eth.3 qui va suivre le TO au verset suivant ; nous avons tenu compte aussi du fait que le nom de Paul se trouve à deux places différentes dans les autres témoins ; enfin, l'addition de ce nom était plus spontanée que son omission. Le nom de Paul sera encore omis par le TO au verset 5.

g : [1] Intendens autem ad concilium paulus ait : Viri fratres, ego omni conscientia bona conuersatus sum coram deo usque in hunc diem. [2] Princeps autem sacerdotum ananias circumstantibus sibi praecepit percutere os pauli. [3] Tunc paulus ad eum dixit : Percutere te incipiet deus paries dealbate. Et tu sedes iudicare de me secundum legem et contra legem iubes me percutti ? [4] E qui circumstabant dixerunt ei : Principem sacerdotum maledicis ? [5] Ait autem paulus : Nesciebam, fratres, quia princeps sacerdotum est ; scriptum est enim : principem pomuli tui non maledices.

Ephr[k] : [2] postquam vero propter hoc iussit sacerdos percutere os eius

Eth.3 : et iussit summus sacerdos ut percuterent os pauli

Chr : ἐπήγαγε γάρ· ὁ δὲ ἀρχιερεὺς Ἀνανίας τύπτειν αὐτοῦ τὸ στόμα ὑπέταξεν (*in* Ac 23,2 ; *PG* 60/335).

Cass : [3]... qui sedens loco iudicis percutti me praecipis contra legem [5] respondit nescisse se tali eum honore subiectum.

Cyp : [5] respondit et dixit : nesciebam, fratres, quia pontifex est. scriptum est enim : principem plebis tuae non maledices (*Lettre* 3,2 ; cf. *Lettres* 58,4 et 66,3, avec *populi tui*, mais sans la formule d'introduction)

Aug[c] : [5] respondit : nescivi, fratres, quia princeps est sacerdotum ; scriptum est enim : Principi populi tui non maledices (*Serm. Dom.* I, 19,58) – **Cass** : respondit nescisse se tali eum honore subiectum.

<table>
<tr><td>

6 γνοὺς δὲ ὁ Παῦλος ὅτι
τὸ ἓν μέρος ἐστὶν Σαδδουκαίων
τὸ δὲ ἕτερον Φαρισαίων ἔκραζεν
ἐν τῷ συνεδρίῳ, ἄνδρες ἀδελφοί,
ἐγὼ Φαρισαῖός εἰμι,
υἱὸς Φαρισαίων· περὶ ἐλπίδος
καὶ ἀναστάσεως νεκρῶν
κρίνομαι ᵇ.
7 τοῦτο δὲ αὐτοῦ λαλοῦντος ᶜ
ἐγένετο ᵈ στάσις τῶν Φαρισαίων
καὶ Σαδδουκαίων,
καὶ ἐσχίσθη τὸ πλῆθος.
8 Σαδδουκαῖοι μὲν ᵉ γὰρ λέγουσιν
μὴ εἶναι ἀνάστασιν μήτε ἄγγελον
μήτε πνεῦμα, Φαρισαῖοι δὲ
ὁμολογοῦσιν τὰ ἀμφότερα.

9 ἐγένετο δὲ κραυγὴ μεγάλη,

καὶ ἀναστάντες
τινὲς τῶν γραμματέων
τοῦ μέρους τῶν Φαρισαίων
διεμάχοντο λέγοντες· οὐδὲν κακὸν
εὑρίσκομεν ἐν τῷ ἀνθρώπῳ τούτῳ·
εἰ δὲ πνεῦμα ἐλάλησεν αὐτῷ
ἢ ἄγγελος

</td><td>

6 γνοὺς δὲ [ ]¹ [ ]¹ ὅτι
τὸ ἓν μέρος ἐστὶν Σαδδουκαίων
καὶ² τὸ ἕτερον Φαρισαίων ἔκραξεν³
ἐν τῷ συνεδρίῳ, ἄνδρες ἀδελφοί,
ἐγὼ Φαρισαῖός εἰμι,
υἱὸς Φαρισαίων· περὶ ἐλπίδος
καὶ ἀναστάσεως [ ]⁴
κρίνομαι.
7 τοῦτο δὲ αὐτοῦ λαλοῦντος
ἐγένετο στάσις τῶν Φαρισαίων
καὶ Σαδδουκαίων,
[ ]¹
8 Σαδδουκαῖοι μὲν γὰρ λέγουσιν
μὴ εἶναι ἀνάστασιν μήτε ἄγγελον
μήτε πνεῦμα, Φαρισαῖοι δὲ
ὁμολογοῦσιν εἶναι ἀνάστασιν καὶ
ἄγγελον καὶ πνεῦνα¹
9 καὶ κραυγῆς γενομένης¹
ἐν αὐτοῖς ἐσχίσθησαν²
καὶ [ ]²
τινὲς τῶν γραμματέων
τοῦ μέρους τῶν Φαρισαίων
ἀντέλεγον² λέγοντες· τί δὲ² κακὸν
εὑρίσκομεν ἐν τῷ ἀνθρώπῳ τούτῳ·
εἰ [ ]² πνεῦμα ἐλάλησεν αὐτῷ
ἢ ἄγγελος

</td></tr>
</table>

b. B g Sah ; εγω κρινομαι : p⁷⁴ ℵ A C² E L Ψ 33 323 614 (1175) 1241 1505 1739 *Koinè* Vg Boh *NA 28*
c. B g Vg(CHLP) ; ειπόντος : p⁷⁴ ℵᶜ A E 33 323 945 1739 1891 2464 *NA 28*
d. B : επεπεσε ; ℵ A C *NA 28* : εγενετο
e. ℵ A C *NA 28* ; *om.* μεν : B

---

6 - 1. – g p Arab / 2. – g e Vg SodC.15 209 Sah Geo / 3. – g Vg A Ee *Koinè* Geo / 4. Tert –
181 1898 467 808 1522 BarS / 5. Tert – g B Sah (≈ 1175)

7 - 1. – Eth.1-3 ; voir *infra*

8 - 1. h – Sah

9 - 1. h Sah / 2. h

v. 7 : La dernière phrase du TA ne se lisait certainement pas dans le TO puisqu'elle sera exprimée au verset 9, au témoignage de h.

---

g : [6] Et ut cognouit quod una pars sadduceorum esset et altera phariseorum, exclamauit in concilio : Viri fratres, ego phariseus sum, silius pariseorum de spe et resurrectione mortuorum a uobis iudicor hodie. [7] Haec eo loquente facta est dissensio inter phariseos et sadduceos et soluta est multitudo. [8] Sadducei enim dicunt non esse resurrectionem, neque angelum, neque spiritum, pharisei autem confitentur utraque. [9] Factus est autem clamor magnus et exsurgentes quidam de scribis partis phariseorum pugnabant inter se dicentes quia nichil mali inuenimus in isto homine. Quid si spiritus locutus est ei ? aut quid si angelus ?

h : [8] confitentur esse resurrectionem et ang[elura et] spm. [9] et cum clamor ortus esset inter eos, divi[debantur] : et quidam de scribis et parte Phariseorum co[ntradice]bant, dicentes : quid autem mali in hoc homine [inveni]mus ? ssipspus locutus est ad eum vel angelus ?

Tert : [6] Viri, inquit, fratres, ego Pharisaeus sum, filius Pharisaeorum; de spe et de resurrectione iudicor apud vos (*Res.* 39,3).

10 πολλῆς δὲ γινομένης στάσεως
φοβηθεὶς ὁ χιλίαρχος
μὴ διασπασθῇ ὁ Παῦλος
ὑπ' αὐτῶν ἐκέλευσεν τὸ στράτευμα
καταβὰν ἁρπάσαι αὐτὸν
ἐκ μέσου αὐτῶν,
ἄγειν ͬ εἰς τὴν παρεμβολήν.
11 τῇ δὲ ἐπιούσῃ νυκτὶ
ἐπιστὰς αὐτῷ ὁ κύριος εἶπεν·
θάρσει, ὡς γὰρ διεμαρτύρω
τὰ περὶ ἐμοῦ εἰς Ἰερουσαλὴμ
οὕτω σε δεῖ καὶ εἰς Ῥώμην μαρτυρῆσαι.
12 γενομένης δὲ ᵍ ἡμέρας
ποιήσαντες συστροφὴν
οἱ Ἰουδαῖοι
ἀνεθεμάτισαν ἑαυτοὺς
λέγοντες μήτε φαγεῖν μήτε πίειν ʰ
ἕως οὗ ἀποκτείνωσιν τὸν Παῦλον.
13 ἦσαν δὲ πλείους τεσσεράκοντα
οἱ ταύτην τὴν συνωμοσίαν
ποιησάμενοι·
14 οἵτινες προσελθόντες
τοῖς ἀρχιερεῦσιν
καὶ τοῖς πρεσβυτέροις εἶπαν·
ἀναθέματι ἀνεθεματίσαμεν ἑαυτοὺς
μηδενὸς γεύσασθαι
ἕως οὗ ἀποκτείνωμεν τὸν Παῦλον.

10 πολλῆς δὲ γινομένης στάσεως
ἐν αὐτοῖς¹ φοβηθεὶς ὁ χιλίαρχος
μὴ διασπασθῇ ὁ Παῦλος
ὑπ' αὐτῶν ἐκέλευσεν τὸ στράτευμα
καταβῆναι καὶ² ἁρπάσαι αὐτὸν
ἐκ μέσου αὐτῶν,
καὶ³ ἄγειν εἰς τὴν παρεμβολήν.
11 τῇ δὲ ἐπιούσῃ νυκτὶ
ἐπιστὰς αὐτῷ ὁ κύριος εἶπεν·
θάρσει, Παῦλε¹, ὡς γὰρ διεμαρτύρω
[ ]² εἰς Ἰερουσαλὴμ
οὕτω [ ]³ δεῖ καὶ εἰς Ῥώμην μαρτυρῆσαι
12 γενομένης δὲ ἡμέρας
συστράφεντές¹
τινες τῶν Ἰουδαίων²
ἀνεθεμάτισαν ἑαυτοὺς
λέγοντες μὴ³ φαγεῖν μήτε πίειν
ἕως οὗ ἀποκτείνωσιν τὸν Παῦλον.
13 ἦσαν δὲ πλείους τεσσεράκοντα
οἱ [ ]¹
ἀνεθεματίσαντες ἑαυτούς² ·
14 οἵτινες προσελθόντες
τοῖς ἀρχιερεῦσιν
καὶ τοῖς πρεσβυτέροις εἶπαν·
ἀναθέματι ἀνεθεματίσαμεν ἑαυτοὺς
μηδενὸς γεύσασθαι τὸ σύνολον¹
ἕως οὗ ἀποκτείνωμεν τὸν Παῦλον.

f. B ; αγειν τε : ℵ C *NA 28* // g. ℵ A C 81 *NA 28* ; τε : B Ψ 614 1505 2464 // h. B : πειν

10 - 1. h – c g p dem Lcf SyrP / 2. h g Lcf Vg *Koinè* / 3. h g Lcf Vg

11 - 1. h – p Vg(C) Orᴸ Ambr Cass ndl.2 prv *Koinè* / 2. h / 3. h (≈ post δεῖ : Vg(O) Lcf 223 629 pc)

12 - 1. h – p⁴⁸ g Lcf Vg SyrP Boh Eth.4-13 / 2. h – p⁴⁸ g Lcf Vg SyrP Sah Eth.4 / 3. – p⁴⁸ pc c Chr.1

13 - 1. h – p⁴⁸ Eth / 2. h – p⁴⁸ Eth // 14 - 1. h – p⁴⁸ g Lcf

v. 12 : Le scribe qui a recopié p⁴⁸ est fort négligent. Il est clair que son impossible ἀποκτειναστην est écrit pour ἀποκτειναι τον. On en trouvera d'autres preuves dans les versets suivants. On ne le suivra donc pas pour adopter αν au lieu de ου. Pour ce dernier cas, on notera que, dans les Actes, Luc écrit toujours ἕως οὗ (cf. 21,26; 23,14.21; 25,21). Il est difficile de voir ce que le scribe a ajouté entre γενομένης δὲ ἡμέρας et συστράφεντες. Aucun autre témoin des Actes ne vient attester cet ajout dont nous ne tiendrons pas compte. Ces remarques étant admises, on voit que p⁴⁸ suit le TO et non le TA.

---

g : ¹⁰ Et cum magna dissensio facta esset illos, timens tribunus ne abriperetur paulus ab illis iussit exercitum descendere et rapere de manibus eorum et reducere eum in castris. ¹¹ Sequenti autem nocte assistens ei dominus ait : Constans esto ; sicut enim testificatus es de me hierusalem sic te oportet etiam rome testificari. ¹² Facta autem die collegerunt se quidam ex iudeis et deuouerat se dicentes neque manducare neque bibere donec occiderent paulum. ¹³ Erantque plus XL, qui hanc coniurationem fecerunt. ¹⁴ Qui et accesserunt ad principem sacerdotem et seniores dicentes : Deuotione deuouimus nos nichil gustare in totum, donec occidamus paulum.

h : ¹⁰ [et cu] e[s]set inter illos magna dissensio, timens tr[ibunus] ne carperetur ab eis Paulus, jussit numerum [militu] venire, et rapere eum de medio ipsorum, et ad[ducere] in castra. ¹¹ sequenti autem nocte adstitit ei d[ns], et ait]: bono animo esto, Paule : quomodo enim testi[monium] perhibebas Hierosolymis, ita oportet et Rom[ae testi]monium dicere. ¹² et cum dies factus est, cong[regave]runt se quidam ex Judeis, et devoverunt se, di[centes] neque edere nequae vivere donec occider[ent Paulu]. ¹³ erat autem plus XL qui se devoverant : ¹⁴ acces[serunt] itaque ad sacerdotes et majores natu, et dix[erunt] : devobimus nos ne quid gustemus in totum, d[onec occi]damus Paulum.

P⁴⁸ : ¹² γε[νο]μενης δ[ε η]μερας καιτ*** ...]βοηθειαν σθστρα[φε]ντες τινες των ι[ου]αιων αναθηματισ[αν] εαυτους λεγοντες μη φαγειν μητε πιε[ιν ε]ως αν αποκεινασ την Παυλον

15 νῦν οὖν ὑμεῖς

ἐμφανίσατε τῷ χιλιάρχῳ
σὺν τῷ συνεδρίῳ
ὅπως καταγάγῃ αὐτὸν εἰς ὑμᾶς
ὡς μέλλοντας διαγινώσκειν
ἀκριβέστερον τὰ περὶ αὐτοῦ·
ἡμεῖς δὲ πρὸ τοῦ ἐγγίσαι αὐτὸν
ἕτοιμοί ἐσμεν τοῦ ἀνελεῖν αὐτόν.

16 ἀκούσας δὲ
ὁ υἱὸς τῆς ἀδελφῆς Παύλου
τὴν ἐνέδραν
παραγενόμενος [i] καὶ εἰσελθὼν
εἰς τὴν παρεμβολὴν

ἀπήγγειλεν τῷ Παύλῳ.
17 προσκαλεσάμενος δὲ ὁ Παῦλος
ἕνα τῶν ἑκατονταρχῶν ἔφη·
τὸν νεανίαν τοῦτον ἄπαγε [j]
πρὸς τὸν χιλίαρχον,
ἔχει γὰρ ἀπαγγεῖλαί τι αὐτῷ.

15 *νῦν οὖν παρακαλοῦμεν ὑμᾶς*
ποιήσατε ἡμῖν τοῦτο·
συναγαγόντες τὸ συνέδριον [1]
ἐμφανίσατε τῷ χιλιάρχῳ
[ ] [1]
ὅπως καταγάγῃ αὐτὸν εἰς ὑμᾶς
ὡς μέλλοντας διαγινώσκειν
[ ] [2] τὰ περὶ αὐτοῦ·
[ ] [3]
ἕτοιμοί ἐσμεν τοῦ ἀνελεῖν αὐτόν
ἐάν δέῃ καὶ ἀποθανεῖν [4].

16 ἀκούσας δὲ *νεανίας* [1]
ὁ υἱὸς τῆς ἀδελφῆς Παύλου
τὴν ἐνέδραν *αὐτῶν* [2]
ἦλθεν [3]
εἰς τὴν παρεμβολὴν
<u>καὶ εἰσελθὼν</u> *πρὸς τὸν Παῦλον* [4]
ἀπήγγειλεν αὐτῷ.
17 προσκαλεσάμενος δὲ ὁ Παῦλος
ἕνα τῶν ἑκατονταρχῶν *εἶπεν* [1]·
τὸν νεανίαν τοῦτον ἄπαγε
πρὸς τὸν χιλίαρχον,
ἔχει γὰρ <u>τι ἀπαγγεῖλαί</u> [2] αὐτῷ.

i. B : παραγεναμενος
j. B ℵ 81 ; απαγαγε : p⁷⁴ A C E L 33 323 614 945 1175 1739 *Koinè NA 28*

---

15 - 1. h SyrH^mg – p⁴⁸ (g Lcf) Sah / 2. – 629* Eth.2.3 (≈ ante διαγινώσκειν : h g Lcf Vg SodC(mss) *pc* Chr.2) / 3. h / 4. h SyrH^mg – SodC.1.2.4 (p⁴⁸ *deest*)

16 - 1. h – p⁴⁸(vid) / 2. h – p⁴⁸(vid) g p Vg(SU) prv.1 Sah Eth.1-3.13 (ταύτην : ndl SyrH* Eth.4-12 Geo) / 3. h – g p Vg / 4. h – Sah Boh(T) Eth.2

17 - 1. h – C 36.453 181 1898 431 1175 1838 / 2. h – g Vg ℵ C p⁷⁴ *Koinè* (voir le v. suivant)

---

v. 15 : A la première ligne de p⁴⁸, il faut restituer τουτο (ce que n'ont pas vu les éditeurs). Mais le scribe a omis le participe συναγαγόντες et dédoublé l'expression τὸ συνέδριον. Dans le TO, l'omission de l'adverbe ἀκριβέστερον est confirmée du fait qu'il se trouve à deux places différentes dans p⁴⁸ (cf. TA) et dans h. Le papyrus suit donc le TO, mais avec deux insertions en provenance du TA.

v. 16 : Le papyrus atteste certainement le νεανίας que suppose h, mais il est impossible de savoir ce qu'il ajoutait ensuite ; certainement pas τις. Après ενεδραν restituer probablement αυτων avec h. Mais à partir de παραγενόμενος le papyrus adopte le TA ; cette fusion entre TO et TA remonte probablement à l'archétype X, que le papyrus suivait peut-être aussi au verset précédent. Il est probable que h a changé le participe εἰσελθὼν en un indicatif, comme il le fait souvent.

---

g : [15] Nunc ergo uos colligite concilium et notum facite tribuno ut deducat eum ad nos, quasi diligentius de eo cognituros nos, nos uero priusquam adpropinquet, parati sumus interficere eum. [16] Haec cum audisset filius sororis pauli insidias eorum uenit et intrauit in castris et nunciauit paulo. [17] Vocans autem ad se paulus unum ex centurionibus, ait : Adolescentem hunc perduc ad tribunum ; habet enim ei aliquid indicare.

h : [15] nunc itaque rogamus vos ho[c : nobis] praestetis ; congraegate concilium, et petite a [tribuno] uti deducant eum ad vos, tamquam certius al[iquid in]quisituri de eo. nos autem parati erinuis ad ne[candum] eum, licet oporteat ad nos mori. [16] sed cum aud[ivisset] juvenis filius sororis Pauli conventionem eo[rum, venit in cas]tra, et intravit ad Paulum, et indicavit ei. [17] [et vocav]it Paulus unum ex centurionib-,et dixit ei : juve[uem ist]um duc ad tribunum : habet enim quod illi in[dicet.

SyrH[mg] : [15] nunc igitur] rogamus vos ut hoc nobis faciatis, ut quum congregaveritis consessum indicetis tribuno ut producat eum ad vos – [parati sumus occidere eum] etiamsi necesse sit mori.

P[48] : [15] νυν [ουν]παρακαλουμ[εν... ποιησατε ημιν [**] το συνε[δρ]ιον [το συνε]δριον εμφα[νισατε τω χιλιαρ]χω ο[πωσ καταγα]γη αυτον εισ η[μασ ωσ μελλοντ]ασ δια[γινωσκειν][α]κριβεστερ[ον τα περι αυτου ημει]σ δ[ε προ του εγγι]σαι υμιν [.... [16] [***] νεανελε[c.18 II.]δ[7/8 II] [**] υσ α[δ]ελ[φησ Παυλου την ενεδ]ρα[ν *** <?> παρα]γενομε[νοσ και εισελθων ει]σ τ[ην παρεμβο]λην απη[γγειλεν τω Παυλω προ]σ [καλεσαμενοσ (= verset 17)

18 ὁ μὲν οὖν παραλαβὼν αὐτὸν
ἤγαγεν
πρὸς τὸν χιλίαρχον καὶ φησίν·
ὁ δέσμιος Παῦλος
προσκαλεσάμενός με ἠρώτησεν
τοῦτον τὸν νεανίαν ᵏ ἀγαγεῖν
πρὸς σέ, ἔχοντά τι λαλῆσαί σοι ¹.
19 ἐπιλαβόμενος δὲ
τῆς χειρὸς αὐτοῦ ὁ χιλίαρχος
καὶ ἀναχωρήσας κατ᾽ ἰδίαν
ἐπυνθάνετο· τί ἐστιν
ὃ ἔχεις ἀπαγγεῖλαί μοι ;
20 εἶπεν δὲ ὅτι οἱ Ἰουδαῖοι
συνέθεντο τοῦ ἐρωτῆσαί σε
ὅπως αὔριον τὸν Παῦλον
καταγάγῃς εἰς τὸ συνέδριον
ὡς μέλλον ᵐ τι ἀκριβέστερον
πυνθάνεσθαι περὶ αὐτοῦ.
21 σὺ οὖν μὴ πεισθῇς αὐτοῖς·
ἐνεδρεύουσιν γὰρ αὐτὸν ἐξ αὐτῶν
ἄνδρες πλείους τεσσεράκοντα,

οἵτινες ἀνεθεμάτισαν ἑαυτοὺς
μήτε φαγεῖν μήτε πιεῖν ⁿ
ἕως οὗ ἀνέλωσιν αὐτόν,
καὶ νῦν εἰσιν ἕτοιμοι προσδεχόμενοι
τὴν ἀπὸ σοῦ ἐπαγγελίαν.

18 ὁ δὲ¹ εὐθέως²
ἤγαγεν τὸν νεανίαν³
πρὸς τὸν χιλίαρχον λέγων⁴·
ὁ δέσμιος Παῦλος
προσκαλεσάμενός με ἠρώτησεν
τοῦτον [ ]⁵ ἀγαγεῖν
πρὸς σέ, ἔχοντά τι λαλῆσαί σοι.
19 ἐπιλαβόμενος δὲ
τῆς χειρὸς αὐτοῦ ὁ χιλίαρχος
καὶ ἀναχωρήσας μετ᾽ αὐτοῦ¹
ἐπυνθάνετο παρ᾽ αὐτοῦ²· τί ἐστιν
ὃ ἔχει³ ἀπαγγεῖλαί αὐτῷ³ ;
20 εἶπεν δὲ [ ]¹ τοῖς Ἰουδαίοις²
συνεφωνήθη² τοῦ ἐρωτῆσαί σε
αὔριον³ ὅπως καταγάγῃς
τὸν Παῦλον⁴ εἰς τὸ συνέδριον
ὡς μέλλοντές⁵ τι ἀκριβέστερον
πυνθάνεσθαι περὶ αὐτοῦ.
21 σὺ οὖν μὴ πεισθῇς [ ]¹·
εἰσὶν² γὰρ αὐτὸν ἐξ αὐτῶν
ἄνδρες πλείους τεσσεράκοντα,
ἕτοιμοι τοῦ ἀνελεῖν αὐτόν²
οἱ καὶ² ἀνεθεμάτισαν ἑαυτοὺς
μηδενὸς γεύσασθαι²
ἕως ἂν τοῦτο πράξωσιν².
[ ]²
[ ]²

k. B L Ψ 614 1241 1505 *Koinè* ; νεανισκον : p⁷⁴ ℵ A E 33 81 323 453 945 1175 1739 1891
NA 28 // l. B : *om.* ; σοι : B²ᵛⁱᵈ ℵ A 81 *NA 28*
m. ℵ* 33 1891 ; μελλων : p⁷⁴ A B E 81 453 // n. B : πειν

---

18 - 1. h g (Sah) Geo / 2. h / 3. h SyrP Sah Eth.4-13 / 4. h Sah
Varia : *om.* προσκαλεσάμενός με : a g Vg(ABKVW) ndl.1 prv Eth

19 - 1. h g Vg(+) / 2. h 1838 SyrP Sah / 3. h

20 - 1. h – g Vg SyrP / 2. h – Vg / 3. h – Boh (*om.* Chr.1 Eth.2-12 GeoB* Arab) / 4. h – g b c
L SodC.1-4.10-16 *pc* Chr.1ᵇ / 5. h – g Vg SyrP SodC.7.10 *al* Sah // 21 - 1. h g / 2. h

v. 20 : Pour la rétroversion de *iudaeis convenit*, cf. g Vg en 5,9 ; g Lcf en 15,15.
cf. 5,9 : τί ὅτι συνεφωνήθη ὑμῖν πειράσαι...

v. 21 : Le ms. h a complété le TO en ajoutant la dernière phrase, reprise du TA, d'où le doublet
que constituent les deux *parati*.

g : [18] Ille uero assumpsit eum et ait ad tribunum : Vinctus paulus rogauit me adducere hunc adolescentem ad te qui habet quod tibi indicet. [19] Apprehendens autem manum eius tribunus necessit cum eo et interrogabat : Quid est quod habes indicare michi ? [20] Et dixit : Iudei constituerunt rogare te ut crastina die producas paulum in concilium, tamquam aliquid certius inquisituri sint de eo ; [21] tu ergo ne credideris, insidiantur enim ex illis uiri plures XL, qui deuouerunt se neque manducare neque bibere, donec interficiant eum, et nunc parati sunt expectantes tuam repromissionem.

h : [18] qu]i confestim adduxit juvenem ad tribunum, ◆[habet e]nim quod illi in[dicet qu]i confestim adduxit ju[venem] ad tribunum◆ dicens : victus me Paulus vocavit [ad se, rog]ans uti istum perducerem ad te : quia habet quod [indicet] tibi. [19] adpraehensa autem manu ejus, tribunus [. . . .]nes et secessit cum eo et inquirebat ab eo, quid [esset q]uod haberet illi dicere. [20] qui ait : Judaeis conven[it roga]ret te crastina die, ut deducas Laulum in concilium, ta]mquam volentes certius ab eo aliquid inquire[re] : [21] ergo tu ne suadaris : sunt enim ex eis plus homi[nib- XL] parati qui cum interficiant : qui et devoveruut [se null]am rem gustaturos, quoadusq- hoc agant : [et nunc] parati sunt, sperantes pollicitationem tuam.

22 ὁ μὲν οὖν χιλίαρχος ἀπέλυσε
τὸν νεανίσκον παραγγείλας
μηδενὶ ἐκλαλῆσαι
ὅτι ταῦτα ἐνεφάνισας πρός με°.
23 καὶ προσκαλεσάμενος
δύο τινὰς^p τῶν ἑκατονταρχῶν
εἶπεν· ἑτοιμάσατε
στρατιώτας διακοσίους
ὅπως πορευθῶσιν ἕως Καισαρείας,
καὶ ἱππεῖς ἑβδομήκοντα
καὶ δεξιολάβους διακοσίους,
ἀπὸ τρίτης ὥρας τῆς νυκτός,
24 κτήνη τε παραστῆσαι
ἵνα ἐπιβιβάσαντες τὸν Παῦλον
διασώσωσι^q

πρὸς Φήλικα τὸν ἡγεμόνα,

22 ὁ μὲν οὖν χιλίαρχος ἀπέλυσε
τὸν νεανίσκον παραγγείλας
*μηδενὰ γνῶναι*¹
ὅτι [ ]² *ἐνεφάνισεν αὐτῷ*³.
23 καὶ προσκαλεσάμενος
δύο [ ]¹ τῶν ἑκατονταρχῶν
διετάξατο ἑτοίμους εἶναι ἐξελθεῖν καὶ²
[ ]³
[ ]³
[ ]³
[ ]³
[ ]³
24 κτήνη [ ]¹ παραστῆσαι
ἵνα ἐπιβιβάσαντες τὸν Παῦλον
*νυκτὸς*² *ἀγάγωσιν*³
*εἰς Καισάρειαν*⁴
πρὸς Φήλικα τὸν ἡγεμόνα,

o. B : εμε ; με : *NA 28*
p. A E L Ψ 323 614 945 1175 1241 1505 1739 *Koinè NA 28* ; τινας δυο : ℵ B 33 81
q. ℵ A 81 *NA 28* ; B : διασωσι

---

22 - 1. h – g Cass SyrP / 2. h – 88 915 Boh(FSK) / 3. h – Vg Eth

23 - 1. h – g Vg P 1831 1838 (≈ *ante* δύο : ℵ B *pc*) / 2. h(+) SyrH^{mg} (cf. c prv) / 3. SyrH^{mg}

24 - 1. h SyrH^{mg} / 2. h SyrH^{mg} – SodC.1.2.13 / 3. h SyrH^{mg}(+) / 4. SyrH* Ephr^{kc} – SodC.1.2.4.13 Cass Eth.4-12 (h *deest*)

v. 22 : Pour le style indirect, voir le TO au verset 19.

v. 24 : Il est clair que h suit un texte qui complétait le TO par le TA. C'était la technique de l'archétype X. Un détail nous confirme que c'est bien cet archétype que reprend h. Lorsqu'il suit le TA, au lieu de soixante-dix (cavaliers) il en mentionne "cent". Cette variante, attestée par quelques mss cursifs et Sah, est mentionnée par SyrH^{mg} dans le texte de SyrH. Or nous savons que le correcteur de SyrH connaissait le TO, et directement, et par l'intermédiaire de l'archétype X. C'est donc d'après cet archétype qu'il corrige "soixante-dix" en "cent". Et comme h donne aussi cette variante, on peut penser qu'il suit lui aussi l'archétype X. Dans la finale du texte, au lieu de διασώσωσιν h suppose ἀγάγωσιν et il semble soutenu par Ephrem. Le correcteur de SyrH n'a pas corrigé son texte. Pour le style indirect du TO, cf. versets 19 et 22.

---

g : [22] Tunc tribunus dimisit adolescentem praecipiens illi, ne quis sciret, quia haec nota fecisti michi. [23] Et conuocatis duobus centurionibus ait : parate milites CCtos ut uadant usque cesaream et equites XX (sic) et lanciarios CCtos a tertia hora noctis, [24] et iumenta parata sint, ut inpositum paulum sanum perducant ad felicem praesidem,

h : [22] et [tribun]us quidem juvenem illum dimisit, praecipiens [ne quis] sciret quod sibi nuntiasset. [23] et vocavit duos [ex cent]urionibus, et [dixit : praeparate milites qui eant [armati] usq- in Caesarea, equites centum et pedites du[centos. e]t ad hora noctis tertiam] imperat ut parati [essent ad] eundum : [24] et centurionib- praecepit uti jumenta [praeparar]ent et inponerent Paulum, et deducerent per noc[tem]
(nous avons mis entre doubles crochets lesinsertions en provenance du TA)

SyrHmg **:** [23-24] dixit: parati estote exire et centuriones iussit ut etiam jumentum pararent [ut imponant Paulum] per noctem [et salvum perducant eum *in Caesaream* ad Felicem praesidem
(nous avons mis entre crochets le texte de SyrH) – *id.* : (et equites) centum

Ephr : ... furavit] eum nocte et per Rom[anos dedit conduci eum] ad Felicem hegemona ad Caesar[eam.

25

γράψας ἐπιστολὴν
ἔχουσαν τὸν τύπον τοῦτον·
26 Κλαύδιος Λυσίας τῷ κρατίστῳ
ἡγεμόνι Φήλικι χαίρειν.
27 τὸν ἄνδρα τοῦτον
συλλημφθέντα ὑπὸ τῶν Ἰουδαίων
καὶ μέλλοντα ἀναιρεῖσθαι
ὑπ᾽ αὐτῶν ἐπιστὰς
σὺν τῷ στρατεύματι ἐξειλάμην,
μαθὼν ὅτι Ῥωμαῖός ἐστιν·
28 βουλόμενός τε ἐπιγνῶναι
τὴν αἰτίαν δι᾽ ἣν ἐνεκάλουν
αὐτῷ ʳ·

29 ὃν
εὗρον ἐγκαλούμενον ˢ
περὶ ζητημάτων τοῦ νόμου
αὐτῶν
μηδὲν δὲ ἄξιον θανάτου
ἢ δεσμῶν ἔχοντα ἔγκλημα.

25 ἐφοβήθη γὰρ μήποτε
ἐξαρπάξαντες αὐτὸν οἱ Ἰουδαῖοι
ἀποκτείνωσιν καὶ αὐτὸς μεταξὺ
ἔγχλημα ἔχῃ ὡς εἰληφὼς ἀργύρια¹
ἔγραψεν δὲ² ἐπιστολὴν
περιέχουσαν τάδε³
26 Κλαύδιος Λυσίας Φήλικι
τῷ κρατίστῳ¹ ἡγεμόνι χαίρειν.
27 τὸν ἄνδρα τοῦτον
συλλημφθέντα ὑπὸ τῶν Ἰουδαίων
καὶ μέλλοντα ἀναιρεῖσθαι
ὑπ᾽ αὐτῶν ἐπιστὰς
σὺν τῷ στρατεύματι ἐρυσάμην¹
κράζοντα καὶ λέγοντα εἶναι Ῥωμαῖός²
28 βουλόμενός δὲ¹ γνῶναι²
τὴν αἰτίαν []³ ἣν ἐκάλουν⁴
αὐτῷ κατήγαγον αὐτὸν⁵
εἰς τὸ συνέδριον⁵ []⁶·
29 ὃν οὐδὲν πλεῖον¹
εὗρον ἐγκαλούμενον ἤ¹
περὶ ζητημάτων τοῦ νόμου
Μωυσέως καὶ Ἰησοῦ τινός²
μηδὲν δὲ ἄξιον θανάτου
[]³ ποιοῦντα⁴ []⁵
ἐξήγαγον αὐτὸν μόλις τῇ βίᾳ⁶.

r. B 81 *NA 28* ; B² ℵ A : + κατηγαγον αυτον εις το συνεδριον αυτων
s. B : ενκαλουμενον

---

25 - 1. SyrH* – p⁴⁸ SodC.4 a b c g p Vg(DMR) ndl prv (cf. SodC.1.2.4)(*Varia* : ἀργύριον : SyrH* SodC.1.2.4 b c Vg(D)) / 2. SyrHᵐᵍ – g (c p) SodC.1.2.4 / 3. SyrHᵐᵍ – SodC.1.2.4

26 - 1. – p⁴⁸ g Sah (*om.* 1838) // **27** - 1. – p⁴⁸ / 2. – p⁴⁸ g

28 - 1. – e g Sah.4.43.453 *Koinè* (*contra* p⁴⁸) / 2. – p⁴⁸(vid) p⁷⁴ E *Koinè* (versions ?) / 3. – p⁴⁸ Vg Ψ SodC.1-3.11.13 / 4. – p⁴⁸ SodC.11* 1838 (versions ?) / 5. – p⁴⁸ g Vg Ee *Koinè* / 6. *om.* αυτων : p⁴⁸ g prv.1 Eth.2-13

29 - 1. – p⁴⁸(vid) g / 2. SyrHᵐᵍ – p⁴⁸(vid) g (+ SodC.1.2.4) / 3. – g (≈ *ante* θανάτου : ndl.1 SyrP) / 4. – g / 5. – g 920 (≈ *ante* ἔχοντα : Ee *Koinè*) / 6. SyrH* g SodC.1.2.4

v. 25 : Sur la traduction de SyrHᵐᵍ, voir 15,23 TO. Puisque p⁴⁸ commence par donner le TA (avec un αυτοις incompréhensible), sa variante εν η εγεγραπτο. (cf. Geo) pourrait être aussi bien du TA que du TO. Nous retiendrons donc le témoignage de SodC et de SyrHᵐᵍ.

v. 28 : Le changement de τε en δέ est très fréquent dans le TO.

g : [25] timuit enim ne forte raperent eu iudei et occiderent et ispe postea calumniam haberet quasi nummes accepisset ; scripsit autem epistolam habentem formam hanc : [26] Claudius lysias felici optimo praesidi salutem [27] Virum hunc apprehensum aiudeis periclitantem ab eis occidi ; superueniens cum exercitu eripui clamantem et decentem se esse ciuem romanum. [28] Volens autem cognoscere causam, de qua illum accusabant, deduxi eum in concilio, [29] quem inueni nichil amplius accusari, quam de lege moysi et de ihesu quodam nichil tamen dignum mortis facientem, quem uix eripui de ui.

SyrH[mg] : [25] scripsit autem epistolam in qua haec

P[48] : [25] γραψασ δε αυτοισ επιστολην εν η εγεγραπτο.

<table>
<tr><td>

30 μηνυθείσης δέ μοι ἐπιβουλῆς
εἰς τὸν ἄνδρα ἔσεσθαι,
ἐξαυτῆς ἔπεμψα πρὸς σέ,
παραγγείλας καὶ τοῖς κατηγόροις
λέγειν πρὸς αὐτὸν ^t ἐπὶ σοῦ.
31 οἱ μὲν οὖν στρατιῶται
κατὰ τὸ διατεταγμένον αὐτοῖς
ἀναλαβόντες τὸν Παῦλον ἤγαγον
διὰ νυκτὸς εἰς τὴν Ἀντιπατρίδα·
32 τῇ δὲ ἐπαύριον ἐάσαντες
τοὺς ἱππεῖς ἀπέρχεσθαι σὺν αὐτῷ
ὑπέστρεψαν εἰς τὴν παρεμβολήν·
33 οἵτινες εἰσελθόντες
εἰς τὴν Καισάρειαν
καὶ ἀναδόντες τὴν ἐπιστολὴν
τῷ ἡγεμόνι παρέστησαν
καὶ τὸν Παῦλον αὐτῷ.

</td><td>

30 [ ]¹
[ ]²
[ ]³ ἔπεμψα αὐτόν⁴ πρὸς σέ,
παραγγείλας καὶ τοῖς κατηγόροις
ἐλθεῖν⁵ ἐπὶ σοῦ.
31 οἱ μὲν οὖν στρατιῶται
κατὰ τὸ διατεταγμένον αὐτοῖς
ἀναλαβόντες τὸν Παῦλον ἤγαγον
[ ]¹ [ ]¹ εἰς τὴν Ἀντιπατρίδα·
32 τῇ δὲ ἐπαύριον ἐάσαντες
τοὺς *στρατιώτας*¹ [ ]² [ ]² [ ]²
[ ]³ εἰς τὴν παρεμβολήν·
33 [ ]¹ *ἦλθον*²
εἰς τὴν Καισάρειαν
καὶ ἀναδόντες τὴν ἐπιστολὴν
τῷ ἡγεμόνι παρέστησαν
καὶ τὸν Παῦλον αὐτῷ.

</td></tr>
</table>

t. B 1175 ; τα προς αυτον : E (L) Ψ 81 323 614 945 1241 1505 1739 *Koinè* SyrH *NA 28*

---

30 - 1. – Eth.1-3 / 2. – Eth.1-3 307 (*om.* εἰς τὸν ἄνδρα *tantum* : g Vg 36.453 431) / 3. – Eth g SodB.5 Arab / 4. – Eth g / 5. – Eth.1-3 g SyrP(+)

31 - 1. – p⁷⁴ prv.1 (≈ *ante* ἤγαγον : SyrP Sah Boh Eth.4-13 – *post* Ἀντιπατρίδα : g)

32 - 1. – g (cf. SyrP) / 2. – g Eth.1-3 SyrP / 3. – g Eth.1-3

33 - 1. – g Eth.1-3 SyrP / 2. – g (ελθοντες : SodC.1-3.10.14 36.453 431 Chr.1 e Vg)

v. 30 : Pour la seconde partie du verset, g a même texte que Eth.1-3. Mais pour la première partie, il complète de façon très libre : *de insidia quam paraverunt ei iudaei*. Son archétype devait omettre le verset 30a. Noter qu'au verset 32, g et Eth.1-3 seront les seuls à donner le TO.

v. 32 : La reconstruction du TO a été tentée à partir de g. Mais nous avons pensé que l'expression *cum solis equitibus*, sans écho dans SyrP et Eth.1-3, était une glose explicative de g. Eth.1-3 suivent le TO, mais en changeant le στρατιώτας en *equos eorum*. Leur *intraverunt* seul reprend le TA. SyrP suit aussi le TO, mais avec quelques échos du TA : peut-être l'addition du sujet *equites*, et sûrement l'addition de *ut revertentur*. Sa formule *pedites socios suos* interprète et glose le simple τοὺς στρατιώτας que suppose g.

g : [30] Et cum michi perlatum esset de insidia, quam paruerunt ei iudei, misi eum ad te denuncians et accusator ibi uenire ad tuam cognitionem. [31] Milites ergo secundum praeceptum suceptum paulum deduxerunt antipatridem per noctem [32] postera autem die relictis militibus ad castra cum solis equitibus uenerunt in cesaream. [33] Et cum tradidissent epistolam legato assignauerunt et paulum.

Eth.1-3 : [32-33] et tunc postera die reliquerunt equos eorum in oppidis vicinis [εἰς τὴν παραβολαην] et intraverunt in Caesaream

SyrP : [32-33] Et postera die equites reliquerunt pedites socios suos ut reverterentur ad castra et adduxerunt eum in Caesaream

34 ἀναγνοὺς δὲ
καὶ ἐπερωτήσας
ἐκ ποίας ἐπαρχείας ἐστὶν
καὶ πυθόμενος ὅτι ἀπὸ Κιλικίας,
35 διακούσομαί σου, ἔφη, ὅταν καὶ
οἱ κατήγοροί σου παραγένωνται·
κελεύσας ἐν τῷ πραιτωρίῳ
τοῦ ᵘ Ἡρῴδου φυλάσσεσθαι αὐτόν.

34 ἀναγνοὺς δὲ *τὴν ἐπιστολὴν*[1]
[ ][2] *ἐπηρώτησεν*[2]
ἐκ ποίας ἐπαρχείας ἐστὶν
καὶ πυθόμενος [ ][3]
35 *ἔφη*[1] *ἀκούσομαι*[2] σου [ ][1] ὅταν [ ][3]
οἱ κατήγοροί σου παραγένωνται·
κελεύσας ἐν τῷ πραιτωρίῳ
τοῦ Ἡρῴδου φυλάσσεσθαι αὐτόν.

u. B 1175 : τω

---

34 - 1. SyrH^mg – g ndl SyrP / 2. SyrH^mg – g e / 3. SyrH^mg – g SodC.1.2.4

35 - 1. SyrH^mg – g SyrP SodC.1.2.4 / 2. – g e SodC.1.2.4 (autres versions ?) / 3. SyrH – g SyrP
SodC.1-4.11-14 36 a b c p Vg(mss) prv Sah.4 Boh

v. 34 : La partie du texte propre à SyrH^mg est soutenue aussi par SodC.1.2.4. Mais ce n'est
certainement pas le TO qui a introduit ici le discours direct (cf. versets 19 et 22). Cette partie
doit donc remonter à l'archétype X. Nous suivrons donc g, comme dans les versets précédents.

g : [34] Et cum legisset epistolam interrogauit de qua prouincia esset. Et cum audisset, dixit : [35] Audiam te cum accusatores tui aduenerunt. Et iussit in praetorio herodis custodiri eum.

SyrH et **H**[mg] : [34] quum legisset autem] epistolam interrogavit Paulum: ex qua provincia es ? et dixit: Cilicia. Et quum cognovisset dixit: audiam[te...

1 μετὰ δὲ πέντε ἡμέρας κατέβη
ὁ ἀρχιερεὺς Ἀνανίας
μετὰ πρεσβυτέρων τινῶν
καὶ ῥήτορος Τερτύλλου τινός,
οἵτινες ἐνεφάνισαν τῷ ἡγεμόνι
κατὰ τοῦ Παύλου.
2 κληθέντος δὲ αὐτοῦ a ἤρξατο
κατηγορεῖν ὁ Τέρτυλλος λέγων·
πολλῆς εἰρήνης τυγχάνοντες
διὰ σοῦ
καὶ διορθωμάτων γινομένων
τῷ ἔθνει τούτῳ
διὰ τῆς σῆς προνοίας,
3 πάντη τε καὶ πανταχοῦ
ἀποδεχόμεθα, κράτιστε Φῆλιξ,
μετὰ πάσης εὐχαριστίας.
4 ἵνα δὲ μὴ ἐπὶ πλεῖόν σε
ἐγκόπτω b, παρακαλῶ ἀκοῦσαί σε
ἡμῶν συντόμως τῇ σῇ ἐπιεικείᾳ. c
5 εὑρόντες γὰρ τὸν ἄνδρα τοῦτον
λοιμὸν καὶ κινοῦντα στάσεις
πᾶσιν d τοῖς ἰουδαίοις τοῖς

κατὰ τὴν οἰκουμένην
πρωτοστάτην τε τῆς
τῶν ναζωραίων αἱρέσεως,

1 μετὰ δὲ πέντε ἡμέρας κατέβη
Ἀνανίας ὁ ἀρχιερεὺς 1
μετὰ πρεσβυτέρων τινῶν
καὶ ῥήτορος Τερτύλλου [ ] 2,
οἵτινες ἐνεφάνισαν τῷ ἡγεμόνι
κατὰ τοῦ Παύλου.
2 κληθέντος δὲ αὐτοῦ ἤρξατο
κατηγορεῖν ὁ Τέρτυλλος λέγων·
πολλῆς εἰρήνης τυγχάνοντες
[ ] 1
καὶ διορθωμάτων γινομένων
τῷ ἔθνει τούτῳ
διὰ τῆς σῆς προνοίας,
3 πάντη τε καὶ πανταχοῦ
ἀποδεχόμεθα, κράτιστε Φῆλιξ,
μετὰ πάσης εὐχαριστίας.
4 ἵνα δὲ μὴ ἐπὶ πλεῖόν σε
ἐγκόπτω, παρακαλῶ ἀκοῦσαί [ ] 1
ἡμῶν [ ] 2 τὴν σὴν ἐπιεικείαν 3.
5 εὕρομεν 1 γὰρ τὸν ἄνδρα τοῦτον
λοιμὸν καὶ κινοῦντα στάσεις
[ ] 2
οὐ μόνον τῷ ἔθνει ἡμῶν ἀλλὰ
σχεδὸν πάσῃ τῇ οἰκουμένῃ 3
πρωτοστάτην τε τῆς
τῶν ναζωραίων αἱρέσεως,

a. ℵ A 81 NA 28 ; om. B // b. B : ενκοπτω // c. B : επιεικεια // d. B : πασι

---

1 - 1. Ephr^k – Theoph I^L SyrP ndl prv Sah Eth.1.4-13 / 2. Ephr^k – Theoph I^L SyrP ndl.1 Cass
Ψ SodC.1-4.11-13 SyrH
Varia : om. πρεσβυτέρων τινῶν : ndl.1 Boh(K)

2 - 1. – g prv (≈ ante πολλῆς : ndl.1)

4 - 1. – g Vg Chr.1 L SodB.1-4 36.453 431 1175 pc (≈ ante ἀκοῦσαί : Ee) / 2. – Chr.2^a A 467
629* pc (≈ ante ἀκοῦσαί : g Vg SodB.1 36.453 431) (≈ ante ἡμῶν : Ψ SodB.2 Chr.1) / 3. – g
Varia : om. σε (1) – SodC.1-3.11.15 SodB.7 pc Vg(FM*O) prv.1

5 - 1. – g Vg 440 422 Chr.2^a / 2. – conj (voir infra) / 3. – g ndl.1

v. 4 : Le ms. g a ajouté breviter, à une mauvaise place, peut-être sous l'influence de Vg.

v. 5 : Dans g, fere = σχεδόν ; cf. e g en 13,44.
Les mots πᾶσιν τοῖς ἰουδαίοις font double emploi avec τῷ ἔθνει ἡμῶν et ne se lisaient pas
dans le TO ; ils sont d'ailleurs ajoutés de façon différente dans g et dans ndl.1.
Cf. 19,26 : οὐ μόνον Ἐφέσου ἀλλὰ σχεδὸν πάσης τῆς Ἀσίας.

g : [1] Post dies autem V descendit princeps sacerdotum ananias cum quibusdam senioribus et oratore quodam tertullo et adierunt praesidem aduersus paulum. [2] Vocato autem eo cepit accusare tertullus dicens : Cum in multa pace agamus et multa corrigantur in hac gente per tuam prouidentiam [3] semper ubique suscepimus, optime felix, cum omni gratiarum actione. [4] Et ne diutius te traham oro breuiter nos audiat clementia tua. [5] Inuenimus enim hunc uirum pestem et concitantem seditiones non tantum generi nostro sed fere uniuerso orbi terrarum et omnibus iudeis et auctorem secte nazareorum,

Ephr[k] : [1] (Et post quinque dies descendit) Ananias sacerdotum princeps (cum senioribus quibusdam ut) per Tertullum rheto(rem accusatores fi)ebant contra Paulum.

ndl.1 : [5] ... niet allene onse gheslechte maer nae allen die ioden in allen der welt...

6 ὃς καὶ τὸ ἱερὸν ἐπείρασεν
βεβηλῶσαι, ὃν καὶ ἐκρατήσαμεν,

7

8

παρ᾽ οὗ δυνήσῃ αὐτὸς ἀνακρίνας
περὶ πάντων τούτων ἐπιγνῶναι
ὧν ἡμεῖς κατηγοροῦμεν αὐτοῦ.
9 συνεπέθεντο δὲ καὶ οἱ Ἰουδαῖοι
φάσκοντες ταῦτα οὕτως ἔχειν.
10 ἀπεκρίθη τε ὁ Παῦλος
νεύσαντος αὐτῷ τοῦ ἡγεμόνος
λέγειν·
ἐκ πολλῶν ἐτῶν ὄντα σε κριτὴν
τῷ ἔθνει τούτῳ
ἐπιστάμενος εὐθύμως
τὰ περὶ ἐμαυτοῦ ἀπολογοῦμαι,
11 δυναμένου σου ἐπιγνῶναι
ὅτι οὐ πλείους εἰσίν μοι
ἡμέραι δώδεκα ἀφ᾽ ἧς ἀνέβην
προσκυνήσων εἰς Ἰερουσαλήμ,

6 ὃς καὶ τὸ ἱερὸν ἐπείρασεν
βεβηλῶσαι, ὃν καὶ ἐκρατήσαμεν,
καὶ κατὰ τὸν ἡμέτερον νόμον
ἐβουλήθημεν κρῖναι[1],
7 παρελθὼν δὲ
Λύσιας ὁ χιλίαρχος
μετὰ πολλῆς βίας
ἐκ τῶν χειρῶν ἡμῶν ἀφείλετο[1]
8 κελεύσας τοὺς κατηγόρους αὐτοῦ
ἔρχεσθαι ἐπὶ σέ[1].
παρ᾽ οὗ δύνασαι[2] [ ][3] ἀνακρίνας
περὶ πάντων τούτων γνῶναι[4]
ὧν ἡμεῖς κατηγοροῦμεν αὐτοῦ.
9 συνεπέθεντο δὲ καὶ οἱ Ἰουδαῖοι
φάσκοντες ταῦτα οὕτως ἔχειν.
10 ἀπεκρίθη δὲ[1] ὁ Παῦλος
νεύσαντος αὐτῷ τοῦ ἡγεμόνος
ἀπολογεῖσθαι περὶ ἑαυτοῦ[2]·
ἐκ πολλῶν ἐτῶν ὄντα σε κριτὴν
τῷ ἔθνει τούτῳ
ἐπιστάμενος εὐθύμως
τὰ περὶ ἐμαυτοῦ ἀπολογοῦμαι,
11 δυναμένου σου ἐπιγνῶναι
ὅτι οὐ πλείους εἰσίν μοι
ἡμέραι δώδεκα ἀφ᾽ ἧς ἀνέβην
προσκυνήσων εἰς Ἰερουσαλήμ,

---

6 - 1. – Chr.1.2 Ee C SodC.1-4.7.8.10-16 SodB.1-7 36.453 431 1838 *pm* g a b c dem Vg(mss) ndl prv Cass SyrHP Eth.1.4-13

7 - 1. – Chr.1.2 Ee C SodC.1-4.7.8.10-16 SodB.1-7 36.453 431 1838 *pm* g a b c dem Vg(mss) ndl prv Cass SyrHP Eth.1.4-13

8 - 1. – Chr.1.2 Ee C SodC.1-4.7.8.10-16 SodB.1-7 36.453 431 1838 *pm* g a b c dem Vg(mss) ndl prv Cass SyrHP Eth.1.4-13 / 2. – g Chr.1.2 255 Geo / 3. – g Chr.2 A (≈ *post* ἀνακρίνας : ndl.1) / 4. – Chr.1.2 SodC.10 181.1898 1175 (versions ?)

10 - 1. – g e Vg *Koinè* Sah (*om.* SodC.7 SodB.2 c Vg(D) Boh(AFS 26) Geo) / 2. SyrH[mg] Ephr[kc]

vv. 6-8 : Les grecs offrent de menues variantes dont nous n'avons pas tenu compte.

---

g : ⁶ qui etiam templum temptauit contaminare quem apprehensum uoluimus secundum legem nostram iudicare. ⁷ Intercedens autem lysias tribunus cum ui magna eripuit eum de manibus nostris ⁸ a quo potes diligentius inquerere de omnibus his, quibus eum accusamus. ⁹ Adiecerunt autem et iudei dicentes : hec ita se habere. ¹⁰ Respondit autem paulus annuente sibi praeside dicens : Ex multis temporibus iudicem te huic genti compertus constantem de me rationem reddo. ¹¹ Cum possis uerum scire quia non sunt michi amplius (dies) XII, ex quo ascendi hierosolimis adorare

12 καὶ οὔτε ἐν τῷ ἱερῷ εὗρόν με
πρός τινα διαλεγόμενον
ἢ ἐπίστασιν ποιοῦντα ὄχλου
οὔτε ἐν ταῖς συναγωγαῖς
οὔτε κατὰ τὴν πόλιν,
13 οὐδὲ παραστῆσαι δύνανταί σοι
περὶ ὧν νυνὶ κατηγοροῦσίν μου.
14 ὁμολογῶ δὲ τοῦτό σοι
ὅτι κατὰ τὴν ὁδὸν
ἣν λέγουσιν αἵρεσιν
οὕτως λατρεύω τῷ πατρῴῳ θεῷ,
πιστεύων πᾶσι^e τοῖς κατὰ τὸν νόμον^e
καὶ τοῖς ἐν τοῖς προφήταις
γεγραμμένοις,
15 ἐλπίδα ἔχων εἰς τὸν θεόν,
ἣν καὶ αὐτοὶ οὗτοι προσδέχονται,
ἀνάστασιν μέλλειν ἔσεσθαι
δικαίων τε καὶ ἀδίκων.
16 ἐν τούτῳ καὶ αὐτὸς ἀσκῶ
ἀπρόσκοπον συνείδησιν ἔχειν
πρὸς τὸν θεὸν καὶ τοὺς ἀνθρώπους
διὰ παντός.

12 καὶ οὔτε ἐν τῷ ἱερῷ εὗρόν με
πρός τινα διαλεγόμενον
ἢ ἐπίστασιν ποιοῦντα ὄχλου
οὔτε ἐν ταῖς συναγωγαῖς
οὔτε κατὰ τὴν πόλιν,
13 *οὔτε*[1] παραστῆσαι δύνανταί [ ][2]
περὶ ὧν [ ][3] κατηγοροῦσίν μου.
14 ὁμολογῶ δὲ τοῦτό σοι
ὅτι κατὰ τὴν ὁδὸν
ἣν λέγουσιν αἵρεσιν
οὕτως λατρεύω τῷ πατρῴῳ θεῷ,
πιστεύων πᾶσι τοῖς κατὰ τὸν νόμον
καὶ τοῖς ἐν τοῖς προφήταις
γεγραμμένοις,
15 ἐλπίδα ἔχων *πρός*[1] τὸν θεόν,
ἣν καὶ αὐτοὶ οὗτοι *ἐκδέχονται*[2],
ἀνάστασιν μέλλειν ἔσεσθαι
δικαίων τε καὶ ἀδίκων.
16 ἐν τούτῳ καὶ αὐτὸς ἀσκῶ
ἀπρόσκοπον συνείδησιν ἔχειν
πρὸς τὸν θεὸν καὶ τοὺς ἀνθρώπους
[ ][1].

e. ‫א‬ A 81 *NA 28* ; B. *om.*

---

13 - 1. – (tous sauf ‫א‬ B 81 1311 1898 *pc*) (versions ?) / 2. – g *Koinè* Sah Boh(AB) Eth (≈ *ante* δύνανταί : 36.453 431 1311 467* *pc*) / 3. – 489 *pc* ndl Eth (≈ *ante* δύνανταί : SodC.5* 1311*pc*)

14 - *Varia* : *om.* ὁμολογῶ δὲ τοῦτό σοι ὅτι : 226 Eth.2-12

15 - 1. – g n Theoph II^L ‫א‬ C SodC.7 *pc* / 2. – Chr.2^b Ψ SodC.1-4.10.11.13.15 (versions ?)

16 - 1. – 42 51 234 Eth.6.10 (≈ *ante* ἀπρόσκοπον : ndl.2 prv – *ante* t. any. ndl.1) (≈ *ante* πρὸς τὸν θεόν : Ee Ψ SodC.1-4.10.14 Chr.1^b g Sah)

v. 16 : Nous n'avons adopté la variante 1. que parce que l'expression en question se trouve à diverses places dans d'autres témoins du TO. On peut penser en particulier qu'elle ne se lisait pas dans ndl.

g : [12] et neque in templo inuenerunt me cum aliquo disputantem neque dissensiones mouentem turbae, neque in synagogis, [13] neque in ciuitate ; neque probare quicquam possunt de quibus nunc accusant me. [14] Confiteor autem hoc tibi secundam sectam, quam dicunt isti, sicut deseruio patri deo credens omnibus quae in lege et prophetis scripta sunt, [15] spem habens ad deum, quam et hi ipsi expectant, resurrectionem futuram iustorum et iniquorum [16] in hoc et ipse studeo in offensam conscientiam habens semper ad deum et homines.

17 δι᾿ ἐτῶν δὲ πλειόνων
ἐλεημοσύνας ποιήσων
εἰς τὸ ἔθνος μου παρεγενόμην
καὶ προσφοράς,
18 ἐν αἷς εὖρόν με ἡγνισμένον
ἐν τῷ ἱερῷ, οὐ μετὰ ὄχλου
οὐδὲ μετὰ θορύβου·
19 τινὲς δὲ ἀπὸ τῆς Ἀσίας Ἰουδαῖοι,
οὓς ἔδει ἐπὶ σοῦ παρεῖναι
καὶ κατηγορεῖν εἴ τι ἔχοιεν πρὸς ἐμέ

20 ἢ αὐτοὶ οὗτοι εἰπάτωσαν
τί εὗρον ἀδίκημα
στάντος μου ἐπὶ τοῦ συνεδρίου
21 ἢ περὶ μιᾶς ταύτης φωνῆς
ἧς ἐκέκραξα ἐν αὐτοῖς ἐστὼς
ὅτι περὶ ἀναστάσεως νεκρῶν
ἐγὼ κρίνομαι σήμερον ἐφ᾿ ὑμῶν.
22 ἀνεβάλετο δὲ αὐτοὺς ὁ Φῆλιξ,
ἀκριβέστερον εἰδὼς
τὰ περὶ τῆς ὁδοῦ, εἴπας·
ὅταν Λυσίας ὁ χιλίαρχος καταβῇ
διαγνώσομαι τὰ καθ᾿ ὑμᾶς,
23 διαταξάμενος τῷ ἑκατοντάρχῃ
τηρεῖσθαι αὐτὸν ἔχειν τε ἄνεσιν
καὶ μηδένα κωλύειν
τῶν ἰδίων αὐτοῦ
ὑπηρετεῖν αὐτῷ.

17 δι᾿ ἐτῶν δὲ πλειόνων
ἐλεημοσύνας ποιήσων
εἰς τὸ ἔθνος μου παρεγενόμην
καὶ προσφοράς,
18 ἐν αἷς εὖρόν με ἡγνισμένον
ἐν τῷ ἱερῷ, οὐ μετὰ ὄχλου
οὐδὲ μετὰ θορύβου·
19 τινὲς δὲ ἀπὸ τῆς Ἀσίας
Ἰουδαῖοι,
οὓς ἔδει ἐπὶ σοῦ παρεῖναι
καὶ κατηγορεῖν εἴ τι ἔχοιεν πρὸς ἐμέ
20 ἢ αὐτοὶ οὗτοι εἰπάτωσαν
εἴ τι[1] εὗρον ἀδίκημα *ἐν ἐμοί*[2]
στάντος μου ἐπὶ τοῦ συνεδρίου
21 ἢ περὶ μιᾶς ταύτης φωνῆς
ἧς ἐκέκραξα [ ][1]
ὅτι περὶ ἀναστάσεως νεκρῶν
ἐγὼ <u>σήμερον κρίνομαι</u>[2] ἐφ᾿ ὑμῶν.
22 ἀνεβάλετο δὲ αὐτοὺς ὁ Φῆλιξ,
ἀκριβέστερον εἰδὼς
τὰ περὶ τῆς ὁδοῦ, εἴπας·
ὅταν [ ][1] ὁ χιλίαρχος καταβῇ
πάλιν ἀκούσομαι ὑμῶν[2]
23 διαταξάμενος τῷ *ἑκατοντάρχῳ*[1]
τηρεῖσθαι αὐτὸν ἔχειν τε ἄνεσιν
καὶ μηδένα κωλύειν
[ ][2]
προσέρχεσθαι[3] αὐτῷ.

---

20 - 1. – g Vg SodC.1-3.7.10-15 SodB.6 *pc* Eth / 2. – g Vg C Ee *Koinè* SyrP Boh

21 - 1. – g Eth Arab / 2. – g ndl.2 Cass Chr.1 SodC.1-4.10.11.13-15 SodB.6 36.453 431 (*om.*
Geo – ≈ *post* ἐφ᾿ ὑμῶν : SodB.1-5 c)

22 - 1. – SyrP (et voir *infra*) (≈ *post* χιλίαρχος : SodC.10 69 1175 Vg – *post* καταβῇ : dem
Vg(ADOT) / 2. – g (SyrP) (cf. Cass)
Varia : *om.* ἀκριβέστερον...τῆς ὁδοῦ : Eth.1-3

23 - 1. – E Ψ SodC.1-3.11-14 *pc* (versions ?) / 2. – Eth.1-3 / 3. – Eth.1.(2).3 (leçon + : 093
Koinè ndl.1 Sah Eth.4-13)

---

v. 22 : Pour l'omission du nom de Lysias, cf. les remarques de Wordsworth-White : *Cum
nomen lysias tribus locis appareat et in vers. syr. desit suspicamur illud a latinis olim abfuisse et
postea a librariis restitutum.*

g : [17] Post multos autem annos ueni in meam gentem elemosinas facturus et oblationes, [18] in quibus inuenerunt me purificatum in templo non cum turba neque cum tumultu. [19] Et quidam ab asya iudei, quos oportuerat apud te adesse et accusare, si quid haberent aduersus me, [20] aut hi ispi dicant si quam in me iniquitatem inuenuerunt stante me in concilio eorum, [21] nisi de una hac solummodo uoce quam clamaui, quia de resurrectione mortuorum ego hodie iudicor a uobis. [22] Distulit autem illos felix certissime sciens de hac uia dicens : Cum descenderit lysias tribunus rursum audiam uos. [23] Et precepit centurioni diligenter custodire eum et habere requiem, nec quemquam prohibere de suis ministrare illi.

Cass : [22] Quos Felix judex usque ad presentiam tribuni lysiae distulit audiendos.

24 μετὰ δὲ ἡμέρας τινὰς
παραγενόμενος ὁ Φῆλιξ
σὺν Δρουσίλλῃ τῇ ἰδίᾳ γυναικὶ
οὔσῃ Ἰουδαίᾳ

μετεπέμψατο τὸν Παῦλον
καὶ ἤκουσεν αὐτοῦ
περὶ τῆς εἰς Χριστὸν Ἰησοῦν πίστεως.
25 διαλεγομένου δὲ αὐτοῦ
περὶ δικαιοσύνης καὶ ἐγκρατείας
καὶ τοῦ κρίματος τοῦ μέλλοντος
ἔμφοβος γενόμενος ὁ Φῆλιξ
ἀπεκρίθη· τὸ νῦν ἔχον πορεύου,
καιρὸν δὲ μεταλαβὼν
μετακαλέσομαί σε·
26 ἅμα καὶ ἐλπίζων
ὅτι χρήματα
δοθήσεται [f]
ὑπὸ τοῦ Παύλου·
διὸ καὶ πυκνότερον αὐτὸν
μεταπεμπόμενος ὡμίλει αὐτῷ.

24 μετὰ δὲ ἡμέρας τινὰς
[ ][1]
Δρουσίλλα ἡ γυνὴ τοῦ Φήλικος [2]
οὔσῃ Ἰουδαίᾳ
ἠξίου ἰδεῖν τὸν Παῦλον καὶ ἀκούειν
τὸν λόγον· θέλων οὖν τὸ ἱκανὸν
ποιεῖν αὐτῇ [3]
μετεπέμψατο τὸν Παῦλον
καὶ ἤκουσεν αὐτοῦ
περὶ τῆς εἰς Χριστὸν [ ][4] πίστεως.
25 διαλεγομένου δὲ αὐτοῦ
περὶ δικαιοσύνης καὶ ἐγκρατείας
καὶ τοῦ κρίματος τοῦ μέλλοντος
ἔμφοβος γενόμενος ὁ Φῆλιξ
ἀπεκρίθη· τὸ νῦν ἔχον πορεύου,
καιρῷ δὲ ἐπιτηδείῳ [1]
μεταπέμψομαί [2] σε·
26 ἅμα καὶ ἐλπίζων
ἑαυτὸν [1] χρήματα
μέλλειν λαμβάνειν [1]
ὑπὸ τοῦ Παύλου·
διὸ καὶ *ἐν κρύπτῳ* [2] αὐτὸν
μεταπεμπόμενος ὡμίλει αὐτῷ.

f. δοτησεται αυτω : א A C 81 *NA 28* ; *om.* αυτω : B p* Vg(ST)

---

24 - 1. – g Vg Cass A Ee Ψ SodC.1-4.6.10-16 SodB.2 *pc* Chr.1 / 2. – Cass[L] / 3. SyrH[mg] – cf. Cass bhm Boh.26 / 4. A א[c] *Koinè* SyrP Sah.43.453

25 - 1. – g Vg Cass Ee Geo Arm / 2. – g n Vg SodC.1-3.10-13 SodB.1-4 1838 SyrP

26 - 1. (Tert) – g n Cass / 2. Tert – g(+)

---

v. 24 : Pour la variante 2., nous avons suivi le lemme donné par Cassiodore, dont la rétroversion en grec n'offre aucune difficulté. SyrH[mg] ne fait que reprendre le texte de SyrH en traduisant plus littéralement le τῇ ἰδίᾳ γυναικί. Pour la variante 3. nous avons suivi SyrH[mg], en partie soutenue par bhm et Boh.26. Il est clair aussi que Cass suit ce texte, bien qu'il ne cite pas littéralement.

Voici quelques précisions concernant la rétroversion en grec du texte de SyrH[mg]. Nous n'avons pas retenu le relatif devant *rogabat*, introduit pour faire la liaison avec le TA qui précède. Le τὸ ἱκανὸν (ποιεῖν) est assuré par 17,9 (BLASS et ZAHN). Pour le substrat grec de *rogabat*, on pourrait hésiter entre les verbes παρακαλεῖν et ἀξιοῦν. Nous avons opté pour ce dernier (contre BLASS, ZAHN, CLARK) parce qu'ici l'infinitif qui suit a même sujet que *rogare* (cf. 15,38 ; 28,22 et 14,43 TO), ce qui n'est pas le cas pour l'emploi du premier verbe. Comparer avec 28,22 : ἀξιοῦμεν δὲ παρὰ σοῦ ἀκοῦσαι ἃ φρονεῖς. Pour le substrat grec de *volens*, on pourra hésiter entre θέλων (CLARK) et βουλόμενον (BLASS et ZAHN). Le premier verbe se recommande des parallèles de 24,27 et surtout 25,9.

---

g : [24] Post aliquot autem dies cum esset felix cum drusilla uxore sua, que erat iudea, accersiit paulum et audiuit eum de fide, que est in christo ihesu. [25] Disputante autem illo de iustituia et de castitate et de iudicio futuro conteritus felix respondit : Nunc uade ; tempore autem oportuno accersiam te [26] simul et sperans se peccuniam accepturum a paulo propter quod et frequenter eum accersiebat secrete et loquebatur cum eo.

Cass : [24] post aliquot autem dies drusilla uxor felicis quae erat iudaea... post aliquot dies rogatus felix a drusilla conjuge sua coram ea Paulum fecit adduci

SyrH[mg] : [24] cum Drusilla uxore eius quae erat Iudaea quae rogabat videre Paulum et audire verbum volens igitur satisfacere ei accersit Paulum

Bhm : [24] rogavit [illa] ut videret paulum et audiret

Boh.26 : having prayed that she might see paulos to hear...

Tert : [26] paulus... cum felix praeses pecuniam accepturum se pro eo a discipulis sperasset de quo et ipse in secreto tractavit cum eo (*Fu* 12,6).

27 διετίας δὲ πληρωθείσης ἔλαβεν
διάδοχον ὁ Φῆλιξ πόρκιον φῆστον·
θέλων τε χάριτα καταθέσθαι
τοῖς Ἰουδαίοις ὁ Φῆλιξ
κατέλιπε τὸν Παῦλον δεδεμένον.

27 διετίας δὲ πληρωθείσης ἔλαβεν
διάδοχον ὁ Φῆλιξ Πόρκιον Φῆστον·
[ ]¹
[ ]¹
τὸν δὲ *Παῦλον* εἴασεν² ἐν τηρήσειν³
διὰ *Δρούσιλλαν*².

---

27 - 1. SyrHᵐᵍ / 2. SyrHᵐᵍ – SodC.1.2.4 / 3. SyrHᵐᵍ – SodC.1.2.4 ndl.1 Eth.4-13
Cf. 18,21 : τὸν δὲ Ἀκύλαν εἴασεν ἐν Ἐφέσῳ.

SyrH[mg] : [27] [ ] Paulum autem reliquit in carcere propter Drusillam.

1 Φῆστος οὖν ἐπιβὰς τῇ ἐπαρχείᾳ
μετὰ τρεῖς ἡμέρας ἀνέβη
εἰς Ἱεροσόλυμα ἀπὸ Καισαρείας,
2 ἐνεφάνισάν τε αὐτῷ οἱ ἀρχιερεῖς
καὶ οἱ πρῶτοι τῶν Ἰουδαίων
κατὰ τοῦ Παύλου,
καὶ παρεκάλουν αὐτὸν
3 αἰτούμενοι χάριν κατ᾽ αὐτοῦ
ὅπως μεταπέμψηται αὐτὸν
εἰς Ἱερουσαλήμ, ἐνέδραν ποιοῦντες
ἀνελεῖν αὐτὸν κατὰ τὴν ὁδόν.

4 ὁ μὲν οὖν φῆστος ἀπεκρίθη
τηρεῖσθαι τὸν Παῦλον
εἰς Καισάρειαν, ἑαυτὸν δὲ μέλλειν
ἐν τάχει ἐκπορεύεσθαι·
5 οἱ οὖν ἐν ὑμῖν, φησίν, δυνατοὶ
Συγκαταβάντες ᵃ εἴ τί ἐστιν
ἐν τῷ ἀνδρὶ ἄτοπον
κατηγορείτωσαν αὐτοῦ.

1 Φῆστος δὲ¹ ἐπιβὰς τῇ ἐπαρχείᾳ
μετὰ τρεῖς ἡμέρας ἀνέβη
εἰς Ἱεροσόλυμα ἀπὸ Καισαρείας,
2 ἐνεφάνισάν τε αὐτῷ οἱ ἀρχιερεῖς
καὶ οἱ πρῶτοι τῶν Ἰουδαίων
κατὰ τοῦ Παύλου,
καὶ παρεκάλουν αὐτὸν
3 αἰτούμενοι χάριν *παρ᾽*¹ αὐτοῦ
ὅπως μεταπέμψηται αὐτὸν
εἰς *Ἱεροσόλυμα*², ἐνέδραν ποιοῦντες
ἀνελεῖν αὐτὸν κατὰ τὴν ὁδόν
οἵτινες εὐχὴν ἐποίησαν
ὅπως ἰσχύσωσιν αὐτὸν
*ἐν ταῖς χερσὶν αὐτῶν εἶναι*³
4 ὁ μὲν οὖν φῆστος ἀπεκρίθη
τηρεῖσθαι τὸν Παῦλον
εἰς Καισάρειαν, ἑαυτὸν δὲ [ ]¹
ἐν τάχει ἐκπορεύεσθαι·
5 οἱ οὖν ἐν ὑμῖν, φησίν, δυνατοὶ
συγκαταβάντες εἴ τί ἐστιν
ἐν τῷ ἀνδρὶ ἄτοπον
κατηγορείτωσαν αὐτοῦ.

a. B : συναταβαντες

---

1 - 1. – g n Lcf Sah.16 Boh(FSKG) p⁷⁴
Varia : om. μετὰ τρεῖς ἡμέρας : Lcf (*biduum* : g – *duos* : n)

3 - 1. – Vg(CT) C SodB.1-5 36.453 431 255 Chr.1 Sah.16 (cf. SyrP Eth.) / 2. – g Vg(O) E *pc*
/ 3. SyrH^mg

4 - 1. – g Lcf E

v. 1 : Nous n'avons aucune preuve que la variante ἐπαρχείῳ (א A p⁷⁴) appartienne au TO.

v. 2 : *Varia* : δέ : Ee *Koinè* Sah Boh (*et* : g s – *om.* Vg(W)), *om.* αὐτῷ : p⁷⁴ Vg(S) Boh(O) Geo

v. 3 : Pour la rétroversion en grec, cf. 18,18; 21,23, puis 15,10 ; 27,16.

---

g : [1] Festus autem cum uenisset in prouinciam post biduu ascendit hierosolimis a cesarea. [2] Et adierunt eum principes sacerdotum et primi iudeorum aduersus paulum rogabantque eum, [3] gratiam postulantes aduersus paulum ut eum deduceret hierosolimis insidias tendentes ut eum interficerent in uia. [4] Festus ergo respondit paulum quidem seruari in cesarea se autem maturius proficisci. [5] Itaque qui inter uos possunt, descendant et si quod est in uiro crimen accusent eum.

SyrH[mg] : [3] illi qui votum fecerant ut possent ut in manibus suis esset

6 διατρίψας δὲ ἐν αὐτοῖς ἡμέρας
οὐ πλείονας ᵇ ὀκτὼ ἢ δέκα,
καταβὰς εἰς Καισάρειαν,
τῇ ἐπαύριον καθίσας
ἐπὶ τοῦ βήματος ἐκέλευσεν
τὸν Παῦλον ἀχθῆναι.
7 παραγενομένου δὲ αὐτοῦ
περιέστησαν αὐτὸν
οἱ ἀπὸ Ἱεροσολύμων
καταβεβηκότες Ἰουδαῖοι,
πολλὰ καὶ βαρέα αἰτιώματα
καταφέροντες ἃ οὐκ ἴσχυον
ἀποδεῖξαι,
8 τοῦ Παύλου ἀπολογουμένου
ὅτι οὔτε εἰς τὸν νόμον τῶν Ἰουδαίων
οὔτε εἰς τὸ ἱερὸν
οὔτε εἰς Καίσαρά τι ἥμαρτον.
9 ὁ Φῆστος δὲ θέλων
τοῖς Ἰουδαίοις χάριν καταθέσθαι
ἀποκριθεὶς τῷ Παύλῳ εἶπεν·
θέλεις εἰς Ἱεροσόλυμα ἀναβὰς ἐκεῖ
περὶ τούτων κριθῆναι ἐπ' ἐμοῦ ;

6 διατρίψας οὖν¹ ἐν αὐτοῖς ἡμέρας
οὐ πλείονας ὀκτὼ ἢ δέκα,
καταβὰς εἰς Καισάρειαν,
τῇ ἐπαύριον καθίσας
ἐπὶ τοῦ βήματος ἐκέλευσεν
τὸν Παῦλον ἀχθῆναι.
7 παραγενομένου δὲ αὐτοῦ
περιέστησαν αὐτὸν
οἱ ἀπὸ Ἱεροσολύμων
καταβεβηκότες Ἰουδαῖοι,
πολλὰ καὶ βαρέα αἰτιώματα
καταφέροντες ἃ οὐκ ἴσχυον
ἀποδεῖξαι,
8 τοῦ Παύλου ἀπολογουμένου
ὅτι οὔτε εἰς τὸν νόμον τῶν Ἰουδαίων
οὔτε εἰς τὸ ἱερὸν
οὔτε εἰς Καίσαρά τι ἥμαρτεν¹.
9 ὁ Φῆστος [ ]¹ θέλων
χάριν καταθέσθαι τοῖς Ἰουδαίοις²
[ ]³ εἶπεν τῷ Παύλῳ³ ·
θέλεις εἰς Ἱεροσόλυμα ἀναβὰς ἐκεῖ
περὶ τούτων κριθῆναι ἐπ' ἐμοῦ ;

b. p⁷⁴ B 81 ; πλειους : (א) 33 81 323 453 945 1175 1739 1891 2818 *NA 28*

6 - 1. – g Lcf 536
Varia : *om.* οὐ πλείονας : SyrHP Sah Boh(G) Eth

8 - 1. – g Lcf p ndl SodB.7 *pc*

9 - 1. – p dem Vg(D) 255 431 / 2. – g prv 255 / 3. – g SyrP Eth (cf. ndl.1.2)

g : [6] Demoratur ergo inter eos dies non plures VIII aut X descendit cesaream. Et altera die sedit pro tribunali et iussit adducere paulum. [7] Qui autem adductus esset, circumsteterunt eum iudei qui ab hierosolimis descenderant multa et grauia crimina obicientes quae probare non poterant. [8] Paulo aytem rationem reddente, quod neque in legem iudeorum, neque in templum, neque in cesarem aliquid deliquerit. [9] Festus autem uolens gratiam praestare iudeis dixit paulo: Vis ascendere hierosolimam et ibi de his apud me iudicio contendere ?

10 εἶπεν δὲ ὁ Παῦλος·
ἑστώς ᶜ ἐπὶ τοῦ βήματος Καίσαρός
εἰμι, οὗ με δεῖ κρίνεσθαι.
Ἰουδαίους οὐδὲν ἠδίκηκα ᵈ,
ὡς καὶ σὺ κάλλιον ἐπιγινώσκεις.
11 εἰ μὲν οὖν ἀδικῶ
καὶ ἄξιον θανάτου πέπραχά τι,
οὐ παραιτοῦμαι τὸ ἀποθανεῖν·
εἰ δὲ οὐδέν ἐστιν
ὧν οὗτοι κατηγοροῦσίν μου,
οὐδείς με δύναται αὐτοῖς χαρίσασθαι·
Καίσαρα ἐπικαλοῦμαι.
12 τότε ὁ Φῆστος συλλαλήσας ᵉ
μετὰ τοῦ συμβουλίου ἀπεκρίθη·
Καίσαρα ἐπικέκλησαι,
ἐπὶ Καίσαρα πορεύσῃ.

10 εἶπεν δὲ ὁ Παῦλος·
[ ]¹ ἐπὶ τοῦ βήματος Καίσαρός
*ἑστώς*¹ εἰμι, οὗ με δεῖ κρίνεσθαι.
Ἰουδαίους *οὐκ*² ἠδίκησα³,
ὡς καὶ σὺ κάλλιον ἐπιγινώσκεις.
11 εἰ μὲν *γὰρ*¹ ἀδικῶ
*ἤ*² ἄξιον θανάτου πέπραχά τι,
οὐ παραιτοῦμαι τὸ ἀποθανεῖν·
εἰ δὲ οὐδέν ἐστιν
ὧν οὗτοι κατηγοροῦσίν μου,
οὐδείς με δύναται αὐτοῖς χαρίσασθαι·
Καίσαρα ἐπικαλοῦμαι.
12 τότε ὁ Φῆστος συλλαλήσας
μετὰ τοῦ συμβουλίου *ἔφη*¹·
Καίσαρα ἐπικέκλησαι,
ἐπὶ Καίσαρα πορεύσῃ.

c. B ℵ 255 453 1175 (cf. Sah Boh) ; επι του βηματος καισαρας εστως ειμι : p⁷⁴ℵ² A B C E L
Ψ 33 81 323 614 945 1241 1505 1739 *Koinè NA 28*
d. ℵ B (81) 467 ; ηδικησα : A C E L Ψ 33 323 614 945 1175 1241 1505 1739 *Koinè NA 28*
e. B : συνλαλησας

10 – 1. p⁷⁴ A B C Ee *Koinè* g Vg SyrP Eth.1-3 Geo – *Boism*¹ᵃ / 2. SodC.1-4.10.11.13 e g Vg –
*Boism*¹ᵃ / 3. voir *infra*

11 - 1. – g Vg Sah *Koinè* (*om.* : e 181 255 Geo) / 2. – g Vg Sah SyrP Ee SodB.7

12 - 1. – g SyrP Eth Geo Chr.2ᵇ

v. 10 : Pour la variante 1., le TO (*Boism*¹ᵃ) est du côté des témoins suivis par *NA 28*

g : [10] Ait autem paulus : Ad tribunal cesaris sot, ibi me oportet iudicium experiri. Iudeos non nocui sicut tu quoque melius nosti. [11] Si enim noceo aut morte dignum aliquid admisi non excuso me morte dignum ; si autem nichil est eorum, quae isti accusant aut dicunt de me, nemo me potest donare illis ; cesarem appello. [12] Tunc festus cum consilio locutus ait : Cesarem appelasti, ad cesarem ibis.

13 ἡμερῶν δὲ διαγενομένων τινῶν
Ἀγρίππας ὁ βασιλεὺς καὶ Βερνίκη
κατήντησαν εἰς Καισάρειαν
ἀσπασάμενοι τὸν Φῆστον.
14 ὡς δὲ πλείους ἡμέρας
διέτριβον ἐκεῖ,
ὁ Φῆστος τῷ βασιλεῖ ἀνέθετο
τὰ κατὰ τὸν Παῦλον λέγων·
ἀνήρ τίς ἐστιν καταλελειμμένος ^f
ὑπὸ Φήλικος δέσμιος,
15 περὶ οὗ γενομένου μου
εἰς Ἱεροσόλυμα ἐνεφάνισαν
οἱ ἀρχιερεῖς
καὶ οἱ πρεσβύτεροι τῶν Ἰουδαίων,
αἰτούμενοι κατ᾽ αὐτοῦ καταδίκην·
16 πρὸς οὓς ἀπεκρίθην
ὅτι οὐκ ἔστιν ἔθος Ῥωμαίοις
χαρίζεσθαί τινα ἄνθρωπον

πρὶν ἢ ὁ κατηγορούμενος
κατὰ πρόσωπον ἔχοι
τοὺς κατηγόρους τόπον δε ^g
ἀπολογίας λάβοι
περὶ τοῦ ἐγκλήματος.

13 ἡμερῶν δὲ διαγενομένων τινῶν
Ἀγρίππας ὁ βασιλεὺς καὶ *Βερονίκη*[1]
κατήντησαν εἰς Καισάρειαν
ἀσπασάμενοι τὸν Φῆστον.
14 ὡς δὲ πλείους ἡμέρας
διέτριβον ἐκεῖ,
ὁ Φῆστος τῷ βασιλεῖ ἀνέθετο
τὰ κατὰ τὸν Παῦλον λέγων·
ἀνήρ τίς ἐστιν καταλελειμμένος
ὑπὸ Φήλικος δέσμιος,
15 περὶ οὗ γενομένου μου
εἰς Ἱεροσόλυμα ἐνεφάνισαν
οἱ ἀρχιερεῖς
καὶ οἱ πρεσβύτεροι τῶν Ἰουδαίων,
αἰτούμενοι κατ᾽ αὐτοῦ καταδίκην·
16 πρὸς οὓς ἀπεκρίθην
ὅτι οὐκ ἔστιν ἔθος Ῥωμαίοις
χαρίζεσθαί τινα ἄνθρωπον
εἰς ἀπώλειαν[1]
πρὶν ἢ ὁ κατηγορούμενος
κατὰ πρόσωπον ἔχοι
τοὺς κατηγόρους τόπον δε
ἀπολογίας λάβοι
περὶ τοῦ ἐγκλήματος.

f. B : καταλελιμενος
g. B E 614 1108 1505 1611 2138 2401 2412 2464 2495 ; τε : ℵ A C 81 *NA 28*

13 - 1. – g b e dem Vg(CThT) ndl.1 Cass^L Ψ (cf. verset 23)
Varia : *om.* εἰς Καισάρειαν : Vg(W) Eth.4-13

16 - 1. SyrH* – g SyrP Sah

g : [13] Et cum dies multa transacti essent, agrippa rex et beronice descenderunt cesaream ad festum salutandum. [14] Et cum demorarentur ibi dies plures festus indicauit regi de paulo dicens : Et uir quidam relictus a felice uinctus, [15] de quo cum affuissem hierosolimis adierunt me principes sacerdotum et seniores iudeorum postulantes aduersus eum ut dampnaretur. [16] Ad quos respondi quia non est consuetudo romanis dampnare hominem in perditionem, priusquam is qui accusaretur habet accusatores praesentes et locum defendendi criminis accipiat.

17 συνελθόντων οὖν
αὐτῶν ʰ ἐνθάδε
ἀναβολὴν μηδεμίαν ποιησάμενος
τῇ ἑξῆς καθίσας ἐπὶ τοῦ βήματος
ἐκέλευσα ἀχθῆναι τὸν ἄνδρα·
18 περὶ οὗ σταθέντες οἱ κατήγοροι
οὐδεμίαν αἰτίαν ἔφερον
ὧν ἐγὼ ὑπενόουν πονηρῶν,
19 ζητήματα δέ τινα
περὶ τῆς ἰδίας δεισιδαιμονίας ⁱ εἶχον
πρὸς αὐτὸν
καὶ περί τινος Ἰησοῦ τεθνηκότος,
ὃν ἔφασκεν ὁ Παῦλος ζῆν.
20 ἀπορούμενος δὲ ἐγὼ
τὴν περὶ τούτων ζήτησιν ἔλεγον
εἰ βούλοιτο πορεύεσθαι
εἰς Ἱεροσόλυμα κἀκεῖ κρίνεσθαι
περὶ τούτων.
21 τοῦ δὲ Παύλου
ἐπικαλεσαμένου
τηρηθῆναι αὐτὸν
εἰς τὴν τοῦ Σεβαστοῦ διάγνωσιν,

ἐκέλευσα τηρεῖσθαι αὐτὸν
ἕως οὗ ἀναπέμψω αὐτὸν
πρὸς Καίσαρα.

17 συνελθόντων
οὖν αὐτῶν ἐνθάδε
μηδεμίαν ἀναβολὴν¹ ποιησάμενος
τῇ ἑξῆς καθίσας ἐπὶ τοῦ βήματος
ἐκέλευσα ἀχθῆναι τὸν ἄνδρα·
18 περὶ οὗ σταθέντες οἱ κατήγοροι
οὐδεμίαν αἰτίαν ἔφερον
ὡς¹ [ ]² ὑπενόουν πονήραν³,
19 ζητήματα δέ τινα
περὶ τῆς ἰδίας δεισιδαιμονίας εἶχον
πρὸς αὐτὸν
καὶ περὶ Ἰησοῦ τινος¹ τεθνηκότος,
ὃν ἔλεγεν² ὁ Παῦλος ζῆν.
20 ἀπορούμενος δὲ ἐγὼ
περὶ τὴν¹ τούτων ζήτησιν ἔλεγον
εἰ βούλοιτο πορεύεσθαι
εἰς Ἱεροσόλυμα κἀκεῖ κρίνεσθαι
[ ]².
21 τότε ὁ Παῦλος
ἐπεκαλέσατο Καίσαρα¹
καὶ ἠτήσατο² τηρηθῆναι αὐτὸν
εἰς τὴν τοῦ Σεβαστοῦ διάγνωσιν,
ὡς δὲ αὐτὸν οὐκ ἐδυνάμην κρίνειν²
ἐκέλευσα αὐτὸν τηρεῖσθαι³
ἵνα παραδῶ² αὐτὸν
Καίσαρι².

h. *om.* B
i. B : δισιδαιμονιας

---

17 - 1. – g Vg Ee 1838 *pc*

18 - 1. – g Sah Eth.4-13 / 2. – g SyrP Eth.4-13 (≈ post ὑπενόουν : Ee *Koinè*) / 3. – g SyrP
Eth Sah A C P SodC.1-4.6.10-14 SodB.1-5 36.453 431 *al*
Varia : *om.* ὧν ἐγὼ ὑπενόουν : Eth.1-3

19 - 1. – g Geo / 2. – g SodC.1-3.10.11.13

20 - 1. – g e Vg SyrP Sah Eth Geo SodC.5(+) *pc* Chr.1ᵃ / 2. – g Eth

21 - 1. – g Cass / 2. – g / 3. – g Ψ SodC.1-3.6.10-13 1838

v. 21 : Fréquent dans les Actes, le verbe ἐπικαλεῖσθαι y prend trois sens principaux : pour désigner le surnom de quelqu'un, dans les expressions "invoquer le nom de Dieu" et "en appeler à César" (25,11.12.25; 26,32; 18,19). Il n'a jamais le simple sens de "demander", comme ici dans le TA. Le TO seul donne donc un texte correct.

g : [17] Cum itaque huc uenisset sine ulla ilatione sequenti die sedi pro tribunali et iussi adduci uirum. [18] De quo cum asstitissent accusatores, nullam afferebant causam malam sicut suspicabar. [19] Quaestiones uero quasdam deferebant de sua religione et de ihesu quodam defuncto quem dicebat paulus uiuere. [20] Hesitans autem ebo de huiusmodi questionibus interrogaui si uellet ire hierosolimam et ibi iudicio contendere. [21] Tunc paulus appellauit cesarem et petiit ut reseruaretur ad augusti cognitionem. Cumque eum non posset iudicare iussi eum reseruari ut remittam eum cesari.

Cass : [21]... et cum Judaeorum improbitate premeretur, ad Caesarem eum appellasse clamavit (*deinde* v. 22)

22 Ἀγρίππας δὲ πρὸς τὸν Φῆστον, ἐβουλόμην καὶ αὐτὸς τοῦ ἀνθρώπου ἀκοῦσαι. αὔριον, φησίν, ἀκούσῃ αὐτοῦ.	22 Ἀγρίππας δὲ πρὸς τὸν Φῆστον, ἐβουλόμην καὶ αὐτὸς τοῦ ἀνθρώπου ἀκοῦσαι. αὔριον, φησίν, ἀκούσῃ αὐτοῦ.
23 τῇ οὖν ἐπαύριον ἐλθόντος τοῦ Ἀγρίππα καὶ τῆς Βερνίκης μετὰ πολλῆς φαντασίας καὶ εἰσελθόντων εἰς τὸ ἀκροατήριον σύν τε χιλιάρχοις καὶ ἀνδράσιν τοῖς κατ᾽ ἐξοχὴν τῆς πόλεως, καὶ κελεύσαντος τοῦ Φήστου ἤχθη ὁ Παῦλος.	23 τῇ δὲ[1] ἐπαύριον ἐλθόντος τοῦ Ἀγρίππα καὶ τῆς Βερονίκης[2] μετὰ πολλῆς φαντασίας καὶ εἰσελθόντων εἰς τὸ ἀκροατήριον σύν τε χιλιάρχοις καὶ ἀνδράσιν τοῖς [ ][3] μεταβεβηκόσι ἀπὸ τῆς ἐπαρχείας[4] ἐκέλευσεν ὁ Φῆστος ἀχθῆναι τὸν Παῦλον[5].
24 καί φησιν ὁ Φῆστος· Ἀγρίππα βασιλεῦ καὶ πάντες οἱ συμπαρόντες[j] ἡμῖν ἄνδρες θεωρεῖτε τοῦτον περὶ οὗ ἅπαν τὸ πλῆθος τῶν Ἰουδαίων ἐνέτυχέν[k] μοι ἔν τε Ἱεροσολύμοις καὶ ἐνθάδε,	24 καί φησιν [ ][1]· Ἀγρίππα βασιλεῦ καὶ πάντες οἱ συμπαρόντες ἡμῖν ἄνδρες θεωρεῖτε τοῦτον περὶ οὗ ἅπαν τὸ πλῆθος τῶν Ἰουδαίων ἐνέτυχόν[2] μοι ἔν τε Ἱεροσολύμοις καὶ ἐνθάδε, ὅπως παραδῶ αὐτὸν εἰς θάνατον ἀναπολόγητον· οὐκ ἠδυνήθην δὲ παραδοῦναι αὐτὸν διὰ τὰς ἐντολὰς ἃς ἔχομεν παρὰ τοῦ Σεβαστοῦ· ἐὰν δέ τις αὐτοῦ κατηγορήσῃ ἀκολουθεῖτο εἰς Καισάριαν οὗ τηρεῖται[3]. οἵτινες συνελθόντες
βοῶντες μὴ δεῖν αὐτὸν ζῆν μηκέτι.	ἐβόησαν αἴρεσθαι αὐτὸν ἐκ τῆς ζωῆς[4].

j. Β : συνπαροντες
k. Β Η Ψ 2298* 945 242 181 1898 915 1838 ; ενετυχον : NA 28

23 - 1. – g e Vg Cass SodC.7 SodB.6 pc Sah.20.21 / 2. – g b e dem Vg(CDThT) ndl.1 Cass C Ψ 1175 / 3. SyrH^mg / 4. SyrH^mg / 5. (SyrH^mg) Ephr^k g n ndl Eth

24 - 1. – g / 2. voir infra / 3. cf. SyrH^mg – Vg(D) bhm / 4. cf. SyrH^mg – Vg(D)
Varia : om. τῶν Ἰουδαίων : SodB.2 88 915

v. 24 : Pour la variante 2., le TO (Boism^1a) est du côté des témoins suivis par NA 28. Pour une longue discussion de l'établissement du texte grec, voir Boism^1b pp. 173s.

---

g : [22] Agrippa autem ad festum : Vellem et ipse hominem audire. Cras, inquit, audies eum. [23] Altera autem die cum uenissent agrippa et beronice cum magna ambitione et intrassent in auditorium cum tribunis et uiris principalibus ciuitatis iussit festus adduci paulum, [24] et ait : Agrippa rex et omnes qui conuenistis nobiscum uiri uidetis hunc uirum, de quo uniuersa multitudo iudeorum aduenit me hierosolimis et hi inclamantes, non oportet eum uiuere.

SyrH[mg] : [23] [et viris] qui descendissent de provincia praecepit Festus ut adduceretur Paulus (...) [24b] ut traderem eum iis ad tormentum sine defensione non potui autem tradere eum propter mandata quae habemus ab augusto si autem quis eum accusaturus esset dicebam et sequeretur me in caesaream ubi custodiebatur qui cum venissent clamaverunt ut tolleretur e vita

Ephr[k] : [23] Iussit agi eum Festus coram eo.

Vg(D) : [24b] ut traderem eum mori inaccusabilem non potui tradere eum propter mandata quae habemus cessaris si quis autem accusat eum sequatur cesaream ubi custoditur qui cum convenissent clamaverunt tollite eum de vita

Bhm : [24b] petentes ut eum in mortem traderem sed in accusatione non potui eum tradere propter praeceptum quod habemus a caesare. si quis velit cum in iudicio contendere (sequatur eum) caesaream.

25

ἐγὼ δὲ κατελαβόμην
μηδὲν ἄξιον αὐτὸν
θανάτου πεπραχέναι,
αὐτοῦ δὲ τούτου[1]
ἐπικαλεσαμένου τὸν Σεβαστὸν
ἔκρινα πέμπειν.

26 περὶ οὗ ἀσφαλές τι γράψαι
τῷ κυρίῳ οὐκ ἔχω·
διὸ προήγαγον αὐτὸν ἐφ' ὑμῶν
καὶ μάλιστα ἐπὶ σοῦ,
βασιλεῦ Ἀγρίππα,
ὅπως τῆς ἀνακρίσεως γενομένης
σχῶ τί γράψω·
27 ἄλογον γάρ μοι δοκεῖ
πέμποντα δέσμιον
μὴ καὶ τὰς κατ' αὐτοῦ αἰτίας σημᾶναι

25 ἀπὸ μέρους δὲ καὶ ἀκούσας
(τοῦτον ?)
[ ][1] κατέλαβον
ἐν μηδενὶ ἔνοχον
εἶναι θανάτου
ὡς δὲ εἶπον· θέλεις κριθῆναι
μετ' αὐτῶν ἐν Ἱεροσολύμοις
[ ][1]
Καίσαρα ἐπεκαλέσατο[1]
[ ][1]

26 περὶ οὗ τι ἀσφαλές[1] γράψαι
τῷ κυρίῳ οὐκ εὑρίσκω[2]·
διὸ προήγαγον αὐτὸν ἐφ' ὑμῶν
καὶ μάλιστα ἐπὶ σοῦ,
βασιλεῦ Ἀγρίππα,
ὅπως τῆς ἀνακρίσεως γενομένης
σχῶ τί γράψω·
27 ἄλογον γάρ μοι δοκεῖ
πέμποντα δέσμιον
μὴ καὶ τὴν αἰτίαν αὐτοῦ[1] σημᾶναι.

1. B[2] ℵ A C 81 *NA 28* ; B : του Παυλου

25 - 1. SyrH[mg] (voir *infra*)

26 - 1. – g Vg 255 536 (*om.* e SyrP Eth) / 2. – g Eth
Varia : *om.* Ἀγρίππα : g

27 - 1. – g Vg(mss) cf. SyrP

v. 25 : La première moitié du texte syriaque (v.25a) est peut-être corrompue et nous n'avons
aucun autre témoin qui permette de la reconstituer. En voici l'original syriaque :

‎ܡ ܐܬܘܢ ܡܢ ܦܠܓܘܬ ܡܐܢܐ ܐܘܒܕܬ ܕܠܐ ܐܝܬܘܗܝ ܚܒ ܡܕܡ ܕܢܬܝܒ ܠܐܟܘܬܐ .

Une traduction très littérale du v.25a donnerait : « ex parte autem et cum audivissem et hanc
comperi quod non in aliquid erat reus mortis. » (25b : « quum autem dicerem : vis judicari
cum iis Hierosolymae ? Caesarem appellavit » trad. J. WHITE, *Actuum Apostolorum et
epistolarumtam catholicarum quam paulinarum, versio syriaca philoxeniana.* Tome I : *Actus
Apostolorum et epistolas catholicas complectens.* Oxford 1799, p.170).
Avec sa traduction, WHITE s'efforce de donner un sens au syriaque, mais de façon quelque peu
abusive. Il supprime le sens partitif du ܡ initial. En traduisant par *hanc et alteram partem*, il
ajoute un démonstratif absent du syriaque, et il nous propose un *alteram* que le syriaque
pouvait parfaitement rendre mais absent de son texte. BLASS propose la rétroversion suivante :
ἀκούσας δὲ ἀμφοτέρων κατελαβόμην... Elle est tout à fait fantaisiste et l'on s'étonne qu'elle
ait été reprise par ZAHN et CLARK. *(suite ci-contre)*

L'erreur de BLASS et de WHITE fut de se méprendre sur le sens de l'expression initiale ܡܢ ܡܢܬܐ. Parce que le substantif syriaque signifie "parti", ils se sont imaginé que l'auteur du texte grec voulait faire allusion aux deux partis auxquels se trouve confronté Festus : les Juifs qui accusent Paul et Paul qui se défend. Nous allons voir qu'il n'en est rien. Essayons alors de tenter une rétroversion grecque de ce texte à première vue difficile, en nous rappelant d'abord que la SyrH traduit d'ordinaire très littéralement son substrat grec, en nous efforçant ensuite de corriger au minimum son texte.

Dans SyrH, l'expression initiale ܡܢ ܡܢܬܐ traduit régulièrement les deux formules de même sens : ἀπὸ μέρους (Rm 15,15.24 ; 2 Cor 1,14 ; 2,5) et ἐκ μέρους (1 Cor 13,9.9.10.12). Elles sont employées sans déterminatif et jouent le rôle d'un adverbe. En grec classique, le sens général est "en partie, partiellement". Mais l'idée de "partie" peut s'estomper, et le sens devient alors "quelque peu, brièvement" (Rom 15,24 ; 2 Cor 2,5). Dans notre texte, l'expression est utilisée aussi sans complément et doit donc traduire un ἀπὸ μέρους grec, avec le sens de "brièvement", suivi de la particule δέ (ܕܝܢ). La formule ܘܟܕ ܫܡܥܬ qui suit doit traduire un grec καὶ ἀκούσας (cf. BLASS et les autres). Mais que faire de ce καί qui semble intempestif et que BLASS supprime ? En fait, cette particule peut avoir deux fonctions, aussi fréquentes l'une que l'autre. Elle peut être, soit une conjonction de coordination, soit un adverbe ayant le sens de "aussi, même". Avec ce second sens, la formule καὶ ἀκούσας se comprend fort bien. Festus vient de déclarer au roi Agrippa qu'il a d'abord entendu les accusateurs de Paul qui réclament sa mort (25,34, surtout TO). Il lui dit maintenant qu'il a *aussi* entendu Paul.

Jusqu'ici, nous avons constaté que SyrH traduisait littéralement son substrat grec. Mais nous nous trouvons maintenant devant une double difficulté. D'une part, on attendrait comme complément du participe ἀκούσας un pronom démonstratif désignant Paul. D'autre part, la phrase que nous avons traduite par *comperi quod non in aliquid erat reus mortis* n'indique pas quel est le sujet de la proposition complétive. On aurait attendu dans le contexte antérieur un terme désignant Paul (dans sa rétroversion, BLASS introduit un αὐτόν qui est absent du texte syriaque). C'est ici que nous allons être obligé de corriger le texte syriaque. Il a bien un démonstratif ܗܕܐ qui viendrait à merveille ici. Malheureusement ce démonstratif est au féminin, et il est précédé de la copule "et" qui le sépare du participe "ayant entendu". Il est facile de supposer qu'un scribe ait, par distraction, confondu le masculin ܗܘ et le féminin ܗܕܐ. Il est plus difficile de justifier la copule placée devant ce pronom. Mais ne pourrait-on donner une nouvelle fois au substrat grec καί le sens de "aussi" ? Le scribe n'aurait-il pas fusionné deux traditions textuelles différentes ? Selon l'une, le "aussi" aurait affecté le participe "ayant entendu"; selon l'autre, il aurait affecté le démonstratif "celui-ci". Nous proposons donc, et ce serait la seule correction au texte syriaque, de remplacer ce pronom féminin par un pronom masculin, probablement dépourvu de la particule initiale. Voici donc le substrat grec que nous proposons : ἀπὸ μέρους δὲ καὶ ἀκούσας [τοῦτον] κατέλαβον ἐν μηδενὶ ἔνοχον εἶναι θανάτου. – « Or brièvement ayant entendu aussi celui-ci, j'ai compris qu'en rien il n'était coupable de mort. »

g : ²⁵ Ego uero cum eum deprehendissem nichil morte dignuus gessisse autem ipso appellante augustum iudicaui transmitti, ²⁶ de quo quid certum scribam domino non inuenio. Ideoque produxi eum ad uas et maxime ad te, rex, ut interrogatione facta habeam quod scribam. ²⁷ Iniustum enim michi uidetur mittere uinctum et causam eius non significare.

SyrH^mg : ²⁵ Quum autem hanc et alteram partem audiuissem, comperi quod in nulla re reus esset mortis. quum autem dicerem vis iudicari cum eis hierosolymis caesarem appellauit (traduction WHITE, mais voir *supra*).

1 Ἀγρίππας δὲ πρὸς τὸν Παῦλον
ἔφη· ἐπιτρέπεταί σοι ὑπὲρ σεαυτοῦ
λέγειν. τότε ὁ Παῦλος ἐκτείνας
τὴν χεῖρα ἀπελογεῖτο·

2 περὶ πάντων ὧν ἐγκαλοῦμαι
ὑπὸ Ἰουδαίων, βασιλεῦ Ἀγρίππα,
ἥγημαι ἐμαυτὸν μακάριον ἐπὶ σοῦ
μέλλων σήμερον ἀπολογεῖσθαι,
3 μάλιστα γνώστην ὄντα σε
πάντων τῶν κατὰ Ἰουδαίους ἐθῶν τε
καὶ ζητημάτων·
διὸ δέομαι μακροθύμως ἀκοῦσαί μου
4 τὴν μὲν οὖν βίωσίν μου
ἐκ νεότητος ᵇ
τὴν ἀπ᾽ ἀρχῆς γενομένην
ἐν τῷ ἔθνει μου ἔν τε Ἱεροσολύμοις
ἴσασι πάντες Ἰουδαῖοι ᶜ,
5 προγινώσκοντές με ἄνωθεν,
ἐὰν θέλωσι ᵈ μαρτυρεῖν,
ὅτι κατὰ τὴν ἀκριβεστάτην
αἵρεσιν τῆς ἡμετέρας θρησκείας
ἔζησα Φαρισαῖος.

1 Ἀγρίππας δὲ πρὸς τὸν Παῦλον
ἔφη· ἐπιτρέπεταί σοι *περὶ*[1] *σεαυτοῦ*
λέγειν. τότε ὁ Παῦλος ἐκτείνας
τὴν χεῖρα *ἤρξατο ἀπολογεῖσθαι*[2]
λέγων[3]·

2 περὶ πάντων ὧν ἐγκαλοῦμαι
ὑπὸ Ἰουδαίων, βασιλεῦ Ἀγρίππα,
ἥγημαι ἐμαυτὸν μακάριον ἐπὶ σοῦ
μέλλων [ ][1] ἀπολογεῖσθαι,
3 μάλιστα γνώστην ὄντα σε
[ ][1] τῶν κατὰ Ἰουδαίους ἐθῶν τε
καὶ ζητημάτων *ἐπιστάμενος*[2]·
διὸ δέομαι μακροθύμως ἀκοῦσαί μου
4 τὴν μὲν οὖν βίωσίν μου
τὴν[1] ἐκ νεότητος
[ ][2] γενομένην
ἐν τῷ ἔθνει μου ἐν [ ][3] Ἱεροσολύμοις
ἴσασι πάντες Ἰουδαῖοι,
5 προγινώσκοντές με ἄνωθεν,
ἐὰν θέλωσι μαρτυρεῖν,
ὅτι κατὰ τὴν ἀκριβεστάτην
αἵρεσιν τῆς ἡμετέρας θρησκείας
ἔζησα Φαρισαῖος.

a. BL(Ψ) 323 1175 1241 *Koinè* ; περι : p⁷⁴ ℵ A C E 33 81 1739 2818 (614 945 1505 1891)
NA 28
b. B C* H 36 383 431 2818 ; την εκ νεοτητος : p⁷⁴ ℵ A C² (E) L Ψ 33 81 323 614 945 1175
1241 1505 1739 *Koinè NA 28*
c. p⁷⁴ B C* E Ψ 33 81 323 614 945 1175 1505 1739 (voir *infra*) ; οι Ιουδαιοι : ℵ A C² L 1241
Koinè NA 28
d. B : θελωσιν

1 - 1. – p⁷⁴ ℵ A C Ee 2412 614 2495 257 1518 2138 1108 1611 913 876 1765 945 242 1739
1891 2298 36.453 88.915 431 1838 g *Boism* ¹ᵃ / 2. – g n Vg Eth / 3. – g n ndl.1 SyrP
Boh(mss) Eth

2 - 1. – 2143* Chr.2.3 Amb BarS (≈ *post* ἀπολογεῖσθαι : g n Vg Ee *Koinè*)
Varia : *om.* ὑπὸ Ἰουδαίων : 1898 Chr.2

3 - 1. – g A SodC.4.8. 1838 *pc* Boh Eth / 2. – A SodC.1.2.4.13 SodB.1.2.4.5 C (p⁷⁴) *pc*

4 - 1. – voir *infra* / 2. – g (≈ *post* βίωσίν μου : Ee) / 3. – g Vg C *Koinè* Sah Boh Eth Geo Arm

v. 4 : L'omission de την devant γενομενην (g) impose la présence de την devant νεοτητος.
L'absence de οι après παντες est rare dans le NT (cf. Hb 1,6) mais pas dans la LXX (Nb
32,27 ; Dt 32,43 ; Jg 7,12 ; 1Ch 2,4 ; 3,9 ; 11,3 ; 12,33 ; Ne 11,6 ; Ps 148,11 ; Pr 11,20 ; 30,5 ;
Jb 38,7 ; Sg 13,1 ; Am 9,10 ; So 2,3 ; Ez 7,17 ; 21,12 ; 32,20).

g : [1] Agrippa autem ad paulum ait : Permittitur enim tibi rationem reddere de te. Tunc paulus extensa manu cepit rationem reddere dicens : [2] De omnibus quibus accusor a iudeis, rex agrippa, estimo me beatum apud te incipiens rationem reddere hodie [3] cum maxime cognitos hos mores et sectam et questiones legis, qui apud iudeos sunt propter quod deprecor patientiam audias me. [4] Vitam quidem meam ex iuuentute, qui fuit in gente mea hierosolimis sciunt omnes iudei, [5] qui ab initio me nouerunt, si uellent testimonium perhibere quia secundum certissimam sectam nostrae religionis semper uixi phariseus,

6 καὶ νῦν ἐπ᾽ ἐλπίδι
τῆς εἰς τοὺς πατέρας ἡμῶν
ἐπαγγελίας γενομένης
ὑπὸ τοῦ θεοῦ ἔστηκα κρινόμενος,
7 εἰς ἣν τὸ δωδεκάφυλον ἡμῶν
ἐν ἐκτενείᾳ νύκτα καὶ ἡμέραν
λατρεῦον ἐλπίζει καταντῆσαι· ᵉ
περὶ ἧς ἐλπίδος ἐγκαλοῦμαι
ὑπὸ Ἰουδαίων, βασιλεῦ.
8 τί ἄπιστον κρίνεται παρ᾽ ὑμῖν
εἰ ὁ θεὸς νεκροὺς ἐγείρει ;
9 ἐγὼ μὲν ᶠ οὖν ἔδοξα ἐμαυτῷ
πρὸς τὸ ὄνομα Ἰησοῦ
τοῦ Ναζωραίου
δεῖν πολλὰ ἐναντία πρᾶξαι·
10 ὃ ᵍ καὶ ἐποίησα ἐν Ἱεροσολύμοις,
καὶ πολλούς ʰ τῶν ἁγίων ἐγὼ
ἐν φυλακαῖς κατέκλεισα
τὴν παρὰ τῶν ἀρχιερέων ἐξουσίαν
λαβών, ἀναιρουμένων τε αὐτῶν
κατήνεγκα ψῆφον,

6 καὶ νῦν ἐπ᾽ ἐλπίδι
τῆς εἰς τοὺς πατέρας ἡμῶν
*γενομένης*¹ ἐπαγγελίας
ὑπὸ τοῦ θεοῦ ἔστηκα κρινόμενος,
7 εἰς ἣν τὸ δωδεκάφυλον ἡμῶν
ἐν ἐκτενείᾳ νύκτα καὶ ἡμέραν
*λατρεύει ἐν ἐλπίδι*¹ καταντῆσαι·
περὶ ἧς ἐλπίδος ἐγκαλοῦμαι
ὑπὸ Ἰουδαίων, [ ]².
8 τί ἄπιστον κρίνεται παρ᾽ ὑμῖν
εἰ ὁ θεὸς νεκροὺς ἐγείρει ;
9 ἐγὼ μὲν οὖν ἔδοξα ἐμαυτῷ
πρὸς τὸ ὄνομα Ἰησοῦ
τοῦ Ναζωραίου
δεῖν πολλὰ ἐναντία πρᾶξαι·
10 ὃ καὶ ἐποίησα ἐν Ἱεροσολύμοις,
καὶ πολλούς *ἁγίους*¹ [ ]²
ἐν φυλακαῖς κατέκλεισα
τὴν παρὰ τῶν ἀρχιερέων ἐξουσίαν
λαβών, ἀναιρουμένων τε αὐτῶν
κατήνεγκα ψῆφον,

e. B : κατανtησειν
f. ℵ A C 096 81 *NA 28* ; *om.* B
g. ℵ A C 096 81 *NA 28* ; B : διο
h. B L Ψ 323 614 945 1175 1241 1505 1739 *Koiné* ; πολλους τε : p⁷⁴ ℵ A C E 096 33 81
NA 28

6 - 1. – g SodC.1-4.10.11.13.14 *pc* Chr.1 SyrH
Varia : *om.* ὑπὸ τοῦ θεοῦ : *prv.*1 Eth.3
om. ἐπ᾽ ἐλπίδι et ἔστηκα κρινόμενος : Eth.2-12

7 - 1. – g p²⁹(vid) (ndl.2) / **2.** – g p²⁹(vid) A Ψ 36.453
Varia : *om.* ἐν ἐκτενείᾳ : Vg Eth
εἰς ἣν ἐδίδαξα : Eth.2-12 – *om.* : ἐλπίζει καταντῆσαι : Eth.2-12

9 - 1. *Varia* : *om.* τοῦ Ναζωραίου : (cf. Ephrᵏᶜ) Eth.2-12
(≈ *ante* Ἰησοῦ : SodC.5)

10 - 1. – g ndl.1 SyrP Eth.2-13 Geo / **2.** – g SyrP Sah.16 Eth 547 (≈ *ante* τῶν ἁγίων :
SodB.1-4)

g : [6] et nunc in spe quae ad patres nostros facta est repromissio a deo sto et iudicor, [7] in quam XII tribus nostrae instanter nocte ac die deseruiunt in spe peruenire, de qua spe nunc accusor a iudeis. [8] Quid incredibile iudicatus apud uos, si dominus mortuos suscitat ? [9] Ego quidem putaui me aduersus nomen ihesu nazareni debere multa aduersa agere, [10] quod et egi hierosolimis et multos sanctos in carceribus reclusi potestate accepta a principibus sacerdotum et cum occiderentur sententiam tuli ;

Ephr^k : ... [9b] quibusque casibus submisit ab initio eos qui invocant nomen Iesus.

Ephr^c : ... [9b] et whas he inflicted on those who called on the name of Jesus.

11 καὶ κατὰ πάσας τὰς συναγωγὰς
πολλάκις τιμωρῶν αὐτοὺς
ἠνάγκαζον βλασφημεῖν,
περισσῶς τε[i] ἐμμαινόμενος αὐτοῖς
ἐδίωκον ἕως καὶ εἰς τὰς ἔξω πόλεις.
12 ἐν οἷς πορευόμενος
εἰς τὴν Δαμασκὸν
μετ᾽ ἐξουσίας καὶ ἐπιτροπῆς
τῆς τῶν ἀρχιερέων
13 ἡμέρας μέσης κατὰ τὴν ὁδὸν
εἶδον, βασιλεῦ[j], οὐρανόθεν
ὑπὲρ τὴν λαμπρότητα τοῦ ἡλίου
περιλάμψαν με φῶς
καὶ τοὺς σὺν ἐμοὶ πορευομένους·
14 πάντων τε
καταπεσόντων ἡμῶν[k]
εἰς τὴν γῆν
ἤκουσα φωνὴν
λέγουσαν πρός με
τῇ ἑβραΐδι διαλέκτῳ·
Σαοὺλ Σαούλ, τί με διώκεις ;
σκληρόν σοι πρὸς κέντρα λακτίζειν.
15 ἐγὼ δὲ εἶπα· τίς εἶ, κύριε ;
ὁ δὲ κύριος εἶπεν· ἐγώ εἰμι ἰησοῦς
ὃν σὺ διώκεις.
16 ἀλλὰ ἀνάστηθι καὶ στῆθι[l]
ἐπὶ τοὺς πόδας σου· εἰς τοῦτο γὰρ
ὤφθην σοι, προχειρίσασθαί σε
ὑπηρέτην καὶ μάρτυρα ὧν τε
εἶδές με ὧν τε ὀφθήσομαί σοι,

11 καὶ κατὰ πάσας τὰς συναγωγὰς
πολλάκις τιμωρῶν αὐτοὺς
ἠνάγκαζον βλασφημεῖν,
περισσῶς τε ἐμμαινόμενος αὐτοῖς
ἐδίωκον ἕως καὶ εἰς τὰς ἔξω πόλεις.
12 ἐν οἷς πορευόμενος
εἰς τὴν Δαμασκὸν
μετ᾽ ἐξουσίας καὶ ἐπιτροπῆς
τῆς τῶν ἀρχιερέων
13 ἡμέρας μέσης κατὰ τὴν ὁδὸν
εἶδον, βασιλεῦ, οὐρανόθεν
ὑπὲρ τὴν λαμπρότητα τοῦ ἡλίου
περιλάμψαν με φῶς
καὶ τοὺς σὺν ἐμοὶ πορευομένους·
14 *καὶ*[1] πάντων τε
καταπεσόντων ἡμῶν
εἰς τὴν γῆν *διὰ τὸν φόβον*[2]
ἐγὼ μόνος[3] ἤκουσα φωνὴν
λαλοῦσαν[4] πρός με
τῇ ἑβραΐδι διαλέκτῳ·
Σαῦλε, Σαῦλε[5], τί με διώκεις ;
σκληρόν σοι πρὸς κέντρα λακτίζειν.
15 ἐγὼ δὲ εἶπα· τίς εἶ, κύριε ;
ὁ δὲ κύριος εἶπεν· ἐγώ εἰμι ἰησοῦς
ὁ *Ναζωραῖος*[1] ὃν σὺ διώκεις.
16 ἀλλὰ ἀνάστηθι καὶ στῆθι
ἐπὶ τοὺς πόδας σου· εἰς τοῦτο γὰρ
ὤφθην σοι, προχειρίσασθαί σε
ὑπηρέτην καὶ μάρτυρα ὧν τε
εἶδές με ὧν τε ὀφθήσομαί σοι,

---

i. p⁷⁴ ℵ A C 096ᵛⁱᵈ 81 *Koinè NA 28* ; *om.* : B 915 Boh(FS)
j. B : βασιλευς
k. ℵ A C 096 81 *NA 28* ; *om.* : B 255 1898 *pc* (hapl.)
l. B² ℵ A C 096 81 *NA 28* ; *om.* Και στηθι : B 88 913 915 *pc* (hapl.)

---

14 - 1. – g Sah Geo (δέ : C *Koinè* Boh) / 2. (≈ SyrHᵐᵍ) – g SodC.1.2.4.8.13 Sah.16 Boh(FSKG) Eth.1 / 3. SyrHᵐᵍ – SodC.1.2.4.8.13 / 4. – g(+) e Vg SodC.8 H *pc* SyrH Arm (Koinè (+)) / 5. – g Vg Ee Sah

15 - 1. SyrH* – g c dem Vg(ThM) ndl SyrP SodC.1.2.8.13 1175 1838 *pc* Eth.1.5.8

g : [11] et per omnes synagogas frequenter puniens eos cogebam blasphemare et habundanter insaniens in eis persequebar usque in ciuitates quae foris sunt, [12] in quibus cum irem damascum cum potestate prouocatione principum sacerdotum, [13] die media in uia uidi, rex, de celo splendorem solis circumfulsisse me luce et eos qui mecum ibant. [14] Et cum omnes procidissemus in terram pro timore audiui uocem loquentem ac dicentem michi hebraica lingua : Saule, saule quid me persequeris ? durum est tibi contra stimulum calcem mittere. [15] Ego enim sum ihesus nazareus, [16] sed surge, sta super pedes tuos ; in hoc enim apparuit tibi ut constituerem te ministrum et testem eorum quae uidisti et quorum tibi apparebo

17 ἐξαιρούμενός σε ἐκ τοῦ λαοῦ
καὶ ἐκ τῶν ἐθνῶν,
εἰς οὓς ἐγὼ ἀποστέλλω σε
18 ἀνοῖξαι ὀφθαλμοὺς αὐτῶν,
τοῦ ἐπιστρέψαι ἀπὸ σκότους εἰς φῶς
καὶ τῆς ἐξουσίας τοῦ σατανᾶ
ἐπὶ τὸν θεόν, τοῦ λαβεῖν αὐτοὺς
ἄφεσιν ἁμαρτιῶν καὶ κλῆρον
ἐν τοῖς ἡγιασμένοις πίστει τῇ εἰς ἐμέ.
19 ὅθεν, βασιλεῦ Ἀγρίππα,
οὐκ ἐγενόμην ἀπειθὴς
τῇ οὐρανίῳ ὀπτασίᾳ,
20 ἀλλὰ τοῖς ἐν Δαμασκῷ πρῶτόν τε
καὶ Ἱεροσολύμοις,
πᾶσάν τε τὴν χώραν τῆς Ἰουδαίας
καὶ τοῖς ἔθνεσιν ἀπήγγελλον
μετανοεῖν καὶ ἐπιστρέφειν
ἐπὶ τὸν θεόν,
ἄξια τῆς μετανοίας ἔργα πράσσοντας.
21 ἕνεκα τούτων με Ἰουδαῖοι
συλλαβόμενοι ἐν [m] τῷ ἱερῷ
ἐπειρῶντο διαχειρίσασθαι.

17 ἐξαιρούμενός σε ἐκ τοῦ λαοῦ
καὶ ἐκ τῶν ἐθνῶν,
εἰς οὓς ἐγὼ ἀποστέλλω σε
18 ἀνοῖξαι ὀφθαλμοὺς αὐτῶν,
τοῦ ἀποστρέψαι[1] ἀπὸ σκότους [ ][2]
[ ][3] τοῦ σατανᾶ
ἐπὶ τὸν θεόν, τοῦ λαβεῖν αὐτοὺς
ἄφεσιν ἁμαρτιῶν καὶ κλῆρον
ἐν τοῖς ἡγιασμένοις πίστει τῇ εἰς ἐμέ.
19 ὅθεν, βασιλεῦ Ἀγρίππα,
οὐκ ἐγενόμην ἀπειθὴς
τῇ οὐρανίῳ ὀπτασίᾳ,
20 ἀλλὰ τοῖς ἐν Δαμασκῷ πρῶτόν τε
καὶ Ἱεροσολύμοις,
καὶ ἐν πάσαις πόλεσιν[1] τῆς Ἰουδαίας
[ ][2] ἐκήρυξα[3]
μετανοεῖν καὶ ἐπιστρέφειν
ἐπὶ τὸν θεόν ζῶντα[4],
ἄξια τῆς μετανοίας ἔργα πράσσοντας.
21 ἕνεκα τούτων με Ἰουδαῖοι
συλλαβόμενοι ὄντα[1] ἐν τῷ ἱερῷ
ἐπειρῶντο διαχειρίσασθαι.

m. B A L 323 1241 Koinè ; οντα εν : p⁷⁴ ℵ E Ψ 048ᵛⁱᵈ 33 81 614 945 1175 1505 1739 1891
2818 Theoph IIᴸ g h Vg SyrH Eth.1 NA 28

---

18 - 1. Augᶜ – g Eth.3(+) SodC.1-4.5.6.8.10-16 pc Chr.1.2 / 2. Augᶜ – g Eth.3(+) / 3. –
Eth.3(+)

20 - 1. h(vid) – p²⁹(vid) SyrP / 2. h – p²⁹(vid) 1898 pc Eth.2-5.8-12 (≈ Eth.6.7) (pour SyrP,
voir infra) / 3. h – p²⁹ ndl.1 Cass SyrP Sah(gr) / 4. – p²⁹(vid) Vg(R) Geo (≈ ante θεόν : 35.453
181.1898 431 1175 1838)

21 - 1. h – g Vg ℵ p⁷⁴ Ee Ψ SodC.1-6.8.10-13.16 SodB.1-4 36.453 181 1175 1838pc SyrH
Eth.1
Cf. Lc 22,53 : ὄντος μου μεθ' ὑμῶν ἐν τῷ ἱερῷ.

v. 18 : Eth.3 a une leçon double, la seconde provenant du TO est mieux conservée que dans g
et Aug qui ont complété d'après le TA.

v. 20 : Après Ἱεροσολύμοις, p²⁹ ne peut pas donner le TA ; s'y opposent, et le καὶ (vid) qui suit
immédiatement, et le nombre de lettres du TA, trop considérable. Étant donnés le καὶ initial et
le verbe ἐκήρυξα, la seule solution logique est de supposer le TO tel qu'il est attesté par h(vid)
et par SyrP, ce qui donnerait un nombre de lettres correspondant à la longueur de la lacune. La
lacune entre θν et πρ]ασσοντασ devait contenir la participe ζωντα. Dans SyrP, le
redoublement du verbe praedicavi semble indiquer que les mots et etiam gentibus sont une
addition. Cf. 14,15 : ἐπιστρέφειν ἐπὶ θεόν ζῶντα.

---

g : [17] et eripiens te de plebe et de gentibus in quas te ego mitto [18] aperire oculos eorum ut auertantur a tenebris de potestate sathane ad dominum, ut accipiant remissionem peccatorum et sortem inter sanctos per fidem, que in me est ; [19] rex agrippa, non fui incredibilis celesti uisioni [20] sed damasco primum et in hierosolimis et in omnem regionem iudeae et gentibus annunciaui, ut penitentiam agent et conuertentur ad deum digna penitentiae opera facientes. [21] Hac ex causa cum essem in templo iudei conprehendentes me temptabant occidere.

Aug[c] : ... [18] aperire oculos caecorum ut auertantur de tenebris et potestate satanae ad deum (*Tri.* XIII,15)

Eth.3 : [18] et convertantur a tenebris ad lucem et avertas eos de tenebris satanae ad deum... (cf. Eth.6.7)

h : [20]]Ciuitatibus praedicabi peniteri et reverti [ad dm] digna opera penitentiae agentes [21] horum cau[sa me] Judaei, cum essem in templo, conpraehenderu[nt, et ne]gare conati sunt.

p[29] : [20] α]λλα τοισ ε]ν τω δαμασκω πρωτον τε και ιερο]σολυνοισ κα[ι...] εκηρυξα [... μετανοειν και επισρεφειν ε]πι τον θν [... αξια τησ μετανοιασ εργα πρ]ασσοντασ[...

SyrP : [20] sed praedicavi ab initio eis qui in Damasco et iis qui in Hierousalem et qui in omnes civitates iudae et etiam gentibus praedicavi ut...

22 ἐπικουρίας οὖν τυχὼν
τῆς ἀπὸ τοῦ θεοῦ
ἄχρι τῆς ἡμέρας ταύτης ἔστηκα
μαρτυρόμενος μικρῷ τε
καὶ μεγάλῳ, οὐδὲν ἐκτὸς λέγων
ὧν τε οἱ προφῆται ἐλάλησαν
μελλόντων γίνεσθαι
καὶ Μωυσῆς,[n]
23 εἰ παθητὸς ὁ χριστός,
εἰ πρῶτος ἐξ ἀναστάσεως νεκρῶν
φῶς μέλλει καταγγέλλειν
τῷ τε λαῷ καὶ τοῖς ἔθνεσιν.
24 ταῦτα δὲ αὐτοῦ ἀπολογουμένου
ὁ Φῆστος μεγάλῃ τῇ φωνῇ φησιν·
μαίνῃ, Παῦλε·
τὰ πολλά σε γράμματα
εἰς μανίαν περιτρέπει.
25 ὁ δὲ Παῦλος· οὐ μαίνομαι, φησίν[o]
κράτιστε Φῆστε, ἀλλὰ ἀληθείας
καὶ σωφροσύνης ῥήματα
ἀποφθέγγομαι.

22 ἐπικουρίας οὖν τυχὼν
[ ][1] [ ][2] τοῦ θεοῦ
[ ][3] ἔστηκα
μαρτυρόμενος μεγάλῳ τε
καὶ μικρῷ[4], οὐδὲν ἐκτὸς λέγων
ὧν [ ][5] οἱ προφῆται ἐλάλησαν
μελλόντων γίνεσθαι·
γέγραπται γὰρ ἐν Μωυσῇ[6],
23 εἰ παθητὸς ὁ χριστός,
εἰ πρῶτος ἐξ ἀναστάσεως νεκρῶν
φῶς μέλλει καταγγέλλειν
τῷ [ ][1] λαῷ καὶ τοῖς ἔθνεσιν.
24 ταῦτα δὲ αὐτοῦ λαλοῦντος[1]
ἔκραξεν[2] ὁ Φῆστος καὶ[2] εἶπεν[3]·
μαίνῃ, Παῦλε·
τὰ πολλά σε γράμματα
εἰς μανίαν περιτρέπει.
25 ὁ δὲ [ ][1] · οὐ μαίνομαι, φησίν,
κράτιστε ἡγεμών[2], ἀλλὰ ἀληθείας
καὶ σωφροσύνης ῥήματα
ἀποφθέγγομαι.

n. B : Μωσης
o. B : φησι

22 - 1. h – g Vg SodC.4 69 / 2. h – g Vg / 3. h – (≈ post ἔστηκα : g ndl) / 4. h – n Vg(W) Eth.1 / 5. h – g Vg 460 *pc* / 6. h cf. Tert – g

23 - 1. h – e g Vg *Koinè*

24 - 1. h – ndl.1* Cass Eth Geo (leçon + : g Vg Ee) / 2. h – ndl.1 (+ SyrP Eth.4-13) / 3. h – ndl.1 Vg SodC.1-3.8.10-13

25 - 1. h – g Eth.4 *Koinè* / 2. h – g (leçon + : Eth.2-13)

v. 22 : Le groupe SodC devait omettre, non seulement l'article τῆς, mais encore la préposition suivante qu'ils donnent sous trois formes différentes.

g : [22] Auxilio autem dei usus sto usque in hunc diem testificans pusillo et magno. Nichil extra dicens quamquam prophetae dixerunt futura esse. Scriptum est enim in moyse. [23] Si passibilis christus, si primus ex resurrectione mortuorum lumen erit annunciaturus plebi et gentibus. [24] Haec loquente et rationem reddente paulo festus magna uoce ait : Insanis, paule, multae te littere ad insaniam conuertunt. [25] At ille : non insanio, inquit, optime legate, sed ueritatis et sobrietatis uerba emitto.

h : [22] cum ergo auxilium di sim co[nsecutus] esto indicans maiori ac minori nihil amplius d[icens quam] quae profetae dixerunt futura esse scriptum [est enim] in moysen [23] si passivilis ips, ex resurrexione mo[rtuorum] lux annuntiabit plebi et gentib- [24] et cum haec lo[quere]tur oravit exclamavit Festus, et dixit : insanis[ti, Paule], insanisti : multe te littere in insaniam conv[ertunt], [25] qui respondit ei : non insanio, optime legate, s[ed] veritatis et sapientiae verba emitto :

26 ἐπίσταται γὰρ περὶ τούτων
ὁ βασιλεύς,
πρὸς ὃν παρρησιαζόμενος ᵖ λαλῶ·
λανθάνειν γὰρ αὐτὸν τούτων �q
οὐ πείθομαι οὐθέν,
οὐ γάρ ἐστιν ἐν γωνίᾳ
πεπραγμένον τοῦτο.
27 πιστεύεις, βασιλεῦ ʳ Ἀγρίππα,
τοῖς προφήταις ; οἶδα ὅτι πιστεύεις.
28 ὁ δὲ Ἀγρίππας πρὸς τὸν Παῦλον·
ἐν ὀλίγῳ με πείθεις
χριστιανὸν ποιῆσαι.
29 ὁ δὲ Παῦλος· εὐξαίμην ἂν τῷ θεῷ
καὶ ἐν ὀλίγῳ καὶ ἐν μεγάλῳ οὐ μόνον σὲ
ἀλλὰ καὶ πάντας τοὺς ἀκούοντάς μου
σήμερον γενέσθαι τοιούτους
ὁποῖος καὶ ἐγώ εἰμι,
παρεκτὸς τῶν δεσμῶν τούτων.

26 ἐπίσταται δέ¹ περὶ τούτων
ὁ βασιλεύς,
παρ' ᾧ² [ ]³ λαλῶ·
οὐθέν γὰρ τούτων λανθάνειν⁴
[ ] αὐτῷ⁴.
[ ]⁵
[ ]⁵
27 πιστεύεις, βασιλεῦ Ἀγρίππα,
τοῖς προφήταις ; οἶδα ὅτι πιστεύεις.
28 ὁ δὲ [ ]¹ πρὸς αὐτὸν² ἔφη³·
ἐν ὀλίγῳ με πείθεις
χριστιανὸν ποιῆσαι.
29 ὁ δὲ [ ]¹ · εὐξαίμην ἂν τῷ θεῷ
καὶ ἐν ὀλίγῳ καὶ ἐν μεγάλῳ οὐ μόνον σὲ
ἀλλὰ καὶ πάντας τοὺς ἀκούοντάς [ ]²
[ ]³ γενέσθαι τοιούτους
ὁποῖος καὶ ἐγώ εἰμι,
παρεκτὸς τῶν δεσμῶν τούτων.

p. B 104 1175 h Vg ; και παρρησιαζομενος : ℵ A 81 *NA 28*
q. B Ψ 614 1505 2818 SyrH ; τι τουτων : p⁷⁴ ℵ A E L 33 81 323 (1175) 1241 *Koinè* SyrP *NA 28*
r. B : βασιλευς

26 - 1. h – Sah / 2. h – e g SyrP Eth / 3. h – (≈ *post* λαλῶ : Vg(D)) / 4. h – Eth.1-3.6.7 / 5. h

28 - 1. h / 2. h – SyrP Eth.1 / 3. h – g n Vg(CT) ndl Ee *Koinè*

29 - 1. (h) – g / 2. – Vg Cass Chr.2.3 (≈ *ante* ἀκούοντας : h g) / 3. h Ephrᵏᶜ – SodB.7 Chr.3(4/4) p Cass Eth.2-12 Geo

g : [26] Scit enim de his rex, apud quem et constanter loquor ; nichil enim ex his latere cum credo ; non enim est in angulo aliquid horum gestutu. [27] Credis, rex agrippa, prophetis ? scio credis. [28] Agrippa autem ad paulum dixit : In modico me suades christianum fieri. [29] At ille: Opto apud deum et in modico et in magno non solum te, sed et omnes, qui me audiunt hodie, fieri tales qualis ego sum exceptis uinculis his.

h : [26] scit aute[m] de istis rex, apud quem loquor : nihil enim hor[um eum] latet. [27] credis, rex Agrippa, profetis ? scio quia cr[edis. [28] qui] ita ad eum ait : modico suades mihi, Paule, xpian[um...]. [29] ad quem sic ait : orarem dm et in modico et in m[agno non] solum te sed et istos qui me audiunt omnes fi[eri tales] qualis ego sum, exceptis vinculis istis.

Cass : [29] Cui Paulus studio charitatis optavit ut et ipse et caeteri audientes tales fierent qualis ipse erat...

Ephr[k] : [29] ego hoc modo in precibus sto ut auditores mei ad instar ipsius fiant...

30
ἀνέστη τε ὁ βασιλεὺς
καὶ ὁ ἡγεμὼν ἥ τε Βερνίκη
καὶ οἱ συγκαθήμενοι ^s αὐτοῖς,
31 καὶ ἀναχωρήσαντες ἐλάλουν
πρὸς ἀλλήλους λέγοντες
ὅτι οὐδὲν θανάτου ἢ δεσμῶν ἄξιον
πράσσει ^t ὁ ἄνθρωπος οὗτος.
32 Ἀγρίππας δὲ τῷ Φήστῳ ἔφη·
ἀπολελύσθαι ἐδύνατο
ὁ ἄνθρωπος οὗτος
εἰ μὴ ἐπεκέκλητο Καίσαρα.

30 καὶ ταῦτα εἰπόντος αὐτοῦ[1]
ἀνέστη [ ][1] ὁ βασιλεὺς
καὶ ὁ ἡγεμὼν [ ][2]
καὶ οἱ συγκαθήμενοι αὐτοῖς,
31 καὶ ἀναχωρήσαντες ἐλάλουν
πρὸς ἀλλήλους λέγοντες
[ ][1] οὐδὲν θανάτου [ ][2] ἄξιον
πράσσει ὁ ἄνθρωπος οὗτος.
32 Ἀγρίππας δὲ τῷ Φήστῳ ἔφη·
ἀπολελύσθαι ἐδύνατο
ὁ ἄνθρωπος οὗτος
εἰ μὴ ἐπεκέκλητο Καίσαρα.

s. B : συνκαθημενοι
t. B L 323 614 1241 1505 Koinè Syr ; τι πρασσει : p⁷⁴ ℵ A (Ψ) 33 81 104 945 1175 1739 1891
Vg *NA 28*

---

30 - 1. h SyrH* – *Koinè* Sah / 2. h – Eth.2.3

31 - 1. h – ndl.1 69 / 2. – Cass Sah (≈ *post* ἄξιον : h Vg(CT) *Koinè*)

v. 31 : Pour l'omission de ἢ δεσμῶν, voir le TO en 23,29. Le ms. h a complété en mettant
l'expression à une mauvaise place.

---

g : ³⁰ Et surrexit rex et legatus et beronice et qui sedebant cum eis, ³¹ et secederent loquebantur inter se dicentes, quia nichil dignum morte aut uinculis homines isti faciunt. ³² Agrippa autem festo dixit: Dimitti potuit hic homo, si non apellasset cesarem.

h : ³⁰ et cum [haec dixis]set, exurrexit rex et legatus, et omnes assen[. . . .], ³¹ et secesserunt, praefantes inter se de eo, dic[entes : nihil] mortem dignum vel vinculorum homo iste [. . . ³² respon]dit autem rex Agrippa : dimitti poterat hom[o iste, si non] appellavit Caesarem

1 ὡς δὲ ἐκρίθη

τοῦ ἀποπλεῖν ἡμᾶς
εἰς τὴν Ἰταλίαν,

1a καὶ οὕτως ἔκρινεν αὐτὸν ὁ ἡγεμὼ
ἀναπεμηψάσθαι Καίσαρι[1]

1b τῇ ἐπιούσῃ προσκαλεσάμενος
ἑκατόνταρχόν τινα ὀνόματι
Ἰουλίον [ ][2]

παρεδίδουν τόν τε Παῦλον
καί τινας ἑτέρους δεσμώτας
ἑκατοντάρχῃ ὀνόματι Ἰουλίῳ
σπείρης Σεβαστῆς.

παρέδωκεν αὐτῷ τὸν Παῦλον
σὺν ἑτέροις δεσμώταις[3]
[ ][4]
[ ][5]

2
ἐπιβάντες δὲ πλοίῳ Ἀδραμυττηνῷ[a]
μέλλοντι πλεῖν
εἰς τοὺς κατὰ τὴν Ἀσίαν τόπους
ἀνήχθημεν, ὄντος σὺν ἡμῖν
Ἀριστάρχου Μακεδόνος
Θεσσαλονικέως·

2 μέλλοντες πνεῖν
ἐπέβημεν[1] πλοίῳ Ἀδραμυττηνῷ
[ ][1]
[ ][2]
ἐπέβη δὲ[3] σὺν ἡμῖν
καὶ Ἀρίσταρχος Μακεδών[3]
[ ][4]

3 τῇ τε ἑτέρᾳ κατήχθημεν
εἰς Σιδῶνα, φιλανθρώπως τε
ὁ Ἰούλιος
τῷ Παύλῳ χρησάμενος ἐπέτρεψεν
πρὸς τοὺς φίλους πορευθέντι

ἐπιμελείας τυχεῖν.

3 [ ][1] κατήχθημεν δὲ[2]
εἰς Σιδῶνα, καὶ[3] φιλανθρώπως [ ][4]
ὁ ἑκατόνταρχος[5]
τῷ Παύλῳ χρησάμενος ἐπέτρεψεν
τοῖς φίλοις πορεύθεισιν[6]
πρὸς αὐτὸν[7]
ἐπιμελεῖσθαι αὐτοῦ[7].

a. א B² L Ψ 81 323 614 945 1175 1241 1505 1739 *Koinè NA 28* ; Αδραμυντηνω : B* p⁷⁴ A 33

---

1 - 1. h - prv. 1 97 (421) (SyrP Eth.4-13) (οὕτως οὖν ἔκρινεν ὁ ἡγεμὼν ἀναπεμηψάσθαι αὐτὸν Καίσαρι : SyrH^mg p²) / 2. h SyrH^mg (g) / 3. h Eth.2.3 / 4. h SyrH^mg g Vg / 5. h SyrP et Eth.4-13 : *om.* οὕτως ; *add. in fine* : εἰς τὴν Ἰταλίαν

2 - 1. h - g SyrP Eth.4-13 / 2. h / 3. h - (g) SyrP Eth.4-13 / 4. h Ephr^k Geo

3 - 1. h - (*post* κατήχθημεν : Eth.6) / 2. h - (≈ *loco* τε) L SodC.3 181 1898 *pc* Chr.1 Vg Sah Boh / 3. h g / 4. h - SodC.8 / 5. h - g(+) ndl.1(+) Cass SyrP Eth.4-13 (h ≈ χρησαμενος τω Παυλω ο εκατονταρχος) / 6. h - Geo (Eth.1) / 7. h / 8. h cf. Eth.1 (*Boism*^1a : επιμενελειας τυχειν)
Varia : ἐκέλευσεν : SodB.1-2 *pc* Boh Eth.1 Geo

v. 1 : Notez que g et SyrH^mg ajoutent σπείρης Σεβαστῆς à deux places différentes. Quant à g, qui suivait le TA au verset 1a, il est obligé de changer le participe initial en un indicatif.

v. 2 : Comme au verset 1b, g et SyrP (cf. Eth.4-13) complètent le TO (quelque peu modifié) avec le TA. Ils doivent dépendre de l'archétype X.

v. 3 : Dans le TA, Paul a la permission d'aller chez ses amis et de recevoir leurs soins ; dans le TO, ce sont les amis de Paul qui ont la permission de venir à lui pour prendre soin de lui.

g : [1] Vt autem iudicatum est mitti nos in italiam uocauit centurionem cohortis italiae nomine iulium et assignauit ei paulum cum reliquis custodiis. [2] Incipientes autem nauigare in italiam intrauimus nauem adrummitinam, quae in locis asiae nauigatura erat; nauigabat autem nobiscum aristarchus macedo thessalonicensis. [3] Et altera die deuenimus sidonem et humane agens iulius centurio cum paulo permisit ei ire ad amicos et curam sui habere.

h : et ita legatus mitti eum Ca[esari judicavit]. [1] [et in] crastinum vocabit centurionem quenda, [nomi]ne Julium, et tradidit ei Paulum cum ceteris cus[todiis]. [2] cum coepissemus navigare, ascendimus in nave [Adru]metinam : ascendit autem noviscum et Aristar[chus Ma]cedo. [3] venimus autem Sidonae : et humanae attrac[tans Pa]ulum, ille centurio permisit amicis, qui veniebant [ad eum], uti curam ejus agerent.

SyrH[mg] **:** [1] quum die postero vocasset centurionem quemdam cuius nomen iulianus ex cohorte augusta tradidit ei paulum cum et ceteris vinctis.

Ephr[k] **:** [2] Sedere fecerunt eum cum Luca et cum Aristarcho Macedone.

Geo : [3] ... et praecepit amicis suis ire ut escam acciperet

Eth.1 : [3] ... et praecepit amicis eius ut curam eius agerent et facerent quid vellet.

4 κἀκεῖθεν ἀναχθέντες
ὑπεπλεύσαμεν τὴν Κύπρον
διὰ τὸ τοὺς ἀνέμους εἶναι ἐναντίους,
5
τό τε πέλαγος
τὸ κατὰ τὴν Κιλικίαν καὶ Παμφυλίαν
διαπλεύσαντες

κατήλθομεν ᵇ εἰς Μύρα ᶜ τῆς Λυκίας.
6 κἀκεῖ εὑρὼν ὁ ἑκατοντάρχης
πλοῖον Ἀλεξανδρῖνον πλέον
εἰς τὴν Ἰταλίαν ἐνεβίβασεν ἡμᾶς
εἰς αὐτό.
7 ἐν ἱκαναῖς δὲ ἡμέραις
βραδυπλοοῦντες καὶ μόλις
γενόμενοι κατὰ τὴν Κνίδον
μὴ προσεῶντος ἡμᾶς τοῦ ἀνέμου,

ὑπεπλεύσαμεν τὴν Κρήτην
κατὰ Σαλμώνην,

4 κἀκεῖθεν [ ]¹
ὑπεπλεύσαμεν τὴν Κύπρον
διὰ τὸ ἐναντίους εἶναι²τοὺς ἀνέμους,
5 καὶ μετὰ ταῦτα
τὸν Κιλίκιον κόλπον
καὶ τὸ Παμφίλιον πέλαγος¹
διαπλεύσαντες
δι'ἡμερῶν δεκαπέντε²
κατηντήσαμεν³ εἰς Μύρα τῆς Λυκίας.
6 καὶ¹ εὑρὼν ὁ ἑκατοντάρχης
πλοῖον Ἀλεξανδρῖνον πλέον
εἰς τὴν Ἰταλίαν ἐνεβίβασεν ἡμᾶς
[ ]².
7 βραδυπλοοῦντες¹ δὲ
ἐν ὀλίγοις² ἡμέραις [ ]¹ [ ]³
ἐγενόμεθα εἰς⁴ τὴν Κνίδον
[ ]⁵
κἀκεῖθεν ἀναχθέντες⁶
ὑποπλεύσαντες⁶ τὴν Κρήτην
[ ]⁷

b. *NA 28* ; B : κατηθαμεν
c. L Ψ 33 81 323 614 945 1241 1505 1739 *Koinè* h *NA 28* ; B 1175 : Μυρρα

---

4 - 1. - Eth.2.3 / 2. h - Eth.2.3 Theoph. II ᴸ
Cf. 14,26 : κἀκεῖθεν ἀπέπλευσαν ; 20,15 : κἀκεῖθεν ἀπεπλεύσαντες.

5 - 1. h / 2. h SyrH* - b Vg(D) SodC.1.2.4.8.10.11.13.14 / 3. h - g n SyrP 88 915

6 - 1. h - a ndl.2 255 Arab / 2. h - Sah.4(vid) (≈ *ante* ἡμᾶς : SodC.1.2.8 915 ; ἐν αὐτῷ : n 1838)

7 - 1. h SyrP Eth.4-13 / 2. h / 3. h Eth.4-13 / 4. h cf. g SyrP Eth.4-13 / 5. h / 6. h Eth.3 / 7. h SyrH* - SodC.1-3.11.13.15.16

v. 7 : Le *venimus* de h peut traduire ἐγενόμεθα comme les autres latins en 21,17 où ce verbe a aussi le sens de « arriver à ». Sur ce sens de γίνεσθαι, cf. encore 25,15. Le TO suppose que le bateau a fait escale à Cnide.

g : 4 Et inde profecti pernauigauimus cyprum quia uenti contrarii erant. 5 Et cum pernauigassemus mare, quod secundum ciliciam est et pamphiliam, deuenimus lystram que est liciae. 6 Et inuenit ibi centurio nauem alexandrinam nauigantem in italiam et inposuit nos in eam. 7 Pluribus autem diebus tarde nauigantes uix deuenimus contrac nidum, et non admittente nos uento pernauigauimus cretam per salmonem,

h : 4 inde autem navigantes [legimu]s Cyprum, eo quod contrari erant venti : 5 et post [haec, na]vigantes sinum Cilium et Pamphilium pelagu, [diebus] xv devenimus Myra Lyciae, 6 et invenit nave [Alexan]drinam centurio ille navigantem in Italia. [imposu]it nos, 7 et cum tarde navigaremus per aliquod [tempus, v]enimus Gnidum :

Eth.4-13 : 7 et haec navis graviter ibat et postea in pluribus diebus pervenimus contra insulam knidos et propter ventum non potuimus proficisci recte et navigavimus circa cretam contra civitatem salmona.

8 μόλις τε
παραλεγόμενοι αὐτὴν
ἤλθομεν εἰς τόπον τινὰ
καλούμενον Καλοὺς λιμένας,
ᾧ ἐγγὺς ἦν πόλις ᵈ Λασαία.ᵉ
9 ἱκανοῦ δὲ χρόνου διαγενομένου

καὶ ὄντος ἤδη ἐπισφαλοῦς τοῦ πλοὸς
διὰ τὸ καὶ τὴν νηστείαν ἤδη
παρεληλυθέναι,
παρήνει ὁ Παῦλος
10 λέγων αὐτοῖς· ἄνδρες, θεωρῶ
ὅτι μετὰ ὕβρεως
καὶ πολλῆς ζημίας οὐ μόνον
τοῦ φορτίου καὶ τοῦ πλοίου
ἀλλὰ καὶ τῶν ψυχῶν ἡμῶν
μέλλειν ἔσεσθαι τὸν πλοῦν.
11 ὁ δὲ ἑκατοντάρχης
τῷ κυβερνήτῃ καὶ τῷ ναυκλήρῳ
μᾶλλον ἐπείθετο
ἢ τοῖς ὑπὸ Παύλου λεγομένοις.

8 [ ]¹
[ ]²
*κατηντήσαμεν*³ εἰς [ ]⁴
[ ]⁴ *καλὸν λιμένα*⁵,
*ὅπου*⁶ *ἐγγὺς πόλις ἦν*⁶ [ ]⁶.
9 *καὶ ἱκανὰς ἡμέρας ἐκεῖ*
*ποιησάντων ἡμῶν*¹
καὶ ὄντος ἤδη ἐπισφαλοῦς τοῦ πλοὸς
διὰ τὸ καὶ τὴν νηστείαν [ ]²
παρεληλυθέναι,
*προσῆλθεν*³ ὁ Παῦλος
10 λέγων [ ]¹· ἄνδρες, θεωρῶ
ὅτι μετὰ ὕβρεως <u>*πολλῆς*</u>²
καὶ ζημίας οὐ μόνον
τοῦ φορτίου καὶ τοῦ πλοίου
ἀλλὰ καὶ τῶν ψυχῶν ἡμῶν
μέλλειν ἔσεσθαι τὸν πλοῦν.
11 [ ]¹
*ὁ δὲ κυβερνήτης καὶ ὁ ναύκληρος*²
[ ]¹
[ ]¹

d. B L Ψ 81 323 614 945 1175 1241 1505 1739 *Koinè* ; πολις ην : ℵ A 33 *NA 28*
e. L Ψ 323 614 1241 1505 *Koinè NA 28* ; B 81 : λασεα

---

8 - 1. h / 2. h Eth.1-3 / 3. h Cass SyrP Eth / 4. h / 5. h Cass (cf. g : qui vocatur bonus portus) /
6. h

9 - 1. h - cf. SyrP Eth / 2. h - g p Eth Arab 489 *pc* (≈ *ante* καὶ τὴν νηστείαν : SodC.7 SodB.6)
/ 3. h - *om.* Eth.2.3)
Cf. 20,3 : ποιήσας τε μῆνας τρεῖς... (et 15,33 ; 18,23).

10 - 1. h - 1838 / 2. h - Theoph.Iᴸ (+Eth.4-13)

11 - 1. h (mais transfert à la fin du v. 22) / 2. h

v. 8 : La finale de h est difficile. Il est probable que le mot *anchis* est une transcription de
ἐγγύς, que le scribe a pu prendre pour un nom de ville (absent de son substrat grec). Pour la
rétroversion de verbe *devenimus*, voir h g n en 27,5 où SyrP a aussi le même verbe qu'ici.

g : [8] et cum uix colligeremus eam, uenimus in locum, qui dicitur bonus portus, iuxta quos erat ciuitas talassa. [9] Multo autem tempore peracto et cum iam incerta esset nauigatio propter quod et ieiunium transisset, hortabatur eos paulus [10] dicens: Viri, uideo quod cum iniuria et multo detrimento non tantum oneris et nauis, sed etiam animarum nostrarum erit futurum. [11] Centurio aytem gubernatori et magistro nauis magis credebat quam his quae a paulo dicebantur.

h : [8] et inde cum tulissemus, lege[tes Cret]en, devenimus in portum bonum, ubi Anchis ci[vitas er]at : [9] et cum plures dies illic fecissemus, et jam es[set peri]culosa navigatio, eo quod et jejunium trans[sisset], accesit Paulus, [10] dicens: viri, video nos cum injuria [multa e]t jactura, non tantum navis, sed et animaru [nostrar]um navigare incipere. [11] gubernator autem [et magis]ter navis cogitabant navigare,

Cass : [8] exindeque [cf. v.7b] in Boniportum post tempus aliquod pervenerunt

SyrP : [9] et eramus ibi tempus multum...

Eth. : [9] et tardavimus ibi multos dies...

12 ἀνευθέτου δὲ τοῦ λιμένος	12 [ ]¹
ὑπάρχοντος πρὸς παραχειμασίαν	[ ]¹
οἱ πλείονες	[ ]²
ἔθεντο βουλὴν ἀναχθῆναι	ἔθεντο βουλὴν ἀναχθῆναι
ἐκεῖθεν εἴ πως δύναιντο	[ ]³ εἴ ἄρα⁴ δύναιντο
καταντήσαντες εἰς Φοίνικα	καταντῆσαι⁵ εἰς Φοίνικα
παραχειμάσαι,	[ ]⁶
λιμένα τῆς Κρήτης βλέποντα	λιμένα τῆς Κρήτης [ ]⁷
κατὰ λίβα καὶ κατὰ χῶρον.	[ ]⁷
	ἐπείθετο αὐτοῖς ὁ ἑκατοντάρχης
	μᾶλλον ἤ τοῖς λόγοις τοῦ Παύλου⁸.
13 ὑποπνεύσαντος δὲ νότου	13 ὑποπνεύσαντος δὲ νότου
δόξαντες τῆς προθέσεως	[ ]¹
κεκρατηκέναι, ἄραντες ἆσσον	[ ]¹ ἀνήχθημεν²
παρελέγοντο τὴν Κρήτην.	ἀπὸ τῆς Κρήτης³.

---

12 - 1. h - Eth.2.3 / 2. h / 3. h Vg(O) / 4. h / 5. h SodC.4 / 6. h / 7. h ndl.1 (*om.* καὶ κατὰ χῶρον *tantum* : Syr Eth.2-13) / 8. h

13 - 1. h Eth.2.3. / 2. h cf. Eth.2 / 3. h Eth.3

v. 12 : Le TO est logique en omettant tout ce qui concerne le fait de passer l'hiver dans un port bien abrité des vents puisqu'ils se trouvent déjà dans « un bon port » (verset 8).

v. 13 : Le début du TO est certain, avec l'accord de h et de Eth.2.3 pour l'omission indiquée en 1. Mais la suite est très difficile. Le verbe *tulimus* de h ne traduit sûrement pas le ἄραντες du TA, mais le grec ἀνήχθημεν, comme au verset 8. Ceci nous est confirmé par les deux manuscrits éthiopiens. L'éthiopien n'a pas de terme spécial pour traduire ce verbe, et dans les Actes les traductions sont variées. Eth.2 a le participe du verbe « sortir », comme en 16,11 pour traduire ἀναχθέντες (cf. 27,21). Quant à Eth.3, le verbe que nous avons rendu par *discessimus* peut traduire aussi ἀνάγεσθαι, comme en 13,13. On retiendra donc le substrat grec ἀνήχθημεν.
La suite est plus difficile. On admet que le *celerius* de h traduit le comparatif θᾶσσον, inconnu par ailleurs du NT, au lieu de ἆσσον qui se lit dans le TA. Cet adverbe est ignoré de Eth.2.3, comme aussi le παρελέγοντο du TA que h traduit par *sublegebamus*. Nous pensons alors à une harmonisation de h sur le TA, avec changement de ἆσσον (qui n'avait plus aucun sens) en θᾶσσον. C'est donc Eth.3 qui aurait gardé le TO avec comme substrat grec ἀνήχθημεν ἀπὸ τῆς Κρήτης (pour la préposition, cf. 13,13 ; 18,21 ; 27,21). On rejoint la formule de Paul en 27,21 : « Il fallait m'écouter, ne pas quitter la Crète (μὴ ἀνάγεσθαι ἀπὸ τῆς Κρήτης) ».

g : [12] Et quia non erat aput portus ad hyemandum plures consilium facerent ut leuarent inde, si quomodo possent phoenicen deportari, hyemare in littore crete respicientem contra affricam et chorum. [13] Flante autem euro putantes propositum consilium se tenere leuantes iuxta colligebant creten.

h : [12] si forte possent [venire P]hoenicem in portum, qui est Cretae. conse[tiebat i]llis magis centurio quam Paulis verbis : [13] et [dum flat] auster, tulimus celerius et sublegebamus

Eth.3 : [13] et dum flaret ventus australis timuimus et discessimus a creta...

Eth.2 : [13] et dum flaret ventus australis... [14] (foris = advenit) ventus boreas.

14 μετ᾽οὐ πολὺ δὲ	**14** [ ]¹
ἔβαλεν	κατέβη δὲ²
κατ᾽ αὐτῆς ἄνεμος	[ ]³ ἄνεμος
τυφωνικὸς ὁ καλούμενος	[ ]⁴
εὐρακύλων·	εὐροκλύδων⁵
15 συναρπασθέντος δὲ τοῦ πλοίου	**15** καὶ ἔδραμεν τὸ πλοῖον
καὶ μὴ δυναμένου ᶠ ἀντοφθαλμεῖν	[ ]¹
τῷ ἀνέμῳ ἐπιδόντες ἐφερόμεθα.	[ ]¹
16 νησίον δέ τι ὑποδραμόντες	**16** καὶ κατηντήσαμεν εἰς¹ νησίον
καλούμενον Καῦδα ἰσχύσαμεν	καλούμενον Κλαῦδα [ ]¹
μόλις περικρατεῖς γενέσθαι	[ ]¹
τῆς σκάφης,	[ ]¹
17 ἣν ἄραντες βοηθείαις ἐχρῶντο	**17** [ ]¹
ὑποζωννύντες τὸ πλοῖον·	[ ]¹
φοβούμενοί τε μὴ	φοβούμενοί δὲ¹ μὴ
εἰς τὴν Σύρτιν ἐκπέσωσιν,	εἰς τὴν Σύρτιν φερώμεθα¹
χαλάσαντες τὸ σκεῦος,	[ ]¹
οὕτως ἐφέροντο.	ἐμείναμεν ἐκεῖ.¹

f. *NA 28* ; B : δυνομενου

14 - 1. - n Eth.2 / 2. - n cf. Eth.(2).3 / 3. - n Eth.2.3 / 4. Eth.2.3 / 5. cf. Eth.2.3

15 - 1. TO = Eth.2.3

16 - 1. TO = Eth.2.3 ; Κλαῦδ(αν) : Eth.2.3 et tous sauf B p⁷⁴ 1175 g n Vg *pc*

17 - 1. TO = Eth.2.3 (avec changement de « Syrte » en « Syrie »).

v. 14 : Le ms. n commence par donner le TO puis adopte le TA. Dans Eth.3, le verbe traduit par *advenit* doit répondre au κατέβη attesté par n, comme en Lc 8,23. Eth.2 a remplacé ce verbe par un mot signifiant « dehors », sous l'influence de la fin du verset précédent. Cf. Lc 8,23-24 : καὶ κατέβη λαῖλαψ ἀνέμου... ἐπετίμησεν τῷ ἀνέμῳ καὶ τῷ κλύδωνι τοῦ ὕδατος...

v. 16 : Dans la phrase du TA νησίον δέ τι ὑποδραμόντες καλούμενον Καῦδα, les mots νησίον et καλούμενον sont anormalement séparés ; le TO seul donne une formule correcte, comme en Lc 7,11 ἐπορεύθη εἰς πόλιν καλουμένην Ναΐν (cf. Ac 14,6 TO).

g : [14] Non post multum autem misit se super eam uentus typhonicus, qui uocatur euroaquilo [15] et arrepta naui cum non possent contra resistere uento se tradiderunt. [16] Percurrentes autem insulam, quae apellatur candae, uix ualuimus obtinere scapham, [17] quam auferentes adiutorio utebamus succingentes nauem. Timentes autem ne in syrtem incideremus uas quoddam dimiserunt, quod traheret,

Eth.3 : [14] et tempore interjecto advenit ventus boreas

Eth.2 : [14] (foris = advenit) ventus boreas.

n : [14] descendit autem ventus vehemens qui vocatur euroquilo

18 σφοδρῶς δὲ
χειμαζομένων ἡμῶν τῇ ἑξῆς
ἐκβολὴν ἐποιοῦντο,
19 καὶ τῇ τρίτῃ αὐτόχειρες
τὴν σκευὴν τοῦ πλοίου ἔρριψαν.[g]

20

μήτε δὲ ἡλίου μήτε ἄστρων
ἐπιφαινόντων ἐπὶ πλείονας ἡμέρας,
χειμῶνός τε οὐκ ὀλίγου ἐπικειμένου,
λοιπὸν [h] περιῃρεῖτο
ἐλπὶς πᾶσα τοῦ σῴζεσθαι ἡμᾶς.
21 πολλῆς τε ἀσιτίας
ὑπαρχούσης
τότε σταθεὶς ὁ Παῦλος
ἐν μέσῳ αὐτῶν εἶπεν· ἔδει μέν,
ὦ ἄνδρες, πειθαρχήσαντάς μοι
μὴ ἀνάγεσθαι ἀπὸ τῆς Κρήτης
κερδῆσαί τε τὴν ὕβριν ταύτην
καὶ τὴν ζημίαν.

18 τῇ δὲ ἑξῆς[1] σφοδρῶς
χειμαζομένου τοῦ πλοίου[1]
[ ][1]
19 [ ][1]
τὴν σκευὴν ἐρρίψαμεν[2]
εἰς τὴν θάλασσαν[3].
20 χειμῶνος δὲ ἐπικειμένου[1]
ἐπὶ πλείονας ἡμέρας[2]
καὶ[3] μήτε δὲ ἡλίου μήτε ἄστρων
ἐπιφαινόντων [ ][2]
[ ][1]
λοιπὸν περιῃρεῖτο ἡμῖν[3]
ἐλπὶς πᾶσα ζωῆς[3].
21 καὶ[1] πολλῆς ἀσιτίας
ὑπαρχούσης
[ ][2] σταθεὶς ὁ Παῦλος
ἐν τῷ[3] μέσῳ [ ][4] εἶπεν· ἔδει μέν,
ὦ ἄνδρες, πειθαρχήσαντάς μοι
μὴ ἀνάγεσθαι ἀπὸ τῆς Κρήτης
κερδῆσαί τε τὴν ὕβριν ταύτην
καὶ τὴν ζημίαν.

g. *NA 28* ; Β : ερειψαν
h. ℵ A C 81 *NA 28* ; Β : *om.*

---

18 - 1. Eth.2.3

19 -1. Eth.2.3 / 2. Eth.2.3 - *Koinè* SyrP Eth / 3. Eth.2.3 - SodC(mss) c g n dem Vg(CMT) prv
SyrH* Ephr Sah Eth

20 - 1. Eth.2.3 g SyrP / 2. Eth.2.3 SyrP / 3. g / 4. g cf. Eth.2.3 SyrP

21 - 1. g SyrP Eth (δέ : *Koinè* Sah Boh – *Boism*[1a]) / 2. g Eth.5-13 A / 3. Eth.2.3.5.9-13 / 4.
Eth.2.3.5.9-13 (ἡμῶν : SodC.1-3.10.11.13.14)

v. 20 : Le verbe que nous avons traduit par *cum peius esset* (cf. Dillmann) répondrait au grec
χείρονος que le traducteur aurait confondu avec χειμῶνος. Et si l'on admet que la mention de
la « pluie » interprète l'idée de « tempête » (cf. SyrP), on aurait un doublet dans le texte
éthiopien. Cela pourrait rendre compte de la mention du « troisième jour », reprise du TA
(début du verset 10).

v. 21 : Noter que le TA revient encore une fois au style « ils ».

g : [18] uento autem ualido instante et tempestate subsequenti autem die iactum fecerunt [19] et tertia die suis manibus armamenta nauis proiecerunt in mare. [20] Persuerante autem tempestate et neque sole neque stellis apparentibus per plurimos dies omnis spes nobis auferebatur uitae. [21] Et cum multis diebus iam ieiunassent stans paulus in medio eorum dixit : Opotunerat quidem uos, o uiri, credentes michi non nauigare a creta et lucrari hanc iniuriam ac detrimentum.

Eth.2.3 : [18] tunc postera die periclitabatur navis nostra valde [19] et poriecimus totum armamentum in mare [20] tertia die cum peius esset adhuc et mansit pluebat multos dies cum non apparebat sol neque stella et desperavimus vivere nos omnes

SyrP : [20] et cum durasset pluvia per dies multos nec sol appareret... spes vitae nostrae omnis penitus praecisa est

22 καὶ τὰ νῦν παραινῶ ὑμᾶς
εὐθυμεῖν, ἀποβολὴ γὰρ ψυχῆς
οὐδεμία ἔσται ἐξ ὑμῶν
πλὴν τοῦ πλοίου·
23 παρέστη γάρ μοι ταύτῃ τῇ νυκτὶ
τοῦ θεοῦ οὗ εἰμι ⁱ ᾧ καὶ λατρεύω,
ἄγγελος
24 λέγων· μὴ φοβοῦ, Παῦλε·
Καίσαρί σε δεῖ
παραστῆναι,
καὶ ἰδοὺ κεχάρισταί σοι ὁ θεὸς
πάντας τοὺς πλέοντας μετὰ σοῦ.
25 διὸ εὐθυμεῖτε, ἄνδρες· πιστεύω
γὰρ τῷ θεῷ ὅτι οὕτως ἔσται
καθ’ ὃν τρόπον λελάληταί μοι.
26 εἰς νῆσον δέ τινα ἡμᾶς ʲ δεῖ ʲ ἐκπεσεῖν
27 ὡς δὲ τεσσαρεσκαιδεκάτη νὺξ
ἐγένετο
διαφερομένων ἡμῶν ἐν τῷ Ἀδρίᾳ,
κατὰ μέσον τῆς νυκτὸς
ὑπενόουν οἱ ναῦται προσηχεῖν ᵏ
τινὰ αὐτοῖς χώραν.

22 καὶ τὰ νῦν παραινῶ ὑμᾶς
εὐθυμεῖν, ἀποβολὴ γὰρ ψυχῆς
οὐδεμίας¹ ἔσται ἐξ ἡμῶν²
πλὴν τοῦ πλοίου·
23 παρέστη [ ]¹ μοι ταύτῃ τῇ νυκτὶ
τοῦ θεοῦ [ ]² [ ]² ᾧ [ ]³ λατρεύω,
ἄγγελος
24 λέγων· μὴ φοβοῦ, Παῦλε·
ὀνώπιον Καίσαρός¹ σε δεῖ
παραστῆναι,
καὶ ἰδοὺ κεχάρισταί σοι [ ]²
πάντας τοὺς μετὰ σοῦ πλέοντας³.
25 διὸ εὐθυμεῖτε, ἄνδρες· πιστεύω
γὰρ τῷ θεῷ ὅτι οὕτως ἔσται
καθ’ ὃν τρόπον λελάληταί μοι.
26 εἰς νῆσον δέ τινα δεῖ ἡμᾶς¹ ἐκπεσεῖν.
27 ὡς δὲ τεσσαρεσκαιδεκάτη νὺξ
ἐγένετο
[ ]¹
κατὰ μέσον τῆς νυκτὸς
ὑπενόουν οἱ ναῦται [ ]²
[ ]² χώραν.

---

i. B C* L Ψ 81 323 614 945 1175 1241 1505 1739 *Koinè* n (= s = palimps. Bobiensis) ; ειμι εγω
p⁷⁴ ℵ A C² (2818) Vg *NA 28*
j. B Vg(D) ; δει ημας : *NA 28* avec tous sauf B Vg(D)
k. B (= προσαχειν) g n(= s = palimps. Bobiensis) ; προσαγειν : p⁷⁴ ℵ² A C L Ψ 33 81 323 945
1175 1241 1739 *Koinè NA 28*

---

22 - 1. - g n Vg SyrP Eth SodC.10 SodB.1-3.5.7 36.453 431 SyrH Sah Geo / 2. - g Eth

23 - 1. - g Vg(MO) / 2. - g Eth.2.3 / 3. - g Eth.2.3 SodC.4.8 36 431

24 - 1. Ephrᵏᶜ - g n ndl SyrP Eth.1.4-13 / 2. - g Boh(ABᵃ) / 3. QvD - g n Cass (*om.* : a Ephrˢ)

26 - 1. Tous sauf B Vg(D)

27 - 1. - Eth. / 2. Eth.2.3

²² Et nunc quidem suadeo nos bono animo esse, iactum enim nullius animae erit ex uobis, nisi tantum nauis ; ²³ astititit michi hac nocte angelus dei, cui deseruio ²⁴ dicens : Noli timere, paule, oportet te ante cesarem stare, et ecce donauit tibi omnes qui tecum nauigant, ²⁵ propterea bono animo estote, uiri, credo enim deo, quia sic erit quemadmodum locutus est michi. ²⁶ In insulam autem quendam oportet nos deuenire. ²⁷ Et cu XIIIIa nox facta esset et iactaremur in adria circa mediam noctem suspicabantur nayte resonare sibi aliquam regionem,

Eth.2.3 : ²⁷ in quarta decima nocte in medio noctis perceperunt terram nautae (...)

28 καὶ βολίσαντες εὗρον
ὀργυιὰς εἴκοσι,
βραχὺ δὲ διαστήσαντες
καὶ πάλιν βολίσαντες εὗρον
ὀργυιὰς δεκαπέντε·
29 φοβούμενοί τε μή που
κατὰ τραχεῖς τόπους ἐκπέσωμεν,

ἐκ πρύμνης ῥίψαντες
ἀγκύρας τέσσαρας ηὔχοντο [1]
ἡμέραν γενέσθαι.
30 τῶν δὲ ναυτῶν ζητούντων
φυγεῖν ἐκ τοῦ πλοίου
καὶ χαλασάντων τὴν σκάφην
εἰς τὴν θάλασσαν
προφάσει ὡς ἐκ πρῴρης [m] ἀγκύρας
μελλόντων ἐκτείνειν,
31 εἶπεν ὁ Παῦλος
τῷ ἑκατοντάρχῃ
καὶ τοῖς στρατιώταις·
ἐὰν μὴ οὗτοι μείνωσιν ἐν τῷ πλοίῳ,
ὑμεῖς σωθῆναι οὐ δύνασθε.
32 τότε ἀπέκοψαν οἱ στρατιῶται
τὰ σχοινία τῆς σκάφης
καὶ εἴασαν αὐτὴν ἐκπεσεῖν.

28 καὶ βολίσαντες εὗρον
ὀργυιὰς εἴκοσι,
βραχὺ δὲ διαστήσαντες
καὶ πάλιν βολίσαντες εὗρον
ὀργυιὰς δεκαπέντε·
29 φοβούμενοί τε μή [ ][1]
[ ][1] *ἐπικροτῆναι*
ἐπέκειλαν τὴν ναῦν καὶ
[ ][1]
[ ][1] ηὔχοντο
ἡμέραν γενέσθαι.
30 τῶν δὲ ναυτῶν ζητούντων
φυγεῖν [ ][1]
καὶ χαλασάντων τὴν σκάφην
εἰς τὴν θάλασσαν
[ ][1]
[ ][1]
31 εἶπεν ὁ Παῦλος
τῷ ἑκατοντάρχῃ
καὶ τοῖς στρατιώταις·
ἐὰν μὴ [ ][1] <u>ἐν τῷ πλοίῳ μείνωσιν</u>[2],
ἡμεῖς[3] σωθῆναι οὐ *δυναμεθα*[3].
32 τότε ἀπέκοψαν [ ][1]
τὰ σχοινία *καὶ τὴν σκάφην*[2]
[ ][2] εἴασαν [ ][2] ἐκπεσεῖν.

l. B : ευχοντο
m. B : πρωρας

---

29 - 1.ΤΟ = Eth.2.3
Pour la rétroversion en grec de la première partie du verset, voir 27,41 où ce texte fut dédoublé
(cf. *Boism*[1b] p.186)

30 - 1. Eth.2.3

31 - 1. Eth.2.3 a b Vg(CIV) ndl.1 / 2. g n Vg Cass ℵ ψ SodC.1-4.6.8.10-14 SodB.1-4 / 3.
Eth.2-13 g SodC.7 467 1838

32 - 1. Eth.2.3 81 (≈ *ante* ἀπέκοψαν : g n *Koinè*) / 2. g Cass (ndl.1)

---

g : [28] et miserunt bolidem *et in* et inuenuerunt passus **XX** altitudinis, et post musillum iterum iactauerunt bolidem et inuenerunt passus **XV**. [29] Timentes autem ne in aspera loca incideremur de puppe proiecerunt anchoras IIII ut optabant ut dies fieret, ut sciremus an salui esse possimus. [30] Nautis autem querentibus fugere de naui et laxantibus scapham in mare occasionem querentes sub obtentu tamquam a prora anchoras essent missuri ut tutius nauis staret, [31] dixit paulus enturioni et militibus : Nisi hi in naui manserunt, nos salui esse non possumus. [32] Tunc protinus milites praeciderunt funes et scapham dimiserunt excidere.

Eth.2.3 : [29] Et timuerunt ne percuteretur et stare fecerunt navem eorum...

33 ἄχρι δὲ οὗ ἡμέρα ἤμελλεν
γίνεσθαι παρεκάλει ὁ Παῦλος
ἅπαντας μεταλαβεῖν τροφῆς
λέγων· τεσσαρεσκαιδεκάτην
σήμερον ἡμέραν προσδοκῶντες
ἄσιτοι διατελεῖτε,
μηθὲν προσλαβόμενοι·
34 διὸ παρακαλῶ ὑμᾶς
μεταλαβεῖν τροφῆς, τοῦτο γὰρ
πρὸς τῆς ὑμετέρας σωτηρίας
ὑπάρχει· οὐδενὸς γὰρ ὑμῶν θρὶξ
ἀπὸ τῆς κεφαλῆς ἀπολεῖται.
35 εἴπας δὲ ταῦτα καὶ λαβὼν ἄρτον
εὐχαρίστησεν τῷ θεῷ
ἐνώπιον πάντων
καὶ κλάσας ἤρξατο ἐσθίειν.
36 εὔθυμοι δὲ γενόμενοι πάντες
καὶ αὐτοὶ προσελάβοντο τροφῆς.
37 ἤμεθα δὲ αἱ πᾶσαι ψυχαὶ
ἐν τῷ πλοίῳ
διακόσιαι[n]
ἑβδομήκοντα ἕξ.
38 κορεσθέντες δὲ τροφῆς
ἐκούφιζον τὸ πλοῖον ἐκβαλλόμενοι
τὸν σῖτον εἰς τὴν θάλασσαν.

33 ὅτε[1] δὲ ἡμέρα ἤμελλεν
ἐγένετο[1] παρεκάλει ὁ Παῦλος
ἅπαντας μεταλαβεῖν τροφῆς
λέγων· τεσσαρεσκαιδεκάτην
[ ][2] ἡμέραν ἀφ οὗ[3]
ἄσιτοι διατελεῖτε,
[ ][4] ·
34 διὸ παρακαλῶ ὑμᾶς
προσλαβεῖν[1] τροφῆς, τοῦτο γὰρ
πρὸς τῆς ὑμετέρας σωτηρίας
ὑπάρχει· οὐδενὸς γὰρ ὑμῶν θρὶξ
ἀπὸ τῆς κεφαλῆς ἀπολεῖται.
35 εἴπας δὲ ταῦτα καὶ λαβὼν ἄρτον
εὐχαρίστησεν τῷ θεῷ
ἐνώπιον πάντων
καὶ κλάσας ἤρξατο ἐσθίειν.
36 εὔθυμοι δὲ γενόμενοι πάντες
[ ][1] παρελάμβανον[2] τροφῆς.
37 ἤμεν[1] δὲ [ ][2]
[ ][3]
[ ][4]
ἑβδομήκοντα ἕξ ψυχαί[2].
38 κορεσθέντων[1] δὲ αὐτῶν[1] [ ][2]
ἐκουφίζετο[1] τὸ πλοῖον [ ][1]
[ ][1]

n. ℵ C 81 *NA 28* ; ως : B Epiph Sah

---

33 - 1. - g (Vg) Eth.2-13 Geo / 2. - Eth SodC.3 *pc* Chr.2[b] Geo[B] (≈ *post* ἡμέραν : g Vg(S) SodC.10 1838 *pc* Geo[A]) / 3. g Eth.2-12 SyrP Geo(+) / 4. - g Eth Chr.2

34 - 1. - g Vg *Koinè* (autres versions ?)
Varia : *add.* τινός : ψ SodC.1-3.8.10-14 SyrH(≈)

36 - 1. g prv ndl SyrP Eth.2-13 1758 *pc* / 2. g Vg SodC.1.2.4.8 (autres versions ?)

37 - 1. C *Koinè* (versions ?) / 2. - Eth.2.3 Epiph / 3. - g Eth.2.3 629*(vid) (≈*ante* αἱ πᾶσαι : *Koinè* SyrP) / 4. - Eth.2.3 Epiph B SodB.6

38 - 1. Eth.2.3 / 2. Eth.2.3 Arab

g : [33] Et cum dies fieret hortabatur paulus omnes ut perciperent escas dicens : Quarta ecima dies est hodie a qua sine cibo manetis [34] ideoque hortor uos accipere escam. Hoc enim pro uestra salute est, spero enim in deo meo, quoniam nullius uestrum capillus de capite cadet. [35] Et his dictis accepit panem et gratias egit deo coram omnibus et fregit et cepit manducare. [36] Tunc bono animo facti omnes percipiebant cibum, [37] eramus autem omnes CCLXX sex. [38] Et satiati cibo releuabant nauem proicientes triticum in mare.

Eth.2.3 : [37] et manducaverunt septuaginta et sex animae

39 ὅτε δὲ ἡμέρα ἐγένετο,	**39** [ ][1]
τὴν γῆν οὐκ ἐπεγίνωσκον[o],	[ ][1]
κόλπον δέ τινα κατενόουν	κόλπον δέ τινα κατενόουν
ἔχοντα αἰγιαλὸν	ἔχοντα αἰγιαλὸν
εἰς ὃν ἐβουλεύοντο	εἰς ὃν *ἐβουλόντο*[2]
εἰ δύναιντο ἐξῶσαι[p] τὸ πλοῖον.	εἰ δύναιντο ἐξῶσαι τὸ πλοῖον.
40 καὶ τὰς ἀγκύρας περιελόντες εἴων	**40** [ ][1]
εἰς τὴν θάλασσαν, ἅμα ἀνέντες	[ ][1]
τὰς ζευκτηρίας τῶν πηδαλίων,	[ ][1]
καὶ ἐπάραντες τὸν ἀρτέμωνα	[ ][1]
τῇ πνεούσῃ κατεῖχον εἰς τὸν αἰγιαλόν.	[ ][1]
41 περιπεσόντες δὲ	**41** *τότε ἐλθόντες*[1]
εἰς τόπον διθάλασσον	[ ][1]
ἐπέκειλαν τὴν ναῦν,	[ ][1]
καὶ ἡ μὲν πρῷρα ἐρείσασα	[ ][1]
ἔμεινεν ἀσάλευτος, ἡ δὲ πρύμνα	[ ][1], *καὶ ἐπεκροτεῖτο*[1]
ἐλύετο ὑπὸ τῆς βίας τῶν κυμάτων.[q]	*καὶ συνετρίβετο*[1].
42 τῶν δὲ στρατιωτῶν βουλὴ	**42** τῶν δὲ στρατιωτῶν βουλὴ
ἐγένετο ἵνα τοὺς δεσμώτας	ἐγένετο ἵνα τοὺς δεσμώτας
ἀποκτείνωσιν,	ἀποκτείνωσιν,
μή τις ἐκκολυμβήσας διαφύγῃ·	μή τις ἐκκολυμβήσας διαφύγῃ·
43 ὁ δὲ ἑκατοντάρχης	**43** ὁ δὲ ἑκατοντάρχης
βουλόμενος	ἐκώλυσεν[1] *τοῦτο γενέσθαι*[2]
διασῶσαι τὸν Παῦλον	*μάλιστα δια*[2] τὸν Παῦλον
ἐκώλυσεν αὐτοὺς τοῦ βουλήματος,	*ἵνα διασώσῃ αὐτόν*[2].
ἐκέλευσέν τε τοὺς δυναμένους	ἐκέλευσέν τε τοὺς δυναμένους
κολυμβᾶν[r] ἀπορίψαντας πρώτους	κολυμβᾶν ἀπορίψαντας πρώτους
ἐπὶ τὴν γῆν ἐξιέναι,	ἐπὶ τὴν γῆν ἐξιέναι,

o. ℵ A C 81 *NA 28* ; B : εγινωσκον
p. B² ℵ A 81 *NA 28* ; εκσωσαι : B C 522 88 915 Sah
q. p⁷⁴ ℵ² C L 33 81 323 614 945 1175 1241 1505 1739 *Koinè* Syr *NA 28* ; *om.* των κυματων (hapl.) : B ℵ A *pc* Geo // r. ℵ A C 81 *NA 28* ; B : εκκολυμβαν (v.42)

---

39 - 1. Eth.2.3 / 2. Eth A 88 915 181 1898 255 1175 *pc*
Varia : *om.* εἰ δύναιντο : 181 1898 Eth.1.4-13 (*contra* Eth.2.3)

40 - 1. Eth.2.3 // **41** - 1. Eth.2.3 // **43** - 1. Eth.2.3 g / 2. g / 3. Eth.2.3 g

v. 39 : L'omission du verset 39a s'impose dans le TO puisque le lever du jour y a été mentionné au verset 33a.

v. 41 : La rétroversion en grec du premier verbe est conjecturale. Pour le second, voir Mc 5,4 ; Mt 12,20 et aussi Jon 1,4.

g : [39] Et cum dies illuxisset naute terram non cognoscebant sinum aytem quendam prouidebant habentem litus in quo cogitabant si possent expellere nauem, [40] et auchoras colligentes proiciebant in mare et remittentes coniunctiones gubernaculorum, et leuato artemone secundum flatum aure tendebant ad litas. [41] Cum incidissent uim in locum bitalassum impegerunt nauem et prora quidem manebat immobilis, puppis uero soluebatur a ui maris. [42] Tunc cogitauerunt milites ut omnes custodias occiderent, ne quis enatans effugeret. [43] Centurio autem prohibuit hoc fieri praecipue propter paulum u saluum illum faceret. Et iussit illos, qui possent enatare, primos exire ad terram,

Eth.2.3 : [41] Tunc cum venirent impegerunt navem eorum ibi et percutiebatur et confringebatur.

44 καὶ τοὺς λοιποὺς   **44** καὶ *οἱ λοιποί*[1]

οὓς μὲν ἐπὶ σανίσιν   [ ][1] ἐπὶ σανίσιν

οὓς δὲ ἐπί τινων τῶν ἀπὸ τοῦ πλοίου·   [ ][1]

καὶ οὕτως ἐγένετο πάντας   [ ][1]

διασωθῆναι ἐπὶ τὴν γῆν.   *ἐξήεσαν.*[1]

---

44 – 1. TO = Eth.(2).3

g : [44] et reliquos quesdam in tabulis saluos fieri, et sic omnes animae saluae ad terram uenerunt.

Eth.2.3 : [44] et reliqui funes tenentes exierunt

1 καὶ διασωθέντες

τότε ἐπέγνωμεν
ὅτι Μελίτη ἡ νῆσος καλεῖται.
2
οἵ τε βάρβαροι παρεῖχον[a]
οὐ τὴν τυχοῦσαν φιλανθρωπίαν ἡμῖν,
ἅψαντες γὰρ πυρὰν προσελάβοντο
πάντας ἡμᾶς διὰ τὸν ὑετὸν
τὸν ἐφεστῶτα καὶ διὰ τὸ ψῦχος.
3 συστρέψαντος δὲ τοῦ Παύλου
φρυγάνων τι πλῆθος
καὶ ἐπιθέντος ἐπὶ τὴν πυράν,
ἔχιδνα ἀπὸ τῆς θέρμης ἐξελθοῦσα
καθῆψεν[b] τῆς χειρὸς αὐτοῦ.
4 ὡς δὲ εἶδον οἱ βάρβαροι
κρεμάμενον τὸ θηρίον
ἐκ τῆς χειρὸς αὐτοῦ,
πρὸς ἀλλήλους ἔλεγον·
πάντως φονεύς ἐστιν
ὁ ἄνθρωπος οὗτος
ὃν διασωθέντα ἐκ τῆς θαλάσσης
ἡ δίκη ζῆν οὐκ εἴασεν.
5 ὁ μὲν οὖν ἀποτινάξας τὸ θηρίον
εἰς τὸ πῦρ ἔπαθεν οὐδὲν κακόν ·

1 καὶ [ ][1]
καταβάντες ἐπὶ τὴν γῆν[2]
[ ][3] ἐπέγνωσαν[4] τὴν χώραν[5]
ὅτι Μελίτη [ ][6] καλεῖται.
2 προσανελάμβανον δὲ ἡμᾶς[1]
οἱ βάρβαροι
[ ][1]
καὶ ἥψαντο πυρὰν[1]
[ ][1]
ὅτι ψυχρὰ ἡ χώρα.[1]
3 συστρέψαντος δὲ τοῦ Παύλου
φρυγάνων τι πλῆθος
καὶ ἐπιθέντος ἐπὶ τὴν πυράν,
ἔχιδνα ἀπὸ τῆς θέρμης ἐξελθοῦσα
καθῆψεν τῆς χειρὸς αὐτοῦ.
4 ἰδόντες[1] δὲ [ ][1] οἱ βάρβαροι
[ ][2]
[ ][2],
[ ][3] ἔλεγον·
πάντως φονεύς ἐστιν
ὁ ἄνθρωπος οὗτος
ὃν διασωθέντα ἐκ τῆς θαλάσσης
ἡ δίκη ζῆν οὐκ εἴασεν.
5 καὶ[1] ἀποτίναξεν αὐτὴν[2]
εἰς τὸ πῦρ [ ][3] ·

a. B : παρειχαν / b. B : καθ ηψε

---

1 - 1. Eth.2.3 g SyrP Eth.4-13 Arm 629(vid) / 2. Eth.2.3 / 3. Eth.2.3 SodB.7 36.453 431 Boh(FS) / 4. Eth.2.3 *Koinè* Geo / 5. Eth.2.3 / 6. – conj. voir *infra*

2 - 1. TO = Eth.2.3 ; προσανελαμβανον : ℵ Ψ SodC.1-(3).8.10-14 g Vg(-D) ; δε : g Vg Sah Boh Geo

4 - 1. Eth.2.3 Chr.1° Or g Boh / 2. Eth.2.3 Chr.1° (pour g, voir *infra*) / 3. Eth.2.3 SyrP Sah.4

5 - 1. Eth.2.3 Vg / 2. Eth.2.3 (cf. Ephr^k) / 3. Eth.2.3

v. 1 : Dans Eth.2.3, les deux derniers mots font doublet avec *terram-eorum* et proviennent d'une harmonisation sur le TA.

v. 2 : La finale du TO s'accorde bien avec le verset 1.

v. 3 : Le *quo viso* de g doit traduire un simple ἰδόντες comme en 14,14 son *quo audito* traduit un simple ἀκούσας ; de même en 3,12 p traduit le simple ἰδὼν par *quo viso*. Mais cette formule qui suppose implicitement un complément direct au verbe "voir" exclut tout autre complément direct ; g a donc harmonisé sur le TA.

g : [1] Et tunc cognouimus quia militenae insula uocitatur. [2] Barbari autem praestabant nobis non modicam humanitatem a accendentes enim ignem refecerunt (sic) nos propter pluuiam imminentem et frigus. [3] Et cum collegisset paulus sarmentorum multitudinem et imposuisset super ignem, uipera a calore exiens momordit manum eius. [4] Quo uiso barbari quod penderet bestia de manu eius inter se dicebant : Is homo homicida debet esse, quem liberatum de mari uiuere equitas non permisit. [5] Paulus uero excusa bestia in ignem nichil patiebatur mali.

Eth.2.3: [1] et descendentes ad terram-eorum cognoverunt regionem-eorum quia melitè nomen-eius haec insula. [2] et susceperunt-nos homines huius regionis et accenderunt ignem quia frigida regio (erat) (...) [4] et videntes homines huius regionis dicebant hic homo etc.

Chr° : [4] ἰδόντες οὖν τοῦτο οἱ βάρβαροι

Ephr[k] : [5] Ille vibravit manum suam et proiecit eam in ignem, non nocuit illi... Quando vero proiecit eam neque illi nocuit, deum appellarunt eum (cf. v. 6)

6 οἱ δὲ προσεδόκων	6 οἱ δὲ προσεδόκων
αὐτὸν μέλλειν πίμπρασθαι ἢ	αὐτὸν μέλλειν [ ]¹
καταπίπτειν ἄφνω νεκρόν.	[ ]¹ ἄφνω ἀποθνῄσκειν¹.
ἐπὶ πολὺ δὲ αὐτῶν προσδοκώντων	[ ]¹
καὶ θεωρούντων μηδὲν ἄτοπον	καὶ θεωροῦντες αὐτὸν¹
εἰς αὐτὸν γινόμενον,	σωθῆναι¹
μεταβαλόμενοι ἔλεγον ᶜ	[ ]¹ ἔλεγον
αὐτὸν εἶναι θεόν.	αὐτὸν [ ]² θεόν.
7 ἐν δὲ τοῖς περὶ τὸν τόπον ἐκεῖνον	7 [ ]¹
ὑπῆρχεν χωρία	[ ]¹
	ἦν δέ τις ὀνόματι Πόπλιος
τῷ πρώτῳ	ἐκ τῶν πρώτων αὐτῶν
τῆς νήσου ὀνόματι Ποπλίῳ,	[ ]¹
ὃς ἀναδεξάμενος ἡμᾶς ἡμέρας τρεῖς ᵈ	ὃς ἀναδέξατο ἡμᾶς ἡμέρας τρεῖς
φιλοφρόνως ἐξένισεν.	[ ]¹.
8 ἐγένετο δὲ τὸν πατέρα τοῦ Ποπλίου	8 καὶ ἠσθένει ὁ πατὴρ τοῦ Ποπλίου
πυρετοῖς καὶ δυσεντερίῳ	[ ]¹ δυσεντερίῳ
συνεχόμενον κατακεῖσθαι,	[ ]¹
πρὸς ὃν ὁ Παῦλος εἰσελθὼν	καὶ¹ εἰσελθὼν ὁ Παῦλος¹
καὶ προσευξάμενος	προσεύξατο περὶ αὐτοῦ¹
ἐπιθεὶς τὰς χεῖρας αὐτῷ	[ ]¹
ἰάσατο αὐτόν.	καὶ ἰάθη ὁ ἄνθρωπος ἐκεῖνος.¹
9 τούτου δὲ γενομένου	9 [ ]¹
οἱ ᵉ λοιποὶ οἱ ἐν τῇ νήσῳ	πολλοὶ¹
ἔχοντες ἀσθενείας	ἔχοντες ἀσθενείας
προσήρχοντο	προσήρχοντο τῷ Παύλῳ
καὶ ἐθεραπεύοντο,	καὶ ἐθεραπεύοντο,

c. B : ελεγαν
d. B 6 88 104 181 323 614 913 1108 1175 1518 1611 1898 2138 2147 2401 2412 2495 ; τρεις ημερας : p⁷⁴ᵛⁱᵈ ℵ A L Ψ 048 (33) 81 945 1241 1739 *Koinè NA 28*
e. B g Vg(CL) ; και οι : ℵ A 066 81 *NA 28*

---

6 - 1. Eth.2.3 / 2. Eth.2.3 g Cass Ephrᵏᶜ (à une place variable suivant les autres témoins)

7 - 1. TO = Eth.2.3 // 8 - 1. TO = Eth.2.3 // 9 - 1. TO = Eth.2.3

v. 7 : Il serait invraisemblable que le traducteur éthiopien ait inventé cette phrase si lucanienne : cf. 9,10 : ἦν δέ τις μαθητὴς ἐν Δ. ὀνόματι Ἀνανίας – 11,20 : ἦσαν δέ τινες ἐξ αὐτῶν ἄνδρες Κύπριοι... οἵτινες...

v. 8 : D'ordinaire le verbe ἀσθενεῖν est employé absolument ; il n'est suivi d'un datif indiquant la nature de la maladie qu'ici et en Lc 4,40 : ἀσθενοῦντας νόσοις ποικίλαις. De même, l'expression *oravit super eum* traduit προσηύξατο περὶ αὐτοῦ (cf. Lc 6,28 ; 8,15), formule qui ne se lit dans les évangiles et les Actes que dans ces deux textes (cf. Mt 5,44 avec ὑπέρ). Le substrat grec traduit par Eth.2.3 est donc encore ici de tonalité très lucanienne.

g : ⁶ At illi existimabant eum suscendi aut cadere subito mortuum. Cumque diu expectarent et uiderent nichil mali ei contingere conuersi dicebant eum deum. ⁷ Inter eos autem qui in illo loco morabantur erant praedia principi insule nomine puplio, qui nos hospicio humane recetpit per triduum. ⁸ Contigit autem patrem puplii febribus et disintheria uexatum iacere. Ad quem paulus intrauit et cum orasset, impouit ei manum et saluauit eum. ⁹ Hoc facto omnes, qui in insula illa commorabantur, infirmantes accedebant et curabantur.

Eth.2.3 : ⁶ et videbatur – illis quod – moreretur subito et videntes quia salvus – factus – est dicebant quia deus ipse. ⁷ et – erat unus cuius – nomen – eius (poplios) ex - primis – eorum et suscepit – nos tres dies. ⁸ et aegrotavit pater poplii ventre et intravit paulus et oravit super eum et vixit ille homo. ⁹ venerunt ad paulum multi aegroti et vivebant.

10 οἳ καὶ πολλαῖς τιμαῖς
ἐτίμησαν ἡμᾶς καὶ ἀναγομένοις
ἐπέθεντο τὰ πρὸς τὰς χρείας.
11 μετὰ δὲ τρεῖς μῆνας ἀνήχθημεν
ἐν πλοίῳ παρακεχειμακότι
ἐν τῇ νήσῳ Ἀλεξανδρίνῳ,
παρασήμῳ Διοσκούροις.
12 καὶ καταχθέντες εἰς Συρακούσας
ἐπεμείναμεν ἡμέρας τρεῖς,ᶠ
13 ὅθεν περιελόντες κατηντήσαμεν
εἰς Ῥήγιον. καὶ μετὰ μίαν ἡμέραν
ἐπιγενομένου νότου δευτεραῖοι
ἤλθομεν εἰς Ποτιόλους,
14 οὗ εὑρόντες ἀδελφοὺς
παρεκλήθημεν παρ᾽ αὐτοῖς ἐπιμεῖναι
ἡμέρας ἑπτά·
καὶ οὕτως εἰς τὴν Ῥώμην ἤλθαμεν.
15 κἀκεῖθεν οἱ ᵍ ἀδελφοὶ ἀκούσαντες
τὰ περὶ ἡμῶν ἦλθαν
εἰς ἀπάντησιν ἡμῖν
ἄχρι Ἀππίου φόρου
καὶ Τριῶν ταβερνῶν,
οὓς ἰδὼν ὁ Παῦλος εὐχαριστήσας
τῷ θεῷ ἔλαβε θάρσος.
16 ὅτε δὲ εἰσήλθομεν ʰ εἰς Ῥώμην,

ἐπετράπη τῷ Παύλῳ
μένειν καθ᾽ ἑαυτὸν ⁱ
σὺν τῷ φυλάσσοντι αὐτὸν
στρατιώτῃ.

10 οἳ καὶ πολλαῖς τιμαῖς
ἐτίμησαν ἡμᾶς καὶ [ ]¹
ἐπέθεντο τὰ πρὸς τὰς χρείας.
11 [ ]¹ ἀνήχθημεν
ἐν πλοίῳ παρακεχειμακότι
ἐν τῇ νήσῳ Ἀλεξανδρίνῳ,
[ ]¹.
12 [ ]¹
[ ]¹
13 [ ]¹
[ ]¹
[ ]¹
[ ]¹
14 [ ]¹
[ ]¹
[ ]¹
καὶ [ ]² εἰς τὴν Ῥώμην ἤλθαμεν.
15 καί¹ οἱ ἀδελφοὶ ἀκούσαντες²
[ ]³ ἦλθαν
εἰς ἀπάντησιν ἡμῖν
[ ]⁴
[ ]⁴
οὓς ἰδὼν ὁ Παῦλος εὐχαριστήσας
τῷ θεῷ ἔλαβε θάρσος.
16 ὅτε δὲ ἤλθομεν¹ εἰς Ῥώμην,
ὁ ἑκατοντάρχος παρέδωκεν
τοὺς δησμίους τῷ στρατοπεδάρχῳ²
ὁ δὲ Παῦλος εὗρεν χάριν παρ᾽ αὐτῷ³
μένειν ἔξω τῆς παρεμβολῆς⁴
φυλάσσοντος αὐτὸν⁵
στρατιώτου⁵.

f. B : τρισιν // g. om. : B 460 // h. B : εισηλθαμεν // i. ℵ A 066 81 NA 28 ; B : αυτον

---

10 - 1. Eth.2.3 // 11 - 1. TO = Eth.2.3 // 12 - 1. Om. Eth.2.3.20 // 13 - 1. Om. Eth.2.3.20

14 - 1. Om. Eth.2.3.20 / 2. Eth.2.3.20

15 - 1. Eth.2.3.20 g / 2. (Eth .2.3.20) g Vg SyrP Eth.4-13 SodC.7 pc / 3. Eth g Vg SyrP / 4. Eth.2.3.20

16 - 1. g Vg Koinè / 2. SyrH* – Eth.1 g p prv tpl Koinè Sah / 3. Eth.1 / 4. SyrH*(+) g (+ b p Vg(ThW) dem prv SodC.1.2.4.8.13) / 5. g n Vg(CT)
Varia : om. τῷ et στρατιώτῃ : Eth.2-13 //τῷ δὲ Π. ἐπετράπη : SyrH* g p prv tpl SyrP Sah Koinè // Cf. Lc 1,30 : εὗρες γὰρ χάριν παρὰ τῷ θεῷ (nulle part ailleurs dans le NT).

g : ¹⁰ Qui etiam multis honoribus nos honorauerunt et nauigantibus nobis imposuerunt, quae necessaria erant. ¹¹ Post menses autem tres nauigauimus in naui alexandrina, quae into insula hyemauerat, cui erat parasemum et dioscore. ¹² Et cum uenissemus syracusas mansimus ibi triduo, ¹³ et inde tulimus et deuenimus regium. Et post unum diem flante austro secundo die uenimus puteolos. ¹⁴ Et innentis fratribus consolati sumus, et mansimus apud eos dies IIII, (sic) et sic romam uenimus. ¹⁵ Et cum audissent fratres occurrerunt nobis usque ad appii forum et tribus tabernis. Quos cum uidisset paulus, sumpsit audaciam et laudem dedit deo. ¹⁶ Cum uenissemus aytem romam centurio tradidit custodias principi peregrinorum. Permissum autem paylo foras manere extra castra custodientibus eum militibus.

p : [Fol. 139] ˣˣᵛᴵᴵᴵ·¹⁶ Cum uenissemus autem rome (*2ᵉ m.* : romam) centurio tradidit uinctos prefecto. per missum est autem paulo manere foris ex tra castra cum custode sibi milite.

Eth.2.(3).20 : ¹⁴ tunc venimus (ad) romam

Eth2.3.20 : ¹⁵ et audientes susceperunt – nos fratres – nostri et videns – eos paulus gratias – egit deo et gavisus est

17 ἐγένετο δὲ μετὰ ἡμέρας τρεῖς
συγκαλέσασθαι[j] αὐτὸν
τοὺς ὄντας τῶν ἰουδαίων πρώτους·
συνελθόντων δὲ αὐτῶν
ἔλεγεν πρὸς αὐτούς·
ἐγώ, ἄνδρες ἀδελφοί,
οὐδὲν ἐναντίον ποιήσας τῷ λαῷ
ἢ τοῖς ἔθεσι τοῖς πατρῴοις
δέσμιος ἐξ ἱεροσολύμων παρεδόθην
εἰς τὰς χεῖρας τῶν Ῥωμαίων,
18 οἵτινες ἀνακρίναντές
με ἐβούλοντο ἀπολῦσαι
διὰ τὸ μηδεμίαν αἰτίαν θανάτου
ὑπάρχειν ἐν ἐμοί·
19 ἀντιλεγόντων δὲ τῶν Ἰουδαίων
ἠναγκάσθην ἐπικαλέσασθαι Καίσαρα,
οὐχ ὡς τοῦ ἔθνους μου
ἔχων τι κατηγορεῖν.

20 διὰ ταύτην οὖν τὴν αἰτίαν
παρεκάλεσα ὑμᾶς ἰδεῖν
καὶ προσλαλῆσαι, ἕνεκεν γὰρ
τῆς ἐλπίδος τοῦ Ἰσραὴλ
τὴν ἅλυσιν ταύτην περίκειμαι.

---

17 ἐγένετο δὲ μετὰ ἡμέρας τρεῖς
συγκαλέσασθαι αὐτὸν
τοὺς ὄντας τῶν ἰουδαίων πρώτους·
[ ][1]
συνέβαλλε αὐτοῖς λέγων[2]·
ἐγώ, ἄνδρες ἀδελφοί,
οὐδὲν ἐναντίον ποιήσας τῷ λαῷ
ἢ τοῖς ἔθεσι τοῖς πατρῴοις
δέσμιος ἐξ ἱεροσολύμων παρεδόθην
εἰς τὰς χεῖρας τῶν Ῥωμαίων,
18 οἵτινες ἀνακρίναντές
με ἐβούλοντο ἀπολῦσαι
διὰ τὸ μηδεμίαν αἰτίαν θανάτου
ὑπάρχειν ἐν ἐμοί·
19 ἀντιλεγόντων δὲ τῶν Ἰουδαίων
ἠναγκάσθην ἐπικαλέσασθαι Καίσαρα,
οὐχ ὡς τοῦ ἔθνους μου
ἔχων τι κατηγορεῖν.
ἀλλὰ ἵνα λυτρώσωμαι[1]
τὴν ψυχὴν μου ἐκ θανάτου[1]
20 διὰ ταύτην οὖν τὴν αἰτίαν
παρεκάλεσα ὑμᾶς ἰδεῖν
καὶ προσλαλῆσαι, ἕνεκεν γὰρ
τῆς ἐλπίδος τοῦ Ἰσραὴλ
τὴν ἅλυσιν ταύτην περίκειμαι.

---

j. *NA 28* ; B : συνκαλεσασθαι

---

17 - 1. Eth.2.3.20 Sah / 2. g n
Cf. 4,15 : συνέβαλλον πρὸς ἀλλήλους λέγοντες (ce verbe seulement dans Luc et Actes).

19 - 1. c g p prv tpl SodC.1.4.8.10.11.13

v. 19 : Cette finale est ignorée de Eth.2.3.20.

g : [17] Factum est autem post diem tertium conuocauit primos iudeorum. Qui cum conuenissent, conferebat eum eis dicens : Ego, uiri fratres, cum contra plebem nichil fecissem neque contra mores patrum uinctus ab hierosolima traditus sum in manus romanorum. [18] Qui postquam me interrogauerunt uolebant dimittere eo quod nulla causa mortis esset in me. [19] Contradicentibus aytem iudeis coactus sum apellare cesarem non tamquam gentem meam habeam aliquid accusare, sed ut animam meam a morte liberarem. [20] Propter hanc causam ergo rogaui uos uidere et alloqui ; propter spem enim israhel hanc cathenam circumfero hic.

p : [17] Factum est autem post tridum (*2ᵉ m. :* triduum) ut conuocaret eos. qui erant primi iudeorum, Qui cum uenissent (*corr. :* conuenissent) dicebat ad eos. Ego uiri fratres nichil ad uersus legem faciens. aut moribus paternis (*2ᵉ m. :* morem paternum) uinctus ab yherosolimis. traditus sum in manus romanorum. [18] Qui cum in terrogacionem deme habuissent uoluerunt me dimittere eo quod nulla causa mortis esset in me. [19] Con tradicentibus autem iudeis quoactus (*2ᵉ m. :* coactus) sum appellare cesa[vᵒ]rem non quasi gentem meam habens aliquid accusare. set ut animam meam de morte liberarem. [20] Propter hanc igitur causam rogaui uos uidere. et ad loquere (*2ᵉ m. :* alloqui) uos. Propter spem autem isrhl (*2ᵉ m. :* isrl). hanc chatenam circum fero (*2ᵉ m :* hac chatena circumdatus sum).

21 οἱ δὲ πρὸς αὐτὸν εἶπαν·
ἡμεῖς οὔτε γράμματα περὶ σοῦ
ἐδεξάμεθα ἀπὸ τῆς Ἰουδαίας,
οὔτε παραγενόμενός
τις τῶν ἀδελφῶν ἀπήγγειλεν
ἢ ἐλάλησέν τι περὶ σοῦ πονηρόν.
22 ἀξιοῦμεν δὲ παρὰ σοῦ ἀκοῦσαι
ἃ φρονεῖς, περὶ μὲν γὰρ
τῆς αἱρέσεως ταύτης γνωστὸν ἡμῖν
ἐστιν ὅτι πανταχοῦ ἀντιλέγεται.
23 ταξάμενοι δὲ αὐτῷ ἡμέραν
ἦλθον πρὸς αὐτὸν εἰς τὴν ξενίαν
πλείονες,
οἷς ἐξετίθετο διαμαρτυρόμενος
τὴν βασιλείαν τοῦ θεοῦ
πείθων τε αὐτοὺς περὶ τοῦ Ἰησοῦ
ἀπό τε τοῦ νόμου Μωυσέως
καὶ τῶν προφητῶν
ἀπὸ πρωῒ ἕως ἑσπέρας.
24 καὶ οἱ μὲν ἐπείθοντο
τοῖς λεγομένοις, οἱ δὲ ἠπίστουν·
25 ἀσύμφωνοι δὲ ὄντες
πρὸς ἀλλήλους ἀπελύοντο,
εἰπόντος τοῦ Παύλου ῥῆμα ἓν
ὅτι καλῶς τὸ πνεῦμα τὸ ἅγιον
ἐλάλησεν διὰ Ἡσαΐου τοῦ προφήτου
πρὸς τοὺς πατέρας ὑμῶν
26 λέγων· πορεύθητι
πρὸς τὸν λαὸν τοῦτον καὶ εἰπόν·
ἀκοῇ ἀκούσετε καὶ οὐ μὴ συνῆτε,
καὶ βλέποντες βλέψετε
καὶ οὐ μὴ ἴδητε·

21 οἱ δὲ πρὸς αὐτὸν εἶπαν·
ἡμῖν οὐκ ἐγράφη[1] περὶ σοῦ
οὐδὲ ἀπέστειλαν πρὸς ἡμᾶς[1]
ἀπὸ τῆς Ἰουδαίας[1]
οὐδὲ ἀκηκόαμέν[1]
τι περὶ σοῦ πονηρόν.
22 ἀξιοῦμεν δὲ [ ][1] ἀκοῦσαι
ἃ φρονεῖς, περὶ μὲν γὰρ
τῆς αἱρέσεως ταύτης γνωστὸν ἡμῖν
ἐστιν ὅτι πανταχοῦ ἀντιλέγεται.
23 ταξάμενοι δὲ [ ][1] ἡμέραν
ἦλθον πρὸς αὐτὸν [ ][2]
[ ][3]
οἷς ἐξετίθετο διαμαρτυρόμενος
τὴν βασιλείαν τοῦ θεοῦ
πείθων τε αὐτοὺς περὶ τοῦ Ἰησοῦ
ἀπό τε τοῦ νόμου Μωυσέως
καὶ τῶν προφητῶν
ἀπὸ πρωῒ ἕως ἑσπέρας.
24 καὶ οἱ μὲν ἐπείθοντο
τοῖς λεγομένοις, οἱ δὲ ἠπίστουν·
25 ἀσύμφωνοι δὲ ὄντες
πρὸς ἀλλήλους ἀπελύοντο,
εἰπόντος τοῦ Παύλου ῥῆμα ἓν
[ ][1] καλῶς τὸ πνεῦμα [ ][2]
ἐλάλησεν διὰ Ἡσαΐου [ ][3]
πρὸς τοὺς πατέρας ἡμῶν[4]
26 λέγων· πορεύθητι
πρὸς τὸν λαὸν τοῦτον καὶ εἰπόν·
ἀκοῇ ἀκούσετε καὶ οὐ μὴ συνῆτε,
καὶ βλέποντες βλέψετε
καὶ οὐ μὴ ἴδητε·

---

21 - 1. TO = Eth.2.3.20

22 - 1. Eth.2.3.20 226

23 - 1. Eth 36.453 431 ndl.1 Cass Geo / 2. Eth.2.3.20 (≈ *ante* πρὸς αὐτὸν : SodC.14 SodB.1-3.5 36.453 431) / 3. Eth.2.3.20 (≈ *ante* πρὸς αὐτὸν : g)

25 - 1. p* n SyrHP Chr.1 / 2. p* Vg(KW) Amb SodC.3 / 3. p ndl.1 Amb 206 (≈ *ante* Ἡσαΐου : SodC.15.16) / 4. – g Vg Amb Boh(G) Eth.1 *Koinè* (*om.* : SyrH)

g : [21] At illi dixerunt : Nos neque litteras de te a iudeis accepimus neque adueniens quisquam ab hierosolimis fratrum nunciauit aut locutus est de te male. [22] Postulamus aytem de te audire quae sentis. De hac enim heresi notum est nobis, quia ubique contradicitur ei in toto orbe. [23] Et cum constituissent ei diem uenerunt plurimi ad eum in hospicio quibus exponebat testificans regnum dei suadebatque eos de ihesu ex lege moysi et prophetis a mane usque ad uesperam. [24] Et quidam credebant his quae a paulo dicebantur quidam uero non credebant [25] et dissonantes ad inuicem dimittebantur a paulo dicente uerbum unum quia bene locutus est spiritus sanctus per ysaiam prophetam ad patres nostros [26] dicens : Vade ad plebem hanc et dic : Aure audietis et non aydietis et uidentes uidebitis et non aspicietis.

p : [21] Qui dixerunt ad eum. Nos neque litteras ad uersus te accepimus aiudea. neque ad ueniens aliquis fratrum ad nunciauit ad (*corr. :* aud) locutus est de te malum. [22] Petimus autem de te audire ques rentis (*corr. ou 2ᵉ m.:* que sentis). de ac (*corr. :* hac) enim secta notum est nobis. quia ubi que (*addition du correcteur :* ei) con tradicitur in toto orbe. [23] Constituentes autem illi diem. uenerunt plurimi ad hos pauli (*2ᵉ m.:* ad hospicium plures – *ce dernier mot gratté*). ut (*barré*) quibus ex ponebat obtestans regnum dei. et suadebat eos de iesu alege moysi et prophetis. Amane usque ad uesperum. [24] Et quidam credebant his que apaulo dicebantur. quidam non credebant, [25] Et cum essent in con uenientes dimittebantur. paulo dicente unum uerbum (*la 2ᵉ main ajoute :* quia) Bene locutus est spiritus (*la 2ᵉ main ajoute :* sanctus) per esaiam ad [2ᵉ col.] patres uestros [26] dicens. Uade ad anc (*corr. :* hanc) plebem et dic. Aure audietis et non audietis (*2ᵉ m.:* intelligetis) et uidentes uidebitis. et non uidebitis.

Eth.2.3.20 : [21] et – dixerunt – ei : nobis non – sciptum – est de – te et – non – miserunt ad nos de – iudaea - et non – est malum quod – audivimus de - te

27 ἐπαχύνθη γὰρ
ἡ καρδία τοῦ λαοῦ τούτου,
καὶ τοῖς ὠσὶν βαρέως ἤκουσαν,
καὶ τοὺς ὀφθαλμοὺς αὐτῶν
ἐκάμμυσαν· μήποτε ἴδωσιν
τοῖς ὀφθαλμοῖς καὶ τοῖς ὠσὶν
ἀκούσωσιν καὶ τῇ καρδίᾳ συνῶσιν
καὶ ἐπιστρέψωσιν,
καὶ ἰάσομαι αὐτούς.
28 γνωστὸν οὖν ὑμῖν ἔστω [k]
ὅτι τοῖς ἔθνεσιν ἀπεστάλη
τοῦτο τὸ σωτήριον τοῦ θεοῦ·
αὐτοὶ καὶ ἀκούσονται.
29

30 ἐνέμεινεν δὲ διετίαν ὅλην
ἐν ἰδίῳ μισθώματι,
καὶ ἀπεδέχετο
πάντας τοὺς εἰσπορευομένους
πρὸς αὐτόν,

27 ἐβαρύνθη[1] γὰρ
ἡ καρδία τοῦ λαοῦ τούτου,
καὶ τοῖς ὠσὶν βαρέως ἤκουσαν,
καὶ τοὺς ὀφθαλμοὺς αὐτῶν
ἐκάμμυσαν· μήποτε ἴδωσιν
τοῖς ὀφθαλμοῖς καὶ τοῖς ὠσὶν
ἀκούσωσιν καὶ τῇ καρδίᾳ συνῶσιν
καὶ ἐπιστρέψωσιν,
καὶ ἰάσομαι αὐτούς.
28 γνωστὸν οὖν ἔστω ὑμῖν[1]
ὅτι τοῖς ἔθνεσιν ἀπεστάλη
τοῦτο τὸ σωτήριον ἀπὸ[2] τοῦ θεοῦ·
[ ][2]
29 καὶ ταῦτα αὐτοῦ εἰπόντος
ἐξῆλθον οἱ Ἰουδαῖοι πολλὴν ἔχοντες
ἐν ἑαυτοῖς συζήτησιν[1]
30 ὁ δὲ Παῦλος[1] διετίαν ὅλην
ἐν ἰδίῳ μισθώματι ἐμμένον[2],
[ ][2] ἀπεδέχετο
πάντας τοὺς εἰσπορευομένους
πρὸς αὐτόν καὶ διελέγετο[3]
Ἰουδαίοις τε καὶ Ἕλλησιν[3]

k. B 6 36 453 81 88 915 431 1175 ; εστω υμιν : ℵ A *NA 28*

27 - 1. – ℵ g Sah

28 - 1. ℵ A – (*Boism*[1b] : tous sauf TA) / 2. Eth.2.3.20

29 - 1. SyrH* – b c g p Vg(CDThMTW) ndl prv (cf. Cass)
(cf. avec ἀπῆλθον : 049 056 0142 *Koinè* Eth.1)

30 - 1. – p n Cass *Koinè* Sah.16.43 / 2. – p n Cass / 3. – p g tpl (cf. Ephr[k])
Varia : add. Ἰουδαίους τε καὶ Ἕλληνας : SyrH* b Vg(CTRW) SodC.1.2.4.8.10.13.15.16

v. 27 : TA = LXX

v. 29 : Ce verset, inconnu du TA, est omis aussi par Eth.2.3.20 mais qui vont suivre le TA aux versets suivants.

g : [27] Graua aytem cor plebis huius, et oculos eorum ob(s)cura, ne forte uideant oculis et auribus audiant et corde intelligant et conuertantur et sanem eos. [28] Notum itaque sit uobis quoniam gentibus missum est hoc salutare dei ipsi audient. [29] Et cum haec dixisset, exierunt iudei magnam inter se habentes questionem. [30] Mansit aytem paulus per biennium totum in conducto suo et recipiebat omnes introeuntes ad se et disputabat cum iudeis et grecis,

p : [27] in graua autem *aures* (*2ᶜ m.:* incrassatum est enim cor) plebis huius. (*la 2ᶜ m. ajoute :* et auribus grauiter audierunt.) Et occulos *eorum* (*2ᶜ m.:* suos) obtura (*2ᶜ m.:* obturauerunt) ne forte uideant oculis. et auribus audiant et corde intellegant (*2ᶜ m. :* intelligant et conuertantur). et sanabo (*2ᶜ m.:* sanem) eos. [28] Notum igitur sit uobis. quoniam gentibus missum est hoc salutare dei hii etiam audient. [29] Et cum hec dixisset exierunt iudei multo (*2ᶜ m.:* multas) habentes in ter se questionem (*2ᶜ m.:* questiones). [30] Paulus autem perbiennum totum (*2ᶜ m.:* bienni toto) in con ducto suo manens excipiebat omnes qui ueniebant ad eum (*la 2ᶜ m. ajoute :* predicans regnum dei). et disputabat cum iudeis. et grecis.

p : [27] in graua autem *aures* (*2ᶜ m.:* incrassatum est enim cor) plebis huius. (*la 2ᶜ m. ajoute :* et auribus grauiter audierunt.) Et occulos *eorum* (*2ᶜ m.:* suos) obtura (*2ᶜ m.:* obturauerunt) ne forte uideant oculis. et auribus audiant et corde intellegant (*2ᶜ m. :* intelligant et conuertantur). et sanabo (*2ᶜ m.:* sanem) eos. [28] Notum igitur sit uobis. quoniam gentibus missum est hoc salutare dei hii etiam audient. [29] Et cum hec dixisset exierunt iudei multo (*2ᶜ m.:* multas) habentes in ter se questionem (*2ᶜ m.:* questiones). [30] Paulus autem perbiennum totum (*2ᶜ m.:* bienni toto) in con ducto suo manens excipiebat omnes qui ueniebant ad eum (*la 2ᶜ m. ajoute :* predicans regnum dei). et disputabat cum iudeis. et grecis.

Cass : [29] Quo dicto, factum est ut inter se Iudaei haberent non minimam quaestionem. [30] Paulus autem in suo conducto biennio manens, de regno Domini Jesu Christi ad se venientes jugiter instruebat...

Ephrᵏ : [30] loqui cum iudaeis et cum gentilibus qui ascendebant ad eum de Christo non cessabat....

31 κηρύσσων τὴν βασιλείαν τοῦ θεοῦ
καὶ διδάσκων τὰ περὶ τοῦ κυρίου
Ἰησοῦ Χριστοῦ
μετὰ πάσης παρρησίας ἀκωλύτως.

31 *κηρύσσων τὴν βασιλείαν τοῦ θεοῦ*
καὶ φάσκων καὶ λέγων [1] [ ][1]
[ ][1]
[ ][1] *ἀκωλύτως*
ὅτι οὗτος ἐστιν Ἰησοῦς
ὁ υἱὸς τοῦ θεοῦ δι' ὅν μέλλει
ὅλος ὁ κόσμος κριθῆναι[2]

---

31 - 1. – p (cf. Ephr[k]) / 2. – p m dem Vg(CRT) prv.1 tpl SyrH (cf. Ephr[k])

v. 31 : Dans Éphrem, le thème du jugement est évoqué par la mention des couronnes que nous devons recevoir. Par ailleurs, son *aiebat* initial évoque le λέγων de p et non le διδάσκων du TA. Ce témoignage d'Éphrem nous permet d'attribuer cette finale des Actes au TO, contrairement à ce que nous avions fait jadis (cf. *Boism*[1a], p. 226).

---

g : [31] praedicans regnum dei et docens de domino ihesu christo cum omni fiducia, nemine prohibente.

p : [31] ad nuncians regnum dei. ad firmans et dicens sine ulla proibicione. quia hic est ihs filius dei. per quem in cipiet totus mundus iudicari (*la 2e m. ajoute :* amen).

Ephr[k] **:** [31] ...et aiebat quod Iesus est filius dei, quod pro eo laboramus et attinemus coronas...

BIBLIOGRAPHIE DES AUTEURS CITES

ALAND B., *Entstehung, Charakter und Herkunft des sog. Westlichen Textes untersucht an der Apostelgeschichte*, ETL 62 (1986) 5-65

ALAND B. & K., KARAVIDOPOULOS J., C. M. MARTINI, B. M. METZGER, *Novum Testamentum Graece*, NESTLE-ALAND 28ᵉ édition, Münster 2012

AMPHOUX C.-B., *Le Texte*, in D.C. PARKER & C.-B. AMPHOUX, *CODEX BEZAE, Studies from the Lunel colloquim, june 1994*, pp. 337-354, E.J. BRILL, Leiden 1996

AMPHOUX C.-B., Recension de M.-E. BOISMARD & A. LAMOUILLE, *Le Texte occidental des Actes des Apôtres, Reconstitution et Réhabilitation. 2 vol., Recherche sur les civilisations, « synthèse » n°17*, Paris 1984, BIBLICA 67 (1986) 410-414

AMPHOUX C.-B., *Réponse*, in E. NODET, *Synoptiques et Actes, Quel Texte original ?*, Cahiers de la Revue Biblique 82, Paris, Gabalda, 2014

BARRETT C. K., *The Acts of the Apostles* (2 vol.), ICC, Edinburgh (1994-98)

BOISMARD M.-E., *Le Texte Occidental des Actes des Apôtres, Edition Nouvelle entièrement refondue*, EBNS 40, Paris 2000

BOISMARD M.-E., *En Quête du Proto-Luc*, EBNS 37, Paris 1997

BOISMARD M.-E. & LAMOUILLE A., *Texte Occidental des Actes des Apôtres, Tome I, Introduction et Textes – Tome II, Apparat critique*, Editions Recherche sur les Civilisations, « Synthèse » n°17, Paris 1984

BOISMARD M.-E. & LAMOUILLE A., *Les Actes des deux Apôtres, I. Introduction – Textes*, EBNS 12, Paris 1990

BOISMARD M.-E. & LAMOUILLE A., *Les Actes des deux Apôtres, III. Analyses littéraires*, EBNS 14, Paris 1990

CLARK A. C., *The Acts of the Apostles, a critical Edition with Introduction and Notes on selected Passages*, Oxford, Clarendon Press. London, Humphrey MILFORD, 1933

CORSSEN P., *Der cyprianische Texte der Acta Apostolorum*, Berlin 1892

DUPONT J., *La Sainte Bible traduite en français sous la direction de l'Ecole Biblique de Jérusalem* n°35, *Les Actes des Apôtres*, Paris, Cerf, 1958

DUPONT J., *Etudes sur les Actes des Apôtres*, Lectio Divina 45 (1967)

DUPONT-ROC R., *La Tradition textuelle des Actes des Apôtres : Positions actuelles et Enjeux*, in M. BERDER, *Les Actes des Apôtres - Histoire, Récit, Théologie*, Paris, Cerf, 2005

EPP E.J., *Ascension in Textual Tradition of Luke-Acts*, dans *Essays in Honour of Bruce M. METZGER*, éd. E.J. EPP et G.D. FEE, Clarendon Press, Oxford 1981

EPP E.J., *The Theological Tendency of Codex Bezae Cantabrigiensis in Acts*, SNTSMS 3, Cambridge 1966

FAURE P., *Pentecôte et Parousie, Ac 1,6-3,26 L'Eglise et le Mystère d'Israël entre les Textes Alexandrin et Occidental des Actes des Apôtres*, EBNS 50, Paris, GABALDA, 2003

KENYON F., *The Western Text in the Gospel and Acts, From the Proceedings of the British Academy*, Volume XXIV, London 1938

LAGRANGE M.-J., *Un nouveau Papyrus contenant un Fragment des Actes*, Revue Biblique 36 (1927) 549-560

MARTINI C. M., *Il Problema della Recensionalità del Codice B alla luce del Papiro Bodmer XIV*, Analecta Biblica **26**, Roma **1966**

MARTINI C. M., *La Tradition textuelle des Actes des Apôtres et les Tendances de l'Eglise ancienne*, Bibliotheca Ephemeridum Theologicarum Lovaniensium **48** (**1979**)

METZGER B. M., *A Textual Commentary on the Greek New Testament. A compagnon Volume to the united Bible Societies' Greek New Testament*, Stuttgart **1971**

PARSON M.C. & PERVO R.I., *Rethinking the Unity of Luke and Acts*, Fortress Press, Mineapolis **1993**

RIUS-CAMPS J. & READ-HEIMERDINGER J., *The Message of Acts in Codex Bezae, A Comparison with the Alexandrian Tradition*, 4 vol., LNTS 257 (**2004**), 302 (**2006**), 365 (**2007**), 415 (**2009**), Ed. Mark GOODACRE, Published T&T CLARK, London, New-York

ROPES J. H., *The Text of Acts*, in *The Beginnings of Christianity*, Part I, *The Acts of the Apostles*, Vol. III, ed. F. J. FOAKES JACKSON & KIRSOPP LAKE, London **1926**

SCHENKE H.-M., *Apostelgeschichte 1,1-15,3 im mittelägyptischen Dialekt des Koptischen (Codex Glazier)*, TU 137, Berlin **1991**

SCRIVENER F. H., *Bezae Codex Cantabrigiensis*, Cambridge, DEIGHTON, BELL, and CO., BELL and DALDY, London **1864**

STRANGE W. A., *The Problem of the Text of Acts*, Society for New Testament Studies, Monograph Series 71, Cambridge **1992**

VAGANAY L., *Initiation à la Critique textuelle néotestamentaire*, BLOUD et GAY, Paris **1934**

WESCOTT B. F. & HORT F. J., *The New Testament in the Original Greek, Introduction*, London **1896**

ZAHN T., *Die Urausgabe der Apostelgeschichte des Lucas* (Forschungen zur Geschichte des neutestamentlichen Kanons und der altkirchlichen Literatur, IX), Leipzig 1916

Table des Matieres

PRINTED ON PERMANENT PAPER • IMPRIME SUR PAPIER PERMANENT • GEDRUKT OP DUURZAAM PAPIER - ISO 9706

N.V. PEETERS S.A., WAROTSTRAAT 50, B-3020 HERENT